# 古墳時代銅鏡論考

下垣仁志 著

同成社

# 目　次

序　論 —————————————————————————————————————— 1

# 第Ⅰ部　倭製鏡論

## 第1章　倭製鏡研究の意義 ——————————————————————— 11
   1. 目的　11
   2. 大要　12

## 第2章　倭製鏡研究の展開 ——————————————————————— 14
  第一期（江戸期〜19世紀後半）················································ 15
   1. 江戸期　15
   2. 明治前半期　18

  第二期（19世紀末〜1910年代前半）·········································· 19
   1. 体系的な鏡研究の始動　19
   2. 三宅米吉の「古鏡」　19
   3. 八木奘三郎の「鏡鑑説」　20
   4. 倭製鏡の検出——高橋健自の「鏡の沿革」と「本邦鏡鑑沿革考」——　21
   5. 癸未年銘人物画象鏡　25
   6. 小結　27

  第三期（1910年代後半〜20年代）············································ 28
   1. 開花する倭製鏡研究とその背景　28
   2. 富岡謙蔵の『古鏡の研究』　29
   3. 梅原末治の倭製鏡研究　31
   4. 新たな倭製鏡観——和辻哲郎の『日本古代文化』——　33
   5. 後藤守一の『漢式鏡』　35
   6. そのほかの倭製鏡研究　38
     （1）鈴鏡への関心　（2）弥生倭製鏡研究の萌芽　（3）そのほかの倭製鏡　（4）関連諸分野における鏡論
   7. 小結　43

  第四期（1930年代〜40年代）················································· 43
   1. 倭製鏡研究の停滞　43
   2. 研究の二極化　44

3. 梅原末治による研究の展開　44

4. 爾余の諸研究　47

第五期（1950 年代〜70 年代中頃）……………………………………………… 50

1. 前半期（1950 年代〜60 年代初頭）　50

(1) 小林行雄の研究　(2) 爾余の諸研究

2. 後半期（1960 年代前半〜70 年代中頃）　57

(1) 原田大六の研究　(2) 小林行雄の『古鏡』　(3)「仿製」三角縁神獣鏡研究の進展　(4) 弥生倭製鏡研究の本格化　(5) 多様化する諸研究

3. 小結　75

第六期（1970 年代後半〜80 年代）…………………………………………… 76

1. 総合的研究の再始動　76

(1) 樋口隆康の研究　(2) 小林三郎の研究　(3) 田中琢の研究

2. 個別鏡式の研究　89

(1) 捩文鏡　(2) 重圏文鏡・珠文鏡・素文鏡　(3) 弥生倭製鏡　(4) 初現期の倭製鏡——芝ヶ原古墳出土鏡と見田大沢 4 号墳出土鏡——　(5) 鈴鏡　(6) そのほか　(7) 和田晴吾による概括

3. 中国製／倭製の区分への疑義　102

(1) 徐苹芳による提言　(2) 三角縁神獣鏡国産説の活性化

4. 理化学分析と製作技術　104

(1) 鉛同位体比分析　(2) 製作技術

5. 古墳（時代）編年と倭製鏡　105

6. 政治史論の始動　106

(1) 背景状況　(2) 同工鏡と分配論　(3) 分配と授受に関する諸研究　(4) 威信財論と社会・文化人類学

7. そのほか　109

8. 小結　111

第七期前半期（1990 年代）…………………………………………………… 111

1. 第七期の研究背景　111

2. 第七期前半期の諸研究　112

(1) 森下章司による編年大綱の確立　(2) 森下による倭製鏡研究の深化　(3) 分類・型式（系列）変遷に関する方法論の展開　(4) 個別鏡式の研究　(5) 中国製鏡との異同・比較　(6) 製作に関する諸研究　(7) 流通と保有　(8) そのほかの諸研究

第七期後半期（2000 年代〜）………………………………………………… 167

1. 第七期後半期の概況　167

2. 第七期後半期の諸研究　169

(1) 総論にみる論点と課題　(2) 分類（系列設定）と編年　(3) 個別鏡式（系列）に関する諸研究　(4) 製作地と系譜　(5) 製作技術と製作体制　(6) 流通（分配）と保有　(7) そのほか

# 第 3 章　倭製鏡研究の課題と展望 ——————————————— 269

目　次　iii

# 第Ⅱ部　銅鏡論考

## 第1章　鏡の名前—総称篇— ———————————————— 291

1. 問題の所在　291
2. 各総称の吟味　291
   (1) 大局の推移　(2)「仿製鏡」　(3)「倣製鏡」　(4)「倭鏡」　(5)「倭製鏡」
3. 小結　298

## 第2章　弥生「龍」の残映 ———————————————————— 299

1. 奇妙な鏡　299
   (1) 京都の2古墳　(2) 芝ヶ原鏡の概要　(3) 揺れる製作時期
2. 〈中型鏡〉の出現年代再考　301
   (1) 遡上説とその背景　(2) 遡上説への疑問　(3) 〈中型鏡〉の再検討　(4) 小結
3. 弥生「龍」と倭製鏡　309
   (1) 絵画文鏡　(2) 弥生「龍」　(3) 弥生「龍」と絵画文鏡
4. 小考　313
   (1) 絵画文鏡の時期　(2) 倭製鏡の創出と弥生「龍」
5. 展望　316

## 第3章　副葬鏡と被葬者 ———————————————————— 319

1. 問題の所在　319
2. 先行研究と課題　320
3. 資料提示　321
4. 検討と小考　328
   (1) 性別と鏡式　(2) 性別と鏡の差　(3) 副葬鏡の帰属　(4) 鏡の副葬と集団内関係
5. 課題と展望　334

## 第4章　古文献と鏡 ————————————————————————— 336

1. 本論の目的　336
   (1) 問題の所在　(2) 本論の作業内容
2. 鏡関連記事の分類と傾向　337
   (1) 集成と分類　(2) 全体的傾向
3. 鏡関連記事の批判的検討　339
   (1) 宝鏡製作・祭祀関連　(2) 宝鏡授与　(3) 恭順服属　(4) 神宝検校・神宝関連　(5) 践祚神璽　(6) 神異譚・その他
4. 考察　344
5. まとめと展望　347
   **第4章付編**　古文献の鏡関連記事　350

## 第5章　失われた鏡を求めて ——————————————— 369

　　1. 古鏡研究の新視点　369

　　2. 『観古集』　373

　　　　(1) 概要　(2) 編者　(3) 収録鏡

　　3. 個別事例　379

　　　　(1)『観古集』と豊前石塚山古墳出土鏡群　(2) 散佚した鏡群の行方① ——川柳将軍塚古墳——
　　　　(3) 散佚した鏡群の行方② ——『集古十種』『鏡研搨本』—— (4) 売立目録　(5) 出土鏡の流転
　　　　——2つの事例から——

　　4. 展望　404


引用文献　411

図表出典　469

あとがき　471

# 古墳時代銅鏡論考

# 序　論

## 1.　本書の目的

　三宅米吉が漢鏡の考古学的分析を手がけて〔三宅 1897〕から 120 年、高橋健自が倭製鏡（仿製鏡、倣製鏡、倭鏡）の具体例を抽出して〔高橋 1907〕から 110 年の時がすぎた。古鏡研究の水準を飛躍的に高めた富岡謙蔵が逝去して、今年でちょうど 100 年を迎える。この 1 世紀あまり、弥生〜古墳時代、とくに古墳時代の研究に、銅鏡がきわめて重要な役割をはたしてきた。研究史をひもとくと、研究上の停滞期といえる期間もあったが、新たな資料と分析視角を追い風にして、いくどとなく復興をとげ、学界に刺戟をもたらしてきた。

　最近、弥生〜古墳時代の銅鏡研究が多方面で新展開をみせ、活況を呈している。たとえば、資料の充実化と連動しつつ、漢鏡〜魏晋鏡の細分作業と編年作業が進捗している。復古や踏み返しなども加味して、当該期の中国大陸における作鏡体制まで射程にいれた検討が深まってきた。古墳時代の倭製鏡（古墳倭製鏡）に関しても、しばらく手薄だった中期倭製鏡と後期倭製鏡の検討が急増している〔岩本 2017b；加藤 2018 等〕。とりわけ後期倭製鏡の研究の進展にはめざましいものがあり、精細な編年と生産体制が構築されつつある〔加藤 2014a・2017a・b・2018 等〕。弥生倭製鏡（弥生小形仿製鏡）の分析も格段に進み、編年・生産地・製作技術・生産体制などが、かなりの程度まで闡明されている〔田尻 2012 等〕。中国製鏡・弥生倭製鏡・古墳倭製鏡すべてにおいて、製作技術・生産体制の究明が躍進をとげている。とくに三次元計測データの蓄積と検討が孜々として進められ、関係者がそのデータを駆使して、興味を惹く研究成果を矢継ぎ早に提示している。銅鏡の社会的・政治史的意義についても、従来の分配論にくわえて、保有論の視点からの検討が擡頭してきた。そうした成果の詳細については、本書第Ⅰ部で精説したので参照されたい。

　もちろん上記の功績は、研究者各自がたゆまず資料に即した分析を推進した賜物である。他方で、そうした研究を可能にした背景状況にも注意をはらうべきである。発掘や再整理による実資料の増加、図録・報告書・インターネットをつうじたデータの充実と共有化の進行、三次元計測やデジタル画像処理をはじめとする技術変革など、銅鏡研究にかかわる最近のインフラ整備には目をみはるものがある。筆者もまた、列島出土鏡の悉皆集成を敢行し、研究の基盤となる全体的な資料整備をおこなった〔下垣 2016a〕（表 1）。さらに、文様が多彩なため中国製鏡にくらべて研究にとりかかりにくい倭製鏡について、今後の研究に資するべく、鏡式（系列）を整頓して集成数を大幅に増加させた（表 2）。自身で利用し尽くす前に基礎データを公表してしまうのは、昨今重要視される「研究業績」稼ぎの面からいえば愚行かもしれないが、このデータを活用した諸研究を玩味する楽しみと天秤にかけ、後者の道をえらんだ次第である。

　銅鏡はかつて、「お座敷考古学」の筆頭格とされ、敷居の高い資料と目されてきた。しかし、以上のようなインフラ整備もあってか、若手研究者も増えてきた。今後の研究の発展がますます期待

表1　都府県別出土鏡内訳

| | 掲載総数 | 選別総数 | 中国製鏡 | 倭製鏡 | 舶倭比 | 弥生倭製鏡 | 古墳倭製鏡 | | | | | 過去の集成データ | | |
| --- | --- | --- | --- | --- | --- | --- | --- | --- | --- | --- | --- | --- | --- | --- |
| | | | | | | | 総数 | SL | L | M | S | 岡崎 | 歴博A | 歴博B |
| 岩手 | 2 | 1 | 0 | 1 | — | 0 | 1 | 0 | 0 | 0 | 0 | 2 | 1 | 1 |
| 宮城 | 16 | 16 | 1 | 14 | 14.0 | 0 | 14 | 0 | 0 | 0 | 14 | 7 | 9 | 10 |
| 山形 | 4 | 4 | 1 | 3 | 3.0 | 0 | 3 | 0 | 0 | 0 | 3 | 0 | 3 | 3 |
| 福島 | 24 | 20 | 1 | 15 | 15.0 | 0 | 15 | 0 | 0 | 0 | 11 | 24 | 18 | 20 |
| 茨城 | 40 | 40 | 6 | 25 | 4.2 | 0 | 25 | 0 | 0 | 4 | 19 | 29 | 33 | 33 |
| 栃木 | 54 | 54 | 6 | 43 | 7.2 | 1 | 42 | 0 | 0 | 4 | 37 | 36 | 43 | 44 |
| 群馬 | 212 | 209 | 40 | 107 | 2.7 | 1 | 104 | 0 | 0 | 10 | 85 | 199 | 202 | 204 |
| 埼玉 | 51 | 50 | 4 | 36 | 9.0 | 2 | 34 | 0 | 1 | 1 | 29 | 40 | 39 | 40 |
| 千葉 | 115 | 103 | 20 | 79 | 4.0 | 2 | 77 | 0 | 0 | 4 | 70 | 31 | 86 | 108 |
| 東京 | 18 | 18 | 2 | 16 | 8.0 | 2 | 14 | 0 | 0 | 0 | 13 | 8 | 13 | 16 |
| 神奈川 | 52 | 51 | 9 | 39 | 4.3 | 1 | 38 | 0 | 2 | 1 | 32 | 23 | 39 | 39 |
| 新潟 | 30 | 28 | 4 | 17 | 4.3 | 0 | 17 | 0 | 0 | 0 | 15 | 10 | 23 | 26 |
| 富山 | 14 | 14 | 2 | 12 | 6.0 | 2 | 10 | 0 | 0 | 1 | 8 | 6 | 7 | 7 |
| 石川 | 37 | 36 | 9 | 25 | 2.8 | 3 | 22 | 0 | 0 | 0 | 20 | 19 | 28 | 32 |
| 福井 | 55 | 55 | 15 | 35 | 2.3 | 0 | 35 | 0 | 0 | 3 | 31 | 32 | 47 | 50 |
| 山梨 | 75 | 72 | 14 | 18 | 1.3 | 0 | 18 | 0 | 0 | 2 | 11 | 74 | 59 | 63 |
| 長野 | 154 | 153 | 21 | 115 | 5.5 | 0 | 115 | 0 | 0 | 0 | 99 | 119 | 118 | 118 |
| 岐阜 | 166 | 164 | 42 | 82 | 2.0 | 2 | 80 | 0 | 0 | 10 | 64 | 135 | 159 | 164 |
| 静岡 | 211 | 206 | 33 | 138 | 4.2 | 0 | 138 | 1 | 1 | 13 | 109 | 134 | 192 | 194 |
| 愛知 | 97 | 93 | 32 | 57 | 1.8 | 2 | 55 | 0 | 1 | 11 | 40 | 78 | 89 | 89 |
| 三重 | 185 | 176 | 45 | 85 | 1.9 | 0 | 85 | 0 | 0 | 16 | 64 | 169 | 186 | 189 |
| 滋賀 | 107 | 107 | 33 | 57 | 1.7 | 4 | 53 | 2 | 2 | 5 | 39 | 49 | 88 | 92 |
| 京都 | 302 | 302 | 145 | 141 | 1.0 | 1 | 138 | 2 | 12 | 22 | 98 | 222 | 258 | 273 |
| 大阪 | 298 | 289 | 134 | 133 | 1.0 | 11 | 122 | 2 | 5 | 18 | 89 | 169 | 250 | 266 |
| 兵庫 | 339 | 338 | 133 | 156 | 1.0 | 12 | 144 | 0 | 0 | 15 | 124 | 145 | 236 | 259 |
| 奈良 | 588 | 578 | 280 | 253 | 0.9 | 3 | 250 | 28 | 22 | 60 | 130 | 346 | 390 | 438 |
| 和歌山 | 69 | 65 | 15 | 42 | 2.8 | 1 | 41 | 0 | 0 | 7 | 34 | 44 | 56 | 58 |
| 鳥取 | 175 | 171 | 45 | 111 | 2.5 | 3 | 108 | 0 | 0 | 6 | 94 | 48 | 130 | 138 |
| 島根 | 65 | 65 | 20 | 40 | 2.0 | 2 | 38 | 0 | 0 | 2 | 35 | 27 | 44 | 48 |
| 岡山 | 262 | 261 | 86 | 135 | 1.6 | 9 | 126 | 1 | 4 | 23 | 90 | 180 | 224 | 233 |
| | ※1 | 227 | 80 | 108 | 1.4 | 9 | 99 | 0 | 1 | 6 | 85 | — | — | — |
| | ※2 | 34 | 6 | 27 | 4.5 | 0 | 27 | 1 | 3 | 17 | 5 | — | — | — |
| 広島 | 114 | 114 | 40 | 67 | 1.7 | 2 | 65 | 0 | 0 | 2 | 58 | 62 | 103 | 111 |
| 山口 | 74 | 71 | 31 | 28 | 0.9 | 7 | 21 | 1 | 1 | 3 | 16 | 49 | 67 | 71 |
| 徳島 | 72 | 72 | 25 | 28 | 1.1 | 1 | 27 | 0 | 0 | 1 | 25 | 38 | 59 | 61 |
| 香川 | 120 | 120 | 46 | 55 | 1.2 | 6 | 49 | 0 | 1 | 3 | 45 | 57 | 97 | 99 |
| 愛媛 | 115 | 115 | 43 | 62 | 1.4 | 6 | 56 | 0 | 0 | 5 | 47 | 55 | 88 | 94 |
| 高知 | 16 | 16 | 13 | 2 | 0.2 | 1 | 1 | 0 | 0 | 0 | 1 | 3 | 7 | 9 |
| 福岡 | 821 | 803 | 477 | 293 | 0.6 | 93 | 200 | 2 | 9 | 18 | 148 | 488 | 597 | 675 |
| | ※3 | 718 | 451 | 239 | 0.5 | 93 | 146 | 2 | 2 | 6 | 125 | — | — | — |
| | ※4 | 85 | 26 | 54 | 2.1 | 0 | 54 | 0 | 7 | 12 | 23 | — | — | — |
| 佐賀 | 226 | 222 | 96 | 103 | 1.1 | 42 | 61 | 0 | 0 | 1 | 52 | 136 | 186 | 202 |
| 長崎 | 96 | 92 | 37 | 47 | 1.3 | 26 | 43 | 0 | 1 | 1 | 11 | 59 | 72 | 76 |
| 熊本 | 159 | 158 | 55 | 89 | 1.6 | 46 | 43 | 0 | 1 | 2 | 35 | 79 | 102 | 121 |
| 大分 | 125 | 123 | 66 | 51 | 0.8 | 17 | 34 | 0 | 0 | 1 | 31 | 63 | 85 | 100 |
| 宮崎 | 155 | 145 | 42 | 88 | 2.1 | 3 | 85 | 1 | 1 | 17 | 62 | 102 | 123 | 125 |
| 鹿児島 | 33 | 32 | 9 | 15 | 1.7 | 10 | 5 | 0 | 0 | 0 | 5 | 8 | 20 | 22 |
| 沖縄 | 4 | 4 | 4 | 0 | — | 0 | 0 | 0 | 0 | 0 | 0 | — | 3 | 4 |
| その他 | 10 | 10 | 9 | 1 | — | 0 | 1 | 0 | 0 | 0 | 1 | — | — | 0 |
| 韓国 | 62 | 62 | 0 | 59 | — | 44 | 15 | 0 | 0 | 1 | 14 | — | — | — |
| 不明 | 311 | 292 | 63 | 229 | — | 4 | 217 | 3 | 11 | 54 | 149 | — | — | — |
| 総計 | 6329 | 6189 | 2252 | 3277 | 1.4 | 372 | 2863 | 43 | 77 | 356 | 2206 | 3604 | 4679 | 5025 |

◇ 本表は『日本列島出土鏡集成』〔下垣2016a〕を一部補訂のうえ再掲載したものである。
◇「選別総数」は「掲載総数」から偽鏡・唐鏡以降の作品（踏返しをふくむ）・鋳型などを除外した面数。
◇ 舶倭の区別がつかないもの、面径不詳の倭製鏡などがあるため、各データの和は一致しない。
◇「仿製」三角縁神獣鏡や方格T字鏡などを、古墳倭製鏡としてではなく中国製鏡として計数しているので注意されたい。
◇「舶倭比」は中国製鏡の出土数を1とした場合の倭製鏡出土数。
◇「古墳倭製鏡」の面数は、倭製鏡の面数から弥生倭製鏡を減じた数であり、いくぶん精確さに欠く。
◇ SL（超大型25cm〜）、L（大型20cm〜）、M（中型14cm〜）、L（小型〜14cm）
◇ ※1は鶴山丸山古墳出土鏡を除外したデータ。当墳出土鏡の内訳が※2。
◇ ※3は沖ノ島遺跡出土鏡を除外したデータ。当遺跡出土鏡の内訳が※4。
◇「岡崎」「歴博A」「歴博B」は、それぞれ〔岡崎編1976-79等〕〔白石他編1994〕〔白石他編2002〕の集計数。

表 2　倭製鏡の鏡式（系列）の集成数の推移

| | 鼉龍鏡 | 方格規矩四神鏡 | 内行花文鏡 | 「仿製」三角縁神獣鏡 | 神頭鏡 | 振文鏡 | 珠文鏡 | 重圏文鏡 | 素文鏡 | 弥生倭製鏡 | 乳（脚）文鏡 | 旋回式獣像鏡 | 「鈴鏡」 |
|---|---|---|---|---|---|---|---|---|---|---|---|---|---|
| 1910 | 7 [高橋 11] | | | | 2 [高橋 11] | 2 [高橋 11] | | | 2 [高橋 11] | | | | 6 [高橋 11] |
| 1920 | 12 [富岡 20a] | | | | | 6 [富岡 20a] | | | | | | | 29 [富岡 20a] |
| 1930 | 22 [後藤 26a] | 12 [後藤 26a] | | | | 11 [後藤 26a] | 19 [後藤 26a] | | 8 [後藤 26a] | | 15 [後藤 26a] | | 46 [後藤 26a]<br>58 [森本 28] |
| 1940 | | | | | | | | | | | | | 68 [三木 40] |
| 1950 | | | | | | | | | | | | | |
| 1960 | | | | | | 24 [伊藤 67] | 50 [久永 60] | | | 23 [梅原 59] | | | 71 [久永 63] |
| 1970 | 31 [樋口 79a] | 37 [樋口 79a] | 135 [樋口 79a] | | 9 [樋口 79] | 39 [樋口 79a] | 107 [東中川 75]<br>56 [樋口 79a] | | | 56 [高倉 72]<br>56 [樋口 79a] | 50 [樋口 79a] | | 68 [樋口 79a] |
| 1980 | | 32 [小林 79]<br>52 [田中 83] | 150 [小林 79] | 104 [樋口 79]<br>117 [京大 89] | 11 [茅野 82] | 43 [小林 79]<br>50 [小林 83]<br>80 [小沢 88] | 66 [小林 79]<br>180 [坂本 86] | 22 [小林 79] | 50 [近藤 80] | 97 [高倉 79]<br>148 [高倉 85] | 44 [小林 79] | | 69 [小林 79]<br>110 [山越 82]<br>81 [西岡 86] |
| 1990 | 40 [池上 92]<br>42 [車崎 93]<br>21 [新井 95] | 34 [河口 90]<br>39 [北浦 92] | 247 [清水 94] | 127 [樋口 92]<br>125 [里文 94b] | | 121 [水野 97] | 221 [中山他 94] | 24 [林 90]<br>40 [藤岡 91] | 90 [今平 90] | | | 70 [森下 94] | 151 [大川 97] |
| 2000 | 36 [辻田 00]<br>37 [林 00]<br>58 [下垣 03a]<br>40 [辻田 07a] | 66 [下垣 01]<br>64 [下垣 03] | | 129 [樋口 00]<br>128 [森下他 00]<br>128 [福永 05] | 22 [下垣 03a]<br>15 [赤塚 04] | 180 [下垣 03a] | | | | 271 [田尻 04] | | | 158 [八木 00]<br>148 [岡田 03] |
| 2010 | 65 [下垣 11b] | 70 [下垣 11b] | 347 [下垣 11b] | 133 [下垣 10a] | 25 [下垣 11b] | 191 [下垣 11b] | 318 [下垣 11b]<br>250 [脇山 13] | 113 [下垣 11b]<br>105 [脇山 15b] | 109 [下垣 11b]<br>80 [小野本 13] | 333 [田尻 10]<br>345 [下垣 11b]<br>336 [田尻 12] | 196 [下垣 11b]<br>215 [加藤 17b] | 130 [下垣 11b]<br>120 [加藤 14a] | 139 [下垣 11b] |
| 「下垣16a」 | 71 | 73 (68) | 386 | 140 (133) | 26 | 214 | 385 | 136 | 140 | 372 | 221 | 145 | [180] |

◇ 本表は『日本列島出土鏡集成』［下垣2016a］を一部補訂のうえ再掲載したものである。
◇ 鏡式認定は論者ごとに相違するが、原則的に変更をほどこさない。方格T字鏡など明らかな中国製鏡を多数ふくむ場合にかぎり、それらを変更・除外する。
◇ ［ ］内の文献は巻末の引用文献に対応する。文献の年次は上二桁を省略する。
◇ ［富岡20a：後藤26a：樋口79a］などは網羅的な集成とはなさないが、便宜的に掲載数をもって集成数とみなす。
◇ 約X面、X面余といった面数は、すべてX面として掲載する。
◇ 鏡式のみが伝わる資料をふくめると、たとえば珠文鏡と内行花文鏡は約400面、弥生倭製鏡は約380面になる。
◇ ［下垣16a］での集計値は、筆者が確認した資料数であり、鏡式のみが確認できる資料は除外した。他鏡式（系列）と重複しているので注意されたい。
◇ 筆者は「鈴鏡」を鏡式としてまとめてみていないが、参考のため掲載した。

されるところである。

　しかし、懸念材料もある。研究アクセスが容易になり、間口がひろがったことは、なるほど歓迎すべきことである。しかし反面、最近では「手ごろな」あるいは「お手軽な」研究資料にさえなりつつあり、安易な考察も少なからずある。緻密な観察に立脚した考察が増えてきた反面、個別資料（群）に閉塞した短篇が濫発する事態もうまれている。分析が詳細になった反面、対象資料や分析視角がせばまり、関連研究への目配りに欠く論考も、以前に増して目だってきた。自説の引用のみに積極的で、近年の諸研究の参照にほとんど配意しない論考も目につく。こうなると、研究数はたしかに増えているものの、蛸壺化が進んでいるだけにもみえてくる。研究成果を利用する鏡研究者以外の姿勢にも問題がある。「邪馬台国」や「卑弥呼」にかかわる鏡（たとえば三角縁神獣鏡や画文帯神獣鏡）に注目が集まり、そしてまた自説に都合のよい研究成果を検証もへずに拙速に流用する考察が頻見する。

　最近の銅鏡研究は多くの分野で重要な成果をあげている。系統や製作者集団を考慮にいれた精緻な編年の構築、新視点を導入した製作技術ひいては生産体制の復元、従来の分配者を中軸にすえた流通論にくわえて、諸地域の受領者の論理を勘案した保有論の展開などは、その顕著な成果である。いわば銅鏡研究の「王道」的研究が、いっそうの進捗をみているわけである。

　ただ、研究の歴史を長期的かつ丹念に追尾すれば容易にわかることだが、特定時期に選好される研究・分析視角がある。その隆替のなかで、特定テーマが一気に深化をとげることもあれば、しばらく看過され停滞することもある。上記の諸視角からくりだされる研究成果を評価することにやぶさかではないが、他方で少数の分析視角に研究が収斂しがちであることにも留意したい。もちろん、どの研究分野にも収斂現象と衰退現象、俗にいう「流行り廃り」がある。しかし、長期的な視点で研究をみすえるならば、特定視角から大同小異の短篇が多出するよりも、多様な視角から多彩な成果がうみだされるほうが望ましい。

　この収斂現象を生じさせる重要な要因として、研究史の軽視がある。研究史というと、筐底に埋もれた研究をあさる無益の義務、あるいはプライオリティを確認する礼儀作法、と思われがちである。しかし、過去の諸研究が、いかなる資料をいかなる分析視点で分析し、いかなる歴史観で解釈していたのかを通時的にとらえる作業は、研究の全体像を把捉し、現時点で追究すべきテーマを剔出するうえできわめて有益である。とはいえ、その作業は煩瑣なことらしく、身近な研究者のスタイルと論文を模倣・参照することで、研究者としてのキャリアを積みあげてゆくほうが一般的である。いわば研究の「縦ではなく横をみる」ことが、実践面で重んじられているわけである。

　このように、研究史の軽視と研究視角の収斂現象には一定の相関性をみてとれる。これらは、将来の銅鏡研究に停滞をもたらす障壁になりかねない。そこで本書は、活況を呈している現在の銅鏡研究に水を差しかねない障壁をとりのぞき、爾後の研究のさらなる進展に資するべく、（1）研究史の悉皆整理と、（2）研究視角の拡幅に有用な視角からの考察の提示、を実践する。一昨年に上梓した『日本列島出土鏡集成』〔下垣 2016a〕と対をなす、一種の梃子入れ作業といえよう。本書と『日本列島出土鏡集成』は、基本的に同じ意図のもとで同時併行的に進めた成果である。たとえば、本書で言及する個々の鏡に付した番号は、『日本列島出土鏡集成』の鏡番号に対応する。両書を併用していただければ、より有益であろう。なお、三角縁神獣鏡の「目録番号」は、京都大学の手がけた番号〔京都大学文学部考古学研究室編 1989〕を増補したものをもちいる。

## 2. 本書の梗概

　本書の原型となった諸論考〔下垣 2016b〕は、雑誌論文などの形式で公開していないため、きわめて少数の研究者の目にしかふれていないはずである。ほとんどの読者にとって、本書収録論稿のすべてが初見と予想される。したがって以下では、読者の便宜をはかるため、各論考の梗概について簡潔に記しておく。

　第Ⅰ部「倭製鏡論」は、本書の大半を占める。分量だけでいえば、第Ⅰ部だけで1冊の本になる。そのため本書の構成は、いちじるしく均衡を欠くものになった。とはいえ、特定資料群をめぐる知の蓄積と、それらから抽出しうる課題を網羅的におさえるためには、これだけの紙幅が必要である事実を枉げるわけにはゆかなかった。少しでも短くするために文章を切りつづめる努力をしたが、そのため逆に文章のつながりの悪い箇所や長大な段落が生じたきらいがある。その点については、読者の方々にお詫びしたい。第Ⅰ部では、江戸期から現在にいたるまで計7期（細分9期）に分期し、倭製鏡（および中国製鏡）に関する研究の到達点と課題を、具体的な研究例と多様な諸視角に即して悉皆的に解説した。第Ⅰ部の価値は、網羅的な情報量にあり、巻末の引用文献とともに、研究の手引きとして有益であろう。拙著『三角縁神獣鏡研究事典』〔下垣 2010a〕とあわせて活用してもらえれば幸いである。ただし第Ⅰ部は、たんなる至便なデータ集ではない。特定資料群の研究が、分析法や社会背景などと関連しつつ、いかに展開し推移していったかを厚く記述した、大系的な学説史でもある。今後、ほかの諸資料にたいしても同種の研究があらわれることを期待している。

　第Ⅱ部は、多彩な新視角による論考群である。その第1章「鏡の名前——総称篇——」では、弥生〜古墳時代に列島で製作された銅鏡の総称について、学説史的な考察をおこなった。銅鏡は文様が多彩であり、長い研究史をつうじて多様な研究者が手がけてきたため、論者ごとに相違する鏡式（系列）名が乱舞し、読者をいちじるしく混乱させる。鏡式（系列）どころか総称すら、従来の「仿製鏡」にたいして、「倣製鏡」「倭鏡」「倭製鏡」「国産鏡」などが入り乱れ、最近では同一の論考中ですら統一がとれない事態まで散見する。統一的な呼称は、真っ当な研究の前提条件であり、この混乱した現状を是正する必要がある。そこで本章では、総称をめぐる学説史の精査を実施した。その結果、「仿製鏡」は、1930年代頃から敗戦後にかけて、製作地を指示する限定詞が抜け落ちて日本列島に閉塞した用語になった点や、模倣のみを指示する用語である点などに問題があり、「倣製鏡」は「仿製鏡」の欠陥のみを継承している点で問題外であり、それゆえ「倭鏡」と「倭製鏡」が適切であり、ひとつにしぼるならば「倭製鏡」が妥当との結論をみちびいた。ただ、この結論は出発点にすぎず、今後は鏡式（系列）名の吟味などといった作業に向かう必要がある。

　古墳時代の倭製鏡（古墳倭製鏡）は3000面近くにおよび、弥生時代の倭製鏡（弥生倭製鏡）よりも一桁ほど多い面数をほこる。古墳倭製鏡の出現経緯と背景について、これまで少なからず論じられてきたが、総じて粗放な弥生倭製鏡と精緻な製品がめだつ初期の古墳倭製鏡とのギャップを埋めきれずにいる。第Ⅱ部第2章「弥生「龍」の残映」では、弥生時代後期以降の土器に散見する「龍」文様を配する初現期倭製鏡に着目して、古墳倭製鏡創出のプロセスについて考察をめぐらせた。倭製鏡と他器物の文様の共通性〔加藤 2017b 等〕について、これまで注目されてこなかった

が、本章では弥生時代後期〜末期頃に重要な意義をもった「龍」文様が、次代の図像の代表格である倭製鏡の主像文様に採用された背景を探った。文様からは両者の同時性が示唆されるが、器物自体の特徴と出土時期などは、両者間に1世紀ほどのヒアタスがあることを明示する。この重大な離齬の背景に、文様自体の「保有」と「管理」を想定した。ただし、状況証拠からの推論にとどまった感があるので、異論をふくむ別案の提示を期待したい。

　埋葬施設から鏡が出土すると、「司祭者的な人物の墓」だとか「女性の墓」だと喧伝されることが少なくない。ところが実際の副葬状況をみると、多量の武具・武器としばしば伴出し、男性人骨との共伴事例は女性人骨との共伴事例に比肩、あるいは凌駕する。径20cm以上の大型（倭製）鏡は、原則的に男性人骨にともなう〔下垣 2011a〕。そうした事実に目を背け、いまだに現代の常識的な性差イメージが過去の考古資料に投影されて、女性と鏡が結びつけられることが多々あり、この偏見が展覧会や一般書で拡散されることも珍しくない。そこで第Ⅱ部第3章「副葬鏡と被葬者」では、埋葬施設における人骨と鏡の共伴事例を悉皆集成し、人骨の性差などと副葬鏡の種類・舶倭・面径などとの相関性を検討した。その結果、鏡式と性差に相関性がないこと〔清家 2015〕を具体的に追認し、むしろ副葬鏡のサイズが大きくなるにつれて男性人骨とのみ共伴する傾向をみいだした。さらに、「首長墓系譜」における鏡の保有状況と保有期間についても、具体例に即して検討した。検討自体はオーソドックスで捻りがないが、網羅的なデータ提示には重要な価値があるだろう。人骨は被葬者に関する第一次情報であり、性差や死亡年齢はもちろん体格・栄養状態・死因・病歴・出産歴など、被葬者の履歴が秘められている。鏡以外の器物でも同種の検討が実施されることを強く希望する。

　弥生・古墳時代の鏡は、「司祭者」や祭儀に関連するはずだという信念はよほど強いらしく、そのために分析が甘くなることがしばしばある。その信念を裏づけ補強してきたのが、鏡と祭儀との関係をえがく『古事記』『日本書紀』をはじめとする古文献であった。津田左右吉がこれらの記事の信憑性を棄却して以来〔津田 1919・1948 等〕、考古資料としての鏡と古文献の鏡関連記事との整合性はおろか、古文献の鏡関連記事の検討も十分になされてきたとはいいがたい。そのために、古文献と考古資料の「もたれあい」が生じてきた。とくに現在、古墳時代前期〜中期頃の鏡の動線に関して、文献史料に依存する「A説（〈諸地域独自の入手・製作⇒諸地域内／間流通（⇒王権中枢勢力への貢納）〉説）」と、考古資料を重視する「B説（〈王権中枢勢力による入手・製作⇒諸地域への分配〉説）」が対峙しているが、史資料の総合的分析が欠落しているため、せいぜい水掛け論にとどまっている。鏡が当該期にはたした意義を勘案すると、両説いずれを採るかで、弥生・古墳時代の政治史的理解にも大きな影響がおよんでくる。そうである以上、史資料の双方を総合的に検討することが喫緊の課題だといってよい。そこで第Ⅱ部第4章「古文献と鏡」では、『古事記』『日本書紀』『風土記』などの古文献における鏡関連記事を集成し、「宝鏡製作（・祭祀）」「宝鏡授与」「恭順服属」など記事の内容により計9類に分類し、記事自体の史料批判と考古資料としての鏡との整合性を分析した。その結果、古墳時代中期後半以前の古文献の鏡関連記事は、そのほとんどに信憑性がなく、A説が成立しないことを明示した。他方、古墳時代前期頃の鏡が示す一部の現象が鏡関連記事と合致するかにみえる事実を指摘し、それは後者の信憑性を示すのではなく、おそらくは古墳時代後期以降（おそらくは終末期以降）に、鏡祭儀の古儀が復興された事態を反映しているとの解釈をみちびきだした。

奈良県黒塚古墳から多数の三角縁神獣鏡が出土し、マスコミを賑わわせたことは、すでに旧聞に属するが、現在も時おり鏡が古墳から出土し、新聞などにいささかの話題を提供する。「卑弥呼の鏡」とか「大和政権の地域進出の物証」などと評されたりするように、弥生・古墳時代の姿を映しだす重要な遺物とみなされるのが一般である。ところが、出土後に古代史界隈の話題をさらったり、博物館の目玉となったり、地域振興の一役をになわされたりと、現在の社会でも少なからぬ役割をはたすことがある。鏡と人間の関係は副葬や廃棄をもっていったん途切れるが、出土後に両者は新たな関係をとりむすぶわけであり、人間とモノとの関係の追究という視座を採れば、出土後のモノの役割も十分に興味ぶかい研究対象になりうる。そこで第Ⅱ部第5章「失われた鏡を求めて」では、江戸期に出土した鏡が現在まで流転してゆく経緯を追跡するとともに、出土鏡をめぐって江戸期に形成された知識人ネットワークの姿を浮き彫りにし、その意義を評価すると同時に、そのネットワークが江戸末期に衰微するにいたった理由を明らかにした。

　筆者はこれまで、倭製鏡を中心とする列島出土鏡の分類・編年・集成などの基礎作業と、その政治史的意義の究明という応用作業に従事してきた。これらは鏡研究の主流的なアプローチであり、それなりの貢献をはたしたと自負している。しかし他方、テーマの収斂と硬直化も助長してきた気もする。本書に収録した諸論考は、今後の研究をいっそう多角的に進展させるための基礎作業と新視角からの検討事例であり、政治史的検討を軸とする論考は収録しない方針を採った。微意を汲んでいただければ幸いである。

# 第Ⅰ部　倭製鏡論

# 第1章　倭製鏡研究の意義

## 1.　目的

　銅鏡は、弥生・古墳時代の政治・社会史的研究において、基軸的な役割をになってきた。とりわけ花形的な存在として、研究者だけでなく一般の耳目をも惹いてきたのが三角縁神獣鏡であり、そして注目度は数段さがるが、同型鏡群や「伝世鏡」としての漢鏡であった。つまり「舶載鏡」が重視されてきた。その反面、同じ時期に日本列島で製作された倭製鏡は軽視されがちであった。理由はいくつかある。まず、「仿（倣）製鏡」という名称が使用されてきたことが示すように、しょせんは模造品であり、真正な中国製鏡の代用品にすぎない、という認識があった。なるほど倭製鏡の過半は粗笨である。すぐれた鋳造技術の賜物である一部の製品にしても、その文様構成は中国製鏡の規矩に即さず、神話的・思想的内容も理解できていない。かくして倭製鏡は、「堕落」した鏡という烙印を捺されてきた。文様が多様であることも、上記の理由と組みあわさって、軽視される要因となってきた。文様や属性の多様さは、研究を敬遠させる一因になるだけでなく、中国製鏡を咀嚼できない粗末な思想・技能の反映だとも解され、敬遠が軽視に転化されてしまうわけである。

　倭製鏡が軽んじられる原因は、研究者の側にもある。多彩な倭製鏡の全体像をふまえずに、ごく一部の資料を俎上に載せる検討があとをたたない。そのため、検討対象を異にする研究者間において、認識の共有がすこぶる不十分になる。そのうえ、特定の鏡群に分析がかたより、多数を占める残余の資料は、なおざりな名称を付されたまま、未検討の状態で脇におかれる。その結果、研究者間で倭製鏡の全体像が共有されない、という負の円環が形成される。ましてや、倭製鏡の研究に従事しない者の目には、茫漠たる資料群として映ることになる。三角縁神獣鏡や同型鏡群の同笵（型）分析、三角縁神獣鏡の製作集団・系統の抽出、漢鏡の精細な属性分析といったように、中国製鏡の分析が緻密をきわめる一方で、倭製鏡は資料の位置づけすらおぼつかない。そう映るわけだ。

　しかし、弥生・古墳時代の列島社会を研究するうえで、倭製鏡が中国製鏡の後塵を拝すべき資料であるかといえば、断じてそんなことはない。第一に、倭製鏡は資料数において中国製鏡を凌駕する。最近の集成作業によると、弥生〜古墳時代に属する倭製鏡は約 3280 面、列島出土の中国製鏡は約 2250 面を数え、前者がおよそ 1000 面ほど多い〔下垣 2016a〕（表 1）。第二に、時間幅も長い。中国製鏡は弥生時代中期末頃から古墳時代後期まで列島に流入したが、古墳時代前期末頃〜中期前半および後期前半以降に、流入状況が不明瞭な期間がある。他方で倭製鏡は、弥生時代後期頃に生産が開始されて以降、少なくとも古墳時代後期前半まで生産されつづけた。生産・流通状況を通時的にとらえうる点で、倭製鏡は中国製鏡よりも有効な資料である。第三に、中国製鏡には踏返し鏡や復古鏡が存在し、また列島外での保有期間が介在する蓋然性があり、製作時期も列島への流

入時期も正確に決めがたい難点をかかえている。これにくらべて倭製鏡は、復古も一応あるが、製作から副葬までの流れと時期をとらえやすく、時空間を限定して検討を進めやすい利点をもつ。

　さらに、中国製鏡と共通する資料上の強みも多い。まず、分布範囲の広さをあげうる。中国製鏡は宮城県・山形県から沖縄県まで、倭製鏡も宮城県・山形県から鹿児島県まで、本州全域に分布する。また、超巨大古墳から一般集落にいたるまで広範に出土し、当該期の社会関係を復元する有効な材料たりうる。さらに、内区文様・外区文様・鏡体・鈕・乳など可変的な属性に富み、型式組列（系列）や系統の復元作業に適している。そのうえ、有力古墳において他器物との豊かな共伴関係を示し、型式組列と組みあわせることで、実証的な裏づけをそなえた編年を構築できる。

　倭製鏡の資料上の利点と研究上の有益さは、まだまだ列挙できるが、それらは第Ⅰ部での検討をつうじて例示する。実際に、そうした利点を活かした研究成果が、これまで多くあげられてきた。しかし、それらの大半は、一部の系列（群）の分析から導出されたものであり、倭製鏡の全体を俯瞰したうえでの研究成果はきわめて少ない。その主因は、倭製鏡が多岐多様におよぶため、分類漏れが顕著に生じたり、研究者間で個別資料（群）の分類および位置づけが共有されにくいことなどにある。つまり、倭製鏡が中国製鏡よりも軽視される事態と、倭製鏡の総合的な研究が進捗をみない状況は、同じ原因に根ざしているのである。

　筆者は、こうした難局への打開策として、個別資料にたいする諸論者の分類を併載した倭製鏡の集成を公表してきた〔下垣 2011b・2016a・c〕。とはいえ、そうした作業だけでは十分とはいえない。倭製鏡の分類および位置づけが共有されず、混乱が生じてきた以上、そうした資料に立脚した研究成果が十分に共有されず、研究者の共有財産になりにくくなるのは当然である。とすれば、資料の集成・整備にくわえて、研究史の詳悉な整理をつうじた論点の抽出こそが、倭製鏡研究を深化させるうえで必須の作業であるに相違ない。したがって第Ⅰ部では、後者の作業に従事する。

## 2. 大要

　倭製鏡の研究史を綿密に整理し、その成果と課題をみちびきだすことが、第Ⅰ部の作業となる。この作業は、時期区分を設定して進める。三角縁神獣鏡の学史整理〔下垣 2010a〕に際して採用したのと同様の安易なやり方であるが、研究の展開状況を把握し、論点と課題を抽出するには適している。両者の時期区分を統一できればよいのだが、倭製鏡の重要な研究成果や発見の年次は、三角縁神獣鏡のそれらとことなるため、同一の時期区分を設定するのは不適当である。したがって、三角縁神獣鏡の七期区分（第Ⅰ期～第Ⅶ期）にあるていど近似させるかたちで、七期区分を設定する。この時期区分は便宜的に設定したもので、各時期の境界で様相が截然と変わるわけではない。

　分期名は、三角縁神獣鏡の時期区分との混同を避けるため、漢数字で表記する。江戸期から19世紀後半までを第一期、19世紀末から1910年代前半までを第二期、1910年代後半から20年代までを第三期、1930年代から40年代までを第四期、1950年代から70年代中頃までを第五期、1970年代後半から80年代までを第六期、1990年代以降を第七期とする。第一期は江戸期と明治前半期に、第五期は1960年代初頭までとそれ以降に、第七期は1990年代と2000年代以降に、それぞれ二分することもできる。研究成果が厖大な第七期に関しては、前半期と後半期にわけて解説する。最近の研究状況の新展開をみると、2010年代以降に第八期を設定すべきかもしれない。

本書では、これまで「弥生小形仿製鏡」とよばれてきた鏡群にたいして、「仿製鏡」を「倭製鏡」に換え、不必要な限定詞である「小形」を削除し、「弥生倭製鏡」の名称をあたえる。古墳時代の倭製鏡の汎称として、「古墳倭製鏡」の語を採用する。ただし、「古墳」の限定詞を逐一冠すると煩瑣になるので、基本的に弥生倭製鏡との区別を強調する際に「古墳倭製鏡」の用語を使用する。したがって、「倭製鏡」の指示対象が弥生倭製鏡と古墳倭製鏡の双方をふくむのか、古墳倭製鏡のみであるのかは、文脈で判断されたい。「倭製鏡」と呼称する理由については、第Ⅱ部第1章で詳説する。

　ところで、これまで倭製鏡とみなされるのが一般であった、方格Ｔ字鏡など文様の粗忽な中・小型鏡や「仿製」三角縁神獣鏡を、魏晋以降の中国製鏡に再編成する見解が、徐々に有力になりつつある。筆者もこの見解を支持しているが、これらを倭製鏡とする意見がいまだ多数派を占めることにくわえ、これらを倭製鏡とみなしてきた先行研究をあつかうため、以降ではこれらに関する諸研究もとりあげる。「仿製」三角縁神獣鏡とそのほかの倭製鏡は、しばしば分断的に検討されてきた学史的経緯があるが、「そのほかの」という指示語は煩瑣である。本書では、「仿製」三角縁神獣鏡とは別の倭製鏡を指示する場合も「倭製鏡」とよぶ。同じく文脈上、「仿製」三角縁神獣鏡と倭製鏡を一括して指示する場合も「倭製鏡」と呼称する。混乱を招きかねないが、ご容赦ねがいたい。「仿製」三角縁神獣鏡をめぐる諸説については、旧稿〔下垣 2010a〕を適宜引用する。

　倭製鏡と中国製鏡は列島で共存し、当時の人びとが両者をどのていど区別していたのか判然としない。先行研究においても、両者はしばしば一括して検討されてきた。したがって、倭製鏡と中国製鏡を截然と区別してしまうと、研究史の大局を逸しかねないし、議論を矮小化してしまうおそれもある。とはいえ、両者を総合的に論じきることは、筆者の手にあまるし、第Ⅰ部の目的にもそぐわない。この難点については、中国製鏡の研究動向にも適宜ふれることで緩和をはかりたい。

# 第2章　倭製鏡研究の展開

　本章と次章では、先に示した時期区分に即して、倭製鏡研究の展開をとらえ、その到達点と課題を明示する。そうした作業は、これまでほとんどなされてこなかった。論文の導入部分で、倭製鏡全体のごくおおまかな学説整理がおこなわれたり、個別鏡式の分析に先だち当該鏡式の先行研究が紹介されることは多い。しかし、たいていはおざなりにすまされる。

　倭製鏡の研究史の専論は、小林三郎の論考にほぼかぎられる〔小林三 1988・2010〕。敗戦前の諸研究に重点をおいた小林の検討は、それなりに詳細で有益である。ただし、欠陥も少なくない。個別論者の研究成果に焦点をあてたために、諸研究の影響関係や、諸説の継承／断絶などの様相が不分明になり、諸論者の見解を羅列した観が強い。また、検討が倭製鏡に終始し、倭製鏡研究に刺戟をあたえた考古学的な諸発見や、他分野の研究動向などがほぼ抜け落ちている。そのため、倭製鏡の個別研究に閉塞した、視野の狭い議論におちいっている。これでは、倭製鏡研究がニッチ的な研究分野だという誤解をあたえかねない。誤読やミスが散見することも気にかかる。

　近年、そのような欠点を克服した好論を意欲的に提示しているのが辻田淳一郎である。2007年の著作では、1960年代以降の中国製鏡と倭製鏡の研究史を追尾している〔辻田 2007a〕。重要な論点が端的に整理されているが、著作の目的にそった整理であるため、検討範囲が古墳時代前期までに限定され、政治史的検討に偏向するなど、倭製鏡研究の全体像を把握するには適さない。他方、近年の論考では、弥生時代末期から古墳時代後期までの中国製鏡と倭製鏡に関する論点を、研究史をふまえて網羅的に論じており、きわめて有益である〔辻田 2012a〕。ただし批判意識が弱く、現状追認型の論にとどまっている。論中でふれる先行研究の大半が1990年代以降にかたよることも、この現状追認型の姿勢のあらわれであろう。

　ともあれ、倭製鏡の研究史に関する検討がかくも低調である事態に目を向けると、上述した倭製鏡研究の停滞の一因がみえてくる。倭製鏡の多様さは、研究を躊躇させる要因になり、多様ゆえに総合的な研究がむずかしい以上、研究史の検討も散漫に傾きがちになる。研究史の検討が不十分になると、論点が共有されなくなり、当然の結果として研究の進捗が滞ることになる。かくして、負の螺旋がかたちづくられてしまう。この螺旋を断ち切るには、倭製鏡の総合的研究を遂行すればよいのだが、それはますます至難な作業になっている。そこで以下では、倭製鏡の研究史を綿密に検討し、共有しうる論点と課題を剔出して、将来の倭製鏡研究の足場を設営する。

# 第 一 期

### 江戸期〜19世紀後半

## 1. 江戸期

　倭製鏡の研究史は、三宅米吉の「古鏡」〔三宅 1897〕か、八木奘三郎もしくは高橋健自の論考〔八木 1899・1902・1905；高橋 1907・1908b・d・1911 等〕から説き起こされるのが一般である。それ以前にまで、探索の手がのばされることはまずない。理由は単純である。三宅と八木の論考で倭製鏡の存在が示唆され、高橋が実際に倭製鏡を抽出し、鏡式の設定をこころみたからである。

　第一期には、出土鏡の舶倭を識別する手がかりも意識も稀薄であった。好古ないし弄古の域を脱せず、例外的な著述〔青柳 1822 等〕をのぞくと、出土鏡の詳細な吟味は皆無に近かった。しかし、当該期には倭製鏡が数多く出土し、倭製鏡を収録した図譜類も少なからず刊行されていた。多数の鏡を掲載した『集古十種』〔松平編 1800〕、長野県川柳将軍塚古墳出土鏡などを収録した『小山林堂書画文房図録』〔市河米 1848〕および『宝月楼古鑑譜』〔市河寛 1926〕、天下の孤本であり、精美な大型倭製鏡の拓本をおさめた『鏡研搨本』〔編者不明（天保年間）〕および若干の倭製鏡の図を収録した『観古集』〔春田（寛政年間）〕などを、すぐさま挙例できる。『小山林堂書画文房図録』や『柳園古器略考』〔青柳 1822〕などでは、漢籍を駆使して出土鏡の位置づけが試考された。とりわけ『小山林堂書画文房図録』は、宋代の『宣和博古図録』（1107 年）や清代の『西清古鑑』（1749 年）および『金石索』（1821 年）を強く意識した体裁をとり、事実『宣和博古図録』に言及している。

　従来の研究史では、三宅や八木が唐突に「科学的」な鏡研究に着手したかのような印象をうける。しかし、上記のような資料面および研究面での蓄積があってこそ、そうした研究が可能になったことを看過してはならない。実際に、三宅は『西清古鑑』から「取捨選択」して鏡式を命名し、八木も『宣和博古図録』をつぶさに紹介していた〔八木 1900〕。

　江戸期、とりわけ 18 世紀後半の安永〜寛政期に、古鏡をふくむ古物研究が体系性をととのえはじめた〔清野 1954〕。その背景として、街道交通が整備され、出版・印刷業が隆盛をむかえ、町人文化が花開いたことなどをあげうる。とくにこの時期に、「博物学的思考」や「収集文化」が多様なジャンルで同時多発的に顕在化したこと〔香川 2005；上杉 2010 等〕が注意を惹く。そうした状況下で、好古家たちが広範な知識交換のネットワークを形成し〔杉本欣 2016〕、蒐集した古鏡に関する著述や拓影・図譜がそのネットワークに乗って流通し、知的財産として共有されていった。新田開発や都市開発のあおりをうけて多数の古墳が破壊され、副葬鏡が陸続と出土したことも、古鏡熱を煽ったであろう。江戸期に古墳から鏡が出土した事例数と面数を年代別に整理すると、天明期（1781-89）頃から急増しており（表3）、古鏡研究への志向と出土事例数の増加には、顕著な相関があったようだ。さらに、実証を重んじる清朝考証学や新たな学問体系としての蘭学が、古物への関心を学問レヴェルへとひきあげるのに多大な役割をはたした。清朝考証学に親しんだ狩谷棭斎

16 第Ⅰ部　倭製鏡論

表3　江戸期の鏡出土数の推移

| 西暦 | 事例数 | 面数 |
|---|---|---|
| 1601–1620 年 | 3 | 3 |
| 1621–1640 年 | 2 | 6 |
| 1661–1680 年 | 2 | 2 |
| 1681–1700 年 | 6 | 8 |
| 1701–1720 年 | 2 | 9 |
| 1721–1740 年 | 6 | 28 |
| 1741–1760 年 | 3 | 6 |
| 1761–1780 年 | 7 | 10 |
| 1781–1800 年 | 14 | 76 |
| 1801–1820 年 | 14 | 27 |
| 1821–1840 年 | 14 | 33 |
| 1841–1860 年 | 18 | 19 |
| 1861–1880 年 | 50 | 91 |
| 不明 | 74 | 90 |

や松崎慊堂は、鏡銘の釈読において高い水準を示した〔松崎1980；森下 2004a；鐘方 2012a〕。蘭学に傾倒した木村蒹葭堂や司馬江漢らは古鏡の所蔵者であり、前者は当該期に知識人ネットワークの要として活躍した〔中村真 2000〕。また、蘭学の輸入者として名高い平賀源内は、宝暦七（1757）年に江戸湯島で物産会を開催し、当会には古鏡をふくむ古物も展示された。当会は、好古家たちの会合やネットワーク形成に強い影響をあたえた。好古家の会合には、しばしば実物資料がもちよられ、談論が活潑に交わされ、拓影や図面を贈呈しあいつつ、古鏡に関する知見が深められていった。

　このように、江戸後期に古鏡への関心と知見が深化をみたわけだが、八咫鏡への傾倒をのぞくと、和鏡以前の列島製鏡を抽出し検討する姿勢はうかがえない。他方で、墳墓出土鏡や好古家の所蔵鏡に中国製鏡があることが、すでに気づかれていた。『小山林堂書画文房図録』では、収録した列島出土鏡が『宣和博古図録』の所載鏡と同類だと指摘され、「真漢鑑也」「真漢時物」といった鑑定もなされた。『柳園古器略考』では、福岡県三雲南小路遺跡出土鏡に詳細な観察をくわえ、「此鏡．蓋シ景初正始の物にして．我怡土県主等の物か」と結論づけた。押韻や省画を見抜き、鏡銘に精確な釈読をほどこした椒斎や慊堂らの鴻儒〔松崎 1980；鐘方 2012a〕も、列島出土鏡に中国製鏡が存在することに気づいていただろう。事実、椒斎の蔵する「求古楼の古鏡」〔松崎 1980〕に関する「求古楼古鏡目録」には、「前漢」「後漢」の時代区分が記され、「文献との照合を用いた古鏡年代推定法の萌芽」もみとめうる〔森下 2004a〕。

　しかし、国学者の白尾国柱が1800年前後に、宮崎県本庄猪塚（猪の塚地下式横穴墓）から出土した鏡を、「西土の鏡には似つかはしからねば、益もて皇国上古の物」だと鑑定した例外はあったものの〔杉本欣 2016；永山 2018〕、和鏡以前の列島製鏡が具体的に抽出されることは総じてなかった。たとえば『小山林堂書画文房図録』では、収録した竈龍鏡を「真漢鑑」、倭製対置式神獣鏡系を「六朝已後」の「霊禽六乳鑑」とみなした。川柳将軍塚古墳から出土した小型の倭製鏡2面にたいしては、『春秋左氏伝』の「王以后之鞶鑑予之」なる一節への杜預注に準拠し、これらを「鞶帯鑑」、すなわち革帯を飾る小鏡と解した。「癸未年」銘で著名な和歌山県隅田八幡神社所蔵の人物画象鏡（和歌山20）は、第二期の1914年に再発見され、倭製鏡研究の重要な基点となったが、すでに当鏡は、天保九（1838）年に上梓された『紀伊名所図会』（三編巻之二）の隅田八幡宮の条において、細密な摸写図を添えて解説されていた〔加納他 1937〕。しかし、銘文を正確に描き起こしておきながら、「古体にして読むべからず」と釈読を抛棄し、その字体が「昔年筑前国怡土郡三雲村にて土中より掘出ししものと形状よく似」ることから、「漢魏の古物なること自明なり」と断じた。ここで言及された「三雲村」とは三雲南小路遺跡のことであり、16年前に刊行された『柳園古器略考』の所見が引用されている。古物に関する当時の著作や見解が、すみやかに共有されていたことがうかがえる。

　その『柳園古器略考』には、「古家より出る物は．十に七八は異邦の製也．神宝にあるものは．

多くは倭鏡なり．世間に流伝するものは．倭漢相半す」との記載があり〔青柳 1822〕、「倭鏡」の初出として注目される。ただし記述内容からみて、後世の和鏡をふくむとみたほうがよい。江戸期には、和鏡とそれ以前の列島製作鏡を区別するすべがなく、そもそも鏡が出土する墳墓の年代を推定する手段も方法論もなく、列島出土鏡の時期を想定する手がかりは中国の図譜類しかなかった。そうである以上、列島出土鏡の研究には、資料・方法論の両面において、いかんともしがたい限界があった。ましてや、和鏡以前の倭製鏡を研究するなど無理な相談であった。

　八咫鏡をめぐる考察のみが、江戸期におこなわれた広い意味での倭製鏡研究であった。三種の神器の筆頭である八咫鏡は、江戸期の国学者の強い関心を惹き、本居宣長（『古事記伝』）・平田篤胤・伴信友（「宝鏡秘考」）ら錚々たる国学者が考証をくわえた。狩谷棭斎も、『本朝度攷八咫鏡説平田氏批考弁』において平田説への反論をこころみた。とはいえ、八咫鏡に関する議論は、「考古学史として之を細説するほどの考古学的論拠を見ない」と清野謙次が一蹴したように〔清野 1955〕、物証を軽んじ、信憑性に難のある文献を混在させたうえでの解釈論に終始した。

　岡村秀典が近年、宋代に端を発する古鏡研究に「宋学としての金石学、実学としての物理的研究、文人趣味としての骨董学という３派」があり、青柳種信を典型として、明治期までの考古学が「同時代の中国でさかんな考証学としての金石学とはあまり接点をもたず、むしろ宋明代の文人趣味としての随筆や類書を参考に議論していた」と指摘している〔岡村 2007・2008a・2015〕。この指摘をふまえ、江戸後期の古鏡研究の方向性をとらえると、（Ａ）考証学としての金石学、（Ｂ）文人の骨董趣味的研究、（Ｃ）国学としての神器（八咫鏡）研究、の３つが、好古趣味を共通の苗床にして発芽し、からみあって生育したとまとめうる。銘文の釈読に関心をよせた棭斎ら考証学者は（Ａ）、青柳は（Ｂ）を代表する人物である。文人の市河米庵が編んだ『小山林堂書画文房図録』は、『西清古鑑』の体裁に準拠しつつも〔杉本欣 2016〕、色調や使用法にも注目しており、（Ａ）と（Ｂ）の中間と評しうる。

　江戸期の鏡研究は、ほかの古物研究と同様に、安永〜寛政期に発展をとげた。しかし、江戸末期から明治前半期にかけて、沈滞の様相を示した。化政期には出版・石摺業が隆盛し、好古家間のネットワークも大規模化し、そして古墳出土鏡もいっそう増加しつつあった。条件の整備と裏腹に、研究が停滞した理由を説き明かすことはむずかしい。暫定的な理由として、化政期以降に古物研究が「次第に趣味に堕して、研究に生彩を欠」くにいたったことをあげうる。また、化政期以後に政情面で地方分立が起こり、そのため「学問聯絡が不良とな」った結果、「全体としての知識と一個人としての知識とに大懸隔」が生じたことも大きな要因であろう〔清野 1954〕。

　上記したような江戸期の古鏡研究の特質をふまえるならば、以下のような理由も想定できる。江戸期の考証学者層の厚さは、本場清国の足下にもおよばなかった。金石学の花形である青銅彝器は、当然ながら日本では出土せず、中国からの流入もごくわずかであった。骨董趣味的研究にしても、中国の随筆や類書が俎上に載せるのは、あくまで中国の事例であり、信憑性にとぼしいそれらの記載や解釈を、時代も地域もことなる列島出土鏡の解釈に利用するのは無理があった。国学色の濃い八咫鏡研究は、文献からその形状や材質、収納容器や意味などを究明することに意を注ぎ、実物の鏡と対照する姿勢は稀薄であった。国学の振興は、尊皇思想の興起に裨益した。皮肉にも、これが「皇陵」をはじめとする古墳の盗掘を惹起し、幕末には濫掘が横行して多くの鏡が闇に流れたが、研究に資することはなかった。要するに、（Ａ）（Ｂ）は中国書に準拠して列島出土鏡を解釈し

ようとし、（C）はそもそも実物資料に目を向けなかった。こうなると、出土鏡がいくら増加しようと、会合が頻繁に開催されようと、出土鏡の理解の深化に結実しなくなる。

　釈読に主眼をおいた（A）はともかく、（B）（C）は列島太古の文化や精神に関心をよせていた。そのためには、鏡の時期や出土状況の検討が必要なはずだった。そうした検討が進めば、中国の図譜に存在しない和鏡以前の鏡、すなわち倭製鏡が存在することに気づけたかもしれない。しかし、大半の鏡が不意の発見や濫掘で世に流れ、市井において宋〜清代の踏返し鏡や和鏡などの蒐集品と混雑してしまう状況では、それはかなわぬことだった。そのうえ、「中国を規範とする漢学」の素養が、出土鏡を中国製と信じこませる先入観を植えつけた〔杉本欣 2016〕。江戸末期に鏡研究が停滞したことと、倭製鏡への眼差しがはぐくまれなかったことは、根を同じくしていたのである。

## 2. 明治前半期

　江戸末期に停滞を迎えた鏡研究は、明治前半期にも精彩を欠いた。その理由としては、化政期にいちじるしくなった古物研究の趣味化および分断化〔清野 1954〕にくわえて、明治期以降になると、欧米由来の先史研究を専門的に訓練された東京帝大系の新世代の研究者と、原史・歴史時代の古器物を弄玩してきた旧世代の好古家とのあいだに方法論的な断絶が生じたこと〔清野 1944a；鈴木廣 2003〕、そして幕末〜明治維新期の動乱で旧支配層が没落し、さらに廃仏毀釈が断行されたため、大名・士族や富裕層、寺院の所有する鏡が散逸したことなどを考えうる。たとえば、愛知県鳳来寺には数万面もの鏡が奉納され、十数面の優品が『集古十種』に掲載されたが、廃仏毀釈の際に銅地金として売却されてしまった。その量たるや「田舟に積みて三艘」あるいは「五車」におよんだと伝える〔山中共 1910〕。鏡などの古器物は、維新期の混乱に乗じて国外にも流出した。

　1850 年代後半から 80 年代後半にかけて、研究者の世代間断絶や政策の転換、社会全体の変貌をともないつつ、古器物への価値づけや見方が変容していった〔鈴木廣 2003〕が、当該期間は鏡研究の停滞期におおむね合致する。ただし、成果が払底したわけではなく、鏡 4 面の精細な図と拓影を収録した『撥雲餘興』〔松浦武 1877・1882〕は、好古的な図譜として最後の輝きを放った。ここで特記したいのが、撰者の松浦武四郎が、本図譜に掲載した「六鈴鑑」の解説のなかで、その使用法と故地に言及したことである。すなわち、本鏡を「舞鏡」と推断した小野湖山の文章を併載しつつ、「蓋六朝間之物也 其図博古図中に見すといへとも格致鏡原香奩器物類の部に見る舞鏡とする物哉 紐乳の緒をもて将指の甲に結付舞ふ事のよし余壮年の比筑前博多にて春社日其近辺の乞丐とも径七八寸の輪の周りに鈴を六ツ七ツ結つけ輪の中には十文字に糸を張り其中程を将指にかけ是をもて手足腕膝肩腰を打身をしるとり市街の門ゝに立て舞踏し銭を乞へるを見たり また謡ひものも何となく漢土しみ（後略）」との解説を載せている。自身が博多で実見した、鈴輪をもちいた舞踏をひきあいにだしつつ、清代の類書『格致鏡原』（1707-08 年）の巻 56「香奩器物類」に「舞鏡有柄李氏録曰漢武帝時舞人所執鏡也」と記載された、中国の鏡を使った「舞」と同様の用途に、鈴鏡が使用されたと推断したのである。松浦は鈴鏡を中国製とみなしたので、厳密には倭製鏡の考察ではない。しかし、具体的に倭製鏡が検討の俎上に載せられた事例として注目にあたいする。

　とはいえ、当該期の鏡研究は概して低調だった。古物をとりまく政策や社会状況の変容が一段落

する 1880 年代後半には、考古学的研究も軌道に乗りはじめていた。1884 年に（東京）人類学会が創設され、その 2 年後に『人類学報告』（のち『東京人類学会雑誌』）が創刊され、新世代の人類学者や旧世代の好古家たちに、全国規模で学術交流と研究発表をおこなう場がもたらされた。奥羽人類学会（1890 年）・徳島人類学会（1892 年）・札幌人類学会（1895 年）・北陸人類学会（1895 年）・中国人類学会（1896 年）・沖縄人類学会（1897 年）など、各地で人類学会で簇生し、地域に根ざした学術交流が実現していった。しかし、鏡に関する見解にみるべきものはなかった。東京人類学会は、E. モースの「進歩的な影響」をうけ〔三澤 1937〕、人類学と先史研究に重点をおく東京帝大系の研究者が主導していたため、旧世代の好古的対象である鏡研究と相性が悪かったのかもしれない。各地の人類学会誌も、好古的な鏡研究の域を脱せず、散発的な発見報告にとどまった。

## 第 二 期

### 19 世紀末〜1910 年代前半

### 1. 体系的な鏡研究の始動

　体系的な鏡研究は、19 世紀の終盤にさしかかってようやく緒に就いた。「徳川期以来のディレッタンティズムの影響を根強く受けてゐた」（東京）帝室博物館〔三澤 1937〕が主幹となり、1896 年に考古学会が創立され、同年 12 月に会誌『考古学会雑誌』（1900 年に『考古』、01 年に『考古界』、10 年に『考古学雑誌』に改称）が創刊されるや、早くも翌年に、三宅米吉が本邦初の本格的な鏡研究を本誌に発表した〔三宅 1897〕。これ以後、本誌が鏡研究の中枢でありつづけた。他方、『東京人類学会雑誌』にみるべき鏡論文が載ることはなかった。このような両学会および両会誌の対照性は、前者が好古に傾き原史・歴史時代に軸足をおく「博物館派」を、後者が人類学（民族学）色が濃く先史時代に重点をおく「大学派」を基盤にしていたという〔八木 1935〕、それぞれ固有の背景に起因するところが大きかった。1872 年に「古器旧物保存方」の太政官布告が発せられ、古墳出土品が帝室博物館に集中的におさめられたことも、重要な要因であった。

### 2. 三宅米吉の「古鏡」

　三宅の論文「古鏡」では、『西清古鑑』などの中国図譜類に準拠して鏡名および部分名称が設定された。そして、『西清古鑑』『金石索』『宣和博古図録』の収録鏡と列島出土鏡を比較し、「鏡背ノ彫刻及ビ銘」により後者が「漢鏡六朝鏡ナド称スルモノト全ク同種ナルコト」を明示した。『三国志』魏書東夷伝倭人条を参照しつつ、そうした鏡が「当時支那ヨリ輸入セシコト疑ヒナシ」と推測する論法は、上述の青柳種信と変わるところがなかった。しかし、さらに踏みこんで、「我ガ古史ニモ上古既に鏡作部トイフモノアリシコトヲ記シタレバ、最初ハ支那ヨリ輸入セシモ、ヤガテ其ノ鋳造ノ術ヲ伝ヘテ我ガ邦ニテモ製作セシナルベシ」と主張し、以後の倭製鏡研究の基調をなす重要な視角を打ちだしたことが注目される〔三宅 1897〕。とはいえこの主張は、『古事記』『日本書紀』

（以下『記』『紀』）などの古文献から導出したにすぎず、物証の裏づけはなかった[6]。その点で、江戸期の八咫鏡研究と大同小異であった。ただし、体系的な鏡研究に倭製鏡研究を組みこみうることを示した点で、本論文は倭製鏡研究史に重要な位置を占める。

　ほぼ同時期に、「本邦の古鏡」である「漢鏡」および「和鏡」として、鉄鏡と「白銅鏡」をとりあげ、「其金質或は製作」工程を実地に即して精述した論考もだされたが、倭製鏡への言及はなかった〔関口 1901〕。これは、関保之助が「埴輪生」なる筆名で本論考によせたコメントであり、「奈良朝」以前に「漢鏡を模して稍粗なりしもの」が鋳造されたこと示唆しつつも実例を挙示できなかったこと〔関口 1901〕と同様に、倭製鏡の具体像が不明瞭であったことに起因するのだろう。三宅の論考の次号に「謙水画史」がよせた談話「鏡の雑説」も、冒頭で神代の宝鏡鋳造などの文献記事にふれつつも、倭製鏡に関する具体的な言及はなかった〔謙水 1897〕。

　なお、三宅の記念碑的な論考に先行して、『鑑定秘訣 美術類集』なる書物において、模様に即した古鏡の「和漢の区別」法が示された。とくに注目されるのが、『集古十種』所載の「和泉国堺掘地所得鏡」（倭製方格規矩四神鏡系（大阪 235-1））の略図（ただし反転図）を提示しつつ、「此の古鏡裏面なる摸様ハ唐土のものにて和製のものあれハ摸写物にて一見分るものなり」と説いたことである〔中島信 1895〕。いわゆる和鏡以前の鏡の存在に気づいていないし、見識も不十分だが、実資料にもとづいて舶倭の区別を試行した点で、重要な先駆的検討と評価できる。

## 3. 八木奘三郎の「鏡鑑説」

　中国製鏡との比較対照を重視し、有銘鏡の検討に終始した三宅にたいして、文様・形状・材質など多様な視点から分類と鏡式設定をおこなったうえで、多角的な分析を実施したのが八木奘三郎である〔八木 1899・1902・1905・1910；中澤・八木 1906〕。八木の鏡論は多数におよぶが、いずれも概説本の一部であり、しかも再録と改稿がくりかえされているため、時系列順に整理しなければ、その所見の全体像と推移をつかみにくい。八木の鏡論には、体系的な分類志向と整然とした項目設定、そして図解の重視という特徴がみとめられる。これらは八木の研究全般に顕著な整序志向にくわえ、概説本という発表媒体の性格に関係するのだろう。

　1899 年に放たれた第一矢は、ごく短い小篇であり、金属鏡を円鏡と鈴鏡に二分し、前者を「概ね漢鏡」とみなし、『日本書紀』の記載から後者が「韓地」で生じたと想定するにとどまった。また、列島出土鏡の主要なものを、「三神三獣鏡」「四乳鼉龍鏡」「日月天王鏡」「鼉龍四乳鏡」など 20 種類に分類した。しかし、これらの名称からもわかるように、分類基準に統一性を欠き、八木にしては体系性にとぼしかった〔八木 1899〕。しかし、その 3 年後に上梓した『考古便覧』所収の「鏡鑑説」で、八木の鏡論はほぼ完成型にいたった。三宅に依拠して部分名称をさだめたうえで、3 つの基準から分類を遂行した。すなわち、「紋様を基礎としての分類」では、「無紋」と「有紋」に二大別し、後者を「浮摸様」と「沈摸様」に細別した。「形状」による分類では、「円鏡」「稜鏡」「方鏡」に三分し、「円鏡」を「柄付円鏡」と「柄なし円鏡」に、「方鏡」を「柄付方鏡」と「柄なし方鏡」に細分した。そして、「物質上の分類」では、「金属鏡」「石製鏡」「土製鏡」「玻璃鏡」に大分したうえで、「金属鏡」を「銀鏡」「七宝鏡」「銅鏡」「鉄鏡」に細分し、さらに「銅鏡」を「青銅」「白銅」「赤銅」「黄銅」に細分した。それにとどまらず、「周辺の形状」を円形や稜形など 6 種

に、柄の形状を2種に、鈕の断面形状を3種、鈕座文様を6種に、鏡体の断面を7種に分類した。煩瑣すぎて、分類のための分類のきらいもあったが、鏡体の断面形状の分類などは、きわめて先駆的なこころみといえる。ここでは、3年前の統一性のない鏡名はほぼ姿を消した。そして、以上の分類をふまえ、列島の鏡の沿革を「大暑三期」に分期した。「第一期」の「漢鏡時代」は「太古」から「推古帝」まで、「第二期」の「唐鏡時代」は「推古帝」から「醍醐帝」まで、そして「第三期」の「和鏡時代」は「延喜時代」から「明治以前」までに分期したのである〔八木 1902〕。

　『考古便覧』中の考察に独特の彩りをあたえているのは、分類と秩序的表記への執念めいたこだわりにくわえて、当該期には珍しい物証主義ともいうべき姿勢であった。『記』『紀』などの鏡関連記事を列挙しつつも、これに無条件な信拠をおかなかった。それどころか、「本邦に於ける鏡の源委は其記事少なしとせざれども今日之を事実に徴して証明し得可き歟、予は斯学上より観察して左に右の如何を記述せんと欲す」と高唱した。つまり、列島の鏡の沿革を解き明かすことで、古文献の記載内容の当否を検証しようとしたのである。検証の結果、「今実物上より観察するに最古の時代より推古帝近く迄の古墳墓中より出づる鏡鑑の類は多く漢魏の品にして我古制の者を見ず、去れば此事実は移して以て日漢交通の旧きを證す可く、又古書記載の疑はしきを知る可」く、「太古」〜「推古帝」の時期には「凡て漢鏡の類のみ有りて和鏡を交へざる」という結論をみちびきだした。[7]つまり7世紀より前に倭製鏡は存在せず、『記』『紀』などの鋳鏡記事は疑わしく、他方で文献記事の内容とは裏腹に、中国大陸から少なからぬ鏡が流入していたと推断したのである。ただし、八木が「漢鏡」として示した図は、実は軒並み倭製鏡であり、そのうえ鈴鏡の「創意は朝鮮人に出でしなるべく、而して三韓初征の後我邦に入れる」とする誤認もあった。八木は、当期の列島出土鏡が「形状摸様共に漢式なれども彼地の作品に較ぶれば多少異る点の見ゆる事」に気づいていた〔八木 1902〕。いま一歩のところで、倭製鏡の抽出にいたらなかったのである。

　『考古便覧』が八木の鏡論の到達点であり、その後の見解にみるべきものはない。次々に鏡論をくりだすものの、それらは『考古便覧』の要約か再録であり、なぜか以前の統一性を欠く鏡名の羅列が復活した〔八木 1905・1910；中澤・八木 1906〕。『考古便覧』の内容を再録した『考古精説』の「鏡鑑説」の末尾に、近年の研究動向をふまえた「鏡鑑補遺」を増補し、そこで「朝鮮鏡」について概説した点が興味を惹くが、倭製鏡への言及はなかった〔八木 1910〕。ただ、1905年の概説中で、「第一期」の列島出土鏡は「皆な漢魏時代の技芸と其の意匠とを見る一資料」としつつも、「併し多くの鏡鑑中には支那になくして本邦に見る類も交つて居る」こと、鈴鏡を「古く朝鮮の創意」とみなしつつも、「後ちに吾国が夫れを真似たもので有らふ」との所見を示したことが注意される〔八木 1905〕。倭製鏡の具体的な検出は、もはや時間の問題だった。

## 4. 倭製鏡の検出──高橋健自の「鏡の沿革」と「本邦鏡鑑沿革考」──

　八木は、倭製鏡の具体例の抽出にあと一歩までせまりつつ、これをはたせなかった。この一歩をふみだしたのが高橋健自である。高橋は、奈良尋常中学校畝傍分校に教論として勤務していた1901年に、奈良県行燈山古墳の出土品と伝えられる「金属板」（奈良 111-1）を、図を付して紹介していた。ところが、明らかに内行花文鏡の文様が表現されているにもかかわらず、「鏡の如き模様」があると軽くふれるだけで、これを「漢土伝来」の「磬の一種（少くとも楽器の一種）」だと

信じこみ、この「模様の中心は、之を撃つに適せる」ものだと憶断した〔高橋 1901〕ように、鏡に関する理解は浅かった。しかし、3年後に東京帝室博物館の学芸委員に就くや、充実の一途をたどっていた館蔵資料を縦横に駆使して、数年後には「鏡の沿革」〔高橋 1907〕を、次いで総合的な鏡研究である「本邦鏡鑑沿革考」〔高橋 1908a-e〕を公表するにおよんだ。

　前者は、新聞紙『時事新報』の週刊付録である『文藝週報』に掲載された論説である。ほぼ同時期に同紙で大々的に開催されていた、とあるイヴェントの陰に埋もれがちだが、倭製鏡論の嚆矢として重要である。本論は、鏡を「様式上」から「漢式時代」「唐式時代」「和式時代」にわかち、その梗概を略説したものである。具体的に紹介されることが皆無の重要文献であるので、倭製鏡に関する部分を、やや細かく記しておきたい。「漢式時代」、すなわち「推古天皇の頃より以前」の時代の鏡は「支那大陸から輸入された」が、「其間、日本人自らも鏡を作つたこと」が、「神代史」や「崇神天皇」に関する記事から「明かに認められる」。したがって、「古墳から発見される鏡の内には彼等の手によつて鋳造されたものが、いくらか無ければ成らない筈」である。そこで「漢魏六朝の様式の鏡の内から、和製品を見出す」段になるわけだが、その際に手がかりとなるのは「一国には必ず特殊の国民性といふ固有のものがある」という、「書や画」にもみとめられる現象である。そうした理窟にくわえて、実際に「支那の書物でも見たことのない、また支那の実物や拓本でも見たことのない、特徴のある鏡が我が古墳発見の鏡の内から、往々見出される」ことをあげ、「其一例」として群馬県「久呂保村字森下の古墳」から発掘された「鈴鏡」（群馬163）を示した。そして、中国の図譜類に「類例がない」鈴鏡に「屹度日本風の特色が現れて居る」背景に、「漢式が邦人の手によつて日本化された」事情を推察した。このように高橋は、「我国上古の鏡」に「純粋の漢式のもの」だけでなく、「我が国民性が発現された和製のもの」もあることを、具体例をもって示した。ただし、「漢代の特色ある様式」が「始終骨子となつて離れない」ことを重視し、当該期に「漢式時代」の名称をあたえたのである〔高橋 1907〕。

　一般向けの「鏡の沿革」を、より学術的な形式で提示したものが「本邦鏡鑑沿革考」である。三宅と八木の論考に依拠して鏡の部分名称を設定し（図1・2）、形状や材質から分類したのち、「様式変遷の大勢より」「主として推古天皇以前」の「古墳時代」にあたる「漢式時代」、「推古時代乃至弘仁時代を包括」する「唐式時代」、「藤原時代以後徳川時代末」の「和式時代」の「三時代」に区分した〔高橋 1908a〕。鏡自体の分類や時期区分において、外区文様と鈕座文様を図入りで詳細に分類した点と、「漢式時代」を「漢魏式」と「六朝式」の前後両期に二分し、両者の特徴を抽出した点に独自性がみられたが、それ以外は八木の概説とほぼ同型であり、やや独創性に欠いた。鏡名にしても、「内行花紋鏡」「揆形紋鏡」「獣頭鏡」など新規に設定されたものもあった〔高橋 1908d〕が、おおむね三宅と八木の命名を踏襲し、依然として体系性にとぼしかった。

　とはいえ本論考は、倭製鏡の実例を抽出した点で、「鏡の沿革」とならんで研究史上に重要な位置を占める。すなわち、愛知県出川大塚古墳出土の「揆形紋鏡」（愛知27）の「図形は嘗て支那の鏡に於て見ざるところ、想ふに邦人の手によりて作為せられしなるべし」と主張し、また奈良県新山古墳出土の「変形獣帯鏡」（倭製方格規矩四神鏡系）の鈕座の擬銘に注目して、これは「文字を紋様扱ひしたる結果」であり、「邦人の手に成りしこと」を見抜いたのである。さらに、同墳出土の「内行葉紋鏡」（直弧文鏡）の直弧文が「支那諸鏡中には未だ曾て見ざるところにして、その構成我が古墳より折々発掘せらるゝ鹿角装具に見るところの彫刻に近接を認めらる」ことを根拠に、

「この種の鏡もまた邦人の製作にかゝるものなる」と推定した。鈴鏡についても、「我が国上古」では鈴が「愛用」されたので、鏡に鈴を装着しても「敢て怪むに足ら」ないが、中国にはそのような例がなく、しかも鈴鏡の「模糊たる獣形は支那より伝はりし図様の我が国に至り遂に崩れたるを想ふべく、例の文字を紋様扱ひしたる擬銘帯またこの種の鈴鏡」に「見受けらる」ことから、「鈴鏡を以て和製」とみなした〔高橋 1908d〕。付言すると、本論考で高橋は、倭製鏡を指示する用語を提示していないが、ただ1箇所において「和製品」という語を使用している〔高橋 1908b〕。

なお、上述したように高橋は、「漢式時代」を様式面から前後二期に区分し、前半期の「漢魏式」は「鈕大にして乳もまた高きもの多く」、「反り著しく」、「縁狭き急斜面を成」す一方、後半期の「六朝式」は「鈕割合に小にして乳もまた低きもの多く」、「反り少なく」、「縁広く、水平に近」いと整理していた〔高橋 1908d〕。そのうえで、上記の「捩形紋鏡」を「漢魏式」の、「変形獣帯鏡」「内行葉紋鏡」「鈴鏡」を「六朝式」の実例としたことが注目できる。中国製鏡と倭製鏡を一括して同一基準で時期区分する粗さはあったが、これは倭製鏡を具体的な指標をもって編年しようとする最初のこころみであった。
(8)

図1　鏡の部分名称〔高橋 1908a〕

図2　外区と鈕座の文様の分類〔高橋 1908a〕

ここで注意されるのが、「漢鏡」と列島製作鏡の関係、そして『記』『紀』への信拠度合いに関する、高橋と八木の対蹠的な姿勢である。八木は、中国製鏡の模倣品が倭製鏡だという認識をもたず（少なくとも明記せず）、両者を「漢鏡」のカテゴリーに一括したため〔新井 2004〕、倭製鏡を抽出できず、列島鋳造鏡に関する『記』『紀』の記載を棄却するにいたった。高橋も、中国の図譜類に掲載された「所謂漢鏡」および中国から近時もたらされた「古式の諸鏡」と列島出土鏡とが「相類することなかなかに一通り」でなく、したがって列島出土鏡の研究は、「甚不十分なるを免れざる」「上古の史実」の「欠陥を補ふに足る」と主張した点で、八木と軌を一にしていた〔高橋 1908d〕。

しかしその先で、高橋は八木の路線から転轍した。中国製鏡と列島出土鏡とが「相類することなかなかに一通りにあらず」と説きつつも、「蓋彼の地より輸入せられしものにあらずば、之れに則りて邦人の模造したるものならざるべからざるなり」と解し、「我が作鏡の技術は未以て独立の地

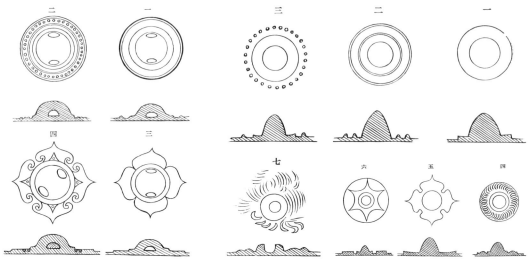

図3　鈕座の分類〔高橋1911〕　　　　　　　　図4　乳の分類〔高橋1911〕

位を占むるに至らざりしなし」と主張したのである。要するに、列島出土鏡のうち舶載品でないものがあれば、それは列島の「邦人」による模倣品であるが、両者はすこぶる類似するので、列島の作鏡技術は当時まだ独立していなかった、と推論したわけである。そして、もし「邦人」による模倣品があるとすれば、中国製鏡の「摸倣に過ぎずと雖も」「必ず多少我が国民性の発現なかるべからず」と想定し、鈴鏡をその一例にあげた。さらに、この想定をかためる論拠として、「邦人作鏡の事蹟」を『記』『紀』にもとめ、「石凝姥命が八咫鏡を作りしこと」や「崇神天皇の御時神鏡を摹造したる」ことを挙例し、後者は石凝姥命の後裔が「統率せるところの鏡作部」が「その専門なる作鏡技術を以て朝に仕へたるもの」であり、したがって「古墳より発見せられた鏡の内には必ず彼等の手になりしものあるべき筈なり」と主張したのである〔高橋1908d〕。高橋はのちに、『記』『紀』を主要な根拠にしたために、横穴式石室を竪穴式石槨に先行させる失考をおかした〔高橋1914a〕が、『記』『紀』に強い信拠をおく研究方針は、倭製鏡に関する推論にも滲みでていた。

　この「本邦鏡鑑沿革考」は、3年後に大幅な増補をくわえて一書に収録された〔高橋1911〕。鈕座と乳の分類を追加し（図3・4）、あつかう時代も「唐式時代」と「和式時代」まで広げるなど、いっそう総合性を高めた。本書により、日本の鏡研究に堅固な基礎が敷かれたと評価できる。鏡全体を俯瞰した体系的研究の鼻祖たる地位は、高橋に帰すべきである。なお、本書には「八咫鏡考」なる一篇も追加されたが、『記』『紀』や中世の神道書、国学者の先行研究の吟味に終始し、考古学的検討はほとんどなされなかった。ここにも、高橋の文献重視の姿勢が垣間みえる。

　本書でとくに注目すべきは、従来の一貫性を欠く鏡式設定を改良し、出土地が明白な古墳出土鏡にもとづき、「鏡背模様中最重要なる」「内区」に依拠した、「十四類三十一種」におよぶ分類を構築したことである。「神像獣形鏡」「獣形鏡」「鼉龍鏡」「乳紋鏡」「素紋鏡」などの「類」に大別したうえで、たとえば「神像獣形鏡」を「四神四獣鏡」「四仏四獣鏡」など8「種」に、「獣形鏡」を「四獣鏡」「五獣鏡」など4「種」に細分するという、階層的な分類であった〔高橋1911〕。以前よりもすぐれた分類であり、これらの鏡式名の一部は現在なお使用されている。ただ、中国製鏡と倭製鏡を一括して分類したことは、現在の目には奇異に映る。高橋が、分類の基準をあくまで内区主

像におき、舶倭の別を重視しなかったのは、倭製鏡は中国製鏡の鏡式に「則りて邦人の模造したるもの」である以上〔高橋 1908d〕、両者を同一カテゴリーに包含すべきと判断したためかもしれない。あるいは、翌年の論考において、「上古の鏡は十中九まで概支那式ならざるはな」いと断言したように〔高橋 1912〕、高橋は列島出土鏡のほとんどを中国製鏡とみており、そうである以上、倭製鏡は中国製鏡の特定鏡式の模倣鏡としてごく少数が混在するにすぎず、あえて倭製という分類カテゴリーをもうける必要性を感じなかったためかもしれない。

　この「翌年の論考」とは、『日本古鏡図録』に収録された論考「日本鏡と支那鏡との関係」である〔高橋 1912〕。この短篇はほとんど知られておらず、倭製鏡の研究史に登場することもない。しかし、倭製鏡を判別する指標をはじめて明記した論考として、きわめて重要である。すなわち、「邦人所鋳のものなるを証すべき」指標として、

　（1）「支那芸術に見えずして鏡以外の我が上古遺物に類例ある一種の摸様を表せるもの」
　（2）「支那人ならむにはよもあるまじき十二支の文字の配列を誤りたるが如き」もの
　（3）「支那に於ては嘗て類例なき漢字の如くにして漢字にあらざる一種の摸様らしきものを以て
　　　　銘帯に配せるもの」
　（4）「邦人の特に愛用したる鈴を縁に著けたる即ち鈴鏡の類」

の4点を明示したのである〔高橋 1912〕。この4指標は、のちに富岡謙蔵が提示し、以後の倭製鏡研究に絶大な影響をおよぼした4指標〔富岡 1920c〕と強い類似性を示す。というよりも、富岡の指標は、高橋の指標の改良版とみてまちがいない。富岡の4指標は、倭製鏡の研究史で頻繁に言及される。しかし高橋こそ、倭製鏡を判別する指標を打ちだした最初の研究者である。

　この高橋の論考が、以後の倭製鏡（および和鏡）研究につきまとうことになる視座、すなわち列島製作鏡に「我が固有の国民性」の「発現」を探ろうとする視座の基点になったことにも、注意を喚起しておきたい。高橋は、上記の4指標は「漢式時代」にはまだ「当代通有の特徴」ではなく、当期の「鏡の特徴は寧ろ支那の漢魏六朝の様式を有する」ことから、「我が固有の国民性はまさに潜伏し」ており、「奈良朝の鏡」にはこの潜伏性がいっそう顕著になったものの、平安時代後期になると中国芸術の長所を吸収しつつ、「新に独特の典型を生成し、高雅優美なる特性は遺憾なく山紫水明の帝都に発揮せられ」、「日本鏡の優秀なる特色」もこの時期に顕現した、と高唱したのである。高橋は倭製鏡よりも和鏡に「日本固有の国民性の迸発」をみたわけだが〔高橋 1912〕、1920年代以降には、倭製鏡にも「日本人の心」や「日本精神」の反映をみる愛国的な論調があらわれ〔和辻 1920；後藤 1941 等〕、結果として倭製鏡の美術的価値がひろく認知されるようになった。しかし同時に、倭製鏡の実証的研究の途が崩されてゆく一因にもなった。


## 5. 癸未年銘人物画象鏡

　古墳出土鏡に列島製作品があると高橋が主張した際に、疑義を呈した学者もあったという〔高橋 1922a〕。実際に八木は、『考古精説』の「鏡鑑補遺」において、高橋が図示し分類した外区文様を「面白」いと評して図を再掲しながら、高橋の倭製鏡論にはまったく言及しなかった〔八木 1910〕。古文献にみられる列島での鏡製作記事の信憑性についても、高橋と八木の見解は平行線をたどった。そうしたなか、時宜をえたかのように、『記』『紀』の人物や出来事を記す銘文をもつ倭

図 5　癸未年銘人物画象鏡（S=1/2）

製鏡が（再）発見された。隅田八幡神社所蔵の癸未年銘人物画象鏡である（図 5）。

　本鏡が再「発見」されてから報告されるまでの経緯は、高橋自身が記している。1914 年 6 月頃に当鏡の拓本を贈られた高橋は「非常な感興を起」こし、8 月初旬に隅田八幡宮で実物を目睹し、すぐさま考古学会 9 月例会講演で当鏡を紹介し、年内に会誌『考古学雑誌』に拓本を載せ、銘文の癸未年や人名の比定をおこなった、という次第である〔高橋 1914b〕。その迅速ぶりに、高橋の「感興」の深さがうかがい知れる。

　高橋は、本鏡の「内区の手法や小さい方形の中の文字類似のもの等」を倭製の証拠とみなし、銘文からこれが「益々日本で鋳造されたことが立派に判る」とみた。かつて本鏡の摸写図を掲載した『紀伊名所図会』において、「古体にして読むべからず」とされた銘文を、「癸未年八月日十六、王年□弟王、在‒意柴沙宮‒時、斯麻念長、奉┐遣‒開中費直、穢人今州利二人等‒、取‒白上同二百旱‒、作‒此竟‒」と釈読した。そのうえで、「癸未の年の八月十六日に、王年□王といふ方が意柴沙加（ママ）の宮に居られる時、斯麻念長と申すものが、開中費直と穢人の今州利と申す二人等をして、白い上等の銅即ち良質の白銅二百旱を以て、此の鏡を作らせた」旨を明記したものと解した。そして、中国製鏡との対比と『記』『紀』との照合をつうじて、「癸未年」の比定をこころみた。前者の作業では、紀年銘から製作年代が知られる隋以前の中国製鏡 10 面と比較し、縁部近くに銘帯が配される点、半円方形帯を配し方形帯に銘字をいれる点、人物を数多く配置する点から、本鏡は「西晋の時代の頃」に限定され、したがって「癸未年」は「允恭天皇の御代の癸未の年から干支三運の中何れかに当る」と推考した。後者の作業では、「オシサカ」に関連する押坂彦人大兄皇子も忍坂

大中姫も、銘文との関連がみとめられず、「此鏡の時代は様式によつて推定するより外に仕方」がないとみた。以上から、「癸未年」を「允恭朝の癸未よりも応神朝の癸未の方に見たい」としつつも、銘文中の「斯麻念長」が『日本書紀』神功紀の「斯摩宿禰」に似ることから、「更に六十年を上げて神功摂政乃至応神の御代の癸未と認めたい」と結論づけた。要するに、「癸未」年を西暦383年もしくは323年に比定したのである〔高橋 1914b〕。ここに、特定の「様式」を有する倭製鏡の製作年代が具体的に比定され、倭製鏡の編年研究の定点がおさえられたのである。

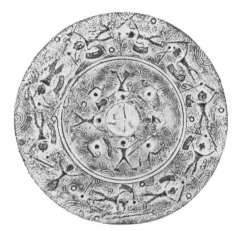

図6　狩猟文鏡〔保坂1986〕

本鏡に関して、銘文の検討および中国製鏡との対比に力点をおいた高橋にたいし、内区文様に詳細な検討をくわえ、特定の原鏡の模倣過程を推定したのが山田孝雄である。山田は、本鏡が『鏡と剣と玉』〔高橋 1911〕に略図が載せられた鏡を「模し、拙劣に流れ要を失へるものと認」め、さらに計画性なく順々に図様を模倣したために、乳の配置が乱れ、文様構成が崩れたことを指摘した〔山田孝 1915〕。なお、この原鏡が大阪府郡川西塚古墳出土の尚方作獣文縁神人歌舞画象鏡（大阪98）（図1）であることを、高橋が本論考の末尾に付記した〔山田孝 1915〕。倭製鏡に中国製鏡の「模造」があることは、すでに高橋が指摘していたが〔高橋 1908d〕、具体例をあげて検討したことに本論考の学史的意義がある。以後、倭製鏡が中国製鏡の模造であることは、一般認識になっていった。また、時期を同じくして、群馬県八幡原出土と伝えられる狩猟文鏡（群馬46）（図6）が学界に報告され、その鏡背文様の検討をつうじて、本鏡が「邦人の手に成りたらむこと蓋し疑なからむ」ことが示されたことも、注意すべき成果である〔高橋 1915〕。このほか、「七子鏡」を「背面に人物七人を鋳成したもの」とみる所説もだされた〔黒川 1910〕。

## 6. 小結

第二期の倭製鏡研究は、中国の図譜類をもとに列島出土鏡を系統的に分類した三宅が、『記』『紀』の記載から倭製鏡の存在を示唆したことにはじまり、つづいてこの分類法を継承した八木が『記』『紀』の記載に疑義をはさみ、中国製鏡と列島出土鏡の類似性を根拠にして、推古期以前における倭製鏡の存在を否定したが、帝室博物館の潤沢な実資料をふまえて、いっそう体系的な分類と実物観察を推進した高橋が、倭製鏡を具体的に抽出し、その判別指標を提示するまでに検討を深化させるにいたる、という流れをたどった。そして当期の掉尾は、癸未年銘人物画象鏡と狩猟文鏡という明白な倭製鏡の（再）発見・報告をもって飾られた。

この両鏡は、倭製鏡を具体的に究明してゆく足がかりになるべき重要資料であった。しかし、研究の進んだ現在の目からみれば、どちらもイレギュラーかつ例外的な資料であり、この両鏡から倭製鏡の研究を展開してゆくことには無理があった。両鏡の紹介以後、高橋が倭製鏡研究から遠ざかったのは、あるいはこの困難さのためかもしれない。また高橋は、かつて「上古の鏡は十中九まで

概支那式」と断じた〔高橋 1912〕が、資料の蓄積と研究の深化をうけて、その10年後には、「古墳発見鏡の過半は日本製で、支那鏡は寧ろ稀有なることが知られるに至つた」と評価を改めざるをえなくなった〔高橋 1922a〕。そうなれば当然、中国製鏡と倭製鏡を一括した旧分類の見直しが不可避となるが、自身の枠組を破砕しかねない、列島出土鏡の全面的な再分類を忌避したのかもしれない。理由はともあれ、高橋はその後、三角縁神獣鏡をふくむ王莽鏡の検討をおこない〔高橋 1919a〕、強い反論をまねいた〔梅原 1919a；喜田 1919b〕のち、鏡研究から離れていった。

　かくして、倭製鏡研究の新展開は、次世代の手にゆだねられることになった。その旗手は、第三期に鏡研究を主導した富岡謙蔵・梅原末治・後藤守一の3人であった。[11]

# 第 三 期
### 1910年代後半～20年代

## 1. 開花する倭製鏡研究とその背景

　第三期の十数年間で、倭製鏡研究は大きく花開いた。第二期の倭製鏡研究は、実質的に高橋の独擅場であった。これと対照的に、第三期には多様な成果が陸続とだされ、研究が一気呵成に深まりをみせた。その背景として、さまざまな要因を想定できる。研究状況面では、前時期に高橋が分類と研究の方針を打ちだし、山田の検討をつうじて、中国製鏡の模倣鏡として倭製鏡を把握する有効性が明示されていた。他方で、前時期の研究を主導した高橋や八木が鏡研究から距離をおき、次世代の研究者が参入する余地が生まれていた。紀年銘鏡や三角縁神獣鏡、盤龍鏡や方格規矩四神鏡などの諸鏡式にたいする分析も着手され〔富岡 1917・1918a・1920a；高橋 1919a；中山平 1919；梅原 1925e 等〕、鏡研究熱が澎湃とわきあがっていたことも大きい。資料面では、倭製鏡が出土した重要古墳の報告があいつぎ、基礎情報が急増していた。めぼしいところでは、奈良県佐味田宝塚古墳〔梅原 1916a・1921a〕・同新山古墳〔梅原 1921a〕・同柳本大塚古墳〔佐藤小 1919〕・京都府百々ヶ池古墳〔梅原 1920b〕・同美濃山大塚古墳〔梅原 1920c〕・同久津川車塚古墳〔梅原 1920d〕・山口県柳井茶臼山古墳〔梅原 1921b・c〕などをあげうる。

　研究状況と資料状況の充実は、当時の社会・政治背景と密接にかかわっていた。郡誌・町村誌・郷土誌の編纂事業をつうじて、全国各地で鏡をふくむ考古資料の新発見や整理・理解が進んだが、当該期の地方誌の編纂・刊行事業は、大正天皇即位記念の側面を強くそなえていた。事実、郡誌の刊行数は、明治末期の1906～09年の期間で19冊であったのにたいして、大正前半期の1912～19年には113冊まで激増した〔植松 1979〕。京都帝国大学において、大正天皇即位の「御大典」を祝賀して陳列館の特別展観を計画した際に、「東洋史部」に関する遺物蒐集を担当した富岡謙蔵が、「此の機会を利用して関西に存する支那鏡を展観し」たこともあげておきたい〔梅原 1920a・1973a〕。1910年代に、平壌郊外の楽浪漢墓に調査の鍬がはいり、多数の漢鏡が発見されたことが、日本における中国製鏡研究を刺戟したのだが、これらの調査は、「韓国併合」にともなう文化事業として朝鮮総督府が主導したものであった〔岡村 2007〕。さらに、「韓国併合」の翌年に勃発

した辛亥革命を避けて、清国の羅振玉と王国維が京都に亡命したことを重要な要因として、国内の学者のなかで金石文への関心が俄然高まった。その結果、金石学や清朝考証学を意識した古鏡研究が促進され、富岡の研究に結実した。義和団の乱（北清事変）から辛亥革命にいたる清朝崩壊と政情不安による生活難のために、中国の上・中流階級が次々に美術品を手放し、市場にでまわる美術品が桁外れに増大し〔朽木 2011 等〕、鏡も山中商会などを介して日本にもたらされたことが、国内の鏡研究に拍車をかけたことも忘れてはならない。明治維新後、国内の動乱と旧支配層の没落、そして価値観の変化などにより、日本美術のあまたの逸品が国外へ流出した。列島出土鏡もまた、明治期に数多く欧米に流れた。こうした流出が、明治期の鏡研究が停滞する一因になったことは前述した。かつて動乱のさなか、自国から鏡が逸出したことが、研究の沈滞をまねいたが、今度は逆に、他国の動乱を奇貨として攫取した資料が、自国の鏡研究を深化させたわけだ。

　以上、鏡研究が第三期に開花した背景的な要因を列挙した。それら諸要因が複合・増幅して、鏡研究全体の盛況を出来させたというのが実態であろう。

## 2. 富岡謙蔵の『古鏡の研究』

　当期の鏡研究を主導し、倭製鏡研究の水準を飛躍的に高めたのが富岡謙蔵である。ただ富岡は、「決して今日いふところの考古学者ではな」く「純然たる支那学者であ」り〔神田喜 1960〕、また鏡研究の成果を陸続と世に問うた２年という短期間を駆け抜けた末に早逝したため、考古学史上での知名度は高いものの、その経歴や研究内容については、断片的に知られているにすぎない。

　富岡が京都帝国大学で講じた中国金石学の内容は、「日本出土の漢魏の鏡鑑と、我が国仿製鏡に関するもの」であり〔梅原 1973a〕、倭製鏡の研究にも力を注いでいた。富岡は三角縁神獣鏡や紀年銘鏡の研究で名高いが、梅原によると富岡は、「本邦の模造鏡」の究明に「最も」「骨折」ったという〔梅原 1920a〕。しかし、富岡はにわかに逝去したため、倭製鏡研究の成果が本人の手でまとめられることはなかった。弟子の梅原が師の一周忌の記念に編集した大著『古鏡の研究』におさめた専論「日本仿製古鏡に就いて」〔富岡 1920c〕は、富岡の「覚書と其生前の談話に基き」「綴つて文をな」した「梗概」であり、拓影を中心とした「本邦模造鏡集成図」も「故人の企図に基き、梅原末治の新たに作製せるもの」であった〔梅原 1920b〕。そのため、本論考がどこまで富岡の所見を正確に反映しているか不分明な憾みもある。

　本論考は本文 74 頁・図版 24 葉におよぶ雄篇である。論の目的は、本邦に舶載された中国製鏡に「基き、当時我が国に於いて模作せりと認めらる」「仿製鏡に就いて」、「未だ論じて精ならざるの憾あ」ることから、「此の種古鏡の特徴を挙げ、其の集成を試み、原型と対比して仿製の年代を推測し、当時に於ける我が鋳造術の進歩及び文化の史的考察をなし」、既発表の中国製鏡に関する「鄙見と併せて、本邦上代鏡鑑研究の大系をなさむ」ことにあった〔富岡 1920c〕。なかんずく、倭製鏡の集成と「形式」分類、そして「原型」たる中国製鏡の年代に依拠した年代推定に、その眼目があった。あくまで資料を重視し、集成と分類という基礎作業に労力を割き、実証性のない憶測を極力排したがゆえに、本論考は現在もなお色褪せない輝きをたもっている。

　本論考ではまず、実物の観察から帰納される中国製鏡と倭製鏡との差異を、主として「手法と図様」からみちびきだし、倭製鏡を抽出する基準を示した。すなわち、

「(一) 鏡背の文様表現の手法は支那鏡の鋭利鮮明なるに対して、模造の当然の結果として、糢糊となり、図像の如きも大に便化され、時に全く無意義のものとなり、線其他円味を帯び来り一見原型ならざるを認めらるゝこと。

(二) 支那鏡にありては、内区文様の分子が各々或る意味を有して配列せるを常とするに対し、模倣と認めらるものは一様に是れが文様化して、図様本来の意義を失へるものとなれること。

(三) 本邦仿製と認めらるゝものには、普通の支那鏡の主要部の一をなす銘文を欠く、図様中に銘帯あるものと雖も、彼の鏡に見る如き章句をなせるものなく、多くは文字に似て而も字体をなさず、また当然文字のあるべき位置に無意味なる円、其の他の幾何学文様を現はせること。

(四) 支那の鏡に其の存在を見聞せざる周囲に鈴を附せるものあること。」

「等」を列挙した〔富岡 1920c〕。

　そのうえで、中国製鏡を「原型」とする「一般仿製鏡」を、「方格渦紋鏡」「方格四神鏡」「細線式獣帯鏡」「内行花紋鏡」「鼉龍鏡」「画象鏡」「神獣鏡」「神人鏡」「半肉刻式獣形鏡」の9「形式」に分類した。各「形式」は、たとえば「神獣鏡」を「半円方形帯神獣鏡」「大形半肉刻神獣鏡」などの4「類」に、さらに各類は「半円方形帯神獣鏡」を「(イ) 三神三獣鏡」「(ロ) 二神四獣鏡」「(ハ) 一神四獣鏡」というように、必要に応じて細分された。ここで注意すべきは、「形式」設定が原則的に中国製鏡の「形式」に即してなされており、そこから逸脱する資料、すなわち中国製鏡に由来するが「著しく変化せるもの」と、「未だ支那の遺品に類似の図様を認め」ない「全く鋳工の新意匠に成」る「本邦特有の文様を示」すものとを、「単なる仿製鏡」から切り離して別記したことである〔富岡 1920c〕。この処置の背後には、「古い日本製の鏡は、殆んどすべて支那の鏡を模したものゝみ」だという認識があった〔富岡 1920a〕。ただしこの措置は、「単なる仿製鏡と同一視すべからざる」資料群〔富岡 1920c〕を軽視したためではなく、そうした資料群が、中国製鏡との対比をつうじた分類および編年に不向きなためであった。

　実際に富岡は、「鈴鏡」「乳紋鏡」「多鈕鏡」「直弧紋鏡」などといった、「単なる仿製鏡と同一視すべからざる」資料が「一般仿製鏡に対比して興味深」く、また列島の「技術に依れる点に於て、当時の我が鏡作部の意匠を窺ふ上に、特に貴重なる資料」になることを強調した[16]〔富岡 1920c〕。とくに鈴鏡について、「鏡背文様の種類の多様なるに係らず」、中国製の原型と「認むべき手法を示すものなき」ことから、これを「日本製作」とした。そして出土地の明らかな資料を集成し、まず鈴数により分類したうえで、その年代は鈴の有無によってではなく「支那式の構図を移せる内区の文様の原型との対比に依り推定さるべき」ことを提言し、さらにその「発見区域の寧ろ畿内以外の地域、殊に東方に多」いことも指摘した〔富岡 1920c・d〕。

　「仿製支那鏡」すなわち「単なる仿製鏡」の製作年代は、「其の模造より来る性質」から「如何に古くとも原型より遡り能はざる」ことと、模造は「後代までも行はれ」、「種々の変化を生」じつつ「原型模作の程度」が「退化」してゆくことという、先駆的な分析的枠組を提示したことも、重要な成果であった。そして、この枠組に準拠し、倭製鏡の「最も早きは王莽より後漢代に亘れる四神鏡の類にして、半円方形帯の盤龍鏡、神獣鏡、大形神獣鏡等之につぎ、内行花紋鏡には古式のものあるも、其の多くは比較的簡単化せる類」であり、「六朝代の神獣鏡及び獣形鏡の類の模造」が

「大部分を占」め、さらに「これを原型模作の程度より推す時は、恐らく支那の三国代に於いて製作の良巧なる遺品を出し、以つて六朝代に及べる」という編年が構築された〔富岡 1920c〕。

　以上の分類と編年案は、ようやく倭製鏡の抽出に着手しはじめたばかりの当時の倭製鏡研究の水準をはるかに凌駕し、数段高いレヴェルへとひきあげた。ただし、1918 年に脱稿した未定稿で唱道した、「鏡の研究の場合において」、「其の一々の便化に就いて観察し、年代を別つの型式学的方法の必要を特に注意せん」との希望〔富岡 1920a〕を、実現したものではなかった[17]。本書の刊行と同年に、後藤守一が「ルヂメント型」〔濱田 1919〕などを駆使して、三角縁神獣鏡に型式学的操作をくわえ、「第一式」から「第十式」までの変遷案をみちびきだした〔後藤 1920〕が、倭製鏡への型式学的操作は、1960 年代以降の原田大六や田中琢の研究を待たねばならなかった[18]〔原田 1961a；田中 1983a 等〕。富岡が個々の「形式」の「便化」に言及しつつも、年代区分と十分に結びつけなかったのは、たんに資料上の限界から、組列（系列）を組めなかったためかもしれない。あるいは、「獣形鏡」に関して注意をはらったように、分布が「頗る広く、従つて種々技能の異なる鋳工」の存在が予想される場合、「形状の相違、変化の相対的年代を立て、其の絶対年代と見るの危険なる」ことに配慮し、慎重な立場をとったためかもしれない〔富岡 1920c〕。

　富岡の倭製鏡研究でもうひとつ特記すべきは、倭製鏡の分布状況を根拠にして、畿内を中心に成立した造鏡技術と文化が、各地に拡散し受容されてゆく様相とその「輸入の経路」にまで論及したことである。富岡はまず、方格規矩四神鏡や夔龍鏡などの、鋳造が良好で「漢末三国代」の製作が推定される「大形鏡」が、いずれも畿内に多く分布することから、「当代文化の中心」が「畿内に存し」、そのような「発達せる鋳造術の我が国に伝へられ、畿内に広く行はれたるを證するに外なら」ないと断じた。ただし、柳井茶臼山古墳出土の超大型の夔龍鏡（後掲：図77）や、分布範囲を「西は日向より東は上野」にまでいちじるしく広げた「模造」の「三神三獣々帯鏡」については、前者が「支那より大和に入る交通路に当れること」から、「当代に於ける技術の輸入の経路を示すものと認め」、後者は「三国末より六朝初期」にくだることから、「当代に入りて技術の地方に伝播せる結果と見」た。ついで、各地に伝播した造鏡技術は「単に其の範囲を広めたるのみ」で、畿内の「比較的優秀な」倭製鏡と比較すれば、「何れも変形、異形化せる小形のみ」であることは、「地方文化の進歩の遅々として特に挙ぐべきものなき結果」だととらえた[19]〔富岡 1920c〕。

　ここで注意したいのは、富岡は製品の流通ではなく技術の伝播を推測し、それゆえ諸地域での倭製鏡生産を想定したことである。とくに「獣形鏡」のように、文様の変化が顕著で、かつ出土「区域」が広範にわたる場合は、「本邦各地に於いて種々の鋳工に依り模造せられし結果の然らしむるところに外ならず」と断言した〔富岡 1920c〕。つまり富岡は、倭製鏡の分布状況から畿内の優位性を説いたが、畿内中枢での一元的生産を考えず、遅れて造鏡技術が伝播した各地で、技術は拙劣ながら地域生産が実施されたと主張したのである。したがって富岡は、鏡の様相から畿内の優位を導出する分析視角の開拓者ではあるが、小林行雄に代表される以後の分配論の始祖ではない。

## 3．梅原末治の倭製鏡研究

　豊富な実資料と明晰な論理に裏づけられた富岡の重厚かつ大系的な研究は、以後の倭製鏡研究の規範となった。富岡に師事し、その遺稿をまとめ、所蔵鏡図録〔梅原 1924a〕を編んだ梅原は、研

究面でも富岡の方向性を継承し、編年の深化・遺跡調査と地域性の検討・漢代以前の鏡の探索・理化学分析という、富岡以後に進められた古鏡研究の4つの方向すべてを先導した〔岡村2007〕。後藤とともに、富岡逝去後の倭製鏡研究をになったのも梅原であった。梅原には、富岡の「日本仿製古鏡に就いて」や後藤の『漢式鏡』のような、倭製鏡に関する決定的な論考や著作はない。しかし、発掘報告書や個別論文において、意義深い考察や知見を数多く提示し、重要な倭製鏡出土古墳の調査報告の大多数を手がけた点で、倭製鏡研究にはたした功績は卓抜している。ただ、第三期における梅原の倭製鏡研究は、おおむね自身が執筆・編集した調査報告や図譜の解説において個々の倭製鏡に関する知見を提示するか、個別論考中で倭製鏡に関する見解

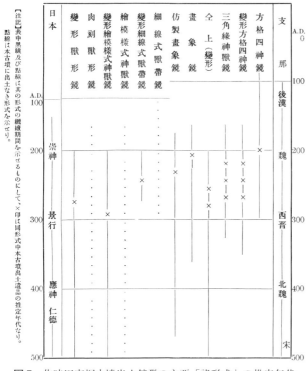

**図7** 佐味田宝塚古墳出土鏡群の主要「諸形式」の推定年代
〔梅原 1921a 一部改変〕

を断片的に示すかであった。体系だった見解は、第四期に披瀝された〔梅原 1940a〕。

　第三期の梅原の倭製鏡観がもっとも体系的に示されているのは、群を抜く品質と多様性を誇る倭製鏡群が出土した2古墳の報告書『佐味田及新山古墳研究』である。本報告書には、個々の倭製鏡の詳細な解説もさることながら、「支那鏡に嘗て類を見ざる」「特殊なる家屋の図形」を配した「半円方形帯画象鏡」（家屋文鏡）（奈良197）（後掲：図27）をはじめて学界に紹介したり、「直弧紋鏡」と中国の「雷紋との類似」を指摘し、中国製鏡の可能性を示唆するなど、興味深い見解が数多くちりばめられた。とくに、富岡と同様に、「原型」（原鏡）との対比をつうじて倭製鏡の年代的位置づけを推測しつつ、さらに一歩すすんで、両墳出土の主要な倭製鏡「諸形式」の推定年代を図表に示したのは、意欲的なこころみであった（図7）。さらに、倭製鏡の「大形優品」が「特に畿内に多」く、しかも「一の紋様として内に統一あり、原型とは全く趣を異にせる作品」や「邦人の最も愛好する文様を表はせるが如き」ものが、「準備の時代に相当する古式の遺品の従来殆ど見るべきものな」いままに「突然として表はれ」ることに着目し、銅鐸を製作した「経験と熟練とを有する工人が此の種の鏡を作」ったと推測したのは、倭製鏡の出現経緯に関する先駆的な考察であった〔梅原 1921a〕。

　倭製鏡の出現経緯に関する見解は、富岡の研究を発展的に継承したものであった。鈴鏡の登場経緯についても同様で、「鈴鏡に近い」鈴付きの銅製品が「古く南鮮に存」し、同地では列島よりも古く「漢鏡の換作が行はれた」ことを根拠に、鈴鏡は「狭い内地で全然独立に案出したものではなく」、「南鮮」で早く萌芽した祖型がその「成立を助長した」との新見解を打ちだした[20]〔梅原

1924b〕。

　そして、倭製鏡を計四類に大分し、各類が分布状況と相関することを明示したことは、出藍と評すべき成果であった。具体的には、まず「銅質の佳良な大形品に属し、構図の比較的原型鏡に近いものか、若しくは其の型を襲ひ乍ら表現の線に特色を発揮した」「第一の類」、「内区の図様が著しく崩れて、中には原形の面影を殆んど全く失つてしまつた類を含み、形が小さく、質も悪くて著しく見劣りのする粗鏡」である「第二」の類、「外容は支那鏡に似て、大さなどの点は第一式とほゞ相違するところはないが、内区に特殊な構図を表はした」第三の類、そして第四の類である「鈴鏡」に四大分した。そのうえで、第二・第四の類が「南は大隅から北は陸中に及ぶ地域即ち旧日本の殆んど全土に亘つて発見せられ」るのに反し、第一・第三の類は列島の「一部分に局限せられ、地方に依つては全く其の存在が報ぜられてゐないと云ふ著しい相違」を検出した。このような分布状況は、「仿製鏡中の最も精巧な類が畿内に主に存在」し、同地で「鋳造術」が「銅鐸の製作者」と「連鎖」しつつとくに「発達したこと」の反映であり、それより新相の第三の類は「畿内に於ける技術の末流に属する」結果だと解したのである〔梅原 1925a〕。

　これにおとらず重要であるのが、列島製以外の「仿製鏡」を具体的に抽出し、広い地理的視野から倭製鏡をとらえたことである。梅原はまず、富岡や和辻哲郎によって倭製鏡の特質が闡明されたことを評価しつつも、「仿製鏡の産出は支那文化の流入に当つて独り我が日本にのみ現はれた特殊の現象とすべきもの」か否かという、「根本に溯つた考察から、従来の見解を反省」するとともに、「本邦仿製鏡の起源に就てのより進んだ探求」をおこなう必要があるとの問題意識を示した。そのためには、「支那の四周で古く其の文明を受けた地方」に「日本の所謂仿製鏡と同じ様な特色を有するものが存するか否かを確むること」が肝要との立場をとった。そのうえで「西域と朝鮮」、そして不明確ながら「印度支那」において、「所謂我が仿製鏡と同一の特徴を具へたもの」が中国製鏡と併存する事実を探りだし、「支那鏡を模造することが我が国に於てのみ発達したとはなし難い」とみた。さらに、韓半島に倭製鏡より古い「仿製鏡」があることを主根拠にして、「支那」から「先づ朝鮮に伝へられた鏡が彼地で模され、それが同じ径路で我が国に伝は」り、それが「既に存した」銅鐸による「鋳造の技術と民衆性とに負ふて遂に」方格規矩四神鏡や三角縁神獣鏡の模造品のような「特殊の精巧品を作るに至つた」との見解を提示した〔梅原 1923d・1925b〕。

## 4. 新たな倭製鏡観——和辻哲郎の『日本古代文化』——

　中国製鏡の意味を解せない、主体性のない堕落した粗鏡という倭製鏡観と、牧歌的で真情と創造性に富む、日本的情緒に満ちあふれた鏡という倭製鏡観。このふたつの倭製鏡観は、たがいを両極として、その中間に多様なヴァリエーションをうみだしつつ、現在まで倭製鏡観に通奏低音的な影響をおよぼしてきた。この両者は、いずれも第三期の研究者にその源流をたどりうる。前者は富岡であり、後者は和辻、そしてその影響を濃密にうけた後藤である[21]。

　富岡の遺稿「日本仿製古鏡に就いて」の掉尾は、以下のような倭製鏡観で飾られた。倭製鏡には「優秀なる作品」が「割合に多く存する」。しかし、「其の意匠」は「単に支那鏡の模倣に過ぎずして、邦人の意匠として見るべきもの殆んどなく、其の模倣すら頗る拙にて、原意味を理解せず、著しく異形化し、早くも堕落」をみた。「我が国上代に於いて国民に固有の文化の著しきものなく、

図8 倭製方格規矩四神鏡（新山古墳）
〔富岡 1920a〕

従つて豊かなる智的生活を営むに至ら」なかったことがその原因である。そのために、中国との交通が開かれると、「充分の理解なく漫然其の文化の所産を模倣して各種の珍奇なる作品を得」ようとし、「工人の渡来」により技術は向上し、「或程度の精品」をうみだしはしたが、「僅に存する邦人意匠の鏡」の文様要素に、「未開人に通有のもの」がみとめられるように、「智的能力を要する意匠に至りては容易に其の発達を望むべ」くもなかった、と〔富岡 1920c〕。

このいちじるしい低評価を意識的に反転させたのが、和辻の『日本古代文化』である。本書では、富岡が「頗る拙」な模倣や「堕落」と断じた倭製鏡の特徴が、「上代人」の美質の滲出と読み替えられた。たとえば、原鏡の直模を志向しつつ銘文を理解できず擬銘となった、新山古墳出土の倭製方格規矩四神鏡（奈良259）（図8）について、富岡ならば、「原意味を理解」しなかった結果とみただろう。しかし和辻は、「この模造は原型の忠実な摸写でない」が「製作の技量は、ほとんど支那鏡に劣らない」とみなし、「模造鏡の製作者は、直模の必要を感ぜず、自由にその好むところに従つて改作を行つた」と解釈し、「我上代人」は「支那鏡の図様の知識的内容を理解」しなかったものの、「たゞその文様としての美しさのみを摂取」したのだとみた。のみならず、「図像や文字は、この文様の美的価値にとつては、第二義のものであ」り、「図像や文字を無意義な文様に化した模造鏡は、美化価値に於て必ずしも原型に劣るとは云へ」ず、「内区文様の曲線のリズムは、模造鏡の方がより自由であるとも云へる」とまで称揚した〔和辻 1920〕。

「鋭利鮮明」を特徴とする中国製鏡の文様が、倭製鏡では模糊となり、描線も円味を帯びて原鏡から乖離することを、富岡は倭製鏡の指標の筆頭にすえ、そうした図像の「無意義」化に、上代「邦人」の「智的能力」の未発達があらわれているとみた〔富岡 1920c〕。ところが和辻は、「支那鏡の立場から見て文様の堕落と認められるものは、上代人の製作といふ立場から見れば、より多く自己を現はし得たものと認めてよい」と、詭弁めいた理窟をこね、「その自己なるものは、尖鋭を斥け柔かさ円さを愛するといふ点に現はれる」と、憶測を積み重ねる。そして、そのような文様に「現はれた美しさ」は、「複雑に展開した支那人の心生活とは全然世界を異にする単純な自然人の、なほ極めて直観的な心生活からのみ生れ出る美しさ」であり、「烈しい試練に逢うて過度に緊張した意力の暗い悩みから生れる怪異の幻想や、不断の抗争に煽り立てられた力感の昂揚が生んだ堅硬尖鋭の愛など知らない、和らかな平和な心生活の現はれとしての美しさ」である、とまで筆を走らせた〔和辻 1920〕。和辻は、親験目睹を是とする梅原の姿勢にたいし、「何も考へずに物を見てまわる君は幸せだ」と「意味深長に批評」したという〔梅原 1973a〕。しかし、このような揣摩憶測の羅列を目にすると、「物を見てまわ」らずに「考え」だけをめぐらせる無謀を痛感する。

本書は幾度かの改稿がほどこされ〔和辻 1939・1951〕、新たな読者を獲得しつつ、哲学者・思想家としての和辻の名声とともに、その倭製鏡観を広めていった。本書は、それまでかえりみられな

かった倭製鏡に高い審美的・精神的評価をあたえ、研究・美術鑑賞の両面において、以後の倭製鏡観に強い影響をおよぼした点で、その実証的価値はさておき、学史的に重要な意義を有する。

## 5. 後藤守一の『漢式鏡』

後藤の『漢式鏡』は、第三期の総括的成果である〔後藤1926a〕。それまでに蓄積された諸見解を咀嚼したうえで、鏡の整理・分類を大系的におこない、しかも列島出土鏡のみならず韓半島出土鏡をも網羅した、900頁を超える浩瀚

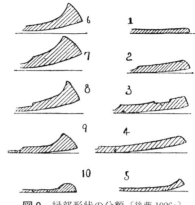

**図9** 縁部形状の分類〔後藤1926a〕

な大著であり、鏡研究の手引書として、また至便な資料集として、以後の研究で重宝された。

本書では、まず日本の「漢式鏡」の研究史を詳細に整理し、次いで内区文様・外区文様・鈕座などの部分名称が詳悉に分類された。この分類は、高橋健自の先行研究〔高橋1911〕に依拠しつつも、いっそう精細の度が増しており、縁部形状を10種類にわけて提示した点には新味があった（図9）。そのうえで、「型式」（鏡式）分類が構築された。「大体に於いては在来の分類に拠」りつつも、分類の方針を明確に打ちだした点が注目される。すなわち、「漢式鏡の分類は、第一に内区の図様に拠るべき」で、まず「内区の図様によつて、「門」が分けらるべきであ」り、「綱」の分類も「内区図様が主とならねばなら」ず、「外区、銘文等が拠るべき資料となるのは、少くとも「綱」なり「類」なり「目」なりの場合であらねばならぬ」とする、「内区図様」主義ともいうべき姿勢である。また、「漢式鏡の型式分類は、支那鏡を基準」とし、倭製鏡のような「変形様式のものは、出来る丈け、其の根原型式に還元して行くべき」ことが「是非共吾々の奉ぜねばならぬ方針」だとする原則を明示した点にも注意したい。その方針は、実際の分類にあたって、まず内区文様から中国製鏡を中心とする型式分類を実施し、倭製鏡については確実な認定基準を設定しえないという理由から、「各型式に亘つて、仿製鏡たり得るものを挙げ」てすませたことに、如実にうかがえる。

実際の型式分類では、「本邦発掘鏡を主としての分類の大綱」が提示された。まず「素文鏡」と「有文鏡」に二分され、後者は「内行花文鏡」「TLV式鏡」「鈴鏡」など19種に大別された。また、「有文鏡」を「幾何学的資料」「動物的資料」「植物的資料」「天界現象資料」「其他」の計5類に分類し、「幾何学的資料」に「重圏文鏡」「内行花文鏡」などを、「動物的資料」に「夔鳳鏡」「鼉龍鏡」などを包括したのは面白いこころみである。そして、「仿製鏡たり得る」「型式」として、「素文鏡」「内行花文鏡」「重圏文鏡」「TLV式鏡」「画象鏡」「盤龍鏡」「獣形鏡」「鼉龍鏡」「鈴鏡」「星雲文鏡」「変形文鏡（「珠文鏡」「乳文鏡」「捩形文鏡」をふくむ）」などの20弱を抽出した。なお、「重圏文鏡」「珠文鏡」の鏡式名は、本書が初出である。ただ、前漢代の重圏銘帯鏡などと現在の倭製鏡の鏡式名である重圏文鏡とを、両者の関係に言及しないまま「重圏文鏡」として一括したり、「星雲文鏡」のカテゴリー内で「珠文鏡」を説明するなど、整理が不徹底な面も多々あった。

また、鏡式設定にとどまらず、富岡や梅原と同様に、模倣と独創性の比重から倭製鏡の大分をこころみ、和辻の路線を継承して、中国製鏡からの逸脱と独自の意匠に高い文化的・芸術的価値を付

与した。具体的には、倭製鏡を三群に大別し、第一群は「字義の如き仿製鏡で、支那鏡をそのまゝ模鋳したもので、多少の変形はあるにもせよ、大体に於ては、原様式の趣を存するもの」とした。第二群は、「相当程度に変形してゐるものであるが、しかも未だその根抵に支那鏡の趣を存するもの」であり、「一方には、日本趣味が発揮されながら、一方には、支那鏡の色彩を有するもの」とした。本群において、各文様要素が次第に変形してゆくだけでなく、中国製鏡の諸型式の文様「要素」が「取集められて一背文を構成」する現象に着眼したのは、以後の分析視角〔田中 1979 等〕の基点として重要である。このほか、中国製鏡から逸脱した施文方式や擬銘帯なども加味して、本群の「文様表現の手法は、支那鏡の如く鋭利鮮明な表現は出来ないものが多いが、しかもその弱いそして稚拙な表現の中に、一種牧歌的な、夢幻的な、そして軽い表情を見るので、既に平安朝代あたりに豊富に現された日本趣味が、ここに胚胎してゐることを想ふ」との評価をくだした。そして第三群は、「全く支那鏡の羈絆から離れて、吾々の文様をそのまゝ現したもの」とした〔後藤 1926a〕。

　翌年の概説書では、一般読者を意識してか、いっそう感性にうったえる論調で自説を再論した。「仿製鏡は当時の日本文化の本質を知る上によい資料」であり、「古墳発掘鏡の四分三以上は仿製鏡である」事実は、「当時の文化に自生力の強かつたこと」を、そして「狩猟文鏡や家屋文鏡の如き純日本鏡を作り上げてゐる」ことは、「外来文化」が「驚くべき程度に咀嚼せられ同化せられて、ここに渾然たる日本独自の文化」が形成されたことを示すと説き、その意義を強調した。のみならず、「日本文化の有する特質は大概之を原史時代のものにも見ることが出来」、その代表的特質である「同化力の強」さや「愛すべき素樸・無邪気さ」が、倭製鏡に現出しているとまで説きおよんだ〔後藤 1927b〕。和辻の倭製鏡観を換骨奪胎した後藤の倭製鏡への評価は、第四期の戦時下で尖鋭化し、皇国史観に阿諛する自身の論調を補強する役割をはたすことになった。

　『漢式鏡』は、よくも悪くも従説の総括であり、また資料集成であった。上記の分類や倭製鏡観にしてもそうだが、費やした紙数のわりに独創的な見解にとぼしかった。たとえば、「型式学的方面」にも「未だ手を染めてもゐない 未 開 野 もある」として、断面を検討する必要性を説いた。断面の彎曲度が焦点距離と相関するとの視点は目新しかったが、鏡の断面図はすでに『古鏡の研究』〔富岡 1920a〕に数多く掲載されていたにもかかわらず、後藤は具体的な検討を実践しなかった。また、「鏡の半径の綜合的研究」、すなわち「鈕径、内区径、外区径等の数字の係数的研究」が未着手であることや、「鏡の金質の研究」が「未だ日暮れて道遠き」こと、そして鋳造術の研究がいまだ型式学的研究に資しえないことを難じつつ、やはり提言のみにとどまった〔後藤 1926a〕。

　ただ、後藤が数量統計的アプローチの先鞭を付けたことに注意を喚起しておきたい。本書では、出土鏡総数に占める倭製鏡の比率を「大和」と「上野」とで比較し、また鈴鏡の全発見数に占める各地方の割合を百分率で示すにとどまったが、翌年には専論でこのアプローチを深化させた。すなわち、「発見鏡総数」「仿製鏡数」「支那鏡数」「一個所ニ於ケル平均数」「発見鏡径平均数」「県面積ニ対スル鏡数比」「耕地面積ニ対スル鏡数比」にくわえ、「第三種所得税納者ノ人口ニ対スル比数」「同税納者一人ニ付納税額」を、府県ごとに計数したグラフを作成し、主として出土鏡数（およびその平均面径値）による府県・地方ごとの比較検討をつうじて、「上代文化の平面観察」をこころみたのである〔後藤 1927a〕（図10）。

・ 本論では多岐多様な観察所見が示された。出土鏡数から、「大和を中心として、所謂畿内地方か

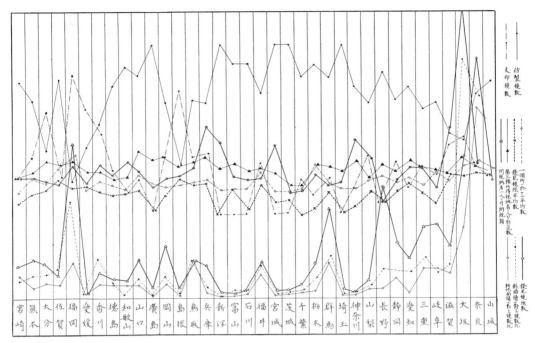

**図 10** 鏡の出土数にもとづく「上代文化の平面観察」〔後藤 1927a〕

ら、滋賀・岐阜・福井・三重の諸県を含んだ一地方と、毛野文化ともいひたい群馬・栃木諸県地方を一地域としたところと、吉備文化ともいふべきか、中国地方から四国北岸地方と、北九州地方との四の地方が、夫々一の顕著なる文化圏をなしてゐること」をとらえ、出土鏡径の平均値と「一ヶ所出土の平均数」では、「毛野文化」「中国文化」「北九州文化」は「大和文化」におよばないとの指摘は、富岡や梅原の分布論的研究を精緻化させたものであった。また、倭製鏡と中国製鏡の出土比率から、「北九州文化が著しく大陸的即ち舶来的であり、毛野文化が著しく自生力の発現したものであり、大和文化も、大和に於ては、相当自生力を有するものであ」ること、そして「毛野文化が最も多く自生力の発露し」たのは、「遠距離(リモウトネス)が自生文化の醸成」に作用したものだととらえたことは、倭製鏡に「日本趣味」を読みとるような主観的な憶測よりも、はるかに有効な「文化」論であった。さらに、1925 年時の「第三種所得税納者」の単位人口比と一人あたりの納税額を、鏡径の平均値および 1 箇所出土の平均鏡数とそれぞれ対比することで、「富の力、文化の力」の通時的比較をこころみ、鏡からみて「上代文化の各中心地であつた奈良・群馬・鳥取が納税面でずつと劣位にあ」る一方、納税面では神奈川・宮城・新潟などが大きな数値を誇つのは、「文化の中心移動を明かに示してゐる」と説いたのは、一風変わったアプローチであった〔後藤 1927a〕。

後藤は同年に上梓した概説書『日本考古学』〔後藤 1927b〕に、この分析成果をもりこんだ。考古学の教科書的概説書として版を重ねた同書をつうじて、この成果は多くの人びとに読まれつづけた。なお、径 25 cm 以上の鏡が、中国製鏡のみで構成される韓半島発掘鏡の総数約 190 面のうち、1 面のみ（約 0.5％）であるのにたいし、列島出土鏡では総数約 900 面のうち 26 面（約 2.9％）もあるというように、列島出土鏡に大型鏡が顕著なことを数量統計的に示したことは、半世紀後に田中琢が着目した視点〔田中 1979〕の先駆であった〔後藤 1926b〕。

1920 年代中頃から後半にかけて、この種の数量統計的アプローチが、鏡研究において流行の観を呈した。たとえば梅原は、鏡式別の出土数を旧国別にカウントした表を作成し、「近畿」の優位性を主張した〔梅原 1925a〕。森本六爾は、鈴鏡の出土数を旧国別にグラフ化して、その分布状況の歴史的意味を追究した〔森本 1928〕。本論考と翌年の論考〔森本 1929a〕では、後藤と同様に、列島出土鏡の面数と出土地数の旧国別グラフも提示した。こうした流行の背景として、富岡や後藤らの研究により、資料の集成と整理が飛躍的に進んだことが考えられる。さらにこの時期、清野謙次らが出土人骨の厖大な計測データを統計処理したうえで、「日本原人説」を高唱して学界を驚倒させた〔清野他 1926 等〕が、そのような新たな学問的動向の影響をうけたのかもしれない。[25]

　総論的な『漢式鏡』や概説書の『日本考古学』にくらべると、同時期に発表された「上古の工芸」で示された鏡論は、論題のとおり製作技術と鋳造に重点がおかれ、前二著よりも独創的な知見が目だっていた。たとえば、新山古墳出土の「同一型式であり、同一寸法である」14 面の内行花文鏡（奈良 260-273）は、いっけん「同一型によつて鋳造せられたもの」にみえるが、「仔細にこれを検すると、各鏡の珠文に多少の増減があつて、これら諸鏡の鋳型に多少の変形を施して行つた痕をたどり得るものがある」ことから、その鋳型がおそらく石型ではなく「惣型系統」だと推測したことや、倭製鏡の「金質が、一様に黄銅質」である理由として、500 度以上の加熱を実現しえなかった当時の「鋳金術」の未熟さを想定したことなどは、その当否はともかく意欲的な考察である。また、中国製鏡と倭製鏡の神像を図化して、「背文を構成する要素（エレメント）が、模倣せられている間に、漸次変形していく有様」、すなわち「全く人物文と思はれない程度にまで変つて行く」プロセスを例示したのは、倭製方格規矩四神鏡の白虎像の変遷を示した研究〔原田 1961a；田中 1983a〕や、三角縁神獣鏡の図像分析〔岸本 1989a〕の嚆矢として、学史的に特筆できる〔後藤 1926b〕。

## 6.　そのほかの倭製鏡研究

### （1）鈴鏡への関心

　第三期の倭製鏡研究を牽引したのは、富岡・梅原・後藤であったが、当期にはそのほかにも多彩な研究が花開いた。とりわけ鈴鏡の研究が流行した。この 3 氏が鈴鏡に少なからぬ関心をよせ、その起源・製作地・分布状況に関する分析を手がけたことは、上述したとおりである。

　3 氏のほかにも、雑誌『民族と歴史』の主幹である喜田貞吉は、『日本書紀』神功紀の「七子鏡」とおぼしき遺品（七鈴鏡）を「好古家」が所蔵しているとの連絡に関心を惹かれ、同誌に富岡の遺稿「鈴鏡に就いて」〔富岡 1920d〕を収録するとともに、自身の見解も披瀝した。喜田の主張は、「若し古代韓土に於て」「漢式鏡を摸倣して、而も頗る手法の崩れた鏡を鋳たといふ事実が認められたならば、従来本邦の製作だとのみ認められて居る漢式摸鏡のうちにも、韓土伝来のものが少くない」、という予想をかかげたうえで、『宇治拾遺物語』に新羅の后が奉納した「鈴鏡」が長谷寺に伝わるとの説話があるので、「百済貢献の七子鏡が、七鈴鏡だといふことの上に、一の有力なる傍証を与ふる」のだ、という疎漏なものであった〔喜田 1920a〕。[26]他方、奈良県柳本大塚古墳から超大型の内行花文鏡（奈良 85）（図 11）が発掘されるや、早くも翌年に、その弧間文様が中国製鏡の「銘文」ではなく、「渦巻」にして「胡魔化し」ている特徴に着眼し、「我が鏡作部が、漢代の鏡を模して作つたもの」と推察したが、これは舶倭の異同を実証的に探索した考察として価値がある[27]

〔喜田 1919a〕。なお鳥居龍蔵が、東北アジアのシャーマンや人物埴輪にたいする観察所見から、鈴鏡を「寧ろ腰鏡と云つた方がよい」と提言したことも、付記しておく〔鳥居 1925〕。

従来の鈴鏡研究は、鈴がとりつくという特異な形状に関心をよせるあまり、検討が起源や製作地に集中し、資料自体の分析はさほどの深化をみなかった。この状況を打開し、鈴鏡研究のレヴェルを一気にひきあげたのが、森本六爾の論考「鈴鏡に就て」である〔森本 1928〕。森本はそれ以前に、長野県金鎧山古墳で鈴鏡（長野3）を発掘し、その報告書で分布研究にくわえ、従来の鈴鏡研究に欠落していた共伴品の検討と使用法について重要な見解を提示していた。分布に関しては、旧国ごとに出土数を算出し、「東日本、特に四周海を繞らさざる国に多く分布し」、当該諸地域からさまざまな「形式」が出土し、しかも「古き形式なりと思惟すべき六鈴鏡、五鈴鏡」が多いといった現象などをもって、梅原の韓半島製作説を否定し、東日本の内陸諸地域における地域生産を示唆した。また、鈴鏡がしばしば鈴付馬具と共伴することに着眼し、両者が「相似たる情勢のもとに発現を見しなるべきか」との推測をみちびきだした〔森本 1926a〕。

図11　倭製内行花文鏡（柳本大塚古墳）
〔富岡 1920a〕

表4　鈴数と面径の相関

| 鏡式 | 最大径 | 最小径 | 平均径 | 取扱ヒ得タル鏡数 |
|---|---|---|---|---|
| 四鈴鏡 | 六・四 | 五・八 | 五・九五 | 四 |
| 五鈴鏡 | 一〇・九 | 六・二 | 九・〇一 | 九 |
| 六鈴鏡 | 一三・六 | 九・二 | 一〇・六 | 五 |
| 七鈴鏡 | 一三・八 | 一〇・四 | 一二・九 | 四 |
| 八鈴鏡 | — | — | 一四・六 | 一 |
| 十鈴鏡 | — | — | 一六・六 | 一 |

〔森本 1928〕

この考察を格段に多面的かつ精緻に発展させたのが、「鈴鏡に就て」である。まず、確実性の高い出土資料58面を集成し、前論考と同様の分布状況をえがきだした。本論考では新たに、鈴付製品である鈴釧・鈴杏葉・馬鈴の分布状況も検討し、これらが鈴鏡と同様に東日本にその大多数が集中することから、現状の資料にもとづく鈴鏡の分布状況の有意性を確認したことが注目される。次に、鈴数と鏡背文様の種類との相関関係を分析し、「鈴鏡の小鈴附着数の多寡は鏡体の大きさに比例」すること（表4）、また「背文の整粗」も「鏡体の面径に比例」し、「櫛歯文、珠文、変形唐草文より内行花文、獣形文、神獣文に至るに従つて鏡面径も漸次的増大の傾を示す」ことなどを明らかにした。そのうえで、鈴鏡の製作時期を探究した。鏡背文様の「意匠上よりして鈴鏡に新古の相対的年代の別を認める」が、原鏡はみな六朝代という「短縮された範囲内の期間の所産」とみなすことができ、実際に鈴鏡出土古墳の墳形・埋葬施設・共伴遺物から、その期間は「考古学上よりは年代の新古を附せられない程度の些少のものにすぎない」と主張したのである〔森本 1928〕。

鈴鏡の「形式上の変化を認め」ながら、森本が型式学的変化を追究しなかったのは、自身の弥生土器研究に看取できるように、型式学的な編年操作を不得手としたこと〔石神 2003〕にひとつの理由をみいだせる。しかしそれよりも、文化の「型」の抽出とその大局的評価に強い関心を示し、

本領を発揮してきた森本にしてみれば、時期を細分することで、文化「型」の共時的分析に時間変化というノイズが混入する事態を避けたのかもしれない。事実、森本は、鈴鏡の年代推定の直後に、おもむろに文化「型」の検討にとりかかる。そして、武器と馬具が顕著だという「遺物分布の特色」を根拠に、東日本は「武力活動の活潑なる」「動的文化」を有し、鈴鏡も「振動を要する」「動的な遺物」であり、「動的文化」の所産だととらえた〔森本 1928〕。鏡の様態に「文化的地方相」をみとめる大局的視角は興味深いものであったが、その反面、資料の仔細な分析を進めておきながら、型式学的編年を構築する好機を逸してしまった点が惜しまれる。

### （2）弥生倭製鏡研究の萌芽

　当期の最末期に、古墳倭製鏡に先行する資料が確認されたことも重要である。その功績者は中山平次郎である。中山は、福岡県須玖岡本遺跡で発見された「小鏡」（福岡258）に注目し、当鏡は「日本式内行花文鏡」のいずれとも相違し、「金質」も「漢式内行花文鏡のやうな精緻なもので無く、質粗雑で甚だ劣つて」いることを根拠に、この種の鏡が「金石併用時代」に「鉾及剣の鋳造と共に同地の辺に於て」「多少は其鋳造を開始されて居た」と推定し、同種の鏡として長崎県加良香美山貝塚（カラカミ遺跡）出土鏡（長崎36）を例示した。「鏡鑑仿製」の事業が「金石併用時代」に端を発した背景として、「我古代の在外研究員」である「生口」が「諸工業を支那へ習得しに」派遣され、当地で技能を「琢磨」し、そして列島内に新来した器物を「模範として其技」を磨いた事態を想定したのは、やや憶測に流れた観もあるが、意欲的な考察であった〔中山平 1928〕。[28]
　その翌年には、カラカミ遺跡出土の内行花文鏡を紹介し、当鏡の「金質は精緻を欠き粗雑なものである」こと、「銘帯の無きこと」、「文様が簡単且つ粗雑に、其配置も厳正でないこと」から、「斯る鏡は到底支那鏡とは推察し難」く、「所謂仿製鏡」だと判断した。そして当鏡が、「弥生式土器を出す貝塚の発掘物」であることにくわえ、古墳出土の倭製内行花文鏡と比較すると、後者の大多数が長宜子孫内行花文鏡の一種を模倣したのにたいし、前者は「清白鏡、明光鏡、日光鏡の一類を模倣の原鏡と認めんに何等の不安も感」じないことなどから、「本邦に於ける鏡鑑模倣の事業は一段溯つて考へ能ふこと」を推測した。さらに、その出土地などから、この種の「最古式仿製鏡の中心が北九州方面にあ」ることを予想した〔中山平 1929〕。梅原も中山の踵に接して、須玖岡本遺跡出土鏡が「我が国における最初の仿製鏡」であることを指摘した〔梅原 1930〕。

### （3）そのほかの倭製鏡

　「祭祀遺蹟」から出土する素文鏡を非実用の祭祀品とみなす考察が、当期に目だった。なかんずく、奈良県山ノ神遺跡で出土した素文鏡（奈良123・124）が注目を集めた。まず高橋健自が、本遺跡の調査報告のなかで、素文鏡を非実用の模造品と位置づけた〔高橋他 1920〕。つづいて森本が、「この種鏡は、もとより実用品であらうとは考へ得られず」、「実際の鏡を模して作つた一種の仮器であ」ると説き、樋口清之も素文鏡が「祭祀の目的を以て特に作られたものである」と論じて、高橋に賛意を示した〔森本 1926b；樋口清 1928a〕。なお第四期にも、静岡県洗田遺跡の調査報告において、出土した素文鏡（静岡188）にたいして、その「内容は粗造品に属し、到底実用品とは考へられ」ず、「祭祀用に作られた儀鏡と呼ぶを適当とする」との評価がくだされた〔大場他 1938〕。これらの考察をつうじて、素文鏡を祭祀用の儀鏡とみる通説がかたちづくられていった。

その樋口が、かつて高橋が紹介した、行燈山古墳出土と伝える「青銅板」について、実物の残片と拓本を探索して考察したことも注目される。樋口は、実物の破片と表裏の拓本2枚、そして当拓本から描出されたとおぼしき図をもとに、復元図を作製した（図12）。そのうえで、類品として大阪府津堂城山古墳出土の「板状銅製品」（大阪146-1）を、また「その手法に於て本遺物と興味ある類似を示す」資料として、近在する柳本大塚古墳から出土した「大形仿製内行花紋鏡」を挙示した〔樋口清 1928b〕。なお、当該拓本の写真

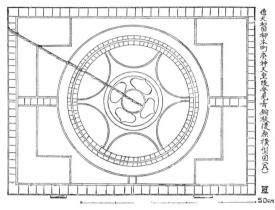

図 12　行燈山古墳出土（伝）銅板の復元図〔樋口1928b〕

は、のちに末永雅雄により著作内で紹介され、その文様構成が「内行花文鏡と共通」し、「直弧文との関係」をもつことも想定された〔末永 1961・1975〕。

　当期には、いわゆる家屋文鏡（後掲：図27）にも関心がよせられた〔梅原 1921a・1925c；後藤 1922；高橋 1927 等〕。本鏡は1881年に佐味田宝塚古墳から出土したのち、「諸陵寮の倉庫に収蔵して従来学界に知られ」ず星霜をへていたが、梅原が詳悉に報告したことで、ひろく世に知られるにいたった。梅原は本鏡を「半円方形帯画象鏡」と名づけ、描き起こし図を添えて4棟の家屋群の種別と構造について論じた。とりわけ、本鏡の「楼閣に類する」家屋図が、「支那の楼閣と異なる様式にして、むしろ「本邦古代」の「牀高の草葺きの家屋となすのが最も適当なる」ことを明示し、その系統について考察をめぐらせたことが注目される〔梅原 1921a〕。4年後の論考では、いっそう精細に本鏡の図文の分析を推し進め、家形埴輪や銅鐸絵画、民族事例との比較も加味して、細部までふくめた家屋群の構造にくわえ、「幡蓋に近い表飾物」・「稲妻形の線刻」・「小さい異様の人物の坐像」などの細部文様にも考察をおよぼした〔梅原 1925c〕。

　「日本鋳造説」〔梅原 1918；高橋 1919c；富岡 1920a 等〕と東北アジアをふくむ「支那鏡説」〔喜田 1918；高橋 1922b 等〕とが併立して定見をみなかった多鈕鏡〔後藤 1926a〕にたいして、森本が精細かつ多角的な分析をほどこし、「シベリア、朝鮮・日本等の地方当時抱括した一大文化圏内」に「発生した仿製鏡となす帰結」をみちびきだしたこと〔森本 1927・1935〕も注意される。多鈕鏡のうち粗文鏡を「仿製鏡」とする見方はしばらく残存したものの、森本の考察を契機として、韓半島北部や東北アジアが多鈕鏡の製作地として注目されるようになり〔梅原 1940c 等〕、当鏡式を倭製鏡とする見解は次第に後退していった。

### （4）関連諸分野における鏡論

　当期には、考古学に関連の深い諸分野で多様な鏡論が提示された。そのほとんどが専論でなく、実証の裏づけにとぼしい断片的な着想にとどまったが、以後の研究に少なからぬ影響をあたえた。

　当期の新たな研究動向として注目したいのは、鏡を中心とする古銅器の理化学分析が開始されたことである〔近重 1918〕。成分比とその製品への反映、顕微鏡による金属組織の観察、金属の反射力など、多彩かつ先駆的な分析がなされたが、その分析対象に倭製鏡はふくまれていなかった。倭

製鏡をふくむ鏡の総合的な理化学分析は、第四期を待たねばならなかった。鋳金家の立場から、手なれや踏返しについて論じた香取秀眞の小考も興味深いものであった〔香取 1925〕。

当時、漢籍に通暁した八木奘三郎を例外として、八咫鏡をはじめ、『記』『紀』の鏡関連記事が鵜呑みにされる傾向があった。[(29)] そうした傾向は、敗戦後に『記』『紀』の史料批判が深化したことで払拭されていった。周知のように、敗戦前にその先鞭を付けたのが津田左右吉であり、『記』『紀』の神武〜仲哀天皇に関する説話に詳悉な史料批判をくわえ、その「種々の説話を歴史的事実の記録として其のまゝに認めることが、今日の我々の知識と背反してゐる」と論断した〔津田 1919〕。そして鏡に関する記載も、史料批判の俎上に載せられ、アメノヒボコの神宝説話や崇神朝における「鏡剣摸造」説話などの非史実性が明らかにされた。

そうした作業を実践した著作の「総論」で、津田は『記』『紀』研究と考古学との協同のあり方について、非常に重要な提言をおこなっていた。長くなるが、当該箇所を引用する。

「文献の記載が曖昧な又は疑はしい場合に、考古学の知識によつてそれを批判することには固より異論は無い。が、それは考古学を考古学として独立に研究した上での知識で無くてはならぬ。(中略) 記紀の神代や上代の部のやうな、歴史であるか何であるかすら不明な、厳密な批判を加へてみなければ其の記載を歴史として取扱ふことの出来ない文献は、其のまゝでは考古学の材料にはならぬ。従つて記紀の記載が厳正なる批判によつて歴史的事実たることの承認せられた上で無くては、記紀の外に参考すべき文献が無い様な事物を取扱ふ考古学の研究は、一ら遺跡や遺物其のものによらなければなるまい。さういふ風に記紀から離れて研究した考古学の結論にして、始めて記紀の批判を助けることが出来る。然るに、もしそれに反して、まだ批判を経ない記紀の記載に、よい加減の意味をつけ加へ、其の助によつて作り上げられた考古学めいた知識があるとすれば、それは考古学としての本領を傷けるものであると同時に、また決して記紀の批判の助となる資格の無いものである。記紀の研究の方からいふと、其の批判の準拠しようと思ふ考古学が逆に記紀を用ゐてゐたのでは、何にもならぬのである」〔津田 1919〕。

これは、『記』『紀』の安易な利用に流れがちな、当時の考古学者にとって頂門の一針となりうる重大な提言であった。しかし、津田の警鐘に耳を傾ける鏡研究者はなく、『記』『紀』に迎合した鏡の解釈論は、社会の右傾化を追い風に、その後むしろ顕著になっていった。

宗教的・思想的側面に関する考察もなされた。中国製神獣鏡の文様意匠に道家思想や神仙思想が表現されたとみる解釈〔津田敬 1916；黒板 1923〕とそれへの反論〔原田淑 1930；梅原 1940a〕は、論拠と反証を増やしつつ、現在まで引きつがれている。他方、「考古学者の鏡の研究」は、「何れの時代の製作であるとか、又何れの種類に属するものであるとか云ふ研究のみであつて、上代人の人類学的・心理学的研究については今の学者は何等試みて居ない」との批判意識から出発した鳥居龍蔵の研究は、批判の鋭さとは裏腹に実証性にとぼしく、皮肉にも「人類学的・心理学的研究」の困難さを浮き彫りにしたにとどまった〔鳥居 1925〕。

宗教面での鏡論として忘れてならないのが、折口信夫の諸論である。折口は通例のごとく、確実な論拠をあげぬまま、「「日の御子」降臨」時の鏡は「御代毎に新しく御母神から日の御子の受けると解した外来魂の象徴と見るのが、古義に叶ふらしい」と推測した〔折口 1926〕。「外来魂」を「威霊」の言い換えとし、「まなぁの訳語」としたこと〔折口 1929〕、「威力の源になつてゐる外来魂」の「貯蔵庫」になる器物があると説くこと〔折口 1931〕、大嘗祭において、亡き天皇（「もと

天皇霊の著いて居た聖躬」）とその後継者（「新しくたましひの著く為の御身体」）が「真床襲衾と言ふ布団の中に籠」る「鎮魂式の後、天皇霊その他の威霊を得」ることで「神の資格を得」た新帝になるとみたこと〔折口 1928・1933a〕、「宮廷の古くなったたま（威霊）」を「天子の御衣」に「附著せしめて」人びとに「分割」することを「御霊の分割」ととらえたこと〔折口 1933b〕などから、折口が器物を介した「威霊」の移動・分配を考え、その代表として鏡を想定していたことは疑いない。鏡に「たましい」や霊魂の「附著」をみる折口の着想は、以後の鏡の宗教的・政治的解釈に、とりわけ鏡を「首長霊継承儀礼」の主アイテムとする見解に、絶大な影響をおよぼすことになった。[30]

## 7. 小結

　第三期には資料面・研究面での充実を追い風に、倭製鏡研究が格段の進展をとげた。その成果の豊かさは、当期の解説と批評に割いた紙幅の量に反映している。集成・分類・編年・分布・化学組成・倭製鏡観など、現在の倭製鏡研究の主要論点が当期にほぼ出揃い、しかもその分析は相当の密度と深度を達成しえた。こうした点から、当期を倭製鏡研究の基本形の完成期と評価してよい。

第 四 期

1930 年代～40 年代

## 1. 倭製鏡研究の停滞

　第四期にさしかかる 1920 年代末頃になると、倭製鏡研究をふくむ鏡研究全体が停滞状態におちいり、第五期前半の 1950 年代まで復調しなかった。倭製鏡研究にいたっては、樋口隆康が指摘するように、高橋・富岡・梅原・後藤らが活躍した「大正年間から昭和の初期」より以後は、「一部の鏡についての考察はあっても、全体観を進めたような研究は皆無」になった〔樋口 1979a〕。鏡式レヴェルの精細な研究は 1960 年代前半以降の第五期後半に、総合的な倭製鏡研究は 1970 年代後半以降の第六期に、ようやく再始動をはたす。

　この時期に三角縁神獣鏡研究が沈滞した理由を、いくつか示したことがあるが〔下垣 2010a〕、これは倭製鏡研究にもほぼ該当する。まず、研究者の逝去が相次ぎ、そのほかの研究者も倭製鏡研究の一線から退いたことが大きい。富岡（1918 年歿）・高橋（1929 年歿）・森本（1936 年歿）が死去し、梅原は外遊（1925–29 年）後にその関心を大陸に移行させた。後藤も、『漢式鏡』の上梓後は、古墳出土品の有職故実的研究と一般概説書の著述に集中するようになり、『古鏡聚英』〔後藤 1942〕をのぞくと、時流におもねった感性的な古鏡観を説くだけになった。第三期、とりわけ 1920 年前後に多数の鏡論を発表した中山も、第四期の鏡論考はほぼ皆無である。社会の右傾化により、皇室の淵源にふれかねない鏡研究が躊躇されるようになったという、社会的要因も想定しうる。そして一般論になるが、ある時期に特定テーマの研究が深まりすぎると、後続世代が当該テー

マを避け、結果として研究が停滞する現象がまま起こる。これが倭製鏡研究にも生じたのかもしれない。

## 2. 研究の二極化

　当期の倭製鏡研究（および鏡研究全体）の大局的特徴として、二極化をあげうる。一方の極が、資料集成と解説に力を注ぐ方向性、他方の極が、概説や総論で鏡を論じる方向性である。なるほど基礎資料の充実は、研究の発展に不可欠である。概説や総論も、研究成果を総括するうえで重要である。しかし、いずれの方向性も、論点の抽出および課題の設定とその解決という、研究深化の正のフィードバックを、専論をつうじて推進してゆく姿勢が稀薄な点で通底する。第三期に比して、当期に鏡の専論が激減したことは、その端的なあらわれである。当期にも、静岡県松林山古墳（1931 年）や岡山県鶴山丸山古墳（1936 年）などの諸墳から、注目すべき倭製鏡が発掘された〔梅原 1938b；後藤他 1939〕。しかし、そうした発掘や報告に触発された倭製鏡研究は発表されなかった。新資料の発見と研究の深化という、研究のあるべき正のフィードバックもうまれなかった。

　当期には、理化学分析や鋳造論など意欲的な専論〔梅原 1937・1944；小松茂他 1937；香取 1940；荒木 1942 等〕や有益な総論〔佐藤虎 1932a-e・1933a・b；梅原 1940a；後藤 1942 等〕もだされた。しかし、上記のような消極的な研究姿勢が、当期の鏡研究の停滞観を醸しだしている。

## 3. 梅原末治による研究の展開

　そうした状況下で、孤軍奮闘ともいえる活動をみせたのが梅原であった。外遊を境にして、梅原は列島の遺跡・遺物を主対象とするスタンスから、中国や韓半島の遺物、とりわけ優品の検討に研究の重点を移した〔田中 1988〕。それにともない、列島出土鏡に関する梅原の報告・論考は大幅に数を減じた。しかし、厖大な著述をもって知られる梅原である。絶対量からいえば、依然として数多くの報告および研究成果を、当期にも産出しつづけた。しかも、伝世鏡や同笵鏡の存在を指摘し〔梅原 1933a・1944・1946〕、倭製鏡をふくむ鏡の化学分析に深くかかわる〔梅原 1937〕といったように、新鮮な研究視角を次々と提示し、さらには列島出土鏡に関する第三期以来の自身の研究成果を総論的にまとめる〔梅原 1940a〕など、八面六臂の活躍ぶりを示した。多くの研究者が列島出土鏡の研究から撤退したこともあり、当期の鏡研究は梅原の独擅場であったと概評しうる。

　ただ、梅原の主たる関心はあくまでも大陸・半島にあり、列島出土鏡にしても検討の主対象は中国製鏡であり、倭製鏡はおおむね中国製鏡との対比で論及されるにとどまった。化学分析や同笵鏡の議論も、中国製鏡を軸に進められ、当期に梅原が編んだ多数の写真図録類〔梅原 1931・1932a・1933b・c・1939・1943 等〕も、紀年銘鏡をはじめとする中国製鏡が主たる収録対象であった。第三期に、倭製鏡研究の水準が飛躍的に高まり、その研究上の意義が強調された。しかしそれも束の間、第四期にはいると、梅原の手で中国製鏡の隷属的位置に引き戻されてしまった。

　そうしたなか、当の梅原が自身の倭製鏡に関する見解を総合的に示した「上代古墳出土の古鏡に就いて」〔梅原 1940a〕は、当期の倭製鏡論として唯一の光彩を放った。主張の大枠は旧攷〔梅原 1921a・1925a 等〕と大きく変わらない。しかし、次の 2 点が注目される。第一に、倭製鏡の地域

生産を明言したことである。旧攷では、精粗などから倭製鏡を計4「類」にわけ、それらが分布状況と相関することを説いたが、地域生産の有無には論及しなかった〔梅原 1925a〕。しかし本論考では、「大形仿製の諸鏡特に方格規矩鏡なり内行花文鏡系」の分布が「主として畿内に限られ」、なおかつ定型的であることから、「畿内地方」での製作を想定し、他方で「四百面にも上るであらう」「小形鏡」は、「背文が区々で文様変化の程度に種々の段階を示し」、それぞれ「鋳造の精粗の別」があり、かつ「旧日本の殆んど全土に亘る」ことから、これらの「鋳造が地方地方でなされたとする推測」をみちびいた。師説と同様の結論〔富岡 1920c〕に落ち着いたわけだが、富岡歿後の資料・研究両面での蓄積をうけ、より緻密かつ具体的に論を構築したところに、梅原の主張の真価がある。また、そのような鏡「文化」の「伝播を可能ならしめた交通路の発達」を、「大形仿製鏡」と魏晋鏡の副葬古墳の分布状況から具体的に追跡したことも、興味深い作業であった〔梅原 1940a〕。

　第二に、列島出土の中国製鏡に伝世をみとめ、倭製鏡の製作開始年代を後方修正したことである。隅田八幡鏡を例外として紀年銘を欠く倭製鏡の製作年代を推測する手がかりは、出土古墳の時期か原鏡である中国製鏡の製作年代しかなかった。しかし、前者については、竪穴式石槨と横穴式石室の先後関係すらも結着のつかない研究水準であり、後者については原鏡の製作から模作までの期間を見積もる術がなかった。ところが、倭製鏡とその原鏡の製作年代を近接させる見方が、当期までの学界では主流であった。「原型と対比して仿製の年代を推測」するアプローチを提言した富岡は、「模造は当時のみならず、後代までも行はれ、而して種々の変化を生ずるものなること」に配慮した点で慎重であった。しかし、提示された倭製鏡の年代から推察するに、模倣が精緻なものは原鏡の年代に近く、簡略化の程度に応じた原鏡からの時間的乖離を想定していたらしい〔富岡 1920c〕。後藤は、特段の根拠もなく、「仿製鏡の年代は、母型支那鏡より甚しく年代の降るものでなからう」と推断した〔後藤 1926a〕。高橋は、倭製鏡は原の中国製鏡「より後に出来たことは勿論であるけれども、その模造の行はれた時も輸入されてから余り時を経たとは考へられない。特に日本の国民性から考へてしかあるべきである」という不可解な理窟で、原鏡と模倣鏡の年代的な近似を主張した〔高橋 1922a〕。そして梅原も、『佐味田及新山古墳研究』で示した原鏡と倭製鏡に関する記述と図表、そして「模造鏡は何れも同じ代に原型を求め得る」、あるいは「模造鏡は原型の年代の究明せらるゝに於いて一々の形式の異形化の程度より略ぼ推定年代を得べし」といった所見から、原鏡と倭製鏡の製作年代が基本的に近接するととらえていたようである〔梅原 1921a〕。

　しかし、これらの想定は、「仮に、母型たる支那鏡が鋳造せられた後、やがて舶載せられ、これが模鋳せられた」とみる根拠のない仮定〔後藤 1926a〕や、「大体に於ては略ゝ同時代といふべきものが輸入されるのが常であるから、当時に於ても幾分流行後れのものが来たかも知れないけれども、時代としてはさしたる懸隔のあつたものとは思はれない」といった常識論〔高橋 1922a〕にもとづいていた。このような不確実な想定にたいし、反論もなされた。しかし、その反論にしても、「後世所謂日本の国民性などから考へて、その摸造の時期を無造作に推定することは甚だ危険」だとするように、主観に流れた〔橋本増 1923〕。結局、推論の土台が脆弱なまま、倭製鏡の製作年代が想定されていたわけであり、これでは倭製鏡研究が停滞するのも無理ないことであった。

　そうした状況下で梅原が、香川県石清尾山古墳群から出土したと伝わる方格規矩四神鏡（香川48）に、「手磨れ」らしき磨滅と修補用の穿孔がみとめられることに着目し、ほかの中国製鏡の顕

著な磨滅例を挙示しつつ、「鏡の伝世」を指摘したことは、中国製鏡による古墳の年代決定のみならず、倭製鏡の年代観にも変更をせまる契機となった〔梅原 1933a〕。変更は、梅原本人の手で進められた。まず古墳出土鏡のうち、「鈕孔の著しく磨滅したもの乃至図紋のすり磨かれて鋭利さを失ひ、鏡自体の上に伝世の痕の認められる類」が「主として時代の遡る漢鏡」にみとめられる一方、「鋳上つたままの鮮鋭さを持つもの」が「魏晋代の大形鏡以下に見」られ、両者が同時併存する現象を摘出した〔梅原 1935〕。倭製鏡については、「文様が鮮明であつて伝世の形迹に乏し」く、その製作年代は「原型の示す時代よりも寧ろそれが副葬された高塚に於ける鮮鋭な鏡の時代に近く置くこと」を妥当とみなした。製品自体の観察だけでなく、古墳での共伴関係や埋葬施設などとの関係も重要視した。たとえば、佐味田宝塚古墳および新山古墳などにおいて、「大形仿製鏡が若干の伝世したと考へられる同式支那鏡」や「多数の魏晋代の舶載品」などと共伴する事実は、魏晋鏡の将来後に倭製鏡の製作がなされた証左とみた。そして、「漢中期に将来せられて内地特に近畿地方で伝世してゐたとする鏡式を祖型」とする「大形の仿製鏡類」は、しばしば「三角縁神獣鏡乃至文様の磨滅したそれ以前の支那鏡と伴出し、また其の遺跡が近畿に於いては宏壮な前方後円墳であり」、埋葬施設と副葬品が古相を示す一方、「小形の鏡類」は横穴式石室を内蔵する小古墳から出土することが多いことなどにも着目した〔梅原 1940a〕。

　以上の検討から、梅原は倭製鏡の製作開始にいたる経緯を以下のように復元した。「前漢時代に伝へられた当代の支那鏡」は、最初に流入した「北九州では未だ大いに模作されるに至らなかつた」。つづいて、「王莽を中心とする時代の鏡式」が「近畿地方」にも流入し、「貴重品として伝世し」た。そして魏晋代になると、当該期の中国製鏡が多量にもたらされ、鏡を「副葬する風の盛んとなつ」て以後、まず「漢中期」の伝世鏡が、次に「魏晋の大形品」の模作がなされたのち、鏡「文化」がおよんだ各地で、「小形の仿製鏡」の生産が開始した、と〔梅原 1940a〕。「大形の仿製鏡」の製作が「漢中期」の伝世鏡の模作にはじまるとする梅原の主張は、のちに小林行雄により否定され、梅原とは逆に、「魏晋の大形品」である三角縁神獣鏡の模作ののち、伝世鏡が倭製化されたとする見解〔小林行 1956〕が、しばらくのあいだ通説化した。しかし近年の研究により、「漢中期」の伝世鏡の模作を先行させる梅原説が妥当とみなされるにいたっている。

　理化学分析や同笵技術の追究といった新規のアプローチを主導したのも梅原である。理化学分析については、京都帝国大学および東方文化研究所の所蔵する 56 面の鏡に実施した成分分析をふまえ、中国製鏡と倭製鏡を対比的に検討し、その異同の意義を考察した。その結果、両者が成分比のうえで差異を有さない事実から、倭製鏡の素材が中国製鏡の「鋳潰し」に由来するとの解釈を提示した〔梅原 1937；小松茂他 1937〕。

　同一の鋳笵で鋳造された同笵鏡の製作技術と分布の意味を追究したことも、以後に古墳時代研究の一大軸に成長したアプローチの基点として、重大な意義をもつ。同笵鏡には中国製三角縁神獣鏡と同型鏡群のほか、「仿製」三角縁神獣鏡もふくまれ、文様の他律性／独自性と面径および分布との相関性に収斂しがちであった倭製鏡研究に、新視角をあたえた点でも重要である。同笵鏡の意義については、すでに富岡が、「同一鋳型」製の鏡群は「同時に将来せるものと解す可く、それが相距る地点より出土するは、又以て当時の交通其他の状態を窺ふの料とならむ」ことを先駆的に説いていた〔富岡 1920b〕。梅原は、この視角を緻密かつ総合的に発展させたのである〔梅原 1944・1946〕。梅原は同笵鏡の製作工程について、同一鋳型の反復使用は困難であること、鋳笵に多量の

蠟がふくまれる分析事例があることを根拠に、砂型で複数の蠟型をおこし、それぞれを砂土でつつみ注湯することで、複数の同笵鏡が製作されたと想定した。また、同笵鏡が畿内地域を中心として各地に散在する現象に注目し、中国で「同時に作られた遺品が当時一括して舶載せられ、それが後に」畿内地域から各地に「分散した」と推定した〔梅原 1946〕。地域別の鏡出土数の多寡から、畿内地域と他地域との関係を復元する従来の分析レヴェル〔梅原 1923a〕を高め、以後の同笵鏡分有論の原型となる重大な成果であった。しかし、同笵技術に関して、「もと支那で行はれた鋳造の実際が我が上代に移し行はれたとして一向差支えないわけである」としつつ〔梅原 1944〕、「仿製」三角縁神獣鏡の鋳造技術と「分散」経緯が看過された点で、倭製鏡研究からすれば不満が残された。

## 4. 爾余の諸研究

　当期の倭製鏡研究は、梅原がひとり気を吐いた観が強い。爾余の諸研究は、新味のない概論をくりかえすか、旧調重弾に傾いた説をくりだすか、時流におもねるかのいずれかであった。

　第三期に意欲的な研究をなしとげた後藤が、大冊の写真図集『古鏡聚英』を上梓し、鏡式ごとに解説を付したことが例外といえる〔後藤 1942〕。しかし、従来の指針〔後藤 1926a〕どおり、舶倭の区別よりも鏡式の区別を優先したため、図版に舶倭の両者が入り乱れて混乱の観を呈し、あまつさえ鏡式解説に終始した代物であった。その鏡式にしても、旧著で打ちだした分類の理想〔後藤 1926a〕ははたされず、倭製鏡に関する説明にも新説はなく、第三期以降の研究成果からの進捗をなんら示さなかった。

　むしろ後藤は、資料自体の分析と別方向に舵を切っていた。皇国史観に阿諛し、鏡（とくに倭製鏡）をその材料として利用する方向である。その姿勢が明白にあらわれたのが、太平洋戦争開戦の直前に刊行された『日本の文化 黎明篇』である。本書の執筆目的は、「皇紀二千六百年」を迎えた「皇国宏謨の悠遠を寿ぎ奉り」、「国民」に「皇国発展の姿を正しく、かつ確実に理解せしむること」にあった〔後藤 1941〕。本書で後藤は、古墳文化「前期」の倭製鏡は、「作技の上から見ても優秀のものであり、かつ支那鏡の種々の図文を取り合せて、しかも一絲紊れざる纏りを見せ」、直弧文鏡のように「全く彼の支那鏡を十分に咀嚼し、いわゆるマスタアすると共に、自身を生々と現はして居り」、しかもそれらが「支那鏡よりも、総じて大形である」ことを強調する。そしてそこに、「外来文化摂取に対する旺んなる文化力の活躍の現れ」や「当時の文化力が澎湃として四辺を圧するものがあ」ったことを読みとる。他方、古墳文化「後期」に、「小形のものが多数行はれ」るようになったことを、「文化力に一種の弛緩さの加つた」証左とみつつも、「日本味の多いものとなつて来」たことに注目し、「文化力が漸く老境に入つたといふことも見逃すことの出来ない事実」だと、評価を正の方向に引き戻す。さらに、倭製鏡が中国製鏡とことなり、「規矩整然たるものを好」まず、鏡には「現実的慾求」ではなく「現在自分の見てゐるもの、感じてゐるものを率直に現して居」ることに、「支那精神と日本精神との差」さえ看取する。そして、「鏡・剣・玉」という三種の神器から「古代文化の全貌内容を明かにし得られてゐますし、この三つの融合対立に古代人の精神が結晶して居ります」と主張するまでに、皇国史観への追従の度を深めた〔後藤 1941〕。

　なお後藤は、敗戦後まもなく刊行した著書で、八咫鏡など「三種の神器」の考証に力を注ぎ、

「弥生式文化時代の前期の始め頃」に「神武天皇の肇国」を想定するなど、旧套墨守の姿勢をみせたこと〔後藤 1947〕が典型的に示すように、敗戦後の研究からとりのこされていった。実証を抛棄した研究者が、ふたたび資料に沈潜することは至難であり、敗戦以後に後藤が倭製鏡研究に貢献することはなかった。後藤の倭製鏡研究は、第三期で終了したと断じてよい。

　この時期、上記した後藤の著作のほかにも、時局に便乗した妄説が考古学や人類学などにあらわれた〔平野義他 1942 等〕。敗戦後に天皇制批判を舌鋒鋭くおこない、戦中に「大陸侵略に便乗して朝鮮に、満洲に、蒙古に、華北に文化的侵略を行った」「考古学」の「先頭とな」った「帝国大学の考古学者」を、「戦争犯罪人」だと峻烈に指弾し断罪した〔ねず 1949a〕、京都帝国大学出身の禰津正志にしても、戦中には南進政策というまさに時局に「便乗」するかたちで、『印度支那の原始文明』『太平洋の古代文明』の２著をたてつづけに上梓した。あまつさえ、後者の「はしがき」では、「人類学・民族学・考古学」が「アジアにおける、特に西南太平洋における諸民族の統治に必要なこと」の「認識の進歩」に、本書が「今後若干の寄与をなすならば、著者の望外の喜び」とまで明記した[33]〔禰津 1943・1945〕。鏡に関しても、たとえば民族（俗）学者の西村眞次が、狩猟文鏡の「文様を我邦に住んでゐた隼人、即ちインドネシヤ人」による「円陣舞踊」である「犬 踊」 (ドッグ・ダンス) を表現したものと考えるなど、「日本と中南支、印度支那、及びインドネシヤ地方との間に交通があり、技術と学問とが人種を伴なうて日本に輸入せられた」ことを高唱して、南進論の学問的根拠を補強し、「此結論は大東亜共栄圏の完成を裏書する基本的證拠として尊重されなければならぬ」と結んだ〔西村眞 1943〕。のちに西村は、「「南方屋」ともいうべき疑似知識人」のひとりとして槍玉にあげられ、「戦争中にいい加減な作品を書きまくっ」たものの、「どれ一つとして学問的に通用する仕事はない」と酷評された〔矢野暢 1975〕が、いわれのないことではなかった。

　さて、倭製鏡の文様に日本的美質の「上代」的表出をみてとり、後藤の倭製鏡観にも影響をあたえた和辻は、この見方を披瀝した『日本古代文化』の改稿版において、考古学的データに関する重大な解釈を追加した。倭製鏡の解釈に変更はなかったが、鏡全体に関する２点の主張が、以後の研究に重大な解釈枠をあたえた。第一点は、鏡をふくむ青銅器の分布圏の変動から、「筑紫」による「大和」への「東征」を想定したことである。和辻は、「九州と大和とが鏡玉剣の尊崇といふ一点については同一の系統に属」すとの想定に立脚して、「三世紀前半に既に大和に於て鉄の刀剣を中心とする鏡玉剣の尊崇が起つて居」る一方、「西暦第一世紀は未だ筑紫に於て」「鏡玉剣の尊崇の行はれてゐる時代であつた」ことから、「鏡玉剣の尊崇の伝統が東方の銅鐸の中心地に入り込」み、「銅鐸尊崇がそのために消滅した」「東征」が「二世紀頃」に起こったと推測したのである〔和辻 1939〕。鏡などの青銅器の分布中枢が移動する現象を、「神武東征」あるいは九州北部勢力の「東遷」の証左とみる和辻の解釈枠は、批判にさらされつつも〔田中 1991；春成 2003b 等〕、以後の諸研究に根強く継承された〔大場 1943；原田 1954・1975；柳田康 1986・2000b・2013 等〕。

　第二点は、青銅器の非実用性を根拠に、「政 治 (まつりごと) は祭事 (まつりごと) であって単なる権力の支配ではな」いとの立場から、列島の「統一事業」を解釈したことである。和辻は、実用性の薄い青銅器の埋蔵が墳墓以外にかたよることを重視し、それが「祭事に属してゐた」とみたうえで、「祭事をなした一つの勢力」が、「筑紫を中心とする西日本の祭事的統一から、大和を中心とする中部日本及び西日本全体の祭事的統一に発展して行」き、「この発展の間に鏡玉剣を神聖性の象徴とする祭事の統一が明白に出来上」り、「天皇」による「全国の祭事」の「総攬」をみるにいたった、と説いた〔和辻

1939〕。この視座は、「「聖なるもの」が社会の成立と存続に果たす役割を重視するデュルケームの社会学理論」をふまえたものだという〔山 2008〕。祭事（宗教）と政治との相即的一体性が、政治的な「統一事業」を可能にしたとの見方は、同笵鏡論を中心とする鏡の配布論に通底する視座をあたえた。

　これに関して和辻が、B.マリノフスキーのクラ交換論を詳細に吟味した〔和辻 1942a〕うえで、これを「デュルケームの社会学理論」と統合し、古墳時代の列島各地で「統率の地位に立つてゐる者」が、「鏡玉剣の尊崇」をつうじてその「尊さを大和朝廷から分与せられ」、各地は「この神威を分与せられた地方的統率者の下に統一せられた」との解釈枠を案出したことが、すこぶる注目される〔和辻 1942b・1943〕。山の指摘どおり、この和辻の解釈枠は、小林行雄の同笵鏡配布論の説明論理〔小林行 1955〕と高い類似性を示し、小林への影響を推定できる〔山 2008〕。1990年代頃から、マリノフスキーのクラ交換論に重要な基点をもつ威信財論や、儀礼管理論や儀礼統合論などが、舶来の新たな研究視角として注目され、鏡研究を軸に活性化をとげてきたが、その半世紀前に同様の動きがひそやかに進んでいたわけである。この「新たな研究視角」がすこぶる円滑に日本考古学へと導入され、定着したかにみえるのは、すでに深く根を下ろしていたからであろう。さらにまた、西周代に周王から諸侯らに多様な器物や素材が賜与されていた事実が、金文の釈読をつうじて闡明されつつあったことも、小林の構想に示唆をもたらしたのではないか。

　上述のように、当期には鏡研究の専論が少ない反面、概論や総論が相対的に目だった。総論としては、佐藤虎雄が1932年から37年にかけて、『史迹と美術』誌上に計32回にわたって掲載した「古鏡研究の栞」が際だっており、漢鏡から近世の和鏡まで幅広い視点から著述がなされた〔佐藤虎 1932a 等〕。ただし、あくまで総論の域をでず、中国製鏡と倭製鏡に関しては先行研究の祖述にとどまった。この20年前に「上古の鏡は十中九まで概支那式」〔高橋 1912〕、10年前に「古墳発見鏡の過半は日本製」〔高橋 1922a〕というように増大傾向をみせていた倭製鏡の比率が、本総論では「我国古墳発掘鏡の四分の三以上」まで上昇したこと〔佐藤虎 1933a〕も注意される。またこの時期、大場磐雄が陸続と概説書を刊行し、そのなかで鏡に関する論述を提示したが、独創的な部分がまるでなく、糟粕を嘗めるような内容に終始した〔大場 1929・1935a・b・1943・1948〕。

　倭製鏡の専論としては、三木文雄の鈴鏡論がある。本論考は森本の所説を微塵も超えるものではないが、鈴鏡を表現した人物埴輪の存在から、これが「後期古墳時代」の所産であることを傍証した点、鈴鏡が「神に奉仕する女人に必要なものであつた」との見方を打ちだした点が、やや目新しかった〔三木 1940〕。このほか福山敏男が、隅田八幡鏡を検討の俎上に載せ、銘文中の「男弟王」を「ヲオトの王」と訓んで継体天皇に擬し、癸未年を西暦503年に比定した考察は、現在の考古学界で最有力である癸未年＝503年説を、根拠を示して論じた嚆矢として注目できる〔福山 1934〕。

# 第 五 期

1950 年代～70 年代中頃

## 1. 前半期（1950 年代～60 年代初頭）

　1950 年代に鏡研究は大きな画期を迎える。三角縁神獣鏡の同笵（型）鏡の細密な分析に立脚して、古墳出現の「歴史的意義」や「初期大和政権の勢力圏」の拡大プロセスを鮮やかに説き明かした小林行雄が、この変革を主導した〔小林行 1955・1957a・1961 等〕。従来、鏡は文化史的対象と目され、美術工芸的・文化史的な視点からの検討に終始しがちであった。そうしたなか、同笵（型）鏡と伝世鏡に精緻な分析をくわえ、宏壮な政治史論を構築した小林の研究成果は、鏡研究の、ひいては考古学的分析の可能性を古代史研究全体に認識せしめ、政治史論・国家論が活性化していた当時の古代史学界に、新鮮な驚きをもって歓迎された。他方、三角縁神獣鏡と伝世鏡に関心が集中するあまり、倭製鏡が相対的に軽視される事態をまねいた。第三期末以降、長らく停滞していた倭製鏡研究が再始動するのは、単行本の上梓をもって小林の三角縁神獣鏡研究に一段落がつく 1960 年頃である。したがって、1960 年代初頭を境に当期を前後に二分すると、諸研究の流れをとらえやすくなる。

### （1）小林行雄の研究

　小林は中国製三角縁神獣鏡の同笵（型）鏡の緻密な分析とその清新な解釈で、不朽の盛名をえたが、資料分析の対象としては「仿製」三角縁神獣鏡が先行する。自身が発掘調査を手がけた福岡県一貴山銚子塚古墳の報告書において、同笵（型）関係を示す同墳出土の「仿製」三角縁神獣鏡に精緻な観察をくわえ、その笵傷の進行から鋳造の先後関係を推定していた〔小林行 1952a〕。これは、1980 年代以降にさかんになる分析視角〔八賀 1984 等〕を大きく先どりしたものであった。伝世鏡の指摘により潰えかけた、鏡による古墳編年の構築を、「同笵鏡」の分有関係の分析をつうじて再度こころみようとした論文でも、中国製三角縁神獣鏡の分有図とともに、「仿製」三角縁神獣鏡の分有図を掲載し、検討をおこなっていた〔小林行 1952b〕。[34] ところが、その翌年に京都府椿井大塚山古墳から 30 面を超える多量の中国製三角縁神獣鏡が出土したことが契機となり、小林の関心の焦点が、中国製三角縁神獣鏡の分析をつうじた政治史に移行し、その結果、「仿製」三角縁神獣鏡への関心が相対的に後退した。倭製鏡にいたっては、まともな検討対象にすらならなかった。[35]

　そうしたなか、「前期古墳」の編年的細分を主眼にすえた論考を提示し、「鏡群の新古の二相」を抽出する作業をつうじ、倭製鏡の相対時期を明確に打ちだし、「仿製鏡の年代観に関する通説」に修正をせまったことが注目される。本論考ではまず、「漢中期の方格規矩鏡や内行花文鏡を手本としたものがまず作られ、その後に新に輸入せられた三角縁神獣鏡を模したものが登場した」とする先述の梅原説〔梅原 1940a〕に異議をとなえた。その対案として、「鏡式がきわめて限られていること、細部に時代を異にする他の鏡式の手法を混用していないこと、鏡径がほぼ一定していること

などの、明らかな特色を具えている点」を根拠に、「古墳発見の仿製鏡のうちで、最初に大量に作られたのは、三角縁神獣鏡の一群」であり、他方で「厳密に一定の鏡式の約束を踏襲したものがすくなく、細部に自由に他の鏡式の手法を混用するほか、鏡径も大小任意に作られている」ことを根拠に、「方格規矩や内行花文鏡を模した仿製鏡」が後出すると推定した[36]〔小林行 1956〕。

**表5　古墳副葬鏡群の「新古の二相」〔小林行1956〕**

| 新式鏡群出土古墳 上野 榮 | 甲斐 銚子塚 | 遠江 大塚 | 美濃 長塚(B) | 美濃 長塚(A) | 伊勢 筒野 | 近江 六地蔵 | 大和 新山 | 大和 佐味田 | 山城 西車塚 | 山城 一本松山 | 山城 百々池 | 摂津 紫金山 | 長門 銚子塚 | 筑前 光寺山 | 肥前 谷口(東) | 古式鏡群出土古墳 摂津 ヘボソ塚 | 摂津 求女塚 | 山城 大塚山 | 山城 長法寺 | 河内 御殿山 | 播磨 吉竹山 | 周防 竹島 | 豊前 赤塚 | 豊前 石山 | 筑前 武蔵 | |
|---|---|---|---|---|---|---|---|---|---|---|---|---|---|---|---|---|---|---|---|---|---|---|---|---|---|---|
| 4 | 5 | 3 | 3 | 3 | 4 | 3 | 34 | 26+5 | 3 | 8 | 12 | 3 | 10 | | 5 | 6 | 6 | 27 | 6 | 8 | 6 | 3 | 5 | | 7+3 | 總鏡數 |
| 1 | | | | | | | | | | | | | 1 | | | | | 3 | 1 | | | | | | 1 | ① 中國鏡 |
| | 1 | | | | | | | | | | 1 | 1 | 1 | | | | 1 | | | 1 | 3 | 2 | 1 | | 1 | ③ 中國鏡 |
| | | 2 | 2 | 2 | 2 | 1 | 7 | 12+1 | | 3 | | 2 | | | | 2 | 4 | 24 | 4 | 5 | 3 | 2 | 4 | | 7+3 | ② 中國鏡 |
| | | | | | | | 1 | 3 | | 1 | 1 | 2 | | | | | | 3 | 1 | | | | | | | ④ 中國鏡 |
| 2 | 2 | 1 | 3 | 1 | 1 | 1 | 24 | 11 | 2 | 1 | 3 | 9 | 3 | 8 | 4 | | | | | | | | | | | 仿製鏡 |
| | + | + | + | + | | + | + | + | | + | + | + | | | + | | + | + | | | | | | | | 飾製碧玉腕類 |

「中国鏡」の①は「伝世鏡と認められる方格規矩または内行花文鏡」、②は三角縁神獣鏡、③は「龍虎鏡または古式の獣帯鏡」、④は「画文帯神獣鏡および平縁式神獣鏡」。

　これは、論拠をつぶさに挙示して「仿製」三角縁神獣鏡の先行性を説いたもので、倭製鏡の研究史上、重要な所見であった。さらにまた、「鏡群の新古の二相」を堅実にとらえるべく、一古墳内の各種鏡鑑の共伴関係を詳細に検討したことは、鏡研究の方法論の面でいっそう重要である。具体的には、まず三角縁神獣鏡の同范関係で結びつく古墳37基を対象に、倭製鏡の有無を基準に「古式鏡群」と「新式鏡群」を設定する。つづいて、この区分を精密かつ確実にするために、中国製鏡を「(1) 伝世鏡と認められる方格規矩または内行花文鏡」「(2) 三角縁神獣鏡」「(3) 龍虎鏡または古式の獣帯鏡」「(4) 画文帯神獣鏡および平縁式神獣鏡」に4分する。そして、それらの共伴状況をもとに、(1)〜(3) から構成される「古式鏡群」と、(4) および「仿製」三角縁神獣鏡などの倭製鏡からなる「新式鏡群」という新古二相案を、資料に根ざして提示したのである〔小林行 1956〕（表5）。

　鏡研究に着手する以前に、小林は奈良県唐古遺跡の報告書において、一括出土の土器群のセリエーション的操作に立脚して5段階の「様式」編年を構築し、弥生土器編年の大綱をつくりあげていた〔小林行 1943〕。「相」と「様式」の相違はあるが、鏡群の新古二相の抽出作業は、セリエーション的操作をふまえた「様式」編年の構築作業を鏡研究に適用したものとみてよい。この作業により、かつて試行した鏡による古墳編年の構築〔小林行 1952b〕が十分に可能であることが明示されたわけである。ただ、一古墳における「伴出関係」を重視しながら、「仿製」三角縁神獣鏡と倭製鏡との先後関係を、共伴関係から検証しなかった点は、方法論上の手抜かりであった。

　翌年の論考では、三角縁神獣鏡の「鏡群」別の細分作業を実施し、それら細分された「鏡群」が時期差をあらわすことを示唆した〔小林行 1957a〕。そうであれば、少なくとも以後の研究で、三角縁神獣鏡の各「鏡群」と「仿製」三角縁神獣鏡および倭製鏡との共伴関係を詳細に追究できたはずである。「仿製鏡や碧玉製腕飾類をもつている古墳は、たとえばその仿製鏡の型式と腕飾類の型式との組み合わせによつて、さらにこれを細分し、編年的考察に導くことが可能である」と明言しつつ〔小林行 1956〕、小林がさらなる細分にもとづく共伴分析を棚あげにした理由はさだかではない。ただ、小林の分類に即してその作業をおこなえば、いわゆる「波文帯鏡群」と倭製鏡との高頻度の共伴関係[37]と、少なくとも倭製鏡の一部が「仿製」三角縁神獣鏡に先行する共伴状況がみちびき

だされる。そのため、自身の新古二相案を浸食しかねない、そのような作業を避けたのかもしれない。しかし後年、まさにその作業から、倭製鏡編年の再考がうながされていった〔岸本 1995・1996 等〕。ともあれ小林は、「古式古墳」の副葬鏡群を、「中国製三角縁神獣鏡」「の配布の時期をもつて鏡群の成立が終了している」「古い相の鏡群」と、「それ以後さらに中国鏡や仿製鏡を追加することによつて成立した」「新しい相の鏡群」とに二分した〔小林行 1956〕。

　本論考で小林は、倭製鏡を「新式鏡群」ととらえ、その相対年代を明示したにとどまらず、その製作開始の経緯にくわえ、製作・配布の主体および政治的背景にまで論及した。製作開始の経緯については、「漢中期の鏡式」の模倣が三角縁神獣鏡の模作に後出する理由を、伝世鏡に関する自説に関連づけて説明した。「漢中期の鏡式」が、すぐに「仿製の対象にならなかつた」背景には、「所有者によつて特殊な宝器として保管され、伝世されていて、容易に模作を許されなかつた事情があ」り、それらが「伝世の意義を失うた後に、はじめて仿製鏡の参考品となりえた」のであり、そのため「漢中期の鏡式」の倭製鏡において、「中国鏡としては年代の古いもの」と「新しい鏡式の手法」が「混用」されたと推測したのである〔小林行 1956〕。その後、『記』『紀』に依拠しつつ、諸地域の有力者が「献上」した伝世鏡（後漢鏡）が倭製鏡の原鏡になったとの説明論理をくわえ、記述がいっそうの具体性を帯びていった〔小林行 1959・1965・1967a〕が、その骨子は本論考と同型である。

　また、中国製三角縁神獣鏡と「仿製」三角縁神獣鏡の「配布網」に「重複する部分が少い」現象を根拠にして、「仿製鏡の製作が、中国鏡の配布に際して、その不足量を補う意味で、同じ配布中枢によつてなされた」との見方に否定的な立場を示したことも注意される。小林は、この現象の背景に、「中国鏡と仿製鏡との配布が、時期を異にしていたばかりでなく、中心をも異にしていたこと」があったと推定した。配布のために新たに「日本製品を用い出した」ことは、「需要量の増大ということも無関係ではなかろう」としつつ、むしろ従来とはことなる器物を生産し分配する「新しい文化活動」が擡頭したことを重視したのである〔小林行 1956〕。少なくとも、のちに小林自身が提示し、定説的な位置を占めるにいたった、中国製鏡の不足を倭製鏡製作の主要因とみなす考え〔小林行 1965〕は、ここではとられなかった。この「新しい文化活動」は、「碧玉製腕飾類」が「新しい相の鏡群」と強く結びつく状況から補強され、「古い文化活動」と「活動の中枢」を異にするとみなされた。そして結論的に、「文化の高い」「中国から与えられたものにある種の権威を認めて、そのまま特殊な用途に利用した」「古い様相」の、いわば「邪馬台国的な文化活動」にたいし、「仿製鏡や碧玉製腕飾類のように」「権威の象徴となりえたような器物」を「自分の力」で「生産し供給する機構をもつた」「新しい様相」の、いわば「大和政権的な文化活動」が、新たな「中枢」下で展開した、という見解を提示したのである〔小林行 1956〕。

　このように、小林は各種鏡群の分有および共伴状況などから、古墳時代前期における「首長の文化活動」の「二つの型」を抽出したわけである〔小林行 1956〕。ここで興味深いのは、「文化活動」の性質が、「邪馬台国的」なものから「大和政権的」なものへと発展的に成長した側面と、その際に「文化活動」の中枢と性格が変化をとげた「相異」的な側面との両者が示されたことである。この両面性は、重要な視角として、以後の古墳時代前期の政治史研究に継承された。前者の側面については、早くも本論考の翌年に、中国製三角縁神獣鏡の各鏡群と腕輪形石製品の分配域の時期的変化に、「初期大和政権の勢力圏」の伸張が反映しているととらえて〔小林行 1957a〕以後、三角縁

神獣鏡の分布域の経時的変化の背景に「大和政権」の政治的発展の様相を読みとるアプローチが、精密の度をくわえつつ現在までひきつがれている。他方、後者の側面についても、前期後半のいわゆる「政権交替」期に、前期前半以来の伝統的な諸器物と、同後半に登場する新興的な諸器物とが、それぞれ別個の「配布網」をつうじて拡散したという観点から、「二系統の威信財の組み合わせを識別することにより政治変動の過渡期における旧新二系統の中央権力と、これと結合する各地首長の動向」を把握するアプローチに継承されている〔福永 1998a；都出 1999；田中晋 2001等〕。倭製鏡研究においても、この両側面を看取でき、たとえば筆者の検討〔下垣 2003b 等〕は前者の側面、林正憲の分析〔林 2002〕は後者の側面を重視したものと評しうる。

　共伴状況と模作の特徴を分析したうえで、「仿製」三角縁神獣鏡をそのほかの倭製鏡に先行させた小林の年代観は、伝世鏡論にくわえて、新古の「文化活動」の展開や「大和政権の勢力圏」の拡大といった宏壮な枠組と連繋させて提示されたこともあり、定説的な地位を獲得するにいたった。小林は、副葬鏡群の共伴関係の分析に立脚して、新古二群の「様式」を抽出したのだが、その6年後の論考では、同じく「副葬鏡群の構成」の変化から、四群の存在を導出した。第一は、「中国鏡ばかりからなりたっているもの」で、「魏の三角縁神獣鏡を主とすることが多」く、「そのほとんどは、鏡群中に仿製鏡をふくむものよりは、古く成立したもの」。第二は、「中国鏡と仿製鏡との混合によって構成され」、「数においては仿製鏡の方がふえてくる傾向が強」く、前者は三角縁神獣鏡か画文帯神獣鏡の場合が多く、後者は「仿製」三角縁神獣鏡のほかに「方格規矩四神鏡や内行花文鏡を模作した大型品」をふくむ。第三は、「構成がほとんど中型以下の仿製鏡からなりたっているもの」で、「仿製鏡の種類は多種にわたるが、なかに小型の繧文鏡がふくまれることがある」。第四は、「鏡数はすくない」が「画文帯神獣鏡や画像鏡などの、あたらしい中国鏡を主としたもの」、という計4群である〔小林行 1962a〕。現在の分類でいうと、(1) 中国製鏡（三角縁神獣鏡が主体）→ (2) 中国製鏡（三角縁神獣鏡と画文帯神獣鏡が主体）＋倭製鏡（「仿製」三角縁神獣鏡＋大型倭製鏡）→ (3) 中型以下の多種の倭製鏡（繧文鏡をふくむ）→ (4) 同型鏡群、ということになる。

　この推移案で注目すべきは、「一律に量の多少や製法の巧拙によって、進化論的に変化の動向をいいあらわしうるようなものではない」ことを明記したことである〔小林行 1962a〕。倭製鏡の消長を、単純な退化図式でとらえていた従来の研究〔富岡 1920c；梅原 1940a 等〕とは一線を画し、各時期における生産体制の特質や外的影響をふまえた肌理細かな分析が必要なことが示唆され、以後の倭製鏡研究の重要指針〔森下 1991〕が暗示されていた。ただし小林は、具体的な分析を実施せず、上記の4分案は結論的に提示されたにとどまり、論として不備があった。ただしこの見解は、古墳時代の鏡の消長観に関する以後の見方に強い影響をおよぼしつづけた。

　以上のほか、「仿製」三角縁神獣鏡の鋳造技術や製作地に関する検討もなされた。前者については、同笵鏡において笵傷が増加したりこれに補修をくわえた資料が存在することから、梅原がかつてとなえた蠟型説〔梅原 1946〕を否定し、これらが「石または土を材料として、直接に雌型を陰刻する方法でつくられてい」たと推断した〔小林行 1961・1962b〕。後者に関しては、「仿製」三角縁神獣鏡に「いくつかの流派」がみとめられるが、各流派における同笵鏡の分有関係の重心が、全体的に「近畿地方」にあることから、当地方での製作を想定すべきことを強調した〔小林行 1962a〕。

*54* 第Ⅰ部　倭製鏡論

## （2）爾余の諸研究

　当期前半期の小林の倭製鏡研究は「仿製」三角縁神獣鏡に集中し、しかも倭製鏡研究の一環としてではなく、むしろ三角縁神獣鏡研究の一環としてなされた観が強い。当該期に鏡研究を主導した小林のほかにも、少なからぬ論者が鏡に関する多様な論考を提示したが、倭製鏡に主眼をおいた研究はきわめて少ない。三角縁神獣鏡を代表とする中国製鏡が重視された負の帰結ともいえるが、第四期以降に分類や編年などの基礎作業が進捗しなかったため、検討を深めようがなかったという理由もあろう。そうしたなか、倭製鏡に関する久永春男の所見と、弥生倭製鏡に関する梅原末治の先駆的検討とが光彩を放った〔久永 1955；梅原 1959〕。

　久永の論考は、講座本に収録された概説であったため、具体的な分析にとぼしかったが、当期にしては珍しく倭製鏡に紙幅を割き、興味深い見解と観点がちりばめられた。まず倭製鏡を、「舶載鏡自体を雄型としてその図文をそのままうつした雌型を作り、それを鋳型とした踏返し鏡」、「舶載鏡の図文に似せて描いた模倣鏡」、「家屋文鏡や狩猟文鏡や直弧文鏡」を典型とする「独自な意匠を創造した民族鏡とでもいうべきもの」という計「三類」に大分したことが興味をひく〔久永1955〕。後藤の大分〔後藤 1926a〕の焼き直しであったが、用語にいくぶん目新しさがあった。[38]

　具体的な根拠が挙示されなかった憾みはあるが、倭製鏡の年代観・消長・製作地・分布状況など、多様な論点に言及がなされた。倭製鏡の副葬は「ほぼ製作年代と並行し」、したがって倭製鏡の「編年を尺度として、逆に母型たりし舶載鏡のわが国へ輸入せられた年代と行われた年代とをもある程度まで推定することができる」との主張は、製作から副葬までの経緯を考慮し慎重論に傾いていた当時の主流的な見解〔小林行 1956；樋口 1956〕と、認識の相違を示した。製作の消長について、「弥生式後期」にすでに製作が開始し、「古墳文化前期の後半から製作量が急激に増加したもようで、中期には過半を占め、後期にいたると舶載鏡はまれとなり、ほとんどが仿製鏡である」との大局観を提示し、その「製作地は時代によって必ずしも畿内に限られてはいなかったよう」だとみた。また、国内外の情勢を反映して増減をみせた中国製鏡の流入量と、倭製鏡の製作量および分布状況との対応関係、そして「舶載鏡を伴存しているばあいと仿製鏡のみ単独に出土するばあいとの分布の差」などといった背後に、「わが国の当時の諸地方勢力の比重や畿内勢力との結びつきの度合があざやかに浮かび上がってくる」との観点は興味深いものであった。ただし、実証的な裏づけが皆無であった。「古墳出土鏡の分布には、その時々のわが国の全国的動向が反映せられた」と高唱しつつ、その要因としては、素材を欠くため「製品としても材料としても常に輸入にまたねばならなかったこと」をあげるにとどまったことと同様に、竜頭蛇尾の観が否めない〔久永 1955〕。

　これと対照的に梅原は、九州北部を中心として西日本に分布する弥生倭製鏡23面を集成し、悉皆的な解説をくわえたうえで、その系譜・年代・製作地などを多面的に検討した。系譜と製作地については、「形が小さいことをはじめ、作りや背文の構図・表現などいろいろな点」でひとつのまとまりをなす「仿製鏡」であること、「南鮮のものと関係」をみせつつ「個々の遺品の間には作りや文様の点で互に差異があるので、彼土の鋳鏡との直接的な関係―例えば彼土からの将来品とは認め難い」ことから、「当初半島南部で行われ出した同系の仿製鏡が、其後北九州の各地で鋳造された」との見解を打ちだした。製作年代については、原鏡と推定される「日光鏡」の時期から、模作の「上限が前一世紀を遡ら」ず、「銅鐸に於ける古式の類」と「同じ趣を呈」し、「古式古墳」から出土する「漢中期の鏡式に基く」倭製鏡に先行することから、「古式古墳に先立つ出土の遺跡の示

す年代─三・四世紀と推される時期」が「下限」になると推測した。さらに、中国製鏡の年代から須玖遺跡の年代を2世紀後半以降、「弥生式中期の実年代」が「少くとも三世紀に下る」とみる特異な年代観にもとづき、弥生倭製鏡の「鋳造の実年代」を「後漢代の半ばから後半」に絞りこんだ〔梅原 1959〕。伝出土資料に依存した実年代観は、現在の定説といちじるしく齟齬するものの、資料の観察所見は堅実であり、図を添えた資料集成とあいまって、以後の研究の基点となった。

　以上のほかにも、多彩な視角から鏡が検討されたが、倭製鏡が対象になることは少なかった。ただし、以後の倭製鏡研究にとって重要な論点などもあるので、以下に紹介する。

　当期前半期に研究に着手し、以後長らく鏡研究を主導しつづけた樋口隆康は、「今日の段階では絶対に考古学的には明かにすることのできない製作から舶載、個人所有をへて、埋葬に至る経過年代」という限界をのりこえて、鏡を古墳編年に活用しうる分析法として、鏡の複数副葬例に立脚してセリエーションを組み、その組みあわせから副葬時期を推定する方法を提案した。その結果は、古相の画文帯神獣鏡と三角縁神獣鏡が伴出する時期と、新相の画文帯神獣鏡が副葬される時期との二期区分にとどまったが、方法論の提示として意義があった〔樋口 1956〕。分析が進んだためか、この数年後には、「第一期 前漢鏡を副葬する時期」→「第二期 四神鏡を主に副葬する時期」→「第三期 三角縁神獣鏡を副葬する時期」→「第四期 画文帯神獣鏡を中心とする時期」→「第五期 小型仿製鏡副葬の時期」の五期区分案を提示した。小型の倭製鏡を、「古墳時代の中頃から後期の初めにかけての時期」である最新の「第五期」にあて、この時期には「舶載の漢式鏡はほとんど前代でおわってしまい、仿製鏡のうち、一般に小型の内行花文鏡・神獣鏡・獣形鏡・捩形文鏡・珠文鏡・乳文鏡・鈴鏡などが副葬され」たとする想定〔樋口 1960a〕は、以後の小型倭製鏡の編年的位置づけを強く規定した。なお、この約20年後の論考では、副葬鏡を基準とした古墳時代編年として、第一期（「三角縁神獣鏡を多数副葬する時期」）→第二期（「舶載の三角縁神獣鏡と古式仿製鏡の組み合って副葬される時期」）→第三期（「画文帯神獣鏡を中心として副葬する時期」）→第四期（「小形仿製鏡が主として副葬された時期」）という、4期区分案に変更された〔樋口 1979b〕。

　また樋口は、中国考古学に関する最新の知見をふまえ、当地での伝世の事実を指摘し、「わが国出土鏡にみる伝世の事実を、わが国のみにかぎられた特殊な現象として、これを強調するのはいささか牽強」だと批判をくわえた。同様に、中国でも「死者の身辺を守る霊器」として鏡を使用する事実を示し、「わが国人が鏡を神器とみなした事実を、わが国独特の現象と重視することはでき」ず、「まして、その点をとくに強調して、そこに首長権の発展をみようとすることにも曲解がある」と難じた〔樋口 1960a〕。これらは、小林に代表される鏡研究者が、日本国内の知見に閉塞する現状への批判でもあった。また、鏡の動線を中国→畿内中枢→諸地域というように、単線的にとらえる小林説にたいして、三角縁神獣鏡や画文帯神獣鏡を代表とする中国製鏡が、「政府の特派する貢使」のほか、中国の「私的商人」を介して「わが国内で富の存するところには、どこにでも入りこ」んでいたという説〔樋口 1960b〕や、後述の横田健一の所説に賛同して、鏡の移動の要因を「中央の支配者から服属者へ分与したという解釈だけですべてを律することはでき」ず、むしろ「これらは外来の珍宝であるだけに、被征服者が服従の意を示すために征服者へ献上したとする方が、一層真実に近い」との見方を披瀝したことも重要である[39]〔樋口 1960a〕。このように樋口は、資料に即しつつも未検証仮説に依存した物語志向の強い小林説にたいして、批判的姿勢をとることで、拙速な解釈を戒め、広い視点からの検討を推進したといえる。しかし、批判と対案の提示が個

別分散的になり、自説の体系的構築が後手にまわったため、樋口の所説は普及しなかった。

このほか考古学からの検討としては、後藤守一が伝世鏡を否定し、「出土鏡の一を見て単純にその古墳の年代を決めるというようなことは軽きにすぎ」、墳丘形態・埋葬施設・副葬品の「発達」の「順列」から古墳編年を構築し、中国製鏡により「絶対年代の近数を得る」という指針を示したこと〔後藤 1958〕や、概説書で倭製鏡の解説が若干なされたこと〔保坂 1957〕などをあげうる。さらに、江戸期を中心とする浩瀚な学史研究において、当該期の鏡研究や出土資料が博捜されたことが、意義深い成果として特記される〔清野 1954・1955〕。

文献史に立脚する検討として、第一にあげるべきは、横田による鏡の「移動」方式に関する小考である。横田は、「記紀等の文献に、大和朝廷関係者が地方豪族に鏡を分与した記事の殆どな」く、「かえつて地方豪族が天皇に対し鏡その他の宝を奉献した記事、ないし天皇が地方豪族から鏡その他の宝を検校収取した説話がしるされている」ことに着目し、小林説のように「朝廷」から「地方豪族」への一元的配布を想定することに疑義を呈した〔横田 1958〕。横田の論考は、僅々 2頁の小篇であったが、指摘は鋭く、畿内中枢からの鏡の分配を否定した説の嚆矢として、以後もしばしば引用された。これ以後、小林は倭製鏡の原鏡として、「服属した地方首長」から「献上」された「伝世鏡」の存在を積極的に想定するようになる〔小林行 1959・1965・1967a；石田編 1966等〕が、これには横田の指摘が影響しているのかもしれない。ただ、ここで注意を喚起しておきたいのが、横田は「朝廷」から諸地域に鏡が一元的に分与されたとする見解に異議をとなえはしたが、分与それ自体は否定していないことである。実際に、「朝廷が地方神に幣帛として奉」った「鏡剣等」が、「地方神」を祀る「祭司」である「族長たちの手もとに止ま」ったり、「地方へ遠征した中央貴族が、土地の婦人、特に豪族の婦女に関係を有し、鏡を与えた」り、あるいは「天皇の後宮に入つた」「地方豪族の女」が「郷里へ帰るとき天皇より与えられた鏡を携えて帰つた」り、「中央官司となつて上京し」た「地方豪族」が、「大和へ出て鏡を手に入れ、持ち帰る」などといった分与パターンも想定している〔横田 1958〕。多元的な鏡の移動を提案したことに、横田の小考の真価がある。

「部」の文献史的検討が深化したことも、作鏡集団や製作体制にかかわる重要な成果であった〔井上 1949 等〕。しかし、鏡作部（氏）を対象とした検討は、その史料が寡少なため、検討はごく一部の論考にとどまった〔生澤 1957；守屋 1970 等〕。考古学サイドでは、「後期の仿製鏡」である鈴鏡の登場と時期を同じくして、鈴付きの「青銅製馬具の製作が盛行した」ことから、「伝統的な鋳銅工芸に転換期がおとずれたこと」を推定しており〔三木他 1959〕、「生産部面の部」に関する考察〔石母田 1955〕を史資料の双方から追究する契機があっただけに、やや惜しまれる。鈴鏡に関して、出土地と氏族の分布との関連を探索し、「最初尾張系の人々の間に於いて使用せられた」が、「氏族制度崩壊」とともに「之と姻戚関係を有する諸氏の間に伝播した」との推察もなされた〔田中巽 1959〕。また、鈴鏡の「発明」を、「巫女に持たせて人々の関心をうながそうとした鏡作部の努力」の所産とする見方も示された〔佐野 1960〕。

このほか、長野県姥懐山古墳出土の振文鏡（長野 2）を「盤竜鏡から便化したもの」とした見解〔小野勝 1953〕、『記』『紀』の神宝としての鏡関連記事を批判的に吟味し、その潤色性を剔出した研究〔津田 1948・1950〕や「宝鏡」に関する検討〔白鳥 1954〕、蛇神と深くかかわる鏡の呪的性格を論じた考察〔田中勝 1954〕なども発表された。「原始住居」の建築学的・考古学的復元におい

て、家屋文鏡の図像がしばしば参照されたこと〔藤原 1947；堀口捨 1948a・b・c；太田 1959〕も注意される。当鏡の内区図像を「雷光雷鳴」「雷神小僧」「雷神勧請の依代としての幢蓋」などが織りなす説話的構図と解釈する独特の着想も示された〔近藤喜 1960〕。なお、隅田八幡鏡の銘文に関する見解が多数だされたが、これらは当期後半期の項でまとめてふれる。倭製鏡をふくむ青銅器の理化学分析の総合的検討が実施されたことも逸せない〔Tanabe 1962〕。

## 2. 後半期（1960年代前半〜70年代中頃）

### （1）原田大六の研究

「仿製」三角縁神獣鏡の同笵分析を例外とすれば、第三期以後に倭製鏡研究から詳細な分析が姿を消し、30年余の停滞期をへていた。精緻な検討の再開は、第五期後半期の幕があがる1960年代前半を待たねばならなかった。その先鞭を付けたのが原田大六であり、岡山県月の輪古墳と福岡県沖ノ島（17号）遺跡の報告書で、綿密な観察に裏づけられた考察を展開した〔原田 1960・1961a・b〕。

#### A．『月の輪古墳』における考察

前者の考察は、月の輪古墳出土の2面の倭製鏡（岡山 206・207）を「技術面から観察評価し、古墳文化における鏡に対する観念の変遷を古代政治史的に見直して、小形鏡がいかなる政治体制下に何時頃生産されるようになったかを調べ、最後に小形鏡の意義に及ん」だものである。微細な痕跡をもゆるがせにしない観察をつうじて、「規

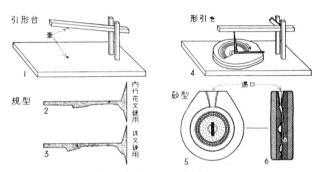

図13 鏡の挽型と砂型の想定〔原田 1960〕

型（引形ぶんまわし）」による製作（図13）や、「踏返した砂型」への「加筆」や鋳型の「溌え」などを指摘したこと（図14）、そして作笵にたいする使用が想定される工具数と推定所要時間から、倭製鏡の「技術上の評価」を「A級」〜「F級」に区別したことなどは、鏡背文様に関心が集中していた既往の研究に、新たな視角をもたらしうるものであった。「仿製」三角縁神獣鏡を「第1類」と「第2類」に、そしてそれ以外の倭製鏡を「第3類仿製鏡（変形方格規矩鏡・変形内行花文鏡・鼉龍鏡その他）」に大分したことも注目される〔原田 1960〕。

それにもまして重要なのが、「古墳時代における鏡に対する観念の変遷」を計5期に区分して追尾したことである。古墳時代の鏡の時期区分案として、先述の小林や樋口

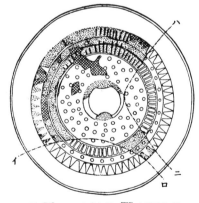

図14 珠文鏡（月の輪古墳）の鏡背痕跡〔原田 1960〕

〔樋口 1960a；小林行 1962a〕に併行するだけでなく、各期の鏡にたいする観念まで追究した意欲的な作業であった。まず、「前期古墳における、①舶載鏡から仿製鏡へ ②文様の純粋模倣から倒錯へ ③鏡径の統一から不統一へ ④大形鏡から小形鏡へ ⑤多数保有者の出現から少数保有へというような鏡の変遷」という大局観を提示したうえで、以下のような「鏡に対する観念の変遷」をえがきだした〔原田 1960〕。

　「第1期」は、中国製三角縁神獣鏡を副葬する最古の古墳以前（「三世紀中葉」以前）に、存在の可能性を考慮して仮設された時期である。「第2期」は「最上限三世紀中葉から四世紀の前半」の時期で、「魏鏡の三角縁神獣鏡」にくわえて「これを模倣した仿製の三角縁神獣鏡」が出現する。これらの「同型三角縁神獣鏡」が「畿内の中枢から分配された」背景として、「畿内大和からする征服と、地方首長の帰属」が考えられ、『記』『紀』の記事も加味すれば、「首長の祭器的財宝」という、旧来の「弥生文化の北九州」における鏡「所有」のあり方に、「新たに服属という新観念が追加され」たことがうかがえる。つづく「第3期」は「四世紀中葉から五世紀初頭」に相当し、「三角縁神獣鏡の第2類仿製鏡が踏み返しで生産される」と同時に、「一作一面の第3類仿製鏡」が登場する。この「第3類仿製鏡」は、「中国大陸の示唆にもとづいた」三角縁神獣鏡にたいして、「反撥的に現出した」ものと考えられ、「技術上の評価」面で「仿製」三角縁神獣鏡を凌駕する製品もあらわれ、当期のうちに前者が倭製鏡の「最高位」を後者から「奪取」する。このように、「中国大陸を背景にした紐つきの舶載鏡にかわって、畿内大和の背景を持つ仿製鏡が価値を持った」ことは、「大和政権がその勢力の拡張期を過ぎて、安定政権を樹立しはじめたことを示」す。他方で、時期を同じくして粗笨で「多量生産的傾向さえ見られる」「小形鏡が姿を見せはじめ」るのも、「鏡に対する中国大陸の紐つきの観念が崩れはじめた」ことにその契機をもとめうる。5世紀に相当する「第4期」には、「仿製小形鏡が大形鏡に変って数的に主位を奪取する」。これは、「財宝」としての意義を残しつつ、「鏡の実用的位置が重んぜられ」るようになった反映であり、「大和政権に服属するというような観念が、鏡から薄らいでき」たことを示す。当期に鏡はもはや、「財宝の最高位置を占めるものではなく」なり、「大和朝廷お抱えの鏡作部の工人の手を離れて」、鏡が「各地で作製される」にいたった。「第5期」（「五世紀末から七世紀」）には、鏡の副葬は顕著でなくなり、複数面副葬はほぼ姿を消し、「鏡による服属という観念も財宝という尊重の風習も、消失してしま」う。そのことを如実に物語るのが、「もはや一地方の巫女の腰にでも垂下しうるものとな」った鈴鏡であり、当鏡式がその「分布の中心を畿内におかず、中部や関東に多く分布する」のは、「鑑鏡の技術が地方へ分散した結果」である。当期に製作され祭祀に使用された「素文雛形銅鏡」や「土製の雛形鏡」も、「政治的なものではなく、民間神への祈禱用のもの」と推測される〔原田 1960〕。

　以上の原田の時期区分案は、詳細で視野が広い、意欲に富む成果であった。しかし、なぜか本論の成果は十分に受容されなかった。本論以後にいっそう顕在化してゆく、攻撃的な論調〔原田 1962 等〕や度を過ぎた夢想的な憶論〔原田 1966・1978 等〕が災いしたのかもしれない。


　B. 『続沖ノ島』における考察

　倭製鏡の研究史において、いっそう重要な位置を占めるのが、報告書『続沖ノ島』で原田が手がけた、沖ノ島17号遺跡出土鏡群の緻密な分析〔原田 1961a〕とその政治史的評価〔原田 1961b〕

である。本遺跡は、岩上に「奉献」された21面のうち16面を倭製鏡が占め、ほぼすべて大・中型[42]鏡で構成されるなど、倭製鏡出土古墳（遺跡）において屈指の重要度を誇る。精緻かつ多角的な検討をほどこして、本遺跡出土鏡群の内容と意義を存分に抽出し、倭製鏡研究に多くの新視角をもたらした原田の論考は、このうえなく高い価値を有する。ただ、これらの論考もまた、突出した成果にみあう評価があたえられてきたとはいいがたい。なお、前記した月の輪古墳出土鏡に関する考察は、本遺跡の論考をふまえて論じられ、その註に本論考が明記されているので、前者の考察〔原田1960〕と本論考〔原田 1961a・b〕は、執筆と刊行の順序が逆転しているようである。

　まず原田は、70頁近い紙幅をついやし、本遺跡出土の21面にたいして、製作技術に主眼をおいた緻密な観察と多彩な検討を実施した〔原田 1961a〕。本論は、「Ⅰ 個々の鏡」「Ⅱ 鏡背文の部分」「Ⅲ 鏡の評価」から構成され、Ⅰでは個別鏡の報告をつうじて、多様な検討が順次くりだされた。報告文としては正道であり、原田に非はないが、しかしそのために分析のまとまりを欠く結果となった。ⅡおよびⅢにしても、報告文としては誠実な姿勢であったが、本遺跡出土鏡の検討および評価に終始し、倭製鏡の総体を射程にすえた検討はなされなかった。その視点の鋭さと先駆性とは裏腹に、本論が以後の倭製鏡研究において十分な評価をうけてこなかった理由の一端は、こうした点にあるのではないか。しかし、『続沖ノ島』で原田が示した分析視角は、以後の研究に密やかな影響をおよぼしており、しかも現在でも十二分に通用する分析レヴェルに達している。

　本論の基軸をなし、また独創性を際だたせているのが、緻密な観察をつうじて、笵作製に使用された工具数を復元したことである。具体的には、工具の種類として「鋸歯文浚用」「線描用」「コンパス（規）」「さしがね（矩）」など9種が想定され、最多8種・最小3種の使用を復元し、計21面をA級〜E級にランクづけした。また、作笵における「割付時間」「彫刻時間」「仕上げ時間」を推算し、最長131時間・最短14時間を要する諸[43]鏡に、これまたA級〜E級の5段階評価をあたえた。そして、これら作笵の「工具数と工具使用法の比較」および「製作時間の比較」にくわえて、「構図の比較」「鋳造技術の比較」「重量の比較」も実施し、これらを総合的に採点して、A級〜E級の5段階にわたる「鏡の等級判定」をくだしたのである（表6）。

　この分析だけでも、十分に意義深いこころみであったが、そうした等級差が工人の技術的・身分的相違に結びつき、生産体制の復元

**表6　沖ノ島17号遺跡出土鏡群の等級判定**

| 鏡式 | 構図 | 工具数と使用法 | 製作時間 | 鋳造技術 | 重量 | 点数合計 | A 46以上 | B 37以上 | C 28以上 | D 19以上 | E 18以下 |
|---|---|---|---|---|---|---|---|---|---|---|---|
| 方格規矩 1 | 10 | 10 | 10 | 10 | 15 | 55 | ○ | | | | |
| 2 | 6 | 8 | 9 | 10 | 15 | 48 | ○ | | | | |
| 3 | 7 | 7 | 6 | 10 | 8 | 38 | | | ○ | | |
| 4 | 5 | 5 | 6 | 4 | 10 | 30 | | | ○ | | |
| 5 | 5 | 6 | 5 | 5 | 8 | 29 | | | ○ | | |
| 6 | 4 | 3 | 4 | 4 | 8 | 23 | | | | ○ | |
| 7 | 3 | 4 | 4 | 3 | 3 | 17 | | | | | ○ |
| 内行花文 8 | 10 | 10 | 8 | 10 | 5 | 43 | | ○ | | | |
| 9 | 6 | 5 | 4 | 9 | 6 | 30 | | | ○ | | |
| 10 | 4 | 3 | 4 | 5 | 7 | 23 | | | | ○ | |
| 夔竜 11 | 10 | 10 | 10 | 10 | 9 | 49 | ○ | | | | |
| 12 | 4 | 4 | 1 | 5 | 2 | 16 | | | | | ○ |
| 変形 13 | 1 | 3 | 1 | 5 | 1 | 11 | | | | | ○ |
| 獣帯 14 | 4 | 3 | 4 | 7 | 6 | 24 | | | | ○ | |
| 15 | 3 | 4 | 3 | 3 | 6 | 19 | | | | ○ | |
| 画象 16 | 10 | 8 | 8 | 10 | 1 | 37 | | ○ | | | |
| 17 | 4 | 4 | 2 | 2 | 2 | 14 | | | | | ○ |
| 三角縁神獣 18 | 5 | 3 | 4 | 2 | 11 | 26 | | | | ○ | |
| 19 | 1 | 3 | 3 | 1 | 6 | 15 | | | | | ○ |
| 20 | 1 | 3 | 6 | 4 | 5 | 19 | | | | ○ | |
| 夔鳳 21 | 8 | 6 | 7 | 1 | 7 | 29 | | | ○ | | |

（表10　鏡の評価　表（十七号遺跡））

〔原田 1961a〕

に資しうることを明示したことが、本論を出色たらしめている。すなわち、「工具を多く使用するか、使用数が少ないかでは、笵の出来、不出来を生ずるし、良い仕事程工具数が多く、その使用法も要領を得ているのに対し、粗雑品は工具数も少なく使用法も粗笨である」との前提から、「笵作製に従事した工人」が「熟練工であるか未熟工であるかの差」を抽出し、工具数の多寡が面径の大小および構図の優劣と相関する事実をふまえて、その差には「鏡作部の身分的相違、職場の相違」をも反映しているとみたのである。そして具体的に、A級品を「鏡作部の最も優れた工人の作」だとすれば、E級品は「その下で働いていた下層の工人の製作ではないか」と推定した。また「職場の相違」として、「等しく畿内で鋳造されたものとして疑問はない」大型鏡にしても、「変形鳥文縁方格規矩鏡」（1号鏡・福岡329）が、「一作一面限りの鏡として、時間的に拘束されることなく、のびのびと落着いた仕事をしている」ことなどから、「大和朝廷に専属した技術者」の所産と想定できるのにたいし、「仿製」三角縁神獣鏡（18号鏡・福岡346）は「一作一面限りの製作ではなく、多量生産的傾向を持っ」た「粗製品」であり、両者は「同じ職場で同じ職人が作製したものと考えることはできまい」と推断した。これに関して、「評価」の「総合」点において「上位を占めている鏡式が方格規矩鏡・鼉竜鏡・内行花文鏡の類であって、決して三角縁神獣鏡ではな」い結果を提示したことにも注目したい。資料に即した見解であり、三角縁神獣鏡に特権的な価値をあたえがちな小林以来の諸研究とは一線を画した。

　鏡背文様の「構成図」を描き起こし、その構図の区画と幾何学的な割付を精細に追究したことも、以後の研究の先蹤となった〔川西 1982；横田宏 1997；清水 2008a；脇山 2014等〕（図15）。「当時の貴重金属」を原材料にしている以上、銅鏡の意義は面径ではなく重量にこそ示されたとの観点を提示し、各鏡の重量の比較にくわえて、重量（g）を鏡面の面積（cm$^2$）で除した比重を算出して比較したことも、先駆的なアプローチであった。鼉龍鏡（11号鏡）の主像部分に、「水平面よりも突出していて、裏を有している」箇所があることに着目し、これは「笵に側面から彫りこんだ」結果であり、鋳型を破壊しなければ製品をとりだせないため、同笵技法が不可能であることを示したのも、以後に三角縁神獣鏡研究へと適用された〔鈴木勉 2003・2016等〕、先見的な観察所見であった。

　鏡背文様の綿密な分析も、以後の研究に大きく先駆けたものであった。とりわけ、本遺跡出土の

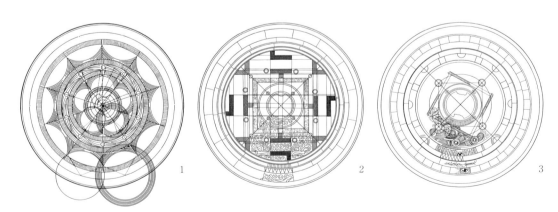

図15　沖ノ島17号遺跡出土鏡の「構成図」〔原田 1961a〕
1. 倭製内行花文鏡　2. 倭製方格規矩鏡　3. 鼉龍鏡

倭製方格規矩四神鏡系5面に描出された「振り返りの白虎図」に由来する「双獣・双禽文」の簡略化過程を、図示して追跡したこと（図16）は、のちに田中琢が開花させる系列（組列）研究〔田中 1983a〕の濫觴といえる。同様に実施された「鳥文図」（鳥像）の変遷プロセスの分析も、田中に継承された〔田中 1983a〕。また、半円方形帯や菱雲文、擬銘帯の緻密な比較検討も、以後の属性分析的研究の原点と評価できる。そしてまた、「環状乳神獣鏡と画文帯神獣鏡が仿製されている間に、この二者が複合され」て誕生したのが（「柳井式」）鼉龍鏡だととらえ、神像の胴部が消失する変遷プロセスを指摘したことは、富岡以来ひさしぶりの鼉龍鏡論であり、以降の本系列の変遷観に少なからぬ影響をあたえた。鼉龍鏡の図文に典型的にみとめられる、「中国の図象がばらばらに切り離され、無意味に接合され」たり、「得手勝手な離合が行われ」たり、「多くの図象が描かれている中から一種類か二種類を抽出して意味なく図案化する」などといった現象は、当時の「鏡作部の工人」が、「中国の美術の内容や思想・信仰」を吸収せずに、「単に図象を切り売りし」て「単なる文様の素材として扱い、その手先の器用さと鋳造技術を誇ったに過ぎなかった」結果だと看破したことも、これまた田中により発展的に継承された視座〔田中 1981等〕であった〔原田 1961a〕。

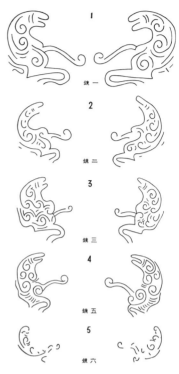

図16 沖ノ島17号遺跡出土の倭製方格規矩鏡の「双獣」（白虎）・「双禽」の簡略化〔原田 1961a〕

　以上の先駆的知見に満ちあふれた検討をふまえ、本遺跡出土鏡の時期比定と、本遺跡の歴史的評価がなされた〔原田 1961b〕。倭製鏡研究の観点からいえば、倭製鏡を「第一類仿製鏡」（中国製三角縁神獣鏡の一部）・「第二類仿製鏡」（「仿製」三角縁神獣鏡）・「第三類仿製鏡」（それ以外の倭製鏡）に三分したこと、本遺跡出土鏡の「類似鏡」を副葬する古墳と比較する必要性を説き、一部に「同一工人の作」が存在する可能性を指摘したことが、とくに注目される。古墳間の「類似鏡」と「同一工人」という観点は、のちに川西宏幸や車崎正彦が「同工鏡」論へと昇華させた〔川西 1981・1988；車崎 1990・1993a・b〕。また、「第一類仿製鏡」「第二類仿製鏡」が、中国製三角縁神獣鏡を「補充」するべく「地方への配分鏡」として製作された一方、「第一類仿製鏡」から「分岐」して登場した「第三類仿製鏡」のうちの優品は、「絶大な権力者の庇護下に、権力者の嗜好に合うものとして、大きく想像の翼を拡げたところにはじま」り、「拡大強化する大和政権の勢力下に分配された」と整理したことも、倭製鏡の出現・発展経緯に関する重要な提説であった〔原田 1961b〕。明言はしていないが、「仿製」三角縁神獣鏡と倭製鏡の併行的製作が示唆されており、前者を先行させる小林説にたいする異説として注目される。

### （2）小林行雄の『古鏡』

　小林の関心の焦点は三角縁神獣鏡と「伝世鏡」にあり、一般の倭製鏡は概して軽んじられた。しかし、小林が1965年に上梓した『古鏡』では、「仿製鏡」の章がもうけられるなど、倭製鏡にたい

するまとまった見解が提示された〔小林行 1965〕。概説書であり、具体的な分析とデータを欠く憾みがあるが、小林の倭製鏡観を窺知するうえで重要な著作である。

　本書で小林が披瀝した見解のうち、以後の研究に強い影響をおよぼしたのは、倭製鏡の出現経緯に関する所見と、隅田八幡鏡の「癸未年」を西暦443年に比定したことである。前者については、「大和政権が地方の小支配者にたいして中国鏡を分配していった段階において、ついに中国鏡のストックが底をつく時期が到来し」たため、鏡の分配をつうじた「政治的努力」を継続する「応急策」として、「まず、魏の三角縁神獣鏡を手本にした仿製鏡をつく」らせ、つづいて「地方から献上された」後漢鏡を中心とする鏡を、鋳潰し用の「原料」として「工人にあたえ」、後漢鏡を原鏡とする倭製鏡が製作されるにいたった、とみた〔小林行 1965〕。倭製鏡の創出契機を、分配する中国製鏡の不足にもとめる「応急策」説は、その後ながらく定説としての地位を占めた〔田中 1977；春成 1984；和田晴 1986；小林三 1992；福永 1994a；新井 1997；徳田 2003 等〕。この推論に関連して、多種多様の後漢鏡が、「原料」として工人のもとに集積されたことが、「仿製」三角縁神獣鏡以外の倭製鏡において、複数鏡式の要素が混用される要因になったと説いたことも注目される。

　「癸未年」については、本鏡の原鏡である尚方作獣文縁神人歌舞画象鏡の想定輸入年代からすれば、503年説もありうるとしつつも、この原鏡をふくむ同型鏡群が列島の広域に分散している状況は、「あたらしく大和政権の傘下にはいった地方の支配者が、南鮮経営などの軍事面において、積極的に大和政権に協力を惜しまなかったことをあらわしている」とみなし、それゆえ本鏡は「五世紀の中ごろ」に製作されたと判断した〔小林行 1962a・1965〕。この比定は、従来の最有力説であった503年説〔福山 1934 等〕にたいする重要な異論であり、第七期（1990年代〜）にいたるまで、鏡研究において定説的地位を占めた。さらに、文献史学において優勢になりつつあった443年説への強力な考古学的根拠として歓迎された。近年でも、443年説をとる文献史学者により引用されることが少なくない〔和田萃 2000 等〕。

　以上にくわえて、作鏡体制について広い視野から考察をめぐらせたことも、以後に継承されるべき成果であった。たとえば「四世紀」には、「上質の鏡とかわりのない白銅質」の銅鏃があることから、「鏡作部の工人」が「余技」として「鏡以外の鋳銅製品の製作をひきうけることもできた」と推測し、また「五世紀末以後」に製作が開始される馬鐸や馬鈴などの鋳銅製馬具に、「鏡作部の工人の技術」が活用されたと想定した。そして逆に、「五世紀末から六世紀前半」に製作された鈴鏡は、鈴付馬具の模作に「ヒントをえて」、鏡作部が創出したものとみた。この鈴鏡に関して、『日本書紀』神功紀に百済からの献上が記載された「七子鏡」を鈴鏡に同定する見解を、時期の離齬から却下し、「同時に百済から献上した七枝刀と同じく、鍛鉄の技法でつくった鉄鏡であって、七子という名称は、北斗七星などの星辰を象嵌であらわしたことから生じたのではないか」という、独創的な着想を提示した〔小林行 1965〕なお、鋳銅製馬具の製作に、「鋳造技術に習熟していた鏡作の工人たちが動員され」、そうした連携的な製作状況のなかで鈴鏡が創出されたとの見方は、以後に継承された〔小野山 1975；田中 1979 等〕。

　そしてまた、古墳倭製鏡の鏡笵は「伝統的に石型であった可能性も、後代の真土型に似た砂型であった可能性もある」と、慎重な姿勢をみせつつも、「仿製」三角縁神獣鏡の「同笵鏡」に補刻の痕跡があるのは、「鋳型の材料が石型であるばあいには、まず自然である」ことと、「仿製鏡の線の

鋭利さ」とを根拠にして、それらは「石型であった可能性が、かなり強い」と推定したことは、「遺物を多数に見た」「考古学者」からの重要な提言であった〔小林行 1965〕。

### （3）「仿製」三角縁神獣鏡研究の進展

　第五期の花形的存在であった中国製三角縁神獣鏡にくらべると、「仿製」三角縁神獣鏡は注意を惹いたものの、資料に即した研究という面では低調であった。資料に根ざした基礎的研究が緒に就くのは、第五期も終わりに差しかかる 1970 年代中盤になってからであった。緻密な型式分類と製作技術の復元を推し進めた小林〔小林行 1976〕と、型式変遷および系譜の解明に力を注いだ近藤喬一〔近藤喬 1973・1975〕が、当期の「仿製」三角縁神獣鏡研究を牽引した。

　A. 小林行雄の型式分類および製作技術論
　小林は、中国製三角縁神獣鏡を対象にして実施した〔小林行 1971・1979〕のと同様の、神獣像配置とそのほか諸属性との相関関係をさぐる分析と、製品に残された痕跡から鋳型の種類および製作技術を追究する分析とを手がけた。前者の分析では、まず神獣像配置を 5 型式に分類したうえで、4 種に分類した神像表現・4～5 型式に分類した獣像表現・外区文様・界圏文様・「松毬形」・乳座・鈕座・内区外周文様帯の構成などとの相関関係を仔細に分析し、「仿製」三角縁神獣鏡の「実体の多様さ」を構造的に追究した。精緻をきわめた分析の結果、たとえば「K₁ 型式鏡」と「K₂ 型式鏡」が工人の「流派」を異にする可能性を説くなど、「実体の多様さ」を製作体制のみならず工人レヴェルにまで踏みこんで解釈する基礎がととのえられた。ただし、体系性よりも「細部分析」に意を注いだため、分析が複雑にすぎるきらいもあった〔小林行 1976〕。

　後者の分析では、製品の欠損と笵傷を丹念に観察し、これらが鋳型に生じた剥離や亀裂により生じたと解し、鋳型の素材が真土であったと推測した。具体的には、「同笵鏡」間で「同一位置に共通した鋳型の欠損」がみとめられること、鋳型の凹所を真土で埋めたり追刻をくわえたとおぼしき痕跡があること、「真土の表面を針状の工具で引き掻いてつけたような線」を有するものがあること、三角縁の内側斜面に鋸歯文を追加した例があるが、これは断続的かつ不鮮明であり、「型土面」に押しつけて刻文したと推定できること、鏡背文を中断する細い帯が走る事例があり、これは破砕した笵を接合して使用した可能性を示すこと〔富岡 1920c；梅原 1955〕など、緻密な観察にもとづく多くの証拠をかかげて、土型による鋳造を主張した〔小林行 1976〕。これは、「仿製」三角縁神獣鏡を石型の所産とする自説〔小林行 1965〕を変更するものであった。

　そしてもうひとつ、この論考において重大な指摘がなされた。中国製三角縁神獣鏡を踏返した「仿製」三角縁神獣鏡の存在を指摘したのだが、この事実は、中国製三角縁神獣鏡と「仿製」三角縁神獣鏡との区別を無効化させる論理的帰結を潜在するものであった〔小林行 1976〕。

　なお小林は、角川書店が刊行した『古代の日本』（全 9 巻；1970-71 年）に執筆した原稿で、「仿製」三角縁神獣鏡を「分配する段階では、淀川水系と大和川水系との、どちらに重点をおいて利用したかという問題」を考察し、「仿製」三角縁神獣鏡の「分配の経路を復原」するにあたって、「中国鏡のばあいに重視した淀川水系のほかに、さらに大和川水系の利用を考慮する必要がある」ことを重視し、その背景に「葛城地方の勢力が重要な意味をもつにいたったこと」を推定するなど、先駆的な考察をおこなっていた〔小林行 2010〕。ところが本稿が、「諸般の事情により未発表とな」

り、お蔵入りになったまま公表が 2010 年まで遅れたことは惜しまれる。

### B. 近藤喬一の系譜・型式変遷研究

　小林は「仿製」三角縁神獣鏡に緻密な型式分類をほどこしたが、その系譜や変遷プロセスについ
ては、内区外周の文様帯の分割原理から推定するにとどまった。この論点を、小林に先駆けて追究
したのが近藤である。近藤は、まず本鏡式を「三神三獣獣帯鏡」「唐草文帯三神二獣鏡」「唐草文帯
（鳥文帯を含む）三神三獣鏡群」に大分した。そのうち主流を占める「三神三獣獣帯鏡」を中心に
すえ、神像の向き・獣像の頭位・獣帯のあり方・乳の数を基準にして A〜C の大別３グループ（細
分４グループ）に分類し、各グループの諸要素を詳密に分析するとともに、その原鏡をそれぞれ
「舶載鏡一種だけを原鏡として忠実に模した」もの（Ⅰ段階）、「少くとも二種の鏡を原鏡として用
いた」もの（Ⅱ段階）、「平縁式二神二獣鏡もしくは四獣鏡の影響も考えられる」もの（Ⅲ段階）と
とらえた。そして、各グループはそれぞれ系譜を異にするものの、この順が「製作の時期差を示
す」可能性を推定した。このように近藤は、「仿製」三角縁神獣鏡の変遷について、原鏡や文様要
素の差異を重視した系統的な理解を示し、単純な退化モデルにとどまらぬ繊細な変遷観を提示し
た。また、「三神三獣獣帯鏡」の A〜C グループが、その系統的関係からみて、「おのおの孤立して
製作されたものではなく、他の鏡式とも関連しながら一連の流れの中で製作された」ことを明示
し、そのような関連性の背景に、「鋳鏡工人」が各地に割拠するというよりも、「畿内の勢力に掌握
された」状態を想定したのは、工人編成の様態にまで踏みこんだ先駆的な考察であった〔近藤喬
1973〕。

　他方で、鋳型の手直しにより生じたとおぼしき痕跡を手がかりに、鋳造法の考察も手がけた。す
なわち、鏡背面に「外区の波うったようなゆるやかな起伏を感じとれる」製品が存在することに着
目し、これは「蠟原型をおこす際の鏡背面のひずみに由来するもの」ではないかと推測し、また型
落ちにより消えた外区文様が、「同笵」の鏡で補修された事例についても、蠟原型を使用した証拠
とみなし、同型技法の存在を示唆した。ただ、前者の推測は、「金型その他を原型として踏み返し
を行った時に、鋳物の縮みが生じるという点で、踏み返しが否定的」であることから、残る一方の
可能性を採用したものであり、踏返しの際の縮小を厳密に検証したうえでの立論ではなかった。ま
た、これらの考察は、いずれも中国製三角縁神獣鏡についてのものであり、「仿製」三角縁神獣鏡
の鋳造法については「今後の追求の一つの課題としたい」と自説の披露をひかえた。鋳型の材質に
ついても、真土型を推定しつつも結論を保留した〔近藤喬 1973〕。

　そしてまた、「仿製」三角縁神獣鏡の鬆の位置や型落ち、湯流れについての観察所見を述べ、縦
注ぎの鋳造を想定した。のちに小野山節が、平注ぎの物証とした鈕上の小突起〔小野山 1998〕に
ついては、「鏡の円を描くために用いられた規矩の心棒の跡」というよりも、むしろ「鋳型の外円
の再度の修整が行われた」結果である可能性を推量した。くわえて、「仿製」三角縁唐草文帯三神
三獣鏡（目録番号 204）の同笵鏡の「鈕孔の方向」が、「同一位置、同一方向である」ことを指摘
し、かつて小林が鈕孔設置施設の一定しない物証とみた一貴山銚子塚古墳出土の２面の「仿製」三
角縁獣文帯三神三獣鏡（目録 209）（福岡 9・10）〔小林行 1952a〕のほうこそ例外的だと主張した
〔近藤喬 1973〕。これについては後年、福永伸哉が追認し、検討をさらに深めた〔福永 1992a〕。な
お筆者は最近、目録 209 鏡をもう１面確認しているが（本書第Ⅱ部第 5 章）、その鈕孔方向は一貴

山銚子塚鏡の 1 面と一致しているようである。

### C. 三角縁神獣鏡国産説の提唱

　当期の「仿製」三角縁神獣鏡研究に関して逸せないのが、三角縁神獣鏡国産説である。1962 年
に森浩一が提唱して以来〔森 1962〕、現在にいたるまで少なからず支持されてきた。
　富岡謙蔵が、「仿製」三角縁神獣鏡をのぞく三角縁神獣鏡が魏鏡であることを、該博な漢籍の知
識を駆使して鮮やかに解明して以後〔富岡 1920b〕、三角縁神獣鏡魏鏡説は定説でありつづけてき
た。この鉄案にたいして森は、三角縁神獣鏡が中国大陸から 1 面も出土しない事実を主根拠とし
て、そして奈良県鏡作神社に伝わる三角縁唐草文帯三神二獣鏡（目録 89）（奈良 164）が、内区の
みで外区を欠失する特殊性をそなえ、それが所蔵神社の性格とあいまって「鏡を踏み返す際の原
型」か「製作の標準型」かもしれない可能性を副次的な根拠として、三角縁神獣鏡の製作は「帰化
系工人」によって国内でおこなわれたのだと提説した〔森 1962〕。森の一連の批判点は、のちに多
くの魏鏡説批判論者に継承されていった。ただし、森をふくめ国産鏡説は、魏鏡説の弱点にたいす
る鋭い批判とは裏腹に、自説を実証的に構築する姿勢がきわめて不十分であった。列島での製作の
経緯や生産体制、倭製鏡全般との関連性などの実証的究明を棚あげにしたまま、魏鏡説批判をもっ
て自説の正当化とする論法から脱しておらず、倭製鏡研究に裨益するところがはなはだ少ない。

### （4）弥生倭製鏡研究の本格化

　「仿製」三角縁神獣鏡研究の深化と時期を同じくして、弥生倭製鏡研究が本格的に始動した。各
地で出土例を増しつつあった弥生倭製鏡について、1960 年代中ごろから解説や考察がくりだされ
るようになった。まず森貞次郎が、「小形の前漢鏡を模した仿製鏡」を「小形仿製鏡」と呼称し、
「半島よりの文物の流入に停滞がおこったこと」が原因となり、弥生時代後期前半以降に製作が開
始したと示唆した〔森貞 1966〕。福岡県飯氏馬場遺跡出土鏡（福岡 149）に関連して副島邦弘が提
示した考察は意欲的であり、弥生倭製鏡を鏡背文様から「綾杉文・素文・渦文・鋸歯文・重圏文・
内行花文」に 6 分類し、分布図を作成したうえで、「南朝鮮から北陸、関東までの広い範囲」に分
布するが、その中心は「北九州」にあることが明示された〔副島 1971〕。小田富士雄は、弥生倭製
鏡は機能面で小型中国製鏡の「懐中鏡的な日用の具」としての役割を継承したと推察し[45]〔小田
1968〕、製作の歴史的背景として、「倭国大乱」に起因する鏡輸入の中断から、景初三（239）年の
魏への遣使にともなう流入の再開までの期間に生じた、鏡不足の事態を想定する〔小田 1967〕な
ど、興味深い解釈を示した。また、儀器として長大化した銅鐸や青銅製武器につづいて製作され
た、各種の列島製青銅器（巴形銅器・銅釧等）に関連づけて、弥生倭製鏡を幅広い視点から位置づ
けた好論も、小田により手がけられた〔小田 1974a・b〕。さらに瀬川芳則によって、畿内地域で
も弥生倭製鏡が製作されたことが示唆され、「先進地域としての九州的な鏡のあり方」が「個人的
宝器」であり、「懐中鏡的意義」を推定する一方で、九州以東の「後進的な本州的」な「鏡のあり
方」は「祭祀的性格」が濃厚であり、「共同体的儀器」としての性格を考えうるとの指摘がなされ
た。これは、弥生倭製鏡における九州とそれ以東との「相違」という、近年の論点を先駆的に示し
た重要な考察であった〔瀬川 1968〕。他方で杉原荘介は、弥生倭製鏡を弥生時代の「小銅鏡」とよ
び、副葬品として埋納されていることから、「地方首長の宝器」だと考定した〔杉原 1972〕。ま

66　第Ⅰ部　倭製鏡論

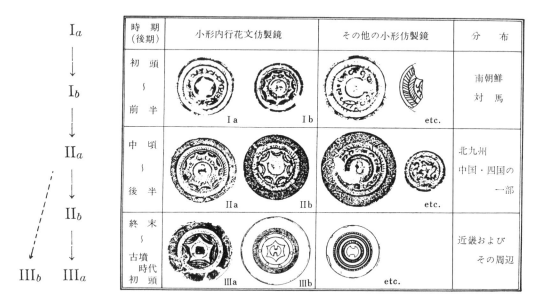

左：図17　弥生倭製鏡の系統的変遷〔高倉1972〕
右：図18　弥生倭製鏡の時期的位置づけ〔高倉1972〕

た、佐賀県二塚山遺跡46号甕棺墓出土鏡（佐賀27）が、海を隔てた大韓民国慶尚北道の漁隠洞遺跡および同坪里洞遺跡の出土鏡と「同鋳型によるもの」であることをみいだし、「日本で発見される小銅鏡のほとんどのものが、朝鮮半島に起源がある」とする自説の補強とした〔杉原1978〕。大場磐雄も、東京都宇津木向原遺跡から出土した弥生倭製鏡（「素文鏡」）（東京10）にたいして想像をめぐらせた〔大場1973〕。

　以上のように諸論考が簇出したが、総合的な研究はなく、増加の一途をたどる資料を追いかけるように検討がなされていた観があった。そうした状況下で発表された高倉洋彰の論考は、研究レヴェルを格段にひきあげた。本論考は、56面を集成して一覧表と分布図を作成し、各鏡に解説をほどこすなど、基礎作業の面でも高い価値があった。それにもまして、整然とした型式分類を構築し、系統的な型式変化と時期、製作地を詳細に追究したことが特筆される。まず、資料の7割を占める「小形内行花文仿製鏡」を、「内行花文帯の位置や形状の変化など」から「三型式六類」に分類し、原鏡である「内行花文日光鏡との関係」から「Ⅰa→Ⅰb→Ⅱa→Ⅱb→Ⅲaの系譜を踏」み、「Ⅲb」は「Ⅱaからの派生」だと推定し（図17）、伴出品も加味して、それら各型式の時期を、弥生時代「後期初頭～前半＝第Ⅰ型、後期中頃～終末＝第Ⅱ型、古墳時代初頭＝第Ⅲ型」に復元した（図18）。製作地については、その「分布差」などから、「第Ⅰ型は朝鮮南部」、「第Ⅱ型は福岡平野を主とする北九州」、「第Ⅲ型は近畿ないしその周辺」で生産されたと推定した。さらに、「第Ⅱ型」が「分布の拡がりにもかかわらず背文構成に強い類縁性をも」つことに着眼して、「その製作者ないし製作者集団が限定される可能性」があると説くなど、生産体制にまで言及した〔高倉1972〕。

　他方、内行花文帯を有さない資料については、性格が不明な「無文鏡」を除外したうえで、祖型のちがいにもとづいて「Ⅰ　重圏文日光鏡系仿製鏡」「Ⅱ　綾杉文仿製鏡」「Ⅲ　四螭鏡系仿製鏡」「Ⅳ　八乳文仿製鏡」「Ⅴ　重圏文仿製鏡」「Ⅵ　位至三公鏡型式の仿製鏡」の6種に分類した。そして「Ⅰ～Ⅳの諸鏡」は、「前漢後半～後漢初の内行花文日光鏡の仿製を基本形としつつも、同時期の重圏

文日光鏡・四螭鏡の仿製あるいはその変化形」が「北九州」を中心に製作された一方で、これに後出する「Ⅴ・Ⅵ鏡」は、「近畿およびその周辺」で「後漢鏡の影響」を受けつつ「独自に製作された」と想定した。つまり、「後期中〜後半」に「北九州」で「形成された鏡仿製の技術」が「他地域に拡がり、近畿およびその周辺にみられる第Ⅲ型や重圏文仿製鏡などの最初期の鏡製作の基礎をなし」た、とみたわけである〔高倉 1972〕。

　上記の検討にもとづき、弥生倭製鏡が創出された歴史的な背景および意義を、以下のように結論づけた。弥生倭製鏡は「舶載鏡副葬の中絶」期に「多数製作され」、「再度舶載鏡副葬の始まる後期終末以降ほとんどみられなくなる」ので、その製作開始の契機として、中国製鏡の不足の補塡を推定した上記の小田説〔小田 1967〕は、基本的に支持できる。しかし、弥生倭製鏡の分布は、中国製鏡が盛行した「北部九州甕棺墓地域の中心部」ではなくその「縁辺に集中」し、しかも前者の地域では、弥生倭製鏡の製作期にも依然として中国製鏡が存在していた。このことを勘案すると、中国製鏡の「流入の停滞によって舶載鏡（長宜子孫内行花文鏡を主とする）の絶対数が不足し、旧甕棺墓地域では伝世することによって鏡数の維持をはかることができたものの縁辺部では入手が困難とな」ったため、弥生倭製鏡が「長宜子孫内行花文鏡の代用物として」、「福岡平野を中心」に製作されたのだ、と。そこからさらに踏みこみ、当該期の鏡には「平野を単位とする北九州の各地域社会を相互に結びつける役割」があり、弥生倭製鏡の製作・分配活動に、「旧甕棺墓地域による北九州社会統一の一端を求めうる可能性」までも推測した。そしてまた、「弥生時代終末〜古墳時代初頭」に九州以東に「分布圏」が拡大した際に、各地で「新たに入手した後漢鏡の背文構成を加味しつつ」「独自の鏡式をつくり出して」おり、このことは古墳倭製鏡の「先駆け」として、「各地域の古墳時代仿製鏡の技術的基盤」を形成した、と考察した〔高倉 1972〕。

　本論考で高倉が提示した分類・変遷案、製作の時空間的位置づけ、歴史・社会的評価などは、堅実な資料分析と大局的な見地に裏づけられており、以後の研究に絶大な影響をおよぼした。本論考は現在にいたるまで、弥生倭製鏡研究の基本枠でありつづけている。

### （5）多様化する諸研究

#### A. 大局的な変遷観

　当期には、上記した以外にも、倭製鏡に関する多様な諸説がくりだされた。ただ、先記した原田と小林の研究をのぞくと、倭製鏡の総体を視野にいれた研究はほとんどなく、個別分断化が徐々に進行しつつあった。古墳時代を計7期に区分してその変遷をたどった大塚初重の編年作業にしても、こと鏡に関しては、小林の枠組と変わるところはなかった〔大塚初 1966〕。そうしたなか、近藤が提示した倭製鏡の大局的な変遷観は、小篇とはいえ、以後の研究が依拠する大枠をあたえるものであった〔近藤喬 1975〕。

　近藤は小林の見解を継承し、古墳時代に「最初につくりだされた鏡は、魏の三角縁神獣鏡を手本にした仿製の三角縁神獣鏡」だとみなし、これを「第一次仿製鏡」と名づけ、「主として四世紀後半の古墳から出土する」とした。次に「仿製されたと考えられる一群」として、「外区に菱形文をもつ鏡のグループと、内行花文鏡」をあげ、これらに「第二次仿製鏡」なる名称をあたえ、「四世紀末から五世紀にかけての」古墳から出土することが多いとした。この「外区に菱形文をもつグループ」は、中国製三角縁神獣鏡よりも「ややおくれて、わが国にもたらされた」「第二次舶載鏡で

ある画文帯神獣鏡などを、鏡の製作時に手本としたものと考えられ」、「方格規矩鏡や羂龍鏡・四獣鏡・二神四獣鏡・獣帯鏡などが含まれ、家屋文鏡・勾玉文鏡などの特殊な鏡もこのグループの中で理解」できるとみなした。そして、「五世紀」以降には「珠文鏡、捩文鏡など」が副葬され、「五世紀後半から六世紀にかけて」は、鈴鏡が目だつようになると説き、これらを「第三次仿製鏡」とよんだ。製作地にも言及し、「第一次・第二次の仿製鏡」が、「モチーフの一連の流れからみて、製作の中心が畿内に限定されていた可能性が高い」のに反して、「第三次仿製鏡」は鏡背文などから判断して、「むしろ、各地で個別に製作されたものも存在する」との考えを示した〔近藤喬 1975〕。

### B. 個別鏡式に関する研究

第五期前半期まで、倭製鏡の特定「鏡式」に関する専論は、鈴鏡にかぎられていた。しかし当期後半期には、上述の「仿製」三角縁神獣鏡をはじめ、個別鏡式に関する専論がいくつか登場した。

#### a. 内行花文鏡

なかでも注目すべきが、森浩一による「小型内行花文鏡」の分析とその評価である。森は、小型の倭製鏡を一律に新しくみる定説に疑義を呈し、その年代的位置づけを再検討する目的から、内行花文鏡を分析対象にえらび、文様構成にもとづく分類と編年を実施した。具体的には、花文の弧数、弧間文様、外区～内区外周および鈕区の構成を比較検討し、弥生倭製鏡（「斜行櫛歯文帯」を配す小型内行花文鏡）に近い様相のものを古相に位置づけつつ、おおまかに「形式」の順序を整理した。そのうえで、「小型内行花文鏡」の「大半」が「前期古墳」から出土し、横穴式石室からの確実な出土例がないこと、最新の文様構成をそなえた資料が「五世紀中葉」頃の古墳から出土することから、その「製作の主要な時期を古墳前期に求め」、「古墳後期になると、この種の鏡はすでに製作を絶っていた」との見解を打ちだした〔森 1970a〕。

さらに森は、「小型内行花文鏡」を弥生倭製鏡の「後身」ととらえ、これらは「弥生後期の鏡作り工人集団が断絶することなく、古墳時代になっても前代からの技術によって」製作したものであり、「形式」の多様性と分布の散在性からみて、その製作地は「大和」のみとは考えがたく、「いくつかの地方で生産されていた」と推断した[48]〔森 1970a〕。この見方は、かつて奈良県大和天神山古墳出土の「人物鳥獣文鏡」（奈良 107）の特色ある文様（後掲：図 83）に、「銅鐸の絵画の一部」との共通点を看取し、「古墳時代の前期の鏡作り工人と弥生式文化の銅鐸製作者との関連」を示唆した推論[49]〔森 1963〕を、具体的に発展させたものともいえる。「小型鏡」は「化粧具としての性格」が強い一方で、「中・大型鏡」は「呪具としての性格がより強」く、前者は「地域内において政治的な意味での配布がおこりえたのであろうから」、後者とは「異なった見方が必要」だとの主張に明瞭なように〔森 1970a〕、森は「小型鏡」と「中・大型鏡」をいくぶん理念的に二分したのであり、この種の視角は以後に継承された〔小林三 1979・1982；楠元 1993；西川 1999・2000 等〕。

また、森の論考に先だって久永春男が、「仿製四葉文座鈕内行花文鏡」に関する簡略な検討をおこない、出土古墳の「推定年代（相対年代）」と対比して、「直径 19 cm 以上の大形鏡はすべて古墳文化前期後半から中期前半におきうる古墳のみから発見されているのに対し、直径 15 cm に充たぬ小形鏡は」、1 例をのぞき「すべて中期後半から後期前半にかけての古墳」から出土し、中間の「直径 15～16 cm の中形鏡」は「前期後半から後期前半にまたがっている」と結論づけた〔久永 1963〕。

鏡式レヴェルの研究ではないが、1965 年に出土して学界と世間を驚かせた、福岡県平原墳墓の超大型内行花文鏡 4 面（現在は 5 面）に関する解釈もあげておきたい。調査者の原田大六は、早くも翌年に当該鏡群の評価をこころみた。『説文解字』にしたがい「咫」を「八寸」とみなし、漢代の尺度をあてはめた場合、「八咫」は直径 46.0 cm に換算され、平原鏡の面径 46.5 cm に近似すること、『皇太神宮儀式帳』などに記された「八咫の鏡」の収納容器の内径が一尺六寸三分（約 49 cm）で、平原鏡が「すっぽり納まる大きさである」こと、神道五部書のひとつ『伊勢二所皇太神宮御鎮座伝記』にみられる、「八咫の鏡」の形態を示す「八頭花崎八葉形」の記載が、平原鏡の「内行八花文」および「八葉座」に相当すると考えうることを根拠に、平原鏡こそ「八咫の鏡」であり、「はじめは五面を作製したものの一面が伊勢神宮の御神体になっている」可能性を主張した〔原田 1966・1978〕。本鏡群は、弥生倭製鏡と同時代の作とするにはあまりにイレギュラーなことにくわえ、報告書の刊行〔原田 1991〕が遅れたこともあり、考古学的な位置づけは難航した〔森編 1970 等〕。

### b. 捩文鏡

　小型鏡である捩文鏡を対象とした研究もなされた。伊藤禎樹は捩文鏡を集成し、その分類・編年・分布を検討したうえで、その性格や創出の意義にまで踏みこんで考察した。「銅質が最もよく、鋳上りも良好で、鏡径は捩文鏡中最大で 12 cm 前後、捩文は最も長く表現され、半肉彫状に鋳出され」「外側の素縁帯の巾が非常に狭く、捩文鏡の中ではもっとも文様が豊富」な「第一型式」、「銅質があまりよくなく、鋳上りも第一型式にくらべると劣」り「径は 10 cm 以下、刻線による表現を特徴と」し「文様要素がやや少なくな」り「鋸歯文帯が一条省略されたり、捩文が小さくなったりする」「第二型式」、「銅質・鋳上りとも比較的良好で」「径はもっとも小さく 7 cm 前後で」「文様も全般的に簡潔となり、捩文も短くなって爪形を重ねたようになり、全体の構成がくずれている」「第三型式」に三分し、「型式的にみれば、第一型式が第二・第三型式より古い」可能性を示唆した。製作時期については、「四世紀から五世紀中葉迄」を中心にしつつも、鈴鏡の主文に採用された例があることなどから、「ある程度後期迄残したことがあったかもしれない」と考定した。分布については、「第一型式」が「中部・近畿」、「第二型式」が「瀬戸内」、「第三型式」が福島〜佐賀「に至る前期古墳の分布圏のほぼ全域にわたっている」ことを指摘した〔伊藤禎 1967〕。

　伊藤の多角的な考察のうち、捩文鏡の創出に際してなされた意味づけや、所有者像などに関する推察がとりわけ興味深い。前者については、祖形を特定鏡式とする見方〔小野 1953〕を却下し、盤龍鏡を中心にしながら「舶載鏡、大形仿製鏡」など「いろいろな鏡式」の「文様要素をたくみに取り入れて」、それらを「意識の中で抽象的に組み立てて作り上げられてきたもの」だと考え、そこに「鏡を単に模写するのではなく、新たな鏡式を創り出そうとする」「製作者あるいは製作者集団の意志」をみてとった。さらに、「従来の呪術的な文様に代って、鏡の背面を飾るのに最小限に近い文様要素を従来の鏡式の中から摘出して、取捨選択の過程を経て再構成したのが捩文鏡」だととらえ、このプロセスこそ「倣製小型鏡の歴史」であり、その必然的な帰結として「乳文鏡・珠文鏡が出現してくる」とまで推察を進めた。後者については、副葬状況の検討をつうじて、「捩文鏡を所有しえた人々」は「前方後円墳の中心被葬者となるような首長層ではなく、首長への従属者ないし首長と血縁関係の比較的濃い人々」であり、円墳の「中心被葬者」となる「首長」の場合でも、「前方後円墳に葬られた首長との間には何らかの身分上の差異」が想定でき、その背景に「王

権の内部における政治機構が多様化してゆく様相」をも読みとりうると提言した〔伊藤禎 1967〕。

### c. 珠文鏡

　原田が卓抜した論考を提示した『月の輪古墳』の報告書には、久永の論考も収録された。久永は「48箇所50面余」におよぶ珠文鏡を集成し、出土古墳に「前期に遡る古墳はまったく無く」、「多くは中期後葉から後期前葉」におさまると指摘した。さらに時期を絞りこむべく、竈龍鏡・小型内行花文鏡・捩文鏡・乳文鏡・「仿製」三角縁神獣鏡（「仿製三神三獣獣帯鏡」）・鈴鏡・中国製鏡諸鏡式との共伴関係を検討し、「仿製三神三獣獣帯鏡」→捩文鏡→珠文鏡という「年代変遷」をみちびきだし、珠文鏡の上限を「古く見つもっても中期前半の末頃」に比定した。共伴関係と出土古墳の推定時期から、各鏡式の時期を推定した意欲的な作業であったが、資料自体の型式分類と分析作業を棚あげにした間接的な編年作業であり、古墳の時期比定に問題が多いなどの難点もあった〔久永 1960〕。その15年後には、東中川忠美が集成数を「103箇所107面余」に倍増させ、共伴する土師器を根拠に、本鏡式の上限を久永の見積もりより「もう少し遡る」と想定した〔東中川 1975〕。

### d. 竈龍鏡

　大・中型鏡を主体とする竈龍鏡も分析された。小林三郎は、竈龍鏡には「神獣鏡としての形式を保持するものと、竈竜が単独に主文様として登場するものとの二種が存在」し、「神像を欠いた四獣鏡」である後者こそ「竈竜鏡」とよぶべきで、「神獣鏡形式を保つ」前者は「変形神獣鏡」としてあつかうべきことを提言したうえで、両者の系譜的・系統的関係にくわえ、時期や性格などを考察した。まず、鏡背文様の分析をつうじて、「竈竜文」が「三角縁神獣鏡系統の中からも求められる」としつつも、「主として環状乳画文帯神獣鏡の系統の中から引き出」されたと推定し、最初に「竈竜文」をそなえる「倣製神獣鏡」すなわち「変形神獣鏡」が創出され、そこから「神像が更に欠如する段階」に「竈竜鏡」が成立したと考えた。その次段階以降には、「竈竜鏡」を「母胎」として、「きわめて単純な構図をもつ倣製四獣鏡の一部、さらには退化形式としての捩文鏡へと変化する」という、きわめて単純な変遷プロセスを復元した。そして「竈竜文をふくむ神獣鏡」は、「伝世鏡類を模倣する必要のない段階、そして三角縁神獣鏡の同笵鏡がかなり多量に鋳造された直後」に、画文帯神獣鏡を強く意識した「新式鏡の一部として、伝世鏡の持ち得なかった革新性を表現しようとして鋳造された」のだが、その後「中国本土」から「伝統的神獣鏡」がふたたび「渡来」したことで「その意義を失った、生命の短かいものであった」と結論づけた〔小林三 1971〕。

### e. 鈴鏡ほか

　倭製鏡の個別鏡式に関する研究は、当期にようやく緒に就いたわけだが、鈴鏡だけは例外であり、研究の黎明期から検討が絶えることなくつづけられ、当期にも少なからぬ考察が提示された。当期に目だったのは、関東とりわけ「上毛野」に分布が集中する事実を主根拠に、鈴鏡を当地域製とする見解が多出したことである〔甘粕 1966・1970；甘粕他 1966；大塚初 1970 等〕。とくに、鈴鏡とは「上毛野政権」下で製作された「祭器」であり、その「分布圏」は「特異な祭祀形態によって結ばれた一つの文化圏」および「祭祀圏」を示し、「上毛野」を中心とする「地方的な政治圏が形成されていたこと」の「反映」だとみなした甘粕健の提説は、「武蔵国造の反乱」をめぐる宏壮な仮説とあいまって、関心を惹くものであった〔甘粕 1970〕。

　71面の鈴鏡を集成したうえで、古墳における他鏡式との共伴関係を表示し、「大形仿製鏡→捩文鏡→珠文鏡・乳文鏡」という「年代変遷」のうち、その製作開始を「捩文鏡製作期間の後葉」、あ

るいは「珠文鏡よりもわずかながら遅れ」たとみた久永の検討成果も、基礎作業として重要である。ただし、ここでもまた、遺物自体の検討はなおざりにされた。また、「蕨手文を背文とした鈴鏡を中心とする一系列の鈴鏡を製作した工匠は、鈴をつけない乳文鏡や珠文鏡をもっぱら製作した工匠とは集団（部）を異にした」と主張した〔久永 1963〕。これは、鈴の有無が鏡本体の製作者の異同と相関するか否かという、重大な問題につながる以上、さらに掘りさげるべき論点であった。

鈴鏡には一組ながら「同笵鏡」が存在し、文様は「鋳型の上に直接彫刻する惣型の方法」で施文し、「鈴の割目の切り込みがコの字」を呈するという特徴があることと、鋳造実験の成果から、鈴鏡の鋳型には鏡本体が「焼惣型」で、鈴を「蠟型」とする「組み合せ法」の技術がもちいられた蓋然性が指摘されたが、これは鈴鏡のみならず倭製鏡の鋳造技術を実践に即して示した最初期の成果として、すこぶる重要である〔中口 1974〕。他方、「河内王朝の東国における国造制度確立に当って、神祀りの面からも強力な工作が行なわれた」との前提にもとづき、「国造の子女であり巫女である采女」が「宮廷の神及び天子」への「奉仕」を終えて「帰国する」際に、「それぞれの国で宮廷の神を祀」らせるべく賜与された「採物」のひとつが鈴鏡だとみた想察は、憶測の域をでないものの、折口流の着想としては面白いものであった〔桐原 1974〕。

銅鏡ではなく土製の模造鏡（鏡形土製品）に関する検討ではあるが、上野精志が鈕の形状から「六鈴鏡にみられるように鈕に孔を穿けたタイプ」、「指頭でつまみあげて鈕をたちあがらせるタイプ」、「横巾が広く厚みが薄い粘土帯をドーム状に縁から縁にかけて鈕としたもの」の三種類に分類したこと〔上野精 1972〕は、以後に展開してゆく土製模造鏡の分類案〔亀井 1981；小山 1992；折原 2003・2006；稲垣 2010 等〕の起点となった。


### C. 文献史研究と倭製鏡

倭製鏡と文献史料との接点は、『記』『紀』などにわずかしかなく、しかも敗戦後に史料批判が深化し、鏡に関する記事の大半を占める神代〜神功紀（記）の記載の信憑性がいちじるしく失墜したこと〔直木 1968・1971 等〕で、両者の関係は徐々に疎遠の度を強めていった。その反面、同時代の中国史書や金石文が、大化前代なかんずく 6 世紀以前に関して、鏡にとどまらず当時の社会の諸側面を研究する主要史資料として、ますます重要視されつつあった。

#### a. 隅田八幡鏡

とりわけ、『記』『紀』に関連する人物と宮処を記載し、しかも紀年を有する唯一の倭製鏡である隅田八幡鏡（の銘文）（図5）が、『記』『紀』の信頼度の低下と反比例するかのように、史料的価値をいよいよ高めた。銘文にみられる「大王」や「男弟王」と宮処は、当時の政治状況や王統を考究する第一級の史料として注目され、「費直」は国造制の成立時期を決定づける証拠として使用された〔井上 1951 等〕。本鏡の時期比定しだいでは、その銘文は「本邦最古の文章」となる〔駒井 1970b〕。そうした理由もあり、本鏡の銘文はがぜん注目をあつめ、きわめて多くの検討がなされた。多様な釈読と解釈がくりだされたが、それらの大半は倭製鏡研究に直截の関係がないため割愛し、以下では製作年代と製作主体に関連する、「癸未年」と「男弟王」の比定を中心に解説する。

当期には、敗戦前以来の最有力説である 503 年説と、急速に支持を集めつつあった 443 年説とが、主要二説として拮抗し、後を追うように 383 年説と 623 年説がいくらか提示された。

503 年説〔井本 1950；楢本 1955；藪田 1955；乙益 1965；山尾 1968・1973；古田 1973；川口

1975；福山 1975 等〕は、その実質的な始祖である福山敏男の解釈〔福山 1934〕が踏襲された。「男弟王」については、即位以前とするか以後とするかの相違はあったが、おおむね継体に比定された。他方で山尾幸久は、「男弟王」を「孚弟王」と釈読し、その語音を「Födö」として、継体の名である「ホド王」とみなし、「日十大王」を「オホス大王」「オホシ大王」として仁賢に擬する解釈を打ちだした〔山尾 1968・1973〕。この解釈は、近年では有力説としての地位を強めつつある〔鈴木靖 2002；加藤謙 2010 等〕。また川口勝康は、「日十」を「ヲハセ」と訓み、武烈（小長谷若雀）に比定した〔川口 1975〕。他方、「男弟王」と「日十大王年」は「九州王朝の主権者」で、「兄弟執政」をとったとする奇説もだされた〔古田 1973〕。

　一運くりあげた 443 年説〔水野祐 1954；井上 1956；森幸 1958；神田秀 1959；今井啓 1962；小林行 1962a・1965；上田 1966；古江 1966 等〕も、活潑に提起された。福山説の大枠内で議論が展開された 503 年説にくらべると、幅広い見解が披瀝された。よくいえば議論の幅がひろく、悪くいえば定見を欠いた。443 年説に弾みをつけたのが、水野祐の論考であり、「日十大王」を允恭天皇に、「男弟王」をその異母弟である「大草香皇子」にあてた。ただし、その主根拠は、「允恭天皇の尊称が宿禰で、それは朝鮮古語 Su-Suñ に由来するとすれば、允恭天皇を「日十大王」即ち「宿禰天皇」と言つてよい」といった強引なものであり〔水野祐 1954〕、「珍奇の説の部類に入れるべき」と評されても致し方なかった〔西田長 1956〕。一方で井上光貞は、水野の「日十大王」の解釈に、「附会のそしりをまぬかれない」との評価をあたえつつも、水野と同様に「大王年」の「年」を「与」と訓み、「男弟王」を個人名ではなく一般の名辞ととらえ、允恭とその弟だと解した〔井上 1956〕。「大王」については「大王疾（オホキミ）」すなわち允恭〔古江 1966〕、あるいは「日十大王」すなわち「大草香皇子」〔今井啓 1962〕に擬す見方、「男弟王」については大草香皇子〔古江 1966〕、允恭の所子の一人〔今井啓 1962〕、あるいは「乎弟王」と訓み、允恭の「皇后及び妃の長兄の子供」で「応神天皇の曾孫」にあたる人物〔森幸 1958〕とする見解がだされるなど、いくぶん紛糾の観を呈した。

　さらに一運を遡上させる 383 年説も、考古学・文献史学の双方から提示された。考古学サイドからは駒井和愛が、従来の諸説は「どれも鏡の様式を余り考えないで、直ちに銘文を書紀と結び付けようとしたきらいが無いでもな」いとの批判意識から、「鏡そのものの様式」を優先して本鏡の時期比定をこころみた。原鏡にあたる半円方形帯を有する画象鏡（および神獣鏡）の推定製作時期と、倭製鏡製作に関与したであろう「楽浪などに関係のあつた人達の子孫」は、郡の滅亡（313 年）後に「ぽつぽつと」渡来したとの想定を根拠に、「銘文の癸未は三八三に当る」との結論をみちびきだした。そのうえで、「男弟王」は仁徳の弟である「菟道稚郎子」にあてるのが適当とみた〔駒井 1970a・b・1974〕。肝腎の鏡、とりわけ倭製鏡の編年作業が十分に深化していなかったため、駒井の議論は空転した観があるが、その問題意識は至当であった。文献史学からは、西田長男が 383 年説をとなえ、複雑にこみいった考察のすえに、「男弟王」とは「継体天皇の曾祖父たる「意富々等王」「大郎子」の弟宮のことで、それは「沙禰王」」であり、『記』『紀』には所伝を欠く人物だとの所見を示した〔西田長 1953・1954・1956〕。

　以上の三説よりも格段に時期を下降させる 623 年説も、古くは高橋健自と山田孝雄がとり〔高橋 1914b；山田孝 1937〕、また明言は避けつつも保坂三郎も暗に支持の態度を示した説であった〔保坂 1962a・b〕。当期にも 623 年説は、若干ながら提出された〔椿 1958；宮田俊 1958；北条

1959〕。この説では、「男弟王」は押坂彦人大兄皇子に比定されることが目だった。ただし、根拠が不十分な推論を、マイナーな文献において簡略に示すことが多かったため、以後に継承されることはほぼなくなり、当期でおおむね姿を消した。たとえば宮田俊彦は、623年説に「左袒」する重要な理由として、503年説・443年説・383年説にしたがうならば、本鏡を製作するような「立派な仿製技術を有つた我が国」で「どうして仏像の鋳成があんなに遅れるのであらうか、という疑問」をあげた〔宮田俊 1958〕が、これは倭製鏡の研究成果にあまりにも昏い見方であり、論理面・実証面からもすぐさま正当な批判がくわえられた〔高島 1959〕。

　隅田八幡鏡をめぐる当期の研究に関して注目すべきは、韓半島との密接な関係を、ひいては当地での製作を推測する説が、「癸未年」「男弟王」の比定の異同にかかわらず提示されたことである。たとえば早くに西田は、本鏡の「製作者と思はれる命（爾）州利」（神功紀の「弥州流」）は「百済人であり、同じく開中費直も」「我が遣外使臣であつたので、恐らく命（爾）州利はその生国たる、開中費直はその任地たる百済に於て、我が遣外大使たる斯麻念長彦の命によつて之を鋳造したのであるまいか」、とする大胆な提説をおこなった〔西田長 1953〕。その後、銘文中の「斯麻」を百済の斯麻王（武寧王）に比定する考えが支持者を増やし〔榧本 1955；乙益 1965；山尾 1973；川口 1975 等〕、1960年代以降には考古学の知見も加味した韓半島（百済）製作説がとなえられた〔乙益 1965；山尾 1973 等〕。たとえば乙益重隆は、韓半島での鋳鏡が「楽浪時代前期」で絶えて以降、「新羅統一以後頃まで長い空白があるかのようにみえる」事態を訝り、列島の倭製鏡のうちに「相当な量の朝鮮製仿製鏡が含まれているのではないか」と予想し、主として銘文の内容に立脚して、本鏡は503年に「七支刀と同様に、百済から日本むけに作られた品」だと推察した〔乙益 1965〕。また山尾も、「当時のわが国の仿製鏡が、一般的には銅の材質が粗悪で小型のものが多いのに、隅田八幡の鏡は例外的な特殊なものとされていること、手本にした中国鏡と比較すると乳の間隔が不同で、人物も二人省略され、かつ全員が逆方向をむいていることなど」に着目して、本鏡を「朝鮮のもの」とする所見を示した[51]〔山尾 1973〕。近年にも、韓半島（百済）製説を支持する〔福永 2007・2011b〕、あるいはその可能性を評価する〔岡村 2011a〕見解がだされているが、その遡源は当期にある。

　以上のように、当期には隅田八幡鏡を俎上に載せた検討が簇生した。しかし、銘文の解釈に終始し、『記』『紀』の記載との繋合にはやるあまり、強引な読みや単文孤証による憶説が頻発した。七支刀の釈読に関して、金石文への無知を東洋史学者から憫笑されたことがあった〔岡田英 1976〕が、これは本鏡をめぐる研究状況にもあているど該当する。

　また、本鏡は当時、大化前代の製作がほぼ確実な、唯一ともいえる紀年銘器物であり、そのためか「癸未年」自体に疑義が呈される局面はほぼなかった。たとえば保坂は、「癸」を「矣」と読む見方を紹介し、「文字の形からいえばその通りで、実際にこれをはじめて「癸」と読んだ人にしても、十干のうちでこの字に似た文字が他にないから「癸」と当てただけで、それが踏襲されていることも事実でしょう」と説いた。しかし、その見方について、「冗談交りにこの銘文は未年にはじまる可きで、「癸」と読んでいる字は「矣」で文章の終に付す字であると忠告」されたと記したように、冒頭でその見方の信頼度を落とすような文言をかぶせ、そのまま「癸未年」を採用した〔保坂 1962a〕。のちに坂元義種が、金石文の異体字との詳細な照合作業をつうじた、正統な釈読を実施した際に、保坂の姿勢を「まったく解せない」と難じたのは当然である。そして、「矣」は銘文

の初字ではなく、末尾におかれるべき文字だとの指摘は、「癸未年」の比定をめぐる「論争」が「大して意味を持たなくなる」帰結をもたらしうるものとして重大であった[52]〔坂元 1980〕。

　また、駒井が論難したように〔駒井 1970a・b〕、鏡本体の検討がなおざりにされたことも、議論の不備を増幅した。とはいえ、原鏡である同型鏡群の研究が開始されたのは、実質的に当期であり、しかも 443 年や 503 年に位置づけうる中期倭製鏡や後期倭製鏡の検討は、現在の目からみれば未着手に等しかった。本鏡の考古学的検討は、当期にはたされぬまま、次期以降にもちこされた。なお当期に、数例の「仿製」三角縁神獣鏡をのぞけば、本鏡のほか唯一の有銘倭製鏡である 2 面の「(夫) 火竟」銘鏡（京都府幡枝古墳出土鏡（京都 74）・宮崎県持田 25 号墳出土鏡（宮崎 20））が紹[53]介され、後刻の「火竟」なる銘をもって、陽遂的な採火の役割をあたえつつ、「光をとりかつ発する鏡であることを、かりにしめした」との解釈が提示されたこと〔榧本 1971〕も付言しておく。

## b.　七子鏡

　隅田八幡鏡は、その存在が『記』『紀』に記載されていないが、『記』『紀』の内容に関連する銘文を有する史料として、両者の記述の繋合がめざされた。これと対照的に、『記』『紀』に記載があるが、その実物が不明な鏡があった。七子鏡である。以前にはその名称が喚起するイメージゆえか、漠然と（七）鈴鏡が想定されていたが、当期にはそれ以外の鏡式も候補にあがった。

　たとえば樋口隆康は、大韓民国の武寧王陵から出土した尚方作浮彫式獣帯鏡に関連づけつつ、「七子」を 7 つの乳と解し、七子鏡の実体を「七乳獣帯鏡」に同定した〔樋口 1972・1978〕。これは、『芸文類聚』天部の「梁簡文帝の望月詩に、形同七子鏡とあ[54]」ることを根拠に、「七子鏡と称するもの」は「七箇の鏡形をなせる乳あるものなるべし」と説いた富岡の考証〔富岡 1920a〕を、発展的に継承したものといえる。樋口の見解をおおむね承認したうえで、斎藤忠は「七乳をきわ立って大きくあらわした、特殊の文様をもつ異常なもの」だと考定した〔斎藤 1988〕。他方で駒井は、「七子の子は果実のことであるから、おそらくこのような小さな鈴のある銅鏡を指したと思われ」、「仮に（中略）子が鈴でなくて、小さな円い板であったとしても、それがわが鈴鏡にアイデアを与えたことは信じてよかろう」と論じた。しかし他方、先の望月詩を引いて、「江南の地に七子鏡が行われていた」とみなし、そうであるならば七子は「七曜文のような形であ」り、「必ずしも鈴といえない」ものの、「江南から流伝した」際に、鈴鏡の創出に影響をあたえた可能性があるとも推定した〔駒井 1974〕。そして、上述のように小林行雄は、七子鏡と同時に「献上」された七枝（支）刀と結びつけて、これを「北斗七星などの星辰を象嵌であらわした」、鍛鉄製の鉄鏡だとする見解を打ちだした〔小林行 1965〕。同じく、この両器物が「組み合せになっていること」に着眼しつつ、「七枝刀と同じように七箇の鏡面を組み合せたものであろう」とする解釈も提示された〔大石 1975〕。

　小林と駒井が、列島外に出土例のない特異な鏡を推定した背景には、百済からの特殊な「献上」品だという前提的理解があったと思われる。そうした実物として、鳥取県古郡家 1 号墳から「双鈕八つ手葉型鏡」（鳥取 1）が出土した際に、報告者は本鏡を「純国産品」とみなしつつも、七子鏡は「この双鈕八つ手葉型鏡のようなものを思わせる」との見方を示した〔大村他 1963〕。対照的に、上記諸説の同定案と『日本書紀』神功紀への批判的検討をふまえ、七子鏡の「献上」が、「「七国」平定記事に関連づけて挿入」された記事である可能性を示唆した慎重案も提起された〔上田 1976〕。

## c. そのほか

小林の同笵鏡論と伝世鏡論が契機となり、鏡が大化前代の政治史的研究に重大な役割をはたしうることがひろく認知されるにいたった。文献を主体とした研究においても、鏡に論及する局面が増加した。ただし、鏡全般への言及が大半を占め、倭製鏡に焦点をしぼった検討はほぼ皆無であった。以下では、文献史研究において鏡に言及した代表的な論考をとりあげ、ごく簡単に紹介する。

三種神器や宝器の筆頭としての鏡（宝鏡）について、いくつか考察がなされた〔横田 1950；鎌田 1962；泉谷 1970・1977；大石 1975 等〕。とりわけ、「宝器」を「王位の表象物」と定義し、考古資料も勘案しつつ『記』『紀』の検討をふまえて、「弥生期から古墳前期に顕著な鏡・剣・玉についての祭祀形態と、七世紀における宝器観とは直接に結びつくものではな」く、「七世紀の宝器観は、五世紀以降の王権が改変したそれ以前の祭祀形態を、古い伝承のあとをたずねて再構成した神話のうちに形成されたもの」であり、そうした神話に「もとづいて新たに宝器を」、すなわち「レガリヤ（王章)」を「つくる努力が始まった」と説いた大石良材の見解は示唆に富む〔大石 1975〕。山口祭・木本祭・八十嶋神祭など、律令期に「幣帛として神に奉献される鏡の用例」をつぶさに検討した二宮正彦の研究も、律令期における奉献鏡の意義のみならず、大化前代の鏡の使用法や意義を明らかにするうえで、一定の価値を有するものであった〔二宮 1969〕。

また西郷信綱は、天皇の古訓「スメラミコト」の成立に関して、鏡の「澄む」性質が介在したとの新説を発表して、以後の当該研究に強い影響をあたえた。すなわち、「スメラ」を「統ぶる」の転訛とする従説は、上代仮名遣いの法則から成立しないとして却下し、むしろ「スメル」は政治的・宗教面で人格的に聖別された「澄める」状態を指し、「「澄む」という普通語がひとりで上昇し、聖別され、スメラミコトを規定するに至ったと見るより、「澄む」という語は神器の鏡に媒介されることによって始めてスメラミコトの属性となりえたと見る方が正しい」との主張を打ちだした。また、折口的な発想を深化させて、「影見」である鏡は「遠い世の人の影を内に含みいわばそれを吸いこんでいる」と信憑され、そこから「遠い世との距離を絶滅しながらそれを保有するという鏡の呪術的性質」が生じたと説き、さらに「宮廷の神器としての鏡」は「今に生きる祖神・天照大神の魂そのものに他なら」ないとまで論及した〔西郷 1975・1977〕。後者の見解は、直接か間接かはわからないが、春成秀爾らに継承された〔春成 1984 等〕。

他方で、小林が体系だてた、「鏡の分賜という視角からの政治的関係の追究」に、一定の歯止めをかける提言もなされた。西嶋定生は、「鏡の分賜」とは「あくまで政治的関係の成立に随伴する副次的現象」にすぎず、定式化した前方後円墳の「地方伝播」のあり方にこそ、「大和政権」と「地方」との一義的な政治的関係が示される以上、古墳が織りなす動態に即した政治史的研究こそ肝要だと強調した〔西嶋 1961〕。この提言が重要な契機となり、鏡研究に立脚した政治史的研究は、1960 年代後半以降からしばらく後景にしりぞくにいたった。

## 3. 小結

以上のほか、当期には鋳造に関する総合的研究〔石野亨 1977〕や、銘文・文献・図像を駆使した、中国製鏡の「図柄」にたいする名物学的分析〔西田守 1968；林巳 1973・1978・1982 等〕から、鏡に関する民間伝承にいたるまで〔柳田國 1950〕、多彩な鏡研究がくりひろげられた。

当期に鏡研究が進捗した理由については、いくつか挙示できる。たとえば敗戦後、『記』『紀』の史料批判が進み、大化前代の政治史を究明する材料として、考古資料への期待が高まったことをあげうる。この期待に見事にこたえたのが、鏡を主軸にすえた小林の一連の論考であり、鏡の資料的地位を飛躍的に高めた。また、とくに1960年代以降、高度経済成長にともない、各地で発掘調査の件数が大幅に増加したことにより、鏡の発掘事例が蓄積されていったことも大きい。従来の資料は、盗掘や濫掘による出土地不明品と、不時の出土のため出土情報が不十分なものとが大半を占めていた。当期に、正規の発掘による鏡の出土事例が増え、出土状況の記録を添えた報告書が陸続と刊行されたことが、鏡研究にたいする大きな追い風となった。考古学に関連する組織・施設が次々に新設され、その従事者が増員を重ねたことも、この動向に拍車をかけた。

ただ先述したように、こと倭製鏡研究に関しては、部分的な考察にとどまりがちで、せいぜい鏡式レヴェルの検討が緒に就きはじめていたにすぎなかった。しかし、そうした基礎的検討の蓄積にくわえ、出土資料と研究者が着々と増加しつつあり、倭製鏡の総合的研究に着手する地盤はととのいつつあった。機はすでに熟していた。

<br>

# 第 六 期
## 1970年代後半～80年代

<br>

## 1. 総合的研究の再始動

第三期、とりわけ1920年代に倭製鏡研究があざやかに花開いたのち、総合的な視点からの研究は、長らく凋落の態をなしつづけた。しかし、第五期には発掘資料と個別研究が充実をみせ、総合的な倭製鏡研究を構築する基礎がすでに敷かれていた。事実、1980年を前後する数年間に、そうした研究を遂行した研究者が登場した。樋口隆康・小林三郎・田中琢の3氏である。各氏それぞれに重要な成果をうみだし、以後の研究に強い影響力をおよぼした。他方、その研究法や検討の重点には少なからぬ相違もあり、当期の研究の到達点と、以後の研究の流れをおさえるためには、3氏の研究成果にたいする十分な理解が必須である。以下、3氏の研究成果について詳説する。

### （1）樋口隆康の研究

樋口は1950年代から、中国製鏡全般を視野にいれて研究を推進し〔樋口1953・1956・1960a・b等〕、中央アジアの現地調査を併行して実施しつつ、着実に資料を蓄積し、検討を深化させていた。その樋口が、自身の研究を集大成して上梓した『古鏡』全2巻は、多数の図版資料を付したうえで、殷代の中国製鏡から大化前代の倭製鏡におよぶ厖大な資料を手際よく分類・整理し、該博な知識を縦横に駆使してそれらを適確に解説した、不朽の大著である〔樋口1979a〕。

本書の眼目は、「鏡自体の研究を第一と心がけ」、「とくに、鏡の形式分類を適確にし、その年代観を具体的にしておくこと」で、研究者が鏡を駆使して多様な問題を論ずる際に、「鏡についての正しい知識を得る指針」を提供することにあった。この狙いの背後には、「鏡は古代史上の多くの

問題にかかわりあいを持っているが、研究者の間に、鏡それ自身に対する十全な理解を欠いでいる[ママ]ために、かえって、学界に混乱をまきおこしているものもある」という、危機意識があった。そのような危惧は、倭製鏡研究において表面化しつつあり、とりわけ隅田八幡鏡をめぐる議論において顕著であった。樋口は、透徹した視点から莫大な中国製鏡および倭製鏡の「形式分類」を完遂し、以後の研究に確固たる「指針」をあたえたのである。

　ただし、従来の諸研究と同様に、検討の比重は中国製鏡に大きくかたより、本書のおよそ４分の３が中国製鏡に関する記述で占められた。このように倭製鏡が軽視されたのは、樋口の主たる関心が中国製鏡にあったこと、中国製鏡には図像学的分析の対象となる図文や銘文がふんだんにほどこされ、その検討には文献史料などの博捜が欠かせないため、紙幅を割く必要があったこと、そもそも鏡の存続期間と数量からすれば、中国製鏡が倭製鏡を圧倒していることにくわえ、樋口自身が指摘したように、倭製鏡の資料的性質がかかえる弱点に、その理由をもとめうる。すなわち、「古鏡研究」において、倭製鏡が中国製鏡にくらべて「軽視されてきた」のは、「鏡自体の出来ばえが中国鏡に劣っているということも原因していようが」、「何よりも」その「図文は便化しているだけでなく、何を表わしているのか不明のものがあ」り、「中国鏡の文様の諸要素を任意に組合せ、採用しているので、祖型である中国鏡の分類基準では整理できないものがある」ため、「分類がしにく」く、そのうえ「編年の基準となるべき紀年鏡」が隅田八幡鏡の一例のみであることもあいまって、「様式論による編年と、出土古墳の年代観にたよらざるを得ず」、「編年がたてにくいということがわざわいして」きたわけである。

　そうした限界をふまえて、樋口は次のような方針のもと、倭製鏡の識別・分類・編年をおこなった。まず、倭製鏡の「本性」は、「文様だけでなく、鏡質、鏡体の特徴」において相違する中国製鏡との「対比において明確にされる」という、議論の出発点を設定した。ただし、両者の区別は、「様式論では明確に区別しにくい」場合があるため、将来的には「考古学者の鑑識眼だけ」でなく、成分や製作技術など「自然科学的方法によって識別する方法を開拓する必要」もとなえた。とはいえ、そうした方法は「目下模索中」であるため、本書では、「考古学者の鑑識眼」に依存した「様式論」にもとづき、倭製鏡が典型的な中国製鏡と相違する特徴を抽出した。すなわち、

「１　鏡質では、中国鏡は白銅質で鋳上りが良いのに対し、仿製鏡は青銅の質が粗で鋳上りがよくない。

　２　鏡体では、中国鏡は外区と内区との差が段落によって明確であるのに対し、仿製鏡では段落の差が小さく、厚味が同じか、徐々に縁に向って厚くなっている。

　３　文様表現の優劣がはっきりしており、とくに仿製鏡では図文の意味を理解しないで、形だけをまねたものがある。

　４　銘文も図案的で、偽銘帯となっている」

の４点である。製作技術に関連する２点を前半にかかげたところに、総合的検討を是とする樋口の見識がうかがえるが、おおむね恩師の梅原の師である富岡謙蔵の４指標〔富岡 1920c〕を踏襲したものといえる。「日本独特の図文をもったもの」として、「直弧文鏡、家屋文鏡、鈴鏡など」をいくぶん切り離してあつかったことも、富岡の孫弟子として同様の姿勢を継承した。

　そのうえで、倭製鏡の「形式」として、「古式仿製鏡」「仿製内行花文鏡」「仿製方格規矩鏡」「仿製三角縁神獣鏡」「鼉龍鏡」「仿製神獣鏡」「神像鏡」「仿製獣形鏡」「捩文鏡」「盤龍形鏡」「仿製画

象鏡」「鈴鏡」「乳文鏡」「珠文鏡」「特殊文鏡」の計15「形式」を設定した。本書の末尾に掲載された「古鏡盛行年代表」から推察すると、これら諸「形式」は、出現時期の順にそって提示されているようである。ただし、「今日の知見で、最も妥当と思われる形式分類」だと、自信のほどをのぞかせつつも〔樋口 1978〕、「形式」設定の根拠を具体的に示しておらず、分類の根幹に曖昧さを残した。とはいえ、内区文様が特権的に重視されていること、中国製鏡の特定鏡式を模倣したものは「仿製」を冠しつつその名称を採用する一方、中国製鏡にみとめられない鏡式は内区文様の特徴に即して名称をあたえていることからして、富岡や後藤守一の鏡式設定〔富岡 1920c；後藤 1926a〕を踏襲したオーソドックスな方針に準拠したものとみてよい。

　したがって、倭製鏡の指標や「形式」設定に関していえば、樋口の論にさほどの独創性はない。厖大な具体例をあげつつ、個別「形式」を細分し、各「形式」の原鏡と型式変遷を究明したことにこそ、樋口の検討の真価がある。樋口が各「形式」に実施したこの種の作業は、その大半が最初（期）のものである。それゆえ以下では、やや煩瑣になるが、その成果を「形式」ごとに解説する。

　まず「古式仿製鏡」すなわち弥生倭製鏡については、高倉洋彰の分類と編年〔高倉 1972〕の「大体観」を承認しつつ、若干の「是正」をくわえて、「Ⅰ　単圏式」「Ⅱ　内行花文座式」「Ⅲ　内行花文帯式」「Ⅳ　重弧内行花文帯式」「Ⅴ　綾杉文鏡」「Ⅵ　重圏文鏡」「Ⅶ　放射線文鏡」に分類し、Ⅰの一部とⅦを「南朝鮮」製とみた。「古式仿製鏡」と「古墳時代の仿製鏡」は、前者が「古墳時代に入って、尻すぼみに萎縮しており、出土例も小さな古墳に限られる」のにたいし、後者は「最初の段階で大型のすぐれたものが作られ、それが爆発的に盛行しており、主に大型古墳から出土」するという断絶的な差異があることを重視し、前者は「わが国の鏡作りの開始の下地にはなったが、その発展のためにはもう一度、中国からの新しい刺激が必要」であり、両者を「混同するのはつつしむべき」と説き、両者の継続性を重視した森浩一の構想〔森 1970a〕と対照的な見解を示した。後者の古墳倭製鏡については、「原型」である「長宜子孫四葉座内行花文鏡」の「面影をよくとどめているものから、次第に俗化して日本独自の様式にまで変化」する変遷過程を推定したが、その分類は連弧文の数を基準にした単純なものにとどまった。

　「仿製方格規矩鏡」は、「Ⅰ類　四神文のある式」「Ⅱ類　禽獣文の類」「Ⅲ類　八鳥文」「Ⅳ類　渦文様式」「Ⅴ類　小型鏡（径一五、六センチ以下）の類」の計5類に細かく分類した。最後のⅤ類は、現在では方格T字鏡などと呼称され、魏晋鏡とみなされることが多く〔森下 1998b：車崎 1999a等〕、樋口自身も「鏡体が前述の大型鏡類のごとく、仿製鏡的でなく、外区は内区より一段厚い平縁で、文様も中国鏡的特徴がのこっている」点に留意していた。「原型」である「後漢代の方格規矩鏡」に「近い図柄のものから、四神などの獣形や銘文がくずれて行き、一方、他の鏡式の図文を取り入れるなどして、次第に、仿製鏡独自のタイプに変ってい」く変遷過程を提示することからみて、この分類はⅠ類からⅤ類にいたる簡略化を想定して設定されたものであろう。

　他方で「仿製三角縁神獣鏡」は、多様な特徴からまとまりを抽出する方針で、Ⅰ類〜ⅩⅠ類の計11類に分類したが、Ⅰ類〜Ⅵ類のほかは変遷順を意識していないようである。なお、ⅩⅠ類（「二神二獣鏡」）とされた奈良県大和天神山古墳出土の2面（奈良90・100）は、現在では三角縁神獣鏡から除外されている。鏡体・銅質・文様において、中国製と「仿製」とを截然とへだてる境界線がなく、前者から後者へと「漸進的に変化」する現象にたいして、「中国の工人が日本に渡来して、まず自分で鏡を作ってみせ、それをやがて、日本人の工人がまねてつくっていった」という解

釈をあたえたのは、倭製鏡の生産開始期の状況を究明するうえで示唆に富む。

　以上の3「形式」の細分案は、鏡背の多様な要素を加味してなされた。そのためか、各「形式」の変遷案については、原鏡から乖離する方向性を指摘するにとどまった。他方、鼉龍鏡と捩文鏡に関しては、主像の細密な検討に立脚して分類を実施し、変化の方向を具体的に提示できている。まず鼉龍鏡であるが、内区図像を基軸にすえて、最古相のⅠ型の「基本型がくずれて、諸要素のあるものが脱落して行く程度」を基準にして、Ⅰ型～Ⅴ型を設定した。すなわち、「Ⅰ型」は「乳を繞る蟠龍があって、その胴が長くのび、その胴の上に、神像一と小虺像一がの」る「基本図形」を「四回繰り返し」、「神像は正面向きに正坐しているが、その首は、蟠龍の首と一体であ」り、「小虺は巨を口に銜んで」おり、「内区の副帯に半円方形帯があり、斜面の鋸歯文を境にして、外区には画文帯と菱雲文帯がある」。「Ⅱ型」は「蟠龍、神像、小虺の三像はあるが、蟠龍の長い胴が消えたり、画文帯がなくなったりしている」。「Ⅲ型」は「蟠龍と巨を銜む小虺のみで、神像のないもの」。「Ⅳ型」は「蟠龍と神像の二像のみで、巨を銜む小虺が消え」、「蟠龍と神像が頭を一つにするものと、別々に頭をもっているものの別があ」り、「副帯では画文帯と半円方形帯を共にもつもの、半円方形帯だけあって、画文帯を欠くもの、両端とも欠くものなどがでてくる」。そして「Ⅴ型」は、「乳をめぐる蟠龍のみで、神像も小虺も消えた類である」。樋口は明言していないが、諸要素の「脱落して行く程度」を、おおむね製作時期がくだる「程度」ととらえたようである。また、Ⅰ型の「基本型」を緻密に分析し、鼉龍鏡が環状乳神獣鏡と「画文帯重層式神獣鏡B型」という2種の中国製鏡の「図形を合成して、考案された」ことを証示したことが注目される。

　捩文鏡に関しては、「主文が捩り紐状の文様からなるもの」と定義したうえで、Ⅰ型～Ⅴ型に5分した。「四乳があって、その間に環状乳をつけた獣の胴部だけがある」「Ⅰ型」、「四乳ないし五乳の間に環状乳のない獣の胴部だけを入れたもので」、「その胴部は中央に縦の線または珠文を入れた節をはさんで、その両側に平行線をならべた形」をなす「Ⅱ型」、「胴体が太い縄を縦紐二本でしばった形になっている」「Ⅲ型」、「胴体が結び目のところで分離して、乳の間に二つないし三つの総飾りを並べた様子を呈」し「乳のないものもある」「Ⅳ型」、「太縄を細紐でしばったような胴体文様の結び目の間隔が狭く、それが同じ方向にカーブしている形」をとる「タービンの羽根車状を呈する」もので、「四乳の間に三つ乃至二つの結び目があるものと乳のないものとがある」「Ⅴ型」、の計5型である。本「形式」の「祖型」として、「獣形の一部」や「盤龍鏡の獣形」からの「便化」を想定する主要説に異議をとなえ、むしろ「Ⅰ型」の特徴を着目して、環状乳神獣鏡を「祖型」として挙示したことが注目される。本「形式」が「環状乳神獣鏡の獣形の胴部だけが抽出されたものから変化した」との主張〔樋口1978〕にくわえ、「環状乳をつけた獣の胴部」（Ⅰ型）、「環状乳のない獣の胴部」の「中央に縦の線または珠文を入れた節」（Ⅱ型）、「胴体が太い縄を縦紐二本でしばった形」（Ⅲ型）、「胴体が結び目のところで分離」（Ⅳ型）との記述から、Ⅰ型からⅣ型に向かって主像が退化・簡略化してゆく変遷過程を想定したとみてよい。[55]

　これらの「形式」よりも遅れて、5世紀後半頃の出現を推定した3つの「形式」、すなわち「乳文鏡」「珠文鏡」「鈴鏡」にも細分をほどこした。「乳自体を主文とする」「乳文鏡」は、「円環付の乳文」を配する「Ⅰ類」、「乳の片側に二、三本の尻尾をつけたものでオタマジャクシ状をおもわせる」文様を配する「Ⅱ類」、「蕨手文のある乳文類」を配する「Ⅲ類」に3分した。その主像を「乳状を呈した獣文の感が深い」と評し、とくにⅡ類の乳文を「獣形の肩部の変形したものであろう」

と説いたように、獣像の一部が乳形化したものと考定した。「珠文」を主文とした「珠文鏡」については、「珠文一列のもの」（Ⅰ類）、「珠文二列のもの」（Ⅱ類）、「珠文三列以上のもの」（Ⅲ類）、「珠文帯の中を、乳で分画したもの」（Ⅳ類）、「珠文帯を放射線で分画するもの」（Ⅴ類）、「勾玉状をなすもの」（Ⅵ類）の計6類を設定したにとどまった。そして鈴鏡は、内区主像を基準にして、「Ⅰ 乳文鏡系」「Ⅱ 獣形鏡系」「Ⅲ 神獣鏡系」「Ⅳ 珠文鏡系」「Ⅴ 内行花文鏡系」「Ⅵ 方格規矩文鏡系」「Ⅶ その他」に七分し、さらに鈴数で区別した。これら3「形式」は、文様の稚拙な小型鏡が多く、これまで研究の基礎となる分類が十分になされてこなかった。したがって、樋口がこれら諸「形式」にあたえた細分成果は、以後の研究の基点になった。

　上記の作業とは対照的に、「仿製神獣鏡」「神像鏡」「仿製獣形鏡」は、おおむね神獣の像数を基準に大雑把に区分したにとどまり、「盤龍形鏡」と「仿製画象鏡」は細分すらされなかったため、以後の研究にほとんど継承されなかった。ただし「仿製獣形鏡」については、主像が「比較的原形をとどめたものから、形がくずれて鳥首様、虫様となったもの、全く獣としての形をとどめないもの」まで多岐多様であることを指摘しており、おおよそこの順での変化を推定したのかもしれない。また「神像鏡」には、神像の頭部のみを乳間に配したものがあり、これらに「大きな人頭部に小さな胴部」と「領巾」がとりつく資料が存在することに留意し、「神像鏡」から「神頭像」がうみだされたことを示唆したのも、興味深い着眼であった。

　以上のほか、「一定の鏡式をたてるほどには数が多くないが、文様がきわめて特殊なもの」を「特殊文鏡」として一括し、「日本古代の独特の文様を使用したケースが多い」と評価した。この処置もまた、中国製鏡の模倣を基調とする一般の倭製鏡とは様相を異にする一部の製品を、列島独自の所産として別扱いする、富岡以来の分類法〔富岡 1920c〕を踏襲したものである。「家屋文鏡」「人物禽獣文鏡」「直弧文鏡」「櫛目文鏡」「重圏文鏡」などが具体的に挙示されたが、最後の重圏文鏡は当時すでに「一定の鏡式をたてるほど」の資料数があり、検討の必要があった。

　如上の分類に即して、本書の末尾で倭製鏡の各「形式」の年代が推定された。ただし、倭製鏡の「年代は出土古墳の年代から類推する以外に、今のところ方法がない」という諦念から分析を開始したため、その年代観もいきおい「大雑把にならざるを得な」かった。結論的に樋口は、以下のような諸「形式」の消長と年代観を提示した。すなわち、倭製鏡の嚆矢である「古式仿製鏡」は、「前漢晩期の連弧文銘帯鏡を祖型としているので、前一世紀以前には遡り得」ず、「出土遺跡も、弥生後期のものが多く、古墳時代前期前半まで存続する」。古墳時代に最初に登場するのは、「三角縁神獣鏡の仿製とされる、三角縁三神三獣獣帯鏡」であり、「四世紀後半に集中」する。時期を同じくして「内行花文鏡、方格規矩鏡、鼉龍鏡、画象鏡、獣形鏡などの仿製品があらわれ」、「そのうち、仿製内行花文や獣形鏡は、五世紀代の全期にわたって存続したが、他の諸鏡は五世紀中葉までで、消えてしま」う。「五世紀には、神獣鏡、捩文鏡、珠文鏡、乳文鏡、鈴鏡などの仿製鏡があらわれ」、「捩文鏡は、比較的短期間で終ってしまったが、あとの諸鏡は、小型化して、六世紀代にも存続」するが、「六世紀後半」には倭製鏡の製作が終焉をとげる、と〔樋口 1979a〕。

　樋口による「形式」設定とその細分作業は、厖大な資料集成と、中国製鏡を考慮にいれた総合的検討に裏づけられており、個別鏡式の検討に閉塞しはじめていた第五期以降の倭製鏡研究とは一線を画した。しかし、中国製鏡に比して倭製鏡の検討は簡略に片づけられ、自身が指摘した倭製鏡研究の資料的限界のほとんどを克服できなかった。「形式」の細分にしても、説明のないまま「型」

「類」「式」「系」が混用され、分類として大きな問題を残した。また、変化の方向性を示さない神獣像の数などを分類の基準にし、形式的な分類に傾倒したため、原鏡を明示しえた一部の「形式」をのぞいて、「形式」内での変遷プロセスを十分に把捉できなかった。その結果、型式学の基本である「組列」を復元できず、各「形式」の時間的位置づけは古墳編年に全面的に依存せざるをえなくなった。こうした欠陥は、次に解説する小林にも共通していた。その克服は、「系列（組列）」概念と「属性分析」的方法を導入した、田中によってはたされることになった。

## （2）小林三郎の研究

　倭製鏡を包括的に検討した一篇の論考が、この時期に公表された。小林三郎の手になる「古墳時代倣製鏡の鏡式について」である〔小林三 1982〕。紀要論文のため、認知度はさほど高くないが、倭製鏡の全体を対象にすえ、統一的な視点から鏡式を設定し、各鏡式の位置づけをおこなった点で、上述した樋口の著書とならぶ重要な成果である。80頁におよぶ雄篇であるが、その大半が分類した鏡式と所属資料の列挙および解説で占められる。なお本論考は、小林が1980年に明治大学へ提出した学位請求論文であり、小林の逝去後の2010年に、1070面に達する多数の写真を掲載したうえで、単行本として刊行された〔小林三 2010〕。ただし、本文は本論考とほぼ同一である。

　本論考〔小林三 1982〕は、鏡式名の不統一に起因する研究上の混乱を克服するべく、「もっぱら倣製鏡の系統を明らかにし、中国鏡の伝統がどのように倣製鏡の中に受け継がれ、どのように新らしい意匠のものが出現してきたかを明らか」にし、そして「鏡式名を統一」することで、「今後の研究に資する」ことを、主たる目的として手がけられた。まず、古墳時代に列島で製作された鏡が、「中国鏡の模倣鏡から出発している」以上、「倣製鏡」と呼称すべきだと強調したうえで、その「系譜と類型」をとらえる前提作業として、原鏡である中国製鏡を、鏡背文様を中心にしつつ「できるだけ共通する要素を有するものを一括する方向」で「いくつかの類型に分類」し、その方法を倭製鏡に適用する、という基本方針を示した。そして、中国製鏡の「分類を用いることで、倣製鏡の大半は分類可能となる」と主張し、具体的に「三角縁神獣鏡類」「方格規矩文鏡類」「内行花文鏡類」「画文帯神獣鏡類」「平縁神獣鏡類」「画像鏡類」「龍虎鏡類」「獣帯鏡類」「獣形文鏡類」を、「原型やモデルを舶載鏡中に直接求めうる」鏡式とした。他方、「舶載鏡中に原型やモデルを直接に求めえない鏡群」を「第二次的倣製鏡群」と総称し、「捩文鏡類」「乳文鏡類」「珠文鏡類」「重圏文鏡類」「変形文鏡類」「鈴鏡類」がふくまれるとした。このようにして、計15類におよぶ鏡式を設定し、各鏡式を細分したうえで、具体的な資料をふまえて解説し、考察を実施した。

　倭製鏡を、「舶載鏡をきわめて忠実に模倣した一群のもの」と「舶載鏡の模倣から脱して」「独自の鏡式を構成するものとの二者」に大分する姿勢は、富岡や後藤以来の既定路線であり、とりたてて論評するまでもない。他方、「舶載鏡─舶載鏡の忠実な模倣鏡（第一次倣製鏡）─第一次的倣製鏡の模倣鏡（第二次的倣製鏡）─第二次的倣製鏡の模倣鏡（第三次的倣製鏡）というように、原型からの変化形を追求しうる」鏡群の存在を指摘したのは、倭製鏡の変化モデルの提起として意義がある。しかし、鏡式の設定と細分に少なからぬ混乱がみとめられるほか、「第一次」～「第三次倣製鏡」の区別が曖昧なため、せっかく提起したモデルはほとんど活用されなかった。これらの「次」が、継続性をもった一連の模倣段階を指すならば、組列（系列）を組む作業を実践すべきであったし、この「次」がことなる模倣の契機を指示するならば、活動の時空間を異にする製作者集

団が介在した蓋然性を予測しておく必要もあった。少なくとも本論考のように、単純な簡略化モデルで変遷をえがきだすことは、いささか安易にすぎた。樋口の場合と同様に、複雑多様な倭製鏡の全体を分類し、「系統を明らかにし」、変遷過程を復元するには、分析概念があまりに甘かった。

　ただし、個別鏡式の検討において、興味深い知見を数多く提示した功績は逸せない。たとえば「方格規矩文鏡類Ｇ型」は、現在では一般に方格Ｔ字鏡とされる一群であるが、これらに「倣製鏡と断定できない内容がある」として、中国製鏡の可能性もあると想定したのは、先見の明があった。「倣製獣形文鏡類」の「四獣鏡」や「倣製神獣鏡類」など一部の鏡式について、細分鏡式ごとに分布差があるとの指摘も示唆的である。これに関して、鏡式ごとに分布や副葬状況に相違がみいだされることなどから、「鏡式の差が大和政権と地方首長層との結びつきの度合を示すものとして配布された」可能性を考えたのも、着想として面白い。弥生時代末期～古墳時代初頭にさかのぼる「重圏文鏡類」が、「畿内地方よりもむしろその周辺地域に分布の偏りがある」ことから、「倣製鏡の開始について二系統の起源」を提唱し、「重圏文鏡類」からの「一連の変化形」と把握される「珠文鏡類・乳文鏡類」をふくめ、「畿内地方を中心として鋳造され、配布された一群の倣製鏡とはことなった性格をもつ」とみなしたのも、先述の森〔森 1970a〕につうずる重要な観点であった。

　さらに、同型鏡群である画文帯神獣鏡の「倣製鏡を特定」できず、当期の古墳の副葬鏡群に「画文帯神獣鏡系と思われる倣製鏡」がふくまれないことを主根拠にして、「「倭五王」時代」に倭製鏡が「かなり急激な終末」を迎えたと想定したことは、倭製鏡の終焉年代を通説〔樋口 1979a 等〕よりも大幅に遡上させる見解として、後述の田中の主張〔田中 1981〕とともに注目できる。「六世紀代初期まで倣製鏡の製作が続けられていたとみることはむづかし」いとする小林の推定は、隅田八幡鏡の癸未年に関して「四四三年説を採」る根拠にもされた。

　本論考のほかにも小林は、当期に多くの研究成果を世に問うた。たとえば、後述するように、重圏文鏡・珠文鏡・捩文鏡といった個別鏡式を俎上に載せた分析を実施した〔小林三 1979・1983・1989a 等〕。また、本論考の冒頭で倭製鏡の研究史とその到達点を簡潔に要約した〔小林三 1982〕が、その後これを大幅に加筆した専論を発表した〔小林三 1988〕。倭製鏡研究の沿革を理解するのに有益な論考であったが、敗戦前の個別論考の解説に偏重したため、倭製鏡研究の現状と今後の課題を把握するには不適な憾みもあった。千葉県城山１号墳出土の三角縁吾作三神五獣鏡（千葉 62）と同金鈴塚古墳出土の「倣製三神五獣鏡」（千葉 9）とが原鏡と模倣鏡の関係にあり、「神獣鏡を保有するという数少ない東日本の古墳の中で、伝世鏡として三角縁神獣鏡を持続して来た城山一号墳の被葬者と、同じ三神五獣鏡を保有した金鈴塚古墳の被葬者との関係」を、それぞれ長期「保有していた鏡の、それを保有するに至る経緯を推定することで理解してみよう」とした考察も、近年の研究〔上野 2012b〕の先蹤をなすものとして意義深い〔小林三 1985〕。


### （3）田中琢の研究

　樋口と小林は、倭製鏡を大系的に分類して、その位置づけをはかろうとしたが、分析概念と方法論が粗かったため、そのこころみは十分な成功をおさめなかった。そのような不備を克服し、倭製鏡研究に画期的な転換点をもたらしたのが田中である。田中は、倭製鏡の鮮明なカラー写真をふんだんに掲載した、美術全集の古鏡巻を何冊も編み、倭製鏡は「当時の社会における鏡の実態をときあかす情報を多量に秘めているものであり、その研究はもっと重視されるべきだ」との観点から、

簡明にして要領をえた説明をつうじて、倭製鏡の特質と歴史的意義、そして研究の視点を明快に示した〔田中 1977・1979・1981〕。倭製鏡を重視する姿勢は、これら「原史時代の日本列島で製造された鏡」には、「単純な模倣の域を脱し、独自の特徴を備えたものも少なくな」く、「母体となった中国鏡とは異質の構造をもつ社会のなかで、異なった目的のために製作された鏡であった」点を重視し、「倭鏡」なる総称を提唱したことにも、強くあらわれていた〔田中 1979〕。

こうした貢献もさることながら、田中が倭製鏡研究にはたした最大の功績は、系列（組列）概念と属性分析的方法を導入し、実践をもってその有効性を証示したことにある。そうした作業は、断片的ながら最初の編著で実施され〔田中 1977〕、その後の編著でも部分的におこなわれた〔田中 1979・1981〕。しかし、この作業を詳悉かつ大系的に実践したのは、「方格規矩四神鏡系倭鏡」を検討した、1983 年に発表した論文においてである〔田中 1983a〕。編著と時系列が逆転するが、まず本論文について解説する。

田中はまず、「方格規矩四神鏡系倭鏡」に配される白虎に起源をもつ獣像が、「ほぼ完全な軀幹を備えたものから、前肢が省略され、さらに後肢が短縮し、あるいはその部分が喪失し、ついには渦文状の線のみに化したもの」にいたるまで、「その変遷を順にたどることができる」ことをみいだした。そして、「この獣像の連続」を「型式学でいう「組列」あるいは「系列」に準ずるもの」とみなし、「系列を構成するそれぞれ」を「JA 式」や「JF 式」などといった「主像型式」と名づけた。つまり、鏡背文様を構成する「主要図像」のうち、一連の変化をとげる図像群を「系列」（組列）、その構成型式を「主像型式」と定義づけたわけである（図19）。

**図 19** 倭製方格規矩四神鏡系の主要図像の変遷〔田中 1983a〕
1．JA 式　2．JB I 式
3．JB II 式　4．JD I 式
5．JD II 式　6．JE 式
7．JF 式　8・9．JC 式

しかし、「JA」～「JF 式」を「型式学でいう「系列」に準ずるとみな」せたとしても、これがそのまま「相対的な新古の順序をしめす」とはかぎらないと説き、従来の安直な変遷観とは一線を画す姿勢をとった。そして「新古の順序」を検証するために、O. モンテリウスの「型式学研究法を準用」して、「他の図像文様要素の系列を組み、系列間の平行関係を調べる」という「検証の方法」を提言した。具体的に、「副図像のように、いくつかの主像型式にともなって存在し、変化の様相で把握することが可能な」「図像文様要素」が、「平行関係を調べる候補」として挙示されたが、数の寡少さなどの限界から、「主像型式の変遷とおおまかに平行する傾向はうかがえるとしても、各主像型式およびそれをもつ鏡がそれぞれ新古の関係にあるとは断定することはできな」かった。そこで次善の策として、「複数の主像型式にともなって存在するが、変化の様相をしめさない、あるいはその把握が不可能な」「図像文様要素」を、前者の「図像文様要素」と組みあわせ、「それらの出現状況を主像型式ごとにまとめ」るセリエーション的操作を実施することで、「主像図像の系列」が時間的推移を反映したものであることを検証した（図20）。なお、JA→……→JF 式からなる「主像図像の系列」に「連ならない」「TO 主像型式」と「JK 主像型式」については、「主要図像の系列」と共通する「図像文様要素」を探りだして、その位置づけを推定した。そし

84　第Ⅰ部　倭製鏡論

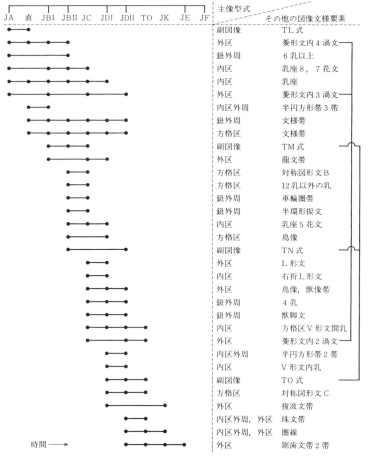

図20　倭製方格規矩四神鏡系の主像型式と文様要素の相関図〔横山1985〕
●印は当該主像型式と文様要素とが同一個体内で共存する例のあることを示す。

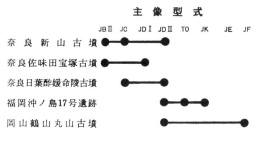

図21　倭製方格規矩四神鏡系の共伴関係
〔田中1983a〕

て最後に、複数面の「方格規矩四神鏡系倭鏡」が共伴した古墳・遺跡5例をとりあげ、各主像型式が隣接して共伴する状況を確認することで、本系列の変遷案の正しさを検証した（図21）。

このように田中は、変化に鋭感的な内区主像を軸にすえて「系列serie」を設定し、鏡背の諸要素の変化との共変動性をみいだすことでこれを検証する分析手法が、倭製鏡の分析にきわめて有効であることを、周到かつ緻密な具体的分析をつうじて立証した。曖昧な基準で「鏡式」を設定し、簡略化をそのまま変化の方向性とみなす安易な方法にくらべ、田中が提唱し実践した方法は、すこぶる説得力に富み、以後の鏡研究に基本的な分析的枠組を提供した。田中の方法は、横山浩一が型式学に関する専論で、「実質的には完全な属性分析」として紹介したことにより、考古学界にひろく知られるにいたった。ただし横山は、「主像の「型式組列」という有力な分類基準を最初に発見し、その基準に関係づけながら、他の要素の位置づけを行なっている」点で、田中の方法は「属性分析による分類研究の手順として典型的であるとはいえない」と評した〔横山1985〕。

田中自身、「何種類かの文様が一つの器物を飾り、それぞれが独立して変化している場合、それぞれの文様の型式の組列を編成し、それらが組みあって出現する器物を一括遺物にあたるとみなし、検証する方法」を、「一括遺物による通常の検証方法」とは別個の「組列」の検証法とみなした〔田中1978〕が、これこそまさに横山がいうところの属性分析であった。

田中が提示した分析方法は、倭製鏡研究に滲透するまで若干の時間を要したが、第七期以降には多様な「鏡式」に適用され〔車崎 1993a；清水 1994；新井 1995；水野 1997；辻田 2000；林 2000・2002；加藤 2014a 等〕、規範的な分析方法の地位を占めるにいたった。ただ、属性分析的方法に関する上記の説明〔田中 1978〕に引きずられてか、田中が実践的に範を示した系列間の併行関係の確認作業や、共伴状況による系列の正しさの検証作業は、なおざりにされがちである。

田中の論考は、明確な方法論的指針と水も漏らさぬ緻密な分析とに裏づけられ、この点で本論考に比肩する水準をそなえた倭製鏡研究は、現在まであらわれていない。他方、本論考以前に田中が手がけた3冊の編著〔田中 1977・1979・1981〕は、書籍の性格上、本論考にくらべると論点が分散しがちで、記述や論証もやや不十分な憾みもあるが、倭製鏡の大局観から個々の具体的な論点にいたるまで、鋭く有益な見解が燦めくようにちりばめられている。

たとえば、「方格規矩四神鏡系倭鏡」以外の「鏡式」についても、変遷過程の復元がなされた。「内行花文倭鏡」を俎上に載せ、弧数・弧間小単位文様の有無および種類・斜角雲雷文帯および四葉文の有無などの相関関係を詳密に分析し（表7）、その変遷状況の大綱を示したのは、とりわけ重要な成果であった〔田中 1977・1979〕。というのも、倭製内行花文鏡は基本的に簡素な幾何学的文様がわずかに配されるだけで、変遷状況を明快に復元するのに不向きであるため、これまで検討が十分になされてこなかったのだが、本鏡式に属性分析が有効であることが明示されたからである。分析の結果、「内行花文倭鏡の製作は、超大型鏡を含めた舶載鏡に近い類から始まり、乳の付加、弧数の減少または増加、文様帯や小単位文様の動揺と欠落が平行して発生し、さらに鋸歯文帯が出現し、最後に小型で文様要素が簡略化された六弧鏡に帰結する変遷」が復元された〔田中 1979〕。また、奈良県新山古墳出土の「直弧文鏡」3面をとりあげ、上記の「内行花文倭鏡」の変遷プロセスに関連づけつつ、これらの製作順序を精緻に復元したのは、連作鏡分析〔森下 1998c 等〕の第一矢としても注目できる〔田中 1981〕。このほか、「単頭双胴怪獣倭鏡」（鼉龍鏡）「捩文倭鏡」「盤龍倭鏡（龍虎倭鏡）」などについても、主像の変遷過程が具体的に例示された〔田中 1979・1981〕。

ここで注意しておきたいのは、田中は各鏡式の変遷過程を復元するべく、「主像図像」の系列的変化や属性分析といった、いわば外在的な分析を実施した一方で、倭人が「鏡にいだいた観念」や文様原理などといった、いわば倭人の内在的な論理からも、変化のメカニズムを探ろうとつとめたことである。田中は、「漢人社会に共通した思想とイメージ」を具象化した

**表7　倭製内行花文鏡の単位文様の組みあわせ頻度〔田中 1979〕**

| 弧数 | 雲雷・四葉 | 雲　雷 | 四　葉 | な　し | 計 |
|---|---|---|---|---|---|
| 12 | | | 1（**1、1、**0） | | 1（**1、1、**0） |
| 10 | 1（**0、0、**0） | | | | 1（**0、0、**0） |
| 9 | | | 1（**1、0、**0） | 3（**0、1、**1） | 4（**1、1、**1） |
| 8 | 39（**17、18、**0） | 4（**3、2、**0） | 4（**4、3、**2） | 20（**7、2、**3） | 67（**31、25、**5） |
| 7 | 1（**1、0、**0） | 3（**2、0、**0） | | 24（**9、0、**4） | 28（**12、0、**4） |
| 6 | 3（**3、0、**0） | | 2（**0、0、**2） | 97（**10、0、**21） | 102（**13、0、**23） |
| 5 | | | | 8（**2、0、**1） | 8（**2、0、**1） |
| 4 | | | | 2（**2、1、**2） | 2（**2、1、**2） |
| 計 | 44（**21、18、**0） | 7（**5、2、**0） | 8（**6、4、**4） | 154（**30、4、**32） | 213（**62、28、**36） |

弧数＝内行花文円弧数、雲雷・四葉＝雲雷文帯と四葉文鈕座のいずれをもそなえるもの、雲雷＝雲雷文帯のみをもつもの、四葉＝四葉文鈕座のみをもつもの、なし＝雲雷文帯と四葉文鈕座のいずれをも欠くもの。
カッコ外数字＝個体数
カッコ内太数字（**2**）＝弧間に小単位文様を残存するものの内数
　　　細数字（2）＝乳をもつものの内数
　　　斜数字（*2*）＝鋸歯文をもつものの内数

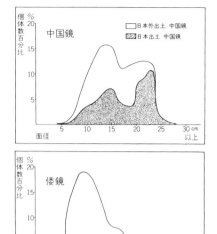
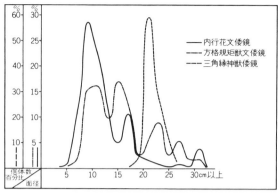

左：図 22　中国製鏡と倭製鏡の面径別出現頻度〔田中 1979〕

上：図 23　倭製鏡と「仿製」三角縁神獣鏡の面径別出現頻度〔田中 1979〕

中国製鏡とことなり、「倭鏡工人」は原鏡である中国製鏡の図像を理解できず、そのうえ倭製鏡の「図像文様」は「社会に定着した共通のイメージや思想の裏づけを欠いていた」ため、「急速に変化し、ときにはまったく異質なものにすらなる」と考えた。「同形反復、細部省略、部分喪失といった倭鏡の特徴」も、同根の現象として理解可能とみた〔田中 1979・1981〕。さらに、倭製鏡が中国製鏡にくらべて、その「面径が極端にまで大きくばらついている事実」を、データをそろえて立証し（図 22）、倭製鏡の「用途が大きさを規定するような日々の生活のなかで実用された用具ではなかった」ことに起因すると想像した〔田中 1981〕。他方、「仿製」三角縁神獣鏡の面径の標準偏差がわずか 1.0 cm と「きわめて規格的」であることを、統計的に示したこと（図 23）も重要である〔田中 1979〕。中国製三角縁神獣鏡と「仿製」三角縁神獣鏡とに「かなり明確に対比できる」諸特徴があるにせよ〔田中 1981〕、両者が文様構成だけでなく、製作の意図においても強い連続性を有する明証になるからである。

　思想性の欠如と面径の「バラツキ」という倭製鏡の特質は、新たな鏡式の創出につながった。その典型例として挙示されたのが「捩文倭鏡」である。「大型、中型鏡」である「単頭双胴怪獣倭鏡」の「図像文様を小面積に収めるために」、「内区の周辺部をめぐる獣毛状の表現」「だけをとりだして主文」にすることで「獣毛倭鏡」が創出され、これが「捩文倭鏡」へと変化していったとみたのである〔田中 1981〕。大型鏡の文様の一部を抽出して、小型鏡の系列が創出されたという観点は、以後の研究に継承された〔車崎 1993a；水野 1997；下垣 2003a 等〕。またこの見方は、倭製鏡の変遷過程をとらえる場合に、文様構成に強い制約を課す面径を考慮せず、文様の多寡や簡素さの程度をもってそのまま時期差とみなす従来の検討法に、大きな限界があることも暗示していた。

　中国製鏡において、個々の文様は宇宙観や思想に即して配置され、定型的な構図のなかで意味をなす。これと対蹠的に、倭製鏡の「図像文様」は、「社会に共有された思想やイメージの裏づけを欠」いたため、「同形反復、細部省略、部分喪失」が頻繁に生じ、またそれらが配されるべき構図を逸脱して、複数の鏡式で共有されることになった。そう田中は想定した〔田中 1979・1981〕。田

中は、豊富な実例をもってこの想定を例証するにとどまらず、倭製鏡の製作体制に関する重大な見解と、編年に関する有用な観点をも提示した。

前者については、「異なった系譜に属する倭鏡」にみとめられる「文様や図像の細部にみられる特

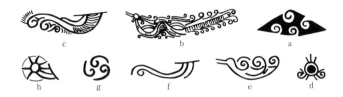

図24　倭製鏡の特徴的な単位文様〔田中 1979〕
a. 菱雲文　b. 怪鳥文　c. 獣脚文　d. 結紐文　e. 鳥文　f. 蕨手状文
g. 巴文　h. フジツボ形文

色」（図24）を抽出し、異系譜を横断させてそれらを結びつけていった結果、「倭鏡の製作に従事した工人は、いくつものグループに分れているのでなく、ごくかぎられた集団からなって」おり、「多種多様にみえる倭鏡も、おそらく畿内で、ごく限られた人びとによって製作されていた」という結論をみちびきだした。この結論は、倭製鏡が畿内の特定の場で一元的に製作されたことを、明確な根拠をもってはじめて主張したものであった。同時にまた、「簡単に模倣したり、あるいは独立して別々に発生する可能性があるといった種類のものでない」図像要素が、異系譜に属する製品に共通してみとめられる現象に着眼し、それらは「同一工人グループ」により、類似度がはなはだしい場合は「同一工人」の手により製作されたとも推定した〔田中 1979〕。なお、この主張に踵を接するようにして、倭製鏡には「畿内に分布しない地方的な形式の存在はみとめられない」ことをもって、倭製鏡をふくむ「古墳時代前期の青銅器生産」が「もっぱら畿内で操業され」、この点において「操業地が畿外にも分散する弥生時代の青銅器生産よりも、集約化の進んだ体制にあった」とみた川西宏幸の想定も、注目すべきものであった〔川西 1981〕。

微細な特徴もゆるがせにしない姿勢は、鈴鏡の製作地論でもつらぬかれた。分布の偏在を根拠にして、鈴鏡が東国で製作されたとする説が、それまでほぼ定説的な位置を占めてきた。これにたいして田中は、「出土する遺物の製作場所の推定では、原則として、その製作手法や型式を第1の根拠とし、その出土地は、第2にすべきである」と、旗幟を鮮明にした。「第1の根拠」については、鈴の有無という顕示的だが表層的な特徴に惑わされずに「その図像文様をみると」、鈴鏡の「ほとんどは鈴をもたない通常の倭鏡の図像文様に共通する」事実を強調した。「第2」の根拠に関しても、「舶載鏡、倭鏡、鈴鏡の順」に東国出土鏡の比率が「増大する傾向」があること、換言すれば「時代がくだるとともに、東国へ搬入される鏡の比率がたかま」る事実は、「西国や畿内には早くから鏡が供給され、普及していたのに対して、東国における鏡の普及の最盛期はおくれ、鈴鏡が製作された時期と重なりあった」ことの反映とみるべきとした。そのうえで、第1・第2の根拠をあわせ考えると、「鈴鏡を含めた仿製鏡の多くがのちの畿内にあたる地域の伝統のなかで製作されたものであることはほぼ確実」だと結論づけた〔田中 1979・1981・1986〕。

後者については、複数の鏡式（系列）間で共有される特定の単位文様を探索し、鏡式（系列）間の時間的併行関係をとらえる武器にした。この分析視角は、以後の研究に決定的な指針をあたえた〔森下 1991；車崎 1993a 等〕。そうした作業を持続的に遂行すれば、「倭鏡のほとんどの鏡式について、その相互の関係を把握することは不可能ではない」と、その有効性を強調しつつも、田中自身による検討はいくぶん断片的にとどまった。とはいえ、諸鏡式の年代観にたいする新知見を少なからずもたらした。たとえば、「製作年代を下降して考えられがち」な珠文鏡の珠文は、「内行花文

倭鏡の空白を充填した魚子地風の細粒文に起源」があり、「それをやや大きく表現した」「鈕周辺の珠文帯との類似」から、倭製鏡の早い段階にあたる「第Ⅱ段階」に「その創始を求めることもでき」ると推定した〔田中 1977〕。また、特異さばかりが強調されてきた直弧文鏡・家屋文鏡・勾玉文鏡などについても、鏡背にほどこされた微細な図像要素を手がかりに、他鏡式との併行関係を明らかにした。とくに注目すべきは、この分析法を駆使して、隅田八幡鏡の「癸未年」が383年に遡上する蓋然性を示唆したことである。すなわち、本鏡の内区外周に配される特徴的な半円形が、岐阜県船来山27号墳と「四世紀後半に属する」山梨県中道銚子塚古墳に副葬された竈龍鏡（岐阜69・山梨12）にみとめられることを根拠にして、本鏡も「四世紀に製作されたものである可能性がでてくる」と推論したのである。本鏡の時期比定に関して、「銘文の解釈による年代推定とならんで、遺物に則した考古学的な年代推定も同時に検討すべき」ことを、資料に立脚して明示したことは、憶測に流れつつあった本鏡の銘文研究に、一定の歯止めをかける役割をはたした〔田中 1979・1981〕。

単位文様の共通性を抽出し、諸鏡式の併行関係を連鎖的につなぎあわせる作業をつうじて、倭製鏡の全体的な段階設定案も提示した。早くも最初の編著で、「主文様の変化」から「3段階6群」の変遷を復元した「方格規矩四神鏡系倭鏡」を基軸にすえて、単位文様の共通性から他鏡式との併行関係をおさえ、古墳時代前期の倭製鏡を大別3段階・細別6群でとらえる変遷案を示した〔田中 1977〕。総論的な文章で示した案であり、田中自身がそれ以後に使用しなかったため、あまり知られていないが、前期倭製鏡の総合的な段階設定案としてきわめて重要である。「仿製」三角縁神獣鏡がほかの倭製鏡に先行して出現し、小型鏡の出現がさらに遅れるという定説に疑義を呈したことも、注目にあたいする。この定説を「証明する積極的な証拠」がなく、鏡式を横断する「特徴的な文様要素がほぼ同時期の所産」だとすれば、「仿製」三角縁神獣鏡と「方格規矩獣文倭鏡や内行花文倭鏡の製作の開始には、いちじるしい時間的なへだたりはな」いとみたのである〔田中 1977・1979〕。まとまった面数が出土する古墳において、前者のみで構成される事例がほとんどなく、両者が混在するのが通有であることを、この考定の補強材料とした〔田中 1977〕のも、型式学的研究法に明るい田中ならではの見識であった。なお当期には、副葬鏡群の組成からも、「仿製」三角縁神獣鏡とそれ以外の倭製鏡の製作が「ほぼ同時に始まった」との見解が提示された〔千葉 1986〕。

倭製鏡製作の終焉年代についても、「なお未確定といわざるをえない」と慎重さを保持しつつ、資料に即した見解を示した。倭製鏡の「図像文様を整理し、その製作の系譜をたどり、製作年代の相互の関係を推定し、さらにそれを出土した古墳の年代を勘案する作業をおこなっていった限り」、倭製鏡の生産が6世紀に継続していた蓋然性には「やや否定的にならざるをえない」と結論づけたのである〔田中 1981〕。新相の倭製鏡の代表格である鈴鏡についても、5世紀前半に製作が終了する捩文鏡の主文様を採用した製品が存在することなどを根拠にして、その製作開始は「五世紀前半にさかのぼ」り、「五世紀のうちで終焉をむかえた」と推測した〔田中 1979〕。

倭製鏡の終末年代をめぐる推論に関連して、田中はもうひとつ重要な論点を提起した。「伝世」の問題である。倭製鏡は6〜7世紀の古墳から出土することもあるが、資料自体の分析作業から導出される出土鏡の年代を勘案すると、そうした場合の倭製鏡は「製作後かなりの伝世ののち、そこに埋納されたとみるべきものが多い」と推断した〔田中 1981〕。くわえて、「伝世」を支持するい

っそう説得力のある証拠として、「同笵鏡」とみなしうる「内行花文倭鏡」の３面や、「同一工人あるいは工人グループによる作品」と推定しうる倭製鏡を副葬した古墳間に、それぞれ「百年以上」および「半世紀ほど」の時期のずれがある事例を挙示した〔田中 1979〕。従来の「伝世鏡」論は、「漢中期」の鏡が古墳時代以降の古墳から出土するという、彼我間に横たわる数百年にもおよぶ年代差を根拠にしていた。これは、鏡と古墳の編年研究が初歩的な段階を脱すれば気づかれるレヴェルの現象であった。他方、田中の「伝世」論のように、倭製鏡と出土古墳にみとめられる「半世紀」程度の時間差に根ざした議論が可能になったのは、倭製鏡の編年研究が「様式論による編年と、出土古墳の年代観にたよらざるを得」ない〔樋口 1979a〕段階を克服しつつある明証であった。

以上のように田中は、「系列」概念や属性分析、単位文様の交換現象などの分析方法を、実践をつうじて錬磨し、総合的な編年観を構築すると同時に、畿内を中心とする一元的な製作体制を主張し、文様構成原理から系列間関係や倭人の観念世界を復元し、さらには分布や伝世現象にまで説きおよんだ。田中の総合的研究をもって、倭製鏡研究は中国製鏡研究に付随するだけの末梢的な位置づけを脱し、弥生・古墳時代研究に大きく貢献する研究対象たりうることが明白となった。

## 2. 個別鏡式の研究

樋口・小林・田中の３氏により、倭製鏡研究はその体系性と方法論を大幅にひろげた。この動向に影響をうけてか、当期には個別鏡式の研究も詳細さを増した。以下、鏡式ごとに簡説する。

### （1）捩文鏡
当期の個別鏡式の研究は、小型鏡を軸にして進められた。その理由は判然としないが、各地でいちじるしく件数を増した発掘調査をつうじて、小型鏡の出土例が蓄積されたことが大きな要因であろう。これにより、大型鏡や特殊な資料に偏向しがちだった倭製鏡研究が軌道修正され、樋口らの総合的研究とあいまって、倭製鏡の全体像が明らかにされていった。その反面、小型鏡は属性が寡少なため、田中が提言した分析方法を適用しにくく、旧套的な検討に終始する局面も目だった。

小型鏡の研究のうち、俎上に載せられる頻度が比較的高かったのが捩文鏡である。たとえば小林三郎は、上記の樋口分類のうち「Ⅰ型」と「Ⅱ型」を「獣形文鏡類Ｃ型」（「倣製四獣文鏡」）としてまず分離し、「蟠龍文からの変化形を示すものを倣製四獣文鏡との関連を考慮し」つつ「Ａ型」とし、「盤龍鏡または龍虎鏡からの変化形と考えられるもの」を抽出して「Ｂ型」とし、前者を「Ⅰ型」と「Ⅱ型」の計「二類」に、後者を「Ⅰ型」〜「Ⅲ型」の計「三類」に細分した。そのうえで、各「類」と副葬古墳の様態との関係を、そして他鏡式との共伴関係を検討し、その時期的位置づけと分布の意味などを追究した。その結果、捩文鏡の全体的な製作時期については、「仿製」三角縁神獣鏡の「製作時期をその年代の上限として考慮し」て、「四世紀代後半から五世紀初頭」とみなした。より詳細には、「Ａ型」の出現年代を「四世紀代後半、とくに末葉」に、「Ｂ型」については「Ⅱ型」の出現期が「仿製」三角縁神獣鏡の「副葬年代と接触をも」つと推定しつつも、「Ａ型」より若干さがる時期にもとめた〔小林三 1983〕。

分布と副葬の特色を「類」ごとにとらえたことも重要である。分布に関しては、「ＡⅠ型・ＡⅡ型鏡が西方型分布を示すのに対して、ＢⅠ型・ＢⅡ型鏡はその分布を東方までもとり込んだ様相を

示すこと」を指摘した。副葬の様態については、「A系列」とりわけ「AⅠ型」の副葬事例の大半が、「古墳群中の中心的存在を示す古墳」の「副次的な埋葬主体」への副葬であり、「BⅡ型」にも共通する特徴であるが、他方で「BⅡ型」は「独立的な古墳の副次葬的埋葬主体」に副葬される様相をみせ、「BⅢ型」は「独立的な古墳とその埋葬が次第に増加しつつある」とみた。そして結論的に、「倣製大形鏡が盛行する」「四世紀代後半から五世紀初頭にいたる時期」に、捩文鏡が「一二輝を限度として鋳造されるという規制があった」かのような面径であることも根拠にくわえて、その副葬墳は「大王級の首長の組織下に組みこまれた在地首長層の墳墓の系列につながる政治的な地位をもつ者の埋葬と考えられる」と説いた〔小林三 1983〕。これは、かつて伊藤禎樹が、当鏡式の副葬状況の分析をつうじて、その所有者が前方後円墳の「主槨」に埋葬されるような首長層の「従属者」か血縁関係の「比較的濃い人々」、あるいは「地方小首長」であるとした推察〔伊藤禎 1967〕を、型式細分をふまえてとらえなおしたものといえる。

　伊藤と同様に小林の論考は、型式細分や変化プロセスの緻密化よりも、副葬古墳の様相と共伴品目に立脚した、大局的な製作時期と所有者像の究明とに主眼がおかれていた。他方で、樋口が大綱を示した細分案をさらに推し進めた考察もだされた。小沢洋は80面におよぶ捩文鏡を集成して、樋口の分類と照合したところ、「分類定義の要点」の妥当性は承認できるが、具体事例の分類に「若干の疑問を感じ」、「多少の事例の入れ替えを行なう」べきことを提言した。そして、樋口の「分類定義の要点」に準拠して、本鏡式を「Ⅰ型＝環状乳型」「Ⅱ型＝中央有節型」「Ⅲ型＝太縄型」「Ⅳ型＝総飾り型」「Ⅴ型＝羽根車型」に限定し、圏数から「外区1型」～「外区4型」に4分した外区分類を加味し、さらに「精製品と粗製品」の区別も考慮したうえで、「主文自体の類型を基軸とした分類を行なっ」た。おおむね樋口分類の再整理に終始したが、「Ⅰ型からⅡ型への主文の変化は認め得るとしても、面径が大きく精巧な造りのものが多いⅢ型の精製品はⅡ型とは別の系統として比較的古い段階から存在し、精製品の系統としてⅢ型からⅤ型への移行、粗製品の系統としてはⅢ型からⅣ型への推移をたどる」可能性を指摘し、さらに「精製品と粗製品のそれぞれの所有者層の特質」に、「ある程度の傾向性を導き出すことが可能」だと示唆した〔小沢 1988〕。

　祖形を念頭においた系列的変化の検討もなされた。上述したように田中は、「単頭双胴怪獣倭鏡」（鼉龍鏡）の「内区の周辺部」に配された「獣毛状の表現」のみを抽出して主像にすることで、まず「獣毛倭鏡」が成立し、「獣毛文」の本来の構成要素である「翼と獣毛」が変容し消失してゆく過程で捩文鏡がうまれ、変遷をとげていったととらえた。つまり、鼉龍鏡と捩文鏡は「大型、中型鏡と小型鏡の関係にあ」り、前者の「図像文様を小面積に収めるために単純化したもの」が後者だとみたわけである。そして具体的に、次のような変遷プロセスを復元した。まず、「獣毛倭鏡」に「最初に出現した」「獣毛状の表現」は、「環状乳をおく四肢のつけね部分とそこについた翼および獣毛の表現をあわせたもの」であり、祖形の姿をとどめていた。しかし、「それを翼と獣毛として認識する知識を欠いた倭人が製作を継続」してゆく過程で、「その差異は消失し、櫛状の文様を連続したもの」に変化してゆき、この時点で「捩文鏡とよびならわしている」ものが成立した。そして、祖形からの遊離がさらに進み、「櫛状文の平行線が粗くなり」、「ついでその平行線が消滅した弧状を連ねたもの」となり「終末をむかえ」たのだ、と〔田中 1981〕。

　捩文鏡そのものではなく、当鏡式に中心的に配される「捩文帯」の生成過程を追究した名本二六雄のこころみは、田中の路線を発展的に継承したものである。名本は、捩文鏡の最初期から捩文帯

が完成型をとり、主像と連動した変化を示さないことに注目し、捩文帯は一部の鼉龍鏡の怪鳥文帯が便化して成立したものだと推察した（図25）。そのうえで、「捩文の成立」は鼉龍鏡の創出と「同時か、あるいはやゝおくれて」、その「文様構成の一部を借用したことに起源」をもつ、「文様便化のひとつの手法」だと解し、捩文鏡の成立・変遷プロセスをあとづけた。まず鼉龍鏡の要素をそのまま内区主像として、怪鳥文帯が便化した捩文帯を外区に採用した「A 群」が登場し、次に内区主像にも「外区と同様」の「便化若しくはパターン化の現象」が生じて鼉龍鏡の要素が消失する「B 群」に変化し、最後に「便化の度」が「増々進」んで外区の捩文帯が消失し、「いわゆる捩文鏡の典型」である「C 群」が成立

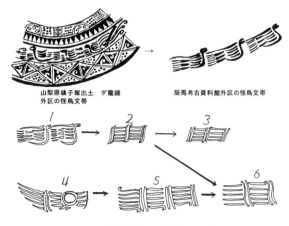

**図25** 怪鳥文帯から捩文への変遷
上：怪鳥文の変遷〔名本 1982a〕
下：怪鳥文から捩文へ〔名本 1983〕
1〜3. 外区　4〜6. 内区

するにいたるという、「時系列的な」変化を想定したのである〔名本 1982a・1983〕。

　名本はさらに、「捩文帯を持つ鏡」の分布状況や伴出鏡の種類、副葬古墳の特徴などに検討をくわえ、次のような示唆に富む見解を披瀝した。そうした鏡の分布は「東は関東から西は九州まで極めて散在的」であり、畿内地域が空白といえるほど稀薄であり、強い地域性が看取される。伴出鏡はほぼすべて「後漢末から三国代」の中国製鏡であり、小林行雄が抽出した「古い相の鏡群」〔小林行 1956〕に近似し、時期も「余り異ならない」。そして、副葬古墳は軒並み各地で最大規模をほこる前方後円（方）墳であり、しかも中心主体の被葬者の頭部や胸部に近接して副葬されており、伊藤が捩文鏡の所有者像として想定した従属的性格〔伊藤禎 1967〕とは対蹠的な状況を示す。以上から、「捩文帯を持つ鏡は画文帯環状乳神獣鏡からダ竜鏡に仿製化される段階で獣毛倭鏡として取り出され、畿内地方を中心とする鏡製作者集団とは別の、弥生時代以来の小銅鏡製作者集団の手によって製作された」という「見通し」を、結論的に示したのである〔名本 1983〕。

　以上のように、捩文鏡に関する当期の検討は、型式の細分・祖形の特定・系列的変化の解明・所有者像の究明という4つの方向で進められた。しかし、それぞれが分断的に進行したため、総合的な検討には結実しなかった。前三者の統合は水野敏典により、後二者の統合は車崎正彦により、それぞれ第七期前半期にはたされた〔車崎 1993a；水野 1997〕。

## （2）重圏文鏡・珠文鏡・素文鏡

　小型鏡の代表格である重圏文鏡および珠文鏡の検討も、小林三郎によって手がけられた。とくに重圏文鏡は、樋口が「一定の鏡式をたてるほどには数が多くないが、文様がきわめて特殊な」「特殊文鏡」に一括したこと〔樋口 1979a〕が示すように、十分に検討されてこなかった。小林は10例の重圏文鏡を紹介し、その「母型」が「小銅鏡」（弥生倭製鏡）と同じく「日光鏡」「明光鏡」「四虺鏡」の類と推定しうる一方、重圏文鏡と弥生倭製鏡には分布と盛行期とに相違がみとめられることから、両者には「全く同一視できないものが潜」むものの、前者は「小形内行花文鏡」とと

もに後者の「系列をひくもの」ととらえた。この推察をふまえて、珠文鏡を「重圏文鏡に近い文様構成をとるもの、すなわち、重圏文の間に一列の珠文帯を配する」「珠文鏡A類」と、「内区の主文様として珠文を一面に表出した」「珠文鏡B類」とに二大別した。そして、「A類」が「より古い時期に集中的にみられ」、その上限となる「四世紀末葉にまで遡」る副葬古墳が、「「地方の古墳」の初期のものと一致する年代を示」すことにくわえ、重圏文鏡と「A類」が、1例をのぞいて「畿内地方にみられずに、その周辺地域から、九州・関東地方にまで分布を示」す事実を重視し、「重圏文鏡、小形内行花文鏡」を「底流」とする「古墳時代の倣製鏡の出現」と、これとは「別系統の、新らしい技術的な内容をもって」中国製鏡を模倣した「三角縁神獣鏡やその他の大形倣製鏡」という、「古墳時代における初期倣製鏡の二大源流」の存在を提言した。小林の考察で面白いのは、弥生倭製鏡の系統に属する重圏文鏡のうち、弥生時代後期のものは集落から出土する一方、古墳出土例は「仿製」三角縁神獣鏡に併行ないし「若干後出」するという、「二つの様相」をみいだし、この様相を「弥生時代以来の銅鏡」が「ついには古墳の副葬品とはなりえず、あらたに古墳への副葬鏡が作り出され」るまでの過渡期的状況の反映だと解したことである〔小林三 1979〕。この見方は、「地方の古墳」や「大形倣製鏡」の出現時期を新しく想定しすぎていたなどの点で、現在では成立しがたいが、小型倭製鏡の出現経緯を考究するうえで、いまなお興味深い示唆をあたえる。

　小林の提説に先だって瀬川芳則は、古墳時代前期を中心とする「小型仿製重圏文鏡」の初現的なものが、「大阪湾沿岸とその付近に分布の中心」をおくことに有意性をみいだし、これらが「淀川水系もしくは大阪湾沿岸付近のどこか」で製作されたと推定し、「大阪湾型小型仿製鏡」と仮称した。また瀬川は、分布状況を考慮したうえで、弥生倭製鏡の「伝播にあたって」「瀬戸内海のルートと、対馬・壱岐の海峡から日本海岸ぞいに東北流する対馬海流のルートとの、二つの海上の道」が、「何らかのかたちで、重要な役割を果してい」たとも推測した〔瀬川 1977・1978〕。着想の提示にとどまったが、静岡県藤井原遺跡で出土した銅鐸の飾耳の加工痕に注目し、当該資料が「見かけの上では、近畿地方の集落にある小型の重圏文鏡に似た懸垂鏡」に「転用」された可能性を説いた森浩一の想察〔森 1978〕もあげておく。

　珠文鏡に関して、坂本和俊が約180面まで集成数を増やし、上述の樋口分類〔樋口 1979a〕にもとづき、出土古墳の時期から「I・II類は4世紀後半から6世紀に至るまで存在し、数的にも珠文鏡の主流をなす」一方、「III類は5世紀前半」の事例が「最も古く、5世紀中葉以降に盛行し、I・II類より後まで製作された可能性」があり、「IV類は、時間幅に比べて数が少な」く、「V類は数が少ないが、4世紀後半から5世紀初頭に限定される」という、消長の大体案を提示したことが注目される。ただし、「後日検討の予定」と付記された、「集成表に基づ」く「型式分類と型式の消長」を実現させなかったのは惜しまれる〔坂本和 1986〕。

　素文鏡の研究も、ようやく初歩レヴェルを脱しはじめた。第三期に、素文鏡を非実用の祭祀用品とする見方がだされて以降、概説などでとりあげられることも増えていた〔大場編 1972；椙山 1981b 等〕。1957年には和歌山県大谷古墳で14面（鈴鏡をふくむ）が、翌年には静岡県宮脇遺跡で5面が出土し、それ以後にも奈良県平城京跡や石川県寺家遺跡などで複数面が出土し、着実に出土例が蓄積されつつあった。しかし研究面では、大谷古墳の報告書において、「実用の鏡でなく、それを模してつくられた仮器であることは一見して推定」できると説かれるにとどまった〔樋口他

1959〕ことが示すように、考察の深度は不十分であった。素文鏡は属性にとぼしいため、古墳時代の製品と奈良時代以降の製品とを資料に即して峻別することすら困難であったことにくわえ、そもそも研究の基盤となる資料集成すらなされていなかったことが、研究の進展を阻んでいた。

　しかし当期には、まず近藤滋が、鳥取県長瀬高浜遺跡の概報において、本遺跡出土の3面の素文鏡を評価するにあたって、約50例の出土事例を集成し、出土遺跡の種別と共伴品を整理し、以後の研究の基礎をととのえた。そのうえで、古墳出土の素文鏡はその大半が「大・中型鏡」と共伴する一方、他鏡式と共伴しない場合は祭祀遺跡に多いことを指摘した〔近藤滋 1980〕。つづいて山崎秀二は、滋賀県下長遺跡の報告に際して、「小型仿製鏡」は「大和連合政権」の「配下」にある「地方首長」の「祭祀の文物」であった可能性があり、本遺跡の素文鏡は「その中でも最も儀礼化した簡素な鏡」でありつつも、「大和連合政権」との「強い結びつきを示す」物証とみなした〔山崎秀 1985〕。また松村恵司が、平城京右京八条西一坊々間大路西側溝から出土した「素文小鏡」6面の報告に際して、「縁をつくり出さない薄い平板状の儀鏡」で「丁寧な鑢がけと研磨により厚0.1 cm前後に整形され、鏡面はわずかに凸面を呈する」「面径1寸1分に規格された」「素文小鏡A」と、「いわゆる唐式鏡を模した粗雑な素文小鏡で、鏡縁を厚くつくり出」し「鏡面は丁寧に研磨されるが背面は鋳放しのまま粗面を呈する」「面径1寸5分に規格統一されている」「素文小鏡B」とに二分したことも注目される〔松村 1984〕。これら6面は奈良時代の素文鏡であったが、縁部形状に着目する二分案は以後の素文鏡研究に継承された〔今平 1990；小野本 2013〕。

## （3）弥生倭製鏡

　小型倭製鏡との系譜的連続性の有無に、注目がよせられつつあった弥生倭製鏡に関しても、研究の進捗がみられた。当期に弥生倭製鏡の研究を牽引したのが、第五期にひきつづいて高倉洋彰であり、また新たに論陣にくわわった森岡秀人であった。

　高倉は、旧稿〔高倉 1972〕時（58例）より大幅に増加した資料（148例）をもちいて、出土地名表と分布図を改訂し、旧稿を増補した。とくに、旧稿では簡略な検討ですませた「重圏文日光鏡系仿製鏡」を、「朝鮮半島で製作されたと考えられる一群で、さらに細分しうる」「第Ⅰ型」、「北部九州での製作が考えられる一群で、面径の大形化と平縁の幅広化が内行花文日光鏡系仿製鏡第Ⅱ型と共通」する「第Ⅱ型」、「北部九州以外の地、おそらくは瀬戸内〜近畿で製作された一群」である「第Ⅲ型」に三分（「第Ⅰ型」と「第Ⅲ型」はさらに「a類」「b類」に細分）し、「朝鮮半島」に起源する系譜を図式化した点が特記される〔高倉 1985〕。とはいえ、特段の変更がなされなかった点に、旧稿の分類および考察の有効性と、それらにたいする高倉の自信のほどがうかがえる。

　他方で、出土数の増加にともない、分布図が緻密さを増したことをうけてか、あるいは分類と変遷案がより高いレヴェルに達し、製作の技術系譜と体制を究明すべき研究段階にはいったためか、新稿では製作地への関心が前面化した。この変化は、分類の主要な指標が、旧稿では鏡背文様であったのにたいして、新稿では想定製作地に重心がうつったことに顕著にあらわれていた。「仿製鏡、ことに日光鏡系仿製鏡の背文の型式差と分布圏の相違」が「おおむね一致する」現象を、「製作地の相違を意味すると考え」たうえで、次のような製作状況の変遷を復元した。すなわち、「弥生時代中期後半に併行する時期」に「南朝鮮」で「第Ⅰ型」が製作を開始する。「後期中頃〜後半」を中心に「第Ⅱ型」が「北部九州」で生産され、とくに「第Ⅱ型b類」の「背文の画一化は製作

地の限定」を示す。そして「第Ⅱ型 b 類」の生産末期である弥生時代末期から古墳時代初頭・前半に併行して、「第Ⅱ型」の系譜上にある「第Ⅲ型 a 類」および九州北部製の製品と原鏡を異にする「第Ⅲ型 b 類」および重圏文鏡が、「瀬戸内〜近畿」で独自に製作された、と。そして、「確たる証拠」はないとしつつ、「第Ⅲ型 b 類」が「より西側の瀬戸内周辺」で、同時期に存在した重圏文鏡が「より東側の近畿一帯」で製作された可能性を提示し、製作地の「東漸」を示唆した。この新稿では、「南朝鮮」で誕生した前漢鏡の模作鏡が、九州北部に継承されて繁栄をとげ、最終的に瀬戸内〜近畿で別系統の鏡が生産されはじめたという、弥生倭製鏡生産の大局が復元された。資料数の豊富な九州北部に関心が集中しがちであった既往の研究にたいして、韓半島南部と列島広域を視野にいれ、当該期の鏡生産の動態を総合的にとらえようとした点が、とくに注目される。そして当期には、「南朝鮮」や瀬戸内〜近畿での鏡生産の具体像も、いっそう鮮明になった〔高倉 1985〕。

　高倉の新稿に先だち、高倉「第Ⅰ型」に相当する「韓国小銅鏡」を詳細に検討した小田富士雄は、これらの製作時期と「北部九州」製鏡との関係について、重要な所見を提示した。まず「韓国小銅鏡」は、伴出品からみて上限が1世紀代にあり、「1世紀前半代までのぼせることも可能」ととらえた。そうであれば、「北部九州における弥生時代後期の開始は最も早くみる立場でも1世紀中頃よりはさかのぼらない」以上、「中期後半までさかのぼらせ」る必要のある「韓国小銅鏡」の製作開始年代と齟齬が生じる。したがって、「北部九州での仿製開始」は韓半島南部より「ややおくれ」、高倉の「第Ⅰ型 b 類」以降に「求めなければならない」、と主張したのである。また、「第Ⅰ型 b 類」と「第Ⅱ型 a 類」の段階には、「日韓両地域での仿製が行われていた」が、最終的に「韓国の小銅鏡と日本の小銅鏡は異なる展開過程を歩むことになった」可能性を提起した〔小田 1982〕。

　かつて高倉は、「小形内行花文仿製鏡（内行花文日光鏡系仿製鏡）」の「第Ⅰ型」を、その分布状況などから「朝鮮南部」製と推定していた〔高倉 1972〕。その後、「南朝鮮」では「日本ほど鏡を必要とした形跡がないこと」、彼我間で同范鏡が存在すること、「明らかに北部九州製」の「朝鮮出土仿製鏡」がみとめられること、「第Ⅰ型と第Ⅱ型との相違」が系統差ではなく「時間差によることを明確に整理しえたこと」、慶尚北道漁隠洞遺跡出土の「仿製鏡」と同種の鏡がすべて九州で出土していること、「小形内行花文仿製鏡」のみでなく「重圏文日光鏡系仿製鏡」も「日本の中で分類・編年しうるにいたったこと」など、多くの理由を列挙して、「第Ⅰ型を南朝鮮仿製鏡とするには、今日では根拠が薄弱となった」ことを説いた〔高倉 1979〕。しかし、上記の小田の検討成果にくわえ、「南朝鮮」で「中国鏡・仿製鏡が新たに出土し、今後類例の増加に期待がもてるようになってきたこと」をうけて、「第Ⅰ型」を当地製とする見解をふたたび打ちだした[64]〔高倉 1985〕。

　その一方で森岡は、「九州以外でのみ分布する」弥生倭製鏡について、すべて「近畿地方に限定した生産領域の中で理解することは困難」とみつつも、「現状分布から推して九州の地での製作がまずもって想定し難いこと」と、「北部九州以外」における弥生倭製鏡の「製造の中心が他の青銅器国内産品と並んで近畿中枢部におそらくあったであろうこと」の2点を根拠にして、「この種仿製鏡を意図的に近畿系と総称し」たうえで、その代表的資料である「「十」状図文」を背文に配する5面に詳細な分析をくわえた。高倉と同様に、森岡も当該鏡群の原鏡を前漢の異体字銘帯鏡に比定し、原鏡にもっとも近い兵庫県青谷遺跡出土鏡（兵庫72）を最古段階とする、計3段階の推移を推定した。森岡の考察で注目されるのは、青谷鏡の製作時期が畿内「第Ⅳ様式」に遡上する蓋然

性を提起し、九州北部における弥生倭製鏡の生産開始に匹敵する古さを見積もったことと、化学分析の成果を援用して、そうした早期製作の背景として、「近畿における前漢鏡の早期流入→鋳つぶしといった経緯や前漢鏡廃材の大量輸入といった事態を想定」し、「小形仿製鏡の近畿製作の契機が北部九州鋳鏡集団の影響下のみでは理解しきれない」と説いたことであった〔森岡 1987〕。ただし、青谷鏡を「第Ⅳ様式」まで遡上させる案には異論も多い〔寺沢薫 1992；田尻 2005 等〕。

　その２年後に、短篇ではあるが、弥生倭製鏡の沿革を計４期に区分し、その要点を摘記したことも、関心を惹く成果であった。とりわけ、「仿製第３期」以降の東方諸地域における鏡生産をあとづけたことは、古墳時代の倭製鏡生産までの展開過程を照射した検討として重要である。具体的に、次のような展開過程を復元した。「本格的な国産化」がはじまった「仿製第２期」には、「製作地は一貫して北部九州にあった」。しかし、「仿製第３期以降はその製作センターが消え去せ」、「九州から工人集団の東漸」もあっただろうが、「あくまで近畿弥生人」を「主役」として鏡生産の中心地が「近畿地方周辺に移」り、「「十」状図文を配備する」鏡などが製作された。その後、「近畿系小形仿製鏡」は、「背文構成と鋳造技術の両面からみて」、「布留式期に向けての退化・素文化・衰微の方向」と、「直行櫛歯文や鋸歯文・珠文で鏡背を飾り、明らかに弥生鏡の要素から逸脱する新しい系譜」を成立させる方向という、ふたつの方向に進んだ。前者はやがて終熄をむかえた一方、後者は「古墳時代小形仿製鏡に連なる発展性を有してい」た。そして、「仿製第３期の鋳鏡集団が変革した段階」として定立しうる古墳時代前期の「仿製第４期」には、「国産小形鏡」は「一系でも断絶でもない複雑な様相を帯び」つつ、「平原遺跡の大形仿製鏡の製作工人や三角縁神獣鏡の鋳鏡集団とは性格も目的も異なった社会階層・次元で推移」をとげたのだ、と〔森岡 1989〕。弥生倭製鏡と古墳時代の小型倭製鏡との系譜的連続性については、これまでも提唱されていた〔森 1970a；小林三 1979・1982；名本 1983 等〕。しかし、肝腎の弥生倭製鏡に関する検討が不十分なため、仮説提示の域を超えることがなかった。森岡の通時的な整理により、いっそう具体的に両者の系譜的関連性を論じる途が拓かれたといえる。

　以上のほか、「Ｓ字状文仿製鏡」の「祖型」を「前漢代の連弧文Ｓ状螭文鏡」と推定した樋口〔樋口 1974〕に反駁し、その「完成」には「内行花文日光鏡系の仿製鏡」を基盤にしつつ、「四螭鏡」（虺龍文鏡）が「大きく寄与し」たとみなし、当該鏡群は「神埼郡一帯を中心とする佐賀平野部」で創出されたと考定した、高倉の研究も挙示したい〔高倉 1981〕。同じく高倉は、簡略な検討ではあったが、九州諸県・九州以東白鷺山遺跡（兵庫県）以西・同遺跡以東における弥生倭製鏡の出土面数を、墳墓と「住居・溝などの生活遺構」とに二分して集計し、「鏡の生活遺構からの出土」が、中国製鏡と古墳倭製鏡に「ほとんどみられ」ない弥生倭製鏡の「大きな特徴」であることを示し、弥生倭製鏡の性格を追究する有益な手がかりを提供した〔高倉 1979〕。また、弥生倭製鏡の創出要因として中国製鏡の不足を推定する従説〔小田 1967；高倉 1972 等〕にたいし、当該期に完形中国製鏡・破鏡・弥生倭製鏡の階梯差をともないつつ、鏡保有に政治性が現出していたことを根拠にして、弥生倭製鏡の登場背景を、鏡保有者層の拡大に起因する需要の増大にもとめた田崎博之の提説も注目できる〔田崎 1984〕。この見解は、のちに林正憲に継承された〔林 2010a〕。

　鏡背文様にもとづいて分類を実施した上記の諸研究にたいし、形状の相違に着眼して、「丸縁あるいは断面三角形や台形状を呈した狭縁で、面径も６cm 台以下と小型」の「Ⅰ式」と、「幅広の平縁を持つ」「Ⅱ式」の２「型式」に大分した、高橋徹の考察も興味深いものである。高橋はこの

二分案をふまえ、「Ⅰ式」鏡は韓半島南部産であり、弥生時代「後期前葉〜中葉」に「副葬品用として半島南部から舶載され」、「Ⅱ式」鏡の段階に「北部九州で仿製が開始された」とみた。また、弥生倭製鏡が中国製鏡の「粗悪な代用品にしか過ぎない」ことは、「当事者達に強く意識されていたに違いな」く、それゆえ古墳時代に大量の中国製鏡と古墳倭製鏡が「配布」されるにいたって、弥生倭製鏡はその「役割を終え」、「技術的な系譜も古墳時代仿製鏡に引き継ぐことなく消失していった」と推断したのは、上記した森や森岡の説と鋭い対照をなす見解であった〔高橋徹 1986〕。

### （４）初現期の倭製鏡——芝ヶ原古墳出土鏡と見田大沢４号墳出土鏡——

　上述のように、小型倭製鏡の一部が弥生倭製鏡の系譜をひく蓋然性が、実資料をふまえて指摘されはじめた。「仿製」三角縁神獣鏡と同時期、あるいは先行して、弥生倭製鏡の系譜をひく倭製鏡が登場した可能性も、検討の俎上に載せられはじめた。とはいえ、ある程度ととのった神像や獣像を配した倭製鏡が、「仿製」三角縁神獣鏡に先行し、古墳時代開始期に遡上するとまで想定されることはなかった。しかし当期には、比較的ととのった獣像を配する倭製鏡に、弥生時代末期〜古墳時代初頭頃の土器が伴出する事例がみいだされ、倭製鏡の出現年代を再検討する気運が醸成されていった。以下では、京都府芝ヶ原古墳（12号墳）と奈良県見田大沢４号墳の出土鏡（京都144・奈良348）をとりあげる（後掲：図79・80）。両者はともに、庄内式期（弥生時代末期）に比定される土器と共存し、倭製鏡の初現を明らかにする重要資料として、少なからぬ関心を惹いた。ただ、土器の推定年代をもって当該諸鏡の時期が決められ、鏡自体から比定しうる時期と大きな離齬が生じた。

　芝ヶ原鏡は、その報告書で「主文の獣形がくずれており従来の編年観からみれば４世紀後半までしかさかのぼり得ない」と判定されながら、「供献土器」が「庄内式に該当する」ことを根拠に、本墳「の実年代を４世紀でも早い時期」とする立場が示された〔川崎他 1987〕。本墳の発掘成果を重要な契機として編まれた図録では、本鏡のような「仿製四獣形鏡は一般に５世紀代の古墳から出土することが多い」としつつ、おそらく土器のみを根拠に「庄内併行期の鏡としては他に類例のない、異色の鏡」だとする判断がくだされた〔高橋美編 1987〕。都出比呂志も、本鏡自体の検討によってではなく、その原鏡に同定した尚方作二神二獣画象鏡が、出土土器から推定される「「庄内式」の段階に、すでに倭の国にもたらされていた」との想定に依拠して、同時代に模作された倭製鏡が本鏡だとみなした〔都出 1989a〕。

　もう１面の見田大沢鏡は、「中国製の半肉彫の獣帯鏡をまね」た「仿製の獣形鏡」として報告され、棺内で壺と共伴していた〔亀田博編 1982〕。棺内外の土器の時期に関して、考察を担当した関川尚功は「纒向２・３式」（庄内式併行）とみなし〔関川 1982〕、本墳をめぐる検討会の出席者たちも軒並み「纒向３式」までの時期に比定した〔石野博他 1982；亀田博 1982〕。ところが、この土器の年代は本鏡の時期比定と大きく離齬していた。報告書で本鏡の観察所見を述べた勝部明生は、「舶載の獣帯鏡」の模倣にはじまり、「東京都宝来山古墳鏡、愛知県東之宮古墳鏡の段階から京都府西山２号墳の段階、それと近接して見田・大沢４号墳の段階へ」いたる変化を明示した。そのうえで、「土器や他の副葬遺物は別にして仿製四獣鏡から推定すれば」、「４世紀末から５世紀初頭と推定されてい」る「西山２号墳と併行ないしはやや新らしい時期の年代観が与えられる」のであり、土器から推定される本墳の年代と「どうやら100年ぐらいのへだたり」が生じてしまうという結論

に逢着した〔石野博他 1982〕。出土土器に「纒向４式」段階（布留０式後半～同１式併行）が存在
することを明記しながら、本墳の時期を「纒向２・３式」に位置づけるなど〔関川 1982〕、土器に
よる時期比定には疑問が残る。しかし、たとえ本墳を「纒向４式」に下降しえたとしても、なお従
来の同種鏡とのあいだに埋めがたい年代差が生じてしまうのである。<sup>(65)</sup>

　以上の２例をつうじて、古墳倭製鏡の出現時期をめぐり、土器による時期比定と鏡自体の検討に
よる時期比定とに、看過できない齟齬が生じてきた。この齟齬の解消は、次期以降にゆだねられ、
いくぶんは緩和された〔楠元 1993；森下 2007・2010 等〕。しかし現在なお、伴出土器により鏡の
時期を決定する姿勢は改善されず、問題の根本的な解決からむしろ遠ざかっている観もある。

### （5）鈴鏡

　鈴鏡には、倭製鏡研究の黎明期から関心が注がれつづけてきた。しかし、第三期に森本六爾が卓
抜した分析をなしとげた〔森本 1928〕あとは、安直な分布論や文化論、「七子鏡」との強引な繋合
など、資料から遊離した憶測に終始しがちであった。資料に即した検討が再開したのは、前述の田
中の研究〔田中 1979・1981〕をふくめ、ようやく当期にはいってからである。

　口火を切ったのが山越茂である。主文様の「系統」にもとづき、「乳文鏡系」「獣形鏡系」「珠文
鏡系」などに分類したうえで、分布状況・他鏡式との共伴関係・年代・製作地・祭祀的意義などに<sup>(66)</sup>
ついて、多角的な検討を実施した。分析手法は森本と変わりばえがせず、考察内容も諸論者の主張
を織りまぜた観が強かったが、森本の論考時（58 面）からおよそ倍増した資料（110 面～）をあつ
かった点に価値があった。また、共伴品の検討をつうじて、いずれの「系統」も同型鏡群の「分有
開始の時点より幾分遅れた時期」に登場し、その副葬が「五世紀末葉に開始され、六世紀前半に盛
行したこと」を示したこと、「関東地方」を鈴鏡製作の中心地とみる従説を、類似鏡の多さや複数
面副葬墳の存在から裏づけようとし、「東国鏡」として位置づけたこと、そして「鈴鏡の保有者の
性格は、かならずしも、一律ではな」く、「単なる司祭者的な性格に留まらず、政治的な性格をも
かねそなえていた」と想定したことなどが、いくぶん注意すべき所見であった〔山越 1982〕。

　多角的であった反面、議論の焦点がさだまらなかった山越の論考にたいして、西岡巧次は「でき
るかぎり内容の明確な古墳」と「伴出品」の詳細な検討をつうじ、鈴鏡を使用した「古墳祭式」の
「歴史的背景」を明らかにすることを軸にすえて議論を展開した。西岡はまず、鈴鏡出土の主要古
墳 13 基の内容を吟味し、それらに特徴的な副葬品目である「将軍号・太守号の叙正を意味する帯
金具」と「華中の鏡」である画文帯神獣鏡を出土した古墳の様相を調べた。そして、鈴鏡が「五世
紀の第３四半紀」に出現したとの推測や当該期の政治的・対外的状況、さらには馬具や武具との共
伴率の高さや鈴付器具の民族学的意味を加味して、次のような憶測色の濃い主張をみちびきだし
た。鈴鏡とは、韓半島から「伝播」した「黄泉思想」に代表される「他界観念の新しい波動」にと
もない、当地の「ツングース系シャーマニズムの影響下に、列島内」で「旧来の宝器であった鏡と
音響呪具としての鈴」を「結合」して創出された「儀器」であり、「大和政権の朝鮮半島経営に加
担していた」「豪族」に、「支配強化とこれに伴う古墳祭式の革新を内包」させつつ「配布」したも
のであり、帯金具や画文帯神獣鏡の「賜与を受けた豪族の中には、それらの器物と同様に鈴鏡を賜
与され、鈴鏡を採物とする古墳祭式を執り行なった形跡がうかがえる」のだ、と〔西岡 1986〕。

## （6）そのほか

　以上に解説したほかにも、特定の鏡式（鏡群）に関する研究がうみだされた。解説する順序は最後になるが、重要度ではかるならば、筆頭にすえてもよい研究成果もだされた。

　まず、「倭製神像鏡」を対象とした荻野繁春の論考をとりあげる。荻野は「倭製神像鏡」[67]を検討の俎上に載せ、その「主文構図」のうち「最も特徴をなす」「顔面の表現方法、表情」から、「ネコのような表情をみせる」「Ⅰ類」と「顔面表現がヒト形を呈する」「Ⅱ類」に二大分したうえで、神像の細部表現による細分を基本にしつつ、鈕座・内区外周・外区の分類を加味して「類別設定」をおこなった。分類自体は、18面の資料を16類に「類別」するという、およそ不毛な細分であった。しかし、細分の際に着眼した微細な要素の類似性を手がかりに、「神像鏡相互の連関性」および他鏡式とのつながりを探索し、本鏡群の諸系譜を追究したことは、前述の田中のアプローチにつうずる重要なこころみであった。荻野は、各類別の諸要素を他鏡式と比較し、たとえば「ⅠBa類」や「ⅠCb類」には竈龍鏡の「神像の表現方法」や配置方法が「大きく作用し」、「ⅠAc類」の主文様にも竈龍鏡の特徴が「よく受け継」がれ、さらに「ⅡAa類」の系譜には、外区から「三角縁神獣鏡などとのつながり」が、「乳ないしその下部に配された」半円形文様から内行花文鏡などとの関連が想定できるととらえた。そして大局的には、「Ⅰ類、Ⅱ類ともその成立に際し、多大な影響を与えた原鏡を抽出でき」、「Ⅰ類の方はより単一な鏡式」すなわち竈龍鏡からの「系譜」を、「一方Ⅱ類の方はかなりの面数に達するであろう鏡との関連」を推定した〔荻野 1982〕。

　そこからさらに推察を進め、製作地と「工人グループ」、さらには本鏡群をつうじた「歴史的動態」にまで意欲的にせまろうとした点も、注目にあたいする。まず、後述する川西宏幸の同工鏡概念〔川西 1981〕を批判的に継承して、「倭製神像鏡Ⅰ類に関しては、少なくともA類を製作した工人ないし工人グループ」と「B類・C類を製作した工人ないし工人グループ」の2グループを想定しうるとした。そして、「倭製鏡神像鏡Ⅰ類」は畿内地域から出土しないものの、各類の「中心となるべき地域を設定しえ」ないことと、「同時代の鏡生産のあり方」とを勘案して、「畿内地域から出土しない点により逆に、畿内にて生産し配布されたと考える方がより合理的」との理窟から、「畿内集中生産」を考えた。その具体的な「生産地」として、「原鏡」である竈龍鏡の「各段階の鏡をもちかつ最も整ったものの一つと考えられる鏡を有する地域」である「大和地方西部域」を推定した。そのうえで、「同工鏡」の製作および分有関係の構築をつうじて、「大和西部勢力」が「前期畿内政権」の「新しい時期」の「地方経営」に参画したとする川西の推断〔川西 1981〕を参照しつつ、「倭製神像鏡Ⅰ類」を分配された「諸地域の勢力」は、「4世紀後葉から5世紀前葉にかけて」「新たな大陸との関係を構築する時」に、「大和西部勢力の指導」のもと、「中央の有力勢力によってその機構のなかに組みこまれていった」可能性があると結論づけた〔荻野 1982〕。

　神像（および神頭）の分類に努力を傾注した荻野にたいして、獣像の頭部表現から分類を実施し、その時期的変化および他鏡式との併行関係を追究した冨田和気夫の研究成果も、短篇ながら特記すべきものであった〔冨田 1989〕。倭製の「獣形鏡」は多岐多様であり、樋口隆康は「仿製鏡のうちでも最も数が多く、日本全土に分布している」と指摘しつつも、獣像の数で分類したにとどまった〔樋口 1979a〕。田中も、「半肉彫りであらわした神仙と禽獣を主文とした神獣鏡や獣帯鏡の類」の「系譜」に属する倭製鏡は、「全倭鏡の四〇パーセント以上」を占めると説き、そのなかに諸種の「獣文倭鏡」もふくめていたが、それらには「系譜関係が明らかでなくなった本籍不詳の倭

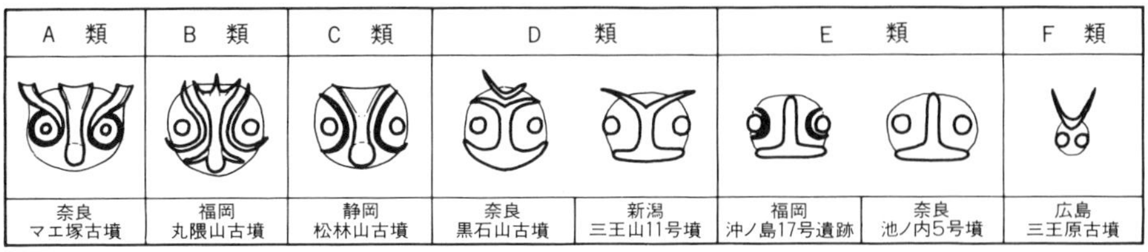

| A 類 | B 類 | C 類 | D 類 | | E 類 | | F 類 |
|---|---|---|---|---|---|---|---|
| 奈良<br>マエ塚古墳 | 福岡<br>丸隈山古墳 | 静岡<br>松林山古墳 | 奈良<br>黒石山古墳 | 新潟<br>三王山11号墳 | 福岡<br>沖ノ島17号遺跡 | 奈良<br>池ノ内5号墳 | 広島<br>三王原古墳 |

図26　獣像頭部の分類模式図〔冨田 1989〕

鏡が少なくない」として、ごく一部の分析しか手がけなかった〔田中 1979・1981〕。

　このように種々雑多なために、分析が至難であった倭製「獣形鏡」を、「頭部表現」という一部分のみからとはいえ、整然と分類したことは重要な成果である。具体的に冨田は、「眼球・眼球輪郭線・眉・鼻稜線」という「獣頭細部の部分要素の変形・欠落を基準」にして、「眼球を囲む輪郭線から連続して眉の表現が加わり、鼻稜線の上部はバチ形に幅太化している」「A類」、「眼球輪郭線は眼球の2/3〜1/2程度を囲むにとどまるが、鼻稜線との間に短線を加えることで輪郭線の一部を二重に表したり、実際に2本線で輪郭線を描く」「B類」、「眼球輪郭線が外側に開く弧線となる点においてB類に近いが、二重にはならず1本の弧線で表現されている」「C類」、「眼球輪郭線と鼻稜線が接合し、一体化して表現されている」「D類」、「D類獣頭からY字状に分かれた部分が欠落し、逆T字状の線が眼球の向きに表現されている」「E類」、「全体に小形化した頭部に2つの眼球を表し、頭部から数本の短線を伸ばした」「F類」の計6類を設定した（図26）。そして、「部分要素の変形・欠落」が進んでゆく「A類」から「F類」までの順序が、「大筋において時期的な変化を反映する」とみた[68]。さらに、和田晴吾の古墳時代の「小様式区分」案〔和田晴 1987〕と対照して、「獣頭分類A〜E類」は「3・4期の枠の中での変化であ」り、「C〜E類獣頭の出現は、4期に求められる可能性があること」を指摘した。各類の「獣頭」が、「獣形鏡以外にも斜縁神獣鏡・鼉龍鏡・神像鏡・獣首鏡などの鏡式の獣像・神像頭部にも共通して用いられる場合が少なくない」ことを、具体例をもって示したことも重要である。そのうえで冨田は、「複数鏡式間で共有される文様要素」が、「獣頭部だけでなく、獣胴部や神像胴部、半円方形帯・菱雲文帯など」のように「いくつも認められ」、それらを「手がかりに各鏡式間の横の関連を追求し、鏡式相互の編年的な平行関係を具体的に明らかにしていくこと」を「仿製鏡研究の課題」ととらえ、田中に通底する展望を提示した〔冨田 1989〕。はなはだ重要な方法論的視角であっただけに、実践をともなわない画餅にとどまったことが惜しまれる。

　「各鏡式間の横の関連」を活用した興味深い一例として、奈良県行燈山古墳の出土品と推定される超大型銅板の「文様意匠となった鏡種」を同定し、その意義を追究した今尾文昭の論考をとりあげたい〔今尾 1988〕。本銅板の文様が内行花文鏡と共通することは、先行研究ですでに指摘されていた〔樋口清 1928b；末永 1975〕。しかし本論考では、銅板の両面に鋳出された文様にいっそう仔細な検討をほどこし、これらが内行花文鏡・方格規矩鏡・鼉龍鏡などと強く関連すると指摘し、さらに「銅板の文様意匠となった鏡種と大型仿製鏡となった鏡種が共通する」ことを看破した。その推測を補強する証拠として、本銅板の「内行花文形」の「各部分の直径」などが、「各地の大型仿製鏡の鏡径に近似すること」を例示し、本銅板が「鏡製作上のなんらかの規範となった可能性」を想定した。そして、こうした相関性を根拠に、「大型仿製鏡を製作した工人と行燈山古墳出土銅板

の製作工人」とが密接に関連し、ひいては本銅板が「大型仿製鏡の出現に深く関連」していたとまで、推論を進めた。また本銅板に、三角縁神獣鏡の「構成文様」が採用されていないことに留意し、「三角縁神獣鏡の製作は、大型仿製鏡となった諸鏡（内行花文鏡・方格規矩鏡・鼉竜鏡など）の製作とは別系統に属したものかもしれない」とみたのも、示唆的な知見であった〔今尾 1988〕。また今尾は、本銅板の出土経緯と出土箇所について、文書史料に即した考察も実践した〔今尾 1992〕。

　いわゆる方格Ｔ字鏡に関しても、いくつかの考察がなされた。岩崎卓也は方格乳の有無を基準に二分し、出土古墳からその時期を探求し、副葬墳の圧倒的多数が中小の円墳であることに注目し、「ヤマトの王者が各地の中・小首長を対象として、この鏡を配布した」と推測した。さらに「同工鏡」の観点から、これらが「同一工房あるいは同一工人の手になる公算をも考慮」する必要性を提言した〔岩崎 1981・1984〕。松浦宥一郎もこの鏡式を検討し、九州での製作を推定した〔松浦宥 1983〕。ただ現在では、本鏡式は一般に魏晋鏡とみなされている〔森下 1998b；車崎 1999a 等〕。

　個別の倭製鏡として、当期も隅田八幡鏡を題材にした検討が少なからずなされた〔坂元 1980；森幸 1980；石崎 1981；森俊 1982；平林 1983；山尾 1983；栗原 1985；馬渕和 1987；和田萃 1988；福宿 1989 等〕。金文の書体と対照して銘文の釈読を確実にしようとする〔坂元 1980；森幸 1980〕など、進展をみせた側面もあった。しかし、査読誌での発表が消えたことが暗示するように、『記』『紀』との繋合にはやるあまり、強引な読みや考察が目だち、袋小路におちいった観があり、奇説も散見した。とはいえ、旧稿〔山尾 1968〕の主張を発展させて、鏡銘の「日十（ヲシ）」「孚弟（フト）」「斯麻（シマ）」を、それぞれ「顕宗＝仁賢」「継体」「百済武寧王」に同定し、癸未年すなわち503年に「後の継体が、大和忍坂に宮居を営んでいたこと、即位後数箇月後の百済武寧王が「長奉」を「念」じ使者をしてその意を「白」さしめていること、したがって継体はすでに次期倭王と目され、武寧王はその懐柔を策している」事情を読みとった山尾幸久の推察〔山尾 1983〕や、「男弟王」を継体の曾祖父である「オホホド王」、「斯麻」を「摂津の三島地方の出身者」に比定して、443年説をとった和田萃の所説〔和田萃 1988〕には、みるべきものがあった。「男弟王」を継体と同定する説の障碍となっていた、前者の「古音」「wöötö また wötö」と後者の諱である「男大迹」の古音「wöfödö」との不整合について、「むしろ「男弟王」をヲホドとよんだ実例をこの銘文にもとめるべき」とした平野邦雄の所説も注意される〔平野 1985〕。東洋史学の碩学である宮崎市定も読解にくわわり、「大王」を「単なる王位の者に対する敬称」、「年男弟」を王の「固有名詞」と解釈した〔宮崎市 1988〕。

　家屋文鏡の検討も数多くなされた（図27）。とくに、考古学以外の分野からのアプローチが目だった。たとえば池浩三は、考古・民俗資料を駆使しつつ、建築史の立場から本鏡の内区図像の「建物とその付属物の細部形態を復原し、その用途機能を明確にする」とともに、「大嘗祭の建築の様態」を文献史的に追究して、本鏡の「家屋図」の「建築群の構成」に「王と稲との融即的関係を示す新嘗祭祀の論理」を読みとった〔池 1979・1983〕。また木村徳国は、「記・紀・万葉集・風土記から探り」とった「上代語における建築形式の呼び名」と「思想」を頼りに、それらの「建築的イメージ」を把捉したうえで、本鏡の４棟の名称と機能の同定に力を注いだ〔木村 1975・1979〕。復元図を作製して４棟の構造を推定するとともに、雲南奥地やタイ山岳地帯などに住む少数民族の建

築調査の成果に立脚して、本鏡の「家屋図」を解釈した対談本も上梓された〔鳥越他 1987等〕。

そして土製模造鏡について、先述の上野〔上野精 1972〕につづいて亀井正道も、鈕の形状に「円形のもの」「半環状のもの」「粘土をつまみあげて山形にしたもの」の3種類があることを指摘した〔亀井 1981〕。また、石製模造鏡（鏡形石製品）にたいする分析と考察もなされた〔椙山 1981a〕。なお当期に、このような「祭祀関係遺物」を対象とした悉皆的な集成作業が完遂され〔国立歴史民俗博物館編 1985〕、以後の土製・石製模造鏡の研究に基礎データをあたえた。

図27　家屋文鏡の内区図像〔辰巳 1996〕

## （7）和田晴吾による概括

以上のように当期には、総合的な研究から鏡式（系列）レヴェルの検討にいたるまで、多数の論考が提出された。情報と知見が大幅に増加したのは歓迎すべき事態であったが、全体像が把握しづらくなる弊害も生じた。その点で、和田晴吾による概括〔和田晴 1986〕は、先行研究を咀嚼し、多数の論点に目配りしつつ、弥生倭製鏡から古墳倭製鏡までを通覧した好論であった。弥生時代から古墳時代にいたる青銅器生産のなかに倭製鏡を位置づけたことも、本論の価値を高めている。

とりわけ、「古墳時代仿製鏡」を計4群として把握し、各群の内容と特質、存続期間に関する所見を提示したことが特筆される。和田によると、「第一の群」は「仿製」三角縁神獣鏡であり、本群をもって古墳時代の鏡生産が開始する。「畿内の特定工房で集中的に生産されたことが窺」え、「他の仿製鏡との相互影響は比較的少ない」が、「乳の多用」などの共通点もあり、その生産は倭製鏡群の内部で「けっして孤立したものではなかった」。古墳倭製鏡の生産に、「統合された銅鐸工人の参加が推測される反面、大陸・半島からの工人の渡来も十分考えられる」と説き、その究明には弥生時代と古墳時代の「土型技法の実体がよりよく把握される必要」があると指摘したことは示唆に富む。[69]「第二の群」は、三角縁神獣鏡をのぞく「後漢式鏡」を模作したもので、「内行花文鏡、方格規矩鏡、画像鏡、キ竜鏡、神像鏡、獣形鏡など」からなる。本群には「大小のものが含まれ」、鏡種ごとに面径にかたよりがみとめられる。文様の交換・影響関係などを考慮すると、「内行花文鏡」と「神・獣図像をもつ一群」と「仿製」三角縁神獣鏡は、「時間性を内包しつつも生産の場における相対的な独自性を保つ三つの鏡群」だと把握できる。そして「第三の群」は、「主に小型鏡よりなる一群」であり、「大型鏡の図像の一部を主文化したもの、あるいは大型鏡の補助的文様要素を主文化したもの」であり、捩文鏡・珠文鏡・乳文鏡などがある。「第四の群」の鈴鏡は、古墳倭製鏡の「最後に位置する列島独自のもの」で、馬具製作の影響を受けつつも、「それ以前の仿製鏡群」である「乳文鏡、珠文鏡、獣形鏡」と「密接な関係」をもちつつ生産された。各群の時期については、「第一の群」は「前Ⅰ期後半から前Ⅱ期」（和田二期～五期頃〔和田晴 1987〕）を中心とし、「第二の群」の主体は「前Ⅱ期」（三～五期頃）にあり、「一部の鏡種」は「前Ⅲ期」（六～八期頃）に多い。「第三の群」は一部が「第Ⅱ期」にあらわれるものの、多くは「前Ⅲ期以後」にみとめられ、「第四の群」の鈴鏡は「前Ⅲ期」に開始するが、「前Ⅳ期から後Ⅰ期」（九～十期頃）に目

だつとみた。大局的には、倭製鏡製作の「中心は前Ⅰ期後半から前Ⅲ期にあり、前Ⅲ期以後には第三群の小型鏡が主に作られた」ととらえた。

　さらに、倭製鏡の「配布」の方式と契機についても、意欲的な考察を提示した。古墳倭製鏡の劈頭を飾る「倣製」三角縁神獣鏡は、中国製三角縁神獣鏡の「輸入と配布とに密接に関連する一連の行為として、その不足を補うかたちで開始され、畿内の政権下の特定工房で集中的に行われた」と推断し、その「配布」は「首長層の政権への帰属に対し、その地位と権益を保証するものとして、政権の中枢から下賜されるかたちをとった」とみた。つづいて生産を開始した倭製鏡も、「政権下の工房で製作され、各地の首長層に配布され」、おそらくは「新しく帰属する首長や代がわりの首長にそれを承認するかたちで鏡が送られた」ととらえた。ただし、中国製三角縁神獣鏡と「倣製」三角縁神獣鏡の「配布」域の相違や、倭製鏡の諸鏡群における「生産の場における相対的な差」を考慮にいれるならば、そうした「差は政権中枢の内部にあっては鏡の生産と配布が絶えず一元的なものとして行われたのではないことを暗示して」おり、古墳時代前期には「政権の中枢」とはいえ、その「体制」の「不安定さ」が払拭されなかったことの反映だと解した〔和田晴 1986〕。

　倭製鏡の「鏡種」ごとに面径のまとまりが存在する現象に注目して、「特定時期の鏡」が「意図的に大小に作りわけられていた可能性が高い」ことを看破したことも、重要な発見であった。この大小の「作りわけ」にたいして、「激増する鏡の需要に対処する一つのかたち」とみなしつつ、「それ以上に製作者の側に被配布者のランクづけがあったこと」の裏づけととらえる重要な解釈を提唱し、以後における同種の研究〔車崎 1993a；下垣 2003b 等〕の出発点を築いた。倭製鏡の製作および配布の背後に、「政権中枢」の明白な優位性を想定する和田の見方は、鈴鏡の「七割が東日本」から出土する現象を、「政権による地方政策が新たな段階に入ったことを示すにほかならない」と断ずる姿勢にも貫徹しており、鈴鏡の「分布圏」をもって「上毛野」を中心とする「地方的な政治圏が形成され」た「反映」とみる説〔甘粕 1970〕と、鋭い対照を示した〔和田晴 1986〕。


## 3.　中国製／倭製の区分への疑義

### （1）徐苹芳による提言

　当期には、中国製鏡に関しても、分類と編年を中心に研究が進捗した〔澄田 1970；山越 1974a・b・c；宇野 1977；山本三 1978；樋口 1979a；藤丸 1982；西村俊 1983；岡村 1984・1986；時雨 1989・1990；甲元 1990；宮本 1990a・b 等〕。分布状況の推移と歴史的意味〔岡村 1986・1989a・b；川西 1989 等〕にくわえ、破鏡の様相〔高橋徹 1979；正岡 1979〕も明らかにされつつあった。さらに、列島各地で飛躍的に件数を増した発掘調査と連動して、出土鏡の詳細な情報が蓄積され、それにともない多くの図録類が編まれ、労を厭わない集成作業も敢行された。中国大陸でも鏡の発掘事例が増加し、出土地不明鏡に依存してきた旧来の研究を刷新する準備がととのいつつあった。

　こうした状況のなか、重要な論点が浮上してきた。従来の中国製／倭製の区分は、はたして正当なのか、という論点である。これまで倭製鏡とされてきた一部の鏡を、中国製鏡に編入させる動きが、当期の初頭ころからあらわれはじめていた〔山本三 1978；田中 1981・1983b；小林三 1982；名本 1987 等〕。しかし、鏡研究の専論のなかで、かつて富岡謙蔵が挙示した倭製鏡と中国製鏡を

識別する4指標〔富岡 1920c〕に、根本から疑義が発せられることはなかった。その背景には、倭製鏡の併行期における中国製鏡の実態が不分明であったこともさることながら、倭製鏡は粗笨で中国製鏡は精緻だという、根強い固定観念があったように思われる。

　この固定観念に一撃をくわえたのが、日本列島で出土する簡略化・粗雑化した鏡に、東晋・南朝からの伝来品がふくまれているとする、徐苹芳による重大な提言であった。徐は、「東晋・南朝期の銅鏡」は「明らかに退化していて、一般に図柄は簡略化の傾向を示しはじめており」、「技術的にも粗雑になり、鏡の形も次第に小さく薄くなってきて」おり、その目で列島出土鏡をみると、福岡県沖ノ島17号遺跡出土の夔鳳鏡（福岡 349）や奈良県兵家5号墳出土の方格規矩鏡（方格T字鏡）（奈良 287）、佐賀県立薗古墳出土鏡（佐賀 161）や同花納丸古墳出土鏡（佐賀 73）などは、類品が「東晋・南朝墓」に副葬されており、これらは「東晋・南朝との」「往来」をつうじてもたらされたと考えたのである〔西嶋他 1985〕。三国〜南北朝期の中国製鏡の沿革と製作動向を、出土品に即して通観していた〔徐 1984・1985〕研究者による提言だけに、重みと説得力があった。

　徐の提言により、「日本の古墳から出土して、"仿製鏡"と呼ばれてきた鏡についても、日本製か、東晋・南朝の時期に鋳られた鏡かを、精しく調査することなしに、習慣に従って分類するのは意味がなくなってしま」い、「中国出土鏡の厳密な検討をふまえたうえで、あらためて中国鏡と倭鏡を厳格に峻別すべき」ことが認識されるにいたった〔西田守 1989；車崎 1999c〕。ただし、そのためには中国製鏡と倭製鏡に関する総合的な知識が不可欠であり、この認識が実践にうつされるまでに、しばらくの時間を要した。徐らが発表をおこなったシンポジウム〔西嶋他 1985a〕から受けた「衝撃」をきっかけに、「倭鏡と魏晋鏡との区分を考え始めた」車崎正彦が、その成果を公表したのは、第七期の 2000 年前後になってからである〔車崎 1999a・2002c 等〕。ともあれ徐の研究は、中国大陸における三国〜南北朝期の鏡生産の実態を、出土資料に即して明示した点で重大であり、以後の中国製鏡研究に影響をあたえた。そして、方格T字鏡などそれまで倭製鏡と思いこまれていた粗笨な鏡が、東晋〜南北朝期の中国製鏡であるとの指摘は、倭製鏡研究に根本的な再検討をうながしうるものであった。

## （2）三角縁神獣鏡国産説の活性化

　従来の倭製鏡／中国製鏡の区分にたいする異論として、学界の内外に議論を捲きおこしたのが、三角縁神獣鏡国産説である。三角縁神獣鏡を列島産とする説は、森浩一が提唱して以来〔森 1962〕、ひそやかながら継承されていた[71]〔松本清 1973；古田 1979；奥野 1980；菅谷 1980 等〕。

　そうしたなか、あたかも「青天の霹靂」のように、王仲殊が重大な論文を披瀝した〔王 1981〕。呉の工匠が日本列島に亡命し、その地で三角縁神獣鏡を製作したと説いたこの論文は、中国の第一線の考古学者が多数の資料を縦横に駆使したものであっただけに、説得力に富んでいた。中国語で発表されたにもかかわらず、日本国内ですぐさま多大な反響をよんだ。王は矢継ぎ早に論考を重ねて自説を補強していった〔王 1982・1984・1985・1992 等〕。その主張の骨子は、おおむね以下のようになる。三角縁神獣鏡は、中国国内の発掘資料はもとより収蔵資料や金石図譜類にも皆無であることにくわえ、中国出土鏡にない「旆」の文様（傘松文）が配されていることなどから、中国製鏡とは考えがたい。ところが、銘文に作鏡者名があり、中国の工匠による製作を示す。このいっけん矛盾する状況を合理的に解釈するには、中国の工匠が日本列島に渡来し製作した事態を想定するの

が妥当であり、銘句「用青同 至海東」もこの想定を裏づける。そして、三角縁神獣鏡のもとになった三角縁の画象鏡および平縁の神獣鏡は、ともに呉の領域から出土するので、当地域の工匠が渡来したと考えるのが適当である。渡来の経緯は、銘句「本是京師 絶地亡出」などから、呉の鋳鏡工匠が亡命し、列島にいたったものと解しうる。王はこのような推論を展開したのである。

　王の提説を契機に、1984年に中日の学者が集ったシンポジウムが開催され、王をふくむ中国人研究者3名が呉工匠渡来製作説を支持した〔王 1985；徐 1985；楊 1985〕。その翌々年には、存在するはずのない年号である「景初四年」銘をもつ盤龍鏡（京都27）が、京都府広峯15号墳から出土した。三角縁神獣鏡国産説は俄然いきおいを増し、これに与する説が次々に提示された〔奥野 1982a・b；柳田康 1986；王 1987a・b；高坂 1987；菅谷 1987・1989；森 1987・1988 等〕。中国製説から反論もよせられ〔近藤喬 1983・1988a・b；田中 1985・1989；福山 1989b 等〕、そのうちに韓半島北部製作説もあらわれ〔北野 1985；白崎 1987；和田萃 1988 等〕、三つ巴状態で膠着することとなった。

## 4. 理化学分析と製作技術

　鏡背文様、とくにその精粗をもって倭製鏡と中国製鏡を単純に識別できないことが判明してきたわけだが、他方で別の視点から両者を区別する手がかりがみいだされつつあった。理化学分析と製作技術である。

### （1）鉛同位体比分析

　理化学分析については、当期に銅鏡の鉛同位体比分析が大幅な進捗をみた〔山崎他 1979・1980；沢田正 1981；馬淵 1981・1982・1983・1986；馬淵他 1984・1987；山崎 1987 等〕。鉛は質量を異にする4種の同位体 $^{204}Pb$・$^{206}Pb$・$^{207}Pb$・$^{208}Pb$ の混合物であり、その混合比すなわち同位体比は、鉛鉱床の性格と生成年代により相違する〔馬淵 1981 等〕。したがって鉛同位体比は、銅鏡を構成する鉛の産地の指標となり、中国製／倭製の区別は無論のこと、さらに詳細な製作地（正確には鉛原料採取地）を究明する第一級のデータとなる。当期にこの分析を主導した馬淵久夫と平尾良光は、多量のデータの蓄積をふまえ、中国の南北および韓半島の南北の四者から産出する鉛鉱石の同位体比が多くの場合において識別でき、日本と大陸も高い確率で区別できることを明示した〔馬淵他 1987〕。

　倭製鏡に関しては、弥生倭製鏡と古墳倭製鏡の鉛同位体比が「一目瞭然」に「別のグループにな」り、前者が「前漢鏡の範囲内の、より狭い場所に集中」し、少なくとも一部が「朝鮮系原料でつくられた」のにたいして、後者が「後漢中期以降の鏡と同じ帯のなかに分布する」ことを明らかにし、それぞれが別の産地のインゴットを使用したことによると判断された。鏡などの大陸製青銅器や貨幣を地金として改鋳した可能性〔小林行 1959 等〕については、そうしたことがおこなわれたならば、古墳倭製鏡に「前漢タイプの鉛が混入する」事態が生じるはずだが、そのような状況がみとめられないことから、一般的な行為ではなかったとみた。[72] また、日本列島産の鉛は7世紀後半〜8世紀前半の遺物にあらわれ、それ以前には確認できないことも明示した〔馬淵 1986〕。

　このように、非常に興味深い成果があがったのだが、三角縁神獣鏡の製作地論争が華々しくくり

ひろげられていたなか、多大な期待をよせられたためか、分析と検討が三角縁神獣鏡に集中し、倭製鏡の分析は後手にまわった。倭製鏡の鉛同位体比分析は、出土鏡を対象に報告書で個別に実施する場合が大半を占め、三角縁神獣鏡にくらべると、その全体像は不明瞭にとどまった。倭製鏡の鉛同位体比分析に関する総合的な検討成果は、次期の第七期まで待たねばならなかった〔馬淵1996・2018a〕。また当期には、蛍光X線分析法による中国製鏡と倭製鏡の成分組成の比較検討も実施され、中国製三角縁神獣鏡・「仿製」三角縁神獣鏡・倭製鏡などの相違が、組成成分の数値からも裏づけられた〔沢田正 1980・1981・1988 等〕。

### （2）製作技術

　第五期と当期の境目に、石野亨と勝部明生が、それぞれ鏡の鋳造に関する専論を発表した〔石野亨 1977；勝部 1978〕。伝統的な鋳鏡が詳細に解説され、とくに勝部の論考では、諸説で提示された三角縁神獣鏡や倭製鏡の鋳造法に、「直笵鋳造」「直笵鋳造・母鏡踏みかえし鋳造」「鏡原型（中国鏡）踏みかえし鋳造」「蠟原型・踏みかえし鋳造」「蠟型鋳造」などの名称をあたえ、提説者の論拠を示しつつ図解つきで紹介しており、はなはだ有益である。ただ、ここでも三角縁神獣鏡に紙幅が割かれた反面、「仿製」三角縁神獣鏡以外の倭製鏡にはほとんどふれられなかった。

　当期の製作技術論で特筆すべきは、同文鏡の作製において中国製三角縁神獣鏡と「仿製」三角縁神獣鏡が別個の方法を採用していることを、笵傷の綿密な観察をつうじて実証した、八賀晋の研究成果である。八賀は、同一文様をもつ中国製三角縁神獣鏡（目録93）と「仿製」三角縁神獣鏡（目録207）を検討対象にして、それぞれにおける寸法、笵型の修整および補修、笵傷の進行状況などを観察し、その鋳造法の復元をこころみた。その結果、前者の8面は「原鏡から複数の笵型をおこし、それぞれの型から鋳出した、いわゆる同型鏡による方法」で製作されたと推定しうる一方、後者の9面は「同一の笵から一面づつ順に鋳造された同笵鏡」であることを明らかにした。八賀の分析は、1セットずつの検討にとどまったが、中国製三角縁神獣鏡と「仿製」三角縁神獣鏡が鋳造法において相違することを実証し、製作技術におけるこの「決定的な差」が、「鉛の同位元素の差が両者の間に在ること」とあいまって、「両者の工人組織の在り方にも技術交流にままならぬものが介在した」とまで推論を進めた、重要な仕事であった〔八賀 1984・1990〕。

## 5. 古墳（時代）編年と倭製鏡

　いかなる器物であれ、年代的位置が不確定のままでは、その社会的意義や技術史的意義、政治史的意義を論じたところで空転する仕儀となる。倭製鏡の分類と型式変遷を緻密に追究しても、鏡それ自体から実年代を決定しうる資料が隅田八幡鏡の1面にとどまる以上、考古資料（倭製鏡をふくむ）の有意な共伴関係の順列化をつうじて設定した相対編年の各段階に、倭製鏡編年の各段階を対照させる作業が不可欠となる。当期には、円筒埴輪〔川西 1978〕をはじめ、各種の副葬品や埋葬施設の型式変遷に関する研究が進み、それらの成果を総括した古墳時代の編年（時期区分）案がいくつか提出された。以下では、それら諸案において倭製鏡がどう位置づけられたのかを瞥見する。

　当期の初頭に、「前期古墳」を「I期」〜「IV期」に分期した都出は、中国製三角縁神獣鏡を「I期」〜「IV期」に、「仿製」三角縁神獣鏡を「II期」〜「IV期」に、そして「仿製小形鏡」を

「Ⅲ期」～「Ⅳ期」にあてがった。大阪府紫金山古墳が「Ⅱ期」の代表例とされたことから察するに、「Ⅱ期」に大型倭製鏡が登場し、一時期くだって「仿製小形鏡」が出現したと考定したようである〔都出 1979〕。古墳時代を「組合せの総体としての画期をもとに八期に区分した」今井堯は、現在のいわゆる古墳時代前期に「第一期」（前半と後半に二分）と「第二期」を、中期に「第三期」と「第四期」を、後期に「第五期」と「第六期」を、終末期に「第七期」と「第八期」を設定した。そして各期の鏡の消長を、以下のように簡説した。「第二期」は「仿製三角縁神獣鏡とされる類の出現、勾玉文鏡・直弧文鏡など独自の意匠をもつものの出現、中形仿製鏡の出現に特徴がある」。「第三期」にも鏡の「副葬は引き続いて行なわれ」るが、「第四期」には「中国から新しく招来した画文帯神獣鏡のものが主座を占めるようになる」と〔今井 1978〕。[73]

　そして、現在も通用している和田の「古墳の編年案」では、鏡は以下のように位置づけられた。「一期」は「中国鏡」のみで、「二期」に「三角縁神獣鏡・方格規矩鏡・内行花文鏡などの大型仿製鏡」がくわわり、「四期」に「三期には出現していた獣形鏡などの小型仿製鏡に、珠文鏡、乳文鏡、重圏文鏡など小型鏡独特の文様をもつものが加わ」り、当期で古墳時代前期は幕を閉じる。その後、しばらくの停滞期をへて、中期末頃の「八期」から後期中頃の「一〇期にかけて」、「同型鏡の多い一群の中国鏡」と鈴鏡が存在する。文章では鏡の消長が寸断された観があるが、併載された表には、中国製三角縁神獣鏡が「一期」から「五期」ないし「六期」まで、「仿製」三角縁神獣鏡が「二期」から「五期」ないし「六期」まで、「小型仿製鏡」が「三期」の中頃から「一一期」まで、同型鏡群が「八期」から「一〇期」ないし「一一期」まで、鈴鏡が「八期」の途中から「一一期」まで存続したことが示されている〔和田晴 1987〕。この消長案は、『前方後円墳集成』〔近藤義編 1991-94〕で採用された10期編年案〔広瀬 1992〕にそのまま踏襲された。[74]

　列挙した編年（時期区分）案からうかがえるのは、古墳時代前期を4分したうちの第2段階に「仿製」三角縁神獣鏡と大型倭製鏡が出現し、第3（～4）段階に多彩な小型倭製鏡が登場し、中期に停滞するとみる点で、諸案が共通することである。「仿製」三角縁神獣鏡と一部の大型倭製鏡の出現時期差を棚あげにして同一期に一括したことと、小型倭製鏡の時期をやや前倒しにしたことをのぞくと、原田大六や小林行雄以来の沿革観〔原田 1960；小林行 1962a；近藤喬 1975 等〕と変わるところはなかった。しかし当期には、重圏文鏡や珠文鏡が前期前半、あるいはそれ以前に遡上する蓋然性が追究されるなど、従説の再検討が進みつつあった。そうした成果を柔軟に吸収して新たな編年（時期区分）案を構築するなり、「和田編年」「集成編年」を修正するなりの作業がなされず、当期に形成された倭製鏡の消長観が古墳時代の総合編年（時期区分）のなかに以後も固定化されつづけた。このことは、倭製鏡研究においても、古墳時代研究においても不幸な事態であった。


## 6. 政治史論の始動


### （1）背景状況

　三角縁神獣鏡の同笵鏡分与論が、古墳時代前期の政治史研究の中心を占めつづけたのと対蹠的に、倭製鏡の政治史的アプローチは、精品の大型鏡の分布状況から畿内地域の優位性を説いた富岡謙蔵〔富岡 1920c〕と梅原末治〔梅原 1925a・1940a〕の時代から、ほとんど進展をみていなかった。三角縁神獣鏡と同様の政治史的研究を実行するためには、鏡式の分類・整理は無論のこと、編

年の構築も不可欠であるし、さらには製作の場所・体制や分配方式の究明も必要になる。というのも、時期や製作地のことなる資料を混在させて分布論を展開しても意味はないし、製作体制や分配方式を考慮せずに議論を進めても、えられる成果はかぎられるからである。個別鏡式の検討がようやく着手されたばかりの第五期までの研究状況では、倭製鏡から政治史的検討を遂行するのは無理な相談であった。しかし当期には、おおまかながらも倭製鏡の全体的な編年的位置づけが示され、個別鏡式の検討も進み、製作地や製作体制も解明の緒に就きつつあった〔田中 1979；川西 1981〕。分配・授受をめぐる政治的アプローチを手がける地盤は、すでにととのっていた。

### （2）同工鏡と分配論

　倭製鏡を駆使した政治的アプローチの先蹤が、川西の「同工鏡」論である。川西は、「仿製鏡全般にわたって、そのなかから描法の近似する鏡いわば同工鏡を正しく抽出しえたならば、それを同笵鏡の場合と同様な視点でとらえうる」との視角を提示し〔中司他 1980〕、その翌年に実践にうつした。三角縁神獣鏡の同笵鏡の分有関係から、「大和西部勢力」が「前期畿内政権の地方経営としては新しい時期に属する活動」に「関与」したと推測したうえで、「前期畿内政権」の対外関係を反映した沖ノ島17号遺跡出土鏡の同工鏡の「出土面数で上位を占める三古墳」、すなわち新山古墳・佐味田宝塚古墳・佐味田貝吹古墳が「いずれも大和西部に所在すること」を明示し、「大和西部勢力が大陸との通交に参画する機会をもった」と推断したのである〔川西 1981〕。さらに、本論考を単行本に収録した際に、同地域が倭製鏡の分配だけでなく、製作にも主体的にたずさわったと推測した。佐味田宝塚古墳の出土鏡に、原鏡とこれを直模した倭製鏡や、「背文の獣像の描法が相似する」別鏡式の倭製鏡が存在し、さらに新山古墳の出土鏡に「同笵の仿製内行花文鏡」や「直弧文鏡とその模作品」などがふくまれることなどをもって、「大和西部勢力のもとに作鏡工房が営まれていた有力な証左」とみなしたのである〔川西 1988〕。作鏡工房がいとなまれた地域について、具体的な物証をあげて同定をこころみた先駆的考察として注目できる。

　この「同工鏡」概念は、倭製鏡研究に重要な分析視角をもたらしうるものであったが、概念規定の限定性のゆるさに批判もだされた。すなわち荻野は、川西の抽出した同工鏡が、「系譜的にいって一段階ないし二段階を経た鏡までをその範囲としてとらえている」ふしがあり、「別々の製作者（集団）の存在を前提とする」かにみえることに疑問を呈し、「より限定した資料レベル内で、同工鏡についての概念設定を行っている」ことにも批判の意を示した。荻野の批判の意図は厳密には汲みがたいが、要するに同工鏡を「同一場所・同一時期・同一製作者」の作品に限定すべきことを要求したのだろう〔荻野 1982〕。これにたいし川西は、「私見の同工鏡とは、同工人はいうまでもなく、同工房の作品をも含」み、「同工房」においては「旧鏡を模倣する機会」や「工房個有の描法を踏襲すること」があり、前者の機会には「描法が粗雑になるなどの変容」が生じうる以上、「一段階ないし二段階を経た鏡」がその範疇にふくまれることに問題はなく、その意味で荻野の指摘は的を失していると反論した〔川西 1988〕。つまり、川西のいう「同工鏡」は、同工人と同工房の両者を包含しており、その点で荻野の要求と擦れちがう。両者の離齬にたいし、のちに同工鏡研究を積極的に推進した車崎は、川西も「可能性を認める「単独工房の存在」を想定したばあい、同工鏡を説く論拠を失い、自家撞着におちいる危惧を拭いがたい」ことから、同工鏡を「同一製作者」の作品に限定すべきだとする荻野の意見に賛同した〔車崎 1993a〕。川西の同工鏡論は、意欲的で重

要なこころみであった。しかし、概念規定がやや不十分だったことにくわえ、沖ノ島 17 号遺跡と「大和西部勢力」との密接な関連を把捉するという、限定的な目的に供されたために、「同笵鏡の場合と同様な視点でとらえうる」という、同工鏡論の潜在的な可能性を十分に引きだしえなかったと評価できる。

### （3）分配と授受に関する諸研究

当期の分配論は、上述した川西の研究が一頭地を抜いていたが、このほかにも鏡の分配・授受を俎上に載せた検討が少なからずおこなわれた。「被配布者」である「各地の首長層」を「ランクづけ」るべく、「政権下の工房で製作」「意図的に大小に作りわけ」た倭製鏡を、「新しく帰属する首長や代がわりの首長にそれを承認するかたちで」配布したと推定した和田や、「倭製神像鏡Ⅰ類」が「大和地方西部域」で「集中生産」され、これを分配された「諸地域の勢力」が、「大和西部勢力の指導」のもと「中央の有力勢力」にとりこまれたと考えた荻野の所説は、その代表といえる〔荻野 1982；和田晴 1986〕。

当期には、畿内地域での集約的生産を考える立場〔田中 1979；川西 1981；荻野 1982；和田晴 1986 等〕と、一部の小型鏡や鈴鏡の地域生産をみとめる立場〔小林三 1979；山越 1982；名本 1983 等〕とが併存した。製品の分配・授受に関して、前者は畿内地域の「政権」による諸地域への分配を、後者は「政権」を介さぬ流通を想定するのが一般であった。当期には、おおむね前者が優勢であった。両者はかならずしも両立しえないわけではないが、論争も十分な議論も交わされなかったために、対立する意見間での議論をつうじて学説を深化させる契機を逸することになった。

鏡の分配・授受に関する当期の研究としてとくに興味深いのが、鏡が「地方の首長の手にわたる契機」を理念的にパターン化した、春成秀爾のこころみである。春成は「想定しうるケース」として、「（1）大和部族同盟の長から派遣された代理者が諸地方の諸部族内を和戦混えて「巡幸」し服属した首長に配布する」、「（2）大和部族同盟の主宰する外征その他の事業に参加した首長の勲功に対して与えられる」、「（3）各地の首長の継承儀礼に大和部族同盟は使臣を派遣し、その場で授与する」、「（4）各地の首長は就任すると、大和部族同盟の長へ就任のあいさつをかねて朝貢する。その返礼として賜与される」、「（5）大和部族同盟の長ないしは諸首長の就任式に参列した各地の首長なりその使者に対して就任の引出物として配布される」、という 5 パターンを列挙し、従来の有力説である（1）（2）よりも（3）の「可能性がつよい」とみた〔春成 1984〕。示唆にあふれる提言であったが、論拠と実例があげられていないため、パターンの認定基準が不分明であり、また未検証の事柄（「首長の継承儀礼」「使臣」等）を無造作に組みこんでいるなどの欠陥があった。各パターンの修正作業や資料面での裏づけについては、以後の研究に託されることとなった〔川西 1992；辻田 2007a 等〕。

春成の論考でもうひとつ注目すべきは、倭製鏡の再分配を考慮にいれたことである。すなわち、「首長」以外が葬られた「陪葬・追葬墓」に、「内行花文鏡・捩文鏡・獣帯鏡・珠文鏡などの小形鏡」を中心とする鏡が副葬される事実に着目し、そうした鏡は「大和部族同盟」から被葬者に直接あたえられたのではなく、「被葬者の上位の在地首長に下賜された鏡がさらに下賜され」たと推察したのである〔春成 1984〕。当期から 1990 年代初頭にかけて、三角縁神獣鏡の再分配がしばしば提唱された〔穴沢 1985b；甘粕 1986；久保 1986；近藤喬 1988a；田中 1991・1993；岩崎 1993

等〕が、倭製鏡の再分配を明記したものは、この春成の推察がほぼ初見である。

　なお、青銅器の製作体制に関する仮説として、「遍歴工人（巡回工人・渡り工人）」説〔Childe 1930 等〕がある。日本でも、弥生時代の青銅器が「遍歴工人」の所産だと主張されることがある〔田中 1991 等〕。この仮説に関連して、「仿製」三角縁神獣鏡の製作に「遍歴工人」が活動していたならば、各地域で「もっとそれぞれ特有のグループが成立してしかるべきと思うが、そういった傾向はない」ことから、この説は本鏡式には該当しないとみた、近藤喬一の考察が注意される〔近藤喬 1988a〕。

### （4）威信財論と社会・文化人類学

　鏡の分配・授受に関して、以後の研究に多大な影響をおよぼす分析視角が導入された。威信財論である。穴沢咊光は、K. ポランニーの実体主義経済人類学に由来し、（構造）マルクス主義人類学のなかで理論的な深化をとげた威信財概念と再分配概念[77]を駆使して、小林行雄の同笵鏡分与論の再評価をこころみた〔穴沢 1985a・b〕。穴沢によれば、「古代日本」において鏡は「神聖な祭器」であり、なおかつその「持ち主を権威づける威信財でもあったに違いな」く、とりわけ中国製三角縁神獣鏡の分布は、「威信財システムそのものズバリ」だという[78]。そして、「仿製」三角縁神獣鏡もまた威信財であるが、これは輸入を絶たれた「舶載品に代わる威信財を作り出す必要に迫られ」て製作された「国産コピー作品」であり、「地方首長とヤマトの大王」の「紐帯を威信財の分与によって再強化」せねばならない事態が生じたため「第二次配布」に使用されたと考えた〔穴沢 1985b〕。

　横田健一による疑義〔横田 1958〕を重要な起点として、三角縁神獣鏡などの鏡が畿内地域の「政権」から分配されたとする説に、少なからぬ異論が提示されてきた〔樋口 1960a・b；菅谷 1980；平野 1987 等〕。穴沢が導入した威信財論の構想は、鏡の分配を基軸にすえた政治史論が、舶来理論の装いをもって賦活される契機となった。穴沢の論考は発表媒体がマイナーであったため、威信財論が普及するまでにしばらくの時間を要したが、第七期以降になると、鏡とりわけ三角縁神獣鏡が威信財の代表格たる地位をかためるにいたった。威信財論の構築に大きく寄与した経済人類学や（構造）マルクス主義人類学をはじめ、社会・文化人類学の理論的成果が、当期に陸続と邦訳されたことも、鏡に立脚した以後の政治史論に少なからぬ示唆をあたえただろう。実体主義経済人類学については、主唱者であるポランニーの翻訳書が次々に上梓され、（構造）マルクス主義人類学についても、M. ゴドリエの著作をはじめ、多くの成果が翻訳された。贈与論の鼻祖的存在である M. モースの論文集が翻訳されたことも注意される。また、民族誌や文化人類学、そして神話学に関する該博な知識を活用して、古代における鏡の意味や機能、入手や流通をめぐる社会的・政治的動向にたいして刺戟的な見解を提示した、大林太良の諸研究も逸せない〔大林 1978・1982・1984 等〕。


### 7. そのほか

　以上のほかにも、副葬配置〔用田 1980；今尾 1989・1991 等〕や鏡式名の問題〔西田守 1989〕などをはじめ、多様な視角から考察がなされた。ただ、中国製／倭製を区別せずに論じられた場合が多いため、以下では倭製鏡に関連しうる検討成果を中心に紹介する。

110 第Ⅰ部 倭製鏡論

　いくぶん目だったのが、祭儀や神器に関する考察である。考古学サイドからは、「三種の神宝」の成立経緯を遺物に即して追究した岩崎卓也の研究が注目される。岩崎は、「前期古墳に副葬された鏡・剣・玉」が「仮器化」されて滑石製模造品の鏡・剣・玉になるという、ひろく承認された見解が、『記』『紀』の記述や「三種の神器」を「暗黙裡に前提とする」ことに疑義を呈した。そして、副葬時のあつかいをみるかぎり、「前期古墳副葬品に「三種の宝器」というセット性をみいだせない」こと、「鏡・粗製の剣形などは滑石製品としては後出する」こと、古墳時代中期に「鏡の祭器化」が生じることなどを論拠にして、この三種が「セットとして意味をもちはじめた」のは中期であり、「「三種の神宝」の源流を前期古墳の副葬品に求めようとの考えは、成りたちがたい」と結論づけた〔岩崎 1987〕。なおこれに関連して、縁部に小孔を穿った数面の倭製鏡を紹介し、推定される懸鏡祭祀を鈴鏡や後代の懸仏に関連づける着想も提示した〔岩崎 1989〕。小出義治も、賢木に玉や鏡を懸けて実施する祭祀は、「一見古い祭りの様相」を呈しているが、実際には「五世紀代以降の方式」とみるべきだと主張し〔小出 1978〕、沖ノ島遺跡における遺物の変遷過程などを勘案しつつ、「四世紀代における葬儀と祭儀はまったく等質次元の儀礼であったが、五世紀代に至って葬礼、神祭の分離が急速に進行した」との推論を提示した〔小出 1980〕。

　文献史サイドからも「三種の神器」に関する重要な考察が提出された。黛弘道は、文献の博捜をつうじて、「天皇の瑞穂国の首長（農耕儀礼の中心をなす太陽神信仰の独占的司祭者）としての権威の象徴」である鏡と、「天皇の世俗的権力者としての側面を象徴する」剣とが、「大和国家あるいは律令国家の首長に就任する践祚（即位）」という「国家行事」で奉献されたのにたいして、「天皇の祖霊の象徴であり、同時にそれは天皇の皇室の氏上（族長）としてのシンボル」である玉が、これに先行する「皇室の氏上への就任式」という「宮中行事」で奉献されたと推察した。そして、別個の意義を有し、「次元を異にする」儀礼に奉献されていた鏡剣と玉が、「三種の神器」に一括される事態が生じた背景に、中臣氏と忌部氏との政治的角逐を想定した〔黛 1978〕。

　文献に立脚して、「鏡と神仙思想」のかかわりなどを詳説した和田萃の論考も興味深い。ただ、「古代日本における鏡と神仙思想との関わりに焦点を絞って考察」すると明言しつつも、鏡作神社とその祭神、鏡作氏とその祖たる石凝姥命および天糠戸、鏡製作と鍛冶との関連などについても精細に論じ、倭製鏡研究からすれば、こちらのほうが重要である。とくに、「五世紀はじめ」の「倭鍛冶」の「鋳造＝銑鉄・鋳銅技術」を「新羅系」だとみる平野邦雄の考説〔平野 1969〕に依拠しつつ、鏡作氏の本拠地と秦氏および新羅系渡来集団の分布が重なることなどを加味して、「弥生時代後期前半まで唐古の地で銅鐸の製作」をおこない、「古墳時代前期」に近隣の「鏡作神社周辺で仿製鏡の製作」を実施してきた「鋳銅技術者集団が、五世紀はじめに新羅から伝えられた鋳造・鍛造技術を吸収し、倭鍛冶と称されるに至った」経緯を復元したことは、倭製鏡工人の出自と展開を考えるうえで重大である。また、神社や郷名の分布から「各地に鏡作工人が分布していた」可能性を考慮しつつ、「各地の鏡作工人達が仿製鏡製作の段階で、大和の鏡作三社の周辺や河内の若江地方にのみ居住せしめられ、大和王権の直接支配下におかれた」(79)との想定を提示したことも、倭製鏡の中央生産／地域生産の問題に有益な示唆をあたえるものであった〔和田萃 1978〕。同じく文献史的検討として、『記』『紀』および『風土記』などに記された鏡説話を計９類に、中国の鏡伝承を計７類に大分し、両者が「実によく酷似している」背景に、中国からの「文化流入」を想定した、菊池誠一の研究成果も興味深い〔菊池 1986〕。菊池の論考で好意的に紹介された原田は、考古資料を

主体にすえつつも、『風土記』や『記』『紀』などの文献記事を奔放に駆使し、鏡が「古代社会上に果たした」「役割」を、想像をふんだんにまじえつつ、多角的に追いもとめた〔原田 1978〕。

　韓半島から出土する古墳倭製鏡に関する総合的議論が登場したこと〔小田 1988〕も重要である。当地域で古墳倭製鏡が出土することは、古くから気づかれており〔梅原 1932b〕、ある程度の集成もなされていた〔李蘭編 1983〕。しかし、個別に紹介・検討されるにとどまり〔金 1964；崔 1976；西谷 1983；安 1984；門田 1985 等〕、全体的な状況は不分明であった。そうした渇を癒すかのように、小田富士雄が大韓民国出土の倭製鏡 8 面をつぶさに紹介し、その「年代・系譜・類品」の究明と探索に尽力した。検討の結果、これら 8 面が「四世紀後半から五世紀前半代のもの（Ⅰ期）」と「五世紀後半から六世紀前半代のもの（Ⅱ期）」とに二大別できることを示し、当地に倭製鏡がもたらされた「二つの画期」があることを明らかにした。そして、前者の流入には「四世紀後半に始まる倭政権と伽耶や新羅との軍事的交渉が史料にあらわれる歴史的背景」が、大半を占める後者の流入には、「五三二年の金官伽耶の新羅併合にいたる新羅・百済・伽耶と倭政権との複雑な交渉史の背景」があると推察した〔小田 1988〕。この小田の論考は、鏡をつうじた列島と半島の交流を浮き彫りにした成果として、多大な価値がある。

## 8. 小結

　当期の倭製鏡研究は、型式分類と個別鏡式の検討を軸にして、多彩な方面で展開をとげた。とくに、樋口・小林・田中の 3 氏が推進した総合的な検討は、発掘資料や図録類など基礎データの充実とあいまって、当期の研究に動機と弾みをあたえた。しかし、樋口と小林の総体的な分類案は、個別鏡式の詳細な検討に裏づけられておらず、個別鏡式の型式変遷案も不十分であった。他方で田中は、型式変遷に関する方法論を緻密に雕琢し、若干の鏡群の分析をつうじてその有効性を証示したが、個別的な検討にとどまった。同様の難点は、個別鏡式を論じたほかの論者にも該当する。要するに、当期には倭製鏡を総合的に把握しようとする方向性、分析法の案出と精緻化を志向する方向性、個別鏡式の実態の究明をめざす方向性が、それぞれ発展をとげたが、合流するにいたらなかった、と約言できよう。その実現は、第七期の 1990 年代を待たねばならなかった。

# 第 七 期 前 半 期
## 1990 年代

## 1. 第七期の研究背景

　1990 年頃から現在にいたる第七期には、第六期に展開をとげた複数の方向性が合流をみせ、充実の一途をたどる資料状況を苗床にして開花した時期と評価できる。その動向は、三角縁神獣鏡の[80]研究動向とおおよそ軌を一にしていた。というよりもむしろ、三角縁神獣鏡研究の活性化に影響を受けて、倭製鏡研究も一斉に花開いたと評すべきであろう。

当期の三角縁神獣鏡研究は、1989年に京都府椿井大塚山古墳の出土鏡が公開され、先駆性に満ちた諸論考を収録した図録〔京都大学文学部考古学研究室編 1989〕が刊行されたことを契機に、1990年代初頭から半ばにかけて一気に深化をみせた〔岸本 1989a・1995；新納 1991；福永1991・1992a・1994a・1996a；樋口 1992；澤田 1993 等〕。そして、奈良県黒塚古墳から多量の三角縁神獣鏡が出土し、社会現象といえるほどの盛りあがりをみせたことが呼び水となり、1990年代末から2000年代前半にかけて、ふたたび研究が活況を呈した〔岡村 1999；車崎 1999b・2002c；西川 2000；樋口 2000；福永 2001・2005a；福永他 2003；岩本 2003・2004・2005a 等〕。時期をほぼ同じくして、ほかの中国製鏡、とりわけ後漢鏡と魏晋鏡に関しても、系統整理と編年作業を中心に研究が飛躍的に進んだ〔岡村 1989b・1990・1992・1993a・1999；小山田 1993；近藤喬1993；岡内 1996；平吹 1996；西村倫 1997；秋山 1998；森下 1998b；上野 2000・2001・2003；車崎 2002b・c・d 等〕。

　倭製鏡研究もまた、1990年代前半と2000年代前半に大きな前進をみせた。とくに1990年代前半の躍進には目を瞠るべきものがあり、第三期（1910年代後半～20年代）に比肩する画期と評価できる。このふたつのピークを勘案して、当期は前半期（1990年代）と後半期（2000年代）に二分する。2010年代から第八期とするかどうかは、今後の動向しだいである。

## 2.　第七期前半期の諸研究

　この時期、とりわけ1990年代前半に、倭製鏡研究がいちじるしい進捗をみた。森下章司による古墳倭製鏡の総合編年の構築を筆頭に、分類・型式（系列）変遷に関する方法論、個別鏡式の分類および編年、中国製鏡との異同および比較、製作技術および製作体制、流通（分配・配布）や保有の政治的・社会史的意義、鉛同位体比分析など、多様なアプローチのいずれにおいても重要な成果がうみだされた。以下、長くなるが、それらの諸成果に解説をくわえる。

### （1）森下章司による編年大綱の確立
　森下が倭製鏡編年の大綱を構築したこと、それが当期前半期の最大の成果である〔森下 1991〕。第六期までに、一部の鏡式の分類と変遷過程がある程度まで明らかにされていた。しかし、倭製鏡全体の変遷と年代観は不明瞭であった。その不明瞭さは、倭製鏡の「種々雑多」さに起因するとみなされがちであった。たしかに倭製鏡の文様は、多様性が顕著である。しかし、口実のように挙示されてきた「種々雑多」さは、むしろ分類作業の不徹底に帰せられるべきものであった。一貫した方針もなく多様な鏡群を分類し、そうしてまとめられた雑多な集合に安直な退化モデルを適用するだけの、不十分な「型式学」的方法にとどまっていたからである。鏡式の時期的変化にたいする分析法が曖昧であることにくわえ、鏡式間の併行関係を追究する姿勢もみられなかった。このような無策で、倭製鏡編年の大綱を構築できるはずもなかった。

　他方、「系列」概念を明確に示し、個別の系列変遷を復元するとともに、類似要素から系列間の併行関係をとらえる方法論を打ちだした、田中の提言はきわめて重要であった〔田中 1979・1983a等〕。しかし、田中が復元しえた系列変遷はわずかであった。また田中が部分的に実践した、「異なった系譜に属する倭鏡の文様や図像の細部にみられる特色を観察し、異なった系譜の倭鏡を横断す

第2章　倭製鏡研究の展開（第七期前半期）　113

る形で結びつけてい」く作業〔田中 1979〕は、諸系列の点と点を結ぶ作業にほかならず、類似性の抽出の仕方もいささか場当たり的であった。田中自身が編年大綱を示すことなく、第六期前半のうちに倭製鏡研究からしりぞいたことは、この方法の限界を暗示していた。前述したように、第六期に樋口・田中・小林の3氏が、倭製鏡の総合的研究

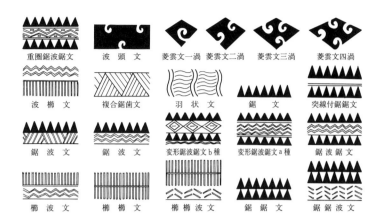

図28　古墳倭製鏡の外区文様の分類〔森下 1991〕

の基盤を敷いたことは歴然たる事実である。しかし、研究を多方面に深化させる基礎になる編年大綱を構築するにはいたらず、方法論上の課題を残したことも、これまた事実であった。この課題を受けとめ、その解決に有効な方法論を導入して倭製鏡の総合的な編年作業を完遂したのが森下であった〔森下 1991〕。

　記念碑的な論文「古墳時代仿製鏡の変遷とその特質」（以下、「91年論文」）において、まず森下は「原鏡の違いや図像の数の違いを中心とした従来の分類」を却下し、田中の系列概念を採用した。すなわち、「同一の文様を祖形とし、変化の方向につながりをもつ」鏡群、換言すれば「一種類の内区文様を引き継いでいった鏡群」を「系列」ととらえ、それらは「時間、製作者、ひいては製作意図のまとまりを強固に示す単位として扱うことができる」とみた〔森下 1991・1993a〕。しかし、倭製鏡の内区文様は複雑多岐にわたるため、長い古墳時代のなかで生成消滅していった多数の系列が抽出されることになり、系列化不能な資料も少なからず残ってしまう。そうした系列が一律の変化プロセスをたどったと断じる根拠はなく、それゆえ乱立する諸系列と資料を相互に関連づける基準をもうけなければ、倭製鏡が織りなす動態的な変遷を復元することはかなわず、総合的な編年も構築しえないことになる。そこで森下が着目したのが外区文様である（図28）。森下によれば、「外区文様は変異の幅が適度に小さく、時間差と大きな系統差以外の違いを吸収して」おり、「一定の範囲で画一性が生じる」ため、その変化は「時間の変化の反映として、多様な仿製鏡全体の変遷をまとめる指標となると考え」た。要するに、「内区文様の分類によって得られた系列の変化と外区文様の変化の組合せを対照して仿製鏡の編年を組立て」る方法論を提示したのである〔森下 1991〕。

　上記の指針に即して、森下は計27におよぶ系列を抽出し、各系列の原鏡・内区文様の概要・「型式分類」および変遷過程、各「型式分類」に対応する外区文様を体系的に提示した。そのうえで、主要な外区文様構成を基軸にすえ、諸系列の様相と系列間関係を抽出して、倭製鏡の全体的な変遷状況を精細に解き明かした（図29・表8）。厖大な資料集成と観察に、厳格で一貫した方法論に、そして抑制の利いた解釈に根ざした本論考には、鋭く重要な知見が無数にちりばめられている。なかでも意義深い成果として、倭製鏡の変遷を「一元的な変化」とみなさず、系統的関係を異にする「三つの段階」としてとらえ、各段階の様相と特質を浮き彫りにしたことを特記できる。

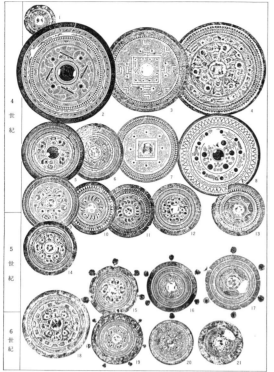

図29　古墳倭製鏡の変遷〔森下1993a〕

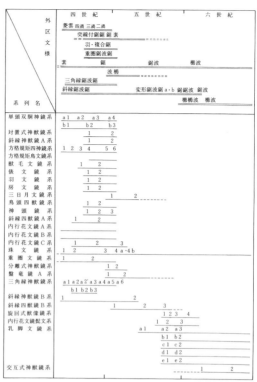

表8　古墳倭製鏡の編年表〔森下1991〕

　すなわち第一の段階は、「多彩な外区文様をもつ数多くの系列が平行して存在する四世紀を中心とする段階」である。「仿製」三角縁神獣鏡をふくむ多くの系列が「四世紀中葉に近い段階あるいはそれ以前に出現し」、「多彩な系列の並存、増加」をもって鏡にたいする「多くの需要」と「機能の多様性」を満たし、「五世紀の初頭には主要な変遷を終え」た。当段階には、「大規模な協業形式を形成」する「中心的な製作者集団」が、鼉龍鏡（「単頭双胴神鏡系」）と倭製方格規矩四神鏡系を中核とする「中心系列鏡群」を製作し、他方で「文様、銘文の知識、製作技術など」から「他の系列とは大きな開きがあ」る「仿製」三角縁神獣鏡（「三角縁神獣鏡系」）は、「おそらく一つの系列の製作のみに関わった製作者集団」の所産であり、「珠文鏡系」なども「中心系列鏡群」と「異なる製作者を含」みうるというように、「複数の系統の製作者集団」がある程度の関連をみせつつ、畿内地域を中心に作鏡活動に従事した〔森下　1991・1993a〕。

　第二の段階は、「鋸波鋸文や鋸波文に外区文様の統一化が進むと同時に小型化、系列の減少などが起きた四世紀末から五世紀中葉を中心とする段階」である。前段階の末期に姿を消した「多彩な系列」に「かわって新たに登場する系列はわずかであり、5世紀の中葉まで、有力な系列」は「あまりな」く、とくに5世紀の「中葉前後は仿製鏡生産の下降期であり、鏡の所有者が限定化された時期」である。数少ない系列のうち、当段階を代表する「斜縁四獣鏡B系」は、「中国鏡のきわめて忠実な模倣に成功し、かつその後もあまり変形の手を加えないという特徴」を有する点で、前段階の「中心的な製作集団とは異なる系統に属する」が、分布状況から、依然として「生産の中心は畿内にあった」〔森下　1991・1993a〕。

そして第三の段階は、外区文様に「鋸波鋸文からの変形、省略によって生み出されたものをほぼ共通して用い、各系列が整理・固定化され分布状況にも変化が認められる五世紀後葉から六世紀の段階」である。当段階の倭製鏡は、「旋回式獣像鏡系、乳脚文鏡系、交互式神獣鏡系」といった「新たな系列群が統一的な外区文様をもって登場し」たことにくわえ、その内区図像や分布の様相から、同型鏡群の入手と密接に関連しつつ「各系列が整理、編成し直され」、両者が「相互に補完して新たな秩序を形成するようになった」。したがって、「5世紀の末」に倭製鏡生産が「まったく衰えてしまった」とする従来の見解〔田中 1981；小林三 1982 等〕とはまったく逆に、当段階は倭製鏡の復興期であり、「5世紀後葉」に倭製鏡の「変化のもっとも大きな画期が求められる」。当段階の倭製鏡の製作地について、その分布状況から鈴鏡を東国や関東地域の所産とみる説が頻見するが、当段階の倭製鏡全体を通覧すれば、「同じ製作者集団の中で鈴のつくものとつかないものが作り分けられていた」と考えるべきであり、「比較的高度」な鋳造技術や、前段階の外区文様に出自をもつ「統一的な外区文様のあり方」を勘案すれば、「引続き畿内」において「中心的な製作集団が各系列の製作にあたった」と判断される。なお、当段階の主要系列のうち「省略を進めた結果の末期型式」が、「六世紀後半〜七世紀初頭の古墳」から出土する傾向があることから、当段階の終末期ひいては倭製鏡の終焉期はこの頃にあり、「古墳時代の始まりとともに登場した」倭製鏡は、「実質的な古墳時代の終末とともにその役割を終えた」と結論づけた[81]〔森下 1991・1993a〕。

　以上のように森下は、倭製鏡の総合編年の構築と製作様相の究明をつうじて、「古墳時代において鏡の果たした役割は四世紀を頂点として、段階的に衰微していった」とみる従来の有力説を棄却し、古墳時代の各時期に鏡を必要とする状況が生じ、それに応じて中国製鏡が模作され使用されるという、「鏡をめぐる異なる方向の運動があったこと」を解明したのである〔森下 1991〕。以後の倭製鏡研究は、この枠組に即して進められていった[82]。ただし、当の森下をのぞくと、倭製鏡の全体像をとらえようとする姿勢〔岩本 2017b〕は、現在にいたるまできわめて稀薄である。とくに中期倭製鏡（第二の段階）と後期倭製鏡（第三の段階）の検討は、森下自身による考察〔森下 1993a・b・2002・2012a〕をのぞくと、未開拓に近い状態にとどまってきた。しかし最近になって、急速に研究が進展しているのは喜ばしい〔岩本 2014b・2017b・2018；加藤 2014a・b・2017a・b・2018；上野 2015a；辻田 2018 等〕。

### （2）森下による倭製鏡研究の深化

　91年論文で森下は、上記のほかにも重要な見解を数多く披瀝したが、論考の主眼と紙数の都合のため、断片的な指摘にとどまった感があった。しかしそれらの見解の多くは、数年のうちに別稿で深化をとげた。外区の文様および断面形の一連の変化をつうじて、前期倭製鏡から後期倭製鏡にいたる変遷を明らかにしたことは、とりわけ瞠目すべき成果である。鏡背文様は変異に富み、分類や変遷を追うのに適している。しかし模倣が容易なため、別系統で類似する文様が出現したり、「先祖返り」の現象も起きうる。他方で断面形状は、ヴァリエーションにとぼしいため、分類要素としてはかならずしも有効ではない。しかし、それらの差異は製作技術の相違に、たとえば挽型の形状ないし使用の有無に左右されるため、無関係な工人間で技術の模倣が生じにくく、型式学的な変化を追跡するのに好適である。それゆえ、鏡背文様と断面形状の相関的な変化は、倭製鏡の変遷および系統を突きとめる有力な手がかりになる。この検討視角を提示した森下の功績はきわめて大

図30 倭製鏡の外区文様と断面形態の変化〔森下 1991〕

きい。

すでに91年論文で、「斜縁鋸波鋸文」→「変形鋸波鋸文」→「鋸鋸波文」→「鋸鋸文・鋸波文」→「櫛櫛波文」→「櫛波文」という、外区文様の連続的な省略化が、外区の断面形状の「薄くなる方向への型式学的な変化」と「一致」することを、効果的な模式図を付して明示していた（図30）。すなわち、「斜縁鋸波鋸文」の段階（≒前期倭製鏡・中期倭製鏡の前半）の外区は、「肥厚して内区側との間に段をもつものがほとんど」であり、内外区の区別や「段の存在が意識されてい」たが、「変形鋸波鋸文」の段階（≒中期倭製鏡の後半）になると、「段部」のみが強調され、「その外側は薄くな」った結果、「段部」がルジメント化して「界圏状を呈するもの」が登場し、さらに「鋸鋸波文」や「櫛波文」の段階（後期倭製鏡）になると、「界圏状表現も消失して、外区文様と内区文様が同一面に施され、区別されないようになる」という、定向的な変遷プロセスを復元していた〔森下 1991〕。

説得力に富む変遷案であったが、変化の重要な段階である「変形鋸波鋸文」段階に関する説明が不徹底であり、点睛を欠いた憾みがあった。しかしこの微瑕は、「火竟銘仿製鏡」の製作時期を探る作業において、すぐさま完整にされた。「変形鋸波鋸文」の種類を細分したうえで型式学的変遷を詳細に復元し、出土古墳の時期を加味して、その一連の変化が「5世紀中葉」から「後葉」にかけて生じたことを明らかにしたのである。すなわち、中国製鏡から採用した「斜縁鋸波鋸文」が「5世紀の前半」に「流行」するが、「5世紀中葉」には「特に波文帯が幅広となり、多重化した変形鋸波鋸文ａ種」と「波文帯のかわりに突線表現の菱形文様を施す」「変形鋸波鋸文ｂ種」が登場する。前者は、「幅広で三重、四重と多重化した波文をもち、さらに外区全体が薄くて、内側の鋸歯文帯が外傾した」「変形鋸波鋸文ａ1式」→「外区全体が薄くなり、鋸歯文帯と内側の櫛歯文帯の位置が逆転し、外傾した鋸歯文帯が断面三角形の突帯状となった」同「ａ2式」→「外区と内区の厚さにほとんど差がなくなり、断面が直角三角形の界圏状の突起となった」同「ａ3式」という変遷プロセスをたどり、後者も「ほぼ同様の変化をたど」るととらえた〔森下 1993b〕（図31）。

この作業により、中期倭製鏡の変遷状況の大局が復元され、中期倭製鏡と後期倭製鏡との差異とともに、前者から後者への連続的な移行状況もおおむね明らかにされた。その結果、古代史上の重要な争点である隅田八幡鏡の時期比定に、重大な一石を投じることが可能になった。実際に森下は、「乳による区分けをおこなわ」ないという本鏡の顕著な特徴が、「5世紀後半以降」の倭製鏡の多くと共通する点に着目し、本鏡の原鏡である同型鏡群の年代を加味して、本鏡の「製作年代は5世紀後葉以降の時間幅の中で考えるのが妥当」とみて、503年製作説に賛同した〔森下 1993b〕。[83]

なお、隅田八幡鏡の検討をふまえて、倭製鏡が製作された社会的理由に論及したことも注目される。91年論文でも、倭製鏡は「道具としての現実的・機能的な制約が少ないためその価値は人の与える意義づけにほとんど依拠して」いたため、「文様の変更を媒介として新たな価値を容易に生み出」しうるという加工性の高さが、「様々な利用目的に幅広く対応できる」汎用性につながり、

その特長が、中国製鏡の代補的存在にとどまることなく多彩な倭製鏡が活潑に生産された要因になったと説いていた〔森下 1991〕。倭製鏡が長期にわたり製作・使用されつづけた理由に関する推察として、興味深いものがあったが、抽象的すぎるきらいもあった。しかしこの4年後の論考において、隅田八幡鏡などの銘文を俎上に載せ、倭製鏡生産の背景に特定の契機と目的が存在したとまで、推察を深めた。この推察の補強材料として、倭製鏡が基本的に同笵（型）技法を使用せず、「愚直なまでに何度も文様を写し取る手間がかけられている」特質があることを挙示し、その背景に「手間をかけて模倣し、新たな文様を創造していく製作行為そのもの」が「祈願や顕彰の念を達成する意義」として必要とされた状況を看取した。また、倭製鏡にみる連続的な変形プロセスは、「上からの命を受け、お手本を特別に貸与されて」「模倣する

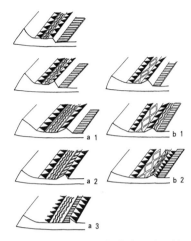

図31 古墳時代中期後半以降の外区文様と断面形態の変化〔森下1993b〕

機会を得たのち」、その手本である「中国鏡は返却し、できあがった製品を順次真似してい」ったためと解し、それゆえ「上」から手本を貸与され「新しく文様を作り出した最初のきっかけが、重要な意味をも」ったと推定した。倭製鏡の継続的生産の基点となる「中国鏡の模倣や新たな文様の創造」が、「ある時期にまとまって行われた」ことも、以上の推察の裏づけになるわけである。そして、「前方後円墳を築く風習が広く普及し、倭が統一国家への道を歩み始めた」「四世紀」に、「いろいろな仿製鏡がいっせいに生み出され」るなど「鏡作りが活発化した」事実の社会的背景には、「祈願や顕彰を必要とするさまざまな政治的活動のあったこと」を考えたのである〔森下 1995a〕。

　森下は、前期倭製鏡から後期倭製鏡にいたるまでの推移に、「系列の大きな交代」をともなう「二つの画期」をみてとったが、他方で「ほぼ古墳時代全期を覆う長期にわたって生産が存続しえた」ことも強調した。そのような生産の継続性をささえた背景として、「鏡に対する幅広い需要」とともに、「生産組織を強力に支えた勢力の存在」を想定した。その生産組織には、「複数の系統の製作者集団」がふくまれると推定しつつ、大局的には倭製鏡の全時期において、畿内地域を中心に製作が継続されたとみた〔森下 1991・1993a〕。91年論文では、畿内生産を強調したにとどまり、地域生産の有無に言及しなかった。しかし、本論文の要点をまとめた別稿で、「地方生産を問題とするならば、中心となる系列群から明確に分離できる特徴をもち、地方に分布のまとまる系列を検討すべき」ことを要請したうえで、「そうした系列が全く無いわけではない」と説き、地域生産の存在を示唆した〔森下 1993a〕。とはいえ、「そうした系列」の挙例には消極的であった。たとえば、東海地域（濃尾地域）産の可能性が指摘された「人物禽獣文鏡」〔赤塚 1995〕をとりあげ、「他の仿製鏡と異なる特徴をもち、かつ地方に分布がまとまるという特徴を合わせもつという点で地方生産の可能性が考えられる鏡群」との評価をくだしつつも、当該鏡群がみせる文様的な特徴から、それらの「製作がまったくの孤立的なものではなく、畿内の中心的な仿製鏡群の手法に近い存在であ」り、「かりに東海地方で製作され、その地域内で流通したものとしても、畿内の仿製鏡生産と強い関連があったことはまちがいない」と断じた。「地域」における生産の可能性はありうる

としつつも、「地域性」をそなえた生産は却下する姿勢を示したわけである。つまり森下は、畿内地域から独立した生産という、従来の地域生産説の骨子を、実質的に否定したことになる。結果的に地域生産を軽視することになったのは、古墳倭製鏡は「文様の共通性からその9割までが同一の製作者集団によって畿内で製作されたことが明らか」と断言したことに起因するのかもしれない〔森下 1995b〕。

　ただ上述したように森下は、畿内地域での生産を想定しつつも、一元的な生産体制ではなく、中心的な集団を核として複数の製作集団が作鏡に従事する体制を推定した。とくに「仿製」三角縁神獣鏡が、単一系列の製作に特化した集団の所産だとみたのは、当該系列と他系列とが多様な点で相違することに、説得的な説明をあたえる解釈であった〔森下 1991〕。両者の差異については、別稿において鋳造技術や研磨・仕上げの面から詳細に例示された〔森下 1993c・d〕。こうして別出された、倭製鏡全体における「仿製」三角縁神獣鏡の特異性は、1990年代末に提唱された、後者を中国製鏡として倭製鏡から分離する新説〔車崎 1999a 等〕の追い風にもなった。

　以上のほかにも、倭製鏡と中国製鏡との再区分〔森下 1998b〕、連作鏡の分析〔森下 1998c〕、分布状況と分配方式の検討〔森下 1994〕、伝世（長期保有）現象とその意味〔森下 1998a〕などについても、先駆的な考察を数多くうみだした。それらについては、項目ごとに後記する。このように森下は、当期前半期の倭製鏡研究を牽引したにとどまらず、総合的かつ緻密な分類・編年案に裏づけられた多角的な分析視座をもって、倭製鏡研究の水準を格段にひきあげたと総評しうる。

### （3）分類・型式（系列）変遷に関する方法論の展開

　森下が緻密かつ体系的な倭製鏡研究を推進しえたのは、方法論と分析手順、推論の根拠を明示し、資料に即した検討を孜々として実施したからにほかならない。ただし、若干の課題も残した。

　第一に、共伴関係による検証が不十分であった。ごく一部ながら、倭製鏡と出土古墳の時期を対照し〔森下 1991・1993a〕、同一埋葬施設における複数面の「仿製」三角縁神獣鏡の共伴状況を確認していた[84]〔森下 1991〕が、一部の資料に頼る検証には恣意性をまぬかれえない欠陥があった。また、詳細に復元した倭製鏡の型式組列の可否を、いまだ不十分な古墳編年にゆだねてしまうのは、倭製鏡研究の有効性をみずから抛棄する態度である。そもそも型式学的な編年は、一括資料の組みあわせの順列化をつうじてうみだされる以上、共伴関係の軽視は型式学的操作の原義から逸脱している。この基礎的で当然の作業は、現在なお不十分にしか実践されていない。

　第二に、「大型品から小型品」へという「一元的な変化」を自明視してきた先行研究を批判しながら〔森下 1991〕、森下自身も結果的に同様の変遷案を提示したことをあげうる[85]。事実そのように変遷したのであれば問題ないが、簡略・省略化された文様として時期が下げられてきた中・小型鏡の一部が、古墳倭製鏡の出現期頃に遡上することがしだいに判明し、簡略・省略と目される様相の一部が、施文スペースの制限に起因する可能性が高まった〔車崎 1993a；水野 1997 等〕。したがって、共伴関係を検討する必要性とともに、森下の提示した方法論にも再検討の余地がある。

　そうした再検討として重要な位置を占めるのが、面径の大小を考慮した型式（系列）変遷の方法論を、実践的に提示した車崎正彦の研究である。車崎は竈龍鏡の分析にあたって、「半円方形帯文様」に面径の大小と相関する系統的差異があり、それらが併行的に変遷をとげることを明示し（図32）、「笵型を刻む作業を想起すれば、小型鏡に省略が目立つのは当然の現象」とみなし、諸要素の

脱落を無条件に新古の差に直結させる従来の分析視角に異議を呈した。さらに、面径の大小と「作風」とに対応する「作鏡者」を抽出したうえで、「簡略化と省略という二つの現象は、峻別して理解すべき」であり、「全般的傾向として簡略化の進行はあったが、その度合いは、作鏡者ごとに相違した」と考えうる以上、「要素の脱落をもって製作の先後を決することは、不可能ではないにしても、容易ではない」と結論づけた〔車崎 1993a・b等〕。揆文鏡を詳密に分析した水野敏典も、鏡背の諸要素の変化・脱落には「時間経過による変化と鏡径の制約による省略が混在」するため、これらの区別が不可欠であることを強調したうえで、「時間的新古関係」をとらえるためには「鏡径の差異を越えた変化と、同等もしくはそれ以上の鏡径を持つ鏡間での個々の要素の変化と脱落を中心に扱う」べきことを主張し、この方針を実際の分析に適用した〔水野 1997〕。

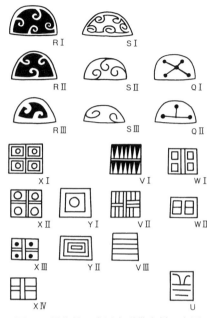

図32　鼉龍鏡の半円方形帯文様の変遷〔車崎 1993a〕

車崎は上記の鼉龍鏡論において、もうひとつ興味深い分析視角を提示した。小林行雄が人物埴輪を対象に実施した作者同定〔小林行 1960〕を参考にして、川西の「同工鏡」概念〔川西 1981〕を「作鏡者」個人の同定にまで推し進めることを提言し、「同じ作鏡者の作品といえる程度に、作風の酷似する」9群の「同工鏡」を抽出したのである。このきわめて意欲的な分析視角に立脚して、作鏡体制の復元にとどまらず、作鏡者間の「身分的秩序」の存在にまで考察の射程をひろげた〔車崎 1990・1993a・b〕。倭製鏡研究を拡幅させる可能性を秘めた視角であったが、「属性分析の手法としてはいちじるしく不適当」なばかりか、「同工鏡の認定が区画やわずかな紋様の類似だけでは不確か」だとの批判〔新井 1995〕や、「この分類が工人差を示すとする見方は、鏡の大小を傍証とするのみでは説得的ではない」といった疑念〔岸本 1996〕が提示されたように、議論の基礎となる「作風」や「作鏡工人」といった概念の精度が、工房の実態や「作鏡者」間の「身分的秩序」といった事象を究明するために必要な分析精度を満たしていなかった。そのため、この野心的な検討はいささか「無謀な企て」〔車崎 1993a〕に終わり、以後に継承されなかった。

他方、同工鏡論に反駁した新井悟がとったのが、田中を起点とする広義の属性分析である。車崎と同じく鼉龍鏡を分析対象にして、「内区の単位紋」を主属性として組んだ「型式組列」の妥当性を、内区外周および外区の諸要素の「型式組列」との相関関係から検証する「属性分析の方法」を採用したのである〔新井 1995〕（表9）。一部の鏡群については有効な結果が弾きだされたが、車崎の重視した「系統」差や面径差への意識が弱く、一線的な簡略化を導出したにとどまった。

ここにおいて、文様の省略の度合いを、製作時期差の反映ととらえるか（新井）、面径による施文スペースの制約や工人の差にも左右されるとみるか（車崎）という、倭製鏡の変遷を追究するうえで重大な論点が前面化した。しかし、共伴関係による検証や、別系列の要素との比較検討といった、必要不可欠の作業をなおざりにしていた以上、両者の対立は水掛け論の域にとどまらざ

表9 竈龍鏡の「型式組列」と属性の対応関係〔新井1995〕

| 型　式 | | 第一型式 | 第　二　型　式 | | | | | 第三型式 | |
|---|---|---|---|---|---|---|---|---|---|
| 個体名 | | 新山鏡 | 柳井茶臼山鏡 | 東博蔵鏡 | 坂本不言堂蔵鏡 | 天理参考館蔵鏡 | 岡銚子塚鏡 | 菖蒲塚鏡 | 貝吹鏡 |
| 属性 | 鳥紋 | A | B | B | C | D | ? | E | F |
| | 菱形内渦紋数 | 特殊 | 4 | 鋸歯文2圏 | 2 | 2 | 2 | 3 | 2 |
| | 半円内渦紋数 | 4 | 4 | 4 | 3 | 3 | 3 | 3 | 2 |
| | 方形内紋様 | A | B | B | C | C | C | C | C |
| | 胴部乳 | A | B | B | C | C | C | C | C |

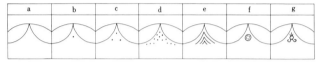

図33 倭製内行花文鏡（B類）の花文間文様〔清水1994〕

表10 花文間文様と花文数の組みあわせ〔清水1994〕

| | a | b | c | d | e | f | g | ? | 計 |
|---|---|---|---|---|---|---|---|---|---|
| 5 | 0<br>0% | 4<br>36% | 1<br>9% | 5<br>45% | 0<br>0% | 0<br>0% | 1<br>9% | 0<br>0% | 11<br>100% |
| 6 | 3<br>3% | 31<br>29% | 17<br>16% | 20<br>19% | 7<br>7% | 0<br>0% | 14<br>13% | 15<br>14% | 107<br>100% |
| 7 | 1<br>6% | 1<br>6% | 0<br>0% | 4<br>24% | 5<br>29% | 0<br>0% | 3<br>18% | 3<br>18% | 17<br>100% |
| 8 | 0<br>0% | 3<br>14% | 1<br>5% | 1<br>5% | 1<br>5% | 1<br>5% | 8<br>36% | 7<br>32% | 22<br>100% |
| 9 | 0<br>0% | 2<br>50% | 0<br>0% | 2<br>50% | 0<br>0% | 0<br>0% | 0<br>0% | 0<br>0% | 4<br>100% |
| ? | 0<br>0% | 0<br>0% | 0<br>0% | 0<br>0% | 0<br>0% | 0<br>0% | 0<br>0% | 2<br>100% | 2<br>100% |
| 計 | 4<br>(2%) | 41<br>(25%) | 19<br>(12%) | 32<br>(20%) | 13<br>(8%) | 1<br>(1%) | 26<br>(16%) | 27<br>(17%) | 163<br>(100%) |

をえなかった。なお、その後の研究は、おおむね前者の方針で進んでおり〔福永1994a；辻田2000；林2000・2002等〕、後者の観点への配慮〔水野1997；下垣2003a〕はいくぶん低調である。

諸属性の「型式組列」を設定しがたい場合には、次善の策として文様要素の組みあわせ頻度に着目する分析法〔田中1979〕もとられた。倭製内行花文鏡の編年を目的とした論考において、全資料の7割を占める「B類」を対象に、清水康二がこのアプローチに依拠した。清水は斜角雲雷文帯（「有節松葉文帯」）と四葉座の有無を基準に大分類したうえで、弧数・外区～内区外周文様・弧間の単位文様などといった「各属性の組み合わせの強弱」を百分率で提示し、変遷の大局をとらえようとこころみた（図33・表10）。しかし、「B類」などの中・小型鏡は、型式変化をとらえうる唯一の要素である四葉座を基本的に欠き、それ以外の「各属性の組み合わせ」にも、変遷段階を画するに足る有意なまとまりがみとめられず、提示された「五期」編年には説得力がそなわらなかった。編年の検証にしても、「倣製内行花文鏡Ⅱa式」に「特徴的」な一種類の「単位文様」が「倣製方格規矩四神鏡JD式」にしばしば配されることを指摘したほか、「共伴土器及び埴輪による検討」のために4古墳のみをとりあげたにとどまり、はなはだ不十分であった〔清水1994〕。

分類・型式（系列）変遷に関する以上の方法論や視角は、いずれも第六期までに提示され、当期前半期に洗練させられた。他方、当期前半期に新出した視角もあった。福永伸哉が「倣製」三角縁神獣鏡の分析に際して案出した視角が、その代表である〔福永1992b・1994a〕。福永は、同笵関係にないにもかかわらず、「内区6乳と内区外周文様帯10乳」の配置がほぼ一致する鏡群（「同乳鏡」群）の存在をみいだし、各鏡群はそれぞれ面径もきわめて近く、「乳配置を描いた同じデザイ

ン原図をもとに製作された可能性」を想定しうることから、原鏡となった中国製三角縁神獣鏡の乳配置から遠ざかってゆく過程をたどることで、各「同乳鏡」群の前後関係を明らかにしうると考えた。そして実際に、抽出した15群の同乳鏡群における乳配置の前後関係は、神獣像表現の形骸化や松毬形表現の簡略化などと強い相関を示すこ

図34　「仿製」三角縁神獣鏡の諸属性の相関〔福永 1994a〕

| 図文要素／時期 | 内区乳数 | | | 文様帯乳数 | | | | | 乳配置 | | 神像の表現 | | | | | 獣体の向き | | 松毬形の表現 | | | 外区文様帯数 | |
|---|---|---|---|---|---|---|---|---|---|---|---|---|---|---|---|---|---|---|---|---|---|---|
| | 4乳 | 6乳 | 5乳 | 10乳 | 11乳 | 12乳 | 9乳 | 8乳 | 台形 | 方形 | A | B | C | D | E | 右 | 左 | i | ii | iii | 3帯 | 2帯 |
| Ⅰ－a | ● | | | ● | | | | | | | ● | | | | | | | | | | ● | |
| Ⅰ－b | ● | ● | | ● | | | | | ● | | ● | | | | | | | ● | ● | | ● | |
| Ⅰ－c | ● | ● | | ● | ● | | | | | | ● | | | | | | | ● | | | ● | |
| Ⅱ－a | | ● | | | ● | | | | | ● | | ● | | | | ● | | | ● | | ● | |
| Ⅱ－b | | | ● | | | ● | | | | ● | | ● | | | | ● | | | ● | | ● | |
| Ⅱ－c | | | ● | | | ● | | | | ● | | ● | | | | | ● | ● | ● | | ● | |
| Ⅲ－a | | ● | | | | ● | | | | ● | | | ● | | | ● | | | ● | | ● | |
| Ⅲ－b | | | ● | | | | ● | | | ● | | | ● | | | | ● | | ● | | ● | |
| Ⅳ－a | | | ● | | ● | | | | | ● | | | | | ● | ● | | 松毬形文様消滅 | | | ● | |
| Ⅳ－b | | | ● | | | ● | | | | ● | | | | | ● | | ● | | | | ● | |
| Ⅳ－c | | | ● | | | | ● | | | ● | | | | | ● | ● | | | | | ● | |
| Ⅴ | | ● | ● | | | | | ● | | ● | | | | | ● | ● | | | | | ● | ● |

とを明らかにし、大分5期・細分12小期の段階設定案を打ちたてた（図34）。この分析手法は、器物の特質を規定する製作原理に着眼した点できわめて説得的であり、挽型形状に由来する断面形状を重視する以後の分析手法〔岩本 2003；加藤 2014a〕の先駆けとなった。また、各古墳（埋葬施設）で複数面が出土する場合のほとんどにおいて、「同じ小期あるいは隣接する小期のものとの共伴関係が認められる」ことを確認し、自案の妥当性を検証したことも、爾後の研究に正当な指針を示すものであった〔福永 1994a〕。

## （4）個別鏡式の研究

編年大綱と方法論の整備にくわえて、出土資料および図録類の増加も追い風にして、当期前半期には多彩な鏡式（系列）の研究が堰を切ったようにあらわれた。以下、鏡式ごとに解説するが、製作技術論や分配論などの特定テーマに関する部分は、当該項目においてあらためて解説する。

### A．竃龍鏡
#### a．車崎正彦の研究

当期前半期に、とくに精力的に研究された鏡式が竃龍鏡である。なかでもひときわ精緻な分析を展開したのが車崎である。まず竃龍鏡を、複数「形式」の画文帯神獣鏡（環状乳神獣鏡および同向式神獣鏡Ｂ型ないし求心式神獣鏡）を「換骨奪胎した原作の系譜に確実に列なる」倭製鏡に限定し、外区に「菱雲文帯と鳥文帯の二帯またはそのいづれか一帯をもつ」「第一群」と、「そのいづれをも欠く」「第二群」とに二分した。そして、系統差を加味しつつ半円方形帯の型式変化を検討し、「両群の文様帯には、製作時期の新古にもとづく相違があ」り、「原鏡の踏襲に終始する」前者が古く、「それを大きく逸脱して他鏡式との交錯が顕著な」後者が新しいとの帰結をみちびきだした。つづいて、「作風が一致」し「同じ作鏡者の作品群と認め」うる「同工鏡」を抽出した（表11）。ただし、具体的な分析としては、9面の「同工鏡Ａ」を「ＡⅠ」〜「ＡⅤ」に細分し、「舶載鏡の模作を起点に展開する」「型式変化」と、半円方形帯・鳥文・菱雲文の変遷との連動性をもって、「ＡⅠ→ＡⅡ→ＡⅢ・ＡⅣ→ＡⅤ」の「製作順序」を検証したほかは、「同工鏡Ａ」とほかの「同工鏡」および「超大型仿製鏡」との関係に言及するにとどまった〔車崎 1993a・b〕。

122　第Ⅰ部　倭製鏡論

表11　竈龍鏡の同工鏡〔車崎 1993a〕

|  | | 同工鏡 | 面　径 | 樋口分類 |
|---|---|---|---|---|
|  | 柳井茶臼山古墳鏡 | A | 44.5cm | Ⅰ型 |
|  | 東京国立博物館蔵鏡 | A | 38.4cm | Ⅰ型 |
|  | 坂本蔵鏡 | A | 29.5cm | Ⅰ型 |
|  | 新山古墳鏡 | A | 27.1cm | Ⅰ型 |
| 第 | 天理参考館蔵鏡 | A | 25.4cm | （Ⅰ型） |
|  | 八代銚子塚古墳鏡 | A | 23　cm | （Ⅰ型） |
|  | 貝吹古墳２号鏡 | A | 22.8cm | Ⅱ型 |
|  | 宝塚古墳25号鏡 | A | 22.3cm | Ⅱ型 |
| 一 | 菖蒲塚古墳鏡 | B | 23.7cm | （Ⅱ型） |
|  | 沖ノ島17号遺跡11号鏡 | B | 23.7cm | Ⅲ型 |
|  | 伝京都府淀鏡 | B | 22.3cm | Ⅲ型 |
|  | 鶴山丸山古墳鏡 | C | 17.3cm | Ⅱ型 |
| 群 | 白山古墳鏡 | C | 17.3cm | Ⅲ型 |
|  | 中道銚子塚古墳鏡 | D | 15.7cm | Ⅲ型 |
|  | 辰馬考古資料館蔵鏡 | D | 15.4cm | （Ⅲ型） |
|  | 舟木山27号墳鏡 | D | 15.3cm | Ⅲ型 |
|  | 黒岡山古墳鏡 | E | 12.7cm | （Ⅴ型） |
|  | 掛迫６号墳鏡 | E | 10.8cm | Ⅴ型 |
|  | 泉屋博古館蔵鏡 | F | 22.9cm | （Ⅱ型） |
|  | 北和城南鏡 | F | 24.3cm | （Ⅲ型） |
| 第 | 東車塚古墳鏡 | G | 21.5cm | （Ⅱ型） |
|  | 伝奈良県都祁村鏡 | G | 17.9cm | （Ⅴ型） |
| 二 | 美濃山古墳鏡 | H | 16.4cm | Ⅴ型 |
|  | 貝吹古墳６号鏡 | H | 15.8cm | Ⅴ型 |
| 群 | 恵解山２号墳鏡 | I | 13.8cm | Ⅱ型 |
|  | 熊山町鏡 | I | 13.0cm | （Ⅳ型） |

編年作業の面からみると、「第一群」と「第二群」が「製作時期を異にする新古二相の鏡群」であると主張したにとどまり、大雑把な編年案であった。ただ車崎の立場からすれば、「作鏡者ごとに変化の遅速をみる」以上、「いたづらに細分案を示せば、混乱を招くことにもなりかねない」ため、作鏡者の相違を吸収しうるだけの時間幅が必要だったのだろう。また、同工鏡の抽出と倭製鏡の「生産体制」の解明が論の主眼であるため、「第一群の製作が作鏡者Ａの活動期間とほぼ一致する程度の期間と認め」うるとすれば、さらなる細分をあえてする必然性がなかったのかもしれない。にもかかわらず、ここから筆を転じて、竈龍鏡と捩文鏡の分布・副葬状況を根拠に、「畿内政権」が「その諸活動の一端を分掌する首長に、信任の証としての大型仿製鏡を賜与し」、「大小の仿製鏡を選択的に配布することで自らを中核とする政治秩序の構築強化につとめる」「施策を遂行した」とまで推論を進めるのは、自身の粗い編年案から追究しうる限界を踏みこえていた〔車崎 1993a〕。

### b.　新井悟の研究

　作鏡者に分析の焦点をあて、一定の時間幅における共時的関係を追究した車崎とは対照的に、広義の属性分析を駆使して鏡自体の型式変遷を丹念に追ったのが新井である。新井はまず、「竈龍紋の頭部に付加された神像の胴部の有無」を「もっとも基本的な系統分類の基準」とみなし、神像の胴部を付加したものを「基本系」、欠くものを「省略系」に二大別した。そのうえで、まず前者のうち内的に「独立して変化してゆく一群」である「基本系-1」の「型式組列を完成させ」てから、別系統と関連しつつ変化をとげた「基本系-2」「省略系-1」「省略系-2」「省略系-3」を、「基本系-1」で「設定した型式に対応させ」ることで、竈龍鏡全体の編年の構築をはかった。具体的には、まず「基本系-1」において「もっとも時間的な変化」を明瞭に反映する「竈龍紋の頭部に付加された神像の胴部と環状乳を模した胴部乳との位置関係」の変化から「型式組列」を組み、「菱形内渦紋数」や「鳥紋帯の鳥紋の形態」などの「型式およびその型式組列」との相関関係を確認することで、その有意性を検証する手順をとった。その結果、「基本系-1」において「第一型式→第二型式前半→第二型式後半→第三型式」の順をなす「型式組列」を復元し（表9）、さらには属性の共通性を根拠にして「基本系-2」および各種「省略系」との併行関係を明示した〔新井 1995〕。

　「基本系-1」の「型式組列」に関しては、説得力のある結果がえられた。ただし、分析が首尾よくなされたのは、「基本系-1」が緊密なまとまりのある鏡群であったことも大きい。実際、「基本系-1」は車崎の「同工鏡Ａ」とほぼ一致し、当該鏡群にたいする２人の変遷案はほとんど同一である。他方、他鏡群との併行関係を探る段になると、車崎が重視したサイズ差や文様の系統差が軽視

され、「基本系-1」以外の鏡群のほぼすべてが「第三型式」に押しこまれた。「同工鏡A」の8面すべてが「基本系-1」として検討されているのとは対蹠的に、車崎が分析に供した残り34面のうちわずか13面しか検討していないことにもあらわれているように、「基本系-1」以外の検討が疎漏であった。なお、原鏡についても詳密な検討をおこない、内区図像の原鏡は「鼉龍紋をもつ画紋帯求心式神獣鏡」、「画紋帯同向式神獣鏡B型ないし三角縁神獣鏡」、そして「画紋帯環状乳神獣鏡のうち環状乳に放射状の刻み目をもつ一群」であると推定した〔新井 1995〕。

### c. そのほか

新井に先駆けて森下は、神像に短胴と乳に巻きつく長胴との双方がとりつく系列と、後者のみがとりつく系列とに二大分して、両者の変遷を追った。両系列とも、前期倭製鏡の全期間をつうじて併存し、基本的に省略化してゆく変遷過程を推定した。またその原鏡として、環状乳神獣鏡と同向式神獣鏡にくわえて、長胴に鱗文が配されることを根拠に、盤龍鏡も挙示した〔森下 1991〕。他方で岸本直文は、「神像胴部の有無が系列差ととらえうるかどうか、特に胴部をもたないものが一貫した系列を形成するのかどうか、やや疑念が残る」として、森下の分類案に疑義を表明した。そして、最古の鼉龍鏡だとみなされてきた奈良県新山古墳出土鏡（奈良255）と、新出の滋賀県雪野山古墳出土鏡（滋賀11）とを詳悉に比較し、雪野山鏡こそ「最古の鼉龍鏡の1例」であり、新山鏡から「「単頭双胴」とも称される鼉龍鏡の構図が定まる」のだと結論づけた〔岸本 1996〕。

より細かく復元した変遷段階に個別資料を位置づける作業に尽力したのが、池上悟である。池上は内区図像を5つの要素に分解し、それらの欠落状況を基準に「A群」（全要素をそなえる「基本形」）・「B群」（小獣が欠落）・「C群」（「A群」から短胴が欠落）・「D群」（神像が頭部のみになり小獣と一体化）に4分したうえで、各群の変遷状況を追跡し、最終的に計13段階に復元した。そして、「1〜3段階」を「定型を基本としてのI期」、「4〜6段階」を「変容のII期」、「7〜9段階」を「変異定型のIII期」、「10・11段階」を「末期様相のIV期」、「12・13段階」を「転換のV期」と総括した。意欲的な検討であったが、大分類と群内変遷の双方において文様の欠落・簡略化を採用するなど、分類の基準と分析方法が曖昧であり、そのため提示された変遷案には説得力がそなわらなかった。鳥文の変遷をもって段階設定の妥当性の検証をこころみたことは評価できるが、個別資料の前後関係に拘泥したため、全体的な整合性をはかることなく、隣接資料の前後関係を連鎖させただけの変遷案になった観は否めない。そもそも、鼉龍鏡の抽出基準が不明確で、ほかの論者が当該鏡式（系列）にふくめない資料が少なからず混淆していた。また、鼉龍鏡と三角縁神獣鏡が頻度高く共伴することに着目し、両者の「密接な関連」を指摘しながら、両者の時期的な連繋性に思いいたらず、時期差をもった配布―入手の集積の結果と推断したことも惜しまれる〔池上 1992〕。

### B. 捩文鏡

#### a. 車崎正彦の研究

捩文鏡に関する当期前半期の研究は、鼉龍鏡との関係に重心の一端をおいて展開した。そうしたアプローチは、両者を「おなじ意匠の大型ないし中型鏡と小型鏡との関係」ととらえて一体的に分析を遂行した車崎の研究に、明瞭にあらわれている。車崎は捩文鏡を、外区文様帯に「菱雲文帯ないし複合鋸歯文帯と捩文鏡の二帯またはいづれか一帯をもつ鏡群」と「そのいづれをも欠く鏡群」とに二大分し、前者を「捩文鏡第一群」、後者を「捩文鏡第二群」と呼称した。そして、面径の制

約ゆえに、竈龍鏡の「鳥文帯」と「菱雲文帯」が、捩文鏡ではそれぞれ「捩文帯」と「複合鋸歯文帯」に置換されたとの解釈と、両鏡式間の内外区文様の共通性とに立脚して、捩文鏡の「第一群」と「第二群」が、それぞれ竈龍鏡の「第一群」と「第二群」に「連繋して新古二相の鏡群を構成する可能性」を提起した。さらに、その製作開始時期について、「第二群」が「遅くとも四世紀後葉に遡」り、「第一群」が「四世紀中葉まで遡ることは確実」で、「四世紀前葉」に遡上する可能性もありうると想定した。また後述するように、両鏡式の「面径の大小は、その工房を管掌し、その鏡を各地の有力者層に賜与した大和王権の最有力者の「被配布者のランクづけ」を反映している」との視座から、「大和王権」（「畿内政権」）による「地方経営」施策の具体相を探った。捩文鏡の同工鏡6面を抽出したことも、興味深いこころみであった〔車崎 1990・1991・1993a〕。

### b. 森下章司の研究

　車崎の分析視角は重要であったが、一定の活動期間内で個性を発揮しつづけた作鏡者ごとの相違と、そうした相違を超えて時間的変化を示す要素との峻別が困難だとの理由から、型式変遷の究明には消極的であった。これと対照的な姿勢をみせたのが森下であり、外区文様こそが「時間差と大きな系統差以外の違いを吸収」する要素だとみたうえで、捩文鏡に複数の系列を設定してそれぞれの変遷を追い、外区文様の変化をもって検証した。具体的に森下は、まず樋口分類〔樋口 1979a〕の「Ⅰ型」「Ⅱ型」「Ⅴ型」をそれぞれ「獣毛文鏡系」「俵文鏡系」「羽文鏡系」に、また「Ⅲ型」「Ⅳ型」を組みかえて「房文鏡系」「三日月文鏡系」に再設定した。そして、初期の「獣毛文鏡」が「単頭双胴神鏡系」（竈龍鏡）の「獣毛文」に酷似し、「俵文鏡」が「単頭双胴神鏡a系」（竈龍鏡）の神像の長胴に類似することから、少なくとも「獣毛文鏡」と「俵文鏡」が「単頭双胴神鏡系の文様の一部を借用して」、当該系列「より遅れて出現した」と考えた。そのように祖型を特定したうえで、各系列の変遷（簡略化）プロセスを復元し、そうした変遷が「複合鋸歯文」および「羽状文」から「素文」へ、あるいは「突線付鋸鋸文」から「鋸文」への変化と対応することを明示した〔森下 1991〕。

### c. 水野敏典の研究

　面径による施文スペースの制約とそれに応じた文様の系統的差異に着眼した車崎の視角と、祖型にもとづく分類と型式変遷を緻密に追跡した森下のアプローチとの、両者の長所を統合して、捩文鏡の「型式学的変遷の把握を目的として資料操作」を実施したのが水野敏典である〔水野 1997〕。現在、水野の論考が捩文鏡研究の到達点である。

　前者の視角に関して、まず「鏡径に大小がある場合、鏡式の諸要素の変化や脱落には時間経過による変化と鏡径の制約による省略が混在しており、これらを区別することが不可欠」であり、「より小型の鏡における図像の省略や要素の脱落は、必ずしも時間的新古に置き換えることができない」ので、「時間的新古関係の把握には、鏡径の差異を越えた変化と、同等もしくはそれ以上の鏡径を持つ鏡間での個々の要素の変化と脱落を中心に扱う」べき方針を明示した。そして、「捩文帯」が「鏡径の制約」による「鳥文帯」の「省略表現として並存していること」、複合鋸歯文が「竈龍鏡の本来の外区である菱雲文」と「置き換え可能な文様」であることを例示し、分析の基礎をととのえた。これらの視点は、外区〜内区外周が「複合鋸歯文および捩文帯を用いる鏡群」である「1群」と、「鋸‖鋸¬櫛[89]」を「典型とし、その省略型式を含めた鏡群」である「2群」とに二大別して、前者から後者への変化を「竈龍鏡の変化に対応する」と考定したこととともに、車崎の先行研

究に忠実に依拠したものである。他方、龗龍鏡の内区図像の抽出部位を基準に「型式」を設定し、各「型式」の変遷を追う分析は、森下のアプローチを継承したものであるが、文様の細部と面径差に細心の配慮をはらうことで、分析精度が格段の深化をとげた。「龗龍鏡の内区外縁の獣毛表現を抜き出した」「A型式」、「龗龍胴部」の「表現を抜き出した」「B型式」、「龗龍胴部下半の節状の表現を抜き出した」「C型式」、「龗龍胴部の節状表現を抽象的に文様化した」「D型式」を設定し[90]、さらに各型式を複数の「系統」に細分して、主像の簡略化・様式化や外区の変化などからその変遷プロセスを精細に復元したのである。

　以上の分析をふまえて、各「型式」の編年的位置づけを探り、「A型式」が「外区1群」の「古相」に出現し、「外区1群」のうちに終了し、「B型式」と「C型式」は一歩遅れて「外区1群」の「新相」に、「D型式」はさらに遅れて「外区1群から2群への移行時期」に製作を開始し、「外区2群」の全時期をつうじて存続したとの消長案を提示した。そして、「出土古墳の時期」に依拠して、「外区1群の製作時期」を「集成編年」〔広瀬 1992〕の「1、2期」に、「外区2群」の「古相」と「新相」をそれぞれ同「3期」および「4、5期」に対応させた〔水野 1997〕。「仿製」三角縁神獣鏡に先行してほかの倭製鏡が出現したとする見解は、その前年に提示されていた〔岸本 1996〕。しかし、鏡自体の型式学的分析をつうじて、主張の妥当性を裏づけたことにくわえ、小型鏡である捩文鏡も古墳時代開始期まで遡上する蓋然性を説いたことには高い価値がある。ただ、肝腎の共伴関係の検討が不十分だったことが惜しまれる。


　C. 方格規矩（四神）鏡

　田中琢が精密きわまりない分析を完遂していた〔田中 1983a〕ためか、龗龍鏡との関係が深い大型の方格規矩四神鏡〔森下 1991；池上 1992；岸本 1996〕ではなく、方格T字鏡など中・小型鏡に検討が集中した。しかし、そうした中・小型鏡の大半は、その後の研究で魏晋鏡である蓋然性が高まった〔森下 1998b；車崎 1999a 等〕。したがってそれらの論考は、魏晋鏡の分析、あるいは中国製鏡と倭製鏡の関係という面では、現在でも寄与するところがあるが、倭製鏡の編年や製作体制という面では、その意義の大部分が失効している。

### a. 松浦宥一郎の「方格T字鏡」研究

　もっとも重厚な検討を展開したのが松浦宥一郎であり、集成した48面の方格T字鏡を悉皆的に検討した。当該鏡群を、面径が15cm前後の中型鏡（「M」）と9〜11cmの小型鏡（「S」）とに「画然と二分」できることに注目し、そのうえで「内区の図文構成」や鈕区の構成、外区文様や縁部の断面形状などにより細分して、MA1式からSD5式まで計22型式に分類した。各型式（「同式鏡」）を詳細に検討した結果、SD式をのぞいて「各同式鏡間に強い親縁関係」があり、これらが「何らかの系譜関係」を有すると結論づけた。その製作時期について、出土古墳の時期を勘案して、「中型鏡は四世紀代、小型鏡は四世紀後半から五世紀前半にかけての比較的短かい時期に製作された可能性」を想定した。また製作地に関しては、舶倭の「識別の難しい鏡群」であることをみとめつつ、「現在のところその大半を仿製鏡とみておきたい」との判断をくだし、分布が「九州地方に圧倒的に集中している状況」から、当該「地方」に「製作地、および分配の核（センター）を求め得る可能性」を推定し、「弥生時代における鏡作り集団とその製作技術の伝統」が、「北部九州において古墳時代に入ってもなお保持されていた」との考えを示した〔松浦宥 1994〕。

### b. 髙木恭二の「博局鳥文鏡」研究

　方格 T 字鏡を包括する「博局鳥文鏡」(方格規矩鳥文鏡) の分類・分析作業をつうじて、より広範な視点から当該鏡群の「系譜」の復元をこころみたのが髙木恭二である。髙木は当該鏡群を「Ⅰ類」〜「Ⅲ類」に三分し、外区・「内区鳥文」・面径から計 24 の鏡群を設定し、うち計 15 群を中国製鏡、計 9 群を倭製鏡と判断した。そして、中国製鏡が倭製鏡に継続的に影響をあたえつつ、両者が併行的に「Ⅰ類」→「Ⅱ類」→「Ⅲ類」へと展開してゆく「系譜」を復元した〔髙木 1991〕。中国製鏡から倭製鏡への影響について、従説とは異質な見方を提示したわけだが、こうした影響関係を可能にした技術交流や生産体制にたいする説明を欠いたため、説得力も欠く結果となった。そのためか、早くも 2 年後の論考で、かつて倭製鏡とした鏡群のほとんどを「中国鏡または倭鏡」に再編成して、「中国鏡か倭鏡であるかの判断を保留」するにいたった〔髙木 1993〕。また製作地に関して、方格 T 字鏡の製作地を九州とみる松浦の見解〔松浦宥 1983〕に異議を示した〔髙木 1991〕。

### c. そのほか

　他方、分布・年代・製作地の検討をつうじて、「仿製方格規矩鏡の歴史的な意義付け」をおこなったのが北浦 (河口) 亜由美である。北浦は、内区文様と鏡径の相関関係に着目し、径 19 cm 以上の「大型鏡」・径 12〜19 cm の「中型鏡」(「中型鏡 1-1」「中型鏡 1-2」「中型鏡 2」に細分)、径 7.6〜11.5 cm の「小型鏡」(計 6 型に細分) に大分し、4 世紀後半 (「Ⅰ期」) から 6 世紀前半以降 (「Ⅳ期」) までの分布状況を概観し、各類の原鏡と製作地について考察した。検討の結果、「大型鏡→中型鏡→小型鏡」という方向での「図像の退化・省略化」の図式を否定し、「各鏡群」が一定の鏡径内で「独自の地位を保」つことを強調した。さらに、「鏡径の大小は畿内政権からの規制というよりも、鏡の概念の相違によるもの」ととらえ、「大型鏡」と「中型鏡 1-1」は「畿内政権直営の製作工房」において「集中的に管理し、配布」されていた一方、「祭器」として小型鏡を使用する根強い伝統があった九州では、弥生倭製鏡の製作を「受け継」いで「小型鏡」を製作しつづけたと想定した。さらに、「Ⅲ期」(「五世紀後半から六世紀初」) にいたって「小型鏡」の分布が「関東地方」にまで拡大する現象については、「各地の勢力」の鏡をもちいた「弥生的祭祀」に「畿内勢力」が「介入」を進めた結果、「北部九州」製の「小型鏡」を上納させたうえで、「東国経営の一環として」「東国」に「配布」した反映だと想像した。果敢な考察であったが、検討不足を憶測でおぎなった観が否めない。実際、その後の研究により、「中型鏡 1-2」と「小型鏡」が魏晋鏡である可能性が高まり、想像力ゆたかな所説のほとんどが成立しえなくなった〔北浦 1992〕。倭製方格

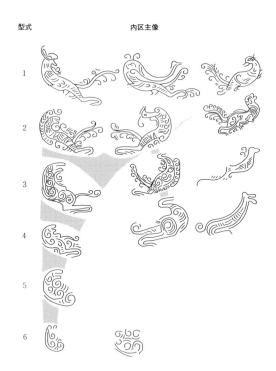

図 35　倭製方格規矩鏡の諸系列の図像の変遷
〔森下 1998a〕

規矩四神鏡にたいする北浦の貢献としては、むしろ田中 JB 式から JD 式にかけて「乳配置の多様化」、平縁から斜縁への変化、鏡面の「凸面状」化、「文様の渦文化、簡略化そして鏡径の小型化」が生じたことを、鏡体の形状という分析視角を導入しつつ、資料をそろえて立証し、その背景に「他鏡式」に由来する文様との「混合」を想定した成果のほうが重要である〔河口 1990〕。

　また森下は、91 年論文では田中 JC 式を「傍系列」として区別したほか、田中の分類〔田中 1983a〕を数字に置換してそのまま踏襲していたが〔森下 1991〕、のちの論考では複数種類の獣像の型式変化を図示するとともに、「単位文様の共通性」から「傍系列」および「仿製方格規矩鳥文鏡」の編年的位置づけをおさえた〔森下 1998a〕（図 35）。

### D. 内行花文鏡

　当期前半期には、型式変遷を示す鋭感的な指標として四葉座の形状がみいだされたこと〔高橋徹 1993：清水 1994〕、複数の系列が抽出されたこと〔森下 1991〕、後期倭製鏡にふくまれる資料群が確認されたこと〔森下 1991：清水 1994〕、畿外生産の可能性が指摘される〔赤塚 1998a・c〕など地域レヴェルでの検討が進んだこと〔今井 1992a〕など、多くの成果があがった。しかし、部分的な検討に終始したきらいがあった。その点で、本鏡式の悉皆的な集成と検討を遂行し、その全体像を明らかにした清水康二の研究は、きわめて大きな意義を有する〔清水 1990・1994〕。

#### a. 清水康二の研究

　倭製内行花文鏡の編年の構築にあたって、まず清水は「有節松葉文帯」と四葉座の有無を基準にすえて、「中国製長宜子孫内行花文鏡」に「特徴的な四葉座、有節松葉文帯をその鏡背文様に備える」「A 類」、「中国製長宜子孫内行花文鏡とは直接定な関係を、形態上認めることができ」ず「四葉座、有節松葉文帯が配置されない」「B 類」、両者の「中間的な形態をとるもの」のうち「四葉座は見られないが、有節松葉文帯を備えている」「C 類」、「四葉座は配されるが、有節松葉文帯は用いられない」「D 類」、「斜面鋸歯文帯、複線波文帯」にくわえて「崩れた」山形文「系の単位文様を配」し「鏡背分割の乱れが顕著」な「E 類」に五大分した〔清水 1994〕。

　そのうえで、各「大分類」の属性のあり方を考慮し、各類の変遷過程を復元した。編年作業の中軸をになったのが、属性の豊富な「A 類」であり、その細分と変遷過程にあたって、四葉座の形状と「有節松葉文帯」の配置が重視された。すなわち四葉座を、「葉状部分の繰り込みが深く、突出部までの長さがあ」り「栗の実状の形態を示」し、「葉状部分と鈕の間には段が無い」「四葉座 I」と、「葉状部分の繰り込みが浅」く「葉状部分と鈕の境に」しばしば「一段の造り出しが認められる」「四葉座 II」とに二分し、型式的に前者が先行するとみた。この視点は、前年に高橋徹が提示していた〔高橋徹 1993〕が、清水は新たに、「四葉座 I」が「中国製長宜子孫内行花文鏡」と同様に、四葉座の上にそのまま鈕が載るのにたいして、「四葉座 II」のほぼすべてが四葉座の上に円座鈕が載るという、両者の前後関係を示す「決定的な証拠」を提示した（図 36）。「有節松葉文帯」の配置は、「中国製長宜子孫内行花文鏡」と共通する「a」と、それから逸脱する「b」「c」に細分された。そして、「この二者の型式変化を想定」したうえで、「花文間単位文様、四葉座間単位文様、花文数の変遷」との対応性を検証する分析法を実施した。以上の分析法は方法論的に正当であり、「C」類を「A 類」との共通点をもって位置づけたのも妥当な処置であった〔清水 1994〕。

　他方で、「A 類」と「C 類」の合計面数の 4 倍以上におよぶ「B」類については、属性の少なさ

128　第Ⅰ部　倭製鏡論

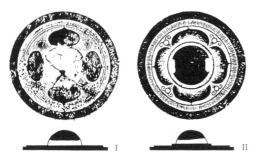

図36　四葉座の二形態〔清水 1994〕

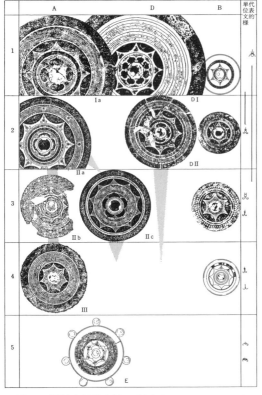

図37　倭製内行花文鏡の変遷〔清水 1994 一部改変〕

ゆえ仕方のない側面もあったが、多くの問題が残された。採用された手順は、「花文数」・外区～内区外周文様・単位文様などの「各属性の組み合わせの強弱」をもとに複数の「組み合わせのグループ」を設定し（表10）、「花文数つまりは鏡背分割法」を「製作の新古を具体的に表す」指標とみなして、各グループの新古を判断するというものであった。しかし、提示された「各属性の組み合わせ」には変遷段階を画するほど有意なまとまりがなく、結局は「花文数」に依存した新古案にすぎなかった。また、「花文間単位文様」が類似する一事例をもって、「A類」と「B類」が「ほぼ時期を同じくして製作が開始されていたと考え」たことにも、論拠が不十分であった〔清水 1994〕。

こうした難点はあったが、みちびきだされた5期区分案は示唆に富む成果といえる。「極端な大鏡が製作され」た「古墳時代前期前葉」の「一期」、「超大型鏡はほとんど製作されなくな」り、「中型、小型鏡の製作が多くなった」「前期中葉」の「二期」、「A類、D類の小型化がさらに進む」「前期中葉」の「三期」、「A類の小型化が進み、内行花文はフリーハンドで描かれるものがほとんど」になり、「大分類」間の「面径に代表される格差が極端に小さくなる」「前期後葉から中期初頭」の「四期」、「もはや大型鏡は作られ」ず「鈴鏡が現れ」、「須恵器、馬具の国産以後」に相当する「五期」、という時期区分案である〔清水 1994〕（図37）。

分析に先だち、本論考の「中心となる事項」として挙示した、「大型鏡と小型鏡の系譜及び時期同定の問題」について、上記の検討成果をふまえて、次のような興味深い考察も提示した。まず、大型鏡と小型鏡は、ほぼ同時期に製作を開始したと考えられるにもかかわらず、両者の同一古墳での共伴例が非常に少ないのは、両者が「機能差」をもった「同一の時期の二形態」であったためとみた。そしてより具体的に、「大型鏡を複数持ちうる被葬者と小型鏡を一面しか持ちえない被葬者とでは、古墳時代社会における地位に格段の差が有った」ため、「製作し配布する側」もこの「格差を十分に意識して」おり、「最初その格差を誇張して表現するために、面径を巨大にして超大型鏡が製作された」が、そののち「小型鏡を製作することによって、配布する格差の幅をさらに広げることに成功し」、その「格差を十分に意識し」た「配布」の結果が、同一墳における両者の非共

伴性だと推断し、同種の関係を「竈竜鏡と捩文鏡」にもみてとった〔清水 1990・1994〕。また、「弥生時代の小銅鏡と小型内行花文鏡が、系譜的につながる」とする見解〔森 1970a〕を、両者が鋳型や施文法において相違することから否定し、さらに「小型内行花文鏡」の地域生産説にたいして、「現時点では型式学において地方差を現すような分類はでき」ず、こうした説を「積極的に推す根拠はない」ことをもって、「倣製鏡製作は畿内政権の強い掌握のもとで行なわれていた」との反論を示したことも、倭製鏡生産に関する重要な提説であった〔清水 1994〕。

　b.　そのほか

　小型の倭製内行花文鏡の製作開始期と系譜に関して、清水に先行して同様の見解を披瀝したのが今井堯である。今井は、「小形内行花文倭鏡」の出土古墳の時期を確認するとともに、外区～内区外周文様帯・「内行花文（連弧文）と花文間の充塡文」・「鈕圏文様」を検討した。そして、これらは従来の定説よりも早く、「集成編年」の「2期」には出現しており、「刻線のシャープさ・文様配置など」の点からみて、弥生倭製鏡の「製作集団の系譜」をひかず、「外区文様」の特徴から「三角縁を含む神獣倭鏡の製作集団と親縁な関係にあった」と推定した〔今井 1992a〕。

　清水が棄却した、「地方差を現すような分類」の探索に邁進し、東海地域での「地方生産を積極的に推」したのが、赤塚次郎である〔赤塚 1995・1998a・b・c・2000・2004a・b〕。その一環として、倭製内行花文鏡にも探捜の手をのばし、「匙面状の外縁」および「二重の圏線」を有する「小木鏡系」と、「突線付櫛歯文と山形充塡文」を特徴とする「穂積鏡系」とを抽出し、「単純に分布が偏る」という理由から、両系列の「原鏡製作地」を「濃尾平野」にもとめた〔赤塚 1998a〕。

　複数の系統や系列を内包する大分類に、倭製内行花文鏡の全資料を割りふった清水、微細な特徴を共有する数面の資料を「系列」として独立させた赤塚にたいして、森下はその中間的な方針をとった。「内行花文鏡系は多くの系列を設定できる可能性がある」が、「文様が単純」なため「十分な細分ができていない」限界をみとめ、「径20cmを越える大型品で、九や七などの変則的な花文数のものが多い」「A系」、「径は10cm以上で、花文間には重弧文や獣文をいれ、雲雷文と花文の位置が逆転した特異な文様構成」をもつ「B系」、「径が16～8cm前後の中型品で、花文間」に各種の単位文様を配する「C系」、「花文間に、髭状の単位文様をいれる」「内行花文鏡髭文系」を設定したのである。そして、「A系」と「B系」は前期倭製鏡の全期間存続し、「C系」はやや遅れて登場し、「内行花文鏡髭文系」は後期倭製鏡の前半期に製作されたと推定した〔森下 1991〕。

　四葉座の形状の差異に着眼して、大型の倭製内行花文鏡の変遷をとらえようとした、高橋の検討も逸せない。この分析視角は、清水による洗練をへて、以後の研究に強く継承された〔林 2000；下垣 2003a；辻田 2007a〕。また、最古型式に比定した福岡県平原墳墓出土鏡（「Ⅰ式」）から、前期倭製鏡の「大型仿製内行花文鏡」（「Ⅱ式」「Ⅲ式」）にいたるまで「型式的連続性を保って連綿」と継続していると想定し、「箸墓古墳に代表される最古式の定式化した前方後円墳の一部」に、「Ⅰ式あるいはⅠ式とⅡ式の中間的な型式の大型内行花文鏡が副葬されている可能性も少なくない」と主張したことも注意される〔高橋徹 1993〕。なおこの論考で高橋は、奈良県桜井茶臼山古墳から出土した超大型の倭製内行花文鏡片（奈良141-143）を再検討し、復元面数（3面～）と復元径（35～38cm）を算出し、森浩一の復元案〔森 1974〕をおおむね追認すると同時に、本来の形状を示す復元図も作成した〔高橋徹 1993〕。同年に今尾文昭は、同墳出土鏡片の破断面に研磨痕を確認し、本墳出土の内行花文鏡片に破鏡がふくまれる可能性を提起した〔今尾 1993a〕。他方、この新

説にたいしては、「破鏡副葬ではない可能性が高く、外力によって近世以降に割れたもの」との反論がなされた〔菅谷 2003〕。2009 年の再発掘調査も、この提言に否定的な結果をもたらしている〔岩本 2013 等〕。他方で今尾は最近、いくつかの根拠を追加して自説の護持をはかっている〔今尾 2015〕。また今尾は、奈良県メスリ山古墳から出土した大型の内行花文鏡（奈良 153）が、「中国出土鏡」に「数少ない大型鏡である点」と「特徴のある字形の銘をもつ点」を重視して、倭製鏡である「可能性をも考慮する必要」性をとなえた〔今尾 1993b〕。

### E.「仿製」三角縁神獣鏡
#### a. 福永伸哉の研究

当期前半期に、三角縁神獣鏡の研究が格段の飛躍をみせた。ただし、中国製三角縁神獣鏡に惜しみない関心と労力が注がれる一方、「仿製」三角縁神獣鏡の研究は、ほぼ福永伸哉の手にゆだねられた。先述のように福永は、15 群の「同乳鏡」に着目して、それらにおける乳配置の変化過程は、神獣像表現の形骸化や松毬形の簡略化と強く相関する事実をみいだし、大分 5 期（「Ⅰ期」～「Ⅴ期」）・細分 12 小期からなる編年案を構築した。そして、大陸の社会情勢や複数面埋葬古墳の時期などを勘案して、「Ⅰ期が 4 世紀第 1 四半期後半～第 2 四半期初め、Ⅱ期が第 2 四半期、Ⅲ期が第 3 四半期、Ⅳ・Ⅴ期が第 4 四半期」という実年代をあてがった。さらに、小期ごとの生産状況の推移（図 38）から、本鏡式の需要の変動と社会的背景に肉迫するにとどまらず、「同乳鏡」群が「同じデザイン原図を用いて製作されたと考えられること、鈕孔方向が一致することなど」を根拠に、これらが「きわめて短い期間に」「同一工房で」「集中的に製作された鏡群である可能性が高」く、「一定の生産ペースで日々製作が続けられたというよりも、発注者の意向によってその都度必要枚数分の集中生産が行われた」とみなし、その生産体制にまでせまった〔福永 1992b・1994a〕。

福永は長方形鈕孔と外周突線という、鏡工人に「見過ごされそうな手法」の共通性を根拠に、中国製三角縁神獣鏡が中国華北で製作された蓋然性が高いことを実証し、学界に新鮮な驚きをもたらした。本論考は、三角縁神獣鏡の製作地および系譜の解明に決定的な一歩をきざんだものとして、高く評価されているが、中国製三角縁神獣鏡・「仿製」三角縁神獣鏡・倭製鏡の系譜的関係を鈕孔形態から究明しうることを明示した点でも重要である。具体的には、中国製三角縁神獣鏡と「仿製」三角縁神獣鏡の両者において、「長方形鈕孔の原則」が一貫して守られているのとは対照的に、「弥生時代にわが国にもたらされた多量の中国鏡」と「その一部を模倣して弥生後期にわが国で製作された小形仿製鏡」の鈕孔が、ともに「円形系統」であることに注目し、「鈕孔形態からみる限り」、「仿

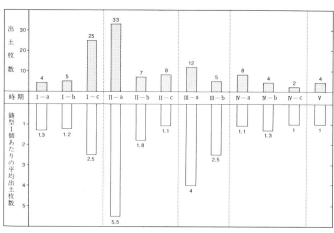

**図 38**　「仿製」三角縁神獣鏡の小期ごとの生産の推移〔福永 1994a〕

製」三角縁神獣鏡の「製作工人群は、舶載三角縁神獣鏡製作工人群から伝習した技術をもって新た
に作鏡を始めた工人群であった可能性[91]」を指摘したのである。また、内行花文鏡・方格規矩四神
鏡・鼉龍鏡などの「古式仿製鏡」のほとんどが半円形鈕孔を有する一方で、「三角縁神獣鏡と同様
の長方形鈕孔を持つ類例」が「一部の神獣鏡、獣形鏡など」にみとめられることから、古墳倭製鏡
には「大きく分けると三角縁神獣鏡および一部の神獣鏡、獣形鏡などの長方形鈕孔を持つグループ
と、内行花文鏡、方格規矩鏡、鼉龍鏡などの半円形鈕孔を持つグループが併存していた」との主張
をみちびきだした。そして前者のグループは、「仿製」三角縁神獣鏡とは「系統を異にする別個の
工人群」の所産とみなし、後者のグループは、「仿製」三角縁神獣鏡の「工人群と同一あるいは技
術系譜を同じくする工人群の手になった[92]」と推測した〔福永 1991〕。

　倭製鏡の製作時期にたいしても、重要な見解を提示した。前者のグループが当初から高水準の鋳
造技術を達成し、弥生倭製鏡と共通する鈕孔形態をもつことを根拠にして、まず「弥生時代の鋳造
技術を引く可能性がある」「内行花文鏡、方格規矩鏡の製作工人」が倭製鏡の「製作を開始したの
ち、次いで三角縁神獣鏡の仿製が新たに組織された別系統の工人群によって行われ始めたと考える
ほうが合理的」だと推断した〔福永 1991〕。「仿製」三角縁神獣鏡を大型倭製鏡に先行させる定説
〔小林行 1956；近藤喬 1975 等〕にたいして、両者の出現時期に明確な差をみとめない説もすでに
だされていた〔田中 1977；千葉 1986；森下 1991 等〕が、明確な論拠をもって両者の時期的関係
を逆転させた嚆矢は本論である。

### b. そのほか

　福永が復元した「仿製」三角縁神獣鏡の変遷プロセスは一系統的なものであったが、複系統的に
とらえる見方もだされた。たとえば森下は、小林行雄による神獣像の分類〔小林行 1976〕を時間
的に整理して、「a 系」「b 系」の 2 系統を想定し、「a1 式」〜「a6 式」および「b1 式」〜「b3 式」
という併行的な変遷を復元した〔森下 1991〕。

　前出の論考で福永は、「仿製」三角縁神獣鏡から「5 つの異なる神像表現」を抽出し、中国製三
角縁神獣鏡からの「逸脱と表現の粗雑化傾向から」、4 段階の変遷順序を推定した〔福永 1994a〕。
岸本も神獣像を軸にすえて「仿製」三角縁神獣鏡を検討し、「中国鏡の忠実な模倣の段階」である
「第Ⅰ段階」（「複合段階」）→「中国鏡の神獣像の融合がみられ、仿製鏡が定型化した」「第Ⅱ段階」
（「定型段階」）→「第Ⅱ段階からの退化と変形が進み、もはや神獣像表現の上では、模倣した中国
鏡から大きく逸脱したものになる」「第Ⅲ段階」（「退化段階」）の計 3 段階に復元した〔岸本
1989a・b〕。なお、この 3 段階はそれぞれ、近藤喬一の設定した「A グループ」「B グループ」「C
グループ」〔近藤喬 1973〕にほぼ対応する。また近藤と同様に、中国製三角縁神獣鏡と「仿製」三
角縁神獣鏡とのあいだに、「あいまいなものではない」「明確な一線」を看取し、これを「両者の鏡
作りの体制の違い」を示す「重要な相違」とみなし〔岸本 1989a〕、両者の連続性に留意した見解
〔新納 1991；岸本 1993；森下 1994 等〕と対照的な解釈を示した。

　第六期に三角縁神獣鏡の「呉工匠渡来製作説」を高唱して日本の学界に甚大な影響をあたえた王
仲殊は、「仿製」三角縁神獣鏡を（魏）晋鏡とみる車崎の提説を正面から批判した。そして対案と
して、中国製三角縁神獣鏡の段階（「230〜270 年代」）に中国人工人の「助手」をしていた「日本
人」工人が、前者が一線をしりぞいたのちに継続的に製作したのが「仿製」三角縁神獣鏡だと主張
し、その継続的性格を重視して「続製三角縁神獣鏡」なる新称をあたえた〔王 2000a〕。

## F. そのほかの前期倭製鏡

以上でとりあげた鏡式（系列）は、魏晋鏡の可能性があるものをのぞくと、前期倭製鏡の中心的な鏡式（系列）であった。しかし当期前半期には、それ以外を対象にした検討もあらわれた。

### a.「獣形文鏡」

とりわけ重要な成果をうみだしたのが、赤塚による「獣形文鏡」の研究である。赤塚は、「獣を主体にした獣形鏡」を「獣形文鏡」と定義したうえで、「新しい傾向の鏡群」である「旋回式獣像鏡系」と「分離式神獣鏡系」を除外したものを分析対象にすえて、系列設定と編年、さらには製作地の推定をこころみた〔赤塚 1998b〕。まず「獣形文鏡」を、「鳥・ネコ・蛇」など「獣形の表現」の「統一性」を考慮して、「獣帯鏡のデザインを基本的に踏襲したと考えられる鏡群」である「Ⅰ類」、「二神二獣鏡を原鏡にもつと想定される鏡群」である「Ⅱ類」、「神獣鏡のデザインを基本的に踏襲したと考えられる鏡群」である「Ⅲ類」、「孤立的な文様をもつ鏡」の「Ⅳ類」に四大分した。つづいて、各類の特質を抽出したうえで細分をほどこし、それぞれの主像の特徴を浮き彫りにした。さらに、主像とりわけ頭部表現の共通性にもとづいて系列間関係をおさえ、検討結果を「獣形文鏡の系列図」にまとめた（図39）。幅広い系列を検討の俎上に載せ、系列間関係と系譜を精緻にとらえようとした本論考は、意欲的なこころみであり、また単一の鏡式（系列）の研究に退縮しがちな当期前半期の研究を乗りこえようとする志向に富む点で、大きな価値があった。しかし、自身が「濃尾平野」産と考える系列の編年的位置を過度に遡上させる傾向が強く、系列間の併行関係を主像の部分的な類似性のみから安易に決める一方、共伴関係による検証をおこなわないなど、分析の手続きに少なからぬ問題を残した。

本論考は、地域生産を具体的に立証しようとした点でも多大な意義がある。従来の地域生産論は、具体的な製作地も、地域生産を主張するに足る特徴をもつ鏡群も挙示せぬまま、たんに小型鏡が畿外諸地域に分布する現象を根拠にする程度のレヴェルにとどまっていた。しかし赤塚は、まず「同じ系列鏡であり、その主要デザインに変化の方向性が見られ」、「さらに分布が偏在する」という条件を満たす場合に、その分布地域での「地域鏡製作」を想定するという基準を明示した。そして、この条件を充足する地域を探索し、古墳時代前期における「四獣形鏡の製作環境」として、「濃尾平野」「大和」「但馬」「阿波」「播磨」「吉備」など「少なくとも6ブロック以上を想定する必要」があると提唱した。当該期の鏡

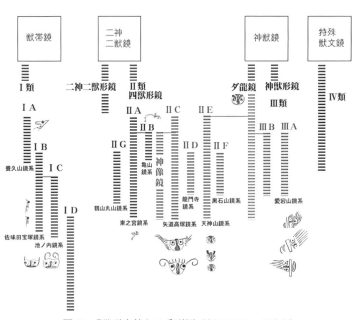

図39 「獣形文鏡」の系列図〔赤塚 1998b 一部改変〕

生産について、「従来のうような一貫した単純な製作工房を想定する」のではなく、諸地域におい
て「独自の鏡製作」を実施しつつ「たがいにそのデザインに影響しあう」ような、「もっと複雑な
多様な製作環境を想定すべき」だと提言したのは、倭製鏡の生産論に重大な視点をもたらすもので
あった。しかし、立論の基礎となる集成作業において、「濃尾平野」が充実している一方で他地域
が軒並み不十分という不備があるうえに、数面の地域的まとまりをもって地域生産を推定するとい
う無理な措定がなされていた。また倭製鏡の顕著な特質である、面径に対応した系列間の部分抽
出・融合の関係〔田中 1979 等〕を捨象して、中・小型鏡の一部にすぎない「獣形文鏡」がみせる
部分的現象を過度に重視した点にも問題があった〔赤塚 1998b〕。

### b. 人物禽獣文鏡

　赤塚が提起した「獣形文鏡」の地域生産論は、資料面でも方法論の面でも大きな難点があった。
他方で赤塚が、「人物禽獣文鏡」を「濃尾平野」産とした主張は、独特な鏡背文様が特定地域に集
中する現象を根拠にしただけあって、説得力をそなえていた〔赤塚 1995〕。樋口が命名した本鏡式
〔樋口 1979a〕は、その特異さが注目されはしたが、文様に「他の倭鏡との関連」があることか
ら、「倭鏡の大きな流れのなかに位置づけることのできるもの」とされ、畿内生産が示唆されてい
た〔田中 1981〕。しかし赤塚は、6 面を数える人物禽獣文鏡（Ⅰ類）の分布がすべて濃尾平野にあ
り、しかも「独自の変遷」をとげることを重視し、「すべて濃尾産の鏡」と結論づけた。また、出
土古墳の時期と変遷段階を加味して、その製作期間を「廻間Ⅱ式期」から同「Ⅲ式期初頭段階」に
比定した。この比定について、当鏡式の最古品に弥生時代以来の伝統である破砕の痕跡がみとめら
れることなどから補強をはかった〔赤塚 1995〕。赤塚の編年観にしたがえば、弥生時代末期に当鏡
式が出現したことになり、倭製鏡の出現時期に関する定説に変更がせまられることになる。しか
し、当鏡式の変遷期間を赤塚のように長期的にとらえる必然性はなく、連作鏡の観点と共伴鏡の時
期を勘案すると、当鏡式の時期は古墳時代前期中葉前後に比定するのが穏当である〔下垣 2005a〕。
　当鏡式を「濃尾平野」産とする見解にたいして、早くに森下は「畿内の仿製鏡生産と強い関連が
あったことはまちがいない」という条件つきで、「地方生産の可能性が考えられる」と応答した
〔森下 1995b〕。近年では、「地方生産を示唆する有力候補」と説き〔森下 2012a〕、蓋然性をやや
上方修正したようであるが、他方で「畿内の生産工房の特定者から、地域にまとまってもたらされ
た可能性も完全に否定できるわけではない」と論じ〔森下 2012b〕、旗幟を鮮明にしていない。

### c. そのほか

　古墳倭製鏡の分類・編年を総合的に完遂した森下は、上記の諸鏡式のほかにも、多くの前期倭製
鏡の系列を設定した。具体的には、「対置式神獣鏡系」「斜縁神獣鏡 A 系」「鳥頭四獣鏡系」「神頭
鏡系」「斜縁四獣鏡 A 系」「分離式神獣鏡系」「盤竜鏡 A 系」などの諸系列をさだめ、それらの原
鏡や特徴、変遷プロセスや時期的位置づけ、さらには系列間関係などについて、重要な検討結果を
披瀝し、先述の赤塚の研究をはじめとする以後の諸研究の基礎を敷いた〔森下 1991〕。

## G. 中期・後期倭製鏡

### a. 概　況

　前期倭製鏡に関して、多くの鏡式（系列）を対象とする研究が多数だされ、豊かな成果がうみだ
されたのとは対照的に、中期倭製鏡と後期倭製鏡に関しては、森下の総合的研究〔森下 1991・

1993b〕をのぞけば、あいかわらず鈴鏡と隅田八幡鏡の検討に終始した。先行研究と資料が蓄積された「手軽」な鏡式の検討に閉塞し、未踏ゆえに走破が至難な領野を避けた帰結かもしれない。

b. 鈴　鏡

　当期前半期の鈴鏡研究としては、大川麿希の論考がある。大川はまず、田中〔田中 1979〕や森下〔森下 1991・1993a〕と同様に、「鈴鏡」という大分類案を棄却し、「鏡背主文様で大別しその中で鈴数による細分をする」「分類が望ましい」との方針を提示した。ただし、提示された分類案は、旧案〔山越 1982；西岡 1986〕と大同小異であった。「鈴鏡の文様」が「倣製鏡に共通するものであ」るならば、すでに森下が深化させていた中期・後期倭製鏡の分類・編年案〔森下 1991等〕を導入することで、その編年的位置づけや鈴を付さない系列との関係を究明できたはずだが、提言とは裏腹に旧套的な分類と検討にとどまったのは惜しまれる。また、共伴品目や出土古墳の性格、製作期間や「被葬者像」に関する見解を提示したものの、これも先行研究〔森本 1928；山越 1982；西岡 1986 等〕から一歩もでるものではなかった。とはいえ、類例が増した資料の分布図を作成し、かつて森本六爾が指摘した状況〔森本 1928〕を追認したことは、それなりに意義があった〔大川 1997〕。また矢野淳一らは、面径と鈴数の相関グラフを作成した〔矢野淳 1996〕が、これまた森本が先鞭を付けたアプローチであった。このほか西川寿勝は、鈴鏡を鈴付馬具の模作に着想をえて鏡作部が創出したものとみる定説〔小林行 1965〕に反駁し、初期の鈴鏡が「それまでの鏡の紋様系譜にあてはまらない」との理由から、「倣製鏡工人が鏡に鈴をつけることを考案したというより、鏡の紋様の意味を認識していない工人による製作」だと解した〔西川 1999・2000〕。

c. 隅田八幡鏡をめぐる研究の新展開

　隅田八幡鏡をめぐる研究は第六期に停滞したが、当期前半期に新方面で顕著な展開をみせた。文献史からのアプローチが依然として低調で、目だった新説もなく旧調重弾の観があった〔和田萃 1995c；石和田 1996；高口 1996 等〕のと対照的に、考古学からの検討がいちじるしく進捗した。

　それらの検討成果は、ほぼ同時期に一斉に提示された〔清水 1990・1993a・b；笠野 1991；川西 1993a・b・2000；車崎 1993b・1995；森下 1993b 等〕。中期・後期倭製鏡と本鏡との、そして原鏡の同型鏡群と本鏡との関連性をとらえ、本鏡の時期比定をこころみるアプローチが主体を占めた。古墳倭製鏡の総合編年を構築した森下は、「4～5世紀前半のほとんど」の倭製鏡とことなり、「乳による区分けをおこなわ」ない本鏡は、「乳を用いないものが数多くなる」「5世紀後半以降」の倭製鏡と関連することと、原鏡となった同型鏡群の年代観から、本鏡の製作年代を「5世紀後葉以降の時間幅の中で考えるのが妥当」とみなし、503年説を支持する姿勢を示した〔森下 1993b〕。

　また車崎は、「四世紀の倭鏡とは異質な感がつよい」「乳の配置に端的にみるごとき幾何学分割原理の破綻」にくわえて、本鏡に想定される2種類の同型鏡群の年代と、本鏡と接点を有する「交互式神獣鏡系」〔森下 1991〕の副葬古墳の時期を根拠にして、503年説を支持した。具体的に、まず本鏡が原鏡の神人歌舞画象鏡にない半円方形帯を配し、しかも半円形の周囲に鋸歯文をほどこすことに注目し、この特徴を共有する奈良県平林古墳出土鏡（奈良289）と本鏡が、「同じく原鏡の面径を踏襲することや内区地紋の処置も酷似して、同じ作者の作品と断じるに躊躇はない」と推断した。そして本鏡は、その原鏡である神人歌舞画象鏡と平林鏡の原鏡である「画紋帯四仏四獣鏡」の2種が舶載されて以降の製作であり、さらに「平林鏡の系列につらなる」「交互式神獣鏡系」が、いずれも「6世紀代の古墳」に副葬されることをもって、本鏡の「癸未年」は「五〇三年を措いて

他にもとめることはできない」と結論づけた〔車崎 1993b・1995〕。同様に川西宏幸は、同型鏡群の「影響下に成立したとみなしうる」倭製鏡が、陶邑編年の「MT15型式の時期を上限とし、総じて6世紀中葉ないし後葉にあたる」古墳から出土すること、なかでもその1面である平林鏡が、隅田八幡鏡と「原鏡への比較的忠実な模倣ぶりに加え、図文の点でも似かよった作風を共有し」、「製作年代がきわめて近接していたこと」が「疑いない」ことをもって、「503年説の妥当性を強調したい」との見解を表明した〔川西 1993a・b〕。

　以上のように、考古学的検討に立脚した本鏡の時期比定は、慎重論もあったが〔坂1994〕、503年説へと収斂していった。他方、443年説を支持する意見もあった〔増田一 1994等〕。たとえば清水は、京都府久津川車塚古墳から出土した「倣製画文帯神獣鏡」（京都141）や、「舶載、倣製は不明」であるが千葉県祇園大塚山古墳出土の「画文帯仏獣鏡」（千葉11）のように、隅田八幡鏡と「同じ原理で製作された」倭製鏡が存在すると主張し、出土古墳の時期から「5世紀の倣製鏡製作工房に同笵鏡群を中心とした舶載鏡が置かれ、新たな倣製原型とされていたこと」を推測し、443年説を暗に支持した〔清水 1990〕。

　清水はその後、論拠を追加して自説の補強をこころみた。まず、久津川車塚鏡は同型鏡の画文帯環状乳四神四獣鏡を「手本に製作された可能性があ」り、「鏡背文様の正確な分割割り付けを欠如する」などの点で、隅田八幡鏡や平林鏡と「製作原理を同じくする」ことを再確認した〔清水1993a〕。また、平林鏡が属する「倣製画文帯仏獣鏡」（交互式神獣鏡系）を分析し、Ⅰa類→……→Ⅲb類という計5期にわたる変遷過程を想定したうえで、その開始年代を次のように推定した。まず、「出土古墳の年代から単純に考えれば、6世紀前半以降に考えられる」としつつも、自身が編年した「倣製内行花文鏡」のうち古墳時代前期の4型式〔清水 1994〕が「約100年間製作されていること」を参考にすれば、「倣製画文帯仏獣鏡」の5型式も「これに匹敵する時間幅である100年ほどを見込むべきで」、「6世紀初頭」の古墳にⅠb類が副葬されていることからして、最古型式の平林鏡は「5世紀中葉を前後する時期に製作された」とみた。さらに、「鈴鏡の開始時期」と「倣製内行花文鏡」の「変遷の画期」も「5世紀中葉に近い時期」にあることを根拠に追加して、「倣製鏡製作」が「同型鏡群等の輸入が大きく影響」することで、「5世紀中葉頃に大きな画期を迎えた」との推定をみちびきだした。以上の論拠などから、「癸未年」に「443年を推すべき」ことを説いたのである〔清水 1993b〕。しかし、文様の属性が多く変遷段階を設定しやすい「倣製画文帯神獣鏡」と、文様が寡少で細かな変遷段階を設定しにくい「倣製内行花文鏡」の、一段階あたりの経過年数を等値する無謀や、森下が強調した後期倭製鏡の製作開始に関する画期を捨象する姿勢は疑問であるし、資料の解釈にも問題を抱えた[95]憶測に憶測を重ねた無理な説であった。清水の論述にたいする「強引さが目立つ」との批判〔川西 2000〕や、「驚くべき論理」との揶揄〔大賀2002〕は、ゆえないことではない。この交互式神獣鏡系について、坂靖も分類および編年作業を実施した〔坂1994〕。

　このほか、鏡銘の検討を孜々として進めていた笠野毅〔笠野 1980・1983・1984等〕が、従来の「癸未年」を「癸未旨」と釈読して、紀年銘の存在自体を暗に否定し、さらに「年男弟王」を「旨乎弟王」と釈読して「王の名らしい」ととらえ、「石上神宮の七支刀銘の「倭王旨」」との「関連」を示唆したことも興味深い〔笠野 1991〕。また西川は、川西や車崎の所説とは逆に、本鏡に倭製鏡の「類例がない」とみなし、本鏡の製作工人を「百済系の渡来人」と推定した〔西川 1999〕。

なお、文献史サイドからの検討としても、若干ながら注意を惹く解釈もだされた。たとえば蘇鎮轍は、銘文の「大王年」の主体を「百済大王」の斯麻（武寧王）と断じ、503 年に「斯麻と男弟王」が「兄王（大王）と弟王の間柄で白銅鏡を授受しながら関係を敦厚にした」状況を読みとった〔蘇 1994〕。また、かつて本鏡を「朝鮮のもの」とみなした山尾幸久〔山尾 1973〕は、製作技術の未熟さなどを根拠にすえて、本鏡は「倭国での製作と見るのが穏当であろう」と見解をあらためた。そして、銘文の釈読結果と癸未年（503 年）前後の「日朝関係」を総合的に勘案して、本鏡は「即位直後の斯麻王が直ちに高官を選んでヤマトに遣使し、前王の修好を尊重し継承する意思を伝えさせ」、「ヤマトで作らせた」「関係更新記念の鏡」だと推測した〔山尾 1989〕。韓半島、とりわけ百済との関係を重視する見方〔日根 1992 等〕が前面化してきたといえよう。

## H.　小型鏡

　これまで、古墳出土の中・大型倭製鏡に関心があつまる反面、粗文で属性が少ない（超）小型鏡に関する研究は不十分な状態にとどまっていた。しかし、集落や祭祀遺構からの出土事例が増加し〔椙山 1999b 等〕、その意義を明らかにする必要性が高まり、さらには弥生倭製鏡と古墳倭製鏡との系譜的関連性や地域生産論を究明するうえで、（超）小型鏡の検討が不可欠との見方が深まった結果、当期前半期には（超）小型鏡群を俎上に載せた検討が簇生するにいたった。

### a.　珠文鏡

　研究の主軸をになったのが、小型鏡のうち面数がもっとも多く、相対的に属性が豊富な珠文鏡である。とはいえ、研究の基礎となる分類に関しては、珠文の列数を主たる基準とした分類案〔樋口 1979a〕から進展をみせなかった。むしろ外区文様による変遷案の検証や、出土古墳・遺跡の時期に依拠した時期比定、資料集成とそれを活用した分布状況などに、検討の主力が注がれた。

　「中・四国地方」の古墳出土の素文鏡・重圏文鏡・珠文鏡を対象にして、「古墳時代の前半期」の「小形倭鏡の古墳への副葬時期の検討と、小形倭鏡のもつ性質の解明」をめざした今井は、珠文鏡を「1 類（内区珠点 1 列）」「2 類（珠点 2 列）」「3 類（珠点 3 列・多珠文鏡）」「4 類（内区の珠点列を分割するもの）」に 4 分した。そして、出土古墳の時期を基準に、「1 類」が「前 II 期」（古墳時代前期後半）を上限として、前 III 期（中期前半）にもつづき、「2 類」が「前 I 期」（前期前半）のうちに「古墳副葬がはじまり、前 II 期・前 III 期につづ」き、「3 類」が「前 II 期に出現し、前 III 期に比較的多」く、「4 類」が「前 III 期に出現し後期につづく」という、従説よりも遡上する年代観を提示した。また、製作地論に関しても、重要な見解を披瀝した。かつて小林三郎が、「重圏文の間に一列の珠文帯を配する」「珠文鏡 A 類」と重圏文鏡が、「仿製」三角縁神獣鏡や大型倭製鏡と「全く別系列」の「源流」から発したと提唱し、その地域生産を示唆し〔小林三 1979〕、それ以後の研究に少なからぬ影響をあたえていた。しかし今井は、「珠文鏡 A 類」と重圏文鏡の畿内における分布数の少なさと、原鏡の面でこれらと「仿製」三角縁神獣鏡および大型倭製鏡とが接点を有さないことという、小林の主張の根拠に異議を呈し、むしろ前二者と後二者などの文様要素における類似点を重視し、前二者は「大・中・小形倭鏡から図像・方格・弧文などを省略した残余の部分によって構成された鏡だと考えた方がより妥当」との結論をみちびきだした〔今井 1991〕。

　同年に森下は、本鏡式を「一列の珠文が不均等に巡らされた」「1 式」、「一列の珠文が整然と巡らされた」「2 式」、「二列の珠文が巡らされた」「3 式」、「三列以上の珠文が乱雑に埋められた」「4a

式」、「二列程度の珠文をまばらに埋める」「4b 式」に分類した。そして、「外区文様との対応関係」
から、「1 式」→……「4b 式」の変遷過程を復元し、「1・2 式」が前期倭製鏡の最初期である「四
世紀中葉に近い段階あるいはそれ以前に出現していた」との考えを示し、「3 式」は「四世紀」と
「五世紀」の境目あたり、「4a 式」と「4b 式」は「五世紀前半」から「六世紀」いっぱい存続する
という消長案を示した〔森下 1991〕。

　中山清隆と林原利明が実施した多角的な分析は、221 面におよぶ集成に裏づけられており価値が
高い。中山らは、上述した樋口分類のうち「Ⅵ類」〔樋口 1979a〕を「小形勾玉文鏡」として除外
したほかは、その分類をそのまま踏襲して、「外区文様帯」「出土遺跡」「面径」「分布」「時期」「同
笵鏡」「系譜」に関する検討をおこなった。論点が散漫にかたむいた観もあったが、全国的な検討
をへたうえで、「Ⅰ・Ⅱ類」は「前Ⅰ期」に登場して「後Ⅱ期までの各時期にわたり」、「Ⅲ類は前
Ⅱ期から最終段階の後Ⅱ期まで残」り、「Ⅳ類は前Ⅱ期から後Ⅰ期まで」、「Ⅴ類は前Ⅲ期から後Ⅰ
期まで」という各類の消長を、出土遺跡・古墳の時期から復元したことには意義がある。また、各
類の面径を算出し、「ⅠからⅣあるいはⅤ類という順」にみとめられる面径の大型化が、「「珠文」
の数や配列の増加とそれにともなう外区文様帯の構成要素のヴァリエーション」の増加と相関する
との指摘は、珠文鏡の消長を地域別に追尾して、「中国・近畿・北陸地方」において他地域より早
く登場することを示したこととならんで価値がある〔中山清他 1994〕。

　そして、本論考が力点をおいた珠文鏡の系譜に関する考察は、弥生倭製鏡をふくむ小型倭製鏡間
の系譜的関係について、興味深い示唆をふくむものであった。ふたりは、珠文鏡で最初に登場する
「Ⅰ・Ⅱ類」の「外見上の特徴」が重圏文鏡と類似し、しかも「Ⅰ類」にみとめられる「珠文を結
線する」表現が、重圏文鏡に 6 例ある「珠文状結線文」〔藤岡 1991〕と共通することに着目した。
そして、「珠文鏡の最古段階に対比しうる重圏文鏡―「珠文状結線文」をもつもの」を「祖型グル
ープ」と仮称したうえで、「祖型グループ」が「珠文鏡の一型式として最古段階となりうる可能性
もある」と推論し、両鏡式の深い系譜的関係を示唆した。他方で、弥生倭製鏡と珠文鏡との系譜的
関係については、前者が「中国鏡の忠実な模倣を意識しており、原鏡にない文様要素を基本的には
描かないという弥生時代の仿製鏡づくりの精神が反映している」が、「中国鏡では銘文のはいる箇
所」に「珠文」を配する後者は、そうした「精神が希薄となった仿製鏡をさらに模倣するというよ
うな二次的・三次的な模倣の段階である」とみなし、両者の「あいだに大きな隔たりがあ」るとと
らえて、後者の系譜を前者に「求めることは難しい」と結論づけた[97]〔中山清他 1994〕。

　特定型式のみを俎上に載せた検討もなされた。たとえば吉田博行は、樋口が「Ⅴ類」〔樋口
1979a〕とした、放射状区画をほどこす珠文鏡に、同種の文様区画を配する乳文鏡をくわえ、これ
らを計 7 類に細分した。そして、本鏡群を「内行花文鏡から 8 単位という数にヒントを得て、異な
る図像鏡の一部を切り取り合成させた鏡と推測」したうえで、その変遷状況を推察した。さらに、
各類の分布状況の相違に着眼しつつ、本鏡群を副葬する「古墳の多くが小規模な円墳であり、前方
後円（方）墳からの出土は畿内から遠く離れた地域に限られ」ることを根拠に、「鏡径の比較的小
さな」本鏡群の「配布には、古墳の墳形及び規模との関連性が示唆され、これは身分の差を示した
もの」と想察した〔吉田博 1999〕。この種の「放射状直線紋をもつ珠文倭鏡」については、千葉県
島戸境 1 号墳出土鏡（千葉 84）を中心にすえた簡略な考察もなされた〔車崎 1994〕。

## b. 重圏文鏡

　当期前半期の劈頭に林原が発表した論考が、重圏文鏡の研究に発展と指針をもたらした。林原は、本鏡式を「複数の線状の円圏（のみ）によって、内区主文様が構成される小形仿製鏡」と定義したうえで、24面を集成し、その分類と分布、時期と消長について考察をめぐらせた。分類に関しては、「円圏の圏数」を主たる基準、「外区の櫛歯文帯」を副次的な基準にして、「二重の円圏をもつ」「A類」、「三重の円圏をもつ」「B類」、「四重の円圏をもつ」「C類」、「五重の円圏をもつ」「D類」、「六重の円圏をもつ」「E類」、「円圏が無文帯あるいは文様帯により2分割されている」「F類」に大分し、それらを外区をもつもの（Ⅰ）ともたないもの（Ⅱ）、さらに後者の場合はその文様構成により細分をおこなった。また各類と面径について、圏数の多寡および外区の有無が面径の大小に相関すると指摘した。分布に関しては、「北部九州から関東までの幅広い範囲、とくに沿岸地域」に広がり、とりわけ「今治市」「大阪湾」「金沢平野」「焼津市」「東京湾」をそれぞれ中心とする、「海を眼前に臨む」諸地域では、「比較的近い距離の間」で複数の重圏文鏡が出土することに注目し、当該諸地域ではその流通に「海洋を媒介とした何等かの"うごき"を想定」しうると説いた。また、九州では古墳出土例のみである一方、「近畿以東」では「集落跡関係」遺跡からの出土が顕著という、分布遺跡の地域的偏差も指摘した。当鏡式の時期と消長については、「弥生時代の「小形仿製鏡」的様相を強くもつ」大阪府鷹塚山遺跡出土鏡（大阪75）を最古段階におき、本鏡と石川県西念・南新保遺跡出土鏡（石川11）が「弥生時代終末の可能性がある以外は、すべて古墳時代初頭～前期の範疇に比定できる」とした〔林原 1990〕。

　本論考でいっそう注目すべきは、以後の研究〔藤岡 1991；中山清他 1994〕に影響をおよぼす重要な観察所見、すなわち重圏文鏡の一部にみとめられる圏線上の微細な文様に着眼し、珠文鏡との関係性を指摘したことである。ただし、ここから弥生倭製鏡と古墳倭製鏡との系譜的関係に論を進めることはなかった。これはおそらく、弥生倭製鏡と破鏡が「全国的」に「廃棄される」「古墳時代初期」の状況下で、弥生倭製鏡の「最終形態として特に意味があった」重圏文鏡が、同じく「意味を失」って「廃棄」されるか副葬されるにいたったという、当該期に走る鏡の「意義」面での断絶線を優先したためであろう〔林原 1990〕。

　林原の論考の翌年に、本鏡式に関する複数の考察が発表された。なかでも詳細な検討を展開したのが藤岡孝司である。分析項目はおおむね林原と同じであったが、その解釈や意義づけの面で少なからぬ相違をみせた。まず、圏数を分類基準にした林原とはことなり、内区円圏～外区構成を基準にして、40面まで増やした資料を5型式8類に分類した。林原が着目した圏線上の微細な文様を「珠文状結線文」と名づけ、これを有する資料群を「Ⅴ型」にまとめたことが注意される。複数の分布域と流通経路を想定しつつも、畿内地域をその結節的な中心とみなし、当地域での製作を推定したことも、本鏡式を「東日本的な鏡式」と評した林原〔林原 1993〕と対照をなした。ただし、「基本的型式」である「Ⅰ型」が「畿内地域に極端に少な」い状況を、本鏡式が「生産地（畿内に想定した場合）以外に流通する目的のもとに生産された鏡である」反映だと解したのは、牽強附会であろう。藤岡の主張でとくに示唆に富むのが、弥生時代の「近畿系小形仿製鏡」が、「退化・素文化・衰微の方向」と、「弥生鏡の要素から逸脱する新しい系譜」を成立させる方向とに進んだとみた森岡秀人の所説〔森岡 1989〕を援用して、「Ⅲ型→Ⅰ型→Ⅱ型……（簡素化）」という前者の方向と、「Ⅲ型……→Ⅴ型→珠文鏡……（古墳時代小形仿製鏡への影響）」という後者の方向を抽出

して、弥生倭製鏡と古墳倭製鏡との系譜的関係を、林原よりも資料に即して追究したことである〔藤岡 1991〕。

そのほかにも、森下はまず「3本以上の円圏で内区を構成する」「1式」が前期倭製鏡の初現期かそれ以前に出現し、つづいて外区を従来の素文から鋸歯文に切り替えた、「2～1本の円圏」をめぐらす「2式」があらわれ、古墳時代前期いっぱい継続するという分類・変遷案を示した〔森下 1991〕。そして今井は、「典型的な重圏文鏡」である「1類」と「粗く幅広い櫛歯文が内区部位に一部入りこんだ重圏櫛歯文鏡」である「2類」に二大分し、前者が「前Ⅰ期」（古墳時代前期前半）に出現し、「前Ⅲ期」（中期前半）「以降のものは稀」であり、後者も「前Ⅰ期に出現し、前Ⅱ期・前Ⅲ期につづく」という消長観を提示した〔今井 1991〕。

### c. 素文鏡

倭製鏡の分類・編年は、鏡背文様の分析を軸に進められてきた。そのため、肝腎の鏡背文様を欠く素文鏡の研究は、なかなか進捗をみなかった。しかし、当期前半期の冒頭に今平利幸が実施した総合的検討は、素文鏡の全体像の究明に大きく寄与した。今平は、55遺跡90面を集成したうえで、分類・消長・分布状況など多面的な検討をおこなった。とくに重要であるのが、形状を基準にした有意な分類案を提示したことである。文様要素が寡少な鏡式にたいして、有効な分類基準をみいだした点で、倭製鏡の研究史上において意義がある。具体的には、まず鈕の形態を「太い鈕（平面形が円形及び長方形）」である「A類」と「扁平な鈕」である「B類」に、縁部形状を「三角縁もしくはそれに近いもの」である「Ⅰ類」と「平縁もしくはそれに近いもの」である「Ⅱ類」にそれぞれ二分し、両者を組みあわせて「AⅠ類」～「BⅡ類」の計4類を設定した。そして、各類と出土遺跡の時期との関係を調べ、次のような変遷を復元した。本鏡式の「出現が古墳時代前期段階まで遡ることはほぼ間違いな」く、ほぼすべて「AⅡ類」が占める。中期には全タイプが「出揃い、奈良・平安まで続くが、後出するほどにB類の割合は増加する」。奈良時代には、分類上は「AⅠ類」だが古墳時代のものとは系譜も系統もことなる、「「唐式鏡」と呼ばれるタイプ」が新たに登場する。また、「北は福島県から南は佐賀県に至るまでの広い範囲にわたり」つつ、「5つの集中地域」をみせる分布状況を確認し、「全国的分布」を呈する前期～後期から、「平城京とその他の数か所だけにな」る「奈良・平安時代」へという推移を明らかにした。くわえて、出土遺跡に関して、「圧倒的に祭祀遺跡」が「多いように見受けられる」が、古墳出土例も4割弱を占め、後者の多くが円墳からの出土であることを明示し、さらに面径と総高を分析し、「前期出土が、面径2.5cm前後、総高が5mm～6mmとほぼかたまっているのに対して、中期以降になると面径、総高とも幅が広がり多様化」する興味深い現象をみいだすなど、多くの検討成果をあげた〔今平 1990〕。

また今井は、「1類（完全無文）」と「2類（内区無文）」に分類し、珠文鏡および重圏文鏡の場合と同様に、副葬古墳の時期に依拠して、「1類」が「前Ⅰ期後半に出現し、前Ⅱ期・前Ⅲ期の古墳にも副葬され」、「2類」が「前Ⅱ期末頃に副葬が始ま」るという年代観を提示した〔今井 1991〕。分類と時期比定に重点をおいた今平と今井の論考にたいして、生産のあり方に切りこんだ考察もだされた。西川は、本鏡式の「ほぼ全国に拡が」る分布状況と、「古墳時代を通して連綿と行われている」製作状況を根拠に、これらが弥生時代以来、「依然として各地域に展開し」て「自由に小規模な生産活動を続けていた青銅器工人」の所産とみなした〔西川 1996〕。

140　第Ⅰ部　倭製鏡論

### d.　小型鏡全般

　上記した今井の論考が典型だが、特定鏡式に限定せず（超）小型鏡全般を俎上に載せ、それら諸
鏡式に共通する性格や相違点を探るアプローチも盛行した。とくに注目すべき提説として、小型倭
製鏡の諸鏡式の出現プロセスを弥生時代から段階的にとらえることをめざした、儀鏡化の３段階展
開説をとりあげたい。提唱者の高倉洋彰は、弥生倭製鏡の「重圏文日光鏡系仿製鏡第Ⅲ型ｂ類」
の文様帯構成（幅広の平縁＋直行櫛歯文帯＋円圏＋文様帯）が、「幅広の平縁＋直行櫛歯文帯＋重
圏文帯」に変化すると重圏文鏡に、「円圏が１重のみ」に変化すると櫛歯文鏡になり、そして「文
様の簡化がさらにすすめば素文鏡にいた」り、一方で「文様帯の珠文が強調されれば珠文鏡を生む
ことになる」と推定し、弥生倭製鏡からの簡略化を軸とする変遷プロセスのなかで、小型倭製鏡の
諸鏡式がうみだされたと主張した。そして、平均面径が素文鏡＜櫛歯文鏡＜重圏文鏡＜珠文鏡＜弥
生倭製鏡の順に増大し、「面径の縮小と鏡背文様の変化とは明らかに対応」することを数値的に示
すことで、上記の主張の裏づけとした〔高倉 1995・1999〕。

　これらをふまえて、高倉は以下のような儀鏡化の３段階展開説を提唱した。まず「第１段階（重
圏文鏡段階）」には、「重圏文日光鏡系仿製鏡第Ⅲ型ｂ類」が「弥生時代後期終末」に登場した。
この鏡群が、「面径の縮小にともない文様帯部分を２〜４重の円圏のみとする重圏文鏡を創り出し、
一方で小粒の珠文を強調した珠文鏡を生む」が、前者は「主として古墳副葬鏡として使用され、儀
鏡からは外れていく」一方、後者は「双方の道を歩んでいく」。つづく「第２段階（櫛歯文鏡段
階）」には、面径がさらに縮小した結果、「重圏文鏡からの重圏文帯の喪失」が起こり櫛歯文鏡にな
る。そして「第３段階（素文鏡段階）」になると、「面径の極小化」のはてに「鏡背はキャンパスと
しての役割を放棄」して素文鏡が誕生し、「儀鏡としての性格が確立する」、と。他方、「祭祀遺
跡・遺構出土」の事例と照合すると、この「儀鏡化の３段階と鏡式の変化が、かならずしも一致し
ない」ことを勘案して、この「３段階」はあくまでも素文鏡の誕生までの「意匠の形成過程」であ
って、時期的には「弥生末古墳初の短期の間に準備され」、それ以降に「４cm を下回るような小
鏡」は、「古墳副葬鏡とは別の祭祀具として」の性格、すなわち「儀鏡的性格」をそなえる鏡とし
て定着した、と解釈した〔高倉 1995・1999〕。弥生倭製鏡と小型倭製鏡を主要な検討対象にすえ
て、弥生時代末期〜古墳時代前期頃の「東日本」（「東海・北陸以東」）におけるこれら「初期銅鏡」
の様相と特色を追った林原の考察は、高倉の検討といくぶん接点をもつ〔林原 1993〕。

　弥生時代末期から古墳時代にかけての、小型倭製鏡の諸鏡式間の通時的関係に焦点をあてた高倉
にたいして、古墳時代におけるこれらの共時的位置づけに労力を傾注したのが今井である。今井は
珠文鏡・重圏文鏡・素文鏡、すなわち「極小３鏡種」が、腕輪形石製品や青銅製品などの「下賜型
の遺物群」と少なからず共伴するので、それらと「同様の入手経路と性格をもつ」こと、これら
「３鏡種」は「大形・中形倭鏡」と関連をもちつつ、その文様を省略した「ランクの低」い鏡であ
ること、これらが鏡の「ヒエラルキーが最も貫徹した時期である」「前Ⅱ期」（古墳時代前期後半）
に「盛行期」をむかえることなどを根拠に、これら「３鏡種」を「大和・近畿部族同盟体の最高首
長的所有」にあった倭製鏡の「製作配布体系」の「最末端のランク」に位置づけた〔今井 1991〕。
また、長野県の「塩崎・石川地域」の「小形仿製鏡」を「大和政権から賜った儀器」だと推定し、
さらに珠文鏡・重圏文鏡・素文鏡の分布を、「大形の中国鏡や大形仿製鏡類」や馬具の分布状況と
比較して、これら「小形仿製鏡」は「大和政権が押さえておかねばならない重要軍事拠点の在地豪

族層に分け与え」たものだと推断した西山克己の考察も、今井の主張といくぶん響きあう〔西山1997〕。

### e. 儀鏡論

素文鏡に、「到底実用品とは考へられ」ない「祭祀用」の「儀鏡」という評価〔大場他 1938〕がくだされて以来、当該鏡式をはじめとする（超）小型鏡を「儀鏡」とみなす考えが、明に暗に示されてきた。高倉による「儀鏡化の3段階」説は、この見方に歴史的かつ論理的な裏づけをあたえた。高倉の論考は、「小形儀鏡」をテーマにした専門誌の特集号に掲載され、当該号を飾った多くの事例紹介〔稲原 1999；井上 1999；小野 1999；佐田 1999；清水眞 1999；椙山 1999a；宮崎幹1999；山元 1999〕とともに、（超）小型鏡を「儀鏡」と印象づけることに寄与した。

他方で、素文鏡を「儀鏡」とする説に鋭い反論も提示された。すなわち今井は、「儀鏡という概念自体が不明確である」ことにくわえ、「すべての鏡」が、副葬に際して「古墳祭祀という儀式にかかる」以上、「儀鏡」は「他鏡との区別の原理をもたない」ことなどから、「儀鏡説は何ら意味をもたない」と断言し、「儀鏡」論を全面的に否定した〔今井 1991〕。なるほど小型鏡は、「祭祀」遺構からの出土が目だち、製作時から「祭祀」での使用が企図された蓋然性もある。しかし、墳墓をはじめ多様な遺構から出土する以上、使用者と使用時の意図に応じて多様な意味に開かれていたと考えるのが適切である。そうであれば、小型鏡が「祭祀に使用されることが多い」とは評価できても、小型鏡＝「儀鏡」と安易に等値してしまうのは、厳密さをいちじるしく欠くばかりか、無用な誤解を招きかねない点で問題が多い。

### I. 弥生倭製鏡

#### a. 弥生倭製鏡

弥生倭製鏡に関しては、寺沢薫による「「十」字鏡」（図40）の「系譜や性格、ひいてはその史的意義」をめぐる考察が注目される。寺沢は、当該鏡群の系譜・時期・製作地に関する高倉と森岡の先行研究〔高倉 1985；森岡 1987〕を批判し、次のような見解を提示した。6面を数える当該鏡群には、その「背文構成」が「重圏文系と連弧文系に大別しうる」など、「多くのバラエティー」が看取され、森岡が想定するような「一つの形式組列（型式変化）」には「必ずしも」「乗りえない」。時期については、高倉のように「第Ⅱ型a類に後出させる根拠は乏し」く、さりとて森岡が強調したように「第Ⅳ様式に遡る確証」もなく、むしろ「第Ⅱ型a類製作期とほぼ併行する」時期、すなわち「第Ⅴ様式前半」に製作が開始し、「第Ⅴ様式中頃から第Ⅵ様式、つまりは後期後半期」にかけて生産されたと推定した。製作地についても、これを「近畿系」だとした森岡の主張に疑義を呈し、その「バラエティー」と分布状況、分布地における類品や「鋳造遺物」の存在から、これらが「中・東部瀬戸内から伊勢湾沿岸地域にかけて特徴的に製作された」とみなし、とくに類品の出土などをもって、具体的な製作地として「岡山平野と濃尾平野」を挙例した〔寺沢薫 1992〕。

**図40**「十」字文鏡（愛知県余野清水遺跡、S=1/2）〔愛知県史編さん委員会編 2005〕

当該鏡群の「性格」と「史的意義」についても、大胆な提説をおこなった。まず、金文に照らして、「十」字鏡の字形を「巫」と

「之」に同定し、前者を「神隠しの呪具（工）をもつ巫祝の形」、後者を「地霊を鎮める儀礼的意味」とする字釈をひきつつ、本鏡群は「「地霊を鎮める儀礼を行なう巫」に所持されるべき象徴に他ならない」と推断した。さらに、当該期の金属器生産や社会・祭祀状況を勘案して、本鏡群は「北部九州での鏡仿製とはおそらくその意図を違えて」、「近畿式銅鐸と三遠式銅鐸の地域と時代社会を背景として」、「銅鐸圏での思想や祭儀意図にのっとって独自の発想のもと」、当該期の「祭祀的変革の申し子として生まれた」鏡だと位置づけた〔寺沢薫 1992〕。この推論の当否はともかく、弥生倭製鏡が登場した社会的理由を、高倉のように「鏡を必要とする社会の拡大が中国鏡の流入途絶期と重複した」ことによる「絶対量の不足の解消策」に一元的にもとめる〔高倉 1985〕のではなく、諸地域の社会状況に即した解釈を提示したことに意義があった。

他方で高倉は、「背文構成の形式差や分布圏の相違など」から「第Ⅰ型鏡ａ類」・「第Ⅰ型鏡ｂ類」および「第Ⅱ型鏡」・「第Ⅲ型鏡」の主要な製作地を、それぞれ「韓国慶尚北道地方」・「北部九州地方」・「瀬戸内〜近畿地方」に比定したうえで、鋳型や「工房遺跡」や「同笵例」などの分布状況に立脚して、「北部九州」における弥生倭製鏡生産の様態を推定した。具体的には、「大多数を占める第Ⅱ型鏡鋳型」が「青銅器生産センター」の「須玖遺跡群」で顕著に出土する一方、「絶対的な少数派」である「第Ⅱ'型鏡鋳型」が「青銅器生産の過疎地である朝倉地方」から出土することなどから、「北部九州における銅鏡製作」は「奴国の主導のもと」、本遺跡群を「中心とする福岡平野」で「盛んに」おこなわれつつ、周辺地域にも「小規模ながらも独自性をもった鏡作りの製作拠点」があり、特定「ブランド」品を製作していたという生産状況を復元した〔高倉 1993a〕。

使用の局面に関しても興味深い見解が示された。武末純一は、九州北部で弥生時代後期に副葬された「墓の青銅器」に、「完形の中国鏡—巴形銅器・銅釧—中国鏡の鏡片および朝鮮製・国産の小形仿製鏡という序列」がみとめられ、この階梯の底辺に位置し、生活遺構からもしばしば出土する弥生倭製鏡と中国製鏡片は、完形の中国製鏡にくらべて厳格な使用法に束縛されず、「かなり多義的な性格」を有していたとみなした〔武末 1990〕。この見方は、のちに田尻がより具体的な事実をもって充実させた〔田尻 2007〕。

なお、先の論考で寺沢は、一般に弥生小形仿製鏡と呼称される弥生倭製鏡の「小形」性について、示唆に富む解釈を提示した。すなわち、弥生時代後期の工人が巨大な銅鐸や銅矛を立体的に造形する技術を有しながら、「なぜに大きさを中国鏡の形制にあわせた鏡を仿製せずに小形仿製鏡しか作らなかったのだろうかという疑問」を提示し、「「鏡を必要とする社会」内にも鏡所有の重層化が進み、より下位の有力者の鏡所有の実現として小形仿製鏡が採用された」ことと、「中国鏡は北部九州の王や首長にとっては私的な宝器以上に共同体の長たる政治的権威を保障する呪器でもあり、その大きさと形制も中国製であることによって有意たりえた」ために、「実大への精巧な模倣には規制が働いた」ことという、ふたつの理由を想定したのである〔寺沢薫 1992・2000〕。

この「面径の規制という発想」を継承し、いっそう大系的な説にまとめあげたのが福永である。福永は、「弥生後期後半から古墳時代初頭」の遺跡出土鏡の面径が、約9cmを境に「大きな面径に偏る」中国製鏡と、「小さな面径に限定される仿製鏡」および「鏡片」とにわかれる現象に注目した。この現象にたいして、「仿製鏡の大きさは、完形中国鏡の最小のものよりもさらに小さくつくるという原則のもとにコントロールされ」ていたと解釈した。そのうえで、「中国製画文帯神獣鏡を威信財の最上位に据え、内行花文鏡、方格規矩鏡など他種の大・中形中国鏡、斜縁獣帯鏡や飛

禽鏡などの小形中国鏡、国産の小形倣製鏡、各種の青銅器片にいたる序列で威信財青銅器の格付けを設定し、それを媒介にして列島の首長層や有力家長層を中心─周辺関係に組み込む」という「邪馬台国勢力のもくろみ」をも読みとった〔福永 2001〕。

### b. 平原墳墓出土鏡（内行花文鏡）

　ただし、当期前半期に弥生倣製鏡に関する論考数は少なく、停滞の様相も若干ながら漂っていた。この状況と対蹠的に、福岡県平原墳墓出土の超大型内行花文鏡（10-14 号鏡）に関して、当期前半期から分析が提出されはじめ、研究がいくぶん活気づいた。理由は明白であり、1991 年に報告書が刊行され、当該資料に関する詳細な情報が、精細な写真図版とともに公表されたからである〔原田 1991〕。ただし、発掘および整理作業に従事した原田大六の歿後に編集・刊行がなされたためか、当該鏡群にたいする考察は、旧著の一部〔原田 1966〕をおおむね再録するにとどまった。

　本鏡群は確実な類品を欠く孤絶した資料であるため、その時期・製作地・系譜の特定は至難であり、その位置づけはしばしば保留された〔高倉 1993a；森下 1993a；清水 1994 等〕が、資料自体の緻密な観察をつうじて、その特徴が明らかにされていった〔柳田康 1998 等〕。たとえば岡村秀典は、本鏡群に「凸に現われる損傷や凹んだ皺」を観察でき、しかも「鈕孔の方向も完全に一致する」が「鋳型の損傷が進行した形跡がみられない」ことに着眼し、本鏡群が「中国製の方格規矩四神鏡や三角縁神獣鏡と同様に、金属原型による同型鏡の技法で製作された」と推定した。そして、弥生倣製鏡や「仿製」三角縁神獣鏡を「はるかに越える高度」な鋳造技術の賜物である、本鏡群のような「特殊化した青銅器」が、「糸島平野」で「生産された可能性」を想定した〔岡村 1993b〕。

　2000 年に、本墳墓の範囲確認調査の成果報告書において、遺構の補足報告と本鏡群を中心とする遺物の再整理報告がなされたことで、さらなる展開を迎えた〔柳田康編 2000〕。本鏡群を再整理した柳田康雄は、破砕して出土した本鏡群が 1 面増えて 5 面になること、「鈕座の八葉紋や九重の同心円紋」は中国製鏡に類例がなく、「湯口位置が鈕孔方向に直交する」点で中国製鏡の製作技術と相違すること、先述した岡村の観察所見〔岡村 1993b〕とはことなり「鈕孔方向が完全に一致せず」、しかも「原型の損傷が進行している」ことなどから、「同型違笵」であり「原型は金属型ではない」ことなどを、綿密な実物観察から導出した〔柳田康 2000a〕。

　後述するように柳田は、本鏡群だけでなく方格規矩四神鏡など本墳墓出土鏡のほぼすべてを列島製と判断し、「伊都国」で製作された蓋然性を強調した〔柳田康 1998・2000a・b〕。他方、本墳墓出土の超大型内行花文鏡を中国製鏡とみなす、従来にない新解釈も提示された。清水は、本鏡群の鈕孔の位置が「通常の倣製鏡」の「位置とは明らかに異なり、舶載鏡的なものであること」、縁部に「通常多くの古墳時代倣製鏡に見られるような緩やかな反りがなく」、その「上端が平坦」で、「鏡縁端と内区側の厚さが同じ点は、舶載鏡の特徴である」こと、「同笵鏡」や「シワ」が同墳墓出土の「方格規矩四神鏡と内行花文鏡に類似した製作技術を用いている可能性があること」といった技術面での特徴と、中国大陸にも河北省定県北庄漢墓出土鏡のような超大型内行花文鏡（径 36 cm）が存在する状況証拠とから、本鏡群が「舶載鏡である可能性を否定することはできない」と考定した。さらに清水は、本墳墓出土鏡群が、製作技術などの面で三角縁神獣鏡や「青龍三年銘方格規矩四神鏡」などと「密接な関係を持」つことから、柳田が本墳墓出土鏡群を列島製と判断した資料的特徴は、むしろ「年代の新しい中国鏡の特徴を示」すものだと解した〔清水 2000〕。

　このほか森浩一は、本鏡群を「八咫鏡」に比定する原田の所説にほぼ全面的な賛意を表し、原田

144　第Ⅰ部　倭製鏡論

説に補説をくわえたうえで、これら「八咫鏡」が「弥生時代後期に北部九州で製作され、他の同類は破砕されたけれども、一面だけがはるばる近畿地方にもたらされた」と想察した〔森 1993〕。他方、原田と森の主張を否定しつつも、「大和朝廷の方が九州の王より賢かった」ために、「大和で作られた」平原鏡に相当する「四六センチ」の鏡すなわち「二尺鏡」をより「大きく感じる」「八咫鏡」とよんだとする、根拠なき対案もだされた〔河上 1998a・b・2006〕。[98]

　　J. そのほか

　以上のほか、鏡式（系列）が設定されるまでにはいたらない特定の鏡（群）に関する検討もおこなわれた。たとえば池上悟は、直弧文鏡や人物禽獣文鏡など、「直弧文を施した倣製鏡」と「この系統の図文を施した鏡背文様を採る鏡」を「直弧文系倣製鏡」と名づけて関連づけ、それらの変遷プロセスを4段階に復元した〔池上 1991〕。また、家屋文鏡への関心は当期前半期にも継承されたが、「王権祭儀」の空間の表象〔辰巳 1990・1998・2000 等〕、あるいは「神話世界」の具象〔車崎 1998〕として理解しようとする、観念的な検討が目だった。

　その一方で、狩猟文鏡に緻密な図像分析がほどこされたことが注目される。合田芳正は、本鏡に配された図像の内容と構成を詳細に検討し、「舞踏（武舞）・鹿・鳥装・三本指・鉤」といった図像の「一つ一つの構成要素」は、「弥生時代以来の祭祀儀礼の系譜の延長上に位置付けられる」が、「表現的にはそれらよりさらに完結した構成を持つ、かなり整備された儀式の状況を伝えて」おり、「弥生時代的な農耕儀礼に重層ないしは再編された狩猟儀礼をともなう」、「古墳時代の首長祭祀」として「止揚された姿」を示すものだとする解釈を提示した〔合田 1991〕。また、本鏡に表現された「舞踊」を、『三国志』魏書東夷伝馬韓条に記された「舞踊」に類似しつつも「日本列島でそれが変容したもの」とみなし、「春の予祝祭と秋の収穫祭という2大農耕儀礼をひとつの鏡に凝縮した」場面ととらえ、「古墳時代前期につくられた」本鏡に、「弥生中期にはすでに成立していた」「農耕儀礼」がより整備されたかたちで表現されたものと推察した、設楽博己の議論も興味深い〔設楽 1991〕。他方、「当たるも八卦、当たらぬも八卦」の憶説もくりだされた〔金井塚 1994〕。

　土製模造鏡に関する研究も提示された。たとえば小山雅人は、先行研究〔上野精 1972；亀井 1981〕をふまえ、鈕の形状と穿孔の有無を基準にして、「A類」～「F類」に6分する分類案を構築した。さらに、その法量に着目して「3cmから5cm台前半の小さなもの」、「6cm前後から8cmまでの中型のもの」、「径10cm前後の大型品」にわけ、分布状況や出土遺構の種類などについて、総合的な検討を実施した〔小山 1992〕。また筒井正明は、考古資料と文献史料の双方に依拠し、「土製模造品鏡」の使用目的に推測をめぐらせた〔筒井 1999〕。なお当期前半期には、茨城県神岡上3号墳において、横穴式石室内から七鈴旋回式獣像鏡（茨城2-1）が、墳丘上からは鈴鏡形をふくむ土製模造鏡約40点が検出され〔折原編 1995〕、静岡県明ヶ島5号墳でも、埋葬施設内から倭製内行花文鏡（静岡193）が、墳丘下や盛土内から土製模造鏡などの厖大な土製品が出土する〔竹内 1998；竹内編 2003〕など、副葬銅鏡と土製模造鏡との明白な差異を示す興味深い発掘データがえられた。

　対象物を映しだす実用的機能を必要としない用途に鏡が供されたとすれば、その材質はかならずしも金属に限定されなかったことを、土製模造鏡の存在は示唆する。実際に、「古墳には容易に腐敗する有機質で出来た鏡」、「たとえば、木鏡、紙鏡、布鏡など」が、銅鏡の代用品ないし明器とし

て副葬されたとの想像もめぐらされた〔菅谷 1991〕。「有機質で出来た鏡」は、弥生時代にも古墳時代にも出土例をみないが、それ以外の若干の（特殊な）器物に、鏡の「代用品」としての役割が想定された。たとえば河上邦彦は、鏡と腕輪形石製品の「埋葬施設での配置状況」が「驚くほど似ていること」を主根拠にして、両者の柩内での意味は同一だと推断し、「鏡が不足する事態」に対処するべく腕輪形石製品を「大量生産」するにいたったと考えた〔河上 1997〕。同じく石製品である紡錘車形石製品について、形状や出土状態における鏡との共通性から、これを鏡の模造品とみなしたり、鏡に類似する用途・機能を想定する説が提示されてきた[(99)]〔高橋 1919b；北野 1964 等〕。形態や文様などから、鏡との接点を想像させる金属製品として、福岡県若八幡宮古墳出土の「銅製有孔円盤」〔柳田康他 1971〕、あるいは奈良県行燈山古墳・同富雄丸山古墳・大阪府津堂城山古墳から出土した（円形・矩形）銅板〔八賀編 1982；藤井利 1982；今尾 1988 等〕などもある。

## （5）中国製鏡との異同・比較

　以上、紙幅を贅して個別鏡式に関する諸研究を総覧した。以下では、当期前半期になされた倭製鏡研究を、主要テーマごとに解説する。個別鏡式の項目で既述した内容は略記するにとどめる。

### A．魏晋鏡研究の進展

　第六期に、徐苹芳が三国西晋～南北朝期の鏡生産の姿を鮮やかにえがきだしたこと〔徐 1984・1985；西嶋他 1985〕が契機となり、当該期の鏡生産を解明しようとする研究熱がうまれた。徐の研究は、多数の発掘資料を透徹した視座から体系的に整理しており、説得力にあふれていた。しかし、後漢末期の建安元（196）年から西晋末期の建興四（316）年にいたる長期間を、「三国西晋時代」として一括した点や、華北の鏡の分析が洛陽付近に偏向し、周辺地域への検討が不十分な点など、難点もあった。徐の研究が示した展望と瑕疵とが、鏡研究者に検討の深化と再検討の必要性を痛感させ、当該期の鏡研究に強い動機をあたえることになった。

　第七期にはいると、華北の鏡生産が解明されはじめ〔福永 1991・1994c；岡村 1995・1999；車崎 1999a・2002c；上野 2000 等〕、それと軌を一にして、魏晋代の鏡生産の実態も究明されていった。当期には、たんに「後漢以来の旧式鏡を作」っていた〔徐 1985〕のではなく、模倣あるいは「倣古」（「仿古」「復古」）が生産の基調であり特質であったことが明らかにされ、その観点から研究が推進されていった〔西村俊 1998・2000a；森下 1998b；車崎 1999a・b・c；西川 2000 等〕。

　たとえば森下は、華北の鏡生産を体系的に把握し、3世紀第2四半期以降に、2世紀の鏡の特徴を引き継ぎつつ、「模倣鏡」が主体となってゆく推移過程を明らかにした。具体例として、魏晋代の「模倣方格規矩鏡」を分析の俎上に載せ、3世紀第2～第3四半期頃の「甲群」から4世紀第2四半期頃の「丁群」までの変遷過程を詳細に追跡したのだが、この作業により方格T字鏡を倭製鏡とみる従説に終止符が打たれた〔森下 1998b〕。また、徐の問題提起を継承した車崎が、「従来『仿製鏡』と考えられてきた鏡のなかにじつは中国鏡が少なくな」く、「その多くが魏の鏡あるいは西晋の鏡であろうこと」を、「魏晋代の倣古鏡」の実例をあげつつ提言したことも、倭製鏡研究に重い課題を突きつけた〔車崎 1999a・b・c〕。これにより、文様や鋳造の不出来を主基準とする、従来の倭製鏡認定の方法に重大な問題があることが自覚され、舶倭の基準を再整備する必要性が痛感されたにとどまらず、そのためには中国製鏡および倭製鏡に内包される時期差・地域差・系統差

を、実態に即して把握することが不可欠であることも認識された。

### B.「仿製」三角縁神獣鏡＝西晋鏡説

中国製鏡、とりわけ魏晋鏡の検討が深化した結果、「漢鏡」の「さまざまな鏡式を復活再生」させる作鏡志向〔車崎 2002c 等〕、鈕孔などの製作技術〔福永 1991 等〕、同笵（型）技法の多用、特徴的な銘句や銘文構成〔福永 1996a；林裕 1998 等〕、鉛同位体比〔馬淵 1996 等〕など、実に多様な側面での三角縁神獣鏡との緊密な関係が明白になった。鋳造遺構が検出されるか、かなり特異な状況を想定しないかぎり、三角縁神獣鏡を列島製とみる説はもはや成立しがたくなった。

こうした検討をつうじて、きわめて重大な新説が登場した。「仿製」三角縁神獣鏡と（魏）晋鏡との連繋性を根拠にして、前者を西晋鏡に比定する説である。それ以前にも、「仿製」三角縁神獣鏡と倭製鏡とのあいだに、文様構成および面径の規格性の有無、文字使用の存否、仕上げの精粗、同笵技法の有無などにおいて、際だった差異のあることが気づかれていた〔清水 1990：森下 1991・1993c 等〕。しかしその差異については、両者の「製作者の違い」に原因をもとめる〔森下 1991〕か、「仿製」三角縁神獣鏡に「特異な意図」がこめられたがゆえの「異質の感」に帰せられてきた〔車崎 1993b〕。そうした解釈がなされた背景には、魏晋代の鏡生産の実態が不分明であったこと以上に、倭製鏡は粗笨で中国製鏡は精緻だという根強い固定観念があったのだろう。

そうしたなか、中国製鏡と倭製鏡の比較検討に邁進した車崎が、いわゆる中国製三角縁神獣鏡および「仿製」三角縁神獣鏡の「銘文の書式・書体、図紋の作風・癖、等々」は倭製鏡とは「異質」であり、「呉鏡ともつながる要素はほとんどない」が、他方で「魏晋諸形式とは、共有する特徴をもっている」などの理由から、「仿製」三角縁神獣鏡は西晋鏡だと高唱した。この新説は、中国製三角縁神獣鏡から「仿製」三角縁神獣鏡にいたる図文の形骸化が、魏晋代における方格規矩鏡の図文の形骸化と同調することや、「仿製」三角縁神獣鏡の諸々の特徴が、倭製鏡よりも魏晋鏡と高い親和性を示すことを、合理的に説明しうるものであった〔車崎 1999a・b・c・2002c〕。

「仿製」三角縁神獣鏡を西晋鏡とみる車崎の説は、明快でなおかつ資料に裏づけられていたため、少なからぬ反響をよんだ。ただし現在にいたるまで、真正面からの批判〔王 2000a・b〕も積極的な賛意〔下垣 2010a 等〕もほとんど提示されていない。事が重大なだけに、旗幟を鮮明にすることが忌避されているのかもしれない。しかし、中国製三角縁神獣鏡と「仿製」三角縁神獣鏡のあいだに、相違点よりも共通点が顕著であることは、当時すでに否定しがたくなっていた。たとえば、双方ともに長方形鈕孔を設け〔福永 1991〕、後述する秦憲二の研究においても、両者ともに鈕座と鈕孔底辺とが接さないことの多い「Ⅱ類」鈕孔を呈し、これが接する「Ⅰ類」鈕孔の倭製鏡とは相違する〔秦 1994a・b〕。また森下や岸本も、「仿製」三角縁神獣鏡が製作技法や文様の系譜などの点で、倭製鏡よりもむしろ中国製三角縁神獣鏡とのつながりが強いことを指摘していた〔岸本 1993：森下 1994〕。森下は、「日本製ということが確実な鏡」を「検討していくと仿製三角縁神獣鏡がその仲間からはじき出せる」とも述べている〔福永他 2003〕。新納泉も、中国製三角縁神獣鏡から「仿製」三角縁神獣鏡への「断絶を過度に強調することには問題があり、製作体制の再編という現象以上のことを遺物自身から読みとることは困難」だと説いており〔新納 1991〕、このことは両者を「区別してきたものの差が、実はない」ことを強く示唆していた〔岸本 1993〕。

以上の点をふまえるならば、中国製三角縁神獣鏡と「仿製」三角縁神獣鏡を、時間差をもった同

一系統の鏡式ととらえる車崎の推論は、相当の説得力をそなえている。一方、これまで挙示されてきた「仿製」三角縁神獣鏡と倭製鏡との共通点については、再検討が必要である。従来、両者に共通する特徴として、(1) 文様の粗雑さや思想性の欠如、(2) 小乳の付加による多乳志向〔田中 1977〕、(3) 獣像肩部の円形文〔田中 1979〕、(4) 「仿製」三角縁鳥文帯三神三獣鏡と倭製方格規矩四神鏡の鳥文の類似〔近藤喬 1973〕、(5) 三角縁を有する夔龍鏡の存在〔車崎 1993b；新井 1995；村松 2002 等〕、などがあげられてきた。しかし (1) は、魏晋鏡の一大特質であることが判明してきた〔森下 1998b 等〕以上、根拠として薄弱である。(2) についても、両者の乳は起源を異にする可能性が指摘されている〔岸本 1996〕し、そもそも配される部位がことなる。(3) についても、倭製鏡の獣像の肩部円形文は吾作系斜縁神獣鏡に由来する可能性が高い〔赤塚 1998b 等〕。(4) の鳥文も、倭製方格規矩四神鏡のそれは系列内部で変遷を追うことができ、「仿製」三角縁神獣鏡の鳥文とは形状も系統もことなる。(5) に関しても、あげられた事例が 2 面ではこころもとないし、当該資料は「仿製」三角縁神獣鏡の初現期よりも時期が一段階くだる〔下垣 2010a〕。

　以上のように、「仿製」三角縁神獣鏡を西晋鏡もしくはそれ以降の中国製鏡とみる説は、資料状況を重視するかぎり、十分な蓋然性をみこめる。しかし他方、鋳造法の面で中国製三角縁神獣鏡と「仿製」三角縁神獣鏡とのあいだに明瞭な一線が存在すること〔八賀 1984；福永 1992a 等〕や、范傷の進行から「仿製」三角縁神獣鏡の鋳造順を想定した場合、同一古墳で出土する 2 面の同范(型) 鏡がしばしば近接する順序にあること、換言すれば現資料における製作順序と分配順序とが対応すること〔八賀 1984；森下 2005d〕は、この見解に否定的な現象である。

　車崎の新説に関して、「仿製」三角縁神獣鏡とは別に、明らかに三角縁神獣鏡を模作した倭製鏡が抽出されはじめたことにふれねばならない。すなわち、三角縁唐草文帯二神二獣鏡（目録 90）を模倣した蓋然性の高い、岡山県鶴山丸山古墳出土鏡（岡山 138）および香川県大川郡内（伝）出土鏡（香川 28）〔岩本 2000〕、さらには三角縁神獣鏡にほぼ特有の傘松文を配した宮崎県持田古墳群（伝）出土鏡（宮崎 44-7）および群馬県乗附町長坂（伝）出土鏡（群馬 23）〔森下 1998c〕が挙示されたのである。「神獣像を 6 つの乳で区切る手法」など、「仿製」三角縁神獣鏡のほかにも倭において「三角縁神獣鏡は意外に広く模倣されていた」〔森下 1998c〕とか、「三角縁神獣鏡の倭鏡は、それとはわかりにくい形で、意外に数多く作られていたのかもしれない」〔車崎 1999b〕といった、いくぶん主観的な予想論はさておき、「仿製」三角縁神獣鏡の製作系譜を解明するためには、三角縁神獣鏡の倭製品を探索して「仿製」三角縁神獣鏡との異同を追究することが、ますます必要になってきた〔岩本 2010b〕。現状では、三角縁神獣鏡の倭製品と思われる資料と「仿製」三角縁神獣鏡との相違は明瞭である。この点でも、「仿製」三角縁神獣鏡は一般の倭製鏡と切り離されるわけである。


C.　そのほか

　三角縁神獣鏡の所属をのぞけば、当期前半期に仕切り直された魏晋鏡と倭製鏡の区別は、おおむね受容されていった。他方、製作時期も舶倭の区別も確定せず、議論が紛糾した鏡群もあった。その代表格が平原墳墓の出土鏡群である。先述したように、当期前半期の末以降、本墳墓出土の超大型内行花文鏡（10-14 号鏡）をめぐって、従来の倭製（九州北部製）説〔原田 1966；柳田康 2000a・b 等〕と新説の中国製説〔清水 2000；車崎 2002a・b〕が対峙の姿勢をみせるにいたった。

それにとどまらず、本墳墓出土鏡群にふくまれる「大宜子孫八弧内行花文鏡」（福岡 110）を、その字形や擬銘などからこれを倭製に比定する見解もだされた〔岡村 1993b：柳田康 2000a 等〕。それどころか、中国製鏡の一般的な特徴から逸脱するとの見方を根拠に、本鏡群の過半を占める32 面の方格規矩四神鏡までも倭製であることを示唆した高橋徹の所説〔高橋徹 1992〕を皮切りに、本鏡群のほぼすべてを倭製とみる主張も提示された〔柳田康 1998・2000a・b〕。他方で、柳田が倭製とみなした本墳墓出土鏡群、とりわけ方格規矩四神鏡に「三角縁神獣鏡に比較的近い」「年代」をあてる見解〔清水 2000〕や、これらを 3 世紀の「復古鏡」とする説〔小山田 2000a〕も示された。

　本墳墓出土鏡群の舶倭の比定をめぐる、このような紛糾した事態は、きわめて特異な一括副葬事例である本鏡群の製作・入手にかかわる、特殊な社会的・政治的背景に起因する部分が少なからずあるのだろう。しかし近年の研究により、後漢末から西晋代にかけて、中国大陸では複数の地域で多様な作鏡系統が複雑に展開をとげ〔上野 2007：森下 2007 等〕、しかもそうした系統に影響を受けつつ、当該期間に古墳倭製鏡が登場したこと〔森下 2007・2010 等〕が判明してきた。しかも、当該期の列島出土鏡には、多数の踏返し鏡が混在する可能性も強調されている〔立木 1994；寺沢薫 2005a・b 等〕。もっぱら文様の精粗から舶倭を峻別できると考えられた研究段階は、すでに過去のものとなり、資料に即した倭製鏡論を実践するには、まず中国大陸・韓半島・日本列島で展開した複雑な作鏡系統の実態を究明すべきことが、ますます明然となったのである〔南 2016b 等〕。

### （6）製作に関する諸研究

#### A．製作技術

　製作技術に関する当期前半期の研究は、「仿製」三角縁神獣鏡を軸にして進められた。一般に倭製鏡の製作は、（挽型による）鏡体の成形⇒割付⇒施文⇒注湯（注銅）⇒研磨・仕上げ、という手順をふむ。以下、おおむねこの順にそって、当期前半期の研究状況を概観する。

　「仿製」三角縁神獣鏡では、挽型の心棒痕に由来する小突起が鈕頂にみとめられる例があることなどから、挽型の使用が想定されてきた〔近藤喬 1973〕。倭製鏡に関しても、確実な根拠は提示されなかったが、挽型の使用が論じられるにいたった〔川西 1991；辻田 1999 等〕。川西は、奈良県佐味田宝塚古墳出土の「仿製画像鏡」（奈良 196）の各部同心円の面径にたいする比率が整数値を示すことに着目し、挽型を使用していたならば、「その形状」は「約束に従って厳密に決定していた」と推定した〔川西 1991〕。辻田淳一郎は、川西の観点を継承しつつ、製作時の「決裁の階層性」なる分析視角を導入し、「製作工程としては、挽型ぶんまわしの段階まで両者がほぼ同じ規格を共有」する複数の鏡が存在することを主根拠に、「鋳型本体の準備という段階を経て、大きく①挽型の製作・使用と②具体的な文様の施文という大きく 2 つの段階」として、「鏡の製作工程」を理解しうると主張した〔辻田 1999〕。なお、挽型製作の段階で規格が志向されたとの見解は、面径の大小のつくりわけ〔田中 1981 等〕とも整合する。和田晴吾が小型鏡・中型鏡・大型鏡・超大型鏡を具体的に区別して〔和田晴 1986〕以降、類似する区分が提示されてきたことは、これに近い区分が作鏡に際して意識されていた蓋然性を暗示する。[100]

　鏡背の割付に関して、「仿製」三角縁神獣鏡では、「おもに外郭線や乳位置といった割り付けの基本的な情報のみを有」する「デザイン原図」が使用された可能性が指摘された〔福永 1994a〕。倭

製鏡だと、前期倭製鏡では割付が強く意識されたが、中期倭製鏡から後期倭製鏡にかけてそうした意識の稀薄化が進んだことが指摘されたにとどまり〔清水 1993a；森下 1993b 等〕、原田が達成した検討レヴェル〔原田 1961a〕に遠くおよばなかった。鈕孔をもうけるために、注湯に先だって鋳型の鈕部分に中子をさしわたす。この中子の形状と設置位置に着目した検討が、福永を中心に推進された。前述のように福永は、鈕孔形態の差異から、古墳時代前期の作鏡集団に、長方形鈕孔を志向する「グループ」と、半円形鈕孔を志向する「グループ」が併存したととらえた。そして、前者は中国製三角縁神獣鏡の「製作工人群から伝習した技術をもって新たに作鏡を始めた工人群」の所産であり、「弥生時代の鋳造技術を引く可能性がある」工人群が後者を製作したと推定し、前期倭製鏡に作鏡技術の系統を異にする二大工人群が存在したという見解を提示した〔福永 1991〕。また福永は、同笵（型）鏡群内の鈕孔の開口方向を分析し、中国製三角縁神獣鏡では約半数が開口方向を異にする一方、「仿製」三角縁神獣鏡では原則的に一致することを確認し、前者が「蠟原型を用いる同型鏡の技法」による一方、後者は「同笵鏡の技法」で製作されたと推定した〔福永 1992a〕。

　福永が先鞭を付けた、鈕孔部分の処理方法から作鏡工人の系統差を導出するアプローチをすぐさま継承し、福永とほぼ同様の倭製鏡生産像を提示したのが秦憲二である。秦は、鈕孔入口部と鈕座面との位置関係に着目して、中国製鏡（戦国鏡〜隋唐鏡）と倭製鏡を全般的にあつかった議論を展開した。まず鈕孔形態を、「鈕座と鈕孔底辺とが接」する「Ⅰ類」と、「接していないことが多い」「Ⅱ類」とに二分したうえで、次のような「技法系統」の様態を推定した[101]。中国では「前漢後半代から三国時代まではほぼⅡ類のみ」である一方、列島では弥生倭製鏡から古墳倭製鏡にいたるまで「Ⅰ類」であったが、「踏み返し鏡」に関しては列島と韓半島のどちらも「Ⅱ類」をもちいた。韓半島の「小形仿製鏡」がすべて「Ⅰ類」であることから、弥生倭製鏡の「鈕孔製作技法」は当地から伝来したもので、古墳倭製鏡の「Ⅰ類」も「弥生時代以来の日本の工人」の所産とみなした。他方で三角縁神獣鏡に関しては、「舶載・仿製にかかわらずⅡ類を用い」、「仿製」三角縁神獣鏡のみが倭製鏡で「ありながらⅡ類を使用している」ことをとりあげ、その背景として「単に技法が伝播したのではなく中国系工人が渡来して自ら鏡の製作を行う中で日本在来の工人に技法を伝授した」、すなわち従来とは「異なる製作集団が出現した」という事態を想定した〔秦 1994a・b〕。

　注湯（鋳込み）に関しては、「仿製」三角縁神獣鏡の湯口の方向が一定である理由を、鈕孔の開口方向の一致などと関連づけ、それは鋳枠の形状に規定されたためであり、「鋳型全体の形態や鋳込む際の鋳型の向きなどともかかわ」っていたことを推定した福永の考察にほぼ限定された〔福永 1992b〕。研磨や仕上げなどといった鋳造後の処理技術については、森下が大阪府紫金山古墳出土鏡群を対象にして具体的に論じた。そして倭製鏡には、「仿製」三角縁神獣鏡のように「製作時の失敗の跡が顕著に残され」、「鋳造後の仕上げも粗く、かつ補修の跡もめだつ」など、「鋳造技術もその後の仕上げも粗雑なもの」と、「勾玉文鏡」（大阪 19）に「代表されるような、鋳上がりもよく、鋳造後の仕上げも丁寧なもの」との二者があり、「両者の違いは、製作技術のほかにも文様の変遷の特徴にも認められる」ことから、「4世紀の鏡づくりが複数の系統の工人によっておこなわれていた」との推論をみちびきだした〔森下 1993c・d〕。

B．製作体制
　当期前半期には、具体的な分析観点に立脚して、倭製鏡の生産体制にせまろうとする論考も提示

された。車崎は、川西が提唱した「同工鏡」概念〔川西 1981〕を「作鏡者」個人の同定にまで拡張すべきことを説き、かくして抽出された「作鏡者」の製品の細密な分析をつうじて、作鏡者間の「身分的秩序」までも射程にいれて、工房の実態および作鏡体制の復元に尽力した〔車崎 1993a〕。

また先記したように、「仿製」三角縁神獣鏡に詳悉な検討をほどこした福永は、「仿製」三角縁神獣鏡を大分5期・細分12小期に編年したが、その基礎単位となる「同笵鏡」群は「デザイン原図」を「共用」した産物であり、しかも鈕孔の位置と湯口の方向が一致することから、「きわめて」「短期間のうちに同一工房で」「集中的に」「製作された鏡群である可能性が高」く、各「小期」こそ「集中生産の一回分に相当する」と推定した。さらに、「発注のない時期にはその工人たちが他の青銅器生産に携わっていた」可能性を考慮したことも注目される〔福永 1992b・1994a〕。本論考は、方法論の面でも分析精度の面でも、「倭製鏡」の生産体制に関する現在までの議論のなかで、もっとも精緻に組みたてられたものと評価できる。

連作鏡、すなわち酷似するデザインを有し、連続的な製作を想定しうる鏡群への関心が、当期前半期に萌したことにも、注意をはらいたい。たとえば、車崎が鼉龍鏡の「同工鏡A」の、赤塚が人物禽獣文鏡の、池上悟が直弧文鏡の、そして徳田誠志と岩本崇が2面の鳥頭獣像鏡系を対象にして、その製作順序を追究した〔池上 1991；車崎 1993a・b；赤塚 1995；徳田 1996；岩本 1998〕。ただし、連作に要した具体的期間という、連作鏡の分析意義の肝心要が看過されがちであった。連作とみなせるほどに類似する同デザインの鏡群を、長期にわたって製作しつづける場合と、短期で製作し終えてしまう場合とでは、その作鏡体制が大きく相違するはずだからである。逆にいえば、この論点をつうじて、倭製鏡の生産体制の特質にせまりうるわけである。

この難点を克服し、新たな分析視角を実践をつうじて示したのが森下であり、みずから綿密に分析した伝宮崎県持田古墳群出土の5面の倭製鏡（宮崎44-2-6）のほか、久津川車塚古墳出土の「四獣鏡系仿製鏡4面」（京都137-140）などを例にあげ、一古墳からまとまって出土する連作鏡の「連作に要した期間はごく短」く、それらの文様および形状の変化のあり方から、「短い間に次々と変化が進行する場合があった」と主張した〔森下 1998c〕。同一埋葬施設から出土する連作鏡の製作期間を短期とみなす実証的な根拠が、十分なかたちで示されなかった憾みもあったが、常識的に考えれば、前提としてさしつかえなかろう。この分析視点を導入したことで、倭製鏡の製作状況の一端を究明する有望な手がかりがえられたわけだが、さらなる分析は当期後半期にもちこされた。

その森下が、隅田八幡鏡と鼉龍鏡の検討をつうじて、古墳倭製鏡の創出の契機と継続的生産の実態にせまろうとしたことは、先述したとおりである。なんらかの「祈願や顕彰を必要とするさまざまな政治的活動」を背景に、上位者から「貸与され」た中国製鏡を「手本」にして倭製鏡が創出され、その後は「手本」を返却し、「できあがった製品を順次真似して」ゆくうちに「工人の世代交代も進み、本来の図像がしだいに忘れられ、変形が進んでい」くというプロセスを想定したのである。倭製鏡の特質である「模倣と変形の繰り返し」に焦点をあてることで、長期的視点から倭製鏡の生産モデルを提示しようとしたところに、森下の考察の意義があった〔森下 1995a〕。


C. 製作地

古墳倭製鏡の製作をめぐる当期前半期の研究で特記すべきは、具体的な論拠に根ざす地域生産論が活潑に提起されたことである。とくに積極的に論陣を張ったのが赤塚であり、東海産とりわけ濃

尾平野産の倭製鏡を精力的に探索した〔赤塚 1995・1998a・b・c 等〕。赤塚の地域生産論において重要であるのが、同一系列に属する鏡群が分布の偏在性をみせることを、地域生産の認定条件として措定したことであり、かつその条件を満たす生産地（「濃尾平野」「但馬地域」など）を抽出したことであった。ただし、集成作業の密度と精度に地域的な偏在性があるうえ、数面の地域的まとまりをもって地域生産をみとめるなど、方法論と資料操作の手続きに問題があった。さらに、諸系列を複数地域の産物とみなす場合、倭製鏡の諸系列間で文様要素が活潑に共有・交換される現象と齟齬をきたすことについて、合理的な説明を提示しえなかった。

集成と資料操作の不備が、主張の説得性を減じさせたという点では、西川寿勝の地域生産論も同様であった。西川は捩文鏡をとりあげ、分布は広範だが「中央の権力者によって

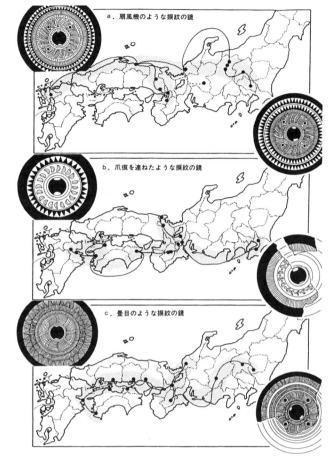

図41　捩文鏡製作の「遍歴」工人説〔西川 2000〕

配布されたり、有力者同志が分有するようなものとしてはお粗末な道具であり、発見される遺構も小規模である」ことを根拠に、これらは「各地を遍歴しながらまつり道具としての青銅製品をつくっ」た「鋳造工人」の所産だと推断した〔西川 1999・2000〕。しかし、肝腎の捩文鏡の分布図に遺漏がはなはだしかったことは、立論の根拠としただけに致命的であった（図41）。

「遍歴」の存否はともかく、小型倭製鏡の製作者を、「王権中枢部でつくられた」大・中型倭製鏡の製作工人とは「別系譜」の、弥生時代に出自をもつ「鋳造工人」だとする説〔西川 2000〕は、以前から根強くとなえられていた〔森 1970a；小林三 1979・1982；名本 1983 等〕。この説への支持を、当期前半期にもっとも明快に打ちだしたのが楠元哲夫である。楠元は、「通説」のように、もし「畿内某所」の「特定工房、ナショナルセンター」で倭製鏡の「すべてが一元的」に製作され、「一括管理」されていたとすれば、「面径の相違を含めて鏡式・図像・文様等々に何故これほどのバラツキが生じる」のかに疑義を呈した。そして、この「バラツキ」と製作技術上の「落差」が「工房・工人の伎倆の巧拙を含めた、工房ごとの製作体制の実態を如実に反映したもの」だとの対案を示した。ここからさらに推論を進め、「古墳時代の鏡群」は、「政権中枢から配布・下賜され、その保有をもって地位・権益等が保証されるすぐれて政治性の強い鏡であり、その数量・種類等の

保有状況は身分秩序・階層性をよく示すし、政権中枢の勢力圏の伸張をも反映する」、「官営工房」で製作された鏡群と、「単に自己の属する集団の枠内での社会的地位を表示したり、化粧具さらには埋葬儀礼用品」である、「地方工房」で製作された鏡群とに「二大別」しうると提言した。要するに、「小形鏡の製作は地方各地で区々に実施され、大形鏡は畿内中心に製作された」、と主張したわけである。畿内地域における集約的生産と地域生産との関係を理念的に説明した構想として興味深く、また「地方地方では、各地に点在した弥生時代金属製品生産体制の残滓が、巡回あるいは定住形態で鋳鏡等の生産活動を継続した」と論じたように、西川に先がけて「巡回」工人の存在を想定したことも注目される。そしてまた、「古墳時代当初期」の「鏡の保有関係」と「副葬行為」を「連合政権中枢対各地域首長層、そして各地域ごとにおける首長層から末端までの諸関係、という二重構造で理解されるべき性質のもの」だとする見方は、在地首長制にも接続可能な提言として注目すべきものであった〔楠元 1993〕。しかし、楠元が提起した構想には実証的な裏づけがとぼしく、あくまで「理念的」に「古墳時代の鏡群」の「二大別」案を提起したにすぎなかった。楠元は1995 年に早逝したため、構想を実証的データで埋めることはかなわなかった。

　以上のように、当期前半期には地域生産論がいくぶん活況を呈したが、その論拠が実証面でも方法論の面でも不十分であったため、説得力がそなわらない仕儀となった。方格 T 字鏡について、その分布状況から九州（北部）製作説がとなえられ、弥生倭製鏡の伝統を継承した生産体制まで想定された〔松浦宥 1983・1994；北浦 1992〕が、その後の研究で本鏡式が魏晋鏡であることがほぼ確定的になり、その所論が水泡に帰したことは、その象徴的な事例といえる。

　しかし他方で、畿内地域での中央生産を支持する「通説」にしても、第六期に提示された論拠を刷新するほどに、議論を深化させなかった。畿内地域での一元的生産論を継承して、主要諸系列が「倭王権膝下」の「単一工房」で生産されたと想定するにせよ〔車崎 1993a・b〕、中心的な製作集団およびそれと別個の複数の製作集団が畿内地域で作鏡に従事する体制を復元するにせよ〔森下 1991〕、いずれも主要諸系列における文様要素の共通性と畿内地域における群を抜いた密集状況という、状況証拠に依存しつづけていた。これはひとえに、「当時の工房の遺構がまったく不明」という限界に起因するものであった〔森下 1991〕。

　それでも、特定古墳における副葬鏡群の組成の特徴から、作鏡体制や作鏡集団の「管掌者」にせまる分析視角〔川西 1988〕が深められたことは重要である。たとえば車崎は、奈良県新山古墳と同大和天神山古墳の副葬鏡群に、「鼉龍鏡の創案」に使用された「二形式の画文帯神獣鏡」がふくまれ、前者の副葬鏡群に「まさに原作と確言しうる」鼉龍鏡が存在し、後者の近傍に王陵級古墳の行燈山古墳が盤踞することを重視して、「畿内政権の中核に占位する行燈山古墳の被葬者」が、「作鏡工房を管掌する新山古墳の被葬者の立場に保証を与える」形式の、「作鏡工房の管理体制」を想定した〔車崎 1993a〕。また楠元は、大和天神山古墳出土鏡群の特異な組成に着目し、これらは「三角縁神獣鏡製作工房とは別工房用に準備された、大形・中形仿製鏡製作のための原鏡セットの一部」であり、本墳は「初期仿製鏡の原鏡」として多大な役割をはたした重要な鏡群を埋納するために築造された、という仮説を提示した〔楠元 1994〕。「仿製」三角縁神獣鏡についても、その製作・分配の管掌者を奈良県馬見古墳群の被葬者集団、とくに新山古墳の被葬者に比定する見解が散見した〔藤田和 1994・1997；徳田 2003 等〕。当古墳（群）に各段階の三角縁神獣鏡が保有されていることや、当地域を特定方式の鏡副葬配置の発信地とみること〔藤田和 1993〕などをその根拠

としたが、前者の根拠は鏡の集積を原鏡の集積と短絡した点に難があり、後者の根拠はデータが不十分なため憶測の域をでない。そもそも、以上の諸見解に共通することだが、たまたま発掘されている古墳が倭製鏡製作の根幹的人物の墓だという論法は、偶然の僥倖に依存しすぎた楽観論ではなかろうか。

他方、当期前半期も終わりに差しかかった1998年に、長らく冀求されてきた古墳時代の鋳造関連資料が、大阪府垂水遺跡から待望の出土をみた。工房の有無は不明だが、人為的に破砕・熔解された大型倭製鏡片（大阪252）（図42）、当鏡片から検出された坩堝に由来する可能性のある「酸化ケイ素」、付近で出土した「鋳型状土製品」などから、本遺跡で鋳造が実施された蓋然性は十分にある〔堀口編2005〕。銅鏡が鋳造されたと

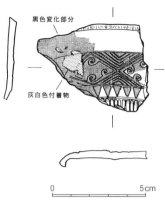

図42　破砕・熔解された大型倭製鏡片（S=1/2）〔堀口編2005〕

確定しないこと、畿内中枢部でないことなど、「通説」を全面的に裏づける資料ではないが、畿内地域の鏡生産に重要な物証がくわわったことは動かない。

D. 製作開始年代

諸地域において、（小型）倭製鏡が弥生倭製鏡の系譜をひいて継続的に生産されたとみるならば、当然の論理的帰結として、（小型）倭製鏡の製作開始年代が通説より遡上することになる。実際に楠元は、京都府芝ヶ原古墳・大阪府矢作遺跡（大阪106）・徳島県蓮華谷2号墳（徳島58）などで出土した「小形の擬似獣形鏡・獣形鏡類」（後掲：図80）の製作時期を、伴出土器の年代から「検証」し、「仿製化の組列を追えない鏡では古墳時代前期初頭以前に製作時期の遡るものがあり、組列上にのるものにおいてもすでに前期前半には製作が開始され」たとの結論をみちびきだした〔楠元1993〕。また西川は、「仿製」三角縁神獣鏡をのぞく倭製鏡の製作開始年代を軒並み大幅にひきあげた。すなわち、「弥生時代終末期」の「3世紀初頭前後」に「舶載鏡群」が列島に流入したことが、倭製鏡生産の大きな契機になり、まずこれらを「忠実に模倣した」「仿製四獣鏡」が、つづいてそれらと「紋様構成は同じだが、我が国独自の主紋様を盛り込んだ一群の仿製鏡」が製作されはじめたと推定した。さらに、当該期に副葬が開始する重圏文鏡や珠文鏡などの主文は「大型仿製鏡」に起源をもつ可能性があるので、小型倭製鏡と大型倭製鏡は「仿製四獣鏡」に遅れることなく「3世紀初頭」頃に登場し、これらと「別系統」の「仿製」三角縁神獣鏡の製作開始は「4世紀以降」まで遅れると推断した〔西川1996〕。大胆な想案であったが、大型倭製鏡は出土事例にまったく裏づけられていないなど、「遍歴工人」説の場合と同様に、構想先行型の提説であった。

小型倭製鏡の地域生産を否定する、あるいは積極的な肯定を示さない論者も、出土古墳（遺構）の時期を根拠に、小型倭製鏡の製作開始年代を従説よりもかなりひきあげた。たとえば森下は、「従来小型という理由のみで年代を引き下げられがちであった」珠文鏡を、古墳倭製鏡の出現期にあたる「四世紀中葉に近い段階あるいはそれ以前に出現していたと考えた方がよい」と主張し〔森下1991〕、重圏文鏡を古墳倭製鏡「の中でもっとも早くに現われた」とみた〔森下1993a〕。今井もまた、珠文鏡が「前Ⅰ期」（前期前半）には登場したと説き〔今井1991〕、水野も捩文鏡が古墳時代前期前半に相当する「集成編年」の「1、2期」に出現したと推定した〔水野1997〕。（小型

倭製鏡の登場を、古墳時代に軸足をおいて弥生倭製鏡に向かってどこまで遡上するかを探ったこれらの見解とは視座を逆にとり、弥生倭製鏡を起点とした推移のなかで古墳倭製鏡の登場を把捉しようとした高倉もまた、重圏文鏡・珠文鏡・素文鏡などの「儀鏡」が「弥生末〜古墳初の短期の間」にうみだされたと想定した〔高倉 1995・1999〕。

　以上の論者はおおむね、小型倭製鏡だけでなく（中・）大型倭製鏡の出現時期も、「仿製」三角縁神獣鏡に併行〔森下 1991〕あるいは先行〔福永 1991・1996b；水野 1997 等〕すると考えた。この見方も、従説に異議を突きつけるものであったが、岸本直文が三角縁神獣鏡と倭製鏡主要系列の共伴関係の検討をつうじて、「本格的な倭製鏡の生産が、倭製三角縁神獣鏡の製作以前に遡ることはほぼ確かである」ことを立証したこと〔岸本 1996〕で、ほぼ定説の地位を占めるにいたった。その岸本は、弥生倭製鏡と古墳倭製鏡が連続せず、後者では「最古段階のものがもっとも造形的にすぐれ」ることから、後者が誕生した背景に列島外の「青銅器工人」の招来を想定した〔岸本 1996〕。森下はさらに検討を深め、古墳倭製鏡の特色である鮮明な鋳上がり、鋳造後の丁寧な研磨、「基本的には一笵一鏡であり、同型品が少ないこと」などの「技術的特徴を弥生時代の青銅器に求めるのは難し」く、そうした「技術的源流」を「中国の鏡作り」にもとめるならば、中国本土で「それらの技術が失われてしまう、3 世紀第 2 四半期より以前にその技術が伝播する必要」があると主張し、古墳倭製鏡の技術上の起源が少なくとも古墳時代開始期に遡上することを示唆した〔森下 1998b〕。

　上記の諸見解により、古墳倭製鏡と「仿製」三角縁神獣鏡の出現期がおおむねさだまってきた。しかし、その実年代（暦年代）に関しては、古墳時代前期の実年代がひきあげられつつある渦中にあり流動的だった。そうしたなか、「仿製」三角縁神獣鏡の実年代にたいして、対立する 2 説が提示された。福永は、紀年銘や共伴遺物などから実年代を推定しうる中国製鏡との比較検討をつうじて、中国製三角縁神獣鏡の最新段階を「270 年代以降」の所産と比定し〔福永 1996a〕、当段階に後続する「仿製」三角縁神獣鏡の製作開始年代は、「晋朝内部の混乱、朝貢先の楽浪、帯方郡の消滅、さらに西晋の滅亡」により三角縁神獣鏡の入手が不可能になった「4 世紀の第 1 四半期のうちに求めるのがもっとも合理的」とし、それ以後、半世紀ほどの期間に製作されたと考定した〔福永 1994a・b〕。考古資料を短期的な歴史的事件に直結させるあやうさや、その論拠が状況証拠によりかかったものであるなどの難点もあったが、この年代観は有力説として受容された。もう一方の説は、車崎が提唱したもので、中国製三角縁神獣鏡の最新段階と景元四 (263) 年銘円圏規矩鏡とに相似た唐草文（「芝草紋」）が配されること、「仿製」三角縁神獣鏡の最新段階と太康年間 (280-89)
の神獣鏡とに、類似する表現の神像がみとめられることを根拠に、「仿製」三角縁神獣鏡の存続期間を「二八〇年頃以降、二〇年から最大四〇年」という短期間とみた〔車崎 1999a・c 等〕。

　なお、倭製鏡の終焉年代については、「六世紀にはほとんど製作されなくなる」〔田中 1991〕とか、「遣隋使」による「隋鏡」の「将来」が「倭鏡の終焉を促した」〔車崎 1995〕といった見方も提示されたが、有効な証拠をそろえた説は、「六世紀後半〜七世紀初頭」頃に下降させる森下の新説にほぼかぎられた〔森下 1991〕。倭製鏡終焉の要因について、鏡が社会的・政治的に不必要になったとの説明がしばしばなされてきた。これにたいして、倭製鏡生産の衰退を「鏡作部工人の馬具づくりへの大量の動員」に関連づけた小野山節の推察〔小野山 1990〕は、新鮮さを放った。

## （7）流通と保有

### A. 流通（分配）論

　当期前半期にようやく、倭製鏡の流通や分配（配布）に関する具体的な議論が始動した。その背景には、出土鏡の悉皆集成〔白石他編 1994〕をはじめとする資料の整備作業、そして分類・編年作業の進捗があった。しかし逆にいえば、そうした作業をいち早く終え、一世を風靡した三角縁神獣鏡の分配論（同笵鏡論）〔小林行 1955 等〕に、数十年の遅れをとっていた。また、同笵（型）鏡が通有的に存在するため、流通（分配）論の展開に好都合な資料群の同時性とまとまりが保証された三角縁神獣鏡や同型鏡群にくらべると、緻密な議論を構築しがたいという弱みもあった。しかしその反面、単一鏡式であって面径も画一的な三角縁神獣鏡とは対照的に、種類が豊富で面径差が顕著な倭製鏡は、その特長を活かした流通（分配）論を展開しうる可能性を秘めていた。そして当期前半期に、資料の整備や分類・編年の進展を追い風にして、この可能性が実現の緒に就きはじめた。

#### a. 森下章司の研究

　もっとも総合的な議論を展開したのが森下である。三角縁神獣鏡・「仿製方格規矩四神鏡系」・「単頭双胴神鏡系」・珠文鏡・同型鏡群・「仿製旋回式獣像鏡系」のそれぞれについて、都府県別の出土数を棒グラフ化し、「流通の型」の比較検討をこころみた。そして、次のような見解を提示した。まず「4世紀の分布の型」は、「畿内に分布の中心があり、そこから離れるに従って数が減少する」点で、多くの鏡式で基本的に類似する。ただし、畿内地域から離れた「特定地域や特定の勢力の元ににまとめてもたらされ」ることがあり、「「配布」という言葉にふさわしい形」をとることもあった三角縁神獣鏡と、しばしば一古墳内で「かなりの幅をもつ」「型式」が「まとまって出土」し、「一括した形でもたらされたのではなく、一定期間における集積」がなされたらしい「大型・中型品」の倭製鏡とは、「明らかに異なる流通の型を示」す。他方で同時期の珠文鏡の分布状況は、これら両者と「大きく異な」り、「畿内での出土数は多くなく」、諸地域での「出土例がめだつ」。このように「4世紀」に、複数の鏡群が併行して存在し、おのおの「異なる役割を果たしていた」ことは、「中央と地方、あるいは地方間の不均等な結び付き方」を反映していた。ところが、この分布状況は5世紀後半に一変する。同型鏡群や旋回式獣像鏡系など「5世紀後半〜6世紀の鏡」は、「各地方にまんべんなく分布」をみせ、「4世紀」に顕著であった鏡群間での「分布や出土状況」の相違が目だたなくなる。この変化について、「5世紀後葉」に「中央と地方、あるいは地方間」での「格差がある程度払拭され、新しい枠組みが現れた」ことに関連すると示唆した〔森下 1994〕。

#### b. 車崎正彦の研究

　分布や副葬の状況から分配（配布）行為をみちびきだすことに慎重であった森下とは対蹠的に、車崎は分配論を積極的に支持し、「畿内政権」による政治的意図や「施策」にまで踏みこんだ大胆な解釈を提示した〔車崎 1990・1991・1993a・b・d〕。まず、鼉龍鏡と捩文鏡に典型的な大小差を重視し、議論の前提として、倭製鏡の「大小には、畿内政権によって容認されるべき各地の首長との関係、おそらく親疎の程度であり、身分的秩序さえも明示する内容が込められた」ととらえ、そうであれば「鏡の大小に付随する諸現象から、畿内政権の政治的意図を読みとる試み」も、説得力をもつ推論になるとの仮定をたてた。そのうえで、両鏡式の副葬古墳の分布・墳形・墳丘規模を比

較検討したところ、「副葬鏡は小さいが、規模大きい古墳も数多い」、つまり「古墳の規模と副葬鏡の大小に、顕著な乖離」がしばしばみとめられた。上記の前提と齟齬するかにみえるこの「乖離」にたいして車崎は、上記の前提を是とするかぎり、むしろこの「乖離」や「齟齬」は、「畿内政権の明確な政治的意図の反映に違いない」と解し、「畿内政権」が「その諸活動の一端を分掌する首長に、信任の証としての大型仿製鏡を賜与した」結果だと推断した。

さらに、両鏡式の前半期にあたる「第一群」の「配布」をつうじて「選抜された首長に、前方後円墳に葬られるほどの勢威を保有した畿外の首長が少なくなかった」一方、後半期の「第二群」では「大きな鏡の分布が畿内に集中する傾向」がみとめられることなどから、「畿内政権の基盤がなお脆弱な第一群の段階は、その諸活動を畿内のみならず地方の信任にたる有力首長に分掌せしめたが、政権の順調な進展をへて第二群の段階には、覇権を確立したとまではいえぬにせよ、政権の施策の遂行に、直属の官僚的首長層を重用するにいたった」と想定した。そしてまた、この両鏡式と三角縁神獣鏡との共伴事例の半数近くが、規模は大きいが小型鏡を副葬する「乖離」例であることから、前二者と後者との「明瞭な性格の相違」を推定し、「畿内政権は、同形同大の同笵三角縁神獣鏡の分有をもって各地の首長との連携を表明するいっぽうで、大小の仿製鏡を選択的に配布することで自らを中核とする政治秩序の構築強化につとめる、一見矛盾するかの施策を遂行した」との推察を提示した〔車崎 1993a〕。倭製鏡に多様な鏡式が用意されたのも、「たとえば職掌のごとき何らかの違いを表示する必要があってのこと」ではないかと、想像をたくましくした〔車崎 1993b〕。

「畿内政権」と「各地の首長」の複雑な政治的関係の細部にまでふみこんだ、まことに大胆な考察であった。しかし、副葬古墳の規模と副葬鏡の大小が「齟齬」するのであれば、まずは未検証の前提である、倭製鏡の「大小には、畿内政権によって容認されるべき各地の首長との関係、おそらく親疎の程度であり、身分的秩序さえも明示する内容が込められた」とする仮定の有効性を疑うべきであった。抽象的にいえば、実例をもって検証すべき前提が、実例によって反証されているにもかかわらず、みちびきだされた結論が前提とほぼ同一になっており、論理として破綻していた。また、「配布」から副葬への流れを単線的にとらえたことにも問題があった。副葬古墳の規模と副葬鏡の大小に「齟齬」がある以上、再分配や交換、あるいは長期保有に起因する、所有者の変更あるいは所有者の勢威の変動の有無を確認すべきであった。要するに、究明すべき事象の細密さに比して、資料操作と分析の手続きが粗すぎたわけだ。

なお車崎は、倭製鏡で顕在化する「鏡の大きさ、大小によって地域首長を序列化するという倭王権の発想」が、「大小の魏晋鏡」を「意識的に配りわけた」「3世紀」代にすでに発現していたとの構想も披瀝した〔車崎 1999b・2000c〕。「東北・関東地方」の「小型の魏晋鏡」が「5、6世紀の古墳」から出土する事例が多く、三角縁神獣鏡などの大型鏡より「長く伝世する傾向」があることに着目し、この現象は、「小型の魏晋鏡を分与された首長」が代替の鏡を入手しえないために保有を継続せざるをえなかった結果ととらえ、したがってその「地位」は「三角縁神獣鏡の賜与をうけた首長ほど安定していなかった」とみなした解釈〔車崎 2000b〕とともに興味を惹く。

c. 今井堯の研究

車崎と同様に、古墳時代における鏡の流通を、原則的に「大和政権」から諸地域への分配としてとらえたのが今井である。「超大形」の倭製鏡から「最末端のランク」の「極小3鏡種」（素文鏡・重圏文鏡・珠文鏡）にいたるまで、「大和・近畿部族同盟体の最高首長」が当該期の「鏡の製作配

布体系」を所有していたと想定し、そうした「ヒエラルヒーが最も貫徹した時期」こそ、「極小3鏡種」および「超大形」倭製鏡の「盛行期」である「前Ⅱ期」（古墳時代前期後半）であったと主張した〔今井 1991〕。さらに、「吉備」における「鏡配布体系」を古墳時代の全時期にわたって検討する作業をつうじて、この主張をおおむね追証するとともに、当地域の倭製鏡が「鏡種・鏡式差よりも、鏡径によって明確に身分秩序を反映」していたことを導出した〔今井 1992b〕。

　今井の考察のうち、とくに先駆性に満ちていたのが、同墳複数埋葬の優劣関係と副葬鏡径との明確な相関関係を指摘したことと、埋葬人骨の性別・年齢と副葬「鏡種」との対応関係を検討したことである。前者については、同墳複数埋葬において「首長埋葬またはより優位の埋葬施設から、劣位の埋葬施設出土よりも、鏡径がより大きい鏡が出土し」、「三つの埋葬施設から各々鏡が出土する場合も、棺構造・棺規模の優位順と鏡径の大きさの順」とが「完全に一致する」ことを例示し、この現象を「鏡種よりも鏡径に、より重要な意味があったこと」の反映とみなした[103]〔今井 1981・1991〕。後者については、「中・四国地方」で素文鏡・重圏文鏡・珠文鏡を伴出した埋葬人骨の「性別・年令区分」を調べ、「特定の鏡種と性別に特定の関係は認められ」ないことを明示し、「鏡径・鏡種は被葬者の社会的地位にかかる」との想定を補強する根拠と考えた〔今井 1991〕。

### d. 「仿製」三角縁神獣鏡の分配論

　分配論の俎上に載せられる頻度のもっとも高い鏡式が「仿製」三角縁神獣鏡であり、ここでも福永が議論を主導した。福永は、型式学的変遷と共伴関係により妥当性を担保した自身の設定段階を駆使して、各段階における三角縁神獣鏡の分布状況の変動を追尾し、その変動の背景に政治戦略をみいだした。中国製三角縁神獣鏡については、「邪馬台国勢力が、魏晋の権威を後ろ盾にして日本列島規模での政治的主導権を確立していく際の、一つの切り札」とみなしたうえで、まず西方諸地域をおさえ、最終的に「濃尾平野低地部」まで分配域をひろげたと推定した。そして、中国製三角縁神獣鏡の流入停止に対処するべく製作された「仿製」三角縁神獣鏡については、その前半段階に西方重視の分配戦略がとられたが、後半段階には「中国王朝」が消滅するなどの事態を受けて「威信財」としての地位から陥落し、その歴史的役割が終焉しと説いた〔福永 1994a・b・1996b・1998a〕。さらに福永は、「仿製」三角縁神獣鏡の終焉状況を「政権交替」論に積極的に関連づけた。「前期後半」頃に「仿製」三角縁神獣鏡が「衰退」をむかえた一方で、筒形銅器・巴形銅器など新たな器物が登場し、新興の有力古墳（群）を中心に副葬された事象に着眼し、これは前者を配布していた「大和盆地東南部の伝統的勢力」から後二者の分配を管掌した「大和盆地北部、河内平野の新興勢力」へと政権のイニシアティヴがうつった物的証拠だと解したのである〔福永 1998a・b・1999c〕。この解釈枠は、当期後半期の林正憲に強く継承された〔林 2002〕。

　なお、三角縁神獣鏡の「威信財」としての意義の衰微と、古墳時代前期後半以降の政治変動（「政権交替」）を連動的な現象ととらえる見方を、福永に先がけて提起したのが田中晋作である。畿内地域において、三角縁神獣鏡と古墳時代中期に出現する定型化甲冑（帯金式甲冑）との共伴事例が僅少であり、少数の共伴事例は「新興」的な古墳にみられ、その場合には古相の中国製三角縁神獣鏡が副葬されるなどの現象を、「新興の勢力と旧来の勢力の交代にあたり、前者が各勢力の取り込みにあたってその時期の最新の機能を備えた甲冑を供給し、対して、それを阻むために後者からは」、「仿製とされる三角縁神獣鏡ではなく、より古い鏡式の三角縁神（盤龍）獣鏡を供与した」事態の反映だと解釈したのである〔田中晋 1993・1994・2001 等〕。この複数勢力による競合的分

配論は、当該期の複雑な政治動態を解き明かしうる有望なアプローチとして受容されたが、少なからぬ批判もなされた。とくに後述するように、分配元での長期保有をみとめるか否か、受領者（集団）における長期保有がありえたか否かという論点が、保有論の展開を促進することになった。

　以上のほか森下は、「仿製」三角縁神獣鏡の古い「型式」は「畿内中心に分布が傾く」が、「新しい型式では、九州や東海地方など地方の古墳に多く分布するようになる」というように、「時期が降るにつれて」「地方への配布の比重が高まった」ことを指摘した〔森下 1993c〕。また岡村は、「仿製」三角縁神獣鏡が「分布密度」の点でいえば「岐阜・愛知県より西に集中し、中国製三角縁神獣鏡の単像式鏡群に似た分布を示」すにもかかわらず、両者が同一古墳に共伴することが少ないことをもって、「配布者」の「相違」を推論した〔岡村 1989a〕。

### e.「新式神獣鏡」論

　福永が、「政権交替」論を補強すると同時に、「初期大和政権」による神獣鏡の戦略的利用という自説を補強するべく提唱した「新式神獣鏡」論も、倭製鏡研究に新たな観点をもたらした。福永は、「弥生終末期における国産大形青銅器の終焉、その後古墳前期前葉にかけての舶載神獣鏡の選択的導入、倣製神獣鏡の不在といった諸事象は、成立した中央政権が政治的主導権を確保していくための」一連の「儀礼管理戦略の反映」だと位置づけ、「舶載神獣鏡」の代表である画文帯神獣鏡と中国製三角縁神獣鏡はともに、「中央政権」が神仙思想および儀礼的意味を付帯して活用した器物であったと評価した。そして、前期前半に神獣鏡が倭製化されず、「倣製神獣鏡の出現が他種の倣製鏡に遅れる」ことの背後に「政権」による「神獣鏡製作規制」を、初期の倭製神獣鏡が「面径、デザインともに強い規格性を持っていた」「仿製」三角縁神獣鏡にほぼ限定される背後に「神獣鏡製作管理」を、それぞれ推定した。つまり、「政権にとって最も重要な政治的役割を担った神獣鏡の倣製が遅れる」背景に、「大和盆地東南部に勢力の本拠を置」く「初期大和政権による神獣鏡製作の管理」を、さらにその「管理」をつうじて「宗教的権威を保持するという企図」を読みとったのである。そのような「管理」状況をへて、「前期中葉から後葉」（筆者の前期後葉に相当）にいたると、「仿製」三角縁神獣鏡とは工人の系統を異にする「倣製神獣鏡」である「新式神獣鏡」[104]が出現するのだが、それらが三角縁神獣鏡とめったに共伴せず、共伴する少数の古墳の「多くがそれ以前の首長墳系譜を断ち切る形で登場した新たな系譜の初代ないし二代目に位置づけられるという共通点を持」つことに、福永は有意性を看取した。そしてこの状況を、「政権交替」をめぐる自説と組みあわせて、「新式神獣鏡は大和盆地東南部勢力に替わって畿内中央政権の政治的主導権を握っていった盆地北部および河内の新興勢力の手によって製作、配布が行われた器物」であり、前者の勢力による神獣鏡の「入手、製作、配布」への「強い管理」が「4世紀中葉以降」に「弛緩」し、後者の勢力が製作と分配を主掌した「新式神獣鏡」が登場し増加した原因を、「政権内の主導勢力の交替という政治変動」にもとめうると結論づけた〔福永 1998a・1999a・b〕。

　「新式神獣鏡」をめぐって福永が打ちだした雄大な枠組は、T. アールの首長制論〔Earle 1997〕の核心を占める「権力資源」のひとつである「イデオロギー」の「管理」に関連づけられ、列島の国家形成論に接ぎ木された〔福永 1999b〕。「新式神獣鏡」をめぐる一連の議論は、倭製鏡の政治史的射程を拡幅する可能性に満ちた、興味深いこころみであった。ただし、立論の基礎をなす「新式神獣鏡」の理解と解釈に少なからぬ問題があった。まず、「新式神獣鏡」とそれ以前の倭製鏡には、製作原理や文様要素、分配方式の面で連続性が強く、そこに福永が想定する製作管掌者の移動

をともなうほどの断絶性はない〔下垣 2003b・2011a；辻田 2007a；加藤 2015c 等〕。また福永は、三角縁神獣鏡と「新式神獣鏡」（「倣製神獣鏡」）の非共伴性に特権的な意味をみいだすが、福永自身が指摘するように、「新式神獣鏡」の「盛行」は、「仿製」三角縁神獣鏡の「衰退期に重なっている」のだから〔福永 1998a〕、共伴しないのはむしろ当然である。福永は、三角縁神獣鏡が「他種の鏡を伴出した」105 例のうち、「仿製」三角縁神獣鏡以外の「倣製神獣鏡を伴った例」が「8 基に過ぎない」ことを強調する。しかし、前期後葉の「倣製神獣鏡」の数倍の面数をほこる当該期の倭製内行花文鏡と三角縁神獣鏡との共伴事例にしても 18 例にすぎない。したがって、三角縁神獣鏡と「倣製神獣鏡」の共伴数「の少なさには意味があ」る〔福永 1999a〕どころか、むしろ統計的に妥当な数値、あるいは多いとすらといえる。このように「新式神獣鏡」論は、継承し深化させるべき重要な内容をふくんではいるが、少なくとも大幅な修正が必要不可欠といえる。

**f. 分配（授受）の方式・契機**

　当期前半期に進捗をみた倭製鏡の分配論は、精緻の度を増した分類・編年研究の成果や、文化人類学などに由来する枠組などを駆使しつつ、いっそうの精密化をとげたにとどまらず、新たな視角からの検討もうみだした。とくに、分配（授受）の方式や契機に切りこんだ考察が注目される。

　分配（授受）の方式について、川西が設定した単純ながらも簡明な類型化が、以後の研究に重要な枠組をあたえた。それ以前にも、鏡の入手方式を 6 パターンに細分する案〔斎藤 1966〕や、鏡の配布方式を 5 パターンに細分する案〔春成 1984〕が提示されていた。示唆に富むが、想定可能なパターンを列挙したにすぎず、画餅の観が強かった。実際、いかなる考古資料の状況をもってパターン同定をするのか検討されておらず、そのためこれらの案が採用されることはなかった。

　そうしたなか川西が、「畿内政権のもとに収まった器物が各地に分散する」方式に、「畿内から赴く下向型」と、「畿内へ出むく参向型」とが「ありうる」[105]としたのは、考古資料から同定しうる単純さをそなえ、かつ「器物の移動の仕方」の「歴史的意義」を射程にいれたパターン設定として重要であった。川西はまず、「下向型よりも参向型の方が、中心を占めた畿内政権の支配力という点では、より強力な勢威のもとで実施された」との前提をとれば、「器物分散の主要なかたちが下向型から参向型へ移った」と想定できるとした。そして、古墳時代前期に三角縁神獣鏡が諸地域にもたらされる方式は、「中央から派遣された使臣が、地方へ宣撫にでかけた時」の配布とする小林の推測〔小林行 1965〕を継承し、「畿内から赴く下向型」であったと推定した。さらに、この方式が「畿内集中から畿外拡散」に転轍するのが「中期中葉」（「5 世紀中葉」）であり、同型鏡群や「甲冑類」などを代表として、「参向型」が主体を占めるにいたったと考定した〔川西 1992・2000〕。

　このように川西は、「5 世紀中葉」以前の各種銅鏡の基本的な分配方式を「下向型」とみなした。和田晴吾も、「仿製」三角縁神獣鏡とそれに「続く他の」倭製鏡が、「新しく帰属する首長や代がわりの首長にそれを承認するかたち」で「送られた」と推定しており〔和田晴 1986〕、「下向型」を考えていたようである。他方で車崎は、「倭王権」が大小の倭製鏡を意図的に「作りわけ」、それらを「選択的に配布することによって、王権を中核とする政治秩序を可視的に表現する」ことを志向した以上、倭製鏡の「配布は、各地の首長あるいはその使者が一堂に会する場こそがふさわしい」と考え、倭製鏡の分配方式が「参向型」であったと提言した〔車崎 1999b〕。この提言を皮切りに、車崎のように「倭国のおもだった首長が集まる機会」をその契機とみるか、辻田のように「各地の上位層」の「世代交代を契機」とみなすかの相違はあるものの、倭製鏡と三角縁神獣鏡の

*160  第Ⅰ部　倭製鏡論*

分配方式を「参向型」でとらえる見方が有力になっていった〔車崎 1999b；下垣 2003b；森下 2005b；辻田 2007a 等〕。「中央政権」の有力者にせよ、諸地域の有力者にせよ、その代替わりを契機に鏡が分配（授受）されたと考えるならば〔岸本 1996 等〕、「参向型」のほうが理解しやすい。

g.　そのほか

畿内地域の王権中枢からの分配を想定する上記の諸説にたいして、異説もあった。小型倭製鏡などの地域生産をみとめる場合、これらが王権中枢を介さず地域内／間を流通していたことが主張、あるいは示唆された。捩文鏡などの小型倭製鏡の生産に「遍歴」（「巡回」）工人が関与したとの説も提起された〔楠元 1993；西川 2000〕。こうした見解の問題点は、すでに指摘した。ただし当期前半期には、鏃類などの金属製品に関して、地域生産をふくむ多元的な生産・流通がさかんに提言されはじめており、倭製鏡の地域生産や多元的流通についても、分析と解釈の方法を厳密に練りなおしたうえで、さらなる検討を進めてゆく必要がある。

また倭製鏡ではなく、三角縁神獣鏡などの中国製鏡に関する提説であるが、王権中枢から諸地域への分配に疑義を呈し、むしろ諸地域から「中央政権」への献納を主張する説〔樋口 1992・1998・2000；平野 1998・2002；前田 1999 等〕や、かならずしも王権中枢を介さない比較的自由な流通を想定する説〔平野 2002 等〕も提示された。これらは、分配一元論への批判として一定の有効性があり、「複合的な鏡の動線」を提言する〔平野 2002〕などの点で意義はあった。しかし、総じて考古資料の検討が粗忽であり、しばしば『記』『紀』に安易に寄り添った憶説に流れた。同じく倭製鏡に限定された議論ではないが、諸地域での鏡の再分配をみとめる見解〔田中 1991・1993；岩崎 1993 等〕や、特定地域での鏡の流入状況に焦点をあてた研究〔谷口一 1996；櫃本 1997 等〕もだされた。

韓半島出土の倭製鏡に関する検討も、簡略ながらおこなわれた。たとえば朴天秀は、列島との交渉主体が、古墳時代中期前半の「金官伽耶圏」から同後半の「大伽耶圏」へと転換することを、彼我間の器物の流通状況から推察したが、その際に倭製鏡の分布域の変化も論拠にもちいた〔朴 1995〕。韓半島南部に倭製鏡が流入した背景に、政治変動を示唆した朴にたいして、中山清隆らはそれらが「民間レヴェルでの交易によって彼地にもたらされたもの」とみた〔中山清他 1994〕。

h.　威信財論の展開

第六期ほどではないが、当期前半期にも、器物の交換や流通に関連する民族例や社会・文化人類学の理論に関する翻訳書や研究成果が少なからず公表され、直接的にせよ間接的にせよ、さまざまな考古資料の交換・分配・流通の解釈に影響をおよぼした。「民族誌的現在」の観点からの慎重論も提起された〔岩永 1998〕が、大勢としては民族誌由来の「理論」が歓迎された。

とりわけ当期前半期に活潑化したのが、「威信財」の語を使った議論である。理論的な整理〔河野 1998〕や国外の研究を展望におさめた論考、威信財論をふまえた弥生・古墳時代の流通・分配モデルの構築〔松木 1996 等〕などといった成果は、高く評価できる。しかし、研究状況を大局的にみると、威信財論が展開をとげてきた学問的背景やその射程および課題をふまえることなく、新たな舶来用語をもって旧来の「貴重品」や「宝器」をいいかえたにすぎない安易な考察が過半を占めた。しばしば威信財の代表格とみなされた弥生時代の中国製鏡、そして古墳時代の鏡は、そうした安易な考察の主人公格でもあった。当期前半期の初頭に、都出比呂志が高度な理論的体系性と資料的整合性を併有する「初期国家論」および「前方後円墳体制論」をとなえ〔都出 1991〕、以後の

古墳時代論に決定的な枠組を提供したことも、威信財論の採用を促進する効果をもたらした。というのも、都出の国家形成論の根幹には、「全土を貫くような河川がなく、大規模な運河や水利灌漑網の建設と維持の事業が、国家統合の経済基盤となったと考えにくい日本のような地域」では、「とくに必需物資の流通の掌握が、古代国家形成において重要な経済的契機になる」との理解があり〔都出 1989b・c 等〕、威信財論との強い親和性があったからである。

### B. 保有論

上記したように、（倭製）鏡の流通・分配に関する研究が、当期前半期に長足の進歩をとげた。しかし他方、解決すべき重要な課題も浮上してきた。受領者側あるいは分配元における保有期間の問題である。たとえば、先述したように車崎は、古墳の規模と副葬鏡径の大小との「齟齬」に、「畿内政権」が「各地の首長」に付与した複雑な政治的位置づけを読みとった〔車崎 1993a〕。しかし、分配時と副葬時を区別せずに分析を実施したため、その期間（保有期間）に生じうる所有者の変更あるいは所有者の勢威の変動が生じた蓋然性を捨象する仕儀となった。また田中晋作は、自説を展開するにあたって、旧勢力が保管していた中国製三角縁神獣鏡を、古墳時代前期後半以後にいたって切り札的に「分与」したという想定を、推論の根幹にすえた〔田中晋 1993〕。徳田誠志も、「関東に古相三角縁神獣鏡が多く分布し、畿内により近い濃尾平野に新相鏡群が多いという分布の逆転現象」に着目して、「仿製」三角縁神獣鏡の盛期以後に「それまで畿内において伝世されてきた鏡」が同地域で副葬されるとともに、関東地域へも「配布」された結果だと考えた〔徳田 1997〕。しかし、そのように考える場合に確実に否定しておくべき、分配された鏡が受領者側で長期保有されたという有力な対案〔森下 1998a；福永 1999b 等〕に、しかるべき配慮がはらわれていなかった。

このように、鏡の授受を介した有力集団内／間関係の検討を深めるためには、分配元にせよ受領先にせよ、そこでの保有期間を十分に考慮すべきことが、重大な課題として浮上してきた。その課題に応答するにあたって、当該期には数陣の追い風が吹いていた。ひとつは集団編成に関する検討の深化〔田中良 1995・1998a；岩崎 1996 等〕であり、もうひとつは文献史における系譜研究の進展〔義江 2000 等〕であった。これらの諸研究により、器物を入手・保有する集団の編成様態と、器物の長期保有に深く関係したであろう有力者の地位継承の方式が明らかにされつつあった。保有期間を絞りこむための必須条件である、倭製鏡の編年体系の整備も当期前半期に進捗をみていた。そしてもうひとつ、決定的に重要な順風として、都出の起爆剤的な論考〔都出 1988〕を契機として、首長墓系譜論が隆盛をとげていたことをあげねばならない。

このような順風を帆に受けて、「鏡の伝世」現象を保有集団に関連づけて解き明かす航海に乗りだしたのが森下である。森下はまず、器物の「推定される製作年代とその廃棄・埋納・副葬年代との間に考古学的にずれが認められる場合、たとえば土器ならば一型式、古墳の副葬品ではその組み合わせによって設定される一小様式以上の開きがある場合を一律に長期保有と呼ぶ」と定義した。そのうえで、「伝世の場所が明確でなく、流入・入手年代もはっきりしない中国鏡と比べて」、「製作年代と入手年代の推測が比較的容易であり、また伝世の場所をある程度限定することも可能」な倭製鏡を分析の俎上に載せ、「世代を越えて」それらの「保有が続く現象」が確実に存在し、それが「一定の量に達して」いたことを明示した。三角縁神獣鏡と同型鏡群においても、それらの同笵

（型）鏡が複数の古墳に分有されている場合、そうした古墳間に大きな時期差が散見することも例示した。以上から、鏡の伝世例が「古墳時代の各時期にみられ、一定の量に達して」おり、鏡式にも地域にもかたよりがなく、「地域的な風習や階層差に起因する」ものとも考えられず、したがって「鏡の伝世は、古墳時代において特殊な現象ではなかった」ことを導出した〔森下1998a〕。

　そして、「鏡の長期保有・伝世」がなされた「場所」と「過程」を明らかにするべく、「首長墳系列」（首長墓系譜）での鏡の出土状況を検討した。具体的には、大阪府桜塚古墳群の「首長墳系列」で出土した鏡式とその時期を精査し、本古墳群の営造開始以前の「ほぼ同じ時期に製作された四面の鏡」が、本古墳群の「異なる時期の古墳から出土している」一方、短甲をはじめ玉類・鉄鏃・馬具は「新しい形式が滞りなくもたらされ、またあまり時を経ずに副葬され」ている現象を抽出した（図43）。この現象の解釈として、本古墳群の「形成以前にこれらの仿製鏡がまとまってもたらされ、それが代々受け継がれてゆく一方、各代の首長やその近縁者の死に際して数面ずつ副葬されて」ゆき、他方で「新しい形式」の武具や馬具などが「次々ともたらされていた」状況を想定した。そして、同様の事例（京都府向日丘陵古墳群・同男山古墳群・滋賀県息長古墳群）を追加したうえで、これら諸例が、「鏡の伝世の主体が、在地の首長系譜にあったことを示す例」だとみなした。ただし、このように細緻な復元作業を実行できるのは、各「首長墳系列に一時にもたらされた鏡が複数枚であり、かつそれらが細かく年代的に位置づけの可能な仿製鏡であるか同笵・同型品であった場合」にかぎられる。しかし森下は、古墳倭製鏡は「製作元や配布元における長期保有・伝世は少なかったものと推測」でき、また（倭製）鏡のような「貴重な器物が、それほど頻繁に移動したとも思われない」との理由から、副葬鏡の製作時期と副葬時期に時期差がある事例は、「ひとつの首長系譜で伝世されていた場合が一定以上の割合を占めていた」との推論をくだした〔森下1998a〕。

　以上から森下は、「古墳時代の鏡の保有主体としては、首長墳系列に示される在地の集団が重要であ」り、かつて小林行雄が想定した「保管管理者」としての「司祭者」のような個人〔小林行1955〕よりも、「首長系譜のような集団」のほうが「伝世の成立には重要」であると提言した。そして、そのような「集団への帰属性」ゆえに「伝世」が発生したのであり、「伝世」例が顕著なことから古墳時代の鏡は「本

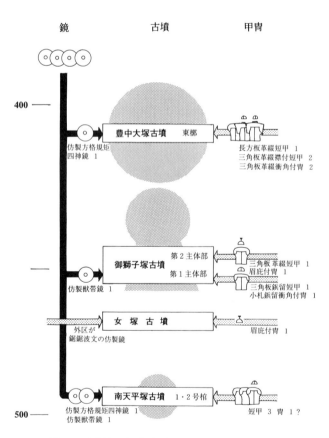

図43　大阪府桜塚古墳群の鏡と甲冑〔森下1998a〕

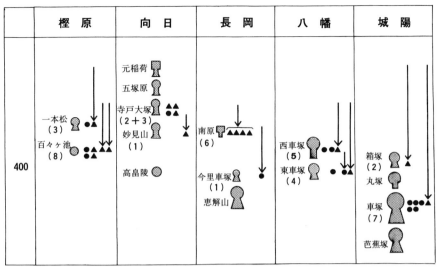

図44 山城の首長墓系譜と副葬鏡〔森下1998a〕

源的には集団に帰属した」ものの、「首長墳」への副葬が示すように、「各代の首長個人への帰属性をもあわせも」ち、この二重の帰属性が多様な保有期間をうみだす原因になったとみた。森下の論考は、鮮やかな手法をもって鏡の保有主体にせまり、保有期間という時間的因子と有力集団の長期態である首長墓系譜を分析に導入することで、器物と有力集団との関係に、そして器物の保有をつうじた集団編成の通時的様態に、新規かつ重大な分析視角をあたえた。分配論に関しても、「山城の首長墳系列と副葬鏡」の詳細な検討（図44）をつうじて、鏡の授受と「首長墳」の築造とは「各小地域と中央とを結びつける役割」において「異なる次元の問題」であることや、「古墳の規模と副葬鏡数にギャップのある例」には「前代からの蓄積の差を考慮する必要」があることを示したのは、「入手契機や相続関係を検討要素に加えること」の意義をきわだたせるとともに、保有を捨象した従来の諸説の限界を鋭く抉りだすものであった〔森下 1998a〕。

　上記した森下の問題意識と提言は、鏡研究のみならず有力集団内／間関係の研究においても重大であったが、すぐには受容・継承されなかった。しかし、2010年代にはいって器物の流入・保有と首長墓系譜を関連づける研究が簇生し、今後のいっそうの展開が期待される。

　他方で福永は、首長墓系譜への鏡の流入状況に着眼した点で森下と軌を一にしつつも、森下のように受領者側による「伝世」の様相にではなく、「中央政権」から流入する鏡などの器物や墳墓要素の変化・断絶からうかがえる首長墓系譜および分配者の共時的・連動的変動に分析の焦点をあてた〔福永 1999c〕。森下と福永は、問題意識と検討の重点において若干の相違をみせたが、両氏が実践的に提示した、首長墓系譜と鏡の流入・保有状況の関連性を追究するアプローチは、器物の流通・保有論に新風を吹きこんだにとどまらず、古墳時代の有力集団内／間関係論にも有望な分析視角をもたらした。また、「かりに鏡が共同体の所有」だとしても、それは「共同体を代表する首長の管理のもとに首長のオホヤケに保管された」ものであり、そのような「歴代の首長」による鏡の「継承」こそが「鏡の伝世の実態」だととらえた車崎の考察もあげておきたい〔車崎 2000b〕。

## C. 副葬配置に関する研究

　古墳に副葬される場合、鏡は一般に頭部付近におかれるが、それ以外の配置もあった。当期前半期には鏡の副葬配置に関する論考が数を増した。特定の配置方式を、保有者側での選択とみるならば、保有論に関連づけうるが、鏡とともに分配者からあたえられたものと解するならば、分配論にからめて分析できることになる。

　後者の視点から副葬配置の政治史的意義を追究したのが藤田和尊である。藤田は、複数面の鏡が埋葬施設に配置される方式を、「頭部集中型」と「頭足分離型」に類型化し、これら２類型の分布状況とその盛行時期に法則性が看取されることから、鏡の配布と副葬配置方式は密接に関連する政治的現象だととらえ、両方式の背後に特定の政治勢力の活動を想定した。具体的には、近畿地方では「頭部集中型」が淀川以南、「頭足分離型」が淀川以北と奈良西南部というように、分布が明確にわかれ、近畿以外でも前者の卓越する地域・後者の卓越する地域・両者の混在する地域を抽出でき、それらの相違は鏡自体だけでなくその配置方式という「因習」をも配布した政治活動を反映したものとみなした。そして、「Ⅰ期」（古墳時代前期前半頃）の「鏡配布者」は「頭部集中型の鏡副葬配置を採ると推定される、大和東南部勢力であ」ったが、「Ⅱ期」（前期後半頃）になると、「頭足分離型の鏡副葬配置を採ると推定される馬見古墳群の被葬者が鏡配布者に加わり」、単独で、あるいは「大和東南部・北部勢力」と協力ないし分担して、諸地域に「鏡副葬配置の因習と共に実際に鏡を配布」することで、「大和政権のさらなる勢力の伸長に努めた」と結論づけた〔藤田和1993・1997〕。

　一方で、三角縁神獣鏡の副葬配置を検討した福永は、藤田の見解にたいして、類型判定の不確実さや「頭足分離型」の盛行期と馬見古墳群の造営期との微妙なずれ、さらには鏡の配布と葬送時の副葬配置という別次元の問題を直結させたことを批判した。そして、むしろ「頭足分離型」は「身体包囲型」とともに、三角縁神獣鏡と同時期に出現した可能性が高く、これらの「配置方式の創出自体が三角縁神獣鏡を含む副葬鏡群の成立と関連しているとともに、その情報」が、「大和東南部」の勢力の主導する「首長間の交渉の中で伝達、共有されていた可能性が高」いと推断した〔福永1995・1998c・2000〕。なお藤田は、「頭足分離型」の創出を古墳時代開始期まで遡上させる福永にたいし、その根拠の薄弱さに再反論をくわえた〔藤田和1997〕。

　このほか、鏡の副葬配置や副葬状況に、神仙思想の導入〔今尾1989・1993c；小山田1992；福永1995等〕や遺骸を護る辟邪の役割を読み解く見解〔河上1997；高橋克1998等〕が頻発した。しかし、想像論や常識論の域を超える論拠は提示されず、批判も提示された〔岡村2001等〕。


## （8）そのほかの諸研究

　以上のほかにも、当期前半期には多彩な視角から倭製鏡に関する検討がくりひろげられた。とりわけ注目すべき成果として、鉛同位体比の「組織的・網羅的」な測定値に立脚して、倭製鏡の位置づけを浮き彫りにした馬淵久夫の論考をあげたい。この論考の主目的は「"舶載"三角縁神獣鏡の製作地問題（特に国産説が成り立つかどうか）を検証する」ことにあり、倭製鏡の鉛同位体比データはそのための「基礎資料」に供されたにすぎなかった。しかし、多量のデータをふまえて「「舶載」三角縁神獣鏡」「魏の紀年鏡」「呉の紀年鏡」「「仿製」三角縁神獣鏡」「古墳時代の仿製鏡」の鉛同位体比の分布領域を特定したこと（図45）は、倭製鏡の原料（鉛）の出自や調達方法を、さ

らには製作の集約性などを追究するうえで、重要な手がかりをあたえるものであった。具体的には、「「舶載」三角縁神獣鏡」「「仿製」三角縁神獣鏡」「古墳時代の仿製鏡」のいずれもが、「領域B」（「神獣鏡、画像鏡など後漢中期から三国・晋の時代に作られた鏡の占める範囲」）におさまるが、前二者は「別のグループ」におさまり、材料面で差異があったことが明らかにされた。そして「古墳時代の仿製鏡」が、出土古墳の時期に関係なく「領域Bに満遍なく分散」し、さらに測定試料数60面のうち3面が「領域A」（「弥生時

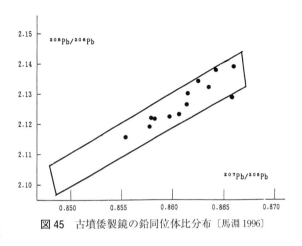

**図 45** 古墳倭製鏡の鉛同位体比分布〔馬淵 1996〕

代に将来された前漢鏡が占める位置」）の鉛をふくむことから、倭製鏡の製作にあたって「一定の原料供給元が確保されていな」かったため、「日本列島に持込まれたいろいろな材料」が利用されたという、重大な解釈を提示した〔馬淵 1996〕。

　中国大陸と韓半島以外の地域、具体的には中央アジア・モンゴル・シベリアなどへの中国製鏡の流入状況、さらにはこれら諸地域で生産された可能性がある鏡の実態に関する知見が増大したことも重要である〔孔 1991；村上 1992・1995；ザドニェプロフスキー他 1995；臼杵 1999 等〕。そうした知見は、古くから積み重ねられてきた〔梅原 1923d・1925b・1931・1938a；岡崎 1973・1982；樋口 1979a 等〕が、発掘資料の蓄積をふまえて、その実態がより鮮明になった。こうした鏡には粗造品が顕著であり、「粗雑な鋳造」の中国製鏡と「地方の仿製鏡」との区別や、「踏み返しと仿製の区別」が困難だという問題はあるにせよ〔ザドニェプロフスキー他 1995〕、当該諸地域で製作された「仿製鏡」が少なからずふくまれる蓋然性が高い。これらの研究成果は、中国製鏡の流通を介した汎ユーラシア的な交流ネットワークの姿や、各地における外来器物の受容など、多様な研究テーマに接続させうる点で高い価値を有する。倭製鏡研究に限定すれば、他地域の様相と比較することで、列島における中国製鏡の模倣（仿製）の特質を明らかにしうるし、より広い視野から倭製鏡を理解することが可能になる。しかしそうなると、「仿製鏡」はこれら各地に存在するため、弥生〜古墳時代における列島製作鏡を指示する「仿製鏡」なる用語が、「製作地について、曖昧な表現」であり〔西田守 1989；車崎 1993c〕、さらにいえば「明らかに日本と日本人を主体者とする概念」である「舶載鏡」〔笠野 1993〕と対をなしていることが、いっそう浮き彫りになる。

　独創的な研究として、擬銘（「擬文字」）を詳密に検討した中村潤子の論考も逸せない。中村は擬文字を細別し（図46）、原鏡の銘字と擬文字の「雰囲気」的な類似性から、「盤龍鏡系統擬文字」と「斜縁二神二獣鏡系統擬文字」に大別し、倭製鏡工人の文字認識の特徴を探るとともに、擬文字の簡略化プロセスや工人の擬文字概念の変化を明らかにするなど、示唆に富む見解を提示した。江戸期以来の「神代文字」研究が露見させてきたように、この種の擬文字や図形の研究は、ややもすると憶断におちいる〔高橋良 1996 等〕だけに、型式学的操作を丹念に実施したのは賢策であった。また、「仿製」三角縁神獣鏡に擬文字が存在しないことを根拠に、「擬銘帯鏡を作った工人のグループと三角縁神獣鏡を作った工人のグループの間に断絶があった可能性」を示したことは、倭製

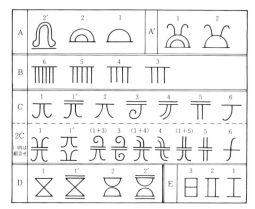

図46 倭製鏡の擬文字の分類〔中村1992〕

鏡と「仿製」三角縁神獣鏡との関連性の薄さを傍証するものでもあった〔中村潤 1990・1992〕。

他方で、鏡の宗教的・祭儀的側面を重視した見解が、当期前半期にも多出した。それらのなかには、目新しい観点もあった。たとえば寺沢知子は、鍬と濃密な共伴関係を示す三角縁神獣鏡を男性のみに共伴する鏡ととらえ、他方で三角縁神獣鏡との共伴率が低く、女性人骨と少なからず共伴する（倭製）内行花文鏡を女性に「特徴的な」鏡とみなした。さらにいくつかの状況証拠をまじえて、「共同体霊ひいては首長霊を鼓舞する」「女性が握る祭祀システム」で使用された（倭製）内行花文鏡と、「男性首長の政治システムのなかで機能」した三角縁神獣鏡とは、「根本的に性格が異なったもの」だと主張した〔寺沢知 1999・2000〕。独創的な見解であったが、立論の鍵を握る内行花文鏡と三角縁神獣鏡の非共伴性が事実と離齬していた。大多数の三角縁神獣鏡が該当する径20 cm以上の鏡が、ほぼ男性人骨のみと共伴し、男性人骨と高い共伴率を示す副葬品目（鍬・甲冑等）〔清家 1996〕も、径20 cmを超える倭製鏡や同型鏡ときわめて高い共伴率を示すこと、さらに内行花文鏡は男性人骨とも共伴することなどから、性別と対応するのは鏡式ではなく面径差であることが明白である。鏡副葬の実態をみるかぎり、中・小型鏡は男女双方にともなうが、大型鏡はそのほとんどが男性埋葬に副葬されている。副葬鏡径に被葬者の格づけがあるていど反映しているとみてよければ、一定のランク以上は男性がほぼ占めていたことになる〔下垣 2011a〕。この推論の帰結は、古墳時代前期には男性に伍して女性の中小古墳被葬者が広範に存在していたが、「三角縁神獣鏡の分与に連なったような」「有力者」の大半は男性で占められていたと説く川西らの主張〔川西他 1991〕を、おおよそ追認するものである。他方、三角縁神獣鏡の副葬古墳に「女性墓」が存在するとの提言もなされたが、証拠も根拠もまともに挙示されず、議論の体裁をなしていなかった〔伊藤秋 1998〕。

なお寺沢薫も、内行花文鏡の祭儀的性格を重視し、岡山県楯築墳丘墓（弥生時代後期後半）の段階に成立した「首長霊」の「継承儀礼」に必須の「呪器」として鏡が、とりわけ内行花文鏡が重視され、「首長霊」を「鼓舞増大し、新首長に付着させた後は壊される」という「重要な働き」をになったとみなした〔寺沢薫 2000・2003〕。このほか、鏡を「神まつりの司祭者としての首長がもつ祭器としての鏡」と「呪的権能をもつ被葬者の葬送に欠かせない呪具としての鏡」とに二分した白石太一郎〔白石 1999〕のように、鏡の役割や機能的性格を政治面や祭祀・呪術面に割りふる見方が散見した〔新井 1997；清水 1997等〕が、論者の主観の吐露にとどまった。

鏡を対象とした当期前半期の文献史的検討も、祭儀的・宗教的側面に言及したものが目だった。和田萃は、『記』『紀』にみえる鏡伝承を、「1.神マツリに用いられる祭祀具」「2.祭神の料（神宝・神財・神物）」「3.神霊のやどる御神体」「4.首長の権威や領域の支配権を象徴する宝器」に分類し、それぞれに検討をくわえた。多くの興味深い見解が提示されたが、とくに「王権」への「神宝」の献上・下賜と、「祭政一致」から「祭政分離」への移行を鏡から推定したことが注目される。前者については、各地の「在地首長」が「領域支配の象徴」として「祀る神々の神宝」が、

「王権への服属を誓約する行為」として「王権」に献上され、「所領」の献上や「舎人・采女」の貢進をともなう「より具体的な服属を誓う」ことで、これらの神宝が「改めて」「返却されたり」、「新たに別の品物が神宝として王権から下賜される」という流れを、『記』『紀』の記事から復元し、このような視点が「王権」から「各地の首長」への「同笵鏡や同型鏡」の「下賜」の背景を考える際に必要だと説いた〔和田萃 1993〕。この見方は、「国造任命」に際しておこなわれた、「国造が祭る神宝」の「中央」への「召し上げ」と、その代わりとなる「権威の象徴である宝器」の「大王」からの賜与という、「祭祀権を形の上で召し上げて朝廷に服属させる儀礼」を追究した大津透の研究とも通底する〔大津 1994・2000〕。後者については、まず「前期古墳」への鏡の副葬の多さを、「被葬者が神マツリに預っていた」「祭政一致の段階」の証拠ととらえた。そして、これ以後に「マツリゴト（政治）と神マツリが分離する段階に進み、神マツリには氏族内から選ばれた巫女と祭祀を専業とする集団が預るようにな」り、「鏡はむしろ王や首長の権威を示すもの、領域の支配権を象徴する宝器とされて伝世されるようにもなった」と想定し、「祭祀遺跡の状況」から、「祭政分離の状況」が「5世紀段階」に確立したのだと推測した〔和田萃 1993〕。

　このほか文献史的な成果としては、「〈天照大御神＝発光体としての太陽（日）〉」という従来の「等式」をくつがえし、『記』『紀』神話の要である「天照大御神」とは、「高御産日神」など「「日神」および「光らす神」から発せられる光を一点で受けとめ、それを凝縮し、一個の巨大な光に変換して天照らすところの反射鏡」の表象だったとみる主張〔水林 1992〕や、宮中における「神鏡奉斎」の経緯および時期などに関する論考〔渡部眞 1990〕、「アメノヒボコ」伝承の「奥津鏡」および「辺津鏡」を京都府籠神社所蔵鏡（京都 253・254）に結びつけた考察〔千田 2000〕などをあげうる。

## 第 七 期 後 半 期
### 2000 年代～

## 1. 第七期後半期の概況

　いちじるしく進展をとげた第七期前半期にくらべると、同後半期の倭製鏡研究は、本格的な論考数においてもテーマの多様性においても、しばらくのあいだ停滞の様相をみせた。大局的にみれば、前半期に出揃った研究テーマと分析視角を深化させる方向で研究が進んでいるため、前半期に比して新味と活況の点で見劣りするのは否定できない。2000 年前後に、総合的な研究成果が陸続と提出されたが、急激な研究の深化が逆に以後の検討の足枷になったのか、2000 年代半ば以降の研究は、弥生倭製鏡や小型三鏡式（素文鏡・重圏文鏡・珠文鏡）を例外として、いくぶん沈滞の様相を漂わせてきた。ただこの数年、そうした研究に入れ替わるかのように、後期倭製鏡の研究が活況を帯びていることが注目される。

　以下で展開する解説に先だって、まず当期後半期の倭製鏡研究の動向を、かいつまんで概観しておく。前半期に蓄積された成果を受けてか、総論が少なからずだされた。分類および型式（系列）

変遷に関する方法論は、時おり俎上に載せられたが、さほどの進展をみなかった。総合的な編年作業に関しては、前期倭製鏡と弥生倭製鏡に検討が集中し、おおむね大綱がさだまったが、他方で中期倭製鏡と後期倭製鏡の分析がなおざりになった。ただし最近、後期倭製鏡の研究熱が急速に高まってきたことが注意される。こうして構築された倭製鏡編年を、古墳編年に活用する姿勢があらわれたことも、後半期の特徴である。倭製鏡を総合的に把握しようとする志向が萌し、複数の鏡式（系列）をあつかった論考が前半期よりもいくぶん数を増したが、本格的な分析は少なかった。他方、個別鏡式の分析はいくぶん後景化したが、2010年代にはいって復調の萌しをみせている。後漢～南北朝期の中国製鏡の系統および展開について、研究が長足の進歩をとげた〔上野 2000・2001・2003・2007・2010；西川 2000・2016；西村俊 2000a；車崎 2002b・c・d；村松 2004a；山田俊 2006；森下 2007・2011a・b；實盛 2009・2012・2015・2016a；村瀬 2014a・b・2016a・b；馬渕一 2015a；南 2016a・b 等〕が、中国製鏡と倭製鏡の区分の再検討をうながす提説は鳴りをひそめた。これと対照的に、初現期の弥生倭製鏡の製作地について、議論が活潑化した。製作技術と製作体制については、三次元形状計測データを駆使した分析を代表とする緻密な分析と観察に根ざした考察が、前半期に比肩する勢いで進展している。議論の活況度と分析の精度の双方において、前半期を凌駕しているのが、流通（分配）や保有の政治的・社会史的意義をめぐる研究である。2000年代前半には流通（分配）論の比重が高かったが、2010年頃から保有論に重点がシフトしてきた。また、韓半島出土の倭製鏡（ないし韓製鏡）をめぐる研究が盛況を呈しつつあることが、当期後半期の特記すべき研究動向である。

　以上の概況からすると、倭製鏡研究は当期後半期にも依然として活潑であるかにみえる。しかし、少数の研究者が同一の研究テーマの論考をくりかえし発表し、そして単一の論考が複数のテーマにまたがっている結果、みかけのうえで活況を呈している側面を否定できない。同じ研究者が、短期間に同一テーマで複数の論考を提示するということは、内容面での練度と完成度の低さを暗示する。1本の論考が複数テーマにおよぶことは、よくいえば検討の射程が広いわけだが、その反面、分析テーマが絞れておらず、検討の深度と密度が不十分であることも示唆する。重厚な論考よりも、資料紹介レヴェル（+α）の短篇が目だつことも、研究テーマの細分化とあいまって、鏡研究全体への展望を欠くニッチ的研究を助長し、鏡研究を隘路にみちびきかねない。当期後半期に関する以下の解説が詰屈にして散漫なきらいがあるのは、体系性と目的性にとぼしい小考が散乱する現状に起因するところもある。だからこそ、本論のような研究史の整序と論点の整理が必要不可欠なのである。

　とはいうものの、当期後半期にも多様な視角からの研究が進展をとげていることは事実である。さらにまた、2010年代にはいり、本格的な資料集成や総論と連動しつつ、後期倭製鏡・弥生倭製鏡・小型鏡を軸に研究が活性化の様相をみせはじめており、新たな研究段階に移行したとみることもできる。2010年代以降に第八期を設定しうるか否かは、今後の研究動向の展開にゆだねるとして、以下ではおおむね上記した研究テーマおよび分析視角にそって解説をくわえてゆく。

## 2. 第七期後半期の諸研究

### （1） 総論にみる論点と課題

　当期後半期には、その初期と現時点での後末期とに、有益な総論が発表されている〔森下2002・2012a；辻田 2012a・2016b；林 2013〕。これらは当期後半期を主導した研究者による総論であり、そこで重視された論点や提示された課題は、同時期の重要な論点と課題を反映しているとみてよい。したがって、当期後半期の初端と終端付近の各総論を比較検討しておけば、この期間に重要な論点と課題がいかに提起・解決されていったかについて、基礎的な理解がえられよう。[109]

#### A．森下章司の総論

　まずは 2002 年に森下が、列島出土鏡の金字塔的な資料図譜である『考古資料大観』第 5 巻に執筆した総論〔森下 2002〕をとりあげる。冒頭で森下は、倭製鏡を識別する困難さを強調したうえで、「ある指標や様式的特徴によって古墳時代の日本で製作された可能性が高い鏡群を抽出することが先決であり、それらを中心に議論を次に進めていくのが望ましい」との指針を打ちだした。具体的には、「直弧紋」や「銘文に倭の固有名詞」を有する資料、そして家形埴輪や「倭製器物表現」と共通する表現をもつ資料を、「倭製の標識資料」ととらえ、「これら倭製の標識鏡を基礎とし、とくに単位紋様の組み合わせに目を向け、系列同士をつなぎ合わせ」ることで、倭製鏡の「大枠をつかむ」手順を提言した。つづいて、倭製鏡の系列設定と名称の問題が吟味された。信仰や思想の裏づけのある図柄が採用される中国製鏡には、文様に定式が存在し、その組合せにも約束があるが、他方で倭製鏡は、「図柄の共有性が薄く、また時間差、系統差、工人差による変化がきわめて大きい」。したがって、分類に際してこの「性格を十分取り込む必要があ」り、そのためには「紋様の組み合わせや細部に留意し」、「細部の特徴に共通性をもつ鏡群」を「系列」として抽出し、「系列固有の特徴や変化過程を見極め」る必要性を強調した。名称に関しては、同じ中国製鏡を模作した鏡群に「時間差、系統差、工人差」が混在するため、「製作系統の区別を目的」とする分類に際して誤解や混乱が生じてしまう問題を指摘し、そうした差異については原鏡の名称を採用しつつアルファベットを付して区別するなどの対処法を提案しつつも、「名称と分類との関係が未整理の状況にあ」り、「分類作業自体も不十分」な現状を吐露した。

　以上の方法論的な前提をふまえ、前期倭製鏡から後期倭製鏡までの変遷が整理された。内容は旧稿〔森下 1991・1993a・b〕に即したものであったが、「九州地方の弥生時代小型仿製鏡」とは「別系統」の「「𠮷」字紋鏡」に注目して、弥生倭製鏡から古墳倭製鏡への展開を想定したほか、前期倭製鏡と中期倭製鏡の端境期にあたる「前期末ごろ」に、従来の主要系列群とはことなる主像表現を配した、「散発的で、系列同士のつながりも明確でない」倭製鏡が登場することを指摘するなど、旧稿では記載の薄かった時期を充実させ、いっそう間然のない倭製鏡の沿革観を構築した。

　方法論および系列設定・名称の問題をあつかった節「倭鏡とは」に 2 頁、倭製鏡の沿革を論じた節「倭鏡の変遷」に 8 頁がついやされた一方、残りの節「倭鏡の生産と流通」には 1 頁弱、「倭鏡の役割」には 1 頁を割いたにすぎなかった。「倭鏡の生産と流通」では、製作地を追究するには「生産に直接かかわる遺構・遺物の発見例が皆無であり、まったく資料不足の状況である」ため、

状況証拠からおおむね畿内地域での一貫した生産を推定し、「地方生産については今後の課題」とするにとどめた。倭製鏡の「流通形態」に関しても、「製作地や生産集団」が不分明である以上、その問題に踏みこむことに慎重な姿勢を保持し、前期倭製鏡では「中央から地方へという流れ」が推定できるが、「各種・各型式」が同一埋葬施設で混在する例が顕著なことを根拠に、「生産者から最終的な入手者に至るまでの流通過程でさまざまな動きがあった」と示唆するにとどまった。最終節「倭鏡の役割」では、従来のように倭製鏡を「一括してその意味や働きを想定するのは無理であ」り、系列のようなまとまりが「製作者側の事情のみに起因するのか、ある程度の「機能」や「需要」をも反映しているのか」は「今後の検討課題」としつつも、そうした「まとまりとなる鏡群ごとに評価を与える必要がある」との提言をおこなった。その実践作業として、有銘の倭製鏡に考察をめぐらせた。そして最後に、水と関係のある祭祀遺跡から出土する小型鏡に着目し、これらを「水辺の祭祀とかかわりをもつもの」と推定した。

さて次に、10年の時をへて森下が執筆した、古墳時代の鏡全体を対象にした総論〔森下 2012a〕に目を向ける。本論では、まず「研究の骨格をなす分類と編年についてまとめ」たうえで、「対外交渉」「政治支配」「生産体制」からの観点を軸に、古墳時代における鏡の様相を通時的に記述し、現状での知見と研究課題が論じられた。以下、倭製鏡に関する知見と課題を抜萃的に概観する。

分類と編年に関しては、多数の系列が併存し、それらは「前期、前期末〜中期、中期後半〜後期の三段階に区分できる」とする自説〔森下 1991〕を追認したにとどまった。とくに編年について、「長期保有・伝世例が多いため、古墳編年の細分や特定の古墳の年代を直接に示す材料としてはあまり役には立たないが、大まかな目安とはなりうる」と、消極的な姿勢をみせた。

原則的に中国製鏡をめぐる論点である「対外交渉」への言及がないことは問題ないにしても、当期後半期における分配・流通論の活況を考慮すると、分配など倭製鏡に関する「政治支配」の側面が、具体性を欠くわずかな記述ですまされたことには違和感をおぼえる。これと対照的に、「生産体制」については、「地方生産」の可能性やほかの青銅器生産との関連性、「前期末〜中期前半」に「顕在化」する「生産系統」の多様化、前期倭製鏡と中期倭製鏡が「生産系統」のうえで断絶性を示す一方、一部の前期倭製鏡が中期倭製鏡に継承された蓋然性、中期後半以降の倭製鏡生産の復興など、多様な観点から私見を示した。本論で細かく記述された、倭製鏡生産の「確立」プロセスも、製作技術の発展を軸に論じられた。そして末尾の「研究の課題」では、「古墳出土鏡の分類、年代的位置づけの大枠が固まりつつある」ことを評価する一方で、その生産体制については、「鋳型や生産遺跡など製作地を直接に示す資料」がないことにくわえ、原料の供給システムの究明が不十分なことが、「地方生産」や「生産系統」、さらには生産体制の解明に限界をあたえているとの現状判断をくだした。また、従来の諸研究では、授受に重点をおいた分析をつうじて、「鏡が果たした社会的・政治的役割の評価」がなされてきたものの、他方で入手後のあつかいや具体的な「使用」方法、さらには古墳へ副葬される「契機」のとらえにくさにも言及した。ただし、そうした「課題」に応えるべき分析視角やアプローチは提示されなかった。

B．林正憲の総論

林正憲が2013年に発表した総論〔林 2013〕は、「副葬品の型式と編年」を巻題にすえた書籍に収録された。おそらくそのため、「型式分類と編年」に関する「研究史とそれぞれの論点」を「要

約しつつ、今後の研究に資するための論点のみを抽出すること」を本論の「目的」とし、倭製鏡全体の総論ではない憾みがある。とはいえ、倭製鏡の型式分類と編年（変遷）は、森下が2002年の総論で重視していたテーマであり、両総論を対照することは、当期後半期の初端と終端付近の研究状況および課題の異同を窺知するうえで有益であろう。

　まず「倭鏡の型式分類」について、「文様」「外区文様」「文様配置」「製作技法」のそれぞれに焦点をあてた研究事例をとりあげ、簡単な紹介をおこなった。ここで本文の過半が消費され、林の関心の所在が知られる。前二者に特記する指摘はないが、「文様配置」と「製作技法」は林がとくに重視してきた検討視点〔林 2002・2005〕であり、具体的に論じられた。「文様配置」については、「非常に単純な議論でありながら、単純であるがゆえに着目されてこなかった分類」だと評価し、多数派の「4分割原理」にたいして、「前期中頃」に「6分割原理にもとづく倭鏡」が出現すると説いた。「製作技法」については、「最も立ち後れている分野」だと評したうえで、挽型の使用法や鋳造後の加工、鈕孔形態の相違について、ややくわしく解説した。つづいて「型式分類研究の課題」の節をたて、「(1) 型式分類の乱立」「(2)「系列」について」「(3) 古墳時代中・後期の倭鏡」のそれぞれに関する問題点と課題を提出した。(1) では、「各研究者間の型式分類」が「微細な部分で一致を見ること」なく、「それらを総括する作業も行われないままに研究が進展している」現状を問題視した。(2) では、「系列」に関する「概念設定が研究者によって微妙に異なる」事態をとりあげ、「その差異を区別しつつ用いるか、あるいはこれらの系列を包括するような概念が提示されることがのぞましい」と主張した。そして (3) では、前期倭製鏡に「研究が特化し」、中期・後期倭製鏡の研究が森下よりこのかた空白に近い現状を「やや憂慮すべき事態」だととらえ、「古墳時代中・後期」の「倭鏡の型式分類は焦眉の急を要する研究」だと力説した。

　最終節「倭鏡の編年」では、「倭鏡の編年について研究を進めていく際に、いくつか考慮すべき問題点」として、「(1) 倭鏡と古墳の時期の関係」と「(2) 倭鏡の起源の問題」をとりあげた。前者については、列島出土鏡には「「伝世」といった現象が常に想定される」ため、「「副葬年代＝その青銅鏡の製作年代」とならないのは自明」との立場を明言しつつ、ただし倭製鏡には「「製作年代」と「副葬年代」が著しく近い場合も想定でき」るので、「ある種の倭鏡の製作年代を求める場合には、それらを出土する古墳のなかで最も古いものを基準とし、かつその倭鏡と並行する型式の倭鏡を出土した古墳の時期をも勘案した上で、製作年代を慎重に定め」、それとともに共伴遺物の「編年案も充分に参考」にするという方法論を提示した。そして、そのような方法論をとる場合、「倭鏡の編年案は古墳の編年案を元に定められるべきものであるから、倭鏡の編年案をもって古墳の編年案を定めることは、きわめて循環論法的な危険をはらんでいる」と断じた。この見方の難点については後述する。後者については、「弥生時代後期から庄内式併行期」に生産が開始する珠文鏡・重圏文鏡・素文鏡や、「前期初頭あるいはそれ以前」まで起源が遡上する可能性が高い「小型の獣形鏡」の一部が製作されるにいたった経緯が未解決であることを指摘し、「倭鏡の起源の問題」は、その「編年の問題」にとどまらず、弥生倭製鏡や「中・大型の倭鏡」との技術系譜や生産体制の問題とも関連する重要な論点である以上、「今後、議論の対象とされるべき」だと提言した。

　C．辻田淳一郎の総論
　上で紹介した森下や林による最近の総論において、とりあげられたテーマにいくぶんの偏向がみ

られたのとは対照的に、辻田が手がけた総論〔辻田 2012a〕は、倭製鏡に関する専論ではないが、古墳時代の鏡研究の論点をほぼ網羅したうえで、現状と課題を明示している。

その冒頭で辻田は、古墳時代の鏡研究の全般的特徴として、「個別細分化の傾向が著しいこと」と、「研究分野の偏り」、とくに古墳時代前期への研究の偏向という2点をあげる。これをふまえて、時期別に「鏡に関連する現象を整理しつつ」、個々の問題に関する現状の論点および課題の整理をこころみた。以下、倭製鏡に関する論点と課題に限定して、辻田の検討をまとめる。

「弥生時代終末期～古墳時代初頭の銅鏡」の節では、弥生倭製鏡と古墳倭製鏡との「つながり」の解明が、具体的には「庄内式期」の京都府芝ヶ原古墳出土鏡や「東海地方」出土の小型鏡など、「弥生時代終末期から古墳時代初頭における銅鏡生産と大型鏡生産の開始過程の実態解明が大きな課題」だと主張した。「古墳時代前期の銅鏡」の節では、まず前期倭製鏡の分類・編年、「モデル」に関する諸見解を概観し、倭製鏡の製作に際して「モデルの選択・採用がどのように行われ」、「どのような文様がどのように選択されたのか」が、複数の論点に連繋する重要な検討課題だと説いた。つづいて「前期後半の画期」にかかわる現象、すなわち「政権交替」との連動が主張される「新式神獣鏡」や「新興鏡群」の登場〔福永 1999a：林 2002 等〕を、「前期前半以来の倭鏡生産とは異なる脈絡」でとらえるか否かをめぐる賛否両論をとりあげた。そのうえで、両論いずれにしても「近畿地方における一元的生産を想定するのが一般的である」以上、「継続的あるいは通年での生産が行われたのか、後代においてみられるように発注に従ってその都度生産が行われたのか」などの究明が、「今後の課題」だとした。その次に、「古墳時代前期における鏡の流通・副葬・伝世：威信財システム」の問題を俎上に載せた。近年の諸研究の吟味をへて、論点を「器物の授受を通じた中央政権と地方との関係」のあり方に収斂させ、「威信財システム」という「一般モデル」を適用しつつも、それに安住することなく「列島古墳時代の独自のあり方を考古学的にモデル化すること」が、そして鏡などの「威信財の配布・入手の契機」における「中央と地方のそれぞれの論理および戦略」を「相互作用」の側面から把捉することが、「古代国家形成過程」の地域間関係を「長期的視点」から評価するうえで重要だと論じた。次節「古墳時代中期の銅鏡」では、「中期前半の倭製鏡」と「中期後半の倭製鏡」に関する近年の研究を簡単に紹介したが、鈴鏡に関して「他の金属器生産、特に馬具類の生産とどのように技術的に関連するのか」を課題にあげるにとどまった。「古墳時代後期の銅鏡」の節では、近年の諸説を簡潔に解説したが、とくに課題は提示しなかった。

D. 小結

以上、当期後半期の倭製鏡研究を主導した3氏による総論を概観した。むろん、各氏の関心の所在や、論考の掲載書籍の性格や目的などにより、提示される論点や課題は相違する。しかし、そうした相違をこえた共通点をみいだすことで、当期の研究の特徴や問題点が浮かびあがるだろう。

たとえば、編年大綱がほぼさだまったとの認識が共有されたためか、より精細な編年の構築が要求されなくなった。むしろ、研究の根幹となる分類や系列設定に、いかに客観性をもたせうるかが重要視されている。客観性に担保された分類を摸索する姿勢は重要である。しかし、具体的な方策は、森下が提示したきりであるし〔森下 2002〕、その森下にしても提言レヴェルにとどまっている。そもそも、倭製鏡における分類（系列設定）の正当性は、組みあげた編年の妥当性や、系列間

関係の整合性などといった、実作業の結果により検証されるべきである。共伴関係による検討も系列間関係の追究もまともに実行しないまま、分類の精密化を高唱したところで、空念仏にすぎない。その点で、鋳型成形技法の相違に着目した最近の大分案は重要である〔岩本 2017b〕。

　3氏ともに強い関心を示したのが、古墳倭製鏡の出現プロセスである。これには、弥生倭製鏡の系統と編年が闡明されてゆき、重圏文鏡や珠文鏡などの小型鏡が弥生時代末期に遡上する蓋然性が高まり、古墳倭製鏡の本格的始動に技術的影響をあたえたであろう同時期の中国製鏡の実態が明らかになってきたこと〔森下 2007〕などが、あずかって大きかった。ただし、関心の高さとは裏腹に、実資料にもとづいた検討はいまだ不十分である。また3氏いずれもが、中期・後期倭製鏡の研究がきわめて低調であることを憂慮し、研究の必要性を力説する。ところが、林も辻田も隗より始める範を垂れず、森下も第六期から研究の歩をほとんど進めていない。地域生産をふくむ生産地や生産体制にたいする関心も低くないが、弥生倭製鏡をのぞいて鋳造遺構などの直截的なデータが皆無に近いため、こと古墳倭製鏡に関しては議論が深まっていない。

　以上の状況にたいして、問題意識と実践とに乖離が生じてしまった、と評するならばまだ聞こえがいいが、要するに他人まかせの姿勢である。この批難は、もちろん筆者にも突き刺さる。倭製鏡研究の現状にやや閉塞感が漂うのは、3氏がはからずも露呈させてしまったように、研究課題は明瞭だがそれを突破できていないことに大きな要因がある。そうした課題に応えるには、資料に根ざした堅実な研究と、諸論点を整序して総合的な議論へとみちびく道筋を敷く懇切な作業が必要になる。筆者が資料集成に尽力してきた〔下垣 2011b・2016a・c〕のは前者の下作業としてであり、本論のような骨の折れる作業を敢行しているのは後者の実践としてである。


### （2）分類（系列設定）と編年

　以上、当期後半期の研究状況を俯瞰した。次に、視点をやや微に転じ、論点ごとに諸研究を解説する。最初にとりあげるべきは、やはり研究の基盤となる分類と編年に関する諸研究であろう。


A. 分類（系列設定）の方法論と実践

　図文に「信仰・思想的な裏づけ」がとぼしいため「図柄の共有性が薄く」、「時間差、系統差、工人差による変化がきわめて大きい」倭製鏡〔森下 2002〕をいかに分類（系列設定）するのか。そのうえ紀年銘もなければ、紀年資料との共伴事例もほぼ皆無である倭製鏡の編年を、いかに構築しうるのか。倭製鏡の存在が気づかれて以降、研究者を悩ませつづけた難問であり課題であった。

　当期後半期に、前者の課題を深く受けとめたのが森下である。熟慮の結果、同時代の列島に特有の文様や器物図像を配する「倭製の標識鏡を基礎」にして、「単位紋様の組み合わせ」などから「系列同士」を「つなぎ合わせ」て倭製鏡の「大枠」を把握したうえで、「時間差、系統差、工人差」に起因するヴァリエーションを内包する資料群を分類するべく、「細部の特徴に共通性をもつ鏡群を「系列」」として抽出する方法を提示した〔森下 2002〕。以後の論考では、2〜3世紀における東アジアの鏡生産を視野におさめた大局的な観点から、「舶載鏡（中国鏡）／仿製鏡（倭鏡）という二分論的な見方からいったん脱却」し、「それぞれの地域における鏡群を系統としてとらえ」るべき指針を明示した。このような資料の実態に即した作業方針は、鏡の分類作業にたいして「単に「細かく」すればよいわけではな」く、「分類結果を時期・製作地・製作者など考古学的に有意の違

いと結びつけてゆくためには、全体の中での位置づけを考慮した分類であること、分類結果を、分布など他の外部的要素と照らし合わせることも重要」だと説いた提言にも通底する、柔軟で実践的なものであった〔森下 2007〕。ただし、そうした方針が適用されたのはもっぱら中国製鏡であり、倭製鏡の分類はほぼ旧稿〔森下 1991〕を踏襲するにとどまった〔森下 2002〕。

　また車崎は、「多目的に適応するためにも鏡の形式名称」を、「幾段階にも整序」しつつ「より体系的に整理し直されるほうがよい」と提案した。倭製鏡については、その「図紋の原理」が中国製鏡と「根源的に異なる」以上、その「形式名称は、中国鏡とは違う基準で命名し、しかも用語が違ってもかまわなく、むしろそのほうが適当」なため、「過去の呪縛から解放され、新たな分類体系によって形式名称も整理されることを願いたい」と説いた〔車崎 2002a〕。しかし願うにとどまり、みずから儀形を示すことはなかった。

　森下と車崎の提言には実践がともなわなかった。しかし、倭製鏡の総体的な分類に考察をめぐらせた論者は、最近までこの2氏ぐらいのものであった。当期後半期には、研究の細分化がいっそう進み、倭製鏡の全体を視野におさめた論考はほぼ皆無になり、既存の鏡式（系列）を個別的に検討する論考がますます一般化した。そのため、総合的な視座から倭製鏡の分類大系を再検討することが、課題として強く自覚されつつも、それを実践に移しうる研究者が不在である現状が、提言のみの「他人まかせ」な状況にみえるわけである。むろん、筆者も批判されるべき対象である。


B.　編年の方法論と実践

　他方で後者の課題、すなわち倭製鏡の編年作業は、前期倭製鏡と弥生倭製鏡を中心に前進をみせた。編年作業の方法としては、まず型式（系列）の変遷を復元し（X1）、その検証作業として出土古墳・遺構の時期と対照する（X2A）か、倭製鏡自身や共伴器物の型式段階と照合する（X2B）仕方と、他器物などをふくめてセリエーションを組む仕方（Y）とがとられた。

　X1に関しては、諸属性をいくぶん並列的にあつかう場合〔辻田 2000；林 2000・2002；岩本 2003；田尻 2004；加藤 2014a 等〕と、特定の属性（主像）を中心にすえる場合〔下垣 2003a 等〕との相違はあれ、基本的に広義の属性分析の手法が採用された。他方、弥生倭製鏡や珠文鏡など、小型で属性の寡少な鏡群では、属性分析の方法をとりづらいため、まず複数の属性を組みあわせて細分を実施し、省力化や単純化の方向で変遷を追うことが多い〔田尻 2004・2012 等〕。そうした変化の方向性が細分項目に組みこまれる場合もある〔松本佳 2008〕。

　X1の作業では、重点のおきどころに多少の差異はあれ、論者ごとのいちじるしい離齬はなかった。しかし、こうして復元された型式変遷の妥当性を検証するX2の段になると、型式学的方法にたいする見識の差があらわれた。さすがに資料を並べただけで能事畢れりということはなかったが、数古墳の時期と照合するだけで事足れりとする論考が頻見した〔辻田 2000；林 2000 等〕。「出土した古墳の築造時期から製作時期の下限」をおさえる方法〔林 2013；加藤 2014a〕は、いちおう理に適っているが、しばしば照合の対象として召喚される主要古墳の時期すら揺れ動いている事態をよそに、古墳の時期に安易によりかかるのは問題が大きい。

　そもそも古墳が、副葬品・墳形・埴輪・土器・埋葬施設・外表構造（・被葬者）など多様な要素から構成される以上、まずそれら個々の型式変遷をより精緻に復元し、それらの組みあわせ関係をもって古墳編年を構築せねばならない。新たな資料と分析法を導入しつつ、そうした作業を反復す

ることで、個々の副葬品や墳形などの編年が、そしてそれらの複合体である古墳の編年がいっそう精密になる。そうした作業を深化させてゆくことで、ある器物の製作時期と古墳への副葬時期にズレがある場合や、追葬行為などに起因する副葬品や外表構造などとの時間的離齬などが明らかにされる。とすれば、未成熟な古墳編年をもって倭製鏡の型式変遷を検証しようとする（X2A）のは、顛倒した姿勢である。まずは倭製鏡自体をふくむ諸器物の型式変遷との照合作業（X2B）を実施すべきである。その意味で、「倭鏡の編年案は古墳の編年案を元に定められるべきものであるから、倭鏡の編年案をもって古墳の編年案を定めることは、きわめて循環論法的な危険をはらんでいる」といった理解〔林 2013〕は、根本から誤っている。型式細分の位置づけを、すべて出土古墳・遺構にゆだねる論考〔脇山 2013〕にいたっては、倭製鏡研究の自立性にとどまらず、型式変化の追究をつうじて多様な事象を闡明しうる可能性すらも抛棄してしまっている。

　そして実際に、倭製鏡自身や共伴器物の型式段階と照合する検証作業（X2B）〔下垣 2003a・2011a〕は、当然かつ基本的な作業であるにもかかわらず、はなはだ低調である。古墳倭製鏡にかぎれば、同一埋葬施設における倭製鏡どうしの共伴関係どころか、他器物との共伴関係の検討すら、いまだ筆者の論考〔下垣 2003a・2011a〕がほぼ孤例の地位をたもっている。また、田中琢が実践をふまえつつ提唱し〔田中 1979 等〕、森下が継承した〔森下 1991〕、複数の系列で共有される特定の図像要素（単位文様）をもって系列間の時間的併行関係をおさえ、同時に各系列の型式変遷の妥当性を検証する作業も、なおざりにされている。複数の系列を対象にした分析自体が減少した帰結でもあるが、複数の系列をあつかった数少ない研究においてもきわめて不十分である。このように、先人が築き錬磨してきた方法論が継承されていない事態は、重く受けとめねばならない。

　他方、他器物をふくむセリエーション化作業（Y）は、森下が丹念におこなってきた〔森下2005a・2006a・2009・2012c〕。前期古墳編年を構築する目的でなされた作業であるため、次項で紹介する。


## C. 古墳編年への活用

　このように型式変遷の検証に大きな問題を残すものの、第七期前半期につづいて同後半期にも、（前期）倭製鏡の編年がいっそうの進展をとげた。そうした成果を受けて、（前期）倭製鏡を古墳編年に活用しようとする気運があらわれてきた。たとえば大賀克彦は、「前期古墳の細分」にあたって「三角縁神獣鏡の組み合わせ」を副葬品組成の「パターン化」の基点として採用したが、主要な組成要素として、森下の分類案に依拠しつつ倭製鏡も組みこんだ〔大賀 2002・2005〕。

　ところが、大賀が依拠した当の森下は、前期古墳編年の基礎となる「副葬品の組合せ」を追究するにあたって、三角縁神獣鏡・腕輪形石製品・短甲・円筒埴輪などとともに、自身の分類案による倭製鏡の諸系列を利用したにもかかわらず、検討の結果として導出された「副葬品の組合せ」の配列である新古5（6）群から、「仿製」三角縁神獣鏡以外の倭製鏡が排除された。森下がこのような処断をくだしたのは、「製作・入手から副葬に至るまでの期間がしばしば長期にわたる」ことが、「副葬品の組合せを検討する材料として」鏡の「不利な点」だと認識し、実際に自身の倭製鏡の分類案では「組合せの配列には十分成功し」なかったためであろう〔森下 2005a〕。そうしたこともあってか、大賀による最近の時期区分図から倭製鏡が抹消されるにいたった〔大賀 2013〕。岩本も森下と同じく、前期古墳編年の指標として三角縁神獣鏡と「仿製」三角縁神獣鏡を主軸にすえ、お

おむね森下と同種の器物を重視し、倭製鏡をほぼ捨象した〔岩本 2010a・2013〕。

　たしかに森下の倭製鏡編年では、「組合せの配列には十分成功し」ない。しかしその原因を、鏡が「製作・入手から副葬に至るまでの期間がしばしば長期にわたる」ことに帰すためには、十分な検証をへて構築された倭製鏡編年がほかの器物の「配列」と齟齬することを確証する手順をふまねばならない。しかし森下の編年〔森下 1991・2002〕は、この「十分な検証」をへていない。とすれば、倭製鏡の「組合せの配列」が「十分成功し」なかったり、他器物との共伴関係に乱れが生じるのは、倭製鏡編年の構築時〔森下 1991〕に実施すべきであった、他器物との共伴関係による 10 数年遅れの検証に、みずからの編年案が耐えられなかったことを意味するにすぎない。これと対照的に筆者は、倭製鏡自身をふくむ多様な他器物との共伴関係による網羅的な検証作業を実践し、前期倭製鏡が古墳編年に有効な材料となりうることを証示した〔下垣 2003a・2011a〕。筆者の時期区分案には辻田も同意し〔辻田 2007a〕、最近になってようやく古墳編年などに援用されるようになってきた〔岸本 2011・2013；岩本 2014a〕。

　しかし他方、中期・後期倭製鏡、とりわけ中期倭製鏡に関しては、森下の総合的な成果〔森下 1991・1993b〕よりこのかた、肝腎の編年作業が沈滞しつづけてきた。有効な編年指標になりうる器物にとぼしい古墳時代前期とはちがい、中期・後期には甲冑・馬具・須恵器など強力な編年指標が豊富であり、倭製鏡編年の必要性が感じられていないことも、この停滞状況の一因になっている。ただ最近になって、後期倭製鏡の編年大綱が確立しつつあることは喜ばしい〔加藤 2017a・b・2018 等〕。中期倭製鏡の編年も構築されはじめた〔岩本 2017c；加藤 2018；辻田 2018〕。

## （3）個別鏡式（系列）に関する諸研究

　倭製鏡を大局的にとらえようとする研究よりも、個別鏡式（系列）に焦点をあてた研究のほうが活潑にくりだされた。以下、個別鏡式（系列）ごとに、当期後半期の研究を解説する。

### A. 鼉龍鏡系

#### a. 辻田淳一郎の研究

　当期前半期につづいて後半期にも、鼉龍鏡の検討がさかんに実施された。その先駆となったのが、従来の属性分析的方法に製作工程の視点をくわえた辻田の論考である〔辻田 2000・2007a〕。辻田はまず、「頂点に凹線を持つ斜面鋸歯文帯を備え、かつ半円方形帯を有する一群と、それら両者を欠く一群という 2 者」が、「製作工程の第 1 段階」に使用される「挽型の形状自体」を反映していることに着目し、両者をそれぞれ「Ⅰ群」と「Ⅱ群」に大分し、環状乳神獣鏡などの原鏡を勘案して前者が先行するとみた。つづく施文段階の分類として、森下らが重視した神像胴部の有無による二分を採用し、これを有する一群である「A 系列」と欠失する一群である「B 系列」とに二分した。そのうえで、これら工程段階を異にする二種の二大分を組みあわせ、さらには文様構成などを加味し、Ⅰ群を「5 つの分類単位」に細分した。そしてこれらの「分類単位」を、「基軸属性 $\alpha$」（「巨端部のカール状表現」）「基軸属性 $\beta$」（「変形小獣文」）「菱雲文」「鳥文帯」などの「時間軸の指標となりうる」要素から属性分析をおこなった（図 47・48）。その結果、「Ⅰ群」が「第 1 型式」→「第 2 型式」→「第 3 型式」の順に変遷し、これに「Ⅱ群」の「第 4 型式」が後続するという 4 段階編年案を導出し、「第 1 型式」の「製作開始年代の下限」を「集成編年 2 期」、「Ⅰ群の終了年

代」を「3期」、「Ⅱ群の年代」を「4期」に時期比定した。鼉龍鏡の「関与的特徴」が「製作工程の諸段階と密接に関係すること」に着眼した分類など、新たな分析視角をまじえた意欲的な作業であったが、しかし型式変遷の検証が不十分なことなど、旧弊を踏襲した欠陥もあった。

図47　鼉龍鏡の諸属性〔辻田 2007a〕

以上の変遷案に立脚して、文様構成とサイズの観点から鼉龍鏡の「生成・変容過程」を「(i) プロトタイプの創案・定型化」(「第1〜第2型式」) →「(ii) 文様構成及びサイズの多様化」(「第3型式」) →「(iii) 小型鏡への収斂」(「第4型式」) という3段階でとらえ、その意義と背景を考察した。まず (i) では、「中国鏡のコードからの逸脱／新たな鏡の創案」が意図されたと想定した。辻田がもっとも重視する (ii) では、「需要の増加・生産の拡大に伴」って「文様とサイズの両面」における「ヴァリエーションの多様化・差異化」がめざされた。その結果、当段階には「A系列」から派生した「傍系列」である「B系列」が登場する(113)など、面数の点で鼉龍鏡の生産がピークに達し、さらには「鼉龍鏡の小型品と理解することが可能」な捩文鏡が創出され、また「半円方形帯を有する神獣鏡・獣形鏡」など多くの鏡群が出現したと推定し、そのような意図的・戦略的な「多様化・差異化」がなされた点を、倭製鏡の「意義」として「積極的に評価」した。このような「ヴァリエーションの多様化」は、つづく (iii) において「小型品への収斂という形で収束」し、「小型鏡への画一化」と表現しうる状況にいたったが、この変化は「青銅原料のストック」の減少にくわえ、「古墳時代前期から中期へという社会変化」とも「ある程度連動」したものと考えた。そして、鼉龍鏡の「生成・変容過程」が「広義の三角縁神獣鏡ともそれ以外の中国鏡とも大きく異なる」事実に、本鏡式を「生み出した製作管理主体」、すなわち「畿内政権の戦略・需要の性格の一端を読みと」り、そうした「戦略・需要に応じて生み出さ

| | 基軸 | α1 | α2 | α3 | | α4 |
|---|---|---|---|---|---|---|
| | 属性 | β2 | β2 | | β2（新） | β3a |
| 菱雲文 | 外区特殊 | ○ | | | | |
| | 菱雲特殊 | | ○ | | | |
| | 4渦 | | | ○ | | |
| | 2渦 | | | | ○ | ○ |
| 鳥文帯 | a | ○ | | | | |
| | b | | ○ | | | |
| | c | | | ○ | | |
| | d | | | | ○ | |
| | e | | | | | ○ |
| 半円帯 | 特殊5渦 | ○ | | | | |
| | 4渦 | | ○ | ○ | | |
| | 3渦 | | | | ○ | |
| | 2渦 | | | | | ○ |
| 方形帯 | 特殊鋸歯 | ○ | | | | |
| | a | | ○ | | | |
| | b | | | ○ | | |
| | c | | | | ○ | ○ |
| 獣毛乳 | a | ○ | ○ | | | |
| | b | | | ○ | | |
| | c | | | | ○ | ○ |
| 鈕座 | 有節重弧 | ○ | ○ | | | |
| | 段状 | | | ○ | ○ | ○ |
| 外周 | 半円形 | ○ | ○ | ○ | | |
| | 鋸歯文 | | | | ○ | ○ |
| | | 第1型式 | | 第2a型式 | 第2b型式 | 第3型式 |

図48　鼉龍鏡の属性分析〔辻田 2007a〕

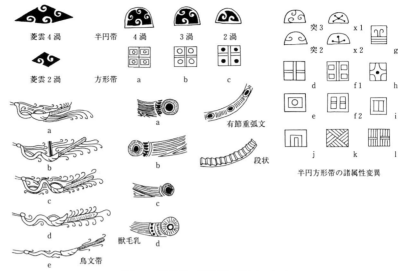

れ、また変容させることが可能であったという点」こそが、本鏡式を「はじめとする前期倣製鏡の最大の意義」であったと結論づけた〔辻田 2000・2007a〕。

b. 林正憲の研究

林の論考〔林 2000〕は、鼉龍鏡・「方格規矩倭鏡」・一部の「内行花文倭鏡」を総合的に検討した貴重な成果であり、鼉龍鏡の分析にも重要な一石を投じた。後二者の「鏡種」に関する林の考察については、当該鏡式の項などで解説する。林は原鏡の特徴である「外区と界圏の間にある凹帯」に注目した。この部位の形態は「挽型の形状」を反映し、その点で辻田の着眼と共通していた。林は、この部位にほどこされる文様が、「鳥文」→「捩文・櫛歯文」→「凹帯の消滅」の順に変遷したと想定し、「凹帯」がほかの倭製鏡に存在せず、それゆえこの変遷は「純粋に内的要因によって生じた可能性が高」く、したがって「凹帯の変遷こそが鼉龍鏡の変遷を最も特徴的に表していると考え」た。以上の理窟から、凹帯のあり方を基準にして、鼉龍鏡を「凹帯に鳥文を有している」「鼉龍Ⅰ類」、「鳥文が櫛歯文や捩文に変容してしまった」「鼉龍Ⅱ類」、「凹帯そのものが消滅してしまった」「鼉龍Ⅲ類」に分類した。そして、この分類案が「型式変化の方向を示す妥当」性をもつことを、「外区文様、界圏、界圏内側の小斜面の有無、半円方形帯の半円部、獣像胴部に施される乳、そして鈕座の6つ」を駆使した属性分析をつうじて、立証をこころみた。さらに、多くの論者と同様に「乳を取り巻く獣像の頭部の下に短い胴部が付くものと付かないもの」を、それぞれ「双胴系」と「単胴系」と呼称して区分し、両者が「鼉龍Ⅰ類」から「鼉龍Ⅲ類」まで併存しつつも、「採用される文様が微妙に異な」ることから、「相異なる系列」との判断をくだした。

c. そのほか

このほか森下は、文様要素の共通性をもって鼉龍鏡を中心にまとめうる多数の系列（「対置式神獣鏡A系」「同向式神獣鏡A系」「斜縁神獣鏡A系」「斜縁四獣鏡A系」「神頭鏡系」「分離式神獣鏡系」「捩紋鏡」等）が存在することを指摘し、これらの系列群を「鼉龍鏡族」と名づけ、「「神獣鏡」「獣紋鏡」と一括されることの多い鏡群は一族の一員であるか否かにより大別される」との見方を示した。さらに、それらにヴァリエーションがみとめられることから、「おそらくこの一族のなかにいくつかの小さな流派があり、それらに交替があった」と想定した〔森下 2002〕。また、出土した鼉龍鏡の報告に際して、いくらかの考察もなされた〔村松 2002：辻田他 2009〕。筆者も鼉龍鏡を「A系」～「C系」に分類して変遷を追ったが、従来は「単胴」のものとして一括されていた鏡群を、「神像胴部がまったくえがかれない」特徴をもつ「B系」と、「襟や雲気がえがかれる点を特色」とする「C系」とに区分した点が目新しかったといえる〔下垣 2003a・2011a〕。

B. 方格規矩四神鏡系

田中琢が完成度のきわめて高い分析を遂行して以来〔田中 1983a〕、倭製方格規矩四神鏡の研究は停滞していた。その点で、林が本「鏡種」の系列間関係を再検討した意義は大きい〔林 2000〕。林は、田中分類の「JA・JB・JD・JE・JF式」を「基本系」、同「直模式」を「直模系」、同「JC式」を「変容系」、同「TO式」を「鳥文系」、同「JK式」を「渦文系」とよびかえたうえで、文様要素の断絶の多寡をもって「基本系」を再編成し、「変容系」などの他系列との併行関係を探る手順をとった。具体的には、田中の検討成果に即しつつ、JB式からJD式、そしてJD式からJE・JF式にかけて多くの文様要素が断絶することを重視し、JA・JB式を「方格Ⅰ類」、JD式を

| 方格類 | 系 | 出土地 他 | 田中ＪＡ・ＪＢ式 | | | | | | | | | 田中ＪＤ式 | | | | | | | | | | | | ＪＫ式 | |
|---|---|---|---|---|---|---|---|---|---|---|---|---|---|---|---|---|---|---|---|---|---|---|---|---|---|
| | | | 副図像：ＴＬ式 | 内区：乳座8、7花文 | 内区外周：半円方形帯3帯 | 外区：菱形文内4渦文 | 方格区：対称図形文Ｂ | 方格区：12乳以外の乳 | 鈕外周：車輪圏帯 | 鈕外周：半環形捩文 | 副図像：ＴＭ式 | 外区：Ｌ形文 | 内区：右折Ｌ形文 | 外区：複波文帯 | 外区：鳥像、獣像帯 | 鈕外周：4乳 | 鈕外周：獣像文 | 内区：方格区Ｖ形文間乳 | 内区外周：半円方形帯2帯 | 方格区：Ｖ形文内乳 | 外区：菱形文内2渦文 | 内区外周、外区：珠文帯 | 内区外周、外区：圏線 | 方格区、鈕座：空隙 | 主図像：渦文状 |
| 方格Ⅰ類 | 直模系 | 新山Ａ | ○ | | ○ | ○ | | | | | | | | | | | | | | | | | | | |
| 方格Ⅱ類 | 変容系Ⅰ式 | 新山Ｂ | | ○ | | ○ | ○ | ○ | | | | ○ | | | | | | | | | | | | | |
| | | 北谷11号 | | | | ○ | | | ○ | | ○ | | | | ○ | | | ○ | | | | | | | |
| | | 佐味田宝塚 | | | | ○ | | | | | | | | | | | | | | | | | | | |
| | | 沖ノ島17号Ａ | | | | ○ | | | | | | ○ | | | | | | | | | | | | | |
| | | 泉屋蔵鏡 | | | | | | ○ | | | | | | | ○ | ○ | ○ | | | | | | | | |
| | | 赤山 | | | | | | | | ○ | ○ | ○ | | | | | | | | | | | | | |
| | | 円照寺墓山 | | | | | | | | | | ○ | | | | | | ○ | | | | | | | |
| | | 百々ヶ池 | | | | | | | | | | | | | ○ | | ○ | ○ | | ○ | ○ | | ○ | | |
| | 鳥文系 | 沖ノ島17号Ｂ | | | | | | | | | | | | | | | | ○ | | ○ | | ○ | | | |
| | | 甕塚 | | | | | | | | | | | | | | | | ○ | | ○ | | ○ | | | |
| | | 美濃山王塚 | | | | | | | | | | | | | | | | ○ | | | | ○ | | | |
| | | 鶴山丸山 | | | | | | | | | | | | | | | | | | | | ○ | | | |
| | | 重枝 | | | | | | | | | | | | | | | | | | | | ○ | | | |
| | | 鞍塚 | | | | | | | | | | | | | | | | | | | | ○ | | | |
| | | 伝　向日市 | | | | | | | | | | | | | | | | ○ | ○ | | | ○ | | | |
| 方格Ⅲ類 | 変容系Ⅱ式 | 恵美須山 | | | | ○ | | | | | | ○ | | | | | | | | | | | | ○ | ○ |
| | | 辰馬蔵鏡 | | | | ○ | | | | | | ○ | | | | | | | | | | | | ○ | ○ |
| | 渦文系 | 沖ノ島8号 | | | | | | | | | | | ○ | | | | | | | | | | | ○ | ○ |
| | | 沖ノ島17号Ｃ | | | | | | | | | | | | | | | | | | | | | | ○ | ○ |
| | | 西車塚 | | | | | | | | | | | | | | | | | | | | | | ○ | ○ |

図49 倭製方格規矩四神鏡系の属性分析〔林2000〕

「方格Ⅱ類」、JE・JF式を「方格Ⅲ類」に再編成した。つづいて「文様要素の相互関係」に立脚して、「直模系」が「方格Ⅰ類」に、「変容系」に関しては、所属資料のすべてに「方格Ⅱ類」以降のみにみとめられる文様要素が採用されていることから、田中の推定より下降させて「方格Ⅱ類」に、「鳥文系」も「方格Ⅱ類」に、そして「渦文系」は「方格Ⅲ類」に併行するとみた（図49）。[114] おおむね田中の変遷案と同様の結果となったが、田中がJBⅡ式とJD式の中間に位置づけたJC式を、JD式以降の文様要素しか有さないとの理由でJD式段階に併行させた点で、見解の相違をみせた。ただ、田中がJB式とJD式をそれぞれ二分して詳細な変遷を追跡したうえで、JC式の位置づけをはかったのにたいし、林はJA式・JBⅠ式・同Ⅱ式とJDⅠ式・同Ⅱ式をそれぞれ一括して要素を比較しており、括りを大きくしたために細かな変遷を復元しそこなったおそれもある。

　辻田は林の方針と変遷観を継承し、JA〜JF式からなる「四神鏡系」、「JC系」、「鳥文系」、「JK系」の4「系列」に細分したうえで、「四神鏡系」を「Ⅰ式」（JA式・JB式・直模式）→「Ⅱ式」（JD式）→「Ⅲ式」（JE式・JF式）の3段階の変遷でとらえ、「JC系」は「Ⅱ式」に、「鳥文系」は「Ⅱ〜Ⅲ式」に、「JK系」は「Ⅲ式」にそれぞれ併行すると考えた。ただし、具体的な分析は実施しなかった〔辻田2007a〕。他方で筆者は、林らと同様に田中の変遷案に若干の調整をくわえる方向で分析をおこなったが、JC式の評価などにおいて林らとややことなる見解を提示した〔下垣2003a・2011a〕。また別稿で、同工鏡の観点からJD式の白虎像の描法を比較検討し、当該鏡群が「連続的・長期的というよりもむしろ集中的・短期的に製作された」と推測した〔下垣2001〕。

## C. 内行花文鏡

　罍龍鏡と方格規矩四神鏡に関する諸研究からうかがえるように、当期後半期には属性分析的方法が主流を占めた。そのためか属性の少ない内行花文鏡は、主要鏡式であるにもかかわらず、検討が後手にまわった。四葉座や斜角雲雷文帯など比較的豊富な属性をそなえる大・中型鏡に分析が偏向し、当該鏡式の約8割を占める中・小型鏡の検討はほとんど進展をみなかった。

### a. 林正憲の研究

　「6花文以外」に検討対象をしぼったため、あつかった面数が寡少（45面）である難点もあったが、林の分析がもっとも詳細である〔林 2000〕。林はまず、四葉座の形状を型式分類の最重要指標として採用した。そして、清水康二の分類基準と名称〔清水 1994〕にしたがい、「中国製内行花文鏡に見られるように、葉状部分の最もくびれた部分が互いに接しておらず、四葉座の上に鈕が直接のる」「四葉座Ⅰ」と、「葉状部分のくびれが浅くなり、その部分で互いの葉が接するようになるもので、鈕も四葉座との間に段を持つ」「四葉座Ⅱ」とに二分し、「四葉座Ⅰを備えている」「内行Ⅰ類」→「四葉座Ⅱに変容した」「内行Ⅱ類」→「四葉座が消滅した」「内行Ⅲ類」の変遷プロセスを想定した。注意すべきは、罍龍鏡と方格規矩四神鏡の場合と同様に、ここでもまず特定の基準から大枠の変遷順序を想定し、その妥当性を諸属性との相関性から検証する手順をとったことである。したがって林の分析法は、特定の「有力な分類基準を最初に発見し、その基準に関係づけながら、他の要素の位置づけを行なっている」点で、本人の主張とは裏腹に、「属性分析による分類研究の手順として典型的であるとはいえない」もの〔横山 1985〕であった。また、基準とした要素に特権的な位置づけをあたえたために、当該要素が一定以上の存続期間を有していたとしても、そのことを他要素との相関関係の検討から確定しがたいという方法論上の難点もかかえていた。

　さて林は、「内行Ⅰ類」→「内行Ⅱ類」→「内行Ⅲ類」の変遷順を検証するために、採用される「単位文様」の種差と「平頂素文帯」の有無との相関をもちいた。「単位文様」に関しては、「中国製内行花文鏡と共通する」「模倣型」、それが「倭において変容した」「変容型」、「倭で独自に創出された」「独自型」の3類型に分類したうえで、「内行Ⅰ類」には全種類があるが、「内行Ⅱ類」になると「模倣型」が姿を消し「変容型」が「圧倒的に多くな」り、「内行Ⅲ類」になると「かなり明確な系列差」があらわれるために「状況が複雑になる」と考えた。「平頂素文帯」については、「内行Ⅱ類」にこれを欠くものが登場する一方、「内行Ⅲ類」には有無双方が併存し、しかもこれを配するものは「独自型」が主体を占め、配さないものには「変容型」が頻見するなど、複雑な様相を呈し、そのため「平頂素文帯の有無は系列差を示」すと解した。このように他要素による検証は不首尾に終わったが、にもかかわらず唐突に設定した諸「系列」を、「内行Ⅰ類」→「内行Ⅱ類」→「内行Ⅲ類」の順序のなかにあてはめた。「内行Ⅰ類の段階」には、「平頂素文帯を持ち、有節松葉文帯の内部に花文帯を配するという最も基本的な配置をとる」「基本系」のみが存在し、「内行Ⅱ類」の段階には「花文の位置は基本系と同様であるが、平頂素文帯を持たない」「省略系」が出現し、「Ⅲ類」に盛行をみせ、「平頂素文帯を持たず、花文帯と松葉文帯の位置が逆転してしまった」「逆転系」は、「内行Ⅱ類」にのみ姿をみせる、という推移を復元したのである。検証の不整合を系列差に解消したため、結局は四葉座の形状と有無のみに依存することになり、結果的に検証なき説得力を欠いた変遷案になった観が強い。

## b. そのほか

　当期後半期に提示されたほかの諸研究にしても、不十分さが目だった。森下は、旧稿〔森下1991〕の「修正案」として、前期倭製鏡における「内行花紋鏡」の諸系列の内容と特徴を簡記した。まず、「前期の比較的早い段階から出現した」と考えられる「直径30センチ前後の大型品の一群」は、「一つの系列としてまとめられるかどうかよくわからない」としつつも、「花紋数が変則的でかつ花紋間に小乳を置くという特徴」をもつ一群を「内行花紋鏡A系」に設定した。「花紋間に結紐紋を置く」一群は、「四葉座の圏帯が櫛歯紋帯化していく」などの過程を連続的にとらえうることを根拠に、「内行花紋鏡C系」としてまとめた。そして「花紋の数・位置が変則的であり、雲雷紋と花紋の位置が逆転するなど他の系列に見られない変形方法」を示す「特徴的な系列」を「内行花紋鏡B系」とした。さらに、本鏡式で「もっとも数が多い」、「直径6〜13センチの中小型品で、花紋数は六花や五花のもの」が多い一群は、「要素が単純で系列にまとめるだけの根拠が薄い」ため旧稿では系列設定をしなかったが、「花紋外周の櫛歯紋」に「一連の変化らしき様相が見て取れる」ことから、細分できる可能性もあるが、「当面一つの系列（D系）」としてとらえた〔森下2002〕。興味深い案ではあったが、総論での所説であったため具体的な論拠にとぼしく、各系列の時期や系列間関係などの説明を欠くなどの課題を残した。

　筆者も、当該鏡式の変遷過程の復元をこころみた〔下垣 2003a・2011a〕。鈕区の四葉座の有無から「A式」と「B式」に二分し、四葉座を配する前者を中心に変遷過程を追尾した。「A式」については、四葉文の形状と鈕座への載り方とを別個に分類して組みあわせることで、四葉座AIa類→AIb類→AII類・BI類→BII類という変化を復元した。なお、林と辻田とはちがって、四葉座の欠落を時間的な後出の表徴とみなかった。「B式」については、配される単位文様の変遷をとらえるとともに、同文様を有する「A式」や他系列との要素の共通性から併行関係をおさえる方針をとった。以上から、「A式」のうち「AIa類」を「I段階」、「AIb類」と「AII類」を「II段階」、「B類」と「B式」の全体を「III段階」以降に位置づける変遷案を提示した。内行花文鏡の全体をとりあつかった点と、他系列との併行関係の確認につとめた点は評価できるが、「A式」の分析は他論者の検討成果とさして変わり映えせず、大多数の「B式」については、清水の先行研究〔清水 1994〕を難詰しながら、自身の議論がはなはだ煮えきらず、批判倒れに終わった観が強い。とくに「B式」を軒並み「III段階」以降に位置づけたために、「古段階」（I・II段階）に小型鏡が存在しないことになったのは、珠文鏡や重圏文鏡などの小型鏡の状況や、内行花文鏡が大多数を占める弥生倭製鏡との関係性を考慮にいれるならば容認しにくく、分析方法の欠陥を暗示する。

　また辻田は、倭製内行花文鏡を「中型以上で四葉座内行花文鏡をモデルとしたと考えられるA系」と「小型のB系」とに二大分し、さらに「A系」を「有節松葉文帯を伴う」「Aa系」とこれを省略した「Ab系」とに細分したうえで、やはり四葉座形状を基準にしておおまかな推移を提示した〔辻田 2007a〕。そして梅澤重昭は、群馬県高崎市域から出土した8面の倭製内行花文鏡のみをもちいて、これらを計4段階に整理し、各段階の製作時期を推定した〔梅澤 2003〕。このほか、資料報告などを中心に当該鏡式に関する考察がなされた〔名本 2002；平田博 2002；徳田 2005a；清水 2008a；三船 2008；岩本 2009；水野他 2009；岸本泰 2010；脇山 2014 等〕。それらの多くは製作技術や系譜に関する検討であるので、それぞれ該当する項目において後述する。

## D. 三鏡式の併行関係と変遷過程

　林・辻田・筆者の３人は、単一鏡式の検討に閉塞せず、前期倭製鏡の主要鏡式の総体的な変遷過程を明らかにしようとした。その林は、前期倭製鏡の「各型式間の変遷時期や並行関係に関して」、「森下・辻田・下垣・林」に「差異はあるものの」、集成編年の「１〜４期に当てはめた場合」に、４人に「顕著な差異は見出しがたい」との評価をくだしている〔林 2013〕。大局的にみればそうだが、三鏡式の併行関係と変遷過程にかぎっても、重要な点で３人の、とくに筆者と林・辻田の見解には相違がみとめられる。以下、各氏の見解を紹介する。[(115)]

　林はまず、これら三「鏡種」ともに、最古の古墳出土例が集成編年「２期」に属すことから、「２期」にこれら三「鏡種」が出現するとみた。当期の資料は多様性に富み、「文様構成に共通性が少ないこと」などから、初期段階の倭製鏡の「生産体制」は「統合化が始まった」もののいまだ「本格化」せず、「一工人が継続して恒常的に製作していたのではなく、必要に応じて製作するといった散発的な生産体制であ」り、「一製作工人（あるいは工人集団）が一鏡種のみを製作していた状況」を推定した。「３期」の古墳には「方格Ⅱ類」や「内行Ⅱ類」が副葬されだし、これらと「鼉龍Ⅱ類」が「単位文様に互換性を持つ」ことなどから、当期に倭製鏡「生産の統合化が本格的にな」り、「製作量は、前段階と比較すると飛躍的に増加」するとともに、「異鏡種の系列間において文様等の共通性が顕著」になる現象に注目し、その背景として「威信材としての銅鏡の需要」の増加などが要因になり、「政権中枢」が倭製鏡の各「製作工人集団」を「掌握」し、「一体的に再編」することで、「集約的かつ規格的な生産体制」を「築き上げ」た状況を推測した。これら三「鏡種」などの「伝統鏡群」の「製作・配布主体」である「大和東南部勢力」にたいして、また当期には、「大和北部の佐紀古墳群勢力」が「対置式系倭鏡」などの「新興鏡群」を創出し、「４期」にいたるまで両勢力が各自の主掌する「鏡群」を競合的に「製作・配布」したと考えた。そして「４期」になると、「３期末」に先行して製作されはじめた「内行Ⅲ類」にくわえて、「鼉龍Ⅲ類」と「方格Ⅲ類」が登場するとみた。当期に「３鏡種ともに小形化への傾向を強め」ると同時に「各鏡種が独自の展開を示」しだし、「鏡種間」の「文様の共通性がほとんど見られなくな」る背景に、前段階に確立した倭製鏡の「生産体制が早くも動揺を迎え」、集約的な生産が解体した状況を看取した。そして古墳時代「中期を迎えるとともに３鏡種の有していた意義に何らかの変容が生じ」た結果、「製作自体が停止する」にいたったと推定した〔林 2000・2002〕（図50）。

　辻田は、「属性変異の共通性」と古墳での共伴関係などから、前期倭製鏡を古段階と新段階の２段階でとらえた。「古段階」には、面径の大小が重視された結果、「四葉座Ⅰ内行花文鏡を最上位とするサイズの論理にもとづ」いて、「古墳時代初頭以降」に列島に流入した「完形後漢鏡・魏晋鏡」のうち「特に大型のものから優先的にモデルとして選択」し、原鏡の大きな「内行花文鏡系・方格規矩四神鏡系・鼉龍鏡系」を主軸とする「中心的系列群」が創出されたと想定した。そして、「中国鏡の鏡式体系の忠実な再構築とは異なる、新たな秩序化・序列化を志向」する「戦略」のもと、当該系列群から「文様構成／サイズ・カテゴリー共に多様なヴァリエーションが生み出され」、「中心的系列群の各系列間やそれ以外の諸系列間といった、各カテゴリー間の序列化と、各系列それぞれ、あるいは各系列を横断する形でのサイズ・カテゴリーの差異化・序列化という二重構造」が形成されたと推測した（図51）。「新段階」には「対置神獣文鏡系」や「神頭鏡系」などの新系列がくわわり、製作面数の大幅な増加と「多様化・複雑化」といった現象が生じた。ただし、「中心的

系列群の創案とそれを中核とした新たな体系化・秩序化」の「志向性」と「生産体制」が「古段階」から一貫することから、そのような現象の背景に新勢力の擡頭〔福永 1999a；林 2002〕をみとめず、むしろ「奈良盆地に本拠を置くヤマト政権」の主掌下で「需要・生産の拡大に伴うカテゴリーの多様化」がなされた結果だと推定した。そして前期倭製鏡の主要系列の生産は、政治的諸変革と連動して、「前期末の段階」に終了したとみた〔辻田 1999・2007a〕。

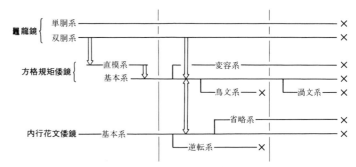

図50　前期倭製鏡主要系列の併行関係〔林2000〕
矢印は影響関係を、×印は消滅を示す。

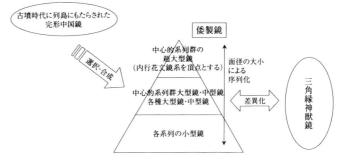

図51　古墳時代前期における鏡の差異化の論理〔辻田2007a〕

他方で筆者は、三鏡式をふくむ「半肉彫系列群」「線彫系列群」「平彫系列群」の大別23系列（細別35系列）の型式変遷を復元したうえで、神獣像表現・外区〜内区外周文様・単位文様など多彩な要素を駆使して系列間の併行関係を突きとめ、古墳での共伴状況や他器物との共伴関係による検証を網羅的に実施した。その結果、前期倭製鏡を細別6段階（「Ⅰ段階」〜「Ⅵ段階」）・大別2段階（「古段階」「新段階」）に時期区分した〔下垣 2003a〕。なお、大別2段階については、のちに新段階を二分して、「古段階（Ⅰ・Ⅱ段階）」「中段階（Ⅲ・Ⅳ段階）」「新段階（Ⅴ・Ⅵ段階）」の大別3段階にあらためた〔下垣 2005d・2011a〕。「古段階」に捩文鏡などの小型鏡が製作されていたことを積極的にみとめた点、「新段階」の終焉を中期前葉頃まで下降させた点で、林・辻田の案と少なからぬ相違を示した〔下垣 2003a・2011a〕。

E.「仿製」三角縁神獣鏡

当期前半期に飛躍的に進んだ中国製三角縁神獣鏡の系譜に関する研究は、後半期にいっそうの深化をとげた〔岡村 2005a・2010；福永 2005a・2011a 等〕。後漢末期〜魏晋期の中国製鏡の諸系統が闡明されてゆく〔上野 2007；森下 2007・2011a・b 等〕とともに、中国製三角縁神獣鏡が魏（晋）鏡、とくに華北東部の神獣鏡および華北北部の方格規矩鏡と強い系譜的関係にあることがおおむね解明された〔福永 2005a；上野 2007 等〕。同時にまた、「仿製」三角縁神獣鏡をふくむ三角縁神獣鏡と倭製鏡とが、文様構成・文様表現の特徴・面径・鈕孔形態・仕上げ技法など、きわめて多くの点で強い相違を示すことが明白になった〔岩本 2003・2010b；森下 2005d 等〕。そのため現在、かつて一世を風靡した、中国製三角縁神獣鏡を倭製鏡とみる説は後景に退いている。逆に、「仿製」三角縁神獣鏡までも中国製とする説〔車崎 1999a 等〕のほうが、資料的には説得力をそな

えており、その当否は本腰をいれて吟味すべき重要課題である。

### a. 岩本崇の研究

当期後半期の「仿製」三角縁神獣鏡の研究は、岩本崇が主導している〔岩本 2003・2005a・b 等〕。とくに、これまで重視されてこなかった形態的特徴と規格に着眼することで、その製作動向を綿密に復元した成果が特筆される。岩本はまず、「仿製」三角縁神獣鏡があくまでも倭製だという理解ゆえに、その生産を「一系統的・一系列的にとらえることが可能であるという評価」が生じ、そのため「とくに、製作者集団などの違いに基づく系統の整理や型式組列の検討といった基礎的な研究をほとんどふまえ」てこなかったと説き、系統的観点が稀薄な従来の研究を批判した[116]。分析方法についても、文様の細部表現が系統整理や系統間関係の復元の手がかりとして有効であることをみとめつつ、「鏡の文様は、それが配されるスペースといった物理的な制約や機能面以外の要因で、容易に変化する可能性が高い」ことを指摘し、従来の研究の限界点を浮き彫りにした〔岩本 2003〕。

以上の問題意識にもとづき、鏡本体の形態を決定する挽型の形状を重視すべきことをとなえ、その形状を反映する外区と鈕の形態がとくに鋭感的な型式属性だと想定した。そのうえで、外区形態を基準にすえて、これと鈕形態や乳の形状といった形態的属性との対応関係から A〜J の計 10 鏡群を設定し（図 52）、神獣像表現の描法の異同を軸に当該諸鏡群を系統区分し、鏡群間の先後関係および系統関係を追究した。その結果、「仿製」三角縁神獣鏡は、規格の点で高いまとまりを有する複数の鏡群に分割でき、これらは相互にある程度の関連を有しつつ「製作者集団を異にする」「大きく三つの系統により製作され」たことを明らかにし、さらに「原形とよびうる三角縁神獣鏡の形態的特徴から遠ざかっていく」4 段階の変遷プロセスを明快に復元した（図 53）。さらに、複数の「仿製」三角縁神獣鏡が同一埋葬施設で共伴する場合、同一段階ないし隣接段階にまとまることを根拠に、これらが「基本的に製作後きわめてスムーズに配布・副葬された」と推定した〔岩本 2003〕。

この論考で岩本は、「仿製」三角縁神獣鏡がその「終焉」段階に需要を「急速に下降」させ、「規格性が急速に失われるとともに生産量も激減する」状況も明らかにした〔岩本 2003〕。この状況の委細と歴史的背景は、別の専論で論じられた。「終焉」段階の「分布が畿内地域の中心部よりも外側に移動する事実と、墳形も前方後円墳主体から円墳主体となり、古墳の規模が総体的に縮小傾向となる事実」から、「終焉段階において三角縁神獣鏡の威信財としての意義が、相対的に低下した」状況をみちびきだしたのである。これに関して、「終焉段階」の「仿製」三角縁神獣鏡と帯金式甲冑の副葬に「時間的な重複」があるにもかかわらず、両者の共伴例が未確認である事実の背景に、両器物の「威信財」としての性格の差異を想定したことは、両器物の配布勢力の差異を高唱する主張〔田中晋 1993・1994 等〕へ

| | 鈕 a | b | c | d | e | f | 乳 i | ii | iii | 界圏 | 圏帯 | 圏線 | 鏡群 |
|---|---|---|---|---|---|---|---|---|---|---|---|---|---|
| 外区1式 | ◎ | | | | | | ◎ | | | ◎ | | | A |
| 外区2式 | | ◎ | | | | | ◎ | | | ◎ | | | B |
| 外区3式 | | ◎ | | | | | ◎ | | | ◎ | | | C |
| | | | ◎ | | | | ◎ | | | ◎ | | | D |
| | | | | ◎ | | | | ◎ | | ◎ | | | E |
| | | | | | | | ◎ | △ | | ◎ | | | F |
| 外区4式 | | | ◎ | | | | | ◎ | | | | ◎ | G |
| 外区5式 | | | | ◎ | | | | | ◎ | | | ◎ | H |
| 外区6式 | | | △ | | | ◎ | △ | ◎ | | | ○ | ◎ | I |
| 外区7式 | | | | | | ◎ | | ◎ | | | | ◎ | J |

〔凡例〕　◎：主体的に存在、○：存在、△：わずかに存在。

図52　「仿製」三角縁神獣鏡の諸属性と鏡群の関係〔岩本 2003〕

の興味深い反論となった〔岩本2005a〕。

　岩本は、形態的特徴と系統の抽出に重きをおいた分析法を中国製三角縁神獣鏡にも適用し〔岩本2008a〕、一貫した方法論的視座をもって三角縁神獣鏡の総合的な変遷案を成功裡に構築した。挽型の規格に規定される鏡の形態を基軸にすえ、多様な要素をこれに無理なく包括したことが、その成功を根柢でささえたのである。実際、挽型の形状が三角縁神獣鏡の分析の肝要な手がかりになることは、三次元形状計測の結果、同笵・同型でないにもかかわらず同一の挽型で製作された蓋然性の高い鏡群が、三角縁神獣鏡の同一の神獣像表現グループや同一系統にみとめられる事例が判明したことで、おおいに補強されている〔岩本2005b〕。

　中国製三角縁神獣鏡から「仿製」三角縁神獣鏡への「変化は決してスムーズではない」ものの、

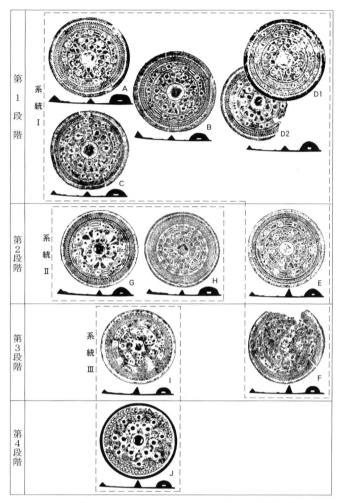

図53　「仿製」三角縁神獣鏡の系統的変遷〔岩本2003〕

その「関係は同一系統内での型式学的に連続する変化としてとらえ」うるものであったこと〔岩本2003〕も、この成功の重要な一因であった。両者の強い系統的関係性は、中国製「三角縁神獣鏡を模倣したと確実視しうる」「仿製」三角縁神獣鏡以外の倭製鏡を抽出し、その特質を剔出する作業をつうじて、「これまで認識されてきた三角縁神獣鏡というまとまりの系譜」を古墳倭製鏡と切り離したことにより、いっそう明確になった。具体的に岩本は、三角縁唐草文帯二神二獣鏡（目録90）を「モデルとしたものであるとみて間違いない」倭製鏡や、三角縁神獣鏡にほぼ特有な文様である傘松文を配する倭製鏡などを挙例しつつ、「仿製」三角縁神獣鏡以外の倭製鏡において三角縁神獣鏡を模作する現象が、「単発的なものであった」ことを明らかにした。さらに、これらの倭製鏡と「仿製」三角縁神獣鏡とが、「鈕孔の開口位置や鈕孔の高さ」、「仕上げの研磨」の有無と程度、面径のまとまりや外区の形状など、多くの点において顕著な差異を有することを証示し、両者が「系統的に異なる」ことを決定的なものにした〔岩本2010b〕。のみならず本論考などで具体的に示した、研磨や仕上げなどに関する緻密な観察所見は、「仿製」三角縁神獣鏡の製作技術論にも資するところが大きかった〔岩本2005b・2010b〕。

以上のほかにも岩本は、中国製三角縁神獣鏡と「仿製」三角縁神獣鏡を一体的にあつかう姿勢を堅持して、多様な観点からの検討を推進した。たとえば自身の変遷案に立脚しつつ、三角縁神獣鏡の分布状況を詳密に検討し、その変化プロセスをえがきだした〔岩本 2008b・2010a・2014a 等〕。また、従来の副葬配置方式に、副葬時の鏡面の向きや副葬鏡の来歴といった観点をくわえて、三角縁神獣鏡の配置論を展開したことも、重要な成果である。とくに、三角縁神獣鏡と倭製鏡がしばしば「同様のとりあつかいをうけている」ことなどから、「倭人が舶載鏡と仿製鏡といった区分や、文様モチーフの違いなどを十分に認識していたかどうかは疑わし」く、むしろ面径差や、「保有形態の差」および「役割の差」にかかわる「鏡の来歴の違い」が副葬配置の相違に反映しているとみたことは、当時の使用者の視点にたった倭製／中国製の認識論に踏みこんだ推論として、示唆に富む〔岩本 2004〕。これらの分析視角のほとんどは、当期前半期に福永が開拓したものであり、この後半期に岩本が継承し、いっそうの深化をなしとげたと総括できる。

b. そのほか

岩本の諸論考のほかには、体系性を志向した「仿製」三角縁神獣鏡研究はなされなかったが、個別の議論は多数くりだされた。とくに、製作技術に関する検討が躍進をとげた。なかでも、「仿製」三角縁神獣鏡の笵傷に関する森下の研究は、新たな局面を伐り拓きうる重要な成果をうみだした。森下は、笵ないし型を異にするにもかかわらず、線状の（笵）傷を共有する４組の「仿製」三角縁神獣鏡の鏡群が存在することを指摘した。そして、「現時点での一案」とことわりつつも、異笵・異型鏡間で線状傷が共通する結果を生じさせうる製作技法として、鈴木勉が鋳造実験をつうじてその有効性を明らかにした「二層式鋳型」〔鈴木勉 2003〕が使用された可能性を想定した。つまり、異笵・異型鏡間で共通する傷は、「下型と、その凹みに真土を塗った上部との二層式鋳笵」の「下層の笵に生じた深い亀裂によるものであり、表面の真土を塗りなおしたり彫りなおしたりして新たな文様の笵を製作した際、その亀裂を覆いきれずに継承されたものと考え」たのである。これは、笵傷の実態と近年の鋳造実験の果実とを、矛盾なく解き明かした重大な成果であった。また、このような鋳造方式が実施されたとすれば、これらの鏡群は「一定の限られた時期に、同一ないし共通の笵型を利用した強い関連をもつ工人によって製作された」ことになり、「仿製」三角縁神獣鏡の生産体制を復元するうえで重要な手がかりを提供することになった〔森下 2005d・e〕。そして最近では清水が、三次元計測データを駆使して、非同笵（型）鏡間の鏡笵の再利用例を増やし、興味深い分析と考察を公表している。とりわけ、三角縁神獣鏡と非三角縁神獣鏡のあいだで、そして中国製三角縁神獣鏡と「仿製」三角縁神獣鏡のあいだで鏡笵を再利用した事例が存在するとの指摘は、三角縁神獣鏡の生産体制や製作地問題に関してきわめて重大である〔清水 2014・2015a・b・c；清水他 2018〕。

この森下と清水の分析成果や、上述した挽型の共有現象に関する岩本の検討成果〔岩本 2005b〕などは、三次元形状計測の細緻なデジタルデータを活用した賜物である。着々と蓄積されつつある三次元形状計測データを駆使して、「仿製」三角縁神獣鏡をふくむ三角縁神獣鏡の同笵（型）技術や笵の補刻・修正に関する実証的な研究成果が続々とあがってきた〔水野 2005・2012a・b・2016・2017；水野他 2005・2011・2012・2013・2014 等；清水 2014 等〕。同笵技法による製作工程のなかで二次笵の複製がなされ、同文の鏡群の製作系列が分枝状に派生してゆく製作工程モデル〔水野他 2005〕は、「時と場合によって、「同笵」技法を用いたり、挽型を共有して三角縁神獣鏡の

製作がおこなわれた」とみる岩本の見解〔岩本 2005b〕とも整合する。「同一文様鏡」における鏡径の差異の程度を、三次元計測技術により分析した結果、中国製鏡や倭製鏡に「比べて、三角縁神獣鏡の「舶載鏡」と「仿製鏡」が技術的にきわめて近い関係にあること」が導出されたことは、鏡体の形状や規格、研磨技術や文様などをつうじた岩本らによる主張を補強する、意義深い成果である〔水野 2012a 等〕。そしてまた、三角縁神獣鏡の施文原理として、あるいは実際の施文作業において、内区文様を部品的（パーツ）に自在に組みあわせていたとの説が、以前から提起されてきた〔森下 1989；小山田 2000b；西川 2000；鈴木勉 2003〕が、実際に「仿製」三角縁神獣鏡の一部において、1 面の鏡背にほどこされた複数の神獣像の断面形が三次元計測データのうえで一致する事例が確認され、「施文具として型（スタンプ）が用いられた可能性」が指摘された〔山田隆 2005〕。

　三角縁神獣鏡の分配・流通に関する議論も、「威信財」論にからめつつ活潑になされた。ただし、検討と解釈の重点はもっぱら中国製三角縁神獣鏡におかれ〔福永 2001・2005a・b；岸本 2004；辻田 2006・2007a；川西 2008 等〕、「仿製」三角縁神獣鏡の検討はやや低調であった。たとえば筆者は、「仿製」三角縁神獣鏡の分布が西方へ変移する現象に、王権中枢勢力の「西方重視策」を読みとり、その背景に「韓半島南部（伽耶）との交渉」の緊密化を想定した〔下垣 2004 等〕。倭製鏡など他器物の分布も加味した検討ではあったが、安直な解釈であったことは否めない。また徳田誠志は、「濃尾平野以東」では「創出期」と「衰退期以降」の「仿製」三角縁神獣鏡のみが分布し、数量がもっとも多い「定型期」の資料の出土がみられない一方、「畿内」では「衰退期」の資料がほとんど出土していないことを根拠に、「仿製」三角縁神獣鏡が「副葬品としての価値を保っている期間は、全国均一ではないと考え」た〔徳田 2003〕。


### F. 小型鏡

　埋蔵文化財行政の発掘体制がととのう以前、とりわけ敗戦前は、偶然の出土や濫掘もふくめて、大・中型古墳から鏡が出土することが多く、有力古墳ゆえにそうした鏡には大・中型の倭製鏡がしばしばふくまれていた。そして、外観が比較的すぐれた大・中型倭製鏡から優先的に研究が進められた反面、小型の倭製鏡は等閑に付されがちであった。しかし 1970 年代頃から、小墳や集落の発掘件数が大幅に増大し、小型鏡の出土例が右肩上がりに増えていった。くわえて、小型鏡まで網羅的に収録した図録や県市史のたぐいもますます多く刊行され、倭製鏡全体に小型鏡が占める割合は上昇の一途をたどりつつある。そうした資料の蓄積を追い風に、第七期前半期に小型鏡の研究が一斉に花開いた。この後半期にも研究の勢いは衰えておらず、むしろ最近になって、総合的な研究が擡頭しつつある。ただ他方で、小篇が濫発されている観もある。以下では、当期後半期の小型倭製鏡研究を解説する。なお捩文鏡を当該項目にふくめた一方、弥生倭製鏡は別の項目におさめた。

#### a. 捩文鏡

　水野敏典が総合的な研究〔水野 1997〕を遂行して以後、さほどの進展をみていない。森下は旧稿の分類案を踏襲しつつも、各系列内での「変異も大き」く、「将来さらに細分できる」との予測を示した。また旧稿では、「獣毛文鏡」と「俵文鏡」の主像がそれぞれ鼉龍鏡の「獣毛文」と「神像の胴」に由来すると指摘したが〔森下 1991〕、水野の見解〔水野 1997〕を容れて、「羽紋鏡系」と「房紋鏡系」も「鼉龍鏡の神像胴部表現から取り入れられた図紋」だと説いた〔森下 2002〕。

　辻田は、鼉龍鏡の変遷を追究した論考中で、鼉龍鏡の変遷観と照合するかたちで捩文鏡の編年的

位置づけを探った。検討の結果、捩文鏡の「最古型式と位置付けられる」資料の文様要素が、鼉龍鏡の「第3型式以降」にみとめられることを根拠に、捩文鏡とは「鼉龍鏡第3型式の段階において、特にⅠ群B系列の小型化傾向の中で派生し、定型化したヴァリエーションであり、鼉龍鏡の創案当初から存在する小型品という理解は成立し難い」と推断し、車崎や水野の主張〔車崎1993a；水野 1997〕を否定した。そして水野の「外区1群」が「第3型式の後半」（集成編年「3期」）に、「外区2群」が「第4型式以降」（「4期」）に「併行する」と考えた〔辻田 2000〕。ただしのちに、この時期比定の一部をあらため、車崎の「第一群」および水野の「外区1群」の「捩文鏡系」を「鼉龍鏡系第2b型式以前」（「2期」）に遡上させた〔辻田 2007a〕。

　そして筆者は、「系列設定と変化方向にたいする理解」を森下と水野にほぼ依拠して、「A系」～「E系」の各系列の変遷プロセスをとらえ、水野の変遷案をおおむね追認する結果をえた〔下垣2003a・2011a〕。また「獣毛文鏡系」とその関連鏡群を検討した〔下垣 2002〕。

### b. 珠文鏡

**脇山佳奈の研究**　本鏡式に関しては、分類・編年・分布状況・出土遺跡の特徴・共伴鏡式・系譜など網羅的な検討を遂行した脇山佳奈の研究が注目にあたいする〔脇山 2013〕。まず脇山は、本鏡式は「主文様の変化で編年することは難しく、珠文以外の文様に着目」することが「最も有効な手法」だとしたうえで、外区～内区外周の文様帯構成と内区の珠文の列数とを基準にすえて分類をおこなった。これは森下の分析方法〔森下 1991・2002〕を細分・緻密化の方向性において継承したものである。しかし、外区～内区外周の文様帯構成は17類に、内区珠文の類別と組みあわせると計51類にもおよぶ煩瑣な細分であり、分類間の系統関係もわかりづらい代物であった。しかも、各類の時期を出土古墳（遺跡）の年代で決定してから、その変遷を後追い解説する方針をとったことも、このわかりづらさを増幅した。こうした難点はあったものの、弥生時代末期～古墳時代後期までの珠文鏡の推移を大局的に復元したこと（図54）は、重要な成果といえる。

　提示した変遷案に立脚して、古墳時代の「前期」「中期」「後期」をそれぞれ前半と後半に二分した計6期にわたる珠文鏡の分布状況を追尾し、以下のような変遷をとらえた。「前期前半」には「西日本を中心」とし、「中でも中国地方の出土量がやや多」く、「前期後半」になると「九州地方や関東地方での分布も増加」し、「中期から後期」にかけて、「畿内政権」の「支配の広がり」と関連して、「九州地方と関東地方を中心として新しく出現する文様の珠文鏡が多く分布」するようになった、と。その「生産体制」に関して、各類型が「広い範囲で出土」することを考慮して、本鏡式の「生産は、地域ごとになされたのではなく、畿内地方において製作された可能性が高い」とみなした。また、韓半島出土の珠文鏡6面をとりあげ、列島内での類鏡が広域におよぶことを根拠に、韓半島への流通「経路は様々であった」と判断した。

　つづいて、出土遺跡の種別や出土古墳の墳形・墳長との関連性を、さらには共伴鏡式の特徴を時期別にとらえた。前者の検討においては、「集落・祭祀遺跡出土は前期からの出土が多く」、「祭祀遺跡」での使用の減少を反映して「中期、後期になるにつれその割合は小さくなっていく」ことを、そして前方後円（方）墳から出土する珠文鏡は、「前期」には円（方）墳に副葬される本鏡式よりもやや大きな傾向がみられるが、「中期」以降はとくに差がないことを指摘した。後者の検討では、本鏡式が「複数出土する場合は、同じ分類や時期が近いものから構成されることが多いようである」こと、「前期段階」には単独副葬例が多く、「中期・後期の大型の古墳では珠文鏡より大き

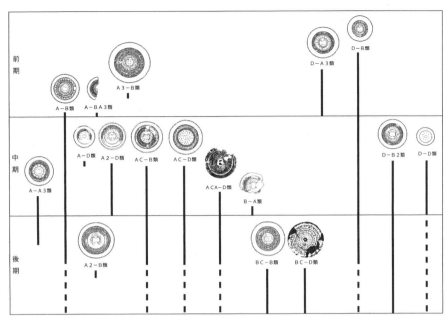

図54　珠文鏡の諸類型と年代〔脇山 2013〕

な鏡と共に副葬されることが多くなり」、本鏡式が「鏡の中で中心的な存在ではなかった」ことを推定した。

　さらに、本鏡式の系譜に関しても興味深い知見を披瀝した。本鏡式の最古例である京都府馬場遺跡出土鏡（京都 242）が「珠文3つを一つの単位」とする8単位から構成されていることに着目し、その祖源を「乳状突起」を有する弥生倭製鏡である石川県四柳白山下遺跡出土鏡（石川 30）などにもとめた。そのうえで、「乳状突起」4個の四柳白山下鏡→「8個の乳状突起をもつもの」→「8つのまとまりを意識して珠文を配置」するもの→「その意識がうすれ珠文を整然と一列に配置する」もの→「整然と二・三列へ配置したもの」や「珠文の列が乱れ」たもの、という変遷の流れを想定した。この「8つのまとまり」に関して、珠文鏡のなかで注目されがちな「放射状区画」を有する一群の最古例が「8つの珠文」を配する点に着眼したことも興味深い〔脇山 2013〕。

　森岡秀人の提説〔森岡 1989〕を皮切りに、第七期には珠文鏡や重圏文鏡などの小型倭製鏡の系譜を弥生倭製鏡、とくに「近畿系小形仿製鏡」にもとめうるか否かについて、さらに小型倭製鏡間の系譜的関係の実態について、検討が活潑になされた。これは現在、小型倭製鏡に関する最重要の検討課題であり、倭製鏡の出現経緯にも直截かかわる重大な論点である。この論点については本項でも言及するが、「古墳倭製鏡の系譜と出現経緯」の項であらためて論述する。

　**森下章司の研究**　脇山の研究のほかにも、意義ある検討成果がだされた。たとえば森下は、珠文鏡は「ひとつの系列としてまとめる指標に乏しい」と、その限界を自覚しつつも、「外区紋様の変遷や出土古墳の年代から見て前期から後期まで存続したこと」を指摘するとともに、「出土古墳の年代」からみて、おおむね「珠紋一列→二列（間隔一定）→三列以上→不規則配列の順」に出現し、より詳細には「一列と二列のものが前期、三列以上のものやまばらで不規則のものが中期から現れる」と推定し、この変遷順序は「外区紋様」の変化と対応すると論じた。また、その系譜に関

して、本鏡式と重圏文鏡が、「九州地方の弥生時代小型仿製鏡とは別系統」の「「十」字紋鏡」と「関連して生まれた可能性」を考えた。具体的には、「「十」字紋鏡」の「新しい型式」にみとめられる「正円に形が整い（土型・挽き型を使用か）、研磨も丁寧」という特徴は、「古墳時代倭鏡のさきがけ」ととらえることが可能で、その「幅広で素紋の外区」が珠文鏡や重圏文鏡に継承されたとみなした〔森下 2002〕。

**林正憲の研究** 総合性の面において、当期後半期の小型倭製鏡研究の白眉たる地位は、林の論考こそが占めるにふさわしい〔林 2005〕。珠文鏡のみを切り離してしまうと、林の論考の総合性がそこなわれるため、以下では珠文鏡を軸にしつつ、小型倭製鏡を一括して解説する。本論考で林は、「小型倭鏡」（珠文鏡・重圏文鏡・素文鏡など）に関する論点として「①起源、②系譜、③生産体制、④社会的意義の4点」を挙示し、その解明をめざした。

まず「起源」と「系譜」について、出現時期と順序を出土遺構から追いもとめ、重圏文鏡と素文鏡の「成立」が「弥生時代後期にまで遡りうる」一方、珠文鏡は末期以降に登場すると推定した。珠文鏡の登場経緯に関しては、「珠文状結線文」の検討をつうじて、「重圏文鏡の一部を祖形として成立し」たのち「互いに独立しながら併存」したとみた。そして、珠文鏡だけでなく重圏文鏡も弥生倭製鏡と「系譜を異に」し、しかも「分割構成と中国鏡志向がともに欠如している」点で古墳倭製鏡とも「系統を大きく異にする」ことから、これら「小型倭鏡」を弥生倭製鏡とも古墳倭製鏡とも「異なる別個の系統をなす鏡群として位置づけ」た。

「生産体制」と「社会的意義」についても、重要な見解を提示した。「生産体制」については、石川県「金沢市域」の2面・兵庫県藤江別所遺跡出土鏡群・鳥取県長瀬高浜遺跡出土鏡群に、それぞれ「製作技法の特異性と独自性」が「独立」的にみとめられ、しかもそれらが「古墳から出土する一般的な倭鏡には決して認められない技法である」事実に注目し、「小型倭鏡の製作工人集団の系譜が、一般的な倭鏡の製作工人集団とは異な」ることを、さらには「小型倭鏡」が「各地域で独自に活動をおこなっていた小規模な製作工人集団によって製作されていた」状況を復元した（図55）。そして「社会的意義」については、面径の大小と装飾性の多寡とに相関的にみとめられる「素文鏡＜重圏文鏡＜珠文鏡」の関係（図56）が、古墳の「副葬品として採用される比率」にも反映していること、すなわち「珠文鏡では実に7割が古墳から出土しているのに対し、重圏文鏡や素文鏡では古墳からの出土率が3～4割にとどまり、大半が集落遺跡や祭祀遺構から出土している」事実（図57）を証示し、「小型倭鏡」における「鏡種」ごとのゆるやかな「機能分化」を導出しつつ、「大型化を志向しない」などの「政治的要素の希薄」さを強調し、その「希薄」さゆえに「さほど時代の変化を受けずに、各地域社会に組み込まれるかたちで機能し続けた」と結論づけた。

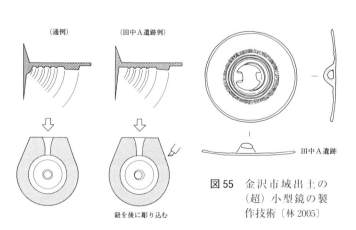

図55 金沢市域出土の（超）小型鏡の製作技術〔林 2005〕

**岩本崇の研究** 弥生時代後期から古墳時代前期に焦点をあてた林

にたいし、中期中葉以降、とくに後期の珠文鏡を綿密に分析したのが岩本である〔岩本 2012a・2014b・2015〕。岩本の論考は、新たな分析視角からの珠文鏡研究のこころみにとどまらず、中期・後期倭製鏡に関する貴重な検討事例でもある。

岩本はまず、「主文様を 2 列の珠文で構成する例」を抽出し、須恵器などの共伴遺物を主根拠にして、「①五條猫塚古墳鏡ほかのまとまりと②月岡古墳鏡ほかのまとまり→③和田山 5 号墳鏡ほかのまとまり→④中村 1 号墳鏡ほかのまとまりという時間的な推移」を想定し、それぞれの年代的な上限を「①・②中期中葉→③中期後半新相ないし末→④後期中葉ないし後半」に位置づけた。そして「1 列の珠文鏡のものやそれ以外のもの」でも「同様の推移を示す」と主張した〔岩本 2012a〕。

岩本の考察でとくに重大なのが、珠文鏡の生産が「少なくとも後期中葉近く」(TK43 型式期)まで「継続的におこなわれていた可能性」を指摘したことであり、「後期の銅鏡生産の終焉」に関する「示唆的」な材料を提供したことである。上記したように、古墳倭製鏡の終焉期については、6 世紀後半説〔樋口 1979a〕と 5 世紀(後半)説〔田中 1981；小林三 1982〕が第六期に提唱されたが、根拠は状況証拠にとどまった。他方、第七期前半期に森下が、後期倭製鏡の型式変化と副葬古墳の年代から、その終焉期を「六世紀後半～七世紀初頭」頃まで下降させ、有力説の地位を占めるにいたった〔森下 1991〕。ところが当期後半期になると、その後の

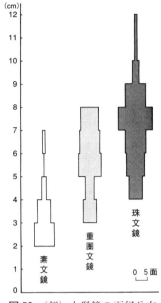

図 56 (超)小型鏡の面径分布〔林 2005〕

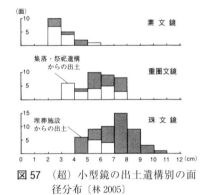

図 57 (超)小型鏡の出土遺構別の面径分布〔林 2005〕

「出土例や長期保有のあり方を考え合わせると」、自説は「いまだ確定とはいえ」ず、「少なくとも後期前半まで続いていたと現状では見ておく」と述べて自論への信頼を揺るがせ〔森下 2002〕、倭製鏡の終焉年代はふたたび流動的になった。岩本の提説は、この流動状況に向けての意欲的な投錨といえる。ただし、鏡自体の型式変遷はほとんど考慮されず、あくまで共伴遺物に依存した所説であり、鏡研究としてさほどの価値はなかった。事実、珠文鏡の生産の終焉を TK43 型式段階あたりまで下降させる岩本の見解には、後期倭製鏡(旋回式獣像鏡系)に「関する保有の地域的特色や連続する櫛歯紋をもつ外区紋様の出現時期」の点から、疑問も投げかけられた〔加藤 2014a〕。

しかし、2 年後に公表された論考でこの弱点が緩和されると同時に、検討の密度と確度が高められた。本論考で岩本は、まず珠文鏡を「珠文の施文原理を異にする二系列に分離するのが合理的」とみなし、「珠文を列状に配する」「列状系」と「珠文を文様帯中に充填するように配する」「充填系」という「大別二系列」を設定した。この大分案に立脚して、「充填系」に「類似する資料が少数ずつ存在し、小さなまとまりをなす点」に着眼し、形態的特徴や珠文の列数、文様帯構成や特徴

的な文様などを基準にして、「充塡系 A 群」～「充塡系 F 群」の計 6 群を設定した。そして、共伴副葬品の年代を論拠にして、初現的な「充塡系 A 群」が「中期中葉を上限」として登場し、最新相の「充塡系 E 群」が「少なくとも後期後半には出現した」ことを再確認し、「充塡系」の変遷プロセスが森下の明らかにした「中心的な系列群の外区文様の変遷」と「きわめて整合的に対応」することを強調した。そして、「充塡系 E 群」や「充塡系 F 群」といった珠文鏡の「最末期鏡群」が「後期後半」に相当する「TK43 型式併行期に時期比定される古墳から複数出土している」事実を重視し、倭製鏡「生産の終焉を王陵における前方後円墳の築造停止と時期的に近接」させることは「けっして荒唐無稽な発想ではな」いと考定した〔岩本 2014b〕。

　上記の考察は、実例に裏づけられていただけに説得力をそなえていた。また、「充塡系」の諸鏡群が「中心的な系列群」と密接に連動して変遷することを根拠に、その「生産が、畿内地域を中心とした集団関係によって維持・管理された可能性を想定」したことも、中期～後期の小型倭製鏡の生産体制に関する重要な貢献であった。しかし、「珠文鏡という小型の銅鏡であっても、畿内地域を中心とした集団間の関係性によって、その生産が維持・管理された可能性」を重視しながら、その終焉年代の根拠にもちいた古墳がおおむね山陰地域に限定されたことは、倭製鏡全体の終焉年代にかかわる論点であるだけに問題を残した〔岩本 2014b〕。実際、群馬県内出土の後期倭製鏡を概観した加藤は、「充塡系 E 群」と「充塡系 F 群」をふくむ当地域出土の「充塡系」の珠文鏡が、「MT15 型式段階（6 世紀前半）」までに副葬される現象を明示している[122]〔加藤 2014b〕。したがって岩本の考説は、保有の長短や長期保有の途絶期の地域性を考慮して再検討する必要がある。なお、珠文鏡を中心とする古墳時代中期の諸鏡群の検討をつうじて、「中期中葉の銅鏡生産」が前期倭製鏡を「復古・再生するという指向性」をもって「少なくとも大幅な組織再編」がなされたとの指摘も興味深い〔岩本 2015〕。この指摘については、最近の論考でいっそう精緻の度を高めている〔岩本 2017b・c〕。

　**そのほか**　先述したように、重圏文鏡の一部にみとめられる「珠文状結線文」が、しばしば珠文鏡の祖源だとみなされてきた〔林原 1990；藤岡 1991；中山清他 1994〕。他方で林は、珠文鏡の成立以前に重圏文鏡へと「新たな文様要素である珠文が付加され」た際に、結果的に「珠文状結線文」がうみだされたと推定しつつも、「珠文鏡が重圏文鏡の一部を祖形として成立し」たとみた〔林 2005〕。これらの見方にたいして新井悟は、「珠文状結線文と指摘された重圏紋の微妙な凹凸に筋が抜けない部分があ」り、「珠紋状の部分が、明瞭に丸くな」っていない資料状況を根拠に、「珠文状結線文」が「紋様として意図されて彫り込まれたものではない」蓋然性を提起し、「「珠紋状結線文」をもつ重圏紋鏡を経由して、珠紋鏡が成立するという仮設」を、「成立が難しい」としてしりぞけた。「珠文状結線文」を「注湯以後凝固以前に生じた現象」とみる新井の推測が正鵠を得ているか否か、判然としないが、興味深い提言である〔新井 2009a〕。このほか新井は、特殊な埋納遺構で検出された東京都田端不動坂遺跡出土鏡（東京 9-1）に関する考察も発表した〔新井 2002a・b〕。

　また「放射状区画珠文鏡」に関して石野博信が、「4 世紀」の同種鏡の分布が「日本海沿岸」にかたよることにくわえ、文様構成原理の類似する資料が大韓民国慶尚北道に存在すること（漁隠洞遺跡・坪里洞遺跡）に注目し、「韓国漁隠洞鏡」などが「4 花の内行花文を 4 区画した」青谷上寺地遺跡出土鏡（鳥取 29-6）を介して「放射状区画珠文鏡」へとつながっていったと推測した〔石

野 2011〕。手続きは粗いが、着想としては面白い。「放射状区画珠文鏡」は、その意匠の珍しさからか、珠文鏡のなかでは目だって考察が多い〔吉田博 1999；金三津 2008；實盛 2016b；森下 2016a・2017 等〕。しかし、その出土例はすでに 30 面ほどに達しており、珍しさゆえに議論する段階から脱却すべきである。本鏡群の分類・祖型・変遷を追究した實盛良彦の最近の論考は、脱却のこころみと評しうる〔實盛 2016b〕。以上のほか、「二重の珠文を巡らす珠文鏡」の集成がなされた〔吉田陽 2001〕。

### c．重圏文鏡

　珠文鏡にくらべると、当期後半期の重圏文鏡に関する研究はいくぶん体系性に欠く。その関心はおおむね、珠文鏡や弥生倭製鏡との系譜的関係の有無および多寡に注がれた。それ以外の検討としては、個別遺跡（遺構）の出土鏡に関連づけた考察がやや目だった〔濱野 2003；林原 2008 等〕。

　しかし最近、脇山が本鏡式を総合的に検討した成果が注目される。脇山はまず、「内区外周の文様、珠文状結線文、段部分の有無」に着目して、本鏡式を「1 類」から「7 類」に分類し、いくつかの類型には細分をほどこした。そして、形態から「1 類」を最古ととらえ、「近畿地方」での出現を想定した。また文様の変遷や出土遺跡の時期、鏡体や鈕孔形態、原料の鉛同位体比などを加味して、これら諸類型の編年的位置づけを探り、「第一期」（「弥生時代後期後半」）→「第二期」（大賀〔2002〕の「前Ⅰ期～前Ⅱ期」）→「第三期」（「前Ⅲ期～前Ⅶ期」）→「第四期」という推移を復元した（図58）。さらに、各類型と出土遺跡の種別や古墳の墳形・規模との関連性、共伴する鏡式、生産・流通システムなどについて、多角的な検討をおこなった。とりわけ、遠隔地間で類鏡が出土すること、「広い範囲で共通する文様をもつこと」、「4a 類」の「鈕孔の形状に地域性を見出すことができない」ことなどを根拠に、本鏡式が「近畿地方で生産されたと結論付け」たことが注意される。一部の類型に「地域性を見出すことができない」ことをもって、本鏡式の全体を「近畿」産とみる論理には飛躍があるし、多様な類型が数多く分布する瀬戸内中部を想定の埒外におく理由も解せないが、意義ある考察ではある。本鏡式が「弥生時代終末期から古墳時代初頭における大和王権の統一と共に、広域的に分布した古墳時代の威信財であ」り、「大和王権の階層システム作りの一端を担うもの」として「生産・配布」がなされたとの結論的な主張も、「威信財」の語の濫用はさておくとして、本鏡式の地域性を強調する近年の研究動向への反論として価値がある〔脇山 2015b〕。

　また脇山は、本鏡式の出現に関しても面白い見方を提示した。本

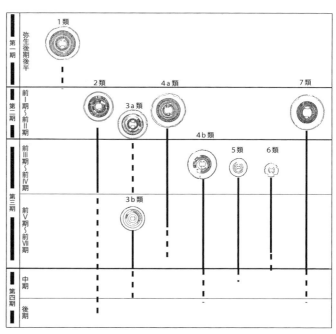

**図 58**　重圏文鏡の諸画期〔脇山 2015b〕

鏡式が近畿式銅鐸の飾耳と似た形状を呈すること、後者の「圏線を多数重ねるモチーフ」は弥生倭製鏡にみいだせないこと、弥生倭製鏡と飾耳片が類似する出土状況を示すことなどを根拠に、「近畿産」の弥生倭製鏡に「銅鐸のモチーフ」が「受け継」がれることで、「直行櫛歯文を配する重圏文鏡」の成立に強い影響があたえられ、本鏡式に「銅鐸のもつ集落祭祀の力が受け継がれた」と推測したのである〔脇山 2015a〕。森浩一の着想〔森 1978〕に実証的な裏づけをあたえた考察と評価できる。

　本鏡式の出現経緯と初現期の様態に関心が集中してきたなか、その消滅の理由に言及した林の考察は意義深い。すなわち、古墳時代「中期以降」に「珠文鏡・素文鏡の出土例が増加する」のと対照的に重圏文鏡が「激減する」という「興味深い事象」をとりあげ、その理由として、出土状況にかんがみて両鏡式が「完全に機能分化をとげた」一方で、重圏文鏡はその「中間的位置にあった」ため、かつて３鏡式でになっていた「機能分化」の「役割」をはたさなくなり、その「姿を消した」と推定したのである〔林 2005〕。

　また南健太郎は、本鏡式の分布の南限である宮崎県西ノ別府遺跡出土鏡（宮崎 121-1）の検討をつうじ、当鏡に「他地域と異なる独自の技術的特徴はみられ」ず、「分布も点的であること」、そして当該地域には「古墳時代前期に近畿地方との地域間関係を強く表す物資がもたらされた」ことを根拠に、重圏文鏡の「拡散は北部九州製小形仿製鏡とは異なるものであったと考えたほうがよい」と説き、「近畿地方」からの流入を示唆した〔南 2011〕。さらに中井歩は、重圏文鏡を「内区を圏線と櫛歯文、あるいは圏線のみで構成する鏡群」と定義したうえで、それらを「Ａ類」と「Ｂ類」に二大分し、各類の分布状況および出土遺構の種別を図示した。ただし、図表の提示にとどまり、「考察」するはずの「日本列島における銅鏡生産のなかでの、重圏文鏡の位置づけ」も、「生産・流通」の「社会的背景」も不問に付された〔中井歩 2014〕。

### d. 素文鏡

　素文鏡に関するまとまった研究は、小野本敦の論考をあげうるにすぎない。小野本の検討の比重は「律令期の素文鏡」におかれ、松村恵司の分類〔松村 1984〕を「鈕や鏡面の形状」や製作技術から細分したうえで、その推移と製作動向が詳細に復元された。これと対照的に、「古墳時代素文鏡」については分類せず、「大雑把な状況把握を行ったのみ」にとどまった。とはいえ、「8世紀を中心に生産され」た「Ａ類」の特徴である、「薄い板状の鈕に穿孔するという技法」が、「鈕は半球形で、鈕孔には中子を用いるのが一般的」な「古墳時代素文鏡」と大きくことなることから、両者に「直接的」な「繋が」りはないとみた点、しかし他方で、「中期を境に」「集落から離れた祭祀遺跡での出土割合が増加する」など、出土遺構や分布状況に変化がみとめられることを根拠に、この時期に「それまでに広範に浸透していた素文鏡への信仰を基層として、王権祭祀の重要なツールの一つとしての新たな価値が与えられ、それが後の律令的祭祀具へ引き継がれ」た可能性を提唱したのは、興味を惹く推論であった〔小野本 2013〕。

　このほか、鏡式名に関して、「「素」の字をまったく何もないという意味に使うのは漢字本来の意味と異なった日本語特有の用法」だとの理由から、「無紋鏡」なる名称が提案された〔車崎 2001a〕。

G. 前期倭製鏡の主要系列（鏡式）

以上のほかにも、前期倭製鏡のさまざまな系列（鏡式）に関する考察がなされた。とりわけ注意すべき成果として、「対置式神獣鏡」「神頭鏡」「絵画文鏡」の考察がある。

a. 対置式神獣鏡系

とくに対置式神獣鏡系の検討が多かった。林は「新興鏡群」の代表的「鏡種」として「対置式系倭鏡」をとりあげ、その分類と変遷プロセスを復元した。まず中国製「対置式神獣鏡をほぼ正確に模し」て「神像・獣像・脇侍からなる8像対置構成をとる」「対置系Ⅰ類」、「脇侍が消失して神像・獣像からなる6像対置構成」をとる「対置系Ⅱ類」、「神像と獣像がそれぞれ3体ずつ配置されて対置構成をなさなくなり、獣像が同一方向を向く」「対置系Ⅲ類」に分類した。そして、この「対置構成」の変遷から想定される「対置系Ⅰ類」→「対置系Ⅱ類」→「対置系Ⅰ類」の順序の正しさを、外区や鈕座など「ほかの文様要素」との相関性から確認し（図59）、「当初4分割原理に基づいて製作されているが、途中で6分割原理が導入され（図60）、最終的には対置構造が崩れるという3段階の変遷」を復元した。また、「対置式系倭鏡」から「派生」したと考えられる「3種類の倭鏡」、すなわち「獣像のみを抽出した」「六獣式倭鏡」、「神像のみを抽出した」「神像式倭鏡」、「神像ないし獣像の頭部表現のみを抽出した」「神頭式倭鏡」の存在を指摘し、これらが「対置式系倭鏡の製作集団と極めて深い関係を有していた」と論じた〔林 2002〕。

これら諸「鏡種」の編年的位置づけについては、鼉龍鏡など他「鏡種」の文様要素との共通性と出土古墳の年代観に依拠して、「対置系Ⅰ類」は集成編年「3期でも極めて早い時期に製作され」、「対置系Ⅱ類の製作時期」もその後の同じ「3期」にあり、「4期」には「対置系Ⅲ類が製作されていた」との時期比定をくだした。「六獣式倭鏡や神像式・神頭式倭鏡」については、「外区の鋸歯文と半円方形帯の欠如」などを根拠に「対置系Ⅲ類から派生した」ととらえたうえで、「4期」の所産とみなした。以上をふまえて、「前期後半」に出現する「対置式系倭鏡」が「前期末」に3「鏡種」を派生させるにとどまらず、「四獣形鏡対置系や内行花文倭鏡省略系など、他の倭鏡にも影響を及ぼすようになる」など、「対置系倭鏡の製作工人ないし製作集団が倭鏡生産に関して強い影響

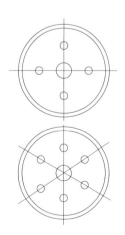

|  |  | 所在地・古墳名 | 分割 |  | 外区 |  |  | 鳥文 | 界圏 | 有節 | 小斜面 | 銘帯 | 半円方形帯 |  |  | 鈕座 |  |  |
|---|---|---|---|---|---|---|---|---|---|---|---|---|---|---|---|---|---|---|
|  |  |  | 8像 | 6像 | 菱3 | 菱2 | 鋸歯 |  |  |  |  |  | 3渦 | 2渦 | なし | 界圏 | 有節 | 円圏 |
| 対置式系倭鏡 | Ⅰ類 | 岐阜・舟木山24号 | ○ |  |  |  |  | ○ | ○ |  |  | ○ | ○ |  |  |  |  |  |
|  |  | 京都・庵寺山 | ○ |  |  | ○ | ○ |  | ○ |  |  |  | ○ |  |  |  | ○ |  |
|  |  | 伝 山城 | ○ |  |  | ○ | ○ |  | ○ |  |  | ○ |  |  |  | ○ |  |  |
|  | Ⅱ類 | 奈良・丸塚1 |  | ○ | ○ |  |  |  | ○ |  |  |  | ○ |  |  |  |  |  |
|  |  | 奈良・丸塚2 |  | ○ | ○ |  |  |  |  |  |  |  | ○ |  |  |  |  |  |
|  |  | 奈良・丸塚3 |  | ○ |  | ○ |  |  | ○ |  |  |  | ○ |  |  |  |  |  |
|  |  | 伝 山城 |  | ○ |  |  | ○ |  | ○ |  |  |  | ○ |  |  |  |  |  |
|  |  | 大阪・堺大塚山 |  | ○ |  |  | ○ |  |  |  |  |  |  | ○ |  |  |  |  |
|  | Ⅲ類 | 大阪・板持丸山 |  | ○ |  |  | ○ |  |  |  |  |  |  |  |  |  |  |  |
|  |  | 三重・石山 |  | ○ |  |  | ○ |  |  |  |  |  | ○ |  |  |  |  |  |
|  |  | 京都・聖塚 |  | ○ |  |  | ○ |  |  | ○ |  |  |  |  |  |  |  |  |
|  |  | 岡山・榊山 |  | ○ |  |  | ○ |  |  | ○ |  |  |  |  |  |  |  |  |
|  |  | 岡山・鶴山丸山 |  | ○ |  |  | ○ |  |  | ○ |  |  |  |  |  |  |  |  |
|  |  | 静岡・兜塚 |  | ○ |  |  | ○ |  |  |  |  |  |  |  |  |  |  |  |

菱2・3：2〜3渦文の菱雲文　　有節：有節重弧文　　2・3渦：渦文の数

左：**図59**　倭製対置式神獣鏡系の属性分析〔林 2002〕
右：**図60**　倭製鏡の4分割原理と6分割原理〔林 2013〕

力を有していた状況」を想定し、「対置系倭鏡」が当該期の倭製鏡生産にはたした意義を強調した〔林 2002〕。なお林は、神奈川県吾妻坂古墳出土鏡（神奈川 28）の考察に際して、当鏡を「対置系四獣形鏡」（「四獣形鏡対置系」）と位置づけ、「大和北部勢力の手によって製作・配布された」本「鏡種」の特徴と意義について再説した〔林 2004〕。[124]

　また森下は、旧稿で「対置式神獣鏡系」〔森下 1991〕とした系列を、「同じ鏡式の図柄を用いた異なる時期の別系列が存在する」との理由で「対置式神獣鏡 A 系」に改名し、先述の「鼉龍鏡族」にふくめた〔森下 2002〕。旧稿では、「対置式の構図を守り、神像の脇には獣座状表現をもつもの」→「三神三獣式になり、獣座表現が省略されたもの」という 2 段階の変遷を想定した〔森下 1991〕が、新稿では「乳がなく、二つの主神をそれぞれ獣像 2 体で挟んで配置するもの」→「6 乳で分割し主神脇の獣神像が異形化・省略されるもの」→「配置が三神三獣鏡式になったもの」という 3 段階の変遷プロセスに修正した〔森下 2002〕。同じく岩本は、兵庫県茶すり山古墳出土鏡（兵庫 235 -2）の編年的位置づけを検討した際に、「原鏡である画文帯対置式神獣鏡の全体的な文様構成」から「乖離してゆくという変遷」が、外区〜内区外周など他要素の変化と対応することを確認した。とくに縁部〜外区の形状に着目し、「外区上面が平坦なものは総じて古相に、外区と内区へ至る斜面の変換点が突出するものは総じて新相に位置づけ」ることができ、この変化が古墳倭製鏡に「広く共通してみとめられる変化であること」を看破したのは、重要な成果であった。なお同論考で、同墳出土の倭製「盤龍鏡」と倭製「浮彫式獣帯鏡」の位置づけに関する検討も手がけた〔岩本 2010c〕。他方で辻田は、本系列の「生成過程」に焦点をあて、「各種神獣鏡や鼉龍鏡系などを複雑に合成することによって創出された可能性」を指摘した。この検討のなかで辻田は、本系列の初期の製品である奈良県佐紀丸塚古墳出土の 3 面（奈良 22-24）を俎上に載せ、その製作順序を推定した〔辻田 2007a〕。最近では加藤が、本系列に代表される倭製鏡の「6 分割原理」が、「古墳時代前期後半頃」に本格的に導入されるにあたって、吾作系斜縁二神四獣鏡（および上方作系浮彫式獣帯鏡）が「影響を与えた可能性」を想定した〔加藤 2015a〕。そして筆者は、対置式神獣鏡系を「神獣像を配する」「A 系」と「獣像のみを配する」「B 系」とに区分し、3 段階の変遷過程を復元した。「A 系」の変遷過程に関しては林の分析結果とさしたる離齟はないが、林の「六獣式倭鏡」を「B 系」とした点、林の「神像式・神頭式倭鏡」が「A 系」から直截に派生した蓋然性をみとめ、これらの登場時期を林よりも一段階遡上させた点、そして対置式神獣鏡系と鼉龍鏡系の緊密な関係を重視した点で、林の見解と少なからぬ相違をみせた〔下垣 2003a・2011a〕。[125]

### b. 神頭鏡系

　林や筆者が、対置式神獣鏡系との関係を強調した神頭鏡系に関する専論もだされた。第七期前半期から、一貫して東海地域（濃尾地域）産の倭製鏡を精力的に探索してきた赤塚次郎は、神頭鏡系にも検討の手をのばした。赤塚は、「神頭鏡系鏡群」が「三ツ山鏡系（神頭鏡一類）」と「兜山鏡系（神頭鏡二類）」の「ほぼ 2 つの系列鏡に区分でき」、そのどちらの「初期鏡群」も「濃尾平野に偏在」するとの判断に依拠して、この 2 系列を「東海系神頭鏡群」と命名し、これらを「もちろん濃尾平野のどこかで製作された資料と想定」した。そのうえで、「東海系神頭鏡群」を「ある天才的な製作者とその仲間たちの作品ないし特定工房の作品」だと評価し、製作の「主体者」が「古代邇波を中心として、大きな影響力を行使した青塚古墳の被葬者」である可能性を提唱した〔赤塚 2004a〕。筆者も、神頭鏡系と神像鏡系を検討した〔下垣 2003a・2005b・2011a〕。

### c. 絵画文鏡

神頭鏡系の検討に粗さが目だったのと対照的に、赤塚による「絵画文鏡」の考察は、実資料の網羅的分析に立脚しており、注目にあたいする。赤塚は、「人物禽獣文鏡や人物鳥獣文鏡などに代表される」、「人物をまじえて動物・昆虫などをモチーフにした」「特殊文鏡」を「絵画文鏡」と総称し、それらを「Ⅰ類からⅣ類に分類し」て「系列を整理」したうえで、その系譜・製作地・製作時期などについて、すこぶる示唆に富む考察を展開した。赤塚は「絵画文鏡」を、愛知県東之宮古墳出土の「人物禽獣文鏡」（愛知 40-43）を「基本とする系列鏡」である「絵画文鏡Ⅰ類」と、奈良県大和天神山古墳出土の「人物鳥獣文鏡」（奈良 107）を「基本とする系列鏡」である「絵画文鏡Ⅱ類」とに二分し、「特殊獣形文鏡」である「絵画文鏡Ⅲ類」と「絵画文鏡Ⅳ類」とが少数派として存在するとみた。さらにその分布状況が、「Ⅰ類」から「Ⅳ類」まで「明らかに東日本に偏在する傾向」を読みとった。そのうえで、内区表現や鈕形態などの「系譜関係」から、「Ⅰ類とⅡ・Ⅲ・Ⅳ類とに大きく二分できる」と考え、前者は「東海地域産」、後者も「出土した遺構などから東海地域との強い関係が想定できるようにも思われる」とした。そして、共伴土器の裏づけを提示した「Ⅳ類」以外はほぼ無根拠ではあったが、「おおむね三世紀中ごろにははじま」り、「獣形文鏡の中へ組み込まれる形で」「四世紀前葉から中葉に終了した」との年代観を提示した。要は、「絵画文鏡」を「東日本の初期倭鏡を代表する鏡」ととらえ、その製作および「所有」に「東海地域との強い関係」を想定したわけである〔赤塚 2000〕。

他方で筆者は、「絵画文鏡」という分類の有効性と製作時期の古さにおおむね諾意を示しつつも、ほかの古墳倭製鏡との接点や、三角縁神獣鏡など他鏡式との共伴関係などから、赤塚ほど製作年代を遡上させるのは困難と判断した。とはいえ、少なくともその一部が「前期倭製鏡の本格的な生産始動に先行する」可能性はみとめた。また、文様の比較検討をつうじて、「絵画文鏡」の主像に弥生時代後期を中心に流行した「龍」文からの影響があったと推定した〔下垣 2014b・2016b〕。

### d. そのほか

以上のほか森下は、「同向式神獣鏡A系」の4面の分析をつうじて、これらが「一人ないし少数の工人が連続的に製作した「連作の鏡」であった可能性」を提起した〔森下 2001a〕。また、奈良県島の山古墳出土鏡群（奈良 434-436）・石川県雨の宮1号墳出土鏡（石川 29）・京都府久津川車塚古墳出土鏡（京都 141）を例示しつつ、「前期末ごろの古墳から鼉龍鏡族とは異なる表現の神像や獣像を用い」る、「散発的で、系列同士のつながりも明確でない」倭製鏡が登場したと説き、これらが「鼉龍鏡族」とは「異なる系統の工人集団の製品」である可能性を想定した〔森下 2002〕。

最近の研究成果として注目できるのが、加藤による分離式神獣鏡系の検討であり、断面形状と文様要素の特徴から当系列の変遷段階を設定し、その出現時期を従説〔下垣 2003a〕より一段階遡上させる案を提示した〔加藤 2015a〕。そして筆者も、上記した諸系列をふくむ大別23系列・細別35系列におよぶ前期倭製鏡を抽出し、その変遷過程を明らかにした〔下垣 2003a・2011a〕。

### H. 中・後期倭製鏡

中・後期倭製鏡を通覧した検討は、森下の概説〔森下 2002・2012a〕のみにとどまった。他方で2010年以降、依然として低調な中期倭製鏡研究を後目に、後期倭製鏡研究が急速に活性化をとげているのが興味深い動向である。

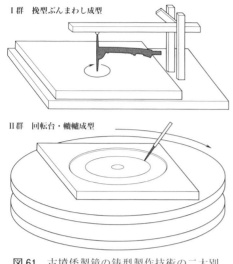

図 61 古墳倭製鏡の鋳型製作技術の二大別
〔岩本 2017b〕

a. 岩本崇の総合的考察

　第七期初頭に、森下が古墳倭製鏡の全体像を明らかにして以来、個別的な検討に閉塞しがちであった。しかしつい最近、岩本が森下の枠組を製作技術面から補強したうえで、新たな三様式案を提示した〔岩本 2017b・c〕。田尻義了による弥生倭製鏡の総合的研究〔田尻 2012〕、加藤一郎による後期倭製鏡の総合編年の構築〔加藤 2014a・2017a・b・2018〕と並ぶ、2010 年代を代表する倭製鏡研究である。岩本の分析対象は古墳倭製鏡全体であるが、分析の主軸は古墳時代中期以降の倭製鏡にあるので、ここで解説する。

　本論考で岩本は、実資料の緻密な観察・計測をつうじて、内外区の「施文基盤面」の様態に重要な相違が存在することを看破し、この相違が倭製鏡の「製作技術の根幹をなす鋳型製作技法」に起因するとみた。そして、倭製鏡全体を「挽型ぶんまわし成型」による「Ⅰ群倭鏡」と、「回転台・轆轤成型」による「Ⅱ群倭鏡」とに二大別した（図 61）うえで、各技術基盤の賜物として連動的に製作された系列群を「様式」として設定した。具体的には、「前期前半」に起こった「外的な技術移転」の所産である「Ⅰ群倭鏡」の出現を「契機として製作された系列群」である「前期倭鏡」、「中期初頭」における「Ⅱ群倭鏡を主体とする系列の連動的な生産体制の成立」を指標とする「中期倭鏡」、そして「中期中葉」に生じた「Ⅰ群倭鏡」の「復古再生という製作指向性」と「多数の系列におよぶⅡ群倭鏡の本格的な生産始動」とを指標とする「後期倭鏡」に三分し、各様式が「製作技術と生産指向性を異にしつつ、時期的な展開をみせ」た状況を復元した（図 62）。「中期倭鏡」「後期倭鏡」の製作経緯・背景についても、他器物や考古事象の様相も加味して、示唆に富む見解を提示した。

　本論考は、倭製鏡の保有・「復古再生」・製作技術など、多数の重要事象にも貴重な知見と解釈をあたえる。それらは、下記の各項目で適宜ふれることにし、ここでは本論のひとつの核をなす三期（様式）区分について私見を述べておく。倭製鏡の三大別説は森下が提唱し〔森下 1991〕、近年では筆者など多くの論者が追認している〔下垣 2005d・2011a・b；上野 2012b；加藤 2015c；辻田 2016a・2018 等〕。こうみると、岩本説はこれら三分案の修正・精緻化版だと誤解されかねない。しかしその内容、とくに中期倭製鏡の位置づけが他論者と大きくことなる。森下は「前期末～中期前半」の倭製鏡を、いわゆる前期倭製鏡および後期倭製鏡と区別し、「散発的」かつ「系列同士のつながりも明確でない」資料が目だつ一方、「前期末から中期初め」に「斜縁四獣鏡B系」が登場したとみる。おおむね、前期前半～・前期末（ないし中期初頭）～・中期後半（ないし末）～の系列群のまとまりを考えるわけであり、上野祥史・加藤・辻田らに継承されている（図 63）。筆者は前期末葉に前期倭製鏡の画期を設定し、中期前葉までを新段階と名づけた。中期前葉は前期倭製鏡の衰滅期であり、当該期には系列設定ができない資料群も登場し、まもなく中期倭製鏡の生産が開始されるとみた〔下垣 2003a・2011a〕。他方で岩本は、中期初頭に画期を設定する点では森下らと

軌を一にするが、多くの論者が中期倭製鏡の典型とする「斜縁四獣鏡B系」の出現をもって、「後期倭鏡」を設定する。筆者の区分案と対応させると、岩本の「中期倭鏡」「後期倭鏡古段階」「後期倭鏡新段階」が、それぞれ筆者の前期倭製鏡新段階新相・中期倭製鏡・後期倭製鏡に相当する。

中期倭製鏡から後期倭製鏡への連続性については、近年注目されており〔加藤 2015c・2018；辻田 2016a・2018 等〕、これを製作技術面から「後期倭鏡」の新古二段階ととらえる岩本の新説は魅力的である。他方、筆者からすれば岩本の「中期倭鏡」は、前期倭製鏡の

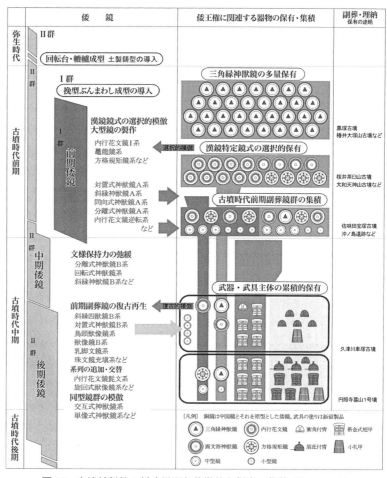

図62　古墳倭製鏡の様式展開と特徴的な保有・集積〔岩本 2017b〕

終焉期頃の短期間にしか存在しないことになる。「II群倭鏡」の登場はたしかに重要であり、「後期倭鏡」の準備期としての意味もある。筆者は、前期・中期・後期倭製鏡の三分案をまだ支持しているが、しかし岩本説をうけいれるとしても、「画期として評価しない」「中期倭鏡」〔岩本 2017b〕をあえて設定せずに、前期倭製鏡の終焉期あるいは次期との端境期として解消し、「前期倭鏡」「後期倭鏡」の二分案に単純化するほうが合理的であろう。

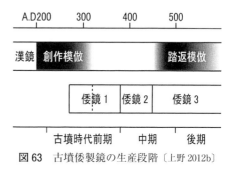

図63　古墳倭製鏡の生産段階〔上野 2012b〕

b. 中期倭製鏡

さて森下の概説では、旧稿〔森下 1991 等〕と同様に「斜縁四獣鏡B系」が重要視された。その一方で、「はっきりとは確かめられない」と前置きしつつも、前期倭製鏡には「中期中頃まで存続し、中期後葉に引き継がれた系列があるかもしれない」ことを示唆し〔森下 2012a〕、「斜縁神獣鏡B系」が「中期後半」の旋回式獣像鏡系に「つながる可能性」を提起したこと〔森下 2002〕は、

後期倭製鏡の系譜を考えるうえで重大な指摘であった。この見方には、上野も賛意を示した〔上野 2012b〕。後述するように加藤も、旋回式獣像鏡系の成立に同型鏡群の影響を過度に見積もることを批判し、「すでに継続的におこなわれていた倭鏡生産という大きな流れの上に同型鏡群の流入という影響が加わった」事態を想定した〔加藤 2014a〕。なお筆者は、倭製鏡の集成表を作成した際に、中期・後期倭製鏡の一部に新規の系列名をあたえた〔下垣 2011b〕。しかし、系列認定の根拠を提示しておらず、無責任のそしりをまぬかれない。

#### c. 後期倭製鏡

大局論は森下の概説にかぎられた〔森下 2002・2012a〕が、系列（鏡式）レヴェルの検討が、近年になって顕著な増加をみせている。とくに注目すべき成果をうみだしたのが、後期倭製鏡の基軸系列である旋回式獣像鏡系・交互式神獣鏡系・乳脚紋鏡系を俎上に載せ、詳悉な分析をくわえた加藤の論考である〔加藤 2014a・2017a・b・2018〕。加藤の研究により、後期倭製鏡の大局的な位置づけはほぼ定まってきたと評価できる（図64）。

**加藤一郎の研究** 加藤は、旋回式獣像鏡系に「原鏡」とよべるほどの「直接的な模倣対象」が存在せず、中期倭製鏡における「獣像鏡や神獣鏡の流れのなかで同型鏡群（画紋帯環状乳神獣鏡、画紋帯対置式神獣鏡、画紋帯仏獣鏡）にみられる紋様（環状乳など）が部分的に採用されて成立した」との見方をとる。それゆえ、「原鏡」からの乖離や省略化の程度を新古の重要基準とする、通常の分析法を踏襲せず、「普遍的な属性」である「獣像」と鏡体の「断面形状」を主要な分類基準として採用し、それらに外区文様をくわえた諸属性の相関分析を実施することで、本系列の変遷過程を復元した。

具体的には、まず内区主像について、獣像を「平面形」から大別3形式（細別6形式）、「立面形」から2形式に（図65）、神像をおおむね3形式に区分し、鏡体の「断面形状」について鈕を3形式、縁を2形式に区分した。つづいて、「獣像の表現（平面／立面）」と「断面形状（鈕／縁）」の4属性の組みあわせから、本系列を12型式に細分した。そして、「獣像の表現が脱落・変形の方向で変化」し、「断面形状は扁平化の方向で変化する」との想定に立脚して、「獣像に二つの頭があ

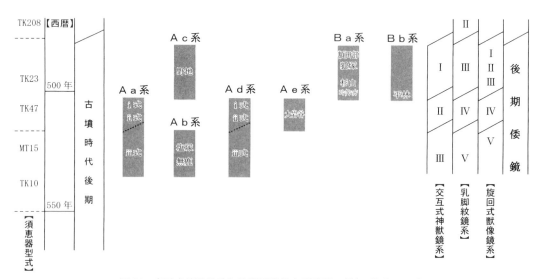

図64 交互式神獣鏡系と後期倭製鏡主要系列の編年〔加藤 2017a〕

り鈕や獣像も突出が強く縁も厚い第Ⅰ段階」→「獣像は頭が一つで鈕あるいは縁の形状が古相を示す第Ⅱ段階」→「獣像は頭が一つで鈕や縁の形状は中間形態を示す第Ⅲ段階」→「獣像は頭を失い鈕や縁は扁平な第Ⅳ段階」という計「4段階」の「製作段階」を設定し、これらの順序の正しさを、外区文様の変遷および若干の出土古墳の時期と照合することで検証した。以上の結果、本系列の「一部がTK208型式段階までさかのぼる可能性をもつが、おおむねTK23～47型式段階の範疇でおさま」り、その「下限」は「新しく見積もったとしてもMT15型式段階まで」ととらえ、「前半期（第Ⅰ～Ⅲ段階：TK208～23型式段階頃）」→「後半期（第Ⅳ段階：TK47型式段階頃）」の2段階変遷をみちびき

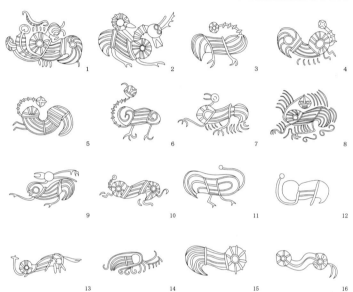

図65　旋回式獣像鏡系の獣像の諸形式〔加藤2014a〕

だした。森下が先鞭を付けた、断面形態の変化に着目した中期・後期倭製鏡の変遷プロセスの追尾作業〔森下1991等〕にくわえ、鈕や乳の形状差が時期差や系統差を反映することを看破した岩本の研究成果〔岩本2003〕など、先行研究のすぐれた着眼点とアプローチを巧みにとりこみ、さらに多数の資料の図化作業を敢行したうえでの立論であり、きわめて説得力に富む。ただ、出土古墳や共伴器物との検証が不十分な憾みがあり、この面でのさらなる検討がのぞまれる。

　そして、以上の分析結果をふまえつつ、多彩な知見を提示した。とりわけ、隅田八幡鏡との併行関係をおさえたうえで、旋回式獣像鏡系の「製作開始時期」を「倭王武による中国の宋王朝への朝貢の時期」に近似する「475年頃」に比定し、本系列の「生産開始の契機」を「同型鏡群の日本列島への流入」にもとめたことは、森下以来の有力説〔森下1991等〕にさらなる有効な証拠をあたえた。さらにまた、本系列は「鈕孔の形状が長方形でほぼ統一されるなど他の後期倭鏡に比べて非常に強いまとまりを示すことから、王権中枢の管理下で生産された」と推定し、その広域的な分布は「倭王権が序列的・身分的秩序を具現化する意図をもって各地へ配付した」反映とみなし、他方でこれらが各地でしばしば「中・長期保有され」つつも、その副葬時期に明瞭に看取される地域差を、「それぞれの地域社会の動向も反映したもの」ととらえたことは、「王権中枢」―「地域社会」の関係にたいして、鏡の授受・保有の面から重要な寄与をなす成果である〔加藤2014a〕。なお加

藤はその後、新資料の知見を加味して、本系列を 13 型式に細分しなおし、最新段階を追加して「五段階（大別三段階）」にあらためた〔加藤 2016〕。

　また、旋回式獣像鏡系と双璧をなす「乳脚紋鏡系」についても、「乳の断面形状（半球形、円錐状、点状など）や脚の表現をもとに小系列を設定した上で型式分類が可能」であるとみなし、多様な点で「比較的強い関連がうかがえる」旋回式獣像鏡系の分析法を援用することで、「段階設定が可能」との見通しを示した〔加藤 2014b〕。そして最新の論文では、乳文の形状から「A 系」～「D 系」に四分し、内外区の肥厚の程度や外区～内区外周文様などとの相関性を加味しつつ、精細な変遷案を組みあげ、「第 I ～ V 段階」の五期編年を構築した。これまで不分明だった後期倭製鏡以前の本系列の位置づけを闡明し、さらには後期倭製鏡併行期（Ⅲ～Ⅴ段階）における作鏡動向と政治背景と関連づけるなど、重要な知見を数多く提示した〔加藤 2017b〕。

　さらに、旋回式獣像鏡系と乳脚文鏡系に比して資料数は格段に少ないが、面径の大きさと隅田八幡鏡との関連性ゆえに注目されてきた交互式神獣鏡系にも、精細な分析をほどこした。分析手法は旋回式獣像鏡系に適用したものと同様であり、「内区主像の表現および鏡本体の断面形状に関する属性に注目」しつつ、「内区主像の特徴から小系列を設定したうえで、小系列ごとに型式分類と段階設定をおこな」った。具体的に「七つの小系列」を設定し、3 段階の変遷過程を復元し、「第Ⅰ・Ⅱ段階」（TK23～47 型式段階）→「第Ⅲ段階」（MT15～TK10 型式段階）に時期比定した。とくに重要なのが、従来は後期倭製鏡を新古に二分した場合、新相の所産とみなされてきた本系列〔森下 1991；辻田 2016a 等〕の開始時期を、旋回式獣像鏡系の最初期と併行するとみたことである。そのうえで、本系列を同型鏡群の「代用品」とみる従説や、「継体期」の工人の刷新を推定する見方〔福永 2007〕を棄却し、本系列が「同型鏡群や他の後期倭鏡と同時期に授受された倭鏡」だと推断したことは、後期倭製鏡の史的意義にもかかわる重大な提言である〔加藤 2017a〕。

　**上野祥史の研究**　型式分類と編年作業に主眼をすえた加藤にたいし、後期倭製鏡の政治的意義に重点をおいた検討を推進したのが上野である。たとえば、「中期後半以降」の諸鏡式（系列）の面径を精査し、「同型鏡や中国鏡の模倣鏡群」を「大型鏡」、旋回式獣像鏡系を「中型鏡」、乳脚文鏡系や珠文鏡を「小型鏡」とする「格差」の存在を摘出し、それゆえ「中期後半から後期」にも鏡が「なお一定の価値・意義を有していた」と主張した〔上野 2004・2012b・2013a〕。これは、鏡式（系列）ごとの鏡径差に意図的な「格差」の付与を読みとった検討成果である。さらにその後の論考では、初現期における獣像表現の類似性などを根拠に、「中型鏡である旋回式獣像鏡の創出にあたって、面径が 15 cm 前後の画文帯神獣鏡を意図的に選択したこと」を指摘した。後期倭製鏡の創出に際して、「無作為に中国鏡から図像を抽出したのではなく、面径という形態も意識した意図的な選択がなされていたこと」を明らかにした重要な知見である〔上野 2012b〕。

　また最近では、韓国全羅南道の萬義塚 1 号墳から出土した旋回式獣像鏡系を位置づけた際に、本系列の諸鏡の解説と特徴を論じた〔上野 2013b・2014b〕。なお上野は、後期倭製鏡の分析を軸に、その授受と保有をつうじた「王権」と「地域社会」の論理の追究〔上野 2012b・2013a・c〕に、さらに韓半島出土の倭製鏡の史的評価〔上野 2002・2004・2013b・2014b〕にも力を注ぎ、有益な貢献をはたしている。これらについては、それぞれ各項において解説する。

　**隅田八幡鏡**　第七期に大幅な進捗をみせた後期倭製鏡研究は、隅田八幡鏡の製作年代（癸未年）に関する論点を収斂させていった。川西は本鏡が同型鏡群を模作した倭製鏡であることを再説して

503 年説を支持し〔川西 2000・2004〕、車崎も「503 年に疑いない」と断じた〔車崎 2002a〕。503 年説を是認する立場からの言及は、このほか数多くなされた〔森下 2005b・2012a；福永 2007・2011b；岡村 2011a；上野 2012b・2013a；辻田 2012c・d・2013・2016a；加藤 2014a 等〕。

　とくに加藤が、みずから構築した旋回式獣像鏡系の編年観を駆使して本鏡の実年代を推定したことは、新たな観点からの重大な寄与である。まず加藤は、旋回式獣像鏡系と「非常に近しい関係にある」京都府トヅカ古墳出土鏡（京都 182）、交互式神獣鏡系に属する奈良県平林古墳出土鏡（奈良 289）、そして隅田八幡鏡の 3 鏡が相互に強い接点を有することを指摘し、これら「三者に関連する要素をもつ鏡」が、「旋回式獣像鏡系における第Ⅱ～Ⅲ段階を中心にみられる」ことに注目した。そして、「TK23～47 型式段階」を「475 年頃～515 年頃」としたうえで、当段階の旋回式獣像鏡系にあてがった「TK23 型式段階」がこの範囲におさまることから、「TK23 型式段階≒癸未年＝503 年」の等式をみちびきだした。はなはだ興味深い推論であるが、これだと「TK23 型式段階」が 28 年以上、「TK47 型式段階」が 12 年以下になってしまい、きわめて不均衡な年数配分になる難点がある。しかも、この時期比定に依拠して、旋回式獣像鏡系が「倭王武の時期に製作が開始されたこと」や、同型鏡群が「倭王武による朝貢の時期（477 年および 478 年）あるいは若干さかのぼって倭王済による可能性が高いと考えられている 460 年の朝貢などの際に流入した」という想定まで導出しており、あやうさが増幅されている〔加藤 2014a〕。加藤の検討をつうじて、癸未年が 503 年である蓋然性はいっそう高まったが、旋回式獣像鏡系やその関連鏡群の相対編年上の位置づけについては、調整の余地が少なからずある。なお、TK23 型式段階と TK47 型式段階の年代配分に関する筆者の批判にたいして、加藤から異議もだされている〔加藤 2017a〕。

　以上のように、ごく一部の論者〔清水 2012〕をのぞけば、隅田八幡鏡を後期倭製鏡の範疇でとらえることで、鏡研究者の見解はほぼ統一されるにいたった。したがって、「癸未年」の訓みが正しければ、それは 503 年である蓋然性がきわめて高いことになる。文献史サイドでも、503 年説がおおむね定説化している。それと連動して、従説どおり「男弟王」と訓読するか、山尾の釈読を継承して「孚弟王」と訓む〔山尾 1968・1983；鈴木靖 2002；加藤謙 2010 等〕かの相違はあるが、いずれにせよ継体を本鏡の受贈者とみることで、おおむね意見の一致をみせている。

　このように、本鏡の時期的な帰属がほぼさだまった一方で、製作地や製作主体に関して、新たな見解が（再）浮上しつつある。韓半島（百済）製説である。この説は、銘文の「斯麻」を百済の斯麻王（武寧王）とみなしうることと、当該期の緊密な倭―百済間の政治的交渉などを根拠にして、第五期前半頃（1950 年代）より、主として文献史サイドから断続的にとなえられてきた〔西田長 1953；乙益 1965；山尾 1973・1983 等〕。他方で近年では、鏡研究者からこの説を支持する見方が提示されている。たとえば福永は、本鏡が「中国やそれ以前の倭の鏡工人の製作技法とは全く異な」り、「乳が鏡の文様を刻む際の基準点の役割を果たしていない」[128]ことや、列島出土の可能性がある方格規矩四神鏡（『鏡研搨本』所載鏡）を「中国や倭の鏡作りには認められない」ような「特異」な仕方で改変した鏡が、武寧王陵から出土していることを勘案して、「銅鏡を製作した経験が乏しい百済系の鋳造工人」が本鏡を製作したと推定した〔福永 2007〕。その後の論考では、「厚みの薄い鏡をつくること」を特徴とする倭製鏡としては「異例」な重量を本鏡がそなえることを論拠にくわえた[129]。そして、本鏡が古墳倭製鏡の「作鏡原則からかけ離れた特徴を持っていることは、これが中国系でも倭系でもない第三の工人」、当該期の「東アジアの国際関係を勘案すれば銅鏡製

がほとんど行われていなかった朝鮮半島三国時代の工人」により製作されたと考えるのが「最も妥当」だと推断した。さらに、銘文の「斯麻」が「百済武寧王の諱と一致すること」に「大きな意味」をみいだし、本鏡は「武寧王が男弟王、すなわち継体に贈るために鋳鏡経験のない百済の工人に製作させたものという解釈」を提示した〔福永 2011b〕。また岡村秀典も、同時期における南朝の作鏡体制にたいする広範な検討をふまえつつ、「銘文に督造者として記された「斯麻」は百済の武寧王の名であること」や、同型鏡群のうち「第二様式A類」（方格規矩四神鏡）が「武寧王陵から出土し」、同「C類」（画文帯仏獣鏡）が「南朝から百済をへて倭にもたらされたと考えられること」を論拠にして、武寧王が継体のために製作したとみる「百済製説」も「一考に値しよう」と論じた〔岡村 2011a〕。

韓半島（百済）製説は、着想としては面白いものである。しかし、肝腎の韓半島の作鏡状況に関する検討がほぼ皆無であり、しかも倭製鏡に関する知見もきわめて不十分であった。また、「斯麻」が武寧王だという前提にたって議論が組みたてられているが、この「斯麻」を「摂津の三島地方の出身者」〔和田萃 1988・2008 等〕あるいは「即位前の孚弟王と親密な関係にあった」「日本列島内の首長」〔加藤謙 2010〕とみる対抗案もある。したがって本説は、まだ着想の域をでていない。

このように考古学的な分析が進捗をみた一方で、文献史からの検討もふたたび増加しつつある〔石和田 2000・2001・2009；入谷 2004；中田 2006・2008・2014；前之園 2009；篠川 2010 等〕。

**鈴　鏡**　当期後半期の前半、つまり 2000 年代前半には、鈴鏡の検討が目だった〔八木ぁ 2000；梅澤 2003；岡田一 2003；赤塚 2004b 等〕。たとえば八木あゆみは、鈴鏡の文様を分類・編年し、倭製鏡内での「相対年代」を推定したうえで、鈴鏡がもつ意味を考察した。しかし、議論の出発点となる分類が、「原型となった舶載鏡」からの一元的な乖離の度合いを基準としたものであり、「舶載鏡に原形を求め得る文様」を配する「I類」（「内行花文系」「方格規矩文系」等）、「原型の系譜は辿り得るが倭鏡にしか見られない文様」を配する「II類」（「乳文鏡」「捩文鏡」等）、「原形の特定が困難な文様」を配する「III類」、「その他」の「IV類」を設定し、この順に「相対年代」が新しくなると推測した。これは、森下が実証をもって否定し去った、「中国鏡の忠実な模倣品からの退化、大型品から小型品、というように全体が一元的な変化をした」とみる旧説〔森下 1991〕を無反省に踏襲したものであり、当然ながら有意な編年案をうみだせなかった〔八木ぁ 2000〕。

岡田一広も鈴鏡の分類と編年を遂行した。鈴鏡は通有の倭製鏡と同種の内区文様を有し、それゆえ両者を比較検討しうるよう、系列を設定した点は評価できる。しかし、系列の設定にとどまり、各系列の変遷過程も系列間関係も検討しなかったため、系列設定の有意性が宙に浮いた考察になった。とくに「乳脚文系」と「獣形文系」を、それぞれ「A類」〜「E類」に細分しながら、各細分を活かした分析を実施しなかったのは惜しまれる。系列の型式変遷を追うことなく、各資料の時期を出土古墳の「陶邑編年」上の時期で決定したことは、資料自体の操作を軽んじた姿勢のあらわれといえる。そうした不備はあったが、「鈴鏡I期」（TK216〜TK47 併行期）→「鈴鏡II期」（MT15・TK10 併行期）→「鈴鏡III期」（MT85〜TK209 併行期）の3期を設定し、各時期における鈴数・内区文様・外区文様・分布状況などの特色をとらえた。本論考で注目すべきは、同型鏡や類似品がしばしば近隣諸古墳や同一古墳に副葬されている現象を指摘し、これら「同一工房」の所産とみなしうる製品の「供給圏が非常に狭」いことなどを根拠に、鈴鏡が「畿内で一元的に鋳造されているわけではなく、畿内及び地方各地で鋳造が分散的に行われた」と推測したことである〔岡

田一 2003〕。

　岡田が「地方各地」で鈴鏡が鋳造された一証としてあげた愛知県志段味大塚古墳出土鏡（愛知17）と三重県泊古墳出土鏡（三重 129）とに、格別の意義をみいだしたのが赤塚である。赤塚は、「志段味大塚鏡系」と命名したこれらの鏡が「東海地域に分布が偏在する鏡群」であることを強調した。そして、当該鏡群が「伊勢湾を媒介にして繰り広げられた、一つの地域社会としてのまとまり」を「教えてくれている」とみなし、「東海地域最大規模を誇る断夫山古墳にまつわる尾張地域の歴史的状況」が「鈴鏡製作」と「深くかかわっているように思えてならない」と想像した〔赤塚2004b〕。考古学サイドから離れると、実証的なデータも方法論も欠く野放図な想念がくりだされるだけであった〔川村 2005 等〕。

　このように鈴鏡研究は、2000 年代前半には比較的さかんであった。しかしそれ以後、急速な停滞をむかえている。鈴鏡は基本的に後期倭製鏡の一部をなし、後期倭製鏡などの諸系列（鏡式）に鈴をとりつけた鏡群である。したがって、鈴の有無は分類と編年において特段の意味をもたず、同時期の倭製鏡の全体像を把握しなければ鈴鏡の理解はまずおぼつかない。そうした自覚が、ようやく実践面で倭製鏡研究に共有されたことが、この停滞の背景にあるのだろう。事実、安直な鈴鏡研究が沈淪するのといれかわるように、実物の詳細な検討に基礎づけられた後期倭製鏡の研究が前面化してきた〔馬渕一 2017 等〕。そうした近年の後期倭製鏡研究は、珠文鏡や旋回式獣像鏡系など系列（鏡式）レヴェルで推進されているが、それらのなかに多数の「鈴鏡」がふくまれている。だから、一見すると「鈴鏡」の研究が停止したかにみえるが、実のところ後期倭製鏡研究の深化とあいまって、「鈴鏡」の実態を把握する手がかりが蓄積されているわけである。たとえば加藤は、旋回式獣像鏡系の分析をつうじて、鈴鏡の「鈴の断面形が縦長もしくは正円から扁平へと緩やかに変化すること」を示している〔加藤 2014a〕。近年の研究動向をみるに、後期倭製鏡の諸系列（鏡式）の究明が今後いっそう進展することが予想されるが、そうすればおのずと「鈴鏡」の実相も明らかになるだろう〔加藤 2018〕。

　**そのほか**　このほか珠文鏡に関しても、中期・後期倭製鏡を検討の射程にいれた〔脇山 2013〕、あるいは分析の主軸にすえた〔岩本 2012b・2014b〕論考が提示されていることは、上記したとおりである。森下や加藤らも、乳脚文鏡系や交互式神獣鏡系などについて論じており〔森下 2002；上野 2004；辻田 2012c；加藤 2014a・b・2017a・b 等〕、こうした諸系列（鏡式）にたいする今後の研究の展開が期待される。また乳脚文鏡に関して、双脚輪状文を主像とするものが存在するとの指摘〔梅澤 2003〕は、この文様を採用する装飾古墳との時期的併行性や「呪術」的意図の共通性が示唆され興味深い。[131]

　なお最近、辻田が神奈川県日吉矢上古墳出土の 2 面（神奈川3・4）に詳細な分析をほどこしたうえで、「倭製鏡生産が再び活発化する」「5 世紀中葉～後葉」の鏡生産上の画期を具体的に論じている。辻田は、当期に「同型鏡群の舶載を契機として前期的な鏡秩序の再興が目指され、その中で大型鏡生産や同一文様鏡の複製生産などが初期の試行錯誤の所産として行われた」と指摘し、後期倭製鏡の製作開始の背景状況と展開を究明するうえで興味深い示唆をもたらしている〔辻田2016a・2018〕。後期倭製鏡に「大型倭製鏡生産の画期が 2 回存在した」ととらえ、「2 回」目の画期である交互式神獣鏡系の登場と旋回式獣像鏡系の創出とのあいだに「四半世紀程度の時期差」を見積もる辻田と、両系列が後期倭製鏡の初期から併行的に生産されたとみる加藤〔加藤 2017a〕に

206 第Ⅰ部　倭製鏡論

は、無視できない見解上の相違があり、今後追究してゆべき重大な論点が浮上してきた。


I.　弥生倭製鏡

a.　背景状況

　第五期後半期から弥生倭製鏡の研究が徐々に本格化し、高倉洋彰の一連の論考〔高倉 1972・1979・1985・1987・1990 等〕で大成をはたした。ところがその後、弥生倭製鏡の検討が滞留してしまう。その理由については、いくつか考えうる。とくに大きな要因として、高倉が当時の資料状況から追究しうることをほぼ遂行し尽くしたことをあげうる。弥生倭製鏡は種類も属性もとぼしく、第五期には出土面数も二桁にとどまっていたこと（表 2）もあり、完成度の高い高倉の検討成果を凌駕ないし刷新する余地はほとんどなかった。そのうえ、弥生時代の青銅器の花形である武器形「祭器」や銅鐸、そして中国製鏡などにくらべ、地味で粗末な印象は否めず、社会的意義や役割も薄いとみなされていた。当の高倉も、弥生倭製鏡を中国製鏡の代補的存在だと想定していた〔高倉 1972〕。高倉が弥生倭製鏡研究に一段落つけて〔高倉 1985〕以後、弥生倭製鏡自体の検討よりも、むしろ古墳倭製鏡との系譜的関係の濃淡もしくは実態に、関心の焦点がシフトしてきたこと〔森岡 1987・1989；寺沢薫 1992；高倉 1995 等〕も、弥生倭製鏡自体への関心を薄れさせる効果をもたらした。

　しかし他方、発掘の件数および精度の向上にともない、弥生倭製鏡の出土事例は増加の一途をたどりはじめた。現在では、倭製内行花文鏡および珠文鏡と鼎立して、倭製鏡において最多面数をほこっている（表 2）。また第七期にはいると、九州北部を中心に鋳型が次々と出土し、古墳倭製鏡研究では渇望しつつも依然かなわない、鋳型に立脚した製作技術論や製作体制論が可能となった〔平田定 2002；後藤直 2004・2007；三船 2004；三船他 2004；南 2005；田尻 2012 等〕。弥生倭製鏡研究を深化させる資料的基礎は、すでにととのっていたわけである。事実、第七期後半期にはいり弥生倭製鏡研究は格段の躍進をとげつつある。その旗手となったのが、田尻義了である。

b.　田尻義了の研究

　田尻の弥生倭製鏡研究は、鋳型の分析を基軸にすえた青銅器生産体制と対になるかたちで総括されている〔田尻 2012〕が、ここでは弥生倭製鏡研究にしぼって解説する。田尻はまず、弥生倭製鏡を分類・編年するにあたって「面径・縁幅・内区の単位文様・文様要素」を「属性」として抽出し、高倉分類〔高倉 1972・1985〕の曖昧な部分を修正・明確化する方向で分類を再構成した〔田尻 2003〕。分類の理論的指針として、辻田と同様に「製作工程」と結びついた「決裁の階層性」なる考えを採用した。具体的には、土笵（土製鋳型）による古墳倭製鏡において想定された「①面径の決定」→「②文様構成の決定」→「③各文様の決定」という「3 段階の意志決定」〔辻田 1999〕を、小形のみで「面径の決定は明確な分類の基準とはなら」ないうえに「石製鋳型で製作され」る弥生倭製鏡にあてはめるに際して、第一に「鏡背面の文様帯間の関係」である「②文様構成の決定に重点を置いて分類を行い」、「③具体的な各文様」は「下位の決定要因としてとらえ」るべきことを説いた。要は、縁部が鏡径に比して狭縁か平縁か、「鈕を中心にしてどのような文様帯や空間が充塡されているのか」を基準にして、分類を実施したわけである。その結果、「内行花文系小形仿製鏡」は「第 1 型」〜「第 5 型」に、「重圏文系小形仿製鏡」は「第 1 型」〜「第 3 型」に細分された〔田尻 2004・2012〕（表 12・13）。高倉と田尻の分類はおおむね対応し、とくに「重圏文系小

形仿製鏡」では、細別・大別の程度をのぞくと明確な相違がない。しかし、「内行花文系小形仿製鏡」の分類に看取できるように、高倉分類において曖昧な箇所（高倉「第Ⅰ型ｂ類」「第Ⅱ型ａ類」）を統計的に修正し、また一部の分類で高倉がおこなった「分布による型式設定」（高倉「第Ⅱ型ｂ類」「第Ⅲ型ａ類」）を拒絶するなど、あくまで資料自体に即しつつ統一的な基準からの分類を貫徹させたことにこそ、田尻の作業の真価がある〔田尻 2012〕。

型式変遷をとらえる具体的な指標を提示したことも重要である。「重圏文系小形仿製鏡」については、「内区文様の省略化という変化方向を想定」し、円圏や櫛歯文帯の連動的な脱落現象も挙示して、「第Ⅰ型」における変化を復元した〔田尻 2003〕。「内行花文系小形仿製鏡」に関しては、高倉の変遷観に即しつつも、「内行花文帯」を「浮き彫り」で表現する「第2型」から「2重弧線」で表現する「第3型」への大きな変化を、「鋳型の文様製作における彫り込み作業の省力化」の方向性をもった3段階にわたる変化として把握した（図66）。とくに注目すべきは、「製作者側に要因がある」「彫り込み作業の

表12 「内行花文系小形仿製鏡」の分類〔田尻 2012〕

| 高倉分類 | 田尻分類 | | 鏡背面の文様構成 |
|---|---|---|---|
| 第Ⅰ型 | ａ類 | 第1型 | 狭縁―櫛歯文帯―文様帯―内行花文帯―円圏―鈕 |
| | ｂ類 | | ａ類 | 狭縁―櫛歯文帯―内行花文帯―文様帯―円圏―鈕 |
| 第Ⅱ型 | ａ類 | 第2型 | ｂ類 | 平縁―櫛歯文帯―内行花文帯―文様帯―円圏―鈕 |
| | | | ｃ類 | 平縁―櫛歯文帯―一重弧線内行花文帯―文様帯―円圏―鈕 |
| | ｂ類 | 第3型 | ａ類 | 平縁―櫛歯文帯―二重弧線内行花文帯―文様帯―円圏―鈕 |
| 第Ⅲ型 | ａ類 | | ｂ類 | 平縁―櫛歯文帯―複数弧線内行花文帯―文様帯―円圏―鈕 |
| 第Ⅱ′型 | | 第4型 | | 平縁―櫛歯文帯―文様帯―円圏―鈕 |
| 第Ⅲ型 | ｂ類 | 第5型 | | 平縁―細櫛歯文帯―文様帯―内行花文帯―鈕 |

表13 「重圏文系小形仿製鏡」の分類〔田尻 2012〕

| 高倉分類 | 田尻分類 | | 鏡背面の文様構成 |
|---|---|---|---|
| 第Ⅰ型 | ａ類 | 第1型 | あ類 | 狭縁―櫛歯文帯―円圏①―文様帯―円圏②―櫛歯文帯―円圏③―鈕 |
| | | | い類 | 狭縁―櫛歯文帯―円圏①―文様帯―円圏②―櫛歯文帯―鈕 |
| | ｂ類 | | う類 | 狭縁―櫛歯文帯―円圏①―文様帯―円圏②―鈕 |
| | | | え類 | 狭縁―櫛歯文帯―円圏①―文様帯―鈕 |
| 第Ⅱ型 | | 第2型 | | 平縁―櫛歯文帯―円圏①―文様帯―円圏②―鈕 |
| 第Ⅲ型 | ａ類 | 第3型 | | 平縁―細櫛歯文帯―円圏①―文様帯―円圏②―鈕 |
| | ｂ類 | | | |

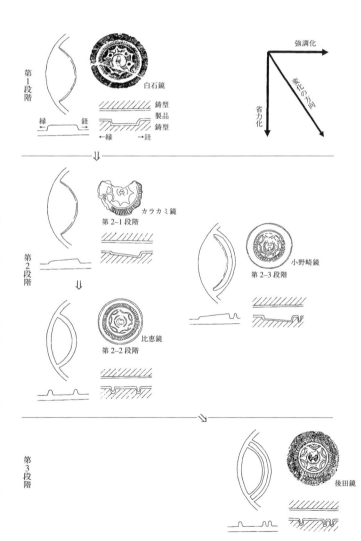

図66 「内行花文系小形仿製鏡」の文様変化〔田尻 2012〕

省力化」と、「クライアント側が内行花文帯を嗜好した結果」である「内行花文表現の強調化」とが、「内行花文帯を鋳出し、明確に表現するという点」で、立場の相違をこえて「意図」の一致をみたことが、このような変化を駆動した状況を復元したことである。器物の変化を型式学的にとらえるにとどまらず、それを背後で規定した複数のアクターの「意図」をも、技術面と認知面の双方から把捉した、秀抜な検討成果である〔田尻 2007・2012〕。

　ただ、全体的な変遷観は高倉の先行研究〔高倉 1972・1985 等〕に依拠しており、型式変化の根拠が十全でなかった高倉の変遷案の一部を補強したにとどまった。さらに型式変遷の妥当性の検証作業にも課題が残された。ただこれは、出土状況が明瞭な事例が少ないという資料上の弱みによるものであり、田尻の検証姿勢に起因するものではない。田尻自身は最初の論考において、鋳型の共伴遺物と製品の副葬甕棺の時期から、弥生倭製鏡の時期比定をこころみたが、「時期の判明する資料」が鋳型１例・甕棺副葬２例ではあまりに少なく、結局は高倉の「研究を踏まえて」、「内行花文系小形仿製鏡」の「第１型を後期初頭、第２型を後期前半から中頃、第３型を後期後半～終末、第４型を後期後半の製作」、「重圏文系小形仿製鏡」の「第１型」を後期初頭～前半の製作とみなした〔田尻 2003・2012〕。「重圏文系小形仿製鏡」の「第２型」については、「内行花文系小形仿製鏡」の「第４型」からの「影響を想定」して、「後期中頃以降」の時期を考えた〔田尻 2004・2012〕（図67）。しかし、田尻が利用した「時期の判明する資料」のうち、高倉が使用できたのは１例のみであり、検証資料のとぼしい高倉の年代観を「踏まえ」るのは本末顛倒である。この論考を単行本に収録するまでの10年間で、甕棺副葬例は２例のまま変わらない一方、共伴遺物の時期が判明する鋳型が５例まで増加したが、各分類の時期比定に変更はなく〔田尻 2012〕、おおむね時期的な位置づけがさだまったようである。田尻の分類と型式変遷案は精細であるが、共伴資料による十分な検証をへていない以上、その変遷プロセス案および編年案の妥当性は、将来の検証に少なからずゆだねられている。

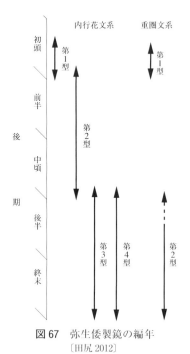

図67　弥生倭製鏡の編年
〔田尻 2012〕

　以上の成果にもまして、田尻が弥生倭製鏡研究にはたした功績として重要であるのが、「北部九州」および「近畿」における弥生倭製鏡の生産体制を追究したことである。とくに「北部九州」の分析が詳悉であり、福岡県須玖遺跡群を弥生倭製鏡の生産・流通の「一元的なセンター」とみなす有力説〔高倉 1972；下條 1982・1991 等〕にたいして、弥生倭製鏡の「文様構成と鋳型の出土状況」から再検討をこころみた〔田尻 2004・2012〕。まず鋳型の出土のあり方を根拠にして、須玖遺跡群のほかに福岡県飯倉Ｄ遺跡・同井尻Ｂ遺跡・同ヒルハタ遺跡でも弥生倭製鏡が製作されていたと判定した〔田尻 2004〕。つづいて、各型式の内区文様などのまとまりと分布状況を詳細に分析し、その生産体制のあり方にせまった。とりわけ、文様が比較的豊富な「内行花文系小形仿製鏡第２型」を、「内区文様と乳状突起の関係」をもとに「グループⅠ」～「グループⅣ」の４グループに、さらに「グループⅠ」および「グループⅡ」は内区文様の相違を加味して「鏡群１」～「鏡群７」

に細分したうえで、それぞれの「分布域」と「モデルとなった漢鏡」とがことなることを根拠に、その製作地が「複数存在した」と想定したことは、注目すべき分析成果であった〔田尻 2004・2012〕。

以上の検討の結果、次のような3期にわたる生産体制の推移を復元した（図68）。まず「生産開始期」である「第1期（後期初頭）」には、「内行花文系小形仿製鏡第1型」と「重圏文系小形仿製鏡第1型」が「集約した生産体制」のもとで製作された。「製作の契機」として「漢鏡の不足」の補填が考えられ、「福岡平野内」の「一ヶ所ほどに集約した製作地」を想定しうる。「第2期（後期前半〜中頃）」に生産のピークをむかえるが、その基軸をになう「内行花文系小形仿製鏡第2型」の原鏡と分布域は多様であり、須玖遺跡群をふくむ「複数の製作地」で「分散型の生産体制」のもと製作された。「第3期（後期後半〜終末）」には、ふたたび「須玖遺跡群を中心とした集約した生産体制」に転じ、その「規格性の高」さから製作地が「一ヶ所ほどに集約」していた「内行花文系小形仿製鏡第3型」が、「相対的に継続的に製作され」ており、本遺跡群を中心とする「製作から配布までを集約した生産・流通体制」を想定できる。他方、「圧倒的」な「少数派」である「内行花文系小形仿製鏡第4型」と「重圏文系小形仿製鏡第2型」が、本遺跡群以外の「隣接諸平野など」で「散発的に製作され」た。このように、鋳型と製品の出土状況の様態から、「北部九州」の弥生倭製鏡の生産体制に集約型の時期と分散型と時期がみとめられることを剔出し、「生産と管理を行う主体が、常に安定していたのではないこと」を明らかにしたのである〔田尻 2004・2012〕。

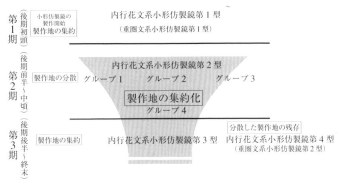

**図68** 弥生倭製鏡の生産体制の推移〔田尻 2012〕

上記の分析をつうじて田尻は、須玖遺跡群を核とする「一元的な生産体制」と流通システムを想定する従説に有力な反論をくわえたわけだが、さらに別稿において、弥生倭製鏡が多様に使用・廃棄される様態を浮き彫りにすることで、自説を補強した。のみならず、地域ごとに出土遺構の種別が相違をみせつつ、「画一的な出土状況」を示さない事実を提示し、弥生倭製鏡を「北部九州勢力」から付与された「権威の象徴」と一元的にとらえるのではなく、その意義や「使用方法の理解」には、保有主体の相違をも勘案しつつ、「それぞれの出土状況や地域性に応じた個別の理解が必要である」ことを強調した〔田尻 2007〕。

以上は弥生倭製鏡の本場である「北部九州」を対象とした分析と考察であった。他方、瀬川芳則や高倉が着眼して以来〔瀬川 1968；高倉 1972等〕、九州以東とりわけ近畿地域における弥生倭製鏡生産が、古墳倭製鏡との系譜的関係への関心と結びついて注視されてきた〔森岡 1989；寺沢薫 1992等〕。しかし、関心は惜しみなく注がれてきたものの、九州以東産の弥生倭製鏡を判別する確実な基準が未確立であったため、議論から曖昧さを払拭できなかった。この欠陥を克服し、弥生倭製鏡の「北部九州産」と「近畿産」（＝「非北部九州産」）とを識別する明快な基準を提出したうえで、「近畿における小形仿製鏡の生産体制を明らかにし」たのも田尻であった〔田尻 2005・2012〕。

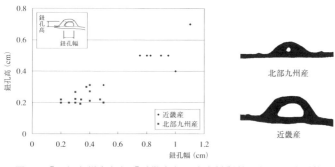

図69 「北部九州産」と「近畿産」の弥生倭製鏡の鈕・鈕孔形態〔田尻 2012〕

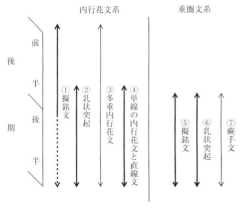

図70 「近畿産」弥生倭製鏡の編年〔田尻 2012〕

　田尻はまず、「近畿」出土の弥生倭製鏡から「出土分布と鋳型の出土より北部九州産と想定される鏡」を丹念に除外し、その残余の資料群を「近畿産」(「非北部九州産」)に認定する基準を、「製作技術」と「形態的特徴」の両面から抽出した。「製作技術」に関しては、「北部九州産」と「近畿産」の櫛歯文の密度を比較し、より密度高く配された後者は「基本的に細かな文様を鋳出すことができ」る「土製鋳型」の所産であり、石製鋳型で製作されていた前者と「製作技術（鋳型の材質）が異な」ると推定した。その推定の補強材料として、「近畿地方を中心に認められる」同時期の銅鐸に土笵が使用されたこと、奈良県唐古・鍵遺跡から土製の「鋳型の外枠」が出土していることをあげた。「形態的特徴」に関しては、「鋳出された文様の断面形が鋭い」ことにくわえ、「鈕が大きく、鈕孔のサイズもそれに応じて大きく、形状が土饅頭型をしている」「近畿産」と、「突線の表現があまく全体的にだらっとした感じ」を呈していて、「鈕が小さく、鈕孔も小さく、形状は扁平なつまみ状を呈している」「北部九州産」という明白な相違を剔出した（図69）。そしてこの相違は、前者が「土製鋳型」で後者が「石製鋳型」で製作されたことに起因すると想定した。上記の手順で抽出した「近畿産小形仿製鏡」13面の内訳は、「内行花文日光鏡系小形仿製鏡第5型」が5面、当該型式の「内行花文帯の欠落」により成立したと考えうる「重圏文系小形仿製鏡第3型」が6面、そして「仿製内行花文鏡」が2面となり、前二者をそれぞれ弥生時代「後期後半頃」と「後期後半以降」に、後者を「弥生時代終末期」に位置づけた〔田尻2005・2012〕（図70）。

　以上をふまえて、「近畿産小形仿製鏡」の生産体制に切りこんだ。「内行花文日光鏡系小形仿製鏡第5型」および「重圏文系小形仿製鏡第3型」に計7「グループ」を確認し、これらを「内区文様の類似性」により5つの「鏡群」（「近畿産小形仿製鏡あ類」〜同「お類」）にまとめたうえで、各「鏡群」の関係のあり方から生産体制の復元をこころみたのである。そして、各「鏡群」の「モデル」の諸要素が「鏡群」をこえて共有されたり、同一鏡に複数の「モデルが組み合わさっ」た実例が存在するなど、製作者と各「モデル」が「一対一の対応した関係」をみせず「流動的に文様が組み合わさって」いることから、「近畿における小形仿製鏡の生産」は「一貫性のない生産であった」と結論づけた〔田尻 2005・2012〕。この結論は、「土型製作に移行した近畿の枠組み下にある」弥生倭製鏡生産では、「さまざまな規制が緩やかであり、自立生産・自家供給型の鏡作りを後期前半

のうちに進展させた」とみる森岡の「生産体制」観に合致する〔森岡 2014〕。

　さらにまた、近年の重要論点である、初期段階の弥生倭製鏡の製作地論について、重大な提言を
おこなったことも特記すべきである。すなわち、韓半島出土の弥生倭製鏡を俎上に載せ、多様な検
討をほどこしたうえで、それらが「日本列島産」であることを提唱したのである。具体的には、
「原鏡」である「内行花文日光鏡」の両地における出土数を比較すると、日本列島のほうが韓半島
より圧倒的に多いこと、最古型式の弥生倭製鏡（「内行花文系小形仿製鏡第1型」）の韓半島出土例
がないこと、韓半島出土の弥生倭製鏡は「きわめて雑なつくり」で「各文様の鋳出しもきわめて
悪」く、「日本産と確実にいわれる内行花文日光鏡系小形仿製鏡第2型」と共通した特徴を有する
こと、そうした特徴は石製鋳型によるものと考えられるが、「砂型（土型）」をすでに導入していた
韓半島であれば、「もう少し技術的に高度で、精巧な鏡の鋳造が可能であった」こと、韓半島出土
の弥生倭製鏡にみとめられる「鈕孔の延長線上の鏡縁のどちらか片方」に湯口を付設する製作技術[137]
は、列島出土の鋳型資料でも確認でき、このように「鋳造技術に変化が認められず、一貫性をもつ
という点」は弥生倭製鏡の製作地を「当初から日本側（北部九州）に存在した」とみる「補足的な
根拠」になりうること、実際に「初期の小形仿製鏡の鋳型が日本列島で出土している」こと、単数
面出土例が多く「同笵鏡」も離散的に分布する「日本列島」のあり方とは対照的に、韓半島では複
数面の一括出土例が多く、しかもそれらに「同笵鏡」がふくまれる割合が高く、「日本列島」から
まとまったかたちでもたらされた[138]結果と解しうること、などといった多角的な根拠を提示し、弥生
倭製鏡は一貫して列島で製作されたとの結論をみちびきだした〔田尻 2003・2012〕。

　この主張は、すぐさま南健太郎の反論をよび〔南 2005・2007c 等〕、田尻も再反論を提示する
〔田尻 2007・2012〕など、昨今の倭製鏡研究としては珍しく具体的な論争がなされた。近年では、
田尻に賛同する見解が目だつ〔後藤直 2009；林 2010a 等〕。しかし、韓半島における青銅器生産
の実態を十分にふまえるべき論点である以上、当地の研究者がようやく論陣にくわわりはじめた現
状〔李在 2000・2004；李陽 2007b・2010・2012 等〕を勘案し、かれらによる議論の新展開を期待
したい。

### c. 南健太郎の研究

　田尻にくらべるとまとまった論考は少ないが、弥生倭製鏡のみならず中国製鏡や韓製鏡、さらに
は鏡以外の青銅器も分析の射程におさめ、弥生時代の鏡の製作技術・生産体制・流入—流通方式・
使用方法・廃棄状況などに関する検討を、多面的に推進しているのが南健太郎である〔南 2005・
2007a・b・c・2008・2009a・b・2011・2012・2013a・b・2014・2015 等〕。

　南が弥生倭製鏡研究にはたした成果としてもっとも重要であるのが、弥生倭製鏡と巴形銅器、そ
して韓半島製の「多鈕鏡と銅釧」における「鈕および鈕孔製作技法」の特徴および異同の分析をつ
うじて、弥生倭製鏡の「製作技術の系譜」を追究したことである。具体的には、まず弥生倭製鏡の
「鋳型の鈕および鈕孔製作技法」が、「中子設置施設を彫り込み、そこに直接中子を設置する」「鈕
孔製作技法A類」と「中子設置施設の底面を平坦にし、そこに中子設置用の窪みが彫り込まれて
いる」「鈕孔製作技法B類」とに二大別されることを明示した（図71）。そして、後者の技法が
「内行花文系小形仿製鏡第1〜4型」や「重圏文系小形仿製鏡第1型あ・い類」などといった弥生倭
製鏡のほか、「瘤状鈕の巴形銅器」や「銅釧II類」に使用されたのにたいして、前者の技法が「朝
鮮半島」の「多鈕鏡や銅釧I類」のほか、「重圏文日光鏡系小形仿製鏡第1型う・え類」に採用さ

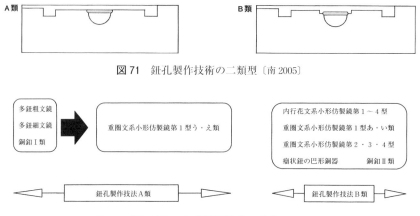

図71　鈕孔製作技術の二類型〔南2005〕

図72　弥生時代の鈕孔製作技術の系譜〔南2005〕

れたことを示した（図72）。そのうえで、初期の弥生倭製鏡の「鈕孔製作技法」に、「朝鮮半島」の「系譜上にある」「A類」と「北部九州において創出され」た「B類」とが併存することから、「初期の小形仿製鏡は朝鮮半島と日本列島で製作されていた可能性があ」り、「朝鮮半島での製作開始の可能性を否定すべきではない」と説いた〔南 2005〕。その後の論考では、検討資料を充実させるとともに、「湯量不足」の有無や湯口の位置の系譜などを加味して、自説を補強した〔南 2007c〕。

　これは、韓半島出土の弥生倭製鏡を「日本産として捉えた方がいい」とした田尻の新説〔田尻 2003〕に、真っ向から異をとなえる見解であった。この異説にたいして田尻は、南の論拠には「決定的な問題点が3つある」として、「鈕孔の製作技術による重圏文系小形仿製鏡第Ⅰ型う・え類の朝鮮半島説は成り立たない」と断じた。「小形仿製鏡の製作技術を全く時期の異なる多鈕鏡と関連づけ、系譜関係を求めている点」、「多鈕細文鏡と小形仿製鏡には、鋳型材質に決定的な違いがあ」り、土製鋳型をもちいた前者と石製鋳型を使用した後者を製作技術面で比較するのは「無理がある」点、鈕の製作に際して「内型」に「土製鋳型」を使用したらしい銅釦および巴形銅器と、「石製鋳型に直接鈕を彫り込んで製作する」弥生倭製鏡とを「直接比較することは問題である」点、の3点を指摘したのである。要するに、南が「製品の特性と製作技術の適確な分類」を欠いたまま、「あまりにも異なる製作技術間の類似性や差異を混同し」た点を批判したのである〔田尻 2007・2012〕。

　これは妥当な批判であるが、しかし当の田尻が提示した論拠にひそむ問題点も、南の検討をつうじて浮き彫りになった。たとえば田尻は、弥生倭製鏡の韓半島製説をしりぞける主論拠として、「朝鮮半島産の鏡であるならば、もう少し技術的に高度で、精巧な鏡の鋳造が可能であった」だろうことと、両地において「製作技術の一貫性」がみとめられることをかかげた〔田尻 2003〕。しかし前者の論拠については、多鈕細文鏡が「韓半島の西側に偏在する」一方、弥生倭製鏡の「分布の中心は韓半島東南部にあ」る〔南 2007c〕以上、製品の時期的・系統的な差異を軽視したとして南を批判した田尻も、韓半島の青銅製品を安易に一括しているわけで、妙な捻れが生じている。また、「製作技術の一貫性」とは裏腹に、弥生倭製鏡の（鈕孔）製作技術に二者が存在することを、まさに南の検討が証示しており、後者の論拠もそのままでは成立しない。後述するように、近年で

は弥生倭製鏡をすべて列島製とみる説が優勢であるが、まだ盤石とはいいがたい。

　田尻が強調したように、南の分析には少なからず問題点もある。しかし、文様構成と原鏡からの追究に収斂しがちであった弥生倭製鏡の系譜・系統論に新たな分析視角をもたらした点で大きな意義がある。南は検討の力点を弥生倭製鏡の出現期の系譜・系統においたが、「重圏文鏡や十字文小形仿製鏡」などといった非北部九州系の弥生倭製鏡や古墳倭製鏡に「鈕孔製作技法Ｂ類」がみとめられないなど、弥生倭製鏡と古墳倭製鏡の系統関係を究明するうえでも重大な分析視角を提示しうる〔南 2005・2009b 等〕。最近では、湯口と鈕孔方向の位置関係を分析軸にして、東アジアの枠内での技術的系譜や地域生産との関連性について考察している〔南 2013b・2014・2015・2016a〕。

　また、田尻による弥生倭製鏡の分類および編年案に微修正をくわえ、中国製鏡とからめつつ、九州における流通・使用状況にせまろうとした。田尻の分析ではやや手薄の感があった「重圏文系小形仿製鏡」の変遷プロセスを明快にとらえたこと、共伴関係から「漢鏡」との併行関係をもとめ、計4期の編年案を明示したこと、「漢鏡」をあわせて分布状況の変動とその背景に論及したこと、地域により流通・使用状況が相違する可能性を示したことも、示唆に富む成果である〔南 2007a・b・2008 等〕。なかんずく、弥生倭製鏡の出現時期とその要因に関する見解は注目される。出現時期に関して、九州北部における弥生倭製鏡の「製作開始時期」を「後期初頭」に考定したのは、一見すると田尻と同じかにみえる。しかし、これに先行する「内行花文系Ⅰ型Ｂ類」と「重圏文系Ⅰ型Ｂ類」を「朝鮮半島南部製」とみなし、これらを「中期後半」に位置づけており、実質的に弥生倭製鏡の出現期を田尻や高倉よりも遡上させた。また、九州北部で弥生倭製鏡が創出された「第2期」に、その原鏡となった「異体字銘帯鏡」が「第1期」につづいて「福岡平野や佐賀平野」を中心とする「限定的な」分布を示すのと対蹠的に、弥生倭製鏡がその「周辺地域」に分布するという明確な差異があることを根拠に、弥生倭製鏡の出現要因を「漢鏡の不足や鏡保有者層の拡大」とする見方を棄却し、「あくまで流通を管理していた側」が「それまで銅鏡を保有していなかった集団に対して銅鏡を与えるために」弥生倭製鏡を創出したと推断した〔南 2007a〕。他方、受領者サイドにおける鏡の使用についても、田尻と同様に肥後地域を対象に検討を実施し、弥生倭製鏡の使用と廃棄方法における地域性も明らかにした〔南 2007b〕。

　d.　そのほか

　田尻と南のほかにも、少なからぬ論者が検討を実施した。とくに注目すべきは、林正憲が手がけた弥生倭製鏡の「起源」に関する論考である〔林 2010a〕。林は、高倉らが「第Ⅰ型」とした「狭い縁をした小型のもの」を「狭縁式」、「第Ⅱ型」とした「幅広の縁をもつもの」を「広縁式」として再設定し、新たな変遷案を構築したうえで、弥生倭製鏡が創出された地域や時期について興味深い見解を打ちだした。「背文構成」の微細な差を重視した従来の分析視角にたいして、林は「主文様における原鏡からの乖離度合」を新古差の指標とする分類案と変遷案を提示した。その結果、「狭縁式」と「広縁式」とに「断絶よりもむしろ型式的連続性」を窺知しうることや、「狭縁式」の「最古相」は列島で確認され、その出現が弥生時代「中期末」にさかのぼる一方、韓半島出土のものは「やや新相を示」し、時期もややくだることなど、弥生倭製鏡の起源地にかかわる重大な知見をえるにいたった。そしてこの知見に、すでに田尻が列挙していた、弥生倭製鏡の創出地として韓半島が不適格である諸論拠〔田尻 2003〕などをくわえつつ、「もはや朝鮮半島での」「狭縁式」鏡の「生産を立証する根拠は皆無」だとまで断じた〔林 2010a〕。

後藤直もまた、林に先行して同様の結論をみちびきだした。弥生倭製鏡の「文様帯とこれを構成する図文の検討」をつうじて、「内行花文系倣製鏡」と「重圏文系倣製鏡」の変遷プロセスを詳細に復元し、両者ともに最初期の製品が「倭で製作され韓では製作されていないこと」と、「韓出土小形倣製鏡は最初期のものから変化した後出的なものであることが明らか」なことから、「韓出土小形倣製鏡はすべて倭から移出された」との判断をくだしたのである。これら「小形倣製鏡」にとどまらず、韓半島出土の「大形倣製鏡」までもすべて「倭製品」とみなし、「倭から移出されたもの」と想定したことも注意される。すなわち、慶尚北道漁隠洞遺跡および同坪里洞遺跡から出土した径約15cmをはかる「内行花文放射線状文鏡」（放射線連弧文鏡）が、「これまで特段の検討もなく韓製品と考えられてきた」ことを批判し、この2面が「異体字銘帯鏡の種々の部分をとって組み合わせて創り出された」とみたうえで、「平縁の内側に内行花文を置く点」に着目して、これらが「内行花文系小形倣製鏡第2型b類と同じ頃」に、「倭（北部九州）の中心部（須玖岡本遺跡一帯）」の地で韓半島向けに「鋳造された蓋然性が高」いと推断したのである〔後藤直 2009〕。

当期後半期には高倉も、韓半島には「銅鏡使用習俗」が不在で、当「地域で鏡を仿製する必要があるとは考えがたい」ことを根拠にして、韓半島で弥生倭製鏡が製作された蓋然性に疑義を呈した[139]〔高倉 2002〕。現在では、弥生倭製鏡の「発案が朝鮮半島であったことは間違いない」との見方〔髙木 2002〕は後景にしりぞき、これらをすべて列島製とする見解が優勢になりつつある。[140]

さて近年では、九州北部と近畿のほかでも弥生倭製鏡が製作された可能性が説かれている〔田尻 2005・2012；南 2014 等〕。状況証拠などからその蓋然性は高いが、明確な鋳鏡遺構も認定基準もなく、いまだ隔靴掻痒の感がある。そうしたなか、内区外周の「櫛歯文の向き」の地域差に着目し、「西部瀬戸内地域に分布する内行花文日光鏡系仿製鏡」の櫛歯文が「北部九州の鏡と比較して「右傾」するものが多いという地域的な傾向」を抽出し、この傾向の地域差が諸地域で鋳鏡されて[141]いた「根拠の一つになりうる」と説いた松本佳子の論考は意義深い〔松本佳 2008〕。この指摘にたいして、「文様構成や内行花文の表出方法、鈕孔製作時の中子設置方法が共通する製品にも右傾きと左傾きの製品が存在する」ので、「この特徴のみをもって西部瀬戸内製と判断するのには躊躇せざるをえない」との慎重論も提示されている〔南 2009a〕。とはいえ松本は、このほかにも「西部瀬戸内地域で製作された」弥生倭製鏡の第2の特徴として、「かまぼこ状を呈する狭縁」と「扁平な鈕頭」もあげており、それなりに説得力がある。とはいえ、表面的な特徴のみから地域生産を抽出する姿勢にあやうさが残るのも事実であり、地域生産を反映する資料上の特徴をいかにとらえるかは、弥生倭製鏡研究における今後の重要課題である。なお櫛歯文の向きについて、「斜行」から「直行」に突如として移行する現象が、「弥生時代から古墳時代への移行期にあたる資料」にみとめられ、そうした資料の出土地が「東部瀬戸内地域や近畿地方」であるという指摘も、古墳倭製鏡の登場を考えるうえで示唆的である。また、弥生倭製鏡に観察できる「鈕を打ち抜く」「鈕を潰す」「引きちぎる」「歪める」といった「変形」行為の集成と検討も、先駆的なこころみである〔松本佳 2008〕。

以上のほか藤丸詔八郎は、「内行花文日光鏡系Ⅰ・Ⅱ型鏡」の各「型式」における面径と弧数の相関関係を精査し、時期がくだるにつれ、鏡径を一定以下におさめる旧来の「規範」よりも、「弧文数」を一定以上にたもつ「規範」が前面化し、最終的に両「規範」が多様化する推移を復元し、鏡径や「弧文数」が資料の時期をおさえる指標になりうることを示した〔藤丸 2003〕。また寺沢薫

は、「十」字文鏡を論じた旧稿〔寺沢薫 1992〕を単行本に収録した際に、「十」形の類例を中国大陸および同時代の列島に探しもとめ、さらに「十」字文が銅鐸の「Ｉ」形とも関連するとみなしたうえで、当該鏡群の「製作意図」が「銅鐸工人の中にあ」り、そうした工人たちの「イデオローグとなりうる大陸の思想背景に精通した知的統括集団の存在をも予見」した〔寺沢薫 2010〕。

　地域に焦点をあてた検討も、ますます増加の傾向をみせている〔長嶺 1998；田尻 2007・2013・2014・2016；南 2007b・2013a；山本三 2008；湯本他 2009；小松譲 2013；實盛 2013a；森本星 2013；吉田大 2013；吉田広 2013；藤丸 2014 等〕。たとえば、「播磨地域」の「小地域」間で、「九州系弥生小形仿製鏡」の「使用期間を終えた後の取扱い」が相違するとの指摘は、地域レヴェルの分析の有効性を示すものであろう〔山本三 2008〕。

　以上のように当期後半期には、弥生倭製鏡の検討が活溌に進んでいるが、総論的な論考を欠くため、全体像や研究の大勢を把握しづらい憾みがある。当期後半期における唯一の総論は 2002 年のものであり〔髙木 2002〕、翌年の田尻の論考〔田尻 2003〕を起点に研究が一気に深化した以上、それらの諸成果を咀嚼した総論が必要である。その点で、「弥生系青銅器」生産という広範な脈絡のなかで弥生倭製鏡生産をとらえようとする森岡の姿勢は貴重である〔森岡 2010・2014 等〕。

　Ｊ．そのほか個別の鏡
　上記した諸鏡式（系列）のほか、特定の鏡に関する考察もなされた。とりわけ、家屋文鏡と勾玉文鏡の検討が目だった。前者に関しては、鏡背の家屋群の解釈に、依然として労力が注がれた。とりわけ車崎の解釈は具体性に富み、文献史的研究の成果を積極的に導入して、4 棟をそれぞれ「クラ（倉）」「オホトノ（大殿）」「ムロ（室）」「マツリコトトノ（廳）」に同定した。意欲的な同定作業ではあったが、鈕を「山の立体画」、半円方形帯の「方形は門扉を閉ざす画」で「半円形はおそらく開いた門」、怪鳥文を「青鷺」、「鋸歯紋」を「垣」や「山々」、「複線波紋」を「小波立つ水面すなわち湟」などと解読するのは、あまりにも荒唐無稽であった。倭製鏡の図文に「意味」がないと断じてきた従説を果敢に批判し、「図紋」構成のなかに「倭人の神話世界」を読み解こうとする姿勢は理解できなくもない。しかし、これまで緻密に究明されてきた倭製鏡の文様構成原理を軽視して、「確證などあるはずのない話」をくりだしたところで、およそ無益であった〔車崎 2000a・b・2002a・e・2007a・b 等〕。他方で小笠原好彦は、家屋文鏡が中国製の「屋舍人物画像鏡」の「系譜を引いて」「製作されたことは疑いな」く、しかも家屋文鏡と「漢代の画像石の昇仙図の楼閣建物を中心とする絵の構成」とに「きわめて強い関連性」がみとめられることを根拠に、本鏡を「昇仙図の楼閣建物の系譜をひいてわが国の鏡作り工人によって鋳造された」鏡とみなし、鏡背に鋳出された「4 種の建物」は「首長層」が死後に向かう「神仙界」でも「不可欠なものとして描かれた」建物だとの解釈をくだした〔小笠原 2002・2008〕。また若林弘子は、かつて作製した復元図〔鳥越他 1987〕にもとづき、「高屋」「高倉」「高殿」「殿舎」と名づけた 4 棟を、それぞれ「王の住まいである宮室」「官倉」「祭事の場」「正殿」に意味づけた〔若林 2000〕。具体的な発掘建物と関連づけた宮本長二郎の検討も、短篇ながら興味深い〔宮本長 2000〕。最近、家屋文鏡の詳細な調査が実施され、他系列との関係が詳細に追究されたことは、注目すべき成果である〔加藤他 2017〕。

　解釈の当否はともあれ、資料自体に関連づけて検討された家屋文鏡にたいして、「勾玉文鏡」をめぐる検討にはやや憶断が目だった。辰巳和弘は、本鏡が「内区に王父母を中心とする理想の神仙

世界＝他界」を「表出」したにとどまらず、「外区に三五個もの多数の勾玉を巡らせた」ことは、「古代人が勾玉に強い魂振りの霊力の発揮を期待した」「造形思惟の表われ」だと推断した〔辰巳2003〕。紫金山古墳の近傍に位置する大阪府東奈良遺跡においてガラス勾玉の鋳型が出土していることや、文献記事などに依拠して、本鏡が摂津の「三島」や「大田」の地で製作されたとみる、短絡的な説もだされた〔森 2000；上垣外 2011〕。他方、短篇のため論拠不足の憾みもあるが、本鏡が「文様のレイアウトに関わる挽き型製作の時点」で、「浮彫式獣帯鏡」を「モデルに採用」したとする新見解は注目できる〔中井歩 2011〕。なおこの考察は、ごく最近に論考化された〔中井歩 2018〕また、本鏡と「関連づけられる資料」として、3面の倭製方格規矩四神鏡系を抽出し、「中心的な製作者集団の製品とまとめた鏡群の中には、かなり多くの「クセ」の違いを同時期に認めることができる」と論じた森下の主張も示唆にあふれる〔森下 2005d〕。なお、のちに徳田は、三次元計測データを援用してこの3面を詳細に分析し、これらもそれぞれが製作技術上の「くせ」を有することを主張した〔徳田 2010〕。

これら2面のほか、直弧文鏡の「直弧文」を「人字形文と鍵手文の組合わされたもの」ととらえ、「直弧文系文様群」に包含される「鍵手文」とみなす見解〔櫻井 1999・2013〕や、狩猟文鏡のモティーフを「盾と戈」をもつ人物や儀礼〔小林青 2006a・b；藤田三 2006 等〕の系譜をひくものと推定したり〔小林青 2008〕、そこに表現された人物像の足の大きさに着眼して、「反閇」の所作とのかかわりを看取する考察〔辰巳 2004〕、さらには本鏡の形状・図像・鋳上がりなどの特徴を根拠に、その製作時期が弥生時代に遡上する可能性を考慮する説〔森下 2011c〕なども提示された。

当期後半期の研究動向として注目されるのが、鏡と関係の深い非鏡製品に関する検討が増加したことである。たとえば、鈕を欠くほかは重圏文鏡と同一の文様構成をなし、倭製鏡との緊密な関連が想定されてきた八ツ手形銅製品2点について、とくに製作技術面からの検討を軸にした複数の考察がだされた。北井利幸は、三次元計測の成果と綿密な実物観察にもとづき、新沢 500 号墳出土資料（奈良 189）と古郡家1号墳出土資料（鳥取1）とが同笵（同型）関係になく、「文様の配置や櫛歯文の間隔、円形板の厚み、長短三つの筒の断面形に差異が見られること」を明らかにした〔北井 2010〕。また高田健一は、両「例ともに丁寧に研磨された凸面鏡部を有し、ほかの青銅鏡と変わらないから、鏡として機能しうることは確か」だとの理由から、これらに「突起付重圏文鏡」の名称をあたえた。そして、詳細な実物観察をふまえて鋳型構造の復元をこころみ、両例が「厳密な意味での同笵ではなく、鋳型の一部修復や改変が加えられた同型品、もしくは、極めて酷似した別の鋳型による製品である可能性」を想定した。とりわけ、両例ともに「筒状の中空部」を有し、古郡家例では「ダボ状の内型を用いる」点で、筒形銅器と共通性があることをあげつつも、新沢例では「筒状の中空部」の製作にあたって「方形の小さな型持」を設置する点で筒形銅器とは相違し、「型持孔周辺や笵の合わせ目にできる鋳バリを丁寧に除去しないという製品管理のあり方や、湯引けや鋳スなどの鋳造欠陥が目につくこと」などの点で、むしろ巴形銅器との「共通性が高い」としたことは、倭製鏡生産とそれ以外の青銅器生産との接点を追究するうえで重要な指摘である〔髙田 2012・2013〕。他方で鈴木裕明は、「円形部に突起がつき中心が円になる形状」の共通性から、「杖状木製品」や「翳形木製品」といった木製「威儀具」との関連性を提案した〔鈴木裕 編 2000〕。

第六期頃から、集落遺跡の発掘が面積・精度ともに増大をとげ、土製模造品の出土数がますます増えた結果、当期後半期には土製模造鏡を俎上に載せた検討が進んだ〔折原 2003・2006；稲垣

2008・2010 等〕。折原洋一は、鈕の形状および製作技法をもとに、土製模造鏡を「粘土塊貼付型」「粘土板貼付型」「粘土紐橋状貼付型」「摘み出し型」「小孔型」に分類し、「類型」ごとの「地域的・時期的な分布」状況を調べ、それらの「歴史的展開」を追った。畿内地域での出土例が皆無に近いことから、「大和地域に無関係な拡散を指摘」するなど、興味深い見解を提示した〔折原 2003・2006〕。また稲垣自由は、小山雅人〔小山 1992〕と折原の先行研究をふまえ、鈕の断面形状を基準に設定した「Ａ類」～「Ｅ類」の５分案にもとづき、詳細に吟味した出土遺構の様相と関連づけつつ、「第１期」から「第４期」におよぶ各時期の特徴および推移を探った〔稲垣 2010〕。

　2007 年に福岡県元岡・桑原遺跡群で出土した「有孔土製円盤」は、土製模造鏡の初現や役割に関して興味深い示唆をもたらす。弥生時代後期後半頃に位置づけうる流路から計４面の弥生倭製鏡が出土したが、その下流約 40 ｍの箇所で検出された径 9.5 cm の「有孔土製円盤」は、「断面が銅鏡にあるように緩い凸面を呈し、縁が銅鏡の鏡縁と同様のつくりをして」おり、しかも流路出土の同面径の弥生倭製鏡（福岡 606-3）と同じ位置に焼成前穿孔をほどこし、「懸架を意図した小形仿製鏡を模したものと推定され」た〔常松 2012・2013〕。鈕を造形しない点で一般の土製模造鏡とことなるが、土製模造鏡の意味や役割を考えるうえで貴重な資料であり、類例の蓄積が待たれる。

　以上のほか清家章は、「折り曲げ鉄器」を俎上に載せ、「刀を曲げて鏡ができる」と説く『神仙伝』の記載内容や、埋葬施設における破砕鏡との非共伴性から導出される「破砕鏡よりも完形鏡副葬」との「時期的・思想的」な「一致」などを根拠に、「鉄器の折り曲げ行為」とは「階層的制限のため鏡が副葬されない、あるいは少数の鏡しか副葬されない埋葬施設に、その代用として」副葬するための、「神仙思想に関わる儀礼行為」だとの解釈を提示した〔清家 2002b・2011・2015〕。

### （４）製作地と系譜

　個別鏡式を対象とした上記の諸論考では、多種多様な論点が俎上に載せられており、それゆえ当期後半期の諸研究に関する以下の記述は、上記の内容とかなり重複する。そうした重複箇所は簡潔にふれるにとどめる。まずは製作地と系譜に関する諸研究を解説する。製作地論は生産体制と緊密にかかわるため、一体的にとりあげるべきであるが、記述の都合で分記する。倭製鏡では、弥生倭製鏡を例外として、製作地の直截的な証拠となりうる鋳型や確実な鋳鏡遺構が未発見であり、その製作地や生産体制を追究することには一定の限界がある。しかも、同時期の中国製鏡に関しても、鋳鏡の物証となる確実な遺物や遺構がない。そのため、倭製鏡の製作地や系譜、生産体制を闡明するどころか、倭製鏡論のそもそもの出発点である舶倭の区別すら、いまだ不鮮明な側面がある。

#### Ａ．舶倭の識別

##### a．概　況

　しかし、順風も吹いている。1990 年代末頃から後漢～南北朝期の中国製鏡の製作系譜や諸系統に関する研究が躍進をとげ〔車崎 1999a・b・c・2002b・c・d；上野 2000・2001・2003・2007・2013c；西川 2000・2016；西村俊 2000a；福永他 2000；村松 2004a；岡村 2005・2011a・b・2012・2013a・2014；福永 2005a；岸本泰 2006；山田俊 2006；森下 2007・2011a・b；實盛 2009・2012・2015・2016a；村瀬 2014a・b・2016a・b；馬渕一 2015a・b；南 2016a・b；岩本 2017a 等〕、以前よりも舶倭の識別の確実性が増した。その結果、舶倭の識別に関する第六期まで

の理解は、変更を余儀なくされた。たとえば、方格T字鏡や唐草文鏡など、文様に精緻さを欠くとの理由で倭製鏡に位置づけられてきた少なからぬ鏡群が、中国製鏡とりわけ魏晋鏡に再編成されつつある。そうした資料の列島外における出土例も蓄積されてきている〔福永他 2000；車崎 2002c・2008；松浦宥 2003；森下 2006b；馬淵一 2015b 等〕。

### b. 三角縁神獣鏡と華北鏡群の関連性

中国大陸における鏡生産の地域的特徴や製作系統が解き明かされていった結果、列島出土鏡をめぐる最重要論点のひとつであった三角縁神獣鏡の製作地問題も、専門研究者の見解は魏（晋）代の華北製（ないし華北と緊密に関連する製品）という理解に収斂している。(144) むしろ現在では、後漢末期（漢鏡7期）から三国・西晋代にかけて消長をとげた多様な作鏡系譜のなかに本鏡式をいかに位置づけ、いかなる政治的・社会的背景において本鏡式が創出され、列島にもたらされたかの具体的究明が、主要な論点になっている。本鏡式の作鏡系譜に関しては、華北東部の各種神獣鏡〔岡村 1999；上野 2007 等〕および華北北部の方格規矩鏡〔福永 1991・2005a 等〕との関係が深いことが判明している。すなわち、製作技術や鏡体などの面では、三角縁神獣鏡に特徴的な長方形鈕孔や外周突線、縁部の傾斜端面などが、魏の領した華北の諸地域から出土する鏡や魏の紀年鏡に頻見する〔福永 1991・2005a 等〕。文様の面では、徐州ないし華北東部での生産が推定される鏡群が、三角縁神獣鏡に顕著な諸特徴をそなえている〔岡村 1999；上野 2007；森下 2007 等〕。列島に分布する各種神獣鏡の大半が、これら華北東部系統の鏡群であること〔上野 2000・2001；森下 2007 等〕とあいまって、華北東部の各種神獣鏡が三角縁神獣鏡の成立に強い影響をおよぼしたことは、ほぼ確定的である。近年の研究成果に即して、より大局的に三角縁神獣鏡の系譜を位置づけるならば、中国大陸における3世紀代の神獣鏡生産は、華北・華南ともに「漢鏡を対象としつつも、当代的な図像表現、図像構成を創出する「創作的模倣」」を基調としつつも、前者は画文帯神獣鏡に、後者は銘文帯神獣鏡に特化することが示すように、南北で生産の志向性がことなっており、三角縁神獣鏡は「華北地域の画文帯神獣鏡の模倣製作」品ということになる〔上野 2007〕。

### c. 「仿製」三角縁神獣鏡の評価

他方、舶倭の判別が依然さだまらない鏡群も残されている。その代表格が「仿製」三角縁神獣鏡である。本鏡式が中国製三角縁神獣鏡に型式的に後続し、しかも文様などの点で西晋鏡と類似するとの根拠をもって、本鏡式を西晋代の作と断じた車崎の新説〔車崎 1999a 等〕は、本鏡式が文様面・製作技術面で古墳倭製鏡とほとんど接点をもたないという知見〔森下 2005d；岩本 2010b；下垣 2010a 等〕とも整合的である。近年では水野が、中国製・「仿製」ともに「同笵技法を主力とする」三角縁神獣鏡と、同一文様鏡を製作する際に「同型技法を用いる」倭製鏡とに「技術交流」が「確認でき」ず、むしろ前二者が「技術的にきわめて近い関係にあること」を論じている〔水野 2012a・b・2017 等〕。「仿製」三角縁神獣鏡とは別に、中国製三角縁神獣鏡を模倣した倭製鏡が少数ながら存在することも、「仿製」三角縁神獣鏡と古墳倭製鏡の相違を浮き彫りにする〔岩本 2010b〕。また清水は、森下の先駆的成果〔森下 2005d・e〕を発展的に継承し、笵傷の再利用例を追究した結果、中国製三角縁神獣鏡と「仿製」三角縁神獣鏡が「同一の鏡笵を再利用して製作された」事例が存在することをみいだした。そして、両者間で「工人系統は連続しており、異系統の工人を想定でき」ず、したがって「「仿製」三角縁神獣鏡製作段階に至って、工人が日本列島に渡来したという説」は「ほぼ成立の余地はな」くなり、「三角縁神獣鏡はすべてが舶載鏡であるか、す

べてが日本列島製の鏡」だと結論づけた〔清水 2015b・c〕。清水は「舶載」説と「日本列島製」説のいずれに左袒するか旗幟を鮮明にしていない。しかし、「初期三角縁神獣鏡」から「鏡范再利用」が継続的に採用されており〔清水 2015a〕、しかも製作技術面で中国製と「仿製」とに連続性がみとめられる以上、かなり特殊な事態を想定しないかぎり、ほぼ結論はでているのではないか。

このように、「仿製」三角縁神獣鏡と古墳倭製鏡との相違や、中国製三角縁神獣鏡と「仿製」三角縁神獣鏡との関連性の強さがしばしば説かれているものの、車崎の「仿製」三角縁神獣鏡＝中国製鏡説に明確な賛意を表する論者は例外的である〔下垣 2010a 等〕。多くの鏡研究者が明言を避けている現状もあいまって、本鏡式を列島製とみる見解〔林 2002；福永 2005a；辻田 2007a；岸本 2013 等〕が、なお定説の位置を占めている。そうした消極的な理由だけでなく、「仿製」三角縁神獣鏡＝西晋鏡説を採用すると、「前期古墳での副葬年代とのずれ」〔辻田 2007a〕が生じることや、范傷の進行状況から復元される「仿製」三角縁神獣鏡の同范（型）鏡のうち、近接する製作順序にある製品が同一古墳で出土する〔八賀 1984；森下 2005d〕という、製作から授受までの円滑さを示唆する現象といくぶんの齟齬をきたすことなど、本説にたいする積極的な否定要因も存在する。

#### d. 内行花文鏡の舶倭

また、弥生時代の破格の超大型倭製鏡とみなされてきた、福岡県平原墳墓出土の内行花文鏡 5 面に関しても、その評価がわかれている。本鏡群の鈕孔や縁部形状の特徴が倭製鏡と明白に相違し、むしろ中国製鏡と共通することにくわえ、中国大陸でも超大型の内行花文鏡が出土していることを根拠に、本鏡群は中国製鏡だと推断した清水の提言〔清水 2000〕に、すぐさま賛同がよせられた〔辻田 2001・2007a；車崎 2002a・b；下垣 2003a 等〕。しかし他方、これを弥生倭製鏡とみる従来の定説も健在である〔柳田 2000a・b・2002・2006；後藤直 2004；菅谷 2006 等〕。倭製鏡とみとめつつ、古墳倭製鏡との異質性を強調する説〔林 2000〕や、同じく一般の古墳倭製鏡「とは区別すべき特徴」をそなえることを指摘しつつ、「製作地」の比定は保留して「独自のグループをなす」と判断するにとどめる説〔森下 2002・2012a〕もある。中国製説にしても、「倭の奴国王の朝献年代と微妙に重なる」時期の所産ととらえる車崎〔車崎 2002a〕と、「三角縁神獣鏡に比較的近い製作技術と年代を想定」する清水〔清水 2000〕とのあいだには、大きな懸隔が横たわる。そのうえ、本墳墓出土の 32 面におよぶ方格規矩四神鏡の評価についても、ほぼ漢鏡 5 期でそろう中国製鏡であり〔岡村 1993b・2013b；上野 2011a・b 等〕、「中国の鏡工房から一括に近い状態でもたらされた」鏡群とみる説〔岡村 1999〕や、同じく中国製であるが復古的な要素をそなえた 3 世紀代の鏡群と推定する説〔小山田 2000a；清水 2000〕、さらに限定して「官営工房の製作」ではなく「公孫氏や楽浪・帯方郡」とかかわる鏡群と想定する説〔寺沢薫 2000〕、そして弥生時代の九州北部製ととらえる説〔高橋徹 1992；柳田康 1998・2000a・b 等〕が入り乱れている。

内行花文鏡の鏡背面は属性にとぼしく、舶倭の峻別が容易でない。弥生倭製鏡の大半がこの鏡式である事実が示すように、倭製化にあたって本鏡式が選好されたことにくわえ、大型青銅器生産の実態を勘案するならば、当該期に本鏡式の大型精品が製作された蓋然性を一概に却下できない。また、古墳倭製鏡の初期段階に精緻な内行花文鏡が製作され、次第に粗製化してゆくことが明らかにされている〔森下 1991；清水 1994 等〕が、そうであれば論理的に、初期段階に先だって、中国製鏡との区別が至難な出来ばえの倭製内行花文鏡が製作された可能性も浮上する。これに関連して、兵庫県若水 A11 号墳出土鏡（兵庫 236-2）のような舶倭の識別が容易でない資料が注目され

る。本鏡について平田博幸は、製作や研磨が丁寧なことにくわえて、単位文様に記号化が生じつつも中国製鏡の要素をとどめることから、奈良県下池山古墳出土鏡（奈良398）に先行する最古級の倭製鏡との評価をくだした〔平田博 2002〕。他方で岩本は、形態面での特徴に着眼し、「鈕孔下辺の位置が鈕座面より高い位置にあ」ることと、「外区上面が直線的な形態」をとることを根拠に、本鏡は「どちらかといえば舶載鏡との共通性がより強い製品」であり、「後漢代でも末期の3世紀代1四半期ごろ」を「下限年代」とする「傍系」的な製品である可能性を提言した〔岩本 2009〕。

さらに文様が単純な鏡式になると、舶倭の識別がいっそう困難になる。たとえば岡村は、鳥取県青谷上寺地遺跡出土の重圏文鏡（鳥取29-4）を、「その質感と紋様からみて、漢鏡5期の中国鏡であり、円座内行花紋鏡の連弧紋を省略したもの」と判断し〔岡村 2011c〕、これを承認する論者もあらわれている〔君嶋 2013〕。

### e. 課　題

当期に中国製鏡と倭製鏡の検討が格段の進捗をとげたことをうけ、両者の識別も以前より明確になった。とはいえ、識別が困難もしくは不確定な資料も依然として残されている。その直截的な要因は、古墳倭製鏡の鋳鏡遺構がほぼ皆無であり、中国大陸でも同時期の鋳鏡遺構が未検出であることに帰しうる。そのため、列島出土の舶倭の認定は、列島にしかない要素をもつ資料であるか否か、あるいは類品や類似する特徴をもつ資料が大陸で出土しているか否かに立脚しているのが実情である。これはそれなりに有効なやり方である。しかし、広大な大陸のことである。作鏡系統に関する研究が大幅に進展したとはいえ、地域ごとに発掘・報告状況の粗密があるうえ、時期を特定するだけの共伴状況に裏づけられた資料は寡少であり、そもそも資料の大半が出土地不明品である。魏代に薄葬が奨励されたことも、出土資料を尠少にしているのだろう。こうした事情を勘案すると、韓半島北部をふくめた大陸において、「中心的」な作鏡「系統」からはずれた「傍系」の製品群〔岩本 2009〕が、出土もしくは報告をみずに眠っている可能性もあり、今後の調査・研究の進捗しだいでは、舶倭の識別が少なからず修正される事態が起こるかもしれない。

そうした将来の予想論はさておき、現状において舶倭の識別の限界を緩和する現実策は、森下の提言にほぼ尽くされている。すなわち、「倭製の標識鏡を基礎とし、とくに単位紋様の組み合わせに目を向け、系列同士をつなぎ合わせ」ることで倭製鏡の「大枠をつかむ」ミクロな視座からのアプローチ〔森下 2002〕と、「生産系統の分岐とともに、技術面においてそれぞれに独自の特徴を備えるに至った」当該期の「「中国鏡」との対比によって、同時期の日本列島で製作された鏡を一括する」マクロな視座からのアプローチ〔福永他 2003；森下 2007〕との両面的検討である。

## B.　弥生倭製鏡の製作地

### a. 初期の製作地

鋳鏡に関連する遺構・遺物（鋳型）の不在が、舶倭の識別に堅牢な足枷をあたえてきたのと対照的に、そうした資料を駆使して製作地問題が活溌に論じられているのが弥生倭製鏡である。とりわけ当期後半期には、出現期の弥生倭製鏡の製作地をめぐる分析と議論が活況を呈している。

梅原末治の推断〔梅原 1959〕を嚆矢として、初期の製品が韓半島（南部）で製作されたのち、列島で生産が開始されたとする理解が、これまで定説であった〔高倉 1972；小田 1982等〕。しかし、この定説の主唱者である高倉が、自説に疑義を呈し〔高倉 1979・2002〕見解を二転三転させ

たことが示すように、製作地の推定には曖昧さが残された。しかし第七期にはいると、九州北部で鋳鏡に関連する遺構・遺物が次々と出土し、この曖昧さを払拭しうる資料状況がととのってきた。

　そうしたなか田尻が、原鏡である連弧文日光鏡の出土数が、韓半島より列島のほうがはるかに多いこと、最古段階の弥生倭製鏡が韓半島で出土せず、逆に列島内で当段階の鋳型が検出されていること、土笵を導入していた韓半島にしては出来ばえが粗悪すぎることなど多くの根拠をあげて、弥生倭製鏡が初期段階から列島で生産されたとする新説を打ちだした〔田尻 2003・2012〕。この見解は、後藤や林も追認し〔後藤直 2009；林 2010a〕、有力説に成長をとげている。他方で南は、鋳型製作時の「鈕および鈕孔製作技法」、そして鋳造時の湯量不足の有無および湯口の位置に着目して、弥生倭製鏡の「製作技術の系譜」を追尾し、製作の開始地が韓半島である蓋然性を導出した〔南 2005・2007c〕。視認により模倣が可能な文様ではなく、工人の移動や工人間の技術指導が関与しうる、微細な製作技術の異同に着眼した南の検討成果は貴重である。しかし、時期や鋳型の材質がことなる資料群を安易に比較したことに、正当な批判がくわえられた〔田尻 2007・2012〕。

　弥生倭製鏡をすべて列島製ととらえる新たな研究動向とは逆に、製作地が列島に移行した時期と目されてきた高倉第Ⅱ型の段階を、韓倭両地で生産が拡大・変化した段階とみる見方もある〔林孝 2001〕。また、三韓・三国時代の韓半島出土鏡に関する研究を意欲的に推進している李陽洙も、初期段階の弥生倭製鏡を「韓鏡」とし、それらの「型式分類」や「型式変化」を追究している〔李陽 2012〕。研究者による資料の見方や解釈は、当人のおかれた資料状況や社会・歴史環境から少なからぬ影響をこうむる。韓半島に所住する研究者は韓半島に、列島に身をおく研究者は列島に、それぞれ軸足をすえて解釈をめぐらしがちになる。両者の研究成果の積極的な交叉と議論が必要不可欠である。

### b．列島内の製作地

　初期段階をのぞくと弥生倭製鏡は九州北部に集中し、当地域での生産が当然視されてきた。とくに青銅器生産の一大中枢である須玖遺跡群を、弥生倭製鏡生産の一元的センターとみる見解〔高倉 1972；下條 1982・1991 等〕が有力説であった。本遺跡群からは、列島で発見された弥生倭製鏡の鋳型の約半数にあたる 7 面分の鏡笵が出土しており、当地での生産体制の究明も進んでいる〔平田定 2002；田尻 2004・2011 等〕。他方で第七期にはいると、本遺跡群以外の福岡県の諸遺跡で鋳型の出土が相つぎ、これら諸地域にも「小規模ながらも独自性をもった鏡作りの製作拠点」が存在したと主張された〔高倉 1993a〕。とくに田尻は、自身でかかげた製作地を確定する 3 条件（1.「鋳型が 1 個体だけでなく、複数個体出土すること」、2.「鋳型だけでなく、その他の青銅器鋳造関連遺物が出土すること」、3.「通常検出される炉などとは異なる遺構が確認されること」）に即して、「文様構成と鋳型の出土状況」の緻密な分析を遂行し、福岡県飯倉 D 遺跡・同井尻 B 遺跡・同ヒルハタ遺跡においても弥生倭製鏡生産が実施されていたことを証示した〔田尻 2004・2012〕。

　他方、九州北部産の弥生倭製鏡とは様相を異にする鏡群が存在することも、早くから気づかれ、「近畿ないしその周辺」における生産が想定されてきた〔瀬川 1968；高倉 1972 等〕。これらの鏡群は、小型三鏡式（素文鏡・重圏文鏡・珠文鏡）に発展したとみなされたが〔森岡 1989 等〕、提示された展開プロセスはすこぶる図式的であった〔高倉 1995〕。また面数が少ないこともあり、九州北部産の弥生倭製鏡にくらべその実態が不分明なきらいがあった。想定される製作地もさだまらなかった。たとえば「日光鏡第Ⅲ型」について、高倉は「近畿ないしその周辺」の製作を推定した

〔高倉 1972〕のち、「瀬戸内～近畿」産の可能性を示唆し、とくにその「b 類」を「より西側の瀬戸内周辺」産に比定するにいたった〔高倉 1985・1990〕。他方で森岡は、これらを「近畿弥生人」の手による「近畿系小形仿製鏡」に位置づけた〔森岡 1990〕。これらの鏡群のうち、例外的に詳悉に分析された「十」字文鏡にしても、5～6面にすぎず、これを「近畿系」の代表格とする見解〔森岡 1987〕と、「中・東部瀬戸内から伊勢湾沿岸地域」の所産とする見解〔寺沢薫 1992〕とが併立した。

　そもそも、「近畿系」の実態や製作地を闡明するには、それ以外の鏡群と区別できる諸特徴の共通性が明瞭になっていなければならない。また、細別の可否や程度を棚あげにして「近畿系」と一括していては、「近畿地方に根づくこととなった鋳鏡技術者の生産系譜は単系とは考えがたく、おそらく複数の製作地が旧国に一つ程度はあった」ととなえても空念仏になり〔森岡 2006〕、多元的生産の可能性を追究する道は閉ざされてしまう。九州北部産の製品と区別される鏡群の分布が近畿地域に目だつという考古学的現象を、「近畿系」や「近畿産」に直結させるのは議論の飛躍である。

　そうしたなか当期後半期に、「近畿産」の弥生倭製鏡に特徴的な共通点が抽出されたことは重大な成果である。すなわち田尻は、「近畿産」の識別基準として、「北部九州産」にくらべ内区外周の櫛歯文の密度が高く、突線表現が鋭いことにくわえ、鈕および鈕孔が大きく、鈕形態が土饅頭型を呈するという特徴を挙示し、これらの特徴が土笵の使用に起因することを明らかにしたのである。ただし、「瀬戸内や東海・北陸など他地域」で生産された可能性が十分に高いと判断しながら、「近畿産」なる用語に固執した点に若干の問題を残した〔田尻 2005・2012〕。

　九州北部と近畿地域のほか、（西部）瀬戸内地域における弥生倭製鏡の生産も推定されてきた〔高倉 1985；寺沢薫 1992・2010 等〕。この推定に明快な論拠をあたえたのが松本であり、「内行花文日光鏡系仿製鏡」の内区外周に配される櫛歯文の向きを俎上に載せ、「西部瀬戸内地域」出土の資料群が九州北部出土の資料群にくらべ「右傾」する強い特徴をそなえ、さらに「かまぼこ状を呈する狭縁」および「扁平な鈕頭」を有することを指摘した〔松本佳 2008〕。櫛歯文の向きを製作地の判断基準にすることには批判もある〔南 2009a〕が、製作地を判別する明快な基準を探索する姿勢は重要である。「西部瀬戸内地域」の愛媛県野々瀬Ⅳ遺跡出土の弥生倭製鏡（愛媛 93）には、湯道に残存した湯が凝固したまま鏡縁部にとりついており、製作途中で廃棄された可能性が高い〔柴田昌 2000〕。本資料の湯道形状が、九州北部出土の鋳型の湯道形状とことなること〔田尻 2004〕とあいまって、当地域で鋳鏡がなされたとする推測に有力な裏づけをあたえる。

　第七期にはいり、銅鏃・巴形銅器・筒状銅製品・小銅鐸などの出土が列島各地で相次ぎ、とくに前二者において、形状や製作技術の面で地域ごとの特徴が抽出されつつあり、諸地域で青銅製品が生産されたことを示す〔森岡 2010 等〕。鏡笵そのものは、1 例をのぞき九州北部に限定されるが、それ以外の青銅製品の鋳型および土笵外枠、鞴羽口などの鋳造関連資料が東海・北陸・近畿地域などで出土している。さらに岡山県高塚遺跡からはインゴットと考えられる棒状銅製品が、愛知県朝日遺跡からは銅素材とおぼしき銅滴が、佐賀県吉野ヶ里遺跡からは錫塊が検出されており、列島諸地域で多様な青銅製品が生産された蓋然性を補強する。緻密な分析が推進されてきた銅鐸では、多彩な流派の複雑な盛衰が復元され、特定の「製作工人集団」が特定の製作地を拠点としつつ鋳造活動に従事した実態にまで議論が深められてきた〔難波 1991・2007・2011；春成 1992 等〕。そうした発掘・検討成果をうけて寺沢は、「銅鐸圏」の弥生倭製鏡が「畿内以外の主要平野各々で製作さ

れていた」と推断した〔寺沢薫 2010〕。さらに、鋳造関連資料の多角的な分析をつうじて、九州北部においても「青銅器製作者集団は決して単一の集団が担っていたのではなく、複数の製作者集団が各地域に存在していた」との結論がみちびきだされている〔田尻 2012〕。以上の諸点を勘案すると、弥生倭製鏡が九州北部と近畿地域にとどまらない列島各地で製作されていた蓋然性は高い。

### C. 古墳倭製鏡の系譜と出現経緯

#### a. 小型鏡

　古墳倭製鏡の系譜および出現経緯に関する研究は、小型鏡を中心に議論が進んできている。小型三鏡式の出現時期がおおむねさだまり〔林 2005；脇山 2013・2015b 等〕、またそれらとの関連性が想定される「近畿産」（「非北部九州産」）の弥生倭製鏡の実態が、かなり明らかにされてきた〔田尻 2005 等〕ことにより、両者間の直截的な系譜関係をみとめるか否かで諸説はあるが、「非北部九州産」の弥生倭製鏡を前提として小型三鏡式が登場したとの理解が、おおむね共有されている。ただし、おそらく複数にわかれる「非北部九州産」の製作地域を特定するまでにはいたっておらず、弥生倭製鏡から小型三鏡式への展開をより精細に解き明かすためには、この特定作業が不可欠である。

#### b. （超）大型・中型鏡

　他方、（超）大型・中型の古墳倭製鏡と弥生倭製鏡との系譜関係の有無・程度に関しては、検討がほとんど進展していない。（超）大型倭製鏡は、文様の精密さや鋳造・仕上げ技術の点で弥生倭製鏡や小型三鏡式とは懸絶している。その出現時期も、古墳時代前期前葉頃とみなされ〔林 2000；下垣 2003a 等〕、弥生倭製鏡の終焉期および小型三鏡式の出現期とのあいだに、時間的なヒアタスがある。したがって、現状の資料状況からすれば、弥生倭製鏡や小型三鏡式と一線を画する精緻な（超）大型鏡が唐突に出現したことになる。そうした倭製鏡の製作には、弥生倭製鏡とは比較にならない多量の原料を安定的に集積し、製作施設（工房）を設営・運営しうる（政治）組織、高度な技術体系とそれを駆使する工人群が必須条件となる。したがって、弥生倭製鏡と不連続的に（超）大型倭製鏡が登場する背景には、高度な政治現象を想定するのが妥当である。

　かつては、中国製三角縁神獣鏡の供給停止あるいはストック涸渇に起因する「分配」鏡の不足に対処する目的で、その模作品としてまず「仿製」三角縁神獣鏡がつくられ、つづいて後漢鏡を原鏡とする倭製鏡が創出されるにいたった、と考えられてきた〔小林行 1965；和田晴 1986 等〕。その後の研究により、倭製鏡が「仿製」三角縁神獣鏡に先行して創出されたことがほぼ明らかになり〔福永 1991；岸本 1996 等〕、中国製鏡不足への対処品という性格づけ〔車崎 1993a；福永 1994a；徳田 2003 等〕がいっそう前面化した。他方、中国製鏡不足への「応急策」という、倭製鏡創出に関するいささか消極的な位置づけにたいして、その意義を評価する見解も提示された。たとえば林は、「魏王朝から下賜された三角縁神獣鏡」を「政治的影響力」の延伸に利用していた「大和東南部勢力」は、「配布する三角縁神獣鏡の面数に差違を設け、首長間の政治的序列化をも意図していた」のだが、単純な方式ゆえに生じた「序列表示」の「細分化」の限界に対応するために、「新たに伝統鏡群を創出した」と主張した〔林 2002〕。また新井は、倭製鏡生産が開始された主要因として中国製鏡の不足をあげつつも、「魏の三角縁神獣鏡の役割を継承」して「その保有量の多をもって階層差がしめされる」「仿製」三角縁神獣鏡と、「後漢の伝世鏡」としての「権威のさ

らなる誇張を目的」に、「階層差をしめすように製作された」「超大型・大型」倭製鏡との二者が存在することを説き、倭製鏡における「製作の意図」の二元性を想定した〔新井 1997〕。

　上記の2人よりも積極的な意義を倭製鏡の創出にみとめたのが筆者である。多数の中国製三角縁神獣鏡が存在していた時期に倭製鏡が創出されたこと、倭製鏡の盛時にも中国製鏡が流入しつづけていたこと、当初から多様なサイズの倭製鏡が生産されていたことなどを根拠にあげて、次のような解釈を提示した。面径が均一な三角縁神獣鏡は、分配の有無か面数でしか格差をつけえず、分配をつうじた序列形成の面で効率が悪い一方、倭製鏡は多様なサイズをつくりわけることで、格差づけを効率よく作動させうる。したがって倭製鏡は、中国製鏡の不足を補完する苦肉の策からうみだされた器物ではなく、より効率的かつ効果的な戦略的分配を実施するという積極的な目的をもって創出されたのだ、と〔下垣 2003b・2005c 等〕。また辻田は、「ヤマト政権の上位層」が、「古墳時代初頭」に列島に「大量流入」した完形中国製鏡をモデルにして、それらを「改変することに意」をはらって「創案」したものが倭製鏡であり、その意味で倭製鏡は中国製鏡の「たんなる代用品」ではなく、「仿製」三角縁神獣鏡との「差異化」をはかりつつ、「新たな秩序化・序列化を志向した戦略」のもと、「文様構成／サイズ・カテゴリー共に多様なヴァリエーション」を内包した系列システムを構築したことこそが、前期倭製鏡生産の最大の意義だと評価した〔辻田 2007a〕（図51）。

　このように近年、超大型倭製鏡を頂点とする倭製鏡群が創出された政治的な理由と背景について、踏みこんだ解釈が示されている。しかし、あくまで状況証拠からの推測にすぎず、これらがいかなる製作系統の影響下で出現したのかに関する、実物資料に即した検討は、ほぼ足踏み状態にある。この課題に真摯に向きあってきた森下は、「鋳上がりが鮮明で、鋳造後の研磨が丁寧」であり、「基本的には一笵一鏡であり、同型品が少ない」という古墳倭製鏡の特色の「技術的源流」を、「弥生時代の青銅器に求めるのは難しい」ことを指摘した。そして、その源流が奈辺にあるかは「現段階ではまったく不明」としつつ、「その淵源が中国の鏡作りにあるとすれば」との仮定のうえで、中国大陸でそうした技術が消失する「3世紀第2四半期」以前に列島に伝播した蓋然性を[145]挙示した〔森下 1998b〕。近年の論考では、「2〜3世紀」の「中国大陸から日本列島」の各地における鏡生産の系統整理と「生産・流通両面」での「交流」状況を検討して、「畿内系銅鏡生産の勃興」に、「華北—東部系鏡群からの間接ないし直接の影響があった可能性」を看取した。しかし他方で、時期や面径など彼我間に横たわる「飛躍」の側面にも注意をうながした〔森下 2007・2010〕。

　実際、華北（北部）の鏡群と古墳倭製鏡の製作技術に少なからぬ相違があることを、兵庫県茶すり山古墳出土鏡群の詳密な観察をつうじて、岩本が明らかにしている。古墳時代前期を中心とした時期の鏡には、「鋳型の製作や構造、鋳造後の仕上げの研磨」において、「施文以外の鋳型への加工が基本的にはなされず、鈕孔となる中子を鏡背ベース面と揃えて設置し、仕上げの研磨を平滑におこなう」「α群」と、「施文の過程で鋳型の表面をならすなどの加工をおこない、鈕孔となる中子を外型の鈕となる窪みに落とし込んで設置し、粗い仕上げの研磨で細かな面をとどめる」「β群」の2群が存在し、前者が古墳倭製鏡の「大部分」に該当する「系統」で、後者が「華北北部地域を中心とした出土鏡と重ねうる系統」だと推定したのである〔岩本 2010c〕。同時代の大陸（華北）の作鏡技術が、古墳倭製鏡の誕生に強い影響をおよぼした蓋然性は高いが、このような相違が生じた理由や背景をも解き明かさなければ、古墳倭製鏡の系譜も出現経緯も十分に明らかにしえない。そ

の点で、岩本の指摘ははなはだ重大である。

　森下のほかにも多くの論者が、中国大陸から作鏡技術が伝来した可能性を想定してきた。「仿製」三角縁神獣鏡の製作開始にあたって、中国製三角縁神獣鏡の作鏡工人から技術を伝習されたとみる説が、比較的早くからとなえられてきた〔樋口 1979a；福永 1991；秦 1994a 等〕。古墳倭製鏡への伝来技術の影響は、やや遅れて主張されはじめた。森下と同じく作鏡上の特色をもって〔辻田 2007a〕、あるいは「弥生時代以来の倭国の青銅器工人が、自らの技術で大型鏡の生産を達成できたとは考えにくい」という常識論的な見方〔岸本 1996〕や「国産大形青銅器の製作」が古墳倭製鏡の出現に先だつ弥生時代末期に「途絶え」たという状況証拠〔福永 2005a〕をもって、「大陸系の技術者による直接的／間接的な技術・知識の伝達」が推定されてきた〔辻田 2007a〕。

　このように少なからぬ考察がなされてきた状況を瞥見すると、（超）大型・中型倭製鏡の系譜や登場プロセスについて、かなり解明されているかにみえる。しかし、状況論的な推定にとどまっているのが現状である。おそらく（超）大型・中型倭製鏡の創出は、王権中枢勢力による高度な政治的意図のもと、列島外の工人および作鏡技術を導入することで達成され、そのため既存の弥生倭製鏡や小型倭製鏡と断絶的な様相を呈するのであろう。とはいえ、非北部九州系の弥生倭製鏡となんらかの関連をもって登場した小型三鏡式と、それ以外の古墳倭製鏡とに、土笵の使用や鈕孔の設置位置、錫分の多い原料の使用や珠文の多用、比較的鮮明な細線表現や丁寧な仕上げ研磨などの共通点もみとめられ〔森下 2007 等〕、小型三鏡式とまったく無関係に古墳倭製鏡が創出されたとみるのは無理がある。手がかりは少ないが、（非北部九州系）弥生倭製鏡および小型三鏡式との技術面・文様面での異同を丹念に摘出して、古墳倭製鏡の系譜と出現経緯に漸近してゆくのが現実的な策であろう。なお、三角縁神獣鏡列島製説が成立しうるとするならば、この「高度な政治的意図」による華北工人の招来を考えるしかないが、三角縁神獣鏡の各段階の要素が大陸出土鏡に併行的にみとめられ、しかも古墳倭製鏡との接点がほぼ皆無な資料状況を勘案すれば、「隔時渡来製作」という相当に特殊な状況を仮定するよりほかない〔下垣 2016d〕。

### c. 古墳倭製鏡の出現プロセス

　その作業を実践したのも森下であり、古墳倭製鏡（「畿内系鏡群」）が本格的に始動するまでのプロセスを、以下の3段階に整理した。「2世紀後半～3世紀前半（弥生時代終末）」の「第1段階」に、「十字文鏡」（「十」字文鏡）や重圏文鏡などの「小型品」が製作されはじめ、当段階から土笵と挽型を使用する技術が採用され、鏡面の「凸面」化が顕著になる。「3世紀中ごろ前後」の「第2段階」には、獣文など「一定の複雑性」をそなえる種々の文様をもつ径10cm前後超の「中型鏡」が登場する。これらには「系列的なつながり」を把捉できない資料が多いが、外区が斜縁で鋸歯文が多用される点に共通性がある。そして「3世紀後半」の「第3段階」に「大型鏡」が登場し、「多種多様な図像」が編みだされ、「系列的なまとまりも確立」し、分布の中心が畿内地域に明確化する、という3段階である〔森下 2007〕。この3段階説は、当期後半期の研究成果と資料状況を十分にふまえており、説得力がある。ただし、森下自身が述べるように、「第2段階」に相当する「中型鏡」の時期は、「鏡自体の特徴から初期のものと位置づけられるのではなく、もっぱら出土した古墳の年代、なかんずく共伴した土器型式によるところが大きい」点〔森下 2002〕、要するに伴出土器に全面的に依拠している点に強い不安が残る。

　典型的な古墳倭製鏡とはことなる獣文（獣像）をそなえた径10cm前後超の倭製鏡の製作時期

を、伴出土器を主根拠にして、古墳時代初頭ないしそれ以前に遡上させる見解は、森下以前にも提示されてきた。たとえば楠元哲夫は、「小形の擬似獣形鏡・獣形鏡類」のうち、倭製化の「組列を追えない鏡では古墳時代前期初頭以前に製作時期の遡るものがあ」ると主張した〔楠元 1993〕。赤塚は、人物禽獣文鏡などの「絵画文鏡」が古墳時代開始期に「すでに製作されていた可能性」を想定した〔赤塚 2000〕。また福島孝行は、京都府今林 8 号墳出土鏡（京都 271-2）の獣毛乳状の主像表現が、「浮彫式獣帯鏡」に由来すると判断したうえで、墓壙上に破砕供献された庄内式土器を根拠にして、本鏡が「庄内 2 式併行期に副葬された浮彫式獣帯鏡を原鏡とする四獣鏡の 1 種であり、「特定の地域において独自に」行われた鏡生産の 1 群である」との評価をくだした〔福島 2001〕。

　以上のように、これら特殊な「中型鏡」こそ、突発的に出現したかにみえる（超）大型・中型倭製鏡と、小型三鏡式および非北部九州系の弥生倭製鏡との系譜的関連性を解明する鍵をにぎると目されている。ところが、これら「中型鏡」の時期は、共伴土器にもっぱら依存して比定されてきた。他方、これらが諸論者の主張するほど古くなりうるかについて、鏡自体の検討に即した検証作業は不十分である。これはひとえに、倭製鏡への安易なとりくみ姿勢に起因する。京都府芝ヶ原古墳や奈良県見田大沢 4 号墳などの出土鏡を、（超）大型・中型倭製鏡の先駆けととらえる説は、おおむね賛同をえてきた。しかし、古墳倭製鏡との系統的関係の有無や濃淡を考慮にいれ、具体的な資料を挙示した立論はほとんどない。これにたいして筆者は、古墳倭製鏡との比較検討にくわえ、近年の古墳・土器・埴輪編年などとの照合を実施するならば、古墳時代開始期ないしそれ以前にまで遡上しうる「中型鏡」はきわめて限定されると主張してきた〔下垣 2002・2014a・2016b〕。

　古墳倭製鏡の系譜は、列島外の製作技術が導入されたがゆえにとらえがたく、また高度な政治性をもって創出されたがゆえに、出現過程に断絶的な側面が生じた蓋然性が高く、そのため具体的な復元が至難になっている。そして、倭製鏡自体の検討を軽んじてきた経緯が、至難さに拍車をかけている。小型三鏡式のほかに、中・小型鏡からなる諸系列が古墳倭製鏡の劈頭から登場したことを、すでに赤塚らが明示しており〔赤塚 1998b；下垣 2003a〕、上記した「中型鏡」を評価するにあたって、これら諸系列との比較検討は避けられないはずだが、おおむね等閑視されてきた。土器編年に依存して事足れりとする前に、鏡研究サイドでなすべきことは多い。

## D.　古墳倭製鏡の製作地

　幾度か言及したように、鋳型や鋳鏡遺構など古墳倭製鏡の製作地を（ほぼ）直截的に示す考古資料はほぼ皆無である。そのため、資料的特徴のまとまりや分布状況に立脚して製作地を推定するよりほかなく、論者の主観や歴史観に議論が左右されやすい。従来、大型鏡を頂点とする大半の倭製鏡は、畿内地域の特定箇所で王権中枢勢力の管轄のもと集約的に生産されたとみるのが定説であった〔田中 1979；和田晴 1986；車崎 1993a 等〕。他方、一部の中・小型鏡、とりわけ鈴鏡については、地域生産を主張する説も提示されてきた〔甘粕 1966；山越 1982；名本 1983；楠元 1993；赤塚 1995・1998b 等〕。そして、小型三鏡式に関しては、地域生産を主体とみる説〔小林三 1979 等〕と畿内地域での集約的生産を基本とする説〔今井 1991 等〕とが対峙してきた。

### a.　畿内生産

　当期後半期においても、古墳倭製鏡の鋳鏡に関連する遺物・遺構の不在という逆境は変わらぬままである。しかし他方で、当期前半期以降に大幅に深化した分類・編年・分布に関する諸研究、そ

して鋳型や鋳造遺構に即した弥生倭製鏡の製作地・生産体制に関する研究の進捗〔田尻 2012 等〕という順境のもと、製作地論もそれなりにおこなわれている。

　当期後半期には、ほとんどの倭製鏡が「ごく限られた工房で集中的に製作された」と主張する立場〔車崎 2002a〕は後景にしりぞいたが、畿内地域が鋳鏡の中心地域であったとする定説は揺らいでいない。とくに大型鏡を中軸とする「中心系列鏡群」は、王権中枢勢力により技術や工人が集約・統轄された体制下で、おそらくは限定された場所で製作されたと想定するのが一般である。たとえば辻田は、「諸系列間の密接なつながりなど」を重視すると、「前期倭製鏡の製作地は分散したものでなく、ある狭い地域内」、「具体的には近畿地方の中でも特に奈良盆地周辺」で「集中して生産が行われていた可能性が高い」と説く。倭製鏡全体の生産地についても、「ヤマト政権の直接的管理下で、近畿周辺で行われた可能性が高」く、「近畿地方における一元的生産を想定するのが一般的」だとの現状認識を示した〔辻田 2007a・c〕。

　ただし、「製作に従事した工人は、いくつものグループに分れているのでなく、ごくかぎられた集団からなって」いたとするかつての有力説〔田中 1979〕にたいして、「畿内に存在した生産集団も、一系統にまとめるのには無理があ」り、（前期）倭製鏡には「中心的な製作者集団が存在」する一方で「複数の生産系統」が併存していたとの反論が提示されている〔森下 2012a〕。興味深いが、具体性に欠く憾みがあり、問題提起にとどまった。さらに森下は、強い共通性で結ばれているかにみえる、「中心的な製作者集団の製品とまとめた鏡群」に「かなり多くの「クセ」の違いを同時期に認めることができる」とみなしたうえで、前期倭製鏡の「製作の中心」には、「一定数以上の工人がその生産に参画していた」状況を想定した〔森下 2005d〕。

　森下が指摘した、畿内地域の作鏡系統の「まとまりの違い」を積極的に評価したのが林である。前期倭製鏡を、「主として半円形鈕孔を採用し」「外区や主要図像、単位文様などに極めて高い共通性を見出すことができる」「4 分割原理に基づく鏡種」群である「伝統鏡群」と、「長方形鈕孔の採用や 6 分割原理による文様構成など、伝統鏡群とは異なった特徴が見受けられる」「鏡種」群である「新興鏡群」とに大別し、それぞれ「大和東南部勢力」と「佐紀古墳群勢力」の掌握下にある別個の「製作集団」の手で競合的に製作されたと主張した〔林 2002〕。意欲的な考察であり、「政権交替」論の一根拠として評価されることもある〔岡寺 1999；豊島 2008；寺前 2009 等〕が、倭製鏡の専論では批判的に受けとめられている。たとえば筆者は、これら 2 群の「連続性と構造的類似性を重視し、その製作・流通主掌者がことなるとはみない」立場を示した〔下垣 2003a〕。また辻田は、前期倭製鏡の「生産体制自体が前期を通じて一貫したものであ」るとみた。そして、林のいう「新興鏡群」は「伝統鏡群」からの「分岐・派生」でとらえることにくわえ、「配布主体としては複数の勢力による個別の活動ではなく、単一的に近い形での存在形態を想定した方が実情に即して」おり、「前期前半」と「前期後半」における「副葬傾向の違い」は、「排他的な政治権力の主体同士の対立」ではなく「配布戦略の時期的・段階的な違いに起因する」と考えた〔辻田 2007a〕。最近では加藤が、前期後半における倭製鏡の「変化」は「あくまでも継続的な変遷の中での変化」だと評価し、「政権交替」論や競合的な製作論と整合しないことを示唆し、さらに「倭王権」内で「鏡の長期保有」が「恒常的に一定量存在した蓋然性が高い」ことを根拠に、「「政権交替」と称されるほどの政治的変動」が生じたとは考えがたいと主張している〔加藤 2015a・c〕。

　他方、「中心的な系統」が製品の種類および量を減らした「前期末〜中期前半」に、「畿内に存在

した生産集団」における「生産系統の違い」が「顕在化」したとの指摘は示唆に富む。具体的には、奈良県島の山古墳出土の３面などを例示して、「模倣の表現や外区などに独特の特徴」を有する点で「中心系列群とは異なる製作者集団」の所産とみなせる鏡群の出土例が、「奈良盆地西部」に目だつことに注意を喚起した〔森下 2002・2012a〕。当地域では、当該期頃から陸続と巨大古墳が造営され、さらにその中枢域にあたる南郷遺跡群では、多様な金属器生産が実施されていたことが明らかにされている。しかも銅滓と銅滴が出土しており、銅製品ないし金銅製品の製作も確実視されている〔坂 2012a 等〕。倭製鏡を製作しうる政治的・技術的環境は十分にととのっており、上記の指摘への有効な状況証拠になりうる。実際、前期末～中期前葉頃に、中心的な系列群との関連の薄い倭製鏡が散見する〔岩本 2017b 等〕。その評価はむずかしいが、従来の倭製鏡から逸脱するわけではなく、政治的に重要な地域を中心に広域に分布することから、畿内地域の複数の製作集団が製作に従事しつつも、その統轄と分配には依然として王権中枢勢力が関与したと考えうる。

　以上のように、前期倭製鏡については、製作地を局限的とみるか多元的とみるかの相違はあれ、畿内地域での生産を基本とみる説が一般である。近年、複数の製作系統をみとめる説が前面化しつつあり、時期がくだるにつれ複数性が顕在化したことも説かれている。他方で中期倭製鏡については、研究が低調なため、製作地まで踏みこんだ議論はなされていない。<sup>(146)</sup>筆者は「一部の前期倭製鏡および後期倭製鏡」にくわえて「少なからぬ中期倭製鏡が地域生産されていた可能性」を説いたが、「十分な根拠をもって抽出することはむずかしい」と匙を投げている〔下垣 2011a〕。後期倭製鏡では、旋回式獣像鏡系などの「王権中枢の管理下」での生産が論じられている〔上野 2013b；加藤 2014a・2018〕。

### b．地域生産（畿外生産）論

　地域生産（畿外生産）を支持する見解もだされた。当期前半期に濃尾平野産の倭製鏡を精力的に探索した赤塚は、同後半期にも、神頭鏡系の「初期鏡群」が「濃尾平野に偏在」することをもって、これらを「濃尾平野」で製作された資料だと想定した〔赤塚 2004a〕。また、同様の理窟を「鈴を付けたＳ字文鏡」や「絵画文鏡」にもあてはめ、東海地域との深い関連あるいは当地域での製作を論じた〔赤塚 2000・2004b〕。しかし赤塚にせよ、当期前半期に「遍歴」工人による捩文鏡の地域生産を主張した西川〔西川 1999・2000〕にせよ、資料収集が粗く、構想の域をでなかった。

　また鈴鏡について、「畿内及び地方各地で鋳造が分散的に行われた」との推測がなされた〔岡田一 2003〕。しかし、「鈴鏡という特別の鏡式はな」く「各鏡式それぞれに、鈴をつけた鏡、つけない鏡が作られた」にすぎない事実〔車崎 2002a；森下 2002 等〕が実質的に看過され、後期倭製鏡を構成する諸系列への目配りを欠いていたため、説得力も欠いていた。群馬県三ツ寺Ⅰ遺跡出土の鞴羽口から青銅成分が検出されたことを、鈴鏡などの倭製鏡が関東地域や東国で生産された「状況証拠」として重視することがままある〔梅澤 2003；岡田一 2003 等〕。しかし、上記した奈良盆地西部のように、鏡自体から地域生産の蓋然性が導出されていてこそ、この「状況証拠」は効力を発揮する。そうでない現状では、この「状況証拠」は当地において鋳銅関連遺物が生産された可能性を示唆するにすぎず、倭製鏡生産に繋合するのは相当に無理がある。

　とはいえ、林が強調するように、「大和盆地以外」における倭製鏡「生産を視野に入れた検討をおこな」う姿勢〔林 2002〕は必要である。その林は、「複数の製作集団が互いに空間的距離を保ちながら別個に活動」すれば、「ある程度の技術的共通性は見られるものの、文様等において強い独

自性をもった」倭製鏡が製作されるとの想定のもと、「地域生産を推定する際に重要」であるのは、赤塚が立脚したような分布論ではなく、「単独の系列に収まりきらない多様なバリエーションの存在」だと提言した。そして、「前期後半以降の古墳から出土する一群の」「四獣形鏡」をとりあげ、それらは「地域生産によると目」し、その背景には「政治的序列の再編期」である当該期に「各地域の政治的勢力が独自に四獣形鏡を製作し、保有ないし配布することによって自らの影響力の増加を図っていた」事態を推定した〔林 2004〕。示唆に富む見解ではあったが、主張を裏づけるに足る具体的な分析を欠く点、「地域生産」品の製作地を不問に付した点、「文様等」における「強い独自性」の発現因を距離的遠隔性に単純にもとめうるか不確実な点など、多くの課題を残した。また、かつて古墳倭製鏡の「9割までが同一の製作者集団によって畿内で製作されたことが明らか」だと断じた森下〔森下 1995b〕も、「鏡の特徴と地方における分布のまとまりをあわせて、その地域における生産の存在を推定する方法」を提言したことからうかがえるように、「地方生産の可能性」を以前より高く評価しているようである〔森下 2012b〕。ただし、考察の俎上に載せられた具体例は人物禽獣文鏡におおむねとどまり、しかも当鏡群の「地方生産」の可能性に関する判断も微妙な揺れをみせ一定しない〔森下 2002・2005f・2012a・b 等〕。

　さて、当期後半期に主張された地域生産論にやや否定的な評価をくだした。しかし、畿外での地域生産を全面否定しているわけではない。小型三鏡式だけでなく、それ以外の倭製鏡にも地域（畿外）生産品が少なからず存在する可能性は十分にある。同時期の多種におよぶ金属製品において、地域生産品の存在が確実になった現状において、倭製鏡の地域生産を一概に却下するのはむしろ不合理である。しかし、倭製鏡の地域生産品を抽出する方法が確立されていない現状において、地域生産を過度に強調していては、諸系列の集約性およびその背後に想定される王権中枢勢力による管理体制という古墳時代の鏡生産の大局的特色を逸しかねない。

　林の検討により、各地で小型三鏡式が生産されていた蓋然性が俄然高まった。林は、「金沢市域」出土の2面の重圏文鏡が、「挽型によって重圏文が彫り込まれた後に、直接鋳型に鈕が彫り込まれ」るという特異な技法で製作されていることに注目し、当地域が「青銅器生産が盛んな地域」であることを加味して、弥生時代末期の当地域で鋳鏡がなされていたと主張した。さらに、古墳時代前期の藤江別所遺跡などから出土した小型三鏡式の鏡群にも、「古墳から出土する一般的な」倭製鏡に「決して認められない」「様々な技法が用いられて」おり、しかも上記諸地域での製作技法に「ほとんど共通性がないこと」を根拠にして、これらの「小型倭鏡」が「各地域で独自に活動をおこなっていた小規模な製作工人集団によって製作されていた」状況を復元した〔林 2005・2013〕。とはいえ、「小型倭鏡は各地で頻繁に製作されていた」と断言する〔林 2005〕には、まだ証拠不足の感がある。小型三鏡式をすべて畿内地域の所産とみることがもはや不可能であるのと同様に、「珠文鏡や重圏文鏡を全て各地での生産によるものと考える」のも極論であり、とくに珠文鏡のうち「中型以上の倭製鏡との密接な関連が想定できる資料」〔辻田 2005b〕は、畿内地域で生産された蓋然性が高い。たとえば岩本は、珠文鏡の「充塡系」鏡群の推移が、「中心的な系列群の外区文様の変遷」と「きわめて変遷が整合的に対応」することをもって、これらの生産が「畿内地域を中心とした集団関係によって維持・管理された可能性」を提唱した〔岩本 2014b〕。他方で筆者は、前期前半頃の珠文鏡の分布状況をもって、地域生産が少なからずなされていた一証とみた〔下垣 2013b〕。

　上記の諸研究とは逆に、珠文鏡がおしなべて畿内地域で生産されたとする説もだされた。すなわ

ち脇山は、本鏡式の「分類ごとの分布」が広範囲におよぶことを勘案し、本鏡式の「生産は地域ごとになされたのではなく、畿内地方において製作された可能性が高い」と考定した〔脇山 2013〕。しかし、当の畿内地域に分布が薄い「分類」が少なからずあることや、模倣が容易な外区～内区外周構成に立脚した「分類」から、はたして製作地を追究できるのかなどの難点がある。脇山は同様の論理で、重圏文鏡も「近畿地方」産であり、「大和王権下」で「生産・配布された」「威信財」だと主張する〔脇山 2015b〕。しかしこの主張も、珠文鏡の場合と同じ難点を内包している。

### （5）製作技術と製作体制

　銅鏡は鋳造品であり、高度な諸技術を複合して製作される〔清水 2017 等〕。製作者（集団）が採用・習得した技術体系が製品に反映される以上、倭製鏡研究を深化させるためには技術面からの検討が不可欠であり、鏡背文様に終始した研究〔下垣 2003a 等〕には大きな限界がある。しかし逆にいえば、技術面からの検討を文様面からの研究と併進させることで、倭製鏡の技術体系および製作体制にいっそうせまることができよう。岩本の最近の論考は、これを実現させたすぐれた成果である〔岩本 2017b〕。当期後半期には、前期倭製鏡と同時期に生産された各種青銅器（銅鏃・筒形銅器・巴形銅器等）に関しても、製作技術の復元を軸にすえた研究が活潑であり、青銅器の製作技術および製作体制のなかで倭製鏡生産を総合的に究明する展望がひろがりつつある。実際、弥生倭製鏡研究では、鋳造関連資料の蓄積とあいまって、そうした検討が躍進をとげている〔田尻 2012 等〕。そして当期後半期に、奈良県立橿原考古学研究所を中心にして三次元計測データの収集・解析・成果報告がすこぶる意欲的に遂行されてきたこと〔今津他 2004；樋口他 2006；水野 2010・2012a・b・2017；水野編 2010；水野他 2005・2008a・b・2009・2011・2012・2013・2014・2016・2017；水野他編 2005 等〕も特記すべきである。すでに 1000 面におよぶ計測データが蓄積されており〔水野 2012b〕、いまや三次元計測のデータ・解析成果を捨象した製作技術論は成立しがたい。

### A．製作技術

　銅鏡の製作工程は、おおよそ鋳型の作製（鏡体の形成および施文をふくむ）→鋳造（鋳込み）→仕上げ（研磨など）の３段階からなる。この順にそって諸研究を解説する。

#### a．作笵と同笵（型）鏡

　鋳型の作製（作笵）は、素材の選定と調整、鋳型基体の成形をのぞくと、おおむね鏡体の成形→施文→仕上げの工程でおこなわれる。土笵で挽型が使用される場合、予定した規格にもとづきレイアウトがなされ、鏡体と文様帯構成が同時に挽きだされたのち、施文されるのが一般である。他方、石笵に想定されるように、コンパスないしフリーハンドで文様帯の同心円を刻みこむ場合、土笵とちがって補修が至難である。このように、鋳型の材質や挽型使用の有無〔岩本 2017b〕によって、作業工程や手順に相違が生じるため、以下の解説では作笵一般と鏡体の成形および施文をわけておく。なお、「鏡の製作工程」に関して辻田は、「鋳型本体の準備」段階後を「挽型の製作・使用」の段階と「具体的な文様の施文」の段階に大分し、各段階で決裁される多様なレヴェルの属性（「サイズや文様構成、具体的な文様の内容など」）とその関係が、製作される鏡の内容を規定し、製作段階と結びついた「決裁の階層性」が前期倭製鏡の「多様化を可能にした」一因であったと主

張した〔辻田 1999・2007a〕。辻田は土笵に挽型を使用する古墳倭製鏡を対象にすえて議論を構築したが、田尻はこの「決裁の階層性」の概念を、挽型を使用せず石笵で製作され、しかも小型鏡ばかりで面径の決裁がほぼ意味をなさない弥生倭製鏡の分類に適用し、分類において「文様構成の決定」を上位の決定要因に、「具体的な各文様」を「下位の決定要因」にすえた〔田尻 2004〕。また最近、鏡体の特徴や痕跡などを根拠に、古墳倭製鏡に「挽型ぶんまわしの削り出しによって笵おこしする鏡群」と「区画円圏分割ののち各部を調整して笵おこしする鏡群」の二者が存在することが提言されている。今後の研究の重要視点になると予想される〔岩本 2017b〕。

　作笵に関して重要な論点でありつづけてきたのが、同笵（型）鏡の存在であり、三角縁神獣鏡と同型鏡群を中心に緻密な分析が積み重ねられてきた。当期後半期には、三次元計測や鋳造実験の成果などもふまえ、中国製三角縁神獣鏡だけでなく「仿製」三角縁神獣鏡においても、同笵技法・同型技法・踏返し技法を併用して同文の鏡群を生産したとする見解が優勢になってきた〔鈴木勉 2003；今津 2005；岩本 2005b；水野他 2005；水野 2012a 等〕。他方、三角縁神獣鏡には基本的に「同型法や踏み返し法が使用され」ず、鏡笵を再利用しつつ「同笵法によ」る「鏡笵の損傷を修理しながら連綿と製作した」との見解も提起されている〔清水 2014〕。なお、同型鏡群が列島で製作もしくは踏み返されたとする見解がいまだ散見する〔千歳 1997；河上 2005；河野 2012 等〕が、近年の研究により成立の余地がほぼなくなった〔川西 2004；岡村 2011a；辻田 2013；上野 2015a 等〕。ただ、古墳倭製鏡および一部の中期倭製鏡に復古指向がみとめられること〔加藤 2015c；岩本 2017b〕を勘案すると、これらと時期的に近接する同型鏡群の諸鏡式が、古墳出現期前後に隆盛した中国製鏡諸鏡式とかなり重複する事実は、同型鏡群の諸鏡式の選択に倭側の意向が関係していた可能性も暗示する。とすれば、これも一種の長期保有といえる。

　弥生倭製鏡にも早くから同笵鏡が確認され、近年の出土事例の増加にともない、韓倭両地での分有例をふくむ同笵事例が着実に数を増している〔南 2007a；李陽 2012 等〕。しかし、石笵ゆえの文様の朦朧さが足枷になってか、若干の研究事例がある〔中井一他 2002〕ほか、検討は少ない。

　古墳倭製鏡は、基本的に「一笵一鏡」である。内行花文鏡など一部の倭製鏡に同笵鏡が存在することに言及がなされつつも〔柴田常他 1943；森 1970a；田中 1979；小林三 1982；清水 1994〕、資料に即した検討は実施されてこなかった。内行花文鏡のように文様が単純な鏡式だと、厳密な照合作業をへなければ、それが同笵鏡・同型鏡・踏返し鏡のいずれであるのか、あるいは偶然に文様が符合するだけなのか、判断がつきかねる憾みがあった。当期後半期にいたってようやく、三次元計測データによる照合作業の確実化・容易化という追い風もあり、本格的な検討が開始された。

　まず徳田は、奈良県新山古墳と同佐紀丸塚古墳から出土した各13面（奈良261-273）・6面（奈良28-33）の倭製内行花文鏡群に精細な分析をほどこし、前者には「一組として同笵・同型関係を示す鏡は存在」せず、「1鏡1鋳型技法」による製品であるのにたいして、後者は「同型技法が使用され」た「同笵（型）鏡」だと判断し、古墳時代前期の「同文様鏡の製作にあたって様々な技法が用いられた」と主張した。とくに佐紀丸塚鏡群の分析から導出された、古墳倭製鏡の製作工人が「同笵（型）手法による鏡製作を知らないわけではな」く、「同一文様の鏡を多量生産する意志が働いていれば」、そうした手法を駆使しうる「技量を有していた」との見解は、古墳倭製鏡の製作技術および生産体制の復元に重要な示唆をあたえるものである〔徳田 2004・2005a・b〕。いっぽう水野らは、新山鏡群の三次元計測データを解析し、本鏡群のうち12面が「圏線径など」から5グ

ループに分類でき、各グループはそれぞれ「一回性の笵傷や文様の改変が目立」つが、「明確な鏡径」差がなく、「櫛歯文の乱れと主文」が「合致」することなどから、これらは「五つの鋳型」をもとにして、「同型技法を用いて型取りした後に文様を一部改変」することでうみだされたと推定した。そして、本鏡群を倭製鏡における「例外的な銅鏡量産の試み」の所産と位置づけた〔水野2012a・b〕。

　倭製内行花文鏡のほかにも、同笵（型）ないし踏返しによる同一文様鏡がわずかながら確認されている。たとえば沖ノ島7号遺跡（福岡319）および沖ノ島（伝）（福岡376-2）から出土した珠文鏡は「同一文様」を呈し、かつ共通する笵傷が観察されたことから、「1つの鋳型から派生した銅鏡」だと判断された〔水野2010〕。また最近、宮崎県持田古墳群（推定）（宮崎33）と同富高2号墳（宮崎7-1）から出土した、「同一紋様」をそなえる2面の鳥頭獣像鏡系において、前者「などを踏み返すもしくは同笵技法によって」後者が製作されたか、あるいは「未知の原型をもとにして複数の鋳型を派生させる製作方法がとられていた」可能性が指摘されている〔加藤2015b〕。

　このように、古墳倭製鏡に同笵（型）技法が駆使された事例が蓄積されつつあるが、3000面近くに達する古墳倭製鏡の総数からすれば一握りにも満たない。あくまで「一笵一鏡」が古墳倭製鏡製作の常法である。工人ないしクライアントが「一笵一鏡」にこだわった理由はさだかではない。技術上の限界に帰す説明は、古墳倭製鏡の工人が「同笵（型）手法による鏡製作をなし得る技量を有していた」〔徳田2004〕以上、説得的ではない。「大量生産が許されないような宗教的な問題があった」がゆえに、「同一文様の鏡を作ることが禁じられていた」とする解釈〔清水2008b〕は、説明を抛棄しているにすぎない。銅鏃や革盾などの製作において、「生産性や効率性」よりも製作行為自体に「特別な意味」が付与されたとの推測がなされている〔加藤2008〕が、あるいは倭製鏡の製作においても、同様の事情を想定しうるかもしれない。

　鋳型自体の検討は、十指にあまる石笵が出土している弥生倭製鏡において進捗をみている〔平田定2002；後藤直2004・2007；三船2004；三船他2004；南2005；田尻2012等〕。なかでも、出土鏡笵に関する多角的かつ悉皆的な研究を計4冊の報告書としてまとめた『鏡笵研究』〔清水編2004；清水他編2005a・b・2009〕は、貴重かつ有用な成果である。とくにその第Ⅰ冊には、弥生倭製鏡の石笵事例の紹介〔井上義2004；江島2004；佐藤正2004；比佐2004；増田真2004；三船他2004〕やその製作法〔三船2004〕、実験製作〔遠藤2004〕や材質調査〔横田勝他2004〕、土製鋳型外枠の紹介および考察〔中井一2004；藤田三2004〕など多岐にわたる検討成果が収録されており、基礎資料としてはもちろん、当時の研究の到達点としても以後の研究への指針としても高い価値を有する。たとえば三船温尚は、鋳鏡に関する豊富な実践的経験をふまえ、九州北部出土の石笵6点の製作方法を復元した〔三船2004〕。他方で後藤直は、広範な視座から「鏡石型の系譜」を追究し、韓半島・中国吉林省・「弥生遺跡」で出土した各3面・4面・12面分の「石型」を網羅的に検討した結果、弥生倭製鏡の「石型」は「遼寧青銅器文化と初期朝鮮青銅器文化」の「石型」「よりはるかに遅れ、石型という点で後期以前の弥生青銅器製作技術を介して吉林、朝鮮半島の鏡鋳型とつながるが、直接の関係はない」と結論づけた〔後藤直2004〕。

　製品の特徴から土笵製の弥生倭製鏡の存在を想定し、石笵製の九州北部産品との相違を追究した研究も注目される。森下は、「十」字文鏡の「新しい型式」が「正円に形が整」うことを「土型・挽き型」の使用に起因するものと判断し、当該鏡群が「九州地方」産品と「別系統」だと考えた

〔森下 2002〕。さらなる実証的裏づけを追加しつつ、この推論を充実させたのが田尻であり、文様の断面形の鋭利さなど多様な相違点に着目して、弥生倭製鏡に石笵製の「北部九州産」品と土笵製の「近畿産」品とが存在することを証示した〔田尻 2005・2012〕。また田尻は、鋳型の加工パターンの様態に着目して、鏡笵をふくむ弥生時代の石製鋳型の網羅的検討も完遂した〔田尻 2012〕。

　ただ、製品からその存在が想定されてはいるが、弥生倭製鏡の土笵の実物はなお未検出である。他方、内面に真土を貼付して施文面・注湯面を形成する土製鋳型外枠が、土笵にかかわる資料として注目されている〔後藤直 2004・2007；中井一 2004；森岡 2010 等〕。石川県・滋賀県・大阪府など各地で検出例が蓄積されつつあるが、とくに多量の出土をみた唐古・鍵遺跡の資料群に詳細な検討がほどこされている〔藤田三 2004・2012・2013 等〕。本遺跡で出土した、「鏡・釧」を鋳造した可能性がある「土製不明鋳型外枠」は4個体分に復元され〔藤田三 2012〕、銅鐸や武器形青銅器の製作が想定される鋳型外枠の資料数にくらべると微々たるものである。しかし、奈良盆地において弥生倭製鏡が、銅鐸や武器形青銅器などに類する構造の鋳型で製作された蓋然性が確認されたことの意義は大きい。本遺跡での青銅器生産は弥生時代中期末〜後期初頭に比定され、後期初頭にピークをむかえたのち、「急速に収束方向に向かった」と考えられている〔藤田三 2012〕。これに関連して清水は、大阪府池島・福万寺遺跡および奈良県脇本遺跡の出土資料から土製鋳型外枠の下限年代が弥生時代末期にあるとし、したがって「近畿地方を中心に盛行した土製鋳型外枠を使用する伝統的な技術は、古墳時代初頭までに途絶え」、古墳倭製鏡をふくむ古墳時代の鋳型の「大半は土製鋳型外枠を使用しない方法」で製作されたと推定した。そのうえで清水は、古墳時代の鋳型がまったく発見されないことを考慮して、それは「伝統的な真土型鋳造法」と同じく、「鋳型の外面に粗真土を、鋳型面の肌土には上真土を用いて段階的に鋳型土の粒度を変える」「真土型」と推定した。そうした鋳型であれば、「型ばらしの際」に「鋳型面が大きく破損」するので、破損した「真土型」をさらに「粉砕し、新たな鋳型を作成する際の鋳物土に再利用した」ために現物が残存しない、という理窟である〔清水 2012〕。また、古墳倭製鏡の鏡笵に関して三船は、下池山古墳出土の倭製内行花文鏡の鋳肌が「漢鏡」に類似することから、「粘土に籾殻灰を混入した」「山東省臨淄出土前漢代鏡笵」と「同類の笵材であった可能性」を提唱した〔三船 2008〕。

　さらにまた、(「仿製」)三角縁神獣鏡の鋳型に「二層式鋳型」が使用された可能性があるという、実に興味深い提言が、実験鋳造と実物観察の双方からなされた。まず鈴木勉が、堅牢な二層式鋳型をもちいて、同笵鏡の製作に成功した〔鈴木勉 2003・2016〕。そして森下が、4組の「仿製」三角縁神獣鏡群において、同笵(型)でないにもかかわらず線状の(笵)傷が一致する事実を指摘し、そうした現象が二層式鋳型の使用時に上層で生じたひび割れに起因する可能性を想定した〔森下 2005d・e〕。さらに、最近の論考で清水は、「鏡笵から鏡を鋳造する際に鏡笵の鋳型面が損傷し、その損傷部分を除去するために幅置も含む鋳型面を削り込んで新たに鏡体や鏡背文様を彫り込む」手法を提説しており、この手法を採用した結果、「鋳型面に深く陥入した傷はこの削り込みを行っても除去できず、再利用鏡笵の鋳型面にも残ることとなる」と主張している〔清水 2015a〕。

#### b. 鏡体成形

　製品の鋳上がりや笵傷などから土笵の使用が推定される「仿製」三角縁神獣鏡および古墳倭製鏡の作笵に関して、鏡体を挽きだす挽型に注目した検討がおこなわれている。とくに(「仿製」)三角縁神獣鏡を対象に岩本が実践した精緻な分析が、注目にあたいする。岩本は、製品の縁部内斜面お

よび鈕に残る同心円状の型挽痕や、鈕頂部にみられる挽型の心棒痕とおぼしき小突起の存在をもって、三角縁神獣鏡の「形態の大枠が挽型によって規定されたことはまず間違いない」と断じた。そして、三角縁神獣鏡の挽型は鈕や縁部の形態・内外区の幅・内外区の段差といったおおまかな形態を削りこむ程度の簡易なものであり、概形を挽いてから乳や各種文様を刻むという工程を復元した。そのうえで、三次元形状計測の成果を積極的に導入し、「仿製」三角縁神獣鏡をふくむ三角縁神獣鏡において非同范（型）品間で断面形状が一致する鏡群が存在することを突きとめ、同一の挽型を共有しつつ複数の鏡群を挽きだす製作実態を明らかにした〔岩本 2005b・2012b・2014a〕。

　他方、古墳倭製鏡の挽型については、内区や内区外周などの径が異系列の製品間で一致する事例を抽出して、「同じ規格の挽型」の存在を推定したり〔辻田 1999；村松 2004b〕、「文様構成比率が整数比に近くなる傾向」は挽型における「ある程度共通した規格性」の所産とみる〔辻田 2007a〕などの考察がなされた。ただしそれらは、「挽型のサイズ・形状を決定する時点で、完成品自体のサイズがある規範に基づいて明確に意識された」こと〔辻田 2000〕を、要するに完成品の規格を決めてから挽型を製作したというあたりまえのことを、規格論の前段にすえたにすぎず、挽型に言及する必然性がない議論でもある。その規格論にしても、小型鏡・中型鏡・大型鏡・（超）大型鏡を区別する程度にとどまっており、挽型や挽型使用の実態に肉薄する検討が要望される。

　鏡体の断面形状は厚みと関係し、銅・錫・鉛の配合率に左右されるとはいえ、重量とも密接に関連する。近年、重量に着目した研究が登場している〔岡村 2005b；清水 2008b・2014；小西 2009・2011；下垣 2016a〕。とくに小西正彦は、車崎が設定した「作鏡者A」〔車崎 1993a〕の「作品」13面が、鏡体の「平均厚さを面径の大きさに比例して厚くする形で設計・製作されている」という解析結果をみちびきだし、これらが「製作技術の面でも一定の高度な考え方と技術に基づいた作品群」だと主張した〔小西 2011〕。内区部分よりかなり厚い外区部分が全径に占める割合、縁部の幅の広狭および形状、鈕のサイズなどといった、重量にかなりの影響をおよぼす要素が資料ごとにまちまちである事実を捨象して、「銅鏡を仮に円板と見な」すことで「大きさ（面径）と重さの関係」を検討する〔小西 2009〕という、資料操作上の欠陥をかかえてはいるが、意欲的な研究成果である。

　基本的に挽型の使用時に挽きだされる鈕と後刻される乳は、一律の形状を呈するかにみえて、実際の形状は多彩であり、製作系統や技術をうかがう手がかりになりうる。事実、きわめて早い時期に鈕の断面形状の分類がなされ〔八木 1902〕、鈕と乳の形状の差異が時期判別の一基準としてとりあげられていた〔高橋 1908d〕。しかし、この着眼は後継されずに埋もれ去った。同様に断面形状なども、第二期から第三期にかけて若干の注意を惹いた〔八木 1902；富岡 1920a；後藤 1926a〕のち、時おり言及されることはあっても〔原田 1961a 等〕、正面からの検討はなされなかった。しかし断面形状は、第七期に「外区の厚さ」が三角縁神獣鏡の「時間差を示す」指標とみなされ〔新納 1991〕、倭製鏡研究においても「外区の断面形態」がたどる「型式学的な変化」が「時期推定の有力な指標となる」〔森下 1991・1993b 等〕ことが明示されるなど、注意されるにいたった。

　鏡体の諸属性に着眼した倭製鏡研究は、当期前半期にはごく一部の考察〔河口 1990〕をのぞくと、森下がひとり気を吐いたにすぎなかった。しかし当期後半期には、いくぶん活性化の方向に転じた。とりわけ、岩本による「仿製」三角縁神獣鏡の検討には注目すべきものがあった。岩本は鈕および外区の形態に着目し、乳の形状などの形態的属性との組合せをもって計10鏡群を抽出し、

諸鏡群間の前後関係と系統関係を復元した〔岩本 2003〕。この分析法を後期倭製鏡の旋回式獣像鏡系に適用した加藤は、鈕および縁部の断面形状による分類形式と獣像表現による分類形式との組合せから本系列を12型式に細分し、その変遷プロセスを解き明かした〔加藤 2014a〕。岩本はさらに、鏡体の特徴を挽型使用の有無と関連づけて分析を推進している〔岩本 2017b〕。

　また、縁部上端の形状や凸面を呈する鏡面にも関心が注がれている。清水は、縁部上端形状が「平坦」な中国製鏡と「緩い湾曲」を呈する倭製鏡との相違を指摘し、両者の差を鋳造後の熱処理工程に関連づけた〔清水 2000〕。岩本もまた、内行花文鏡の縁部～外区部分の上面が、中国製鏡では「直線的な形態」を呈するのにたいし、倭製鏡では「反りをもって縁部端へと至る」という差異を看取し、その差異は「時間的な経過や小系列を越えて」中国製鏡と倭製鏡とに保持され、両者を「識別するうえではきわめて重要な要素となりうる」と主張した〔岩本 2009〕。さらに森下は、これらの特徴に舶倭の系譜関係を読みとろうとこころみた。具体的には、古墳倭製鏡に顕著な「縁部に反りをもたせ、斜縁状に仕上げる志向性」は、「研磨の丁寧さ」とともに「華北―東部、徐州系の鏡」との「間接的な関係性をうかがわせ」、凸面鏡の「普遍化・定式化」についても、後漢鏡との「間接的な技術のつながりを考えさせる」とみたのである〔森下 2007・2010〕。

　清水の推論の根幹には、中国製鏡の凸面形状は注湯後の熱処理の産物である可能性があり〔清水他 1998；西村俊 2000b；二上古代鋳金研究会 2001；三船 2002〕、倭製鏡のそれは最初から鋳型形状に組みこまれていた、という前提がある。しかし、森下が明快に整理したように、凸面の形成については、「①鋳型の段階でつくりだす」、「②鋳型から取り出し後、人工的な方法でつくりだす」、「③鋳型からはずした後、自然的な要因で生ずる」、などの説があり、3説のどれも定説にはいたっていない。また、倭製鏡の凸面形状が熱処理ではなく鋳型の段階でうみだされるとすれば、「鏡背と鏡面の鋳型のカーブを合わせる」という高度な技術が必要になる。ただ①説であれ②説であれ、中国製鏡から倭製鏡への技術の流れを暗示することに変わりはない〔森下 2007〕。

### c. 施　文

　施文に先行する割付については、鏡背文様が幾何学性に富む中国製鏡を中心に検討が蓄積されてきた〔高田 1974；川西 1982；立木 1995；中野 1996；廣川 2005；清水 2007 等〕。他方で倭製鏡においてこの方面からの検討は、例外的な先駆的業績〔原田 1961a〕や「仿製」三角縁神獣鏡の分析〔福永 1994a〕をのぞくと、乳などによる内区割付の有無や精粗に言及がなされる程度にとどまっていた。しかし当期後半期には、画像処理ソフトの性能の向上とあいまって、細緻な分析があらわれてきた〔新井 2007；清水 2008a；脇山 2014〕。たとえば清水は、「外周円」「内接四角形」などに着目して、自身の変遷案〔清水 1994〕の各段階に相当する倭製内行花文鏡7面の「鏡背分割技法」を復元し、それが簡略化してゆく流れをとらえた〔清水 2008a〕。また脇山は、「有節松葉文帯」をそなえる倭製内行花文鏡を検討の俎上に載せ、花文（弧文）の基部を延長して復元した円形の径が均一か否かなどを調べ、「有節松葉文帯の乳（円文）と花文の配置との関係が薄れていく」過程を4段階に整理し、その変遷が四葉座の形態の変化と相関すると主張した〔脇山 2014〕。こうした諸研究はこころみとして面白いが、あつかう資料数と分析視角の鋭さにとぼしく、いまなお原田大六の先駆的成果〔原田 1961a〕におよばない。

　幾何学的な割付復元は、ややもすれば分析（図上操作）のための分析に終始し、その目的が不鮮明になる。これにたいし林は、前期倭製鏡が乳数や文様配置による「分割原理」という、「非常に

単純な」基準でまとめうることを強調し、「分割原理」による分類に製作集団や系統、そして背後勢力をも把捉しうる有効性を措定した。そして、図像や製作技術の相違と関連づけつつ、「4分割原理に基づく」諸「鏡種」は「大和東南部勢力」を背景とする「伝統鏡群」、「6分割原理」からなる鏡群は「佐紀古墳群勢力」が背後で関与した「新興鏡群」、「分割構成」を欠如する小型三鏡式（「小型倭鏡」）はこれらと「系統を大きく異にする鏡群」に位置づけうる、と説いた〔林 2002・2005・2013〕。

　施文に関する分析においても、土笵への「加筆」や補刻、使用工具の種類数や製作所要時間まで大胆かつ丹念に復元した原田の分析レヴェル〔原田 1960・1961a〕の後塵を拝しているのが現状である。当期後半期には、綿密な観察と三次元計測データの活用とを両輪として、三角縁神獣鏡の施文方法への理解がいっそう深まった〔鈴木勉 2002・2016；水野他編 2005 等〕。しかしそれらは、中国製三角縁神獣鏡を主たる検討対象としており、「仿製」三角縁神獣鏡はややなおざりの観がある。そうしたなか、「仿製」三角縁神獣鏡の神獣像の施文に、頭部と胴体が別々になった「型（スタンプ）」が使用された可能性が示されたことは注目される〔山田隆 2005〕。

　中国製鏡や「仿製」三角縁神獣鏡にくらべると、倭製鏡の施文方法の究明は進んでいない。とはいえ、いくらかの成果もあがっている。たとえば、区画同心円の設定が「1回ではな」い事例〔新井 2009a〕や、「紋様帯内の施紋後、再び界圏を描」く事例〔岸本泰 2010〕などが指摘されている。また田尻は、「鋳型製作途中で廃棄された」と判断しうる福岡県須玖永田A遺跡出土の弥生倭製鏡鋳型（福岡 613-6）の影鑿状態に着目し、当該資料はまず「外形と縁、縁圏と鈕部分」を彫りこんだが、「内区や櫛歯文帯」を刻文する前に廃棄されたと推測した。弥生倭製鏡の内行花文帯が二重弧線で表現されるようになった一因を、石笵への「彫り込み作業の省力化」にもとめた推察とともに説得力に富む〔田尻 2007・2012〕。豊富な鋳造経験に裏打ちされた三船の観察所見も、示唆にあふれる。下池山古墳出土の倭製内行花文鏡の1面に限定した考察ではあったが、複数の工具を使いわけ、「一度鋳型面に彫った凹線」を「造笵材と同質の材料で補修し」「再度彫り直」す一方で、「比較的大きな笵崩れ」を放置するなど修理が「不充分」であることなどを指摘し、その背景に「完成期限があって時間に追われる工人の姿」を推察した〔三船 2008〕。そして筆者も、田中JD式〔田中 1983a〕に相当する20数面の方格規矩四神鏡系の内区主像が、外見上の精粗に反して細部にいたるまで共通する描法で表現されていることを立証した〔下垣 2001・2011a〕。

### d.　鋳造（注湯）

　鋳造（注湯）技術に関する研究も、やはり「仿製」三角縁神獣鏡をふくむ三角縁神獣鏡が数歩先を進んでおり、実験をつうじた鋳造法の復元〔鈴木勉 2003 等〕にくわえ、湯口や注湯法、鈕孔の穿孔法など多彩な視角〔今津 2000・2005；福永 2005a 等〕から究明されている。倭製鏡では、鋳型が出土している強みを活かした検討が、弥生倭製鏡において推進されている。石笵を使用した鋳鏡実験は、弥生倭製鏡の鋳造法を復元する有益な手がかりをもたらし〔遠藤 2004；宮原他 2005等〕、鋳型と実物の緻密な観察も鋳造の実態を究明するうえで重要な知見をうみだしてきた〔柴田昌 2000；後藤直 2004；南 2005・2007c・2013b・2015；柳田康 2005・2015 等〕。

　後者のアプローチについては南健太郎が精力的に展開している。まず、弥生倭製鏡の鈕孔製作技法に「A技法」と「B技法」の二者をみいだし、それぞれ韓半島と九州北部とに起源をもとめうることを説き、弥生倭製鏡の系譜・系統論に重要な一石を投じた〔南 2005・2007c〕。最近では、湯

口と鈕孔方向との関係から技術「系譜」を復元する検討に余念がない〔南 2013b・2014・2015〕。たとえば、中国製鏡における湯口と鈕孔方向の関係が、後漢前半では「縦―縦型」を呈し、後漢後半に「縦―斜型」が登場することを確認し、さらに列島では、「縦―縦型」で製作された「北部九州系小形仿製鏡」および「十」字文鏡にくわえて、それ以外の倭製内行花文鏡（弥生倭製鏡）や重圏文鏡に「縦―横型」と「縦―斜型」も併存することを示し、その背景に列島各地にもたらされた「漢鏡」の相違があると想定した。とくに、瀬戸内以東の後二者（倭製内行花文鏡・重圏文鏡）に従来とことなる「縦―横型」および「縦―斜型」が採用された「技術的背景」として、「弥生時代後期後半以降の後漢鏡拡散」を推定したことが注意を惹く〔南 2015〕。ただ、「後漢鏡」の拡散の結果、それを模倣して各地で弥生倭製鏡を製作したとするのはよいとして、現物から知りえない湯口と鈕孔方向の位置関係まで、列島の工人がいかに再現しえたのか理解しにくい。所説に論理性をもたせるためには、「後漢鏡拡散」ではなく「後漢鏡」の製作者の「拡散」を想定すべきであるが、そうすると「後漢鏡」と弥生倭製鏡の品質の落差を説明しがたくなる。

　その一方、鋳型の出土例を欠く古墳倭製鏡の鋳造技術論は一向に進展をみない。鋳造法の相違に着眼した素文鏡の分類〔小野本 2013〕や、鈕孔の形状差（半円形／長方形）に製作集団や技術系譜の差異をみいだす意見〔林 2002〕、鋳掛けの少なさへの言及〔徳田 2005b 等〕や個別資料の観察所見〔三船 2008；岩本 2010c〕にとどまっている。しかし、たとえば鋳崩れや湯まわり不良、湯口部分の微妙な歪みなどが頻見するし、圏線などを潰すかたちでみとめられる痕跡は特段めずらしくもなく、鋳造技術を窺知する手がかりはけっして少なくない。体系的な鋳造技術論の未構築状態は、古墳倭製鏡研究が打開すべき障壁である。

　e. 仕上げ

　鋳張りの除去や研磨などといった鋳造後の処理技術に関して、これも「仿製」三角縁神獣鏡において多くが判明している。当該鏡式では、鏡背や縁部の研磨および仕上げが粗いことが明らかにされている〔岩本 2005b・2010b；森下 2005c 等〕。たとえば岩本は、「仿製」三角縁神獣鏡は「おそらく 9 割近くがほとんど研磨をほどこさないもので占められる」点で中国製三角縁神獣鏡と一線を画し、「新相の資料」になるほど「基本的には研磨を確認することができない」と説いた〔岩本 2010b〕。また森下は、「仿製」三角縁神獣鏡と魏晋鏡に例の多い「切削痕」を、「細かい研磨が省略された結果」と理解し、両者の関連性を暗示した〔森下 2013〕。

　古墳倭製鏡の鋳造後処理については、仕上げ研磨がしばしば丁寧な前期倭製鏡と概して粗雑な「仿製」三角縁神獣鏡とを対比するかたちで言及されてきた〔森下 1993c・2005d・2013；岩本 2010b・c 等〕。近年では、中国大陸を視野におさめた作鏡系統の観点から検討されている。たとえば岩本は、研磨だけでなく鈕孔設置技術や鋳型加工の有無などにおいて、古墳時代前期に相当する時期の「日本列島における銅鏡生産」に「関連づけうる」「α群」と「華北北部の銅鏡生産に関連づけうる」「β群」の二群が存在すると提言した〔岩本 2010c〕。森下も、鏡の表面状態に着目して、前期倭製鏡と「仿製」三角縁神獣鏡が「鋳造技術や研磨の方法などすべてにおいて大きな違いがあ」ることを強調した。さらに、前期倭製鏡が「三角縁神獣鏡やその仲間の魏晋鏡、後漢鏡と比べると、しわの多少や地肌に差がある」ことも示唆した〔森下 2013〕。なお、弥生倭製鏡の鋳造後処理については、湯道部分の鋳銅が遺存する資料にもとづく分析〔柴田昌 2000 等〕などがあるが、表面が朦朧として痕跡をつかみがたいためか、作笵や施文の検討にくらべてやや後手にまわっ

ている。平原墳墓出土鏡群を弥生倭製鏡とみるならば、柳田康雄の検討が詳細をきわめる〔柳田康2000a・b・2006等〕。

その柳田は、「鋳造・研磨技術」のあり方を根拠に、これまで中国製鏡とされてきた一部の列島出土鏡を列島での踏返し鏡と推断した。たとえば岡山県花光寺山古墳出土の長宜子孫八弧内行花文鏡（岡山159）にたいし、「弥生王墓で出土すれば問題ないが、古墳から出土して「マメツ」がないところに問題があ」り、「鈕と鈕座に同心円状研磨がなく、仕上げ研磨され」る研磨技術と「湯口が鈕孔方向と大きくずれる」技術とが「漢式鏡にはないこと」をもって、そして静岡県松林山古墳出土の長宜子孫八弧内行花文鏡（静岡31）には、「鈕と鈕座には同心円状研磨痕がなく、縁側面にも粗い研磨痕がないが、鏡面との角に大きく粗い面取りがある」ことをもって、両者ともに「日本の近畿」において「古墳時代前期大型仿製鏡の技術で踏み返しされた」とみなした〔柳田康2002〕。列島出土の「漢鏡」に踏返し鏡が存在するとの見解は、当期後半期にはいり、詳細な観察をつうじていっそう展開をとげてきた〔清水克他 2002；中井一 2003；寺沢薫 2005a・b・2014；南2010・2016a・b等〕。しかし、「伝世鏡」論を否定するかたちでくりだされる、これらの「踏返し鏡」説も、「古墳出土の「伝世鏡」で同型品が見出されていない」などの「不審」な点が残されている〔森下 2010〕。

三角縁神獣鏡や同型鏡群に比すれば、倭製鏡の製作技術に関する検討はとうてい十分とはいえない。しかし、当期後半期にはそれなりに分析が進み、考察も深められてきており〔岩本 2017b等〕、「最も立ち後れている分野」という評価は「過言」〔林 2013〕になりつつある。

B. 製作体制

製作技術の究明はきわめて重要だが、それだけでは鏡生産の実態の闡明につながらない。そうした諸技術がいかなる製作環境・工人編成のなかで複合され、実現されていたかの検討を、つまり製作体制の追究も併行して進めることが不可欠である。また、同時期における諸種の器物の生産体制との比較検討はもちろん、社会システムが類似する列島外諸社会の「生産体制」からの類推的研究〔岡村 2005c；田尻 2012等〕も、十分に有望なアプローチたりうる。以下では、各時期の製作体制の特質と異同を際だたせやすくするために、弥生倭製鏡・前期倭製鏡・中期倭製鏡・後期倭製鏡にわけて当期後半期の製作体制論を解説する。

a. 弥生倭製鏡

製品の文様構成や分布、鋳型の出土状況などの総合的な分析をつうじて、九州北部と「近畿」における製作体制を復元した、田尻の検討成果が現在の到達点である。九州北部の製作体制については、一元的な製作センターとみなされてきた福岡県須玖遺跡群のほかにも製作地が存在することを、鋳型の出土様態の精査をふまえて導出し、さらに製品の文様構成を加味して、福岡平野の「一ヶ所ほどに集約した製作地」での「集約した生産体制」（「第1期」）→「福岡平野や隣接諸平野の複数ヶ所」での「分散した生産体制」（「第2期」）→「須玖遺跡群を中心」とする「集約した生産体制」（「第3期」）という、「複雑な展開を示」す3段階の推移を復元した。そのうえで、他種の青銅器生産の様態をふまえて、弥生倭製鏡も生産した当該期の「青銅器製作者たち」は、「「専業」への方向性をもちつつも十分に「専業化」していない「兼業」段階の人々であ」ったと結論づけた〔田尻 2004・2012〕。また、「近畿産」（＝「非北部九州産」）の弥生倭製鏡の製作体制も、田尻によ

って解明の緒に就きつつある。田尻は、「近畿産」を北部九州産と識別する有効な基準を提示したうえで、前者の諸「鏡群」の「製作者」と製品の「モデル」とが「一対一の対応した関係」をみせず、文様構成にも「厳格な規制」を欠き、「鏡背面文様に型式学的な連続性が認めにくいことから、生産量はそれほど多くな」いなどの根拠をもって、これらが「規格性」も「一貫性」もない「分散型の生産体制」下で、「散発的」に「細々と」製作されたとの評価をくだした〔田尻 2005・2012〕。

　田尻の考察に比肩する精度と確度をそなえた製作体制論はほかにないが、興味深い言及や指摘ならば散見する。林は、九州北部の弥生倭製鏡の生産体制に関する田尻の案に修正をせまり、弥生時代「後期初頭」の「狭縁式段階」からすでに「製作地が分散化しており」、「後期後半」の「広縁式段階の新相」に「集約化され」たという「モデル」のほうが、「北部九州における首長権の展開と一致している」との構想を示した〔林 2010a〕。また森岡は、「近畿」における作鏡単位が、弥生時代後期～末期の「弥生系青銅器」の「生産単位」と同様に「小単位」であり、「旧国以下の地理的単位の下」で、「自家供給型の鏡作り」をおこなっていたと推察した〔森岡 2010・2014〕。南も同様に、当地域の弥生倭製鏡生産が「小規模なものであった」とみた〔南 2009a〕。弥生倭製鏡の鋳型の多くが、「広形銅矛などの使用済み大形鋳型からの転用」だと解したうえで、その「製作者」は「広形銅矛工人と同一」とみたのも、製作体制に関する興味深い指摘であった〔後藤直 2004〕。

　九州北部以外の諸地域は鋳型の出土を欠くため、鏡背文様と分布から議論を構築せざるをえない。しかし近年、近畿地域や北陸地域で土製鋳型外枠が出土しており、鋳鏡関連資料として注目を集めている。唐古・鍵遺跡からは突出した数量が出土しており、弥生倭製鏡の鋳造も推定されている。しかも、これらの鋳造関連遺物は、炉跡状遺構を中心とする本集落の小範囲で検出されており、鏡などの各種青銅器の計画的な生産体制を復元しうる〔藤田三 2012・2013 等〕。また、同遺跡における集中的な青銅器生産の終了後、すなわち弥生時代末期に、近在する大福遺跡や脇本遺跡で青銅器のリサイクル生産がおこなわれたことが、銅鐸片・銅滓・土製鋳型外枠・送風管・銅鏃失敗品などの出土により明らかにされている〔清水 2012；坂 2012b；藤田三 2012 等〕。古墳倭製鏡の集中生産が推定される奈良盆地において、青銅器生産が先行して実施されていたことは、古墳倭製鏡の系譜を究明するうえで重要な手がかりになる。

### b. 前期倭製鏡

　「仿製」三角縁神獣鏡・小型三鏡式・それ以外の倭製鏡（中心系列鏡群等）の製作体制が、それぞれ別個に論じられる傾向が強い。したがって、これら3つにわけて解説する。

　**「仿製」三角縁神獣鏡**　「仿製」三角縁神獣鏡の分析は緻密であったが、一系統的な変遷が想定されてきたこともあり、工人レヴェルに踏みこんだ検討は十分でなかった。しかし、当期後半期に深化した系統論的分析により、「互いにある程度の関連を有」する「製作者集団が異なる大きく三つの系統」が、「縁部の断面形態や直径、全体の文様構成、鈕孔形態、研磨などの製作技法」といった大枠を共有しつつ、「異なる規格に基づいた複数の鏡群を併行して生産していたこと」が示された〔岩本 2003〕。また、当期前半期に福永が「同笵鏡」の分析に立脚して、本鏡式の諸鏡群が「きわめて短い期間に」「同一工房で」「集中的に製作された」可能性が高いとみた〔福永 1994a〕が、この推定は、同一埋葬施設における共伴状況〔岩本 2003；福永 2005a 等〕や同一鏡群の規格上の凝集性〔岩本 2003〕、そして笵傷の共有状況〔森下 2005d・e〕により補強された。とくに森下は、

線状の笵傷が「共通する鏡群」を「製作時期・製作者の関連性を強く示す単位として設定」でき、そうした鏡群が「一定の限られた時期に、同一ないし共通の笵型を利用した強い関連をもつ工人によって製作された鏡群であること」を、そして「一時期における数量と種類の少なさからみて、工人は少人数」だと主張した〔森下 2005d・e〕。以上の諸研究から導出される本鏡式の製作体制は、形状や規格などの大枠を共有する複数の製作集団が、特定時に併行して集中生産に従事した、といったものとなろう。

**中心系列鏡群を軸とする倭製鏡**　中心系列鏡群を核とする倭製鏡は、鏡背文様や規格性、製作・仕上げ技術など多くの点で「仿製」三角縁神獣鏡と相違し〔森下 1993c・d；岩本 2003・2010b 等〕、それゆえ両者はことなる製作者集団の製品だと説かれてきた〔森下 1991 等〕。その推定は、後者が中国製である蓋然性がでてきた現在、いっそう妥当性を帯びてきた。しかし前者は、「仿製」三角縁神獣鏡にくらべて分析の精度が不十分であり、多様な意見がいくぶん散漫にくりだされている観がある。とはいえ、大局的にみれば、A説＝畿内地域の特定工房（群）における集約的生産を基本とみる説、B説＝畿内地域を中心に複数の製作集団が併立し、併行的（・競合的）に生産したとみる説、C説＝畿内地域の中央生産をみとめつつ地域生産の占める比重を重視し、多元的・分散的な生産を想定する説、にまとめうる。

　A説は、文様などの顕著な連繋性を重視し、倭製鏡が「おそらく畿内で、ごく限られた人びとによって製作され」たとみた推断〔田中 1979〕の系譜上にある。大半の倭製鏡が「ごく限られた工房で集中的に製作された」とする主張〔車崎 2002a〕はその直系である。しかし現在、生産の凝集性・限定性をこれほど強調する見解は少なく、中心系列鏡群を軸とする（前期）倭製鏡の多くが、畿内地域の特定区域で集約生産されたと説くにとどめるのが一般である。たとえば辻田は、「諸系列間の密接なつながりなど」を根拠に、前期倭製鏡は「ある狭い地域内」、「具体的には近畿地方の中でも特に奈良盆地周辺」で「集中して生産が行われていた可能性が高い」と考えた〔辻田 2007a〕。他方で筆者は、前期倭製鏡の製作を管掌した主体を「畿内中枢の王権」だと考定したが、確実な鋳鏡関連資料が未検出である資料状況を考慮して、具体的な製作地は不問に付した〔下垣 2003b〕。筆者の主眼は王権中枢勢力による製作の「管掌」におかれており、理窟のうえでいえば、集約的・計画的な製作が実現される場であれば、畿外に鋳鏡工房が設置されていても問題はない。

　B説の主唱者は林である。林は前期倭製鏡の生産体制について、次のように復元した。「初期の段階」である集成編年「2期」には、「恒常的な生産は行われ」ずに「必要に応じて製作するといった散発的な生産体制であ」った。「3期」になると、「集約的かつ規格的な一元的量産体制に向けて統合され」、「大和東南部勢力」を背景とする従来の「伝統鏡群」にたいして、「佐紀古墳群勢力」を背景とする「新興鏡群」が勃興し、両勢力のもと各鏡群が競合的に製作された。そして「前期後半」には、この両勢力にくわえて、「盆地外」をふくむ「各地域の政治的勢力が独自に四獣形鏡を製作」していた、と〔林 2000・2002・2004〕。超大型倭製鏡の「鏡式の多様性と分布」が、「諸王の割拠」を「代弁したもの」と断じる主張〔西川 2000〕も、林の見方につうじる。

　当期前半期に森下は、前期倭製鏡の生産に畿内地域の「複数の系統の製作者集団が関わっていた可能性」を想定した。ただし、「中心的な製作者集団」が「大規模な協業形式」をとり「中心系列鏡群」などを製作する一方、これとは別系統の「製作者集団」が「仿製」三角縁神獣鏡や珠文鏡な

どの生産にたずさわったという見方であり〔森下 1991・1993a〕、おおむねA説であった。しかし
当期後半期には、「中心となる系列群＋独自の系列というとらえ方」のうち「独自の系列」を前面
におしだし、B説への傾斜を強めるにいたった。「畿内に存在した生産集団」を「一系統にまとめ
る」ことの「無理」を強調し、前期倭製鏡における「生産系統」の差を重要視した。具体的に、奈
良盆地西部で出土が顕著な鏡群などが、「前期末～中期前半」に「中心系列群とは異なる製作者集
団」により生産された蓋然性を説いた〔森下 2002・2012a〕。さらに、「中心的な製作者集団」の所
産である鏡群中に「かなり多くの「クセ」の違い」を「同時期に認め」うることを指摘し、前期倭
製鏡の「製作の中心」は、「一定数以上の工人がその生産に参画」した「一定以上の規模を有」す
るものであったと主張した〔森下 2005d・2015 等〕。

　そしてC説については、当期前半期につづいて赤塚が精力的に論陣を張った。赤塚は、人物禽
獣文鏡や「獣形文鏡」、一部の内行花文鏡にくわえ、絵画文鏡や神頭鏡系、一部の鈴鏡なども「濃
尾平野」をはじめとする畿外諸地域で生産されたと力説した〔赤塚 1995・1998a・b・2000・
2004a・b〕。赤塚は、「濃尾平野」産の倭製鏡の抽出作業に主力を注いだためか、製作体制への具
体的な論及は少ないが、神頭鏡系の検討をつうじて、中核的な鏡群を「天才的な製作者」たちが
「特定の工房」で製作する一方、種々雑多な「派生鏡」が「集落内の単発的かつ小規模な環境でも
製作」されるという、二極的な製作体制を想察した〔赤塚 2004a〕。また西川は、「大型のだ龍鏡」
が「大和政権の中枢部で一括生産され」たことを示唆する一方で、「多様な系譜」を有する倭製鏡
の「製作工人を一元化して考えることに躊躇」する立場を明示し、「だ龍鏡」の関連鏡群のうち
「もっとも下位」にあたる「捩紋鏡」が、「全国を遍歴する」「鋳造工人」により生産されたとみた
〔西川 2000〕。

　**小型三鏡式**　小型三鏡式は、重圏文鏡をのぞくと弥生時代末期から古墳時代後期まで生産されつ
づけた鏡式であるが、本項に一括する。これらが畿内からの遠隔地で出土した場合、報告書の考察
などで「畿内政権」との関係が推測されることが、近年でもままある。しかし倭製鏡の専論におい
て、小型三鏡式が畿内で独占的に生産されたとみる見解はほぼなくなった。珠文鏡や重圏文鏡を総
じて「畿内地方」の製品とする見方は、いまや少数派といえる〔脇山 2013・2015b〕。対照的に、
各地で出土する小型三鏡式を「各地域で独自に活動をおこなっていた小規模な製作工人集団」の所
産ととらえる見解〔林 2005〕が前面化してきた。地域生産の存否という論点は過去のものとな
り、逆に「珠文鏡や重圏文鏡を全て各地での生産によるものと考えることができるか」否かが「今
後の課題」とみなされるまでになった〔辻田 2005b〕。こうした動向をうけて、とくに珠文鏡にお
いて、畿内地域の「中心的な製作工房」での生産を想定しうる資料〔林 2005〕を摘出する作業が
緒に就いてきた。とくに岩本が提起した、珠文鏡の「「充塡系」諸鏡群の生産が、畿内地域を中心
とした集団関係によって維持・管理された可能性」〔岩本 2014b〕は、検討範囲を広げて推し進め
る価値がある。

　しかし他方、地域生産の有無に関心が集中してきた学史的経緯が、属性が寡少なため詳細な検討
が至難だという資料上の弱点に折り重なった結果、林を例外として、製作体制の具体像に関する検
討がなおざりになる弊害が生じた。地域生産を究明する場合にせよ、「中央生産」の一部に位置づ
ける場合にせよ、製作体制の具体的究明を欠いては議論の深化は望めない。

　**分析視角**　製作体制論において、実践をともなったいくつかの重要な分析視角が提示された。こ

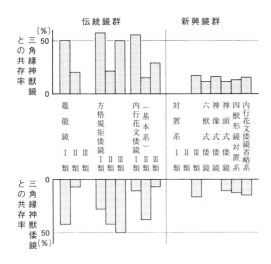

図73 「伝統鏡群」「新興鏡群」と三角縁神獣鏡の共伴率〔林2002〕

こでは、「新式神獣鏡」論を発展的に継承した「伝統鏡群／新興鏡群」論と「連作鏡」論、そして「面径に基づく」「ヒエラルキー」論をとりあげる。後二者には中期倭製鏡や後期倭製鏡を対象にした検討もあるが、前期倭製鏡に関する考察が多数を占めるので、本項で解説する。

「伝統鏡群／新興鏡群」論の提唱者は林であり、「文様の割付方法」にくわえて「出現時期や主要図像・外区などの文様要素、製作技術」において「大きく様相を異にする」「2つの鏡群」、すなわち「伝統鏡群」と「新興鏡群」を具体的に抽出し、両者の相違の背景に「製作集団の違い」および「それらを掌握する勢力の違い」が反映していると解した。さらには、両者の併存期の政治状況や分布状況、両者の共伴状況および三角縁神獣鏡などとの共伴状況（図73）を加味して、それぞれの背後に屹立する「大和東南部勢力」と「佐紀古墳群勢力」とが、「政治戦略」として倭製鏡の製作と「配布」につとめ、「競合」していた事態を復元した〔林 2002〕。「政権交替」論の裏づけとなる構想として注目されたが、倭製鏡研究者からは異議がよせられた〔下垣 2004・2016b；辻田 2007a；加藤 2015a・c 等〕。林が相違点を強調した「2つの鏡群」には、むしろ系統的な連続性がみいだせるとの反論が主体を占めた。また福永や林は、鏡以外の器物や埴輪における大和東南部と同北部との異系性を重視したが、そうした見方には批判も多い〔鐘方 2012b；廣瀬 2015 等〕。

「伝統鏡群／新興鏡群」論は、林の孤説であったが、「連作鏡」論には幾人かがとりくんだ。たとえば筆者は、森下の先駆的な分析手法〔森下 1998c〕に倣い、鏡背文様と断面形態に着目して複数の連作鏡群の分析を実施し、「特定段階の多くの倭製鏡は集中的かつ短期的に製作されていた蓋然性」を提起した。さらに、そうした製作状況などを考慮したうえで、「倭製鏡の基本的な製作方式は契機的かつ短期的なものであ」ったと推定した〔下垣 2005a・2011a〕。他方、筆者に先だって新山古墳出土の直弧文鏡3面（奈良240-242）および佐紀丸塚古墳出土の対置式神獣鏡系3面（奈良22-24）を分析の俎上に載せた徳田は、各鏡群の文様構成と文様帯の比率が一致することから、これらは「同一工人」か「同一工房」が製作したとみた〔徳田 2004・2005b・c〕。また、筆者が「集中的・短期的に製作された」と結論づけた倭製方格規矩四神鏡系の一群〔下垣 2001〕のうち3面をとりあげ、これらに製作技術上の類似点と同時に相違点も存在することを指摘し、「個々の工人を特定するには単に平面文様の姿かたちだけではなく、製作上の「くせ」にまで踏み込んで検討していく必要があ」るととなえた。また、森下や筆者が同一古墳や同一埋葬施設に副葬された類似鏡群に分析対象を限定したことにたいし、「離れたところから出土した場合」の検討も必要だと提言した〔徳田 2010〕。このほか辻田は、佐紀丸塚鏡の3面の製作順序を、「内区文様簡略化の方向性」から復元し、ほぼ筆者と同じ結論をえた〔辻田 2007a〕。また最近、直弧文鏡の連作について加藤が検討をおこない、短期的な製作を追認した〔加藤他 2017〕。これまで連作鏡の分析対象に後期倭製鏡が欠けていたが、最近になって加藤が後期倭製鏡における「同一紋様鏡」を抽出した。そ

して、森下や筆者のいう「連作鏡」をふくむ「同一紋様鏡」が製作された「要因」については「不明」としつつも、想定しうる一「要因」として、「短期的な生産においてさらに急を要する事態が生じた、あるいはあえて同一紋様鏡を配付する必要が生じた可能性」をあげた〔加藤 2014a・2015b・2016〕。連作鏡の分析は、製作状況ひいては製作体制を究明するべく遂行されてきた。そうした分析視座・手法の開拓者である森下が最近、「連作鏡のもつ情報」は「製作状況に関する点もさることながら、製作者からの供給状況をみることに有効」との評価をくだしている〔森下 2012b〕。連作鏡分析を流通・授受論へと展開させうる重要な提言であるが、具体的な分析が不足したことが惜しまれる。

　鏡径の「ヒエラルキー」論は、以前から重要視されてきた論点であった〔和田晴 1986；車崎 1993a 等〕が、当期前半期以降に進んだ諸系列内／間関係の研究成果をうけて、より細密かつ総合的な議論が可能になった。たとえば林は、集成編年「2期」の「鼉龍鏡I類」が「双胴系」と「単胴系」とで「面径範囲が明らかに異な」ることから、当該「鏡種」に「面径に基づく」「ヒエラルキーが存在していた」と推測した。そして「3期」には、「方格規矩倭鏡II類」に「属する3系列」が「いずれも相異なる面径範囲に分布し」、鼉龍鏡から揖文鏡が分化するなどの現象をとらえ、その背景に「生産体制の統合化と政治的序列の細分化」を読みとった〔林 2000〕。この10年後の論考では、「前期前半」「前期後半（古段階）」「前期後半（新段階）」における「鼉龍鏡」「方格規矩倭鏡」「内行花文倭鏡」「対置式倭鏡」「六像式倭鏡」「神頭式倭鏡」の面径分布を図示し、「面径における階層区分」が「かなり細かいレベル」がみとめられ、「前期前半の段階ではその階層性が極めて明瞭であるものの、前期末にいたるといくぶんか平準化され」たと論じた〔林 2010b〕。

　また辻田は、「仿製」三角縁神獣鏡をのぞく前期倭製鏡の「サイズ・ヴァリエーション」が、「約2～3cm の間隔を置いて決定されていること」を読みとったうえで、具体的に鼉龍鏡と揖文鏡に分析をほどこし、「需要の増加・生産の拡大」にともなう「サイズの多様化」ののちに「小型品への収斂」が生じた推移を復元した。そして、このような「面径の大小」による「序列化」が、「古墳時代初頭段階」に「近畿地方に大量」に流入した「完形後漢鏡・魏鏡」に由来し、それらのうち「特に大型のものから優先的にモデルとして選択」して「中心的系列群」が創出され、「面径の大小を基準とした列島独自の序列化・体系化が行われ」たと推察した〔辻田 2000・2007a・c・2012a〕（図51）。両氏の驥尾に付して筆者も、前期倭製鏡の諸系列の面径分布を精査し、個々の系列が相互補完的に特定の面径範囲におさまることを明らかにした。そのうえで、「複雑多彩な倭製鏡の諸系列は、特定範囲の面径におさまる鏡群をつくりだす」「作鏡戦略」のもと、「大型の倭製鏡のデザインを部分抽出・融合することによって創出された」との解釈を打ちだした。また、面径による序列において倭製鏡と中国製鏡が混用される場合があったことを示唆した〔下垣 2003b・2011a〕。

　以上は前期倭製鏡を対象にした研究であったが、これ以外の倭製鏡をあつかった検討もなされた。上野は、後期倭製鏡において交互式神獣鏡系・旋回式獣像鏡系・乳脚文鏡系が離散的な面径分布を呈することを明示し、「鏡式によって大中小の形態を区別することが意識されていた」と推定した。他系列を「凌ぐ大きさ」を誇る「交互式神獣鏡系」の面径範囲が同型鏡群のそれに近似する現象に着目し、これらが「枯渇した同型鏡に代わるものを意図して創出」されたとの説〔森下 1991；川西 2004〕を裏づけたことや、「15cm 以下の中型鏡である」「旋回式獣像鏡系」に、「面径15cm 前後の画文帯神獣鏡を象徴する」「環状乳」がみとめられるので、（後期）倭製鏡の「創出に

あたって」面径も「意識した意図的な」中国製鏡の「選択がなされていた」とみたことは、とくに示唆に富む提説であった〔上野 2004・2012b・2013b・2014b〕。

　また福永は、弥生倭製鏡の面径「規制」説〔寺沢薫 1992〕を発展的に継承し、「弥生後期後半から古墳時代初頭」頃の出土鏡が、径9cm前後を境に小さな弥生倭製鏡と大きな中国製鏡にわかれることをもって、弥生倭製鏡は「完形中国鏡の最小のものよりもさらに小さくつくるという原則のもとにコントロールされていた可能性が高い」と推断した。そのうえで、画文帯神獣鏡＞「他種の大・中形中国鏡」＞「小形中国鏡」および「国産の小形倣製鏡」＞「各種の青銅器片」という、「邪馬台国勢力」が設定した「威信財青銅器の格付け」の「序列」に弥生倭製鏡が組みこまれていたとの見解を披瀝した〔福永 2001・2005a〕。意欲的な考説であったが、弥生倭製鏡と画文帯神獣鏡および「斜縁獣帯鏡や飛禽鏡などの小形中国鏡」との時期差を捨象した点に無理があった。

### c.　中期・後期倭製鏡

　中期倭製鏡と後期倭製鏡の製作体制に関する検討は、基礎となる分類・編年研究が整備されていないため、上記したいくつかの検討成果のほか、次のような見解が提示されたにとどまった。たとえば森下は、「前期末以降」の諸系列は「バラバラで共通性が薄」くなるが、後期倭製鏡になると共通性が看取され、「いろいろな生産集団が並立」するようなことはなく、「生産の中心は畿内にあ」ったとみた〔森下 2002〕。最近の小論でも、「畿内に生産地があった」と再説している〔森下 2015〕。この見方にいっそうの実証性を帯びさせたのが加藤であり、旋回式獣像鏡系の分析をつうじて「非常に強いまとまり」を剔出し、「王権中枢の管理下」での生産を主張した〔加藤 2014a〕。さらに、乳脚文鏡系と交互式神獣鏡系の検討も加味して、「雄略朝」～「継体朝」の政治動向と関連づけつつ、後期倭鏡の製作状況を究明している〔加藤 2017a・b・2018〕。また上野は、後期倭製鏡の「生産のあり方」を大局的にとらえ、「旋回式獣形鏡系」など「前段階以前」の倭製鏡に「系譜を追うことのできる系列」と、「交互式神獣鏡系」など「新たに中国より流入してきた同型鏡群をモデルにして、生産が始まった系列」との、「大きく二つの系統」が存在すると想定した〔上野 2004〕。後期倭製鏡を代表する鈴鏡に関して、作鏡工人が馬具生産にたずさわるなかで創出されたとの見方〔小林行 1965；小野山 1975 等〕が、これまで有力であった。しかし当期後半期には、鈴鏡の創出の技術的背景として、「馬具づくりとも関連をもつ」「外来の鋳造工人の導入」に注目する見解〔森下 2002〕や、従説とは逆に「既存の鏡工人」ではなく「鏡の紋様の意味を認識していない」「馬具製作工人」が鈴鏡を創出したとする見解〔西川 2000〕もだされた。

## （6）流通（分配）と保有

　鏡研究が古墳時代研究の花形として学界の強い注意を惹いてきた主たる理由は、同笵鏡と伝世鏡の流通（分配）・保有状況の分析をつうじて、当該期の政治・社会史的側面に肉薄できると期待されたことにある。しかし、こと倭製鏡に関しては、中国製鏡の代替品にすぎないという低評価が、編年・分類研究の遅滞とあいまって、流通（分配）・保有論は十分な展開をとげてこなかった。だが当期前半期に、分類・編年研究が飛躍的に進み、流通（分配）・保有論を推進する土台が整備され、また先駆的な検討成果も提示された〔車崎 1993a；森下 1998a 等〕。そうした先行研究の蓄積と成熟をうけて、当期後半期にはまず流通（分配）論が、そして授受方式と保有状況に関する研究が大幅に進捗した。ただ、この種の研究には多様なアプローチがあり、多くの研究者が多彩な見解

を提示してきたため、小項目に区別しがたい。したがって、以下ではまず当該テーマに関する研究動向の大局を概観し、つづいて個別研究者の研究成果を軸にすえて細部に踏みこむ手順をとる。

### A. 研究動向の大局

　2000年代なかば頃までは、分布論的検討にもとづいて、分配をつうじた王権中枢勢力の政治戦略を明らかにすることに関心が集まった。その背景には、「大和政権」の発展や「政権交替」などの政治様態を、器物の流通・分配から究明することへの強い期待があった。こうした研究には、緻密なデータ操作をふまえた意欲的なものも多く、現在の議論の基礎を敷いたものも少なくない。しかし他方、「威信財」論の上澄みを掬って鏡に流用した安易な論も増えた。分配論に反旗を翻し、自由度の高い地域内／間流通を強調する説もあらわれたが、感性にたよった臆説が大半を占めた。

　しかし2000年代後半頃から、分配者／受領者間でなされた授受方式の実態に、そして受領者（集団）内での保有状況に、関心の焦点が移行してきた。授受の契機についても、具体的な分析が深まりをみせてきた。古墳群や「首長墓系譜」における鏡の保有状況、さらには他器物の保有形式との異同に関する検討も精密の度を増し、（倭製）鏡保有の実態が徐々に明らかにされつつある。「威信財」論的な鏡研究も、皮相な迎合の段階を脱し、国外における理論的潮流をおさえたうえで、「権力資源」論や国家形成理論に連繋する努力がなされている。このような動向の背景には、列島の多様な地域社会を、当該社会の考古資料に即して究明しようとする気運の高まりがあり、おそらくこの気運に呼応して、鏡の授受を分配者の論理に限定せず受領者の論理からも追究すべきとの自覚的要請が生じた状況を考えうる。そして、1990年代前後から急成長をとげた首長墓系譜研究と（倭製）鏡の分類・編年研究とが、保有論や授受論を推進する基盤となった。こうして、「鏡が製作されてから古墳に副葬されるまでに、鏡はどんな軌跡をたどったのか」の「プロセス」の追究が、「古墳時代研究としての鏡研究の大きな課題」〔車崎 2012〕になってきた。威信財論の枠組をはぐくんだ文化人類学の交換理論が次々に紹介され、弥生・古墳時代研究においてようやく咀嚼されたことも、授受の方式や保有の実態を考慮すべきとの自覚をうながした。直截の影響関係は不明だが、中国の新石器時代〜殷周代における玉器や青銅器の分配・授受・保有論が進展したことも、近年の鏡の授受・保有論の展開とかかわっているかもしれない。こうした動向に関連して、弥生倭製鏡の流通・保有論や小型三鏡式の流通論も、製作技術・製作体制の分析の深化を追い風に活潑化した。また発掘調査の増加をうけて、韓半島でも倭製鏡の出土数が増し、韓日両国の研究者がその製作地・流通形態・入手経緯などについて検討を深めたことも、当期後半期の特筆すべき動向である。

### B. 古墳倭製鏡の流通・授受・保有

#### a. 林正憲の研究

　当期後半期の倭製鏡の流通論に先鞭を付けたのが林である。ここまで幾度か言及したように林は、古墳時代前期後半に「大和東南部勢力」が「伝統鏡群」を、新たに擡頭した大和北部の「佐紀古墳群勢力」が「新興鏡群」を、それぞれ別系統の工人集団に製作させ、おのおの別個の「配布原理」のもと各地の諸「勢力」に「競合的に配布」していた状況を想定した。林の力点は、「佐紀古墳群勢力」が「前期末葉に勃興する各地域の新興勢力」に「新興鏡群」などを「配布」することで

「勢力範囲の展開を図」り、「大和東南部勢力」と「政治的には覇権を争っていた状況」を復元することにおかれた〔林 2002〕。そして、林の復元した政治状況は、「政権交替」論で注視されつつあった大和北部勢力と「大和東南部勢力」との政治的角逐を、鏡から追認・補強するものとして評価された。林は前期倭製鏡の「多く」が「一元的かつ集中的に生産され、政治的意図をもって配布されていた」とみなしつつも、他方で「大和盆地」外における倭製鏡の生産・配布も想定する必要性をとなえ、その実例として「前期後半以降の古墳から出土する一群の」「四獣形鏡」をあげた〔林 2002・2004・2005〕。とくに小型三鏡式については、「重圏文鏡で珠文状結線文をもつものや、珠文鏡で一重の珠文をもつ優品など」といった一部が「地域首長間で流通していた」可能性を指摘しつつも、基本的に「各地域で独自に活動をおこなっていた小規模な製作工人集団によって」「頻繁に製作され」、「製作地の周辺」で流通していた状況を推測した〔林 2005〕。

　b.　岩本崇の研究

　「仿製」三角縁神獣鏡をふくむ三角縁神獣鏡の「分配」状況を詳細に吟味したのが岩本である。三角縁神獣鏡の分布状況から王権中枢勢力と諸地域との関係を長期的に追尾する〔岩本 2010a・d・2012b・2014a 等〕というアプローチ自体は、福永らの先行研究と同様のものであった〔福永 1998a；下垣 2005c 等〕。しかし、「三角縁神獣鏡の授受による中心—周辺関係」が「時期を追って」「徐々に薄れて」いったとみなし、さらに「王権と各地の集団にみる関係性がきわめて直接的かつ個別的であった初期の状況」が「仿製」三角縁神獣鏡出現の前段階頃に衰微し、これ以後「首長権が地域において受け継がれてゆくシステム」が「定着」したと想定するなど、興味深い見解を数多く示した〔岩本 2008b・2010a〕。埋葬施設における整然とした共伴関係を根拠に、「仿製」三角縁神獣鏡が「基本的に製作後きわめてスムーズに配布・副葬された」と考えたこと〔岩本 2003〕や、「仿製」三角縁神獣鏡の終末段階に生じた「威信財」としての意義の崩壊過程を詳細にえがきだしたこと〔岩本 2005a〕も、先行研究〔福永 1994a 等〕を掘り下げた成果であった。

　最近では、珠文鏡を軸にすえた分析をつうじて、山陰地域の「古墳時代後・終末期にみる銅鏡の流通と保有」が「あくまでも畿内地域を中心とした広域におよぶ関係性を示すもの」との考えを示した。とくに示唆に富むのが、そうした「流通・保有」が「地域という枠組みに規定され」ず、「墳墓の築造基盤を形成した集団ごとの、畿内地域を中心とした広域的な個別的活動によってなされたものと評価」したことであり、鏡が「山陰あるいはそのなかの諸地域を構造化するような器物として社会的な役割を担ったのではなく、より広い枠組みにおいて共有されることに最大の意義があったと推測」したことである〔岩本 2014b〕。王権中枢勢力が（倭製）鏡の分配をつうじて「地域あるいは小地域の内部を構造化」したとの解釈を棄却し、「広域における関係性のなか」での「共有」を重視する評価〔岩本 2012a〕は、地域の論理に配意したものである。ただ、副葬配置の分析をつうじて、「鏡の来歴」が舶倭を問わず重視されていた可能性を指摘するなど、「鏡の保有形態」に着目し〔岩本 2004〕、「「受領」という側面を重視」すべきことを提言し〔岩本 2010d〕、そして最近では「鏡の伝世・長期保有が終了する背景として」、鏡を新規に受領することにより「集団関係の更新に継続性が保証される」事態を考えるべきとの見方を打ちだしてはいる〔岩本 2014c〕ものの、授受の方式や諸地域での保有状況に関する具体的な考察にはいくぶん消極的である。

　そして最新の論考では、「後期倭鏡」が旧式の鏡群を「復古再生」したとみたうえで、それら模

作に供された鏡群が「倭王権」下で長期保有された事態を想定している。さらには、鏡をふくむ「器物の集積とその途絶」が「受領した集団の個別的な事情」ではなく、「分配元の倭王権の意図が共通して作用した」結果生じたとの見解を提示している〔岩本 2017b〕。

### c. 森下章司の研究

　他方、王権中枢勢力が介在する分配・流通よりも、授受の方式や契機、諸地域の有力集団における保有状況に力点をおいて考察を進めたのが、当期前半期に「分布や出土状況を用いて銅鏡の供給や保有面を検討する研究法」の「開発の余地」を探ってきた森下である〔森下 1998a・2012b〕。王権中枢勢力から諸地域の有力者（集団）への流れがおおむね想定されてきた鏡、とりわけ三角縁神獣鏡や倭製鏡の場合、賜与─拝受関係が当然視され、その関係は「分配」「配布」「分賜」などと表現されてきた。これにたいして、両者間の支配─服属関係の含意が比較的弱く、受領の積極的側面を内包した「授受」なる用語を採用したことが示すように、森下は鏡の流れを、政治的な支配─服属関係に収斂させず多面的にとらえ、とくに受領者側における鏡との関係構築の実態を究明することに意を注いだ。森下が魅力的な考察を提示したこともあり、近年ではその視角とともに「授受」の語が鏡研究に滲透してきた。

　当期に森下は、「生産者から最終的な入手者に至るまでの流通過程」のなかで倭製鏡がたどった「さまざまな動き」を復元するべく、いくつかの分析視角から検討を実施した〔森下 2002〕。たとえば、「遠江」の「獣文の仿製鏡の一系列」、「北部九州」の「斜縁神獣鏡 B 系」、「関東地方」の「内行花文鏡髭文系」、「畿内の東方、とくに東海道西部」の「同向式神獣鏡 A 系」といった、「特定地域に分布がまとまる」鏡群の存在をとりあげ、「畿内中枢」を介さずに「畿内の生産工房の一部から地方の首長がかなり直接的に銅鏡を入手する場合のあったこと」を推定した〔森下 2012b〕。また、前期倭製鏡の「同向式神獣鏡 A 系」をあつかった論考では、出土古墳の時期がほとんど古墳時代中期以降にくだり、しかも「三重県～静岡県という一定範囲にかたまる」現象に着目し、これらが「東海地方において長期保有・伝世」されたのちに「二次的移動」した結果である可能性を考えた。これに関して、連作鏡の分析が「製作状況に関する点もさることながら、製作者からの供給状況をみることに有効」だと評価し、一古墳において連作鏡群のような「たまり」が生じる背景には、「製作から入手・副葬に至るまでの間の仲介者や入手者の数が少なく、分散の機会が少なかった」事態があったとみなし、これまた「畿内中枢からの配布」とはことなる、「特定の製作者と地域の入手者との間が接近し」た授受方式の産物であると想定した。また方法論に関して、「類似性の度合いだけで「連作の鏡」と評価するのは困難であり、それらが同一古墳から出土した場合に限って「連作」と呼ぶ」とする認定基準を明記したことも、重要な提言であった〔森下 2001a・2012b〕。

　授受の方式と契機については、三角縁神獣鏡の授受を「参向型」でとらえたほうが「説明しやすい」とし、同一埋葬施設および首長墓系譜における整然とした組合せ関係を根拠に、その「授受の契機」が「一代一受」的な「特殊なものであった可能性を想定」した。さらに、笵傷の進行状況にもとづいて「仿製」三角縁神獣鏡の鋳造順を復元すると、同一古墳で共伴する 2 面の「同笵鏡」がしばしば近接する順序にある事実から、「仿製」三角縁神獣鏡の「生産と授受・配布は近接する関係にあっ」て、「製作やときには鋳造の順もある程度、配布や授受のまとまりに対応し」ており、「ときには鋳上がった順に応じて、製作からあまり間を置かずに授受がおこなわれた状況」をみち

びきだしたのは、生産体制と授受を実証的に関連づけた貴重な成果であった〔森下 2005b・d〕。

　一方で保有状況に関しては、旧稿〔森下 1998a〕から特段の進捗をみせなかったが、複数面の「同向式神獣鏡Ａ系」が特定地域で一括して長期保有される現象をみいだしたり〔森下 2001a・2012b〕、隅田八幡鏡の銘文を援用して、無銘鏡のなかにも「口伝によってそれを伝えて、集団的系譜を象徴する器物となったもの」が存在すると想像したりした〔森下 2005b〕。なお森下は、後期倭製鏡が前期倭製鏡「自体を模倣の手本とした可能性」を提案した〔森下 2005b〕が、これは王権中枢勢力下で前期倭製鏡が長期保有されたことを暗示する。この観点からの検討を、加藤や岩本らが最近おこなっている〔加藤 2014b・2015a・c・2018；岩本 2017b；上野 2018〕。

### d．辻田淳一郎の研究

　森下が追究した諸事象のうち、授受の方式と契機の解明に重点的にとりくんだのが辻田である。古墳時代前期の鏡の「入手形態」を「参向型」ととらえたうえで、「鏡を受領する側の視点から論を立ち上げること」に配意しつつ、「北部九州の事例」に立脚して「ヤマト政権から各地への鏡の配布のあり方」を以下のようにモデル化した。まず「各集団における鏡の入手・副葬形態」を、「Ａ類：各世代ごとの入手・副葬」と「Ｂ類：各集団内における世代間での管理・継承後の副葬：「伝世」」とに二大分し、「Ａ類」については「入手・副葬自体が、上位層の世代交代と密接に関わっている可能性」を、「Ｂ類」については「第１世代で入手された鏡の管理・継承が、上位層の世代交代を正当化するイデオロギー装置として作用した可能性」を想定しつつも、「両者は排他的なものではなく、鏡副葬の２つの側面として併存していた」とみた。さらに「副次的なモデル」として、「同時期における各地の上位層による鏡の入手・使用・消費」のあり方も、「(a) 各地の上位層のそれぞれに対する直接的な配布および副葬」と「(b) 第１世代で配布された鏡群を同時期の上位層同士の間で「分有」」との２パターンを措定し、(a) を「一般的」とみなし、さらに (b) を「b1：平野単位ほどの地域内での「分有」」と「b2：平野単位を越えた地域の上位層同士での「分有」」とに細分した。辻田自身も慎重に指摘するように、鏡の（二次的）授受の詳細を特定することは至難であり、これらのモデルは「あくまで理念型」の域にとどまらざるをえない。しかし、鏡の授受・保有の様態を突きつめてゆく有用な足がかりになりうるモデルである〔辻田 2007a・b〕。

　つづいて、このモデルに即して列島諸地域における鏡の「入手・副葬」の様態をつぶさに検討した。その結果、諸地域で多様な変異はあるものの、「ヤマト政権による鏡の配布は各地域の上位層に対し、各世代ごとに個別に行われた場合」（「Ａ類」）が「主体である可能性」を提示した。そして、「Ａ類」にせよ「Ｂ類」にせよ、「上位層各世代」の代表者がその「保有・所属」鏡を、「集団成員に対する自らの位置づけを正当化する」べく利用したと推定し、それゆえ集団内／間の利害・競合関係に駆動されるかたちで「ヤマト政権」との「貢納」／「配布」関係にみずからを組みこんだと考えた。そのうえで、彼我間にみいだしうるこのような「財の流通を媒介とした中心―周辺関係的」な「あり方」を「威信財システム」の「一類型」ととらえ、「古墳時代前期威信財システム／求心型競合関係モデル」と名づけた。鏡の「配布」をつうじて諸地域への「政治支配」を貫徹しようとする「ヤマト政権」の「配布する側の論理」と、世代間継承が不安定な「双系的親族関係」において、新たな集団代表者が「「首長」権の継承」と集団内／間での利害・競合関係を円滑かつ有利に進めるべく、その担保となる鏡を「ヤマト政権」から与えられることを望んだ「配布される側の論理」とを、相互作用的にとらえた点、とくに後者の論理を重視して、「「各地域社会からヤマ

ト政権へ」という求心型のベクトル」が「結果的にヤマト政権の急速な「実体化」と「中心化」を促進し」たとする構想は、すこぶる示唆に富むものであった〔辻田 2007a・b〕。[151]

　最近では、「参向型」を、「列島各地の上位層の代替わりや中央政権のパラマウント・チーフの代替わりなどの諸契機に伴い、各地域から中央へ参向し、その結果として威信財を各地に持ち帰る」「パターン」である「1類」と、「各地域の上位層とその親族などが、中央に上番して奉仕」し、その「見返りとして威信財が贈与され、それが各地に持ち帰られた後、地元の古墳に副葬されるというパターン」である「2類」とに二分し、前者から後者への移行に重要な政治史的意義をみいだした。すなわち、「古墳時代前期～中期を中心」とし、三角縁神獣鏡や倭製鏡を代表例とする前者は、「中央政権」と「地域集団」との関係を基軸とし、「上位層の死を契機とする葬送儀礼と世代交代」に規定された一方、「中期～後期を中心」とし、同型鏡群を代表例とする後者は、「中央政権」の活動に新たに参画した個人の「中央政権への上番・奉仕」が「規定要因」になったという変化を想定したうえで、「TK23～ 47 型式段階」における「2類」の登場は「人制」の成立や「府官制的秩序への志向と密接に関わ」ると推定し、「6 世紀代」に本類が主体化した背景に「ミヤケ制・国造制・部民制の成立」を示唆したのである〔辻田 2015・2018〕。文献史の成果に依存しすぎた観もあるが、興味を惹く構想である。この構想は、「畿内から各地へ向かう器物の、政権の意志に基づく広域的移動のかたち」が、三角縁神獣鏡の移動を代表とする従来の「下向型」から、同型鏡群の移動を代表とする「参向型」に転換した「5 世紀中葉における重要な」「改革」を重要視した川西の先駆的見解〔川西 1992・2000〕を、「参向型」内での変化として再評価したものにほかならない。

　他方で「中央政権」(「ヤマト政権」) による鏡の「配布」について、次のような見解を示した。古墳時代前期には、「単一的に近い形」をとる「ヤマト政権」が「一貫して鏡の配布主体」であり、倭製鏡や三角縁神獣鏡などを「各地の上位層」に「散発的あるいは選択的」に「配布」した。また「〔倭製鏡〕⇔〔三角縁神獣鏡〕といった選択的使用やそのサイズに関する論理」がみいだせ[152]ることから、「列島内部の上位層の差異化を図」るべく、「面径の大小を基準」にして「完形中国鏡・三角縁神獣鏡・倭製鏡」の配布戦略が実施されたとみた。「配布」の「論理」の推移にも論及し、「前期前半」には「中国鏡の面径の大小に加え、特に三角縁神獣鏡の大量副葬による「量の論理」」が重視されたが、「前期後半」になると、「三角縁神獣鏡及び小型の倭製鏡は列島各地の上位層に配布する一方、大型の倭製鏡については近畿周辺の上位層を中心に限定的に配布する」ことが示すように、「サイズの論理」を強調する方針へと転轍したと説いた〔辻田 2007a・c〕。

　上述したように辻田は、「各集団における鏡の入手・副葬形態」に関して、「各世代ごとの入手・副葬」である「A 類」を「主体」とみなし、その機制の究明に尽力したが、他方で「各集団内」での長期保有にかかわる「B 類」の検討は後手にまわった。同型鏡群の「配布」元での長期保有を想定する説〔高松 2011〕に依拠して、「雄略政権から継体政権にかけて」の「近畿中央政権下」で、同型鏡群の一部が「中央政権の正統性やその連続性を示す」「象徴的器物」として「管理・伝世されていた可能性」を推定したり、あるいは奈良県藤ノ木古墳における副葬事例から、「王族層」における同型鏡群の「長期保有」を説くにとどまった〔辻田 2012a・b・c・d・2013・2014a〕。

### e．上野祥史の研究

　辻田とは逆に、「地域社会」における鏡保有の実態に焦点をあてて検討を重ねているのが上野であ

る。上野はまず、鏡と「帯金革綴式甲冑」の特色ある共伴状況に注目し、「帯金式甲冑以前の甲冑と帯金革綴式甲冑では、最新相よりも生産段階の古い鏡が共伴鏡の中心となるのに対して、帯金鋲留式甲冑と小札甲では、最新相の鏡が共伴鏡の中心とな」る現象をみいだした。そして、「絶えず新しい鏡を入手し創出する状況」下では、「入手時期や生産期間に対応した短期間においてこそ威信財の配布は有効であり意味をもつ」以上、「生産期間を超えて配布が長期にわたることは想定しにくい」との理由から、こうした「古い鏡」の存在は「地域において」「保有した結果」であり、その副葬には「地域の意志が大きく作用」したととらえた。そのうえで、「帯金革綴式甲冑」の副葬時期と「保有鏡を副葬する動きが顕著となる」時期との対応現象の背景に、「前期的な鏡が伝世することを必要としなくなりつつある過程」を、さらには「甲冑という属人性の強い威信財の副葬によって、これまでは地域で保有する属人性が必ずしも高くはなかった鏡を個人へと帰属させてゆく動き」の「加速」を看取したのである。この論考で上野は、長期「保有鏡」が「比較的普遍性をもっ」て存在することを根拠に、こうした「威信財」が「地域の保有するものでもあること」を強調し、副葬に際して「地域の意志（選択）が働」くことを重視し、そこに「地域の論理」を読みとった〔上野 2012a〕。重要な視点であったが、肝腎の「地域の論理」の実態解明は不十分にとどまった。しかしこの課題は、同年と翌年にだされた２本の論考において掘り下げられた。

　この２論考で上野は、千葉県祇園・長須賀古墳群の出土鏡６面の種類・面径・時期を検討し、これらは古墳時代「中期後葉」と「後期前葉頃」とに、「王権」から「一つの地域社会」へと「一括してもたらされた」と復元した（図74）。そのうえで、「鏡の長期保有と古墳築造の空白期が表裏一体」をなす現象をみいだし、「古墳の不在が権力の空白を意味するものではなく、鏡保有の継続に地域社会やそれを維持する権力の存在が象徴されている」との解釈を提示した。ここで上野は、「器物の配布」に示される「王権中枢」の論理と、配布後の「取り扱いを決定する」「地域社会の論理」を区別し、さらには「古墳の築造と器物の配布・保有・副葬をそれぞれ異なる論理を背景とした独立した事象として理解」することで、両者の論理を「相対化」する必要性と意義を高唱したわけである〔上野 2012b・2013a〕。具体的な検討成果に裏づけられた価値ある提言であったが、保有と副葬を「地域社会の論理」で裁断しすぎた観もあった。

　また上野は、「配布」状況と授受方式の究明にも貢献した。前者については、後期倭製鏡の主要系列が「畿内の大和周辺地域」に少ないことは、当該「地域の被葬者達は、畿内勢力の政権中枢がこれらの鏡によって評価する集団ではなかった」結果であり、「北陸や山陰など」の諸地域に鏡そのものが寡少である事実は、「鏡

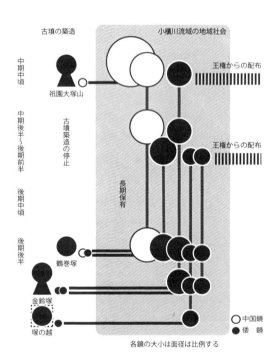

図74　「王権」の鏡配布と古墳築造（千葉県祇園・長須賀古墳群）〔上野 2012b〕

の授受によって表象される関係性の成立に畿内勢力が積極的に働きかけなかった結果」だとみなした。また、魏晋代の「模倣方格規矩鏡」が、列島において「西方指向の流通原理」で「配布」された一方、同時期に「畿内勢力」が製作・「配布」した倭製方格規矩鏡が「中央偏重で東方指向の流通原理」をみせるという差異を指摘した〔上野 2004〕。授受方式については、「着装＝使用する器物ではな」い鏡は、「序列に参画する構成員が会する場において授受」してこそ、「王権」による「評価の違いを顕示できる」との理窟から、その授受は「王権に参与する首長が集う場において分配され」る「参向型」が「基本」であったと推断した。ただし、「他者との比較の場が保証される」かぎりにおいて、「下向型の流通」も想定できるとの柔軟な見方を示した〔上野 2013b〕。また、辻田と同様に、「古墳第三様式鏡群」（「南北朝鏡」および「第三期倭鏡」（後期倭製鏡））が盛行したTK23・TK47型式期前後に、「特定個人を対象としない、集団を対象とした配布から、特定個人を対象とした配布へと変化した」と推測し、そのような「第三様式鏡群で表現する価値体系」が「六世紀中葉」まで継続した背景に、「雄略朝から継体朝へ」の「正統の継承とでもいうべき性格」を看取した[153]〔上野 2013a・2015a〕。このほか、韓半島出土の古墳倭製鏡についても、意義深い検討を積み重ねた〔上野 2002・2004・2013b・2014b〕。

### f．筆者の研究

筆者も、当期後半期に（倭製）鏡の流通・授受・保有に関する研究を推進した。流通に関しては、小型三鏡式をのぞく前期倭製鏡を主対象にすえて、総合的に分析した。その結果、前期倭製鏡の流通には王権中枢勢力の意図が強く介在し、当勢力が「自身との地理的近接性と親縁性の大小という二つの格差づけの基準」にもとづき、諸地域の有力者（集団）を格差づけ序列化するべく、面径に差をつけ諸地域に分配することに、この器物の意義があったと結論づけた。さらに、各段階の前期倭製鏡にくわえ、中期倭製鏡・後期倭製鏡・漢鏡7期の諸鏡式・三角縁神獣鏡の分布パターンが変化をとげた背後に、政治・社会変動に連動した有力集団内／間関係の変化と、それに対処する王権中枢勢力の戦略的意図の変遷をみてとった〔下垣 2003b・2004・2005c・2011a 等〕。

倭製鏡の授受方式については、格差付与の「効果性」と分配の「効率性」などを勘案し、「参向型」の蓋然性を指摘した。また、地域内での再分配については、その物的証拠を探知しえないという消極的な理由から、否定的な立場をとった。そして授受の契機については、各段階の倭製鏡が面径と数量において、広域にわたって同心円的な傾斜分布を呈すること、これらが同一埋葬施設において良好なセット関係を示すこと、さらには連作鏡の存在などを考慮して、有力者の葬時を契機としてもたらされたのではなく、王権中枢勢力が関与するなんらかの契機に、当勢力から諸地域の有力者（集団）に分配されたと考えた[154]。これに関して、倭製鏡と他器物が同一埋葬施設で比較的整然とした共伴関係を示し、しかも複数段階にまたがって両者の対応関係が整合する事例が少なからず存在することに着目し、この現象は複数次にわたって授受された諸器物が受領元で蓄積・保有された結果であり、分配元における蓄積・保有の結果ではないと推断した〔下垣 2003b・2011a 等〕。

他方、受領者側の論理にも注意をはらい、複数の視角から検討した。まず同墳複数埋葬で2基以上の埋葬施設に鏡を副葬する事例を分析し、副葬鏡の面径においてほぼ例外なく中心埋葬が副次埋葬をうわまわる事実を抽出し、鏡の大小の格差が流通主掌者により付与されていただけでなく、受領側の有力集団内でも鏡が「格差づけの道具」として利用されていたと推定した。そして、王権中枢勢力により格差づけられた（倭製）鏡を諸地域の有力集団が受容した主要因として、自集団内の

序列化を進める有効な器物として（倭製）鏡を利用しようとする諸地域側の論理があったと考えた。さらに、同墳複数埋葬における埋葬施設の優劣と副葬鏡の大小との対応関係が、埋葬時期や鏡の入手時期の新古に関係なく貫徹している事実をもとに、有力集団内で副葬鏡に関する情報が記憶（記録）されていたとの推察をみちびきだした〔下垣 2003b・2010b・2011a 等〕。最近では、諸地域への鏡の想定流入時期・古墳の築造時期（≒鏡の副葬時期）・人骨鑑定による被葬者の死亡年齢、という３種類のデータに立脚して、被葬者の活動（在位）期間と鏡の保有期間との相関性を検討した。その結果、大半の倭製鏡が入手時の有力者に副葬され、残りの若干が次世代以降に「伝世」する一方、中国製鏡はしばしば長期保有される傾向を抽出した。そのうえで、森下の先駆的研究〔森下 1998a〕に倣い、首長墓系譜における倭製鏡の入手—保有—副葬プロセスを分析し、特定地域で新規に造営された「首長墓」や複数地域にまたがる「盟主墓」に、長期保有鏡（および新規に入手した倭製鏡）が副葬される強い傾向性をみいだした。そしてこれらの傾向を、首長墓系譜の消長の特質や当該期の流動的な「親族システム」に照らしあわせ、鏡が集団内で長期保有されたのは「自集団の通時的な同一性を保証・維持」することにあったとみる解釈を提示した〔下垣 2012b・c・2013a・2016b・2018〕。

　しかし、ここから地域の論理の独自性を強調する方向に進まず、むしろ諸集団が自集団の存続・整序のために鏡を必要としたがゆえに、「王権中枢」の論理に搦めとられてゆく逆説的な事態を洞察したことにこそ、筆者の（倭製）鏡論の肝がある〔下垣 2003b・2011a・2016d 等〕。諸地域で長期保有された鏡が王権中枢勢力のもとに集約され、倭製化した模作鏡とともに諸地域に分配（返還）される、一種の吸収—再分配現象〔下垣 2005c 等〕が古墳時代前期の諸段階に確認される現象も、長期保有をつうじて諸地域で価値を醸成した器物が「王権中枢」にコントロールされていたことを示唆するだろう。最近では、「権力資源」モデル〔Earle 1997：関 2006 等〕を導入し、複数の権力資源を複合的にコントロールする要になりえた鏡こそ、国家成立の要件である権力資源の効果的・恒常的活用を先駆的に実現した器物だと評価し、鏡の分析が列島の国家形成論にたいして重要な貢献をなしうると提言した〔下垣 2013b・2016b・2017・2018 等〕。

　g. そのほか

　**流通・分配論**　以上の諸氏による研究のほかにも、少なからぬ研究成果が示された。小型倭製鏡の流通・分配に関しては、たとえば脇山が珠文鏡と重圏文鏡を、中井が重圏文鏡を、小野本が素文鏡を対象にして、その分布状況の変遷を追尾した〔小野本 2013；脇山 2013・2015b；中井歩 2014〕。また藤田和尊は、前期古墳の「遺物埋納用副次施設に鏡を埋納する例が大和域に限って認められる事実」を「証拠」として、当該期の鏡が「大和から直接に配布された」と考えた〔藤田和 2002〕。当期前半期に意欲的な「配布」論を展開した車崎も、具体的な証拠は提示しなかったものの、「倭王権膝下の工房で大小に作り分けられた」倭製鏡が、「王権の序列的・身分的秩序に応じて配り分けられ」、その結果「大小の」倭製鏡の分布が形成されたとみた〔車崎 2002a〕。他方で赤塚は、上記したような分配論にたいし、多様で雑多に混在していて「使用・目的に一貫性が見られ」ない倭製鏡群を、「極く小規模な地域の古墳」にまで「配布」しえたと主張するならば、「この素晴らしい完ぺきな」「配布システム」が「どのように作られたのか提示」すべきだとせまった。ただ、そのような「完ぺきな」「配布システム」を想定する研究者がいなかった点、鋭く批判するわりに自説に根拠がとぼしい点で説得力に欠いた〔赤塚 2004a・b 等〕。

当期後半期に「威信財」研究の理論的整備が進んだことは既述したが、その主導者のひとりである石村智は、「威信財の流通パターン」を理念型的に三分したうえで、「①循環する威信財」→「②分配される威信財」→「③生産される威信財」の出現順序を想定し、倭製鏡の「生産・流通パターン」が「③」に「よく適合する」との評価をくだした。さらに、古墳時代「前期前半から前期後半への展開」を「②」から「③」への移行と位置づけ、その原因を「格付け」の必要性にもとめた〔石村 2003・2004・2008〕。大賀克彦も「威信財」を「占有型威信財」「循環型威信財」「分配型威信財」に細分し、「前方後円墳システム」が成功をおさめた要因を、「分配型威信財の配布という戦略」の採用に帰すなどの検討をおこなったが、倭製鏡への言及はなかった〔大賀 2003・2010・2013 等〕。同型鏡群の拡散や授受方式に関する検討〔川西 2000・2004〕や、人類社会の「さまざまな因子ごとの差異を貫いて」特定規模（距離）の圏域が存在する説の一証として三角縁神獣鏡の「同笵関係」の分布を挙示した考察〔川西 2008〕にしても、倭製鏡をあつかったものではなかった。

**韓半島南部出土の古墳倭製鏡**　当期後半期の倭製鏡の流通論に関して特記すべきは、韓半島南部で出土例を増していた古墳倭製鏡にたいする研究が、本格化しはじめたことである〔辻田 2018 等〕。なかでも意欲的な考察を展開したのが上野である。上野はまず、韓半島南部の3〜7世紀の遺跡出土鏡を集成し、その「流入プロセス」について多様な可能性を提示した。そのうち倭製鏡の「流入プロセス」については、「必ずしも倭の流通原理」で「考える必要はない」とみたうえで、「倭における鏡の配布主体からの直接的な流入」のうち、（A）「倭における鏡の価値体系を切り離した流入」と（B）「そうでない流入」、（C）「配布をうけた倭の勢力を介した二次的な流入」の3パターンが存在したと想定し、事例ごとに「それぞれで流入プロセスが異なる」とみた。（C）を想定した場合、小型鏡が多いことから、「韓半島南部への流入に介在した倭の地域勢力がそのような鏡に表象される関係性の構築・維持を畿内勢力から求められた」とする「理解も可能」とみるなど、興味深い指摘もあったが、慎重を期したためか生煮えの解釈にとどまった観があった〔上野 2002・2004〕。

しかし最近の論考では、主張の論点がかなり明晰化した。まず、「倭王権」による「上位の評価を反映する大型鏡」が韓半島の「南朝鏡」および「第3期倭製鏡」（後期倭製鏡）に「不在」である事実にもとづき、当地の「諸勢力は倭王権が上位の評価を与える対象ではな」かったと推断した。そのうえで、「倭王権」と親近な「百済王権、ことに武寧王に対する」「極めて高い評価を見出」し、また「倭の活動の痕跡が色濃く反映されている」「全南地域や慶南西部地域」も、「中型鏡の存在」から「評価が相対的に高いこと」を「読み解ける」一方、「小型鏡」ばかりがもたらされた「新羅・大加耶の領域に相当する慶北地域」には「相対的に低い評価しか見出」せないという地域差を導出することで、韓半島の「諸勢力」にたいする「5世紀後半から6世紀前半」の「倭王権の評価とその相対位置」を、「倭の鏡の序列」という観点から明らかにした〔上野 2013b・2014b〕。

韓半島の研究者による検討も活性化した。関心の焦点は、韓半島南部への流入時期とその政治的・社会的背景にあてられた。たとえば、「西部慶南地域」の「加耶古墳」から出土した、3面の倭製鏡をふくむ「倭系文物」を整理した趙栄済は、これらが当地に流入した背景に、「新羅、百済勢力に対抗するために百済、新羅、倭の支援をたのむほかなかった」という、「6世紀代」における大加耶の政治状況を想定し、「倭系文物」をもたらした主体を「北部九州の人達」だと推定した

〔趙 2004〕。李陽洙もまた、倭製鏡が韓半島南部に流入した背後に当時の政治関係を考え、とくに勢力再編がなされた列島の諸集団による、百済の漢城陥落後における韓半島諸勢力との交渉を重視した〔李陽 2007a・2009a〕。「六世紀前葉」頃の加耶地域における「倭系古墳」や、当該期に栄山江流域に突如として出現した前方後円墳の被葬者を倭人とみなし、とくに後者を「北部九州から有明海沿岸に出自をもつ」「複数の有力豪族」だと判断した朴天秀は、いっそう詳細に「倭系文物」の流入背景を史的事象に関連づけて論じた。ただし、慶尚南道山清生草 9 号墳の珠文鏡をはじめとする「倭系文物」を「大伽耶との関係網を通して搬入されたもの」と推定したことをのぞくと、韓半島南部への倭製鏡の流入経緯に関する具体的な言及はなかった〔朴 2007・2014 等〕。これらの倭製鏡の時期を共伴品から比定した李瑜眞は、倭製鏡などの倭系遺物が分散的に出土することを根拠に、「韓半島内、或は倭による二次的な移入の可能性も十分に考慮」する必要性をとなえた。さらに、「韓半島出土の倭鏡の意味」や副葬古墳の年代および被葬者の性格、「移入主体の問題」および「移入経路の問題」の解明を「今後の課題」とした〔李瑜 2009〕。

　他方、日本の研究者では脇山が、韓半島南部出土の珠文鏡について考察した。具体的には、彼我の両地で副葬古墳の年代差がみとめられないことや、径 7 cm 未満の「非常に小型のものはもたらされていないこと」、当地出土鏡と「同じ文様構成」をそなえる珠文鏡が「九州地方から関東地方までの広い地域でみられること」などを提示した。ただ、その流入の実態については、多様な「入手経路」があったと説くのみで、それ以上の追究は断念した〔脇山 2013〕。また新井悟は、当地出土の古墳倭製鏡の特徴を、「前期末から中期」にわたること、「小形鏡が多い」こと、「南岸域から多く出土する」ことの 3 点にまとめた。さらに、その流入に際しての「倭側の交渉者」として、「日本列島各地の中小規模の首長を想定することも可能」だと指摘し、その傍証として「小形鏡」の多さをあげた〔新井 2009b〕。ただし、鏡の時期比定が誤っているなど、説得力を欠いた。そして筆者は、小田富士雄と上野の先行研究〔小田 1988：上野 2004〕を継承して、当地出土の倭製鏡に顕著な「時期的偏在と小型鏡の高比率という特徴」にくわえ、当地への流入経緯について検討した。とくに後者の論点について、当時の倭製鏡の授受方式や共伴品目の特徴からすると、「畿内中枢からの直截流入」は考えがたく、大・中型鏡や鈴鏡の不在、列島における後期倭製鏡の分布状況、当時の社会・政治背景などを勘案して、「現状の資料状況から」は、「九州北部地域の有力者が韓半島南部諸地域に後期倭製鏡をもたらした可能性が高い」と想定した〔下垣 2011a〕。

　**保有論**　2010 年頃から保有論が前面化し、多彩な見解がにぎわいをみせている。これら諸見解は諸地域の有力者（集団）、すなわち受領者側に焦点をあてたものである。他方、分配者側である王権中枢勢力における長期保有に注目する所説が、最近になって急速に再浮上してきた。そもそも、王権中枢勢力下における中国製鏡の長期保有こそ、伝世鏡論と同笵鏡論の前提となる仮説であり、古墳出現年代論にまで甚大な影響をおよぼしてきた〔小林行 1957b・1961 等〕。三角縁神獣鏡にくわえて、吾作系斜縁神獣鏡や画文帯神獣鏡を「近畿型鏡種」と総称したうえで、これらが「原畿内政権」下で「2・3 世紀の交」に「管理」を「発現」させてから「4 世紀初頭の頃」にその「分与」が開始するまで、「1 世紀に及ぶほどの長期にわたる時間の経過」を見積もる推考もなされた〔川西 1989〕。しかし、中国製三角縁神獣鏡が「畿内某所に一括して秘蔵され」たとする仮説は、「やや苦しい論理」だと批判され〔白石 1979〕、個々の埋葬施設における整然とした共伴状況を根拠に、その入手から分配までにタイムラグ（管理期間）を想定する必要はないとみなされるにいたっ

た〔都出 1989a 等〕。画文帯神獣鏡と吾作系斜縁神獣鏡も、分布状況の検討などをふまえ、入手から諸地域への分配までの流れは円滑であったと説かれるにいたった〔岡村 1999 等〕。

　中国製鏡が古墳出現期まで「畿内某所」で保管されたとみる小林らの長期保有論にたいし、第七期にはいると、それよりもずっと以後まで、具体的には大阪府古市古墳群・同百舌鳥古墳群の成立期頃まで、古相の中国製三角縁神獣鏡が特定勢力のもとで長期保有され、しかるのち「供与」に付されたとの見方がだされた〔田中晋 1993 等〕。田中は古相の三角縁神獣鏡と古墳時代中期の帯金式甲冑との共伴事例をもって、「供与」元での長期保有を想定したわけだが、多くの鏡研究者はこの見方に異をとなえ、基本的に受領元での長期保有が妥当とみた〔森下 1998a；下垣 2004；岩本 2005a；福永 2005a 等〕。田中説のヴァリアントとして、「仿製」三角縁神獣鏡の「製作と配布がピークを過ぎ」たのち、「畿内勢力の手元にあ」った「とっておきの」「古相舶載三角縁神獣鏡」が、ようやく「各地に配布された可能性」も主張されたが、これまた支持をえなかった〔徳田 2003〕。

　ところが最近、王権中枢勢力下での長期保有を支持する見解が目だって増えてきた。たとえば高松雅文は、「継体大王の時代」に配布されたと考えうる諸器物と同型鏡群の共伴例が顕著であることに注目し、「配布元のヤマト政権において同型鏡が伝世した」可能性を提言した〔高松 2011〕。それ以前に、「各地」での「伝世」と「配布中心における集積・伝世」とは択一でなく、その「両者が起こりえた可能性」を想定し、むしろ後者の「可能性を完全に棄却する方が困難」との見方を示していた辻田〔辻田 2007a〕は、高松説を積極的に承認し、少数ではあるが「中央政権」下で「管理・伝世され」た同型鏡群が「継体政権」下で分配されたと推定した。そして、「中央政権」（「王族層」）が同型鏡群を長期保有していた傍証として、奈良県藤ノ木古墳出土鏡の存在を重視した〔辻田 2012a・b・c・d・2013・2014a〕。さらにまた、旋回式獣像鏡系において、その初期段階のみならず後半段階にも同型鏡群からの影響がみとめられるとの指摘〔加藤 2014a〕も、本系列の製作地である「王権中枢」下で同型鏡群が長期保有されていたことを暗示する。[156]

　以上は古墳時代中期後半（末葉）〜後期頃に、王権中枢勢力下で鏡が長期保有されたことを主張ないし示唆した考察であった。田中らが重視した前期後半（末葉）頃までの長期保有については、最近になって指摘が増えてきた。たとえば加藤は、「前期後半頃」に「6 分割原理」が本格的に導入された倭製鏡の諸系列に、「2 世紀末もしくは 3 世紀前半頃」の吾作系斜縁二神四獣鏡（および上方作系浮彫式獣帯鏡）が「紋様・断面形状・乳の形状・分割原理など」の点で「影響を与え」たとみなし、したがって「王権中枢の管理下における」倭製鏡の「生産拠点」には、「約 100 年以上前」の中国製鏡が存在していたと推断した。また、中期中葉〜後葉にくだる岡山県千足古墳などに副葬された前期倭製鏡に関して、「王権中枢によって長期保有された後に配付された」とみる「解釈」に有望性があると説いた。本論考で加藤が提起した、列島内では「銅鏡の配付主体であ」る「倭王権も一方では中国鏡を配付される側であ」り、それゆえ「倭王権自体を銅鏡の配付を受けた有力集団の一種とみなすことが可能」であり、「配付元であると同時に保有主体であ」る「倭王権」は「滞りなく配布をおこなう一方で長期保有をおこなうことも、長期保有の後に配布をおこなうこともありえた」との観点は重要である〔加藤 2015a〕。加藤は、後期倭製鏡の交互式神獣鏡系に前期倭製鏡が影響をおよぼした可能性も指摘しており〔加藤 2015a・b〕、最新の論考では事例を増やし、議論を深化させている。すなわち、後期倭製鏡の製作に三角縁神獣鏡や前期倭製鏡が模倣対象として選択されたと指摘し、王権中枢下でこれら「前期古墳鏡」がきわめて長期間にわたって保

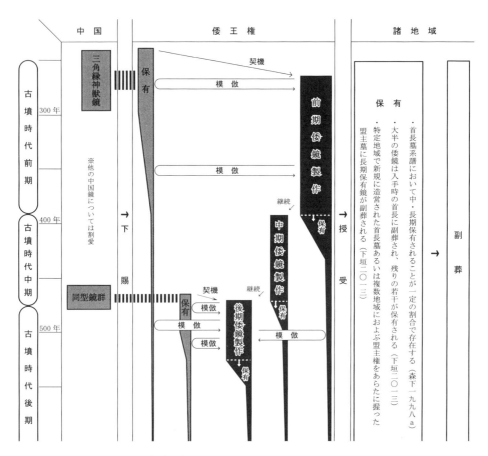

図75 古墳倭製鏡の製作・保有状況概念図〔加藤2015c〕

有されたと論じている。そして、「倭王権における鏡の長期保有は恒常的に一定量存在した蓋然性が高」く、鏡の長期保有は「倭王権と在地の集団のどちらにおいてもなされていた蓋然性が高い」と結論づけた〔加藤2015c〕。後期倭製鏡が前期倭製鏡を「模倣の手本とした可能性」は、すでに森下が指摘していたが、「鏡に対する伝統的な需要」の「復活」を「想像」したにとどまっていた〔森下2005b〕。加藤の論考はこの「可能性」を、王権中枢下での長期保有論へと発展させたわけである（図75）。

上野も、「保有する鏡をすべて副葬したわけではない」こと、奈良県桜井茶臼山古墳における大量の副葬鏡の存在は「王権中枢に想像を絶する数の鏡が存在していたことを明らかにする」とともに「保有を継続した鏡の存在」も「充分に想定」させることなどを指摘し、中国製鏡の「長期保有」は「王権中枢でも地域社会でも起こりえた」との見解を示した〔上野2015b〕。最近では岩本も、倭製鏡の「原型となった鏡」と三角縁神獣鏡が「倭王権」下で少なからず長期保有されていたと主張し、桜井茶臼山古墳や大和天神山古墳の副葬鏡群に注目している〔岩本2017b〕（図62）。

以上の諸研究をつうじて、王権中枢勢力のもとで長期保有される倭製鏡が一定数存在する蓋然性が高まってきた。しかし、森下が明示したように、倭製鏡は「文様の崩れの度合いが著しい点からみて、手本となるような古い型式の製品が製作者の手元に長く残されていたとは考えにく」く、そ

うした「製作者集団は畿内に存在したかなり限定できる存在であり、配布者はそれと直結していたと考えられる」以上、「製作元や配布元における長期保有・伝世は少なかった」とみるのが妥当である〔森下 1998a〕。王権中枢勢力下での倭製鏡の長期保有を剔出する姿勢は重要だが、ことさらに強調すると倭製鏡の生産・分配システムの特質を見失いかねない。

### C. 弥生倭製鏡の流通・保有・使用

弥生倭製鏡の流通・保有・使用をめぐる諸研究については、すでに「個別鏡式（系列）に関する諸研究」や「弥生倭製鏡の製作地」などの項で解説しているので、簡潔に再述する。

#### a. 流通論

九州北部における流通に関して田尻は、「生産開始期」の「第1期（後期初頭）」には、福岡平野内の「一ヶ所ほど」で集約生産されて各地に流通し、「第2期（後期前半〜中頃）」には「複数の製作地」で分散的に製作され、個別の「製作地から消費地」へと流通し、「第3期（後期後半〜終末）」には、ふたたび「須玖遺跡群を中心」とする「集約」的な「生産・流通体制」に転じるという、脈動的で複雑な展開を復元した〔田尻 2004・2012〕。他方、「近畿」での生産は「一貫性のない」ものと評価した〔田尻 2005・2012〕が、これは「近畿の枠組み下」にある生産を「自立生産・自家供給型」と評価した森岡の見解〔森岡 2014〕と響きあう。そして、韓半島南部から少なからず出土する弥生倭製鏡について、これまで韓半島製とされてきた初期段階の製品群も列島製であると提言し、従説に大きな変更をせまった〔田尻 2003・2007・2012〕。田尻の新説には賛同がよせられ〔後藤直 2009；林 2010a 等〕、現在では有力説の位置を占めている。

他方で南は、九州における流通状況を長期的な視点から検討した。とくに、「漢鏡の流入」と弥生倭製鏡の流通の「時期ごとの変遷」を綿密に追尾することで、「漢鏡の流入」が弥生倭製鏡の生産・流通にあたえた影響を探索する視角は興味深いものであった。具体的には、計4期に分期した両者の併行関係のうち、「第1期」および「第2期」の「漢鏡」が限定的な分布状況を示す一方、「第2期」の「北部九州製小形仿製鏡」が、「第1期」には周辺地域であった「菊池川流域や豊前地域」から出土することに着目して、当該期の「漢鏡」の分布状況はその「流通主体であった集団による流通規制」に起因するものであり、弥生倭製鏡は「それまで銅鏡を保有していなかった」周辺域の「集団」に「銅鏡を与えるため」に創出されたとみなした。そして、「製作地の分散を迎える」「第3期」にも「遠隔地へ対しては流通が管理され」、そうした「流通主体からの意図的な分配」は、「漢鏡の分布が卓越する地域と小形仿製鏡が卓説〳〵する地域が明確にわかれるようにもみえる」「第4期」まで、継続的に実施されていたと推定した〔南 2007a〕。また、製作技術の検討をつうじて、初期段階の弥生倭製鏡の製作地を韓半島にもとめ、上述の田尻の新説に反駁したことも、注目にあたいする〔南 2005・2007c〕。

以上のほかにも、「西部瀬戸内」における「内行花文日光鏡系仿製鏡」の櫛歯文が「右傾」する現象の背後に、当地域の人びとによる「北部九州」製品の入手をみる見解〔松本佳 2008〕や、「十」字文鏡などの「近畿地域製」品の分布状況から「近畿地域と岡山県域（吉備地域）」の交流を想定する考え〔實盛 2013a〕など、地域間流通を具体的に論じる考察がさかんになりつつある〔戸塚 2013 等〕。地域に焦点をあてた検討がいっそう活性化し、地域生産品の存在も徐々に明らかになりつつあり〔柴田昌 2000；田尻 2005；松本佳 2008；寺沢薫 2010 等〕、今後の展開が期待さ

れる。

### b. 保有・使用論

　保有や使用の実態についても、具体的な資料から究明が進んだ。たとえば田尻は、弥生倭製鏡の出土遺構の種別をみるかぎり、「地域性は存在するが決して画一的な出土状況ではなく」、使用法にしても穿孔や付着有機物の有無などの点で多様であるので、弥生倭製鏡の意義や使用法を理解するためには、「個人に属する鏡であるのか、ある特定の集団（血縁集団やソダリティーなどを含む）に属する鏡であるのか」などといった保有主体の相違も考慮にいれ、「それぞれの出土状況や地域性に応じた個別の理解が必要である」と主張した。そしてそうした多様性、すなわち「使用廃棄段階における自由度」は、「威信財的な働きを示そうとし」て「配布」された弥生倭製鏡が、「受け取り手側」において「製作者側・配布者側の意図とは異なる多種多様な扱い」がなされたことに起因するととらえ、その「社会背景」に「クラン間の階層化の進展」を想定した〔田尻 2007・2012〕。

　田尻は、弥生倭製鏡の使用・保有に多様性が発現する背景に、保有者側の集団編成の多様化を想定し、保有者側の自律性と柔軟な器物使用を重視した。これにたいし、「肥後」地域における弥生倭製鏡と中国製鏡の「流通とその扱われ方」から、「北部九州的な様相を示す」「菊池川中流域」と、「その影響をうけていない」「他地域」とに二分した南は、田尻と比較して保有集団よりも小地域に、保有者側の自律性よりも九州北部からの影響性に、保有者側に開かれた器物使用よりも規範的な器物使用に、それぞれ重きをおいた〔南 2007b〕。このほか、同一地域でも小地域により使用後の「取扱い」がちがうとの指摘〔山本三 2008〕や、破砕行為とはことなる弥生倭製鏡への「変形」行為の具体的分析〔松本佳 2008〕なども、注意を惹く研究成果であった。

### D.　そのほか政治・社会史的検討

　最後に、流通（分配）や授受や保有を直截あつかったものではないが、これに深くかかわる政治・社会史的検討をとりあげる。ただし、多彩な内容のため箇条書き風にならざるをえない。

　三角縁神獣鏡を俎上に載せた検討がやや目だった。とりわけ、岩本が詳細に分析した副葬品配置論は、配置時の鏡のあつかいに関する「一定の規範」が「畿内政権を中心とした首長間ネットワーク」内で「伝達・共有されたものである可能性」を説きつつ、むしろ葬送時の実践の変化を重視した点で、従来の検討成果〔藤田和 1993；福永 1995〕とは一線を画する独創性を放った。頭部付近にしばしば配置される来歴が古い鏡と、棺外に選択的に配置される三角縁神獣鏡との差異が、「鏡の保有形態の差」に、ひいては鏡の「社会的な役割」の「差」に起因するとみなした点、さらには副葬状況によるかぎり、「倭人」が舶倭の「区分」や「文様モチーフの違いなどを十分に認識していたかどうかは疑わしい」と推考した点とあわせて、評価すべき成果であった〔岩本 2004〕。また岩本は、副葬古墳の分布・規模・墳形の分析をつうじて、「終焉段階」の「仿製」三角縁神獣鏡がその「威信財」としての意義を低下させた事態を復元した。くわえて、帯金式甲冑との非共伴傾向の理由について、これを「配布主体者」の差に帰した前述の田中説を批判し、むしろ三角縁神獣鏡が「共同体のシンボルという聖的側面と威信財という俗的な側面とをあわせもつ」反面、帯金式甲冑が俗的で属人性が強いという、「威信財としての性格の違い」にもとめた〔岩本 2005a〕。

　「仿製」三角縁神獣鏡の専論において徳田は、複数副葬例の検討をつうじて、本鏡式は「被葬者が生前に長く愛用したものではなく」、「埋納のために作られた」鏡だと解した。また、「衰退期」

の本鏡式が「ほとんど畿内から出土していない」事実にたいして、「畿内政権が自らの政策上の必要性から、製作し配布する状況」も考えうるとし、その背景に「何らかの政治的（宗教的）な結びつきを想定することが妥当」とみなした〔徳田 2003〕。他方、「頭部付近に置かれたものは相対的に霊力が高い」という、現代人の「自然な考え方」を前提に、「葬送儀礼に使用された」「仿製」三角縁神獣鏡にたいする「霊力の優位性」を想定した清水は、面径が一定ゆえに「価値尺度」を明示するのに適した三角縁神獣鏡が、「威信財」としてではなく「原始貨幣」として利用されたと想像し、「畿内王権」は倭製鏡で「格差付けを行う」一方、自身に「提供される物資や労働力」への「経済的補償行為」を、この「原始貨幣」の「配布」をつうじて実施したと想察した。そして、その「原始貨幣」としての役割は、軽量化が顕著になった末期段階に「終焉を迎え」たとみた〔清水 2008b・2009〕。最近の論考では、理化学分析の結果を援用して、「面径の非縮小や、三角縁および鈕による重厚感の演出」こそ「三角縁神獣鏡の製作者側が最後まで固執した部分であ」り、それゆえ「外区の断面形状と重量に代表される段階的な省原料化が行われた」一方で、「重量が変化しない時期には銅に比べると入手しにくかった錫の使用量を減らすことで対応していた」と説いた〔清水 2014〕。また岸本直文は、王陵級古墳を頂点とする墳丘規格と三角縁神獣鏡の特定段階が対応すると考え、両者が深く関連しながら創出（入手）・分配されていたと論じた。とくに、奈良県行燈山古墳の「相似墳」と「仿製」三角縁神獣鏡の「前半期」との「相関」が具体的に例示された〔岸本 2005〕。

　古墳時代において副葬鏡は、舶倭を問わずその面径と面数が重大な意味をもち、この側面に着目した検討成果が蓄積されてきた。それらの多くはすでに解説したが、これら以外の成果として、相関係数分析を駆使して「一古墳から出土する鏡の量と古墳の規模の関連性や、鏡の大きさと古墳の規模の関連性」を大局的にとらえた廣坂美穂の研究が注目される。「古墳時代前期前半〜中期前半」の中国製鏡・倭製鏡・三角縁神獣鏡のうち「面径値」がわかる 1427 面（728 古墳）に相関係数分析をほどこした結果、「一古墳が持つ鏡の面数と墳丘規模」は「前期前半は強い相関性がある」が、「前期後半以降」には「両者の関係は希薄化」することを、また「面径の大小と墳丘の大小の相関係数」に関しては、中国製鏡より倭製鏡のほうが強く、「前期前半から後半、中期前半へと」「時期を経るごと」に減少する傾向があることを抽出した〔廣坂 2008a〕。統計手法を導入した意欲的な分析であったが、しかし肝腎の鏡（および多くの副葬墳）に関するデータが「歴博集成」〔白石他編 1994・2002〕まかせで、鏡自体の製作時期や系統的位置づけ、さらには第七期以降に進展した舶倭の区別の再検討までもがほぼ捨象されてしまっていた。要するに、雑に集めた素材に精緻な分析をほどこしたわけであり、そのため考察結果に説得力がそなわらない仕儀となった。

　古墳の規模と副葬鏡径との関係を論じたものとしては、小型倭製鏡を俎上に載せた林と脇山の検討が具体性に富んでいた。林は、珠文鏡の「実に 7 割が古墳から出土」する一方、重圏文鏡と素文鏡は「古墳からの出土率が 3〜4 割にとどまり、大半が集落遺跡や祭祀遺構から出土」するという「差違」が、「素文鏡＜重圏文鏡＜珠文鏡」という面径の大小関係と対応する事実を明示し、これを「機能分化と面径の相違が表裏一体の関係にある」顕著なあらわれととらえた〔林 2005〕。同様に、珠文鏡の出土遺跡の種別や出土古墳の規模および墳形を分析した脇山は、「集落・祭祀遺跡」からの出土が目だつ古墳時代前期から、古墳出土の割合が高くなる中期・後期への推移を復元した。また、単面副葬の傾向が強い前期には、珠文鏡の出土古墳の規模は前方後円（方）墳が円

（方）墳をうわまわるが、より面径の大きな他鏡式との共伴例が増える中期・後期になるとその差がなくなることを指摘し、珠文鏡がそうした副葬例において「中心の鏡でないこと」に、その理由をもとめた〔脇山 2013〕。脇山は、重圏文鏡にも同様の分析をほどこし、若干の傾向性を抽出した〔脇山 2015b〕。また田中悟は、九州地域の横穴式石室墳から出土する鏡の特徴を検討するなかで珠文鏡をとりあげ、「小形の円墳からの出土が目立」つこと、「前方後円墳の場合は、追葬や第2主体部に伴ったり、大型鏡と共伴」すること、「小型墳」から出土する場合だと「独立した首長墳であったり、群集墳の中でも有力な1基であ」ることが多いことなどを指摘した〔田中悟 2001〕。

　林は「出土状況」と面径の「差違」から小型三鏡式の「機能分化」を読み解いたのだが、副葬に供された面数と面径に「ランク差」をみいだす従来の視座〔高倉 1993b：新井 1997 等〕からも、興味深い考察がなされた。「弥生時代中期後半期」における副葬品の「セット関係」を階層的に区分した中園聡は、鏡にも副葬数において「不連続な5段階」があり、諸段階を構成する「鏡の大型と小型」の点でも「不連続性を強化」することをみいだし、こうしたランクは副葬甕棺のサイズや墳丘の明確性などの諸属性と相関しつつ「エラボレーションの諸ランク」を構成していると主張した。また、小型鏡を女性に結びつけがちな姿勢〔岡崎 1977：高倉 1993b 等〕にたいして、「むしろ鏡の大小はランク差と対応する」との見解を打ちだした〔中園 2004・2009〕。

　副葬鏡の「差」が被葬者の性別と相関するか否かをめぐり、上記の中園らの見解のほかにも、賛否の両説がだされた。積極的な賛意を表したのが寺沢知子であり、原則的に男性人骨に共伴する鏃と高い共伴率を誇る三角縁神獣鏡は「男性首長の政治システムのなかで機能する」鏡式である一方、女性人骨との共伴例が比較的多く、三角縁神獣鏡との共伴率が低い内行花文鏡は女性に特徴的な鏡式であると主張した〔寺沢知 1999・2000・2007〕。「首長霊継承儀礼」の「秘儀」において、「女性（女性最高祭司あるいは王妃）」が重要な「仲介役」をはたし、その際に「呪具」としての内行花文鏡が「重要な機能」をになったとする想察もなされた〔寺沢薫 2003〕。他方、「鏡種が性差と関係し、鏡種の違いが男女の祭祀の違いを示す」とする寺沢の見解には、否定論も提示された。たとえば清家章は、内行花文鏡が「女性に特有な鏡」である実証的な根拠がないこと、同墳複数埋葬の存在を捨象して「男性被葬者に内行花文鏡が伴う」古墳副葬例を「男性首長が女性の祭祀を掌握したもの」とみるのは不合理であること、三角縁神獣鏡を「男性に特有な鏡」と導出する論証に「循環論法」のきらいがあることなどをあげ、三角縁神獣鏡と内行花文鏡が「男女それぞれに固有かどうかはまだ確定的ではな」いと結論づけた〔清家 2010〕。そして最近では、男性人骨と共伴する鏡式・女性人骨と共伴する鏡式・腕輪形石製品の配置から女性埋葬が推定される埋葬施設におさめられた鏡式を調べ、「男性と女性の間には副葬される鏡の種類におおよそ差がないこと」をみちびきだした〔清家 2015〕。筆者はより単純に、三角縁神獣鏡と内行花文鏡の共伴率がきわめて高い事実を明示し、さらに三角縁神獣鏡のほとんどが該当する径20cm超の鏡は、原則として男性人骨と共伴し、径20cm以上の倭製鏡や同型鏡も、鏃や甲冑などと高い共伴率を示すことから、寺沢が重要視した現象は、大型鏡が男性埋葬に副葬される現象の一部を誤認した結果だと判断した〔下垣 2011a〕。

　このほか、「巫女」形埴輪に造形されることを主根拠にして、鈴鏡は女性との連繋性の強い鏡だと、古くから考えられてきた。すでに川西らが、「鈴鏡出土古墳のなかに、鉄鏃出土例が少なくない」事実をもって、「鈴鏡は男性被葬者に伴う器物でもあった」ことを証示していた〔川西他

1991：川西 1999〕にもかかわらず、当期後半期にもその考えが根強く残っている〔川村 2005；宮崎ま 2013 等〕。ただし、鈴鏡や鈴鏡らしき「円盤」の表現物を着装した人物埴輪で性別が判明するものが軒並み女性であるなど、この考えには考古学的根拠がないわけでもない。そうした根拠などをふまえて塚田良道は、鈴鏡とは「基本的に女性の装備であ」り、「身に着けた女性が音と光によって特別な存在であることを強調する身分表示の装身具としての意味を第一義と認識する必要」を主張した〔塚田 2007〕。しかし、埋葬施設における共伴遺物や人骨をみるかぎり、女性と鈴鏡の緊密なつながりを肯定できない。とすれば、「鈴鏡は男性被葬者に伴う器物でもあ」ることを指摘しつつ、鈴鏡が顕著な「関東地方における 6 世紀代の巫女は、鈴鏡などを採物とし、憑依巫女としての原初の性格を一部にせよ葬祭の場にとどめて」いたとみた川西らの説〔川西他 1991；川西 1999〕を勘案して、「葬祭」の脈絡における鈴鏡と性別との対応関係と、「埋葬」の脈絡でのそうした対応関係が一致しない、との解釈もありうる。ともあれ、現状の資料状況から、鈴鏡と女性を直結させるのは無理がある。無理をとおせば、足玉を強引に女性に直結させる非を棚にあげ、人類学者の性別同定に批難をくわえるという、最近の所論と同じ轍を踏みかねない。

　寺沢が女性との基幹的なつながりを推断した内行花文鏡に、近年では別の視点から格別の意義が想定されている。たとえば福永は、三角縁神獣鏡に共伴する「漢中期の鏡種が内行花文鏡に偏重する事実」と、内行花文鏡が「大和盆地東南部」で「とくに重視された形跡が認められること」から、「瀬戸内以東の伝統的有力集団においては内行花文鏡を重視する傾向が著しく強」く、「古墳成立期」に「内行花文鏡重視の有力集団に三角縁神獣鏡が分与されることによって中央政権とのつながりがいっそう強化された」と推察した〔福永 2010a・b・2013 等〕。他方で辻田は、「古墳成立期」に内行花文鏡が「ヤマト政権」において重視されたことをみとめつつも、福永説の根幹をなす「伝世」現象を否定し、古墳時代以降に列島へ流入したと想定したうえで、列島社会で本鏡式が重視された理由を端的に説明した。すなわち、前期古墳出土の中国製鏡において、「最大径という点において他の鏡式を大きく引き離している」がゆえに、「四葉座内行花文鏡」が重要視された、と説いたのである。この面径重視は、四葉座内行花文鏡・方格規矩四神鏡・画文帯同向式神獣鏡という「面径という点で上位に位置する 3 鏡式」が、「前期倭製鏡中心的系列群」の「主たるモデルにそのまま対応」することに、そしてその裏返しとして、「面径の分布という点で下位に位置する」「盤龍鏡・方格 T 字鏡・円圏座内行花文鏡・双頭龍文鏡・飛禽鏡など」が、前期倭製鏡のモデルとしてほぼ選択されなかったことにも反映しているとみた〔辻田 2007a・2012a・b〕。清水も、「伝世鏡 3 種」（内行花文鏡・方格規矩四神鏡・画文帯神獣鏡）の副葬配置において、内行花文鏡が「他の 2 者よりも優位性があること」を推知し、その理由として「弥生時代から日本列島の」倭製鏡「製作に採用されていた伝統的な文様」であることを挙示した。さらに、その倭製鏡（倭製内行花文鏡・倭製方格規矩四神鏡・鼉龍鏡）の「優劣」に関しても、「伝世鏡 3 種が持っていた優劣の関係を継承し」たとの仮定を、副葬配置と面径から検証した〔清水 2009〕。副葬配置における内行花文鏡の重要視については、今尾文昭も大和天神山古墳の検討をつうじて推定した〔今尾 2013〕。

　当期後半期に、「首長墓系譜」あるいは諸地域における鏡の流入・保有・副葬状況の精査をつうじて、その主体者である有力集団あるいは「地域社会」の実態にせまろうとする分析視角が前面化してきた。この分析視角は、密接不可分のふたつの問題系に直結する。ひとつは、入手・保有主体である有力集団もしくは「地域社会」の編成の（共時的）究明、もうひとつはそうした編成の継続

性の実態および機制の通時的究明である。

　前者の問題系については、古墳群の分布から「政治的な結合体」とその「基本単位」を復元したり、「首長墓」（「首長墓系譜」）の造営母体を推定するなどの検討作業を軸に進められてきた〔都出1975・1989b等〕。とはいえ、近年まで良好な集落遺跡の発掘事例が十分に蓄積されず、それゆえ集落研究が後手にまわってきた研究状況において、その作業には大きな限界があった。「首長墓」（「首長墓系譜」）の造営母体を同定する段になると、厳密な時期比定を前提条件とした、双方の精確な時期的・地域的対応関係が不可欠になるし、しかもこの同定は、双方が近在するはずだという未検証仮説に依存せざるをえない。しかしその後、集落遺跡や「首長居館」の発掘調査の進捗を追い風に、集落や「首長居館」と「首長墓」との強い対応性をうかがわせる事例が蓄積されてきた。こうした対応関係をいたずらに敷衍することは危険だが、具体的な資料に根ざして検討が深化しつつあることは、こうした限界を打開する曙光を感じさせる。最近、古墳時代の集落研究がいっそうの本格化をとげつつあり、「地域社会」における鏡などの保有と副葬に関心が注がれはじめている〔古代学研究会編2016等〕。楽観的な期待はできないものの、鏡の「保有」を接点として、「首長墓」（「首長墓系譜」）研究と集落研究が合流する検討路線も浮上してきた。理論面でも、欧米の民族学・社会人類学の成果に照らして、日本考古学に特有の（出自）集団観を具体的に批判した田中良之の諸論が、今後すすむべき方向性を指し示し有益である〔田中良1998a・2008等〕。一方、弥生時代の集団編成の実態について、集落構成および集落間関係の分析などをつうじて、新たな視角から重要な新知見が次々にうみだされてきたことは、当該期の鏡保有の主体や方式を究明するうえで、そして古墳時代の集団編成への展開と彼我の異同を追究するうえで、注視すべき研究動向である。さらにまた、弥生時代後期以降の「各地域における青銅器祭祀の終焉」と、財の保有・蓄積の一帰結である「絞り込み顕在型墳丘墓の出現」とを、「析出集団の突出」にかかわる「一連の現象」とみる岩永の構想は、以上の新知見を吸収したうえで構築されており、古墳時代以降における鏡の保有のあり方を考えるうえで、示唆に富んでいる〔岩永2010等〕。

　後者の問題系は、前者の問題系と表裏一体をなして考察が深められてきた。文献史サイドでは、系図や戸籍、金石文などを対象とした緻密な分析をつうじて、流動性の高い社会においていかに親族・世帯関係が結節され継続されたかを、さらには古墳の主要な造営主体にあたる「族長」位の継承原理を明らかにしてきた〔義江2000等〕。考古学サイドでは、首長墓系譜の継続と断絶の実相〔都出1988・1999等〕、あるいは「首長墓造営地の固定化」現象〔土生田2006等〕をとらえることで、有力集団の継続性の実態と機制を明らかにすることがめざされてきた。それゆえ、首長墓系譜や「地域社会」における鏡の保有状況の分析をつうじて保有集団の姿にせまろうとする近年の諸研究は、新しくかつ有望な分析視角として重要視されている。また、複数埋葬の人骨分析から導出された性差および血縁関係にもとづき、弥生時代後期〜古墳時代の親族関係の具体像や、これが双系的性格を残しつつ上位層から父系化に傾斜してゆくプロセスが、かなり詳細に解き明かされてきたことも、刮目すべき成果である〔田中良1995・2006・2008；清家2002a・2010等〕。なかんずく、「古墳の埋葬原理研究」に立脚して「首長墓系譜の変動と首長位継承における男女のあり方」を検討し、古墳時代において「父系化の画期」が「中期初頭と中期後葉」の「2回認められる」ことを示し、「父系的地位継承」が「上位層から下位層へ段階的に浸透した」プロセスを提示した清家の検討成果は、示唆にあふれる〔清家2010〕。親族関係のあり方が財の保有・継承と緊密に結び

つく以上、清家の分析は、鏡の保有を首長墓系譜・親族関係・地位継承に関連づけて闡明するアプローチが実現可能である期待をいだかせる。


（7）そのほか

A. 理化学分析

　以上のほかにも、さまざまな視角から検討がなされた。まず理化学分析からとりあげる。とりわけ、第六期に躍進をとげた鉛同位体比分析が、蓄積されたデータをふまえて議論を深めた。たとえば馬淵久夫は、岸本による神獣像の表現分類〔岸本 1989a・b〕と鉛同位体比を対照した結果、中国製三角縁神獣鏡の最新段階において、「表現⑩」が「典型的な舶載鏡の鉛同位体比（Es 領域）をとる」のにたいして、「表現⑪⑫は仿製鏡の鉛同位体比を示す」という明瞭な相違があることを、換言すれば舶倭の「境界線」が「従来の型式学の境界より１段階遡って、表現⑩と表現⑪⑫⑬の中間に引かれること」をみいだした。そして、この現象が生じた理由として、鏡自体の型式変化と鉛同位体比の「分布図」上の推移とが対応することを根拠に、「舶載三角縁神獣鏡の破片を原料にし、一定量の銅素材を添加」した蓋然性が高いことを提言した〔馬淵 2010a・b・2012 等〕。馬淵の推論は、三角縁神獣鏡の鉛が出自のことなるもののブレンドだとする見解〔堅田他 1992；新井宏 2006・2007 等〕を部分的に受けいれつつも、そうした見解に目だつ、「中国製三角縁神獣鏡国産説」を否定するものであった。ただし最近、実質的に「国産説」に転じている〔馬淵 2018b〕。また近年、従来では華中・華南産の鉛同位体比とされてきた「B 領域」内に、「朝鮮半島産原料である可能性があ」る「グループ GB」などを設定しうると提言され、列島製か韓半島製かで議論の結着をみない筒形銅器の約半数の鉛同位体比が「グループ GB」におさまるなど、はなはだ示唆的な結果がえられている〔齋藤 2012b〕。筒形銅器と同時期に製作された倭製鏡の鉛原料についても、この視点からの分析が必要になろう。そして最近、平尾良光らが自身らの測定による、鏡資料135点をふくむ全 422 点の鉛同位体比データを公開した〔平尾他 2013〕。基礎資料として重要なことはもちろん、製作地や製作体制に資する貴重な指摘もちりばめられている。とくに、岡山県鶴山丸山古墳の出土鏡群 21 面の鉛同位体比のうち、6 面の倭製鏡が「かなり類似した鉛同位体比を示」すことの解釈として、「鏡の製造において例えば同一工房の製作によるなどの可能性」を提示したことは、倭製鏡研究においてはなはだ重要である[157]〔平尾他 2013〕。

　列島外の鉛使用を想定するこれら諸研究にたいして、三角縁神獣鏡の「鉛分布」が、倭製鏡など「日本等で作られたと考えられている」銅製品の「鉛とは一致するが、真の中国鏡とは全く異な」ることから、列島で三角縁神獣鏡が製作された蓋然性が高く、さらに岐阜県神岡鉱山の鉛同位体比が三角縁神獣鏡のそれともっとも近いことから、鉛の産地も列島産とみる反論が提示された[158]〔新井宏 2006・2007 等〕。批判としての意義はあるが、「真の中国鏡」が列島出土鏡であり、しかも中国製鏡の区分が不十分であること、分析条件や試料の条件、分析機械や分析者の相違を無視して、分析結果の数字のみを比較し、さらに自身に都合のよいデータを過大に評価する傾向があること、資料の統計処理や重みづけなどに大きな難点があること〔下司 2009 等〕など問題が多い。

　他方、鉛同位体比や出土資料から、列島産の青銅原料が使用されはじめる上限年代がおおむねさだまってきたことが注目される。たとえば、鉛同位体比から「明らかに日本の鉛」の使用が考えられる金銅耳環や銅鈴など〔馬淵 1987；齋藤 2012a・b 等〕を副葬した古墳（横穴）の上限年代

が、おおむね古墳時代後期後葉（≒TK43併行期）に収斂しつつある。ただし、製品の理化学分析から想定される上限年代にたいして、銅・鉛塊や銅滓などの製錬滓が出土する「明確な銅生産関係の遺跡」は、現状では「7世紀中葉」頃が上限となり〔齋藤 2012b〕、遺物と遺構で若干の年代のギャップが生じている。このような「銅製錬」の開始年代をうけて、隅田八幡鏡の銘文にある「白上銅」を自然銅と解する見方は面白い〔清水 2012〕。こうした現状の資料状況を勘考すれば、古文献にみえる「天の金山」の「鉄」（銅の誤りか）（『古事記』）や「天香山」の「銅」（『古語拾遺』）を採鉱して鋳鏡した記事は、その成立時期がかなりくだる可能性が高い。

　当期後半期の特筆すべき研究動向として、青銅素材にふくまれる微量成分を対象にした放射光蛍光X線分析が鏡の理化学的分析に適用されたことをあげうる。SPring-8（兵庫県相生市）で実施された実験の結果、Sb/Sn（錫/アンチモン）値および Ag/Sn（銀/アンチモン）値の分布から「①戦国鏡グループ」「②漢初蟠螭文系鏡グループ」「③漢三国鏡グループ」「④日本鏡グループ」の「4グループ」が「抽出」され、③にふくまれる（中国製）三角縁神獣鏡が④に属する倭製鏡とことなることが、微量成分のうえからも明示された〔泉屋博古館古代青銅鏡放射光蛍光分析研究会 2004〕（図76）。この成果にも新井から強い批判がだされた〔新井宏 2006・2007 等〕が、その批判の拙速な粗漏さと不適切さに反論がなされた〔泉屋博古館古代青銅鏡放射光蛍光分析研究会 2008〕。SPring-8 での一連の実験では、三角縁神獣鏡を中心とする中国製鏡の分析に重点がおかれたが、倭製鏡に関しても意義深い成果がえられた。たとえば、「仿製」三角縁神獣鏡と西晋鏡（ないしそれ以降の中国製鏡）の微量成分値は比較的近い領域に分布する傾向があり〔泉屋博古館古代青銅鏡放射光蛍光分析研究会 2008〕、「仿製」三角縁神獣鏡が西晋代（〜）に属する中国製鏡である可能性をも読みとりうる〔下垣 2010a〕。

　専門分化が進むと、他分野間での意思疎通が困難になるのは、いかなる学問分野でも、研究の進捗の代償として生じる通弊である。鉛同位体比分析を代表とする青銅器の理化学的分析研究と考古

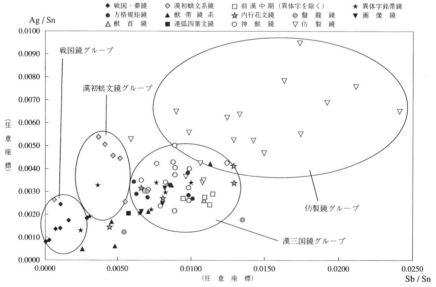

図76　SPring-8 を利用した青銅鏡蛍光分析結果〔泉屋博古館古代青銅鏡放射光蛍光分析研究会 2004〕

学的な鏡研究との関係も例外でなく、前者の方法論が精緻化するにつれ、考古学研究者の理解がおよばなくなり、後者の研究が細分化・複雑化してゆくにつれ、理化学研究者はその蚊帳の外におかれがちになる。その点、三角縁神獣鏡の鉛同位体比分析の結果を型式（学）的な表現分類と対照して重要な新解釈を打ちだした、馬淵の研究成果〔馬淵 2010a 等〕は高く評価されるべきである。また、考古学研究者からの理化学的分析への要請や解釈〔岩永 2001；森下 2001b 等〕は無論のこと、理化学研究者から考古学的分析への要請や解釈も積極的に提示されてゆくべきである。三角縁神獣鏡のみに関心が集中する現状を打開する努力も必要である。

B. 宗教・儀礼論

　1990 年代後半頃から、儀礼（祭儀）論や宗教的な意味論がいくぶん活性化した。ただ、政治史などと関連づけて論じられることが多く、そうした検討成果の多くは、上記の解説ですでに言及した。したがって、以下ではそれら以外の儀礼論や宗教的な意味論などについて解説する。

a. 儀礼（祭儀）論

　祭祀遺跡・集落遺跡出土の倭製鏡を集成し、「住居の祭祀」「水系の祭祀」「海浜・島嶼の祭祀」「山の祭祀」に区分したうえで、分布状況・主要鏡式・面径範囲などに関する概況を通時的に論じた脇山の考察が注目にあたいする。とくに、「集落内や集落に近い場所のみで」倭製鏡を「使用する段階」である「弥生時代や古墳時代前期前半」と、「集落から離れた場所でも」倭製鏡を「祭祀の道具として使用する段階」である「前期後半以降」とに大分できることを明示し、倭製鏡の使用法が増加し、その「意義が複雑になってゆく様相」を把捉したことは、価値ある検討成果である。なお脇山は、「住居の祭祀」については、住居内での出土位置が「入り口近く・住居中央部・住居端など」であると指摘しただけで、「地域・時代の違いにおける変化の傾向はみとめられない」と俯瞰したにとどまった〔脇山 2012〕。他方、住居内における出土状況の詳細な分析から建物の廃絶儀礼を想定する考察や、集落構造論の視点から鏡出土住居の規模や位置関係をとらえる考察など、興味深い新視角がうみだされつつある〔森下 2010・2015・2016a；君嶋 2013；吉田大 2013 等〕。また、溝や河川など「水辺の祭祀」との関係にも注意が向けられている〔森下 2002・2010；穂積 2013 等〕。

　「国家的祭祀」の場と評価されてきた沖ノ島遺跡〔甘粕 1975 等〕を例外として、祭祀遺跡や集落から出土する（倭製）鏡は、墳墓副葬鏡よりも面径が格段に小さい。古墳時代、とりわけその「開始期」の鏡は「祭具」よりも「葬具・呪具」の性格が濃厚とみなされてきたこと〔穂積 2013 等〕もあいまって、その意義が墳墓出土鏡より軽んじられてきた。この評価の再検討をこころみたのが村松洋介であり、「非葬送の場から出土」する「非副葬鏡」が「副葬鏡より小さいことを理由に、前者が劣位に置かれた存在であると即断することはできない」とした。さらに、鏡の「面径や保有数の多寡を階層的に捉える」「一般」的な見方にたいして、「鏡を副葬する思想と、非副葬的用途の背景にある思想を一元的に解釈してよいとする根拠はない」と主張した。しかし、強気な主張にみあう明確な根拠が提示されず、「鏡の副葬を主導した地域と、そうでない地域」とに、「前期段階の非副葬鏡」の多寡に「明白な偏差が認められる点」の指摘にとどまった[161]〔村松 2006〕。

　他方、鏡を対象とした研究ではないが、文献史料を積極的に参照しつつも、あくまで考古資料を主軸にすえて、古墳時代における祭具の品目と祭式の実態、ならびにその成立・変遷過程を詳細に

解き明かした笹生衛の秀抜な研究成果は、祭祀遺跡と鏡の関係を考えるうえで多大な示唆をもたらすものである。とくに、「鉄製の武器・武具、農・工具、鉄素材（鉄鋌）、布帛類で構成される」祭祀遺跡での「供献品のセット」が、「五世紀中頃までに成立し、それが令制祭祀における幣帛の原形」となり、その一方で「小型銅鏡などとともに使用され」た「石製模造品」は、「呪術的な機能を持つ祭具」として、「主に有孔円盤、剣形、玉類の器種を選択して儀器として粗造化を進め」ながら残存したとする見解は、祭祀遺跡における鏡の展開、さらには『記』『紀』などの古文献における鏡記事を解釈するうえで、重大な手がかりをあたえうる〔笹生 2011・2012・2016〕。

### b. 鏡の意味論

　鏡における「差」でもっとも明瞭なのが面径差である。それでは、鏡式差や文様差など面径以外の「差」が、当時の人びとに意識されていなかったのかといえば、多様な鏡式や文様が一定のまとまりをもって存在する以上、少なくとも倭製鏡製作の場において認識されていたことは明白である。追究すべきはそれ以外の脈絡、たとえば授受や保有、副葬などの脈絡において、こうした鏡の「差」が意識されていたか否かである。

　倭製鏡の「図紋にはもちろん意味があ」り、「その相違は、なんらかの立場の違いを示した可能性がある」〔車崎 2002a〕、「それぞれの鏡には形、大きさ、鏡種に応じて、当時の社会の中で与えられたさまざまに異なる役割があったであろう」〔福永 2005a〕、「各時期にいろいろな「種類」の鏡が導入・生産され、各地に広がってゆく背景」に、「呪術的な性格を媒介とし、製作や授受の場において、さまざまな政治的関係が間接的に表現・伝達・交換された」鏡の「役割をみることができる」〔森下 2012a〕、といった文章からうかがえるように、当期の鏡研究を牽引した研究者の多くが、鏡の「差」が社会内で少なからぬ意義を有していたとみた。ところが、この「差」を考古資料からいかに抽出するかの段になると、その具体的な方策はほとんど提示されず、そうした「差」の意味となると、まったくお手上げの状態である。この種のアプローチに必要なのは、直観的・常識的な提言ではなく、資料に即した具体的な検討の蓄積であり、そうした作業を欠いていては空論にもならない。この点、岩本が鏡の副葬時における配置およびとりあつかいの分析から導出した、「倭人」が舶倭「といった区分や、文様モチーフの違いなどを十分に認識していたかどうかは疑わしいと考えざるを得ない」とする見解〔岩本 2004〕のほうが説得力に富む。列島外の文化人類学的知見からの類推〔甲元 2011 等〕もひとつの方策たりうるが、あくまで類推の域をこえない。

　「倭鏡の図紋」に関して、個別の鏡に配された文様（構成）の意味について、倭人の世界観という視点から大胆な想察がくりだされた〔赤塚 2000；車崎 2000a・b・2007・b；梅澤 2003 等〕。倭人が中国製鏡の文様とその世界観を理解できず、それゆえ倭製鏡の文様は無意味だとする提説への批判としては意義があったが、提示された文様の解釈はいちじるしく主観に傾き、軒並み説得力を欠いた。装飾古墳の同心円文様や石棺に刻された円文を鏡とみる意見も、依然として多出した〔広瀬 2010；河野 2011；髙木 2012 等〕。


### C. 文献史的検討

　文献史から（倭製）鏡への言及も少なくなかった。しかし、本格的な論考はほとんどなく、一般書などで軽くふれられる場合が大半を占めた。

　天皇の即位儀礼と密接不可分の「レガリア」への関心〔熊谷 2002；山本幸 2003 等〕とあいま

ってか、「神璽」である鏡剣の奉上儀礼や神宝の授受への言及が目だった〔武光 2000；熊谷 2002；神野志 2002；和田萃 2002 等〕。また、王権側から諸地域側への分配よりも、服属（儀礼）にともなう諸地域側から王権側への献上や被収奪を強調した議論が顕著だった〔上野誠 2001；原 2002；平野 2002；若井 2010；大津 2010；新谷 2013 等〕。そのほかにも、鏡の「伝承資料」をふまえた「日韓関係」の検討〔田中俊 2007〕、『万葉集』における鏡と神仙信仰の関係の考察〔中西 2003〕、民俗学的知見の適用〔小松和 2003〕など、多彩な検討がくりだされた。ただし率直にいえば、古墳時代後期以前に関する諸見解は、あつかう事象の時期比定が不明確なうえに、史料批判も不十分なため、考古学サイドで進めている鏡研究に益するところがほとんどない。「仿製」三角縁神獣鏡の「分与」ののちに「刀剣の分与が主流になった」との見解〔大津 2010〕、「出雲神宝、天日槍神宝、石上神宝」に関する『記』『紀』の「伝承情報」に立脚して、「古代の首長権や王権にとって、神宝の祭祀や伝世や管掌」が宗教的にも政治的にも「必要不可欠」だとした主張〔新谷 2013〕、「八咫鏡」は「三世紀後半の巨大な」倭製鏡であり、「歴代の王・大王・天皇による国家統治の正当性を示すレガリア（宝器）」としての役割をはたし、「伊勢神宮の創祀に際して下賜された」との推測〔和田萃 2002・2003〕などが、（倭製）鏡研究に若干の示唆をあたえるにすぎない。

　D．そのほか

　日本列島の倭人は、多量の中国製鏡を輸入するにとどまらず、みずからの手で多彩な鏡を模造するなど、中国周縁の諸地域のなかでも鏡をことさらに重用していた。そう評されることが多い。大局的にみれば、その評価はまちがっていないが、他地域にも少なからぬ中国製鏡（漢鏡）がもたらされ、当地で模造されてきた事実を看過してはならない。東アジア諸地域における鏡の流入・製作・使用など、いわば鏡文化を明らかにすることは、比較をつうじて列島の鏡文化がそなえる普遍性と特殊性を浮き彫りにしうるからである。

　そして現在、そうした比較検討作業が可能な段階に到達している。上述してきたように、韓半島への中国製鏡および倭製鏡の流入・流通状況、そして当地での鏡の製作・流通に関する研究が、当期後半期にめざましい進捗をとげた〔李在 2000・2004；成他 2001；上野 2002・2004・2013b・2014b；田尻 2003・2007・2012；趙 2004；南 2005・2007c；李陽 2006・2007a・b・2009a・b・2010・2012；新井 2009b；李瑜 2009；後藤直 2009；林 2010a；下垣 2011a；村松 2013；脇山 2013 等〕。さらにまた、モンゴルおよびザバイカル地域〔大谷 2014〕、アルタイ地域〔Тишкин 他 2011〕、ベトナム〔Yamagata 他 2001 等〕など、中国製鏡の影響がおよんだユーラシア各地の状況が判明しつつある。これら各地を視野にいれた比較検討も緒に就きつつある〔Lapteff 2008〕。とりわけ、15 世紀以前のユーラシア各地（「中華人民共和国・朝鮮民主主義人民共和国・大韓民国・モンゴル・ロシア・カザフスタン・キルギスタン・ウズベキスタン・タジキスタン・アフガニスタン・イラン・ヨルダン・ウクライナ」）の出土鏡を 2435 面集成し、中韓朝をのぞく諸地域のうち「鏡の写真や実測図、スケッチが入手できる」約 480 面のデータ一覧を公表した労作〔新井他 2009〕は、今後の研究の基礎資料として高い価値をもつ。

　本家本元の中国の鏡についても、資料の蓄積が格段に進んだ。とくに近年、大部の鏡図録が怒濤のように刊行されている。その動向に呼応しつつ、中国における鏡研究が長足の進歩をとげつつある。たとえば、最近に上梓された『漢鏡文化研究』〔陳他編 2014〕は、「綜合篇」「証史篇」「哲学

篇」「科技篇」「文学、美学篇」「文字篇」「民俗篇」「専題篇」の全8章に計54本もの論考が掲載され、まさに壮観である。その内容も、鏡背の文様構成や銘字の字体、銘文の釈読や内容の解釈、鏡に反映された神仙思想・道家思想・儒家思想・仏教思想、鏡（銘文）にうかがえる文学の推移や民俗文化、割付法・鏡笵の材料・凸面曲率・錫鍍金技術・透光鏡技術などの作鏡技術、さらには「漢鏡文化」が日本列島におよぼした影響に関する考察など、実に多岐多様であり、研究の多方面にわたる深化を強烈に実感する。さらに、鏡銘の悉皆的かつ重厚な集釈〔「中国古鏡の研究」班2009・2011a・b・2012・2013〕やそれをふまえた総合的研究〔岡村 2011b・2013a・2017；森下 2011b等〕、鏡背文様の図像学的研究〔曽布川 2014等〕なども、いちじるしい深化をとげてきている。

　他方、広大な中国を一枚岩でとらえず、内外の多様な地域において展開した鏡群を系統としてとらえ、系統群の織りなす動きと諸関係を把握する作業も進展している〔上野 2000・2001・2003・2007；菅谷他編 2003；森下 2007；岡村 2008b・2012等〕。日本列島をふくむ東アジアやユーラシアの各地域に、中国のどの系統の鏡群がもたらされたのか、その影響が当該地域における鏡文化や作鏡にいかなる影響をおよぼしたのか、などの検討が可能な研究段階にはいりつつある。

　当期後半期、わけても2010年代に鏡の保有論が活潑化したことに、幾度か言及してきた。こうした事態は、従来のようにたんに分配の局面だけでなく、授受の実態から使用・保有をへて副葬（埋納）にいたるまで、鏡がたどった具体的な履歴まで究明しようとする問題意識が前面化したことを意味する。鏡の保有を問題にする場合、その入手時期と副葬時期のズレ、埋葬施設における他器物との共伴状況、首長墓系譜における同種鏡の副葬状況などを手がかりにして検討されるのが一般である。しかし、そうした間接的な検討材料よりも、保有の期間に鏡がこうむった直接的な物理的影響のほうが有効であることが、筆者をふくめ看過されがちである。たとえば、磨滅の程度を基準にした保有期間の推定〔柳田康 2002；實盛 2013b〕、保有時の対処を示す破損の補修などは、重要な分析視角になる。そして、ほとんど注意されていないが、鏡を包覆する布帛や塗彩に使用した赤色顔料の特徴〔辻田 2015〕を、鏡の製作時期や系統的まとまりと対比する分析は、保有の局面を照らすアプローチになりうる。そうした布帛や赤色顔料については、報告書類での分析結果が蓄積されており、最近では有益な総説もなされている〔沢田む 2012；志賀 2012；杉井 2012等〕。

# 第3章　倭製鏡研究の課題と展望

　江戸期から筆を起こした倭製鏡の研究史をたどる作業も、ようやく現在におよび、一応の終結に
いたった。以下、倭製鏡研究の全体に関する課題と展望について概述して締めくくりとする。
　第1章の劈頭で、三角縁神獣鏡を代表とする中国製鏡にくらべて倭製鏡の研究の進展がはかばか
しくないと思われがちだと記した。しかし、前章の内容から明白なように、倭製鏡に関する論考は
すこぶる多く、とくに1990年代以降の増加には目を瞠るものがある。その論考数や活況度は、中
国製鏡の研究を凌駕している。それにもかかわらず、「2000年前後」以降の「倭製鏡の研究」が
「停滞の観を漂わせ」ている印象がぬぐえない〔下垣 2011b〕。とすれば、実際には多くの成果が提
示されているのと裏腹に「停滞の観」が醸しだされる理由はなぜかを考え、そうした停滞観を払拭す
る具体的方途を摸索することが、とりもなおさず倭製鏡研究の課題と展望の提示にもなるだろう。
　研究の沈滞観を醸成する原因は、その大半が研究者の側にある。まず、名称や分類の混乱があ
る。論者により使用する鏡式・系列名がことなり、その対応関係が不明確な事態に無頓着なまま各
自が検討をつづけるため、研究成果の共有も連接も円滑に進まない。倭製鏡の全体を俯瞰すること
なく、個別の鏡群のみに分類・名称設定をほどこす論考が多出する結果、体系的な理解がいっそう
阻碍されてしまう。そのうえ、実態も位置づけも不明な資料にたいして、報告書や「歴博集成」で
便宜的に付された名称を安易に流用するため、位置づけが比較的明確な鏡群との区別が曖昧にな
り、ますます混乱が助長されがちになる。そもそも、弥生・古墳時代に列島で製作された鏡群の総
称として、倭製鏡・仿製鏡・倣製鏡・倭鏡・国産鏡などが併存しており、これでは研究が混乱して
いると思われても仕方がないし、実際に混乱しているのだから仕様がない。筆者は、せめて系列
（鏡式）名の整理だけでもとの考えから、諸研究者の分類の比較対照を実施したことがある〔下垣
2011b・2016a〕。しかし、少数の鏡群の検討に終始しがちな現状で、どれほどの実効性があるかこ
ころもとない。
　中国製鏡をも包括した総体的把握にまではいたらずとも、せめて倭製鏡の全体像をおさえたうえ
で個別鏡群の検討をおこなうのが当然のはずであるが、この当然の条件をクリアした論考は一握り
にすぎない。倭製鏡の資料を総合的に収集して全体像を理解しつつ、個別の鏡群を分析するという
のが、あるべき研究の姿であるが、分析対象の資料群しか把握していないのではないかと疑わざる
をえない論考が実に多い。かつては「お座敷考古学」の筆頭格であった鏡研究が、資料や図録類の
増加とアクセスの容易化を追い風にして、敷居がずいぶんと低くなった。その反面、「お手軽さ」
に胡坐をかいた論考が増え、本格的な論考が相対的に減少する事態を招いたようにも思われる。
　本格的な論考が少ない反面、着想の提示レヴェルの小考（A）、対象範囲がいちじるしく狭い短
篇（B）、論考内での部分的な考察（C）などが目だつ。（A）は論考としていささか責任感に欠

け、（B）は速報性の必要がない以上、小出しにせずまとめて提示するべきである。（C）は筆者も該当し、同種の言及を複数の論考でくりかえす傾向にあるが、これは考察が練れていない裏返しである。このほか、具体的なデータに根ざさない思いつきの考察や資料紹介の「おまけ」のような論考や「サラミ論文」の増加、そして分析視点の多様化に起因する論点の分断化、といった状況も看取される。

　こうした諸要因が組みあわさって、倭製鏡研究の見とおしが悪くなり、研究の停滞観が醸しだされていると考えている。前章で骨の折れる悉皆的な研究史整理を敢行したのは、倭製鏡研究の視界をよくし、今後の研究の進展に資すためにほかならない。基礎作業をおろそかにせず、そして先行研究の到達点と問題点をみきわめたうえで、着想レヴェルの半端な小考ではなくデータをふまえた本格的な論考を蓄積してゆくという、至極あたり前の作業が倭製鏡研究の課題だと結言したい。

　以上は、なにも倭製鏡にかぎった問題ではない。考古学には多種多様な資料とテーマがあり、それらがからみあいながら、資料の増加と相乗しつつ、加速度的に分析と論考が増大している。それは一面では歓迎すべきことである。他方、ますます厖大になってゆく資料と論考を把握しきれなくなり、分析の視野がますます狭小となったり、先行研究を無視して「業績」だけを積みあげる、といった弊害も生じてしまう。自説に都合のよい関連論文を、身近なところからかき集め、仲間内の島宇宙（蛸壺）ができあがってくるのも、根を同じくする弊害である。特定の資料やテーマに関して、研究史の追尾と現在的論点の摘出を詳細に実施することは、もはや至難なことであるらしい。1990年代までたどりつければ上々の部類であり、最新の研究まで精細かつ確実におさえた成果は稀例に属する。単純な作業を堅実に積み重ねるだけのことなのだが、その手間を惜しんだ先輩たちの負の遺産をさらに増やして後輩に託すくりかえしで、ますます作業が困難になっているわけだ。本論は、そうした風潮に歯止めをかけ、今後の研究に益するためのひとつのモデル作業の提示であり、多様な資料とテーマに関して同種の作業が敢行されることを望む。

### 第Ⅰ部註

（1）ただしこの記載をもって、編者の市河米庵がこの2面を中国製鏡とみなしたとは断定できない。しかし、中国書を引用し「鼞帯鑑」という特殊な名称をあてがっていることから、中国製鏡ととらえた可能性が高い。米庵の父である寛斎による『宝月楼古鑑譜』にも同一の記載があるので、本譜の記載が『小山林堂書画文房図録』に流用されたのだろう。なお、B.カールグレンは、杜預の注釈に異議をとなえ、段玉裁と桂馥の見解に依拠して、「鼞鑑」とは「帯囊鏡」のことだと主張した〔Karlgren 1934〕。

（2）弥生～古墳時代の列島製鏡に「倭鏡」なる名称をあたえた最初期の事例は、濱田耕作の『通論考古学』〔濱田 1922〕だとされている〔西田㌻ 1989〕。ただし、挿図のタイトルに「漢鏡葡萄鏡倭鏡及漢鍍合金組織写真」と記して、「山城松尾出土」の「仿製漢式鏡」を指示したものにすぎない。さらに探索したところ、近重真澄が古銅器の理化学的研究を先駆的に実施した際に、「松尾出土」鏡を「多分飛鳥朝の作」の「倭鏡」と呼称しており〔近重 1918〕、これが現在的な意味での「倭鏡」なる用語の嚆矢である。ただし、「松尾出土」鏡は京都府穀塚古墳から出土した中国製画文帯神獣鏡（京都60）であり、実際には「倭鏡」ではない。

（3）青柳は24歳で本居宣長の門下にはいり、筑前国学の祖となった国学者であり〔柳田康 2008〕、そのことは『柳園古器略考』で「皇国」の前を闕字にすることにもあらわれている。青柳の歴史志向〔岡村 2008a〕は、国学者としての来歴とも関係するのだろう。

（4）本図譜に収録された方格規矩四神鏡（「新莽長宜子孫鏡」）の鏡面図に、もう1面が銹着していた痕跡が描出されており、これを加算すれば5面になる。なお本図譜では、「城州深草山」出土品の解説におい

て、「六花鑑」の出土が記されている。この鏡については、六弧内行花文鏡と推測されてきた〔後藤 1926a；公益財団法人静嘉堂編 2013〕が、京都市深草瓦町の仁明陵北方からの出土が伝えられる芝草文鏡（唐草文鏡）（京都 77）である蓋然性が高く、「六花」は内区に 6 単位めぐる芝草文（唐草文）を指すようである。

(5) ただし、鏡研究の体系化に大きな役割をはたした八木奘三郎は、1891 年から 1902 年まで東京帝国大学理科大学人類学教室に標本取扱の名目で勤務しており、東京帝大系と帝室博物館系という単純な区分はつつしむべきかもしれない。ところが、「明治時代の考古学が発達した経路」の「二大源流」として、「美術関係品に基く」「博物館派」と人類学・民族学を重視した「大学派」の存在を指摘したのが、ほかならぬ八木であるので、話がややこしい〔八木 1935〕。

(6) 本文中で山口県柳井茶臼山古墳出土の「四乳鼉龍鏡」（山口 3）（図 77）に言及しているが、これが倭製鏡である可能性は、想定すらされなかった。なお、「鼉」とは蜥蜴に似る水棲動物、「鼉龍」とは鰐の一種であり、『宣和博古図録』では現在の分類でいうところの盤龍鏡に「漢鼉龍鑑」の名をあてている。ところが、本鏡の乳をめぐる主像に「漢鼉龍鑑」との類似性を看取したためか、三宅がこの種の倭製鏡に「鼉龍鏡」の名をあたえて以来、この誤称が現在まで使用されつづけている〔車崎 1993a〕。

ところで、宝暦十二（1762）年に平賀源内（国倫）が会主となって開催した「第五回東都薬品会」（宝暦九年の「第三回東都薬品会」の可能性もあり）に、「鼉龍」の液浸標本が出品されている。この「鼉龍」はよほど珍奇であったのか、のちに源内が出展品から約 360 点を精選して解説をくわえた『物類品隲』の巻之五（産物図絵）に、「蛮産鼉龍 以薬水硝子壜中図」として、精細な挿図つきで掲載されている〔平賀 1763〕。その図は、蜥蜴か小型鰐類のようであり、「漢鼉龍鑑」の主像と趣が似る（図 78）。『物類品隲』巻之四では、「蛮産紅毛語カアイマン（中略）形守宮蛤蚧ノ如ク四足アリ頭ヨリ尾ニ至テ鱗アリ（中略）此ノ物咬嚼吧噫羅ノ洋海中ニアリ人舟中ヨリ形ヲ顕セバ忽チ水中ヨリ踊出テ是ヲ食フ形甚大ナリトイヘトモ水ヲ離ルニ音ナシ蛮人甚恐トムヘリ戊寅ノ歳田村先生長﨑ニ至テ是ヲ得タリ長サ二尺許薬水ヲ以テ硝子中ニ蔵ム」と記されている〔平賀 1763；正宗 1928〕。この記述によるかぎり、鰐以外の何ものでもない。本草学者の小野蘭山が、享和三（1803）年に刊行した本草書『本草綱目啓蒙』巻 39 の「鼉龍」の項目に、「先年紅毛ヨリ小ナル者ヲ薬水ニ漬タルモノ来リ観場ニ供ス紅毛ニテカアイマントムフ」とある〔正宗 1929；杉本 1985〕のは、「第五回東部薬品会」や『物類品隲』の「鼉龍」を指すのだろう。本項目では、「大

図 77　柳井茶臼山古墳出土の鼉龍鏡

図 78　「蛮産鼉龍」（左）と「漢鼉龍鑑」（右）
（左〔平賀 1763〕、右『博古図録』）

ナルハ丈余ニ至ルト云形ハ四足アリテ石龍子(トカケ)ノ如ク口大ク歯モ大ニシテ数多シ鱗長クシテ蛇鱗ノ如ク魚鱗ニ似ズ尾ハ長クシテ身ニ半ス背ニ三稜アリテ水ヲ出ルコト速ナリ舟中ノ人ヲ伺ヒテ飛出故夷人暹羅(シヤムロ)及咬嚼吧(ジヤガタラ)ノ辺ヲ過ルトキ甚畏ルト云」と解説されており〔正宗 1929〕、やはり鰐のほか考えようがない。細川重賢が編んだ『毛介綺煥』(1756年)にも、「安永三年甲午三月紅毛人持来」の「ダリヤウノ生写」の液浸標本図が載るが、これは明らかに鰐の子である。このほかにも江戸期の古文書には、「鼉龍」への言及が散見する〔磯野 2012〕。

(7) 以後の概説書でも、八木はおおむね自説を堅持した。3年後の概説書では、「吾が国太古の頃から推古帝の頃迄で即ち高塚時代の一期間に属する墳墓の中から発見する鏡鑑の類は大抵漢魏の品ばかりで自国製の物は更に見受けない」事実から「推し量つて見れば当時已に日漢交通の行はれて居つたことが知れ、又従来古書の記載が過つても居れば粗漏でも有つたと云ふ事が知れて参るので有ります」と断言した〔八木 1905〕。その翌年の概説書でも、古文献には「我神代の頃より盛んに鏡鑑を尊重し、又之れを造れる文を載」せ、「八咫鏡は神代に初りて雄略の朝まで行はれたる模様なるが、実物研究の結果は一も日本固有の鏡鑑を存せざるにより其他の此ものに関する記事は勿論の事八咫鏡の談も事実なるや否や頗る疑はしと云はざるを得ず」と明言した〔中澤・八木 1906〕。

他方で新井悟は、筆者とまるでことなる評価をくだしている。新井は、八木には「優秀な大和民族」という「構想」があったため、「「漢鏡」の様式とはまったく異なる「我古制」の様式に則ったものとして」「和鏡」を「イメージ」しており、そのため推古朝以前の「和鏡」を「例示したくても、それはでき」ず、最終的に「八木の構想は暗礁に乗り上げてしまった」と解釈する〔新井 2004〕。上に引用した八木の所見(「実物研究の結果は(中略)頗る疑はしと云はざるを得ず」)から、「和鏡」を検出しえない八木の「憔悴した心情の吐露」まで深読みする〔新井 2004・2014〕。あまつさえ、「最初に「和鏡」のイメージを固定して、観察から得られた情報によってそれを変更しなかったことに八木の挫折の原因があ」り、「問題のとらえ方、その解決の仕方によって、重要な事柄を見逃すことがある実例」と決めつけ、批難をくわえる始末である〔新井 2014〕。しかし、八木の鏡鑑論を通読しても、そのような挫折も「憔悴した心情の吐露」もまったく読みとれない。「優秀な日本民族がもつべき、「漢鏡」の影響下にない、日本固有の「和鏡」」観〔新井 2014〕を八木が有していたはずだという「イメージを固定し」て、本文「から得られた情報によってそれを変更しなかったこと」による誤読にすぎない。原鏡とその模倣鏡である倭製鏡を「ひとつの様式である「漢鏡」として認識」したために、八木が7世紀より前の列島製作鏡を抽出できなかったとする新井の見方は妥当である〔新井 2004〕。ただそれは、両者を分別するまでに資料・分析法が整備されていなかったという単純な理由からであり、新井のようにイデオロギー的な穿鑿をくわえる必要はまったくない。

(8) 高橋はのちの著作で、別々の古墳から出土する須恵器などの遺物だと、「年代の差」の識別が「極めて困難」だが、鏡であれば「多少年代上の別を察することが出来」、「少なくとも原史時代の前期であるか後期であるかの差別はつく」と、自信のほどをのぞかせた〔高橋 1913〕。

(9) ただ山田は、「この鏡を本邦特有の図様によれるものとは見ること能はずして当時工人が種々の鏡の図様を参考して模製したものと認むるものなり」と論じており、両鏡が一対一の原鏡―模作関係にあるとはみなかったらしい〔山田孝 1915〕。なお、「この鏡を本邦特有の図様によれるものとは見ること能はず」の文言を、自説への批判ととらえた高橋は、隅田八幡鏡の「鏡背図様の我が国独創に成りしものにあらず、全く支那風」であることは「改めて論ずるまでもな」いことで、本鏡を「本邦作製と考定した」理由は、「銘文以外に、この図様を表出せるその手法に特色あるを認めた」からだと反論をくわえた〔山田孝 1915〕。

(10) 隅田八幡鏡の倭臭的な銘文や狩猟文鏡の内区文様のような、中国製鏡と明白にことなる要素が例外的である事実は、中国製鏡と倭製鏡の類縁関係を、すなわち原鏡―模倣関係を逆説的に裏づけるものであった。

(11) ただし、富岡は1873年生まれであり、その2年前に生を享けた高橋と同世代にあたる。梅原は1893年、後藤は1888年の生まれである。

(12) 富岡のねらいは鏡式の設定と編年、そして鏡から歴史を検証することにあり、個々の銘文の釈読にひた

すら尽力した清朝の金石学者とは方向性を異にしたとの指摘がある〔岡村 2007・2008a〕。

(13) 梅原によると、富岡が古鏡研究に着手したのは 1908 年以前であるが、「自家独特の研究に着手」したのは、「隅田八幡宮の鏡が学界に紹介され、古鏡研究の機運漸く熟せんとする」1914 年の初夏頃だったという〔梅原 1920a〕。神田喜一郎の筆による評伝でも、富岡が「支那古鏡の研究に特に情熱を傾けられたのは極く晩年、すなわち大正四年あたりからのこと」だと記されている〔神田喜 1960〕。

(14) 富岡の経歴や業績に関しては、追悼文や回想が若干ある〔内田 1919；藤井粲 1919；梅原 1920a・1973a；喜田 1920b；神田喜 1960〕ほか、創設期の京都帝国大学文科大学東洋史学講座やその教授をつとめた内藤湖南らをめぐる回想やエピソード〔青江 1966；三田村 1972；岡 1974 等〕、あるいは鉄斎・謙蔵父子の蒐集古書に関する文章〔反町 1986 等〕や鉄斎の評伝中で言及される程度である。しかし近年、2013 年に『富岡謙蔵生誕 140 年記念 万巻の書・富岡文庫—鉄斎と謙蔵の足跡をたどる—』なる回顧展が開催されたほか、書簡集が刊行される〔杉浦編 2008〕など、再評価の機運がみとめられる。

(15) ただし、目次には「本邦仿製古鏡に就いて」とあり、この論題が引用されることもありややこしい。編者である梅原自身が、「遺著「仿製古鏡に就いて」なる論文」〔梅原 1921c〕、「故人の「仿製鏡に就いて」」〔梅原 1923a〕、「故先生の「仿製鏡に就いて」」〔梅原 1940b〕などと書いており、同じく本書収録の「梗概」である「再び日本出土の支那古鏡に就いて」でも、「別稿「本邦仿造鏡に就いて」」と言及されている〔富岡 1920b〕。とはいえ、本書の附録として梅原が綴った「富岡先生の古鏡研究に就いて」においても、「日本仿製古鏡に就いて」と明記している〔梅原 1920a〕ので、この論題を採用すべきである。

(16) むしろ富岡は、「一般仿製鏡」にたいして、その意匠が「単に支那鏡の模倣に過ぎずして、邦人の意匠として見るべきもの殆んどなく、其の模倣すら頗る拙にて、原意味を理解せず、著しく異形化し、早くも堕落」したのは、「国民に固有の文化の著しきものなく、従つて豊かなる智的生活を営むに至ら」なかったためだと、かなり辛辣な低評価をくだしている〔富岡 1920c〕。

(17) 富岡は鼉龍鏡を計 3 類にわけ、「第一類」から「第三類」への「図様退化」を示唆したが、これが時期差に対応するとは明記していない〔富岡 1920c〕。

(18) 「仿製」三角縁神獣鏡をふくめれば、近藤喬一らが型式学的操作を実施した〔近藤喬 1973；小林行 1976〕。

(19) ただし「上野国」には、狩猟文鏡の出土にくわえて「内行花紋鏡、神獣鏡等の出土」が多いことから、「古く一種の文化の中心の存在」したと想定した〔富岡 1920c〕。

(20) しかしのちに、こうした祖型的な銅製品は「少くも漢の中期を遡る古い文化所産であつて、鈴の形は北方系文物のそれと一致するが、本邦鈴鏡に見るのとは違つてゐる」こと、「大形の仿製品に一切鈴を着けたものゝない事実は、当初大陸文化の強く及んだ地域に於いて、それが先づ作られたとなし難いことを物語る」ことから、「鏡に鈴を着けることは我が国に於ける所産」であると、見解をあらためた〔梅原 1940a〕。

(21) 川西宏幸は、「後藤の所見をのちに和辻哲郎が取りいれた」と評価した〔川西 1991〕が、時系列をたどると、その影響関係は逆である。なおこの文言は、当該論文を単行本に収録した際に削除されている〔川西 1999〕。

(22) 和辻は、倭製鏡の「たどゝしい線の引き方には、いかに新鮮な驚異の心がふるえてゐることだろう」、と論理ではなく情緒にうったえかける〔和辻 1920〕。筆者からすれば、「線の引き方」の「たどゝし」さの原因は、「新鮮な驚異の心」の「ふるえ」ではなく、刻文の際の手のふるえにすぎない。和辻が図版に掲載する「模造鏡」には、中国製鏡（魏晋鏡）が混在しており、推論の根柢のあやうさが露呈している。

(23) 本書の「漢式鏡」とは、「日本考古学に於いて取扱はれるべき古鏡」のうち、唐鏡・和鏡以前の「相対年代も古いところの」「一群」を指し、倭製鏡もふくまれる〔後藤 1926a〕。

(24) ここで後藤があげたのは、あくまで「仿製鏡たり得る」型式であり、現状の資料状況に照らせば「葉文鏡・雙葉文鏡」は「支那鏡のみ」で、「位至三公鏡」は「進んで、これを本邦鋳造鏡とすることは出来」ず、「星雲文鏡」には「仿製鏡がない」とした〔後藤 1926a〕。

(25) ただし、平均型差法を駆使した清野の所論は、以後の統計学からすれば粗雑な代物であり〔寺田 1975〕、多くの点で欠陥をかかえていた〔今村他 1949〕。そうした意味で、後藤らのアプローチを「数量

274 第Ⅰ部 倭製鏡論

統計的」と評するのはいささか不適当である。「数量比較的アプローチ」とでも名づけておくのが妥当で
あろう。

(26) 179話（巻十四ノ五）の「新羅国后、金榻事」のことであるが、新日本古典文学大系本では、「鈴、鏡」
の二品と解している。『長谷寺霊験記』はいっそうくわしく、天暦六（952）年に大鈴・大鏡・金簾などの
宝物が長谷寺に奉納されたと伝える〔三木ら他 1990〕ので、喜田の推論は成立しない。なお本論考で喜
田は、そしてそれ以前に八木も、『日本文徳天皇実録』巻七の斉衡二（855）年条に「備中国言。吉備津彦
名神庫内鈴鏡。一夜三鳴」との記事が、『日本三代実録』巻十四の貞観九（872）年条に「遣神祇大祐正六
位上大中臣朝臣常道。向近江国伊福伎神社。奉弓箭鈴鏡」との記事があることに注意をうながした〔八木
1910〕。

(27) 発掘報告者の佐藤小吉も同年に、「其文字のあるべき所に渦巻紋様ある」のは「恐くは、発掘鏡は我鏡
作部人の摸作に係れるものにして、紋様は摸せしも文字は了解し難きより、文字の代に渦巻文様を置きし
ものならん」と、喜田と同一の推測をした〔佐藤小 1919〕。

(28) 中山は「金石併用時代」という独立した一時代を設定したわけではなく、石器の使用人種と金属器の使
用人種が列島に同時共存した結果、列島において石器時代と金属器時代が併存することになったという、
独特の時代観をいだいていた〔藤尾 2002 等〕。実際、本論考でも「或る地方に於ては古墳時代の後の方
まで、実際にはまだ金石併用時代といふべき現状の所があつたやも知れぬ」ことが主張された〔中山平
1928〕。したがって、中山が弥生倭製鏡の存在を指摘したとするのは、厳密にいえば適切でない。しか
し、須玖岡本遺跡やカラカミ遺跡を古墳出現以前ととらえ、これらの鏡も古墳倭製鏡に先行すると考えた
ようであるので、中山を弥生倭製鏡研究の鼻祖とみなして問題はない。

(29) 該博な漢籍の知識を誇った富岡ですら、『記』『紀』の記載を無批判にとりあげた〔富岡 1920a〕。それ
どころか、講演という精確さを要求されない場でとはいえ、八咫鏡を話題にのせ、「三種の神器が我が国
に伝はつてゐるといふことは、実に国家として難有いことで、まことに他に比類がない国体を明示して居
る」と述べたりもした〔富岡 1918b〕。原田淑人も講演の場で、「日本に数千年来の伝世品として八咫鏡
が存」することが、「日本の国体が世界無比なものであること」を「考古学上から」も示すととなえた
〔原田淑 1930〕。

(30) たとえば、「同笵鏡」分与論に関して、提唱者の小林行雄は、「「みたまのふゆ」のお説を知らなけれ
ば、子持勾玉の解釈の思いつきはいうに及ばず、同笵鏡の分与の問題にも、これほどの執着は持てなかっ
たかもしれない」と、折口からの影響を明言している〔小林行 1967b〕。鏡を「首長霊継承儀礼」の中心
アイテムとみなす考えは、もはや一般化しているが、実証的根拠の稀薄な「首長霊継承儀礼」説に妙なリ
アリティをあたえる役割をになわされた器物こそ、まさに鏡であり、折口の着想に夢想を重ねた憶説が現
在まで数多く提示されてきた。

(31) この製作法であれば、「同笵鏡」ではなく「同型鏡」である。事実、荒木宏は、同笵鏡の名称は同一の
笵から直接つくられたものに限定すべきであり、蠟型技法による鋳鏡は「同型鏡」とよぶべきだと反論し
た。梅原はこの反論を是認しつつも、現状の資料では同笵技法と同型技法を「一々の場合に就いて」「区
別することが不可能」なため、便宜的に「同笵鏡なる文字を」「直接間接に一つの笵から出たものを含む
広い意味に使用する」という妥協案を提示した〔梅原 1946〕。

(32) 後藤の皇国史観への追従と、考古資料の「日本精神」論への曲解的悪用については、春成秀爾の論考に
くわしい〔春成 2003a〕。

(33) 禰津は、V.G.チャイルドの *Man Makes Himself* の訳書を戦中に出版した際、「多年に亘つて菲才な訳者
を指導鞭撻された高き学恩に報いるべく」、本書を濱田耕作「先生の御霊前に捧げ」ながら〔禰津訳
1942〕、敗戦後に岩波新書としてあらためて刊行した際に、この文言をきれいさっぱり削除した〔ねず訳
1951〕。そのうえ濱田は「言論の自由をみとめない官僚的な封建的な人物」だと悪口を浴びせた〔ねず
1949b〕。戦中から敗戦後への華麗な手の平返しに、機をみるに敏ではすまない姿勢が、ひしひしと伝わ
ってくる。

(34) ただし、図中にはいわゆる波文帯鏡群などの中国製三角縁神獣鏡が混在している。

(35) 小林はそれ以前に、『日本考古学概説』において倭製鏡にふれていたが、先行研究の祖述にとどまっ

た。ただ、「鏡を作る工人の教養」は「鏡を秘蔵した貴族たち」に「比べてはるかに低いものであつた」とか、「鏡作部風情」といった文言に、倭製鏡への低評価が滲みでている点が注意される〔小林行 1951〕。「仿製」三角縁神獣鏡〔小林行 1976〕をのぞけば、小林が倭製鏡の分析に本腰をいれることはついぞなかったが、この低評価もあるいは関係するのかもしれない。

(36) なお小林は、「合金の質」において後者に「精良なものがある」点に気づきつつ、これを製作時期の古さを示す一基準とはみなさず、むしろ「大型仿製鏡には良質のものがあることを重視しすぎたために、大型品をもたず、質もやや劣つた仿製三角縁神獣鏡が、技術的に退化した段階のものと誤解されるようになつたのであろう」と論じて、予想される反論を前もって封じた〔小林行 1956〕。

(37) 小林は、「波文帯三神三獣鏡」が、椿井大塚山古墳を核とする分有関係とは無関係であり、「鏡の型としては仿製鏡をふくんで新式に属」す佐味田宝塚古墳および新山古墳の副葬鏡群にふくまれる「波文帯三神三獣鏡」の「配布が山城大塚山の首長とはちがつた」「他の中枢」、すなわち「未知の首長」によってなされたと解釈した〔小林行 1957a〕。実際に小林は、「波文帯三神三獣鏡」を「仿製鏡」とともに「第二次成立鏡群」に包括したうえで、「大塚山古墳の鏡群中にふくまれていない波文帯三神三獣鏡が配布網にのせられた段階と、大阪府紫金山古墳などにみられる、仿製の三角縁神獣鏡その他が配布網にのせられた段階とが、ややおくれて継起したこと」を説いており、中国製三角縁神獣鏡→「波文帯三神三獣鏡」→「仿製」三角縁神獣鏡という三段階の配布を想定したようである〔小林行 1961〕。

(38) とくに「民族鏡」という名称が斬新に感じられるが、本論考がだされた 1950 年代には、「民族」が学界だけでなく社会全般で関心の的になっており〔小熊 2002〕、この名称は時代風潮の反映とみて相違ない。

(39) ただし樋口は、「渡来後の鏡」が頻繁に移動したとは考えず、「二、三の移動授受があったとしても、それは考古学的資料から識別することは全く不可能であり、大局的には今日の分布状態が、輸入の際の情況を示していると考える以外には、言うべき根拠をもたない」という諦観的姿勢をとった〔樋口 1960a〕。

(40) また、「いわゆる伝世鏡が、伝世の意義を失ったから仿製の対象にされた、という見解はいかにも理解しがたい論理」であり、「伝世の意義を失」って「廃物に等し」くなったかつての「宝器」を「仿製の対象」とするようなことは、「およそ鏡が社会的な機能を持つかぎり、ほとんどありえない」といった批判〔内藤晃 1959〕にたいする反論を意図したものでもあったかもしれない。

(41) ただし、著者の白鳥庫吉は 1942 年に歿しており、本書は歿後の刊行である。

(42) 筆者は、「仿製」三角縁神獣鏡を中国製鏡と判断しており、また本遺跡出土の夔鳳鏡（21 号鏡）（福岡 349）と、規矩文を欠き斜角雲雷文を配する方格規矩鏡（7 号鏡）（福岡 335）も中国製鏡と考えているので、この面数になる。なお、「二一面すべてが仿製鏡であって、舶載鏡を全く含まない」とした原田〔原田 1961a〕をはじめ、本遺跡出土鏡をすべて倭製鏡とみなすほうが一般的である。

(43) 原田は、「自身の琢磨の経験から割り出して一糎平方に一時間を要した」と仮定して試算したが〔原田 1961a〕、鋳張りの除去や粗研ぎ、中・仕上げ研ぎなどの工程を考慮すれば、この想定は上方修正すべきだろう。実際、天平宝字六（762）年に、石山寺の造営に際し鏡を鋳造したが、その際の文書によると、作笵に少なくとも 4〜5 日、鋳造に 2 日を要したのにたいし、研磨には 14 日がついやされた〔小林 1962b 等〕。原田自身も、試算時に「取り上げなかった他の工程を加算」する必要性を示唆している〔原田 1961b〕。

(44) 原田は、割付に「コンパス」が使用されたことを緻密に考証したが、五等分などをおこなう場合、「伸縮自在のコンパス」の調整ですむことを明示したこと〔原田 1961a〕は興味深い。なまじ幾何学の知識があると、割付に五等分や三等分が看取される場合、高度な幾何学的操作の証拠だと考え、多数の円弧を重ねて当時の割付に思いをはせることになりがちだが、コンパスの幅合わせで事足りたわけである。

(45) のちに小田は、「五〇面近い」弥生倭製鏡が「すべて小型である」ことを論拠として、「宝器としてよりは、むしろ護符のような役割」を推定するにいたった〔小田 1974a〕。

(46) 筆者は未見だが、高倉はその 3 年前に「弥生後期の仿製鏡について」なる論考を発表している。当該論考において高倉は、弥生時代後期の倭製鏡の出土地 30 箇所をあげ、それらを「形式」と時期から I 〜 III の 3 グループに分類したとのことである〔高倉 1968；副島 1971〕。

(47) 具体的に「第 I 型」は、「平縁を有さない点、より小形である点など形制を異にし、その類鏡は北九州

よりもむしろ朝鮮半島南部（中略）に出土例をみることができるもの」で、「第Ⅱ型」は、「北九州を中心として分布するもっとも普遍的な型式であり、その数も小形内行花文仿製鏡の大半を占め」、「内行花文を半円形浮彫状につくる一群と弧線に鋳出する一群とがある」もので、「第Ⅲ型」は「九州外に分布する例の中に」みられる「第Ⅰ型」「第Ⅱ型」とは「型式を異にする鏡」だと説明した〔高倉 1972〕。なお、本論文を増補改訂した論考では、「原鏡の内行花文日光鏡に近く、朝鮮半島で製作され、弥生時代後期初頭～前半の対馬およびそれに併行する時期の南朝鮮に分布する例を第Ⅰ型」、「弥生時代後期中頃～終末の北部九州で製作されたと考えられ、内行花文帯を主文とする例を第Ⅱ型」、「内行花文帯を有するものの九州外にのみ分布し、製作地を北部九州以外に求める必要のある鏡を第Ⅲ型」というように、分類の主たる指標が、旧稿の鏡背文様から想定製作地に変更された〔高倉 1985〕。

(48) 森は小型鏡にかぎらず、鈴鏡や福岡県桂川王塚古墳出土鏡（福岡 399）などのように、「中型・小型の銅鏡には、中期・後期にも地方の製品であることを思わせる特異なものが少なくない」とも主張した〔森 1970a〕。

(49) この推論にたいして田中琢は、このような鏡と共通する「薄肉彫りふうに表現された像をもつ」銅鐸は「ほぼ弥生時代中期に限られ」、両者間に横たわる「一〇〇年以上二〇〇年に近い空白期間」を「超越」させて、「感覚的に受けた類似性だけから両者を結びつける」のは、「まったくの空想としかいいようがない論」だと、きびしく批判した〔田中 1981〕。他方で楠元哲夫は、森の推測を積極的に是認し、本鏡の「人物・動物群像がかなりの部分で銅鐸絵画の画材と共通しているとしたら、また本鏡図像の淵源をそれ以外に求められないとしたら」との条件つきではあったが、「本鏡の製作工人はかつて銅鐸の製作に関わりをもっていたとも考えられるし、銅鐸に描かれた思想・世界観が流布していた時と本鏡の製作時期は比較的短い時間幅の中にあったことになる」との見解を示した〔楠元 1994〕。

(50) 以上が本文から読みとれる変遷順序であるが、久永本人はのちの論考において、「かって筆者は、出土古墳の推定年代ならびに伴出鏡における諸鏡式の同伴関係から、大形仿製鏡→捩文鏡→珠文鏡・乳文鏡という編年が成立つことを指摘したことがある」と自己評価した〔久永 1963〕。

(51) ただし、この所見が「古墳時代の金石文がすべて、朝鮮で製作されたのではないか」という構想の一証として提示されたこと〔山尾 1973〕に注意しなければならない。これ以後、埼玉県稲荷山古墳をはじめ、列島で記銘された蓋然性の高い金石文資料が増加し、その点でこの構想をささえる重要な仮定はすでに崩れさっている。さらに、この山尾説にたいしては、神人歌舞画象鏡と画文帯周列式仏獣鏡が韓半島でみいだされていない点、そして「踏み返し時に半肉刻図像を付加した武寧王陵出土の方格規矩鏡は中国製であり、百済の地で作鏡が行われた明証が得られていない点」において、「考古学上からは受けいれ難い」との駁説もだされている〔川西 2000〕。なお山尾は、のちに自説を撤回している〔山尾 1989〕。

(52) ただし、鏡銘の末尾にしばしば配されるのは「矣」ではなく「分」であり、金石文に関する坂元の高説も、こと鏡銘に関しては不十分である。しかものちの論考で、「文字は明らかに「矣」で、絶対に「癸」ではありません」と断言しながら、その「補記」において、この字が「「矣」にもっとも近いという考えは変らないが、同時にこれが「癸」を表現したものであろうということも、間違っていないと思う」と、意味不明な論理から翻意し、異体字に「クサカンムリで三角を表現しているもの」があることを根拠に、「癸未年」の釈読を採用した〔坂元 1991〕。この姿勢こそ「まったく解せない」。森幸一も、金文の書体と対照して、本「鏡銘の「癸」として通用されてきた文字は「矣」の左文であるのは明らか」とし、『説文』を引いて「矣」が「語の終りの助辞である」ことを示しておきながら、「竟と矣の間」の「疚」を銘文の末尾記号とみなし、冒頭の「「矣」は「癸」の誤字」だと解した〔森幸 1980〕。なお、坂元の旧論考〔坂元 1980〕では、本鏡をめぐる1970年代までの研究史が整理され、さらに各論者による本鏡銘の人名・「癸未年」の西暦年などの比定をまとめた一覧表を掲載しており、はなはだ有益である。最近では中田興吉が、文献史の検討成果を中心に、本鏡をめぐる諸研究を整理している〔中田 2006・2014〕。

(53) 1996年に明治大学考古学博物館が購入した出土地不明の倭製鏡にも、「夫火竟」銘がみいだされ〔新井他 1997〕、現在「火竟」銘鏡は3面を数える。「火竟」銘鏡に関する検討は、この論考〔梶本 1971〕以後にも、いくつかなされている〔高橋美 1987；森下 1993b・2004b；新井他 1997〕。

(54) 駒井はこの望月詩「流輝入画堂、初照上梅梁、形同七子鏡」を、「十五夜の月を詠んだもので、絵画に

第 3 章　倭製鏡研究の課題と展望（第 I 部註）　*277*

ある堂に差し込んで、梅鉢の文様を描いてある上梁を照らしたが、その形が七子鏡が明光を発しているの
と同じであるという意味」だとして紹介した〔駒井 1974〕。

(55)　小沢洋一は、樋口が提示した「各型式の前後関係」について、「説明のニュアンスから」「 I 型から V 型
への「進化論的」な推移を念頭に置かれていることが看取される」と推察している〔小沢 1988〕。

(56)　前年の論考では、さらに端的に、「獣形の環節が乳形化して、そこだけが抽出されて主文様となったも
の」と明記していた〔樋口 1978〕。

(57)　同一鏡の写真が複数の鏡式の図版で重複する場合があるので、実際の面数はわずかながら少なくなる。

(58)　田中もそれ以前に、「五世紀の舶載鏡が模作の対象とならなかったこと」に注意し、当時の倭製鏡製作
に「舶載鏡を模作する意図が欠落していたことを推察」した〔田中 1979〕。

(59)　近年では、倭製鏡研究において「系列」の語の使用が増えている。「系列」というと、なにか特殊な用
語に思われがちであるが、田中が明記するように、「モンテリュウスの用語」でいう「serie」の訳語であ
り、濱田が O. モンテリウスの型式学的方法を紹介して以来〔濱田訳 1932〕、日本考古学において「組列」
とよばれてきた用語の別訳にすぎない。「なじみにくい造語を使う必要を認めなかった」との理由で、田
中が「系列」の訳語を採用しただけで、特殊な意味あいをもたせたわけではない〔田中 1983a〕。

(60)　JA や TO などといった記号名称から、田中が倭製鏡全体の体系的分類をみすえて、アルファベット記
号をもちいた名称を付したかにみえなくもない。しかしおそらく、JA〜JF は「獣像」の頭文字（J）と
系列内順序（A〜F）を組みあわせたもの、JK の K は「渦文」の頭文字（K）を J と組みあわせたもの、
TL〜TO は「鳥像」の頭文字（T）と K 以降のアルファベット（L〜O）とを組みあわせたものにすぎ
ず、深い意味はなかろう。ついでに「獣脚文」では、O 以降の P〜R 式が設定されている。田中自身の言
によれば、「図像や文様は、それぞれ細かな要素に分け、三文字の略語で入力している」とのことである
〔田中 2015〕。

(61)　田中の方法との関係は不明だが、属性分析を駆使する方法は、当期の中国製鏡の研究において、西村俊
範が双頭龍文鏡の、岡村秀典が前漢鏡の編年に適用し、めざましい成果をあげた〔西村俊 1983；岡村
1984〕。

(62)　ただし、推論を成立させるためには、「内区主文の手本となった神人画像鏡」が、従説である 5 世紀よ
りも早く列島に流入している必要があること、隅田八幡鏡の半円形は周囲に鋸歯文を配しており、通有の
ものとは「大きな差異」があること、半円方形帯の変遷過程にも「なお検討の余地があること」から、
「四世紀後半」の鋳造説に一定の留保も示した〔田中 1979〕。

(63)　1983 年の専論〔田中 1983a〕で設定した「主像型式」名を使用していないが、提示された図や文章か
ら、すでに 1977 年の時点で、6 年後に大成をみる「方格規矩四神鏡系倭鏡」の系列をほぼ組みあげてい
たようである。1983 年の「主像型式」名でいえば、「第 I 段階」に直模式〜JB I 式および JC 式の一部
が、「第 II 段階」に JB II 式〜JD 式および JC 式の一部が、「第 III 段階」に JE 式および JF 式が、おおむね
対応している。なお、文様がはなはだ崩れた鈴鏡は、「第 IV 段階とすべきもの」とした〔田中 1977〕。

(64)　ただし、近時に実施された鉛同位体比分析〔馬淵他 1984〕によると、ほぼすべてが「近畿・三遠式銅
鐸とほぼ同じ原料をもちいて製作されたことを示」し、「朝鮮製と北部九州製は区別でき」ず、蛍光 X 線
分析〔沢田正他 1979〕によっても、背文から韓半島南部製が想定される資料と列島製と考えられる資料
とに差がみいだせなかった。そのため高倉は、化学的分析の結果はかならずしも韓半島南部での鏡生産の
可能性を支持するわけではないと、慎重な姿勢もみせた〔高倉 1985〕。なお、5 年後にこの考察を単行本
に収録した際には、「朝鮮半島での鏡製作を確実なものにするにはいま少し時間を必要としている」との
一文を追補し、解決を将来にゆだねた〔高倉 1990〕。そして第七期後半期にいたっても、韓半島南部にお
ける「銅鏡使用習俗の不在」および「鏡仿製の必然性」の低さを指摘し、「仿製鏡第 I 型」の製作地を
「慶尚北道」「としうるかについては、いまだに疑問をもっている」と説きつつも、分布状況などからなお
これらを「韓鏡」とみなし、よくいえば慎重な、悪くいえば煮えきらない姿勢を保持した〔高倉 2002〕。

(65)　数年後に、この年代的ギャップをめぐって交わされた、石野博信と白石太一郎の討論〔白石他 1987〕
をみると、この離齬を生じさせる要因が奈辺にあるかがわかる。本鏡は「明らかに古墳時代前期中葉以降
のもので、古墳の年代は纒向 4 式まで下げざるをえない」と説く白石〔白石 1987〕にたいし、石野は本

墳の時期を「庄内式の中で収まるものだろう」とみた。石野は、白石が古墳の諸要素を総合的に判断して、時期比定をこころみるのにたいして、自身の方針はそうした「本来のやり方を全部無視して、三角縁神獣鏡であろうが、前方後円形であろうが、とにかく土器が出てきたらこの時期だというやり方でや」るものだと旗幟を鮮明にし、そこに白石の時期比定との「差がでてきている」と評価した。この方針にたいして白石は、石野が「土器の並行関係その他から考えられる幅の上限ですべて」を裁断しているが、「土器だけでこの時期の墳丘墓なり古墳の年代を明確にする、とくにその並行関係を明らかにするのはなかなか難し」く、資料状況のゆるすかぎり、「副葬品、土器、あるいは古墳の埋葬施設の構造等、考えられるあらゆる材料を動員して最も合理的な考え方をするのが正しい方法ではないか」と、異議を呈した〔白石他 1987〕。なお石野は、以後も自説を堅持した〔石野博 1990 等〕。

(66) 山越は、鈴鏡の主文様を、「独自の発達を示したものでなく、各鏡式の主文様を模倣し」ている以上、「「鈴鏡」という鏡名自体も問題にな」り、「正式には、この名称でなく、鈴付の乳文鏡・獣形鏡・神獣鏡・内行花文鏡などと呼ぶ方が適当であるかも知れない」と、重要な見方を提案した。ただ、「鈴鏡」なる名称が「すでに古くから用いられており、学界でも定着している学術用語であ」るし、この「用語は、よくこの種鏡を表現しており、敢えて、変更する必要性を生じない」と判断し、「鈴鏡」の語を踏襲した〔山越 1982〕。

(67) 本論考では、「神像全体を表現したもの」と「顔面を中心とした頭部のみを表現したもの」を、「倭製神像鏡」として一括している〔荻野 1982〕。なお、本論考が「倭製鏡」なる用語の初出である。当期には、このほかにも「倭製鏡」なる用語の使用例が、わずかながらみとめられる〔近藤義 1983；都出 1989a〕。

(68) ただし「E類」と「F類」は、「時間的な先後関係」というよりも、むしろ「D類」からの分岐的変化の方向性の相違を反映しているとみた〔冨田 1989〕。

(69) 同じ時期に近藤喬一も、「弥生時代の青銅器製作工人、特に畿内を中心とする工人達の後裔」が「仿製」三角縁神獣鏡の「製作に関与し」、これ以後の「鏡作部の中にとりこまれた」と推定した〔近藤喬 1988a〕。

(70) 和田は径11 cm「前後以下」を「小型鏡」、15〜17 cm前後を「中型鏡」、21〜23 cm前後を「大型鏡」、25 cm以上を「超大型鏡」とする面径区分案を提示した。そのうえで、「仿製」三角縁神獣鏡はすべて「大型鏡」に属す一方で、「第二の群」は「内行花文鏡、方格規矩鏡には大小各種があり、画像鏡、竈竜鏡、神獣鏡には中・大型鏡、獣形鏡、神像鏡には中・小型鏡が多」く、しかも「方格規矩鏡」では「小型鏡」から「超大型鏡」の「それぞれに鏡面径が集中する」ように、面径の範囲の「変化はけっして漸移的なものではな」いことを重視し、「意図的」な大小の「作りわけ」を推定したのである。なお、「超大型鏡のほとんどは各種仿製鏡の初期の作品に属し、新しいものほど小型化する傾向にある」ことも指摘した〔和田晴 1986〕。

(71) とりわけ菅谷文則の論考は、多くの根拠をあげて、「三角縁神獣鏡のうち従前から舶載とされていたものの中にも多くの仿製鏡が混じっている可能性がたか」いことを指摘し、それらが「魏晋の動乱期に渡来した工人集団によってなったと推定しておくのがもっとも妥当である」と主張し、直後に発表された王仲殊の論文〔王 1981〕と同様の結論をえていることが注目される〔菅谷 1980〕。

(72) 他方で川西宏幸は、山崎一雄らの鉛同位体比分析の解釈〔山崎他 1979〕をうけて、「地金輸入説」や「国産素材説」などの異説よりも、「中国鏡鋳潰し説」が「有利なよう」だとの判断をくだし、「地金として消費された大量の中国鏡」を「保管」しえた「前期畿内政権の成立と進張」をも示唆した〔川西 1981〕。

(73) 今井は、この論考を収録した書籍が10年後に改訂出版された際に、おそらく田中〔田中 1979 等〕や和田〔和田晴 1987〕の案をとりいれ、鏡の変遷観を増補のうえ以下のように変更した。「第一期」後半には「仿製三角縁神獣鏡・仿製方格規矩鏡・勾玉文鏡」が副葬され、「第二期」には「鏡種・鏡径ともに多彩な鏡」がくわわり、「各種大小の仿製鏡が盛行する」。「第三期」には「鏡の副葬量」は「減少傾向」を示すが、「中・小の古墳では鏡種のいかんにかかわらず、中・小形鏡の出土例が多」く、「第四期」には依然として「中・小の仿製鏡はなお副葬される」が、「重視される鏡」が同型鏡群に変化する。そして「第五期」になると、鏡は「大形古墳」に「若干の副葬を見るだけとな」る、と〔今井 1988〕。

(74) 「集成編年」と通称されるこの10期編年は、和田の「四期」と「五期」を「4期」として一括したもの

であり、その結果「4期」以降で両者が1段階ずつずれるほかは、まったく同じである。「集成編年」における鏡の位置づけは、「1期」に「仿製鏡はなく、中国鏡のみが副葬され」、「2期」に「三角縁神獣鏡・方格規矩鏡・内行花文鏡などの大形仿製鏡」が出現し、「4期」には「珠文鏡・乳文鏡・重圏文鏡など小形仿製鏡が加わ」り、「7期」に同型鏡群や鈴鏡が「出現し普及する」、というものである〔広瀬 1992〕。

(75) 「同工鏡」に関するこのような概念内容は、この概念を打ちだした最初の論考で、「かりにそれぞれの作鏡工人がちがっていたとしても、工人間に、近似の描法を共有しうる、たとえば同じ工房に所属するというような親縁な関係があったことは充分想像しうる」と記したことにも通底する〔中司他 1980〕。なお川西は、「同工鍬形石」の分有関係とその意味についても、同工鏡と同様の考察をおこなった〔中司他 1980；川西 1981〕が、この概念には「もはや仮説としての有効性さえも主張しえない」と、痛烈な批判が浴びせられた〔北條 1994a〕。

(76) このパターン設定は、畿内地域の「政権」から「地方の首長」への鏡の配布方式に照準をあわせており、「地方」の独自入手など、「政権」を介さない入手方式が捨象されていることに注意されたい。なお、これ以前に斎藤忠が、「畿内で多数の鏡の副葬されている古墳」の被葬者が、その副葬鏡を入手した「各事情」を6パターンに細分しており、そこでは独自入手も加味されていた。列挙すると、「1 世襲的な先代から伝えられたもの」、「2 直接大陸から手に入れたもの」、「3 上のものから頒布されたもの」、「4 下のものから献納されたもの」、「5 相互間に贈答的な方法で手に入れたもの」、「6 支配下の鏡作部から手に入れたもの」の6パターンである。「3」において、支配関係の締結や任命に際しての「下賜」がありえたこと、「4」において、「地方の豪族が中央に参向するとき、または中央の権力者が地方の豪族のもとにきたとき」に「献上」されることがあったこと、「5」において、「婚姻関係の場合」の「贈答」がありえたことを想定しているのが、とりわけ興味深い〔斎藤 1966〕。なお近年、鏡の授受方式として「参向型」〔川西 1992〕が注目されているが、用語としての嚆矢は斎藤の著作〔斎藤 1966〕にもとめうる。

(77) 穴沢は「威信財」を「めずらしい遠来の珍宝で持ち主の社会的威信を高めるような財貨」、「威信財システム」を「支配者が、めったに手にはいらない遠来の珍しい威信財の入手ルートをにぎり、威信財を配下の小首長に分与することにより支配権を維持するようなしくみ」と、それぞれ定義した〔穴沢 1985a〕。

(78) のちには、「三角縁神獣鏡の畿内からの地方配布はまさに威信財システムそのものであり、世界の考古学の研究史の中で威信財の配布がこれほど見事に実証された事例は他に類をみない」と断言した〔穴沢 1995〕。

(79) 若江地方（現在の大阪府八尾市と東大阪市の一部）とのあいだに、河内潟と淀川をはさみ、彼我間の距離は小さくないが、吹田市の垂水遺跡から鋳造関係資料が出土していることが注目される。この資料は古墳時代前期前葉～中葉に位置づけうる大型倭製鏡（復元径27.8 cm）の縁部～外区部分の小片（6×4.5 cm）であり（図42）、X線回折調査の結果、本鏡片は人為的に破砕され、高熱をうけ溶解する途中にあることが判明している。さらに、本鏡片の付着物に、坩堝に由来する可能性がある「酸化ケイ素」がふくまれ、付近から「鋳型状土製品」が出土していることから、本遺跡で鋳造が実施されていた可能性は十分にある〔堀口編 2005〕。

(80) とりわけ、全国の研究者を動員した弥生～古墳時代出土鏡の悉皆集成作業〔白石他編 1994・2002〕を筆頭に、県史や図録類に出土鏡が集成・収録され、さらには鏡鑑資料集のたぐいが刊行されたことにより、以後の研究に重要な基礎資料が提供された。

(81) のちの論考で森下は、「4世紀末～5世紀初頭」の「第1の画期」と「5世紀後半」の「第2の画期」にくわえて、倭製鏡の生産が終末をむかえ、「伝世」も中絶する「6世紀末～7世紀初頭」の「第3の画期」を設定した〔森下 1994〕。

(82) 筆者は古墳倭製鏡を、前期倭製鏡・中期倭製鏡・後期倭製鏡に三分する〔下垣 2005d・2011a・b 等〕が、これは森下の三段階案を踏襲したものである。

(83) ただし森下は、本鏡と同系列とみなせる資料が存在せず、さらに「神獣像をきわめて深い彫りで表現する技法などは他には見あたらない特徴である」ことにも留意し、本鏡が「他の仿製鏡とは大きく異なる系統となる可能性も考慮」すべきことを指摘し、慎重な姿勢を保持した〔森下 1993b〕。

(84) また、具体的な事例や頻度を提示しなかったものの、「仿製」三角縁神獣鏡と他系列の共伴関係におい

て、前者の前半段階に「単頭双胴神鏡系や方格規矩四神鏡系の前半型式をともなうものが多く」、後半段階に「羽文鏡系、房文鏡系、神頭鏡系など複合鋸歯文、羽状文、突線付鋸歯文のような一段階遅れて出現したものと考えた外区文様を用いる系列をともなう例が目だつ」ことに注目し、これらが「将来資料の増加を待って、前期古墳の副葬鏡の組合せの細分の材料となる」と説いていた〔森下 1991〕。

(85) このことは、森下が掲載した変遷図において一目瞭然である〔森下 1993a・1994a〕（図29）。ただ森下の真意は、重圏文鏡や珠文鏡などの小型鏡の製作年代を一律的に下降させる従説を批判し、後期倭製鏡における生産の復興に注意をうながすことにあったので、筆者の批難はやや的を失しているかもしれない。

(86) なお車崎は、本論考に先だって「埴輪作者」を同定し、そうした「集団の活動軌跡」の追跡をこころみている〔車崎 1988〕。「埴輪作者」の同定手法を倭製鏡の作鏡者同定に応用したとみなせよう。

(87) 本論考が、小林三郎〔小林三 1971〕と同様に「神獣鏡形式を保つ一群を分析の対象とし」た〔新井 1995〕ための少なさを考慮しても、車崎の集成数に遠くおよばない。

(88) より具体的には、田中〔田中 1981〕に倣い、捩文鏡とは「鼉龍鏡の複雑な図像の一部とりだし単純化した文様を、小さな画面におさめた鏡」だと解し、両者を「おなじ工房の作品群」だと想定した〔車崎 1990・1991〕。そして、両者を「同じ鏡式の二つの表徴」とみる以上、「まず両者を括る鏡式名称を準備するべき」との提言までおこなった〔車崎 1993a・c〕。しかしせっかくの提言も、のちの論考で、鼉龍鏡の「獣には四肢の表現がなく、八尾の蛇が絡みあっている様子を表わしているようにもみえる」との想案を元手に、「絡みあう蛇は「結び」「縛り」のシンボリズムとかかわる図紋」である以上、これを「結縛蛇紋鏡または呪縛蛇紋鏡」と呼称し、その小型鏡である捩文鏡を「結縛紋鏡とか呪縛紋鏡」と名づけて、「両者の関係もあわせて示すのも一案であろう」と、想念あふれる主張をくりだしたことで台無しになった〔車崎 2001a〕。

(89) 「鋸歯文＋凹線＋鋸歯文＋外区を画する段差＋櫛歯文」を簡略化した表記である。外区〜内区外周文様帯の構成を記号的に簡略に示す表記法を案出し、各種文様帯の比較検討の煩瑣さを削減したことも、本論考の隠れた功績である〔水野 1997〕。

(90) 先行研究との対応関係を示せば、「Ａ型式」「Ｂ型式」「Ｃ型式」「Ｄ型式」が、それぞれ樋口分類〔樋口 1979a〕の「Ⅰ型」「Ⅱ・Ⅲ型」「Ⅳ型」「Ⅴ型」に相当する。樋口「Ⅱ型」と「Ⅲ型」をどちらも鼉龍の長胴に由来するとみなして一括した点、森下の「三日月文鏡」を「房文鏡」と同じ「一つの型式組列」に乗るものとして「Ｃ型式」に一括した点が、主要先行研究の分類といくぶんことなる〔水野 1997〕。

(91) 他方で福永は、「同じ図像文様の鏡を造る技法の点」で、中国製三角縁神獣鏡と「仿製」三角縁神獣鏡とに「明らかに隔絶が認められる」ことも示し、その理由として、後者の工人が「製品の出来ばえよりも製作技法の容易さを選択したこと」や、前者の「蠟原型を使う技法に習熟していなかったこと」、さらにその原料となる「蜜蠟の供給がえられなかった可能性」などを想定した〔福永 1992a〕。

(92) ただし、本論考を単行本に収録した際に、その後の研究成果を加味して、「仿製」三角縁神獣鏡「の場合、鈕孔下辺が鈕座よりも高い位置に留まるものが多いのに対して、獣形鏡や神獣鏡のそれは鈕孔下辺が鏡背面と同じ高さにまで下降するという違いがある」ことから、「これらを長方形鈕孔の倣製鏡として同じ工人系譜の製作に帰することは妥当でない」と、見解をあらためた〔福永 2005a〕。

(93) ところが、赤塚の設定した「ⅠＢ類（佐味田宝塚鏡系）」と「ⅠＣ類（池ノ内鏡系）」はまさに「分離式神獣鏡系」であり、しかも「新しい傾向の鏡群」である中期倭製鏡も「獣形文鏡」内に混在していた。

(94) 森下が設定した計27系列を前期倭製鏡・中期倭製鏡・後期倭製鏡に割りふると、以下のようになる。

　　　　前期倭製鏡……「単胴双胴神鏡系」「対置式神獣鏡系」「斜縁神獣鏡Ａ系」「方格規矩四神鏡系」「方格
　　　　　　　　規矩鳥文鏡系」「獣毛文鏡系」「俵文鏡系」「羽文鏡系」「房文鏡系」「三日月文鏡系（1式）」
　　　　　　　　「鳥頭四獣鏡系」「神頭鏡系」「斜縁四獣鏡Ａ系」「内行花文鏡Ａ系」「内行花文鏡Ｂ系」「内
　　　　　　　　行花文鏡Ｃ系」「珠文鏡系（1〜3式）」「重圏文鏡系」「分離式神獣鏡系」「盤竜鏡Ａ系（1
　　　　　　　　式）」「三角縁神獣鏡系」「斜縁神獣鏡Ｂ系（1式）」

　　　　中期倭製鏡……「斜縁四獣鏡Ｂ系（1・2式）」「三日月文鏡系（2式）」「珠文鏡系（4a・4b式）」「盤竜
　　　　　　　　鏡Ａ系（2式）」「斜縁神獣鏡Ｂ系（2式）」「乳脚文鏡系（1式）」

　　　　後期倭製鏡……「旋回式獣像鏡系」「内行花文鏡髭文系」「乳脚文鏡系（2式）」「交互式神獣鏡系」「斜

縁四獣鏡B系（3式）」「珠文鏡系（4a・4b 式）」

(95) 鈴鏡や「倣製内行花文鏡」の「画期」のような間接的な状況証拠をのぞくと、清水の推測をささえる実証的根拠は、隅田八幡鏡と「同じ原理で製作された」鏡を副葬した久津川車塚古墳と祇園大塚山古墳を、「5世紀前半」～「中葉」の築造としたことにほぼかぎられる。しかし、清水がくりかえし強調するほどに、久津川車塚鏡の内区割付は乱れておらず、この程度の幾何学的な不正確さはほかの前期倭製鏡にもみられる。むしろ本鏡は、古墳時代前期後葉前半までの倭製鏡に特徴的な半円形鈕孔を有し、また外区と内区の段差が明瞭で内区も薄手に仕上げるという、前期倭製鏡に頻見する断面形態を呈しており、明らかに前期倭製鏡である〔下垣 2011a〕。そもそも、本墳が造営された中期前～中葉頃には、同型鏡群はまだ流入していない。祇園大塚山古墳にしても、共伴した Ω 字形腰札や裾札の存在から、中期末葉～後期初頭頃に追葬がおこなわれたか、そもそも初葬が当期に下降する可能性がある〔加藤 2014a 等〕。以上から、清水が隅田八幡鏡を 443 年に遡上させた際に依存した主要な根拠は、もはや崩れ去っている。

(96) 本論考の時期区分は、上述の今井の論考で示された案〔今井 1991〕が使用された。

(97) 本論考の著者の一人である林原は、前年の論考において、重圏文鏡がのちの「珠文鏡につらなる可能性」を示し、その「系譜」が「弥生時代小形仿製鏡につらなる可能性があり、弥生時代小形仿製鏡と古墳時代小型仿製鏡とのあいだをうめるような鏡式でもある」と述べている〔林原 1993〕。そうであれば、重圏文鏡を介して弥生倭製鏡と珠文鏡がつながることになり、主張に矛盾が生じることになる。直接的な系譜関係にはないということであろうか。

(98) 森はさらに憶測を進め、本鏡群には銘文がないが、「鏡の系譜からいえば「長宜子孫」または「大宜子孫」の願望を託した」とみてよく、「天照大神がニニギノミコトに与えた」「天壌無窮の神勅」が「いわんとしているもの」こそ、「「長宜子孫」または「大宜子孫」という句に集約」できること、そのうえ「太陽の輝きをとらえた模様だと推定され」る「内行花文」が「天照大神そのものにふさわしい」ことをもって、本鏡群と八咫鏡および天照大神を連繋するにおよんだ〔森 1993〕。既述した原田や森の想察のほかにも、八咫鏡を倭製内行花文鏡と揣摩する文章〔樋口 2001；菅谷 2006 等〕を時おり目にする。はては小説において、登場人物に「八咫鏡は内行花文鏡かもしれへん」、「八咫鏡は（中略）たぶん内行花文鏡だろうね」と言わすまでにおよんだ〔松本清 1997；望月 2012〕。著者の松本清張が登場人物にそう言わしめたのは、樋口隆康への聴き取りにもとづくとの見方もある〔原武 2009〕。なお森は、「八咫鏡」と関連して、『日本書紀』巻十四の雄略三年紀にある、栲幡皇女が埋めた「神鏡」に関する伝説にふれている〔森 1992〕。

(99) ただし、紡錘車形石製品を検討した細川晋太郎は、鏡との形態的比較などによるかぎり、「紡錘車形石製品が鏡を模倣したもの、あるいは同様に扱われたものとは言えない」と結論づけている〔細川 2004〕。

(100) 参考のため、各論者による倭製鏡の面径区分を列挙しておく。

〔森 1978〕（全体）：超小型（～5 cm）・小型（5～10 cm）・中型（10～18 cm）・大型（18～30 cm）・超大型（30～40 cm）・超々大型（40 cm～）

〔田中 1979〕（内行花文鏡）：小型（9～11 cm 前後）・中型（17 cm 前後）・超大型（26 cm～）

〔和田晴 1986〕（全体）：小型（～11 cm 前後）・中型（15～17 cm 前後）・大型（21～23 cm 前後）・超大型（25 cm～）

〔森下 1991〕（全体）：小型（～11 cm）・中型（15～18 cm 前後）・大型（20 cm～）

〔北浦 1992〕（方格規矩鏡）：小型（7.6～11.5 cm）・中型（12～19 cm）・大型（19 cm～）

〔車崎 1993a〕（鼉龍鏡）：小型（～15 cm）・中型（15～20 cm）・大型（20～25 cm）・超大型（25 cm～）

〔赤塚 1998a〕（内行花文鏡）：小型（6～13 cm）・中型（14～17 cm）・大型（18～21 cm）

〔辻田 1999・2000・2007a〕（「仿製」三角縁神獣鏡以外の前期倭製鏡）：小型（～14 cm）・中型（14.1～19.0 cm）・大型（19.1～25.0 cm）・超大型（25.1 cm～）

〔田村隆 2000〕（全体）：小型（～12 cm）・中型（～19 cm）・大型（～26 cm）・超大型（26 cm～）

〔下垣 2003a〕（前期倭製鏡）：小型（～14 cm）・中型（14～20 cm）・大型（20 cm～）

〔廣坂 2008a〕（古墳時代前期～中期前半の倭製鏡）：小型（～15 cm）・中型（15 cm～20 cm）・大型

（20 cm～）

〔林 2010b〕（前期倭製鏡主要系列）：小型（～14 cm）・中型（14～20 cm）・大型（20～25 cm）・超大型（25 cm～）

〔下垣 2011a〕（全体）：小型（～14 cm）・中型（14～20 cm）・大型（20 cm～）

〔脇山 2012〕（全体）：小型（～13 cm）・中型（13～20 cm）・大型（20 cm～）

〔加藤 2017a・b〕（後期倭製鏡）：小型（～10 cm）・中型（10～15 cm）・大型（15 cm～）。なお、加藤の当該論文には「15～11 cm を中型、11 cm 未満を小型」とあるが、著者本人の訂正案にしたがう。

〔岩本 2017b〕（全体）：超小型（～10 cm）・小型（10 cm～）・中型（15 cm～）・大型（20 cm～）・超大型（28 cm～）

(101) なお秦は、鈕孔入口部の幅にも注目し、中子を堅固に設置する必要のある「I類」のほうが「II類」よりも基本的に広いという相違があり、広狭の差は「工人集団の差をも示」すとみた〔秦 1994a〕。

(102) 車崎は神像表現の類似点として、「頭と両肩と両膝を大きく盛り上げて五つの瘤状に強調させた表現」を重視した〔車崎 1999a〕。しかし、このような神像表現は、三重県浅間山古墳出土鏡（三重 140）・徳島県丈領古墳出土鏡（徳島 54）などの後期倭製鏡にもみとめられ、「仿製」三角縁神獣鏡の年代を特定する論拠としては薄弱である〔下垣 2010a〕。なお加藤が最近、古墳時代前期の鏡が後期倭製鏡の原鏡に供されたとする新説の裏づけのひとつとして、この神像の類似性をとりあげている〔加藤 2015c〕。

(103) 北條芳隆も、四国地域の同墳複数埋葬において「舶載鏡と仿製鏡との両者が持ち込まれた場合、中心主体の方には舶載鏡が副葬され、脇の主体部には例外なく仿製鏡が入」り、「面径の大きいものが中心主体の方に優先されるといった傾向も明瞭にみてとれる」ことを指摘した〔北條 1994b〕。

(104) 福永は「新式神獣鏡」と「仿製」三角縁神獣鏡が「系統的に異なる工人たちの手によったものと考え」る判断基準として、前者が後者に比して「デザインの規格性が弱いこと、面径が相対的に小さくばらつきがあること、斜縁二神二獣鏡・対置式神獣鏡・画文帯神獣鏡などを原鏡とすること、倣製三角縁神獣鏡のような長方形鈕孔が認められないことなどの特徴」を挙示した〔福永 1999b〕。なお、画文帯神獣鏡を原鏡とし、前期前半に出現する竈龍鏡に関しては、「一つの頭部に奇怪な胴部が二つとりつくもので、神仙と霊獣が認識、区別された上でのデザインではない」との理由で、「新式神獣鏡」から除外した〔福永 1998a〕。

(105) このおよそ 10 年後に発表した論考では、「畿内から各地へ向かう器物の、政権の意志に基づく広域的移動」の方式は、「政権側が携えて行く下向型」と「政権のもとへ出向いて行く参向型」とに「限るべき」だというように、表現をあらためた〔川西 2000〕。

(106) 森下は、先記した田中の見解にたいし、「前期の鏡が、中期古墳から出土する例は三角縁神獣鏡にかぎらずきわめて多」く、「古墳時代における鏡の伝世はごく一般的な現象であ」る以上〔森下 1994〕、そうした現象の「背景についての解釈は、三角縁神獣鏡に限らず鏡全体の長期保有・伝世の状況を説明するものである必要がある」ことを強調した〔森下 1998a〕。

(107) 都出は、両氏に先がけてこのアプローチをこころみていた。すなわち、中国製三角縁神獣鏡と「仿製」三角縁神獣鏡をそれぞれ副葬する古墳が同一古墳群に継続して造営される現象を、「同じ地域の「政治的結合体」に対して、二段階にわたって鏡を配布し」た結果であると解釈し、三角縁神獣鏡の配布をともなう「同盟関係の確認は、ある政治的結合体の首長が交代するたびに行なわれた」と推測した〔都出 1970〕。

(108) 寺沢は、「後漢製「内行花文鏡」と三角縁神獣鏡の併存率は約四％、倭鏡の「内行花文鏡」と三角縁神獣鏡との併存率も約四％」という数値を算出した〔寺沢知 2000〕。しかし実際には、三角縁神獣鏡がもっとも高い頻度で共伴する他鏡式こそ内行花文鏡であり、三角縁神獣鏡が他鏡式（鏡式不明をのぞく）と共伴する埋葬施設 104 基のうち、実に 38 基において内行花文鏡が伴出している〔下垣 2011a〕。

(109) ただし、〔辻田 2012a；森下 2012a〕は鏡全体に関する総論であり、またこれらの総論が収録された書籍の性格も相違するため、ここではあくまで「基礎的」な理解をえるためのおおまかな比較にとどめる。

(110) ただし、「系列」概念にたいする林の現状認識には問題が多い。とくに森下〔森下 1991〕と筆者〔下

垣 2011a〕の系列概念について、的外れの解釈をくだしている〔下垣 2016b〕。なお森下と筆者、そして辻田は、「系列」を提唱者の田中琢と同様に「組列 serie」の意味で使用しており、特殊な意味はこめていない。「「時間的変遷とは無関係に抽出可能な、文様表現に対する意識差やそれに伴う施文技法の差によって区別可能な鏡群」を「系列」として把握」する林の用語法〔林 2000・2013〕のみが特異である。

(111) 森下は、「一般的な仿製鏡についてもかたちの差異をかなり細かい単位で認識・配列することが可能であるが、それだけでの組合せの配列には十分成功していない。三角縁神獣鏡との共伴関係に頼って配列を確認しているのが現状である（森下 1991, 下垣 2003）」と論じて、筆者を無理心中に捲きこもうとする〔森下 2005a〕。しかし筆者は森下とちがい、倭製鏡の「組合せの配列」を網羅的に提示してその整合性を確認しているし、しかも三角縁神獣鏡のみならず複数の器物との共伴関係からも「配列を確認して」いる〔下垣 2003a〕のだから、同列に評価されては困る。

(112) たとえば加藤一郎が最近、後期倭製鏡の中心的系列である旋回式獣像鏡系に緻密な分析をほどこしており、筆者からみれば比較的精度の高い編年に仕上がっている。それにもかかわらず加藤は、「中・長期的な保有は珍しいものではな」いことから、後期倭製鏡が「古墳編年に有効かどうかは状況に応じて吟味が必要であろう」と、慎重な姿勢を崩さない〔加藤 2014a〕。この慎重さの背後には、倭製鏡よりも有効な古墳編年の指標が少なからず存在することへの信頼があるのだろう〔加藤 2017b〕。

(113) なお林も、集成編年「3期」の時期に「鼉龍鏡から分化した捩文鏡が製作されるようになる」とみなした〔林 2000〕。ただし辻田は、のちに本論考を単行本に収録する際に、「B系」の一部と「捩文鏡系で斜面鋸歯文帯を有する一群」の出現時期を「第 2b 型式以前」に遡上させた〔辻田 2007a〕。

(114) なお林は、方格 T 字鏡を古墳時代中期に「新たに出現」する倭製鏡とみなし、倭製内行花文鏡の製作も古墳時代中期まで継続すると想定した〔林 2000〕。

(115) そもそも筆者は集成編年を使用していない。集成編年の指標となる数古墳との照合をもって倭製鏡編年の検証をすませる 2 氏とちがい、筆者は「倭製鏡編年を古墳編年を修正する有用な糧」にするべく、編年があるていど信頼できる複数の器物との共伴関係を網羅的に照合するなど〔下垣 2003a・2011a〕、編年作業にとりくむ姿勢が 2 氏と大きくことなっている。

(116) たとえば当期前半期に福永や岸本が復元した「仿製」三角縁神獣鏡の変遷プロセスは一系統的なものであった〔岸本 1989a・b：福永 1994a〕。後半期にも、「仿製」三角縁神獣鏡の「製作地あるいは工房（製作集団）が限られてい」た結果、その「型式変化は極めて単純であり、一系列の中で捉えられる」といった主張がなされた〔德田 2003〕。他方で森下は、早くから二系統（「a系」「b系」）の存在を想定していた〔森下 1991〕。その後、三角縁獣文帯三神三獣鏡の一種に起源する「a系」と三角縁唐草文帯三神二獣鏡を原型とする「b系」に、別の三角縁獣文帯三神三獣鏡を原型とする「c系」をくわえた 3 分類にあらため、基本的に省略化の方向で変遷したと把握した〔森下 2005d〕。

(117) 脇山が明記するように、すでに田尻が「乳状突起で構成される」「近畿産小形仿製鏡」について、「古墳時代の珠文鏡との関係も考慮しなければならない」と看破していた。ただし田尻は、両者の系譜的関係について具体的な考察はしなかった〔田尻 2005〕。

(118) ただし、脇山が挙示する山口県新宮山 1 号墳出土鏡（山口 68）を「放射状区画」を有する珠文鏡の最古例とみなすのは、ほかの事例との乖離度合いから判断していささか苦しい。

(119) 林はむしろ、「珠文」の「出自」を中国製鏡にもとめた。具体的には、「珠文が多用され」、しかも弥生時代末期に列島にもたらされ「九州以東での出土例が多い」「画像鏡や双頭龍文鏡」といった中国製鏡が、「珠文の成立」に「関与し」た可能性が「極めて高い」と推断した〔林 2005〕。筆者も、岐阜県前山古墳出土の珠文鏡（岐阜 116）の平坦なボタン状の珠文と平頂素文帯が、兵庫県城の山古墳出土の唐草文鏡（芝草文鏡）（兵庫 232）などと高い類似性を示すことに注目しており、中国製鏡と倭製鏡の系譜関係の有無はともかく、両者の接点をうかがいうる。なお最近、「珠文状結線文から珠文鏡が派生する」との見方を、断面形態の相違にもとづいて否定する説が提示されている〔脇山 2015b〕。

(120) ただし林は、「小型倭鏡」のすべてが諸地域で小規模生産されていたとみたわけでなく、古墳時代「中期後半」に「中心的な製作工房」で珠文鏡が製作された可能性も指摘した〔林 2005〕。他方、林が地域生産の重要な論拠として挙示した「金沢市域」の 2 面の重圏文鏡について、「別の地方からもたらされたと

284　第Ⅰ部　倭製鏡論

いう想定もでき」ることから、これらを当地域産と「断定することは難しい」との反論もだされた〔脇山2015b〕。

(121) 従来、前者は「整然と一列、あるいは二列に並べられ」たもの、「整然と巡らされたもの」、後者は「雑然と配されたもの」、「乱雑に埋められたもの」などと表現され、区別されてきた〔小林＝1979；森下1991〕。

(122) 加藤は、後期倭製鏡の主要系列である「旋回式獣像鏡系や乳脚紋鏡系」が「群馬県内では長期保有される傾向にある」のと対照的に、「充填系」の珠文鏡が「いずれも早い段階で副葬される」現象をとりあげ、同じ後期倭製鏡でも「系列の違いが鏡の取り扱われ方に反映されている可能性」を推測する〔加藤2014b〕。

(123) 林は「対置式系倭鏡」と「3鏡種」との関係が「鼉龍鏡と捩文鏡の関係に類似」することを指摘しつつも、前者の関係が面径の差異に裏づけられていないことから、後者の関係と同等視することに慎重な姿勢をとった〔林2002〕。他方で筆者は、「古段階において、鼉龍鏡A系の部分抽出・融合によって中・小型の諸系列が創出されたのと同じこと」が、次段階においても「対置式神獣鏡A系を基軸として反復されている」と判断した〔下垣2003b・2011a〕。辻田も、「神頭鏡系」や「神像鏡Ⅰ系」を「基本的には鼉龍鏡系からの分岐・派生という観点で捉えることができる」と説いた〔辻田2007a〕。

(124) 林は本鏡の「やや異質な特徴」に留意し、本鏡が「大和盆地ではなく、どこか他の地域で生産されたものと考え」つつも、「新興鏡群」のなかに位置づけ〔林2004〕、村松洋介も「形態」的に本鏡が中期倭製鏡ではなく前期倭製鏡に近似すると判断した〔村松2004b〕。しかし本鏡は、森下が「前期末から中期初めに登場した系列」で「中期末まで継続した」とみなす「斜縁四獣鏡B系」であり、前期倭製鏡に組みこむには問題がある〔森下2002〕。林の主張どおり、「四獣形鏡対置系」の登場も「前期末」であるならば、「斜縁四獣鏡B系」と時期的な重複がみとめられることになり、問題は緩和するかにみえる。しかし、林が「中期には」「新興鏡群の製作が停止する」と考える〔林2002〕のにたいし、「斜縁四獣鏡B系」の「主体は中期にあ」り、その「獣像表現にも前期の「獣紋鏡」各種とのつながりが見られない」〔森下2002〕以上、本鏡をめぐるいっけん些細な見解の差は、倭製鏡の変遷観に関する大きな相違に帰結する。なお筆者は、「斜縁四獣鏡B系」に相当する鏡群の出現時期は、いくら古く見積もっても中期前葉までくだると考える。

(125) 筆者は「A系」「B系」の「段階1」と「段階2」を倭製鏡編年の「Ⅲ段階」（「中段階古相」）に、「段階3」を「Ⅳ段階」（「中段階新相」）に位置づけた〔下垣2003a・2011a〕。この案にたいして、「対置式神獣鏡系・斜縁神獣鏡獣鏡系と関連系列群出土古墳」の時期を根拠に、「これらの系列群の出現」を「Ⅲ期からⅣ期に一律的に引き下げるほうが古墳における組合せとは整合する」との意見が提示された〔岩本2014a〕。筆者も「段階2」の「位置づけに若干の疑問」を呈し、「他系列との文様の共通性や共伴関係から推してⅣ段階に編入される可能性も十分にある」と考えてきた〔下垣2003a〕。しかし筆者は、一貫した方法論的前提と分析方法にしたがって倭製鏡編年を構築しており、一部分のみの弥縫策的な修正は原則としてできない。予測が許されるならば、「関連系列群」を中心に大系的な再検討を遂行することで、「Ⅲ段階」の後半が「Ⅳ段階」に再編成され、当該期の倭製鏡編年はより確固としたものになると考えている。なお、ごく一部の鏡群のみの時期比定・修正をおこなう考察が増えつつあるが、全体像との整合性を軽視したニッチ的考察は、倭製鏡研究に混乱をもたらしかねないものと危惧している。

(126) たとえば森下の概説〔森下2002〕において、後期倭製鏡に割いた記述が約50行におよぶのにたいし、中期倭製鏡に関する記述が10行に満たないことは、その如実なあらわれである。また最近、上野が「中期古墳と鏡」なる論考を発表したが、そこであつかわれた倭製鏡は、筆者の後期倭製鏡に相当する「第三期倭鏡」であり、中期倭製鏡（「第二期倭鏡」）への具体的な言及はほぼ皆無である〔上野2015a〕。

(127) これに関連して筆者は、前期倭製鏡新段階に登場する「二神二獣鏡Ⅲ系」が「斜縁神獣鏡B系」に連繋する蓋然性を指摘し、もし両者に連続性があるならば、終焉期の前期倭製鏡が「製作されているさなかに、それとは文様上の関係が希薄で、中期中葉以後には有力系列まで成長する系列が創出されてい」たことになると推察した〔下垣2013c〕。

(128) のちの論考でも、「四乳」を「整った正方形配置とするのがセオリー」である古墳倭製鏡の「作鏡原

則」から、本鏡が逸脱することを重要視した〔福永 2011b〕。しかしこれは、後期倭製鏡において、乳自体の消失すらともないつつ「乳の配置に端的にみるごとき幾何学分割原理の破綻」が顕著化することが明示され、定説の位置を占めるにいたった経緯〔森下 1991・1993b；車崎 1995 等〕を軽視した主張である。

(129) 本鏡は面径 19.9 cm にたいして重量約 1430g であり、たしかに重い。しかし、本鏡と同種の同型鏡群の模倣鏡と評価され、本鏡との深い関連が指摘されてきた奈良県平林古墳出土の後期倭製鏡（奈良 289）〔車崎 1993b 等〕も、径 21.5 cm にたいして重量が約 1200g に達し、同じく重い。このほか、本鏡に似た面径の鏡でも、たとえば神奈川県吾妻坂古墳出土鏡（神奈川 28）（径 19.1 cm・重量約 1210 g）や奈良県佐味田宝塚古墳出土の倭製画象鏡（径 20.8 cm・重量約 1120 g）のような事例もある。さらに、本鏡の原鏡と考えられる同型鏡群でも、大阪府大仙古墳出土（伝）の青盖作細線式獣帯鏡（大阪 205）が径 24.0 cm で重量約 2046 g、奈良県今井 1 号墳出土の銅槃作細線式獣帯鏡（奈良 320）が径 22.6 cm で重量約 1540 g、愛知県大須二子山古墳出土の画文帯周列式仏獣鏡（愛知 3）が径 21.5 cm で重量約 1330 g、兵庫県よせわ 1 号墳出土の画文帯対置式四神四獣鏡（兵庫 181）が径 20.1 cm で重量約 1320 g というように、本鏡（隅田八幡鏡）と面径および重量がほど近いものが少なからずあることに注意すべきである。以上を勘考すると、本鏡の重さを特別視するより、むしろ本鏡は原鏡の同型鏡群のうち大型品に、面径と重量を近づけたと解釈するほうが合理的である。

(130) 分布の地域的「偏在」性が赤塚の主張の大前提であるが、3 面しか挙例しえていない「志段味大塚鏡系」を「偏在」とみなせるのか疑問である。そもそも、宮城県日光山古墳群出土鏡（伝）（宮城 1）・千葉県戸崎出土鏡（千葉 88）・奈良県丹波市村出土鏡（伝）（奈良 399-2）・岡山県江崎出土鏡（岡山 36）・福岡県沖ノ島 21 号遺跡出土鏡（福岡 373）・同加茂（賀茂）神社境内箱形石棺内出土鏡（福岡 473）など、列島各地に類鏡が散在する。

(131) ただし、「双脚輪状文は聖獣としての龍を心象したものであり」、乳脚文鏡の「素乳文は龍が食む玉を表現すること」により「龍」を表象するとの主張〔梅澤 2003〕は憶断にすぎない。双脚輪状文のモチーフについては、古くから多様に揣摩されてきたが、鏡に関連づける説としては「内行花文鏡写生説」が提示されてきた〔松本清 1973；石田敬 2011〕。これに関して最近、馬鐸に鋳出された擬銘状文様が後期倭製鏡と共通する実例が示され、両者の「直接的な関連」が指摘されている〔加藤 2017b〕。鈴付鋳造馬具と鈴鏡との関係は古くから指摘されてきたが〔小林行 1965 等〕、両者の研磨法に共通性がみられるなど〔岩本 2015〕、当該期の銅鏡のみならず銅製品の生産・流通体制に迫りうる重要なデータが蓄積されつつあり、今後の検討の進展がおおいに期待される。

(132) 現在確認されている弥生倭製鏡の鋳型 12 例のうち、9 例までが第七期に出土している。

(133) 「内行花文系小形仿製鏡」の分類は、初出時〔田尻 2003〕から複数次にわたる微修正をへており〔田尻 2004・2012〕、名称自体も「内行花文日光鏡系小形仿製鏡」〔田尻 2003・2004〕から「内行花文系小形仿製鏡」へと改称された〔田尻 2007・2012〕。このほかにも、論考ごとに分類に微妙な変更がくわえられ、しかも最初の分類・編年案を提示した〔田尻 2003〕のちに、「決裁の階層性」という自身の分類の根幹となる概念を採用したり〔田尻 2004〕、変遷の重要な指標を導入したりしている〔田尻 2007〕。

(134) とはいえ、共伴資料による時期比定の手続きに問題が多く、再検討の余地が大きい〔下垣 2016b〕。

(135) 田尻による「近畿」の指示内容は「兵庫県・大阪府・京都府・奈良県・滋賀県・石川県・富山県」・（和歌山県）であり、北陸地方をふくむ点で厳密さを欠く。「近畿産」なる用語にしても、「瀬戸内や東海・北陸など他地域での生産を全く否定するつもりはなく、逆に十分可能性が高いと考え」つつも、「非北部九州産という意味合いを強く示すため」に、「あえて」この用語の使用に踏みきっている〔田尻 2005・2012〕。しかしそれならば、「瀬戸内以東産」と呼称すればよいだけのことであり、「近畿」以外の製品をふくむ可能性が「十分」「高い」資料群に「近畿産」の用語をあてるのは、不正確であるし誤解を招く。

(136) 正確にいえば、田尻は「内行花文日光鏡系小形仿製鏡第 5 型」のうち「擬銘文で構成される鏡」と「多重内行花文の認められる鏡」の一部が「弥生後期前半段階」に生産を開始していた「可能性を積極的に認め」ている。ただし、「鏡背面文様に型式学的な連続性が認めにくいこと」を根拠に、「生産量はそれ

ほど多くなく、散発的な細々とした生産であった」と想定した〔田尻 2005・2012〕。

(137) ただし田尻は、慶尚北道坪里洞遺跡や同漁隠洞遺跡から出土した「放射線状文をもつ鏡」が土笵製であり、「朝鮮半島における仿製鏡生産の一端を示している可能性」を考慮すべきことを付記している〔田尻 2012〕。しかしそうすると、南が技術面から韓半島製としてとくに重視するのが両遺跡出土鏡群である〔南 2007〕以上、両遺跡で「日本列島」製と韓半島製の「小形仿製鏡」が混淆する状況を説明する必要がある。

(138) 2003年の論考では、列島からもたらされた弥生倭製鏡を、「朝鮮半島南部の人々が」「交易の品として捉え、日本列島、とくに北部九州における鏡の扱い方とは異なる扱いをした結果」、彼我の地で出土状況が相違することになったとみなした〔田尻 2003〕。ただこれでは、なぜまとまって出土するのかの説明にならず、推論に説得力がそなわらなかった。しかし、本論考を単行本に収録した際に、当該部分に増補をくわえ、「1つの遺構で多量に認められる小形仿製鏡は朝鮮半島各地へ再配分されることを期待して九州からもたらされた」のだが、「受け取り手側」が「日本列島から運ばれた外来品として、遠隔地からもたらされたことに価値を見出し」たために、「手元に置かれ、結果として大量に蓄積された」との解釈をあたえ、説明として論理性が増した〔田尻 2012〕。

(139) ただし高倉は、「日光鏡系・重圏文系からなる仿製鏡第Ⅰ型」の「分布の中心が慶尚北道にあること」をもって、依然としてこれらを「韓鏡」とみなした〔高倉 2002〕。

(140) なお、そうした動向とは逆に、林孝澤は「内行花文系仿製鏡」の変遷プロセスと年代的位置づけに変更をくわえたうえで、高倉の「Ⅱ型式段階」を韓倭両地で製作が「拡大・変化する段階と理解」し、「Ⅱ型式」鏡のすべてを倭製鏡と「看取する視覚」までも「再考しなければならない」と主張した〔林孝 2001〕。

(141) 松本は、九州北部ではほぼ「左傾」する櫛歯文が、西部瀬戸内地域において「真逆になる」のは、「「反転」という鋳型の原理に薄識な西部瀬戸内の人間が、入手した鏡を直接見てまねながら鋳型を製作した結果、櫛歯だけに左右反転という現象が現れた」結果だと推定した〔松本佳 2008〕。

(142) 同様の図像解釈は、すでに上田正昭が提示している。本鏡の「坐神像は頭に「玉勝」をつけた」「西王母を形どった」「女神像」であると説くにとどまらず、本鏡が「神仙思想がしだいに定着化してゆくプロセスを傍証する」とまで主張した〔上田 1993〕。

(143) なお森浩一は、早くも第六期初頭に、本鏡が「おそらく大阪またはその近辺でつく」られたとの考えを示していた〔松前他 1978〕。

(144) 最近、中国の河南省洛陽から三角縁吾作四神四獣鏡が出土したとの報告がなされたこと〔王趁 2014〕は、そうした研究動向への追い風になりうる。ただし本鏡は、洛陽近郊の農民から譲り受けたものらしく、出土地の真正性に疑問が残る。資料の蓄積を待つよりほかない。

(145) 他方で車崎は、前期倭製鏡が「西晋鏡の流入がとだえた3世紀末ごろに出現した」と推断する〔車崎 2002a〕。車崎のほかにも、古墳倭製鏡の登場を4世紀頃まで下げる見解が少なくないが、その場合、中国大陸で消え去った高度な鋳鏡技術を古墳時代の列島社会でいかにして実現しえたのか、答えに窮することになる。福永のように、「仿製」三角縁神獣鏡とは「系統を異にする工人群によって鋳造された可能性が高い」初期の倭製鏡が、「かなりの高水準」の「鋳鏡技術」に達していた理由として、「前代以来国内で培われてきた青銅器鋳造の伝統を受け継い」だことを推定するのも一案である〔福永 1991〕。しかし両者間には、技術的にも時期的にも無視できない開きがあり、当の福永もこの見解を撤回した〔福永 2005a〕。また林は、森下の見解を受けいれると、倭製鏡の「製作開始までの時間的懸隔が大きく、かつ鏡工人が渡来していたとするには中国的思想の変容速度が早すぎる」難点が生じることをあげ、「必ずしも鏡工人の渡来を想定する必要はなく、青銅器工人の渡来としておくのが妥当」と考えた〔林 2002〕。なお森下は、この1998年の論考では、「漢鏡を模倣あるいは変形したものがほとんどとなり、新たな文様の創造は認められなくなる」「段階」を「3世紀の第2四半期」に位置づけていた〔森下 1998b〕が、のちの論考では、「銅鏡文様の新たな創出が認められ」ず「模倣製品が基調となる」画期を「3世紀中葉」にもとめた〔森下 2007〕。時期区分の仕方に起因する差にすぎないかもしれないが、倭製鏡の出現年代という論点からすれば、微妙ながら重大な年代の下方修正にもつながりうる。

(146) 車崎は、中期倭製鏡と後期倭製鏡のいずれも「ごく限定された集団の製作」とみた〔車崎 2002a〕。

(147) 三船は「曲がりのない反りを持つ」下池山古墳出土鏡は「熱処理の影響を受けていない」とみなし、「鏡面笵」の製作方法としてふたつの案を提示した。ひとつは、「鏡面笵は鏡背笵と別に作り、幅置面を磨って密着させた後に、鏡面笵に凹曲面を手彫りする方法」、もうひとつは「鏡背笵幅置面に「ハマリ」をつけて鏡背笵に笵土を押し付けて鏡面笵を作り、その後剥がし取り、鏡面笵を肉厚分削る方法」である〔三船 2008〕。

(148) ただし林は、「対置式系倭鏡」に関しては福永の「新式神獣鏡」と自身の「新興鏡群」の「位置づけ」は「同様」だとしつつも、それ以外の「新式神獣鏡」は「極めて個体差が大き」く、「散発的に製作された可能性が高い」など、「新興鏡群の様相とは異なる」ことをあげて、「対置式系倭鏡」以外の「新式神獣鏡」を「新興鏡群」と「同様の位置づけ」にすることには「検討の余地がある」と主張した〔林 2002〕。

(149) 森下が端的に述べたように、「連作鏡の認定において重要な条件は、それらが、ひとつの古墳から出土していることにある」。一古墳から出土する「鏡群に少しづつ変化が認められるからこそ「連作」と判断できる」わけで、別古墳から類似した鏡が出土しているだけでは、「その類似度、連作性を判断することはできない」〔森下 2001a・2012b〕という限界を、ただしく理解する必要がある。

(150) このような研究動向の推移を勘考すると、今後はアクターネットワーク理論を考古学的にアレンジした分析視角が、製作・流通・保有・廃棄の局面における鏡と人間（集団）との関係態をとらえなおす有望な枠組として、部分的に導入されるのではないかと予測される。

(151) ただ、その論理を抽出すると、受け手が必要とするから授受関係が成立し、したがって受け手側にその関係の「原動力」があるというもので、かなり無理がある。

(152) 辻田はこの「選択的使用」に両者の「差異化の論理を読み取」った。具体的に「山口県南部」の状況をとりあげ、「鏡の内容が地域差となってあらわれる現象」が生じる背景に、「ヤマト政権による選択的かつ戦略的配布」を推定した〔辻田 2005a・2007a・c〕。

(153) ただし、同型鏡群の一部が「継体政権」にいたるまで「近畿中央政権下」で「管理・伝世」された可能性を考える辻田〔辻田 2012d〕にたいして、上野は「器物配布システム（威信財システム）の性質を考えれば、配布時期は短期間に終了しており、副葬時期の違いは地域社会の事情を反映したものと理解するべき」と主張する〔上野 2013a〕など、若干ながら見解の相違もみとめられる。

(154) 辻田の表現によると、「中央政権の側での事情（最上位層の代替わりなど）を重視する見解」であり、「各地域社会における上位層の世代交代を重視する」辻田の見解と相違する〔辻田 2007a・2012a〕。辻田は、この両見解を「必ずしも排他的」ではないとみるが、特定の授受においてこれらは両立しえない。ただ筆者も、この二種の契機の併存ならばありうると考えており、そうすれば「中央と地方のそれぞれの論理および戦略の相互作用の帰結として広域的政治秩序が維持された」との見方も成立しうる〔辻田 2012a〕。

(155) 他方で大賀は、中国製三角縁神獣鏡の「1/6～1/3」が「仿製」三角縁神獣鏡の「出現以降に配布されたと考えれば既出資料の状況と調和的」と述べ、配布元での長期保有を承認する姿勢を示した〔大賀 2002〕。

(156) ただし加藤は、この現象の原因を「同型鏡群の流入」が「複数回」におよんだことに帰している〔加藤 2014b〕。なお、加藤が論拠にしたのは、旋回式獣像鏡系の「第Ⅲ段階新相」に相当する滋賀県山津照神社古墳出土鏡（滋賀 68）に「鉅を模倣したとみられる表現」がみとめられることである〔加藤 2014a〕が、「鉅」に由来すると断じうるほど明確な表現ではないし、そもそも同型鏡群以外にも「鉅」の表現は存在する。

(157) この6面は、筆者の段階設定ではⅣ段階（中段階新相）5面とⅤ段階（新段階古相）1面に相当する〔下垣 2011a〕。型式操作の結果えられたまとまりと鉛同位体比のまとまりとがほぼ対応することは、きわめて興味深い。なお、この6面中には、福永の説くところの「大和盆地東南部勢力」の背景下で製作された竈龍鏡や倭製方格規矩四神鏡のほかに、「盆地北部および河内の新興勢力の手によって製作、配布が行われた」「新式神獣鏡」1面がある。したがって、福永の「新式神獣鏡論」への反証にもなりうる〔福永 1999a〕。

(158) 新井宏は、神岡鉱山が分析対象から除外されるなど軽視されることを批判するが、同様の批判は他論者からもだされた〔菅谷 2006；奥野 2009 等〕。

(159) ただし島根県下の古墳（横穴）出土品ばかりのため、地域的な相違を考慮する必要もある。

(160) これに関して、『豊前国風土記』逸文に銅産出記事があること、付近に「鏡山」なる地名があること、古社に鏡奉幣神事があることなどを根拠に、福岡県香春岳の地でかなり古くに銅生産や鋳鏡が実施されたと主張されることがある〔塚口 2006 等〕。しかし、文献史料および考古資料によるかぎり、その採掘開始は、せいぜいのところ7世紀末ないしそれ以前までしか遡上しえない〔亀田修 2006；齋藤 2012a・b〕。

(161) 出土鏡数は発掘の頻度や密度に大きく左右されるため、「歴博集成」のデータを単純に集計して比較する安易な方法には限界がある。たとえば本論考で村松は、「非副葬鏡の地域的特徴」として、奈良県における古墳時代の非副葬鏡の寡少性（3面）を重視したが、現在では9面まで増加している。また、栃木県と島根県において「これまでに非副葬鏡の出土例」が「報告されていない」ことを強調した〔村松 2006〕が、現在では前者で2面、後者で4面を数えるにいたっている。

# 第Ⅱ部　銅鏡論考

# 第1章　鏡の名前 ——総称篇——


## 1.　問題の所在

　用語系の整序は、体系的な研究を構築するための必要条件である。ところが現在、弥生～古墳時代の列島製鏡を指し示す総称として、「仿製鏡」「倣製鏡」「倭鏡」「倭製鏡」などが入り乱れ、鏡式・系列名の不統一とあいまって、研究の混乱を強く印象づけてしまっている。しかも、筆者もそうだが、倭製鏡の専論を執筆する場合、註の最初あたりで特定の総称を選択した理由を略記するという、お定まりのパターンまで確立している。その混乱が伝染したのか、最近では、同じ論考内の地の文に、複数の総称が混在する事態すら散見する。最近、同一頁に3種類の総称が踊る論考を目にし、失笑したあと切なくなった。

　上記4つの総称が登場し採用された推移をごく簡単にまとめると、1920年代頃から現在まで「仿製鏡」がもっとも一般的に使用されてきた。1970年代頃からこれに代わる総称として「倣製鏡」と「倭鏡」が提唱され、次第に使用頻度を高めていった。近年では、「倭製鏡」も使用されだし、「倣製鏡」と「倭鏡」に肩を並べつつあるが、最近では「倭鏡」の使用率があがっている。「仿製鏡」「倣製鏡」「倭鏡」の三つ巴状態に「倭製鏡」を割りこませた筆者は、この混乱状況をうみだした当事者のひとりでもある。もちろん筆者は、いたずらに事態を紛糾させることを望んでなどいない。諸研究の（批判的）継承・発展という意味での学史を尊重する筆者としては、「仿製鏡」を一概に却下する気はない。しかし、この総称にとって代えるべく、別の総称がいくつも提唱され、あまつさえ同じ論者が論考ごとに別個の総称を使用するなどという混乱状況をみるに、〈どうせ代えるならば、もっとも適切な総称に代えるべき〉との立場から、「倭製鏡」の使用を提言してきた。本章では、以上4つの総称の妥当性の吟味をつうじて、この提言をあらためて裏づけたい。


## 2.　各総称の吟味

### （1）大局の推移

　第I部で示したように、大化前代の列島製鏡の具体例は、1900年代にはいってようやく抽出されはじめた。しかし、同時代の鏡のほとんどすべてが中国製鏡だと考えられていたため、倭製鏡に相当する資料群を指示する総称はしばらくうみだされなかった。和歌山県隅田八幡神社所蔵鏡（和歌山20）を「日本鏡」と呼称したことが注意される〔高橋1914b〕が、総称ではなかった。むしろ、「自国製の物」〔八木1905〕、「和製品」〔高橋1907・1908b〕、「邦人の模造したるもの」〔高橋1908d〕、「邦人所鋳のもの」〔高橋1912〕、「本邦に於て彼に模して製作したるもの」〔梅原1916a〕、「支那鏡ヲ模シテ造レルモノ」〔梅原1919b〕、「我鏡作部人の摸作に係れるもの」〔佐藤小

1919〕などといった、一般的な表現が場あたり的にもちいられていた。なお高橋健自は、この「日本鏡」なる名称を、のちに列島製の「模造鏡」の総称として使用した〔高橋 1922a・1924〕。

そうしたなか、「仿製鏡」なる総称を採用したのが富岡謙蔵である〔富岡 1920c 等〕。この用語は梅原末治〔梅原 1925c 等〕・小林行雄〔小林行 1956 等〕・樋口隆康〔樋口 1979a 等〕・高倉洋彰〔高倉 1972 等〕・近藤喬一〔近藤喬 1973 等〕・森下章司〔森下 1991 等〕ら錚々たる研究者が継承し、弥生〜古墳時代の列島製鏡を指示する総称として、現在にいたるまでもっとも高い使用頻度を維持しつづけている〔原田 1961a；川西 1981；和田晴 1986；福永 1991・1994a；藤岡 1991；楠元 1993；車崎 1993a；岩本 2003；田尻 2004・2012；廣坂 2008a；脇山 2013 等〕。他方、「仿製鏡」と踵を接して「倣製鏡」が登場し〔後藤 1926a〕、その後は散発的にもちいられてきた〔石野瑛 1940；柴田他 1943；渡部義 1949；斎藤 1966；伊藤禎 1967 等〕が、1970 年代以降に小林三郎が積極的に使用したこともあり〔小林三 1971・1982 等〕、少なからぬ研究者が採用するにいたった〔千葉 1986；池上 1991；清水 1994；新井 1995・2012；福永 1998a・2005a；辻田 1999・2000；田村隆 2000；西川 2000；後藤直 2004 等〕。「倭鏡」も、田中琢が「中国製品を模倣した鏡や、それから転化していったもの」の「両者をあわせて倭鏡とよぶ」と提言して〔田中 1977・1979 等〕以来、使用者が増えつつあり、いまや使用頻度において「倣製鏡」を凌駕している〔小田 1988；今井 1991；車崎 1993b；赤塚 1998b；林 2000・2013；八木ぁ 2000；車崎編 2002；徳田 2004；上野 2009；加藤 2014a・2018；岩本 2017b 等〕。そして、1980 年代以降に単発的にもちいられてきた「倭製鏡」〔荻野 1982；近藤義 1983；都出 1989a；岸本 1991・1996〕を、2000 年代にはいって筆者が積極的に再導入し〔下垣 2002・2003a・b 等〕、近年では使用者がいくぶん増加傾向にある〔辻田 2007a・2018；實盛 2009・2016b；下垣 2011a・b；小野本 2013；岸本 2013；中井歩 2014・2018；村瀬 2014a 等〕。

現在、使用頻度でいえば、「仿製鏡」＞「倭鏡」＞「倣製鏡」＞「倭製鏡」といったところであり、ここ数年の状況をみると、首位と次位が入れ替わる可能性もある。ただ、使用頻度の高さが当該用語の妥当性を保証するわけではない。使用頻度が妥当性を示すならば、そもそも「仿製鏡」以外の総称を提唱する理由はなかったはずである。問題にすべきは、特段の理由なく複数の総称が乱立する事態である。その解決の一助にするべく、以下では 4 つの総称について吟味する。

### （2）「仿製鏡」

まず「仿製鏡」である。学史を探捜するかぎり、明確な理由をもって採用されたわけではなく、うやむやのうちに学術用語として定着した観がある。そもそも、「仿製鏡」という総称が普及してゆく基点となった記念碑的論考「日本仿製古鏡に就いて」〔富岡 1920c〕の論題からして、あやふやであった。すなわち、本論考の収録書『古鏡の研究』内で「本邦仿造鏡に就いて」〔富岡 1920b〕と指示されたり、本書を編輯した梅原が「仿製古鏡に就いて」とよぶ〔梅原 1921c〕など、本論考の論題はまちまちに呼称されていた。論題に使用された総称が不統一であっただけではなかった。収録書の本文でも、「仿製鏡」が多数を占めはしたが、「模造鏡」〔富岡 1920b・c〕、「本邦模造鏡」〔富岡 1920b・c〕、「本邦摸造品」〔富岡 1920a〕、「日本模造の品」〔富岡 1918b (1920a)〕、「本邦仿製の古鏡」〔富岡 1920c〕、「我が仿製支那鏡」〔富岡 1920c〕など多種多様な別称が飛び交った。この不統一は、成稿にいたらず富岡が易簀したことによるところが大きい。

富岡の鏡研究を多方面にわたって継承した梅原は、「仿製鏡」なる総称も引き継いだ。当初は「本邦鏡作部ノ製作ニ係ルモノ」〔梅原 1920b〕、「我が鏡作部の手に成れる」もの〔梅原 1920c〕、「我ガ鏡作部ノ模作品」〔梅原 1920c〕、「我ガ鏡作部ニテ模造セシモノ」〔梅原 1920e〕、「日本模造ノ所謂漢式鏡」〔梅原 1920f〕、「本邦の模造鏡」〔梅原 1920a〕、「本邦模造鏡」〔梅原 1920d・1921a・1923a〕、「我が国にての模造鏡」〔梅原 1921a〕、「上代本邦鋳造鏡」〔梅原 1921a〕、「本邦作鏡」〔梅原 1921a〕、「我が邦の製作鏡」〔梅原 1921a〕などと一定しなかったが、次第に「仿製鏡」に収斂していった〔梅原 1920d・1921a・1923d・1924b・1925b・1930・1937・1940a・1959・1962等〕。

ここで注意を喚起したいのは、梅原は「仿製鏡」を日本列島製鏡と等値させないために、「所謂仿製鏡」〔梅原 1923d・1924b・1925b・1940a・1962 等〕や「所謂仿製品」〔梅原 1937〕といったように「所謂」を付したり、あるいは「本邦仿製鏡」〔梅原 1921a・c・1925b・c・1934a〕、「本邦仿製品」〔梅原 1937〕、「邦人の手に成れる所謂仿製鏡」〔梅原 1921a〕、「我が仿製鏡」〔梅原 1924b・1925b・d〕、「所謂我が仿製鏡」〔梅原 1925b〕、「我が上代の仿製鏡」〔梅原 1937〕、「日本の所謂仿製鏡」〔梅原 1925b〕、「内地の仿製鏡」〔梅原 1925b〕、「内地の所謂仿製鏡」〔梅原 1925b〕といったように、時として執拗なまでに製作地を指示する語を冠したことである。梅原が手がけたある図録の解説で、「日本仿製鏡」、「上代我が鏡作部の手となりしもの」、「我が鏡作部の仿製品」、「上代に於ける我が鏡作部の仿製」、「我が上代の模作品」などの表現が、短文中に入り混じっていること〔梅原 1934b〕を勘案すれば、表現の微妙な多彩化にこだわった側面もあったのかもしれない。しかし、大陸や韓半島などの「仿製鏡」に関する論考を執筆し、その際に製作地の指示語を入念に付したこと〔梅原 1925b〕が明快に示しているように、アジア諸地域における中国製鏡の模造＝「仿製」の実態に造詣の深い梅原にしてみれば、「舶載された鏡式を襲いながら此の国内で鋳造された鏡」〔梅原 1962〕を、「所謂」という限定詞も製作地の指示語も付さず「仿製鏡」とよぶことに、慎重な姿勢をとったのであろう。

このように、富岡と梅原の用語法に揺らぎがあったこともあり、しばらくのあいだは「仿鋳鏡」〔森本編 1926〕、「所謂日本仿鋳鏡」〔森本 1924〕、「日本製作鏡」〔森本編 1926〕、「本邦模造のもの」〔後藤 1920〕、「日本模造鏡」〔後藤 1926b〕、「模造鏡」〔和辻 1920；後藤 1926a〕、「本邦鋳造鏡」〔後藤 1926a・1929〕、「日本鋳造鏡」〔後藤 1929〕、「本邦模鋳鏡」〔後藤 1926a〕、「本邦所鋳鏡」〔後藤 1926a〕、「内地製鏡」〔後藤 1927b〕、「日本鏡」〔後藤 1929〕、「漢式摸鏡」〔喜田 1920a〕、「倣製漢式鏡」「日本倣製漢式鏡」〔三木 1940〕など、多様な呼称が乱舞した。しかし、研究を主導した梅原が「仿製鏡」へと収斂してゆくのと軌を一にして、徐々に「仿製鏡」の使用が大多数を占めるにおよんだ〔後藤 1926b・1927a・b・1941・1942・1958；森本 1928；大場 1929・1935b；佐藤虎 1932a・1933b・1937 等〕。そして敗戦をへて、小林らの論考や著述、少なからぬ概説など〔大場 1948；小林行 1951・1956・1959・1961・1962a・1965；原田 1954・1960・1961a・b・1966；久永 1955・1960；保坂 1957；樋口 1960a；高倉 1972；近藤喬 1973・1975 等〕をつうじて、1950〜70 年代には「仿製鏡」が定着するにいたった。

ところが、このような推移のなかで、いっけん些細だが重大な断絶が生じた。「所謂」や製作地を指示する限定詞の省略である。たとえば、富岡歿後から敗戦前までの倭製鏡研究を梅原とともに牽引し、「仿製鏡」と「倣製鏡」を併用した後藤も、「朝鮮内地仿製鏡」の存在〔後藤 1926a〕や

「安南地方」「西域地方」「北亜の地方」における「支那鏡」の「多少の倣製」〔後藤 1942〕に配意していた。それゆえ当初は、上記した諸用語にくわえ、「所謂倣製鏡」「所謂本邦倣製鏡」「本邦倣製鏡」「本邦倣製鏡」「日本倣製鏡」「日本倣製鏡」「日本内地倣製鏡」「我が倣製鏡」などといった限定詞つきの呼称にこだわりをみせた〔後藤 1926a〕。しかしその後、後藤は概説書の執筆に精力を注ぐようになり、このような限定詞の頻用を煩瑣としたのか、「内地で模倣して鋳た鏡を倣の扁を去つて倣製鏡と呼び慣してゐる」〔後藤 1927b〕、「日本模倣製鏡略して倣製鏡」〔後藤 1929〕、「支那鏡を摸倣鋳造したものを略字略画して「倣製鏡」」〔後藤 1941〕などと但し書きしたうえで、限定詞を省略していった。そして、1930～40 年代の停滞期をはさむことで、また敗戦に起因する、大陸の考古資料にたいする眼差しの稀薄化および国内への閉塞化と連動して、さらには小林を代表とする倣製鏡への関心の薄い研究者による論考や概説をつうじて、限定詞の省略をめぐる自覚的な検討をへぬまま、製作地を指示する限定詞を欠いた「倣製鏡」なる学術用語が、うやむやのうちに普及するにおよんだのである。

　しかし、中国製鏡の模造行為は古代日本の専売特許などでは断じてなく、中央アジアから東アジアにおよぶ多くの地域で「倣製鏡」が確認されている〔梅原 1923d・1925b・1931；岡崎 1973；樋口 1979a；孔 1991；ザドニェプロフスキー他 1995 等〕。そもそも、本場中国でも古い鏡式を復古・再生した倣古鏡（倣古鏡）が顕著であり、これも理窟からいえば「倣製鏡」になる。そうである以上、「倣製鏡」とは「製作地について、曖昧な表現」である〔西田守 1989；車崎 2001・2002a〕。さらに、模倣の原理を突きつめれば、少なくともなんらかの実物に即して製作された器物は模倣品であり、いささか詭弁めくものの、鏡にかぎらずほとんどの器物が模倣品になる。これらの点からして、模倣の有無を分類基準の最上位にすえた「倣製鏡」の名称は不適切である。

　弥生・古墳時代の日本列島（≒倭）における鏡生産の基調は、たしかに模倣である。しかし、中国製鏡の多様な文様を分解・融合することで新たなデザインを積極的に創出する志向が顕著であり、中国製鏡とはまったく趣を異にする系列や独自なデザインを誇る資料も数多い。さらに、中国製鏡ではなく倭製鏡を模作したとおぼしき資料群も散見する。こうした資料状況を捨象して、「倣製鏡」として一括する姿勢には疑問が多い。しかも、このように倭での作鏡の個性を軽視する一方で、中国製鏡の模造行為があたかも列島の専売特許であるかのような呼称法になっているため、疑問が増幅される。笠野毅が指摘するように、「倣製鏡」なる呼称は、これと対をなす「舶載鏡」なる総称とともに、「日本と日本人を主体者とする」「一国民族史の立場」にたった「概念」であり〔笠野 1993〕、個性の軽視と主体性の重視とが同居する非常に矛盾した名称である〔下垣 2011a〕。笠野の指摘を、考古学史に関連づけて掘り下げるならば、敗戦後の日本の学界と民間の双方に浸潤した、「「一国平和主義」の心理」〔小熊 1995〕や「〈島国日本〉的日本文化論」〔大塚達 2000〕と、製作地の指示語を欠落させた「舶載鏡」／「倣製鏡」の呼称の基底にある「一国民族史」的スタンスとに、いくばくかの関連性をみたくなる。


## （3）「倣製鏡」

　それでは、「倣製鏡」はどうであろうか。「倣製鏡」を「模倣製鏡、之を略し、かつ欠割し」た略称と解した後藤〔後藤 1926a〕は、「欠割」させない「倣製鏡」を採用した。小林三郎はこの方針に賛同し、「あくまでも」「中国鏡の模倣鏡から出発していることを強張し」たうえで、「中国鏡を

モデルとして製作された日本製銅鏡」から、「中国製原鏡の踏み返しによるもの」を除外した資料に「倣製鏡」の語をあてた〔小林三 1982・1988〕。つまり、「仿」は「倣」の略字ないし異体字である以上、「「仿」という特殊な文字を使い「ぼう」と読ませる必要性はない」とみなし〔岸本 1996〕、通用字の「倣」を使用する姿勢である。なるほど、富岡の『古鏡の研究』に内藤虎次郎（湖南）がよせた「序文」において、「本邦倣製の者」という表現がみとめられ〔内藤虎 1920〕、本文中にも「模倣」なる語が登場する〔富岡 1920c〕。樋口が倭製「獣形鏡」について、ほぼ同時期におこなった同文の説明を比較対照すると、「獣帯鏡を仿ねた仿製鏡」〔樋口 1978〕、「中国の半肉刻獣帯鏡をまねた」「倣製鏡」〔樋口 1979b〕、「中国製の獣帯鏡をまねた」「仿製鏡」〔樋口 1979a〕とあり、「仿」＝「倣」＝「まねる」の等式を窺知できる。そしてまた、上記のように後藤の著作では、「仿製鏡」と「倣製鏡」が融通無碍に入れ替わり、あまつさえ同一頁にすら「仿製鏡」と「倣製鏡」が共存する〔後藤 1926a〕。そもそも、「倣製鏡」を俎上に載せた節題が「仿製鏡に就いて」である〔後藤 1926a〕。はたして後藤が真摯に「倣製鏡」の語を提言したのか、疑問なしとはしない。

　ともあれ、特殊な「仿」に代えて、より一般的な同義字を採用しようとする姿勢は理解できる。しかし、「「仿製鏡」という表現」の「学史的」な「定着」を、富岡が「概念規定を行う際、「模倣」と表記したことに由来する」とみる理解〔辻田 1999〕は、より広い「学史的」文脈に照らすならば、とうてい肯んじえない。同様に、田尻義了による「仿製鏡」と「倣製鏡」にたいする妥当性の比較作業も、いささか的外れである。すなわち田尻は、『大漢和辞典』において「仿」には「相似るさま。ほのかに似たさま。さも似たり」の意があり、「類似しているという形態的特徴を示」す一方、「倣」は「ならふ。まねする」など「似せる」という「動詞的な意味をも」ち、両者の「字は若干意味が異なる」とする。この解釈に立脚して、田尻は自身が検討対象にする「弥生時代小形仿製鏡」は、「初期の製作において漢鏡を真似」してはいたが、その後におよんで「漢鏡を真似ることだけではなく、文様の手抜きや簡略化、新たな文様の導入や創出など様々」なことがなされ、しかも「モデルとなったのは常に漢鏡ではなく、仿製鏡自身がモデルになった可能性がある」以上、「「倣」の字の意味だけでは十分に捉えることができ」ず、「形態的な特徴を示している「仿」の字の方が、適して」おり、したがって「仿製鏡とは「漢鏡に似たように作った鏡」という意味で使用したい」との主張を打ちだした〔田尻 2010・2012〕。

　意欲的な検討であるが、いろいろとおかしい。まず辞書的な吟味についてだが、『大漢和辞典』を一瞥すれば瞭然なように、肝腎の用例において両字が通用しており、また両字ともに第二の意味において、他方の字の異体字であることが記されている。このことが、田尻の検討ではなぜか看過されている。しかも、当の『大漢和辞典』において、「仿」の第二の意味として「ならふ。くらべる」という「動詞的な意味」が明記されているのだから、「「仿」の字には、本来「相似るさま」という意味が含まれているにすぎず、仿製鏡とは「似たように製作された鏡」という意味でしかない」との断言〔田尻 2012〕は、その裏づけを失い宙に浮く。辻田と同様に、田尻も「学史を重視」する姿勢を強調する〔田尻 2010〕。しかし、「学史」を富岡以後の「仿製鏡研究」に限定しなければ、別の重要な側面がみえてくる。すなわち、中国青銅器などの研究において、古式に似せることを「仿古」、古器を模造する行為を「仿製」、その作品を「仿製器」と呼称する学問的伝統である〔貝塚 1946 等〕。中国の漢籍や金石に通暁する富岡は、そうした伝統のなかから「仿製」の語をえ

らびとったのだろう。少なくとも、「概念規定」の際に「「模倣」と表記した」こととはまったく無関係である。なお現在の中国では、「倣」の簡体字として「仿」が使用されている。そのため、昨今の中国の考古学や美術史において「仿古」がでてくる場合、「仿古」なのか「倣古」なのか区別がつかない。

　やや議論が逸れたが、こうして検討してみると、「倣製鏡」は「仿」よりも一般的な「倣」の字をもちいたことにしか利点がなく、両字の字義が同じであるため、上記した「仿製鏡」の難点をなんら緩和することなく、そのまま継承してしまっている。学史的な深度と滲透度がもっとも高い「仿製鏡」の欠陥を表面的に繕っただけで、本質的な難点の解決にまるでなっていない点で、「仿製鏡」「倣製鏡」「倭鏡」「倭製鏡」のなかでもっとも意義の薄い総称である。


### （４）「倭鏡」

　では、3つめの「倭鏡」はどうか。第Ⅰ部で論じたように、この総称自体の登場は、孤例ではあるが江戸末期にさかのぼり〔青柳 1822〕、大正期にもわずかながら使用例がある〔近重 1918：濱田 1922〕。しかし、明確な理由をもって「倭鏡」の使用が提言されたのは、1970年代後半までくだる。提言者である田中は、「いわゆる仿製鏡のなかにも、単純な模倣の域を脱し、独自の特徴を備えたものも少なくな」く、それらが「母体となった中国鏡とは異質の構造をもつ社会のなかで、異なった目的のために製作された鏡であった」点を重視して、「原史時代の日本列島で製造された鏡を倭鏡と呼ぶこと」を主張した〔田中 1977・1979・1983a 等〕。これは、たんなる名称変更の要請ではなく、「仿製鏡」のように中国製鏡への従属を含意させず、両者を対等にあつかう意思表示を秘めた提言であり、倭で鋳造された鏡とその製作者である倭人の自律性および個性を重んじたカテゴリー設定であった。

　その明快な主張には賛同者が多く、「倭鏡」の使用例は「倣製鏡」に比肩する増加ぶりをみせ、最近では凌駕している。ただ、「倭鏡」を使用する論考において、この総称を選択した理由として、「日本独自の様式に基づいて製作される鏡も少なからず存在する」〔林 2000・2002・2005〕といったように、列島独自の鏡が存在することや、中国（大陸）と列島において鏡の「扱い」や「存在意義」が相違すること〔八木ぁ 2000；德田 2004〕が、しばしば挙示されることが気にかかる。

　前者の理由については、そもそも日本列島という地理的範囲で製作された鏡群が、製作技術や文様構成などの面で中国製鏡と区別できるという、資料に裏づけられた事実が、「倭鏡」というカテゴリー設定の妥当性を担保しているのだから、一部の「独自」的製品の存在はこの「区別」を補強するものでしかない。この点を勘違いすると、「倭鏡」を二大別して、「わが国独自の文様を主文様とする鏡」を「創作倭鏡」、「舶載鏡の文様を主文様としつつ日本的なアレンジを加えた鏡」を「仿製倭鏡」と呼称する〔德田 2005a〕などといった、「倭鏡」が否定したはずの「仿製鏡」の欠陥を継承した奇妙な名称が登場してくることになる。

　後者の理由は輪をかけておかしい。この理窟を敷衍すれば、倭の地に流入した中国製鏡も「倭鏡」になってしまいかねない。「倭鏡」なるカテゴリーは、製作地と結びついた製品群の特徴の凝集性が保証するはずであるのに、それと無関係な「扱い」を、ましてや鏡研究の究極的な目標とすらいえる「存在意義」などといったものを、カテゴリー設定の前提に措定するのは本末顛倒である。これらは、田中の提言の誤読から生じたものであるが、カテゴリー設定の前提となる特徴をそ

なえた資料群と、それらが製作された社会的な特質および背景という別レヴェルの事象を、混同させるような記述をおこなった田中にも一定の責任がある。

このように、「倭鏡」の資料自体と、それが製作・使用された社会とを混淆させがちな点に、方法論上の難点がある。しかし、「倭鏡」という総称そのものにたいしては、「仿製鏡」と「倣製鏡」ほど大きな問題はない。とはいえ、問題がないわけではない。まず提唱者の田中が指摘するように、「和鏡と音が通じるため、聞き分け難い欠点」をかかえこんでいる〔田中 1983a〕。つまり、「平安時代を境として、それ以前と以後とで、日本製の鏡を"倭鏡"と"和鏡"とに呼び分けるのは、字を書けば兎も角、聞き分け難い」〔西田守 1989〕わけである。口頭で言及する場合には、最初に「古墳時代の」や「平安時代の」などといった前置きをすればすむ話ではあるが、それでもややこしいし誤解を招きやすい。なお、音がつうじるという点では「仿製鏡」と「倣製鏡」もおおむね同じである。

それよりも困惑するのが、「三角縁神獣倭鏡」や「方格規矩四神倭鏡」のように、「某倭鏡」という記名法をとることである〔田中 1979・1981；林 2000・2002 等〕。これでは「中国製（舶載）某鏡」／「某倭鏡」というように、呼称法に統一がとれない。列島内の弥生・古墳時代の鏡を検討する場合、研究者は一般に、鏡式名よりも中国製／倭製（舶倭）の別にまず着目する。しかし、鏡式名の長さはまちまちであるので、「某倭鏡」と書かれると、中国製／倭製のどちらかを判断するためには、鏡式名を構成する漢字の羅列のなかに「倭」をみつけださねばならない。数面ならばいざ知らず、多数の鏡を検索する際にはかなり煩瑣になる。さらに、分類階層のうえで、鏡式名が製作地よりも上位におかれており、製作した地域「社会」を重視するそもそもの出発点と離齬をきたす。とはいえ、「倭製某鏡」と記載方式をあらためればよいだけなので、これもさしたる問題ではない。ただそれなら、倭製の鏡の総称として「倭製鏡」、倭製の個別鏡式（系列）の呼称法として「倭製某鏡」とする方針をとる「倭製鏡」のほうが一貫している。

むしろ、製作地を分類の主基準として措定できるのか、という問題のほうが大きい。「倭鏡」も「倭製鏡」も、製作地の自律性と固有性を尊重した用語である。その反面、列島という特定地域を特権視し、当該地域を一元化しているかの感もある。しかし、特定の製作系統やそれをうみだす製作者集団が、特定地域を超えて活動した場合、特定地域に複数の系統が併存したり、特定系統が複数地域にまたがることになる。とはいえ、そうした複雑な事態を復元するには、発掘をつうじた資料の蓄積と研究精度とが、相当高いレヴェルに達していることが必要条件になり、そうした事態にまで議論をおよぼすことは至難である。たとえば初期の「弥生小形仿製鏡」の製作地について、九州北部とみる〔高倉 1972；南 2005・2007c 等〕か韓半島南部とする〔田尻 2003・2007・2012；後藤直 2009；林 2010a 等〕かで議論がわかれるが、同一の製作系統が両地域で展開した可能性は想定の埒外におかれがちである。また森下は、「2〜3 世紀」の「銅鏡の把握方法に関して」、「舶載鏡（中国鏡）／仿製鏡（倭鏡）という二分論的な見方からいったん脱却」し、「さまざまな共通性や差異をそなえた」当該期の「鏡群」を、「「中国鏡」「倭鏡」と単純に区分するのではなく、それぞれの地域における鏡群を系統としてとらえ、系統同士で比較検討をおこな」い、「各地域に展開する系統群としてその動向を理解する」という視点を提示した〔森下 2007〕。これは実に重大な提言である。しかし当の森下が、その後も「仿製鏡」の語を使いつづけていることが示唆するように、舶倭二分論からの「脱却」はまだむずかしい。まずは当該期の列島製鏡の範疇と内容を確実におさ

えることが先決であり、そのうえでこれらの諸系統を抽出しつつ、同じく中国製鏡から抽出された諸系統と比較検討を反復することで、ようやく「系統群として」の「動向」の復元が可能になる。したがって少なくとも現状では、「倭鏡」なり「倭製鏡」なりのカテゴリーは有意である。

　製作地とのつながりに関して、「倭鏡」という総称は、「倭」と「鏡」が強く結びつき、堅固なカテゴリーであるかのような印象をうける。「倭馬具」や「倭大刀」と呼称するよりも、「倭製馬具」や「倭製大刀」とよんだほうが、韓半島や大陸各地で製作された同種製品と比較検討するうえで違和感をおぼえにくいのと同じ理由で、「倭鏡」よりも「倭製鏡」がいくぶん妥当であるように思う。ただこれは、かなり主観に流れた判断であり、「倭製鏡」を推す理由としては弱い。

### （5）「倭製鏡」

　そして「倭製鏡」であるが、「倭鏡」と共通する難点のほか、明白な問題点はいまのところみあたらない。そして、「仿製鏡」「倣製鏡」の難点はもちろん、「倭鏡」の難点の多くも克服ないし緩和できる総称といえる。現状では本章でとりあげた4つの総称のうち、もっとも難点が少ないと評価してよい。表面的な難点として、残り3つよりもやや発声しづらいことをあげうるが、そんなことまであげつらえば、甲冑や鉄鏃の型式名の立場はなかろう。「倭鏡」を提唱した田中は、「適当な用語があれば、改変するにやぶさかでない」〔田中 1983a〕と鷹揚なかまえをみせたが、その「適当な用語」こそ「倭製鏡」だと判断する。


### 3. 小結

　本章では、弥生〜古墳時代の日本列島で製作された銅鏡を指示する4つの総称（「仿製鏡」「倣製鏡」「倭鏡」「倭製鏡」）の妥当性について吟味した。以上の内容を簡潔にまとめると、次のようになる。まず「仿製鏡」は、学史的な深度と滲透度の面では尊重すべきであるが、その学史的展開のなかで製作地を指示する限定詞がなしくずしに省略されたことで、日本列島に閉塞した用語におちいった点、模倣のみを指示するため製作上の個性を捨象してしまっている点、やや独特な「仿」を使用する積極的な理由がない点などに、大きな問題がある。「倣製鏡」は、「仿」を「倣」に代えることで意味がわかりやすくなった利点があることをのぞけば、学史的な深さと学界への滲透度という「仿製鏡」の最大の利点を抛棄し、そのくせ「仿製鏡」の欠陥をそのまま継承してしまっている点で、もっとも益なく無意義な総称である。「倭鏡」は、「仿製鏡」「倣製鏡」の難点の多くを克服しているが、「和鏡」と混同しかねないことや、鏡式の呼称法に若干の問題がある。そして「倭製鏡」は、「倭鏡」と難点をいくぶん共有しつつも、それらの多くを克服ないし緩和できる。消去法の観もあるが、以上から筆者は「倭製鏡」が現状ではもっとも適切な用語であると判断する。

# 第2章　弥生「龍」の残映

## 1. 奇妙な鏡

### （1）京都の2古墳

　1986年、宅地開発にともない1基の古墳が発掘された。京都府城陽市の芝ヶ原丘陵上に築かれた芝ヶ原古墳である。一辺20mほどの方丘部に突出部を設けた小墳にすぎなかったが、庄内式土器が埋葬施設にともなって出土したため、「わが国最古の古墳の一つ」として「全国の注目をあび」た〔高橋編 1987：福山 1989a〕。当時、古墳の出現にかかわる重要な考古学的発見があいつぎ（滋賀県壺笠山古墳・奈良県中山大塚古墳・和歌山県秋月1号墳等）、古墳出現論は学界にとどまらず一般の強い関心も惹いていた。当時小学生だった筆者も、新聞記事を切り抜いて保管していた。

　奇しくも同年、同じ京都府の広峯15号墳（福知山市）から、存在しないはずの「景初四年」銘をもつ盤龍鏡（京都27）が出土した。王仲殊の提言〔王1981〕を契機として、三角縁神獣鏡の列島製作説が学界とマスコミを賑わせていたさなか、この発見がさらなる呼び水となり、三角縁神獣鏡の製作地をめぐって、ひいては邪馬台国の所在地論争をめぐって、侃々諤々の議論が捲きおこった。早くも翌年に、一線の研究者を招いた特別講演会が開催され、この「謎の鏡」をめぐってたたかわされた成果は単行本として刊行された〔財団法人京都府埋蔵文化財調査研究センター編 1989〕。本書には、付けたりのようなかたちであったが、芝ヶ原古墳とその出土鏡（京都144）に関する検討も収録された〔都出 1989a〕。さらに、学界と世間の耳目を惹いたこの「2古墳の歴史的意義を明らかにしようとする」目的で、両墳の出土鏡を中心に京都府下出土鏡を一堂に集めた「鏡と古墳」展が開催され、その図録も編まれた〔高橋編 1987〕。

### （2）芝ヶ原鏡の概要

　広峯15号墳の景初四年銘盤龍鏡にくらべると地味で目だたないものであったが、芝ヶ原古墳から出土した倭製鏡も研究者の首を傾げさせた。「土器が古くて、そこから出土している鏡が従来の通説的な考え」によると「一見新しく見えた」ため、「本当にこんなことがあってもよいのか」と頭をかかえることになったのである〔都出 1989a〕。そこまで思わせた鏡はどのようなものであるのか。まず簡単に解説しておく〔下垣 2014a〕。

　本鏡（図79）は、あえて名づけるならば、獣像鏡あるいは四獣鏡とでもよぶべき倭製鏡である。しかし、4乳で区画した内区にS字状を呈する獣軀表現を配しているだけであり、特定の系列にあてはめることはむずかしい。鋳上がりはおおむね良好だが、小さな鬆が散見し、また鏡背面のところどころに若干の鋳潰れがみとめられる。磨滅がいちじるしく、とくに鈕孔は使用のため大きく摺れあがっている。赤色顔料がわずかに付着し、鈕孔内に紐の痕跡らしき微量の繊維が残存する。

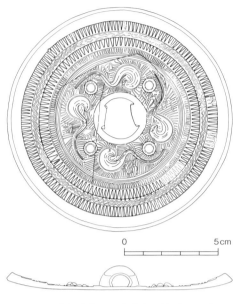

図79 京都府芝ヶ原古墳出土鏡（S=1/2）
〔小泉編 2014〕

法量は面径12.0 cm、現重量242gをはかる。縁部はやや斜面気味でわずかに反りあがる。外区は複線波文帯の両側を鋸歯文帯ではさむ三帯構成で、一段落ちた内区外周に櫛歯文帯と圏線3条を配す。鋸歯文が鋭い長三角形を呈しているのが特徴的である。4乳で四分割した内区に、半肉彫りの獣（？）像を1体ずつ配置する。獣像は尾状の後端を細長く曳くS字状の体軀のみを表現し、体軀内の獣毛や羽翼はおろか、明確な頭部も前後脚も欠く。ただし、円環状の細線で表現した眼が痕跡的にみとめられる。全体として、後顧しながら疾駆する獣像を不十分に表現したような感じである。獣像から無数の細線が放射状にひろがり、獣像のいっけん簡略化した姿とは裏腹に、手のこんだ刻文である。獣像間に1体、「鹿」とも解釈される図像〔川崎他編 1987；都出 1989a〕が配されているが、そう断言することはためらわれる。

### （3）揺れる製作時期

　従来、本鏡のように内区主像が簡略化した鏡は、製作時期がかなりくだるものとみなされてきた。当時の最新の古墳編年では、「獣形鏡などの小型仿製鏡」は、古墳時代前期「中葉」の集成編年「三期に出現し」たと想定されていた〔和田晴 1987〕。獣像の細部が省略された製品にいたっては、中期にくだると考えられることが一般だった〔樋口 1979a 等〕。しかし、共伴土器をみるかぎり、そのような「小型仿製鏡」である本鏡は、古墳倭製鏡（以下、倭製鏡）が創出される前期「前葉」の「二期」よりはるかに古い、弥生時代末期に存在していたことになる。「本当にこんなことがあってもよいのか」と訝られたゆえんである。鏡の推定製作時期と共伴土器の年代とのいちじるしい離齬は、本鏡と本墳の時期比定をはなはだ煮えきらないものにした。たとえば、出土の翌年に刊行された報告書において、鏡自体の検討からは「主文の獣形がくずれており従来の編年観からみれば4世紀後半までしかさかのぼり得ないもの」と判定しながら、「供献土器」の時期に信拠して、本墳の時期比定について「4世紀でも早い時期であるという立場を示し」た〔川崎他編 1987〕。本墳に関連して編まれた上記の図録でも、「このような仿製四獣形鏡は一般に5世紀代の古墳から出土することが多い」としつつ、おそらく土器の年代観にもとづいて、「庄内併行期の鏡としては他に類例のない、異色の鏡」だと断定した〔高橋美編 1987〕。

　本鏡の発見に先だつこと数年、同様の離齬が隣県の奈良県で生じていた。見田大沢4号墳から出土した「仿製の獣形鏡」（奈良348）（図80-6）と、その埋葬施設内外で出土した土器の時期比定とが、報告者によって大きく食いちがったのである〔亀田博編 1982〕。具体的にいうと、その出土土器は「纒向2・3式」（庄内式併行）〔関川 1982〕あるいは「纒向3式」までの時期〔石野他 1982；亀田博 1982〕に比定されたのだが、他方でこの「獣形鏡」は、類鏡との比較検討をふまえ

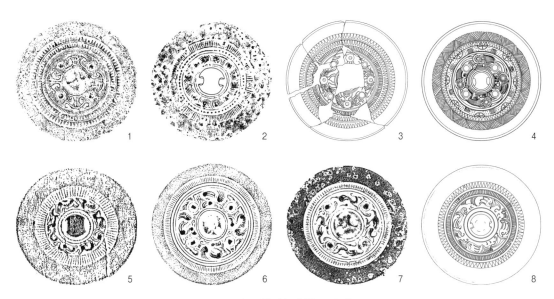

**図80　出現期〈中型鏡〉の候補**

1. 徳島県蓮華谷2号墳〔須崎編 1994〕　2. 岡山県殿山11号墳〔平井編 1982〕　3. 岡山県七つ坑1号墳〔近藤他編 1987〕　4. 岡山県楢原寺山古墳〔近藤 1986〕　5. 大阪府矢作遺跡SD13〔米田編 1987〕　6. 奈良県見田大沢4号墳〔亀田編 1982〕　7. 兵庫県養久山1号墳〔岩本他 2010〕　8. 京都府今林8号墳〔引原他編 2001〕※縮尺不同

て「4世紀末から5世紀初頭」に「併行ないしはやや新らしい時期の年代観」が推定され、両者間に「100年ぐらいのへだたり」が生じてしまった〔石野他 1982〕。

## 2.〈中型鏡〉の出現年代再考

### （1）遡上説とその背景

　しかしその後、上記2墳の発掘調査を重要な契機として、両墳出土鏡をはじめとする一部の小型倭製鏡を古墳出現期に、あるいは弥生時代末期まで遡上させる見解が、しだいに有力になっていった〔都出 1989a；楠元 1993；西川 1996；赤塚 2000；林 2005；森下 2007 等〕。その背景には、当該論点に関連する研究の新展開があった。まず第一に、小型倭製鏡の製作時期を一律に引き下げる従来の定説に疑義がだされ、小型三鏡式（素文鏡・重圏文鏡・珠文鏡）などの出現時期を上方修正する見解が提示されつつあったことをあげうる〔森 1970a；田中 1977；小林三 1979；名本 1983；今井 1991；森下 1991 等〕。また、かつては、「仿製」三角縁神獣鏡→大・中型倭製鏡→小型倭製鏡という登場順序が定説の位置を占めていたが、小型鏡にかぎらず倭製鏡自体の出現時期が「仿製」三角縁神獣鏡よりも古く、中国製三角縁神獣鏡（の後半段階）の流入・分配期に併行するとみる新説が、三角縁神獣鏡との共伴事例を主根拠にして提唱されたことも大きい〔岸本 1996〕。さらに、弥生倭製鏡の系統的変遷が徐々に明らかになり、「近畿系」の弥生倭製鏡から（小型）倭製鏡への展開が、具体性をもって予測されはじめたことも重要であった〔森岡 1989；高倉 1995〕。

　要するに、一方では弥生倭製鏡に向かって倭製鏡の出現を遡上させてゆく視点が、他方では特定系統（「近畿系」）の弥生倭製鏡を起点として倭製鏡に下降させてゆく視点が、前面にあらわれてきたわけである。とすれば、二筋の流れが交差するポイント、すなわち従来の弥生倭製鏡と倭製鏡の

ミッシング・リンクをつなぐ資料が存在する時期を、そしてその具体的資料を特定することが、究明すべき重要事項として必然的に浮上してくることになる。そこで注目を集めたのが、弥生倭製鏡でも小型三鏡式でもない、出土古墳（遺跡）から古墳出現期前後に比定できる、芝ヶ原鏡と見田大沢鏡を典型とする径10cm前後超の「中型」倭製鏡であった。なお、筆者の基準〔下垣 2003a〕からすれば、径10cm前後は小型鏡になるが、小型三鏡式などとまぎらわしい。本章では便宜的に、これらの資料を〈中型鏡〉と呼称する。

　この〈中型鏡〉の遡上説に重大な寄与をはたしたのが楠元哲夫である。すなわち、徳島県蓮華谷2号墳（徳島58）・岡山県殿山11号墳（岡山28）・同七つ坑1号墳（岡山88）・同楢原寺山古墳（岡山203）・芝ヶ原古墳・大阪府矢作遺跡SD13（大阪106）・見田大沢4号墳・兵庫県養久山1号墳（兵庫144）から出土した「小形の擬似獣形鏡・獣形鏡類の製作時期」を、伴出土器類の年代をふまえて検証し、これらのうち「仿製化の組列を追えない鏡」には「古墳時代前期初頭以前に製作時期の遡るものがあり、組列上にのるものにおいてもすでに前期前半には製作が開始されている」[2]と結論づけたのである〔楠元 1993〕（図80）。楠元が俎上に載せたような、典型的な倭製鏡とは異質の獣文（獣像）を配する径10cm前後超の倭製鏡を、主として共伴土器を根拠にして、古墳時代初頭ないし弥生時代末期の所産とみる説は、その後も提示されつづけた。たとえば赤塚次郎は、芝ヶ原鏡をふくみ「人物禽獣文鏡や人物鳥獣文鏡など」を主体とする「絵画文鏡」が、古墳時代初頭に相当する「廻間II式後半期」（「三世紀中ごろ」）には「すでに製作されていた可能性」を推定した〔赤塚 2000〕。赤塚の論考の翌年に福島孝行は、京都府今林8号墳出土鏡（京都271-2）（図80-8）について、破砕供献された墓壙上の庄内式土器を主たる手がかりにして、これが「庄内2式併行期に副葬された浮彫式獣帯鏡を原鏡とする四獣鏡の1種」だと主張した〔福島 2001〕。さらに翌年には森下章司も、蓮華谷鏡・七つ坑鏡・芝ヶ原鏡・楢原寺山鏡・矢作鏡、そして一部の絵画文鏡を、「位置づけに苦しむ」としつつも「古墳時代倭鏡の初期の製品」に認定した〔森下 2002〕。

　これらは意欲的で興味深い提説であった。しかし、こうした〈中型鏡〉がそれ以前の弥生倭製鏡、一部が併行するかもしれない小型三鏡式、そして後出する通有の倭製鏡と、どのような時期的・系統的関係にあるのか、判然としないきらいがあった。中国大陸の作鏡状況をも考慮した広い視野と豊富な資料的裏づけをもって、この問題に整然とした回答を提出したのが森下である。いささか図式的ではあったが、倭製鏡（「畿内系鏡群」）の生産が本格的に始動するまでのプロセスを、3段階に整理した。すなわち、「2世紀後半〜3世紀前半（弥生時代終末）」の「第1段階」（「十」字文鏡や重圏文鏡などの「小型品」の生産開始。当段階から土笵と挽型を採用し、鏡面の「凸面」化が顕著になる）⇒「3世紀中ごろ前後」の「第2段階」（獣文など「一定の複雑性」をそなえる種々の文様を配した径10cm前後超の〈中型鏡〉の登場。「系列的なつながり」をとらえがたい資料が多いが、斜縁と鋸歯文の多用に共通性がある）⇒「3世紀後半」の「第3段階」（「大型鏡」が登場。「多種多様な図像」を創出し、「系列的なまとまりも確立」し、畿内地域が明確な分布の中心になる）、という3段階である〔森下 2007・2010〕。

## （2）遡上説への疑問
　以上のように現在、これらの〈中型鏡〉が、出現期の小型三鏡式とならんで、弥生倭製鏡と通有の倭製鏡とのミッシング・リンクをつなぐ資料群だとする見方が、ますます一般化しつつある。な

るほど森下の「第1段階」は、近年に研究が飛躍的に進捗した「近畿系」弥生倭製鏡〔田尻 2012〕との系統的な連繫性がいっそう明白になっているし、さらには小型三鏡式の出現時期が弥生時代後期後半〜末期に遡上する蓋然性が高まっていること〔林 2005；脇山 2013・2015b 等〕から、ほぼ疑問なく承認できる。「第3段階」の出現時期も、三角縁神獣鏡などの他器物との共伴関係から、おおむね妥当と判断できる。

　しかし「第2段階」には、少なからぬ疑問がある。森下自身が述懐するように、当段階の〈中型鏡〉は、「鏡自体の特徴から初期のものと位置づけられるのではなく、もっぱら出土した古墳の年代、なかんずく共伴した土器型式によるところが大きい」〔森下 2002〕。換言すれば、鏡自体の検討に即した検証作業をまともにへないまま、伴出土器に全面的に依存してその時期がさだめられてきた点に、大きな疑問が残る。もっとあからさまにいえば、具体的な資料と着眼要素を挙示して、前後の段階（「第1段階」「第3段階」）の資料との系統的・時期的関係の実態をとらえないまま、伴出品に資料的帰属をゆだねるような姿勢は、鏡研究を抛棄する行為にほかならない。このような姿勢への批判がないところに、倭製鏡研究の限界を垣間みる。筆者はこのような他器物まかせの研究姿勢と、〈中型鏡〉を過度に遡上させる風潮とに異議をとなえ、「第3段階」に相当する倭製鏡の鏡背文様との比較検討にくわえて、近年の古墳および諸器物の編年との照合などをつうじて、これら〈中型鏡〉のうち古墳時代初頭ないしそれ以前に遡上しうる可能性を残す資料がかなり限定されることを主張してきた〔下垣 2002・2013b・2014b〕。ただ紙数の都合もあり、具体的な根拠を十分にあげることができなかった。そこで以下では、個別資料をとりあげ自説を補強する。

### （3）〈中型鏡〉の再検討

　楠元が示した8面の〈中型鏡〉を俎上に載せ、再検討をおこなう（図80）。赤塚が「絵画文鏡」と総称した一群（約15面）については、節をあらためて考察する。なお、これまでどおり、弥生時代末期は前半（庄内0・1式）と後半（庄内2・3式）に、古墳時代前期は初頭（≒前Ⅱ期〔大賀 2002〕）・前葉（≒前Ⅲ期≒倭製鏡古段階古相）・中葉（≒前Ⅳ期≒古段階新相）・後葉前半（≒前Ⅴ期≒中段階古相）・後葉後半（≒前Ⅵ期≒中段階新相）に細分する。


　A．蓮華谷2号墳出土鏡
　徳島県蓮華谷2号墳から、系列を特定できない四神像鏡が出土している（図80-1）。報告書では本墳の時期を「出土土器からは黒谷川Ⅳ式直後」、すなわち「布留0〜1式間」にあて、「黒谷川Ⅱ式＝庄内式古段階」の萩原1号墓に後出する宮谷古墳とともに、「阿波地域での最古の前期古墳」だと評価する〔菅原 1994〕。楠元は「伴出の古式土師器」を「黒谷川Ⅲ・Ⅳ式」とみなし、その築造時期が前期「初頭に遡る蓋然性が高い」とした〔楠元 1993〕。

　しかし、報告書で本墳の時期比定をした菅原康夫は、徳島の初期古墳をあつかった近年の論考で、本墳の時期を「古1-2」期とし、「古墳1-1期（黒谷川Ⅳ式）」とする宮谷古墳に後出させた。ただし、両墳とも「集成編年」〔広瀬 1992〕の「1期」にふくめた。本論考に掲載された「土器編年併行関係」表では、「古1-1（黒谷川Ⅳ）」期を「布留0」式に、「黒谷川Ⅳ」式に後続する「古1-2」期を「布留1」式にそれぞれ併行させている〔菅原 2011〕。とすれば、「布留1」式の所属時期から考えて、本墳は集成編年2期までくだる可能性がでてくる。それどころか、大久保徹也が手が

けた土器の広域併行関係の再検討によると、黒谷川Ⅳ式は布留1式併行期までくだる〔大久保2006〕。そうであれば、黒谷川Ⅳ式に後出する本墳の時期はさらに下降することになる。そのうえ本墳の埋葬施設は、異例ながらも粘土槨の遡源形態を示しており、これも年代を下げるひとつの根拠になりうる。大久保の検討成果を加味すると、本墳の時期はいくら古く見積もっても前期前葉までしかあがらず、おそらくは前期中葉頃に落ちつくだろう。

　本鏡の主像は、神座らしきものに坐し雲気を発する神像4体をまがりなりにも表現している。原鏡となった鏡式の特定はむずかしいが、環状乳神獣鏡が有力な候補になる。いくぶん趣が似た倭製鏡として、栃木県山王寺大桝塚古墳出土の四神像鏡（栃木9）をあげうる。筆者はこの鏡を前期中葉頃のものと推定しており〔下垣 2003a〕、蓮華谷2号墳の想定築造時期とも合致する。したがって蓮華谷鏡は、古くみて前期前葉、おそらくは前期中葉頃までくだる時期の製品であろう。


　B.　殿山11号墳出土鏡
　楠元は本鏡（図80-2）について、「原鏡の措定は難しい」としつつも、「環状乳神獣鏡なりの獣像を手本にしながら、獣形のすべてを移さず、獣形の一部、すなわち尻尾部分のみをとりだしたもの」と考えた[4]。そして、周溝内から出土した「古式土師器」を「ほぼ布留1式に併行する」「亀川上層式」のものととらえ、本墳の時期を「古墳時代初頭」とみる〔楠元 1993〕。

　周溝出土の土器に信拠する姿勢はさておくとして、「布留1式」併行期であれば前期倭製鏡はすでに登場しているので、とくに問題はない。しかし本鏡は、明らかに捩文鏡であり、しかも前期後半にくだる資料である。たとえば水野敏典は、本鏡を「Ca型式」の「外区2群」に分類するが、その時期は集成編年3期以降に相当する〔水野 1997〕。筆者も本鏡を捩文鏡C系の段階2に同定し、中段階古相（前期後葉前半）に位置づけている〔下垣 2003a〕。共伴した玉類も前期後葉前半のものである〔大賀 2002〕。


　C.　七つ圵1号墳出土鏡
　本鏡（図80-3）について楠元は、環状乳神獣鏡の「環状乳と獣形の一部を選択抽出したもの」とみなし、「前期前半」に副葬されたと考えた〔楠元 1993〕。本鏡の製作時期を古くみる主要な根拠は、本墳におかれた特殊器台形埴輪と特殊壺形埴輪にある。しかし、特殊器台（形埴輪）と円筒埴輪を詳悉に分析した豊岡卓之によると、本墳の資料は都月形の第3期に引き下げられている〔豊岡 2003〕。提示された編年表をみると、奈良県メスリ山古墳と併行し、同東殿塚古墳および同波多子塚古墳にわずかに後出する。この案にしたがえば、七つ圵1号墳の築造時期は前期中葉と後葉前半の境あたりに比定できる。本鏡を副葬した後方部第2石槨の墓壙内埋土から特殊器台形埴輪と特殊壺形埴輪が出土したことは、さらに時期を下降させる根拠にもなりうる。

　本鏡の原鏡は、楠元の指摘どおり環状乳神獣鏡であろう。同じく環状乳神獣鏡の獣軀に由来する竈龍鏡系の獣毛乳や、この獣毛乳から派生した捩文鏡A系の主像と趣が似るが、環状乳の両側から羽翼と獣毛がのび、スペースに制約されてか獣毛が短い点などがことなる。位置づけはむずかしいが、中段階（前期後葉）までは下がらない。古段階（前期前葉〜中葉）の製品とみておきたい。

### D. 芝ヶ原古墳出土鏡

楠元は本鏡（図79）の主像を、「一見、オタマジャクシにも、うねる蛇のようにも見え、何とも特異な形状を呈し」、「製作工人に神獣の意識が存在したか、疑わしく、それなりに手本となった獣像を写し取ったにすぎない」ととらえ、「庄内式の新しい様相から布留式最古相の幅の中に納まる」伴出土器から、本鏡の時期を

図81　尚方作二禽二獣画象鏡（右）と芝ヶ原鏡（左）の比較
〔都出1989a〕

「下っても前期前半のうちでも古い段階」でとらえた〔楠元 1993〕。上記したように、本鏡を古墳出現期もしくは弥生時代末期に位置づける意見が有力になってきた〔都出 1989a；楠元 1993；秦 1994a；西川 1996・2000；赤塚 2000；森下 2002・2007・2010 等〕が、鏡自体の検討に根ざした主張は意外なほど少ない。

そうした少ない検討として、早くに都出比呂志は、群馬県前橋天神山古墳から出土例のある尚方作二禽二獣画象鏡（群馬116）に注目して、その主像の「怪獣が、首を後ろに振りながら身体をくねらせて、爪のある足を伸ばしてい」る文様が、本鏡の「一つのモデルになっているのではないか」と想定した（図81）。そして、この原鏡は「「庄内式」の段階に、すでに倭の国にもたらされて」おり、同時代に模作された倭製鏡こそが本鏡だと推断した〔都出 1989a〕。また森下は、本鏡をはじめとする「獣文ほか種々の文様をもつ中型の鏡」が、「凸面鏡、丁寧な研磨、断面形態など、古墳時代仿製鏡の基本的な特徴を備えて」いることに着目し、これら「3世紀なかごろ前後」に存在していた鏡群が、次段階の「大型仿製鏡の出現の先駆けとな」ったと評価した〔森下 2007・2010〕。そして赤塚は、「獣と呼ぶにはあまりにも不可解な主文様と小さな鹿表現」、さらに「「半球状円座乳」をもつ点を踏まえて」、本鏡とその類鏡である篠ノ井遺跡群SM7006木棺墓出土鏡（長野32）とを絵画文鏡「Ⅳ類」に位置づけ、共伴土器などをもって芝ヶ原鏡が「廻間Ⅱ式後半期」にはすでに製作されていたと推測した〔赤塚 2000〕。とはいえ、以上の3氏が本鏡に付した年代観は、もっぱら埋葬施設内外から出土した土器に依存していた。

本墳の伴出土器の時期については、おおむね評価がさだまりつつある〔杉本厚 2013；田中元 2013；長友 2014 等〕。最近の調査・整備報告書では、「庄内式新段階から布留式最古段階古相」に絞られ、奈良県「ホケノ山古墳より1段階古い可能性が高い」と説かれている〔長友 2014〕。二重口縁壺の諸系統と変遷過程を詳細に検討した最近の研究でも、本墳の加飾二重口縁壺は庄内式新段階と布留式最古段階の境目に位置づけられている〔田中元 2013〕。鏡以外の副葬器物に関しても、土器による比定時期をくつがえす見解はだされていない。ただし、銅釧の考察では「技術的」に「同時期では比較できる資料がみあたら」ず、「のちに続く諸要素をもつきわめて先駆的な存在」との評価がくだされており〔岩本 2014d〕、やはり土器を優先した時期比定になっている。

鏡自体の検討結果も、この時期比定と大きくは乖離しない。本鏡の外区構成や円座の四乳などは、吾作系斜縁神獣鏡からの影響とみるのが、現状の資料状況と整合的である。本鏡式の出現は魏

代と推定されており〔實盛 2012〕、この推定が当を得ていれば、3世紀第2四半期頃が本鏡の上限年代になる。他方で都出は、先述したように尚方作二神二禽画象鏡を原鏡とみた。なるほどこの鏡と芝ヶ原鏡の主像には、「怪獣が、首を後ろに振りながら身体をくねらせて、爪のある足を伸ば」すという共通点があり〔都出 1989a〕、さらには外区～内区外周構成も類似しており、説得力がある。しかし、倭製鏡の製作原理からして、径20cm近い原鏡から径12cmの本鏡が直模されたとは考えにくいことにくわえ、後述するように、本鏡の主像はむしろ弥生土器に刻された「龍」像に由来する可能性が高い。とはいえ、もし尚方作二神二禽画象鏡が原鏡であったとしても、これも魏鏡の可能性が高い[5]〔車崎 2002c〕。したがって、時期比定に関しては、吾作系斜縁神獣鏡の影響を想定する場合と同じ結果になる。

また、芝ヶ原鏡にもっとも近い主像を配する篠ノ井鏡〔赤塚 2000〕が副葬されていた墓（木棺墓か）は、明確な根拠は記されていないが、「庄内式～布留I式段階・廻間III期併行」だと報告されている〔西山他編 1997〕。篠ノ井鏡は鈕が摺り切れそうになるほど磨滅しており、少なからぬ保有期間がみこまれる。しかも、主像文様からみて篠ノ井鏡に明らかに先行する芝ヶ原鏡にも「中程度の「マメツ」」状況が観察され〔柳田康 2002〕、製作時期のさらなる遡上が示唆される。さらに、面径の約5分の1を占める芝ヶ原鏡の大ぶりな鈕は、森下の「第1段階」以降の小型鏡と共通する。他方、本鏡の特徴である細密な鋸歯文は、古段階古相の獣像鏡I系や鳥頭獣像鏡A系などに目だつ特徴であり、また上記した蓮華谷鏡や七つ坑鏡、後述の今林鏡などにもみとめられる。

したがって芝ヶ原鏡は、鏡自体の特徴を勘案しても、古墳時代前期初頭（前後）～前葉頃という古い時期に位置づけうる。


E. 楢原寺山古墳出土鏡

楠元は本鏡（図80-4）の伴出土器を、上述の殿山11号墳の周溝出土土器と同じく「亀川上層式」に属するものとみなした。そして、「畿内の編年」にもし対応させるとすれば、「布留式古相、布留0式の可能性が高く、下っても布留1式」、すなわち「前期初頭」になると推断した。そのうえで本鏡を、「前期でも古い段階にこの種の鏡の仿製がすでに開始されていたことを示す貴重な資料」だと評価した〔楠元 1993〕。しかし、上記した蓮華谷鏡の場合と同様に、近年の土器研究では、古墳出現期前後の岡山南部や香川の土器編年の相対時期がいくぶん下降する可能性が指摘されている点〔森岡他 2006〕に注意が必要である。事実、大久保が提示した諸地域の土器の併行対応表〔大久保 2006〕では、亀川上層式は布留1式に併行する。

鏡自体も、捩文鏡A系の古段階古相に属し、前期前葉の所産である〔下垣 2003a〕。したがって、共伴土器を布留1式併行とみるならば、土器と鏡の時期は離齬なく対応する。また水野も、本鏡を捩文鏡の最古段階に比定したが、当段階の時期を本鏡の共伴土器から決めている〔水野 1997〕ので、鏡と土器の対応関係の検証には使えない。他方で辻田淳一郎は、本鏡を集成編年3期に位置づけていた〔辻田 2000〕が、のちに同2期以前に上方修正した〔辻田 2007a〕。


F. 矢作遺跡SD13出土鏡

溝の底部近くで、直口壺が被覆した状態で出土した鏡[6]であり、「庄内式末または布留式に比定できる小型丸底壺」や複合口縁壺も共伴していた〔米田編 1987〕。本鏡（図80-5）のモデルは不明

だが、後述する「龍」的な獣像が配されている点、鈕区の短弧線をまじえた圏線が、古相の重圏文鏡に散見する連珠状表現にいくぶん似る点など、伴出土器よりも時期を下降させる明確な理由がみつからない資料である。

### G. 見田大沢4号墳・養久山1号墳出土鏡

　この両鏡、とくに見田大沢鏡（図80-6）は、製作時期が古墳出現期前後まで遡上しうる〈中型鏡〉として注目を集めてきた。他方で養久山鏡（図80-7）は、報告書において「銅質や図柄からみて中国鏡であろう」とされ〔近藤義 1985〕、具体的に上方作系浮彫式獣帯鏡に分類されることもあった〔岡村 1992〕。しかし、養久山鏡は倭製鏡の可能性が高く、そのことは鈕座面に下辺が一致する鈕孔や匙面を呈する外区上面の形状などからも裏づけられる〔岩本 2010e〕。

　赤塚は両鏡を「ⅠA類（養久山鏡系）」に分類し、本系列は「古墳時代の極く初期の段階に製作され」、「その後、系譜は断絶した」と評価した〔赤塚 1998b〕。筆者も両鏡を同一系列（鳥頭獣像鏡A系）にふくめ、最古相の前期倭製鏡ととらえる点では赤塚と見解を同じくする。ただし、その出現期を赤塚よりもわずかに下げて、古段階古相（前期前葉）と考える。本系列の製作期間についても、中段階古相まで継続したと推定している〔下垣 2003a〕。

　筆者は両鏡を鳥頭獣像鏡A系の段階1、すなわち古段階古相の作品とみる〔下垣 2003a〕。この判定は、両鏡とくに見田大沢鏡およびその副葬古墳を弥生時代末期とみる見解〔石野他 1982；亀田博 1982；白石他 1987；西川 1996；福島 2001 等〕と食いちがう。しかし、本墳の時期比定に関して、出土土器に「纒向4式」段階（布留0式後半～同1式併行）が存在すると明記しながら、本墳を「纒向2・3式」の所産としており〔関川 1982〕、疑問が残る。本墳が布留1式まで下がれば、本鏡にたいする筆者の時期比定と離齬はなくなる。

　また最近、養久山1号墳に関して、上記した副葬鏡の特徴が「古墳時代仿製鏡の中心的な系列群と共通する」ことをもって、その製作を「前期前半新相以降」まで下降させる見解がだされ[7]〔岩本2010e〕、「前期前半でもやや新しい段階に位置づけられる」鉄鏃などの存在を加味して、「前期前半新相以降の築造」が想定されるにいたっている〔岩本他 2010〕。鉄鏃の時期比定において、奈良県桜井茶臼山古墳出土例との酷似が主根拠にされていることを勘案すると、「前期前半でもやや新しい段階」とは筆者のいう前期前葉に相当するようである。とすれば、本墳の時期は養久山鏡に関する筆者の時期比定と合致することになる。

　とはいえ両鏡は、縁部～内区外周構成・内区構成・面径において強い類似性を示すものの、主像の雰囲気がかなりことなる。それゆえ、養久山鏡を前期前葉まで下降させえたとしても、そのことをもって見田大沢鏡の製作時期まで下げる根拠にはならない、という批判もありうる。しかし、見田大沢鏡は鳥頭獣像鏡A系の諸資料に通有の特徴をもち、やや異質の感のある養久山鏡とちがい、本系列の型式変遷の流れにスムースに乗り、見田大沢鏡のみを遡上させるのは強引である。強いて両鏡の前後関係を決めるとすれば、養久山鏡のほうが古い。したがって、見田大沢鏡を弥生時代末期～古墳時代前期初頭までさかのぼらせようとするならば、軒並み前期前葉以降の古墳から出土する養久山鏡をはじめとする鳥頭獣像鏡A系の諸資料が、揃いも揃って長期保有されたという非合理な想定をしなければならなくなる。

　このように筆者は、両鏡の製作時期が前期前葉におさまると判断している。ただし、わずかでは

あるが時期を引きあげうる手がかりもある。鳥頭獣像鏡Ａ系は上方作系浮彫式獣帯鏡を原鏡とし、変遷の過程で獣像鏡Ｉ系との共通性が強まり、鳥頭獣像鏡Ｂ系が分岐する。実際、獣像鏡Ｉ系の段階１は鳥頭獣像鏡Ａ系の段階１や古段階古相の鼉龍鏡系と、鳥頭獣像鏡Ｂ系の段階２は古段階新相の鼉龍鏡系と、それぞれ共通する要素がある。ところが、鳥頭獣像鏡Ａ系の段階１は「さらに細分できる可能性」があり〔下垣 2011a〕、理窟のうえでは、その前半段階が獣像鏡Ｉ系や鼉龍鏡系の初現に先行する可能性もある。また、基準のとり方によっては、この前半段階に見田大沢鏡と養久山鏡を該当させうる。とすれば、前期前葉の早い時期、あるいは前期初頭まで両鏡が遡上するみこみもでてくる。とはいえ、両鏡は面径が小さなことにもよるが、主像の要素に簡略化の萌しを看取できる点は軽視できない。もし両鏡を、本系列段階１の前半段階に包括するならば、前期倭製鏡の変遷原理である簡略化・省略化はその最初期には顕在化せず、むしろ創成期に主像が複雑化するプロセスが生じ、そののち簡略化・省略化の変遷プロセスが一般化した、といういささか強引な変遷の道筋を想定しなければならない。そのような道筋を是認させる十分な証拠がないため、筆者はやはり本系列の出現を古段階古相（前期前葉）とみておきたい。

### H.　今林８号墳出土鏡

　以上のほか、楠元の論考が発表された７年後に京都府今林８号墳から出土した四獣鏡（図80-8）も、注目にあたいする資料である。墓壙上で破砕供献された庄内式土器を根拠にして、調査者の福島は本鏡を「庄内２式併行期に副葬された浮彫式獣帯鏡を原鏡とする四獣鏡の１種」とみなし、見田大沢鏡もふくめて、「「特定の地域において独自に」行われた鏡生産の１群」だとの評価をくだした。そして原鏡の推定にあたって、羽毛・獣毛・胸部などの主像表現を詳細に検討した結果、鼉龍鏡系や捩文鏡系との接点を否定し、「獣形の表現と三本の密接しない細線によるカールした獣毛表現、三角形の胸の表現など」の特徴から、本鏡の「祖形」として三重県東山古墳や長野県弘法山古墳から出土した「浮彫式獣帯鏡」を候補にあげた〔福島 2001〕。

　興味深い指摘である。しかし、東山古墳出土鏡（三重135）は吾作系斜縁四獣鏡、弘法山古墳出土鏡（長野49）は上方作系浮彫式獣帯鏡であり、鏡式も製作時期もことなる。また福島は、「庄内式併行期」に存在する他鏡と今林鏡との具体的な共通点として、本鏡の「獣毛表現や獣形の形状」が「東山古墳の浮彫式獣帯鏡に近似し」、「三角形の胸の表現」が「芝ヶ原鏡の獣形表現に通じるものがある」ことをあげる。しかし吾作系斜縁四獣鏡である東山鏡は魏代の所産であり、「庄内２式併行期」まで遡上させるのはむずかしい。「浮彫式獣帯鏡」が「庄内式併行期の日本各地の墳墓からも出土している」以上、「これを原鏡とした」本鏡や「見田大沢鏡が庄内式併行期に存在することも何ら不都合ではない」と主張する〔福島 2001〕が、しかし先述のように見田大沢鏡は前期前葉頃までくだるのだから、吾作系斜縁神獣（四獣）鏡と上方作系浮彫式獣帯鏡の混同と相乗して、説得力を欠いてしまう。「三角形の胸の表現」の共通性がいったい何を指すのかもわからない。

　「獣毛表現や獣形の形状」の比較検討にしても、吾作系斜縁神獣鏡や上方作系浮彫式獣帯鏡の獣像胴部が真横にまっすぐのびるのにたいし、本鏡の胴部（胸部）は反りあがるという大きな相違点を見落としている。そして、この反りあがる胴部（胸部）という特徴こそ、鼉龍鏡系や捩文鏡系の獣毛乳と共通する特徴である。そもそも捩文鏡Ａ系の獣毛乳は、上方作系浮彫式獣帯鏡を原鏡とする鳥頭獣像鏡Ａ系とも強い関係を有し、それらが融合した倭製鏡もわずかながら存在する

（例：静岡県午王堂山１号墳出土鏡（静岡154））。以上から判断して、本鏡はやはり前期倭製鏡の範疇でとらえるのが無難であり、古段階に位置づけるのが穏当であろう。もしそれより遡上することがあっても、庄内２式併行期というのは無理がある。

### （4）小結

　従来、古墳時代前期初頭あるいは弥生時代末期まで製作時期が引きあげられることもあった〈中型鏡〉をとりあげ、鏡自体の検討に近年の土器・副葬品研究の成果も加味して、その位置づけの見なおしをはかった。その結果、ほとんどの資料は主張されるほどには遡上せず、むしろ筆者が設定した倭製鏡の変遷段階〔下垣 2003a〕の古段階（前期前葉〜中葉）におさまることが判明した。ただし、筆者の設定段階は、（中国製）三角縁神獣鏡を三分した場合の中相に古段階古相が、いわゆる波文帯鏡群を代表とする新相に古段階新相が対応する〔下垣 2003a〕ので、従来の諸説よりも倭製鏡の出現期をいくぶん古くみていることに注意されたい。要するに、一方で過剰に古くされていた〈中型鏡〉の推定時期が下がり、他方で倭製鏡研究の側から創出期の倭製鏡の時期をいくぶん引きあげたことで、両者の年代上の齟齬がおおむね解消されたわけである。ただ上記の検討では、〈中型鏡〉の保有期間を考慮にいれていないので、製作時期がいくらか遡上する可能性は残される。しかし少なくとも、出土墳墓や共伴土器などから遡上させる従来の主張の多くは棄却される。

　とすると、残る課題は、弥生倭製鏡とのつながりをもつ小型三鏡式いがいで古段階古相より古くなりうる可能性を依然として保持する、芝ヶ原鏡や矢作鏡といった一部の資料の位置づけである。そこで次節では、新たな視点からその課題にとりくむ。

### 3．弥生「龍」と倭製鏡

### （1）絵画文鏡

　前節で意図的に再検討を避けた重要な資料群がある。いわゆる「絵画文鏡」である。名づけ親である赤塚は、「人物をまじえて動物・昆虫などをモチーフにした」15面ほどの「特殊文鏡」をこの分類名で一括し、その主体となる人物禽獣文鏡などの「Ⅰ類」および人物鳥獣文鏡などの「Ⅱ類」、そして愛知県白山藪古墳出土鏡（愛知8）などの「Ⅲ類」と芝ヶ原鏡などの「Ⅳ類」に細分したうえで、共伴土器を根拠にしてその時期比定をおこない、系統整理や製作地の推定までもこころみた。そして、本鏡群の生産が「廻間Ⅱ式後半期」（「三世紀中ごろ」）には開始し、「四世紀前葉から中葉に終了した」とする年代観と消長観を提示し、さらには「明らかに東日本に偏在する」分布傾向に着目して、本鏡群は「東海地域との強い関係」を有する「東日本の初期倭鏡を代表する鏡」だと結論づけた〔赤塚 2000〕。

　大胆ながらも、資料の悉皆的な検討に根ざした意欲的な検討成果である。筆者は前稿で、赤塚の所説にたいして、絵画文鏡という分類単位のおおよその有効性と製作時期の古さについて、おおむね諸意を示した。しかし、通有の前期倭製鏡との関連性や倭製鏡・三角縁神獣鏡との共伴関係などによるかぎり、その一部が「前期倭製鏡の本格的な生産始動に先行する」蓋然性をみとめつつも、その大半は赤塚が想定するほど遡上しえないとの判断をくだした〔下垣 2014b〕。

## （2）弥生「龍」

しかし他方、この判断をくつがえし、当該鏡群をはるかに古く引きあげる根拠にもなりうる特徴もみいだされる。その特徴とは、弥生土器の絵画土器に登場する「龍」に似た（主）像表現である〔下垣 2014b〕。絵画土器の「龍」にたいする関心は近年、資料の蓄積とあいまって急速に高まっている〔佐原他 1997；馬場英 1999；春成 2000・2011a・b；永野他編 2009；設楽 2011；村田 2012；黒崎 2013；永野 2014 等〕。現状での研究成果と論点は、網羅的な資料の集成・分析と広範な視野に裏づけられた春成秀爾の宏壮な論考〔春成 2011b〕にほぼ尽くされている。

その春成は、鏡の主像と絵画土器の「龍」との関係について、次のように考える。後漢鏡の龍像を原画にして絵画土器の「龍」がうまれたとする定説は、型式学的に無理があり、別種の中国系文物や情報から創出された。そして、この「龍」は弥生時代後期のうちにほぼ消滅し、「古墳時代前期」の「鏡作り工人たちは、中国鏡の龍の手本を目の前においてもおよそ模倣することができなかった」と。要するに、絵画土器の「龍」は同時期の中国製鏡と直截的な関係になく、ましてや弥生時代後期に孤立的に存在して古墳時代前期まで存続しない以上、倭製鏡とは無関係とみるわけである〔春成 2011a・b〕。他方で橋本裕行は、「前期古墳」である群馬県北山茶臼山西古墳の出土鏡（群馬 75）に配された獣像の「意匠」と大阪府船橋遺跡から出土した弥生土器の「竜の意匠」とが「瓜二つである」と指摘し、両者の類似性の「歴史的背景」に、銅鐸絵画に表現されていた従来の「水辺の神々」が、弥生時代後期に新たに「中国大陸から伝えられた竜神信仰」へと「統合された」事態を推定した〔橋本裕 1989〕。しかし、このような事態がいったいなぜ、弥生時代後期の土器と古墳時代前期の倭製鏡という、はなはだしく時間的にへだたった別種の器物に表現される「意匠」を「瓜二つ」にしたのか、いちじるしく説明が不足している。両氏いずれの見解も、絵画文鏡の主像と絵画土器の「龍」の類似性を解き明かすには不十分である。

とはいえ、春成の悉皆的な分析は、本章の検討にはなはだ有益な基礎情報をもたらすし、橋本の指摘は孤例に関するものではあるが、北山茶臼山西鏡が絵画文鏡であることは、この指摘を絵画文鏡の全体に拡幅しうる見通しをあたえてくれる。そこで以下では、絵画文鏡と絵画土器の「龍」の比較をつうじて、両者の関係を探る。なお、両器物を飾る図像が大陸に起源をもつ龍表現であるか判然としないので、本章では括弧を付して「龍」と表記する。

## （3）弥生「龍」と絵画文鏡

絵画土器に刻された「龍」はすこぶる多様であり、時期差や地域性もあるため、ひとくくりにして論じることはむずかしい。ただ、ひどく簡略化・省略化されていない図像を総覧すると、S字状に屈曲する細身の胴部を有する点、胴部の屈曲に沿うように鰭や脚状部や獣毛を配し、これらが体側から外方に突出する点、頭部が単純な円形にすぎないか欠失していて、頭部を明確に表現する志向が弱い点、などの共通点が浮かびあがってくる。そしてまさに、こうした特徴をもつ図像が絵画文鏡にみてとれる。

具体例をあげよう。白山藪古墳出土鏡（赤塚III類）の獣像（図82-1）は、蛇のようにうねる細身の胴体の背上に2本の鰭状突起を配し、小円形を呈する頭部の両脇から角状突起が飛びだすという、鏡の図像としてはきわめて特殊な姿態をとる。ところがこの表現は、船橋遺跡から出土した長頸壺の「龍」文（図82-5）に酷似する。前者が半肉彫り、後者が線彫りという差異はあるが、鰭

や角状表現などをそなえた半肉彫状の「龍」を土器に付加する手間を考えると、これは施文対象の性質差に起因する相違とみてよい。また両者は鏡像的な反転関係にあるが、これは土器の「龍」と同一のモティーフをそのまま鋳型に彫りこんだため、鋳造に際して反転した結果である可能性があり、この鏡像的関係はむしろ両者の密接な関連性を補強する。さらに、白山藪鏡の乳付近に配された細線の巴状文が、船橋遺跡出土の別の長頸壺や大阪府恩智遺跡出土の短頸壺に刻された巴状の「龍」文に似ることも注意を惹く。

この白山藪鏡に類似する主像（「龍」）を配するのが、同じ赤塚Ⅲ類の北山茶臼山西古墳出土鏡と兵庫県小松原（伝）出土鏡（兵庫92）である。このうち前者の内区には、主像の「龍」のほか、数本の鰭と細線が巴状に突出する異色の乳が配されている（図82-2）。興味深いことに、これを髣髴とさせる表現が、奈良県上ノ山遺跡出土の壺の胴部や愛媛県文京遺跡Ⅱ区出土の土器片に、そして長崎県

1. 愛知県白山藪古墳

5. 大阪府船橋遺跡

2. 群馬県北山茶臼山西古墳

6. 長崎県原の辻遺跡

3. 奈良県大和天神山古墳

7. 岡山県足守川加茂A遺跡

4. 京都府芝ヶ原古墳

8. 岡山県新本横寺遺跡

**図82** 弥生「龍」と「絵画文鏡」（縮尺不同）
〔1〜4. 著者作成 5. 森1966 6. 中尾編2003 7. 島崎編1995 8. 春成2011b。5〜8は一部改変のうえ再トレース〕

原の辻遺跡石田高原地区SD5から出土した小型壺の胴部にもみとめられる（図82-6）。これらの壺の巴状表現も「龍」と考えることができ〔春成 2011b〕、とくに原の辻遺跡例は、同じ壺の胴部にあしらわれた典型的な「龍」と対をなして表現されている。北山茶臼山西鏡の典型的な「龍」と巴状文のセットは、原の辻遺跡の「龍」のセットの画題と関連があるように思われる。

弥生時代の画題が倭製鏡に踏襲されたとする考えは、早くに森浩一が提唱していた。森は、奈良県大和天神山古墳に副葬された「人物鳥獣文鏡」（奈良107）の「特異な文様」（図83）に、「銅鐸の絵画の一部」との共通点を看取し、本鏡を「弥生式文化の所産とみることはできない」としながらも、「古墳時代の前期の鏡作り工人と弥生式文化の銅鐸製作者との関連」を示唆した〔森 1963〕。その大胆な主張にたいして、森が挙示する共通点が正しければという条件つきではあったが、積極的な追認の姿勢を示し、本鏡を「一等抜けて古い仿製の可能性を秘めている鏡」だと評価する意見もだされた〔楠元 1994〕。しかし総じてみれば、「感覚的に受けた類似性だけ」にたよって、両者間に横たわる多大な時間差を埋めてしまう、この「空想としかいいようがない論」〔田中 1981〕が、鏡研究者からの賛同をえることはなかった。

ところが興味深いことに、この「人物鳥獣文鏡」も絵画文鏡（赤塚Ⅱ類）に分類されており、そ

図83 大和天神山鏡の図像〔森 1963〕

の図像には「龍」との関連性がみてとれる。本鏡の内区には、「中国鏡にある竜虎を自由に解釈し」た「4個の大きい獣形」のほか、「四つの人物像」、「4匹の鹿、2匹の亀か鼈、4羽の小鳥、多分もう1匹の亀類、よく肥えた小獣が1匹」が、躍動的に配されている〔森 1963〕（図 83）。個別の同定の正否はさておき、「主文」である「4個の大きい獣形」のS字状を呈する体軀が、有軸羽状文で飾られていることに注目したい（図 82-3）。獣軀の充塡に有軸羽状文をもちいるのは、倭製鏡では非常に珍しい。ところが、これに類する表現が、岡山県足守川加茂A遺跡竪穴住居14から出土した器台に刻まれた「龍」（図 82-7）に存在する。また、これよりも簡略化した「龍」ではあるが、大阪府八尾南遺跡谷 2-e 域出土の長頸壺の図像にも有軸羽状文がみとめられる。

　赤塚Ⅳ類の代表とされる芝ヶ原鏡の主像（図 82-4）も、絵画土器の「龍」に一脈つうずるものがある。本鏡には「勾玉状」あるいは「人魂様」とも評されるS字状の獣像が配されている。明確な頭部を欠くS字状の体軀に沿って無数の細線が放射する本鏡の主像は、岡山県新本横寺遺跡から出土した器台に刻された「龍」（図 82-8）といくぶん似た趣がある。とはいえ、上記で列挙した類似例にくらべると、類似の度合はかなり低い。

　以上、絵画土器の「龍」と絵画文鏡の獣像の類似例を具体的にあげた。かたや土器、かたや鏡という施文対象のちがいを反映して、前者の「龍」は線刻を、後者の獣像（「龍」）は半肉彫りを志向するという相違はあれ、両者の表現上の類似性は明白である。前節において矢作鏡と芝ヶ原鏡を、古墳時代開始期ないしそれ以前に位置づけうる可能性を保持する数少ない〈中型鏡〉とみなしたが、両鏡の主像が絵画文鏡の「龍」と同様のS字状を呈することは暗示に富む。なお、胴部がS字状をなす獣像であれば、前期倭製鏡の新段階に登場する分離式神獣鏡系などから派生するかたちで、中期倭製鏡などに散見するが、それらの胴部はかなり萎縮しており、獣毛表現などもかなり雑である。その点で、体軀がわりとはっきり表現され、獣毛なども細かく配される絵画文鏡系統の獣像（「龍」）とはいちおう区別できる。

　絵画土器の「龍」は、鋭利なヘラ状工具で焼成前に施文されたものである。当然、「龍」の刻文と施文対象である器体の製作は、製作工程内の段階差を捨象すれば同時の事象である。したがって、共伴土器による鏡の時期比定のように、さまざまなノイズが混入することなく、土器（器形）の時期をもって「龍」の時期とみなせる。報告書の記載や先行研究〔春成 2011b；村田 2012；永野 2014 等〕を参照すると、「龍」の出現は弥生時代後期前葉にさかのぼる。ただし、本格化してゆくのは、大阪府池上曽根遺跡第5号井戸出土の長頸壺や八尾南遺跡竪穴建物3出土の壺にえがかれた「龍」あたりからである。それらの土器は後期中葉に位置づけられ、先述の船橋遺跡出土の長頸壺はこれにわずかながら後出する。巴状表現の「龍」を配した船橋遺跡の長頸壺や恩智遺跡の短頸壺は後期後葉にくだる。これらとは別「系譜」と目される「龍」〔春成 2011b〕では、新本横寺遺跡の器台は後期前葉の所産とかなり古いが、足守川加茂A遺跡の器台は後期中頃に、原の辻遺

跡の小型壺は後期後葉〜末頃まで下降する。そのほかの資料も考慮にいれると、絵画土器の「龍」は弥生時代後期前葉〜中葉頃に登場し、後期後葉を中心に流行したが、「記号化」がすみやかに生じ、そのはてに後期末葉には「近畿中央部」で消滅し、その後は東海・四国・九州などの「周辺部にのみのこ」った〔春成 2011b〕ものの、遅くとも末期にはほぼその姿を消し、ごく一部の抽象文様が古墳時代初頭まで残存した、という消長を復元できる。つまり、土器に「龍」を施文する行為は、おおむね弥生時代後期に広範囲に拡散した特殊な流行であったと約言できる。

　考古学の方法論に即して、本節で俎上に載せた諸現象に常識的な解釈をくだすならば、偶然とは考えがたいほど絵画土器の「龍」に類似する主像を配する絵画文鏡は、前者の存続期間である弥生時代後期〜末期に製作されたことになる。簡略化が進んでいない「龍」が表現されていることを勘案すれば、弥生時代後期に限定できよう。しかし、前節で明らかにしたように、古墳時代開始期前後に遡上すると推定されてきた〈中型鏡〉のほとんどが前期前葉以降に下降することを考えると、はたして絵画文鏡がこれほど遡上しうるのか、当然の疑問が湧いてくる。そこで次節では、絵画土器の「龍」と絵画文鏡の関係についてもう少しふみこんだ考察をおこない、そのうえで絵画文鏡いがいの〈中型鏡〉の登場ともからめて、倭製鏡の出現時期とその経緯について私見を提示する。

## 4. 小考

### （1）絵画文鏡の時期

　上記したように、絵画文鏡の主像に類似する「龍」を刻文した絵画土器は、弥生時代後期前葉頃に製作されはじめ、おおむね後期末葉までにおさまる。絵画文鏡の主像との対応性をみいだしがたい、表現の簡略化した資料も、遅くとも弥生時代末期のうちにほぼ終焉をとげる。両者の図像上の対応関係を時期的な併行関係におきかえると、弥生倭製鏡と一線を画する径 10 cm 前後超の〈中型鏡〉の登場は、上述した森下や赤塚による想定時期（「三世紀中ごろ」）から、一気に 2 世紀ほど引きあげられることになる。つまり、九州北部で弥生倭製鏡の生産が開始されてまもなく、そして土製鋳型や挽型を採用するなど古墳倭製鏡の先駆となった「近畿産」の弥生倭製鏡の生産始動〔田尻 2005〕におよそ 1 世紀ほど先行して、鋳造技術・施文技術・研磨・面径のすべてにおいてこれらをはるかに凌駕する倭製鏡が製作されていたことになるわけである。

　この論理上の帰結が正しければ、従来の倭製鏡研究の常識をくつがえすことになり、倭製鏡の出現および消長について大幅な書き換えと再検討が必要になる。これに関して、絵画文鏡の赤塚 I 類に分類される群馬県八幡原（伝）出土の「狩猟文鏡」（群馬 046）について、その鏡体や図像の配列および特徴、弥生時代の青銅器に近いと推定される成分やそれによる不鮮明な鋳上がりなどに、弥生時代後期の銅鐸や絵画土器との関連性をみる意見もある[12]〔森下 2011c・2013〕。しかし、たとえその意見が正鵠を失していないとしても、このような特例を絵画文鏡の全体に敷衍するわけにはゆかない。従来の倭製鏡研究との離齬が大きい以上、「龍」以外の要素から絵画文鏡の製作時期を検証しなければならない。

　出土状況が判明している絵画文鏡は、基本的に定型性をそなえる古墳に副葬されており、古墳時代以降に登場する鏡がしばしば共伴する。編年大綱がほぼ確立している三角縁神獣鏡ないし前期倭製鏡との共伴事例は 5 例を数える（表14）が、それらの共伴鏡14面のうち前期前葉（I 段階＝古

表 14　絵画文鏡と他鏡式の共伴関係

| 倭製鏡（筆者段階） | | | I | II | III |
|---|---|---|---|---|---|
| 三角縁神獣鏡（岩本段階） | | | 〜II期 | III期 | IV期 |
| 人物鳥獣文鏡 | 赤塚II類 | 奈良県大和天神山古墳 | ② | ① | |
| 人物禽獣文鏡（4面） | 赤塚I類 | 愛知県東之宮古墳 | | ②④ | |
| 人物禽獣文鏡 | 赤塚I類 | 岐阜県宝珠古墳 | | ① | |
| 四獣鏡 | 赤塚III類 | 愛知県白山藪古墳 | | | ①① |
| 人物禽獣文鏡 | 赤塚I類（新） | 岐阜県行基寺古墳 | | | ② |

◇ 倭製鏡の段階は〔下垣 2011a〕、三角縁神獣鏡の時期は〔岩本 2014a〕による。
◇ 赤塚分類は〔赤塚 2000〕による。丸数字は出土面数。

段階古相）のものが２面、前期中葉（II段階＝古段階新相）のものが９面、前期後葉前半（III段階＝中段階古相）のものが３面となり、ほとんどが前期中葉以降にくだる。前期初頭に位置づけうる三角縁神獣鏡も皆無である。具体的にみると、赤塚I類の人物禽獣文鏡の場合、愛知県東之宮古墳の４面は倭製鏡２面および三角縁神獣鏡４面と共伴しているが、すべて前期中葉のものである。岐阜県宝珠古墳の１面も前期中葉の倭製鏡１面と共伴している。人物像を欠くなど赤塚I類の新相に位置づけられる岐阜県行基寺古墳出土の１面〔赤塚 1995〕には、前期後葉前半の倭製鏡２面がともなっている。人物禽獣文鏡の新古と、これに共伴する倭製鏡の新古が対応することは、その古相が前期中葉[13]、新相が後葉前半に併行することを示唆する。大和天神山古墳には赤塚II類（人物鳥獣文鏡）が１面おさめられていたが、これと共伴する倭製鏡は２面が前期前葉、１面が前期中葉の製品である。１面の赤塚III類が出土した白山藪古墳では、前期中葉の三角縁神獣鏡１面と前期後葉前半の倭製内行花文鏡１面が伴出している。なお、芝ヶ原鏡と篠ノ井鏡からなる赤塚IV類は、ともに単面副葬のため、共伴事例の検討ができない。

　このように、共伴鏡の時期を尊重するかぎり、共伴事例を欠く赤塚IV類をのぞいて、絵画文鏡の出現時期は前期前葉〜中葉頃におさめておくのが妥当であり、古墳時代開始期ないしそれ以前まで遡上させることは困難である。他方、中国製鏡に長期保有をみとめる以上、絵画文鏡にも同じ現象を想定すべきだという意見もあるかもしれない。そこで次に別の側面から、すなわち鏡自体の特徴から、絵画文鏡の製作時期を考えてみる。

　まず、絵画文鏡の代表格である人物禽獣文鏡の文様構成をくわしくみると、東之宮古墳出土の連作４面のうちの初作（愛知 41）に、画文帯環状乳神獣鏡からの強い影響をみてとれる。倭製鏡ではきわめてまれな三乳を配することから、画文帯環状乳三神三獣鏡が原鏡であることがわかる〔下垣 2005a〕。当該鏡式は漢鏡 7-1 期に所属する〔岡村 2001〕。とすれば、その推定流入開始期である弥生時代末期後半が、人物禽獣文鏡の上限年代になる。ただ、あくまで原鏡の流入開始期であり、当然ながらその上限年代が製作年代ということにはならない。

　白山藪鏡・芝ヶ原鏡・大和天神山鏡（・北山茶臼山西鏡）は、その外区〜内区外周構成や円座をそなえる四乳などに吾作系斜縁神獣鏡からの影響を推定するのが、現状の資料状況と整合的である。吾作系斜縁神獣鏡の出現を魏代とみてよければ〔岡村 2001；實盛 2012〕、この時期に相当する弥生時代末期末頃〜古墳時代前期初頭頃がこれら諸鏡の上限になる。また上述したように、絵画文鏡に散見する大ぶりな鈕が、森下の「第１段階」（「弥生時代終末」）以降の小型鏡に共通し、また絵画文鏡にしばしばみとめられる、細密にほどこされる鋭い鋸歯文は、古段階古相（前期前葉）の前期倭製鏡である獣像鏡I系や鳥頭獣像鏡A系に目だつ特徴である。このことは、絵画文鏡の

製作時期が古段階古相に近いことを示唆する。

　絵画文鏡の製作期間を長く見積もって、その終焉年代は前期中葉～後葉まで下がるにせよ、出現年代は弥生時代末期ないしそれ以前までさかのぼるという見解もあるかもしれない。しかし、絵画文鏡の主像に似る絵画土器の「龍」は、弥生時代後期の全期間にわたって幅広くみとめられるのにたいし、絵画文鏡は外区～内区外周構成・大ぶりな円座鈕・特異な「半球状円座乳」〔赤塚 2000〕など、一定の特徴を共有してまとまっている。このことは、絵画土器の「龍」がたどった型式変化とは無関係に、それら多様な「龍」表現が比較的短期間に倭製鏡へ導入されたことを暗示する。

　以上を総合的に判断すれば、絵画文鏡の登場が前期倭製鏡の本格的な生産始動（古段階古相）に先行する可能性は十分にあるが、しかしその上限は古墳時代開始期前後までしか遡上させえない、という結論に落ち着く。

### （2）倭製鏡の創出と弥生「龍」

　以上の推論がみとめられるとすれば、「龍」が弥生土器の器面から消え去ったのち、相当の年月をへてこの意匠が倭製鏡に採用されたことになる。「龍」という意匠が、しばらくの中断期間ののちに、施文対象をかえて復活したわけである。考古資料に残されていない以上、復活にいたるまでの経緯やその背景を復元することはほぼ不可能である。しかし、「龍」をえがいた弥生時代後期の土器が、しばらくの時をへて偶然に掘りだされ、その意匠が作鏡工人らの注意を惹くといった変則的な事態を想定しないかぎり、そうした土器そのものが保管されたにせよ、あるいは木板や布帛など腐朽性が強い対象に描出されつづけていたにせよ、「龍」の意匠が長期的・継続的に保持されていなければ、こうした復活現象は起こりえないだろう。とはいえ、もしこのように意図的に「龍」の意匠が保持されていたとすれば、なぜ土器から姿を消してしまうのか説明しがたい。「龍」を刻んだ土器を製作したり使用していた諸個人が記憶していた、という解釈は、これらの土器の終焉と絵画文鏡の初現との時間差を考えると、「龍」の消失期間は個人の活動期間はおろか生存期間もうわまわる蓋然性が高いため、成立しがたい。畿外諸地域では、ごく一部ではあるが古墳時代初頭頃まで「龍」が土器を飾っており〔永野 2014〕、それらが採用されたという見方もありうる。しかし、それらはすでに「龍」の姿をとどめないほど抽象化が進んでおり、弥生時代後期の「龍」に類似する「絵画文鏡」の主像との懸隔がいちじるしいため、この見方は採用できない。

　状況証拠からすれば、「龍」が考古資料にその姿をとどめないような仕方で保持されていた可能性が高いだろう。考古資料に直截的な証拠をみいだせない以上、復活までの経緯と背景は不可知の事柄に属する。実証的な議論を志向するならば、推論はここまでにとどめるべきである。しかし、「龍」の中断期間におおむね相当する弥生時代末期に、前期倭製鏡の誕生にかかわる重要な諸現象が生じていること〔森岡 1989・2010；高倉 1995；森下 2010 等〕を考慮すると、憶測の域はでないまでも、将来の研究の叩き台としてなんらかの解釈を提示しておくのが望ましい。

　意匠が保持されながら器物にあらわれない、という矛盾を解きほぐすヒントをあたえてくれるのが、福永伸哉の「宗教改革」論である〔福永 2001〕。すなわち、弥生時代末期に「邪馬台国政権」のもとで、銅鐸をもちいた旧来の祭儀が否定され、画文帯神獣鏡を最上位の器物とする「神仙思想」が新たに導入され、この新興宗教を根幹にすえた「宗教改革」や儀礼および祭儀のコントロールが断行されたとする主張である。筆者は福永説をそのまま肯定してはいないが、福永の構想を補

助線にもちいるならば、次のような解釈も提示できる。

　弥生時代後期に突線鈕式銅鐸が誕生し、その後半期には極大化をとげた。他方で「龍」への信仰もあらわれ、この空想的な図像を刻した土器が瀬戸内東部地域～近畿地域を中心に流行した。しかし、遅くとも弥生時代後期末頃までに、近畿地域～東海地域において最重要の「祭器」であった突線鈕式銅鐸の製作が終了し、その埋納が開始された。そして、これと時期を同じくして絵画土器の「龍」も近畿地域で姿を消す。このことから、両器物の終焉には「祭儀」面でのなんらかの関連性を想定できる。それから若干の期間をおいて、近畿式銅鐸の「清算的な破壊行為」が実行され〔森岡 2010〕、これと入れ替わるように、強い政治性をともないつつ画文帯神獣鏡の輸入と分配が始動した〔福永 2001〕。

　強引な想像になるが、以上の状況を総合的に考慮すると、「龍」のモティーフの消失に際して、主導的「イデオロギー」の交替を主導した王権中枢勢力が、旧弊を帯びた「龍」の使用を管理・規制するような事態があったのではないか。(14)その一方で、弥生倭製鏡のうち「近畿系」（非北部九州系）の系譜を引く小型鏡の製作において、土製鋳型や挽型の使用技術をとりいれ、凸面化を達成するなど、前期倭製鏡に継承される作鏡技術が蓄積されつつあった。こうした状況をへたのち、古墳時代開始期前後に一部の〈中型鏡〉が新たに製作されるにおよんだが、その際に管理されていた「龍」の意匠が解放された。弥生時代末期末頃以降には画文帯神獣鏡が、そして古墳時代初頭以降には三角縁神獣鏡が多量に輸入・分配され、神仙と霊獣が重視されるにいたった状況下で、「龍」は管理の意味すらなくなったのかもしれない。そのあたりの事情は不明だが、とにかくこの結果として、中国製鏡の文様要素もくわえつつ、倭人世界にかつて根づいていた「龍」を内区にあてがった倭製鏡が、少数ながらも製作されるにいたった。その生産のピークは前期前葉～中葉頃と考えられるが、しかしとくに盛行をみることもなく、少数派にとどまった。その背景には、神獣鏡を重視する風潮にくわえて、中国製鏡の内区図像の換骨奪胎をつうじてサイズとデザインを計画的に関連づけた前期倭製鏡が、前期前葉に生産されはじめ、王権中枢勢力の政治戦略の主要な武器として生産量をますます増加させていた事態があった。神仙・霊獣という新意匠とも調和せず、面径とデザインを関連づける製作原理にも適さない「龍」のデザインは、かくしてふたたび姿を消していった。想像がすぎたが、現状の資料状況からは、以上のような推察を一応みちびきだせる。


## 5. 展望

　最後は憶論に堕した感もあるが、本章では、〈中型鏡〉や絵画文鏡が古墳時代開始期もしくは弥生時代末期まで遡上させられがちな現在の研究状況にたいして、具体的な資料に即して異論を提示した。さらに、絵画土器の「龍」と共通する主像を配する倭製鏡に着目し、前期倭製鏡の創出前後の実態を探った。本論では具体的に論じなかったが、前期倭製鏡の創出に際して、王権中枢勢力が主導するかたちで、大陸系工人の渡来や在来の鋳造（作鏡）工人の再編成、工房の整備や安定的な原料調達などといった高度な政治性を帯びた活動がなされたと推定しうる。その際の試行錯誤や、在来工人が示した反応などが、〈中型鏡〉や絵画文鏡に反映している可能性もあるとの予測を提示して、ひとまず本論を終えたい。

註

（１）当初は芝ヶ原12号墳とよばれていたが、立地や年代のことなる芝ヶ原古墳群の構成諸古墳と区別するために、報告書の刊行時に芝ヶ原古墳と改称された〔川崎他編 1987；高橋美編 1987；小泉編 2014〕。

（２）楠元は「布留１式」併行期を「古墳時代前期初頭」とよぶ〔楠元 1993〕ため、その前段階の布留０式併行期との具体的な時期差がわかりづらい。通有の倭製鏡の登場時期を布留１式併行期とみる筆者からすれば、時間幅のある布留０式併行期～同１式併行期を「前期初頭」と一括する楠元の呼称法は不十分である。

（３）むろん、資料的な限界ではなく、研究者側の限界である。

（４）この「尻尾」は尾ではない。あえていえば、捩文鏡Ａ系やこれに関連する鳥頭獣像鏡系などに表現される、前脚状表現の痕跡である。

（５）都出がとりあげた前橋天神山鏡は、愛媛県朝日谷２号墳出土の同鏡式（愛媛39）と、鏡背文様をたがえるにもかかわらず笵傷を共有する。これは、初現期の三角縁神獣鏡からみとめられる特徴であり〔清水 2015a〕、これらが魏鏡である蓋然性を補強する。ただし、こうした笵傷について分析を進めている清水康二は、この現象が三角縁神獣鏡以前から存在する可能性を示唆している〔清水 2015a〕。

（６）楠元は「鏡面を上にした本鏡に布留式最古相の直口壺が逆位で口縁部を合せるように被った状況で出土した」〔楠元 1993〕と明記するが、報告書には「庄内式末または布留式に比定できる小型丸底壺（26）、直口壺（27）、複合口縁壺（28）と小型の銅鏡が出土している」、「SD13出土の３点の壺（26～28）は布留式の最古相または庄内期Ｖに比定できる小型丸底壺（26）を含む」と記載されている〔米田編 1987〕。したがって、報告書によるかぎり、「布留式最古相」の土器は本鏡に被覆して出土した直口壺ではなく、隣接して共伴した小形丸底壺である。些細なことのようであるが、本鏡と決定的な共伴状況を示す土器の時期に関する事柄なので、指摘しないわけにはゆかない。

（７）ただし、岩本が挙示した特徴は、前述の芝ヶ原鏡にもみとめられ、かならずしも時期を引き下げる根拠にはならない。岩本の論理は、「古墳時代仿製鏡の中心的な系列群」と共通する特徴をもつから、その時期まで下がる、というものであり、そうした特徴の出現がどの時点まで遡上するかという重要な論点が棚上げにされている。

（８）ことのついでに、もっと想像をふくらませてみる。上記した〈中型鏡〉の原鏡候補に環状乳神獣鏡と上方作系浮彫式獣帯鏡がめだつが、前者の三神三獣鏡と後者は、弥生時代末期後半に列島諸地域に流入しはじめる。赤塚が重視する人物禽獣文鏡の最古段階のモデルも画文帯環状乳三神三獣鏡であり、しかも画文帯環状乳三神三獣鏡は瀬戸内地域に分布が集中する。とすると、弥生倭製鏡の系譜をひく小型三鏡式が、瀬戸内を中心とする諸地域で生産されていた最中、そうした諸地域に流入してきた最新の中国製鏡に刺戟をうけた工人が模作をこころみた製品がこれらの〈中型鏡〉であり、その一部には後述する伝統的な「龍」文が混淆した、という構想を組みあげたくなる。ただ遺憾ながら、上述してきた資料状況は、現在のところこの構想を支持しない。

（９）船橋遺跡の長頸壺の「龍」は左向きで、右利きの人物がえがいた可能性が高く、反転した白山藪鏡の「龍」も、右利きの工人が鋳型に彫りこんだと想定するのが妥当であろう。

（10）後期倭製鏡の交互式神獣鏡系に目だつことを例外とすれば、中期倭製鏡の可能性がある長野県小柴見古墳出土鏡（長野18）をあげうるにすぎない。このほか、奈良県黒石５号墳出土鏡（前期倭製鏡）（奈良280）の獣像前脚部にこの表現がみとめられ、また基準をゆるめれば同佐紀丸塚古墳出土鏡（前期倭製鏡）（奈良25）もこの文様の採用例になる。いずれにせよ、前期倭製鏡では明確な類例を示しえない表現といえる。他方で、赤塚Ⅱ類の松明山２号墳出土鏡（福井29）の内区に、この文様（「魚骨状の線刻表現」）が痕跡的にみとめられること〔赤塚 2000〕は、すこぶる暗示的である。なお森は、この「４匹の大きな多足の獣形」は、「竜形を描こうとしたのかもしれない」との推測を提示した〔森 1979〕が、挿図の解説文のためか、具体的な根拠は示されなかった。

（11）ただ前述したように、頭部に相当する体軀末端頂部に、細線で円環状の眼を表現している。

（12）このことに関連して、弥生時代「後期初頭の扁平鈕式新段階」に端を発した「工人集団」の「統廃合」の結果、一部の「工人集団」が「銅鐸生産を許されず他の小型青銅器のみを製作するようになった」とす

る見解は示唆的である〔難波 2012〕。狩猟文鏡をそうした「工人集団」の渾身の力作とみる空想を遊ばせるのも愉しいが、いかんせん空想から脱するだけの証拠がない。なお赤塚は本鏡を、人物禽獣文鏡の最古例（愛知42）にもっとも近い資料と判断し、これと同時期の所産とみなしている〔赤塚 2000〕。後述するように筆者は、人物禽獣文鏡の出現時期を古墳時代前期中葉と推定しているので、この赤塚の判断にしたがうならば、狩猟文鏡もこの時期の製作ということになる。

(13) 人物禽獣文鏡の古相を前期中葉に位置づけうることは、すでに前稿で指摘した〔下垣 2005a〕。森下も東之宮古墳の当該鏡群が「三角縁神獣鏡波文帯神獣鏡群と組合うもの」との理解を示しており〔森下 2014〕、筆者と見解を同じくする。

(14) 絵画土器の「竜文」が直弧文へと変容をとげたとみる名本二六雄は、「普遍性のある」前者の文様から「特殊性をおびた」後者の文様への転化の背景に、「祭祀権をも左右するような王者」の登場と「一般民衆」の使用の不許可とを想定する〔名本 1982b〕。「龍」像から直弧文への変化は是認しがたいが、「一般民衆」の使用が「許されな」くなったとの見方は興味深い。ちなみに狩野久は、「龍文」が特殊器台の「Ｓ字連続文」に採用されたと想察している〔狩野 2009〕。

# 第3章　副葬鏡と被葬者

## 1. 問題の所在

　古墳に関する情報と研究成果は、いまや莫大な量に達している。日々積み重ねられてゆく発掘と研究の諸成果が、分析視角の多様化とあいまって、古墳（時代）の全貌をとらえることが、ますます至難になりつつある。研究および資料の増加・多様化は、むろん歓迎すべき事態である。しかし、渾沌とした情報の海に溺れ、古墳時代研究の全体像を把捉できなくなり、ひいては自身の研究の位置すらおぼつかなくなるようでは仕様がない。仕様がないが、昨今の研究動向を瞥見すると、筆者をふくめ実際そうなっている。

　そのような場合、出発点に立ち戻るのが常道である。古墳とはなにかといえば、要するに土盛りの墓である。墓の肝心要はなにか問われれば、その回答は被葬者になろう。とすれば被葬者こそが、古墳研究の核となる（最小）単位だということになる。なるほど被葬者に関する研究は、これまで活溌におこなわれてきた。ただし、それはおおむね、埋葬施設の種差や副葬品の多寡、墳丘の形状や規模などに立脚して、被葬者の性格や勢威、さらには王権中枢勢力を頂点とする被葬者（集団）間関係にせまってゆく、いわば間接的な研究であった。そうした研究もむろん重要である。しかしそうした場合、被葬者に関する直截的な情報をもたらす最重要資料が、すなわち被葬者自体である人骨資料が看過されがちである。被葬者自身の一次情報を軽視した被葬者論は、空論に傾斜しかねない。[1]

　他方、古墳の埋葬人骨に関する資料および研究も、着実に蓄積されてきた〔間壁 1962；埴原 1986；九州大学医学部解剖学第二講座編 1988；川西他 1991；池田 1993；田中良 1993・1995・2008；清家 2010；谷畑 2016 等〕。とくに 1990 年代以降、歯冠計測値分析などから古墳時代における親族構造の実態とその変容過程が解明されてきたことは、特記すべき重大な成果である〔田中良 1995；清家 2002a 等〕。今後の分析の深化がいっそう期待されるところである。

　ただ、埋葬人骨が被葬者像を闡明する最重要資料であるとはいえ、それだけでは十全でない。人骨は被葬者の生物学的な情報を復元するうえで無上の手がかりとなるが、しかし社会・政治的な側面を摘出するには不向きである。ところが、この社会・政治的側面こそ、古墳（時代）研究が焦点をあててきた究明目標であった。となれば、埋葬施設（および埋葬位置）や副葬品などといった古墳の諸属性と埋葬人骨の情報とを関連づける作業が、がぜん重要性を帯びてくる。実際、そうした研究は早くから着手されてきた〔間壁 1962；森 1965 等〕。なかでも、埋葬人骨と副葬品の種差との相関性を抽出し、副葬器物から男女差をとらえようとする研究が、少なからず提示されてきた〔森 1965；川西他 1991；玉城 1994・2008；清家 1996・2010；松尾 2002；勝部 2003；小栗 2008 等〕。面白い知見もあったが、自説に都合のよい資料のみを特権視した研究や、肝腎のデータの提

示が粗漏な研究が目だった。人骨鑑定に尽力してきた形質人類学者から強い批判が発せられた〔片山 2013〕のも、ゆえないことではない。

　ただこれは、研究者の姿勢の問題であり、分析資料の問題ではない。人骨および副葬品目に関する情報の網羅的な収集・分析のうえに構築された、川西宏幸らや清家章の論考〔川西他 1991；清家 1996・2010〕は、有意な成果をうみだしており、この種の研究の進むべき方向性を指し示している。その清家が指摘するように、人骨の鑑定結果には信頼性の低いものもあり、吟味なく鵜呑みにして使用することは危険である〔清家 2010〕。副葬品にしても、出土が不確実なものが混入していたり、同定に過誤のあることが少なからずある。それゆえ、人骨にせよ副葬品にせよ、批判的な再検討が欠かせない。要するに、分析の精度を高めるために、確実性に担保された基礎資料をととのえておく必要があるわけだ。他方、人骨にせよ副葬品にせよ、研究が着々と進展してきている以上、そうした成果を積極的に導入する姿勢も必要である。たとえば、これまで個別の副葬品目について、「鏡」「甲冑」「鉄鏃」といったように大括りの分類が使用されてきた。しかし、これら各器物のいずれにおいても、系統差や時期差が詳細に究明されてきているのだから、そうした究明成果を反映させないようでは、宝の持ち腐れになる。

　そこで本章では、古墳時代において重要な社会・政治的意義を誇った鏡を俎上に載せ、その最新の研究成果をふまえつつ、古墳の埋葬人骨に関する諸情報との関連性について分析する。そのうえで、被葬者およびその輩出集団と鏡とのつながりについて小考をめぐらす。

## 2. 先行研究と課題

　鏡が副葬されている場合、被葬者の司祭者性の根拠とされることが少なくない。とくに女性人骨に鏡がともなっていると、「巫女」の墓だと決めつけられがちである。しかし、それらはたいてい個別的な言及と憶測にとどまり、研究の域に達していない。埋葬人骨と古墳副葬鏡との関係に焦点をあてた、資料に即した体系的な考察は、1990 年代まであらわれなかった。

　1990 年代の研究で光彩を放つのは、川西と辻村純代の検討成果である。原則的に男性人骨にともなう矢鏃との共伴関係に立脚した間接的な分析であったものの、三角縁神獣鏡と矢鏃との顕著な共伴性に着目して、「三角縁神獣鏡の分与に連なったような前期の有力者の場合、女性が占めた比率はきわめて少なかった」との見解を打ちだした。ここからさらに、有力な前方後円墳や三角縁神獣鏡の副葬墳に「男」性埋葬が顕著な反面、古墳出土人骨や初葬者に特段の男女差がみとめられないという対照性をとりあげ、後者における男女の対等性は「中小古墳に葬られた下位者の実態を物語るものであ」り、前者における「上位者の動向」と「階層的」に別個のものだという、興味深い結論をみちびきだした〔川西他 1991〕。この結論は、中小墳の埋葬人骨の様相を根拠にして、当該期の有力者の「男女同権同格」性を強調する有力説〔今井 1982〕を、実質的に無効化する重要な提言であった。また、その同年に今井堯が、「中・四国地方」において小型三鏡式（素文鏡・重圏文鏡・珠文鏡）をともなう埋葬人骨の性別および「年令区分」を検討し、「特定の鏡種」は「性別」と「特定の関係」をもたず、むしろ「鏡径」とともに「被葬者の社会的地位」に関連すると結論づけたことも、注目にあたいする〔今井 1991〕。

　川西らの主張のうち、三角縁神獣鏡と男性との緊密な関係性を是認しつつ、内行花文鏡と女性と

の連繋性を重視することで、「上位」層における男性の優位性に疑義を突きつけたのが寺沢知子である。具体的に寺沢は、舶倭問わず内行花文鏡が女性人骨にともなう事例が多いことと、三角縁神獣鏡との「併存率」がいちじるしく低いことを主論拠にして、「女性が握る祭祀システム」において使用される（倭製）内行花文鏡と、「男性首長の政治システムのなかで機能」する三角縁神獣鏡との、「根本的」な「性格」の相違を力強く説いた〔寺沢知 1999・2000〕。独創的で興味深い主張であったが、実証面からの反論がなされた。たとえば清家は、内行花文鏡と三角縁神獣鏡がそれぞれ女性と男性に特有な鏡であることを裏づける実証的な根拠がないことを、具体例をふまえて明らかにした〔清家 2010〕。最近では、男女の人骨とそれぞれ共伴する鏡式にくわえ、腕輪形石製品の腕部配置から推定される女性埋葬に共伴する鏡式を集成し、男女間で「副葬される鏡の種類におおよそ差がない」事実を明示している〔清家 2015〕。

　筆者もまた、寺沢の主張とは裏腹に三角縁神獣鏡と内行花文鏡の共伴率がきわめて高いことを、事例数をあげて証示した。さらにまた、三角縁神獣鏡の大半が該当する径 20 cm 超の鏡がほぼ男性人骨とのみ共伴し、そして径 20 cm 以上の倭製鏡と同型鏡も、男性人骨と濃密に共存する矢鏃・甲冑・鍬形石など〔清家 1996・2010〕と非常に高率な共伴率をみせることを例証した。そうした事実をふまえて、寺沢の推論は、中・小型鏡は男女双方にともなうが、大型鏡は男性埋葬にほぼ限定されるという現象の一部を抽出したものであることを明らかにした〔下垣 2011a〕。最近では、埋葬人骨の死亡年齢にも着眼し、副葬鏡の製作（入手）時期および副葬時期との相関関係を調べ、当時の有力者は基本的に在位（活動）時に入手した倭製鏡を死亡時に副葬した一方、倭製鏡の一部と中国製鏡の多くが「世代」を超えて保有されたと推定した〔下垣 2012b・2013a 等〕。

　このように、埋葬人骨と共伴鏡に関する検討は、徐々に具体性と実証性を高めつつある。しかし、鏡の製作・流通・副葬などから古墳時代の社会・政治的状況を追究する研究が、これまですこぶる活況を呈してきたことと比較すると、いまだ議論が十分に練りあげられていない感が強い。最近、器物の（集団）保有論への関心が急速に高まりつつあることを考慮すると、保有者や保有期間に直截かかわる重要な一次情報である埋葬人骨を副葬品などの墳墓要素と関連づけてゆく作業は、広い射程と有望性を秘めているだろう。ただ、この種の研究をふりかえると、人骨情報だけでなく副葬品などの墳墓要素の情報提示も分析精度も不十分であり、研究の潜在的可能性を活かしきれていない。まずは議論の足場をととのえるために、情報の整理と確実化が不可欠である。


### 3. 資料提示

　そこで、古墳時代の埋葬施設において、鑑定結果が知られる人骨と鏡が共伴する事例を集成し、その一覧表を作成した（表15）。約 120 基弱の埋葬施設で、鑑定人骨と鏡が共伴している。表には、検討に資しうる情報として、人骨と共伴する中国製鏡・倭製鏡の鏡式（系列）名と面径、人骨の性別および死亡年齢、人骨の残存部位と保存状況、人骨の鑑定者、副葬古墳の内容と時期、人骨鑑定の文献などを盛りこんだ。網羅的に情報を掲載する紙幅がないため、共伴品目や鏡自体に関する詳細情報などは割愛した。それらについては、別著〔下垣 2016a〕を参照されたい。

　ただし、この表には看過できない欠陥がある。それは、筆者が人骨鑑定に関する知識をそなえていないため、鑑定の当否や精度を十分に吟味できずに集成しており、その結果、信憑性の薄い人骨

表15　副葬鏡と埋葬人骨

| 出土古墳 | 中国製鏡 | 倭製鏡 | 人骨の性・死亡年齢 | そのほか人骨情報 | 鑑定者 | 古墳の内容 | 時期 | 文献 |
|---|---|---|---|---|---|---|---|---|
| 宮城県六反田遺跡木棺墓* | | 四獣鏡？(9.0) | 男性骨か | ― | 不明 | 墳墓・木直 | 後期 | ― |
| 福島県会津大塚山古墳南棺 | 「仿製」三角縁神獣鏡(21.4) | 捩文鏡A系(9.5) | 「相当な年齢の人」 | 〈大臼歯〉 | 専門家の鑑定なし | 後円(114)・木直 | 前期 | 伊東他1964 |
| 茨城県磯崎東2号墳1号石棺* | | 珠文鏡(7.3) | 壮年男性 | 〈大腿骨〉 | 馬場悠男 | 円墳(20)・箱石 | 中期 | 磯崎東調査会編1990 |
| 茨城県太田古墳* | | 乳脚文鏡(8.3) | 少なくとも5体(熟年〜壮年後半男性&壮年女性&壮年後半男性&壮年前半女性&男児(7〜11歳)) | 〈歯等〉/鏡は最終埋葬の人骨(男性)にともなう | 森本岩太郎 | 古墳・箱石 | 後期〜 | 森本1989 |
| 茨城県常陸鏡塚古墳* | 斜縁四獣鏡(13.0) | 内行花文鏡B式(11.0) | 壮年 | 〈側頭骨片・臼歯・肋骨片・骨盤片等〉 | 鈴木尚 | 後円(106)・粘土 | 前期 | 大場他1956 |
| 茨城県舟塚古墳(伝) | | 中期型神像鏡(16.0) | 若年男性 | 〈頭蓋骨・歯牙・肋骨・下肢骨等〉 | 鈴木尚 | 後円(88)・箱石 | 後期 | 大塚1971 |
| 茨城県三昧塚古墳 | | 中期型神獣鏡(19.7)・乳脚文鏡(10.1) | 成年(20歳前後)男性 | 〈下半身の残存良好〉 | 鈴木尚他 | 後円(85)・箱石 | 後期 | 鈴木他1960 |
| 栃木県別処山古墳* | | 素文鏡(鈴鏡；6.8) | 少なくとも2体(壮年中期〜後期男性&成人男性) | 〈上下顎歯14本・後頭骨・大腿骨等〉 | 馬場悠男他 | 後円(37)・横石 | 後期 | 馬場1992 |
| 栃木県桑57号墳* | 方格T字鏡(8.9) | 盤龍鏡II系(11.0)・乳脚文鏡？(9.6) | 「30才前後の女性」 | 〈歯4本〉「30才前後の女性」(鈴木)/「壮年女性」(福島) | 鈴木尚・福島マサ | 帆立(36)・木直 | 中期 | 大和久編1972 |
| 群馬県元島名将軍塚古墳* | | 竈龍鏡B系(7.1) | 「極めて男性的特徴の微弱な青年期人骨」 | 「40歳以下の人」(関亀)/「極めて男性的特徴の微弱な青年期人骨」(小片) | 小片保・関亀令 | 後方(90)・粘土 | 前期 | 飯塚他編1981 |
| 千葉県金鈴塚古墳* | | 旋回式神獣鏡(15.8)・乳脚文鏡(10.8) | 「二十歳〜三十歳迄の間」の男性 | 〈歯〉/「二十歳〜三十歳迄の間の年齢の歯牙」「二十歳をやっと出た許りの若者」 | 高橋省己 | 後円(95)・横石 | 後期 | 高橋1954 |
| 神奈川県日吉矢上古墳* | | 中期型神獣鏡×2(20.6・20.6) | 「三十歳以下」の「極く若い人」 | 〈歯2本等〉/「極く若い人の歯牙で三十歳以下なることは明白で、或は二十歳前後か」 | 宮原盾 | 円墳(24)・粘土床 | 中期 | 柴田他1943 |
| 新潟県城の山古墳* | 盤龍鏡(約10) | | 「若齢である可能性」 | 〈歯片等〉 | 澤田純明・奈良貴史 | 円墳(40〜50)・木直 | 前期 | 奈良2016等 |
| 石川県和田山1号墳* | | 乳脚文鏡(10.4) | 「10代中頃」 | 〈歯2本〉/1952年時の初報では5〜6歳の幼児とされた(鈴木尚+開業医)が、最近の鑑定で否定 | 大藪由美子 | 円墳(24)・粘土 | 後期 | 大藪2013；吉岡他編1997 |
| 石川県和田山2号墳* | | 後期型神獣鏡(12.1) | 「若くても10代半ば」 | 〈歯1本〉/「成人である可能性も十分にあ」る | 大藪由美子 | 円墳(20)・粘土 | 後期 | 大藪2013 |
| 福井県龍ヶ岡古墳 | 吾作系斜縁神獣鏡(10.1) | | 「四十才前後の女性」 | 対置埋葬/〈頭蓋骨〉/初葬/「本墳の主人公」 | 島五郎・寺門之隆 | 円墳(30)・石直 | 前期 | 島1960 |
| | | 捩文鏡D系(6.6) | 「二十才位の男性」 | 〈頭蓋骨〉/追葬 | 島五郎・寺門之隆 | | | |
| 福井県西谷山2号墳2号石棺 | 画文帯同向式神獣鏡(13.3)・乳文鏡(7.2) | | 少なくとも2体(熟年男性&熟年女性) | 〈頭蓋骨・歯・体幹骨・上下肢骨〉 | 松田健史他 | 円墳(24)・石直 | 中期 | 松田他1984 |
| 長野県大室第196号墳* | | 珠文鏡(10.0) | 老年 | 〈歯牙片・骨片〉 | 谷畑美帆他 | 円墳(19)・横石 | 後期 | 谷畑他2015 |
| 静岡県三池平古墳 | | 方格規矩四神鏡A系(19.5)・類鳥頭獣像鏡系(9.4) | 成人男性 | 〈頭蓋骨・歯・胴骨・大腿骨等〉/「保存状態は甚だ悪く(中略)すべて破片」 | 鈴木尚 | 後円(67)・竪石 | 前期 | 鈴木1961 |
| 京都府大谷古墳 | | 捩文鏡C系(10.8) | 熟年前半女性 | 〈「ほぼ全身各部の骨が残存するが、いずれも破損が著しく、完形をとどめるものはない」〉 | 池田次郎 | 後円(32)・箱石 | 前期 | 池田1987 |
| 京都府作り山1号墳後円部主体部 | | 鳥頭獣像鏡B系(9.1) | 熟年男性 | 〈頭蓋骨片・歯18本・大腿骨・骨盤骨等〉 | 清野謙次他 | 後円(45)・箱石 | 前期 | 清野他1933 |

| 出土古墳 | 中国製鏡 | 倭製鏡 | 人骨の性・死亡年齢 | そのほか人骨情報 | 鑑定者 | 古墳の内容 | 時期 | 文献 |
|---|---|---|---|---|---|---|---|---|
| 大阪府和泉黄金塚古墳東主体部 | 三角縁神獣鏡(24.5)・画文帯環状乳神獣鏡×2 (15.2・14.3) | | 青年～壮年初期男性 | 〈頭蓋骨・歯22本〉 | 中村正雄 | 後円(94)・粘土 | 前期 | 中村1954 |
| 大阪府峯ヶ塚古墳* | 中国製鏡(破片) | | 壮年～熟年前半頃の男性か | 〈歯5点等〉 | 片山一道・山田博之 | 後円(96)・竪石 | 後期 | 片山他2002 |
| 兵庫県得能山古墳 | 内行花文鏡(15.4)・画文帯同向式神獣鏡(14.6)・不明鏡 | | 「五十歳前後」の女性/熟年女性 | 〈頭蓋骨・歯・上下顎骨等〉/「自分が内海氏からきいたまゝを記すと、(清野.下垣註)博士は肉眼観察によつて顎骨と上膊骨から見て其の人骨の女なるべく、恐らくは五十歳前後のものなるべしと語られたといふ」/「可成り破損した熟年女性骨」 | 清野謙次 | 円墳・竪石 | 前期 | 森本1924;清野1943 |
| 兵庫県天坊山古墳第1主体部 | 上方作系浮彫式獣帯鏡(14.0) | | 壮年男性 | 〈頭蓋骨・歯・下顎骨〉 | 島五郎 | 円墳(16)・竪石 | 前期 | 松本他1970 |
| 兵庫県権現山51号墳 | 三角縁神獣鏡×5 (21.5～22.7) | | 壮年後半～熟年男性(「だいたい30歳から60歳あたり」) | 〈頭蓋骨片・歯・上顎骨(「保存状況は極めて悪い」)〉/「確実な性判定は望むべくもない」「どちらかと言えば、男性である蓋然性のほうが高い」 | 片山一道 | 後円(43)・竪石 | 前期 | 片山1991 |
| 兵庫県白鷺山1号墓1号棺 | 内行花文鏡(破鏡) | | 壮年男性 | 〈頭蓋骨〉 | 池田次郎 | 墳墓・箱石 | ～前期 | 池田1984 |
| 兵庫県井の端7号墳箱形石棺* | 内行花文鏡(13.7) | | 成人男性 | ― | 不明 | 方墳(16)・箱石 | 前期 | 島田編2009 |
| 兵庫県カチヤ古墳 | | 珠文鏡(6.4) | 熟年女性 | 〈頭蓋骨・歯〉/「信頼性が弱いが(中略)被葬者が女性であったこと(後略)」 | 池田次郎 | 円墳(19)・箱石 | 前期? | 池田1983 |
| 兵庫県田多地引谷5号墳第1主体 | | 珠文鏡(7.3) | 壮年女性 | ― | 清家章 | 方墳(20)・木直 | 前期 | 清家2010 |
| 兵庫県向山2号墳第2主体部 | 内行花文鏡(10.2) | | 「熟年(40-60歳)」女性 | 〈頭蓋骨・上下肢骨片等〉 | 郡司晴元 | 方墳(11)・竪石 | 前期 | 郡司他1999 |
| 兵庫県新堂見尾1号墳第1主体部 | | 重圏文鏡(5.7) | 18～25歳の男性(1号)&1体(不明)(2号) | 対置埋葬か/1号人骨(追葬)/〈完存〉/2号人骨(初葬)〈頭蓋骨片〉鏡は2号人骨にともなう | 片山一道他 | 円墳(25)・竪石 | 前期 | 片山他2008 |
| 奈良県藤ノ木古墳 | 画文帯環状乳神獣鏡(21.6) | 後期型神獣鏡(16.7)・画文帯同向式神獣鏡?(16.0) | 「17歳から25歳」男性(2号) | 〈全身〉/「強いて限定すれば20歳前後」 | 片山一道他 | 円墳(48)・横石 | 後期 | 池田他1993 |
| | 浮彫式獣帯鏡(17.9) | | 「壮年(20～40歳)」男性(1号) | 〈歯・胴骨片・四肢骨片〉 | | | | |
| 奈良県池ノ内5号墳第2主体部* | 三角縁神獣鏡(22.1) | | 青年～壮年男性か | 〈歯2本〉 | 宮川徙 | 円墳(16)・木直 | 前期 | 宮川1973 |
| 和歌山県大谷古墳* | | 素文鏡×9(2.6～3.4)・素文鏡×5(鈴鏡;2.8～6.0) | 「二、三〇才の成年」の歯 | 〈数本の歯〉 | 筒井正弘他 | 後円(70)・石棺 | 後期 | 樋口他1959 |
| 鳥取県古郡家1号墳北棺 | | 重圏文鏡(8.7) | 壮年男性 | 〈頭蓋骨・肋骨・上腕骨・骨盤・大腿骨・脛骨等〉/別所での骨化後に配置した可能性 | 小片保? | 後円(93)・箱石 | 前期 | 川西他1991 |
| 鳥取県六部山45号墳第1主体部 | | 鳥頭獣像鏡A系(10.8) | 20代後半女性 | 〈頭蓋骨・上下肢骨〉 | 井上晃孝 | 円墳(18)・箱石 | 前期 | 井上1994 |
| 鳥取県馬山4号墳第1箱式石棺 | | 類鼉龍鏡系(14.1) | 成人女性 | 〈右大腿骨〉/「極めて華奢な大腿骨」で「成人骨であることは間違いなく、多分女性であろう」 | 小片保 | 後円(約100)・竪石 | 前期 | 小片1961 |

| 出土古墳 | 中国製鏡 | 倭製鏡 | 人骨の性・死亡年齢 | そのほか人骨情報 | 鑑定者 | 古墳の内容 | 時期 | 文献 |
|---|---|---|---|---|---|---|---|---|
| 島根県奥才14号墳第1主体部* | 方格T字鏡(11.0) | 内行花文鏡A式(17.9) | 壮年 | 〈歯牙・四肢骨・骨盤〉/別所での骨化後に「残存骨をこの石棺内に再埋葬した疑い」 | 井上晃孝 | 円墳(18)・箱石 | 前期 | 井上1985 |
| 島根県庵寺1-B号墳第1主体部* | 八禽鏡(9.6) | | 壮年後期〜熟年 | 〈「上下の歯列」〉 | 山田康弘 | 方墳(12)・箱石 | 前期 | 大庭編2010 |
| 岡山県江崎古墳* | | 内行花文鏡B式(9.4) | 「五十歳に満たぬ婦人」 | 〈頭蓋骨・歯・上腕骨等〉 | 歯科医 | 円墳？・箱石 | 前期？ | 遠山1926 |
| 岡山県宗形神社古墳 | 獣帯鏡or内行花文鏡(破鏡) | | 壮年後半男性&壮年前半女性 | 男性人骨〈頭蓋骨・胴骨・上下肢骨〉/女性人骨〈頭蓋骨・胴骨・四肢骨〉/鏡は女性人骨にともなう | 川中健二 | 円墳(14)・箱石 | 前期 | 川中1999 |
| 岡山県佐古山古墳* | 不明 | | 男性 | 〈「断片」〉 | 不明 | 竪石 | 前期〜 | 間壁他1986 |
| 岡山県浅川3号墳 | | 内行花文鏡B式(8.3) | 壮年前半男性 | 〈ほぼ完形〉 | 池田次郎 | 円墳？(6?)・箱石 | 前期 | 池田1998 |
| 岡山県久米三成4号墳第1主体部 | | 中期型獣像鏡(11.8) | 成年後半〜熟年前半男性&成年女性 | 対置埋葬/男性人骨(初葬)〈全身〉/女性人骨(追葬)〈ほぼ全身〉/鏡は女性人骨にともなう | 川中健二 | 後方(35)・箱石 | 中期 | 川中1982；田中1995 |
| 岡山県月の輪古墳中央棺 | | 珠文鏡(9.9) | 老年男性 | 〈頭蓋骨片・歯〉残存状況不良/「上顎犬歯の大きさからわかる様に男性に属する」 | 中島寿雄 | 円墳(61)・粘土 | 中期 | 中島1960 |
| 岡山県月の輪古墳南棺 | | 内行花文鏡B式(9.1) | 熟年女性 | 〈頭蓋骨片・歯〉「男性と擬しうる点もあるが(中略)女性に属するともいうる」 | 中島寿雄 | 円墳(61)・粘土 | 中期 | |
| 広島県中出勝負峠8号墳墳丘裾土壙墓SK8-4* | 内行花文鏡？(破鏡) | | 壮年(性別不明) | 〈頭蓋骨片・歯5本・大腿骨等〉 | 松下孝幸他 | 無墳丘墓・箱石 | 前期 | 松下他1986 |
| 広島県スクモ塚3号墳* | | 捩文鏡系？(5.9) | 「6才未満」 | 〈頭蓋骨・歯・下顎骨〉 | 池田次郎 | 円墳(8)・箱石 | 前期〜 | 池田1954 |
| 広島県千人塚古墳 | | 珠文鏡(7.2) | 若年女性 | — | 吉岡郁夫？ | 円墳(22)・箱石 | 前期〜 | 吉岡1985 |
| 広島県石鎚山1号墳第1主体部 | 吾作系斜縁神獣鏡(15.8) | | 壮年男性 | 〈頭蓋骨・歯牙・椎骨・四肢骨等〉 | 池田次郎 | 円墳(20)・竪石 | 前期 | 池田1981 |
| 広島県石鎚山2号墳第1主体部 | 内行花文鏡×2(破鏡・破鏡) | | 熟年男性 | 〈頭蓋骨片・歯9本・下肢骨片〉 | 池田次郎 | 円墳(16)・木直 | 前期 | 池田1981 |
| 広島県山の神1号墳1号箱形石棺 | | 内行花文鏡B式(7.2) | 壮年(25〜27歳)男性 | 〈頭蓋骨・胴骨・上下肢骨〉 | 吉岡郁夫 | 円墳(12)・箱石 | 前期 | 吉岡1983 |
| 広島県山の神1号墳2号箱形石棺 | | 重圏文鏡(6.4) | 壮年(34〜35歳)男性&壮年(25〜27歳)女性 | 並置埋葬 | 吉岡郁夫 | 円墳(12)・箱石 | 前期 | |
| 広島県山の神2号墳 | | 珠文鏡(4.2) | 壮年女性&壮年男性 | 女性人骨〈頭蓋骨・歯・上下肢骨〉/男性人骨〈頭蓋骨・歯・上下肢骨〉/鏡は女性にともなう | 松下孝幸 | 方墳(12)・箱石 | 前期 | 松下1998 |
| 広島県山の神3号墳第1主体部* | | 珠文鏡(5.1) | 「7歳前後」&「9歳前後」 | 〈歯・下顎骨片〉/並置埋葬/鏡は2体の歯の中央部で出土 | 松下孝幸 | 方墳(8)・箱石 | 前期 | 松下1998 |
| 山口県神花山古墳 | 不明(破片) | | 壮年女性 | 〈全身骨格(発掘当時)/頭蓋骨(鑑定時)〉 | 鈴木誠他 | 後円(30)・箱石 | 中期？ | 鈴木他1951 |
| 山口県赤妻古墳箱形石棺 | | 中期型獣像鏡(12.3) | 成年男性 | — | 田中良之 | 円墳？(40)・箱石 | 中期 | 田中1995 |
| 山口県赤妻古墳舟形石棺 | 双頭龍文鏡(8.9) | 捩文鏡E系(10.8)・内行花文鏡B式×2(7.4・7.4) | 成年女性 | — | 田中良之 | 円墳？(40)・石棺 | 中期 | 田中1995 |
| 山口県兜山古墳* | | 中期型獣像鏡？(12.5) | 成年女性 | 完存 | 不明 | 円墳(20)・箱石 | 中期 | 九大解剖学編1988 |
| 山口県妙徳寺山古墳* | | 捩文鏡B系(8.5) | 「成年(16〜20歳未満)」 | 〈頭蓋骨・四肢骨片(歯・躯幹骨なし)〉 | 松下孝幸他 | 後円(30)・竪石 | 前期 | 松下他1991 |
| 徳島県節句山2号墳 | 上方作系浮彫式獣帯鏡(10.7) | | 熟年男性 | ほぼ完存 | 島五郎 | 古墳・箱石 | 前期 | 島1966 |

| 出土古墳 | 中国製鏡 | 倭製鏡 | 人骨の性・死亡年齢 | そのほか人骨情報 | 鑑定者 | 古墳の内容 | 時期 | 文献 |
|---|---|---|---|---|---|---|---|---|
| 徳島県恵解山2号墳東棺 | | 鼉龍鏡A系(13.8) | 老年女性 | 〈頭蓋骨・腰骨・大腿骨〉 | 島五郎 | 円墳(25)・箱石 | 中期 | 島1966 |
| 徳島県恵解山9号墳南棺* | | 珠文鏡(8.7) | 「青年ないし壮年期」男性 | 〈歯5本〉 | 宮川徙 | 円墳(14)・箱石 | 中期 | 宮川1968 |
| 徳島県前山古墳 | | 内行花文鏡B式(11.0) | 老年男性 | ― | 島五郎 | 円墳(15)・竪石 | 前期 | 島1963 |
| 香川県高松茶臼山古墳第I主体 | 画文帯同向式神獣鏡(17.1) | | 熟年以降男性か(E地区)&壮年期(W地区) | E地区人骨〈頭蓋骨片・歯〉/W地区人骨〈頭蓋骨・下顎骨・上腕骨等〉 | 清家章 | 後円(75)・竪石 | 前期 | 清家2014 |
| 香川県今岡古墳前方部主体部* | 上方作系浮彫式獣帯鏡(13.2) | | 女性 | 〈歯〉 | 不明 | 後円(61)・陶棺 | 中期 | 森下1983 |
| 香川県快天山古墳第2号石棺 | | 内行花文鏡B式(11.6) | 「三十歳から三十四五歳まで」で「女性的な感じ」 | 〈歯〉/「歯全体が小形であり、特に小臼歯に特色がある等のことから、女性的な感じがするとの事」 | 弓倉繁家 | 後円(98)・竪石 | 前期 | 和田他1951 |
| 香川県快天山古墳第3号石棺 | | 内行花文鏡B式(9.0) | 「二十七八才位の男子」 | 〈完存〉/性別と年齢は歯から推定 | 弓倉繁家 | 後円(98)・粘土 | 前期 | 和田他1951 |
| 香川県前の原7号石棺 | | 内行花文鏡B式(7.5) | 成人女性 | 〈頭蓋骨・骨盤〉 | 不明 | 墳墓・箱石 | 前期? | 大平1983 |
| 愛媛県東山鳶ヶ森6号墳* | 不明(内行花鏡?)(10.2) | | 男性 | ― | 不明 | 円墳(19)・横石 | 後期~ | 山田編1981 |
| 福岡県丸隈山古墳* | | 対置式神獣鏡B系(22.1)・二神二獣鏡II系(17.3)・不明(約15) | 熟年男性 | 〈頭蓋骨〉/年齢は頭蓋骨縫合の癒合度から推定 | 永井昌文 | 後円(85)・横石 | 中期 | 永井1970 |
| 福岡県重留箱式石棺墓 | 細線式鳥文鏡(14.0) | | 熟年男性&熟年女性 | 2体が対置埋葬/「男性の方が幾分若い」/鏡は女性にともなう | 金関丈夫? | 墳墓・箱石 | 前期 | 森他1968 |
| 福岡県老司古墳2号石室 | 芝草文鏡(11.5) | | 成年後半~熟年前半男性(1号)&成人男性(2号) | 1号人骨(先葬)〈頭蓋骨・肋骨小片・脛骨〉/2号人骨(追葬)〈頭蓋骨片〉 | 土肥直美他 | 後円(75)・横口 | 前期 | 土肥他1989 |
| 福岡県老司古墳3号石室 | 方格規矩鏡×2(13.0・12.5)・内行花文鏡(12.8)・方格T字鏡(9.2)・三角縁神獣鏡(破鏡) | 内行花文鏡B式×2(9.4・9.2)・捩文鏡B系(7.9) | 成年女性 | 〈歯・肩甲骨・上腕骨〉/「上腕骨・肩甲骨ともに華奢であり、性別は女性の可能性が強い」 | 土肥直美他 | 後円(75)・横口 | 前期 | 土肥他1989 |
| 福岡県七夕池古墳 | | 内行花文鏡B式(12.2) | 老年女性 | 〈頭蓋骨・大腿骨片・脊椎骨片〉 | 中橋孝博 | 円墳(29)・竪石 | 中期 | 中橋2001a |
| 福岡県大井池ノ谷3号墳第2主体部 | | 捩文鏡B系?(7.7) | 30歳以上の女性 | ― | 不明 | 円墳(15)・箱石 | 前期? | 福岡県教委編1999 |
| 福岡県島奥遺跡箱形石棺 | | 神頭鏡系(9.4) | 成年後期or熟年初期の女性 | 〈頭蓋骨〉 | 中橋孝博 | 箱石 | 前期 | 中橋2006 |
| 福岡県塚堂古墳2号石室* | | 〔神獣鏡〕(10.5) | 壮年男性 | 〈歯牙〉 | 不明 | 後円(91)・横石 | 中期 | 宮崎1935 |
| 福岡県南方浦山古墳 | 虯龍文鏡(9.7) | | 壮年後半男性 | 〈頭蓋骨〉 | 松下孝幸他 | 円墳・箱石 | 前期 | 松下他1994 |
| 福岡県外隈遺跡1号石棺 | | 内行花文鏡B式(8.6) | 成年半ば~後半女性 | 〈頭蓋骨〉 | 金宰賢他 | 箱石 | 前期 | 金他1995 |
| 福岡県外之隈遺跡II区1号墳1号墓 | 内行花文鏡(12.6) | | 成年前半女性 | 〈頭骨から下肢骨まで全身〉 | 金宰賢他 | 墳丘墓(16)・箱石 | 前期 | 金他1995 |
| 福岡県城の谷古墳 | | 神頭鏡系(9.6) | 30歳代女性&50歳代男性 | 2体が対置埋葬/女性が初葬/鏡は女性にともなう(男性の副葬品は棺外の矛のみ) | 永井昌文 | 円墳・箱石 | 前期~ | 新原編1983 |
| 福岡県立山山23号墳 | | 珠文鏡(7.5) | 成年男性 | 〈頭蓋骨・歯冠13個・四肢骨小片〉/性別やや不確実 | 永井昌文 | 円墳(13)・横口 | 中期 | 永井1983 |
| 福岡県立山山24号墳 | | 獣像鏡II系(10.4) | 熟年男性 | 「腐蝕著しい頭骨のみ、他は長骨細片」〉 | 永井昌文 | 円墳(18)・箱石 | 中期 | 永井1983 |

| 出土古墳 | 中国製鏡 | 倭製鏡 | 人骨の性・死亡年齢 | そのほか人骨情報 | 鑑定者 | 古墳の内容 | 時期 | 文献 |
|---|---|---|---|---|---|---|---|---|
| 福岡県立山山25号墳 | | 珠文鏡(5.9) | 成年男性 | 〈歯6本・下肢長骨片〉 | 永井昌文 | 円墳(10)・横口 | 中期 | 永井1983 |
| 福岡県潜塚古墳1号棺 | 神人龍虎画象鏡(15.5) | | 壮年男性 | 〈頭蓋骨・下上顎骨・大腿骨等〉 | 佐野一 | 円墳(25)・箱石 | 前期 | 渡辺他1976 |
| 福岡県惣社柱松古墳 | | 捩文鏡C系(13.1)・珠文鏡？(9.7) | 熟年男性 | ― | 九大解剖学第二講座？ | 円墳(28)・箱石 | 前期 | 九大解剖学編1988 |
| 福岡県稲童21号墳* | 方格T字鏡(7.4) | | 成年 | 〈頭蓋骨～下肢骨の小片〉 | 田中良之 | 円墳(22)・横口 | 中期 | 田中2005 |
| 福岡県位登古墳* | | 弥生倭製鏡(内行花文鏡8.4) | 男性 | ― | 不明 | 後円？・箱石 | 前期？ | 田中1993 |
| 福岡県セスドノ古墳* | | 素文鏡？(6.9) | 熟年女性＆熟年男性＆成年女性＆成人男性＆不明小児 | ― | 佐野一 | 円墳(37)・横石 | 後期 | 佐野1984 |
| 福岡県羽根戸G-2号墳1号主体部* | 双頭龍文鏡(8.9) | | 熟年～老年男性 | 〈頭蓋片・歯・四肢骨片〉 | 中橋孝博 | 後円(26)・箱石 | 前期 | 中橋2001b |
| 佐賀県谷口古墳東主体部* | 「仿製」三角縁神獣鏡×2(21.6・21.0)・双頭龍文鏡(8.3) | 捩文鏡C系(8.1)・捩文鏡D系(7.2) | 熟年男性？ | 西主体部(第2主体部)の可能性もあり | 九大解剖学第二講座？ | 後円(81?)・竪石 | 前期 | 九大解剖学編1988 |
| 佐賀県稲佐古墳群* | | 内行花文鏡B式(5.8) | 女性 | ― | 九大解剖学第二講座？ | 箱石 | 前期 | 九大解剖学編1988 |
| 熊本県狐塚2号墳(伝) | 不明 | | 熟年～老年女性 | ― | 永井昌文 | 円墳(12)・石棺 | 中期 | 三島他1979 |
| 熊本県経塚古墳 | | 珠文鏡(8.2) | 熟年男性 | 〈ほぼ完存〉 | 不明 | 円墳(45)・石棺 | 前期～ | 川西他1991 |
| 熊本県長目塚古墳前方部主体部* | | 内行花文鏡B式(9.6) | 「三十五才位の女性」の歯 | 〈歯8本〉/「二人分の歯の混在」の可能性もあり | 栃原義人 | 後円(112)・竪石 | 中期 | 栃原1962 |
| 熊本県番出1号墳 | | 内行花文鏡B式(10.0) | 成年初期(20代)男性 | 〈頭蓋骨・下顎骨・上下肢骨〉 | 木村幾多郎 | 円墳・箱石 | 古墳 | 江本他1978 |
| 熊本県高城山3号墳 | 方格規矩鏡(9.0) | | 壮年前期女性 | 〈ほぼ完存〉 | 不明 | 円墳(15)・石棺 | 前期 | 川西他1991 |
| 熊本県西潤野2号墳 | | 重圏文鏡？(7.7) | 熟年男性 | 〈頭蓋骨・歯牙・上下肢骨〉 | 松下孝幸他 | 円墳(25)・箱石 | 中期 | 髙木他編1992 |
| 熊本県舞野2号石棺* | | 重圏文鏡(4.2) | 女性＆追葬1(不明) | ― | 不明 | 箱石 | 前期 | 田中1993 |
| 熊本県向野田古墳後円部主体部 | 方格規矩鏡(18.4)・内行花文鏡(17.0)・浮彫式獣帯鏡(11.2) | | 「30才の後半から40才までぐらい」の女性 | 〈完存〉 | 北條暉幸 | 後円(86)・竪石 | 前期 | 北條1978 |
| 大分県赤塚方形周溝墓1号 | 飛禽鏡(9.5) | | 「壮年(20歳代～30歳代)の男性」 | 〈ほぼ完存〉 | 分部哲秋 | 方形(11)・箱石 | 前期？ | 大分県博編2011 |
| 大分県免ヶ平古墳第2主体部 | 吾作銘斜縁神獣鏡(15.7) | | 成年後半～熟年前半(30歳代～40歳)女性 | 〈頭蓋骨・歯・躯幹骨・上下肢骨〉 | 田中良之他 | 後円(53)・箱石 | 前期 | 田中他2011 |
| 大分県漆間横穴墓群3号墓 | | 竈龍鏡A系(9.6) | 成年後半以降の男性(1号)＆成人女性(2号)＆女性(or未成年)(3号) | 1号人骨〈頭蓋骨・下顎骨・歯・大腿骨・脛骨〉/2号人骨〈大腿骨・脛骨〉/3号人骨〈大腿骨〉 | 舟橋京子他 | 横穴墓 | 後期 | 舟橋他2009 |
| 大分県猫塚古墳 | 浮彫式獣帯鏡(破片)・不明(16.7) | | 30歳代男性＆20歳代前半男性/(壮年男性・壮年男性) | ― | 内藤芳篤 | 円墳・箱石 | 前期 | 内藤1968 |
| 大分県築山古墳南棺 | | 捩文鏡B系(11.4) | 50歳代(A)＆女性(B)＆不明(C) | 対置埋葬/鏡はBとCの頭部間 | 不明 | 後円(96)・箱石 | 中期 | 佐藤編1935 |
| 大分県灰土山古墳 | | 類獣像鏡I系(9.6)・珠文鏡(8.2) | 「高齢」女性＆「四十歳前後」男性 | 並置埋葬/女性人骨〈頭蓋骨・躯幹骨等〉/男性人骨〈頭蓋骨・胴骨等〉 | 財前克己 | 後円or円墳・箱石 | 前期？ | 河原1915；財前1915 |
| 大分県下山古墳 | | 二神二獣鏡III系(12.5) | 熟年男性＆老年女性 | ― | 九大解剖学第二講座？ | 後円(68)・石棺 | 中期 | 九大解剖学編1988 |
| 大分県法恩寺山4号墳* | | 旋回式獣像鏡(11.2) | 少なくとも男女各2体 | ― | 九大解剖学第二講座？ | 円墳(13)・横石 | 後期 | 九大解剖学編1988 |

| 出土古墳 | 中国製鏡 | 倭製鏡 | 人骨の性・死亡年齢 | そのほか人骨情報 | 鑑定者 | 古墳の内容 | 時期 | 文献 |
|---|---|---|---|---|---|---|---|---|
| 大分県山脇横穴墓 | | 素文鏡(3.5) | 熟年男性＆熟年後半女性 | 鏡は女性人骨(中心被葬者)の頭部付近で出土 | 石川健他 | 横穴 | 後期 | 甲斐編2006 |
| 大分県志津里遺跡B地区第2次調査1号石棺 | | 珠文鏡(6.4) | 熟年女性(1号)＆成年女性(2号) | 1号人骨(追葬)〈頭蓋骨・軀幹骨・四肢骨〉/2号人骨(初葬)〈頭蓋骨・軀幹骨・四肢骨〉/鏡は初葬の2号人骨にともなう | 田中良之他 | 墳墓・箱石 | 前期 | 田中他2013 |
| 宮崎県市の瀬5号地下式横穴 | | 乳脚文鏡(8.7) | 熟年男性 | 〈頭蓋骨・歯・四肢骨〉/初葬/刀1・鉄鏃4・刀子3がともなう | 松下孝幸他 | 地下 | 後期 | 松下他1986 |
| | | 乳脚文鏡(10.8) | 壮年女性 | 〈頭蓋骨・歯・四肢骨〉/追葬/剣2・鉄鏃32・斧1・貝輪3等がともなう | 松下孝幸他 | | | |
| 宮崎県島内139号地下式横穴 | | 盤龍鏡Ⅰ系?(15.8) | 女性(2号)＆不明(「推定・男性」)(1号) | 並置埋葬/1号人骨〈頭蓋骨・歯等〉/2号人骨〈ほぼ全身〉/鏡は女性人骨寄り | 竹中正巳 | 地下 | 中期 | 橋本編2015 |
| 鹿児島県天辰寺前古墳 | | 神頭鏡系(10.4) | 壮年女性 | 〈頭蓋から骨盤にかけての上半身〉 | 竹中正巳 | 円墳(28)・竪石 | 前期 | 竹中2011 |

◇「中国製鏡」「倭製鏡」の括弧内の数字は面径（cm）。鏡式名は〔下垣2016a〕に依拠する。
◇「そのほか人骨情報」の〈 〉内は人骨の残存状況。
◇「古墳内容」の略称：前方後円墳→後円、前方後方墳→方後、方形周溝墓→方形周溝墓、竪穴式石槨→竪穴、横穴式石室→横石、横穴墓→横穴、粘土槨→粘土、箱形石棺→箱石、竪穴系横口式石槨→横口、地下式横穴墓→地下、石棺直葬→石直、木棺直葬→木直。

情報が混在している点である。これはまさに、人骨に明るい清家が警鐘を鳴らす点であり、古い鑑定結果を再検討する必要性や、歯冠のみで性別を判定したデータを無批判に使用することの危険性を強調している〔清家 2010〕。清家の指摘は正当であり、実際に清家は、歯冠のみによる性別鑑定や鑑定の裏づけが不十分な資料を、原則的に除外している〔清家 2010〕。ただ他方で、「鑑定が確実でないことを示す」と断りをいれてはいるものの、歯冠から性別を判定した資料（大阪府和泉黄金塚古墳東主体部・岡山県月の輪古墳中央棺・同南棺・香川県快天山古墳第2号石棺・同第3号石棺・同今岡古墳前方部主体部等）を利用しており、除外する基準がわかりづらい。また、鏡を伴出する人骨出土埋葬施設のうち、「人骨出土埋葬施設一覧」〔清家 2010〕に掲載されていないものが、同書の別の表に少なからず登場しており（群馬県元島名将軍塚古墳・兵庫県天坊山古墳第1主体部・岡山県久米三成4号墳第1主体部・同宗形神社古墳・大分県灰土山古墳・同下山古墳）、明記されていないなんらかの理由によるものなのか、たんなるミスなのか判別できない。

　さらにまた、各報文を読むかぎり、鑑定者には慎重な姿勢を貫く者もいれば、大胆な推測に躊躇の少ない者もいる。しかも、時期をたがえて別の研究者（形質人類学者・医学者・歯科医・考古学者等）が鑑定した同一資料に、ことなる死亡年齢が弾きだされることもある（例：石川県和田山1号墳・福岡県七夕池古墳・大分県免ヶ平古墳第2主体部）。かつての鑑定結果が否定されることもある〔清家 2010 等〕。

　このように、人骨の部位および鑑定結果の信頼度を判別する明確な基準がない以上、一部の資料を除外する作業は、ややもすると自説に都合の悪い資料を除外する口実になりかねない。本章で提示する表15は、あくまで基礎資料であるので、あやうい資料も掲載する方針をとった。ただし、残存部位や残存状況、さらには鑑定者および鑑定年次（「文献」）に関する情報を併載することで、信憑性の薄い資料をある程度わかるようにした。そして念のため、表15の掲載資料のうち、性別と年齢の少なくとも片方に信拠をおけないものについては、古墳名の右端にアスタリスク（＊）を

振っておいた。総数のおよそ３分の１程度が疑念の残る資料ということになる。とくに東日本は、７割以上の資料に難があり、使用にはかなりの注意が必要である。したがって、以下の検討において事例数を挙示する場合、信拠をおけない資料を除外した数値を括弧内に付記する。括弧内のほうが、厳密な数値であることを強調しておく。ただ、アスタリスクを振っていても、性別と年齢のどちらか片方が信用できる場合があるので、検証の際には留意されたい。

　検討に先だって、埋葬人骨に関して、鑑定以外の資料面での問題点を指摘しておく。まず、日本列島は概して酸性土壌のため、木棺に埋葬された被葬者はたいてい骨を残さず腐朽してしまい、残存人骨は箱形石棺や刳抜式石棺の埋葬遺体に大きくかたよる。箱形石棺は総じて下位の埋葬施設であるため、墳墓に埋葬される有力者のうち下位層の人骨データばかりが集積されていることになる。箱形石棺よりも上位の埋葬施設といえる刳抜式石棺は、三角縁神獣鏡の確実な出土例がほぼ皆無であることが示すように、その被葬者と王権中枢勢力との結びつきの薄さを暗示する。他方、竪穴式石槨や粘土槨のような上位の埋葬施設では、人骨は残存しがたく、運よく遺存していても歯などの断片である場合が多く、被葬者に関する確実なデータを採取できない限界がある。そのため、古墳時代の政治動向を主導した畿内地域の有力者の人骨データが寡少となり、畿外とくに中・四国地域および九州地域のデータが過半を占めるという、資料的偏向が生じている。また、同棺や同室に複数の被葬者が埋葬されたにもかかわらず、その一部しか残存しなかった場合、被葬者（間）の位置づけを錯誤することになりかねない。したがって以下では、そのようなさまざまな限界を念頭におきつつ、いくつかの観点から副葬鏡と埋葬人骨との関係を検討する。


## 4. 検討と小考

### （1）性別と鏡式

　まず、副葬鏡と埋葬人骨の関係において、もっとも注目されてきた鏡式と性別の関係について検討する。その前に、資料の総数を瞥見しておくと、男性人骨と中国製鏡・倭製鏡の共伴事例数はそれぞれ 19（15）例と 31（21）例、女性人骨と中国製鏡・倭製鏡の共伴事例数はそれぞれ 13（11）例と 28（23）例となり、男女間で目だった差はない。しかし一方で、地域差があるようだ。近畿以東（近畿をふくまない）の東日本では、男性人骨と中国製鏡・倭製鏡の共伴事例数がそれぞれ 0 例と 9（4）例、女性人骨と中国製鏡・倭製鏡の共伴事例数がそれぞれ 2（1）例と 2（0）例となり、男性人骨との共伴事例数、とりわけ男性人骨と倭製鏡との共伴事例数の多さが際だっている。他方、近畿以西（近畿をふくまない）の西日本では、男性人骨と中国製鏡・倭製鏡の共伴事例数がそれぞれ 10（8）例と 20（15）例、女性人骨と中国製鏡・倭製鏡の共伴事例数がそれぞれ 9（8）例と 23（20）例となり、中国製鏡・倭製鏡のいずれにおいても男女の事例数が同等となる。そして近畿地域では、男性人骨と中国製鏡・倭製鏡の共伴事例数がそれぞれ 9（7）例と 2（2）例、女性人骨と中国製鏡・倭製鏡の共伴事例数がそれぞれ 2（2）例と 3（3）例となる。総数が少ないため安易に比較できないが、男性人骨の割合の相対的な高さと中国製鏡の多さが目を惹く。

　鏡式と性別の関係を調べると、清家の指摘〔清家 2015〕どおり、基本的に両者に有意な対応関係はない。比較的多い鏡式をとりあげて男女の事例数を比較してみると、まず中国製鏡では、内行花文鏡が男性 3（2）例・女性 5（5）例で、やや女性が多い。画文帯神獣鏡だと男性 3（3）例・女

性1（1）例、吾作系斜縁神獣鏡だと男性2（2）例・女性1（1）例、上方作系浮彫式獣帯鏡だと男性2（2）例・女性1（0）例となり、いずれも男性がやや多くなる。他方、現状で男女差がみとめられる鏡式もある。三角縁神獣鏡では、男性4（2）例・女性1（1）例（ただし破鏡）となり、これまでの指摘どおり男性が目だつ〔川西他 1991〕。一方で方格規矩鏡（方格T字鏡をふくむ）だと、男性0例・女性4（3）例となり、現状では女性人骨の共伴例しかない。ただ、性別不明の人骨と方格T字鏡が伴出している島根県奥才14号墳第1主体部では鉄鏃が、福岡県稲童21号墳では複数の甲冑をふくむ多量の武器・武具が出土しているので、本鏡式と女性人骨との相関性の高さは肯定できない。

　いっぽう倭製鏡では、男性5（5）例・女性10（7）例の内行花文鏡、男性3（2）例・女性4（4）例の捩文鏡系が、女性人骨との共伴例が相対的にやや多い鏡式（系列）である。神頭鏡系は、現状では女性3（3）例のみで、男性人骨との共伴例がない。他方、男性7（5）例・女性5（5）例の珠文鏡、男性4（2）例・女性2（1）例の乳脚文鏡、男性3（3）例・女性1（0）例の中期型獣像（神獣）鏡が、男性人骨との共伴例が相対的に多い鏡式（系列）である。重圏文鏡は、男性2（2）例のみで、女性人骨との伴出例がない。ただし、事例数が少ないので、このかたよりに有意な傾向をみいだすのは無謀である。以上のように、倭製鏡においても、明確に片方の性別ともっぱら組みあう鏡式（系列）は存在しない。

### （2）性別と鏡の差

　このように、鏡式差と性別とに有意な対応関係は看取されない。しかし、だからといって鏡における「差」と性別とが無関係だと結論づけることはできない。先述のように、大半が径20cmを超える三角縁神獣鏡や、径20cm以上の倭製鏡は、男性人骨ないし「男」性的な副葬品（甲冑・矢鏃・鍬形石等）と非常に強いつながりをみせ、性別と副葬鏡径差とに有意な関係がうかがえる〔下垣 2011a〕。たとえば中国製鏡だと、男性人骨にともなう大型鏡（20cm〜）・中型鏡（14cm〜）・小型鏡（〜14cm・破鏡）は、それぞれ10（7）面・8（8）面・9（7）面となる。女性人骨と伴出する各0面・6（6）面・13（12）面に比して、大型鏡の割合が明らかに高い。

　これほど明瞭ではないが、この傾向は倭製鏡にもみてとれる。すなわち、男性人骨と女性人骨にともなう大・中・小型鏡の面数は、男性人骨だと各1（0）面・7（5）面・30（20）面、女性人骨だと各0面・1（1）面・33（26）面となり、やはり男性人骨に伴出する鏡のほうが明らかに大きい。しかも、同じ中型鏡でも、男性人骨にともなうのは19.7cm・19.5cm・17.3cm・16.7cm・16.0cm（2面）・15.8cmであり、大型鏡に肉薄するものがふくまれる一方、女性人骨と伴出した倭製鏡は14.1cmであり、中型鏡としては最小クラスである。副葬鏡径にみとめられる明白な男女差を考慮すると、倭製内行花文鏡（内行花文鏡B式）と女性人骨との共伴がいくぶん目だつ現象は、本鏡式が平均鏡径10cmにも満たない小型鏡式であること〔下垣 2016a〕に起因するのだろう。[2]

　女性の副葬鏡径が小さなことは、別の側面からも支持される。清家は、腕輪形石製品の腕部副葬が原則として女性にともなうことを、女性人骨の遺存例と「男」性的な共伴品目の欠如を根拠に主張する〔清家 2010〕。そこで、清家が抽出した腕輪形石製品を腕部に副葬する18主体部の副葬鏡をみると、倭製鏡は8主体部から8面が出土しているが、すべて小型鏡である〔下垣 2011a〕。

ところが他方、腕部副葬がみとめられる 10 主体部から出土した中国製鏡 16 面の内訳をみると、大型鏡・中型鏡・小型鏡はそれぞれ 3 面・6 面・7 面となる。大型鏡・中型鏡の割合がかなり高く、女性人骨の副葬鏡径に関する上記の諸データといちじるしい齟齬をきたす。この齟齬をうみだしているのが、画文帯同向式神獣鏡（23.3 cm）と吾作系斜縁神獣鏡（17.3 cm）を副葬する和泉黄金塚古墳中央主体部、「仿製」三角縁神獣鏡（21.7 cm）と吾作系斜縁神獣鏡（16.2 cm）が出土した免ヶ平古墳第 1 主体部、三角縁神獣鏡（20.1 cm）と上方作系浮彫式獣帯鏡（13.0 cm）をおさめた広島県中小田 1 号墳の存在である。この 3 墳がなければ、大・中・小型鏡の内訳は 0 面・4 面・6 面になる。

この齟齬をどう解釈するかである。なるほど清家の推論には一定の説得力がある。しかし、腕部副葬を女性埋葬の指標とみなすに際して、従来の資料にかなりの再検討・再解釈をほどこしており、それでもなお「男」性的な器物を副葬した可能性が十分に残る埋葬施設がある。しかも、上記3 墳は、いずれも出土人骨に裏づけられていない。そしてまた、「女」性埋葬に 20 cm を超える鏡が副葬されない傾向が強いとみる筆者の推定も、具体的な証拠に裏づけられている。とはいえ、入手世代内で副葬されることの多い倭製鏡が、面径で示される被葬者の格づけを反映しているのにたいして、有力集団内での長期保有をへた中国製鏡は、面径以外の基準で副葬されたとの見方もありうる。また、「女」性埋葬の場と筆者が想定する前方部中心埋葬にも、わずかながら三角縁神獣鏡の副葬例があり、三角縁神獣鏡と「女」性の背反性を断言しきれない。おそらく、腕部副葬＝女性埋葬、「女」性副葬鏡＝面径 20 cm 未満、前方部中心埋葬＝「女」性埋葬といった等式は、それぞれ法則とまではゆかぬまでもかなり強い傾向性があるものの、例外を許さない強固な鉄則ではなく、ある程度の例外がありえたと考えておくのが無難である。[3]

### （3）副葬鏡の帰属

上記した副葬鏡径における男性の優位性は、大型鏡の寡占状況と中型鏡の副葬率の高さから導出される全体的な傾向であり、個別の古墳や埋葬施設にそのまま適用できるわけではない。同墳複数埋葬の人骨発見例では、月の輪古墳の中央棺と南棺、香川県快天山古墳の第 2 号石棺と第 3 号石棺などのように、男女の副葬鏡径が同等、ないし女性の副葬鏡径が男性のそれを上まわる事例もみとめられる。

そして興味深いことに、小型鏡が副葬された同棺・同室複数埋葬では、鏡の副葬において明らかに女性が優先されている。たとえば、同棺ないし同室に男女の人骨と鏡がおさめられていて、鏡の帰属が男女どちらかを判別できる事例は 7 例を数えるが、人骨が入り乱れて所属判定に確実性を欠く茨城県太田古墳をのぞく 6 例（岡山県宗形神社古墳・同久米三成 4 号墳第 1 主体部・広島県山の神 2 号墳・福岡県重留箱式石棺墓・同城の谷古墳・大分県山脇横穴墓）すべてにおいて、鏡は女性にともなっていた。そして、事例数が寡少な憾みがあるものの、男性人骨と女性人骨にそれぞれ帰属する鏡が同定されている同棺複数埋葬（福井県龍ヶ岡古墳）と同室複数埋葬（宮崎県市の瀬 5 号地下式横穴墓）の各 1 例でも、女性の副葬鏡のほうが大きい。上述のように、面径をのぞくと男性と女性の副葬鏡に有意な差はない。にもかかわらず、同棺・同室複数埋葬において女性が鏡副葬の点で優先されている事実は、これらの事例ではたまたま男性が生前に鏡を所有していなかったと解するよりも、その副葬に被葬者の所属集団の意図が介在した結果とみたほうが理解しやすい。

副葬鏡が被葬者の生前の所有物というよりも、その輩出集団が副えた器物ととらえたほうが理解しやすい現象はほかにもある。たとえば、捩文鏡系とおぼしき倭製鏡（5.9 cm）をおさめた広島県スクモ塚3号墳の被葬者は6歳未満、珠文鏡（5.1 cm）を副えた山の神3号墳第1主体部の被葬者2人は7歳前後と9歳前後、乳脚文鏡（10.4 cm）を副葬した石川県和田山1号墳の被葬者は10代中頃、捩文鏡系（8.5 cm）を伴出した山口県妙徳寺山古墳の被葬者は20歳未満と鑑定されているように、幼児やかなりの若年に鏡が副葬される事例が存在する。これらの副葬鏡は、総じてかなり小型であり、幼い被葬者がその地位に応じて入手し所有したものとみることも不可能ではない。ただそう考えた場合、夭逝しなかった有力者は、年齢の加増や地位の上昇などにともない、より大きな鏡を入手したと推測でき、それゆえある程度まで齢を重ねた被葬者の副葬鏡（群）は、古いものほど小型になるとの予測をたてうる。しかし、副葬鏡データをみるかぎり、そのような現象は看取されず、むしろ逆の状況を呈するほうが多い。とすれば、幼児や若年者の副葬鏡も、その所有鏡をおさめたものとみるよりは、死に際して被葬者の輩出集団が副えたと考えるほうが無理がない。

　さらにまた、今井が指摘し筆者が網羅的なデータ提示をもって裏づけたように、同墳複数埋葬における副葬鏡径差と埋葬施設・副葬品などの格差とは、規範的と断じてよいほど明確な対応関係を示す〔今井 1991；下垣 2011a〕。個々の被葬者がその所有鏡を副葬していただけでは、このような整然とした対応性は生じがたい。むしろ、被葬者の格差を鏡径で表示するという所属集団の意図が反映している蓋然性を、ここでも想定すべきであろう。

　このように副葬鏡は、被葬者への属人性が高い器物とみるよりも、むしろ所属集団への帰属性が濃厚な器物だと考えたほうが、上記した多くの現象と整合する〔森下 1998a〕。むろん、副葬に供された鏡が、生前の被葬者と無関係であったと考えているわけではなく、その入手・使用・保管において両者には少なからぬ関係があっただろう。別稿で論証したように、倭製鏡の大半は被葬者の在位（活動）期間に入手し、その死とともに副葬に供された〔下垣 2013a 等〕。月の輪古墳を典型とするように、半世紀前後の長期保有がみこまれる倭製鏡が副葬されている場合、しばしば埋葬人骨が高齢におよぶことは、この推定の有力な補強材料となる（図84・表16）。森下章司が的確に評価したとおり、古墳時代の鏡は「本源的には集団に帰属し」つつも、「それらを保管・管理した各代の首長個人への帰属性をもあわせも」つ器物であったのだろう〔森下 1998a〕。

### （4）鏡の副葬と集団内関係

　以上の推論は、「王権」と「地域首長」の関係に重点をおいた従来の分配論とはちがい、受領集団内での鏡の利用や意味づけを重視したものである。そのような視点にもとづく分析は、おもに副葬鏡の様態から集団内関係を探るものであり、これまでいくつも提示されてきた。たとえば上記したように、同墳複数埋葬における鏡径差から、集団内の格差付与システムを導出する検討法をあげうる。また、古墳群における（長期保有）鏡の副葬状況を丹念に検討することで、首長墓系譜の消長や動態を把捉したり、その母体となる有力集団内における鏡の保有状況を追究する分析法が、森下により伐り拓かれた〔森下 1998a；辻田 2007a；上野 2012b；下垣 2012b 等〕。そして、追究する内容に具体的な分析が追いついていないきらいはあるが、小地域内・同一古墳群内・同一古墳内などにおける同笵（型）鏡や連作鏡などの分有状況から、集団内保有や集団内関係にせまろうとするアプローチも提唱されている〔辻田 2007a；下垣 2011a；森下 2012b 等〕。

表16 被葬者の歿年齢と副葬鏡の保有期間

| 副葬鏡の推定保有期間（年） | | | | | |
|---|---|---|---|---|---|
| | | 倭製鏡との共伴例 | | | |
| 被葬者の推定死亡年齢（人骨による） | | ～25 | 25± | 50± | 75±～ |
| | 若年（12～20） | | 1 | | |
| | 成年（20～40） | 6 | 8 | | |
| | 熟年（40～60） | 2 | 2 | 1 | 1 |
| | 老年（60歳～） | 1 | 1 | 3 | |
| | | 主要中国製鏡との共伴例 | | | |
| | | ～25 | 25± | 50± | 75±～ |
| | 若年（12～20） | | | | |
| | 成年（20～40） | | 1 | 1 | 4 |
| | 熟年（40～60） | | | | 2 |
| | 老年（60歳～） | | | | |

◇ 倭製鏡では製作と副葬の時期差が、主要中国製鏡（画文帯神獣鏡・上方作系浮彫式獣帯鏡・吾作系斜縁神獣鏡・三角縁神獣鏡）では流入と副葬の時期差が、古墳編年で1小期だと25±年、2小期だと50±年、3小期以上だと75±～年とした。
◇〔下垣2012b〕のデータから「参考資料」をのぞき、その後のデータを追加して集計した。

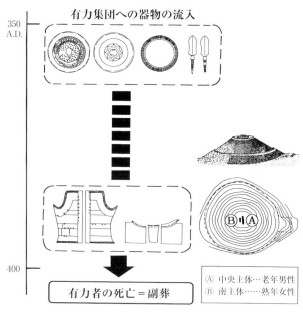

図84 器物の入手─保有─副葬のプロセス（岡山県月の輪古墳）
◇ 本墳の珠文鏡を古墳時代中期のものとする見解もある。

　上記のいずれも、精緻な遺物編年と綿密な遺構論的検討とを総合することではじめて可能になる、意欲的で重要なアプローチである。ただ、集団内関係を議論の俎上に載せながら、その第一次的情報である埋葬人骨が議論に組みこまれていないことは、資料の遺存状況からして致し方ないが、点睛を欠く憾みがある。以下で検討する2事例は、その欠を補う重要な手がかりをあたえてくれる。

　まずとりあげるのは、広島県山の神遺跡群である。溝で隔てられつつ隣接する3基の方墳（2号墳～4号墳）のすべてから、年齢などの情報が判明する人骨が検出され、そのうえ2号墳と3号墳から各1面の倭製鏡が出土している。しかも、同一古墳群の1号墳でも、3基の埋葬施設から人骨計4体と倭製鏡計2面が出土している。古墳群の複数基において、人骨と副葬鏡の詳細な情報が判明している稀有の事例である。その内容は表15のとおりである。すなわち、2号墳の中心主体部から人骨2体（壮年女性と壮年男性）と倭製鏡1面（珠文鏡）、3号墳の第1主体部から人骨2体（性別不明の7歳前後と9歳前後）と倭製鏡1面（珠文鏡）、同第2主体部から人骨1体（性別・年齢不明）、4号墳の第1主体部と第2主体部から人骨各1体（壮年女性・老年女性）、そして1号墳の第1主体部から人骨1体（壮年（25～27歳）男性）と倭製鏡1面（内行花文鏡B式）、同第2主体部から人骨2体（壮年（34～35歳）男性と壮年（25～27歳）女性）と倭製鏡1面（重圏文鏡）、同第3主体部から人骨1体（10歳以下）が、それぞれ出土している。

　田中良之は、出土人骨の歯冠計測値と土器などによる埋葬年代から、2～4号墳の各古墳の被葬者たちは同世代の「キョウダイ関係を基礎とし」、古墳間では「イトコ程度の親族関係」で結ばれているとの結論をみちびきだした〔田中良2008〕。1～4号墳の出土鏡は珠文鏡2面・内行花文鏡B式1面・重圏文鏡1面である。これらはいずれも文様属性にとぼしい鏡式であり、詳細な編年が未

構築である。ただ、2号墳と3号墳第1主体部から出土した珠文鏡は、外区〜内区外周構成はちがえど、一列の珠文の外周に圏線2条からなる細い無文帯を配しており、類似性をみせる。同時期の所産とは断じえないが、両鏡の関連性は十分に看取され、同じ機会に入手された鏡と推定することもできよう。むしろ、別の機会に入手したと考えるほうが不自然である。

　この推定を田中の所論に結びつけるならば、同一機会に入手した2面の鏡が隣接する2墳におさめられたわけであり、1面は2号墳の被葬者（壮年女性）に、もう1面はこの壮年女性と「イトコ程度の親族関係」にある3号墳の被葬者（幼児）に、それぞれ副えられたことになる。3墳の造営時期は出土土器などから近接すると考えられ、立地と内容から2号墳→3号墳→4号墳の築造順序が推定され、1号墳もこの3基と同時期とみなされている〔篠原1998〕。とすれば、2号墳に壮年の男女と珠文鏡をおさめ、つづいて3号墳に幼児2体と珠文鏡を副葬し、最後に造営された4号墳の中心主体部に壮年女性が、そして若干の時をへて設置された同墳の副次主体部に老年女性が埋葬された、という経緯が復元できる。同一機会に入手した鏡を同世代の「親族関係」者の埋葬ごとに副葬し、最後の4号墳の埋葬時には鏡が尽きていた、という推測もなりたちえよう。1号墳の人骨と2〜4号墳の人骨の親族関係の有無は不明だが、第1主体部では20代の男性に倭製内行花文鏡を、第2主体部では30代の男性および20代の女性に重圏文鏡を副葬しており、2・3号墳の鏡副葬との関連性を考慮する必要がある。いずれにせよ本古墳群では、親族集団内での鏡保有と副葬のプロセスがあるていど復元できるわけであり、古墳群や首長墓系譜における鏡保有―副葬の実態にせまる有効な手がかりをもたらしてくれる。

　検討に供するもう1例は、宮崎県市の瀬5号地下式横穴墓の乳脚文鏡2面である。玄室内に熟年男性と壮年女性が各1体おさめられていた。副葬品の一部が開口後にもちだされ、原位置が確定できないものもあるが、初葬の熟年男性には九乳の乳脚文鏡（8.7 cm）・刀1・鉄鏃4・刀子3などが、追葬の壮年女性には六乳の乳脚文鏡（10.8 cm）・剣2・鉄鏃32・斧1・貝輪3などがともなっていたと考えられる〔菅付編1986〕。

　乳脚文鏡は旋回式獣像鏡系と双璧をなす、後期倭製鏡の代表的な鏡式（系列）であり、すでに200面を超える面数が確認されている。その変遷プロセス案は、最近になってようやく提示されたばかりである〔加藤2017a・b・2018〕。本横穴から出土した2面は、どちらも乳文から巴状の細線が延び、幅広の縁部がいくぶん反り気味に肥厚するなどの類似点があり、同時期の所産と推定して問題はな[6]い。とすれば、おそらく同時期に入手した2面の乳脚文鏡のうち、まず小さいほうの1面を先に死亡した熟年男性に副え、その後に亡くなり追葬された壮年女性には、より多くの副葬品とともに大きいほうの残り1面を副葬したという経緯を復元できる。

　両人骨の親族関係の有無は不明であり、初葬から追葬までの時期差も判然としないため、これ以上の推論はかなわない。ただ、初葬の男性（熟年）よりも追葬の女性（壮年）が若いこと、本横穴の造営時期である古墳時代後期前葉〜中葉頃は、「家長と家長の地位を継がなかった子供たち」が埋葬される「基本モデルⅡ」〔田中良2008〕の普及期であることを考慮すると、両人骨は父娘関係にある蓋然性がある。とすれば、先述の山の神遺跡群と本横穴は、どちらも同時期に入手し同一集団内で保有した複数の鏡を副葬に供しているが、前者が同一世代のうちに副葬したのにたいし、後者は二世代にわたり副葬したことにな[7]る。

334 第Ⅱ部 銅鏡論考

## 5. 課題と展望

　本章で実施したような、古墳時代における器物の保有や副葬状況と共伴人骨を関連づける作業
は、当該期の集団内関係や器物の入手―保有―副葬プロセスを究明するうえで、豊かな可能性を秘
めている。器物の政治・社会的意義に関する従来の研究は、王権中枢勢力から諸地域への器物の分
配に重点をおくにせよ、地域内／間流通に焦点をあてるにせよ、もっぱら王権中枢勢力の「思惑」
を抽出するか、反動的に地域勢力の「意志」を強調する方向に傾斜してきた。しかしその場合、保
有の側面が十分に考慮されないため、そうした「思惑」なり「意志」なりの通時的変化や複数性が
看過され、単線的で単純な議論におちいりがちであった。その反面、政治的側面への偏向を否定す
る器物の意味論になると、主観には富むが実証的裏づけにとぼしい想像論に堕しがちであった。本
章で提示した分析視角や、首長墓系譜や古墳群における器物の保有に焦点をあてた最近の諸研究
は、従来の研究の弱点を超克し、新たな研究領野を伐り拓く可能性に満ちている。

　とはいえ、そのためにクリアすべき課題はすこぶる多い。人骨データには鑑定年次の古いもの
や、残存部位にめぐまれない資料から大胆な推定を打ちだした鑑定結果もある。鑑定者による相違
もある。人骨鑑定の技倆のない考古学者がこうした鑑定成果を鵜呑みにして推論を構築することに
は、大きな危険性がともなう。たとえ自身でそうしたスキルを身につけたとしても、その鑑定が正
しいという保証はない。形質人類学者間で統一した鑑定基準をもって、再鑑定を進めてゆくことが
望ましいのだが、考古学サイドの関心にあわせたかたちでの再鑑定を望むのは虫がよすぎる。

　埋葬人骨と器物の共伴状況も、両者は片づけや腐朽などにより移動しうる以上、厳密な復元・同
定作業をあたうかぎり精細に推し進める必要がある。少なくとも、略図ていどの情報は使わぬにこ
したことはない。そうした基準からすると、副葬品の出土状況図の多くが、そして人骨の出土状況
図の大半が分析に堪えないことになる。そのうえ、複数体の埋葬人骨のうち一部のみが遺存してい
る場合も想定される。そうなると、究明する内容が精細になればなるほど、器物および人骨の情報
の歪みや不統一がおよぼす影響が大きくなる。

　器物の分析についても、保有期間を弾きだせるほどの精度を誇る編年を確実に構築することは、
実年代資料にとぼしい現状では至難であり、倭製鏡をもちいた筆者の分析は、節度を踏みこえてい
るきらいもある。埋葬施設における様相からその器物の保有状況を復元するアプローチは、あくま
で状況証拠にもとづく推論にすぎず、この推論に無前提に立脚した議論は、あやうさを倍増させ
る。

　このような多様な側面による限界を打破する術は、にわかには思いつかない。先行研究や資料状
況を無批判に利用することなく、自身で蓄積・検討したデータによりみちびきだされた知見を積み
重ねつつ、問題点を修正してゆく作業のくりかえしが、現実的な方策であろう。本章は、そのため
に投じた一石として受けとっていただきたい。


註
（１）たとえば、「英雄時代」論に関連して、古墳時代の「首長」が武人の長として先陣を切って戦闘を主導
　　　したとの見解がある。一定数の戦死人骨が古墳から発掘されるならば、その見解は検証されることになろ

う。しかし、そこに考えがおよばぬのか、都合のよい事例がないため言及を避けたのかはわからないが、とにかくそうした検証作業はなされてこなかった。また、文献史研究を中心に、古墳時代の「首長」権は「首長」個人の力量によるところが大きく、その地位は実力本位で推戴・継承されたと、まことしやかに説かれることが多い。しかし、「首長」墳から成年前半期の埋葬人骨が少なからず発見されることは、この見方と整合しない。というのも、これだと被葬者はわずかな活動期間で、「首長」墳に葬られるにたる「力量」を発揮し勢威を蓄積したことになるからである。最近、千葉県有数の「大前方後円墳」である金鈴塚古墳の「初葬者および二人目が 20 歳代」であり、本墳の造営者であり豪奢な副葬品の所有者が「若年の人物」であったこと〔谷畑 2016〕や、九州南部の地下式横穴墓の人骨と副葬品の再検討をつうじて、「10 代という年齢」で「すでに家長になっていた」人物が存在した可能性が説かれていること〔吉村和 2016〕は示唆に富む。

（２）たとえば、性別不明の人骨と径 17.9 cm の内行花文鏡 A 式が共存する奥才 14 号墳第 1 主体部からは、先述のように鉄鏃が出土しており、サイズの大きな倭製内行花文鏡が「男」性的器物にともなっている。性別不明の人骨と大型鏡の伴出例である福島県会津大塚山古墳南棺からは多数の鉄鏃や銅鏃などが、神奈川県日吉矢上古墳からも鉄鏃が出土しており、大型鏡と「男」性的器物の緊密な結びつきを裏づける。

（３）ただこれは、中庸的な解釈であり、微温的な感はぬぐえない。腕部副葬＝女性埋葬の前提にたって議論を積み重ねている清家にしてみれば、容認できない解釈かもしれない。とはいえ、筆者の提示した強い傾向性を却下して、腕部副葬＝女性埋葬を全面的におしだすとすれば、今度は筆者が納得できない。

（４）ただし、山の神 3 号墳第 1 主体部の箱形石棺は内法長が 150 cm 程度あり、「小児 2 体より以前に鏡を伴う成人が葬られていた可能性」が指摘されており、スクモ塚鏡も採集資料であって、「銅鏡が小児に副葬されていたかは明確にできない」との見解もある〔篠原 1998〕。

（５）後述するように、本古墳群の人骨の詳細な鑑定にもとづき、その親族関係にせまった田中は、「鏡を副葬したのは中央の 3 号墳のみ」とくりかえし記している〔田中良 2006・2008〕が、誤解である。

（６）加藤一郎の最新の研究成果によると、この 2 面は乳脚文鏡系の同じ小系列の同じ型式（「B 系 a 式新相」）に属する〔加藤 2017b・2018〕。

（７）ただし九州南部は、とくに当該地域の地下式横穴墓は、列島の全体的状況と様相をいくぶん異にする副葬・埋葬原理が看取されるため〔吉村和 2016〕、検討には慎重さが必要である。

# 第4章　古文献と鏡

## 1．本論の目的

### （1）問題の所在

　　——征服者は略奪することはあっても、自分のほうから与えるような発想はふつうはないもんなんです。被征服者はいろいろなものを中央に奉るものなんですよ。〔河上他 1998〕
　　——文献というのはみずからの権力の正当性を主張するために記録されているわけです。その正当性を主張するためには、下位の者から貢納させたことしか記録しないというのは世界共通のことです。〔福永他 2003〕

　鏡の動線に関する、まことに対蹠的な発言である。古墳時代の鏡が畿内地域に密集して分布することは周知の事実である。とくに、奈良県桜井茶臼山古墳・同黒塚古墳・同新山古墳・同佐味田宝塚古墳・京都府椿井大塚山古墳は、30面をこえる多量の鏡が副葬されていたことで名高い。このように畿内地域、とりわけその一部の古墳に多数の鏡が集積されている現象にたいして、上記の発言を典型とするふたつの解釈が対峙しつづけてきた。これらは、古墳時代の鏡の基本的動線に関する 2 説、すなわち〈諸地域独自の入手・製作⇒諸地域内／間流通（⇒王権中枢勢力への貢納）〉説と〈王権中枢勢力による寡占的な入手・製作⇒諸地域への分配〉説とに、それぞれ結びつけて主張されることが多い。そこで前者を A 説、後者を B 説と仮称して、両説を瞥見しておこう。
　A 説は、主として『古事記』および『日本書紀』（以下、『記』『紀』）における鏡の奉献記事や「天皇」による神宝の検校記事を根拠にすえて、「中央」における鏡の集積現象を「地方」から貢納された結果とみる〔横田 1958：樋口 1960a・1979b・1992・1998：森 1963：平野 1987・2002：前田 1999：若井 2010 等〕。これにたいして B 説は、鏡自体の考古学的な分布・副葬状況を主根拠にして、その集積現象は「中央」による分配に関連するとみなす〔小林行 1957a：田中 1979：和田晴 1986：岡村 1999：車崎 1999b：下垣 2011a 等〕。極端に単純化すれば、文献史料に拠る A 説、考古資料を重視する B 説、ともいえる。
　この対極的な 2 説のどちらかをとるかで、古墳時代における鏡の流通・保有像はいちじるしく変わってくる。それどころか、鏡が大化前代、とりわけ弥生時代末期～古墳時代前期の政治史的研究の鍵を握る器物である以上、当該期の政治史像にも甚大な影響が生じてくる。2 説のどちらが正鵠を得ているのか、いずれも的を失しているのか、中間説を摸索する余地はあるのか。きわめて重要な論点である。ところが、両説の提説者は、自説の開陳には熱心であっても、他説の吟味をなおざりにしてきたきらいがある。なかんずく両説は、それぞれ文献史料と考古資料を主論拠にしてきた経緯がある以上、これら史資料の総合的な比較検討が不可欠なはずであった。しかし、この当然の

作業が、これまで十分になされてきたとはいいがたい。しかも、古墳時代後期中頃（6世紀中頃）以降、隋唐鏡が流入する7世紀頃まで、列島において鏡が停滞する時期があるのだから、8世紀以後に編纂された『記』『紀』や『風土記』『万葉集』などの鏡関連記事から、大化前代の鏡のあり方を復元することには、かなり慎重な姿勢が必要である〔田中 1986〕。したがって本論では、稚拙ではあるが、古墳時代の鏡の動線を中心に、考古資料と文献史料の双方から総合的検討をおこない、整合的な解釈を探りたい。

### （2）本論の作業内容

　古墳時代の鏡に関する考古学的データは厖大におよぶ。それにくらべるとかなり見劣りはするが、当該期の鏡に言及した文献史料も少なくない。ところが、そうした史料にたいする本格的な分析成果がみあたらない。すでに大正期と敗戦直後に津田左右吉が、『記』『紀』の説話にたいする緻密な史料批判のなかで、神代〜仲哀期の神宝・宝鏡授与・鏡剣摸造などの鏡をめぐる説話の潤色性と非史実性を明らかにしていた〔津田 1919・1948・1950等〕。そうである以上、文献史料から大化前代の鏡の動線なり意義なりに踏みこもうとするのであれば、津田説の批判的超克が必須の要件となる。しかし、文献史サイドからの鏡論は、そうした作業を抜きに展開している。三角縁神獣鏡や大型倭製鏡などの潤沢で目も綾な実物資料にひきずられてか、文献史料の記載を鵜呑みにしている観すら漂う。これでは、「記紀批判からの後退」〔岡村 2001〕だと酷評されても仕方がない。

　そこで本論では、鏡記事に関する文献史料を探捜したうえで、史料批判にくわえて考古資料との対応性の吟味をおこない、それらの信憑性の程度を明らかにし、史資料の接点を探りたい。鏡が大化前代に絶大な意義を有したことは、おおむね定説の位置を占めている。しかし、いかんせん考古資料は沈黙資料であり、その具体的な意義や役割を解明するには限界がある。他方で文献史料は雄弁であるが、伝承・編纂をつうじて潤色・造作が重ねられるため、史料批判をへずに迂闊に使用すると、記述が具体的なだけに、弊害もひときわ大きくなる。とはいえ、史資料の総合的な検討は、慎重におこないさえすれば、すこぶる有益である。身分制度や成文法が確立する以前に、器物がはたしていた社会・政治的意義〔石母田 1971等〕に思いをいたすならば、そうした器物の首座とすら評しうる鏡の意義や機能を史資料から究明する作業は、このうえなく重要である。ただし、筆者は史料操作の訓練をうけていないため、以下の検討は素人の域にとどまっているおそれがある。参照した関連文献が軒並み古いことなどは、そのあらわれといえよう。しかし、鏡関連記事の集成と考古資料を加味した比較検討には、それなりの価値があると思うので、とりあえず執筆に踏みきった。本格的な史料操作については、以後の研究に託したい。

## 2. 鏡関連記事の分類と傾向

### （1）集成と分類

　検討のための基礎史料として、鏡に関連する古文献の記事を集成した（章末の「付編」参照）。分析の主対象は『記』『紀』『風土記』『万葉集』であるが、参考史料として『先代旧事本紀』『古語拾遺』『粟鹿大神元記』『住吉大社神代記』・各種祝詞なども集成対象にした。漫然と集めただけでは議論を進めにくいので、まず記事の内容に即した分類をこころみる。

そうした分類に関して、早くに小林行雄が、『日本書紀』の「鏡に関する物語」を、「(A) 鏡から神が生まれた物語」「(B) 八咫鏡製作の物語」「(C) 鏡を神宝とした物語」「(D) 鏡を榊の枝にかけ船の軸にたてた物語」「(E) 百済から鏡を献上した物語」に分類し、考古資料との関連性を検討した〔小林行 1965〕。また菊池誠一は、『記』『紀』と『風土記』などにみとめられる「鏡の話」を、「A類 妖怪退治(辟邪)」「B類 病気治癒」「C類 風波鎮静」「D類 形見品(贈物)」「E類 日・月と同一」「F類 眼と同一」「G類 忠誠心を表現」「H類 統治権」「I類 征討」の計9類に大別し、中国の鏡伝承との比較検討をおこなった〔菊池 1986〕。そして和田萃は、『記』『紀』の「鏡の伝承」を、「1. 神マツリに用いられる祭祀具」「2. 祭神の料(神宝・神財・神物)」「3. 神霊のやどる御神体」「4. 首長の権威や領域の支配権を象徴する宝器」に分類し、各類に解説をくわえた〔和田萃 1993〕。

これらは興味深い分類案だが、『日本書紀』のみをあつかった小林の分類はいかにも狭い。菊池の分類だと、『記』『紀』に顕著な「神鏡」の製作や授与・検校などの位置づけが曖昧になる。和田の分類も、鏡の役割や機能に関する分類であって、「鏡の伝承」の分類ではない難点がある。やはり史料(説話・伝承)の記載内容に即し、なおかつ全体を被覆できる分類がのぞましい。そこで筆者は、以下のような分類を提案したい。すなわち、

A. 宝鏡製作(・祭祀)

B. 祭祀関連〈懸鏡祭祀(BI)・祝詞の祭料物列挙(BII)〉

C. 宝鏡授与〈天孫降臨時の授与(CI)・国造任命時の授与(CII)・女性への贈与(CIII)〉

D. 恭順服属〈服属儀礼(DI)・奉納(DII)〉

E. 神宝検校

F. 神宝関連

G. 践祚神璽

H. 神異譚等〈神異譚・神怪・縁起・神化生説話など〉

I. その他〈形容表現・地名・枕詞など雑多。個人名にかかわる「鏡」はのぞく〉

の計9類に分類する案である。とはいえ、「H. 神異譚等」と「I. その他」に種々雑多な項目を抛りこむなど、大雑把で不十分な点も多い。本案は暫定案としてうけとっていただきたい。

以下の検討で言及する便宜から、各類の個別史料に「A1」や「B2」というように仮番号をふった。また、鏡への直截の言及はないが、各類に少なからず関係する史料もとりあげ、「A′1」や「B′2」のように右シングル引用符を付して区別した。以下において個別史料を指示する際には、この番号をもちいる。これら各類にわりふった鏡関連記事を章末に掲載したので、適宜参照されたい。なお、文献史研究者以外の読者の便宜をはかるため、白文ではなく訓み下し文にしてルビをふった。

### (2) 全体的傾向

鏡関連記事を上記のように分類したうえで、時期を大きく区切って(「神代〜開化」「崇神〜仲哀」「応神(神功)〜武烈」「継体〜推古」「舒明〜」)配列してみると、かなり明瞭な傾向がみいだせる(表17;章末の「付編」参照)。史料の真正性にははなはだしい疑問のある神代〜仲哀期(および神功期)に記事が偏向する反面、史実性がわずかに高まってくる応神期以後に激減するのであ

### 第4章　古文献と鏡　*339*

#### 表17　古文献の鏡関連記事

| | 神代～開化 | 崇神～仲哀 | 応神～武烈 | 継体～推古 | 舒明～ | 時期不明 |
|---|---|---|---|---|---|---|
| 日本書紀 | AAACCH | DDDDEFF | DHHH | GG | G | |
| 古事記 | AAC | | BFH | | | |
| 風土記 | | CDD | | C | | HH |
| 万葉集 | | | | | B | BBB |
| 先代旧事本紀 | AACFFH | | | G | | |
| 古語拾遺 | AAAC | A | | | | A |
| 粟鹿大神元記 | | C | C | | | |
| 住吉大社神代記 | | DDH | | | | F |
| 各種祝詞 | | | | | | BBBB |

る。「激減」とは大げさな表現かもしれないが、「応神（神功）～武烈」期のA～Hの記事8例のうち3例を神功期が、2例を応神期が占め、仁徳期以後の天皇計10代で3例にすぎないのだから、やはり「激減」といえよう。やや細かくみると、神代～開化期は宝鏡の製作と授与に、崇神～仲哀期は恭順服属にかたより、継体期以降は「天皇」践祚時の神璽（鏡剣）奉上の記事でほぼ占められている。『日本書紀』の「一書」に顕著なように、仲哀期以前の記事は同工異曲のものが多く、そのため特定の記載内容が水増しされた結果になっているが、それを差し引いても上記の偏向は動かない。また、記事の定型性も強い。そのうえ後述するように、仲哀期までの記事には大化以降の記事との共通性を看取できる。他方、これと対照的に、仲哀期以前と継体期以後の中間期に相当する応神（神功）～武烈期には、百済からの「七子鏡」（神功皇后摂政紀；H7）ないし「大鏡」（応神記；H8）の貢上、伊勢神宮の「神鏡」神異譚（雄略紀；H4）・小鹿火宿禰から大伴大連への「八咫鏡」奉上（雄略紀；D8）といった孤例の記事がいちじるしい。仲哀期以前の記事の信憑性を疑わせる、実に不自然な状況である。

　鏡の考古学的状況も、この不自然さを増幅させる。継体以前の「天皇」の実在性はさておくとして、ごく大雑把にいえば応神～武烈期と継体～推古期にそれぞれ対応すると目される古墳時代中期と後期の鏡は、前期に比すればたしかに停滞する。しかし、それでもかなりの数量が流通し、しかも有力古墳にしばしば副葬されるなど、依然として重要視されていた。したがって、応神期以後とりわけ仁徳期以後に鏡関連記事が大幅に減少するのは、かなり奇妙である。

　以上から、とくに仲哀期以前の鏡関連記事が後代に造作あるいは潤色をうけた蓋然性を、まずは想定しておく必要がある。そのようなことは津田らの研究ですでに明白なのだが〔津田 1948・1950；直木 1968・1971 等〕、当該期の『記』『紀』の鏡関連記事に安易に信拠する一部の論考をみるに、あらためて検討する意義はけっして低くあるまい。そこで次節では、仲哀期以前の鏡関連記事を中心にすえて、上記の分類ごとに史料自体の信憑性と考古資料との対応性とについて、簡単ながら分析をこころみる。

### 3.　鏡関連記事の批判的検討

#### （1）宝鏡製作・祭祀関連

　第一に、宝鏡の製作と祭祀関連の記事である。宝鏡製作の記事は、ほぼすべてが天石窟（天岩屋戸）にまつわる説話である。まず、『日本書紀』神代上第七段（および一書）の記事の構成が、継体期以後の群臣による鏡剣の璽符奉上に類似することを指摘できる。同段の「上枝には八坂瓊の五

百箇の御統を懸け、中枝には八咫鏡（中略）を懸け、下枝には青和幣（中略）白和幣を懸でて（後略）」（A1）、同段一書第三の「上枝には、鏡作の遠祖天抜戸が児石凝戸辺が作れる八咫鏡を懸け、中枝には、玉作の遠祖伊奘諾尊の児天明玉が作れる八坂瓊の曲玉を懸け、下枝には、粟国の忌部の遠祖天日鷲が作ける木綿を懸でて（後略）」（A3）、『古事記』天の石屋戸段の「上枝に八尺の勾璁の五百津の御須麻流の玉を取り著け、中枝に八尺鏡を取り繋け、下枝に白丹寸手、青丹寸手を取り垂でて（後略）」（A4）などにみられる、上中下の三段構成表現は、雄略紀の三重采女の天語歌とも通底する〔吉村武 1996〕。

　そして、このような吊懸祭儀や三段構成表現は、『万葉集』所収の大化後の歌に散見することが注意を惹く。たとえば、「大伴坂上郎女、神を祭る歌一首」には「奥山の　賢木の枝に　白香つけ　木綿とり付けて　斎瓮を　斎ひほりすゑ　竹玉を　繁に貫き垂り　鹿猪じもの　膝折り伏せて　手弱女の　おすひ取り懸け　かくだにも　われは祈ひなむ（後略）」（B′2）、「石田王の卒りし時、丹生王の作る歌一首」には「隠国の　泊瀬の山に　神さびに　齋きいますと　玉梓の（中略）竹玉を間なく貫き垂り　木綿襷　かひなに懸けて（後略）」（B′3）、「柿本朝臣人麿、泊瀬部皇女忍坂部皇子に献る歌一首」には「飛鳥の　明日香の河の　上つ瀬に　生ふる玉藻は　下つ瀬に　流れ触らばふ　玉藻なす（後略）」（B′4）とあるし、「あり立てる　花橘を　末枝に　鵼引き懸け　中つ枝に　斑鳩懸け　下枝に　ひめを懸け（後略）」（B′1）や「隠口の　泊瀬の川の　上つ瀬に　鵜を八頭潜け　下つ瀬に　鵜を八頭潜け　上つ瀬の　年魚を食はしめ　下つ瀬の　鮎を食はしめ（後略）」（B′6）といった歌もある。

　以上から、三段構成をとる鏡・玉・木綿などの吊懸祭儀は、古儀というより、『記』『紀』編纂に近い時期の祭儀の影響をうけている可能性が高い。この点を考慮すると、『古事記』允恭記に収録された「隠り国の　泊瀬の河の　上つ瀬に　齋代を打ち　下つ瀬に　真代を打ち　齋代には　鏡を懸け　真杙には　真玉を懸け（後略）」（B1）云々の著名な相聞歌も、はたして允恭期まで遡上させうるか疑問が多い。上記したように、『万葉集』の吊懸祭儀や河川の上中下表現に、「泊瀬部皇女忍坂部皇子」「隠口の　泊瀬の川」「隠国の　泊瀬の山」といった語があらわれることを考慮にいれるならば、当代の歌が允恭期に仮託された蓋然性を考えるべきであろう。

　『古事記』天の石屋戸段（A4）において、宝鏡の材料として鉄が採取されていることも、宝鏡製作の記事の新しさを示唆する。というのも、倭製の鉄鏡の出現時期は、大阪府亀井古墳第1主体出土例（大阪108）が上限となり、同墳の第2主体から出土したTK216型式段階の須恵器などから、古墳時代中期後葉頃（5世紀中葉頃）に比定できるからである。このほか時期が判明する倭製鉄鏡は、福岡県沖ノ島1号遺跡（8〜9世紀）・同5号遺跡（7〜8世紀）・同6号遺跡（5世紀後半〜6世紀）・同22号遺跡（5世紀後半〜6世紀）、石川県寺家遺跡（奈良時代以降）など、総じて5世紀後半〜平安期に製作されたものであり、祭祀遺跡からの出土が顕著である。

　こうしてみると、『古事記』本段の鉄鏡製作は、むしろ『延喜式』臨時祭式に記された、律令期以降の鉄鏡祭祀などとの関連性を推定できる。『住吉大社神代記』の神財流代長財に登場する「鉄鏡」（F5）も、そうした鉄鏡祭祀に関連して製作されたものとみるのが妥当であろう。ただし、『古語拾遺』などでは当該箇所が「鉄」ではなく「銅」と記載されている（A6・A8）ので、「鉄」は誤記の可能性もある〔和田萃 1995a〕。しかし、この記事の本来のかたちが「銅」の採取であったとしても、銅・鉛塊や銅滓などが出土する列島内の「明確な銅生産関係の遺跡」の上限年代は、

現状では「7世紀中葉」頃である〔齋藤 2012b〕以上、「鉄」の場合よりも記事の後出性がいっそうはなはだしくなる。「列島での採銅」の開始について、「6世紀後半にさかのぼる可能性を考慮」する見方もある〔清水 2012〕が、それでも倭製鉄鏡の出現期より遅れることは変わらない。また、草薙剣の鍛造記事が脱落したため、「鉄」の記載が残ったとみる説もある。とはいえ、こうした鉄鏡否定説の背後には、「鍛人は鏡に縁が無い」〔津田 1950〕という先入観が横たわっているようにみうけられる。しかし、鉄鏡が5世紀中葉以降に製作されはじめ、祭祀遺跡を中心に出土例がみとめられることは上記のとおりである。

　宝鏡製作の記事はほぼ神代に限定されるが、『古語拾遺』には、「御璽」となる「鏡を鋳、剣を造らしめ」たとする孤例の記事がある（A12）。ただしこの記事は、早くから指摘されてきたように、鏡などの神宝が宮中で伝世をへてきたという「事実」と、鏡が皇祖神から皇孫に賜与された「起源説話」とを結合する意図から〔津田 1950；坂本太他 1967〕、さらにいえば「「神器」という正統性の論理」を「再構築」する意図から〔神野志 1999〕、うみだされたものであろう。そしてまた、はるかのちに忌部氏が「鏡剣捧持の任を有するところから構想せられたもの」で、天石窟（天岩屋戸）の説話において「幣帛に要するすべての材料を忌部氏が管理したやうに語つてゐる」のと「同じ意図」からでたものと考えうる〔津田 1950〕。


### （2）宝鏡授与

　（宝）鏡授与の記事も、後代の造作が疑われる。とくに天孫降臨時における宝鏡授与の記事（C1〜C5）が成立した時期の後出性については、古くから指摘されてきた〔三品 1932；津田 1948；泉谷 1970；直木 1968・1971；山尾 1970 等〕。具体的には持統朝〔津田 1919〕、あるいは「天武朝以後」〔直木 1971〕の成立が想定されてきた。

　国造任命にかかわる鏡などの神宝授与の記事をみると、鏡とともに矛・盾・大刀などの武器類や玉類を授与する場合（C6・C7）と、鏡と玉類が欠落し武器類を授与する場合（C′1〜C′3）とがある。これら5例の内訳は、崇神期1例・成務期1例・神功期2例・応神期1例となり、時期的にまとまっており、内容も定型的である。また記載内容において、「D. 恭順服属」「E. 神宝検校」「F. 神宝関連」との関連性がうかがえ、しかも時期的にも重複することが注意される。後述するように、これら3類は、記事で指示される時期より成立時期がくだる蓋然性が高い。このことを勘案すると、国造任命にかかわる鏡授与の記事も、崇神〜応神期よりかなり新しい時期の所産である可能性ががぜん高くなる。授与する器物に関して、『日本書紀』天智三年の「大氏の氏上には大刀を賜ふ。（中略）伴造等の氏上には干楯・弓矢を賜ふ」（C′4）と共通点をみせることも、この推定の追い風になる。さらに、『粟鹿大神元記』の「磯城瑞籬宮御宇初国所知御間城入彦五十瓊殖天皇御世」（C6）や「磐余稚桜宮御宇息長大足姫天皇御世」（C7）、『海部氏系図』の「品田天皇御宇」（C′1・C′2）、『因幡国伊福部臣古志』の「磯香高穴穂御宇稚足彦天皇御世」（C′3）のように、「御宇」という8世紀以降の表現〔吉村武 1996〕が頻用されている点も、記事の新しさを示唆する。


### （3）恭順服属

　つづいて、宝鏡の授与とは逆方向の鏡の動線、すなわち諸地域の有力者の恭順服属にともなう鏡（神宝）献上記事を検討する。『日本書紀』の景行十二年（D1）および仲哀八年（D2・D4）・『住

吉大社神代記』（D3）・『筑前国風土記』怡土郡逸文（D5）などにみとめられる、諸地域の有力者から「天皇」への鏡献上記事は、諸地域から王権中枢勢力への献上こそが大化前代の鏡の基本的動線だとみる主張の、主要論拠として重要視されてきた。しかし、その献上方式はみな、賢木の「上枝」「中枝」「下枝」に鏡などの器物を吊懸するものである。この三段構成の吊懸は、前記したように、時期的にかなり下降するもののようである。（D4）（D5）の記事に「御宇」の表現がみえることも、新しさを暗示する。さらにまた、これらの記事が律令政権の意向が強く反映されている各国『風土記』に顕著である一方、そうした意向がわりと弱いとされる『播磨国風土記』と『出雲国風土記』に皆無であることも、その原史料性を否定する材料になるかもしれない。

　そしてまた、鏡の奉納記事の成立時期の新しさを、考古資料からも補強できる。たとえば『住吉大社神代記』に、「皇后の御手物、金絲・櫨利・麻桶笥・梓・一尺鏡四枚・劍・梓・魚塩地等を寄さし奉り賜ひ」云々という記事がある（D10）。これは、神功皇后が住吉大神に「一尺鏡四枚」などを奉献したことを記したものである。面白いことに、同書の「神財流代長財」に「唐鏡、一尺四面。白銅鏡、八面。（八寸）。鉄鏡、八面。（八寸）」との記載がある（F5）。面数と面径からみて、この「唐鏡」が神功皇后の奉献した「四枚」に、伝承上で対応する。ところが、中国製鉄鏡の列島での出土例は非常に少なく、既述のように倭製鉄鏡の出現期も古墳時代中期後葉が上限であり、記載内容と考古資料が離齬をきたす。また、中期後葉以降の古墳や遺跡から「一尺」（約30cm）級の鏡が出土した確実な事例は、千葉県祇園大塚山古墳から出土した中国製鏡（千葉11）の1例のみである。一尺内外の大型鏡であれば、奈良県法隆寺や同東大寺正倉や千葉県香取神宮などに現在まで伝わっている。しかし、これらはすべて隋唐期以後のものであり、古墳時代にさかのぼる鏡は皆無である。遣隋使・遣唐使を重要な契機とする新たな文化的・政治的交流によりもたらされた隋唐鏡が、既存の鏡鑑観やその使用・保有法に影響をおよぼした可能性は十分に考えられ〔田中1986等〕、その視点から古文献の記事を批判的に読み解く姿勢が必要である。

　また、『住吉大社神代記』の上掲記事（D10）では神功皇后が大社に、『常陸国風土記』香島郡の記事（D9）では崇神天皇が神宮に、さまざまな器物を奉納しているが、そこに「枚鉄」や馬具など古墳時代中期以降にくだる器物が登場する点は無視できない。それらが祝詞に列挙される祭料物と共通すること（B5・B6・B'9）も、記事の成立の新しさを暗示する。しかも、これらに（ミニチュアの）「梓」や「櫨利」「梓」などの機織具をくわえた奉納品は、古墳時代後期～終末期以降の沖ノ島祭祀に顕著な品目であり、記事が指示する古墳時代前期頃まで遡上させることはまずもって無理である。そうした祭祀品目の成立時期については、次項であらためてふれる。


## （4）神宝検校・神宝関連

　神宝検校は崇神期および垂仁期、とりわけ垂仁期をいろどる特徴的な記事である。ただ、鏡の検校はわりと注目されてきたものの、検校の対象として鏡が明記されている記事は、意外にも1例にすぎない（E1）。神宝検校に関してまず指摘したいのが、当該記事の典型である『日本書紀』垂仁二十六年における神宝検校（E'2）の前後の出来事が、天武紀の出来事（E'4等）と有意な符合をみせることである。具体的は、垂仁紀に記された皇女倭姫命による天照大神の伊勢遷座記事、皇子五十瓊敷命による「劍一千口」の製作および石上神宮への収蔵記事（E'3）、「弓矢及び横刀」などの「兵器」の諸社への奉納記事（E'2）にたいして、それぞれ天武紀における大来皇女の斎宮派遣

記事、忍壁皇子による石上神宮の刀剣（「神宝」）瑩磨記事（E´4）、当神宮収蔵の「宝物」（兵器）
返還記事（E´4）からの影響が看取できる〔直木 1971；泉谷 1977；榎村 1992 等〕。欽明～推古期
や天武～持統期の人物および史実が崇神・垂仁期に投影されていることが、しばしば指摘されてき
たが、上記した垂仁紀と天武紀の諸記事も、その明白な事例であろう。検校などの神宝関連記事
が、崇神～垂仁期にしばしば反復して出現するという脈絡のなさも、これらの記事が当該期のもの
ではないことを物語る〔津田 1948；泉谷 1989 等〕。この想定は、垂仁紀の作為性に関する詳細な
検討成果〔山中鹿 2003〕や、崇神紀を天武朝の産物とする見解〔泉谷 1989〕により補強されよ
う。

　そのほかの神宝関連記事にも、成立時期の後出性がうかがえる。「F. 神宝関連」として６例を
探索したが、うち５例（F１～F５）は神宝を列挙した記事で、残る１例（F６）は神宝検校にかか
わる後日譚的な説話である。神宝の列挙は、この「神宝関連」のほか、先述の「D. 恭順服属」の
記事や国造任命時の神宝（宝鏡）授与の記事、そして祝詞などにもみとめられる。そして、恭順服
属の記事において列挙される神宝に、記事の時期よりも後代の器物が混じっていることも、前記し
たとおりである。「神宝関連」や「恭順服属」の記事に目だつ矛（「桙」）が重視されだすのは古墳
時代中期以降で、とくに祭祀遺跡で使用されるミニチュア矛の盛行は、沖ノ島遺跡を代表とするよ
うに古墳時代後期以降、といった具合である。さらに、神宝が頻出するアメノヒボコ関連の記事
（E１・F１・F２）にも、後代の影響が色濃く反映している〔泉谷 1977〕。

　このように、実際の考古資料に照らしてみると、文献史料に登場する鏡などの神宝は、史料が語
る時期よりも下降することが明白である。では、具体的にどのあたりまで下降するのであろうか。
この問題に関して、笹生衛が近年、考古資料と文献史料の総合的検討をつうじて、祭具の成立時期
と律令祭祀にいたる変遷過程を、はなはだ実証的に復元している。笹生は、「古墳時代の祭祀遺
跡・遺構の発掘調査例」から推定される「当時の祭祀で使用・供献された品目の全容」と、「『皇太
神宮儀式帳』が記す古代の祭式」との「比較検討」にくわえ、『延喜式』『日本書紀』『風土記』『古
語拾遺』にみえる祭料と「五世紀から七世紀代の祭祀遺跡で出土する祭具のセット」との「対応関
係」に関する分析をおこなった。その結果、「五世紀中頃までに、古墳時代前期までの古墳副葬品
の系譜を引きながら、鉄製の武器・武具、農・工具、布帛類を核とする神々への捧げ物のセットが
成立し」、「五世紀後半以降に馬具を加え六世紀以降も伝統的に受け継がれ、七世紀後半以降は、令
制祭祀の主要な「幣帛」として位置づけられ」るという推移を復元した〔笹生 2011・2012・
2016〕。

　きわめて示唆に富む重要な検討成果である。笹生は実年代で時期を表記するため、相対年代との
対応関係がやや不明瞭だが、「五世紀中頃」をTK208型式段階としているので〔笹生 2011・
2016〕、おおよそ古墳時代中期末頃までに「令制祭祀の幣帛の原形」が成立したことになる〔笹生
2012〕。この所説は、「鏡・剣・玉がセットとして意味をもちはじめ」、これらを賢木に垂下する
「祭儀」が生じたのは「5世紀代」だとする見解〔岩崎 1987〕や、「一見古い祭りの様相の如くに
も思われる」「玉や鏡を賢木にとりかけて行う」祭祀は、『古事記』だとこれらの器物が「御幣」と
して吊懸されている以上、「五世紀代以降の方式でなければならぬ」とみる意見〔小出 1978〕と
も、ある程度の整合性を示す。以上を勘案すれば、神宝にかかわる史料にいくばくかの信憑性がで
てくる上限年代は、古墳時代中期末頃かこれを若干さかのぼる時期になろう。

344 第Ⅱ部 銅鏡論考

### （5）践祚神璽

「G. 践祚神璽」に「鏡」が登場するのは、『日本書紀』の継体元年（G1）とこの文章を引用した『先代旧事本紀』帝皇本紀（継体）（G4）を嚆矢とし、『日本書紀』の宣化即位前紀（G2）および持統四年（G3）がつづく。すべて「劔」とセットになり、臣下ないし「群臣」から天皇に奉上されたことを記す。周知のように、上記の継体元年紀の即位にかかわる記載は、『漢書』文帝紀を若干の潤色のうえ敷衍生存したものであり、その史実性には疑念が多い。さらにまた、継体と宣化の在位期には、皇位継承をめぐる紛擾が続出したため、両天皇の即位儀礼に関する正確な史料が後代に伝えられたとは考えがたく、そのうえ鏡剣や璽・璽印が即位時に奉献された天皇は総じて即位に問題をかかえていたことを根拠にあげて、そうした即位記事（G1～G4、G′1～G′4）は、『日本書紀』の「編者が問題のある天皇の皇位継承の正当性を強調するために、編纂時—持統朝以後—の即位儀礼に関する知識にもとづいて作ったものが少なくない」とみる、興味深い見解もある〔直木1971〕。

### （6）神異譚・その他

最後に、「H. 神異譚等」の記事を概観する。形容表現・地名・鏡作氏・枕詞などにかかわる多様な「鏡」を雑多に抛りこんだ「I. その他」には、とくに古く遡上しうる記事がないので、検討の対象からはずす。既述のように「神異譚等」には、鏡にまつわる神異譚・神怪・縁起・対外関係・神化生説話などといった、多様な説話がある。これらには、菊池が設定した「A類 妖怪退治（辟邪）」「E類 日・月と同一」「F類 眼と同一」の説話・伝承がふくまれる。菊池によると、これら諸類型をふくむ「我国の古典に記された鏡伝承」は、「中国古典に記された鏡伝承」と「実によく酷似し」、こうした「一致は、彼我の文化交流を考えずにはおれない」という。菊池の指摘には首肯できる部分が多く、日中の古典にみる「鏡伝承」の一致の背景に、中国からの「道教思想」や「文献」の渡来を想定する所見とあわせて興味を惹く〔菊池 1986〕。とくに「道教思想」の伝来について、「五世紀後半に、中国の南朝の諸国家から百済を経由して、道教的信仰」すなわち「神仙思想と道術」が「倭国に伝えられた」ことが、鏡への「神聖視」や祭儀的利用法などに少なからぬ変化をもたらした可能性〔和田萃 1995b〕には注意すべきであろう。

ともあれ、特定の土地にかかわる素朴な伝承や神異譚などといった風変わりな説話があると、そうした伝承なり説話なりの古層性や真正性を、ついつい無条件に信じこんでしまいがちになる。しかし、神話学や説話研究が解明してきたように、伝承や説話のモティーフは容易に拡散し、特定地域の固有性に即しながら変容をとげて、その土地に根づいてゆく[4]。菊池の研究成果が示すように、『風土記』や『記』『紀』にみえる「H. 神異譚等」の記事も、その多くが中国の思想や文献に影響をうけたものである蓋然性が高く、その史実性も真正性も強く疑われるのである。

### 4.考察

以上、大化前代の古文献の鏡関連記事をとりあげ、史料内容と考古資料との整合性を確認しつつ、その史料的な信憑性を検討した。その結果、神功・応神期の百済からの鏡献上記事や雄略期の伊勢神宮の神異譚などといった、対外関係記事や孤例的な特殊記事、そして譬喩や器物としての言

及をのぞくと、信拠にたる記事がほとんど残らないことが判明した。笹生らの検討成果〔笹生2012等〕を重んじるならば、鏡などの祭具や「神宝」に関して史資料が整合を示す上限年代は、古墳時代中期末頃かそれより若干以前になる。この時期は、鏡関連記事に登場する倭製鉄鏡の考古学上の上限年代（中期後葉頃）とおおむね一致し、また雄略期（中期末葉〜後期初頭頃？）に孤例の鏡関連記事がやや目だつこと（D8・H4）とも興味深い符合をみせる。

　ただし、笹生により明らかにされたのは、考古資料からみると遅くとも古墳時代中期末頃までに成立し、律令期まで継続してゆく「祭具のセット」が、文献史料の記載内容と齟齬しないことである。とすれば、中期末頃という年代は、文献史料を遡上させうる上限年代にすぎず、下限年代は史料の編纂期までくだることになる。上限年代はあくまでも上限年代であり、もしそこまで遡上させたいのであれば、それなりの実証的根拠を提示しなければならない。ところが、前節までの検討結果は、その希望にそぐわない。

　古墳時代中期ですら、鏡関連記事の史料的裏づけにとぼしいわけである。いわんや、鏡の流通方式に関して解釈が対立する前期の鏡の状況は、古文献の記事と無関係だといわざるをえない。とすれば、古墳時代の鏡の基本的動線に関する主要2説のうち、考古資料の動態を重視する「B説」（〈王権中枢勢力による入手・製作⇒諸地域への分配〉説）は揺るぎはしないが、文献史料を主論拠とする「A説」（〈諸地域独自の入手・製作⇒諸地域内／間流通（⇒王権中枢勢力への貢納）〉説）は、肝腎の論拠を失うことになる。文献に不得手な考古学研究者ならいざしらず、文献史研究者が文献に依拠して「A説」をとなえるのは、やはり「記紀批判からの後退」と評さざるをえない。

　しかし他方、古墳時代前期に相当する時期に言及した文献史料と当該期の考古事象とが符合するかにみえる現象がある。それは、鏡のいわゆる「吸収―再分配」現象である。すなわち、諸地域で長期保有された鏡が王権中枢勢力のもとに集約されて模作の原鏡とされ、しかるのち倭製化した模作鏡とともに諸地域に分配（返還）されたとおぼしき現象が、古墳時代前期中葉〜末葉頃を中心にみとめられるのである〔下垣2005a・2011a〕。かつて小林は、『記』『紀』を参照しつつ、倭製鏡の製作開始に際して「服属した地方首長の献上品」である「伝世鏡」が、工人に手本として供されたと推定した〔小林行1959〕。この「吸収―再分配」現象は、「地方首長」からの「献上」だけでなく、文献にみえる「返還」の存在をも暗示する。また筆者は最近、中四国以西で長期保有されていた漢鏡が、弥生時代末期後半以降に王権中枢勢力のもとに移動させられた事態を推定している〔下垣2013b・2016b〕。このように、考古資料においても、「A説」と親和性をもつ現象を抽出しうる。ただし、これらの推定は、考古学的分析からは復元しがたい複雑な動線に解釈をおよぼしたものであるため、ほとんど支持されていない[5]〔岩本2017b等〕。この推定が否定された場合、鏡関連記事が考古資料に届く上限は、孤例記事などをのぞくと、古墳時代中期末頃かややさかのぼる時期になる。一方、この推定が正鵠を失していないならば、以下のような考察が可能になる。

　考古資料の実態から判断するかぎり、古墳時代の鏡の基本的動線は畿内地域から諸地域への分配である〔田中1979：岡村1999：下垣2011a等〕。「A説」を支持する可能性のある考古学的現象は、上記したように、弥生時代末期後半頃〜古墳時代前期に部分的に確認されるにすぎない。前節までの検討成果にくわえ、少なくとも古墳時代後期前半まで、王権中枢勢力が鏡の分配を主導的に実施していたことを勘案すると、鏡に関する古文献の記事は、弥生時代末期から古墳時代後期前半までの鏡の実態を反映していないと結論づけてよい。

ここで注目したいのが、第一に、継体期以降に神璽奉上記事が登場することである。そして第二に、古く見積もっても５世紀まで遡上しがたい国造任命記事から、「国造が祭る」鏡剣などの「神宝を中央に召し上げ、代わりに権威の象徴である宝器を大王が賜い、神宝として祭らせることで、祭祀権を形の上で召し上げて朝廷に服属させる儀礼」の存在〔大津 1994〕がうかがえることである。別稿で説いたように、鏡や古墳祭式の「吸収—再分配」現象は、遅くとも古墳時代中期に、いったんほぼ衰滅している〔下垣 2011a〕。したがって、鏡関連記事の主体をなす奉献・授与・祭儀などの記載は、古墳時代後期以降における鏡にまつわる諸行為を反映している蓋然性が高くなる。そうした諸行為を直截的に裏づける考古資料は抽出できないが、しかし前節で示したように、鏡関連記事に対応する考古資料が後期あたりから目だちはじめることは示唆的である。

　そうであれば、鏡関連記事に後代の造作や潤色の形跡が濃厚であるにもかかわらず、なぜ古墳時代中期以前における鏡の様相と、後期以降における鏡の様相、そして鏡関連記事とに、いささかなりとも共通点がみとめられるのかが、問うべき論点になる。三者に共通性がみられる理由として、おおまかに以下の３つの解釈を挙示しうる〔下垣 2011a〕。

　第一に、古墳時代中期以前から連綿とつづいてきた、鏡にかかわる諸伝統を、史料編纂時の概念や慣行方式をふまえて書き換えた、という解釈である。程度の差はあれ、『記』『紀』の史料解釈においてよくとられる解釈である。しかし、そのように主張する場合、連綿とつづいた伝統の実態を証明する必要がある。上記のように文献からその伝統をたどりえない以上、考古資料から立証するほかないが、ここまで論じてきたように、現状のデータとまったくあいいれない。

　第二に、古墳時代中期以前の鏡をめぐる諸行為が伝承ないし記録されており、それがのちに古文献として編纂された、との解釈である。しかし、鏡関連記事に後代の影響が濃厚にみとめられることは、この解釈にそぐわない。編纂時に同時代の知識や慣習により改変されたとみれば、第一の解釈に近くなる。しかし同じ難点、すなわち肝腎の証拠がないという難点もかかえこんでしまう。

　それならば第三の解釈として、鏡をめぐる過去の祭儀なり祭式なりを意図的に復興した結果とみてはどうか。すなわち、「七世紀の宝器観は、五世紀以降の王権が改変したそれ以前の祭祀形態を、古い伝承のあとをたずねて再編成した神話のうちに形成された」とみる視座〔大石 1975〕に範をもとめるわけである。この視座をそのまま踏襲するのは困難だが、古い祭儀や祭式を古墳時代終末期頃に政治的意図をもって復興したとの見方は、ここまでの検討成果と整合する。実際、器物や祭式が復興された事例を、考古資料にみいだしうる。弥生時代後期～末期に盛行した巴形銅器が古墳時代前期後半に復活をとげたことは、その顕著な事例である。鏡それ自体に関しても、古墳時代中期後葉～末葉頃の同型鏡群の流入を重要な契機として、倭製鏡生産が復興した前例がある〔森下 1991〕。

　しかし、復興の時期と経緯を具体的に復元するには史資料が不足しており、断案はとてもくだせない。ここではひとつの仮説として、古墳時代後期以降に政治編成システムが整備されてゆく際に、服属儀礼の一環として、かつて存在した鏡の儀礼的交換（「吸収—再分配」）を復興した結果、新たに構築された鏡祭儀とそれよりはるかに古い鏡祭儀、そして鏡関連記事との３者に、接点が生じているかにみえるという解釈を提示しておきたい[6]〔下垣 2011a〕。それゆえ、これら新古の祭儀には実際上の連続性はなく、前節で例示したような相違が彼我間にみとめられるわけである。古墳時代後期までの鏡がさかんに古墳副葬に供されたのと対照的に、終末期以降には墳墓副葬例が激減

し、服属儀礼や寺社の荘厳に使用された事実は、両者の断絶を強く裏づける。

　ただし、最近の鏡研究の成果などを考慮すると、上記した「復興」の時期がいくぶん遡上する可能性もある。古墳時代中期前葉〜後葉頃には、中国製鏡の流入量が大幅に減少したらしく、倭製鏡生産も相対的に停滞する。その沈滞を打ち破るかのように、中期末葉前後に多量の同型鏡群が列島に流入して広域に拡散し、それに刺戟されるかのように倭製鏡生産が復興をとげ、後期倭製鏡が活溌に製作・分配されるにいたった。古墳時代の鏡が重大な政治・社会的役割をはたしてきたことを勘案すれば、こうした変化の背景に政治・社会的な背景なり意図なりが存在していたと考えるのが自然である。事実、同型鏡群に関して辻田淳一郎は、それらの流通・副葬の様態に立脚して、後期初頭頃（TK23〜47型式段階）に、「各地域の上位層とその親族などが、中央に上番して奉仕」した「見返り」として同型鏡群などの鏡が「贈与」される授受パターンが成立したと説く〔辻田2015・2018〕。また加藤一郎は、三角縁神獣鏡や前期倭製鏡が後期倭製鏡の模倣対象にされた事実を突きとめている。加藤はこれらの「前期古墳鏡」が「倭王権において長期保有」されたものと推定する〔加藤 2015c〕。しかし、これら（の一部）が諸地域で長期保有されていたとすれば、古墳時代前期における鏡の「吸収─再分配」が復活した事態も想定しうる。上述のように当該期は、笹生が史資料の対応性を根拠にして、律令祭祀の原型となる「祭具のセット」の成立期として重視した時期にほぼ相当する。しかも、当該期と併行する可能性のある雄略期には、「神鏡」神異譚（H 4）や「八咫鏡」奉上伝承（D 8）といった孤例の記事が目だち、鏡に重要な政治・祭儀的役割がになわされたことがうかがえる。こうした諸状況をふまえるならば、鏡の分配や祭儀に関する過去の方式が、政治的意図をもって当該期頃に復興させられたとの推定も、十分に成立する余地がある。

　ただし、古墳時代中期末葉〜後期初頭頃に鏡祭儀が復興したとの見方には、否定要因もある。まず、鏡の「吸収─再分配」に関して、肝腎の実例が当該期にみあたらず〔下垣 2011a〕、加藤も指摘するように、「吸収─再分配」の論理を後期倭製鏡の時期に敷衍することは困難である〔加藤2015c〕。雄略紀の「神鏡」神異譚（H 4）にしても、当該記事にまつわる主要人物として栲幡皇女、廬城部連武彦およびその父の枳莒喩が登場するが、『日本書紀』安閑元年に廬城部連枳莒喩が娘の幡媛とともにでてくること（H′1）が注意される。前者は不祥事疑惑を晴らす神異譚で、後者は屯倉献上の契機となった不祥事という相違はある。しかし、同一人物とおぼしき枳莒喩が両記事にあらわれ、栲幡皇女と幡媛も類似名であること、雄略期に伊勢神宮が成立していた蓋然性はきわめて低いことなどから、後者の事件によって前者の記事が造作ないし潤色されたことが疑われる。

　このように、古文献と考古事象の乖離からみちびきだされる、鏡祭儀の復興がおこなわれた時期は、古墳時代中期末葉〜後期初頭頃であった可能性もあるが、それよりくだる後期以降の時期、おそらくは終末期以降を想定しておくのが無難である。とはいえ、前者の時期にも鏡の製作・分配が復興されているので、当該期の事象が古文献に反映されている可能性も、一概には否定できない。

## 5. まとめと展望

　本章では、鏡の動線をめぐる 2 説の吟味を足がかりにして、古文献における鏡関連記事の信憑性とその評価について、史料自体の分析と考古資料との対応性の検討をつうじて考察した。その結

果、少なくとも古墳時代中期末葉以前、おそらく後期後半以前の鏡関連記事は後代の作為性が濃厚で、かつ考古資料との対応性も稀薄であることがわかった。文献史料に信頼がおけない以上、鏡の動線に関して争点になっている古墳時代前期および中期の流通様態は考古資料から判断すべきである。とすると、文献史料に依存していたＡ説（〈諸地域独自の入手・製作⇒諸地域内／間流通（⇒王権中枢勢力への貢納））〉説）はとうてい成立しがたく、Ｂ説（〈王権中枢勢力による入手・製作⇒諸地域への分配〉説）が妥当という結論に落ちつく。そもそも、Ａ説の論拠にされてきた文献記事は、その作為性が古くから明らかにされてきていた。しかし、それらの記事が語る時期は、考古資料によると鏡の隆盛期であり、そのため考古資料にひきずられるかたちで文献記事の史料批判が粗漏になり、その結果としてＡ説が延命しつづけてきた観が否めない。古墳時代前期・中期の鏡の流通方式に関して、文献史料からＡ説を主張するのは、もはや不可能である。

　ただし、文献史料の作為性を抽出し、後代における潤色を具体的に指摘するだけでは、議論に発展性がない。そうした史料は、古墳時代前期・中期ではなく、むしろ後期～終末期における鏡の意義や鏡祭儀を究明する材料として利用すべきと考える。たとえば本論では、仮説の域はではないものの、鏡にかかわる文献記事と考古資料の検討をつうじて、古墳時代後期以降に旧来の鏡祭儀が復興されたという仮説を提起した。史資料が不足しているため、その時期について十分に絞りこめず、具体的な状況についてもほとんど言及できなかったが、ひとつの試論として無価値ではあるまい。また本論では検討の俎上に載せなかったが、祭儀が史料形成にいかなる影響をあたえ、史料が祭儀形成にいかなる影響をおよぼすのかという、換言すれば鏡などの器物をもちいた祭儀の実修がどのように説話（神話）をうみだし、そして説話（神話）が祭儀形成にいかなる影響をもたらしたのかという、祭儀／説話（神話）の相互触発関係〔益田 1976；水林 1991；上野誠 2001 等〕を追究する素材として、古文献の鏡関連記事と考古資料は有望であろう。そうした検討は現在の筆者の能力をこえるので、本論はここまでとする。

### 註

（１）それぞれの発言の起点は、数十年ほどさかのぼる。前者の説は、横田健一が「記紀等の文献に、大和朝廷関係者が地方豪族に鏡を分与した記事の殆どな」く、「かえつて地方豪族が天皇に対し鏡その他の宝を奉献した記事、ないし天皇が地方豪族から鏡その他の宝を検校収取した説話がしるされている」ことに注目したことに端を発する〔横田 1958〕。この見方を積極的に支持した樋口隆康は、鏡の「移動の要因についても、単に中央の支配者から服属者へ分与したという解釈だけですべてを律することはでき」ず、『記』『紀』の記事にかんがみて、「これらが外来の珍宝であるだけに、被征服者が服従の意を示すために征服者へ献上したとする方が、一層真実に近いようにもおもえる」と推断した〔樋口 1960a〕。これ以後も、「外国製の宝物を覇者が服属者に、分与するというのも、一般的な行為ではないし、むしろ、征服者は、被征服者からその財宝をとりあげる、といった行為の方が自然的であ」り、それゆえ「中国鏡は必ずしも大和朝廷だけが入手したのではない」とする考えをくりかえし主張した〔樋口 1979b 等〕。後者の説については、「中央」から「地方」への「下賜」を想定しなければ鏡の分布を「考古学的」に「解釈」できないとしたうえで、「中央」から「地方の小支配者」への「下賜」は「あまりにも当然のこと」であるがゆえに、そうした「事実を中央では語り伝えなかった」ために、『記』『紀』に下賜の記事がないと推定した小林行雄の見解が遡源をなす〔小林行 1965・1967a 等〕。

（２）なお、森博達が『日本書紀』を截然と二分した α 群と β 群〔森博 1999〕に鏡関連記事をふりわけるならば、α 群（雄略～崇峻、皇極～天智）がＧ（３例）とＤ・Ｈ（各１例）、β 群（神代～安康、推古・舒明・天武）がＡ（３例）・Ｃ（２例）・Ｄ（４例）・Ｅ（１例）・Ｆ（２例）・Ｈ（３例）となる。神代～仲哀期に

集中する反面、応神期以降に激減する傾向は変わらないが、「G. 践祚神璽」が α 群に偏向する点は注意される。

（3）ただし、この「一尺」が隋以前の尺度、すなわち20 cm 台前半であるならば、古墳時代中〜後期に「一尺」鏡はごくわずかながら存在する。また、蓋然性ははなはだしく低いものの、当該記事が「神功皇后」期に相当する4世紀半ば頃の内容を伝えているとすれば、当該期においてこの程度の面径の鏡はけっして少なくない。しかし、そもそも寺社に伝世される鏡は軒並み新しく、古墳時代に製作ないし輸入された鏡が所蔵されている場合も、たいていは古墳出土鏡を奉納したものである〔村崎 1994 等〕。丹後国一宮の籠神社に伝わる海部家伝世品である連弧文昭明鏡（京都 253）および長冝子孫八弧内行花文鏡（京都254）は、これらがもし古来より伝わったものだとしても、例外中の例外である。

（4）たとえば、純国産の昔話だと信じこまれてきた『大工と鬼六』が、実は大正期に、北欧教会建立説話を翻案して日本に紹介された、歴史の浅い作品であることが実証されている〔高橋宣 1988〕。また、漢代の華南山間に盤踞した「夜郎」に、「一女子が水流で洗濯していると、上流より三節の大竹が流れてきて足間に止まり、竹の中から声がするので、それをさくと一男子が現われた」云々という伝説が『述異記』にあり〔宮崎市 1987〕、『竹取物語』と桃太郎説話を髣髴とさせる。

（5）筆者のように複雑に考えず、むしろ王権中枢勢力のもとで長期保有されていた鏡とその模作鏡とを、一括して特定集団に分配した、とみたほうが素直である。ただ筆者は、こうした現象が、長期保有鏡の副葬が顕著な首長墓系譜の初造墳や盟主墳に顕著である点や、長期保有鏡がつねに模作の対象に選択されている点、長期保有鏡が副葬において重視されている点〔岩本 2004 等〕、そして古墳の諸要素においても「吸収―再分配」をみとめうる点などを考慮し、それらの原鏡は諸地域で長期保有されたとの解釈をとるべきと判断し、そうした解釈を根拠に鏡の「吸収―再分配」を肯定している。ただし、過剰解釈の観は否めない。

（6）律令的祭祀を、古墳時代にさかのぼる伝統的な祭祀的基盤のうえに、新たな中国思想などをくわえて再編したものととらえる見方〔金子 1980；小野本 2013 等〕は、筆者の解釈と響きあう部分がある。ただし筆者の解釈は、祭祀編成の時間的重層性を想定するそれらの見方とはことなり、衰微した祭儀と新たな祭儀との非重層的な合成を推定するものである。

## 第4章付編
# 古文献の鏡関連記事

## A. 宝鏡製作（・祭祀）

### A 1. 『日本書紀』巻一 神代上第七段

亦手力雄神を以て、磐戸の側に立てて、中臣連の遠祖天児屋命、忌部の遠祖太玉命、天香山の五百箇の真坂樹を掘じて、上枝には八坂瓊の五百箇の御統を懸け、中枝には八咫鏡一に云はく、真経津鏡といふ。を懸け、下枝には青和幣、和幣、此をば尼根底と云ふ。白和幣を懸でて、相与に致其祈禱す。

### A 2. 『日本書紀』巻一 神代上第七段（一書第二）

故、以て恚恨りまして、廼ち天石窟に居しまして、其の磐戸を閉しぬ。時に、諸の神、憂へて、乃ち鏡作部の遠祖天糠戸者をして、鏡を造らしむ。忌部の遠祖太玉には幣を造らしむ。玉作部の遠祖豊玉には玉を造らしむ。又山雷者をして、五百箇の真坂樹の八十玉籤を採らしむ。野槌者をして、五百箇の野薦の八十玉籤を採らしむ。凡て此の諸の物、皆来聚集ひぬ。時に中臣の遠祖天児屋命、則ち以て神祝き祝きき。是に、日神、方に磐戸を開けて出でます。是の時に、鏡を以て其の石窟に入れしかば、戸に触れて小瑕つけり。其の瑕、今に猶存。此即ち伊勢に崇秘る大神なり。

### A 3. 『日本書紀』巻一 神代上第七段（一書第三）

日神の、天石窟に閉り居すに至りて、諸の神、中臣連の遠祖興台産霊が児天児屋命を遣して祈ましむ。是に、天児屋命、天香山の真坂木を掘して、上枝には、鏡作の遠祖天抜戸が児石凝戸辺が作れる八咫鏡を懸け、中枝には、玉作の遠祖伊奘諾尊の児天明玉が作れる八坂瓊の曲玉を懸け、下枝には、粟国の忌部の遠祖天日鷲が作ける木綿を懸でて、乃ち忌部首の遠祖太玉命をして執り取たしめて、広く厚く称辞をへて祈み啓さしむ。

### A 4. 『古事記』上巻 天の石屋戸段

故是に天照大御神見畏みて、天の石屋戸を開きて刺許母理坐しき。爾に高天の原皆暗く、葦原中国悉に闇し。此れに因りて常夜往きき。是に万の神の声は、狭蝿那須満ち、万の妖悉に発りき。是を以ちて八百万の神、天安の河原に神集ひ集ひて、高御産巣日神の子、思金神に思はしめて、常世の長鳴鳥を集めて鳴かしめて、天安河の河上の天の堅石を取り、天の金山の鉄を取りて、鍛人天津麻羅を求ぎて、伊斯許理度売命に科せて鏡を作らしめ、玉祖命に科せて、八尺の勾瓊の五百津の御須麻流の珠を作らしめて、天児屋命、布刀玉命を召して、天の香山の真男鹿の肩を内抜きに抜きて、天の香山の天の波波迦を取りて、占合ひ麻迦那波しめて、天の香山の五百津真賢木を根許士爾許士て、上枝に八尺の勾瓊の五百津の御須麻流の玉を取り著け、中枝に八尺鏡を取り繋け、下枝に白丹寸手、青丹寸手を取り垂でて、此の種種の物は、布刀玉命、布刀御幣と取り持ちて、天児屋命、布刀詔戸言禱き白して（後略）

A 5.『古事記』上巻　天の石屋戸段

　　如此言す間に、天児屋命、布刀玉命、其の鏡を指し出して、天照大御神に示せ奉る時、天照大御神、逾奇しと思ほして　稍戸より出でて臨み坐す時に（後略）

A 6.『古語拾遺』日神の石窟幽居

　　時に、天照大神、赫怒りまして、天石窟に入りまし、磐戸を閉して幽居りましき。（中略）。爰に、思兼神、深く思ひ遠く慮りて、議りて曰はく、「太玉神をして諸部の神を率て、和幣を造らしむべし。仍りて、石凝姥神 天糠戸命の子、作鏡が遠祖なり。をして天香山の銅を取りて、日の像の鏡を鋳しむ。（中略）。
　　天香山の五百箇の真賢木を　掘　じて（中略）上枝には玉を懸け、中枝には鏡を懸け、下枝には青和幣・白和幣を懸け、太玉命をして捧げ持ち称讃さしむ。

A 7.『古語拾遺』日神の出現

　　是に、思兼神の議に従ひて、石凝姥神をして日の像の鏡を鋳しむ。初度に鋳たるは、少に意に合はず。是、紀伊国の日前神なり。次度に鋳たるは、其の状美麗し。是、伊勢大神なり。儲け備ふること既に畢りて、具に謀れるが如し。爾して乃ち、太玉命、広く厚き称詞を以て啓白さく、「吾が捧げたる宝の鏡明らかに麗はし。恰も汝が命の如し。乞、戸を開きて御覧さむ」とまをす。

A 8.『先代旧事本紀』巻二　神祇本紀

　　高皇産霊尊児思兼神。（中略）。復宜下図二造日神御像一奉中招祈祷上矣。復鏡作祖石凝姥命為二冶工一。則採二天八湍河之川上天堅石一。復全二剝真名鹿皮一。以作二天之羽韝一矣。復採二天金山之銅一。令レ鋳二造日矛一。此鏡少不レ合。則紀伊国所二坐日前神是也。復使二鏡作祖天糠戸神一。即石凝姥命之子也。採二天香山之銅一。使レ図二造日像之鏡一。其状美麗矣。而触二窟戸一有二小瑕一。其瑕於レ今猶存。即是伊勢崇秘大神。所謂八咫鏡。亦名真経津鏡是也。（中略）。復令下山雷一者掘二天香山之五百箇真賢木一。左祢居自乃祢古自。上枝懸二八咫鏡。亦名真経津之鏡一。中枝懸二八坂瓊之五百箇御統之玉一。下枝懸二青和幣白和幣一。（中略）。復天太玉命以広厚称詞啓曰。吾之所レ持宝鏡明麗。恰如二汝命一。乞開レ戸而御覧焉。（中略）。天太玉命。天児屋命。私出二其鏡一。

A 9.『古語拾遺』造祭祀具の斎部

　　又、天富命をして、斎部の諸氏を率て、種々の神宝、鏡・玉・矛・盾・木綿・麻等を作らしむ。

A 10.『古語拾遺』即位大嘗祭

　　日臣命、来目部を帥て、宮門を衛護り、其の開闔を掌る。饒速日命、内物部を帥て、矛・盾を造り備ふ。其の物既に備はりて、天富命、諸の斎部を率て、天璽の鏡・剣を捧げ持ちて、正殿に安き奉り、幷瓊玉を懸け、其の幣物を陳ねて、殿祭の祝詞す。

A 11.『先代旧事本紀』巻五　天孫本紀

　　天孫磐余彦尊都二橿原宮一。初即二皇位一。（中略）。高皇産霊尊児天富命率二諸斎神部一。擎二天璽鏡剣一。奉レ安二正殿一矣。

A 12.『古語拾遺』崇神天皇

　　磯城の瑞垣の朝に至りて、漸に神の威を畏りて、殿を同くしたまふに安からず。故、更に

斎部氏をして石凝姥神が裔・天目一箇神が裔の二氏を率て、更に鏡を鋳、剣を造らしめて、護の御璽と為す。是、今踐祚す日に、献る御璽の鏡・剣なり。仍りて、倭の笠縫邑に就きて、殊に磯城の神籬を立てて、天照大神及草薙剣を遷し奉りて、皇女豊鍬入姫命をして斎ひ奉らしむ。

A´1.『日本書紀』巻一　神代上第七段（一書第一）

　　故、即ち石凝姥を以て冶工として、天香山の金を採りて、日矛を作らしむ。又真名鹿の皮を全剥ぎて、天羽鞴に作る。此を用て造り奉る神は、是即ち紀伊国に所坐す日前神なり。

## B. 祭祀関連

### 【懸鏡】

B1.『古事記』下巻　允恭記

　　隠り国の　泊瀬の河の　上つ瀬に　齋杙を打ち　下つ瀬に　真杙を打ち　齋杙には　鏡を懸け　真杙には　真玉を懸け　真玉如す　吾が思ふ妹　鏡如す　吾が思ふ妻　ありと言はばこそに　家にも行かめ　国をも偲はめ

とうたひたまひき。如此歌ひて、即ち共に自ら死にたまひき。

B2.『万葉集』巻十三（3263）

　　隠口の　泊瀬の川の　上つ瀬に　齋杭を打ち　下つ瀬に　真杭を打ち　齋杭には　鏡を懸け　真杭には　真玉を懸け　真玉なす　わが思ふ妹も　鏡なす　わが思ふ妹も　ありと　言はばこそ　国にも　家にも行かめ　誰がゆゑか行かむ

　　　古事記を検ふるに日はく、件の歌は、木梨軽太子のみづから身まかりましし時に作るといへり

B3.『万葉集』巻十四（3468）　相聞

　　山鳥の尾ろの初麻に鏡懸け唱ふべみこそ汝に寄そりけれ

B4.『古事記』上巻　序第一段

　　寔に知る、鏡を懸け珠を吐きて、百王相続し、劒を喫ひ蛇を切りて、万神蕃息せしことを。

### 【祝詞】

B5.　平野祭祝詞

　　皇大御神の乞はしたまひのまにまに、この所の底つ石ねに宮柱広敷き立て、高天の原に千木高知りて、天の御蔭・日の御蔭と定めまつりて、神主に神祇某の官位姓名を定めて、進る神財は、御弓・御大刀・御鏡・鈴・衣笠・御馬を引き並べて（後略）

B6.　春日祭祝詞

　　貢る神宝は、御鏡・御横刀・御弓・御桙・御馬に備へまつり（後略）

B7.　大殿祭祝詞

　　高天の原に神留ります、皇親神ろき・神ろみの命もちて、皇御孫の命を天つ高御座に坐せて、天つ璽の劒・鏡を捧げ持ちたまひて、言壽き（後略）

B8.　遷却祟神祝詞

　　高天の原に始めし事を神ながらも知ろしめして、神直び・大直びに直したまひて、この地よ

りは、四方を見霽かす山川の清き地に遷り出でまして、吾が地と領きませと、進る幣帛は、明るたへ・照るたへ・和たへ・荒たへに備へまつりて、見明らむる物を鏡、翫ぶ物と玉、射放つ物と弓矢、うち断つ物と太刀、馳せ出づる物と御馬（後略）

【他】

B 9.『万葉集』巻五（904）

　　　天平五年六月丙申の朔にして三日戊戌の日に作る

　　　男子名は古日に恋ふる歌三首

大船の　思ひ憑むに　思はぬに　横風の　にふぶかに　覆ひ来れば　為む術の　方便を知らに　白栲の　手繦を掛け　まそ鏡　手に取り持ちて　天つ神　仰ぎ乞ひ祈み　地つ神　伏して額づき　かからずも　かかりも　神のまにまにと　立ちあざり　われ乞ひ祈めど（後略）

B 10.『万葉集』巻十七（4011）

　　　放逸せる鷹を思ひて、夢に見て感悦びて作る歌一首

ちはやぶる　神の社に　照る鏡　倭文に取り添へ　乞ひ祈みて　吾が待つ時に　少女らが　夢に告ぐらく　汝が恋ふる　秀つ鷹は　松田江の　浜行き暮し　鯛取る　氷見の江過ぎて　多古の島　飛び徘徊り　葦鴨の　多集く古江に　一昨日も　昨日もありつ　近くあらば　今二日だみ　遠くあらば　七日のをちは　過ぎめやも　来なむわが背子　懇に　な恋ひそよとそ　夢に告げつる

B′1.『万葉集』巻十三（3239）

近江の海　泊八十あり　八十島の　島の崎崎　あり立てる　花橘を　末枝に　黐引き懸け　中つ枝に　斑鳩懸け　下枝に　ひめを懸け　己が母を　取らくを知らに　己が父を　取らくを知らに　いそばひ居るよ　斑鳩とひめと

B′2.『万葉集』巻三（379）

　　　大伴坂上郎女、神を祭る歌一首

ひさかたの　天の原より　生れ来たる　神の命　奥山の　賢木の枝に　白香つけ　木綿とり付けて　斎瓮を　齋ひほりすゑ　竹玉を　繁に貫き垂り　鹿猪じもの　膝折り伏せて　手弱女の　おすひ取り懸け　かくだにも　われは祈ひなむ　君に逢はじかも

B′3.『万葉集』巻三（420）

　　　石田王の卒りし時、丹生王の作る歌一首

なゆ竹の　とをよる皇子、さ丹つらふ　わご大王は　隠国の　泊瀬の山に　神さびに　齋きいますと　玉梓の　（中略）竹玉を　間なく貫き垂り　木綿襷　かひなに懸けて（後略）

B′4.『万葉集』巻二（194）

　　　柿本朝臣人麿、泊瀬部皇女忍坂部皇子に献る歌一首

飛鳥の　明日香の河の　上つ瀬に　生ふる玉藻は　下つ瀬に　流れ触らばふ　玉藻なす（後略）

B′5.『万葉集』巻九（1764）

　　　七夕の歌一首

ひさかたの　天の河に　上つ瀬に　珠橋渡し　下つ瀬に　船浮け居ゑ（後略）

B´6. 『万葉集』巻十三（3330）
　　　隠口の　泊瀬の川の　上つ瀬に　鵜を八頭潜け　下つ瀬に　鵜を八頭潜け　上つ瀬の　年魚
　　を食はしめ　下つ瀬の　鮎を食はしめ（後略）

B´7. 『万葉集』巻一（79）
　　　或る本、藤原京より寧楽宮に遷る時の歌
　　　天皇の　御命かしこみ　柔びにし　家をおき　隠国の　泊瀬の川に　舟浮けて（後略）

B´8. 『日本書紀』巻一　神代上第五段（一書第六）
　　　遂に身の所汚を盪滌ぎたまはむとして、乃ち興言して曰く、「上瀬は是太だ疾し。下瀬は
　　是太だ弱し」とのたまひて（後略）

B´9. 龍田風神祭祝詞
　　　奉るうづの幣帛は、ひこ神に、御服は、明るたへ・照るたへ・和たへ・荒たへ、五色の物、
　　楯・戈・御馬に御鞍具へて、品品の幣帛献り、ひめ神に御服備へ、金の麻笥・金の檆・金の
　　桛、明るたへ・照るたへ・和たへ・荒たへ、五色の物、御馬に御鞍具へて、雑の幣帛奉りて、
　　御酒は、甕の上高知り、甕の腹満て雙べて（後略）


## C.　宝鏡授与

【天孫降臨】

C1. 『日本書紀』巻二　神代下第九段（一書第一）
　　　故、天照大神、乃ち天津彦彦火瓊瓊杵尊に、八坂瓊の曲玉及び八咫鏡・草薙剣、三種の宝物
　　を賜ふ。又、中臣の上祖天児屋命・忌部の上祖太玉命・猨女の上祖天鈿女命・鏡作の
　　上祖石凝姥命・玉作の上祖玉屋命、凡て五部の神を以て、配へて侍らしむ。因りて、皇孫
　　に勅して曰く、「葦原の千五百秋の瑞穂の国は、是、吾が子孫の王たるべき地なり。
　　爾皇孫、就でまして治せ。行矣。宝祚の隆えまさむこと、当に天壌と窮り無けむ」とのたま
　　ふ。

C2. 『日本書紀』巻二　神代下第九段（一書第二）
　　　是の時に、天照大神、手に宝鏡を持ちたまひて、天忍穂耳尊に授けて、祝きて曰く、
　　「吾が児、此の宝鏡を視まさむこと、当に吾を視るがごとくすべし。与に床を同くし殿を共に
　　して、齋鏡とすべし」とのたまふ。

C3. 『古事記』上巻　天孫降臨段
　　　爾に天児屋命、布刀玉命、天宇受売命、伊斯許理度売命、玉祖命、幷せて五伴緒を支ち加へ
　　て、天降したまひき。是にその遠岐斯八尺の勾璁、鏡、及草那芸劒、亦常世思金神、手力男
　　神、天石門別神を副へ賜ひて、詔りたまひしく、「此れの鏡は、専ら我が御魂として、吾が前
　　を拝くが如伊都岐奉れ。次に思金神は、前の事を取り持ちて、政為よ。」とのりたまひき。此
　　の二柱の神は、佐久久斯侶、伊須受能宮に拝き祭る。（中略）。伊斯許理度売命は、作鏡連等の
　　祖。

C4. 『古語拾遺』天祖の神勅
　　　時に天祖天照大神・高皇産霊尊（中略）。即ち、八咫鏡及薙草剣の二種の神宝を以て、皇

孫に授け賜ひて、永に天璽所謂神璽の剣・鏡是なり。と為たまふ。矛・玉は自に従ふ。即ち、勅日したまはく、「吾が児此の宝の鏡を視まさむこと、吾を視るごとくすべし。与に床を同じくし殿を共にして、斎の鏡と為べし」とのりたまふ。

## C5. 『先代旧事本紀』巻三　天神本紀

時天照太神手持二宝鏡一。授二天忍穂耳尊一而祝之日。吾児視二此宝鏡一当下猶レ視レ吾。可下与同レ床共レ殿以為中齋鏡上。宝祚之隆当下与二天壌一無上レ窮矣。則授二八坂瓊曲玉及八咫鏡一。草薙劔三種宝物一永為二天璽一。矛玉自従矣。詔二天児屋命。天太玉命一日。惟爾二神亦同侍二殿内一善為二防護一焉。詔二天鈿売命一同使二配侍一焉。詔日二常世思金神。手力雄命。天石門別神一云。此鏡者専為二我御魂一。如レ拝二吾前一奉レ齋矣。

## 【神宝授与；国造任命関連】

## C6. 『粟鹿大神元記』

右大多彦命、磯城瑞籬宮御宇初国所知御間城入彦五十瓊殖天皇御世、国々荒振人等令二平服一。以二大国主神術魂荒魂一、取二着於桙・楯・太刀・鏡一、遣二於西国一。于レ時、初貢二男女之調物一、即但馬国朝来郡粟鹿村宿住矣也。

## C7. 『粟鹿大神元記』

次、神部直高日。速日児、神部直忍（中略）。

右人、磐余稚桜宮御宇息長大足姫天皇御世、但馬国人民率、粟鹿大神荒術魂、取二着於船鼻一、伝二百済一奉レ仕。然返祭来時尓、同朝庭神事取持奉レ仕。仍但馬国造止奉レ仕定給賜。又給二神宝楯二面、大刀二柄、鏡二面、頸玉一筒、手玉一筒、足玉一筒、神田七十五町九段百八十歩、神戸二烟一。上件物給、粟鹿大神宝蔵立、神宝物蓄積。始祭主忌始。上呼十一月寅日、中呼子日、下呼十二月申日、祭鎮。

## 【贈与】

## C8. 『播磨国風土記』賀古郡

此の岡に比礼墓あり。褶墓と号くる所以は、昔、大帯日子命、印南の別嬢を誂ひたまひし時、御佩刀の八咫の劔の上結に八咫の勾玉、下結に麻布都の鏡を繋けて、賀毛の郡の山直等が始祖息長命一の名は伊志治を媒として、誂ひ下り行でましし時（後略）

## C9. 『肥前国風土記』松浦郡

鏡の渡　郡の北にあり。昔者、檜隈の廬入野の宮に御宇しめしし武少広国押楯の天皇のみ世、大伴の狭手彦の連を遣りて、任那の国を鎮め、兼、百済の国を救はしめたまひき。命を奉りて、到り来て、此の村に至り、即ち、篠原の村篠は志弩と謂ふ の弟日姫子を娉ひて、婚を成しき。日下部君等が祖なり。容貌美麗しく、特に人間に絶れたり。分別るる日、鏡を取りて婦に与りき。婦、悲しみ滞きつつ栗川を渡るに、与られし鏡の緒絶えて川に沈みき。因りて鏡の渡と名づく。

## C′1. 『海部氏系図』

孫健振熊宿祢　此若狭木津高向宮尓海部直姓定賜弖楯桙賜国造仕奉支　品田天皇御宇。

## C′2. 『海部氏系図』

丹波国造建振熊宿祢　息長足姫皇后征二伐新羅国一之時、率二丹波・但馬・若狭之海人三百人一、為二水主一、以奉仕矣。凱旋之后、依二勲功一、于二若狭木津高向宮一、定二賜海部直姓一、而賜二楯桙等一、国造奉仕。品田天皇御宇。故

海部直、亦云二丹波直一、亦云二但馬直一矣。葬二于熊野郡川上郷安田一。

### C′3. 『因幡国伊福部臣古志』

伊其和斯宿祢命、磯香高穴穂御宇稚足彦天皇御世、奉レ仕。故、天皇詔ク、汝祖健牟口宿祢乃生血毛濡礼死血毛濡弖伐伏定弖仕奉留稲葉国乃公民乎撫養仕奉、止詔弖、賜二楯・槍・大刀一弖、彼国大政小政摠持弖申上国造ニ定賜弖退遣須止詔支。其所レ賜大刀等者、今為レ神祭。俗号曰二伊波比社一、是也。第一釼長二尺五寸。第二釼長一尺八寸五分。第三釼長一尺八寸九分。第四釼長一尺七寸五分。第五釼長一尺六寸五分。第六釼長二尺二寸二分。(中略)。第七釼長二尺一寸五分。五口諸刃也。

### C′4. 『日本書紀』巻二十七　天智三年

其の大氏の氏上には大刀を賜ふ。小氏の氏上には小刀を賜ふ。其れ伴造等の氏上には干楯・弓矢を賜ふ。亦其の民部・家部を定む。

### C′5. 『日本書紀』巻二十六　斉明四年

秋七月(中略)に、蝦夷二百余、闕に詣でて朝献る。饗賜ひて瞻給ふ。(中略)。別に沙尼具那等に、鮹旗二十頭・鼓二面・弓矢二具・鎧二領を賜ふ。津軽郡の大領馬武に大乙上、少領青蒜に小乙下、勇健者二人には位一階を授く。別に馬武等に、鮹旗二十頭・鼓二面・弓矢二具・鎧二領賜ふ。


## D.　恭順服属

### 【服属儀礼】

### D1. 『日本書紀』巻七　景行十二年

十二年の秋七月に、熊襲反きて朝貢らず。

八月の乙未の朔己酉に、筑紫に幸す。

九月の甲子の朔戊申に、周芳の娑麼に到りたまふ。時に天皇、南に望みて、群卿に詔して曰はく、「南の方に烟気多く起つ。必に賊在らむ」とのたまふ。則ち留りて、先づ多臣の祖武諸木・国前臣の祖菟名手・物部君の祖夏花を遣して、其の状を察しめたまふ。爰に女人有り。神夏磯媛と曰ふ。其の徒衆甚多なり。一国の魁帥なり。天皇の使者の至ることを聆きて、則ち磯津山の賢木を抜りて、上枝には八握劒を掛け、中枝には八咫鏡を掛け、下枝には八尺瓊を掛け、亦素幡を船の舳に樹てて、参向て啓して曰さく、「願はくは兵をな下しそ。我が属類、必に違きたてまつる者有らじ。今将に帰徳ひなむ(後略)」

### D2. 『日本書紀』巻八　仲哀八年

八年の春正月(中略)に、筑紫に幸す。時に、岡県主の祖熊鰐、天皇の車駕を聞りて、予め五百枝の賢木を抜じ取りて、九尋の船の舳に立てて、上枝には白銅鏡を掛け、中枝には十握劒を掛け、下枝には八尺瓊を掛けて、周芳の娑麼の浦に参迎ふ。魚塩の地を献る。

### D3. 『住吉大社神代記』周芳の娑麼の魚塩地を領す本縁

八年春正月(中略)筑紫に幸す。時に崗県主が祖熊鰐、天皇の車駕するを聞りて、予て五百枝の賢木を抜取り、以て九尋船の舳に立てゝ、上枝には白銅鏡を掛け、中枝には十握劒を掛け、下枝には八尺瓊を掛けて、周芳の娑麼之浦に参迎へて、魚塩地を献る。

D 4. 『日本書紀』巻八　仲哀八年

　　潮の満つるに及びて、即ち岡津に泊りたまふ。又、筑紫の伊覩県主の祖五十迹手、天皇の行すを聞りて、五百枝の賢木を抜じ取りて、船の舳艫に立てて、上枝には八尺瓊を掛け、中枝には白銅鏡を掛け、下枝には十握劒を掛けて、穴門の引嶋に参迎へて献る。因りて奏して言さく、「臣、敢へて是の物を献る所以は、天皇、八尺瓊の勾れるが如くにして、曲妙に御宇せ、且、白銅鏡の如くにして、分明に山川海原を看行せ、乃ち是の十握劒を提げて、天下を平けたまへ、となり」とまうす。天皇、即ち五十迹手を美めたまひて、「伊蘇志」と曰ふ。

D 5. 『筑前国風土記』怡土郡逸文（釈日本紀巻十）

　　筑前の国の風土記に曰はく、怡土の郡。昔者、穴戸の豊浦の宮に御宇しめし足仲彦の天皇、球磨曾唹を討たむとして筑紫に幸しし時、怡土の県主等が祖、五十跡手、天皇幸しぬと聞きて、五百枝の賢木を抜取りて船の舳艫に立て、上枝に八尺瓊を掛け、中枝に白銅鏡を掛け、下枝に十握劒を掛けて、穴門の引嶋に参迎へて献りき。天皇、勅して、「阿誰人ぞ」と問ひたまへば、五十跡手奏ししく、「高麗の国の意呂山に、天より降り来し日桙の苗裔、五十跡手是なり」とまをしき。（後略）

D 6. 『日本書紀』巻七　景行四十年

　　爰に日本武尊、則ち上総より転りて、陸奥国に入りたまふ。時に大きなる鏡を王船に懸けて、海路より葦浦に廻る。横に玉浦を渡りて、蝦夷の境に至る。蝦夷の賊首、嶋津神・国津神等、竹水門に屯みて距かむとす。然るに遙に王船を視りて、予め其の威勢を怖ぢて、心の裏にえ勝ちまつるまじきことを知りて、悉に弓矢を捨てて、望み拝みて曰さく、「仰ぎて君が容を視れば、人倫に秀れたまへり。若し神か。姓名を知らむ」とまうす。王、対へて曰はく、「吾は是、現人神の子なり」とのたまふ。

D 7. 出雲国造神賀詞

　　己命の児天の夷鳥の命にふつぬしの命を副へて、天降し遣はして、荒ぶる神等を撥ひ平け、国作しし大神をも媚び鎮めて、大八嶋国の現つ事・顕し事事避さしめき。すなはち大なもちの命の申したまはく、「皇御孫の命の静まりまさむ大倭の国」と申して、己命の和魂を八咫の鏡に取り託けて、倭の大物主くしみたまの命と名を称へて、大御和の神なびに坐せ、己命の御子あぢすき高ひこねの命の御魂を葛木の鴨の神なびに坐せ、事代主の命の御魂をうなてに坐せ、かやなるみの命の御魂を飛鳥の神なびに坐せて、皇孫の命の近き守神と貢り置きて、八百丹杵築の宮に静まりましき。（中略）。まそひの大御鏡の面をおしはるかして見そなはす事の如く、（中略）御祷の神宝を擎げ持ちて（後略）

D 8. 『日本書紀』巻十四　雄略九年

　　別に小鹿火宿禰、紀小弓宿禰の喪に従りて来つ。時に独角国に留る。倭子連（中略）をして八咫鏡を大伴大連に奉りて、祈み請さしめて曰さく、「僕、紀卿と共に天朝に奉事るに堪へじ。故請ふ、角国に留住らむ」とまうす。是を以て、大連、為に天皇に奏して、角国に留り居ましむ。

358 第Ⅱ部　銅鏡論考

## 【奉納】

### D 9. 『常陸国風土記』香島郡

其の後、初国知らしし美麻貴の天皇のみ世に至りて、奉る幣は、大刀十口、鉾二枚、鉄弓二張、鉄箭二具、許呂四口、枚鉄一連、錬鉄一連、馬一疋、鞍一具、八絲鏡二面、五色の絁一連なりき。俗いへらく、美麻貴の天皇のみ世、大坂山の頂に、白細の大御服まして、白梓の御杖取りまし、識し賜ふ命は、「我がみ前を治めまつらば、汝が聞こし看さむ食国を、大国小国、事依さし給はむ」と識し賜ひき。時に、八十の伴緒を追集へ、此の事を挙げて訪問ひたまひき。是に、大中臣の神聞勝命、答へけらく、「大八島国は、汝が知ろし食さむ国と事向け賜ひし香島の国に坐す天つ大御神の挙教しましし事なり」とまをしき。天皇、これを聞かして、即ち恐み驚きたまひて、前の件の幣帛を神の宮に納めまつりき。

### D 10. 『住吉大社神代記』

時に大神日はく、「此の勅旨に誤ひて、若し見決らるれば、天の下の宗廟社稷に災難・病患・兵乱・口舌・諸悪難疾疫の起る在らむ。」と盟宣賜ひき。仍、件の宅地に御社を定めて、斎主を奉りて奉鎮祭りき。亦、皇后の御手物、金絲・榾利・麻桶笥・柝・一尺鏡四枚・劒・柝・魚塩地等を寄さし奉り賜ひ、「吾は御大神と共に相住まむ。」と詔り賜ひて、御宮を定め賜ひき。

## E. 神宝検校

### E 1. 『日本書紀』巻六　垂仁八十八年

八十八年の秋七月（中略）に、群卿に詔して日はく、「朕聞く、新羅の王子天日槍、初めて来し時に、将て来れる宝物、今但馬に有り。元め国人の為に貴びられて、則ち神宝と為れり。朕、其の宝物を見欲し」とのたまふ。即日に、使者を遣して、天日槍の曾孫清彦に詔して献らしめたまふ。是に、清彦、勅を被りて、乃ち自ら神宝を捧げて献る。羽太の玉一箇・足高の玉一箇・鵜鹿鹿の赤石の玉一箇・日鏡一面・熊の神籬一具なり。唯し小刀一のみ有り。名を出石と日ふ。則ち清彦忽に刀子は献らじと以為ひて、仍りて袍の中に匿して、自ら佩けり。

### E′1. 『日本書紀』巻五　崇神六十年

六十年の秋七月の丙申の朔己酉に、群臣に詔して日はく、「武日照命（中略）の、天より将ち来れる神宝を、出雲大神の宮に蔵む。是を見欲し」とのたまふ。則ち矢田部造の遠祖武諸隅（中略）を遣して献らしむ。是の時に当りて、出雲臣の遠祖出雲振根、神宝を主れり。是に筑紫国に往りて、遇はず。其の弟飯入根、則ち皇命を被りて、神宝を以て、弟甘美韓日狭と子鸕濡渟とに付けて貢り上ぐ。既にして出雲振根、筑紫より還り来きて、神宝を朝廷に献りつといふことを聞きて、其の弟飯入根を責めて日はく、「数日待たむ。何を恐みか、輙く神宝を許しし」といふ。

### E′2. 『日本書紀』巻六　垂仁二十六年・二十七年

二十六年の秋八月（中略）に、天皇、物部十千根大連に勅して日はく、「屢使者を出雲国に遣して、其の国の神宝を検校へしむと雖も、分明しく申言す者も無し。汝親ら出雲に行りて、検校へ定むべし」とのたまふ。則ち十千根大連、神宝を校へ定めて、分明しく奏言す。仍

りて神宝を掌らしむ。

　二十七年の秋八月（中略）に祠官に令して、兵器を神の幣とせむと卜はしむるに、吉し。故、弓矢及び横刀を、諸の神の社に納む。仍りて更に神地・神戸を定めて、時を以て祠らしむ。蓋し兵器をもて神祇を祭ること、始めて是の時に興れり。

E'3. 『日本書紀』巻六　垂仁三十九年

　三十九年の冬十月に、五十瓊敷命、茅渟の菟砥川上宮に居しまして、劒一千口を作る。因りて其の劒を名けて、川上部と謂ふ。（中略）。石上神宮に蔵む。是の後に、五十瓊敷命に命せて、石上神宮の神宝を主らしむ。一に云はく、五十瓊敷皇子、茅渟の菟砥の河上に居します。鍛名は河上を喚して、大刀一千口を作らしむ。是の時に、楯部・倭文部・神弓削部・神矢作部・大穴磯部・泊櫃部・玉作部・神刑部・日置部・大刀佩部、幷せて十箇の品部もて、五十瓊皇子に賜ふ。其の一千口の大刀をば、忍坂邑に蔵む。然して後に、忍坂より移して、石上神宮に蔵む。

E'4. 『日本書紀』巻二十九　天武三年

　秋八月（中略）に、忍壁皇子を石上神宮に遣して、膏油を以て神宝を瑩かしむ。即日に、勅して曰はく、「元来諸家の、神府に貯める宝物、今皆其の子孫に還せ」とのたまふ。


## F.　神宝関連

F1. 『日本書紀』巻六　垂仁三年

　三年の春三月に、新羅の王の子天日槍来帰り。将て来る物は、羽太の玉一箇・足高の玉一箇・鵜鹿鹿の赤石の玉一箇・出石の小刀一口・出石の桙一枝・日鏡一面・熊の神籬一具、幷せて七物あり。則ち但馬国に蔵めて、常に神の物とす。一に云はく、初め天日槍、艇に乗りて播磨国に泊りて、宍粟邑に在り。時に天皇（中略）天日槍を問はしめて曰はく、「汝は誰人ぞ、且、何の国の人ぞ」とのたまふ。天日槍対へて曰さく、「僕は新羅国の主の子なり。然れども日本国に聖皇有すと聞りて、則ち己が国を以て弟知古に授けて化帰り」とまうす。仍りて貢献る物は、葉細の珠・足高の珠・鵜鹿鹿の赤石の珠・出石の刀子・出石の槍・日鏡・熊の神籬・胆狭浅の大刀、幷せて八物あり。仍りて天日槍に詔して曰はく、「播磨国の宍粟邑と、淡路島の出浅邑と、是の二の邑は、汝任意に居れ」とのたまふ。（中略）。是に、天日槍（中略）北近江国の吾名邑に入りて暫く住む。（中略）。是を以て、近江国の鏡村の谷の陶人は、天日槍の従人なり。

F2. 『古事記』中巻　応神記

　是に天之日矛、其の妻の遁げしことを聞きて、乃ち追ひ渡り来て、難波に到らむとせし間、其の渡の神、塞へて入れざりき。故、更に還りて多遅摩国に泊てき。（中略）。故、其の天之日矛の持ち渡り来し物は、玉津宝と云ひて、珠二貫。又浪振る比礼、浪切る比礼、風振る比礼、風切る比礼。又奥津鏡、辺津鏡、幷せて八種なり。此は伊豆志の八前の大神なり。

F3. 『先代旧事本紀』巻三　天神本紀

　天神御祖詔。授二天璽瑞宝十種一。謂。瀛都鏡一。辺都鏡一。八握劍一。生玉一。死反玉一。足玉一。道反玉一。蛇比礼一。蜂比礼一。品物比礼一是也。天神御祖教詔曰。若有二痛処一者。令二玆十宝一謂二一二三四五六七八九十一而布瑠部。由良由良止布瑠部。如レ此為レ之者。死人反生矣。是則所レ謂布瑠之言本矣。

F4. 『先代旧事本紀』巻七　天皇本紀（神武）

　　　辛酉為┐元年┌。（中略）。都┐橿原宮肇┌即┐皇位┌。（中略）。天富命率┐諸忌部┌。捧┐天璽鏡剱┌。奉┐於正安殿┌。天種子命奏┐天神寿詞┌。（中略）。復天富命率┐齋部諸氏┌。作┐種々神宝鏡玉矛楯木綿麻等┌也。（中略）。復饒速日命児宇摩志麻治命。帥┐内物部┌。造┐備矛楯┌。復天富命率┐諸齋部┌。捧┐天璽鏡劔┌。奉┐正安殿┌矣。復懸┐瓊玉┌。陳┐幣物┌。而祭┐大殿┌。（中略）。宇摩志麻治命先考饒速日尊自┐天受来天璽瑞宝十種是矣。所┐謂瀛都鏡一。辺都鏡一。八握劔一。生玉一。足玉一。死反玉一。道反玉一。蛇比礼一。蜂比礼一。品物比礼一是矣。天神教導。若有┐痛処┌者。令┐茲十宝┐謂┐一二三四五六七八九十┌而布瑠部。由良由良止布瑠部。如┐此為┐之者。死人返生矣。即是布瑠之言本矣。

F5. 『住吉大社神代記』

　　　　神財流代長財
　　　　かみのたからとよにつたふるながきたから

　　　神世草薙釼、一柄（中略）。
　　　　　から　　　　　　　ますみのかがみ
　　　唐鏡、一尺四面。　白銅鏡、八面。（八寸。）
　　　　くろかねの
　　　　鉄　鏡、八面。（八寸。）黒漆の篋に納む。（中略）。

　　　鏡、八面。（四面、銅。四面、鉄。）（中略）。
　　　　　　　はこ
　　　鏡筥、八合、（平文幷びに白綾縫立。）

F6. 『日本書紀』巻五　崇神六十年

　　　　　きびつひこ　　たけぬなかはわけ　　　　　　　ころ
　　　則ち吉備津彦と武渟河別とを遣して、出雲振根を誅す。故、出雲臣等、是の事に畏りて、
　　おほみわ　　　　　　　しま　　　　　　ひか　と　べ　　ひつぎのみこいくめのみこと　　まう
　　大神を祭らずして間有り。時に、丹波の氷上の人、名は氷香戸辺、皇太子活目尊に啓して曰
　　　　　やつかれのしづむ　わかごはべ　おのづから　まう
　　さく、「己が子、小児有り。而して自然に言さく、
　　　たまものしづし　　いのりまつ　　また　うましかがみ　　はふ　　うましみかみ　そこたからみたからぬし
　　　玉菱鎮石。出雲人の祭る、真種の甘美鏡。押し羽振る、甘美御神、底宝御宝主。山河の
　　みくく　みたま　しづか
　　水泳る御魂。静挂かる甘美御神、底宝御宝主（中略）。
　　　わくご　　　こと　　　つ
　　　是は小児の言に似らず。若しくは託きて言ふもの有らむ」とまうす。是に、皇太子、天皇に
　　まう　　　　　　　みことのり　　いはひまつ
　　奏したまふ。則ち勅して祭らしめたまふ。


G. 践祚神璽

G1. 『日本書紀』巻十七　継体元年

　　　　　　　　　　　　　　　　　　　ひざまづ　すめらみこと　みかがみみはかし　みしるし　たてまつ　　　　を　が
　　　二月の辛卯の朔甲午に、大伴金村大連、乃ち跪きて天子の鏡劔の璽符を上りて再拝みた
　　てまつる。

G2. 『日本書紀』巻十八　宣化即位前紀

　　　　　　　　　　　　　　まがりのおほえのひろくにおしたけかなひ　　　かむあが　　　　　　　みつぎな　まへつきみたち　まう　みはかしかがみ
　　　二年の十二月に、勾大兄広国押武金日天皇、崩りまして嗣無し。群臣、奏して劔鏡を
　　たけをひろくにおしたてのみこと　たてまつ　　　あまつひつぎしろしめ
　　武小広国押盾尊に上りて、即天皇之位しむ。

G3. 『日本書紀』巻三十　持統四年

　　　　　　　　　　　　　　　おほたて　た　　かむづかさのかみなかとみのおほしまのあそみ　あまつかみのよごと
　　　四年の春正月（中略）に、物部麻呂朝臣、大盾を樹つ。神祇伯中臣大嶋朝臣、天神寿詞読
　　を　　　　　　　いみべのすくねしこぶち　　かみのしるし　つるぎ　かがみ　きさき　たてまつ　　　あまつひつぎしろしめ　まへつきみつかさつかさ
　　む。畢りて忌部宿禰色夫知、神璽の劔・鏡を皇后に奉上る。皇后、即天皇位す。公卿百寮、
　　　つらな　　あまね　をが
　　羅列りて匝く拝みたてまつりて、手拍つ。

G 4.『先代旧事本紀』巻九　帝皇本紀（継体）

　　大伴金村大連。乃跪上二天子鏡劒璽符一再拝。（中略）。乃受二璽符一也。即二天皇位一。

G′1.『日本書紀』巻二十二　推古即位前紀

　　嗣位既に空し。群臣、渟中倉太珠敷天皇の皇后額田部皇女に請して、令祚践らむとす。皇后辞讓びたまふ。百寮、表を上りて勸進る。三に至りて乃ち從ひたまふ。因りて天皇の璽印を奉る。

G′2.『日本書紀』巻二十三　舒明元年

　　元年の春正月（中略）に、大臣及び群卿、共に天皇の璽印を以て、田村皇子に献る。（中略）。即日に、即天皇位す。

G′3.『日本書紀』巻二十五　孝徳即位前紀

　　天豊財重日足姫天皇、璽綬を授けたまひて、位を禪りたまふ。

G′4.『先代旧事本紀』巻八　神皇本紀（允恭）

　　今当レ上二天皇璽符一。於レ是群臣大喜。即日捧二天皇之璽符一。再拝上焉。皇子曰。群卿共為二天下一請二寡人一。寡人何敢遂辞。乃即二帝位一矣。


H. 神異譚等

【神鏡遷奉】

H 1.『釈日本紀』巻第七

　　大倭本紀曰。一書曰、天皇之始天降来之時、共副二護齋鏡三面、子鈴一合一也。注曰、一鏡者、天照大神之御霊、名天懸神也。一鏡者、天照大神之前御霊、名国懸大神。今紀伊国名草宮、崇敬解祭大神也。一鏡及子鈴者、天皇御食津神、朝夕御食、夜護日護斎奉大神。今、巻向穴師社宮所坐、解祭大神也。

【神異譚】

H 2.『日本書紀』巻九　神功皇后摂政前紀

　　既にして皇后、則ち神の教の験有ることを識しめして、更に神祇を祭り祀りて、躬ら西を征ちたまはむと欲す。爰に神田を定めて佃る。時に儺の河の水を引せて、神田に潤けむと欲して、溝を掘る。迹鷲岡に及るに、大磐塞りて、溝を穿すことを得ず。皇后、武内宿禰を召して、劒鏡を捧げて神祇を祈禱りまさしめて、溝を通さむことを求む。則ち当時に、雷電霹靂して、其の磐を蹴み裂きて、水を通さしむ。故、時人、其の溝を号けて裂田溝と曰ふ。

H 3.『住吉大社神代記』

　　既にして皇后則ち神の教の験あることを識しめして、更に神祇を祭祀る。躬ら西を征ちたまはむと欲して、爰に神田を定めて佃る。時に儺河の水を引かせて神田に潤けむと欲ひて溝を掘り、迹鷲岡に及びて、大磐塞るを以て溝を穿ることを得ず。皇后、武内宿禰を召して、劒鏡を捧げて、神祇を禱祈み、溝を通さむことを求めしむ。則ち雷電霹靂して、其の磐を蹴裂きて水を通さしむ。故、時人その溝を号けて裂田の溝と曰ふ。

362　第Ⅱ部　銅鏡論考

H4.『日本書紀』巻十四　雄略三年
　　三年の夏卯月に、阿閉臣国見、（中略）栲幡皇女と湯人の廬城部連武彦とを讒じて曰はく、「武彦、皇女を奸しまつりて任身ましめたり」といふ。（中略）。天皇、聞しめして使者を遣して、皇女を案へ問はしめたまふ。皇女、対へて言さく、「妾は、識らず」とまうす。俄にして皇女、神鏡を齎り持ちて、五十鈴河の上に詣でまして、人の行かぬところを伺ひて、鏡を埋みて経き死ぬ。天皇、皇女の不在きことを疑ひたまひて、恒に闇夜に東西に求覓めしめたまふ。乃ち河上に虹の見ゆること蛇の如くして、四五丈ばかりなり。虹の起てる処を掘りて、神鏡を獲。移行未遠にして、皇女の屍を得たり。割きて観れば、腹の中に物有りて水の如し。水の中に石有り。枳莒喩、斯に由りて、子の罪を雪むることを得たり。

【神怪】
H5.『常陸国風土記』久慈郡
　　東の山に石の鏡あり。昔、魑魅あり。萃集りて鏡を翫び見て、則ち、自ら去りき。俗、疾き鬼も鏡に面へば自ら滅ぶといふ。

【縁起】
H6.『筑後国風土記』宗像郡逸文（存疑）（防人日記）
　　西海道の風土記に曰はく、宗像の大神、天より降りまして、埼門山に居ましし時、青蘘の玉を以ちて奥津宮の表に置き、八尺蘘の紫玉を以ちて中津宮の表に置き、八咫の鏡を以ちて辺津宮の表に置き、此の三つの表を以ちて神のみ体の形と成して、三つの宮に納め置きたまひて、即て隠りましき。因りて身形の郡と曰ひき。後の人、改めて宗像と曰ふ。（後略）

【対外関係】
H7.『日本書紀』巻九　神功皇后摂政五十二年
　　五十二年の秋九月（中略）に、久氐等、千熊長彦に従ひて詣り。則ち七枝刀一口・七子鏡一面、及び種種の重宝を献る。仍りて啓して曰さく、「臣が国の西に水有り。源は谷那の鉄山より出づ。其の邈きこと七日行きて及らず。当に是の水を飲み、便に是の山の鉄を取りて、永に聖朝に奉らむ」とまうす。

H8.『古事記』中巻　応神記
　　亦百済の国主照古王、牡馬壹疋、牝馬壹疋を阿知吉師に付けて貢上りき。亦横刀及大鏡を貢上りき。

【神化生説話】
H9.『日本書紀』巻一　神代上第五段（一書第一）
　　一書に曰はく、伊奘諾尊の曰はく、「吾、御寓すべき珍の子を生まむと欲ふ」とのたまひて、乃ち左の手を以て白銅鏡を持りたまふときに、則ち化り出づる神有す。是を大日孁尊と謂す。右の手に白銅鏡を持りたまふときに、則ち化り出づる神有す。是を月弓尊と謂す。（中略）。即ち大日孁尊及び月弓尊は、並に是れ、質性明麗し。故、天地に照し臨ましむ。

H10.『先代旧事本紀』巻一　陰陽本紀
　　伊弉諾尊詔曰。吾欲レ生二御寓之珍子一。即化生之神三柱矣。左手持二白銅鏡一。則有二化出之神一。是謂二大日孁尊一。右手持二白銅鏡一。則有二化出之神一。是謂二月弓尊一。

H´1. 『日本書紀』巻十八　安閑元年

是の月に、廬城部連枳莒喩が女幡媛、物部大連尾輿が瓔珞を偸み取りて、春日皇后に献る。事発覚るに至りて、枳莒喩、女幡媛を以て、采女丁に献り、是春日采女なり。幷て安芸国の過戸の廬城部屯倉を献りて、女の罪を贖ふ。


I. その他

【形容表現】

I 1. 『日本書紀』巻二　神代下第九段（一書第一）

已にして降りまさむとする間に、先駆の者還りて白さく、「一の神有りて、天八達之衢に居り。其の鼻の長さ七咫、背の長さ七尺余り。当に七尋と言ふべし。且口尻明り耀れり。眼は八咫鏡の如くして、絶然赤酸醬に似れり」とまうす。

I 2. 『古語拾遺』天孫の降臨

既にして降りまさむとする間に、先駆還りて白さく、「一の神有りて、天八達之衢に居り。其の鼻の長さ七咫、背の長さ七尺、口尻明り曜き、眼八咫の鏡の如し」とまうす。

I 3. 『先代旧事本紀』巻六　皇孫本紀

天祖詔。授二天璽鏡劒一。陪二従諸神等一事。見二天神紀一。（中略）。有二一神一居二天八達之衢一。而上光二高天原一。下光二葦原中国一。其鼻長十咫、背長七咫余。当レ言二七尋一。且口尻明耀。眼如二八咫鏡一。

I 4. 『万葉集』巻十六（3885）

乞食者の詠二首

鹿待つと　わが居る時に　さを鹿の　来立ち嘆かく　頓に　われは死ぬべし　大君に　われは仕えむ　わが角は　御笠のはやし　わが耳は　御墨の坩　わが目らは　真澄の鏡　わが爪は　御弓の弓弭（後略）

I 5. 『播磨国風土記』讃容郡

昔、近江の天皇のみ世、丸部の具というものありき。（中略）。此の人、河内の国兔寸の村の人の賣たる劒を買ひ取りき。劒を得てより以後、家挙りて滅び亡せき。然して後、苫編部の犬猪、彼の地の墟を圃するに、土の中に此の劒を得たり。土と相去ること、廻り一尺ばかりなり。其の柄は朽ち失せけれど、其の刃は渋びず、光、明らけき鏡の如し。（後略）

I 6. 『万葉集』巻十六（3808）由縁ある幷に雑の歌

住吉の小集楽に出でて現にも己妻すらを鏡と見つも

I 7. 『万葉集』巻四（509）

丹比真人笠磨、筑紫国に下る時作る歌一首

臣女の　匣に乗れる　鏡なす　御津の浜辺に　さにつらふ　紐解き離けず　吾妹子に　恋ひつつ居れば（後略）

I 8. 『万葉集』巻十八（4116）

夏の野の　さ百合の花の　花笑に　にふぶに笑みて　逢はしたる　今日を始めて　鏡なす　斯くし常見む　面変りせず

I 9.『日本書紀』巻二十七　天智六年

　　皇太子、群臣に謂りて曰はく、「我、皇太后天皇の勅したまへる所を奉りしより、万民を憂へ恤む故に、石槨の役を起さしめず。冀ふ所は、永代に以て鏡誡とせよ」とのたまふ。

I 10.『万葉集』巻二十（4465）

　　　　族に喩す歌一首

　　皇祖の　天の日嗣と　継ぎて来る　君の御代御代　隠さはぬ　赤き心を　皇辺に　極め尽して　仕へ来る　祖の職と　言立てて　授け給へる　子孫の　いや継ぎ継ぎに　見る人の　語りつぎてて　聞く人の　鏡にせむを　あたらしき　清きその名そ　おぼろかに　心思ひて　虚言も　祖の名断つな　大伴の　氏と名に負へる　大夫の伴

I 11.『先代旧事本紀』巻七　天皇本紀（神武）

　　二年春二月（中略）。天皇定功行賞。（中略）。生々世々子々孫々八十聯綿。必胤此職永為亀鏡。

I 12.『日本書紀』巻二十一　用明元年

　　夏五月に、穴穂部皇子、炊屋姫皇后を姧さむとして、自ら強ひて殯宮に入る。寵臣三輪君逆、乃ち兵衛を喚して、宮門を重璵めて、拒きて入れず。（中略）。是に、穴穂部皇子、大臣と大連とに謂りて曰はく、「逆、頗に礼無し。殯庭にして諫りて曰さく、『朝廷荒さずして、浄めつかへまつること鏡の面の如くにして、臣、治め平け奉仕らむ』とまうす。即ち是礼無し。（後略）」

I 13.『日本書紀』巻十八　安閑元年

　　大伴大連、勅を奉りて宣りて曰はく、（中略）長く駕き遠く撫でて、横に都の外に逸で、区域を瑩き鏡して、垠無きに充ち塞てり。

I 14.『古事記』上段　序第二段

　　重加、智海は浩汗として、潭く上古を探り、心鏡は煒煌として、明らかに先代を覩たまひき。

I 15.『新撰姓氏録』

　　皇極握鏡、国記皆燔、幼弱迷其根源、狡強倍其偽説。

I 16.『万葉集』巻五（793）　雑歌

　　　　神亀五年六月二十三日

　　蘭室に屏風徒に張りて、断腸の哀しび彌痛く、枕頭に明鏡空しく懸りて、染筠の涙逾落つ。（後略）

【所有】

I 17.『万葉集』巻十三（3314）

　　つぎねふ　山城道を　他夫の　馬より行くに　己夫し　歩より行けば　見るごとに　哭のみし泣かゆ　其思ふに　心し痛し　たらちねの　母が形見と　わが持てる　真澄鏡に　蜻蛉領巾　負ひ並め持ちて　馬買へわが背

I 18.『万葉集』巻十三（3316）

　　真澄鏡持てれどわれは験なし君が歩行よりなづみ行く見れば

## 【地名】

I 19. 『万葉集』巻二（155）　挽歌

　　　山科の御陵より退き散くる時、額田王の作る歌一首

　　やすみしし　わご大君の　かしこきや　御陵奉仕ふる　山科の　鏡の山に　夜はも　夜のことごと　昼はも　日のことごと　哭のみを　泣きつつ在りてや　百磯城の　大宮人は　去き別れなむ

I 20. 『豊前国風土記』逸文（『万葉集註釈』巻第三）

　　　豊前の国の風土記に云はく、田河の郡。鏡山 郡の東にあり。昔者、気長足姫尊、此の山に在して、遙に国形を覧て、勅祈ひたまひしく、「天神も地祇も我が為に福へたまへ」とのりたまひて、乃便ち、御鏡を用ちて、此の処に安置きたまひき。其の鏡、即ち石と化為りて山の中に見在り。因りて名づけて鏡山と曰ふ。

I 21. 『豊後国風土記』日田郡

　　　鏡坂 郡の西にあり。昔者、纒向の日代の宮に御宇しめしし天皇、此の坂の上に登りて、国形を御覧して、即ち勅りたまひしく、「此の国の地形は、鏡の面に似たるかも」とのりたまひき。因りて鏡坂といふ。斯れ其の縁なり。

## 【鏡作氏】

I 22. 『日本書紀』巻二十九　天武十二年

　　　冬十月（中略）に、（中略）鏡作造、幷て十四氏に、姓を賜ひて連と曰ふ。

I 23. 『先代旧事本紀』巻三　天神本紀

　　　天糠戸命　鏡作連等祖

I 24. 『先代旧事本紀』巻三　天神本紀

　　　次石凝姥命。鏡作上祖

I 25. 『先代旧事本紀』巻五　天孫本紀

　　　弟物部鍛冶師連公。鏡作小軽馬連等祖。

I 26. 『古語拾遺』遣りたる十

　　　凡て、大幣を造ることにも、赤神代の職に依りて、斎部の官、供作る諸氏を率て、例に准ひて造り備ふべし。然れば、神祇官の神部は、中臣・斎部・猨女・鏡作・玉作・盾作・神服・倭文・麻続等の氏有るべし。

## 【枕詞等】

I 27. 『万葉集』巻二（196）

　　　明日香皇女木瓲の殯宮の時、柿本朝臣人麿の作る歌一首

　　飛鳥の　明日香の河の　上つ瀬に　石橋渡し　下つ瀬に　打橋渡す　石橋に　生ひ靡ける　玉藻もぞ（中略）敷栲の　袖たづさはり　鏡なす　見れども飽かず（後略）

I 28. 『万葉集』巻四（572）

　　　大宰帥大伴卿の京に上りし後、沙彌満誓、卿に贈れる歌二首

　　まそ鏡見飽かぬ君に後れてや朝夕にさびつつ居らむ

I 29. 『万葉集』巻十一（2366）

　　真澄鏡見しかと思ふ妹も逢はぬかも玉の緒の絶えたる恋の繁きこのころ

366　第Ⅱ部　銅鏡論考

I 30.　『万葉集』巻十一（2509）

　　　真澄鏡見とも言はめや玉かぎる石垣淵の隠りたる妻

I 31.　『万葉集』巻十二（2978）　物に寄せて思を陳ぶ

　　　真澄鏡見ませわが背子わが形見持たらむ時に逢はざらめやも

I 32.　『万葉集』巻十二（2980）　物に寄せて思を陳ぶ

　　　真澄鏡見飽かぬ妹に逢はずして月の経ぬれば生けりともなし

I 33.　『万葉集』巻十三（3324）　挽歌

　　　わが思ふ　皇子の命は　春されば　殖槻が上の　遠つ人　松の下道ゆ　登らして　国見あそ
　　ばし　九月の　時雨の秋は　大殿の　砌しみみに　露負ひて　靡ける萩を　玉襷　懸けて偲
　　はし　み雪ふる　冬の朝は　刺楊　根張梓を　御手に　取らしたまひて　遊ばしし　わが大
　　君を　霞立つ　春の日暮　真澄鏡　見れど飽かねば　万歳に　斯くしもがもと　（後略）

I 34.　『万葉集』巻十九（4214）

　　　　挽歌一首
　　　真澄鏡　見れども飽かず　珠の緒の　惜しき盛りに　（後略）

I 35.　『万葉集』巻十九（4221）

　　　かくばかり恋しくあらば真澄鏡見ぬ日時なくあらましものを
　　　　右の二首は、大伴氏の坂上郎女、女子の大嬢に賜へるなり。

I 36.　『万葉集』巻七（1404）　挽歌

　　　鏡なすわが見し君を阿婆の野の花橘の珠に拾ひつ

I 37.　『万葉集』巻三（239）

　　　　長皇子猟路の池に遊しし時、柿本人麻呂の作る歌一首
　　　やすみしし　わご大王　高照らす　わが日の皇子の　馬並めて　み猟立たせる　弱薦を　猟
　　路の小野に　猪鹿こそば　い匍ひ拝め　鶉こそ　い匍ひ廻ほれ　猪鹿じもの　い匍ひ拝み
　　鶉なす　い匍ひ廻ほり　恐みと　仕へ奉りて　ひさかたの　天見るごとく　真澄鏡　仰ぎて
　　見れど　春草の　いやめづらしき　わご大王かも

I 38.　『万葉集』巻九（1792）

　　　　娘子を思ひて作れる歌一首
　　　白玉の　人のその名を　なかなかに　辞を下延へ　逢はぬ日の　数多く過ぐれば　恋ふる日
　　の　累なり行けば　思ひやる　たどきを知らに　肝向ふ　心砕けて　玉襷　懸けぬ時無く
　　口息まず　わが恋ふる児を　玉釧　手に取り持ちて　真澄鏡　直目に見ねば　下檜山　下ゆ
　　く水の　上に出でず　わが思ふ情　安からぬかも

I 39.　『万葉集』巻十一（2632）　物に寄せて思を陳ぶ

　　　真澄鏡直にし妹を相見ずはわが恋止まじ年は経ぬとも

I 40.　『万葉集』巻十一（2810）

　　　音のみを聞きてや恋ひむ真澄鏡直目に逢ひて恋ひまくもいたく

I 41.　『万葉集』巻十二（2979）　物に寄せて思を陳ぶ

　　　真澄鏡直目に君を見てばこそ命にむかふわが恋止まめ

I 42.　『万葉集』巻六（1066）
　　　　まそ鏡敏馬の浦は百船の過ぎて往くべき浜にあらなくに

I 43.　『万葉集』巻十一（2502）　物に寄せて思を陳ぶ
　　　　真澄鏡手に取り持ちて朝な朝な見れども君は飽くこともなし

I 44.　『万葉集』巻十一（2633）　物に寄せて思を陳ぶ
　　　　真澄鏡手に取り持ちて朝な朝な見む時さへや恋の繁けむ

I 45.　『万葉集』巻十二（3185）　別を悲しめる歌
　　　　真澄鏡手に取り持ちて見れど飽かぬ君におくれて生けりとも無し

I 46.　『万葉集』巻十九（4192）
　　　　　霍公鳥と藤の花とを詠む一首
　　　　朝影見つつ　少女らが　手に取り持てる　真澄鏡　二上山に　木の暗の　繁き谿辺を　呼び響め（後略）

I 47.　『万葉集』巻七（1079）
　　　　まそ鏡照るべき月を白栲の雲か隠せる天つ霧かも

I 48.　『万葉集』巻十一（2462）　物に寄せて思を陳ぶ
　　　　吾妹子しわれを思はば真澄鏡照り出づる月の影に見え来ね

I 49.　『万葉集』巻十一（2811）
　　　　この言を聞かむとならし真澄鏡照れる月夜も闇のみに見つ

I 50.　『万葉集』巻八（1507）
　　　　　大伴家持の橘の花を攀ぢて坂上大嬢に贈れる歌一首
　　　　いかといかと　あるわが屋前に　百枝さし　生ふる橘　玉に貫く　五月を近み　あえぬがに　花咲きにけり　朝に日に　出で見るごとに　息の緒に　わが思ふ妹に　真澄鏡　清き月夜に　ただ一目　見するまでには　散りこすな（後略）

I 51.　『万葉集』巻十一（2670）　物に寄せて思を陳ぶ
　　　　真澄鏡清き月夜の移りなば思ひは止まず恋こそ益さめ

I 52.　『万葉集』巻十七（3900）
　　　　　十年七月七日の夜、独り天漢を仰ぎて聊かに懐を述ぶる一首
　　　　織女し船乗りすらし真澄鏡清き月夜に雲立ち渡る
　　　　　　右の一首は、大伴宿禰家持の作なり

I 53.　『万葉集』巻四（619）
　　　　　大伴坂上郎女の怨恨の歌一首
　　　　押し照る　難波の菅の　ねもころに　君が聞して　年深く　長くし言へば　まそ鏡　磨ぎし情を　許してし　その日の極み　波のむた　なびく玉藻の　かにかくに　心は持たず（後略）

I 54.　『万葉集』巻四（673）
　　　　　大伴坂上郎女の歌二首
　　　　まそ鏡磨ぎし心をゆるしてば後に言ふとも験あらめやも

368 第Ⅱ部 銅鏡論考

I 55. 『万葉集』巻十一（2501） 物に寄せて思を陳ぶ

里遠み恋ひうらぶれぬ真澄鏡床の辺去らず夢に見えこそ

I 56. 『万葉集』巻十一（2634） 物に寄せて思を陳ぶ

里遠み恋ひわびにけり真澄鏡面影去らず夢に見えこそ

I 57. 『万葉集』巻十二（2981） 物に寄せて思を陳ぶ

祝部らが齋ふ三諸の真澄鏡懸けてそ偲ふ逢ふ人ごとに

I 58. 『万葉集』巻十五（3765）

まそ鏡かけて偲へとまつり出す形見の物を人に示すな

I 59. 『万葉集』巻十六（3791） 由縁ある幷に雑の歌

昔老翁ありき。号を竹取の翁と曰ひき。（中略）。近づき狎れし罪は、希はくは贖ふに歌を

もちてせむといふ。すなはち作る歌一首

真澄鏡　取り並め懸けて　己が顔　還らひ見つつ（後略）

I 60. 『万葉集』巻十（2206）

真澄鏡南淵山は今日もかも白露置きて黄葉散るらむ

I 61. 『万葉集』巻十一（2424） 物に寄せて思を陳ぶ

紐鏡能登香の山も誰ゆゑか君来ませるに紐解かず寝む

I 62. 『万葉集』巻十三（3250）

蜻蛉島　日本の国は　神からと　言挙せぬ国　然れども　われは言挙す（中略）真澄鏡　正

目に君を　相見てばこそ　わが恋止まめ

I'1. 『万葉集』巻十三（3286）

玉襷　懸けぬ時なく　わが思へる　君に依りては　倭文幣を　手に取り持ちて　竹珠を　繁

に貫き垂れ　天地の　神をそわが乞ふ　甚も為方無み

※ 鏡記事の探索には以下の文献をもちいた。なお、ふりがななど一部に改変をほどこしている。訓み下し
　文ではなく白文で掲載すべきとも考えたが、わかりやすさを優先して訓み下し文を載せた。

『古事記 祝詞』：日本古典文学大系1、1958年、岩波書店、倉野憲司（古事記）・武田祐吉（祝詞）校注

『日本書紀』上：日本古典文学大系67、1967年、岩波書店、坂本太郎・家永三郎・井上光貞・大野晋校注

『日本書紀』下：日本古典文学大系68、1965年、岩波書店、坂本太郎・家永三郎・井上光貞・大野晋校注

『風土記』：日本古典文学大系2、1958年、岩波書店、秋本吉郎校注

『万葉集』一：日本古典文学大系4、1957年、岩波書店、高木市之助・五味智英・大野晋校注

『万葉集』二：日本古典文学大系5、1959年、岩波書店、高木市之助・五味智英・大野晋校注

『万葉集』三：日本古典文学大系6、1960年、岩波書店、高木市之助・五味智英・大野晋校注

『万葉集』四：日本古典文学大系7、1962年、岩波書店、高木市之助・五味智英・大野晋校注

『古事記 先代舊事本紀 神道五部書』新訂増補国史大系 第七巻、1936年、黒板勝美編輯、吉川弘文館

『古語拾遺』：岩波文庫、1985年、岩波書店、西宮一民校注

『住吉大社神代記の研究』：1985年、田中卓著作集7、国書刊行会、田中卓著

『祝詞・宣命註釈』：神道大系 古典註釈編六、1978年、精興社、青木紀元校注

# 第5章　失われた鏡を求めて

*——たとえばわれわれが庭園のツツジの花であり、わたしがこのツツジの花であり、朝毎に友人である周囲の個別のツツジたちのそれぞれ変色し、あるいは新しく未知のツツジの若々しく花開くことに感動し、わたし自身も朝毎に変色してゆき、いつかわたしの先輩たちのように褐色の塵埃となって消えてゆかねばならない運命を知っているとしたら、わたしの生涯のすべての朝におなじような顔をみせつづける人間たちの、わが身とひきくらべてほとんど無限の長寿を享受するかにみえる生をうらやんで、ちがったうたをうたったはずである。*

(真木悠介『時間の比較社会学』)

## 1. 古鏡研究の新視点

　2010年1月のことだから、もう8年も前になる。新年早々、学界を驚倒させるニュースが紙面を踊った。奈良県桜井市に所在する桜井茶臼山古墳を再発掘したところ、三角縁神獣鏡をふくむ厖大な数の鏡片が検出されたというのだ。過去の出土資料とあわせると計384片、復元すれば81面にも達するというのだから、おどろきもひとしおである。日本列島で鏡が格別に重視された古墳時代前期において、最上位クラスの有力者の奥津城にかくも多量の鏡が副葬されていた事実が判明し、しかもその内容まで明らかになったのは、列島の政治史や国家形成論にとっても、はなはだ重大な発見である。旧石器捏造事件いらい、考古学関連の一面記事はめっきり減ったが、この発掘成果が一面に掲載されたのも、その重大さを考えれば得心がゆく。

　ところで、このニュースに関心をもった人の多くは、なぜ破片ばかりなのかと訝しく思ったのではないだろうか。研究者や古代史ファンのなかには、これを意図的な破砕供献の結果だと推断する向きもある。あまつさえ、古墳時代では稀例になった鏡の破砕儀礼をあえて実施した本墳の特殊性や被葬者像にまで踏みこんで、憶測を逞しくすることもある。しかし、実資料によるかぎり、その推論は成立しない〔菅谷 2003；岩本 2013 等〕。破片ばかりなのは、本墳が大がかりな盗掘をこうむり、めぼしい遺物が持ち去られた結果にほかならない。実際、鏡片のほとんどが盗掘時の攪乱土中から出土している。明治の中頃に埋葬施設が盗掘され、「鏡を横浜の外人に売却したという話」(1)などが現地に伝えられていることも、「盗掘の際」に「完形品」が存在したことを示唆する〔上田他 1961；末永 1961・1968〕。

　桜井茶臼山古墳から5km半ほど北上すると、三角縁神獣鏡の多量出土で名高い黒塚古墳がある。しかし、本墳のように豊かな副葬品がほぼ無傷で残されている古墳は、きわめて例外的な存在である。その黒塚古墳にしても、掘り返された墓壙内から中世の土器が出土しており、石槨の一部

まで盗掘の手がのびていた。しかし、地震により石槨の石材が崩落していたため〔寒川 2007〕、盗掘者が途中で断念し、多数の副葬鏡が手つかずの状態で残されたのである。

　古墳の盗掘は古くからさかんにおこなわれてきた〔清野 1955：玉利 1992 等〕。鎌倉期・幕末期・大正期・敗戦直後などの盗掘の流行期をへつつ、おもだった古墳はもとより、ささやかな小墳にいたるまで、ひとしなみに濫掘をこうむってきた。とくに奈良盆地は、古墳の本場だけに盗掘の被害もいちじるしく〔末永 1968：茂木 1990 等〕、当地での盗掘の手管や盗品売買について、小説でつぶさに解説されるほどである〔松本清 1997〕。盗掘品の追跡作業は、「失われた鏡」を突きとめる際にしばしば必要となり、そして有効であることが多い〔奈良県立橿原考古学研究所編 2005：鐘方 2010 等〕。奈良盆地でもとくに巨大古墳のメッカである大和古墳群近辺において、「足利時代に（或は其以前なるやを疑ふ）金銀を得し目的にて盛に古墳を発掘し、玉類鏡類を採」ったという「此地古老の伝説」が存すること〔佐藤小 1919〕も、伝説とはいえ信憑性を帯びてくる。

　桜井茶臼山古墳の南西 2 km 弱に盤踞する巨墳のメスリ山古墳も、ご多分に漏れず盗掘されていた。本墳の盗掘品で興味を惹くのは、滑石製の椅子形石製品である。かつて「多武峰倉梯岡陵辺」から出土し、敗戦前の有職故実研究の大家である関保之助の所有をへて〔土橋他 1927〕、京都国立博物館が所蔵していた破片が、本墳の発掘調査（1959-60 年）で出土した破片と接合したのである。その「倉梯」に関連して、面白い文献記事がある〔森 1993〕。『日本三代実録』の貞観十一(869) 年の記事で、「大和国十市郡椋橋山河岸崩裂。高二丈、深一丈二尺。其中有鏡一。広一尺七寸。採面献之」とある。椋橋山の河岸が崩壊し、そこから径約 51 cm もの超大型鏡が出土したというのだ。盗掘者は出土地をしばしば偽ること、本墳の所在地と「倉橋（椋橋）」は 1 km 以上離れていること、「多武峰」と「倉梯岡」すらいくぶんの距離があること、そしてそもそも「椋橋山」出土鏡が古墳時代の鏡である確証がないことなどから、安易な繋合はつつしむべきであろうが、本墳と「椋橋山」とにいくばくかの関連をみたくもなる。

　やや話が逸れたが、要するに古墳に副葬された鏡の多くが、盗掘や偶然の出土などによって世にでてしまっているわけである。上記のメスリ山古墳例のように、別個の機会に掘りだされた副葬品の断片が、時をへてふたたび接合する事例もあれば、後述のように、江戸期に掘りだされ、古文書に記述されたり掲載された鏡が、幾人かの蒐集家の手をわたっていった経緯を復元できる事例もある。出土後の鏡がたどった経緯を追跡する作業には、探偵めいた面白さがあり愉悦がある。

　だがそうした作業には、探偵的な面白さにとどまらない学問的価値が秘められている。弥生時代や古墳時代の鏡が、なかでも三角縁神獣鏡が出土すると、すわ「卑弥呼の鏡」かと注目が集まる。たしかに古墳時代の鏡は、当時の列島の政治状況や社会関係を究明する最重要の考古資料のひとつであり、その重要性はいくら強調しても、しすぎることはない。しかし、盗掘などで失われた鏡が多いため、資料的な欠落が多いという問題点がある。それゆえ、古くに掘り返された鏡を古文書にみいだしたり、さらにはその鏡の実物を再発見することは、資料の補墳あるいは充実化という意味で価値が高い。それが有力古墳の出土鏡であるならばなおさらである。最近、岡山県操山に所在した古墳から、文化三 (1806) 年に三角縁神獣鏡 2 面をふくむ 8 面の鏡が出土した旨を記した古文書が発見され、学界の注目を集めていることは、その顕著な一例である〔福永他 2016〕。

　しかし、知られざる過去の出土鏡や失われた鏡を探しだす作業には、これだけにとどまらない学問的意義がある。考古資料が意味をもつのは、それが製作されてから、地中に埋まるまでの期間に

かぎられるわけではない。考古学とは人間の活動の物的痕跡から、すなわち人間が遺した過去のモノや遺構や痕跡などから、人間の行動や精神活動などを明らかにする学問である。人とモノとの関係を問う学問だといっても、それほど的を失してはいまい。とすれば当然、地中に没したモノが掘りおこされ、ふたたびそのモノと人との関係がとりむすばれた場合も、研究の対象になる。いやむしろ、各時期の人びとが古物をどのように認識し、それをいかに（再）利用したかを追究することで、人とモノとの関係をより豊かに究明することが可能になるだろう。弥生時代や古墳時代に鏡がいかに製作され、流通し、使用されたのか、そしてその歴史的意義はどのようなものであったのか。そうした事柄を突き詰めてゆく研究は重要である。しかし他方で、時をへて掘りおこされたそれらの鏡に、（私たち自身をふくむ）後代の人びとが何をみて、何を思ったのか。どう関係をとりむすんだのか。そんな研究視点を推し進めてもよいのではないか。

　他方、この見方を反転させ、人ではなく鏡自体を主人公にすえると、別の研究視点も開けてくる。弥生・古墳時代の鏡を対象とする既往の研究は、その生産・流通・使用（保有）に焦点をあてるのが一般であった。その場合、もっぱら追究されるのは、生産体制・工人編成・政治的な流通システム・祭祀的な使用・被葬者の政治的立場と副葬鏡の関係など、集団的な（政治・社会的）関係性である。もちろん、そうした研究の価値は大きい。しかしこの研究視角では、副葬や廃棄などにより鏡がひとたび地上から姿を消すと、そこで検討が終わってしまう。ふたたび掘りおこされたとしても、社会的な文脈がまるで変わってしまっており、一貫した視座からの検討が至難になるからである。ところが、鏡を行為主体としてとらえると、誕生した場（製作地）から最初の保有者のもとに移動することと、ひとたび埋まったのち、ふたたび人の保有に帰することとは、鏡からすれば同じ位相の関係定立になる。鏡が、弥生・古墳時代に分配や再分配をつうじて個人ないし集団間を移動することと、再発見後に蒐集家の手や博物館施設を次々にわたってゆくことも、やはり一貫した視座から追究できる。本論では具体的な分析をしていないが、このような視点からの研究は、モノと人との多元的な関係を豊かに復元／再構築する可能性を秘めているだろう〔桜井 2011 等〕。その点からすれば、本章の章題は「鏡の一生」、あるいは「鏡の半生涯」あたりでもよい気がする。

　また、とくに目新しくもないが、もうひとつ重要な研究視点を提示しておきたい。すなわち、古物を介した人のネットワークを追究する研究視点である。本章では、そうしたネットワークが萌芽し、かつ活溌であった江戸期に焦点をあてる。

　古来より、人は古物に関心を示してきた。国内に限定しても、『続日本後紀』に石鏃に関する記事があり、千利休が須恵器を茶器として愛用し、徳川光圀が佐々宗淳に命じて古墳の発掘を実施させた等々、枚挙に遑がない。ただ、古物にまがりなりにも学問的なまなざしが注がれだすのは、江戸中期からである。寺社などに現在まで伝わる古墳出土鏡のうち、その出土年代がもっとも古いものは、おおよそ江戸前期にさかのぼる。この頃から、出土鏡を古物として保有し、伝世してゆく意識が高まったらしい。一方、出版物や記録類に鏡の詳細な発見記事が記載され、拓本や図面が付載されるようになるのは、遅れること1世紀あまりの安永〜寛政期頃からである〔清野 1954・1955等〕。それ以前にも、新井白石や青木昆陽、伊藤東涯など著名な学者たちが、古物に関する著述をしたためていた。しかし、古物熱が市井まで滲透し、学問的関心が高まったのは、ようやく18世紀後半頃にいたってからであり、古鏡への学問的関心の萌芽と時期を同じくしていた。

　その背景には、街道交通の整備や出版・印刷業の隆盛、そして町人文化のいっそうの進展などが

あった。このような背景のもと、古物を愛好する好古家が広範な知識交換のネットワークを形成し、かれらの著述や蒐集品の拓影・図譜などがそのネットワークに乗って流通し、知的財産として共有されていった。のみならず、好古家たち自身が集まる会合が定期的に開催された。そこにはしばしば実物がもちよられ、身分の高低を問わず活溌な談論がくりひろげられた。他方、松平定信（老中・白河藩主）や朽木昌綱（龍橋）（福知山藩主）、松浦静山（平戸藩主）らを代表とする、好古の大名もあらわれた。寛政の改革を主導した定信は、200面もの古鏡図をふくむ大著『集古十種』〔松平編 1800〕を刊行させたことでも名高い。昌綱や平戸松浦家の旧蔵鏡は、現在まで伝わっている〔財団法人根津美術館編 1987；大庭孝 2013〕し、後述するように『集古十種』の所載鏡のいくつかを、現在でも確認できる。蒐集家の「文庫」に古鏡がふくまれていることもある（例：竹川政信の射和文庫〔森潤 1979〕・松岡調の多和文庫〔川瀬 1999〕）。

　鎖国のさなか、蘭学や異国の品々をつうじて国外の新情報が流入してきたことも大きかった。鎖国というと、外部の情報を遮断した孤立状態をついつい思いうかべてしまうが、存外に多くの情報が積極的に仕入れられていたようである。たとえば、蘭学の積極的な受容者で、18世紀後半に知識人ネットワークの要として活躍した「知の巨人」・木村蒹葭堂〔中村真 2000〕は、西洋の知識をも駆使した「一角獣」論をものしている。他方、P. シーボルトの『日本』などの著作をつうじて、日本の動植物や器物などに関する知識も西洋に伝わった。のみならず、日本製の「人魚」などといった人工「怪物」やモノ自体も流れこみ、西洋考古学の重要な基点である博物学の資料とされ、あるいは「驚異の部屋」の一角を飾りたてた〔荒俣 1994；小宮 2007；モリエス 2012 等〕。

　西洋では、新大陸でみいだされた新奇な文物や古物が母国に流入したことが重大な刺戟となって、自国の古代や古物への探求心が湧きあがり、これが考古学を誕生させる一大契機となった。日本国内における古物熱の高まりにも、このような側面を指摘できよう。そして、蘭学という新しい学問体系や実証を重んじる清朝考証学が、さらには親験目睹・分類・図示を是とし、物産学や博物学に分岐しつつあった本草学が、古物への関心を学問レヴェルに引きあげるのに多大な役割をはたした。たとえば、蘭学の輸入者として著名な平賀源内は、宝暦七（1757）年に江戸湯島で物産会を開催させたが、物産会には古鏡をふくむ古物も展示され〔清野 1944b 等〕、本会が好古家たちの会合やネットワーク形成に大きな影響をあたえたという。

　これらは机上の学問ではなく、実物に根ざしていた。好古家の会合には、しばしば古物がもちよられた。その熱心な参加者であった滝沢馬琴の旧蔵古鏡が、現在に伝わっている。考証学を深めた19世紀前半の大儒であり、求古楼とも号した狩谷棭斎も古鏡の所蔵者であった。棭斎の知己であり、考証学を推し進めた儒学者である松崎慊堂の日記『慊堂日暦』には、「求古楼の古鏡」と題して棭斎の所蔵鏡9面を列挙している〔松崎 1980；森下 2004〕。棭斎や慊堂は鏡銘に釈読をほどこしているが、それらは現在でも通用する高水準に達しており〔松崎 1980；鐘方 2012a 等〕、考証学者の面目躍如たるものがある。

　そして理由はよくわからないが、蘭学者もしばしば古鏡を所蔵していた。木村蒹葭堂は、万般にわたる大蒐集家であり、そのなかには古鏡もあった。辰馬考古資料館には、蒹葭堂旧蔵の唐草文縁方格規矩四神鏡が所蔵されている。ただし、宋代以後の踏返し品である。蒹葭堂は京都の東山芙蓉楼で開催された第七回物産会の出陳品を書き記している〔清野 1944b〕が、そこに出陳された古鏡をかれの所有品とする見解もある〔田村利 1985〕。蘭学につうじた朽木昌綱も、『集古十種』所

載の唐鏡をはじめ、複数面の古鏡を蒐集していた。昌綱は古銭家として令名高く、1920年に考古学会が「第二回十二考古家資料展観」を開催した際に、松平定信や市河寛斎、野里梅園や根岸武香、そして近藤守重らとともに、「十二考古家」のひとりに選ばれている[3]〔考古学会編 1920〕。昌綱は蘭学の泰斗である前野良沢に教えをうけたが〔福井 1937〕、同じく良沢に師事した司馬江漢も古鏡を所有し〔清野 1955〕、その同門であった大槻玄沢（磐水）の子息で、蘭学も学んだ大槻磐渓の旧蔵鏡（三角縁神獣鏡）が、現在まで伝わっている〔柳田康他 2011〕。蘭科医の柏原学而も、岡山県吉備津社近村から出土したと伝える画文帯蟠龍乳四神四獣鏡（岡山 84-3）を所蔵していた〔杉本欣 2016〕。動植物であれ鉱石・化石類であれ古物であれ、生けると死せるを問わず「モノ」の蒐集に奔走した博物学（・本草学）に寄り添いながら、蘭学が導入・受容されていたことと関係するのであろうか。事実、考古遺物をふくむ奇石の一大蒐集と著作『雲根志』で名高い本草学者の木内石亭もまた古鏡を所蔵し、倭製鏡（方格規矩四神鏡系）1面をふくむ数面が『集古十種』に掲載されている。

　ともあれ、このように蒐集した実物をもちより、おのおのが所見をよせあい、拓影や図譜などを作製して贈呈・入手しあいながら、古鏡に関する知見が深められていった。とすれば、古鏡をめぐる知的ネットワークの実態を追究してゆくことで、江戸期における古物と人との関係が闡明されることが期待できる。さらには、知識人ネットワークや町人レヴェルの知的交流、実資料に根ざした実証的研究の萌芽など、当該期の学問の特質を浮かびあがらせることも可能になろう。そうした研究視点を採用することで、従来の鏡研究よりもはるかにひろく、鏡と人との多元的な関係を追究する展望が開けてくる。さらには、考古学的研究の黎明期における知識人ネットワークをも、研究の射程におさめうる。こうした検討をつうじて、これまで未知であったり情報不足であった鏡資料も、いっそう充実することになろう。

　ところが、江戸期の古鏡研究、さらには当該期の古物研究にたいして、これまでほとんど関心がよせられてこなかった。かつて医学者の清野謙次が時流を抜いた高水準の検討をなしとげて〔清野 1944a・1954・1955〕以後、この分野の研究は総じて低調であった。最近、杉本欣久が、江戸期における古鏡の収集および情報伝達を明らかにすべく、古文書の博捜と緻密な検討を実施し、めざましい成果をあげている[4]〔杉本欣 2016〕。この分野の研究には広範な知識と視野が不可欠であり、筆者の力量は清野と杉本の足もとにもおよばない。それでも、鏡自体に関する知識だけは両氏をうわまわるので、以下ではこの利点を活かしながら、江戸期を中心とする古文書などにあらわれる鏡の検討と捜索作業をもって、上記の視点からの検討に代えたい。


## 2.『観古集』

### （1）概要

　江戸期の古物研究に関する検討は、清野の著作群が一頭地を抜く〔清野 1944a・1954・1955〕。自身の所蔵する豊富な貴重書にくわえ、博覧した古書籍を縦横無尽に活用した具体例に富む重厚な分析が、視野の広範さと視点の独創性とあいまって、きわめて高品質な論考に仕上がっている。干支が一巡した現在にいたっても、この学問的高峰の麓からいささかも高みにのぼりえていないというのが、正直な感想である。江戸期の古鏡研究に関しても、清野の著作群における検討が、現在で

374　第Ⅱ部　銅鏡論考

も依然として最高峰の位置を占める。ところが、鏡研究において清野の成果はまったくといってよいほど参照されてこなかった。後述する福岡県豊前石塚山古墳の出土鏡群に未知の三角縁神獣鏡があることも、『千とせのためし』（『千歳齢』）に三角縁神獣鏡が収録されていることも、清野がその著書において指摘していたのだが、近年まで気づかれることがなかった〔長嶺編 1996；徳田 2007〕。

　その清野が格別に重要視した古書が、『観古集』と題うった全12冊の雑記帖である。本書は清野が珍蔵した天下の孤本であり、自著において実に頻繁に引用されている。清野の解説により、本書の梗概はおおむねわかる〔清野 1954〕。清野が引用する資料の豊富さからも、本書の重要性は容易に窺知される。清野は本書の特長として、「其量が大きくして記載した遺物が豊富で、他書に見ざるものが多いこと、記事は寛政以前の比較的古いものなること、関東及仙台地方の記録にも富めること」、藤貞幹の『集古図』と時期的に重複するが、これに「欠けた地方の記事が多い」こと、そして「土中から発掘した古物の図及其記録と考説の外に美術考古学の範囲も多い」こと、などを列挙する〔清野 1944a〕。「此書に就てはいづれ他日刊行する」との意気ごみをみせるほど、その評価は高かった〔清野 1944a〕。しかし結局、刊行ははたされず、その後の著書では個別資料の紹介がくりかえされるだけで〔清野 1954・1955〕、その全体像も詳細な内容もいまひとつ不分明にとどまった。清野の逝去後、蔵書は四散し、本書の行方も杳として知れなくなった。本書の重要性が明白なだけに、実に歯痒い。

　そこで、清野の旧蔵書を受けいれた主要機関を調べることにした。第一候補としてまず天理大学附属天理図書館に問い合わせてみたところ、あっけなく所蔵を確認できた。以下、その調査所見に即して私見を提示する。同書の閲覧および資料掲載を許諾していただいた天理大学附属天理図書館、資料調査を共同でおこない、有益な教示を賜った森下章司氏に、厚く御礼申しあげる。

　本書は美濃紙判の12冊からなる雑記帖である。蠹蝕も比較的少なく、保存状態は悪くない。かなりの分量におよぶが、歴史時代以降の器物や事項、書物の書写などが大半を占める。しかし、それ以前の時代の出土品や所蔵品も豊富で、第一冊・第四冊・第十二冊にとくに多い。特記すべき資料については、すでに清野が解説しているので、それらを参照されたい〔清野 1954 等〕。以下では、収録鏡に焦点をしぼって検討をおこなう。[5]

　ただ、本書に収録された8個もの銅鐸の図は看過できないので、簡単ではあるが言及しておく[6]（図85）。図85-1は「伊州一土中ヨリ出」た「古銅鐘」で、「高二尺　厚一分余　穴径二寸強」（第一冊）。図85-2は「和州長原屋善兵衛携来」の「古銅鐘」で、「高一尺九寸二分強　口径一尺五寸三分」とあり、飾耳に注目して「此形一寸九分外ヘ出ル皆同シ」と記す（第一冊）。図85-3の銅鐸には「土佐州長岡郡大埔村ニテ堀出ス」とある（第一冊）。図85-4は「鳳笛土中」から出土した「高一尺許」の銅鐸である。側面図をえがいていることと、裾部の型持孔を「樋」と註記していることなどが面白い（第九冊）。図85-5と85-6は「寛政四壬子年閏二月十五日十七日十八日」に、「三河国渥美郡神戸卿谷ノ口村」で「池浚」の際に「堤ヨリ堀出」した「銅鐸三」個のうち、2個の図である（第十二冊）。85-5は「青銅高三尺四寸厚二分重九貫匁」とあり、6は「青銅重サ八貫匁」とある。ほかの銅鐸図よりも精密にえがかれ、註記も細かい。図85-7と85-8は「安永六年丁酉」に「河内国」の「寺臺ト云所」で「田ノ土入替時土中ヨリ堀出」された「大サ高サ四尺許」の「異鐘ノ図」であり、同一品である。なお図85-5〜7の図のあとに、『続日本紀』『日本後紀』『日本

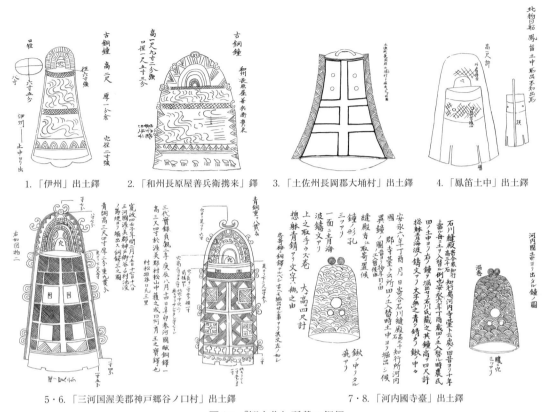

図85 『観古集』所載の銅鐸

三代実録』における「銅鐸」出土記事を引用していることが注目される。

（２）編者

　また、本書の編者について新たな知見をえたので、これも記しておく。本書には編者の記名がなく、刊行物でないため成立年も確定しない。清野の推察するところでは、本書は「考古の嗜み深き人が見聞するに従ひ、何年もかかつて集めた記録を十二冊に分綴りしたもの」であり〔清野1944a〕、「江戸を発して鎌倉やら足利学校に到り、諸社寺の宝物を展観して居る所から見て」、編者は「考古の方面に学識あり且身分ある江戸居住者であつた」と思われる〔清野 1954〕。そうした想定のうえで清野は、本書の第一冊に収録した「柘植郷長解」の写しに、「永年按ニ本書ニ十反ニ作ル恐クハ十一月ナルヘシ」との朱書が、写字と同じ筆跡で註記されていることに着目し、「関東の事に詳しく且考古の志も深い人ならば、此時代には春田永年の他にはない」と推定し、本書の記事の下限年代が寛政年間であることとも合致すると推理した〔清野 1944a・1954〕。

　みごとな推理である。しかし、その春田永年なる人物が何者であるのかがよくわからない。清野によると、永年とは別名「春田播磨（号甲山、寿廉堂）」、「幕府の具足師の頭で故実家」であったという。『延喜式工事解』『温古甕彙』などの著作があり、「皮革の考古学には没す可からざる功績」がある人物で、寛政十二年五月に四十八歳で歿した」ことまで、おそらくは『国学者伝記集成』〔大川他 1904〕などに依拠して調べあげている〔清野 1944a・1954〕。しかし、ここまでである。

376　第Ⅱ部　銅鏡論考

永年の著作は比較的知られているものの、その人物像や事績の不明さについては、有脚書厨の書誌学者として知られる森銑三をして、「『延喜式工事解』の著者春田永年」「のことを知りたいと思つてゐるが、未だその歿年月日、享年、墓所等を知ることを得ないでゐる」と吐露せしめたほどである〔森銑 1993〕。人物事典のたぐいの頁を繰っても、その名は滅多に目にとまらない。ただ、『朝日 日本歴史人物事典』には、清野の解説にはない以下のような記載があり有益である。すなわち、永年は幕府御用の具足師としての家職を継ぎ、甲冑の故実に明るかったこと、祖父の春田故明が幕命をうけ諸国の寺社・旧家の古武具の調査・摸写に従事したり、『延喜式』に記載された古器物の調査復元に参画することで家学を形成したこと、永年がその家学を継承・発展させたことなどである〔朝日新聞社編 1994〕。とすると、祖父が諸国の古武具の調査・摸写に従事した成果物が、孫の編んだ『観古集』にふくまれているという推測が浮かびあがってくる。

　このように推測をめぐらせているさなか、故明と永年の活動に関する情報をちりばめた重要な著作が上梓された。大著『奈良甲冑師の研究』である。本書によると、故明は幕命をうけて、享保五（1720）年よりこのかた、遠く「薩州隅州芸州辺」まで足を運び、「諸国神社仏閣農商之民家」の「古武器」や「古鎧」を検分するとともに、「古代の珍器一物残らす普く拝見」してまわり、おそらく宝暦五（1755）年に歿した。故明の二代後の永年（字静甫、号甲山・甲寿・寿廉堂：1753-1800年）は、「勝れた故実家・古典学者」でもあり、上記の著作のほか、下述する宮崎県本庄猪塚（猪の塚地下式横穴墓）から出土した短甲に言及した『鉄函図考』（1795年）を執筆するなど、幅広い豊かな学識を示し、晩年の寛政末期には多くの書物の書写に従事した〔宮崎隆 2010〕。

　こうした情報を考慮にいれつつ、『観古集』の収録遺物の出土時期をざっとみると、故明歿後の安永〜寛政年間（1772-1801年）にほぼかぎられ、とくに寛政年間（1789-1801年）に集中するので、同書の収録遺物が故明の調査検分の産物だという線はほぼ消える。永年が自身で集めた資料とみるべきだろう。たとえば『桂林漫録』には、寛政元（1789）年に出土した本庄猪塚の出土資料

図86　『観古集』所載の馬具

を、6年後に著者の森島中良が永年や村田春海らと「熟覧」したことが記されている〔森島 1800：永山 2008a・b・2018〕。その折に永年は、本墳を安徳帝の奥津城とする見解を、「古代ノ甲冑。鉄板ヲ釘属ニシタル物ヲ聞ズ。南北朝ノ頃ニ至テ。始テ鉄胴ノ名有」ること、伴出した「鏡ノ古色。刀ノ直制。千歳ノ遺韻オノヅカラ存ス」ことから否定しており、「永年の考古学に対する造詣の深」さ〔清野 1955〕をうかがうにたる。『観古集』には、その鋲留めや鉄板被せなどの製作技法が詳密に解説された馬具などの金工品が収録されており（図86）、これも永年の経歴と関心に由来するものであろう。

　以上から、永年が自身の実見をふまえて作製した、出土品および蒐集品に関する解説つきの図面にくわえて、そのほかの出土・蒐集資料の記録を収集・摸写（書写）して註記を付した図面類、そして若干の考証などをまとめた雑記帖が『観古集』であると、いちおう結論づけてよい。はっきりした根

拠はないが、出土資料に関しては書写と摸写がかなり多いようである。この推定を補強するのが、寛政四（1792）年に実施された「畿内寺社宝物調査」に永年が随行している事実である。この調査は、京・大和の寺社が収蔵する宝物類にたいする幕府の公式調査であり、柴野栗山が責任者となり、屋代弘賢や公儀具足御用の永年が随行した。さらに、藤貞幹も京で合流して、大和での調査に参加している〔表 1997〕。表智之によると、この調査が重要な契機となり、「文献を介した二次的なデータでなく現物を直に検分することの持つ大きな意義」が「江戸の〈考証家〉」に伝わり、「一次資料」の「持ち寄り」と「精密な模写」の実践がひろがっていった。そして、この調査にかかわる「一次資料」の「模本図録集」が、のちに少なからず編纂・刊行され、そうした動向が「〈考証家〉たちによる〈歴史〉の発見」に結実していったという〔表 1997〕。とすれば『観古集』は、まさにそうした動向の産物だと考定できよう。もっといえば、この『観古集』こそ、「〈考証家〉たちによる〈歴史〉の発見」の現場をありありと映しだす、きわめて貴重な史料ではなかろうか。

### （3）収録鏡

『観古集』には、出土鏡もわりあい多く収録されている。脈絡なく雑然と掲載され、体系性がない憾みがあるが、孤例の記事もあり、その資料的価値は高い。とくに、以下で検討する福岡県豊前石塚山古墳の出土鏡群には、これまで知られていなかった鏡が、それも三角縁神獣鏡の可能性がきわめて高い鏡がふくまれており、学界に裨益するところがすこぶる大きい。記述の煩瑣を避けるため、本書所載の出土鏡を一覧表にまとめておいた（表 18）。

収録鏡について、掲載冊の順に簡単に解説しておく。①は雲彩寺古墳の出土鏡（長野 60）と「五郎之宮」出土の「鈴鏡」。馬具や単鳳環頭大刀柄頭などの共伴品と同様に、『信濃奇勝録』に掲載されているのと同一の図である。『観古集』のほうが品目も多く、図もいくぶん精確で註記も豊かであるが、影写関係にあるわけではない。「雲彩寺所蔵古物之図」（市岡智寛著；1798 年）〔澁谷編 2007〕の図は、『観古集』所収図よりも総じて詳細であるが、こと出土鏡に関しては、『観古集』と割れの形状も文様もほぼ同じであるものの、描出はこれよりも粗雑である。『観古集』の記事のほうが年次の古いことを考慮すれば、おそらく『観古集』「雲彩寺所蔵古物之図」『信濃奇勝録』の

表 18 『観古集』所載鏡

| | 項目 | 内容 | 記事の年次 | 掲載冊 |
|---|---|---|---|---|
| ① | 信州飯田ニテ堀ス古物 | 鏡 2 面（長野 60・61?）／雲彩寺所蔵品＋「五郎之宮」出土鈴鏡／『信濃奇勝録』と同内容／雲彩寺鏡は『集古十種』に収録 | 寛政 6 年（1794） | 第一冊 |
| ② | 寛政八年丙辰三月豊前国京都郡苅田村ノ西野山ノ麓浮キ殿ノ地ヨリ堀出ス | 鏡の図 6 面など／豊前石塚山古墳出土鏡／香月氏（香月春吟か）の原本を藤貞幹が伝写したもの | 寛政 8 年（1796） | 第一冊 |
| ③ | 信濃国水内郡上石川村字将軍塚堀出 | 「鏡大小廿七枚 別ニ図アリ」とあるが欠落／一部焼損／『信濃奇勝録』の元本のひとつか | 寛政年間 | 第四冊 |
| ④ | 上州群馬郡程田村之塚堀出 | 「鏡二枚」のうち 1 面（群馬 100）を掲載／「天明七丁未ヨリ百三年以前ニホリ出」した遺物など／馬具の図は精細 | 天明 7 年（1787） | 第四冊 |
| ⑤ | 河州駒ヶ谷金剛輪寺什物鏡鈴図 | 方形帯の銘文を描くも内区は文字で解説／村井敬義の原図の写しか／大阪 159／「此外又一面アリ径五寸形象相同但文字滅而不見」（大阪 250-1 か） | 天明 2 年（1782） | 第十二冊 |
| ⑥ | 尾張国所出鏡図 | 『集古十種』と同一だが摸写ではない／方格内の十二支銘を描き起こす／愛知 20・21 | — | 第十二冊 |
| ⑦ | 豊前国小倉城東安立山上土中所得古鏡摸本 | 湖州鏡など 9 面／『集古十種』と同一（1 面多い） | 寛政 7 年（1795） | 第一冊 |

収録図に共通する原文書があるのだろう。なお、『長野県史』の鏡集成に掲載された当鏡〔岩崎1988〕は、「雲彩寺所蔵古物之図」の図である。この図ではわからなかったが、『観古集』収録鏡は『集古十種』の「信濃国伊奈郡飯田城下堀地」出土鏡と同一品である。「サシ渡シ三寸三分」すなわち径約10cmをはかり、おそらく乳脚文鏡である。「五郎之宮」出土の「鈴鏡」は破片に二鈴がつくだけだが、「鈴四ツ附大キサ凡四寸程」とあり、もと12cm程度の四鈴鏡であったらしい。とすると、出土年が1901年と伝えられることが気になるが、雲彩寺古墳の付近にある番神塚古墳の出土鏡（長野61）が径11cmの四鈴鏡であり、「五郎之宮」出土鏡がこの鏡である可能性がある。

②は福岡県豊前石塚山古墳の出土鏡群に関する図面つきの解説、③は長野県川柳将軍塚古墳から27面の鏡が出土したことへの言及である。この2墳の出土鏡群については、次節以降で詳説する。

⑦は②の直前の記事であり、福岡県小倉城の東方にある足立山（「安立山」）で出土した9面の宋鏡や和鏡などが5丁にわたって掲載されている[9]。本鏡群は『古鏡記』なる書籍に収録されているという〔清野 1944a〕が、筆者は未見である。また、『集古十種』には同一品が収録されており、影写関係がうかがえるが、『観古集』のほうがやや雑である。

④は天和二（1682）年に群馬県保渡田薬師塚古墳から出土した鏡2面のうち1面（群馬100）を図示したもので、各種馬具などの精細な図面と「瓦棺」（舟形石棺か）の図も掲載されている。鏡は『上毛群馬郡西光寺所蔵古玉器図』（1825年）や藤貞幹の『古墳碑銘雑器』などよりも丁寧にえがかれているが、連弧文や鈕頭や外区紋様などの表現がところどころおかしい。拓影を影写ないし摸写したためではあるまいか。

⑤は大阪府駒ヶ谷の「山内ヨリ堀出」されたと伝えられ、地元の金剛輪寺に「什物」として所蔵されている2面の鏡。村井敬義（古巌）が天明二（1782）年に記した文書の写しらしい。図示された1面は画文帯周列式仏獣鏡（大阪159）であり、同地出土の金環・環鈴・鈴杏葉・鈴付製品・石釧・玉類などとともに掲載されている。半円方形帯の方形内の銘文を描きこんでいるが、「文字アレトモ緑鏽埋テ不詳」と註記するとおり、誤釈が多い。外区と内区は複雑な図像の描出をあきらめ、外区に「コニ飛禽走獣之象アリ甚怪」、内区に「此ニ神像アリ 十躰ヲ四方ニ鋳 獣面蛇身ノモノアリテ神形囲繞ス 惣ノ摸範甚絶妙」と書きこんでいる。図示されていない1面は「径五寸形象相同但文字滅而不見」とあるだけである。ところが幸い、著作『川内撫古小識』〔三浦 1806〕で知られる三浦蘭坂が、自身の雑記帖である『金石古文摸勒帳』に当該鏡とおぼしき鏡（大阪250-1）の拓本を収録している〔瀬川 1985〕。これは画文帯環状乳神獣鏡であり、図示された鏡と「形象相同」とあるのもうなずける。『川内撫古小識』に「寺主覚峰師好古珍蔵」[10]の最たるものと記されている「漢九神鑑」は、あるいはこの鏡であろうか。なお、この画文帯周列式仏獣鏡は、覚峰が深く関与した『河内名所図会』（1800年）にも載せられている。なお、村井が藤貞幹らと連れだって金剛輪寺を訪れ、本鏡出土後「半年あまりのうちに」「現物を見て」、「河州駒ヶ谷金剛輪寺什物鏡鈴図」を書写し、これを本居宣長に贈与したことが、杉本により明らかにされている〔杉本欣2016〕。

そして最後の⑥は、愛知県今伊勢車塚古墳から出土した3面のうちの2面（愛知20・21）である。これまた『集古十種』と重複するが、摸写関係にはなく、『観古集』の図のほうが雑で、とくに2面め（愛知21）は実物とかなりくいちがう。この2面についても、次節であらためてふれる。

## 3. 個別事例

　以上、前節では『観古集』の概要と編者、そして収録鏡の梗概について紹介した。それをうけて本節では、まず『観古集』収録鏡の目玉である豊前石塚山古墳出土鏡群の検討を皮切りに、重要な個別事例の検討と追跡に従事する。

### （1）『観古集』と豊前石塚山古墳出土鏡群

#### A. 本墳と現存鏡群

　豊前石塚山古墳は九州北部で最大規模（約130ｍ）を誇る前方後円墳であり、しかも京都府椿井大塚山古墳と同笵（型）関係で結ばれる複数の三角縁神獣鏡を副葬した有力古墳として、研究者の注目を集めてきた〔小田他編 1991 等〕。さらには、瀬戸内ルートの要衝に築かれた初現期古墳の典型例として、「初期ヤマト政権」の出現経緯や性格を究明する鍵をにぎる重要な古墳とみなされてきた〔岡村 1989；白石 1999 等〕。近年では、出土した三角縁神獣鏡や土器の再検討をつうじて、椿井大塚山古墳と同じく初現期よりも一段階くだることが明らかになりつつある。筆者は、墳丘形態や中相の三角縁神獣鏡の多数副葬、墳頂への二重口縁壺の設置といった共通性から、本墳は桜井茶臼山古墳と椿井大塚山古墳に次ぐ位置を占める、古墳時代前期前葉の重要古墳ととらえている。さらには、当該期の三角縁神獣鏡の分布状況をも加味して、本墳の被葬者はこの時期に生じた政治変動に深く関与した人物であるとまで推測している〔下垣 2011a〕。

　本墳の評価をいやがうえにでも高めているのが、畿外諸地域では例外的な三角縁神獣鏡の多数副葬である。現在、実物を確認できるのは、江戸期に出土したのち地元の宇原神社に伝えられてきた7面の三角縁神獣鏡と、再発掘で出土した1面の細線式獣帯鏡片の計8面である。その内訳は、三角縁天王日月・獣文帯三神三獣鏡（1号鏡・目録105・福岡527）、三角縁天王日月・獣文帯三神三獣鏡（2号鏡・目録105・福岡528）、三角縁日日日全・獣文帯三神三獣鏡（3号鏡・目録107・福岡531）、三角縁天王・日月・獣文帯四神四獣鏡（4号鏡・目録70・福岡525）、三角縁天王・日月・獣文帯四神四獣鏡（5号鏡・目録74・福岡526）、三角縁吾作四神四獣鏡（6号鏡・目録35・福岡523）、三角縁日・月・獣文帯四神四獣鏡（7号鏡・目録65・福岡525）、細線式獣帯鏡（8号鏡・福岡529）となる。一古墳から出土した三角縁神獣鏡の面数でいえば、本墳は椿井大塚山古墳・黒塚古墳・桜井茶臼山古墳・佐味田宝塚古墳・岡山県湯迫車塚古墳・大阪府紫金山古墳・奈良県新山古墳に次ぎ、兵庫県西求女塚古墳・福岡県一貫山銚子塚古墳とならんで8位にランクインする。畿外の古墳にかぎると2位タイになり、「仿製」三角縁神獣鏡を除外すると単独2位になる。

#### B. 古文書における出土鏡数

　古墳の規模に恥じない立派な面数である。ところが地元などに伝わる古文書には、さらに多くの鏡が出土したことが記されている。小笠原文書の『寛政八年小倉領鏡剣掘出候事』には鏡11面と古剣1振が出土したと明記され、『宇原神社縁起並辨』に引用された「宇原神社由来抜書」には「鏡十四面剣鉾矢ノ根ノ類」を掘りだしたとある。明治末年に稿了した『宇原神社縁起並辨』からは、かつて鏡12面と古剣1振が出土し、うち5面は「馬場村旧神職三名ヨリ明治四年」に廣瀬正

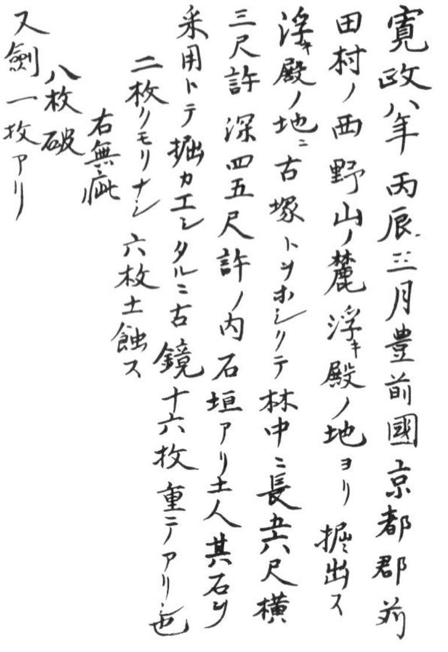

380　第Ⅱ部　銅鏡論考

又劒一玫アリ

八枚破

右無疵

二枚ハモリナシ　六枚土蝕ス

来用ヒテ堀カエレクルニ古鏡十六枚重テアリ也

三尺許　深四五尺許ノ内ノ石垣アリ主人其石ヲ

浮殿ノ地ニ古塚トイオシ○テ林中ニ長六尺横

田村ノ西　野山ノ麓浮キ殿ノ地ヨリ　掘出ス

寛政八年　丙辰三月豊前國京都郡前

**図87-1**　『観古集』所載の豊前石塚山古墳出土鏡（説明文）

實が譲りうけて保管し、もう5面は小倉社に奉納されている一方、残る2面が所在不明であることがわかる〔梅原1924c；長嶺編 1996〕。ところが、梅原末治が大正末年に現地で確認したのは6面である〔梅原 1924c〕から、大正年間にもう4面が失われた可能性がある。現地の岡橋喜一郎が先代から伝聞した「発掘」について、梅原が聴き取りをしたところによると、出土鏡12面のうち4面ずつを小倉社と宇原社に奉納し、残る4面を小倉藩主の小笠原侯に献上し、小倉社の1面は聴き取りの「三十余年前」に盗難に遭ったという〔梅原 1924c〕。ただし『京都郡誌』によると、藩主への献上分は「神物」として返却されたという〔梅原 1924c〕。とすれば、『寛政八年小倉領鏡剣掘出候事』『宇原神社縁起並辨』『京都郡誌』および梅原の聴き取りの内容は、おおむね整合する。

　これらは本墳出土鏡群に関する重要な史料である。しかし、『宇原神社縁起並辨』でわずかに内容にふれはしているものの、鏡群の具体的な内容は皆目わからない。そこに解明の光を差しいれてくれるのが、ほかならぬ『観古集』であり、簡略ではあるが本鏡群の図を掲載しており、本鏡群の内容をうかがう絶好の手がかりになる。本書の旧蔵者である清野も、著書で簡単に紹介している〔清野 1955〕が、ここではもう少し踏みこんで同定と考察をこころみる。せっかくの機会なので、図も掲載する（図87-1〜6）。

### C. 『観古集』の豊前石塚山古墳出土鏡群

　本記事は伝写されたものである。そのことは、末尾（5丁めの裏）に「寛政八年丙辰六月伝写 原本香月氏蔵 貞幹」とあることからわかる。さらに、この記事の字体は、本書収録のほかの記事の書体と変わるところがない。したがってこの記事は、香月氏なる人物が所蔵する原文書を寛政八（1796）年6月に藤貞幹が伝写し、それを春田永年がさらに伝写したものである。この「貞幹」は、赤崎海門（貞幹）である可能性も絶無ではないが、好古家としての活動にくわえて、寛政四（1792）年の「畿内寺社宝物調査」で永年と連繋していることを勘案するならば、藤貞幹だと断定してよかろう。先述のように『観古集』と藤貞幹の『集古図』とが、重複性をそなえることも、この断定をさらに補強する。藤丸詔八郎によると、香月氏とは鞍手郡植木村（現直方市植木）の香月勘次郎春吟が候補になるという。植木村から本墳まで直線距離で30 kmに満たないこと、春吟は本居宣長門下となり、青柳種信とも交友があるなど〔藤丸 2016〕、状況証拠ながらも香月氏が春吟を指す蓋然性は高い。後記するように、この記事では鏡の出土は同年の三月のこととされ、上記した諸書の日時（四月）とわずかにくいちがう。しかし、出土が三月であれ四月であれ、少なくとも六月までに「原本」が製作されている。同時代性の高い、したがって史料的価値の高い記事であることを、まずは強調しておきたい。

　5丁にわたる本記事は、以下のように書きだされる。すなわち、1丁めの表に

第 5 章 失われた鏡を求めて　*381*

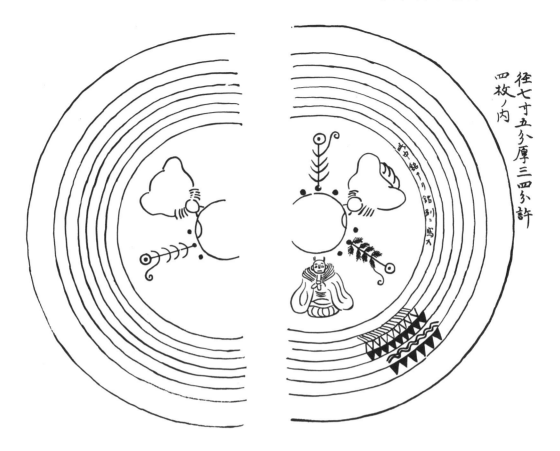

図 87-2　『観古集』所載の豊前石塚山古墳出土鏡（Ⅰ鏡）

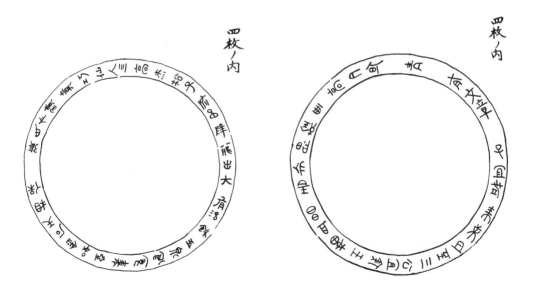

図 87-3　『観古集』所載の豊前石塚山古墳出土鏡（右：Ⅱ鏡、左：Ⅲ鏡）

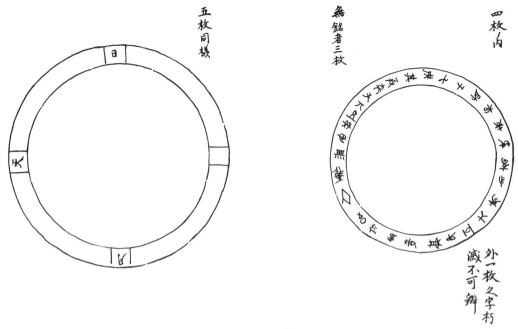

図87-4 『観古集』所載の豊前石塚山古墳出土鏡（右：Ⅳ鏡、左：Ⅵ鏡）

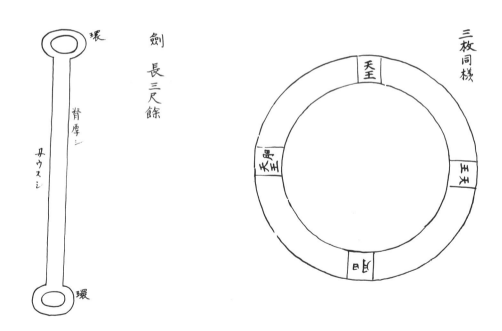

図87-5 『観古集』所載の豊前石塚山古墳出土鏡（右：Ⅶ鏡）

寛政八年丙辰三月豊前国京都郡苅

　　　田村ノ西野山ノ麓浮キ殿ノ地ヨリ掘出ス

　　　浮キ殿ノ地ニ古塚トヲホシクテ林中ニ長五六尺横

　　　三尺許深四五尺許ノ内石垣アリ土人其石ヲ

　　　采用トテ掘カエシタルニ古鏡十六枚重テアリシ也

　　　　二枚クモリナシ 六枚土蝕ス

　　　　　　右無疵

　　　　八枚破

　　　又剣一枚アリ

とある。

　要するに、本墳の（石槨の）石材を利用しようと掘り返したところ、16面の鏡が重なって出土
し、それらは完鏡と割れたものが半々で、さらに剣1振も出土した、という内容である。<sup>(11)</sup>

　頁をめくると、1丁裏と2丁表で見開きになった鏡の略図が飛びこんでくる（以下、Ⅰ鏡）。2丁
裏の吾作鏡とともに清野の著書に掲載されているが、なぜか学界に知られていなかった図である。
「径七寸五分厚三四分許 四枚ノ内」と傍記してある。図の径をはかると約22.9cmなので、「七寸
五分」（約22.7cm）と合致する。鏡の図は実大でえがかれているのだろう。3本の傘松文のあいだ
に1体ずつ神像を配している。外区は複波文帯を二帯の鋸歯文帯ではさむ構成で、斜面ないし界圏
の鋸歯文帯をへて、斜行櫛歯文帯と銘帯からなる内区外周にいたる。銘帯には「此中銘アリ 銘別
ニ写ス」と書きこんである。

　2丁裏から3丁裏まで、3面の銘帯が写されている。各図の右上に「四枚ノ内」と傍記されてお
り、長銘の鏡が4面あったことがわかる。先の見開き図（Ⅰ鏡）の銘文は、この3つの銘帯のどれ
かなのだろう。それでは1面たりなくなる、と思うかもしれないが、3丁裏の右下に「外一枚之字
朽滅不可弁」（Ⅴ鏡）とあるので、辻褄はあう。むしろ問題は、後述するように、これら3面と同
じ銘帯をもつ三角縁神獣鏡のいずれも、Ⅰ鏡の神像配置に合致しないことである。2丁裏（Ⅱ鏡）
の銘文は「吾作明鏡甚高■■□青□有文章□子宜■□未英■至三公宜侯王富且昌」（□は空白、■
は不明字）、3丁表（Ⅲ鏡）の銘文は「張氏乍鏡真巧仙人三高赤松子師子辟邪出大有渇飲玉泉飢食
棗聖如金石天相保□」、3丁裏（Ⅳ鏡）の銘文は「吾作明竟甚■工大有■喬以赤松師子■鹿其■■
天■■好世無■」と読みとれる。あとで同笵（型）鏡と思われる鏡銘と比較する際にわかるが、案
外読めていない。印刷ではわかりづらいが、Ⅲ鏡の第17字「邪」の上の横二本線は蠹蝕である。
なお、3丁裏の右上に「無銘者三枚」と付記してある。

　つづく4丁表（Ⅵ鏡）には、円圏帯の四箇所に方形を配し、それぞれに「天」「王」「月」（1つ
は空白）を書きいれてある。右上に「五枚同様」と傍記する。そして4丁裏の図（Ⅶ鏡）も表（Ⅵ
鏡）とほぼ同じだが、方形のそれぞれに「天王」（縦書き）、「王天」（横書き）、「月日」（横書き）、
「天王月日」（天王が縦書き）と記入し、右上に「三枚同様」と傍記する。なお、前者を1文字ず
つ、後者を2文字以上ずつで区別したとみると、現存する資料数と齟齬をきたすので、後者が方格
内に4文字を配するもの、前者が4文字を配さないもの、とみておく。五丁表は「剣 長三尺余」
とある素環頭大刀である。しかし、両端に環がえがかれており刀になっていない。刃部に「脊厚
シ」「刃ウスシ」、両端の環にそれぞれ「環」と註記している。

384　第Ⅱ部　銅鏡論考

D.　同定と小考

　さて、鏡の面数をまとめると、長銘鏡4面（A群）、「無銘」鏡3面（B群）、「天王日月」銘を方格内に1〜2字ずつ配する鏡が5面（C群）、4字を配する鏡が3面（D群）、ということになる。合算して15面、つまり1面たりない。この問題については、以下の同定作業のなかで考える。

　上記の仮分類（A〜D群）に現存する本墳出土鏡8面をあてはめると、A群が1面、C群が3面、D群が3面、不明が1面になる。この「不明」は再発掘で出土した細線式獣帯鏡の細片（8号鏡・福岡529）であり、「古文書等の記録に残る鏡のひとつの破片として考えて良い」〔長嶺編1996〕ならば、A群（Ⅴ鏡）かB群になる。ただ、内区径が10.8 cmと比較的小さく、内区の両側が櫛歯文で銘帯でないことをふまえて、列島出土鏡の類例から判断すると、鈕座に数文字の吉祥句を配した蓋然性はあるが、A群の諸鏡のような長銘をそなえていたとは考えがたい。したがって、8号鏡はB群だと想定しておく。とすると、行方不明になっているのは、A群が3面、B群が2面（＋8号鏡の本体）、C群が2面であり、D群は完存していることになる。行方不明のC群は、「天王日月」しか手がかりがないのでお手上げ、B群は「無銘者三枚」との記載があるだけなので、その追究は輪をかけて無理である。なお、C群5面のうち3面、D群3面のうち3面が現存しているにもかかわらず、Ⅵ鏡とⅦ鏡に明確に特定できる鏡がみあたらないのは不審である。破損のため書き損じた可能性もあるが、図の内容をそのまま信用することが危険なことを示唆している。その点で、藤丸によるC群・D群の同定作業は、詳細な反面あやうさをかかえている〔藤丸2016〕。他方、A群に関しては情報が十分に精細なので、以下ではA群について検討する。

　まずⅡ鏡である。銘文が十分に読みとれていないことを考慮にいれつつ類銘を検索すると、黒塚古墳12号鏡（奈良412）と同墳31号鏡（奈良431）の三角縁吾作四神四獣鏡（目録36a）が、これにきわめて近い。比較のために目録36a鏡を上段、Ⅱ鏡を下段においてみると、

　「吾作明鏡甚高■　■□青□有文章　□子宜■□未英　■至三公宜侯王　富且昌」
　「吾作明鏡甚高□　佳哉青龍有文章　呆子宜孫樂未英　位至三公宜侯王　富且昌」

というように、かなり似ている。しかも両銘は、字体も類似し、左字も一致する。したがってⅡ鏡は、現状では目録36a鏡である蓋然性がもっとも高い〔下垣 2010a〕。ただし、銘帯径をくらべると、Ⅱ鏡が14.6 cmであり、約13.9 cmの目録36a鏡と若干の離齬をきたす。同笵（型）鏡が未出土の鏡である可能性も考慮にいれておくべきかもしれない。

　Ⅳ鏡は、誤読箇所をのぞくと銘文がほぼ一致し、字体も酷似することから、目録35鏡に断定できる。銘帯径もⅣ鏡が12.9 cm、目録35鏡が約13.0 cmで一致する。両者の銘文を比較しておくと、

　「吾作明竟甚大工　上有王喬以赤松　師子天鹿其斿龍　天下名好世無雙」（目録35鏡）
　「吾作明竟甚■工　大有■喬以赤松　師子■鹿其■■　天■■好世無■」（Ⅳ鏡）

となる。目録35鏡は6号鏡として現存しているが、全体の3分の1程度を欠損し、「龍」〜「雙」の8字を欠く。Ⅳ鏡と6号鏡が別物で前者が行方不明になっているのか、あるいは出土後の所蔵の過程でⅣ鏡の一部が失われたものが6号鏡なのか、判断に悩む。しかし、梅原の報告において本鏡の銘文が「吾作明竟甚大巧、上有子喬及赤松師子□□」まで読まれ、「この鏡の小破片が別に廣瀬氏の許にもある」こと〔梅原1924c〕、また同一の長銘をそなえる鏡があるならば、その旨を註記するであろうことから、後者の蓋然性のほうが高い。

Ⅲ鏡の銘文は目録21鏡と同一である。字体もそれなりに似ており、銘帯径も両者とも約14.2 cmで一致する。比較のため目録21鏡を上段、Ⅲ鏡を下段におくと、

「張氏作鏡真巧　仙人王喬赤松子　師子辟邪世少有　渇飲玉泉飢食棗　生如金石天相保兮」
「張氏乍鏡真巧　仙人三高赤松子　師子辟邪出大有　渇飲玉泉飢食棗　噩如金石天相保□」

となる。両銘には微差もあるが、実物を比較するとⅢ鏡の摸写者の誤読に起因することが明らかである。これら3面の同定は、藤丸の同定結果と合致する。

　しかし、最後のⅠ鏡の同定において、筆者と藤丸は見解を異にする。藤丸は、Ⅰ鏡の神像は3体配置にえがかれているが、Ⅱ～Ⅳ鏡に比定される三角縁神獣鏡はすべて表現①〔岸本 1989a〕であり、三神五獣配置もしくは四神四獣配置をとっていることに着目した。Ⅰ鏡は実際には四神四獣配置なのだが、「これら4枚が同じような背文をもつ鏡と香月氏に映ったとしても不思議ではなく」、そのため三神配置として図化してしまったと仮定するならば、「銘文と傘松形文様をもち、しかも四神四獣鏡の配置の構図をもつ鏡式で、とくに銘文は錆等に覆われていて、肉眼では文字のほとんどを判読することができない鏡」として、泉屋博古館蔵鏡（M25）が有力候補になる、と推断したのである〔藤丸 2016〕。しかし、最初の仮定が強引であるし、そもそも「此中銘アリ 銘別ニ写ス」という註記と決定的に齟齬する。Ⅱ鏡を泉屋博古館蔵鏡（M24）に結びつけようとするあまり、Ⅰ鏡までも無理に同館所蔵鏡に関連づけてしまっていると評さざるをえない。

　とはいえ、筆者にも断案があるわけではない。説得力のある対案はくだせないが、以下、Ⅰ鏡について若干の考えをめぐらせる。Ⅰ鏡に註記された「四枚ノ内」および「銘別ニ写ス」という文言を信じるならば、Ⅰ鏡はⅡ鏡～Ⅳ鏡のいずれかと同一だということになる。同定の手がかりは、乳状の台座をもち頂部に珠点が散る四段重ねの傘松文3つ、そのあいだに1体ずつ配された三神、外区～内区外周文様帯、面径（22.9 cm）と銘帯径（13.8 cm）である。

　Ⅱ鏡が目録36a鏡であるならば、外区～内区外周文様帯は一致するが、傘松文は2つで台座は蓮弁、しかも三段重ねである。銘帯径（約13.9 cm）はともかく面径（約21.9 cm）もあわない。Ⅲ鏡が目録21鏡ならば、外区～内区外周文様帯が合致し、傘松文も本数が1本多いほか、台座形状・頂部の珠点・四段重ね（ただし2本は三段重ね）のいずれも一致する。Ⅰ鏡の傘松文で特徴的な、傘松最下段の片側からのびる蕨手状文も、脇侍を文様と誤認したとものと解釈できるかもしれない。面径（約22.6 cm）と銘帯径（約14.2 cm）も大きなずれはない。ただ、三神のうち二神が併座する点で、Ⅰ鏡と齟齬をきたす。銘帯の内側の界圏がⅠ鏡にえがかれていないこともやや気になる。Ⅳ鏡が目録35鏡でよければ、Ⅰ鏡とまるで一致しない。内区外周文様帯が斜行櫛歯文でなく櫛歯文であることを些細な相違とみたとしても、傘松文が1本しかなく、しかも三段重ねで台座は蓮弁、頂部に珠点もない。神像配置も、併座する二神を対向させるもので、当然ながら4体になっている。面径（約19.9 cm）と銘帯径（約12.9 cm）もⅠ鏡と大きな差がある。

　以上から、Ⅰ鏡の銘帯の最有力候補はⅢ鏡であり、ほかの2面は相違点が多く候補にもなりえない。しかし、神像の配置という顕示的な要素においてⅠ鏡とⅢ鏡が齟齬することも看過できない。該当鏡なし、という選択肢もありうるかもしれない。そのような選択肢をとると、「銘別ニ写」した図が本記事に収録されておらず、さらに「字朽滅不可弁」の「一枚」（Ⅴ鏡）は「四枚」とは別の鏡だという解釈もうまれてくる。こうすれば総数が16面になり、矛盾が消えるわけだが、いささか苦しい解釈である。[13]

386　第Ⅱ部　銅鏡論考

　さて、以上の作業をつうじて気づくのは、長銘を配する A 群の逸失率が高いことである。A 群は４面（ないし５面）で、現存するのは最大１面である。このことに関連して注意されるのが、『宇原神社縁起並辨』において「日月」「天王」「日」の銘の存在が記されているにもかかわらず、長銘にいっさいふれていないことである。このことは、この文書が記された明治末年までに長銘鏡が逸失したことを暗示する。いまもむかしも、有銘鏡は重視される。銘文の釈読は、格古のこよなき手がかりであり、考証学の重要な検討対象だからである。そのことは、『観古集』の本記事に長銘が逐一収録されていることに如実にあらわれている。

　逸失した本鏡群の行方は杳として知れない。A 群のうち２面が「同じ遍歴を辿っ」て、泉屋博古館に所蔵されるにいたったとみる推測もある〔藤丸 2016〕が、さほど説得力はない。Ⅳ鏡と６号鏡が別物である可能性もあると先述したが、その場合に気になるのが、狩谷棭斎の秘蔵した「求古楼の古鏡」に目録 35 鏡らしき鏡が存在することである〔森下 2004〕。両者を関連づける具体的な根拠はないが、いちおう指摘しておく。

　本論の検討作業が具体的な例示にもなるだろうが、古物に関する著作や雑記帖などに登場する古墳出土鏡は、現在まで伝存していることがわりあい多い。本章で具体的に言及しない鏡を優先して、ざっと挙例してみても、新潟県菖蒲塚古墳出土の鼉龍鏡（新潟１：『北越奇談』）、静岡県賤機山古墳群出土の六鈴乳文鏡（静岡 131：『駿国雑誌』）、大阪府伊勢寺古墳出土の倭製三神三獣鏡（大阪 46：『古図類纂』）、兵庫県阿保親王塚古墳（推定）出土鏡群（兵庫 43〜47：『古図類纂』『聆濤閣帖』「御廟詮議」）、奈良県富雄丸山古墳出土（伝）の三角縁吾作二神二獣鏡（奈良 4：「弥勒寺古鏡記幷棭斎所蔵古鏡銘」）、畿内（推定）出土の新有善銅流雲文縁方格規矩四神鏡および出土地不明の六鈴五獣鏡（『撥雲餘興』）、福岡県月岡古墳出土鏡群（福岡 463-3 等；『筑後将士軍談』『帰厚遺物』）、同丸隈山古墳出土鏡群（福岡 152・153：『筑前国続風土記』「志摩郡主船司村今所謂周船寺古冢所出古鏡二枚」）、同三雲南小路遺跡出土鏡群および井原鑓溝遺跡出土鏡群（『柳園古器略考』）〔後藤直 1981〕など、けっして少なくない。以下で検討する川柳将軍塚古墳の出土鏡群が複雑な流転の道を歩み、そこに文人や好古家もからんだことを考慮するならば、同時期に出土し好古家に注目された豊前石塚山古墳の出土鏡群も、同様の道筋をたどったと憶測するのも、それほど無理なことではあるまい。


E.　小結

　くだくだしく検討をしたせいで、肝腎の出土鏡群の全体像が不鮮明になったきらいがある。そこで最後に、本墳の出土鏡群の内容についてまとめておく。『観古集』では 16 面の出土を伝える。長銘鏡４面（ないし５面）・無銘鏡３面・「天王日月」鏡８面、という内訳である。６号鏡とⅣ鏡が同一品ならば、長銘鏡のうち三角縁神獣鏡が少なくとも３面（目録 21・35・36a か）、別物であれば少なくとも４面になる。「天王日月」鏡はすべて三角縁神獣鏡に比定できるので、三角縁神獣鏡の面数は最低でも 11 面になる。無銘鏡や「字朽滅不可弁」の１面に三角縁神獣鏡がふくまれている可能性も十分にあるので、三角縁神獣鏡の最大面数は、総数から細線式獣帯鏡をのぞいた 15 面ということになる。

　そうすると、上記した三角縁神獣鏡の出土面数のランキングに変動が生じる。本墳出土数が推定最低数の 11 面であっても、列島で８位タイから５位タイに、畿外の古墳では湯迫車塚古墳となら

んで首位に躍りでる。6号鏡とⅣ鏡が別物であるか、Ⅰ鏡とⅢ鏡が別物であるかすれば、単独首位になる。本墳は、当該期の畿外では浦間茶臼山古墳と双璧をなす破格の規模を誇る。本論の再検討により本墳の副葬鏡数が増加し、しかも三角縁神獣鏡の副葬面数が二桁に達した。要するに、本墳の政治・社会的位置づけの高さを、鏡からも裏づけたことになる。

## （2）散佚した鏡群の行方 ① ──川柳将軍塚古墳──

### A. 『信濃奇勝録』

豊前石塚山古墳の出土鏡群は、おそらく長銘の優品から散佚してゆき、結果として現在まで半数が失われた。鏡の行方は、誰も知らない。他方、出土してからの行方を追跡できる鏡群がある。先に簡単に言及した、長野県川柳将軍塚古墳の出土鏡群である。ただし、追えるのは途中までで、現在はその半数以上が所在不明である。

本墳は墳長約90mをはかる、北信を代表する古墳時代前期の前方後円墳である。本墳に関して、『信濃奇勝録』（天保期成立；1886年刊行）に次の記事があることが注目されてきた。巻之五の「古銅器玉石」の項で、「石川村の山によりて将軍塚と称する塚あり享和二年土人其塚を穿ちけるに種々の玉石銅器出たり」と書きだされる記事である。「矢の根十七梃」「金銀鐶七ツ」、筒形銅器や各種石製品などが図示され、それぞれに法量や材質、形状の特徴などを註記する。そしてはなはだ目を惹くのが、出土物の筆頭におかれた「丸鏡二十七枚 但裏の文様二十七品大小あり 大なるハ高麗文字同 勇たる人の形五十三人あり」との記述である。もし事実であれば、古墳の副葬鏡数では全国第6位、畿外にかぎれば岡山県鶴山丸山古墳に次ぐ第2位になる。ただ、惜しむらくは鏡の図を欠くことで、出土から刊行までの期間の長さとあいまって、面数の真正性に疑問なしとはしない。

しかし森本六爾と後藤守一、とくに森本の尽力により、「その多くは散逸して仕舞つたであらう」本墳出土鏡群や石製品などの一部が特定され、記事の内容に信憑性が増した〔後藤 1926a；森本 1929b〕。森本は、地元の布施神社や個人が所蔵する8面を突きとめ、さらに『宝月楼古鑑譜』『小山林堂書画文房図録』『集古十種』にも探索の手をのばし、失われた6（7）面の存在を明らかにしたのである。森本の探索作業の結果、この8面ないし14（15）面が、本墳出土鏡として認知されるにいたった。たとえば歴博集成は、森本が所在を突きとめた8面を、『日本における古鏡 発見地名表 北陸・甲信越地方』はこの8面に失われた7面をくわえた15面を、本墳出土鏡として記載している〔岡崎編 1978；白石他編 1994〕。

とはいえ、出土年と刊行年とをへだてる時間的ヒアタスという問題は片づかない。たとえば、先記した「金銀鐶七ツ」には、「但し金銀着せ物なり 下地赤銅大小あり」と付記してある。要するに古墳時代後期の銅地の金環・銀環が混在しているのである。鏡や石製品が本墳から出土したことがたとえ事実だとしても、保管や伝承の過程で出土遺物の混在や情報の混乱が生じている可能性が高い。このほかにも、伝聞レヴェルでは情報がかなり錯綜している。いわく、出土は享保年間であり、寛政年間に松代藩の知るところとなり、遺物は没収された。いわく、一部が焼亡した。いわく、37面（ないし42面）が出土し、その多くが越後商人により散佚した。いわく、前方部からも発見された、などなどである〔森本 1929b〕。面白くはあるが、信憑性が薄く信頼できない憾みがある。

### B. 『観古集』『始鏡雑記』『朝陽館漫筆』

　その点で、きわめて重要な史料になるのが、『観古集』『始鏡雑記』『朝陽館漫筆』である。上記したように、『観古集』の第四冊に、「信濃国水内郡上石川村字将軍塚堀出」の書きだしのもと、本墳の出土遺物図とその註記が一丁半にわたって収録されている。清野が著書で紹介し、筒形銅器（「カラカ子筒 二」）と銅鏃の図面を掲載しているが、改変をほどこしている〔清野 1955〕。そこで資料紹介をかねて、原図を掲載しておく（図88）。遺憾なことに、書きだしの脇が小さく焼損しているが、冒頭の「寛政　十　」の字が残存しており、寛政年間の出土であることが示唆される。『始鏡雑記』と『朝陽館漫筆』でも「寛政十二年」の「五月」に「堀出」されたと明記しているので、『信濃奇勝録』の享和二（1802）年は寛政十二（1800）年のあやまりであることがわかる。このほか、『信濃奇勝録』では実物離れした形状にえがかれている筒形銅器や銅鏃や筒形石製品も、『観古集』と『始鏡雑記』では実際の考古資料に近い形状になっている。そのことは、現物が現存する杖頭形石製品を『観古集』『始鏡雑記』『朝陽館漫筆』の所収図と比較すればよくわかる。したがって、『信濃奇勝録』の記事にはあまり信拠をおかないほうがよい。

　『始鏡雑記』とは、旧蔵者の清野の説明によると、宇治久守の所蔵品や所蔵図を北川政武が幕末期に「何度にも写したのが主になつ」た、「美濃紙八十三枚からなる雑記帖」で、もとは政武の雑記帖の可能性があるという。ただし清野の蔵書は、「政武自筆ではなく明治十七年に南勢で伊藤忠孝が写した彩色ある本」とのことである〔清野 1954〕。「如鏡之品 拾枚」の出土を記すことや、そのうち5面をえがいた図を載せていることなど、有用な情報が少なくない。しかし、本書の成立が幕末期にくだることを考慮にいれると、記事の同時代性と真正性という点で、若干の不安が残される。『朝陽館漫筆』の存在については、杉本の論考〔杉本欣 2016〕で知ったが、本鏡群が差しだされた松代藩の家老の雑記であり〔鎌原 1810〕、その同時代性と当事者性から高い価値がある。

　『信濃奇勝録』と『始鏡雑記』とは対照的に、寛政年間を記事の下限とする『観古集』に掲載さ

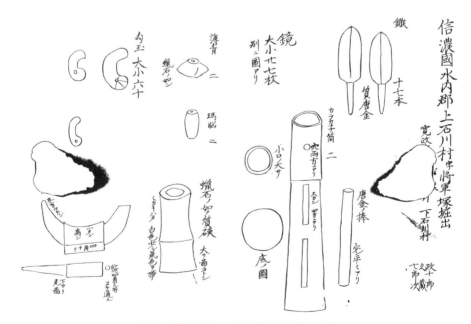

**図88**　『観古集』の川柳将軍塚古墳の記事

れた本墳の記事は、同時代性という点においては折紙を付けてよい。したがって、本記事に「鏡大小廿七枚」とあることは、『信濃奇勝録』における出土面数を裏づける。しかし、「別ニ図アリ」と註記しながら、肝腎の図面が欠落しており、残念至極である。永年の歿する間際であったため、図が脱落してしまったのか、あるいは出土年を焼損させた失火で焼失したのか、それとも原文書にあった「別ニ図アリ」との文言を写しただけで、そもそも図を入手していなかったのか。憶測はあれこれひろがるが、結局のところ理由はわからない。ただ、『観古集』の書写のあり方からみて、もし図面があったとしても、それは『始鏡雑記』や『朝陽館漫筆』の図と同一のものであろう。

### C. 出土鏡の追跡

　実証を重んじる姿勢をつらぬくならば、本墳出土鏡群に関する記述はここで終わらさなければならない。しかし、「信濃国更級郡石川村堀地」（『集古十種』）、「信中川中島将軍冢」（『小山林堂書画文房図録』）、「信濃更級石川村掘地」「信中更級」（『宝月楼古鑑譜』）、「推定信濃国更級郡石川村将軍塚」「信濃国更級郡石川村将軍塚出土（推定）」（『古鏡聚英』上篇）など、本墳出土の可能性のある鏡が古文書や個人所蔵鏡に登場するのを、指を咥えてみすごすのは何としても惜しい。そこで、実証性は低くなるが、本墳出土の可能性がある鏡を探索してみる。なお、あたりまえであるが、現存資料と古文書で、あるいは古文書間で重複する鏡は、単数面として処理する。

　まず、森本が探索した現存資料8面に、『集古十種』など上記した古文書にあらわれる鏡7面、杉山壽栄男旧蔵鏡を中心とする『古鏡聚英』収録鏡6面〔後藤 1942〕を追加すると、つごう21面になる。『小山林堂書画文房図録』には、「信中川中島将軍冢」出土鏡群の直後に「信濃更科山中」出土の魏代の尚方作方格規矩鏡（「尚方鑑」）が収録されているが、これも本墳出土鏡の可能性がある〔森本1929b〕ので、ひとまず追加する。残るは5面だが、これに関してすこぶる興味を惹く資料を、後藤が『漢式鏡』のなかで本墳の項目の直後に紹介している。すなわち、「朽木龍橋遺品として朽木家に蔵せら」れている、「信濃更級郡及び其の附近地方発掘と伝へられるもの」「五六面」である。その内訳は鼉龍鏡2面・池氏作盤龍鏡・倭製四神四獣鏡・倭製四獣鏡各1面の計5面である。この5面について後藤は、これらの「中に「石川村」とあるのもあるから、或は其の全部が石川村将軍塚発掘のもの」である可能性を指摘している〔後藤 1926a〕。この可能性を鵜呑みにして5面をくわえると、合計27面になる（表19）。

**表19** 川柳将軍塚古墳出土鏡群の復元

| 出土地 | 番号 | 舶倭 | 鏡式・系列 | 面径 |
|---|---|---|---|---|
| 川柳将軍塚古墳（伝） | 20 | 舶 | 連弧文銘帯鏡 | 11.7 |
| | 21 | 倭 | 六弧内行花文鏡（B式） | 6.5 |
| | 22 | 倭 | 六弧内行花文鏡（B式） | 7.3 |
| | 22-1 | 倭 | 六弧内行花文鏡（B式） | 11.5 |
| | 22-2 | 倭 | 六弧内行花文鏡（B式） | 7.0 |
| | 23 | 倭 | 捩文鏡（D系?） | 8.0 |
| | 23-1 | 倭 | 捩文鏡（D系） | 9.2 |
| | 23-2 | 倭 | 捩文鏡（D系） | 11.2 |
| | 23-3 | 倭 | 捩文鏡（D系） | 6.8 |
| | 24 | 倭 | 珠文鏡? | 7.8 |
| | 25 | 倭 | 珠文鏡 | 7.3 |
| | 27 | 倭 | 珠文鏡? | 12.2 |
| | 27-1 | 倭 | 珠文鏡 | 5.8 |
| | 27-2 | 倭 | 珠文鏡 | 5.1 |
| | 27-3 | 倭 | 珠文鏡 | 5.0 |
| | 27-4 | 倭 | 珠文鏡 | 4.8 |
| | 26 | 倭 | 四獣鏡（鳥頭獣像鏡B系） | 10.5 |
| | 26-1 | 舶 | 尚方作方格規矩鏡 | 13.0 |
| | 26-2 | 舶? | T字鏡 | 7.1 |
| | 26-3 | 倭 | 重圏文鏡 | 6.1 |
| | 26-4 | 倭 | 素文鏡? | 3.1 |
| | 26-5 | 倭 | 弧文鏡 | 8.9 |
| 更級郡（伝） | 42-1 | 倭 | 鼉龍鏡（C系） | 16.3 |
| | 42-2 | 倭 | 鼉龍鏡（A系） | 15.1 |
| | 42-3 | 倭 | 四神（頭）四獣鏡 | 13.4 |
| | 42-4 | 倭 | 四獣鏡（獣像鏡I系） | 17.6 |
| | 42-5 | 舶 | 池氏作盤龍鏡 | 9.2 |

◇「番号」は〔下垣2016a〕の長野県の鏡番号に対応。面径の単位はcm。

390 第Ⅱ部 銅鏡論考

　さすがにこの 27 面をもって、本墳出土鏡群をすべて復元したと揚言する気にはならない。揚言
した途端に 28 面目がみつかるのが関の山である。まず、逸失することなくすべてが残存してい
て、筆者の狭い探索で簡単に網羅されるというのは、あまりにもご都合主義的である。また、「石
川村」や「更科山中」を本墳に結びつけるのも強引である。そのうえ、朽木昌綱（龍橋）は享和二
（1802）年 4 月に死歿しており、僅々 2 年前に出土した鏡をかくも迅速に入手しえたのか、という
疑念も湧く。さらにまた、奸商が他地の出土鏡や偽鏡を、名高い鏡出土地のものだと偽って蒐集家
に売りつける行為が、かつて横行したらしいが、本墳出土鏡群として蒐集家のもとに流れた鏡が、
そうした欺瞞の所産であった可能性を排除しきれない。また、「奉行所へ訴出る以前」に「越後の
方へ齎行て貰く売」られたとする記事（『朝陽館漫筆』）や 42 面が出土したとする記載（『万伝書覚
帳』）〔杉本欣 2016〕も、考慮にいれる慎重さも必要かもしれない。このことに関して、新潟県飯
綱山古墳群から出土したと伝える 10 面弱の小型鏡群が、川柳将軍塚古墳出土鏡群によく似た様相

表 20　川柳将軍塚古墳出土鏡群（推定）の行方

| 番号 | 鏡　式 | 所蔵の変遷 |
|---|---|---|
| 20 | 連弧文銘帯鏡 | |
| 21 | 六弧内行花文鏡 | ⇒松代藩⇒布制神社・長野市立博物館 |
| 22 | 六弧内行花文鏡 | |
| 22-1 | 六弧内行花文鏡 | 「信中更科」⇒市河寛斎⇒所在不明 |
| 22-2 | 六弧内行花文鏡 | ⇒松代藩主真田家⇒松平定信⇒所在不明 |
| 23 | 振文鏡 | ⇒松代藩⇒布制神社・長野市立博物館 |
| 23-1 | 振文鏡 | 「推定信濃国更級郡石川村将軍塚」⇒杉山壽栄男⇒所在不明（焼亡？） |
| 23-2 | 振文鏡 | 「信濃更級石川村掘地」⇒市河寛斎⇒所在不明 |
| 23-3 | 振文鏡 | ⇒松代藩主真田家⇒松平定信⇒所在不明 |
| 24 | 珠文鏡 | ⇒松代藩⇒布制神社・長野市立博物館 |
| 25 | 珠文鏡 | |
| 27 | 珠文鏡 | ⇒南澤芳太郎⇒所在不明 |
| 27-1 | 珠文鏡 | 「川中島将軍家」⇒市河寛斎⇒所在不明 |
| 27-2 | 珠文鏡 | |
| 27-3 | 珠文鏡 | 「推定信濃国更級郡石川村将軍塚」⇒杉山壽栄男⇒所在不明（焼亡？） |
| 27-4 | 珠文鏡 | |
| 26 | 四獣鏡 | 「石川村将軍塚」⇒佐藤善右衛門⇒所在不明 |
| 26-1 | 尚方作方格規矩鏡 | 「信濃更科山中」⇒所在不明 |
| 26-2 | Ｔ字鏡 | 「推定信濃国更級郡石川村将軍塚」⇒杉山壽栄男⇒所在不明（焼亡？） |
| 26-3 | 重圏文鏡 | 「信中川中島将軍家」⇒中田粲堂⇒市河寛斎⇒市河米庵⇒所在不明 |
| 26-4 | 素文鏡 | 「信中川中島将軍家」⇒（市河寛斎⇒市河米庵）⇒松浦武四郎⇒所在不明 |
| 26-5 | 弧文鏡 | 「推定信濃国更級郡石川村将軍塚」⇒杉山壽栄男⇒東北歴史博物館 |
| ― | 六弧内行花文鏡 | ⇒松代藩⇒不明 |
| 42-1 | 蟠龍鏡 | |
| 42-2 | 蟠龍鏡 | |
| 42-3 | 四神（頭）四獣鏡 | 「信濃更級郡及び其の附近地方」⇒朽木昌綱⇒不明⇒根津美術館 |
| 42-4 | 四獣鏡 | |
| 42-5 | 池氏作盤龍鏡 | 「信濃更級郡及び其の附近地方」⇒朽木昌綱⇒所在不明 |

◇「番号」は〔下垣 2016a〕の長野県の鏡番号に対応。

を示すことが、以前から気になっている。前者の出土鏡群は明治期の出土と伝えられており、その伝承を信じるかぎり、後者の出土鏡群に結びつけることはできないが、念のため付記しておく。

ともあれ、筆者が強調したいのは、出土鏡を完全に復元しうるか否かではなく、意図的にせよ不意にせよ奥津城から外界にでた鏡がその後にたどった道筋を追跡するアプローチこそが、こうした復元において重要だということである。そして筆者は、そのようなアプローチこそ、本章第一節で提言した、モノと人との多元的な関係の復元／再構築につながる可能性に満ちていると考える。ただ、そうしたアプローチを存分に遂行する地力は、筆者にはまだない。本墳出土鏡群がたどった多様なルートを記すにとどめておきたい。森本の精力的な調査によると、たとえば本鏡群のうち布制神社に所蔵されていた 6 面は、出土後に松代藩に差しだされたものが、明治十一（1878）年に返却されたものだという。『集古十種』に掲載された 2 面は、松代藩主の真田家から松平定信に贈られたものである〔森本 1929b〕。また、信憑性はあまり高くないが、原始工芸の研究で名高い杉山壽栄男の所蔵品のうち 6 面は本墳出土と推定されている〔後藤 1942〕。現在、そのうち 1 面が東北歴史博物館の所蔵となり、残る 5 面はおそらく 1945 年 3 月の東京大空襲で焼亡した。本墳出土の可能性のある朽木昌綱の蔵鏡群は、池氏作盤龍鏡をのぞく 4 面が根津美術館の所蔵に帰している。これらの情報に、杉本が明らかにした事実を追加して、本墳出土と推定できる鏡群がたどった経緯をまとめてみた（表20）。ともあれ、ひとたび一括して埋蔵されていた鏡群が、出土ののちさまざまに流転した様子をある程度とらえうる点で、本鏡群は興味深い情報をもたらしてくれる。


### （3） 散佚した鏡群の行方 ② ──『集古十種』『鏡研搨本』──

ここまで、古物に関する著作や雑記帖について言及してきた。本項では、それらのうちとくに鏡の収載数の多い『集古十種』と『鏡研搨本』を軸にすえて、収録鏡の行方を探る作業に従事する。


#### A. 『集古十種』

本書は松平定信の指揮下で編纂された、江戸期を代表する古物図譜である。鏡は「銅器」の部門に収録され、漢鏡から和鏡、はては「太閤秀吉公鏡」の柄鏡にいたるまで、200 面余の鏡鑑図がおさめられており壮観である。以下では、古墳出土鏡の可能性がある資料のみを検討する。

清野が指摘するとおり、本図譜の収録鏡の特長として、「一箇所からまとまつて発掘せられた鏡又は一箇所にまとまつて収蔵せらるる鏡が少なからざる事」をあげうる〔清野 1955〕。「一箇所にまとまつて収蔵せらるる鏡」としては、「讃岐国陶村村長岡田官兵衛家蔵鏡」の 53 面が群を抜く。拓影を摸写したためか文様の描写がつたなく、鏡式の同定はむずかしい。鏡式をいちおう同定できる資料のうち、古墳から出土してもおかしくないものを列挙すると、盤龍鏡 8 面・方格規矩鏡 5 面・重圏銘帯鏡 2 面・虺龍文鏡 2 面・四禽鏡 2 面・八禽鏡 1 面・上方作系浮彫式獣帯鏡 1 面・倭製四獣鏡 2 面・重圏文鏡 1 面が候補になる。しかし、虺龍文鏡の内区に「慎齋」とおぼしき銘があるなど、宋代以後の踏返し鏡が数多く混在している可能性がある。実際、上記したものの多くは踏返し鏡に顕著な鏡式である。しかも、同一鏡が別図として重複しているようでもある。ただ倭製四獣鏡（実際は 1 面か）と重圏文鏡は、出土鏡の可能性が十分にある。「参河国鳳来寺鑑堂蔵鏡」の 13 面にも、方格規矩八禽鏡・神獣車馬画象鏡・盤龍鏡・珠文鏡（重圏文鏡？）・分離式神獣鏡系を各 1 面みいだせる。京都府ヒル塚古墳出土鏡（京都 248）と同型鏡の可能性が指摘される方格規矩八

禽鏡〔車崎 2001b〕、そして古相をとどめる分離式神獣鏡系が注目される。しかし、倭製鏡はともかく中国製鏡が古墳出土である保証はない。

踏返し鏡か否かの区別も、そして出土鏡か否かの区別すらも判然としないのは、拓影や描き起こしという資料提示の方法の限界というよりも、むしろ「出土品と覚しき漢式鏡に」「出土地不詳の品が多い」こと〔清野 1955〕に起因する。これらが現在まで１面も伝わらないことが、ますます問題の解決を絶望的にする。

なお、「鳳来寺鑑堂蔵鏡」の散佚の状況と背景について、明治期の好古家として名高い山中笑（共古）が興味深い報告をおこなっている。当寺の「鏡堂」は、その薬師尊に鏡を奉納すれば万願かなわざるなしとの信仰を集め、本堂の地下穴に中世よりこのかた奉納された「古鏡」は、「幾万枚なりしか実におびたゞしき数」に達した。しかし、明治維新におよんで寺禄が召しあげられた際に、本堂の「古鏡みな取出されて廃銅として売払はれ」、その量たるや「三艘」の「田舟に積」んだとも、「五車につめり」とも伝えられる〔山中共 1910〕。『集古十種』に収録された本堂所蔵鏡には、古墳から出土したであろう珠文鏡や分離式神獣鏡系がふくまれる。となると、少なくともこの２面は、古墳に副葬されて長い眠りについたのち、経緯はどうあれふたたび此岸に姿をあらわし、奉納品として寺堂におさめられ、大名の編纂した図譜にその身の似姿をさらし、しばらくの年月をへたのち、ついには「廃銅として売払はれ」、おそらくその生涯を閉じたのであろう。このような複雑なライフパスを復元しうるわけである。ただし山中によると、売却に際してその一部が、松浦武四郎らにより回収されたらしい。当然、良品が「撰り出された」〔山中共 1910〕であろう。『集古十種』には本堂でも選りすぐりの逸品が収録されたであろうことを勘案すると、『集古十種』所載の本堂旧蔵鏡は、どこかでまだ生き永らえているのかもしれない。

さて話をもどすと、『集古十種』収録鏡で古墳出土と考えうる出土地不明鏡は、ほぼすべて現在に伝わっていない。では、出土地が明記され、古墳出土と考えうる本書収録鏡ならばどうだろうか。それらを探索すると、7箇所（計11面）がみいだされた。その内訳は、「日向国諸県郡掘地」3面・「信濃国更級郡石川村掘地」2面・「尾張国神戸村掘地」2面・「信濃国伊奈郡飯田城下掘地」1面・「摂津国清水村掘地」1面・「和泉国堺掘地」1面・「備中国賀陽郡八田部村掘地」1面、となる。

「信濃国更級郡石川村掘地」出土鏡（長野 22-2・23-3）が、同地の松代藩主（真田幸弘）から松平定信に贈与された品であることは先述した。この２面は現存しない。「信濃国伊奈郡飯田城下掘地」出土の１面が、『観古集』にも登場する雲彩寺古墳出土鏡（長野 60）であり、所在不明になっていることも、これまた先記のとおりである。「和泉国堺掘地」出土鏡（大阪 235-1）は倭製方格規矩四神鏡系で、径約 23 cm にもおよぶ大型鏡であり、「備中国賀陽郡八田部村掘地」出土鏡（岡山 55）は五鈴の珠文鏡であるが、どちらも現物はみあたらない。「摂津国清水村掘地」出土鏡（兵庫 57-5）は、遺存状態が悪かったのであろうか、図面が粗雑で現存諸資料と対比しうるだけの情報量を欠く。

現物不明の点では上記諸例と同じだが、出土以後の資料の流れを詳細に把捉しうるのが、「日向国諸県郡掘地」出土の３面（宮崎 90～92）である。これらは宮崎県本庄猪塚（猪の塚地下式横穴墓）から、甲冑や刀剣類とともに出土した。春田永年らが当該資料を「熟覧」したこと（『桂林漫録』）は、先にふれたとおりである。これらの出土遺物が、まず薩摩藩の島津侯に献上され、のち

に江戸へ運ばれ好古家の関心をおおいに惹き、さまざまな著述や論説に使用されていった経緯を、永山修一がきわめて多数の史料を駆使しておどろくほど詳悉に復元している〔永山 2008a・b・2018〕。永山が引用する玉里島津家所蔵の「日向諸県郡本庄村古墳発掘品図解」には、この 3 面の精細な図面が掲載されている。『集古十種』所収の本鏡群とは比較にならない精密さであり、『集古十種』でははっきりしなかった本鏡群の位置づけをほぼ決定できる。最大のものは画文帯同向式神獣鏡であり、蟠龍乳のタイプである。「四神鑑」と名づけられた 1 面は旋回式獣像鏡系である。そして「博古図曰虎龍鑑」とされた 1 面は、二神二獣鏡 II 系かその関連鏡とみなせる。[21]「四神鑑」は後期倭製鏡、「虎龍鑑」は前期倭製鏡であり、時期が大きくことなる鏡群が伴出したことになる。

「尾張国神戸村掘地」出土鏡群、すなわち愛知県今伊勢車塚古墳出土鏡群もまた、地元の著述や古文書に頻繁に収録・記載されたのち〔杉本欣 2016 等〕、[22]所在不明となった。しかし、そのうち 2 面が大正末年に再発見された点が、上記諸鏡とことなる。再発見者の森徳一郎の報告によると、出土鏡群の 1 面は「酒見神社へ献納」されたと伝えられるものの、「既に紛失して今所在を知る事能は」ない状態であったが、所在を確認するべく同社に足を運んだところ、「半円方格帯四獣鏡」（倭製四獣鏡）が「神酒壺の蓋」にされているのを目にして、これこそ「実に我が訪ぬる集古十種所載の古鏡なる事を発見し雀躍」した、とのことである。他方、「大なる方格 TLV 式四神鏡」（方格規矩八鳳鏡）は、「尾張徳川家へ献上」したのち行方が知れないこと、『集古十種』未収録の 1 面を同地の個人が所蔵することも確認された〔森徳 1924〕。

以上のほか、古墳出土と思われる出土地不明品のうち、例外的に所在が確認できる鏡が 1 面だけある。「或蔵鏡図」の 1 面であり、倭製三神三獣鏡（二神二獣鏡 I 系）である。本鏡の内区には対置式神獣鏡系の獣像が共存し、二神二獣鏡 I 系と対置式神獣鏡系の併行関係をおさえる好資料である。本鏡とおぼしき資料が現在、和歌山県熊野本宮大社に所蔵されている〔安藤編 1982〕。「或蔵鏡図」と同社所蔵鏡は、文様も鈕孔方向も完全に一致し、同一品と断定してよい。本図がかなりの精度を誇ることもわかる。同社「奉納鏡」として掲載された 16 面は、本鏡をのぞくとすべて和鏡か宋代以降の踏返し鏡である。『集古十種』への収録と同社への奉納の先後関係も、同社に奉納された経緯も不明だが、鳳来寺の場合と同様に、古墳出土鏡が寺社へ奉納されたものだろう。

B.『鏡研搨本』

『集古十種』に掲載された鏡は、そのほとんどすべてが現在までに行方を消している。これと対照的に、収録鏡のうち少なからぬ割合が現存する稀有の史料が存在する。以下で考察する『鏡研搨本』である。（再）発見者であり、かつ詳細な解説と検討をくわえた森下章司によると、「拓本に裏打ちを施し、綴じて冊子の体裁にまとめた」「古鏡の拓本資料」である。編者は不明で、採拓者との関係もはっきりしないが、狩谷棭斎の蔵品であることを示す傍書がみとめられることから、「基本的には江戸後期に採拓された資料」群とみなせる〔森下 2004〕。森下の詳細な調査研究により、本書の内容と意義はほぼ説き尽くされている。同書掲載資料の行方についても、綿密な追跡がはたされている。以下では、その追跡作業に蛇足ながら若干の補足をくわえたい。

この貼込帖には拓本 38 枚が収録されており、棭斎珍蔵の「漢中平三年雙魚洗」をはじめ、鰐口や硯、青銅彝器の一部の拓本もふくまれている。それらをのぞいた鏡の拓本の枚数は 23 枚となる。さらにここから、『集古十種』にも掲載された法隆寺所蔵の八花雲龍鏡・高子弾琴鏡・海獣葡

葡鏡をはずして、古墳出土鏡の可能性が残る鏡だけにすると 20 枚（面）になる。この 20 面に森下が仮番号をふっているので、以下ではその番号を踏襲する。

このうち中国製鏡は、長冝子孫八弧内行花文鏡（3 鏡）・新有善銅流雲文縁方格規矩四神鏡（1 鏡）・尚方作複波文縁方格規矩四神鏡（20 鏡）・尚方作細線式獣帯鏡（2 鏡）・青盖作鋸歯文縁細線式獣帯鏡（19 鏡）・三角縁波文帯三神二獣博山炉鏡（4 鏡）・「仿製」三角縁獣文帯三神三獣鏡（5 鏡）各 1 面の計 7 面である。残る 13 面の倭製鏡の内訳は、筆者分類〔下垣 2003a〕に照らすと、鼉龍鏡系 4 面（6 鏡〜9 鏡）・類鼉龍鏡系 1 面（10 鏡）・二神二獣鏡 I 系 1 面（13 鏡）・神像鏡 I 系 2 面（11 鏡・12 鏡）・二神二獣鏡 II 系 2 面（14 鏡・15 鏡）・半肉彫獣帯鏡系 1 面（18 鏡）・四獣鏡 1 面（17 鏡）・内行花文鏡 A 式 1 面（16 鏡）、となる。以下では、森下の作業成果に依拠にしつつ、これらの鏡の行方を追跡する。なお、個別資料の位置づけなどについては、森下の丹念にして要を得た解説を参照されたい。

まず中国製鏡であるが、3 鏡（長冝子孫八弧内行花文鏡）・20 鏡（尚方作複波文縁方格規矩四神鏡）・19 鏡（青盖作鋸歯文縁細線式獣帯鏡）・5 鏡（「仿製」三角縁獣文帯三神三獣鏡）は現物不明である。他方、1 鏡（新有善銅流雲文縁方格規矩四神鏡）は、松浦武四郎の蔵鏡として『撥雲餘興』の首巻をその拓影が飾っている〔松浦 1877〕。本鏡には、福田竹庵・市河寛斎・大窪詩仏[23]・梁川星巌・小野湖山といった名だたる漢詩人・文人が識をよせている。これによると、本鏡は伊丹の紙屋与作（八尾寛満）の家に伝来してきたものという。識を書いた者のなかには、武四郎の生年に前後して歿した者もいるので、武四郎以前の所蔵者の保有時によせた識もあるのだろう。事実、『鏡研搨本』の記事は天保期を下限とするが、本書に掲載された本鏡の木版刷りの拓本にも、『撥雲餘興』のものに似た識が付されている。この拓本によると、当時における本鏡の所蔵者は竹庵である。なお、根拠は提示されていないが、本鏡を「畿内発掘」と想定する考えがある〔後藤 1926a〕。本鏡は、「今焼失して伝はらず」とされ〔富岡 1920a〕、同じく『撥雲餘興』所載の武四郎旧蔵の六鈴五獣鏡とともに、しばらく所在不明であった。しかし近年、いずれも静嘉堂が所蔵していることが判明した〔公益財団法人静嘉堂編 2013〕。また最近、杉本が本鏡の伝来経緯を詳細に復元している〔杉本欣 2016〕。これらを総合すると、本鏡は（「畿内発掘」）⇒紙屋与作⇒大村成富⇒福田竹庵⇒平内（塀内）家⇒福田家⇒玉巌堂⇒松浦武四郎⇒静嘉堂、という複雑な流転の道をたどったことが判明する。

2 鏡（尚方作細線式獣帯鏡）には、「漢尚方鑑」「狩谷棭斎蔵」「天保八丁酉年春三月汝圭所贈」と傍書されている。「求古楼の古鏡」の「後漢尚方鑑」に本鏡とほぼ同一銘が掲載されている〔松崎 1980〕ので、本鏡は棭斎の蔵鏡とみてよい。傍書から、汝圭すなわち谷文晁門の画家である三好如圭より贈られた品であることがわかる〔杉本欣 2016〕。本鏡と「同文・同型の品」が出光美術館に所蔵されており、その箱書きには「大和国北葛城郡浮穴村三倉堂」出土とある〔弓場編 1989；森下 2004〕。森下は「出光鏡がこの拓本そのものであるか、あるいは同型品であるかは確認できていない」と慎重な姿勢をとる〔森下 2004〕が、剝離痕の一致がみられるので、おそらく同一品である。そうであれば、本鏡は三倉堂⇒三好如圭⇒狩谷棭斎⇒出光美術館、という動きをへたことになる。

4 鏡（三角縁波文帯三神二獣博山炉鏡）について森下は、「神田喜一郎旧蔵で現在京都国立博物館蔵の出土地不明鏡」と同一である可能性を提示しつつも、「同定の根拠を得ていない」と慎重な

姿勢を崩さない〔森下 2004〕。本鏡の箱書きには「和州城上郡渋谷村 崇神陵近傍出土」とある。ところが、旧「渋谷村」にある陵墓は「崇神陵」ではなく「景行陵」、すなわち奈良県渋谷向山古墳である。江戸後期から幕末期にかけて、本墳を「崇神陵」にあて、行燈山古墳を「景行陵」に比定するのが一般であった。これが逆転して、現在のように渋谷向山古墳＝「景行陵」、行燈山古墳＝「崇神陵」に治定替えされたのは、文久の修陵後である。とすれば、本鏡の出土は幕末以前にさかのぼる可能性が俄然たかまり、おそらく天保期ないしそれ以前の拓本である4鏡と同一品である状況証拠になりうる。また、本鏡の由来書をしたためた「香雪斎」なる人物が、おそらく宇治橋断碑の修理を主導した小林亮適（号は香雪）であることも重要である。この比定が正しければ、香雪は文政三（1820）年に死歿しているので、本鏡が出土した下限年代は文政期初頭になり、本鏡と4鏡が同一品であることの補強材料になる。そのような間接的な証拠にとどまらず、実際に本鏡を実見・観察し、4鏡と照合したところ、范傷や潰れや縁部の欠損が一致することを確認できたので、両者は同一品であると認定してよい〔下垣 2010c〕。とすると4鏡は、渋谷向山古墳近傍⇒不明所蔵者⇒神田喜一郎⇒京都国立博物館、というように帰属先を変えたことになる。

つづいて13面の倭製鏡にとりかかる。約半数にあたる6面、すなわち9鏡（鼉龍鏡系）・10鏡（類鼉龍鏡系）・11鏡（神像鏡Ⅰ系）・12鏡（神像鏡Ⅰ系）・14鏡（二神二獣鏡Ⅱ系）・17鏡（四獣鏡）が所在不明である[24]。しかし、残る7面には同定可能な現物資料が現存する。鼉龍鏡系である6鏡と7鏡は、それぞれ坂本不言堂（M158）と天理参考館の所蔵に帰している〔森下 2004〕。13鏡（二神二獣鏡Ⅰ系）は静岡県出土と伝えられ（静岡192-2）、現在は岡山県立博物館が所蔵する〔森下 2004〕。

16鏡（内行花文鏡A式）について森下は、『東堂雑集』（神田孝平旧蔵）所収の京都府美濃山古墳出土鏡（「城州やわたみの山掘出古鏡」）（京都164）と「同一品あるいは同型品の可能性」を指摘する〔森下 2004〕。梅原末治の報告を信じると、美濃山鏡が1cmあまり大きい〔梅原 1920c〕。しかし、両者は同心円比率と文様構成が一致するだけでなく、両者の拓本を比較すると、錆などに由来する点状の墨潰れまで合致することから、両鏡は同一品であり、美濃山鏡の面径に関する記述は誤りである。本墳出土と目される『東堂雑集』所収の12面は、天保六（1835）年に出土しているので、『鏡研搨本』にその拓本がおさめられていても問題はない。ただ本鏡は現在、所在不明である。

15鏡（二神二獣鏡Ⅱ系）は、五島美術館が所蔵する伝三河国出土鏡（愛知87-2）（M250）と同一品である可能性が高い。面径もほぼ同一であり、文様構成も合致する。ただ、拓本と写真での比較であるうえ、前者の脇侍の部分が不明瞭なこともあり、断言はできない。

8鏡（鼉龍鏡系）は、大型鏡（約23cm）の5分の1程度のみの拓本で、残りの外周は墨で描きいれている。本鏡は、『小山林堂書画文房図録』に収録された「径八寸」の「四乳鑑」と同一品である可能性がかなり高い。8鏡は一部のみの拓影で、小山林堂鏡は描き起こし図のため、厳密な照合はむずかしい。しかし、両者は外区文様帯・内区外周文様帯・鈕座が一致し、面径もほぼ同じである。とりわけ内区の図像構成が酷似しており、獣毛乳の舌状文の形状や鼉龍大獣の鱗文などは、同一品とみなすにたる高い類似性を示す（図89）〔下垣 2010c〕。『小山林堂書画文房図録』に狩谷棭斎の蔵品が掲載されていることも、間接的ながら補強材料になる。後藤は本書の著者が棭斎であると誤解していた〔後藤 1926a・1942〕が、誤解するだけのかかわりの深さがあったわけである。

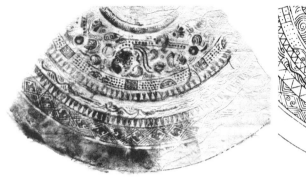

『鏡研搨本』所載鏡　　　　　　　　　　　　『小山林堂書画文房図録』所載鏡
**図89**　『鏡研搨本』と『小山林堂書画文房図録』所載の竈龍鏡の比較〔下垣2010c〕

　小山林堂鏡に関して強い興味を惹くのは、その解説に「相伝出大和帝王陵傍土中」とあること、すなわち奈良県の「帝王陵傍土」からの出土が伝承されていることである。ここですぐに想起されるのが、先の4鏡（三角縁波文帯三神二獣博山炉鏡）が、「和州城上郡渋谷村 崇神陵近傍」からの出土と伝えられていることである。出土地の伝承を鵜呑みにすることはあやういが、しかし『鏡研搨本』の収録鏡に、奈良県の陵墓近傍の出土鏡が2面ふくまれていることは、すこぶる注目される。この符合は、両鏡の一括出土を暗示するのではなかろうか。さらに憶測を進めると、『鏡研搨本』の倭製鏡は大型鏡が多く、奈良盆地でいえば佐味田宝塚古墳や新山古墳に匹敵する内容である。しかもすべてが前期倭製鏡であり、筆者の段階設定では古段階が3面、中段階が10面となり、まとまりもよい。本書所載の倭製鏡（および中国製鏡）のいくらかは、古墳時代前期後葉頃の「帝王陵」級古墳からの一括出土品である蓋然性を想定できるかもしれない。

　18鏡（半肉彫獣帯鏡系）には、「梛斎狩谷望之所蔵」と傍書してある。「望之」は梛斎の名だから、本鏡は梛斎の蔵鏡である。本鏡は現在、五島美術館が所有する。18鏡の拓本は滲みや採拓の際の破損が目だち、照合は容易ではないが、同一鏡とみてまちがいない。本鏡は、梛斎から五島美術館へと所属が移行する中間に、もう1ステップをとらえることができる。すなわち、山中吉郎兵衛と春海商店が札元となり、大阪美術倶楽部で1934年2月に開催された展観の売立目録に、本鏡が「漢二神二獣鏡」として収録されているのである〔山中吉他 1934〕。出品者が記されていないため不明だが、少なくとも梛斎から五島美術館のあいだに、別の所蔵者が存在したことがわかる。

### （4）売立目録

　売立目録（入札目録）は、古鏡をふくむ美術品の所蔵者の流れを復元するうえで、重要な手がかりを提供してくれる。近年では、林原美術館の所蔵鏡群が東京中央オークションに出品されたことが記憶に新しい〔東京中央オークション編 2012〕。贋作や出土地の偽称が少なからず混在するため、売立目録の利用には慎重な姿勢が必要不可欠である。しかし、たとえ贋物であっても、モノ自体が複数の所有者と関係をとりむすんでゆく点では、出土後の「真物」も同様である。本章のアプローチからすれば、贋物と「真物」のちがいは、後者が製作後に地上からいったん姿を消し、ふたたび掘りおこされるという長期的なプロセスを、前者がへていないという点だけである。

　本章の序盤でふれた「多武峰倉梯岡陵辺」（メスリ山古墳）出土の椅子形石製品は、その所蔵者

図90　『某家所蔵品入札目録』の三角縁神獣鏡　　　図91　『北岳樓蔵品展観図録』の三角縁神獣鏡
　　　〔土橋他 1934〕　　　　　　　　　　　　　　　　〔山田百華堂他 1933〕

であった関保之助の『所蔵品入札目録』に、環頭柄頭や銅鐸など各種の考古遺物とともに掲載されている〔土橋他 1927〕。同書には、古墳副葬鏡とおぼしき2面の倭製鏡が収録されているが、そのうちの1面である捩文鏡は、國學院大學の現蔵品（K4446）と同一品である。國學院鏡は「1982年1月18日収蔵」とある〔青木編 1982〕ので、中間に少なくとも1人（機関）が介在したことになる。
(25)

　また、先に言及した狩谷棭斎の「求古楼の古鏡」には、銘文から目録35番と判断される三角縁神獣鏡（「仙人無雙鑑」）がふくまれるが、『某家所蔵品入札目録』なる売立目録に、目録35鏡（三角縁吾作四神四獣鏡）の写真がみいだされる〔土橋他 1934〕（図90）。これだけでは、両鏡が同一品ではなく同笵（型）関係にあるだけの可能性もある。しかし、後者の鏡のキャプションが「漢仙人無雙鏡」であることが注意を惹く。普通に考えれば箱書きや由来書きの名称であり、そうだとすれば両鏡が同一品である可能性は相当に高い。ただし、本鏡の旧蔵者も入札者もわからず、現物は行方知れずである。いずれにせよ、これまで学界に知られていなかった三角縁神獣鏡である。
(26)

　売立目録を渉猟していたところ、学界に知られていない三角縁神獣鏡がもう1面みつかったので報告しておく。中埜北岳楼の所蔵品売立にだされた「仿製」三角縁獣文帯三神三獣鏡である〔山田百華堂他 1933〕（図91）。目録209番の三角縁神獣鏡であり、これまで福岡県一貴山銚子塚古墳から出土した2面（福岡9・10）だけが知られていた。写真から北岳楼鏡の真贋は確定できないが、一貴山銚子塚鏡が出土した17年前に入札にだされているので、もし贋作品であったとしても模作の原品が存在することになる。

　これまで何百冊かの売立目録を閲覧したが、氷山の一角であり、未見のものが山積している。そこで、全体像を把握するために、東京美術倶楽部で1911年から60余年の期間に開催された800件超の売立会の概要を収録した『東京美術市場史』〔瀬木編 1979〕を総覧してみた。すると、たとえば1926年の「故黒木欽堂先生 島寛氏遺愛品入札」には「讃岐猫塚発掘」の「古鏡」が、1972年の「倉石家蔵品入札」には「神獣鏡」1面と「伝宮崎県児湯郡新田村古墳出土」の「画文帯神獣鏡獣帯鏡二」が、それぞれ出品されている。前者は現在、五島美術館（M239）に収蔵されている方

格T字鏡である（香川50）。後者の4面は、もとは池田庄太郎の所蔵品であり〔恩賜博物館編1942〕、倉石家の所有をへたのち、「神獣鏡」（伝白石光伝寺後方古墳出土の三角縁吾作九神三獣鏡（奈良358））は名古屋市立博物館に、「画文帯神獣鏡 獣帯鏡二」（伝新田原山ノ坊古墳群の画文帯環状乳四神四獣鏡1面および獣文縁浮彫式獣帯鏡2面（宮崎60～62））は国立歴史民俗博物館に、現在それぞれ所蔵されている。なお池田が所蔵していた古墳出土鏡は、上記の三角縁吾作九神三獣鏡をはじめ、その多くが古鏡蒐集家として名高い山川七左衛門の旧蔵鏡である〔梅原 1923c〕。それらは池田の所有を経由して、現在では上記の諸機関のほか、五島美術館・愛知県美術館・大阪市立美術館・耕三寺博物館などに分散しているが、所在不明になったものも少なくない。

　とはいえ、売立目録に過剰な期待はできない。『東京美術市場史』から抽出できた古墳出土鏡の入札は、1000件にせまろうとする売立会のうちわずか2例にすぎない。本書は売立品の一部のみを記載しているにすぎないため、これだけで悲観するのは気が早いかもしれない。しかし、本書以外の売立目録を探索しても、なかなか古墳出土鏡にはお目にかかれない。[27]しかし、偉大な例外がある。守屋孝蔵・山川七左衛門とならんで古鏡の大蒐集家として名高い廣瀬都巽（治兵衛）の所蔵鏡群の売立目録である〔林新兵衛商店他 1932〕。500面余の鏡鑑を中心とする一大売立目録であり、約140面の鏡の写真が掲載され、貴重な鏡図録でもある。その内容をみると、廣瀬が蒐集にとくに力を注いだ和鏡が多いが、羅振玉と陳介祺の旧蔵鏡、楽浪出土鏡や紀年銘鏡を筆頭とする漢三国鏡も少なからずある。古墳出土鏡の可能性が高い倭製鏡・三角縁神獣鏡・同型鏡群も20面をこえる。それらの行方はほぼ追跡でき、京都国立博物館（9面～）を中心に、五島美術館（2面）、大阪歴史博物館・辰馬考古資料館・メトロポリタン美術館（各1面）など、少なくともその7割の所在を確認できる。

### （5）出土鏡の流転──2つの事例から──

　現在では、古墳や遺跡から鏡が出土した場合、文化財として公的機関が保管するのが一般である。そうしたシステムがととのう以前に出土した鏡も、逸失していないかぎり、その多くが公的機関や公私の博物館施設に収蔵されるにいたっている。このような安定した管理体制のもとでも、機関や施設の統廃合などにより、所蔵の管轄がうつることがある。ましてや、そのような安定した保管システムが整備される以前には、個人が出土鏡を私蔵していたため、贈答や遺贈による移動にくわえ、罹災や盗難による散佚はもちろんのこと、政治・経済的な状況に左右されながら所有者が頻繁に入れ替わった。そのことは、上記の諸事例に明白であろう。流転する鏡は、所有者やその社会の背景状況を映しだす「鏡」でもある。以下では、筆者が「失われた鏡を求め」る作業のなかでとくに面白く感じた鏡の流転について、具体的に述べることにする。

### A．橘逸勢墓──「宝鏡」の流転と「紛失」──

　これほど数奇な運命をたどった古鏡は、そうはあるまい。主人公は、橘逸勢の墓と伝承される古墳（静岡県浜松市）から出土した1面の鏡（静岡1）。奈良時代の人物の古墳というのも妙だが、京都府椿井大塚山古墳が藤原百川の、大阪府久米田貝吹山古墳が橘諸兄の墓と伝承されてきたように、目を惹く古墳が歴史上の有名人の奥津城にされることはよくある話である。とにかく、この塚から1面の鏡が出土した。古文書などをひもといて、出土後の経緯をたどった〔後藤肅 1916〕の

は、『皇陵史稿』の著作で知られる民間学者の後藤蕭堂である〔斎藤 2000・2006〕。

鏡の図面を掲載しているのはありがたい（図92）。旧蔵者の鉄物屋平次郎（通称鉄平）が知人に頒布した、木版の一枚刷りの摸写図である。内区の図像はよく理解できなかったらしく、ひどく曖昧である。しかし、三頭式の盤龍鏡であることが、かろうじてわかる。図像よりもむしろ銘文を重視しており、鏡の図にはっきりと描きこんでいる。しかも図の上に、銘文が別記されている。銘文は、「光氏作竟四夷服多賀君眾人民息胡羌除滅天下復風雨時節五穀熟官位尊蒙祿食長保二親子孫力」と書きおこされており、傍点で押韻を示している。盤龍鏡に頻見する銘文であり、釈読におかしなところはほとんどない。

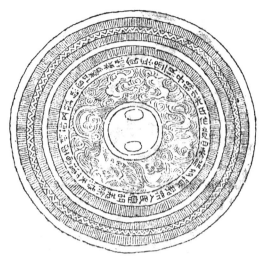

図92　橘逸勢墓出土の「宝鏡」〔後藤蕭 1916〕

後藤の小文〔後藤蕭 1916〕にしたがって、本鏡の出土後の足どりをたどると、以下のようになる。本鏡が永い眠りをへて、ふたたびこの世に姿をあらわしたのは、文化二（1805）年のことであった。逸勢を祀る本墳の小祠を修理するために、初蔵なる黒鍬職人（土木業者）を雇ったところ、初蔵がこの祠の下から本鏡を掘りだしたのである。初蔵は悪心を起こし、本鏡を浜松天神町の古物商である油屋藤市に売却し、さらにこれが鉄平に売り渡された。古物商から購入するだけのことはあり、鉄平は好古の嗜みある人物だったらしい。当地の三子晴軒を介して、江戸の高名な儒学者である朝川善庵に鑑定を請い、「漢の代に光氏の鋳たる所にして二千年の古物」とのお墨付きをえて、雀躍として上記の一枚刷りを作製した、というわけである。本鏡の釈読は善庵によるものであろう。

ところが、ここから事態は急転回をとげる。鉄平の身代が傾いたため、本鏡は江戸の好事家の手をわたり、須原屋某の入手するところになった。そののち、三河の岡崎宿にある岐阜屋周平に質入れされ、質流れして周平の所有に帰した。恰度このころ、逸勢墓の地元民は、ようやく副葬鏡の紛失を知るにおよんだ。そもそもの「竊盗者」である初蔵が、発掘後「間もなく発狂して」、事の顛末を口走るにいたったためである。初蔵はその後「九ヶ年間にして稍ゝ軽快した」が、こんどは「盲人と成」ってしまった。うちつづく「神罰」におののいた初蔵は、一枝の杖にすがりつつ、最初に売却した藤市のもとを訪れ、鏡の転売先をたずねてまわった。ようやく所在を突きとめたが、いまや「希代の古鏡」として値は高騰し、初蔵にはとうてい手がおよばぬ代物になっていた。初蔵の「悲泣絶望」は現地に伝わり、かれの懺悔の深さと神意を感じとった現地の人びとの尽力により、本鏡は買い戻され、あるべき小祠に無事おさまった。慶応二（1866）年のことだから、最初の発見から60年が過ぎ去っていた。そしてまもなく、明治の改元に際して、本鏡は石棺内に「神体」としておさめられた〔後藤蕭 1916〕。ふつうの昔話なら、ここで「めでたしめでたし」である。

ところが、話の幕は降りなかった。「近年」というから、明治末期の頃であろうか。祝い事があったついでに、小祠の改築をしようとしたところ、本鏡はまたもや紛失していた。「何時無くなつ

たか」も「分らん」という。本鏡を「咒つた」「不可思議なる運命」について、以上のように縷々述べたのち、後藤は掲載誌（『考古学雑誌』）の会員にこう呼びかけた。「紛失した鏡は古金として潰しにも成るまい、何れ古鏡として好事家の間に出て来るであらふ、目の寄る所に玉、蛇の道は蛇、天下の好古者を集めたる本会々員諸君の内若し似寄りの品を見聞せられたら御知らせを願ひたい」、と〔後藤粛 1916〕。

　そこで探索してみたところ、「似寄りの品」と断言はできないが、蓋然性のある候補をみいだした。呼びかけから100年を経過しており、「御知らせ」しようがないが、一応その候補について記しておく。その候補は、海をこえたイギリスの博物館にみいだせる。ヴィクトリア＆アルバート博物館が所蔵する「光氏作」鏡である。銘文の音韻論的研究の先鞭を付けた B. カールグレンの記念碑的論文において、その銘文が釈読されている〔Karlgren 1934〕。逸勢墓鏡と比較すると、

　　　逸勢墓鏡　　　：「光氏作竟四夷服　多賀君眾人民息　胡羌除滅天下復　風雨時節五穀熟
　　　　　　　　　　　官位尊蒙祿食　長保二親子孫力」
　　ヴィクトリア鏡：「光氏作竟四夷服　多賀君家人民息　胡羌除滅天下復　風雨時節五□□
　　　　　　　　　　　官位尊顕蒙祿食　長保二親子孫力」

となり、第二句の第四文字が「眾」と「家」、第五句が「官位尊」と「官位尊顕」というわずかな相違があるが、ほぼ一致する。この種の銘文では、「家」はしばしば「眾」に近い字体で書かれるので、逸勢墓鏡の「眾」は「家」の誤釈である。また逸勢墓鏡は第五句のみが六言句になっており、定型句「官位尊顕」の第四文字を書き落とした可能性がある。そうすると、不明の2文字をのぞいて、まったく同一の銘文になる。管見によるかぎり、現状において「光氏作」鏡はこの2例のみであり、そうである以上、両鏡は同一品である可能性が浮上する。

　ただ、あくまでも可能性であり、銘文の一致だけでは根拠としてまるで不十分である。そもそも、ヴィクトリア鏡については銘文しか情報がなく、いかなる鏡式であるかすら不明である。書籍や当館のウェブサイトにも現品をみいだせない。ただ、「光氏作」鏡がこの2面だけであることにくわえ、この種の銘文は盤龍鏡と画象鏡にほぼ限定されること、そして本館には「日本関係の遺品」が「相当に豊富」であり、「和鏡の優れた遺品」や「径七寸を超ゆる大形の三神三獣々帯鏡」などが「収蔵せられてゐる」こと〔梅原 1931〕などを勘案すると、両鏡を結びつける私案はそれほど無稽なものでもない。幕末から維新後にかけて、日本の古美術品が大量に国外に流出した〔堀田 2001：朽木 2011 等〕。古墳出土鏡もご多分に漏れず、数多く他国に流れた〔梅原 1931〕。本鏡が国外に流出することも、状況的に十分ありえたわけである。

　以上、後藤の小文にたよりつつ、本鏡の流転を追尾した。その流転の順序をまとめると、橘逸勢墓⇒初蔵⇒油屋藤市⇒鉄物屋平次郎（一枚刷り作製）⇒江戸の好事家⇒須原屋某⇒岐阜屋周平⇒（……⇒）逸勢の小祠⇒盗難⇒……（⇒ヴィクトリア＆アルバード博物館?）、となる。実に目まぐるしく複雑な流れである。しかし、たんに鏡が流転して、所蔵者が頻繁に代わったことがわかるだけではない。副葬鏡を「宝鏡」とする地元の信仰、その裏返しとしての「祟り」や「神罰」への畏怖、盗掘した鏡を売買するルート、江戸までつながる古物鑑定の広域ネットワーク、「一枚刷り」などをつうじて珍蔵品の情報を共有する仕組み、国外に流出させた国内の政治的混乱と国際状況などなど、多様な社会的側面が浮かびあがってくる。出土鏡の行方を追う作業が、たんに探偵的・好事家的な関心事にとどまらず、より広大な知的領域につながりうることを、本鏡をめぐる事例が教

えてくれる。

### B. 松岳山古墳出土鏡群

#### a. 松岳山古墳出土鏡群の行方

　橘逸勢墓の出土鏡にくらべると、出土後の流転の数奇さにおいてはかなうべくもないが、出土資料の学術的価値の面では、現状でこれを凌駕するのが大阪府松岳山古墳の出土鏡群である。以下では、明治初期の「発掘」で本墳から出土した鏡群の行方について考察する。

　本墳の所在する松岳（岡）山の地は、船氏王後首の墓誌の出土や巨大な立石、そして「一寸内外の白き小石」で覆われた塚の存在などによって、江戸期から注目を集めてきた（藤貞幹著『好古日録』『好古小録』；『以文会筆記』等）。そのことを知ってか、明治初期の 1877（明治十）年に、この地（松岳山古墳群）の「発掘」がこころみられた。首謀者は税所篤。維新に功あった薩摩藩の屈指の実力者であり、知事を歴任するなかで、その官権を楯に各所の古墳の濫掘を指揮し、出土遺物や文化財をみずからの懐にいれたことで、考古学の世界ではすこぶる悪名高い。

　本古墳群の発掘の経緯と概要については、濫掘に立ち会った地元の堅山新七が記録している。その記録は、発掘の顚末を記した 2 枚の罫紙、出土遺物の図面 7 枚などからなる〔梅原 1916b；小林 1957c；安村 2010・2012〕。以下、通例にしたがいこれを『堅山家文書』とよぶ。これによると、石棺外から「神鏡弐面、大マカ玉 壱ツ、クタ玉 四ツ五ツ、外ニ古剣折レ斗リ」が出土した。他方、本丸である石棺の「蓋ヲコジアケ」たところ、内部には「クダ石壱ツ、茶臼ノ様ナル石壱ツ」のほか「何ニモ無」かった〔安村 2012〕。要するに、棺外から鏡 2 面と若干の玉類および剣が出土したが、棺内は管玉と「茶臼」状の石製品各 1 点のほか、もぬけの殻だったわけである。石棺にはすでに穴が穿たれていたことから、すでに盗掘をこうむっていたと考えるべきである。

　『堅山家文書』には、この鏡の図面が掲載されている。この図に関して、最初の紹介者である梅原は、その観察所見を以下のように記す。

　「古鏡二面は書類の附図に之を載せありて其の大さを見るべし。（此の付図はすべて原寸を以て画かれたり、こは今遺物の存するものを対照して知るを得たり）一面は径七寸二分あり、三片に破る文様を図しあらず。其の二も径略前者と同じく径七寸三分余あり。不充分ながらその画かれたる図形を見るに神獣鏡らしく思はれ内区に四乳あるを示せり。これ又一部分破損して出土せしらし」〔梅原 1916b〕。

　どうにも要領をえない。しかし、これは仕方がない。梅原はこの報告時（1916 年）にはまだ 23 歳、『堅山家文書』の閲覧時はそれ以前である。梅原自身の言によれば、「古鏡への興味」が「一段とふくらんだ」のは「大正四年」、すなわち 1915 年だというから〔梅原 1973a〕、十分な理解がおよばなかったのかもしれない。

　しかし近年、これまで閲覧がかなわなかった『堅山家文書』の内容が公表されたこと〔安村 2012〕で、要領をえない理由が判明した。図が「不充分」すぎるのである。鈕座と四乳らしき文様のほか、外区には細かい波状の線を、内区は短い屈曲線を配しているだけである。これでは、まともな検討にとうてい堪えられない。しかも、別々の鏡とされてきた 2 枚の鏡の図面は、割れ線の表現の類似や片方に鈕や文様の表現がないことから、同一鏡の表裏をえがいたものである可能性がかなり高くなった〔安村 2012〕。ただ、両図のヒビは正確な反転関係にはないので、同一鏡であるこ

とが確定したわけではない。

　他方、本鏡を追究する手がかりがまるでないわけでもない。鈕座に文様帯があり、内区に四乳が配されているらしきこと。縁部から円弧状の大きなヒビが２つ、片方が他方を切るように走っていること。そして、現物と図面との対応関係からみて、鏡の図面は実寸でえがかれているらしく、したがって図にえがかれた鏡は21.8〜22.2 cm程度になること、などをあげうる。

　とはいえ、これだけでは手づまりである。ところが、ほかならぬ梅原が、本鏡に関して重要な所見を提示している。梅原は上記の報告した９年後に、欧米各地へ外遊に旅立ち、多くの博物館施設や蒐集家の所蔵する鏡を閲覧・調査してまわった。その梅原が晩年、本墳出土鏡に言及した際に、「明治十年発掘の際棺外から」出土した「大形の三角縁神獣鏡二面」が、「現在アメリカ華府のフリア美術館に収蔵されている本邦出土鏡」と「推される」と明記しているのである〔梅原 1973b〕。

　アメリカのフリーア美術館が所蔵する三角縁神獣鏡が本墳出土鏡だという梅原の推定を、上記の「手がかり」から裏づけうるだろうか。当美術館には４面の三角縁神獣鏡が所蔵されている。内訳は、三角縁王氏作徐州銘四神四獣鏡（22.1 cm；目録79）・三角縁画文帯五神四獣鏡（21.3 cm；目録59）・三角縁新出四神四獣鏡（24.2 cm；目録39）・「仿製」三角縁獣文帯三神三獣鏡（22.0 cm；目録208）である。このうち面径が22 cm前後で、「内区に四乳」があり、かつ鈕座に文様があるのは、三角縁王氏作徐州銘四神四獣鏡（以下、Ａ鏡）と三角縁画文帯五神四獣鏡（Ｂ鏡）の２面になる。ヒビの形状に関しては、Ａ鏡は鏡背面を中央で二分するようなヒビがはいっており、図面のヒビとことなる。Ｂ鏡には、はっきりとしたヒビがみあたらない。しかし、盗掘された鏡は高度な技術で修復されることがあるので、Ｘ線写真で確認せずにＡ鏡とＢ鏡を候補からはずすのはためらわれる。なお、当美術館の所蔵鏡の登録番号から、Ａ鏡が1909年、Ｂ鏡が1906年に購入されたことがわかる。Ａ鏡と同年に購入された三角縁新出四神四獣鏡（Ｃ鏡）は、日本に立ち寄ったＣ.フリーアが買いもとめたもので、もと宮内省勤務の田中伯爵のコレクションであったという〔村上他 1996〕。本墳出土の鏡２面が、どちらも三角縁神獣鏡であったならば、1909年に購入されたＡ鏡とＣ鏡がそれである可能性がある。三角縁神獣鏡が１面であるならば、Ｂ鏡の可能性もでてくる。『堅山家文書』の鏡の図が１面である蓋然性がかなり高くなったいま、フリーアの「美術品購入記録」〔朽木 2011〕の精査でも実施しなければ、これ以上の追究はほぼ不可能である。

　なお状況証拠からすれば、本墳出土鏡（群）が国外に流出した可能性はけっして低くない。濫掘を主導した税所は、「古墳を堂々と発掘して」、その「貴重品」を「ポケットに納」めたとあげつらわれ〔柳田他 1927〕、「税所県令の発掘は、単に遺物の蒐集を目的として自己の好古癖を満足せしめる」もので、「一方には遺跡の破壊となり他方では地方に保存せられた資料を散佚する悪い結果のみを将来し」たと非難される〔梅原 1932c〕人物であった。論より証拠、本墳の出土品のうち、上記７枚の付図の「図面ノ品モノ」を「堺県へ持帰」っている〔安村 2012〕。伝大阪府長持山古墳出土の尚方作獣文縁神人歌舞画象鏡（大阪135）のように、税所が関係した発掘の出土品がアメリカに流出している実例もある。

　以上のように状況証拠と間接的な証拠ばかりだが、フリーア美術館が所蔵する三角縁王氏作徐州銘四神四獣鏡と三角縁画文帯五神四獣鏡のどちらか（あるいは可能性は低いが両方）が、『堅山家文書』の付図に掲載された本墳出土鏡である蓋然性を指摘しておきたい。

### b. 国分茶臼山古墳の出土鏡群

　松岳山古墳の近隣から、三角縁神獣鏡の優品が出土している。国分茶臼山古墳からの盗掘品と伝
えられる三角縁新作徐州銘四神四獣鏡（大阪124）と三角縁吾作四神二獣鏡（大阪126）であり、
これに同墳出土の青盖作盤龍鏡（大阪125）をくわえた計3面が、国分神社に所蔵されている（大
阪市立美術館寄託品）。この三角縁神獣鏡2面は、学史的にきわめて名高く、かつ重要な資料であ
る。たとえば富岡謙蔵は、本墳出土の三角縁新作徐州銘四神四獣鏡の銘句「銅出徐州 師出洛陽」
に着眼して、この種の三角縁神獣鏡の製作時期を魏代にもとめた〔富岡 1920a〕。また、江戸期の
好古家である覚峰律師が、「用青同 至海東」なる銘句をもつ三角縁神獣鏡について、鋳造工人が銅
を持参して列島に渡来し鋳鏡したとの見解を示したことを先に述べたが、この際に覚峰がもちいた
鏡が、本墳出土の三角縁吾作四神二獣鏡であった。富岡もまたこの銘句に注目して、本鏡が「支那
より本邦朝鮮へ寄贈すべき為に、特に此の銘を表はせるもの」との解釈を提示した〔富岡 1916〕。

　ところが、この3面が出土した国分茶臼山古墳は、まるで正体が知れない。そもそも存在すら不
確かである。手がかりは、本鏡群をおさめた箱書きしかない。そこには、「此御鏡国分平野屋勘三
郎ちやうす山にて見いだし、則天王の御宝物にて依有是、上り候敬白　寛永六年四月廿八日」、と
記されている〔喜田 1912〕。典拠は不明だが、喜田貞吉は本鏡群が「寛永六年一旦賊の為に発か
れ、石棺中の朱を奪はれ」、「副葬品も此の時に紛失せしもの亦少きにあらざらん」こと、本鏡群は
盗掘の際に「賊の遺棄せしもの」であること、という見方を示している〔喜田 1912〕。

　注目すべきことに喜田は、本鏡群を松岳山古墳の出土品とみた。これに関連して、喜田が掲載し
た「大和川を隔て、北方より」国分山（松岡山）を望んだスケッチが、興味深い手がかりをあたえ
てくれる。この図では、四つの小山状の盛りあがりがえがかれ、そのうち最大の西端の盛りあがり
に「茶臼山」と付記されている。本文でも、「西端のもの最も大なり。之を茶臼山と称す」と明記
している〔喜田 1912〕。実際の古墳の分布と照合すると、西端が松岳山古墳、その東の3基が国分
ヌク谷の諸墳になろう。この図を喜田が、茶臼山＝松岳山古墳という前提で作製したのであれば、
本鏡群が松岳山古墳から出土した根拠にはならない。しかし、それ以外の根拠に立脚してこの地名
比定をおこなっていたとすれば、国分茶臼山古墳＝松岳山古墳の蓋然性が俄然たかまってくる。

　他方、本鏡群が出土した「ちやうす山」について、「殊に其の茶臼山と云へるは此の塚にあらず
してこれより西方字市場茶臼塚のそれを指す」と説き、喜田の比定に変更をほどこしたのが梅原で
ある。その論拠としたのが、第一に、藤貞幹が江戸期に本墳の立石を記した際に石棺が記述されて
おらず、したがって「貞幹当時に未だ棺の露出せざりし」と推定されること、そして第二に松岳山
古墳の「西方約一町余」の丘陵上にある一墳が「茶臼塚」とよばれ、「中央部より稍々窪みがあ」
ることは「早く破壊の厄に遭へる事を示」すこと、の2点であった〔梅原 1916b〕。かくして本鏡
群の出土古墳は市場茶臼塚古墳とされ、なぜかその後、「梅原末治博士がすでに指摘されたよう
に、正しくは松岳山古墳の西方にあたる、字向井山の茶臼山古墳であった」ことになり〔小林ⁱ⁾
1957c〕、現在では国分茶臼山古墳になっている。実にうやむやな変更過程である。

　しかしこれは、喜田の比定をくつがえすにたる論拠とはいえない。むしろ、喜田のスケッチから
うかがえる地名の整合性にくわえ、税所による発掘時に石棺内がすでにもぬけの殻であったこと、
明治以前に本墳の「朱」が「奪」われたという伝承が、「寛永六年」時の盗掘で「朱を奪はれ」た
ことを髣髴とさせることなどを勘案すると、むしろ本鏡群の出土した「ちやうす山」は松岳山古墳

だと考えたほうが、よほどすっきりする。

　さて、筆者の推測のとおり松岳山古墳＝国分茶臼山古墳だとすれば、本墳の政治史的評価に重要なデータがくわわる。本墳については、大和盆地の王権中枢勢力が当地に進出して造営した古墳とみる説と、在地の新興勢力が築いた古墳とする見解とがある。どちらにせよ、古墳時代前期後半に当地域に出現した、従来の墳丘規模を凌駕する新興的な大型古墳だという評価は変わらない。

　ところが、国分茶臼山古墳の出土鏡群が松岳山古墳から出土したものだとすれば、新興的な古墳に古相の三角縁神獣鏡および後漢鏡（盤龍鏡）が副葬されていたことになる。また、フリーア美術館所蔵の三角縁神獣鏡が松岳山古墳から出土したものだとすれば、それがＡ鏡～Ｃ鏡のいずれにせよ、古相の三角縁神獣鏡である。さらに、1955年に実施された松岳山古墳の再発掘では、鏡片が出土している〔小林行 1957c〕が、岸本直文氏の教示によると傘松文を有する三角縁神獣鏡であり、これも古相に属する可能性が高い。この鏡片が、1877年に出土した鏡の残片でなければ、さらに三角縁神獣鏡の出土数が増える。推測を重ねた結論として、本墳には後漢鏡1面にくわえ、少なくとも4面の（古相の）三角縁神獣鏡が副葬されていた蓋然性がでてくるわけである。[33]


## 4. 展望

　本章の第一節で、鏡の流通・保有に関する新視点を提示した。しかし、実際に第二節以降で従事したのは、江戸期に出土し逸失した鏡（群）の追跡・探索作業であった。本章のように個別事例の羅列に終始することなく、人と鏡の多元的な関係にいっそう踏みこんだ検討を遂行できればよかったのだが、力不足でかなわなかった。ただ、出土鏡の探索・追跡作業をつうじて、ぼんやりとではあるがみえてきたこともある。それらを明晰化して、総合的な観点のもとで綴りあわせてゆけば、「新視点」からの実践をはたしうるのではないかと考えている。

　たとえば、江戸中期以降に、古物を介した知識人たちの連繋が広範なひろがりをみせたが、そうしたネットワークの結節点となる人物がみいだせる。18世紀後半～末頃、すなわち安永期から寛政期頃にかけてであれば、木村蒹葭堂・木内石亭・藤貞幹・松平定信が代表的な存在である。他方、19世紀前半の文化・文政期になると、人物よりも以文会・耽奇会・赭鞭会などといった同好会的な組織が軸になったようにみうけられる。

　清野の分期名にしたがい、「安永寛政」期を旧考古学の「形成期」、「文化文政」期をその「爛熟期」とよぶならば〔清野 1954〕、「形成期」のネットワークは物産会や蘭学とのかかわりがいくぶん目だち、大局的にみれば、博物学的な知のネットワーク内で古物に関する「収集文化」〔上杉 2010〕と知がはぐくまれていた。江戸中期から「形成期」にかけて、書籍や地図、草木魚虫や鉱物、そして古物など、現在からみれば多彩な分野の事物を雑多に蒐集し、刊行物や人的ネットワークをつうじて情報および実物を交換・共有するシステムが生成していった。ネットワークの要所には結節点的な人物がいたが、結節点どうしがかならずしも結びついているわけでもなかった。いわんや個々人は、それぞれの関心領域や地理的・経済的・身分的な背景に応じて、特定の結節点の近辺にみずからの位置をみいだしていた。とはいえ、さまざまな結節点であれ末端の好古家であれ、間接的にであれば、かなり広い連繋関係を形成していた。たとえば本章で登場する寛政期前後のメジャーな好古家たち、すなわち松平定信・藤貞幹・木内石亭・朽木昌綱・春田永年らは、文書の書

写にせよ器物の継承関係にせよ、多様なネットワークをつうじて関係しあっていた。

　他方、「爛熟期」にいたると、枝斎や伊沢蘭軒らが中心となった書誌学研究会である「求古楼展観」〔梅谷 1994〕などといった、専門性をより高めた会合があらわれたことに顕著なように、以前よりもネットワークの「間口が割合に狭く」なり、他方で会合の趣味化も進み〔清野 1954〕、各ネットワークの島宇宙化が生じた。とはいえ、たとえばこの「求古楼展観」に参加した知識人間で鏡の実物や拓影の動きが看取されるように、島宇宙間はつながりあっていた。狩谷枝斎を例にあげてみよう。『鏡研搨本』や『慊堂日暦』にあらわれ、枝斎や松崎慊堂と親交を結んでいた北畠蓼洲は、江戸を代表する書物屋である須原屋一統の中心人物である千鐘房須原屋茂兵衛である〔今田 1977；杉本欣 2016〕。須原屋からは、本書第Ⅰ部に登場する平賀源内の『物類品隲』や森島中良の『紅毛雑話』をはじめ、蘭学や洋学に関する著書が積極的に上梓されていた。須原屋茂兵衛は万延元（1860）年に50代半ばで歿しているので、時期的にみて、橘逸勢墓の盤龍鏡を入手した須原屋某が茂兵衛である可能性は低くない。枝斎は古鏡を愛蔵したが、その師であり江戸期最大の蔵書家である屋代弘賢も古鏡にかかわりをもった。山口県宮ノ洲古墳出土鏡の鑑定を徳山藩主に依頼され、そのうちの1面（三角縁王氏作盤龍鏡（山口17））について、銘文を正確に釈読したうえで、『博古図』に依拠して「青盖鑑」に比定したのである〔宮田幸 2015〕。また、枝斎と深く親交した清水浜臣の門下に、『観古集』の春田永年がいた。永年と弘賢は、先述の「畿内寺社宝物調査」に同行している。

　近年、書籍や諸物を介した江戸期の知識人ネットワークに関して、研究が活潑化している〔岡村敬 1996；藤實 2006；上杉 2010 等〕。古物に関しても、清野の先駆的成果が如実に示すように、こうした検討を存分に展開することが可能であり〔杉本欣 2016〕、ひいてはこのようなネットワークに関する総合的研究に十分な寄与をはたせるだろう。そうしたネットワークは、上記のような会合のほか、書籍ならば売買・貸借・書写などをつうじ、古物自体であれば売買・目睹・図化などを介して、生成・維持・強化された。この最後にあげた古物の観験目睹および図化について、さほど注目されてこなかったが、日本の考古学の重要な一基点となった本草学（物産学・博物学）において肝要視されていた事項であり〔杉本っ 1985〕、江戸期の考古（好古）学の勃興と展開を考えるうえで、すこぶる重要である。古鏡の図化や拓影などについては、本論でとりあげた諸書の拓影や図化技術を比較検討するだけでも、かなりのことがわかる。

　親験目睹について、本章では本庄猪塚出土の甲冑にたいする春田永年の所見などに言及したが、このほかにも多くの実例がみいだせる。ふたたび枝斎に登場を願うと、かれは生涯をつうじて頻繁に旅行し、名利や旧家の古物を閲覧したという。たとえば、文政四（1821）年に河内の西琳寺を訪れ、船氏王後首の墓誌を手拓し、同十二（1829）年には、伊勢の鼓岳山蓮台寺にある古鏡を熟覧している〔森銑 1971；梅谷 1994〕。逆に、枝斎のもとを訪ねて、その所蔵鏡を閲覧する者もいた。『鏡研搨本』には、上述の北畠蓼洲（須原屋茂兵衛）が枝斎の蔵鏡を「観」察して採拓した拓影が収録されている。また、宗淵僧都なる僧侶が枝斎所蔵の古鏡を親しく閲覧し、その銘文を書写したものの恵贈をうけたおかげで、大和国の弥勒寺が所蔵する古鏡（三角縁吾作二神二獣鏡（奈良4））を釈読できた旨を記す「弥勒寺古鏡記」「枝斎所蔵古鏡銘」なる古文書が現存する〔鐘方 2012a〕。

　ただし、街道筋が整備されるなどして長距離旅行が容易になったとはいえ、遠隔地の古物を実見してまわることは現実的に困難であった。それゆえ、古物の情報はいきおい書籍や一枚刷りといっ

た記録媒体にたよらざるをえなかった[34]〔清野 1944a〕。江戸中期以降、出版文化は隆盛をむかえつつあったが、それでも古物に関する著作の上梓は尠少であった。その結果、実見にもとづいてえがかれた少数の古物の図面や解説が、書写や写本の交換・贈与をつうじて好古家のネットワークを拡散してゆくことになった。書写した記事に満ちあふれた『観古集』は、その恰好の事例である。このネットワークをつうじて、古物の出土情報はかなり迅速に拡散していた。しかし、特定の古物と同じく、それをえがいた原本も孤品であり、刊行物でないかぎり、それを書写する機会はかぎられる。原本を書写したものがさらに書写されてゆくことで、古物に関する図や情報が増殖し、好古家に共有されていったわけである。したがって、古物に関する著述や古文書はそれなりに多いが、それらのあいだで重複が多く、古物の資料数は意外に少ない。

　上記したように、古物（およびそれに関する著述）の閲覧や古物をめぐる会合などをつうじて、好古家の共時的なネットワークが形成されていった。他方、古物自体の遺贈や贈与、そして古物に関する著述や文書の書写をつうじて、世代をこえた通時的なネットワークがうみだされる側面も看過してはならない。書写という行為の積極的な側面である。しかし、負の側面も無視できない。書写をくりかえすということは、誤写や誤認などが生じ、原情報がそこなわれてゆく事態を必然的にひきおこす。複製が増殖するなかで、どれが真正な情報であるのか、ますます確認しがたくなる。そのうえ当時は、柀斎のような「一分の差をも気にして正確を期する」例外的な人物もいたが、総じて摸写や書写が雑であり、「原本通りに行はれ」ないことが多く、しかも「引用書の原本名の記載を怠つて」いた〔清野 1955〕。その結果、古物の図面や記載の氾濫とは裏腹に、確実な検討がかなわなくなった。「爛熟期」に「旧考古学」は停滞をむかえたが、その一因は厳密性なき書写という、当時の情報入手法の特質と限界にもとめうるのではなかろうか。

　語り残したことは多いが、ひとまずここで本論を終わることにする。


## 註

（1）盗掘などで副葬鏡が大破した場合、鈕の付近は比較的大きな破片として残る。本墳出土鏡片に鈕をふくむ破片がわずか1点しかないことも、本鏡群が盗掘時などに大破し、細片をのぞく鏡（片）群が持ち去られたとみる推測の裏づけとなる。

（2）これは7月8日（旧暦）の記事であり、この出来事は前日に起きたと同書に記される地震の余波であろう。なお、東日本大震災とのかかわりで知られる貞観地震は、この1か月ほど前に起きている。

（3）鏡に関していえば、松平定信が主体となって編纂した『集古十種』に200面余の古鏡が収録されている。市河寛斎は川柳将軍塚古墳出土鏡や罍龍鏡などを載録した『小山林堂書画文房図録』の、野里梅園は「肥前唐津山崩所出」の五鈴鏡（佐賀159）を掲載した『梅園奇賞』（続篇）の編者である。根岸武香は埼玉県庚塚古墳出土の六鈴五獣鏡（埼玉14）および同船木山下出土の重圏文鏡（埼玉28）を所蔵していた。近藤守重が古鏡を所有していたという情報はないが、かれが自邸で開催した「擁書城好古会」には、狩谷柀斎が「漢銭、漢鏡、王莽の威斗、三耳壺、中平銘の雙魚洗中の尤品二個（三耳壺と魚洗）」を出陳している〔清野 1954〕。

（4）本章は2016年3月に刊行した論考〔下垣 2016b〕を原型としている。杉本の論文は、奇しくも同年同月に出版されており、しかも後述する藤丸詔八郎による福岡県豊前石塚山古墳出土鏡群の考察も、同年同月に発表されている〔藤丸 2016〕。本章では杉本・藤丸両氏の卓見をとりいれて、前稿の欠を埋めるようつとめたい。

（5）本書に収録された鏡以外の遺物や知見に関してとくに感興をおぼえたのが、第一冊の冒頭付近に掲載された弥生土器（台付甕・二重口縁壺等）および縄文土器（波状口縁深鉢）とおぼしき土器である〔清野

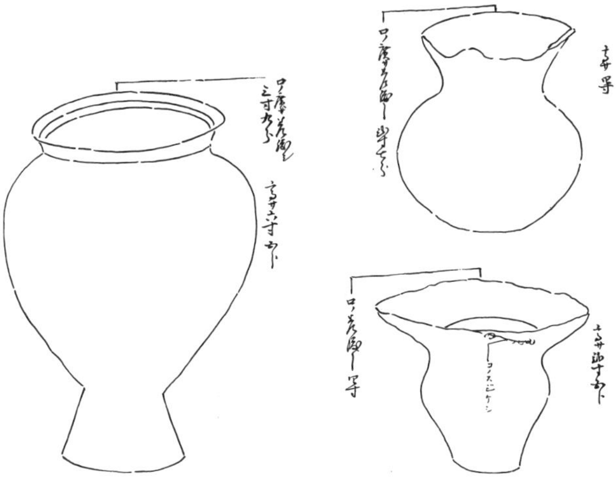

図93 「上野国群鳥郡井野村辯才天社境内池中」出土土器
（『観古集』第一冊）

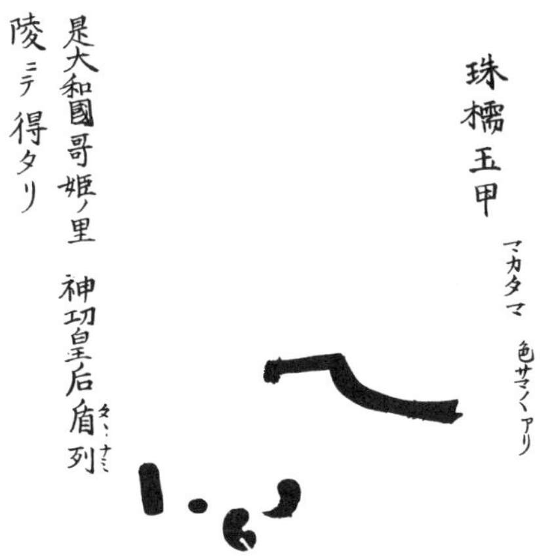

図94 「神功皇后盾列陵」出土遺物
（『観古集』第十二冊）

1944a〕（図93）。これらは寛政九（1797）年4月に「上野国群鳥郡井野村辯才天社境内池中」（現高崎市井野町）から30点ばかり出土したものだと解説されている。明白な弥生土器の図面としては最古のものであり、縄文土器の図面としても、『好古日録』（藤貞幹著；1796年）の「岡崎村土中瓦器」および『集古図』（藤貞幹著；寛政年間か）の「山城国愛宕郡岡崎村土中所出」の同品とならんで最初期の事例になる。土器の口縁部に朱線をのばし、「口ノ廣サ差渡シ三寸九分」「高サ三寸七分」などと法量を記載している点も注目される。

　なお個人的に興味を惹いたのが、「是大和國哥姫ノ里　神功皇后盾列陵ニテ得タ」「珠襦玉甲　マカタマ色サマサマアリ」との説明つきで掲載された、玉杖形の石製品ないし金属製品1点・勾玉2点・管玉1点・小玉1点である（第十二冊・33丁裏）（図94）。「珠襦玉甲」とは、『大漢和辞典』に「黄金の絲を以て珠を縫ひ合せて作つた短衣と珠玉で飾つた箱。漢代、帝及び諸侯王の死を送るに用ひる」とあり、金鏤玉衣と玉匣のことを指すらしい。本墳の断片的な遺物から、なぜそのような大仰な品物を推定したのか理解に苦しむ。『山陵志』（蒲生君平著；1801年）においても、「山陵の遺制及び石棺の暴露するを観るに、則ち其の牆翣衣衾、珠襦玉匣（中略）一つも文献の徴すべきを見る無し」とあり、陵墓における「珠襦玉匣」の存在が否定されている。ともあれ、奈良県佐紀古墳群の王陵級古墳の副葬品が具体的に判明する稀有の事例であり、断片的とはいえその価値はきわめて大きい。

（6）そのうち6個が清野の著書に掲載されている〔清野 1954・1955〕。

（7）なお、本書で時期のわかる最新記事は川柳将軍塚古墳のものであり、永年の歿年と同年の寛政十二（1800）年の記事である。

（8）ただし永年は、『続日本紀』の延暦十（791）年に桓武天皇が「鉄甲」の修理を諸国に命じた記事があることを根拠に、本墳を「上古ノ武臣ノ冢」と考定しており〔森島 1800〕、正解にはいたらなかった。

（9）古文書に鏡の出土記事をみいだすと、ついつい古墳からの出土を考えてしまう。しかし、和鏡や宋鏡など古墳時代以後の鏡であることが案外に多い。この足立山出土鏡群はその典型である。このほかにも、たとえば『諸国奇談 漫遊記』なる江戸期の書物に、伊勢国桑名郡多度山の岩が明和年間と安永年間に崩れ、内部から鏡25面などが出土したと書かれているが、その図には双鸞銜綬の文様がみとめられ、少なくとも唐代以後の鏡である〔清野 1955〕。天保期の成立が推定される『古図類纂』に、伊豆国加茂郡雲見村の神明境内古墳から9面の鏡が出土したことを記すが、「八花鏡」が混じっており古墳出土鏡の可能性は低い〔清野 1955〕。さらにまた、考古学談話会を改称して1907年に「第一小集会」が開催された「原町談話会」に、荒峯氏なる人物が「相模国津久井郡中野村発掘」の「古鏡」8面を出品しており、これこそ古墳出土鏡かと思いきや、「松喰鶴鏡二面」や「山吹紋鏡一面」などすべて和鏡であり、肩すかしを食う〔白鳥 1907〕。古墳から出土した鏡であっても、古墳を利用して築かれた経塚の奉納品や経筒の蓋にも

408　第Ⅱ部　銅鏡論考

ちいられた和鏡であることがしばしばあり、油断できない。

(10)　覚峰は、好古家として著名であり、とくに古鏡にたいする造詣の深さで名高い〔白井 1958；三木精 1985〕。とくに注目すべきは、近隣の国分茶臼山古墳から寛永六（1629）年に出土した三角縁新作徐州銘四神四獣鏡（大阪 124）と三角縁吾作四神二獣鏡（大阪 126）の銘文にたいしてくだした解釈である。すなわち、書簡文のなかで覚峰は、前者の鏡は「銅出徐州 師出洛陽」の銘句から「決而漢代の鏡と覚候」と推断し、後者の「用青銅 至海東」の銘句について、「鋳工銅を持して我国にて鋳たるもしるべからず。漢土にては日本をも海東諸国の中に入申也」との解釈をあたえたのである〔白井 1958；森 1970b〕。三角縁神獣鏡の中国（呉）工人渡来製作説の嚆矢となる、実に先駆的な見解である。ただし、その製作時期については、「年号の見えざる」ことが「却つて古き証なり」として、中国最初の元号である「建元」（紀元前 140-135 年）「以前の物と定候てもよろしきか」と、かなり古い時期を推定した〔白井 1958〕。

(11)　『日本における古鏡 発見地名表 九州地方Ⅱ』の本墳出土鏡の「文献」欄に「『観古集』第 1 冊に古鏡全部で 16 面とする」とある〔岡崎編 1979〕のは、この記事を指す。歴博集成の福岡 530 の「備考」欄に「岡崎地名表は『観古記』に拠り 16 面が出土したとする」とある〔白石他編 1994〕のは『観古集』の誤り。

(12)　藤丸は、四葉座の乳座とその外周の幅広い圏帯を根拠にして、本鏡が「後漢式鏡を模倣した魏晋代の作である可能性が高い」と推断した〔藤丸 2016〕。

(13)　なお藤丸は、破片になった鏡群の本来の面数を「数え間違った」事態を仮定し、「八枚破」は実際には「七枚破」であり、そうすれば 15 枚になると推定した〔藤丸 2016〕。

(14)　ただし、長銘の 6 号鏡が現存しているので、あまり強く主張できない。他方でこの文書には、本鏡群のうち 3 面にヒビがはいり、残りはすべて破片になっている旨が記されている。現存する本鏡群（修復前）でも、ヒビがはいった完鏡は 3 面である。そうすると、明治末年から現在までに破片のみが逸失したことになり、やや不可思議である。むしろ明治末年時に、寛政年間の出土面数にひきずられて、破片からの復元枚数をあやまったと想定するほうが無難ではなかろうか。

(15)　ただし、「破」れた「八枚」という面数が、正しく復元されたものでないならば、総面数も三角縁神獣鏡の面数もまた変わる。

(16)　この筒形石製品の図は、あまりに妙な形状にえがかれているため、当初は正体がわからなかった。しかし、『信濃奇勝録』における「石質堅実 蝋石の如し」「長二寸三分」「此孔下ハ不通」との記載が、『観古集』の筒形石製品の註記にある「蝋石ノ如ク質硬」との記載と「大サ図ノコトシ」にしたがって計測した法量と合致することからみて、筒形石製品と判断してまちがいない。なお『朝陽館漫筆』には、この石製品の図がなく、そのうえ筒形銅器や銅鏃の図も欠いている。

(17)　松代藩主であった真田家の文書には、出土した「二十八面」のうち 10 面が差しだされたと記されている〔森本 1929b〕。『朝陽館漫筆』に掲載された、松代藩の奉行所への提出文書にも同じ内容が記されているので、『始鏡雑記』と『朝陽館漫筆』の本墳関連記事は真田家文書を情報源にしているのだろう。両書の鏡図面が同一であることもその裏づけになる。

(18)　本書の編者を春田永年とした場合、その歿年と本鏡群の出土年（5 月）が同年だという点が気にかかる。細かくいえば、本鏡群の出土が 5 月、村役人が奉行所に訴えでたのが翌月、奉行所へ文書を提出したのが 9 月である〔鎌原 1810；杉本欣 2016〕。永年の歿年については、寛政十二年の 5 月説と 12 月説がある〔宮崎隆 2010〕が、後者の説をとったにしても、本鏡群の出土から本記事の作製（ないし書写）までの期間が 7 か月というのは、永年の居住する江戸と本墳のある北信との距離を考えると、情報伝達の点でやや無理がでてくる。

(19)　たとえば『始鏡雑記』と『朝陽館漫筆』に図示された鏡群のうち倭製内行花文鏡の 1 面は、上記 27 面のどれともちがう。本墳出土面数として両書が記載する「廿八面」と『観古集』『信濃奇勝録』の「廿七枚」の差引 1 面が本鏡だとみるのは、さすがに無理がありすぎる。

(20)　他方、呂綱が旧蔵した「信濃更級郡及び其の附近地方発掘」の 5 面のうち 4 面は、本墳出土鏡群のどれよりも大きく、残る 1 面は有銘鏡である。豊前石塚山古墳出土鏡群の場合と同様に、優品から先に流出した可能性も考えられる。

(21)　類鏡としては、伝三河国出土鏡（愛知 87-2）などをあげうる。

（22）これらの著述や古文書などについては、かつて「蘇南の創庫」なるウェブページの「文献にみる一宮市の古墳（2）」に網羅されていて、すこぶる有益であった。

（23）杉本は、詩仏が本鏡についてしたためた漢詩（「新莽長宜子孫鑑の歌、友人福田竹庵の為に作る」）を掲載している〔佐野正編 1985：杉本欣 2016〕。この漢詩は、『考古学雑誌』第1巻第2号（1910年）の余白記事にも載録されているが、市河寛斎の作となっている。

（24）なお、森下が指摘するように、17鏡は伝京都府醍醐経塚出土鏡（京都76）に類似する〔森下 2004〕。また14鏡は、兵庫県荒神山古墳出土鏡（兵庫134）に文様構成も神獣像表現も酷似し、面径もほぼ同一である。本鏡は元文四（1739）年の出土であり、同一品である期待も高まったが、残念ながら別物である。ただし、同工品といってよいほどの酷似ぶりである。

（25）しかも面白いことに、本鏡は岡山県津島福居塚ノ本塚古墳から出土した捩文鏡（岡山92・94）によく似る。塚ノ本塚鏡は拓本で画像も粗く、両者の確実な同定作業は無理であるが、記載された面径も近く、どちらもサイズと形状が等しい五像が右旋し、区画同心円も一致する。もし両者が同一品であるならば、本鏡は永山卯三郎と長迫某氏の所蔵をへているので、國學院大學におさまるまで少なくとも4人（機関）の手をわたっている。ただ、この推論の致命的な問題点として、塚ノ本塚鏡の出土年が入札時より3年も新しいことがある。おそらく両鏡は別物だろうが、記載された出土年に問題があるという解釈の選択肢も残しておきたい。

（26）なお、「求古楼の古鏡」で三角縁神獣鏡の可能性が高いもう1面（「仙人不老鑑」）を、『千とせのためし』所収の三角縁吾作六神四獣鏡と同一品だとする見解がある〔徳田 2007〕。可能性は十分にあるが、確定してしまうのはゆきすぎである。

（27）苦労話もかねて一例をあげておく。東日本で最大級の前期古墳である山梨県中道銚子塚古墳からは、5面の鏡が出土している。ところが、もう3面が出土したという情報もある。「昭和四十年前後、甲府市に住む素封家・村松益造氏から筆者に連絡があり三面を所蔵しているとのことであった。その折、後藤守一博士にかって見ていただいた」との情報である〔谷口一 1996〕。実際、『中道町史』にその1面とおぼしき倭製鏡の写真が掲載されている〔上野晴 1975〕。この3面を探索するべく、幾通りかの手段を講じたが、そのひとつとして売立目録に目をつけた。「昭和四十年前後」以降に入札にだされるか、あるいはそれ以前に入札にだされ売れずに戻ってきた可能性を考えてみたのである。捜索したところ、『もくろく 甲州汲古庵村松家収蔵品入札』なる売立目録〔中島他 1936〕がみつかり、購入をはたした。村松益造の父君で県会議員もつとめた甚蔵は、自身の蒐集書をおさめた「汲古館」なる私設図書館をもうけている。本墳の5面が出土した当時（1928年）、甚蔵はまだ還暦前後である。上野が言及した3面の旧蔵者が甚蔵である状況証拠は十分にある。本目録には「古鏡 九箱 百三十枚」とあり、30面ほどの写真が掲載されていた。期待を胸に頁を繰ったが、和鏡と踏返し鏡ばかりであった。

（28）古墳の発掘をめぐる、あるいは鏡などの出土品をめぐる怪異や祟りは、民俗的な伝承や信仰に頻出するテーマである〔鳥居 1932：柳田國 1950：清野 1955：桜井 2011 等〕。たとえば次に紹介する松岳山古墳の濫掘においても、その「実行に当」った村惣代の東野哲次が、「石棺に近くして無数の巨蛇」がいたことに「驚駭の余り」、「遂に耳を聾にするに至」ったと伝えられている〔三宮他 1927〕。

（29）当美術館の三角縁新出四神四獣鏡のX線写真は、その同笵（型）鏡が出土した滋賀県雪野山古墳の報告書で公開されており〔村上他 1996〕、図面のヒビと相違することがわかっている。

（30）この田中伯爵とは、内閣書記官長・宮内大臣として活躍した明治新政府の要人であり、和漢の善本を購入して内閣文庫を充実させた田中光顕のことである〔川瀬 1999〕。ここで興味を惹くのは、三角縁神獣鏡をふくむ10面前後の鏡が出土したことで学史上名高い兵庫県阿保親王塚古墳（推定）（『古図類纂』『聆濤閣帖』「御廟詮議」等）の出土鏡1～2面を、田中が持ち去っていることである。『武庫郡誌』の「阿保親王寺」の項目には、寺宝として「二百年前、阿保親王廟より堀出でたる」「大径七寸重量二百匁、小径五寸重量百五十匁」の「古鏡二面」があげられているが、この2面は「先年田中光顕伯持ち帰り今に返還せずとぞ」と記されている〔安達編 1921〕。また親王寺の寺伝には、「明治39年（1904）に田中光顕伯に鏡1面を譲ったという伝承」があるという〔村川 1979〕。C鏡は径24.2cmで、「径七寸」と合致しないが、しかし状況証拠的に、本鏡が阿保親王塚古墳の出土鏡（親王寺旧蔵鏡）である可能性を指摘しておきたい。

410 第Ⅱ部 銅鏡論考

(31) ついでながら、松岳山古墳の発掘の前年に税所への届け出がなされた奈良県野神古墳の「発掘見分書」
に、「古鏡 径凡一尺 二面」（奈良35・36）とあるのが気にかかる。本墳はほかならぬ税所が発掘し、「夥
しい遺品が持ち去られたと同地の古老の語りぐさになつていた」という〔小泉 1954〕。本墳が造営された
古墳時代後期の「径凡一尺」の鏡といえば、縁部を拡幅した同型鏡群しか現状ではみあたらない。そして
まさに、そのような同型鏡群であり「径一尺一寸」をはかる画文帯周列式仏獣鏡が、「日本出土」鏡とし
てドイツのベルリン民俗博物館に所蔵されている〔梅原 1931〕。憶測の域をでないが、本鏡は税所の所蔵
をへて海外に流出した可能性もある。なお、税所を弁護する意見もあるが〔德田 2011〕、説得力に欠く。

(32) とはいえ梅原は、1930年代初頭にC鏡の「出土地の明ならぬ」ことを記し、A鏡とB鏡についてもそ
の出土地にまったくふれていない〔梅原 1931〕。それ以後に、これらのどれかが本墳出土鏡（群）である
ことに気づいたのかもしれないが、『堅山家文書』の図があの有り様である以上、どのようにして気づい
たのかわからない。当美術館のアーカイヴにフリーアの美術品購入記録のほぼすべてが保管されているこ
と〔朽木 2011〕から、なんらかの情報を梅原がえた可能性もあるが、たんなる憶測という可能性も否定
できない。

(33) 本墳と興味深い符合を示すのが、京都府長法寺南原古墳である。両墳は、副葬品において同型同大の珍
しい有樋型銅鏃を副葬し、埴輪においても新相の埴輪が設置されている。そして首長墓系譜論の観点から
は、どちらも前期後葉に旧来の有力古墳群の近隣に造営された有力墳であると指摘されている。副葬鏡に
おいても、長法寺南原古墳には2面の後漢鏡（1面は青蓋作盤龍鏡）と4面の古相の三角縁神獣鏡が副葬
されており、松岳山古墳出土鏡群（推定）と構成的に非常によく似る。築造時期よりもかなり古い鏡群を
副葬する古墳の存在は、以前から注目されてきた。これらを在地での長期保有の結果とみるにせよ、王権
中枢勢力のもとで長期保有された鏡群が分配された結果と考えるにせよ、両墳の副葬鏡群は、鏡の分配―
保有論に重要なデータをもたらす。京都府園部垣内古墳も、盤龍鏡と古相の三角縁神獣鏡にくわえ、有樋
型の銅鏃を副葬し、新相の埴輪を配列する面で、そのうえ首長墓系譜の面でも、上記2墳に類する。

(34) そうした間接的な記録媒体だけでなく、古鏡などの古物を売り歩く行商人も存在していた〔杉本欣
2016〕。

# 引 用 文 献

愛知県史編さん委員会編　2005『愛知県史』資料編3 考古3 古墳、愛知県

青江舜二郎　1966『竜の星座 内藤湖南のアジア的生涯』朝日新聞社

青木豊編　1982『國學院大學考古學資料館要覧 1982』國學院大學考古學資料館

青柳種信　1822（1976）「三雲古器図考」青柳他著『柳園古器略考・鉾の記』（復刻版）、文献出版

赤塚次郎　1995「人物禽獣文鏡」『考古学フォーラム』6、考古学フォーラム、pp. 1-13

　　　　　1998a「東海の内行花文倭鏡」『考古学フォーラム』9、考古学フォーラム、pp. 62-71

　　　　　1998b「獣形文鏡の研究」『考古学フォーラム』10、考古学フォーラム、pp. 51-73

　　　　　1998c「愛知県東之宮古墳について」東海考古学フォーラム岐阜大会実行委員会編『第6回東海考古学フォーラム岐阜大会 土器・墓が語る 美濃の独自性～弥生から古墳へ～』東海考古学フォーラム岐阜大会実行委員会、pp. 248-257

　　　　　2000「絵画文鏡の研究」『考古学フォーラム』12、考古学フォーラム、pp. 71-79

　　　　　2004a「東海系神頭鏡の研究」八賀晋先生古稀記念論文集刊行会編『「かにかくに」八賀晋先生古稀記念論文集』三星出版、pp. 43-52

　　　　　2004b「鈴を付けたS字文鏡」『三重大史学』第4号、三重大学人文学部考古学・日本史研究室、pp. 1-8

秋山進午　1998「夔鳳鏡について」『考古学雑誌』第84巻第1号、日本考古学会、pp. 1-26

朝日新聞社編　1994『朝日 日本歴史人物事典』朝日新聞社

安達儀一郎編　1920『武庫郡誌』武庫郡教育会

穴沢咊光　1985a「三角縁神獣鏡と威信財システム（上）」『潮流』第4報、いわき地域学会、pp. 1-3

　　　　　1985b「三角縁神獣鏡と威信財システム（下）」『潮流』第5報、いわき地域学会、pp. 1-3

　　　　　1995「世界史のなかの日本古墳文化」古代オリエント博物館編『江上波夫先生米寿記念論集 文明学原論』山川出版社、pp. 401-424

甘粕　健　1966「古墳時代の展開とその終末」近藤義郎他編『日本の考古学』Ⅴ古墳時代（下）、河出書房新社、pp. 389-455

　　　　　1970「武蔵国造の反乱」杉原荘介他編『古代の日本』第7巻 関東、角川書店、pp. 134-153

　　　　　1975「古墳の形成と技術の発達」『岩波講座 日本歴史』1原始および古代1、岩波書店、pp. 273-321

　　　　　1986「古墳時代における筑紫」『岩波講座 日本考古学』第5巻 文化と地域性、岩波書店、pp. 223-254

甘粕健・久保哲三　1966「関東」近藤義郎他編『日本の考古学』Ⅳ 古墳時代（上）、河出書房新社、pp. 428-498

新井　悟　1995「鼉龍鏡の編年と原鏡の同定」『駿台史学』第95号、駿台史学会、pp. 67-103

　　　　　1997「古墳時代倣製鏡の出現と大型鏡の意義」『考古学ジャーナル』No. 421、ニュー・サイエンス社、pp. 8-13

　　　　　2002a「東京都北区田端不動坂遺跡の鏡埋納遺構」『日本考古学』第13号、日本考古学協会、pp. 123-130

　　　　　2002b「田端不動坂遺跡出土鏡について」『文化財研究紀要』第15集、東京都北区教育委員会、pp. 20-31

　　　　　2004「隅田八幡鏡発見以前―八木奘三郎における和鏡の追求と挫折―」『博望』第5号、東北アジア古文化研究所、pp. 39-45

　　　　　2007「倣製鏡の文様割付―同心円分割の復原―」『アジア鋳造技術史学会 2007 研究発表概要集』

アジア鋳造技術史学会、pp. 3-4

2009a「古墳時代小形倣製鏡の製作技術の検討 重圏紋鏡と珠紋鏡」『アジア鋳造技術史学会研究発表概要集』3号、アジア鋳造技術史学会、pp. 16-19

2009b「韓半島南部出土の古墳時代倣製鏡の系譜と年代（要旨）」복천박물관・아시아鑄造技術史學會（福泉博物館他編）『청동거울과 고대사회 발표요지（青銅鏡と古代社会 発表要旨）』2009년 복천박물관 특별전〈神의 거울、銅鏡〉개최기념 학술세미나（2009年福泉博物館特別展〈神の鏡、銅鏡〉開催記念学術セミナー）、복천박물관（福泉博物館）、p. 29

2010「考古学において展開された古墳時代の鏡に関する鋳造技術論の構造（1945年以前）」『FUSUS』2号、アジア鋳造技術史学会、pp. 71-76

2011「鏡―東国における配布の中心を考える―」右島和夫他編『古墳時代毛野の実像』季刊考古学・別冊17、雄山閣、pp. 101-104

2014「鏡」土生田純之編『古墳の見方』考古調査ハンドブック10、ニュー・サイエンス社、pp. 155-169

2017「古墳時代倣製鏡の参考資料」『南山大学人類学博物館紀要』第35号、南山大学人類学博物館、pp. 41-47

新井悟他 2009「ユーラシア大陸鏡集成（第1版）」『博望』第7号、東北アジア古文化研究所、pp. 93-117

新井悟・大川麿希 1997「新収蔵の倣製鏡―火竟銘をもつ倣製鏡の新例について―」『明治大学博物館研究報告』第2号、明治大学博物館、pp. 49-61

新井 宏 2006「鉛同位体比から見て三角縁神獣鏡は非魏鏡―副葬期で鉛が変る奇妙な舶載鏡群と関連して―」『東アジアの古代文化』129号、大和書房、pp. 54-83

2007『理系の視点からみた「考古学」の論争点』大和書房

荒木 宏 1942『古鏡鋳造の技法』

荒俣 宏 1994『怪物の友』集英社文庫、集英社

安 春培 1984『昌原三東洞甕棺墓』釜山女子大學博物館遺蹟調査報告第一輯、釜山女子大學博物館

安藤精一編 1982『和歌山県の文化財』第3巻、清文堂出版株式会社

李 在賢 2000「加耶地域出土 銅鏡과 交易體系」『韓國古代史論叢』第9輯、駕洛國史蹟開發研究所、pp. 37-83

2004「영남지역 출토 삼한시기 倣製鏡의 文樣과 의미（嶺南地域出土三韓時期倣製鏡の文樣と意味）」『韓國考古學報』第53輯、韓國考古學研究會、pp. 33-58

李 陽洙 2006「韓半島에서 漢鏡의 分配와 流通（韓半島における漢鏡の分配と流通）」『考古學誌』第15輯、韓国考古美術研究所、pp. 27-56

2007a「新羅의 鏡鑑」『國立慶州博物館所藏 鏡鑑』國立慶州博物館、pp. 202-238

2007b「韓半島의銅鏡」清水康二他編『斉国故城出土鏡範和東亜的古鏡―斉都臨淄：漢代銅鏡製造中心国際学術研討会論文集―』日本学術振興会平成18～21（2006～2009）年度科学研究費補助金基盤研究（B）（2）研究成果中間報告、奈良県立橿原考古学研究所、pp. 23-32

2009a「韓半島出土銅鏡研究의現況」李賢周他編『神의 거울 銅鏡（神の鏡 銅鏡）』복천박물관（福泉博物館）、pp. 227-228

2009b「銅鏡의 意味와 所有者의 性格變化（銅鏡の意味と所有者の性格変化）」복천박물관・아시아鑄造技術史學會（福泉博物館他編）『청동거울과 고대사회 발표요지（青銅鏡と古代社会 発表要旨）』2009년 복천박물관 특별전〈神의 거울、銅鏡〉개최기념 학술세미나（2009年福泉博物館特別展〈神の鏡、銅鏡〉開催記念学術セミナー）、복천박물관（福泉博物館）、pp. 10-17

2010『韓半島出土 三韓・三国時代銅鏡の考古学的研究』釜山大學校大學院博士學位論文（『韓半島出土 三韓・三國時代 銅鏡의 考古學的 研究』）

2012「포항 성곡리유적 출토 동경에 대하여（浦項 城谷里遺跡出土銅鏡について）」한빛문화재연구원（大慶文化財研究院編）『포항 성곡리 유적（浦項 城谷里遺跡）』Ⅳ、學術調査報告第27

冊、한빛문화재연구원（大慶文化財研究院）、pp. 35-57

李　瑜眞　2009「5～6 世紀 韓半島 出土 倭鏡의 性格（5～6 世紀韓半島出土倭鏡の性格）」복천박물관・아시아鑄造技術史學會（福泉博物館他編）『청동거울과 고대사회 발표요지（青銅鏡と古代社会 発表要旨）』2009년 복천박물관 특별전〈神의 거울、銅鏡〉개최기념 학술세미나（2009 年福泉博物館特別展〈神の鏡、銅鏡〉開催記念学術セミナー）、복천박물관（福泉博物館）、pp. 31-38

李　蘭暎編　1983『韓国의銅鏡』研究論叢 83-13、韓国精神文化研究院

飯塚惠子・田口一郎編　1981『元島名将軍塚古墳』高崎市文化財調査報告書第 22 集、高崎市教育委員会

生澤英太郎　1957「古代の鏡作氏に対する一考察―思想的方面を中心にして―」『神道史研究』第 5 巻第 4 号、神道史学会、pp. 40-47

池　浩三　1979『祭儀の空間―その民俗現象の諸相と原型―』相模書房

　　　　　1983『家屋文鏡の世界―古代祭祀建築群の構成原理―』相模書房

池上　悟　1991「直弧文系倣製鏡について」『立正考古』第 30 号、立正大学考古学研究会、pp. 4-12

　　　　　1992「鼉龍鏡の変遷」『立正考古』第 31 号、立正大学考古学研究会、pp. 23-37

池田次郎　1954「三ツ城古墳出土人骨、並びに広島県下出土の古墳人骨について」松崎寿和他著『三ツ城古墳』広島県文化財調査報告第一輯、広島県教育委員会、pp. 48-51

　　　　　1981「石鎚山第 1 号、第 2 号古墳及び笛越第 8 号古墳出土の人骨について」高倉浩一編『石鎚山古墳群』財団法人広島県埋蔵文化財調査センター、pp. 135-144

　　　　　1983「カチヤ古墳出土の人骨について」山本三郎他編『半坂峠古墳群 辻遺跡』兵庫県文化財調査報告第 18 集、兵庫県教育委員会、p. 72

　　　　　1984「龍野市域出土人骨の人類学的考察」龍野市史編纂専門委員会編『龍野市史』第 4 巻、龍野市、pp. 234-236

　　　　　1987「京都府大宮町大谷古墳出土の人骨」奥村清一郎編『大谷古墳』大宮町文化財調査報告第 4 集、大宮町教育委員会、pp. 33-35

　　　　　1993「古墳人」石野博信他編『古墳時代の研究』第 1 巻 総論・研究史、雄山閣、pp. 27-95

　　　　　1998「岡山市浅川古墳群出土の人骨」内藤善史編『高下遺跡・浅川古墳群ほか・楢原古墳群・根岸古墳』岡山県埋蔵文化財発掘調査報告 123、岡山県教育委員会他、pp. 155-158

池田次郎・片山一道　1993「人骨」前園実知雄編『斑鳩 藤ノ木古墳 第二・三次調査報告書』分析と技術篇、奈良県立橿原考古学研究所、pp. 110-137

石神　怡　2003「森本六爾・熱情と焦燥の魂」小山田宏一編『弥生文化研究への熱いまなざし 森本六爾、小林行雄と佐原真』大阪府立弥生文化博物館 27、大阪府立弥生博物館、pp. 58-69

石崎景三　1981『鉄剣と鏡が語る邪馬台国』新人物往来社

石田英一郎編　1966『シンポジウム 日本国家の起源』角川新書 220、角川書店

石田敬一　2011「双脚輪状文」『東海の古代』第 135 号、古田史学会・東海事務局、pp. 1-8

石野　瑛　1940「相武出土の鏡鑑に就いて」考古学会編『鏡剣及玉の研究』吉川弘文館、pp. 51-61

石野　亨　1977「銅鏡―変遷・製作技術・魔鏡現象―」『鋳造 技術の源流と歴史』産業技術センター、pp. 143-194

石野博信　1990『古墳時代史』考古学選書 31、雄山閣

　　　　　2011「放射状区画珠文鏡考」『兵庫県立考古博物館研究紀要』第 4 号、兵庫県立考古博物館、pp. 1-5

石野博信他　1982「見田・大沢古墳群検討会記録」亀田博編『見田・大沢古墳群』奈良県史跡名勝天然記念物調査報告第 44 冊、奈良県教育委員会、pp. 125-148

石橋臥波　1914『国民性の上より観たる鏡の話』民俗叢書第四編、人文社

石村　智　2003『威信財システムからの脱却』国立民族学博物館平成 14 年度特別共同利用研究員研究成果報告

　　　　　2004「威信財システムからの脱却」考古学研究会編『文化の多様性と比較考古学』考古学研究会、

pp. 279-288

2008「威信財交換と儀礼」設楽博己他編『弥生時代の考古学』第7巻　儀礼と権力、同成社、pp. 127-139

石母田正　1955「古墳時代の社会組織―「部」の組織について―」後藤守一編『日本考古学講座』第五巻　古墳時代、河出書房、pp. 289-307

1971『日本の古代国家』岩波書店

石和田秀幸　1996「隅田八幡神社人物画像鏡における「開中」字考」『同志社国文学』第45号、同志社大学、pp. 63-72

2000「隅田八幡神社鏡銘文「開中」字の再検討―「耳中部」木簡出土の意義」『千葉史学』第36号、千葉歴史学会、pp. 35-51

2001「上代表記史より見た隅田八幡神社人物画像鏡銘―「男弟王」と「斯麻」は誰か―」『同志社国文学』第54号、同志社大学、pp. 1-8

2009「隅田八幡神社人物画象鏡銘釈読考―末尾十文字の新解釈―」『文化財学報』第27集、奈良大学文学部文化財学科、pp. 45-58

泉谷康夫　1970「服属伝承の研究」『日本書紀研究』第4冊、塙書房、pp. 125-171

1977「出雲の服属と神話」八木充編『古代の地方史』第2巻　山陰・山陽・南海編、朝倉書店、pp. 45-69

1989「崇神紀の成立について」『高円史学』第5号、高円史学会、pp. 1-16

磯崎東古墳群発掘調査会編　1990『那珂湊市磯崎東古墳群』那珂湊市磯崎東古墳群発掘調査会

磯野直秀　2012『日本博物誌総合年表』総合年表編、平凡社

市河寛斎　1926『宝月楼古鑑譜』寛斎先生余稿、遊徳園

市河米庵　1848『小山林堂書画文房図録』辛

伊藤秋男　1998「古墳における女性の被葬者―鏡と女性」森浩一他編『古代史のなかの女性たち』第5回春日井シンポジウム、大巧社、pp. 5-31

伊藤禎樹　1967「捩文鏡小論」『考古学研究』第14巻第2号、考古学研究会、pp. 24-33

伊東信雄・伊藤玄三　1964『会津大塚山古墳』会津若松史別巻1、会津若松史出版委員会

稲垣自由　2008「古墳時代伊豆半島の土製模造品―半島南部に分布する土製模造鏡を例として―」山梨県考古学協会編『山梨県考古学協会2008年度研究集会「土製模造品から見た古墳時代の神マツリ」資料集』山梨県考古学協会、pp. 127-136

2010「古墳時代における土製模造鏡祭祀についての一考察―土製模造鏡出土遺構の分析を通じて―」『研究紀要』26、山梨県立考古博物館他、pp. 18-37

稲原昭嘉　1999「藤江別所遺跡の祭祀井戸と儀鏡」『考古学ジャーナル』No. 446、ニュー・サイエンス社、pp. 17-20

井上晃孝　1985「出土人骨」三宅博士他編『奥才古墳群』鹿島町教育委員会、pp. 181-186

1994「六部山古墳群45号墳出土人骨について」谷口恭子他編『六部山古墳群』鳥取市教育福祉振興会、pp. 79-89

井上　太　1999「群馬県富岡市曽木久保遺跡の祭祀遺構と儀鏡」『考古学ジャーナル』No. 446、ニュー・サイエンス社、pp. 6-9

井上光貞　1949『日本古代史の諸問題―大化前代の国家と社会―』思索社

1951「国造制の成立」『史学雑誌』第60巻第11号、史学会、pp. 1-42

1956「帝紀からみた葛城氏」坂本太郎編『古事記大成』第四巻　歴史考古篇、平凡社、pp. 147-194

井上義也　2004「須玖遺跡群出土鏡鋳型の概要」清水康二編『鏡笵研究』I、奈良県立橿原考古学研究所・二上古代鋳金研究会、pp. 14-28

今井啓一　1962「開中費直考―隅田鏡銘に見える―」『日本歴史』第175号、吉川弘文館、pp. 2-8

今井　堯　1978「古墳の様相とその変遷」大塚初重他編『日本考古学を学ぶ』(1) 日本考古学の基礎、有斐閣選書、有斐閣、pp. 241-276

1981「各地の巨大古墳の語るもの」原島礼二他編『巨大古墳と倭の五王』青木書店、pp. 239-280

1982「古墳時代前期における女性の地位」『歴史評論』No. 383、校倉書房、pp. 2-24

1988「古墳の様相とその変遷」大塚初重他編『日本考古学を学ぶ』(1)〈新版〉日本考古学の基礎、有斐閣選書840、有斐閣、pp. 258-294

1991「中・四国地方古墳出土素文・重圏文・珠文鏡―小形倭鏡の再検討Ⅰ―」『古代吉備』第13集、古代吉備研究会、pp. 1-26

1992a「小形倭鏡の再検討Ⅱ―中・四国地方古墳出土内行花文鏡―」『古代吉備』第14集、古代吉備研究会、pp. 121-154

1992b「吉備における鏡配布体系」近藤義郎編『吉備の考古学的研究』(下)、山陽新聞社、pp. 23-45

今尾文昭　1988「行燈山古墳出土銅板と大型仿製鏡」森浩一編『同志社大学考古学シリーズ』Ⅳ 考古学と技術、同志社大学考古学シリーズ刊行会、pp. 173-186

1989「鏡―副葬品の配列から―」『季刊考古学』第28号、雄山閣、pp. 43-48

1991「配列の意味」石野博信他編『古墳時代の研究』第8巻 古墳Ⅱ 副葬品、雄山閣、pp. 229-244

1992「行燈山古墳の銅板―元治二年の出土事情―」『青陵』第81号、奈良県立橿原考古学研究所、pp. 2-6

1993a「桜井茶臼山古墳出土大型仿製内行花文鏡の破鏡の可能性について」『橿原考古学研究所紀要 考古学論攷』第17冊、奈良県立橿原考古学研究所、pp. 63-66

1993b「奈良・メスリ山古墳出土の大型内行花文鏡」『橿原考古学研究所紀要 考古学論攷』第17冊、奈良県立橿原考古学研究所、pp. 67-71

1993c「古墳と鏡」『季刊考古学』第43号、雄山閣、pp. 30-34

2013「副葬品配列と墳頂部儀礼」一瀬和夫他編『古墳時代の考古学』第4巻 副葬品の型式と編年、同成社、pp. 233-245

2015「大型仿製内行花文鏡の鋳造・所有・副葬の一状況―三次元計測画像観察にみる桜井茶臼山古墳出土鏡片―」松藤和人編『同志社大学考古学シリーズ』XI 森浩一先生に学ぶ―森浩一先生追悼論集―、同志社大学考古学シリーズ刊行会、pp. 339-350

今田洋三　1977『江戸の本屋さん 近世文化史の側面』NHKブックス299、日本放送出版協会

今津節生　2000「三角縁神獣鏡の湯口―鋳造欠陥から湯口を推定する―」森下章司他編『大古墳展―ヤマト王権と古墳の鏡―』東京新聞、pp. 232-233

2005「三角縁神獣鏡の湯口と鈕孔」水野敏典他編『三次元デジタル・アーカイブを活用した古鏡の総合的研究 第2分冊』橿原考古学研究所成果第8冊、奈良県立橿原考古学研究所、pp. 453-458

今津節生他　2004「三角縁神獣鏡三次元デジタルアーカイブの活用～新しい遺物観察方法を目指して～」『日本文化財科学会第21回大会研究発表要旨集』pp. 184-185

今村豊・池田次郎　1949「書評 清野博士の日本人種論に関する疑義」『季刊 民族学研究』第14巻第4号、岡書院、pp. 49-56

井本　進　1950「隅田八幡宮画象鏡銘の解読」『日本歴史』第26号、実業教科書株式会社、pp. 54-56

入谷宰平　2004「日十大王について―隅田八幡画像鏡の銘文判読―」『東アジアの古代文化』118号、大和書房、pp. 98-118

岩崎卓也　1981「鏡鑑」小山市史編さん委員会編『小山市史』史料編・原始 古代、小山市、pp. 753-765

1984「後期古墳が築かれるころ」『土曜考古』第9号、土曜考古学研究会、pp. 1-16

1987「「三種の神宝」の周辺」増田精一編『比較考古学試論』雄山閣、pp. 79-102

1988「青銅鏡」『長野県史』考古資料編 (4) 遺構・遺物、長野県、pp. 529-534、565-572

1989「鏡について」岩崎編『太田古墳』八千代町埋蔵文化財調査報告書4、八千代町教育委員会、pp. 37-39

　　　　　1993「関東の前期古墳と副葬鏡」久保哲三先生追悼論文集刊行会編『翔古論聚—久保哲三先生追悼論文集』久保哲三先生追悼論文集刊行会、pp. 114-129

　　　　　1996「古墳と家族・親族」大塚初重他編『考古学による日本歴史』15 家族と住まい、雄山閣、pp. 41-54

岩永省三　1998「青銅器祭祀とその終焉」金子裕之編『日本の信仰遺跡』奈良国立文化財研究所学報第 57 冊、奈良国立文化財研究所、pp. 75-99

　　　　　2001「考古学からみた青銅器の科学分析」『考古学ジャーナル』No. 470、ニュー・サイエンス社、pp. 18-21

　　　　　2010「弥生時代における首長層の成長と墳丘墓の発達」『九州大学総合研究博物館研究報告』第 8 号、九州大学総合研究博物館、pp. 17-42

岩本　崇　1998「出土鏡の紹介」東海考古学フォーラム岐阜大会実行委員会編『第 6 回東海考古学フォーラム岐阜大会 土器・墓が語る 美濃の独自性～弥生から古墳へ～』東海考古学フォーラム岐阜大会実行委員会、pp. 303-305

　　　　　2000『三角縁神獣鏡の編年と前期古墳』平成 11 年度京都大学修士論文

　　　　　2003「「仿製」三角縁神獣鏡の生産とその展開」『史林』第 86 巻第 5 号、史学研究会、pp. 1-39

　　　　　2004「副葬配置からみた三角縁神獣鏡と前期古墳」『古代』第 116 号、早稲田大学考古学会、pp. 87-112

　　　　　2005a「三角縁神獣鏡の終焉」『考古学研究』第 51 巻第 4 号、考古学研究会、pp. 48-68

　　　　　2005b「三角縁神獣鏡の規格と挽型」水野敏典他編『三次元デジタル・アーカイブを活用した古鏡の総合的研究 第 2 分冊』橿原考古学研究所成果第 8 冊、奈良県立橿原考古学研究所、pp. 423-429

　　　　　2008a「三角縁神獣鏡の生産とその展開」『考古学雑誌』第 92 巻第 3 号、日本考古学会、pp. 1-51

　　　　　2008b「三角縁神獣鏡と東海地方の前期古墳」中井正幸他編『季刊考古学』別冊 16 東海の古墳風景、雄山閣、pp. 13-21

　　　　　2009「若水古墳出土鏡と古墳時代開始期における但馬地域出土鏡」岸本一宏編『若水古墳群・城跡』兵庫県教育委員会、pp. 227-232

　　　　　2010a「三角縁神獣鏡と古墳の出現・展開」日本考古学協会 2010 年度兵庫大会実行委員会編『日本考古学協会 2010 年度兵庫大会研究発表資料集』pp. 115-130

　　　　　2010b「三角縁神獣鏡の仿製鏡」遠古登攀刊行会編『遠古登攀 遠山昭登君追悼考古学論集』遠古登攀刊行会、pp. 145-162

　　　　　2010c「茶すり山古墳副葬鏡群の位置—製作技術にみる銅鏡の系統性を中心に—」岸本一宏編『史跡 茶すり山古墳』総括編、兵庫県文化財調査報告第 383 冊、兵庫県教育委員会、pp. 447-467

　　　　　2010d「三角縁神獣鏡と前方後円墳出現期の社会」菊池徹夫編『比較考古学の新地平』同成社、pp. 300-309

　　　　　2010e「養久山 1 号墳出土鏡」岩本他編『龍子三ツ塚古墳群の研究—播磨揖保川流域における前期古墳群の調査—』本文編、大手前大学史学研究所オープン・リサーチ・センター研究報告第 9 号、大手前大学史学研究所他、pp. 272-273

　　　　　2012a「中村 1 号墳出土珠文鏡と出雲地域の銅鏡出土後期古墳」坂本豊治編『中村 1 号墳』出雲市の文化財報告 15、出雲市教育委員会、pp. 183-196

　　　　　2012b「三角縁神獣鏡編年研究の現状と課題」『考古学ジャーナル』No. 635、ニュー・サイエンス社、pp. 20-24

　　　　　2013「播磨地域の前期古墳と集団・社会構造」第 13 回播磨考古学研究集会実行委員会編『前期古墳からみた播磨—徹底討論 前期古墳編年と社会動向—』第 13 回播磨考古学研究集会の記録、第 13 回播磨考古学研究集会実行委員会、pp. 31-60

　　　　　2014a「副葬鏡群の変遷モデルと中国四国の前期古墳」中国四国前方後円墳研究会第 17 回研究集会（島根大会）実行委員会編『中国四国前方後円墳研究会第 17 回研究集会 前期古墳編年を再考

する―広域編年再構築の試み―」pp. 7-22

2014b「銅鏡副葬と山陰の後・終末期古墳―文堂古墳出土鏡の年代的・地域的位置の検討―」櫃本誠一他編『兵庫県香美町村岡　文堂古墳』大手前大学史学研究所研究報告第 13 号、大手前大学史学研究所、pp. 135-161

2014c「青銅器の有する意味とは」考古学研究会編『考古学研究 60 の論点』考古学研究会、pp. 34 -35

2014d「青銅器の製作技術からみた芝ヶ原古墳出土銅釧の意義」小泉裕司編『芝ヶ原古墳発掘調査・整備報告書』城陽市埋蔵文化財調査報告書第 68 集、城陽市教育委員会、pp. 46-49

2014e「北近畿・山陰における古墳の出現」『博古研究』第 48 号、博古研究会、pp. 1-31

2015「五條猫塚古墳出土の珠文鏡と古墳時代銅鏡生産の画期」吉澤悟他編『五條猫塚古墳の研究』総括編、奈良国立博物館、pp. 269-276

2016「古墳時代前期暦年代と副葬品様式の試論」中国四国前方後円墳研究会第 19 回研究集会（山口大会）実行委員会編『前期古墳編年を再考する～地域の画期と社会変動～』pp. 49-60

2017a「西晋鏡と古墳時代前期の暦年代―島根県古城山古墳の鏡と土器をめぐって―」『島根考古学会誌』第 34 集、島根考古学会、pp. 63-78

2017b「古墳時代倭鏡様式論」『日本考古学』第 43 号、日本考古学協会、pp. 59-78

2017c「古墳時代中期における鏡の変遷―倭鏡を中心として―」中国四国前方後円墳研究会第 20 回研究集会（徳島大会）実行委員会編『中期古墳研究の現状と課題～広域編年と地域編年の齟齬～』pp. 9-20

2018「旋回式獣像鏡系倭鏡の編年と生産の画期」岩本編『古天神古墳の研究』島根大学考古学研究室調査報告第 17 冊、島根大学法文学部考古学研究室・古天神古墳研究会、pp. 73-89

岩本崇他　2010「西播磨地域における前期古墳出土資料の再検討」岩本他編『龍子三ッ塚古墳群の研究―播磨揖保川流域における前期古墳群の調査―』本文編、大手前大学史学研究所オープン・リサーチ・センター研究報告第 9 号、大手前大学史学研究所他、pp. 259-280

上杉和央　2010『江戸知識人と地図』京都大学学術出版会

上田宏範・中村春寿　1961『桜井茶臼山古墳　附櫛山古墳』奈良県史跡名勝天然記念物調査報告、奈良県教育委員会

上田正昭　1966「文字と金石文」近藤義郎他編『日本の考古学』Ⅴ　古墳時代（下）、河出書房新社、pp. 315-326

1976『倭国の世界』新書日本史①、講談社現代新書 423、講談社

1993「古代の日本と渡来の文化」埴原和郎編『日本人と日本文化の形成』朝倉書店、pp. 1-15

上野精志　1972「大又遺跡」栗原和彦他編『今宿バイパス関係埋蔵文化財調査報告』第 3 集、福岡県教育委員会、pp. 25-48

上野晴朗　1975「古墳時代」中道町史編纂委員会編『中道町史』上巻、中道町役場、pp. 439-562

上野　誠　2001「オホナモチノカミの鏡　神話と儀礼と」『大美和』100 号、大神神社社務局、pp. 100-103

上野祥史　2000「神獣鏡の作鏡系譜とその盛衰」『史林』第 83 巻第 4 号、史学研究会、pp. 30-70

2001「画象鏡の系列と製作年代」『考古学雑誌』第 86 巻第 2 号、日本考古学会、pp. 1-39

2002「鏡にみる交流」第 5 回歴博国際シンポジウム事務局編『古代東アジアにおける倭と加耶の交流』国立歴史民俗博物館、pp. 229-238

2003「盤龍鏡の諸系列」『国立歴史民俗博物館研究報告』第 100 集、国立歴史民俗博物館、pp. 1-23

2004「韓半島南部出土鏡について」『国立歴史民俗博物館研究報告』第 110 集、国立歴史民俗博物館、pp. 403-433

2007「3 世紀の神獣鏡生産―画文帯神獣鏡と銘文帯神獣鏡―」『中国考古学』第 7 号、日本中国考古学会、pp. 189-216

2009「古墳出土鏡の生産と流通」『季刊考古学』第 106 号、雄山閣、pp. 48-51

2010「神獣鏡の生産実態―イメージからの脱却―」『泉屋博古館紀要』第 26 巻、泉屋博古館、pp. 71–78

2011a「弥生時代の鏡」甲元眞之他編『講座日本の考古学』6 弥生時代（下）、青木書店、pp. 273–295

2011b「青銅鏡の展開」設楽博己他編『弥生時代の考古学』第 4 巻 古墳時代への胎動、同成社、pp. 139–154

2012a「帯金式甲冑と鏡の副葬」『国立歴史民俗博物館研究報告』第 173 集、国立歴史民俗博物館、pp. 477–498

2012b「金鈴塚古墳出土鏡と古墳時代後期の東国社会」『金鈴塚古墳研究』創刊号、木更津市郷土博物館金のすず、pp. 5–28

2013a「祇園大塚山古墳の画文帯仏獣鏡―同型鏡群と古墳時代中期―」上野編『歴博フォーラム 祇園大塚山古墳と 5 世紀という時代』六一書房、pp. 107–134

2013b「萬義塚 1 号墳出土倭鏡と倭韓の相互交渉」동신대학교문화박물관（東新大学校文化博物館編）『해남 옥천 만의총 국제학술대회（海南玉泉萬義塚国際学術大会）』동신대학교문화박물관（東新大学校文化博物館）、pp. 101–122

2013c「中国鏡」一瀬和夫他編『古墳時代の考古学』第 4 巻 副葬品の型式と編年、同成社、pp. 15–30

2014a「日本列島における中国鏡の分配システムの変革と画期」『国立歴史民俗博物館研究報告』第 185 集、国立歴史民俗博物館、pp. 349–367

2014b「萬義塚 1 號墳出土倭鏡と倭韓の相互交渉」동신대학교문화박물관（東新大学校文化博物館編）『해남 만의총 1 호분（海南萬義塚 1 号墳）』동신대학교문화박물관（東新大学校文化博物館）、pp. 164–181

2015a「中期古墳と鏡」広瀬和雄編『中期古墳とその時代―5 世紀の倭王権を考える―』季刊考古学・別冊 22、雄山閣、pp. 89–98

2015b「鏡からみた卑弥呼の支配」塚本浩司他編『卑弥呼―女王創出の現象学―』大阪府立弥生文化博物館図録 55、大阪府立弥生文化博物館、pp. 132–141

2018「古墳時代における鏡の分配と保有」『国立歴史民俗博物館研究報告』第 211 集、国立歴史民俗博物館、pp. 79–110

植松明石 1979「日本民俗学の胎動」瀬川清子他編『日本民俗学のエッセンス』ぺりかん・エッセンス・シリーズ 11 日本民俗学の成立と展開、ぺりかん社、pp. 27–43

臼杵　勲 1999「中国周辺における銅鏡」奈良国立文化財研究所飛鳥資料館編『鏡を作る。海獣葡萄鏡を中心として』飛鳥資料館図録第 34 冊、奈良国立文化財研究所飛鳥資料館、pp. 31–36

内田銀蔵 1919「富岡謙蔵君の学問及性行」『藝文』第 10 年第 4 号、京都文学会、pp. 77–80

宇野隆夫 1977「多鈕鏡の研究」『史林』第 60 巻第 1 号、史学研究会、pp. 86–117

梅澤重昭 2003「高崎市域の古墳時代出土鏡について」『高崎市史研究』第 18 号、高崎市、pp. 1–74

梅谷文夫 1994『狩谷棭斎』人物叢書新装版、吉川弘文館

梅原末治 1916a「大和国佐味田宝塚の構造と其の出土の古鏡とに就て」『考古学雑誌』第 7 巻第 3 号、考古学会、pp. 32–44

1916b「河内国分松岳山船氏墳墓の調査報告」『歴史地理』第 28 巻第 6 号、日本歴史地理学会、pp. 49–74

1918「大和国吐田郷発見の銅鐸と銅鏡とに就いて」『歴史地理』第 32 巻第 2 号、日本歴史地理学会、pp. 45–58

1919a「所謂王莽鏡に就いての疑問 高橋健自氏の「王莽時代の鏡に就いて」を読む」『考古学雑誌』第 10 巻第 3 号、考古学会、pp. 9–27

1919b「八幡町西車塚」『京都府史蹟勝地調査会報告』第一冊、京都府、pp. 92–95

1920a「〔附録〕富岡先生の古鏡研究に就いて」富岡謙蔵著『古鏡の研究』富岡益太郎、pp. 1–17

1920b「川岡村岡ノ古墳」『京都府史蹟勝地調査会報告』第二冊、京都府、pp. 53-59

1920c「美濃山ノ古墳」『京都府史蹟勝地調査会報告』第二冊、京都府、pp. 83-91

1920d『久津川古墳研究』関信太郎

1920e「飯ノ岡ノ古墳」『京都府史蹟勝地調査会報告』第二冊、京都府、pp. 91-96

1920f「篠村古墳」『京都府史蹟勝地調査会報告』第二冊、京都府、pp. 96-105

1921a『佐味田及新山古墳研究』岩波書店

1921b「周防国那珂郡柳井町水口茶臼山古墳調査報告（上）」『考古学雑誌』第 11 巻第 8 号、考古学会、pp. 24-38

1921c「周防国那珂郡柳井町水口茶臼山古墳調査報告（下）」『考古学雑誌』第 11 巻第 9 号、考古学会、pp. 10-19

1923a「考古学上より観たる上代の畿内（一）」『考古学雑誌』第 14 巻第 1 号、考古学会、pp. 21-31

1923b「豊前宇佐郡赤塚古墳調査報告」『考古学雑誌』第 14 巻第 3 号、考古学会、pp. 7-20

1923c『梅仙居蔵日本出土漢式鏡図集』梅仙居蔵古鏡図集第一輯、山川七左衛門

1923d「仿製支那鏡に就いて」『藝文』第 14 年第 6 号、京都文学会、pp. 1-22

1924a『桃華盦古鏡図録』富岡益太郎

1924b「鈴鏡に就いての二三の考察（上）」『歴史と地理』第 13 巻第 2 号、史学地理学同攷会、pp. 91-96

1924c「豊前京都郡の二三の古墳」『中央史壇』第 9 巻第 6 号、国史講習会

1925a「本邦古代の状態に対する考古学的研究に就いて（第一回）」『史学雑誌』第 36 編第 4 号、史学会、pp. 9-39（『日本考古学論攷』弘文堂書房、1940 年、pp. 545-616 に収録）

1925b「支那古鏡の仿製に就いて」『鑑鏡の研究』大岡山書店、pp. 107-133

1925c「上代文化研究上の二三の新資料」『鑑鏡の研究』大岡山書店、pp. 88-106

1925d『桃陰廬和漢古鑑図録』下冊、関信太郎

1925e「方格規矩四神鏡に就いて」『考古学雑誌』第 15 巻第 7 号、考古学会、pp. 32-45

1930「須玖岡本発見の古鏡に就いて」濱田耕作編『筑前須玖史前遺跡の研究』京都帝国大学文学部考古学研究報告第 11 冊、刀江書院、pp. 79-115

1931『欧米に於ける支那古鏡』刀江書院

1932a『漢三国六朝紀年鏡集録』岡書院

1932b『慶州金鈴塚飾履塚発掘調査報告』古蹟調査報告 大正十三年度第一冊、朝鮮総督府

1932c「序説」『大阪府史蹟名勝天然紀念物調査報告』第三輯 大阪府下に於ける主要な古墳墓の調査（其一）、大阪府、pp. 1-12

1933a「自余の発見遺物」『讃岐高松石清尾山石塚の研究』京都帝国大学文学部考古学研究報告第 12 冊、京都帝国大学文学部、pp. 77-83

1933b『欧米蒐儲 支那古銅精華』四 鏡鑑部一、山中商会

1933c『欧米蒐儲 支那古銅精華』五 鏡鑑部二、山中商会

1934a「支那古鏡概説」内藤湖南監修『刪訂 泉屋清賞』住友吉左衛門、pp. 149-172

1934b「鏡鑑部解説」内藤湖南監修『刪訂 泉屋清賞』住友吉左衛門、pp. 173-220

1935「上代古墳の研究に就て」須田昭義編『日本民族』岩波書店、pp. 417-440

1937「古鏡の化学成分に関する考古学的考察」『東方学報』京都第 8 冊、東方文化学院京都研究所、pp. 32-55

1938a「考古学上より観たる漢代文物の西漸」『古代北方系文物の研究』星野書店、pp. 40-68

1938b「備前和気郡鶴山丸山古墳」『近畿地方古墳墓の調査』三、日本古文化研究所、pp. 30-52

1939『紹興古鏡聚英』桑名文星堂

1940a「上代古墳出土の古鏡に就いて」考古学会編『鏡剣及玉の研究』吉川弘文館、pp. 1-23

1940b『日本考古学論攷』弘文堂書房

1940c「多鈕細紋鏡の再考察」『日本考古学論攷』弘文堂書房、pp. 424-444

1943『漢三国六朝紀年鏡図説』京都帝国大学文学部考古学資料叢刊第一冊、桑名文星堂

1944「上代鋳鏡に就いての一所見」『考古学雑誌』第 34 巻第 2 号、日本考古学会、pp. 1-14

1946「本邦古墳出土の同笵鏡に就いての一二の考察」『史林』第 30 巻第 3 号、史学研究会、pp. 18-39

1955「附 乙訓郡西南部發見の古墳遺物」『京都府文化財調査報告』第 21 冊、京都府教育委員会、pp. 74-80

1959「上古初期の仿製鏡」小葉田淳編『国史論集』（一）、読史会、pp. 263-282

1962「古鏡より観た日本の上古」『史林』第 45 巻第 6 号、史学研究会、pp. 97-106

1973a『考古学六十年』平凡社

1973b「古式古墳観」『佐味田及新山古墳研究』（復刻版）、名著出版、pp. 1-22

江島伸彦　2004「寺徳遺跡出土鏡笵の概要」清水康二編『鏡笵研究』Ⅰ、奈良県立橿原考古学研究所他、pp. 51-57

榎村寛之　1992「斎王制と天皇制—特に血縁関係を中心に—」『古代文化』第 43 巻第 4 号、財団法人古代学協会、pp. 27-45

江本直他　1978「阿蘇谷の石棺」『九州考古学』第 53 号、九州考古学会、pp. 16-19

遠藤喜代志　2004「現代の造型法から見た石型製作法について」清水康二編『鏡笵研究』Ⅰ、奈良県立橿原考古学研究所他、pp. 93-102

大石良材　1975『日本王権の成立』塙選書 80、塙書房

大分県立歴史博物館編　2011『川部・高森古墳調査報告書』大分県立歴史博物館

大賀克彦　2002「古墳時代の時期区分」古川登編『小羽山古墳群』清水町埋蔵文化財調査報告書Ⅴ、清水町教育委員会、pp. 1-20

2003「紀元三世紀のシナリオ」古川登編『風巻神山古墳群』清水町埋蔵文化財発掘調査報告書Ⅶ、福井県清水町教育委員会、pp. 72-90

2005「前期古墳の時期区分」西川修一編『東日本における古墳の出現』考古学リーダー、六一書房、pp. 131-138

2010「ルリを纏った貴人—連鎖なき遠距離交易と「首長」の誕生—」古川登編『小羽山墳墓群の研究』研究編、福井市立郷土歴史博物館、pp. 231-254

2013「前期古墳の築造状況とその画期」第 13 回播磨考古学研究集会実行委員会編『前期古墳からみた播磨—徹底討論 前期古墳編年と社会動向—』第 13 回播磨考古学研究集会実行委員会、pp. 61-96

大川茂雄・南茂樹　1904『国学者伝記集成』大日本図書株式会社

大川磨希　1997「鈴鏡とその性格」『考古学ジャーナル』No. 421、ニュー・サイエンス社、pp. 19-24

大久保徹也　2006「讃岐及び周辺地域の前方後円墳成立時期の土器様相」財団法人大阪府文化財センター編『古式土師器の年代学』財団法人大阪府文化財センター、pp. 423-438

太田博太郎　1959「原始住居の復原について」『考古学雑誌』第 45 巻第 2 号、日本考古学会、pp. 1-17

大谷育恵　2014「疆外出土の中国鏡集成（1）：モンゴル国ならびにザバイカル地域」『金沢大学考古学紀要』第 35 号、金沢大学人文学類考古学研究室、pp. 45-72

大津　透　1994「古代天皇制論」『岩波講座 日本通史』第 4 巻 古代 3、岩波書店、pp. 225-260

1999『古代の天皇制』岩波書店

2010『天皇の歴史』第 01 巻 神話から歴史へ、講談社

大塚達朗　2000『縄紋土器研究の新展開』同成社

大塚初重　1966「古墳の変遷」近藤義郎他編『日本の考古学』Ⅳ古墳時代（上）、河出書房新社、pp. 40-100

1970「東国古墳の成立」杉原荘介他編『古代の日本』第 7 巻 関東、角川書店、pp. 69-93

大塚初重他　1971『茨城県玉里村舟塚古墳』舟塚古墳調査団

大場磐雄　1929『鏡鑑』日本考古図録大成第二輯、日東書院

　　　　　　1935a「鑑鏡」『日本考古学概説』日東書院、pp. 131-141

　　　　　　1935b「漢式鏡」『考古学』哲学全集第 16 巻、建設社、pp. 202-212

　　　　　　1943『日本古文化序説』明世堂書店

　　　　　　1948「鏡鑑」『日本考古学新講』あしかび書房、pp. 179-186

　　　　　　1973「素文鏡の謎」大場編『宇津木遺跡とその周辺―方形周溝墓初発見の遺跡―（調査概報）』考古学資料刊行会、pp. 82-83

大場磐雄編　1972『神道考古学講座』第二巻 原始神道期一、雄山閣

大場磐雄他　1938「南豆洗田の祭祀遺蹟」『考古学雑誌』第 28 巻第 3 号、考古学会、pp. 42-77

大場磐雄・佐野大和　1956『常陸鏡塚』国学院大学考古学研究報告第一冊、綜芸舎

大庭俊次編　2010『梨ノ木坂遺跡・庵寺古墳群・庵寺遺跡Ⅱ』一般国道 9 号仁摩温泉津道路建設予定地内埋蔵文化財発掘調査報告書 3、島根県教育委員会他

大庭孝夫　2013「伝平戸松浦家旧蔵の獣帯鏡」『九州歴史資料館研究論集』38、九州歴史資料館、pp. 131-140

大林太良　1978「東アジア・北アジアの鏡と宗教」森浩一編『日本古代文化の探究　鏡』社会思想社、pp. 247-268

　　　　　　1982「内陸国家としての邪馬台国」『歴史と人物』第 12 年第 11 号、中央公論社、pp. 40-45

　　　　　　1984「神器の周辺」『東アジアの王権神話―日本・朝鮮・琉球―』弘文堂、pp. 106-118

大平　要　1983「鹿隈箱式石棺墓群第 7 号墳」松本豊胤他編『香川の前期古墳』日本考古学協会昭和 58 年度大会香川実行委員会、pp. 143-144

大村雅夫他　1963「鳥取県古郡家 1 号墳の双鈕八つ手葉型鏡について」『古代学研究』第 34 号、古代学研究会、pp. 17-21

大谷宏治　1999「石ノ形古墳出土の鏡と鈴釧について」白澤崇編『石ノ形古墳』静岡県袋井市教育委員会、pp. 293-314

大藪由美子　2013「和田山 1・2 号墳出土の人歯について」菅原雄一編『能美古墳群』総括編、能美市教育委員会、pp. 39-41

大和久震平編　1972『桑 57 号墳発掘調査報告書』小山市教育委員会

岡　茂雄　1974『本屋風情』平凡社

岡内三眞　1996「双鳳八爵文鏡」東北亞細亞考古學研究會編『東北アジアの考古學』第二［槿域］、pp. 285-316

岡崎　敬　1973「中央アジア発見の唐鏡について」『東西交渉の考古学』平凡社、pp. 132-149

　　　　　　1977「鏡とその年代」岡崎編『立岩遺蹟』河出書房新社、pp. 335-378

　　　　　　1982「シベリア発見の唐鏡について」小林行雄博士古稀記念論文集刊行委員会編『考古学論考』平凡社、pp. 1055-1066

岡崎敬編　1978『日本における古鏡 発見地名表 北陸・甲信越地方』東アジアより見た日本古代墓制研究

　　　　　　1979『日本における古鏡 発見地名表 九州地方Ⅱ』東アジアより見た日本古代墓制研究

小笠原好彦　2002「首長居館遺跡からみた家屋文鏡と囲形埴輪」『日本考古学』第 13 号、日本考古学協会、pp. 49-66

　　　　　　2008「家屋文鏡と古代の神仙思想」小笠原他著『三輪山と古代の神まつり』学生社、pp. 125-154

岡田一広　2003「鈴鏡の画期」秋山進午先生古稀記念論集刊行会編『蜃気楼』六一書房、pp. 257-280

岡田英弘　1976『倭国の時代―現代史としての日本古代史―』文藝春秋

小片　保　1961「馬山 4 号墳の人骨」佐々木謙編『馬山古墳群 鳥取県東伯郡羽合町橋津馬山古墳群調査概要』佐々木古代文化研究室記録第 2、稲葉書房、p. 53

岡寺　良　1999「石製品研究の新視点―材質・製作技法に着目した視点―」『考古学ジャーナル』No. 453、ニュー・サイエンス社、pp. 24-27

岡村敬二　1996『江戸の蔵書家たち』講談社選書メチエ 71、講談社

岡村秀典　1984「前漢鏡の編年と様式」『史林』第 67 巻第 5 号、史学研究会、pp. 1-42

　　　　　　1986「中国の鏡」金関恕他編『弥生文化の研究』第 6 巻 道具と技術Ⅱ、雄山閣、pp. 69-77

1989a「三角縁神獣鏡と伝世鏡」白石太一郎編『古代を考える　古墳』吉川弘文館、pp. 142-170

1989b「椿井大塚山古墳の意義」京都大学文学部考古学研究室編『椿井大塚山古墳と三角縁神獣鏡』京都大学文学部、pp. 68-72

1990「卑弥呼の鏡」都出比呂志他編『邪馬台国の時代』木耳社、pp. 3-26

1992「浮彫式獣帯鏡と古墳出現期の社会」出雲考古学研究会編『出雲における古墳の出現を探る―松本古墳群シンポジウムの記録―』出雲考古学研究会、pp. 98-115

1993a「後漢鏡の編年」『国立歴史民俗博物館研究報告』第 55 集、国立歴史民俗博物館、pp. 39-83

1993b「福岡県平原遺跡出土鏡の検討」『季刊考古学』第 43 号、雄山閣、pp. 44-47

1995「楽浪出土鏡の諸問題」『考古学ジャーナル』No. 392、ニュー・サイエンス社、pp. 15-20

1999『三角縁神獣鏡の時代』歴史文化ライブラリー 66、吉川弘文館

2001「古墳の出現と神獣鏡」『東アジアの古代文化』107 号、大和書房、pp. 42-59

2005a「三角縁神獣鏡の成立―徐州鏡との関係を中心に―」山口県立萩美術館他編『鏡の中の宇宙』シリーズ山東文物⑥、山口県立萩美術館他、pp. 135-137

2005b「雲気禽獣紋鏡の研究」川越哲志先生退官記念事業会編『考古論集』川越哲志先生退官記念事業会、pp. 815-830

2005c『中国古代王権と祭祀』学生社

2007「古鏡研究一千年―中国考古学のパラダイム転換―」『大手前大学史学研究所オープン・リサーチ・センター講演会　古代中国の探求』大手前大学史学研究所オープン・リサーチ・センター、pp. 5-16

2008a「宋明代の古鏡研究―青柳種信の参考にした漢籍―」『九州と東アジアの考古学』下巻、九州大学考古学研究室 50 周年記念論文集刊行会、pp. 793-809

2008b「漢鏡 2 期における華西鏡群の成立と展開」『東方学報』京都　第 83 冊、京都大学人文科学研究所、pp. 332-296

2010「景初三年における三角縁神獣鏡の成立」龍田考古会編『先史学・考古学論究』V 下巻　甲元眞之先生退任記念、龍田考古会、pp. 471-483

2011a「東アジア情勢と古墳文化」広瀬和雄他編『講座日本の考古学』7 古墳時代（上）、青木書店、pp. 521-551

2011b「後漢鏡銘の研究」『東方学報』第 86 冊、京都大学人文科学研究所、pp. 1-90

2011c「青谷上寺地遺跡出土の漢鏡」水村直人編『金属器』青谷上寺地遺跡出土品調査研究報告 6、鳥取県埋蔵文化財センター調査報告 39、鳥取県埋蔵文化財センター、pp. 77-88

2012「後漢鏡における淮派と呉派」『東方学報』第 87 冊、京都大学人文科学研究所、pp. 488-528

2013a「漢三国西晋時代の紀年鏡―作鏡者からみた神獣鏡の系譜―」『東方学報』第 88 冊、京都大学人文科学研究所、pp. 463-534

2013b「漢王朝と倭」柳田康雄編『弥生時代政治社会構造論 柳田康雄古稀記念論文集』雄山閣、pp. 7-19

2014「後漢鏡淮派の先駆者たち―三烏・銅槃伝」髙倉洋彰編『東アジア古文化論攷』1、中国書店、pp. 167-176

2015「古鏡清玩―宋明代の文人と青柳種信―」京都大学人文科学研究所附属東アジア人文情報学研究センター編『清玩 文人のまなざし』京大人文研漢籍セミナー、研文出版

2017『鏡が語る古代史』岩波新書（新赤版）1664、岩波書店

荻野繁春　1982「倭製神像鏡について」『福井工業高等専門学校研究紀要』人文・社会科学第 16 号、福井工業高等専門学校、pp. 61-90

奥野正男　1980「三角縁神獣鏡の謎を解く」『歴史と人物』第 10 年第 6 号、中央公論社、pp. 188-198

1982a『邪馬台国の鏡―三角縁神獣鏡の謎を解く―』新人物往来社

1982b「邪馬台国問題と三角縁神獣鏡の国産」『季刊邪馬台国』11 号、梓書院、pp. 54-81

1987「内行花文鏡とその仿製鏡―邪馬台国の鏡と「伝世」鏡説批判―」『季刊邪馬台国』第 32 号、

　　　　　　　梓書院、pp. 120-138

　　　　　　2009「三角縁神獣鏡の製作地論争・私記」『東アジアの古代文化』137号、大和書房、pp. 39-44

小熊英二　1995『単一民族神話の起源〈日本人〉の自画像の系譜』新曜社

　　　　　　2002『〈民主〉と〈愛国〉戦後日本のナショナリズムと公共性』新曜社

小栗　梓　2008「腕輪形石製品の出土状況と性差」大阪府立近つ飛鳥博物館編『考古学からみた古代の女性　巫女王卑弥呼の残影』大阪府立近つ飛鳥博物館図録46、大阪府立近つ飛鳥博物館、pp. 74-77

小沢　洋　1988「捩文鏡について」小沢編『―千葉県木更津市―小浜遺跡群Ⅰ　俵ヶ谷古墳群』財団法人君津郡市文化財センター発掘調査報告書第37集、財団法人君津郡市文化財センター、pp. 87-99

小田富士雄　1967「発生期古墳の地域相―北九州について―」『歴史教育』第15巻第4号、歴史教育研究会、pp. 52-61

　　　　　　1968「佐賀県・桃島山石棺の出土遺物」『古代学研究』第51号、古代学研究会、pp. 36-40

　　　　　　1974a「銅鏡とその他の青銅器」樋口隆康編『古代史発掘』5 大陸文化と青銅器、講談社、pp. 78-86

　　　　　　1974b「日本で生まれた青銅器」樋口隆康編『古代史発掘』5 大陸文化と青銅器、講談社、pp. 137-149

　　　　　　1982「日・韓地域出土の同笵小銅鏡」『古文化談叢』第9集、九州古文化研究会、pp. 87-104

　　　　　　1988「韓国古墳出土の倭鏡」斎藤忠先生頌寿記念論文集刊行会編『考古学叢考』上巻、吉川弘文館、pp. 549-567

小田富士雄・長嶺正秀編　1991『石塚山古墳の謎』海鳥社

乙益重隆　1965「隅田八幡神社画像鏡銘文の一解釈」『考古学研究』第11巻第4号、考古学研究会、pp. 18-24

小野勝年　1953「中野町小田中姥懐山古墳」小西謙他編『下高井 長野県埋蔵文化財発掘調査報告』長野県教育委員会、pp. 212-214

小野真一　1999「静岡県熱海市宮脇遺跡の祭祀遺構と儀鏡」『考古学ジャーナル』No. 446、ニュー・サイエンス社、pp. 10-13

小野本敦　2013「素文鏡考―二宮神社境内出土鏡をめぐって―」岡内三眞編『技術と交流の考古学』同成社、pp. 223-234

小野山節　1975「馬具の製作と工人の動き」小野山編『古代史発掘』6 古墳と国家の成立ち、講談社、pp. 138-142

　　　　　　1990「古墳時代の馬具」日本馬具大鑑編集委員会編『日本馬具大鑑』第一巻 古代 上、吉川弘文館他、pp. 1-32

　　　　　　1998「三角縁神獣鏡の鋳造法と同笵鏡」『史林』第81巻第1号、史学研究会、pp. 1-37

表　智之　1997「一九世紀日本における〈歴史〉の発見―屋代弘賢と〈考証家たち〉―」『待兼山論叢』日本学篇第31号、大阪大学文学部、pp. 17-31

折口信夫　1926「小栗外伝―魂と姿との話」『民族』第2巻第1号、民族発行所、pp. 73-90

　　　　　　1928「大嘗祭の本義」(『折口博士記念会紀要』第三輯、折口博士記念古代研究所、1977年、pp. 234-260に収録)

　　　　　　1929「古代人の思考の基礎」『民俗学』第1巻第5号、民俗学会、pp. 1-14

　　　　　　1931「原始信仰」郷土科学研究会編『郷土科学講座』第1巻、四海書房(『折口信夫全集』第20巻、中央公論社、1956年、pp. 196-210に収録)

　　　　　　1933a「剣と玉と」『上代文化』第7輯、國學院大學考古学会(『折口信夫全集』第20巻、中央公論社、1956年、pp. 221-234に収録)

　　　　　　1933b「古代日本人の信仰生活」『歴史教育』第8巻第1号、歴史教育研究会(『折口信夫全集』第20巻、中央公論社、1956年、pp. 235-244に収録)

折原洋一　2003「古墳時代土製模造鏡の類型と拡散に関する覚書」『山武考古学研究所 研究紀要』第5号、山武考古学研究所、pp. 25-34

　　　　　　　2006「土製模造鏡と地域性」『季刊考古学』第 96 号、雄山閣、pp. 57–60

折原洋一編　1995『神岡上古墳群―北茨城市関南町神岡上―』北茨城市文化財調査報告Ⅵ、山武考古学研究所

恩賜博物館編　1942『池田庄太郎氏蔵 古鏡特別陳列目録』恩賜博物館

甲斐昭光　1997「古墳時代仿製鏡の破鏡」甲斐編『田能高田遺跡―園田競馬場厩舎改築事業に伴う発掘調査報
　　　　　　　告書―』兵庫県文化財調査報告第 166 冊、兵庫県教育委員会、pp. 54–58

甲斐寿義編　2006『山脇横穴墓』大分県教育庁埋蔵文化財センター調査報告書第 11 集、大分県教育庁埋蔵文
　　　　　　　化財センター

貝塚茂樹　1946『中国古代史学の発展』弘文堂

香川雅信　2005『江戸の妖怪革命』河出書房新社

笠野　毅　1980「中国古鏡の内包する規範―「某作（明）鏡自有紀（道・方・常・意・眞または経述）」・「泰
　　　　　　　言之始自有紀」および「泰言之紀従鏡始（または如）」―」国分直一博士古稀記念論集編纂委
　　　　　　　員会編『日本民族とその周辺 考古篇』新日本教育図書株式会社、pp. 593–630

　　　　　　　1983「清明なる鏡と天―中国古鏡が規範を内包する根拠―」古墳文化研究会編『古墳文化の新視
　　　　　　　角』雄山閣、pp. 237–308

　　　　　　　1984「書陵部所蔵古鏡の銘文等について」『書陵部紀要』第 35 号、宮内庁書陵部、pp. 5–22

　　　　　　　1991「隅田八幡宮画像鏡の銘文」『考古学ジャーナル』No. 328、ニュー・サイエンス社、pp. 5–10

　　　　　　　1993「舶載鏡論」石野博信他編『古墳時代の研究』第 13 巻 東アジアの中の古墳文化、雄山閣、
　　　　　　　pp. 172–187

堅田直・村上征勝　1992「鉛同位体の計量分析による検討」『考古学における計量分析―計量考古学への道
　　　　　　　（Ⅱ）―』帝塚山考古学研究室、pp. 122–136

片山一道　1991「人骨遺残」近藤義郎編『権現山 51 号墳』同刊行会、pp. 125–129

　　　　　　　2013「藤ノ木古墳人骨再考―南側被葬者は男性である―」『橿原考古学研究所論集』第十六、八木
　　　　　　　書店、pp. 132–143

片山一道・山田博之　2002「被葬者のものと覚しき遺残歯について」下山恵子他編 2002『史跡古市古墳群 峯
　　　　　　　ヶ塚古墳後円部発掘調査報告書』羽曳野市埋蔵文化財調査報告 48、羽曳野市教育委員会、
　　　　　　　pp. 229–230

片山一道他　2008「新堂見尾一号古墳被葬者人骨の形態学的分析」『橿原考古学研究所論集』第十五、八木書
　　　　　　　店、pp. 689–704

勝部明生　1978「鏡の鋳造」森浩一編『日本古代文化の探究 鏡』社会思想社、pp. 319–360

　　　　　　　2003「女性被葬者像と副葬遺物」石野博信編『古代近畿と物流の考古学』学生社、pp. 306–327

加藤一郎　2008「銅鏃の製作方法に関する覚書―衛門戸丸塚古墳出土品について―」『古代』第 121 号、早稲
　　　　　　　田大学考古学会、pp. 61–74

　　　　　　　2014a「後期倭鏡研究序説―旋回式獣像鏡系を中心に―」『古代文化』第 66 巻第 2 号、公益財団法
　　　　　　　人古代学協会、pp. 1–20

　　　　　　　2014b「観音塚古墳出土鏡と群馬県内出土の後期倭鏡」小駕雅美編『鏡よかがみ 人々の心を支え
　　　　　　　た鏡たち』高崎市観音塚考古資料館第 26 回企画展、高崎市観音塚考古資料館、pp. 32–41

　　　　　　　2015a「宮内庁書陵部所蔵の千足古墳および榊山古墳出土鏡の位置づけとその意義」西田和浩編
　　　　　　　『千足古墳―第 1〜第 4 次発掘調査報告書―』岡山市教育委員会、pp. 145–157

　　　　　　　2015b「前期倭鏡における同一紋様鏡の一例―伝持田古墳群および富高 2 号墳出土鏡と公文書につ
　　　　　　　いて―」『宮崎県立西都原考古博物館 研究紀要』第 11 号、宮崎県立西都原考古博物館、pp.
　　　　　　　15–30

　　　　　　　2015c「後期倭鏡と三角縁神獣鏡」『日本考古学』第 40 号、日本考古学協会、pp. 53–68

　　　　　　　2016「滋賀県垣籠古墳出土鏡の位置づけと意義―旋回式獣像鏡系の再検討と公文書について―」
　　　　　　　『書陵部紀要』第 67 号〔陵墓篇〕、陵墓課、pp. 5–18

　　　　　　　2017a「交互式神獣鏡の研究」『古文化談叢』第 78 集、九州古文化研究会、pp. 57–79

　　　　　　　2017b「乳脚紋鏡の研究」『古代』第 140 号、早稲田大学考古学会、pp. 43–79

2018『後期倭鏡の研究』平成 29 年度科学研究費補助金奨励研究（課題番号 17H00022）研究成果報告書

加藤一郎他　2017「家屋文鏡および直弧文鏡に関する調査報告」『書陵部紀要』第 68 号〔陵墓篇〕、陵墓課、pp. 5-16

加藤謙吉　2010「文献史料から見た継体大王」廣瀬時習他編『継体大王の時代　百舌鳥・古市古墳群の終焉と新時代の幕開け』大阪府立近つ飛鳥博物館図録 51、大阪府近つ飛鳥博物館、pp. 134-147

香取秀眞　1925「遺物より見たる上代の鋳造術」『考古学雑誌』第 15 巻第 9 号、考古学会、pp. 1-6

1940「御鏡仕用之控書 註記」考古学会編『鏡剣及玉の研究』吉川弘文館、pp. 25-50

金井塚良一　1994『はにわ屋高田儀三郎聴聞帳』新人物往来社

鐘方正樹　2010「大正の墳墓盗掘事件と裁判記録」（第 79 回古墳時代研究会レジュメ）

2012a「弥勒寺蔵 三角縁吾作銘二神二獣鏡について」『奈良市埋蔵文化財調査年報』平成 21（2009）年度、奈良市教育委員会、pp. 147-152

2012b「古墳時代前期における石製品の製作」『考古学ジャーナル』No. 624、ニュー・サイエンス社、pp. 5-9

金子裕之　1980「古代の木製模造品」『奈良国立文化財研究所 研究論集』Ⅵ、奈良国立文化財研究所、pp. 1-28

金三津道子　2008「出土遺物」金三津他編『板屋谷内 B・C 古墳群・堂前遺跡発掘調査報告』富山県文化振興財団埋蔵文化財発掘調査報告第 38 集、財団法人富山県文化振興財団埋蔵文化財調査事務所、pp. 77-80

狩野　久　2009「龍と特殊器台」『考古学研究』第 55 巻第 4 号、考古学研究会、pp. 114-116

加納諸平・神野易興　1937『紀伊国名所図会』後編 中巻、貴志康親

鎌田純一　1962『先代舊事本紀の研究 研究の部』吉川弘文館

鎌原桐山　1810『朝陽館漫筆』巻之十二

上垣外憲一　2011『古代日本 謎の四世紀』学生社

亀井正道　1981「土製模造品」大場磐雄編『神道考古学講座』第三巻 原始神道期二、雄山閣、pp. 41-68

亀田修一　2006「日本古代の初期銅生産に関する覚書─朝鮮系考古資料との関わりを中心に─」齋藤努編『東アジア地域における青銅器文化の移入と変容および流通に関する多角的比較研究』平成 15 年度～平成 17 年度科学研究費補助金基盤研究（B）（2）研究成果報告書、国立歴史民俗博物館、pp. 219-270

亀田　博　1982「総括」亀田編『見田・大沢古墳群』奈良県史跡名勝天然記念物調査報告第 44 冊、奈良県教育委員会、pp. 117-124

亀田博編　1982『見田・大沢古墳群』奈良県史跡名勝天然記念物調査報告第 44 冊、奈良県教育委員会

榧本杜人　1955「古墳時代における金石文」後藤守一編『日本考古学講座』第五巻 古墳時代、河出書房、pp. 255-262

1971「仿製鏡の火鏡銘について（遺稿）」『考古学雑誌』第 56 巻第 3 号、日本考古学会、pp. 1-22

河上邦彦　1997「石製腕飾類と鏡の配置から見た呪術性」上田正昭編『古代の日本と渡来の文化』学生社、pp. 339-365

1998a「黒塚古墳と三角縁神獣鏡」沈奉謹他編『東北아시아의古代銅鏡（東北アジアの古代銅鏡』東亞大學校博物館、pp. 23-37

1998b「三輪山と邪馬台国」『大美和』94 号、大神神社社務局、pp. 9-23

2005「中・後期古墳出土のいわゆる舶載鏡について」水野敏典他編『三次元デジタル・アーカイブを活用した古鏡の総合的研究 第 2 分冊』橿原考古学研究所成果第 8 冊、奈良県立橿原考古学研究所、pp. 474-481

2006「奈良県の古鏡」河上邦彦編『大和の古墳』Ⅱ、新近畿日本叢書 大和の考古学 第 3 巻、近畿日本鉄道株式会社、pp. 162-167

河上邦彦他　1999「緊急鼎談 黒塚古墳発掘の意味」『東アジアの古代文化』95 号、大和書房、pp. 88-129

河口亜由美　1990「仿製方格規矩四神鏡について」近藤喬一編『京都府平尾城山古墳』山口大学人文学部考古学研究報告第 6 集、山口大学人文学部考古学研究室、pp. 105-109

川口勝康　1975「隅田八幡人物画像鏡銘」今井庄次他編『書の日本史』第一巻 飛鳥／奈良、平凡社、pp. 100-101

川崎公敏・近藤義行編　1987『芝ヶ原古墳』城陽市埋蔵文化財調査報告書第 16 集、城陽市教育委員会

川瀬一馬　1999『日本における書籍蒐蔵の歴史』ぺりかん社

川中健二　1982「久米三成 4 号墳出土人骨」『岡山県文化財報告』12、岡山県教育委員会、pp. 170-176

　　　　　1999「宗形神社古墳出土人骨」乗岡実他編『宗形神社古墳』岡山市教育委員会、pp. 27-32

川西宏幸　1978「円筒埴輪総論」『考古学雑誌』第 64 巻第 2 号、日本考古学会、pp. 1-70

　　　　　1981「前期畿内政権論―古墳時代政治史研究―」『史林』第 64 巻第 5 号、史学研究会、pp. 110-149

　　　　　1982「鏡背分割法試案」『平安博物館研究紀要』第 7 輯、財団法人古代学協会、pp. 35-62

　　　　　1988「前期畿内政権論」『古墳時代政治史序説』塙書房、pp. 57-101

　　　　　1989「古墳時代前史考―原畿内政権の提唱―」『古文化談叢』第 21 集、九州古文化研究会、pp. 1-36

　　　　　1991「仿製鏡再考」『古文化談叢』第 24 集、九州古文化研究会、pp. 93-109

　　　　　1992「同型鏡の諸問題―画文帯重列式神獣鏡―」『古文化談叢』第 27 集、九州古文化研究会、pp. 125-140

　　　　　1993a「同型鏡の諸問題―画像鏡・細線獣帯鏡―」『古文化談叢』第 29 集、九州古文化研究会、pp. 55-84

　　　　　1993b「同型鏡の諸問題―画文帯環状乳仏獣鏡―」『古文化談叢』第 31 集、九州古文化研究会、pp. 147-166

　　　　　1999『古墳時代の比較考古学―日本考古学の未来像を求めて―』同成社

　　　　　2000「同型鏡考―モノからコトへ―」『筑波大学 先史学・考古学研究』第 11 号、筑波大学歴史・人類学系、pp. 25-63

　　　　　2004『同型鏡とワカタケル―古墳時代国家論の再構築―』同成社

　　　　　2008『倭の比較考古学』同成社

川西宏幸・辻村純代　1991「古墳時代の巫女」『博古研究』第 2 号、博古研究会、pp. 1-26

河野一隆　1998「副葬品生産・流通システム論―付・威信財消費型経済システムの提唱―」第 44 回埋蔵文化財研究集会実行委員会編『第 44 回埋蔵文化財研究集会 中期古墳の展開と変革―5 世紀における政治的・社会的変化の具体相（1）―』pp. 41-74

　　　　　2011「装飾古墳における葬送の思想」一瀬和夫他編『古墳時代の考古学』第 3 巻 墳墓構造と葬送祭祀、同成社、pp. 235-248

　　　　　2012「倭王権から倭国へ―雄略朝の画期の評価を中心として」広瀬和雄他編『講座日本の考古学』8 古墳時代（下）、青木書店、pp. 539-582

河野清実　1915「豊後西国東郡田原村灰土山の古墳」『考古学雑誌』第 5 巻第 11 号、考古学会、pp. 23-31

川村邦光　2005『ヒミコの系譜と祭祀―日本シャーマニズムの古代―』学生社

神田喜一郎　1960「支那学者 富岡桃華先生」『敦煌学五十年』二玄社、pp. 121-150

神田秀夫　1959『古事記の構造』明治書院

菊池誠一　1986「日本・中国の"鏡伝承"考」『東国史論』第 1 号、群馬考古学研究会、pp. 45-55

岸本泰緒子　2006「獣帯鏡に関する一考察」『博望』第 6 号、東北アジア古文化研究所、pp. 29-43

　　　　　2010「明治大学博物館所蔵の倣製内行花紋鏡について」『明治大学博物館研究報告』第 15 号、明治大学博物館事務室、pp. 45-50

岸本直文　1989a「三角縁神獣鏡製作の工人群」『史林』第 72 巻第 5 号、史学研究会、pp. 1-43

　　　　　1989b「神獣像表現からみた三角縁神獣鏡」京都大学文学部考古学研究室編『椿井大塚山古墳と三角縁神獣鏡』京都大学文学部、pp. 58-63

1991「権現山 51 号墳出土の三角縁神獣鏡について」近藤義郎編『権現山 51 号墳』同刊行会、pp. 157-175

1993「三角縁神獣鏡研究の現状」『季刊考古学』第 43 号、雄山閣、pp. 52-55

1995「三角縁神獣鏡の編年と前期古墳の新古」考古学研究会編『展望考古学』考古学研究会、pp. 109-116

1996「雪野山古墳副葬鏡群の諸問題」福永伸哉他編『雪野山古墳の研究 考察篇』雪野山古墳発掘調査団、pp. 83-106

2004「三角縁神獣鏡の配布」広瀬和雄編『季刊考古学』別冊 14 畿内の巨大古墳とその時代、雄山閣、pp. 57-64

2005『前方後円墳の築造規格からみた古墳時代の政治的変動の研究』平成 13 年度～平成 16 年度科学研究費補助金（基盤研究 B）研究成果報告書、大阪市立大学大学院文学研究科

2011「古墳編年と時期区分」一瀬和夫他編『古墳時代の考古学』第 1 巻 古墳時代史の枠組み、同成社、pp. 34-44

2013「三角縁神獣鏡と前期古墳」一瀬和夫他編『古墳時代の考古学』第 4 巻 副葬品の型式と編年、同成社、pp. 31-42

喜田貞吉　1912「河内国分山船氏の墳墓 王辰爾墳墓の推定」『歴史地理』第 19 巻第 6 号、日本歴史地理学会、pp. 22-32

1918「銅鐸考（秦人考別編）」『歴史地理』第 32 巻第 2 号、日本歴史地理学会、pp. 1-39

1919a「我が鏡作部製作の大漢式鏡」『民族と歴史』第 1 巻第 1 号、日本学術普及会、pp. 35-36

1919b「王莽時代鏡に就いて高橋健自君に―鏡鑑研究の価値と王莽時代鏡問題の沿革― 我が出土品に王莽鏡多しとのことを疑ふ―」『民族と歴史』第 2 巻第 4 号、日本学術普及会、pp. 6-17

1920a「七子鏡考」『民族と歴史』第 3 巻第 3 号、日本学術普及会、pp. 8-11

1920b「故富岡謙蔵君の「古鏡の研究」」『民族と歴史』第 3 巻第 5 号、日本学術普及会、pp. 57-59

北井利幸　2010「八ツ手葉形銅製品の研究」『アジア鋳造技術史学会研究発表概要集』4 号、アジア鋳造技術史学会、pp. 49-52

北浦亜由美　1992「仿製方格規矩鏡について」『考古学研究』第 38 巻第 4 号、考古学研究会、pp. 89-101

北野耕平　1964「富田林真名井古墳」藤直幹他編『河内における古墳の調査』大阪大学文学部国史研究室研究報告第一冊、大阪大学、pp. 51-83

1985「古墳時代の富田林」富田林市史編集委員会編『富田林市史』第 1 巻 本文編 I、富田林市役所、pp. 195-470

君嶋俊行　2013「山陰地方における弥生時代青銅鏡の動向」九州考古学会事務局他編『平成 25 年度九州考古学会大会 弥生時代後期青銅鏡を巡る諸問題』九州考古学会、pp. 80-85

金宰賢・田中良之　1995「外之隈遺跡出土古墳時代人骨の調査」伊崎俊秋編『外之隈遺跡』九州横断自動車道関係埋蔵文化財調査報告 35、福岡県教育委員会、pp. 71-78

金　元龍　1964「潭陽出토의三国時代銅鏡二面」想白李相佰博士回甲紀念論叢編輯委員会編『李相佰博士回甲紀念論叢』乙西文化社（『韓国美術史研究』一志社、pp. 632-638、1987 年に収録）

木村徳国　1975「鏡の画とイへ―建築にかかわることばから―」大林太良編『日本古代文化の探究 家』社会思想社、pp. 227-252

1979『古代建築のイメージ』NHK ブックス 336、日本放送出版協会

九州大学医学部解剖学第二講座編　1988『日本民族・文化の生成』2　九州大学医学部解剖学第二講座所蔵古人骨資料集成、六興出版

京都大学文学部考古学研究室編　1989『椿井大塚山古墳と三角縁神獣鏡』京都大学文学部

清野謙次　1943「摂津国神戸市板宿得能山十二番地古墳」『増補版 日本原人之研究』萩原星文館、p. 52

1944a『日本人種論変遷史』小山書店

1944b『太平洋に於ける民族文化の交流』創元社

　　　　　　1954『日本考古学・人類学史』上巻、岩波書店

　　　　　　1955『日本考古学・人類学史』下巻、岩波書店

清野謙次・三宅宗悦　1933「附録 作り山古墳出土人骨に就て」梅原末治著「桑飼村蛭子山・作り山両古墳の
　　　　　　調査（下）」『京都府史蹟名勝天然紀念物調査報告』第十四冊、京都府、pp. 29-31

清野謙次・宮本博人　1926「津雲石器時代人はアイヌ人なりや」『考古学雑誌』第16巻第8号、考古学会、
　　　　　　pp. 1-29

桐原　健　1974「鎮魂の鈴―信濃後期古墳出土馬鈴の性格―」『信濃』第26巻第4号、信濃史学会、pp. 27-
　　　　　　33

楠元哲夫　1993「古墳時代仿製鏡製作年代試考」宇陀古墳文化研究会編『大和宇陀地域における古墳の研究』
　　　　　　由良大和古代文化研究会、pp. 164-182

　　　　　　1994「大和天神山古墳出土鏡群の再評価」橿原考古学研究所編『橿原考古学研究所論集』第11、
　　　　　　吉川弘文館、pp. 505-516

朽木ゆり子　2011『ハウス・オブ・ヤマナカ 東洋の至宝を欧米に売った美術商』新潮社

久保哲三　1986「古墳時代の毛野・総」『岩波講座 日本考古学』第5巻 文化と地域性、岩波書店、pp. 255-
　　　　　　288

熊谷公男　2002「持統の即位儀と「治天下大王」の即位儀礼」『日本史研究』第474号、日本史研究会、pp. 4
　　　　　　-34

栗原　薫　1985「「隅田八幡宮鏡銘と元興寺縁起の紀年について」の補足」『史迹と美術』第55巻第3号、史
　　　　　　迹美術同攷会、pp. 92-96

車崎正彦　1988「埴輪の作者」『早大所沢文化財調査室月報』No. 34、早大所沢校地文化財調査室、pp. 2-8

　　　　　　1990「江川山の鏡―古墳出土鏡をめぐって―」『上尾市史調査概報』創刊号、上尾市教育委員会、
　　　　　　pp. 25-45

　　　　　　1991「江川山（いがやま）古墳」『上尾市史』第一巻 資料編1、原始・古代、上尾市、pp. 643-653

　　　　　　1993a「鼉龍鏡考」久保哲三先生追悼論文集刊行会編『翔古論聚―久保哲三先生追悼論文集』久保
　　　　　　哲三先生追悼論文集刊行会、pp. 130-163

　　　　　　1993b「倭鏡の作者」『季刊考古学』第43号、雄山閣、pp. 68-72

　　　　　　1993c「古墳時代と鏡」『季刊考古学』第43号、雄山閣、pp. 15-16

　　　　　　1993d「古墳出土鏡は何を物語るか」白石太一郎他編『新視点 日本の歴史』第二巻 古代編Ⅰ、新
　　　　　　人物往来社、pp. 110-117

　　　　　　1994「倭鏡雑感」平山誠一他編『島戸境1号墳発掘調査報告書』さんぶ考古資料刊行会、pp. 30-
　　　　　　32

　　　　　　1995「隅田八幡人物画像鏡の年代」宇治市教育委員会編『継体王朝の謎 うばわれた王権』河出書
　　　　　　房新社、pp. 212-220

　　　　　　1998「壺形の宇宙と埴輪」更埴市森将軍塚古墳館編『埴輪が語る科野のクニ』第2回シナノノクニ
　　　　　　フォーラム、更埴市森将軍塚古墳館、pp. 5-16

　　　　　　1999a「副葬品の組み合わせ―古墳出土鏡の構成―」『季刊考古学』別冊8 前方後円墳の出現、雄
　　　　　　山閣、pp. 53-74

　　　　　　1999b「三角縁神獣鏡は卑弥呼の鏡か」大庭脩編『卑弥呼は大和に眠るか』文英堂、pp. 151-198

　　　　　　1999c「卑弥呼の鏡を求めて―三角縁神獣鏡の謎―」武光誠他編『邪馬台国を知る事典』東京堂出
　　　　　　版、pp. 366-408

　　　　　　2000a「古墳時代のヤケ」日本建築学会編『家屋文鏡再読』日本建築学会建築歴史・意匠委員会、
　　　　　　pp. 25-32

　　　　　　2000b「古墳祭祀と祖霊観念」『考古学研究』第47巻第2号、考古学研究会、pp. 29-48

　　　　　　2000c「三角縁神獣鏡をめぐって」『栃木県考古学会誌』第21集、栃木県考古学会、pp. 1-35

　　　　　　2001a「鏡」静岡県教育委員会編『静岡県の前方後円墳―総括編―』静岡県内前方後円墳発掘調査
　　　　　　等事業報告書その1、静岡県文化財調査報告書第55集、静岡県教育委員会、pp. 147-174

2001b「新発見の「青龍三年」銘方格規矩四神鏡と魏晋のいわゆる方格規矩鏡」『考古学雑誌』第86巻第2号、日本考古学会、pp. 69-97

2002a「総説 中国鏡と倭鏡」車崎編『考古資料大観』第5巻 弥生・古墳時代 鏡、小学館、pp. 37-44

2002b「漢鏡」車崎編『考古資料大観』第5巻 弥生・古墳時代 鏡、小学館、pp. 85-100

2002c「三国鏡・三角縁神獣鏡」車崎編『考古資料大観』第5巻 弥生・古墳時代 鏡、小学館、pp. 181-188

2002d「六朝鏡」車崎編『考古資料大観』第5巻 弥生・古墳時代 鏡、小学館、pp. 201-204

2002e「古墳とクニ」大学合同考古学シンポジウム実行委員会編『弥生の「ムラ」から古墳の「クニ」へ』学生社、pp. 146-164

2007a「家屋紋鏡を読む」小笠原好彦先生退任記念論集刊行会編『考古学論究』真陽社、pp. 165-195

2007b「鏡」菊水町史編纂委員会編『菊水町史』江田船山古墳編、和水町、pp. 124-148

2008「三角縁神獣鏡の年代と古墳出現の年代」『史観』第159冊、早稲田大学史学会、pp. 92-112

2012「総論 古墳出土鏡を考える」『考古学ジャーナル』No. 635、ニュー・サイエンス社、pp. 3-4

2015「三角縁神獣鏡の年代」新井悟編『古鏡―その神秘の力―』六一書房、pp. 86-91

車崎正彦編 2002『考古資料大観』第5巻 弥生・古墳時代 鏡、小学館

黒板勝美 1923「我が上代に於ける道家思想及び道教について」『史林』第8巻第1号、史学研究会、pp. 40-54

黒川真頼 1910『黒川真頼全集』第三 美術篇・工芸篇、国書刊行会

黒崎 直 2013「畿内と吉備の龍」中尾智行編『吉備と邪馬台国―霊威の継承―』大阪府立弥生文化博物館図録50、大阪府立弥生文化博物館、pp. 80-87

郡司晴元・片山一道 1999「向山古墳群（伝）出土した人骨」中村弘編『向山古墳群・市乗寺古墳群・一乗寺経塚・矢別遺跡』兵庫県文化財調査報告第191冊、兵庫県教育委員会、pp. 139-148

下司和男 2009「「三角縁神獣鏡魏鏡説」は危機に瀕しているか」『古代史の海』第57号、「古代史の海」の会、pp. 41-53

謙水画史 1897「鏡の雑説」『考古学会雑誌』第1編第6号、考古学会、pp. 258-260

小泉顕夫 1954「大安寺字神古墳発掘見分書」『大和文化研究』第2巻第4号、大和文化研究会、pp. 64-65

小泉裕司編 2014『芝ヶ原古墳発掘調査・整備報告書』城陽市埋蔵文化財調査報告書第68集、城陽市教育委員会

小出義治 1978「日本神話と祭祀遺跡」『講座 日本の神話』編集部編『講座 日本の神話』12 日本神話と考古学、有精堂出版、pp. 98-118

1980「原神道の世界」上田正昭編『講座 日本の古代信仰』第3巻 神々の思想、学生社（『土師器と祭祀』雄山閣、1990年、pp. 112-130に収録）

公益財団法人静嘉堂編 2013『静嘉堂蔵 松浦武四郎コレクション』公益財団法人静嘉堂

考古学会編 1920『十二考古家資料写真帖』聚精堂

高坂 好 1987「三角縁神獣鏡は魏の鏡にあらず」『季刊邪馬台国』第32号、梓書院、pp. 26-44

合田芳正 1991「狩猟文鏡の図像をめぐって」『青山考古』第9号、青山考古学会、pp. 71-89

神野志隆光 1999『古代天皇神話論』古代文学研究叢書4、若草書房

2002「「記紀神話」と律令祭祀」『歴史評論』No. 626、校倉書房、pp. 2-13

甲元眞之 1990「多鈕鏡の再検討」『古文化談叢』第22集、九州古文化研究会、pp. 17-45

2011「東アジアからみた弥生時代」甲元他編『講座日本の考古学』6 弥生時代（下）、青木書店、pp. 481-513

国立歴史民俗博物館編 1985『国立歴史民俗博物館研究報告』第7集 附篇 祭祀関係遺物出土地地名表、国立歴史民俗博物館

古代学研究会編 2016『集落動態からみた弥生時代から古墳時代への社会変化』六一書房

後藤守一　1920「銅鏃に就て（四）」『考古学雑誌』第 10 巻第 5 号、考古学会、pp. 24-44
　　　　　1922「家屋を鏡背の文様とせる鏡」『考古学雑誌』第 13 巻第 1 号、考古学会、pp. 53-56
　　　　　1926a『漢式鏡』日本考古学大系、雄山閣（高橋健自監修）
　　　　　1926b「上古の工芸」『考古学講座』第 7 号、国史講習会、pp. 33-64
　　　　　1927a「一図表の解」『考古学雑誌』第 17 巻第 6 号、考古学会、pp. 28-41
　　　　　1927b『日本考古学』四海書房
　　　　　1929「鏡」長坂金雄編『考古学講座』第 31 号、雄山閣、pp. 1-80
　　　　　1941『日本の文化 黎明篇 考古学上より見たる日本上代文化の確立』葦牙書房
　　　　　1942『古鏡聚英』上篇 秦鏡と漢六朝鏡、大塚巧芸社
　　　　　1947『日本古代史の考古学的検討』山岡書店
　　　　　1958「古墳の編年研究」古代史談話会編『古代史研究』第三集 古墳とその時代（一）、朝倉書店、
　　　　　　　pp. 1-220
後藤守一編　1955『日本考古学講座』第五巻 古墳時代、河出書房
後藤蕭堂　1916「橘逸勢社古鏡に就て（史蹟の疑問と宝鏡の紛失)」『考古学雑誌』第 6 巻第 7 号、考古学会、
　　　　　　　pp. 47-52
後藤　直　1981「青柳種信の考古資料（一）―三雲南小路と井原鑓溝に関する資料―」『福岡市立歴史資料館
　　　　　　　研究報告』第 5 集、福岡市立歴史資料館、pp. 29-63
　　　　　2004「弥生時代出土鋳型の中での鏡笵の位置」清水康二編『鏡笵研究』Ⅰ、奈良県立橿原考古学研
　　　　　　　究所他、pp. 141-151
　　　　　2007「粘土制外框鋳型与小型仿制鏡的製作」清水康二他編『斉国故城出土鏡範和東亜的古鏡―斉都
　　　　　　　臨淄：漢代銅鏡製造中心国際学術研討会論文集―』日本学術振興会平成 18〜21（2006〜2009）
　　　　　　　年度科学研究費補助金基盤研究（B）(2)研究成果中間報告、奈良県立橿原考古学研究所、
　　　　　　　pp. 33-37
　　　　　2009「弥生時代の倭・韓交渉 倭製青銅器の韓への移出」『国立歴史民俗博物館研究報告』第 151
　　　　　　　集、国立歴史民俗博物館、pp. 307-341
小西正彦　2009「同笵・同型鏡における重さの差異について―三角縁神獣鏡の場合―」『古代』第 121 号、早
　　　　　　　稲田大学考古学会、pp. 23-59
　　　　　2011「古墳時代前期における仿製鏡製作技術の一側面―同工鏡群での面径と重さの関係より―」
　　　　　　　『古代』第 126 号、早稲田大学考古学会、pp. 81-99
小林三郎　1971「竈竜鏡とその性格」『駿台史学』第 28 号、駿台史学会、pp. 13-30
　　　　　1979「古墳時代初期倣製鏡の一側面―重圏文鏡と珠文鏡―」『駿台史学』第 46 号、駿台史学会、
　　　　　　　pp. 78-96
　　　　　1982「古墳時代倣製鏡の鏡式について」『明治大学人文科学研究所紀要』第 21 冊、明治大学人文科
　　　　　　　学研究所、pp. 1-79
　　　　　1983「捩文鏡とその性格」遠藤元男先生頌寿記念会編『日本古代史論苑』国書刊行会、pp. 413-
　　　　　　　458
　　　　　1985「古墳副葬鏡の歴史的意義」大塚初重編『論集 日本原史』吉川弘文館、pp. 565-584
　　　　　1988「倣製鏡研究略史」斎藤忠先生頌寿記念論文集刊行会編『考古学叢考』上巻、吉川弘文館、
　　　　　　　pp. 267-294
　　　　　1989a「小形内行花文鏡について―下佐野遺跡出土鏡について―」群馬県埋蔵文化財調査事業団編
　　　　　　　『下佐野遺跡 Ⅰ地区・寺前地区』(1)縄文時代・古墳時代編 1、群馬県埋蔵文化財調査事業団
　　　　　　　調査報告第 77 集、群馬県考古資料普及会、pp. 461-464
　　　　　1989b「古墳出土鏡の研究」『明治大学人文科学研究所年報』第 30 冊、明治大学人文科学研究所、
　　　　　　　pp. 9-11
　　　　　1992「鏡」石野博信他編『古墳時代の研究』第 9 巻 古墳Ⅲ 埴輪、雄山閣、pp. 224-240
　　　　　2010『古墳時代倣製鏡の研究』六一書房

小林青樹　2006a「「盾と戈をもつ人」の弥生絵画」『祭祀考古學』第 5 号、祭祀考古学会、pp. 21-46
　　　　　2006b「弥生祭祀における戈とその源流」『栃木史学』第 20 号、國學院大學栃木短期大學史学会、pp. 87-107
　　　　　2008「盾と戈をもちいた儀礼」設楽博己他編『弥生時代の考古学』第 7 巻 儀礼と権力、同成社、pp. 32-45
小林行雄　1943「弥生式土器細論」末永雅雄他著『大和唐古弥生式遺跡の研究』京都帝国大学文学部考古学研究報告第 16 冊、桑名文星堂、pp. 95-143
　　　　　1951『日本考古学概説』創元選書、東京創元社
　　　　　1952a「遺物各説」『福岡県糸島郡一貴山村田中銚子塚古墳の研究』日本考古学協会古墳調査特別委員会、pp. 21-32
　　　　　1952b「同笵鏡による古墳の年代の研究」『考古学雑誌』第 38 巻第 3 号、日本考古学会、pp. 1-30
　　　　　1955「古墳の発生の歴史的意義」『史林』第 38 巻第 1 号、史学研究会、pp. 1-20
　　　　　1956「前期古墳の副葬品にあらわれた文化の二相」京都大学文学部編『京都大学文学部五十周年記念論集』京都大学文学部紀要第四、京都大学文学部、pp. 721-744
　　　　　1957a「初期大和政権の勢力圏」『史林』第 40 巻第 4 号、史学研究会、pp. 1-25
　　　　　1957b「同范鏡論再考」『上代文化』第 27 輯、国学院大学考古学会、pp. 1-10
　　　　　1957c『河内松岳山古墳の調査』大阪府文化財調査報告書第 5 輯、大阪府教育委員会
　　　　　1959『古墳の話』岩波新書（青版）342、岩波書店
　　　　　1960『埴輪』陶器全集第 1 巻、平凡社
　　　　　1961『古墳時代の研究』青木書店
　　　　　1962a「古墳文化の形成」『岩波講座日本歴史』1 原始および古代〔1〕岩波書店、pp. 233-272
　　　　　1962b「古代の技術」塙選書 24、塙書房
　　　　　1965『古鏡』学生社
　　　　　1967a「ムラからクニへ」小林他編『日本文学の歴史』第 1 巻 神と神を祭る者、角川書店、pp. 84-99
　　　　　1967b「折口学と私の考古学」『日本文学の歴史』月報①、角川書店、pp. 1-3
　　　　　1971「三角縁神獣鏡の研究―型式分類編―」『京都大学文学部研究紀要』第十三、京都大学文学部、pp. 96-170
　　　　　1976「仿製三角縁神獣鏡の研究」『古墳文化論考』平凡社、pp. 379-429
　　　　　1979「三角縁波文帯神獣鏡の研究」『辰馬考古資料館 考古学研究紀要』1、財団法人辰馬考古資料館、pp. 43-77
　　　　　2010「古墳時代の発足」『小林行雄考古学選集』第 2 巻 古墳文化の研究、真陽社、pp. 199-225
駒井和愛　1970a「隅田八幡蔵画像鏡考」『東方學』第 40 輯、東方学会、pp. 1-12
　　　　　1970b「隅田八幡画像鏡の年代とその銘文」『古代』第 53 号、早稲田大学考古学会、pp. 1-5
　　　　　1974「漢式鏡」日本歴史学会編『日本考古学の現状と課題』吉川弘文館、pp. 249-268
小松和彦　2003「鏡と信仰―民俗学からのアプローチ―」園田学園女子大学歴史民俗学会編『「鏡」がうつしだす世界―歴史と民俗の間―』そのだ歴史民俗ブックレット 1、岩田書院、pp. 83-92
小松茂・山内淑人　1937「古鏡の化学的研究」『東方学報』京都第 8 冊、東方文化学院京都研究所、pp. 2-31
小松　譲　2013「唐津地域出土の弥生時代～古墳時代初頭の青銅鏡と遺構の併行関係」九州考古学会事務局他編『平成 25 年度九州考古学会大会 弥生時代後期青銅鏡を巡る諸問題』九州考古学会、pp. 52-57
小宮正安　2007『愉悦の蒐集 ヴンダーカンマーの謎』集英社新書、集英社
小山雅人　1992「野崎古墳群」土橋誠編『京都府遺跡調査報告書』第 17 冊 近畿自動車道敦賀線関係遺跡（8 次区間）発掘調査報告書、財団法人京都府埋蔵文化財調査研究センター、pp. 207-240
小山田宏一 1992「破砕鏡と鏡背重視の鏡」『弥生文化博物館研究報告』第 1 集、大阪府立弥生文化博物館、p. 47-63

　　　　　　 1993「画紋帯同向式神獣鏡とその日本への流入時期—鏡からみた「3 世紀の歴史的枠組み」の予察
　　　　　　　　 —」『弥生文化博物館研究報告』第 2 集、大阪府立弥生文化博物館、pp. 231-270

　　　　　　 2000a「三世紀の鏡と「おおやまと」古墳群」伊達宗泰編『古代「おおやまと」を探る』学生社、
　　　　　　　　 pp. 214-228

　　　　　　 2000b「三角縁神獣鏡の生産体制とその動向」『東アジアの古代文化』102 号、大和書房、pp. 137-
　　　　　　　　 151

孔祥星・劉一曼（高倉洋彰他訳）1991『図説 中国古代銅鏡史』中国書店（原著『中国古代銅鏡』文物出版
　　　　　　　　 社、1984 年）

近藤　　滋　 1980「長瀬高浜遺跡出土の小形素文鏡」財団法人鳥取県教育文化財団編『長瀬高浜遺跡Ⅲ』鳥取県
　　　　　　　　 教育文化財団調査報告 4、財団法人鳥取県教育文化財団、pp. 24-26

近藤喬一　 1973「三角縁神獣鏡の仿製について」『考古学雑誌』第 59 巻第 2 号、日本考古学会、pp. 1-28

　　　　　　 1975「鏡」小野山節編『古代史発掘』6 古墳と国家の成立ち、講談社、pp. 72-77

　　　　　　 1983「三角縁神獣鏡製作の契機について」『考古学雑誌』第 69 巻第 2 号、日本考古学会、pp. 36-
　　　　　　　　 53

　　　　　　 1988a『三角縁神獣鏡』UP 考古学選書 4、東京大学出版会

　　　　　　 1988b「景初四年銘鏡私考」『考古学雑誌』第 73 巻第 3 号、日本考古学会、pp. 38-53

　　　　　　 1993「西晋の鏡」『国立歴史民俗博物館研究報告』第 55 集、国立歴史民俗博物館、pp. 117-206

近藤喜博　 1960「家屋文鏡を読む〈大和国佐味田宝塚古墳出土〉」『MUSEUM』114 号、東京国立博物館、pp.
　　　　　　　　 23-27

近藤義郎　 1983『前方後円墳の時代』日本歴史叢書、岩波書店

　　　　　　 1985「養久山 1 号墳」近藤編『養久山墳墓群』兵庫県揖保川町教育委員会、pp. 9-36

　　　　　　 1986「楢原寺山古墳」近藤編『岡山県史』第 18 巻 考古資料、岡山県、p. 289

近藤義郎編　 1991-94『前方後円墳集成』（九州編、中国・四国編、近畿編、中部編、東北・関東編）、山川出
　　　　　　　　 版社

近藤義郎・高井健司編　 1987『七つ圵古墳群』七つ圵古墳群発掘調査団

今平利幸　 1990「大日塚古墳出土の小型素文鏡について」久保哲三編『下野 茂原古墳群』久保明子、pp. 177
　　　　　　　　 -187

西郷信綱　 1975「スメラミコト考」『文學』第 43 巻第 1 号、岩波書店、pp. 1-10（『神話と国家—古代論集—』
　　　　　　　　 平凡社選書 53、平凡社、1977 年、pp. 117-144 に収録）

財前克己　 1915「灰土山古墳中の骸骨」『考古学雑誌』第 5 巻第 11 号、考古学会、pp. 31-34

財団法人京都府埋蔵文化財調査研究センター編　 1989『謎の鏡—卑弥呼の鏡と景初四年銘鏡—』同朋舎出版

財団法人根津美術館編　 1987『新 青山荘清賞 鑑賞編』財団法人根津美術館

斎藤　　忠　 1966『古墳と古代国家』日本歴史新書、至文堂

　　　　　　 1988『古典と考古学』日本考古学研究 1、学生社

　　　　　　 2000『郷土の好古家・考古学者たち—東日本編—』雄山閣

　　　　　　 2006『日本考古学人物事典』学生社

齋藤　　努　 2012a「中村 1 号墳出土資料の鉛同位体比分析結果」坂本豊治編『中村 1 号墳』出雲市の文化財報
　　　　　　　　 告 15、出雲市教育委員会、pp. 167-172

　　　　　　 2012b「東アジア青銅器と鉛同位体比」一瀬和夫他編『古墳時代の考古学』第 8 巻 隣接科学と古
　　　　　　　　 墳時代研究、同成社、pp. 101-108

坂本和俊　 1986「珠文鏡」（書上元博他「神川村前組羽根倉遺跡の研究」）『埼玉県立博物館紀要』12、埼玉県
　　　　　　　　 立博物館、pp. 101-103、124-133

坂本太郎他校注　 1967『日本書紀』上、日本古典文学大系 67、岩波書店

坂元義種　 1980「文字のある考古学資料の諸問題」上田正昭他編『ゼミナール日本古代史』下、光文社、pp.
　　　　　　　　 29-83

　　　　　　 1991「隅田八幡神社人物画像鏡」石野博信他著『古代日本 金石文の謎』エコール・ド・ロイヤル

　　　　　　古代日本を考える第 15 巻、学生社、pp. 78-117

桜井準也　2011『歴史に語られた遺跡・遺物—認識と利用の系譜』慶應義塾大学出版会株式会社

櫻井久之　1999「直弧文の成立とその意義」『ヒストリア』第 163 号、大阪歴史学会、pp. 151-174

　　　　　　2013「直弧文と文様モチーフ」一瀬和夫他編『古墳時代の考古学』第 6 巻 人々の暮らしと社会、
　　　　　　同成社、pp. 197-211

佐々木直彦編　1986「歳ノ神遺跡群 中出勝負峠墳墓群」広島県埋蔵文化財センター調査報告書第 49 集、財団
　　　　　　法人広島県埋蔵文化財調査センター

笹生　衛　2011「古代の祭りと幣帛・神饌・神庫—古墳時代の祭祀遺跡・遺物から復元する祭具と祭式—」
　　　　　　『延喜式研究』第 27 号、延喜式研究会、pp. 107-145

　　　　　　2012『日本古代の祭祀考古学』吉川弘文館

　　　　　　2016『神と死者の考古学』歴史文化ライブラリー 417、吉川弘文館

佐田　茂　1999「福岡県大島村沖ノ島遺跡の祭祀遺構と儀鏡」『考古学ジャーナル』No. 446、ニュー・サイエ
　　　　　　ンス社、pp. 29-32

佐藤小吉　1919「磯城郡柳本村大字柳本字大塚所在大塚発掘古鏡」『奈良県史蹟勝地調査会報告書』第 6 回、
　　　　　　奈良県、pp. 17-22

佐藤虎雄　1932a「古鏡研究の栞（一）」『史迹と美術』第 21 号、史迹・美術同攷会、pp. 13-24

　　　　　　1932b「古鏡研究の栞（二）」『史迹と美術』第 22 号、史迹・美術同攷会、pp. 11-22

　　　　　　1932c「古鏡研究の栞（三）」『史迹と美術』第 24 号、史迹・美術同攷会、pp. 15-28

　　　　　　1932d「古鏡研究の栞（四）」『史迹と美術』第 25 号、史迹・美術同攷会、pp. 13-22

　　　　　　1932e「古鏡研究の栞（五）」『史迹と美術』第 27 号、史迹・美術同攷会、pp. 9-18

　　　　　　1933a「古鏡研究の栞（六）」『史迹と美術』第 28 号、史迹・美術同攷会、pp. 21-28

　　　　　　1933b「漢式鏡」『日本考古学』国史講座、国史講座刊行会、pp. 81-95

　　　　　　1937『日本考古学』国史講座刊行会

佐藤虎雄編　1935『築山古墳』和田亀治

佐藤正義　2004「ヒルハタ遺跡出土鋳型の概要」清水康二編『鏡笵研究』Ⅰ、奈良県立橿原考古学研究所他、
　　　　　　pp. 46-50

ザドニェプロフスキー・ルボ=レスニチェンコ（坂本和子訳）1995「フェルガーナの漢式鏡」『古代文化』第
　　　　　　47 巻第 5 号、財団法人古代学協会、pp. 18-30

佐野　一　1984「セスドノ古墳出土の人骨」佐田茂編『セスドノ古墳』田川市文化財調査報告書第 3 集、田川
　　　　　　市教育委員会、pp. 30-31

佐野正巳編　1985『詩集日本漢詩』第八巻、汲古書院

佐野大和　1960「鏡」『日本の古代文化—考古学要説—』小峯書店、pp. 225-229

佐原眞・春成秀爾　1997『原始絵画』歴史発掘⑤、講談社

澤田秀実　1993「三角縁神獣鏡の製作動向」『法政考古学』第 19 集、法政考古学会、pp. 17-37

沢田正昭　1980「青銅鏡の非破壊分析」古文化財編集委員会編『考古学・美術史の自然科学的研究』日本学術
　　　　　　振興会、pp. 330-338

　　　　　　1981「古鏡の化学」田中琢著『古鏡』日本の美術第 178 号、至文堂、pp. 88-94

　　　　　　1988『日本出土青銅器の材質分析による編年研究』昭和 63 年度科学研究費補助金成果報告書

沢田正昭・秋山隆保　1979「銅鏡の分析」石隈喜佐雄他編『二塚山』佐賀県文化財調査報告書第 46 集、佐賀
　　　　　　県教育委員会他、pp. 228-232

沢田むつ代　2012「繊維製品」土生田純之他編『古墳時代研究の現状と課題』下 社会・政治構造及び生産流
　　　　　　通研究、同成社、pp. 37-55

寒川　旭　2007『地震の日本史』中公新書 1922、中央公論社

三宮元勝他　1927『大阪府史蹟名勝天然記念物』第一冊 南河内郡、大阪府学務部

志賀智史　2012「赤色顔料」一瀬和夫他編『古墳時代の考古学』第 8 巻 隣接科学と古墳時代研究、同成社、
　　　　　　pp. 71-81

時雨　彰　1989「画文帯神獣鏡の研究（前編）」『牟邪志』第2号、武蔵考古学研究会、pp. 51-90
　　　　　1990「画文帯神獣鏡の研究（後編）」『牟邪志』第3号、武蔵考古学研究会、pp. 1-56
設楽博己　1991「弥生時代の農耕儀礼」『季刊考古学』第37号、雄山閣、pp. 59-64
　　　　　2011「弥生時代の農耕祭祀」甲元眞之他編『講座日本の考古学』6弥生時代（下）、青木書店、pp. 316-344
實盛良彦　2009「斜縁神獣鏡の変遷と系譜」『広島大学考古学研究室紀要』第1号、広島大学考古学研究室、pp. 97-120
　　　　　2012「斜縁神獣鏡・斜縁四獣鏡の製作」『考古学研究』第59巻第3号、考古学研究会、pp. 76-87
　　　　　2013a「山陽地域における弥生時代後期を中心とした青銅鏡の動向」九州考古学会事務局他編『平成25年度九州考古学会大会　弥生時代後期青銅鏡を巡る諸問題』九州考古学会、pp. 75-79
　　　　　2013b「斜縁神獣鏡にみる鏡の摩耗と出土古墳の時期」『FUSUS』5号、アジア鋳造技術史学会、pp. 15-26
　　　　　2015「上方作系浮彫式獣帯鏡と四乳飛禽鏡の製作と意義」『FUSUS』7号、アジア鋳造技術史学会、pp. 79-95
　　　　　2016a「漢末三国期の斜縁鏡群生産と画像鏡」『ヒストリア』第259号、大阪歴史学会、pp. 1-26
　　　　　2016b「放射状区画をもつ倭製鏡の系譜と変遷―珠紋鏡・乳紋鏡・内行花紋鏡を中心に―」広島大学考古学研究室50周年記念論文集・文集刊行会編『広島大学考古学研究室50周年記念論文集・文集』広島大学大学院文学研究科考古学研究室、pp. 313-323
篠川　賢　2010「隅田八幡宮人物画像鏡銘小考」『日本常民文化紀要』第28号、成城大学、pp. 127-150
篠原芳秀　1998「山の神第2～4号古墳」小野悟朗編『山の神遺跡群・池ノ迫遺跡群』広島県埋蔵文化財調査センター報告書第165集、財団法人広島県埋蔵文化財調査センター、pp. 66-68
柴田常恵・保坂三郎　1943『日吉矢上古墳』慶應義塾大学文学部史学科研究報告、慶應出版社
柴田昌児　2000「湯道を残す鏡と後期弥生土器」『紀要愛媛』創刊号、財団法人愛媛県埋蔵文化財調査センター、pp. 31-47
澁谷恵美子編　2007『飯田における古墳の出現と展開―資料編―』飯田市教育委員会
島　五郎　1960「足羽山龍ヶ岡古墳の人骨について」斎藤優編『足羽山の古墳』福井県郷土誌懇談会、pp. 94-97
　　　　　1963「小松島前山古墳人骨」末永雅雄他編『前山古墳』徳島県文化財調査報告書第6集、徳島県教育委員会社会教育課、pp. 17-18
　　　　　1966「徳島市恵解山・節句山古墳人骨について」末永雅雄他著『眉山周辺の古墳』徳島県文化財調査報告書第9集、徳島県教育委員会社会教育課、pp. 44-48
島崎東編　1995『足守川河川改修工事に伴う発掘調査』足守川加茂A遺跡（本文）、岡山県埋蔵文化財発掘調査報告94、岡山県教育委員会
島田拓編　2009『井の端古墳群（調査編）』上郡町埋蔵文化財発掘調査報告1、上郡町教育委員会
清水克朗他　2002「伝世鏡の再検討Ⅰ―鶴尾神社4号墳出土方格規矩四神鏡について―」『古代学研究』第156号、古代学研究会、pp. 1-14
清水眞一　1999「鳥取県羽合町・長瀬高浜遺跡の祭祀遺構と儀鏡」『考古学ジャーナル』No. 446、ニュー・サイエンス社、pp. 21-24
清水康二　1990「鏡」『考古学ジャーナル』No. 321、ニュー・サイエンス社、pp. 2-8
　　　　　1993a「倭の五王の鏡」『季刊考古学』第43号、雄山閣、pp. 56-58
　　　　　1993b「藤ノ木古墳副葬鏡の問題」前園実知雄編『斑鳩　藤ノ木古墳　第二・三次調査報告書』調査報告篇・考察篇・図版篇、奈良県立橿原考古学研究所、pp. 240-253
　　　　　1994「倣製内行花文鏡類の編年―倣製鏡の基礎研究Ⅰ―」橿原考古学研究所編『橿原考古学研究所論集』第11、吉川弘文館、pp. 447-503
　　　　　1997「古墳時代前期における副葬鏡の意義」『考古学ジャーナル』No. 421、ニュー・サイエンス社、pp. 2-7

2000「「平原弥生古墳」出土大型内行花文鏡の再評価」頌寿記念会代表戸沢充則編『大塚初重先生頌寿記念考古学論集』東京堂出版、pp. 813-827

2007「草葉紋鏡的鏡背分割技法初探—以鋳範和銅鏡資料為中心—」清水他編『斉国故城出土鏡範和東亜的古鏡—斉都臨淄：漢代銅鏡製造中心国際学術研討会論文集—』日本学術振興会平成18～21（2006～2009）年度科学研究費補助金基盤研究（B）（2）研究成果中間報告、奈良県立橿原考古学研究所、pp. 17-22

2008a「下池山古墳出土内行花文鏡の編年的位置づけ」卜部行弘編『下池山古墳の研究』奈良県立橿原考古学研究所研究成果第9冊、奈良県立橿原考古学研究所、pp. 227-234

2008b「三角縁神獣鏡とその性格」明治大学文学部考古学研究室編『地域と文化の考古学Ⅱ』六一書房、141-150

2009「鏡の階層性—古墳時代前期」복천박물관・아시아鋳造技術史學會（福泉博物館他編）『청동거울과 고대사회 발표요지（青銅鏡と古代社会 発表要旨）』2009년 복천박물관 특별전〈神의 거울、銅鏡〉개최기념 학술세미나（2009年福泉博物館特別展〈神の鏡、銅鏡〉開催記念学術セミナー）、복천박물관（福泉博物館）、pp. 3-6

2012「鋳造」一瀬和夫他編『古墳時代の考古学』第5巻 時代を支えた生産と技術、同成社、pp. 131-141

2014「製作技術からみた三角縁神獣鏡」『駿台史学』第150号、駿台史学会、pp. 79-105

2015a「初期三角縁神獣鏡成立過程における鏡範再利用」『古代文化』第67巻第1号、公益財団法人古代学協会、pp. 22-30

2015b「「舶載」三角縁神獣鏡と「仿製」三角縁神獣鏡との境界」『橿原考古学研究所紀要 考古学論攷』第38冊、奈良県立橿原考古学研究所、pp. 19-31

2015c「鏡範の再利用からみた三角縁神獣鏡」『三角縁神獣鏡研究の最前線—精密計測から浮かび上がる製作地—』第35回 奈良県立橿原考古学研究所公開講演会資料、奈良県立橿原考古学研究所、pp. 9-16

2017「鏡」村上恭通編『モノと技術の古代史』金属編、吉川弘文館、pp. 145-187

清水康二編　2004『鏡範研究』Ⅰ、奈良県立橿原考古学研究所他

清水康二他　1998「鏡の熱処理実験面反りについて（その1）—」『古代学研究』第144号、古代学研究会、pp. 41-51

2018「平原から黒塚へ—鏡範再利用技法研究からの新視点—」『古代学研究』第215号、古代学研究会、pp. 1-9

清水康二・三船温尚編　2005a『鏡範研究』Ⅱ—草葉文鏡範の日中共同研究報告—、奈良県立橿原考古学研究所他

2005b『鏡範研究』Ⅲ、奈良県立橿原考古学研究所他

2009『鏡範研究』Ⅳ、奈良県立橿原考古学研究所他

下垣仁志　2001「仿製方格規矩四神鏡」梅本康広他編『寺戸大塚古墳の研究』Ⅰ前方部副葬品研究篇、向日丘陵古墳群調査研究報告第1冊、財団法人向日市埋蔵文化財センター、pp. 68-75

2002「小羽山12号墳出土鏡と古墳時代前期倭製鏡」古川登編『小羽山古墳群』清水町埋蔵文化財発掘調査報告書Ⅴ、清水町教育委員会、pp. 146-157

2003a「古墳時代前期倭製鏡の編年」『古文化談叢』第49集、九州古文化研究会、pp. 19-50

2003b「古墳時代前期倭製鏡の流通」『古文化談叢』第50集（上）、九州古文化研究会、pp. 7-35

2004「玉手山古墳群の鏡」『玉手山古墳群の研究』Ⅳ 副葬品編、柏原市教育委員会、pp. 64-90

2005a「連作鏡考」『泉屋博古館紀要』第21巻、泉屋博古館、pp. 15-35

2005b「本館所蔵の八幡東車塚古墳出土鏡」『泉屋博古館紀要』第21巻、泉屋博古館、pp. 59-67

2005c「倭王権と文物・祭式の流通」前川和也他編『国家形成の比較研究』学生社、pp. 76-99

2005d『倭王権構造の考古学的研究』京都大学大学院文学研究科博士学位申請論文

2010a『三角縁神獣鏡研究事典』吉川弘文館

　　　　2010b「威信財論批判序説」立命館大学考古学論集刊行会編『立命館大学考古学論集』Ⅴ、立命館大学考古学論集刊行会、pp. 97-124

　　　　2010c「伝渋谷出土の三角縁神獣鏡」岸本直文編『玉手山1号墳の研究』大阪市立大学考古学研究報告第4冊、大阪市立大学日本史研究室、pp. 216-220

　　　　2010d「江戸時代の古鏡研究」『本郷』No.87、吉川弘文館、pp. 25-27

　　　　2011a『古墳時代の王権構造』吉川弘文館

　　　　2011b『倭製鏡一覧』立命館大学考古学資料集成第4冊、立命館大学考古学論集刊行会

　　　　2012a「考古学からみた国家形成論」『日本史研究』第600号、日本史研究会、pp. 3-28

　　　　2012b「古墳時代首長墓系譜論の系譜」『考古学研究』第59巻第2号、考古学研究会、pp. 56-70

　　　　2012c「銅鏡授受の意義」『考古学ジャーナル』No. 635、ニュー・サイエンス社、pp. 10-14

　　　　2013a「鏡の保有と「首長墓系譜」」立命館大学考古学論集刊行会編『立命館大学考古学論集』Ⅵ、立命館大学考古学論集刊行会、pp. 189-201

　　　　2013b「青銅器からみた古墳時代成立過程」考古学研究会関西例会編『新資料で問う古墳時代成立過程とその意義 発表要旨集』考古学研究会関西例会、pp. 34-45

　　　　2013c「仿製神獣鏡片」（阪口英毅他「綾部市聖塚古墳出土遺物報告—京都大学総合博物館所蔵資料—」）『古代学研究』第197号、古代学研究会、pp. 38-40

　　　　2014a「倭製獣像鏡」小泉裕司編『芝ヶ原古墳発掘調査・整備報告書』城陽市埋蔵文化財調査報告書第68集、城陽市教育委員会、pp. 21-22

　　　　2014b「芝ヶ原古墳出土鏡小考」小泉裕司編『芝ヶ原古墳発掘調査・整備報告書』城陽市埋蔵文化財調査報告書第68集、城陽市教育委員会、pp. 42-45

　　　　2016a『日本列島出土鏡集成』同成社

　　　　2016b『古墳時代銅鏡の研究』平成25～27年度科学研究費補助金（若手研究B）研究成果報告書（第一分冊）、立命館大学文学部

　　　　2016c『列島出土鏡集成』平成25～27年度科学研究費補助金（若手研究B）研究成果報告書（第二分冊）、立命館大学文学部

　　　　2016d「人をつなぐ鏡／しばる鏡」岸和田市教育委員会編『第29回濱田青陵賞授賞式』岸和田市他、pp. 8-22

　　　　2017「日本古代国家形成と時空観」吉川真司他編『日本的時空観の形成』思文閣出版、pp. 29-58

　　　　2018『古墳時代の国家形成』吉川弘文館

下條信行　1982「銅矛形祭器の生産と波及」森貞次郎博士古稀記念論文集刊行会編『古文化論集』上巻、森貞次郎博士古稀記念論文集刊行会、pp. 595-623

　　　　1991「青銅器文化と北部九州」下條他編『新版古代の日本』第3巻 九州・沖縄、角川書店、pp. 77-100

徐　苹芳　1984「三国両晋南北朝的銅鏡」『考古』1984年6期、科学出版社、pp. 556-563

　　　　1985「三国・両晋・南北朝の銅鏡」『三角縁神獣鏡の謎 日中合同古代史シンポジウム』角川書店、pp. 65-82

白井繁太郎　1958『阿闍梨覚峰の傳』大阪府立図書館

白石太一郎　1979「近畿における古墳の年代」『月刊考古学ジャーナル』No. 164、ニュー・サイエンス社、pp. 21-26

　　　　1987「墳丘墓と古墳」石野博信他著『古墳発生前後の古代日本—弥生から古墳へ—』大和書房、pp. 222-255

　　　　1999『古墳とヤマト政権—古代国家はいかに形成されたか』文春新書、文藝春秋

白石太一郎・石野博信　1987「対論 出現期の古墳をめぐって」石野他著『古墳発生前後の古代日本—弥生から古墳へ—』大和書房、pp. 256-280

白石太一郎・設楽博己編　1994『弥生・古墳時代遺跡出土鏡データ集成』（『国立歴史民俗博物館研究報告』第56集 共同研究「日本出土鏡データ集成」2）、国立歴史民俗博物館

2002「弥生・古墳時代遺跡出土鏡データ集成　補遺1」『国立歴史民俗博物館研究報告』第97集、
　　　国立歴史民俗博物館、pp. 47-122

白崎昭一郎 1987「三角縁神獣鏡の考察（その三）―景初四年銘盤龍鏡をめぐって―」『福井考古学会会誌』第
　　　5号、福井考古学会、pp. 27-38

白鳥庫吉　1954『神代史の新研究』岩波書店

白鳥（名不明）1907「原町談話会丁未第一小集会」『考古界』第6篇第7号、考古学会、pp. 35-37

新谷尚紀　2013『伊勢神宮と三種の神器　古代日本の祭祀と天皇』講談社メチエ562、講談社

新原正典編　1983『城の谷遺跡』八女市文化財調査報告書第9集、八女市教育委員会

末永雅雄　1961『日本の古墳』朝日新聞社

　　　　　1968『考古学の窓』学生社

　　　　　1975『古墳の航空大観』本文、学生社

菅付和樹編　1986「市の瀬地下式横穴墓群―5号～10号地下式横穴墓―」宮崎県教育委員会編『井水地下式横
　　　穴墓群・市の瀬地下式横穴墓群・上ノ原遺跡』国富町文化財調査資料第4集、東諸県郡国富町
　　　教育委員会、pp. 29-110

菅谷文則　1980「三角縁神獣鏡をめぐる諸問題」上田正昭他編『ゼミナール日本古代史』下　倭の五王を中心
　　　に、光文社、pp. 153-172

　　　　　1987「不自然な架空年号―魏鏡説崩れる―」『東アジアの古代文化』51号、大和書房、pp. 38-41

　　　　　1989「景初四年銘鏡をめぐる諸問題」財団法人京都府埋蔵文化財調査研究センター編『謎の鏡―卑
　　　弥呼の鏡と景初四年銘鏡―』同朋舎出版、pp. 117-151

　　　　　1991『日本人と鏡』同朋舎出版

　　　　　2003「大和出土の三角縁神獣鏡の出土状態について」石野博信編『初期古墳と大和の考古学』学生
　　　社、pp. 536-550

　　　　　2006「伊都国と平原大鏡について」江野道和編『大鏡が映した世界　平原遺跡出土品国宝指定記念
　　　特別展』伊都国歴史博物館図録3、伊都国歴史博物館、pp. 60-63

菅谷文則・飯田史恵編　2003『中国出土鏡の地域別鏡式分布に関する研究』平成13～15年度科学研究費補助
　　　金（基盤研究（B）(2)）研究成果報告書

菅原康夫　1994「まとめ(1)2号墳」須崎一幸編『蓮華谷古墳群（Ⅱ）蓮華池遺跡（Ⅰ）』徳島県埋蔵文化財
　　　センター調査報告書第4集、徳島県教育委員会他、pp. 101-106

　　　　　2011「阿波の集落と初期古墳」香芝市二上山博物館編『邪馬台国時代の阿波・讃岐・播磨と大和』
　　　学生社、pp. 121-150

杉井　健　2012「古墳時代の繊維製品・皮革製品」広瀬和雄他編『講座日本の考古学』8　古墳時代（下）、青
　　　木書店、pp. 197-236

杉浦利之編　2008『夭折の大学者　富岡謙三　親交の書翰集』柳原出版

杉原荘介　1972『日本青銅器の研究』中央公論美術出版

　　　　　1978「日・韓出土の同鋳型による小銅鏡」『日本考古学協会昭和53年度大会　研究発表要旨』日本
　　　考古学協会、p. 17

杉本厚典　2013「二重口縁壺の編年と分布―河内地域の二重口縁壺の検討を中心に―」『大阪文化財研究所　研
　　　究紀要』第15号、大阪文化財研究所、pp. 1-33

杉本つとむ　1985『江戸の博物学者たち』青土社

杉本欣久　2016「江戸時代における古美術コレクションの一様相―古鏡の収集と出土情報の伝達―」『古文化
　　　研究』第15号、黒川古文化研究所、pp. 91-192

椙山林継　1981a「石製模造品」大場磐雄編『神道考古学講座』第三巻　原始神道期二、雄山閣、pp. 9-39

　　　　　1981b「金属製模造品」大場磐雄編『神道考古学講座』第三巻　原始神道期二、雄山閣、pp. 89-107

　　　　　1999a「建鉾山祭祀遺跡と儀鏡」『考古学ジャーナル』No. 446、ニュー・サイエンス社、pp. 2-5

　　　　　1999b「小型青銅鏡と祭祀遺跡」佐々木彰他編 1999『毛長川流域の考古学的調査』総括編、足立
　　　区伊興遺跡調査会、pp. 223-230

須崎一幸編　1994『蓮華谷古墳群（Ⅱ）蓮華池遺跡（Ⅰ）』徳島県埋蔵文化財センター調査報告書第4集、徳島県教育委員会他

鈴木　勉　2002「技術移転論で見る三角縁神獣鏡―長方形鈕孔、外周突線、立体表現、ヒビ、鋳肌―」天理市教育委員会編『天理市立黒塚古墳展示館開館記念フォーラム「黒塚古墳から卑弥呼がみえる」資料』天理市教育委員会、pp. 37-53

　　　　　2003「三角縁神獣鏡復元研究―検証ループ法の実施―」財団法人福島県文化振興事業団他編『福島県文化財センター白河館 研究紀要 2002』福島県教育委員会、pp. 15-85

　　　　　2015「三角縁神獣鏡の仕上げ加工痕と製作体制」河上邦彦先生古稀記念会編『河上邦彦先生古稀記念献呈論文集』河上邦彦先生古稀記念会、pp. 243-257

　　　　　2016『三角縁神獣鏡論・同笵（型）鏡論の向こうに』雄山閣

鈴木　尚　1961「三池平古墳出土の人骨について」内藤晃他編『三池平古墳』庵原村教育委員会、pp. 184-186

鈴木尚・佐野一　1960「三昧塚古墳に埋葬された人骨」大塚初重他編『三昧塚古墳―茨城県行方郡玉造町所在―』茨城県教育委員会、pp. 101-107

鈴木裕明編　2000『権威の象徴―古墳時代の威儀具―』橿原考古学研究所特別展図録第53冊、奈良県立橿原考古学研究所附属博物館

鈴木廣之　2003『好古家たちの19世紀 幕末明治における《物》のアルケオロジー』吉川弘文館

鈴木誠・池田次郎　1951「山口県熊毛郡神花山古墳人骨」『人類学雑誌』第62巻第1号、日本人類学会、pp. 31-33

鈴木靖民　2002「倭国と東アジア」鈴木編『日本の時代史』2 倭国と東アジア、吉川弘文館、pp. 7-88

澄田正一　1970「四虺文鏡について」橿原考古学研究所編『日本古文化論攷』吉川弘文館、pp. 239-258

清家　章　1996「副葬品と被葬者の性別」福永伸哉他編『雪野山古墳の研究 考察篇』雪野山古墳発掘調査団、pp. 175-200

　　　　　2002a「近畿古墳時代の埋葬原理」『考古学研究』第49巻第1号、考古学研究会、pp. 59-78

　　　　　2002b「折り曲げ鉄器の副葬とその意義」『待兼山論叢』史学篇第36号、大阪大学文学部、pp. 1-24

　　　　　2010『古墳時代の埋葬原理と親族構造』大阪大学出版会

　　　　　2011「破砕副葬と葬送祭祀」一瀬和夫他編『古墳時代の考古学』第3巻 墳墓構造と葬送祭祀、同成社、pp. 208-215

　　　　　2014「高松市茶臼山古墳出土人骨の観察」信里芳紀編『高松市茶臼山古墳』香川県埋蔵文化財センター、pp. 114-116

　　　　　2015『卑弥呼と女性首長』学生社

瀬川芳則　1968「畿内弥生遺跡出土の仿製鏡―大阪府鷹塚山遺跡を中心に―」『古代学研究』第53号、古代学研究会、pp. 7-10

　　　　　1977「小形仿製鏡の出現」村川行弘編『日本古代史の疑点』清文堂出版、pp. 83-93

　　　　　1978「弥生文化と農耕」黒羽兵治郎編『大阪府史』第1巻 古代編Ⅰ、大阪府、pp. 326-550

　　　　　1985「三浦蘭坂の金石好古研究」森浩一編『考古学の先覚者たち』中央公論社、pp. 188-202

瀬木慎一編　1979『東京美術市場史』東京美術倶楽部

関　雄二　2006『古代アンデス 権力の考古学』諸文明の起源12、京都大学学術出版会

関川尚功　1982「見田・大沢古墳群及び古市場胎谷古墳の土器」亀田博編『見田・大沢古墳群』奈良県史跡名勝天然記念物調査報告第44冊、奈良県教育委員会、pp. 106-111

関口老雲　1901「鉄鏡銅鏡の製法」『考古界』第1篇第3号、考古学会、pp. 33-37

泉屋博古館古代青銅鏡放射光蛍光分析研究会　2004「SPring-8を利用した古代青銅鏡の放射光蛍光分析」『泉屋博古館紀要』第20巻、泉屋博古館、pp. 1-35

　　　　　2008「SPring-8を利用した古代青銅鏡の放射光蛍光分析（Ⅱ）―鏡面マッピング、断面ならびに標準試料の分析―」『泉屋博古館紀要』第24巻、泉屋博古館、pp. 1-24

千田　稔　2000「おおやまとの宗教的環境」伊達宗泰編『古代「おおやまと」を探る』学生社、pp. 40-53

蘇　鎭轍　1994「「隅田八幡宮所蔵人物画像鏡」の銘文を見て—百済武寧王（斯麻）は「大王年」を使い継体天皇を「男弟王」と呼ぶ—」『金石文으로 본 百済武寧王의 世界—王의 世上은 大王의 世界—』古代韓日関係研究論叢、圓光大学校出版局、pp. 153-185

副島邦弘　1971「石棺墓と小型仿製鏡」柳田康雄編『今宿バイパス関係埋蔵文化財調査報告』第2集、福岡県教育委員会、pp. 90-97

曽布川寛　2014「漢鏡と戦国鏡の宇宙表現の図像とその系譜」『黒川古文化研究所紀要 古文化研究』第13号、黒川古文化研究所、pp. 1-42

反町茂雄　1986「昭和期最大の売立—富岡文庫」『一古書肆の思い出』2 買を待つ者、pp. 259-282

成正鏞・南宮丞　2006「益山 蓮洞里 盤龍鏡과 馬韓의 対外交渉」『考古學誌』第12輯、韓国考古美術研究所、pp. 5-48

髙木恭二　1991「博局鳥文鏡の系譜」『肥後考古』第8号、肥後考古学会、pp. 369-402
　　　　1993「博局（方格規矩）鳥文鏡の系譜」『季刊考古学』第43号、雄山閣、pp. 35-37
　　　　2002「韓鏡・弥生時代倭鏡」車崎正彦編『考古資料大観』第5巻 弥生・古墳時代 鏡、小学館、pp. 213-216
　　　　2012「装飾古墳」広瀬和雄他編『講座日本の考古学』8 古墳時代（下）、青木書店、pp. 478-505

髙木恭二・元松茂樹編 1992『立岡古墳群』宇土市埋蔵文化財調査報告書第19集、宇土市教育委員会

高口啓三　1996「隅田八幡画像鏡銘文の解釈」『古代学研究』第135号、古代学研究会、pp. 20-25

高倉洋彰　1968「弥生後期の仿製鏡について」『九州大学考古通信』2号、九州大学文学部考古学研究室
　　　　1972「弥生時代小形仿製鏡について」『考古学雑誌』第58巻第3号、日本考古学会、pp. 1-30
　　　　1979「二塚山遺跡出土の弥生時代小形仿製鏡」石隈喜佐雄他編『二塚山』佐賀県文化財調査報告書第46集、佐賀県教育委員会他、pp. 215-227
　　　　1981「S字状文仿製鏡の成立過程」『九州歴史資料館研究論集』7、九州歴史資料館、pp. 13-31
　　　　1985「弥生時代小形仿製鏡について（承前）」『考古学雑誌』第70巻第3号、日本考古学会、pp. 94-121
　　　　1987「弥生時代小形仿製鏡について」『季刊邪馬台国』第32号、梓書院、pp. 88-119
　　　　1990『日本金属器出現期の研究』学生社
　　　　1993a「弥生時代仿製鏡の製作地」『季刊考古学』第43号、雄山閣、pp. 59-63
　　　　1993b「前漢鏡にあらわれた権威の象徴性」『国立歴史民俗博物館研究報告』第55集、国立歴史民俗博物館、pp. 3-38
　　　　1995「弥生時代小形仿製鏡の儀鏡化について」山元敏裕編『居石遺跡』高松市埋蔵文化財調査報告第30集、高松市教育委員会他、pp. 147-163
　　　　1999「儀鏡の誕生」『考古学ジャーナル』No. 446、ニュー・サイエンス社、pp. 33-36
　　　　2002「弁韓・辰韓の銅鏡」西谷正編『韓半島考古学論叢』すずさわ書店、pp. 235-248

高島正人　1959「論文評 森幸一氏「隅田八幡宮所蔵画象鏡製作年代考」宮田俊彦氏『癸未年・男弟王・意柴沙加宮』」『日本上古史研究』第3巻第4号、日本上古史研究会、pp. 75-78

高田克己　1974「漢規矩文鏡の意匠について」『大手前女子大学論集』第8号、大手前女子大学、pp. 50-66

髙田健一　2012「前期古墳の副葬品—筒形銅器、巴形銅器を中心に—」考古学研究会例会委員会編『前期古墳の変化と画期・古墳時代集落研究の再検討』考古学研究会例会シンポジウム記録八、考古学研究会、pp. 31-46
　　　　2013「突起付重圏文鏡」髙田他編『古郡家1号墳・六部山3号墳の研究—出土品再整理報告書—』鳥取県、pp. 37-41

高橋克壽　1998「墓域の護り」金子裕之編『日本の信仰遺跡』奈良国立文化財研究所学報第57冊、奈良国立文化財研究所、pp. 137-156

高橋健自　1901「崇神陵発見の金属板」『考古界』第1篇第6号、考古学会、pp. 19-22
　　　　1907「鏡の沿革（一）」『時事新報 文藝週報』第76号、時事新報社、p. 1

1908a「本邦鏡鑑沿革考」『考古界』第 7 篇第 1 号、考古学会、pp. 7-19

1908b「本邦鏡鑑沿革考（第二回）」『考古界』第 7 篇第 3 号、考古学会、pp. 111-117

1908c「本邦鏡鑑沿革考（第三回）」『考古界』第 7 篇第 5 号、考古学会、pp. 208-215

1908d「本邦鏡鑑沿革考（第四回）」『考古界』第 7 篇第 9 号、考古学会、pp. 392-400

1908e「本邦鏡鑑沿革考（第五回）」『考古界』第 7 篇第 12 号、考古学会、pp. 506-510

1911「鏡」『鏡と剣と玉』冨山房、pp. 1-123

1912「日本鏡と支那鏡との関係」香取秀眞編『日本古鏡図録』東京鋳金会、pp. 11-12

1913「鏡」『考古学』聚精堂、pp. 85-90

1914a「喜田博士の「上古の陵墓」を読む」『考古学雑誌』第 4 巻第 7 号、考古学会、pp. 29-36

1914b「在銘最古日本鏡」『考古学雑誌』第 5 巻第 2 号、考古学会、pp. 50-66

1915「狩猟文鏡」『考古学雑誌』第 5 巻第 5 号、考古学会、pp. 46-51

1919a「王莽時代の鏡に就いて」『考古学雑誌』第 9 巻第 12 号、考古学会、pp. 1-12

1919b『古墳発見石製模造器具の研究』帝室博物館学報第一冊、帝室博物館

1919c「南葛城郡名柄発掘の銅鐸及銅鏡」『奈良県史蹟勝地調査会報告書』第 6 回、奈良県、pp. 25-32

1922a「考古学上より観たる耶馬台国」『考古学雑誌』第 12 巻第 5 号、考古学会、pp. 20-43

1922b「銅鉾銅剣考（九）」『考古学雑誌』第 13 巻第 4 号、考古学会、pp. 1-27

1924『古墳と上代文化』雄山閣

1927『日本原始絵画』大岡山書店

高橋健自・西崎辰之助　1920「三輪町大字馬場字山の神古墳」『奈良縣史蹟勝地調査会報告書』第 7 回、奈良県、pp. 34-52

高橋省己　1954「金鈴塚出土歯牙について」滝口宏編『上総金鈴塚』早稲田大学考古学研究室報告第一冊、早稲田大学考古学研究室、pp. 150-159

高橋　徹　1979「廃棄された鏡片—豊後における弥生時代の終焉—」『古文化談叢』第 6 集、九州古文化研究会、pp. 63-88

1986「鏡」金関恕他編『弥生文化の研究』第 6 巻 道具と技術Ⅱ、雄山閣、pp. 122-131

1992「鏡」『菅生台地と周辺の遺跡』XV、竹田市教育委員会、pp. 327-351

1993「古式大型仿製鏡について—奈良県桜井市茶臼山古墳出土内行花文鏡の再検討を兼ねて—」『橿原考古学研究所紀要 考古学論攷』第 17 冊、奈良県立橿原考古学研究所、pp. 53-61

高橋宣勝　1988「昔話「大工と鬼六」翻案説への道」『文學』第 56 巻第 2 号、岩波書店、pp. 27-40

高橋美久二　1987「京都市左京区幡枝古墳とその出土品」『京都考古』第 44 号、京都考古刊行会、pp. 3-6

高橋美久二編　1987『鏡と古墳—景初四年鏡と芝ヶ原古墳—』京都府立山城郷土資料館他

高橋良典　1996「"神代文字"が明かす日本古代史の秘密」佐治芳彦他著『日本超古代文明のすべて—「大いなるヤマトの縄文の遺産」を探究する!—』日本文芸社、pp. 183-212

高松雅文　2011「三重県の鏡（1）—同型鏡群—」『研究紀要』第 20 号、三重県埋蔵文化財センター、pp. 51-64

竹内直文　1998「静岡県磐田市明ヶ島 5 号墳」『情報 祭祀考古』第 11 号、祭祀考古学会、pp. 10-12

竹内直文編　2003『東部土地区画整理事業地内埋蔵文化財発掘調査報告書』磐田市教育委員会

武末純一　1990「墓の青銅器、マツリの青銅器—弥生時代北九州例の形式化—」『古文化談叢』第 22 集、九州古文化研究会、pp. 47-55

竹中正巳　2011「天辰寺前古墳出土人骨」前幸男編『天辰寺前古墳』薩摩川内市埋蔵文化財発掘調査報告書 9、鹿児島県薩摩川内市教育委員会、pp. 39-41

武光　誠　2000「出雲神宝と物部氏」武光他編『原始・古代の日本海文化』同成社、pp. 211-228

田崎博之　1984「北部九州における弥生時代終末前後の鏡について」『史淵』第 121 輯、九州大学文学部、pp. 181-218

田尻義了　2003「弥生時代小形仿製鏡の製作地—初期小形仿製鏡の検討」『青丘学術論集』第 22 集、財団法人

韓国文化研究振興財団、pp. 77-95

2004「弥生時代小形仿製鏡の生産体制論」『日本考古学』第 18 号、日本考古学協会、pp. 53-72

2005「近畿における弥生時代小形仿製鏡の生産」『東アジアと日本―交流と変容』第 2 号、九州大学 21 世紀 COE プログラム（人文科学）、pp. 29-45

2007「弥生時代小形仿製鏡の保有者と使用方法」『古代文化』第 59 巻第 1 号、財団法人古代学協会、pp. 1-18

2010「弥生時代小形仿製鏡の集成」『季刊邪馬台国』第 106 号、梓書院、pp. 95-116

2012『弥生時代の青銅器生産体制』財団法人九州大学出版会

2013「筑後・嘉穂地域の青銅鏡の動向」九州考古学会事務局他編『平成 25 年度九州考古学会大会 弥生時代後期青銅鏡を巡る諸問題』九州考古学会、pp. 16-24

2014「関東地方における弥生時代小形仿製鏡について」髙倉洋彰編『東アジア古文化論攷』2、中国書店、pp. 154-166

2016「鹿児島県下における小形仿製鏡について 不動寺遺跡出土鏡の位置づけ」長野陽介他編『不動寺遺跡』鹿児島市埋蔵文化財発掘調査報告書第 76 集、鹿児島市教育委員会、pp. 470-471

立木 修 1994「後漢の鏡と 3 世紀の鏡―楽浪出土鏡の評価と踏返し鏡―」岩崎卓也先生退官記念論文集編集委員会編『日本と世界の考古学』雄山閣、pp. 311-324

1995「方格規矩鏡の割付」奈良国立文化財研究所創立 40 周年記念論文集刊行会編『文化財論叢』Ⅱ 奈良国立文化財研究所創立 40 周年記念論文集、同朋舎出版、pp. 757-771

辰巳和弘 1990『高殿の古代学―豪族の居館と王権祭儀』白水社

1996『「黄泉の国」の考古学』講談社現代新書 1330、講談社

1998「古墳時代首長祭儀の空間について」『古代学研究』第 141 号、古代学研究会、pp. 36-46

2000「首長居館の 2 極構造と家屋図の本質」日本建築学会編『家屋文鏡再読』日本建築学会建築歴史・意匠委員会、pp. 17-24

2003「古墳文化と神仙思想―勾玉文鏡の造形思惟―」『東アジアの古代文化』116 号、大和書房、pp. 48-58

2004「勾玉、そのシンボリズム」伊達宗泰監修『地域と古文化』同刊行会、pp. 370-379

田中勝蔵 1954「剣・鏡・玉・矢の呪的性格」『史林』第 37 巻第 4 号、史学研究会、pp. 51-74

田中 悟 2001「北部九州の後期古墳概観」東海考古学フォーラム三河大会実行委員会他編『第 8 回東海考古学フォーラム三河大会 東海の後期古墳を考える』pp. 29-73

田中晋作 1993「百舌鳥・古市古墳群成立の要件―キャスティングボートを握った古墳被葬者たち―」関西大学文学部考古学研究室編『考古学論叢』関西大学、pp. 187-213

1994「「百舌鳥・古市古墳群成立の要件」―キャスティングボートを握った古墳被葬者たち―」埋蔵文化財研究会編『倭人と鏡 その2―3・4 世紀の鏡と墳墓―』第 36 回埋蔵文化財研究集会、埋蔵文化財研究会、pp. 319-328

2001『百舌鳥・古市古墳群の研究』学生社

田中 巽 1959「鈴鏡の使用者に就いて」『神戸商船大学紀要』第一類（文科論集）第七号、神戸商船大学、pp. 45-69

田中俊明 2007「鏡をめぐる古代の日韓」李陽洙他編『韓半島の青銅器製作技術と東アジアの古鏡』國立慶州博物館他、pp. 297-318

田中 琢 1977『鐸 剣 鏡』日本原始美術大系 4、講談社

1978「型式学の問題」大塚初重他編『日本考古学を学ぶ』(1) 日本考古学の基礎、有斐閣選書、有斐閣、pp. 12-23

1979『古鏡』日本の原始美術 8、講談社

1981『古鏡』日本の美術第 178 号、至文堂

1983a「方格規矩四神鏡系倭鏡分類試論」奈良国立文化財研究所創立 30 周年記念論文集刊行会編『文化財論叢』奈良国立文化財研究所創立 30 周年記念論文集、同朋舎出版、pp. 83-104

　　　　　1983b「一国一鏡」『歴史公論』第 9 巻第 3 号、雄山閣、pp. 34–36
　　　　　1985「日本列島出土の銅鏡」『三角縁神獣鏡の謎 日中合同古代史シンポジウム』角川書店、pp. 40
　　　　　　–64
　　　　　1986「鏡と古墳」『第 4 回企画展 古代甲斐国と畿内王権』山梨県立考古博物館、pp. 43–45
　　　　　1988「梅原末治論」金関恕他編『弥生文化の研究』第 10 巻 研究の歩み、雄山閣、pp. 83–93
　　　　　1989「卑弥呼の鏡と景初四年鏡」財団法人京都府埋蔵文化財調査研究センター編『謎の鏡―卑弥呼
　　　　　　の鏡と景初四年銘鏡―』同朋舎出版、pp. 59–99
　　　　　1991『倭人争乱』日本の歴史 2、集英社
　　　　　1993「倭の奴国から女王国へ」『岩波講座 日本通史』第 2 巻 古代 1、岩波書店、pp. 143–174
　　　　　2015『考古学で現代を見る』岩波現代文庫 S283、岩波書店
田中元浩　2013「古墳出現期における墳墓土器祭祀の成立と波及」立命館大学考古学論集刊行会編『立命館大
　　　　　　学考古学論集』Ⅵ、立命館大学考古学論集刊行会、pp. 203–217
田中良之　1993「古墳の被葬者とその変化」『九州文化史研究所紀要』第 38 号、九州大学文学部九州文化史研
　　　　　　究施設、pp. 61–124
　　　　　1995『古墳時代親族構造の研究―人骨が語る古代社会―』ポテンティア叢書 39、柏書房
　　　　　1998a「出自表示論批判」『日本考古学』第 5 号、日本考古学協会、pp. 1–18
　　　　　1998b「山の神第 2・3・4 号古墳被葬者の親族関係」小野悟朗編『山の神遺跡群・池ノ迫遺跡群』
　　　　　　広島県埋蔵文化財調査センター報告書第 165 集、財団法人広島県埋蔵文化財調査センター、
　　　　　　pp. 107–110
　　　　　2005「人骨」山中英彦他編『稲童古墳群』行橋市文化財調査報告書第 32 集、行橋市教育委員会、
　　　　　　pp. 228–237
　　　　　2006「国家形成下の倭人たち―アイデンティティの変容―」田中他編『東アジア古代国家論―プロ
　　　　　　セス・モデル・アイデンティティ―』すいれん舎、pp. 15–30
　　　　　2008『骨が語る古代の家族 親族と社会』歴史文化ライブラリー 252、吉川弘文館
田中良之他　2013「志津里遺跡 B 地区石棺出土人骨について」宮内克己他編『志津里遺跡 B 地区 1～3 次』大
　　　　　　分県教育庁埋蔵文化財センター調査報告書第 69 集、大分県教育庁埋蔵文化財センター、pp.
　　　　　　27–52
田中良之・舟橋京子　2011「免ヶ平古墳 2 号主体部人骨について」大分県立歴史博物館編『川部・高森古墳調
　　　　　　査報告書』大分県立歴史博物館、pp. 83–88
谷口一夫　1996「青銅鏡からみた甲斐国前期古墳の様相」『山梨県史研究』第 4 号、山梨県、pp. 28–56
谷畑美帆　2016「古墳に埋葬された被葬者に関する複合的研究の提示―人骨資料として出土する被葬者の考察
　　　　　　を中心として―」『駿台史学』第 157 号、駿台史学会、pp. 69–86
谷畑美帆他　2015「人骨」佐々木憲一他編『信濃大室積石塚古墳群の研究』Ⅳ―大室谷支群ムジナゴーロ単位
　　　　　　支群の調査―報告編、明治大学文学部考古学研究室、p. 154
玉城一枝　1994「手玉考」橿原考古学研究所編『橿原考古学研究所論集』第 12、吉川弘文館、pp. 93–124
　　　　　2008「藤ノ木古墳の被葬者と装身具の性差をめぐって」大阪府立近つ飛鳥博物館編『考古学からみ
　　　　　　た古代の女性 巫女王卑弥呼の残影』大阪府立近つ飛鳥博物館図録 46、大阪府立近つ飛鳥博
　　　　　　物館、pp. 70–73
玉利　勲　1992『墓盗人と贋物づくり―日本考古学外史―』平凡社選書 142、平凡社
田村利久　1985「木村兼葭堂の古代学」森浩一編『考古学の先覚者たち』中央公論社、pp. 175–187
田村隆太郎　2000「鏡副葬古墳の墳丘形態―東近畿・東海の鏡副葬前期古墳をみて―」『静岡県考古学研究』
　　　　　　32、静岡県考古学会、pp. 81–94
崔　夢龍　1976「潭陽斉月里百済古墳과ユ出土遺物」『文化財』第 10 号、pp. 131–140
陳斌恵・杜若明編　2014『漢鏡文化研究』上冊 研究部分、北京大学出版社
趙　栄済　2004「西部慶南地域加耶古墳発見の倭系文物について」小田富士雄先生退職記念事業会編『福岡大
　　　　　　学考古学論集』小田富士雄先生退職記念事業会、pp. 303–315

近重真澄　1918「東洋古銅器の化学的研究」『史林』第3巻第2号、史学研究会、pp. 1-35

千歳竜彦　1997「鏡が映し出す"中央"と"地方"東アジアの交流をめぐって」吉成勇編『別冊歴史読本最前線シリーズ〈日本古代史［王権］の最前線〉』新人物往来社、pp. 198-203

千葉博之　1986「副葬鏡組成による前期古墳の編年試論」『駿台史学』第68号、駿台史学会、pp. 101-135

「中国古鏡の研究」班　2009「前漢鏡銘集釈」『東方学報』第84冊、京都大学人文科学研究所、pp. 139-209

　　　　2011a「後漢鏡銘集釈」『東方学報』第86冊、京都大学人文科学研究所、pp. 201-289

　　　　2011b「三国西晋鏡銘集釈」『東方学報』第86冊、京都大学人文科学研究所、pp. 291-333

　　　　2012「漢三国西晋紀年鏡銘集釈」『東方学報』第87冊、京都大学人文科学研究所、pp. 153-265

　　　　2013「漢三国鏡銘集釈補遺」『東方学報』第88冊、京都大学人文科学研究所、pp. 245-271

塚口義信　2006「天之日矛伝説と"河内新政権"の成立」『日本書紀研究』第27冊、塙書房、pp. 66-105

塚田良道　2007『人物埴輪の文化史的研究』雄山閣

辻田淳一郎　1999「古墳時代前期倣製鏡の多様化とその志向性―製作工程の視点から―」『九州考古学』第74号、九州考古学会、pp. 1-17

　　　　2000「竈龍鏡の生成・変容過程に関する再検討」『考古学研究』第46巻第4号、考古学研究会、pp. 55-75

　　　　2001「古墳時代開始期における中国鏡の流通形態とその画期」『古文化談叢』第46集、九州古文化研究会、pp. 53-91

　　　　2005a「弥生時代～古墳時代の銅鏡―山口県内出土鏡を対象として―」山口県立萩美術館他編『鏡の中の宇宙』シリーズ山東文物⑥、山口県立萩美術館他、pp. 152-155

　　　　2005b「破鏡と完形鏡」國學院大學21世紀COEプログラム第1グループ考古学班編『東アジアにおける鏡祭祀の源流とその展開』國學院大學21世紀COEプログラム　考古学・神道シンポジウム予稿集、國學院大學21世紀COEプログラム第1グループ考古学班、pp. 1-11

　　　　2006「威信財システムの成立・変容とアイデンティティ」田中良之他編『東アジア古代国家論―プロセス・モデル・アイデンティティ―』すいれん舎、pp. 31-64

　　　　2007a『鏡と初期ヤマト政権』すいれん舎

　　　　2007b「古墳時代前期における鏡の副葬と伝世の論理―北部九州地域を対象として―」『史淵』第144輯、九州大学大学院人文科学研究院、pp. 1-33

　　　　2007c「技術移転とアイデンティティ―3・4世紀の倭の鏡を対象として―」『東アジアと日本：交流と変容』九州大学21世紀COEプログラム「東アジアと日本：交流と変容」統括ワークショップ報告書、pp. 53-61

　　　　2012a「鏡」土生田純之他編『古墳時代研究の現状と課題』下　社会・政治構造及び生産流通研究、同成社、pp. 151-174

　　　　2012b「倭製鏡と中国鏡―モデルとその選択―」『考古学ジャーナル』No. 635、ニュー・サイエンス社、pp. 15-19

　　　　2012c「九州出土の中国鏡と対外交渉―同型鏡群を中心に―」第15回九州前方後円墳研究会北九州大会実行委員会編『第15回九州前方後円墳研究会北九州大会資料集　沖ノ島祭祀と九州諸勢力の対外交渉』第15回九州前方後円墳研究会北九州大会実行委員会、pp. 75-88

　　　　2012d「雄略朝から磐井の乱に至る諸変動」髙倉洋彰他編『一般社団法人日本考古学協会2012年度福岡大会研究発表資料集』日本考古学協会2012年度福岡大会実行委員会、pp. 489-498

　　　　2013「古墳時代中期における同型鏡群の系譜と製作技術」『史淵』第150輯、九州大学大学院人文科学研究院、pp. 55-93

　　　　2014a「鏡からみた古墳時代の地域間関係とその変遷―九州出土資料を中心として―」第17回九州前方後円墳研究会大分大会実行委員会編『古墳時代の地域間交流2』第17回九州前方後円墳研究会大分大会実行委員会、pp. 1-26

　　　　2014b「建武五年銘画文帯神獣鏡の文様と製作技術」髙倉洋彰編『東アジア古文化論攷』1、中国書店、pp. 177-196

2015「古墳時代中・後期における同型鏡群の授受とその意義―山の神古墳出土鏡群の位置づけをめぐって―」辻田編『山の神古墳の研究』日本学術振興会科学研究費（B）成果報告書、九州大学大学院人文科学研究院考古学研究室、pp. 248-262

2016a「同型鏡群と倭製鏡―古墳時代中期後半における大型倭製鏡の製作とその意義―」田中良之先生追悼論文集編集委員会編『考古学は科学か』下、中国書店、pp. 625-645

2016b「古墳時代開始期における銅鏡研究の動向―10年間の回顧と展望―」『九州考古学』第91号、九州考古学会、pp. 107-118

2018『同型鏡と倭の五王の時代』同成社

辻田淳一郎・東憲章　2009「伝 持田古墳群出土の鼉龍鏡について」『宮崎県立西都原考古博物館 研究紀要』第5号、宮崎県立西都原考古博物館、pp. 1-9

津田左右吉　1919『古事記及日本書紀の新研究』洛陽社

1948『日本古典の研究』上、岩波書店

1950『日本古典の研究』下、岩波書店

津田敬武　1916「古墳発掘の所謂神獣鏡を論じて仏教渡来以前の宗教思想に及ぶ」『考古学雑誌』第6巻第5号、考古学会、pp. 33-40

筒井正明　1999「土製模造品鏡について」『研究紀要』第8号、三重県埋蔵文化財センター、pp. 109-112

都出比呂志　1970「農業共同体と首長権」歴史学研究会他編『講座 日本史』第1巻 古代国家、財団法人東京大学出版会、pp. 29-66

1975「島本のあけぼの」島本町史編さん委員会編『島本町史』本文編、島本町役場、pp. 47-104

1979「前方後円墳出現期の社会」『考古学研究』第26巻第3号、考古学研究会、pp. 17-34

1988「古墳時代首長系譜の継続と断絶」『待兼山論叢』史学篇第22号、大阪大学文学部、pp. 1-16

1989a「前期古墳と鏡」財団法人京都府埋蔵文化財調査研究センター編『謎の鏡―卑弥呼の鏡と景初四年銘鏡―』同朋舎出版、pp. 23-57

1989b『日本農耕社会の成立過程』岩波書店

1989c「古墳が造られた時代」都出編『古代史復元』6 古墳時代の王と民衆、講談社、pp. 25-52

1991「日本古代の国家形成論序説―前方後円墳体制の提唱―」『日本史研究』第343号、日本史研究会、pp. 5-39

1999「首長系譜変動パターン論序説」都出編『古墳時代首長系譜変動パターンの比較研究』平成8年度～平成10年度科学研究費補助金（基盤B・一般2）研究成果報告書、大阪大学文学部、pp. 5-16

常松幹雄　2012「元岡・桑原遺跡群」西谷正編『伊都国の研究』学生社、pp. 294-308

2013「福岡・糸島地方における銅鏡の動向」九州考古学会事務局他編『平成25年度九州考古学会大会 弥生時代後期青銅鏡を巡る諸問題』九州考古学会、pp. 101-107

椿　　實　1958「論文評 宮田俊彦氏「癸未年・男弟王・意柴沙加宮」―とくに「念長壽」について―」『日本上古史研究』第2巻第11号、日本上古史研究会、pp. 223-224

寺沢　薫　1992「巫の鏡―「十」字小形仿製鏡の新例とその世界―」森浩一編『同志社大学考古学シリーズ』V 考古学と生活文化、同志社大学考古学シリーズ刊行会、pp. 411-433

2000『日本の歴史』第02巻 王権誕生、講談社

2003「首長霊観念の創出と前方後円墳祭祀の本質―日本的王権の原像―」角田文衞他編『古代王権の誕生』I 東アジア編、角川書店、pp. 29-69

2005a「古墳時代開始期の暦年代と伝世鏡論（上）」『古代学研究』第169号、古代学研究会、pp. 1-20

2005b「古墳時代開始期の暦年代と伝世鏡論（下）」『古代学研究』第170号、古代学研究会、pp. 21-42

2010『青銅器のマツリと政治社会』吉川弘文館

2014『弥生時代の年代と交流』吉川弘文館

寺沢知子　1999「首長霊にかかわる内行花文鏡の特質」森浩一他編『同志社大学考古学シリーズ』Ⅶ 考古学に学ぶ―遺構と遺物―、同志社大学考古学シリーズ刊行会、pp. 107-121

　　　　　2000「権力と女性」都出比呂志他編『古代史の論点』②女と男、家と村、小学館、pp. 235-276

　　　　　2007「女と男の考古学」佐原眞他監修『ドイツ展記念概説 日本の考古学』下巻、学生社、pp. 720-727

寺田和夫　1975『日本の人類学』思索社

寺前直人　2009「古墳時代前期における古墳編年の変遷」考古学研究会関西例会編『前期古墳の変化と画期』関西例会 160 回シンポジウム発表要旨集、考古学研究会関西例会、pp. 153-167

土肥直美他　1989「老司古墳出土人骨について」山口讓治他編『老司古墳』福岡市埋蔵文化財調査報告書第 209 集、福岡市教育委員会、pp. 151-162

東京中央オークション編　2012『吉金炳耀 林原美術館旧蔵銅鏡』

遠山荒次　1926「岡山県の古墳（其四）」『考古学雑誌』第 16 巻第 3 号、考古学会、pp. 52-60

徳田誠志　1996「美濃における前期古墳研究の現状と課題」『美濃の考古学』創刊号、「美濃の考古学」刊行会、pp. 1-17

　　　　　1997「東国における三角縁神獣鏡出土古墳の検討」網干善教先生古稀記念論文集刊行会編『考古学論集』上巻、網干善教先生古稀記念会、pp. 433-455

　　　　　2003「古墳時代前期社会における倣製三角縁神獣鏡の存在意義」関西大学考古学研究室開設五拾周年記念考古学論叢刊行会編『考古学論叢』上巻、同朋舎出版、pp. 285-307

　　　　　2004「倭鏡の誕生」八賀晋先生古稀記念論文集刊行会編『「かにかくに」八賀晋先生古稀記念論文集』三星出版、pp. 53-63

　　　　　2005a「新山古墳（大塚陵墓参考地）出土鏡群の検討」水野敏典他編『三次元デジタル・アーカイブを活用した古鏡の総合的研究 第 2 分冊』橿原考古学研究所成果第 8 冊、奈良県立橿原考古学研究所、pp. 437-448

　　　　　2005b「奈良県北葛城郡広陵町大字大塚字新山大塚陵墓参考地（新山古墳）」宮内庁書陵部陵墓課編『宮内庁書陵部所蔵 古鏡集成』学生社、pp. 117-120

　　　　　2005c「奈良県奈良市佐紀町字衛門戸 丸塚古墳」宮内庁書陵部陵墓課編『宮内庁書陵部所蔵 古鏡集成』学生社、pp. 121-122

　　　　　2007「描かれた三角縁神獣鏡―『千とせのためし』所収 狩谷棭斎旧所蔵品について―」『関西大学博物館紀要』第 13 号、関西大学博物館、pp. 21-33

　　　　　2010「三次元計測データを用いた鏡の観察手法―新山古墳・新沢 500 号墳・沖ノ島 17 号遺跡出土の方格規矩鏡について―」水野敏典編『考古資料における三次元デジタルアーカイブの活用と展開』平成 18 年度～平成 21 年度科学研究費補助金基盤研究（A）研究成果報告書、奈良県立橿原考古学研究所、pp. 44-52

　　　　　2011「米国ボストン美術館所蔵 所謂「伝仁徳天皇陵出土品」の調査」『書陵部紀要』第 62 号〔陵墓篇〕、陵墓課、pp. 1-17

　　　　　2013「三角縁神獣鏡のにせもの―その存在の報告と検証―」『文化財と技術』第 5 号、工芸文化研究所、pp. 185-203

栃原義人　1962「長目塚古墳前方部竪穴式石室の人歯に就いて」（坂本経堯「阿蘇長目塚 附.小嵐山古墳」）『熊本県文化財調査報告』第三集、熊本県、pp. 33-38

土橋嘉兵衛他（札元）1927『関保之助氏所蔵品入札目録』京都美術倶楽部

土橋嘉兵衛他（札元）1934『某家所蔵品入札目録』大阪美術倶楽部

富岡謙蔵　1916「日本出土の支那古鏡」『史林』第 1 巻第 4 号、史学研究会、pp. 109-128

　　　　　1917「漢代より六朝に至る年号銘ある古鏡に就いて（第二回）」『考古学雑誌』第 7 巻第 6 号、考古学会、pp. 13-24

　　　　　1918a「王莽時代の鏡鑑と後漢の年号銘ある古鏡に就て」『考古学雑誌』第 8 巻第 5 号、考古学会、pp. 1-15

1918b「古鏡の話」『新京都』第8巻第7号・第9号（『古鏡の研究』富岡益太郎、1920年、pp. 256
　　　　-276に収録）

1920a『古鏡の研究』富岡益太郎

1920b「再び日本出土の支那古鏡に就いて」『古鏡の研究』富岡益太郎、pp. 293-342

1920c「日本仿製古鏡に就いて」『古鏡の研究』富岡益太郎、pp. 343-416

1920d「鈴鏡に就いて」『民族と歴史』第3巻第3号、日本学術普及会、pp. 12-19

冨田和気夫　1989「11号墳出土四獣鏡をめぐる諸問題」甘粕健他編『新潟県三条市 保内三王山古墳群 測
　　　　量・発掘調査報告書』三条市文化財調査報告第4号、三条市教育委員会、pp. 146-153

豊岡卓之　2003「特殊器台と円筒埴輪」『考古学論攷』第26冊、奈良県立橿原考古学研究所、pp. 33-96

豊島直博　2008『古墳時代前期の鉄製刀剣』2005（平成17）年度〜2007（平成19）年度科学研究費補助金
　　　　（若手B）研究成果報告書、奈良文化財研究所

鳥居龍蔵　1925「鏡の神秘的威力」『人類学上より見たる我が上代の文化』(1)、叢文閣、pp. 156-178

1932「古墳のたゝり」『ドルメン』第1巻第4号、岡書院、p. 4

鳥越憲三郎・若林弘子　1987『家屋文鏡が語る古代日本』新人物往来社

内藤　晃　1959「古墳文化の成立―いわゆる伝世鏡の理論を中心として―」『歴史学研究』No. 236、青木書
　　　　店、pp. 1-12

内藤虎次郎　1920「序文」富岡謙蔵著『古鏡の研究』富岡益太郎、pp. 1-4

内藤芳篤　1968「猫塚古墳の人骨」『大分県文化財調査報告』第15輯、大分県教育委員会

直木孝次郎　1968「建国神話の虚構性―とくに天孫降臨説話における神宝をめぐって―」『歴史学研究』
　　　　No. 335、青木書店、pp. 15-24

1971『神話と歴史』吉川弘文館

中井　歩　2011「紫金山古墳出土勾玉文鏡のモデルと生成過程」九州考古学会編『平成23年度九州考古学会
　　　　総会研究発表資料集』九州考古学会、pp. 102-103

2014「重圏文鏡の生産と流通」九州考古学会編『平成26年度九州考古学会総会研究発表資料集』
　　　　九州考古学会、pp. 62-68

2018「紫金山古墳出土勾玉文鏡のモデルと生成過程」『古文化談叢』第80集、九州古文化研究会、
　　　　pp. 113-134

中井一夫　2003「踏み返し鏡の確認―群馬県北山茶臼山西古墳出土方格規矩鏡の観察から―」石野博信編『初
　　　　期古墳と大和の考古学』学生社、pp. 441-448

2004「土製外枠の思想と実態」清水康二編『鏡笵研究』I、奈良県立橿原考古学研究所他、pp.
　　　　138-140

中井一夫他　2002「伝世鏡の再検討II―福岡県宮原遺跡および奈良県池殿奥4号墳出土倣製内行花文鏡につい
　　　　て―」『橿原考古学研究所紀要 考古學論攷』第25冊、奈良県立橿原考古学研究所、pp. 31-45

永井昌文　1970「出土頭骨片について」下條信行編『丸隈山古墳』福岡市埋蔵文化財調査報告書第10集、福
　　　　岡市教育委員会、p. 11

1983「立山山人骨」佐田茂他編『立山山古墳群』八女市文化財調査報告書第10集、八女市教育委
　　　　員会、pp. 146-147

中尾篤志編　2003『原の辻遺跡』原の辻遺跡調査事務所調査報告書第26集、長崎県教育委員会

中口　裕　1974「鈴鏡の鋳造技術と問題点」『古代文化』第26巻第2号、財団法人古代学協会、pp. 30-36

中澤澄男・八木奘三郎　1906「鏡鑑」『日本考古学』博文館、pp. 333-336

中島寿雄　1960「人骨」近藤義郎編『月の輪古墳』月の輪古墳刊行会、pp. 188-191

中島信義　1895『鑑定秘訣 美術類集』巻之下、青木嵩山堂

中島庸介・山澄商店・山本洪翠堂（札元）1936『もくろく 甲州汲古庵村松家収蔵品入札』

中園　聡　2004『九州弥生文化の特質』財団法人九州大学出版会

2009「九州」設楽博己他編『弥生時代の考古学』第6巻 弥生社会のハードウェア、同成社、pp.
　　　　127-140

中田興吉　2006「隅田八幡宮所蔵の癸未年銘鏡について」『大阪学院大学　人文自然論叢』第 53 号、大阪学院大学人文自然学会、pp. 91-112

　　　　　2008「隅田八幡宮画像鏡の「大王」」『「大王」の誕生』学生社、pp. 133-167

　　　　　2014『倭政権の構造【王権篇】』岩田書院

中司照世・川西宏幸　1980「滋賀県北谷 11 号墳の研究」『考古学雑誌』第 66 巻第 2 号、日本考古学会、pp. 1-31

長友朋子　2014「芝ヶ原古墳出土土器の位置づけ」小泉裕司編『芝ヶ原古墳発掘調査・整備報告書』城陽市埋蔵文化財調査報告書第 68 集、城陽市教育委員会、pp. 63-66

中西　進　2003「『万葉集』と神仙信仰―鏡をめぐって―」『東アジアの古代文化』116 号、大和書房、pp. 17-25

中野　徹　1996「中国青銅鏡に観る製作の痕跡―製作と形式―」『和泉市久保惣記念美術館　久保惣記念文化財団東洋美術研究所　紀要』6、和泉市久保惣記念美術館他、pp. 2-80

永野　仁　2014「龍絵画土器小考」『弥生文化博物館研究報告』第 7 集、大阪府立弥生文化博物館、pp. 27-46

永野仁・岡本智子編　2009『倭人がみた龍―龍の絵とかたち―』大阪府立弥生文化博物館図録 40、大阪府立弥生文化博物館

中橋孝博　2001a「福岡県志免町七夕池古墳出土の人骨について」橋口達也他編『国指定史跡　七夕池古墳』志免町文化財調査報告書第 12 集、志免町教育委員会、pp. 47-52

　　　　　2001b「福岡市羽根戸南古墳群 G-2 号墳出土人骨」米倉秀紀編『羽根戸南古墳群』本文編、福岡市埋蔵文化財調査報告書第 661 集、福岡市教育委員会、pp. 255-256

　　　　　2006「福岡県頴田町島奥遺跡出土人骨」新原正典他編『猪ノ尻・高木遺跡　島奥遺跡』頴田町文化財調査報告書第 10 集、頴田町教育委員会、pp. 9-10

長嶺正秀　1998「豊前地域出土の弥生小形仿製鏡について」内本重一他編『稲光遺跡Ⅰ・Ⅱ区　発掘調査概報』苅田町文化財調査報告書第 30 集、苅田町教育委員会、pp. 63-70

長嶺正秀編　1996『豊前石塚山古墳』苅田町他

中村潤子　1990「5 号銅鏡に鋳出された擬銘帯」森浩一他編『園部垣内古墳』同志社大学文学部考古学調査報告第 6 冊、同志社大学文学部文化学科内考古学研究室、pp. 105-108

　　　　　1992「鏡作り工人の文字認識の一断面―擬銘帯と擬文字―」森浩一編『同志社大学考古学シリーズ』Ⅴ　考古学と生活文化、同志社大学考古学シリーズ刊行会、pp. 435-453

中村真一郎　2000『木村蒹葭堂のサロン』新潮社

中村正雄　1954「黄金塚古墳発見歯牙について」末永雅雄他編『和泉黄金塚古墳』綜藝舍、pp. 137-146

中山清隆・林原利明　1994「小型仿製鏡の基礎的集成（1）―珠文鏡の集成―」『地域相研究』第 21 号、地域相研究会、pp. 95-125

中山平次郎　1919「鼉龍鏡に就て」『考古学雑誌』第 9 巻第 9 号、考古学会、pp. 28-36

　　　　　1928「魏志倭人伝の『生口』」『考古学雑誌』第 18 巻第 9 号、考古学会、pp. 1-18

　　　　　1929「壱岐国加良香美山貝塚発掘の鏡に就て（金石併用時代に於る鏡鑑の仿製)」『考古学雑誌』第 19 巻第 4 号、考古学会、pp. 1-9

永山修一　2008a「江戸時代に古墳はどのように記録されたか　日向国諸県郡本庄猪塚にかかわった人々」隼人文化研究会レジュメ

　　　　　2008b「江戸時代に古墳はどのように記録されたか　日向国諸県郡本庄猪塚にかかわった人々」『宮崎県立西都原考古博物館　研究紀要』第 4 号、宮崎県立西都原考古博物館、pp. 17-54

　　　　　2018『本庄古墳群猪塚とその出土品の行方』みやざき文庫 127、鉱脈社

名本二六雄　1982a「捩文帯を持つ鏡―相の谷古墳出土鏡の占める位置―」『遺跡』第 22 号、遺跡発行会、pp. 6-19

　　　　　1982b「竜文から直弧文へ」『考古学研究』第 29 巻第 1 号、考古学研究会、pp. 40-50

　　　　　1983「続　捩文帯を持つ鏡―その年代と特色について―」『遺跡』第 24 号、遺跡発行会、pp. 22-36

　　　　　1987「愛媛県古鏡の研究史と現在の課題（中の 2)」『遺跡』第 30 号、遺跡刊行会、pp. 121-127

2002「宇和・長作森古墳の小型倣製内行花文鏡の意義」犬飼徹夫先生古稀記念論文集刊行会編『四国とその周辺の考古学』犬飼徹夫先生古稀記念論文集刊行会、pp. 499–511

奈良県立橿原考古学研究所編　2005『陵墓等関係文書目録』末永雅雄先生旧蔵資料集第1集、社団法人橿原考古学協会

奈良貴史　2016「まとめ」水澤幸一編『城の山古墳（4次〜9次調査）』胎内市埋蔵文化財報告書第26集、胎内市教育委員会、pp. 149–150

難波洋三　1991「同笵銅鐸2例」『辰馬考古資料館 考古学研究紀要』2、財団法人辰馬考古資料館、pp. 57–109

2007『難波分類に基づく銅鐸出土地名表の作成』平成15年度〜18年度科学研究費補助金基盤研究（C）研究成果報告書

2011「銅鐸群の変遷」木野戸直他編『豊饒をもたらす響き 銅鐸』大阪府立弥生文化博物館図録45、大阪府立弥生文化博物館、pp. 80–109

新納　泉　1991「権現山鏡群の型式学的位置」近藤義郎編『権現山51号墳』同刊行会、pp. 176–185

西岡巧次　1986「鈴鏡論序説」中山修一先生古稀記念事業会編『長岡京古文化論叢』同朋舎出版、pp. 601–626

2005「鈴鏡の諸問題―画文帯仏獣鏡系鈴鏡―」龍谷大学考古学論集刊行会編『龍谷大学考古学論集』I、pp. 97–123

西川寿勝　1996『卑弥呼をうつした鏡』北九州中国書店

1999「古墳時代鋳造工人の動向―倣製鏡を中心として―」鋳造遺跡研究会編『鋳造遺跡研究資料1999』鋳造遺跡研究会、pp. 44–56

2000『三角縁神獣鏡と卑弥呼の鏡』学生社

2016「高尾山古墳出土鏡のその意義」『古代史の海』第85号、「古代史の海」の会、pp. 2–13

2017「三角縁神獣鏡研究の現状と課題」『日本書紀研究』第32冊、塙書房、pp. 73–94

西嶋定生　1961「古墳と大和政権」『岡山史學』第10号、岡山史学会、pp. 154–207

西嶋定生他　1985a『三角縁神獣鏡の謎 日中合同古代史シンポジウム』角川書店

西嶋定生他　1985b「日中合同シンポジウム」『三角縁神獣鏡の謎 日中合同古代史シンポジウム』角川書店、pp. 153–264

西田長男　1953「日本上代史の基準（上）」『大倉山論集』第二輯、財団法人大倉山文化科学研究所、pp. 129–184

1954「日本上代史の基準（下）」『大倉山論集』第三輯、財団法人大倉山文化科学研究所、pp. 138–222

1956「隅田八幡神社の画象鏡の銘文」『日本古典の史的研究』理想社、pp. 38–96

西田守夫　1968「神獣鏡の圖像―白牙擧樂の銘文の中心として―」『MUSEUM』No. 207、美術出版社、pp. 12–24

1989「中国古鏡をめぐる名称―陳列カードの表記雑感―」『MUSEOLOGY』第8号、実践女子大学博物館学課程、pp. 4–11

西谷　正　1983「加耶地域と北部九州」田村圓澄編『大宰府古文化論叢』上巻、吉川弘文館、pp. 33–71

西村眞次　1943「古代に於ける日本と南方との文化的関係」三省堂南方文化講座刊行係編『南方文化講座』日本南方発展史篇、三省堂、pp. 25–91

西村俊範　1983「双頭龍文鏡（位至三公鏡）の系譜」『史林』第66巻第1号、史学研究会、pp. 95–115

1998「写された神仙世界」『月刊しにか』vol. 9/No. 2、大修館書店、pp. 86–94

2000a「魏・晋・南北朝時代の鏡」曽布川寛他責任編集『世界美術大全集』東洋編第3巻 三国・南北朝、小学館、pp. 355–361

2000b「錫青銅の熱処理について」『史林』第83巻第5号、史学研究会、pp. 159–181

西村倫子　1997「双鳳紋鏡（夔鳳鏡）」宇野隆夫他編『象鼻山1号古墳―第2次発掘調査の成果―』養老町埋蔵文化財調査報告第2冊、富山大学人文学部考古学研究室、pp. 61–65

西山克己　1997「青銅鏡」西山他編『篠ノ井遺跡群』成果と課題編、財団法人長野県埋蔵文化財センター発掘
　　　　　　　調査報告書22、財団法人長野県埋蔵文化財センター、pp. 91-100

西山克己他編　1997『篠ノ井遺跡群』成果と課題編、（財）長野県埋蔵文化財センター発掘調査報告書22、財
　　　　　　　団法人長野県埋蔵文化財センター

二宮正彦　1969「古鏡の祭祀的一考察」『神道史研究』第17巻第4号、神道史学会、pp. 20-34

禰津正志　1943『印度支那の原始文明』河出書房

　　　　　　1945『太平洋の古代文明』河出書房

　　　　　　1949a「原始日本の経済と社会」歴史学研究会編『日本社会の史的究明』岩波書店、pp. 1-31

　　　　　　1949b『原始社会』三笠書房

禰津正志訳（G. チャイルド著）1942『アジヤ文明の起原』上巻、誠文堂新光社

　　　　　　1951『文明の起源』（上）、岩波新書（青版）66、岩波書店

朴　天秀　1995「渡来系文物からみた伽耶と倭における政治的変動」『待兼山論叢』史学篇第29号、大阪大学
　　　　　　　文学部、pp. 53-84

　　　　　　2007『加耶と倭 韓半島と日本列島の考古学』講談社選書メチエ398、講談社

　　　　　　2014「韓国から見た古墳時代像」一瀬和夫他編『古墳時代の考古学』第9巻 21世紀の古墳時代
　　　　　　　像、同成社、pp. 107-127

橋本達也編　2015『えびの市 島内139号地下式横穴墓 調査速報』えびの市教育委員会

橋本裕行　1989「弥生時代の絵物語」工楽善通編『古代史復元』5弥生人の造形、講談社、pp. 128-140

橋本増吉　1923「耶馬台国の位置に就いて（下）」『史学』第2巻第4号、三田史学会、pp. 37-68

秦　憲二　1994a「鈕孔製作技法から見た三角縁神獣鏡」龍田考古学会編『先史学・考古学論究』龍田考古学
　　　　　　　会、pp. 149-168

　　　　　　1994b「北部九州の動向」埋蔵文化財研究会編『倭人と鏡 その2―3・4世紀の鏡と墳墓―』第36
　　　　　　　回埋蔵文化財研究集会、埋蔵文化財研究会、pp. 259-268

八賀　晋　1984「仿製三角縁神獣鏡の研究―同笵鏡にみる笵の補修と補刻―」『学叢』第6号、京都国立博物
　　　　　　　館、pp. 3-56

　　　　　　1990「鏡をつくる」白石太一郎編『古代史復元』7 古墳時代の工芸、講談社、pp. 89-101

八賀晋編　1982『富雄丸山古墳 西宮山古墳 出土遺物』京都国立博物館

埴原和郎　1986「骨から古墳人を推理する」森浩一編『日本の古代』第5巻 前方後円墳の世紀、中央公論
　　　　　　　社、pp. 121-154

馬場悠男他　1992「別処山古墳出土の人骨」斎藤光利他編『別処山古墳』南河内町埋蔵文化財調査報告書第6
　　　　　　　集、南河内町教育委員会、pp. 64-71

馬場英明　1999「飛来した龍神」宮野淳一編『仙界伝説―卑弥呼の求めた世界―』大阪府立弥生文化博物館図
　　　　　　　録19、大阪府立弥生文化博物館、pp. 20-21

土生田純之　2006『古墳時代の政治と社会』吉川弘文館

濱田耕作　1919「考古学の栞（第五回）」『史林』第4巻第1号、史学研究会、pp. 57-65

　　　　　　1922『通論考古学』大鐙閣

濱田耕作訳（モンテリウス著）1932『考古学研究法』岡書院

濱野俊一　2003「大阪府郡遺跡出土の土器棺と小型仿製鏡について」石野博信編『初期古墳と大和の考古学』
　　　　　　　学生社、pp. 97-109

林新兵衞商店他（札元）1932『京都大仏 広瀬都巽軒愛蔵品入札』京都鈴木尚美社印刷所

林　裕己　1998「三角縁神獣鏡の銘文―銘文一覧と若干の考察―」『古代』第105号、早稲田大学考古学会、
　　　　　　　pp. 49-74

林　正憲　2000「古墳時代前期における倭鏡の製作」『考古学雑誌』第85巻第4号、日本考古学会、pp. 76-
　　　　　　　102

　　　　　　2002「古墳時代前期倭鏡における2つの鏡群」『考古学研究』第49巻第2号、考古学研究会、pp.
　　　　　　　88-107

2004「吾妻坂古墳出土の四獣形鏡の位置づけ」西川修一編『吾妻坂古墳―出土資料調査報告―』厚木市教育委員会文化財保護課、pp. 45-48

2005「小型倭鏡の系譜と社会的意義」大阪大学考古学研究室編『待兼山考古学論集―都出比呂志先生退任記念―』真陽社、pp. 267-290

2010a「弥生小型倭鏡の起源について」遠古登攀刊行会編『遠古登攀 遠山昭登君追悼考古学論集』遠古登攀刊行会、pp. 17-39

2010b「古墳時代における階層構造―その複雑性と等質性―」『考古学研究』第57巻第3号、考古学研究会、pp. 22-36

2013「倭鏡」一瀬和夫他編『古墳時代の考古学』第4巻 副葬品の型式と編年、同成社、pp. 43-52

林巳奈夫 1973「漢鏡の図柄二、三について」『東方学報』第44冊、京都大学人文科学研究所、pp. 1-65

1978「漢鏡の図柄二、三について（続）」『東方学報』第50冊、京都大学人文科学研究所、pp. 57-74

1982「画象鏡の図柄若干について―隅田八幡画象鏡の原型鏡を中心として―」小林行雄博士古稀記念論文集刊行委員会編『考古学論考』平凡社、pp. 947-978

1989『漢代の神神』臨川書院

林原利明 1990「弥生時代終末～古墳時代前期の小形仿製鏡について―小形重圏文仿製鏡の様相―」『東国史論』第5号、群馬考古学研究会、pp. 49-64

1993「東日本の初期銅鏡」『季刊考古学』第43号、雄山閣、pp. 26-29

2008「成塚向山1号墳出土の重圏文鏡について」深澤敦仁編『成塚向山古墳群』財団法人群馬県埋蔵文化財調査事業団調査報告書第426集、財団法人群馬県埋蔵文化財調査事業団、pp. 517-520

原秀三郎 2002「大和王権の歴史的性格―いわゆる邪馬台国問題を見直す―」『史友』第34号、青山学院大学史学会、pp. 9-39

原 武史 2009『松本清張の「遺言」―『神々の乱心を読み解く』―」文春新書、文藝春秋

原田大六 1954『日本古墳文化 奴国王の環境』東京大学出版会

1960「鏡について」近藤義郎編『月の輪古墳』月の輪古墳刊行会、pp. 310-326

1961a「十七号遺跡の遺物」宗像神社復興期成会編『続沖ノ島 宗像神社沖津宮祭祀遺跡』宗像神社復興期成会、pp. 28-113

1961b「十七号遺跡の年代と歴史上の意義」宗像神社復興期成会編『続沖ノ島 宗像神社沖津宮祭祀遺跡』宗像神社復興期成会、pp. 113-147

1962「伝世鏡への固執」『古代学研究』第32号、古代学研究会、pp. 21-24

1966『実在した神話』学生社

1975『日本国家の起原』下、三一書房

1978『卑弥呼の鏡』六興出版

1991『平原弥生古墳 大日孁貴の墓』〈上・下巻〉、葦書房

原田淑人 1930「古鏡の図紋に就て」『東京帝室博物館講演集』第九冊、帝室博物館、pp. 19-40（『東亞古文化研究』座右寶刊行會、1940年、pp. 193-212に収録）

春田永年？（寛政年間）『観古集』

春成秀爾 1984「前方後円墳論」井上光貞他編『東アジア世界における日本古代史講座』第2巻 倭国の形成と古墳文化、学生社、pp. 205-243

1992「銅鐸の製作工人」『考古学研究』第39巻第2号、考古学研究会、pp. 9-44

2000「変幻する龍―弥生土器・銅鏡・古墳の絵―」黒田日出男編『ものがたり 日本列島に生きた人たち』5 絵画、岩波書店、pp. 15-63

2003a「「日本精神」の考古学―後藤守一」『考古学者はどう生きたか―考古学と社会―』学生社、pp. 150-182

2003b「「神武東征」と考古学―中山平次郎・後藤守一ほか」『考古学者はどう生きたか―考古学と

社会―』学生社、pp. 183-245

2011a「龍の文化史」『祭りと呪術の考古学』塙書房、pp. 191-227

2011b「弥生時代の龍」『祭りと呪術の考古学』塙書房、pp. 228-300

坂　　靖　1994「出土鏡の検討」坂編『平林古墳』當麻町埋蔵文化財調査報告第3集、當麻町教育委員会、pp. 82-91

2012a「複合工房」一瀬和夫他編『古墳時代の考古学』第5巻　時代を支えた生産と技術、同成社、pp. 171-181

2012b「畿内」土生田純之他編『古墳時代研究の現状と課題』上　古墳研究と地域史研究、同成社、pp. 99-134

東中川忠美　1975「珠文鏡について」岩崎二郎編『恵子若山遺跡　福岡県筑紫郡那珂川町恵子所在墳墓群の調査』東洋開発株式会社、pp. 30-32、40-44

引原茂治他編　2001『京都府遺跡調査概報』第97冊、財団法人京都府埋蔵文化財調査研究センター

樋口清之　1928a「奈良県三輪町山ノ神遺蹟研究」『考古学雑誌』第18巻第12号、考古学会、pp. 33-49

1928b「崇神天皇陵発見と伝ふる青銅版」『考古学研究』第二年第一号、考古学研究会、pp. 37-41

樋口隆康　1953「中国古鏡銘文の類別的研究」『東方學』第7輯、東方学会、pp. 1-14

1956「古墳編年に対する副葬鏡の再活用」『考古学雑誌』第41巻第2号、日本考古学会、pp. 15-22

1960a「古鏡に映じた古代日本　序説」角田文衞編『日本古代史論叢』吉川弘文館、pp. 541-557

1960b「画文帯神獣鏡と古墳文化」『史林』第43巻第5号、史学研究会、pp. 1-17

1972「武寧王陵出土鏡と七子鏡」『史林』第55巻第4号、史学研究会、pp. 1-17

1974「鏡の系譜」樋口編『古代史発掘』5 大陸文化と青銅器、講談社、pp. 29-31

1978「日本における鏡の研究史と形式分類」森浩一編『日本古代文化の探究　鏡』社会思想社、pp. 11-49

1979a『古鏡』新潮社

1979b「鏡」八幡一郎他監修『新版考古学講座』第5巻　原史文化（下）、雄山閣、pp. 286-297

1992『三角縁神獣鏡綜鑑』新潮社

1996「大型仿製鏡の意味するもの」『青陵』第91号、奈良県立橿原考古学研究所、pp. 1-2

1998「黒塚の鏡が教えるもの」『東アジアの古代文化』96号、大和書房、pp. 2-6

2000『三角縁神獣鏡新鑑』学生社

2001「三輪山は大和政権のヘソ」『大美和』100号、大神神社社務局他、pp. 6-7

樋口隆康他　1959『大谷古墳』京都大学文学部考古学研究室

樋口隆康他　2006「同笵鏡にみる三角縁神獣鏡における笵複製の可能性―三次元デジタル・アーカイブの考古学的活用―」『日本考古学協会第72回総会　研究発表要旨』日本考古学協会

比佐陽一郎　2004「福岡市域出土鏡笵の概要」清水康二編『鏡笵研究』I、奈良県立橿原考古学研究所他、pp. 29-45

久永春男　1955「鏡」後藤守一編『日本考古学講座』第五巻　古墳時代、河出書房、pp. 193-199

1960「月の輪古墳の築造年代」近藤義郎編『月の輪古墳』月の輪古墳刊行会、pp. 346-367

1963「守山市内の古墳から発見された鏡」久永他編『守山の古墳』守山市教育委員会、pp. 101-106

檜本誠一　1997「市川下流域の出土古鏡について」伊達先生古稀記念論集編集委員会編『古文化論叢』伊達先生古稀記念論集刊行会、pp. 200-212

日根輝己　1992『謎の画像鏡と紀氏　銘文は吏読で書かれていた』燃焼社

平井勝編　1982『殿山遺跡　殿山古墳群』岡山県埋蔵文化財発掘調査報告47、岡山県文化財保護協会

平尾良光他　2013「古墳時代青銅製品の鉛同位体比」『考古学雑誌』第97巻第3号、日本考古学会、pp. 27-62

平賀源内　1763『物類品隲』須原屋市兵衛他

平田定幸　2002「北部九州地域（1）・福岡県須玖遺跡群」日本考古学協会 2002 年度橿原大会実行委員会編
　　　　　『日本考古学協会 2002 年度橿原大会研究発表会資料』pp. 153-162

平田博幸　2002「若水 A11 号墳の調査」兵庫県教育委員会編『シンポジウム 古代但馬の王墓をめぐって』兵
　　　　　庫県教育委員会、pp. 1-6

平野邦雄　1969『大化前代社会組織の研究』吉川弘文館
　　　　　1985『大化前代政治過程の研究』吉川弘文館
　　　　　1987「国家的身分の展開」西嶋定生他著『空白の四世紀とヤマト王権─邪馬台国以後』角川選書
　　　　　179、角川書店、pp. 16-35
　　　　　1998「邪馬台国とその時代─総論」平野編『古代を考える 邪馬台国』吉川弘文館、pp. 1-20
　　　　　2002『邪馬台国の原像』学生社

平野義太郎・清野謙次　1942『太平洋の民族＝政治学』日本評論社

平林章仁　1983「隅田八幡神社蔵人物画像鏡銘文試考」『国史学研究』第 9 号、龍谷大学、pp. 33-56

平吹　豊　1996「多鈕細文鏡の研究」『國學院大學考古学資料館紀要』第 15 輯、國學院大學考古学資料館、
　　　　　pp. 44-62

廣川　守　2005「戦国時代羽状獣文地鏡群の規格と文様構造」『泉屋博古館紀要』第 21 巻、泉屋博古館、pp.
　　　　　37-57

廣坂美穂　2008a「鏡の面数・大きさと古墳の規模」『古文化談叢』第 60 集、九州古文化研究会、pp. 75-106
　　　　　2008b「破鏡についての一考察」岡山理科大学埋蔵文化財研究論集刊行会編『岡山理科大学埋蔵文
　　　　　化財研究論集』岡山理科大学埋蔵文化財研究会、pp. 185-216

広瀬和雄　1992「前方後円墳の畿内編年」近藤義郎編『前方後円墳集成』近畿編、山川出版社、pp. 24-26
　　　　　2010『カミ観念と古代国家』角川叢書 49、角川書店

廣瀬　覚　2015『古代王権の形成と埴輪生産』同成社

深津胤房　1996『古代中国人の思想と生活─鏡─』

福井久蔵　1937『諸大名の学術と文芸の研究』厚生閣

福島孝行　2001「今林 8 号墓出土鏡について」引原茂治他編『京都府遺跡調査概報』第 97 冊、財団法人京都
　　　　　府埋蔵文化財調査研究センター、pp. 99-101

福永伸哉　1991「三角縁神獣鏡の系譜と性格」『考古学研究』第 38 巻第 1 号、考古学研究会、pp. 35-58
　　　　　1992a「三角縁神獣鏡製作技法の検討─鈕孔方向の分析を中心として─」『考古学雑誌』第 78 巻第
　　　　　1 号、日本考古学会、pp. 45-60
　　　　　1992b「仿製三角縁神獣鏡分類の視点」中山修一先生喜寿記念事業会編『長岡京古文化論叢Ⅱ』中
　　　　　山修一先生喜寿記念事業会、pp. 491-500
　　　　　1994a「仿製三角縁神獣鏡の編年と製作背景」『考古学研究』第 41 巻第 1 号、考古学研究会、pp.
　　　　　47-72
　　　　　1994b「三角縁神獣鏡の歴史的意義」埋蔵文化財研究会編『倭人と鏡 その 2─3・4 世紀の鏡と墳
　　　　　墓─』第 36 回埋蔵文化財研究集会、埋蔵文化財研究会、pp. 349-358
　　　　　1994c「魏の紀年鏡とその周辺」『弥生文化博物館研究報告』第 3 集、大阪府立弥生文化博物館、
　　　　　pp. 1-14
　　　　　1995「三角縁神獣鏡の副葬配置とその意義」小松和彦他編『日本古代の葬制と社会関係の基礎的研
　　　　　究』平成 6 年度科学研究費補助金（一般 A）成果報告書、大阪大学文学部、pp. 25-78
　　　　　1996a「舶載三角縁神獣鏡の製作年代」『待兼山論叢』史学篇第 30 号、大阪大学文学部、pp. 1-22
　　　　　1996b「雪野山古墳と近江の前期古墳」福永他編『雪野山古墳の研究 考察篇』雪野山古墳発掘調
　　　　　査団、pp. 293-308
　　　　　1998a『古墳時代政治史の考古学的研究─国際的契機に着目して─』平成 7～9 年度科学研究費補助
　　　　　金（基盤研究 C）研究成果報告書、大阪大学文学部
　　　　　1998b「対半島交渉から見た古墳時代倭政権の性格」『青丘学術論集』第 12 集、財団法人韓国文化
　　　　　研究振興財団、pp. 7-26

1998c「鏡の多量副葬と被葬者像」『季刊考古学』第 65 号、雄山閣、pp. 26-28

1999a「古墳時代前期における神獣鏡製作の管理」都出比呂志編『国家形成期の考古学―大阪大学考古学研究室 10 周年記念論集―』大阪大学考古学研究室、pp. 263-280

1999b「古墳の出現と中央政権の儀礼管理」『考古学研究』第 46 巻第 2 号、考古学研究会、pp. 53-72

1999c「古墳時代の首長系譜変動と墳墓要素の変化」都出比呂志編『古墳時代首長系譜変動パターンの比較研究』平成 8 年度～平成 10 年度科学研究費補助金（基盤 B・一般 2）研究成果報告書、大阪大学文学部、pp. 17-34

2000「古墳における副葬品配置の変化とその意味―鏡と剣を中心にして―」『待兼山論叢』史学篇第 34 号、大阪大学文学部、pp. 1-25

2001『邪馬台国から大和政権へ』大阪大学新世紀セミナー、大阪大学出版会

2005a『三角縁神獣鏡の研究』大阪大学出版会

2005b「三角縁神獣鏡と画文帯神獣鏡のはざまで」大阪大学考古学研究室編『待兼山考古学論集―都出比呂志先生退任記念―』真陽社、pp. 469-484

2007「継体王権と韓半島の前方後円墳―勝福寺古墳築造期の時代背景をめぐって―」寺前直人他編『勝福寺古墳の研究』大阪大学文学研究科考古学研究報告第 4 冊、大阪大学勝福寺古墳発掘調査団、pp. 425-434

2009「三角縁神獣鏡に見られる長方形鈕孔の出現背景について」『東アジアの古代文化』137 号、大和書房、pp. 265-267

2010a「同笵鏡論と伝世鏡論の今日的意義について」大阪大学考古学研究会編『待兼山考古学論集Ⅱ―大阪大学考古学研究室 20 周年記念論集―』大阪大学考古学友の会、pp. 327-340

2010b「銅鏡の政治利用と古墳出現」日本考古学協会 2010 年度兵庫大会実行委員会編『日本考古学協会 2010 年度兵庫大会研究発表資料集』pp. 153-166

2011a「魏晋の銅鏡生産と三角縁神獣鏡」金関恕監修『古代の鏡と東アジア』学生社、pp. 5-34

2011b「考古学からみた継体政権」内田真雄編『三島と古代淀川水運Ⅱ―今城塚古墳の時代―』高槻市立今城塚古代歴史館平成 23 年秋季特別展、高槻市立今城塚古代歴史館、pp. 72-74

2011c「古墳時代政権交替と畿内の地域関係」福永伸哉編『古墳時代政権交替論の考古学的再検討』平成 20～22 年度科学研究費補助金基盤研究（B）研究成果報告書、大阪大学大学院文学研究科、pp. 5-18

2013「前方後円墳成立期の吉備と畿内―銅鐸と銅鏡にみる地域関係―」中尾智行編『吉備と邪馬台国―霊威の継承―』大阪府立弥生文化博物館図録 50、大阪府立弥生文化博物館、pp. 96-103

福永伸哉他　2016「平井西山（操山 109 号）古墳資料の研究」『古代吉備』第 27 集、古代吉備研究会、pp. 1-19

福永伸哉（司会）2003『シンポジウム 三角縁神獣鏡』学生社

福永伸哉・森下章司　2000「河北省出土の魏晋鏡」『史林』第 83 巻第 1 号、史学研究会、pp. 123-139

福宿孝夫　1989「隅田八幡人物画像鏡銘の新解釈」『宮崎大学教育学部紀要 人文科学』第 66 号、宮崎大学教育学部、pp. 1-18

福山敏男　1934「江田発掘大刀及び隅田八幡神社鏡の製作年代について―日本最古の金石文―」『考古学雑誌』第 24 巻第 1 号、考古学会、pp. 31-40

1975「金石文」上田正昭編『日本古代文化の探究 文字』社会思想社、pp. 11-40

1989a「序」財団法人京都府埋蔵文化財調査研究センター編『謎の鏡―卑弥呼の鏡と景初四年銘鏡―』同朋舎出版

1989b「景初四年銘をめぐって」財団法人京都府埋蔵文化財調査研究センター編『謎の鏡―卑弥呼の鏡と景初四年銘鏡―』同朋舎出版、pp. 101-115

藤井紫影（乙男）1919「亡友桃華居士を憶ふ」『藝文』第 10 年第 3 号、京都文学会、p. 93

藤井利章　1982「津堂城山古墳の研究」『藤井寺市史紀要』第三集、藤井寺市、pp. 1-64

藤尾慎一郎 2002「弥生文化と日鮮同祖論」佐原眞他編『人類にとって戦いとは』5 イデオロギーの文化装置、東洋書林、pp. 35–75

藤岡孝司　1991「重圏文（仿製）鏡小考—3～4 世紀における一小形仿製鏡の様相—」『財団法人君津郡市文化財センター研究紀要』V、財団法人君津郡市文化財センター、pp. 57-75

藤實久美子　2006『近世書籍文化論—史料論的アプローチ—』吉川弘文館

藤田和尊　1993「鏡の副葬位置からみた前期古墳」『考古学研究』第 39 巻第 4 号、考古学研究会、pp. 27-68

　　　　　1994「奈良県の前期古墳の編年と鏡」埋蔵文化財研究会編『倭人と鏡 その 2—3・4 世紀の鏡と墳墓—』第 36 回埋蔵文化財研究集会、埋蔵文化財研究会、pp. 275–282

　　　　　1997「葛城氏と馬見古墳群 鏡の配布者としての巨大豪族」吉成勇編『別冊歴史読本最前線シリーズ〈日本古代史［王権］の最前線〉』新人物往来社、pp. 62-69

　　　　　2002「大和」日本考古学協会 2002 年度橿原大会実行委員会編『日本考古学協会 2002 年度橿原大会研究発表会資料』日本考古学協会 2002 年度橿原大会実行委員会、pp. 279–284

藤田三郎　2004「唐古・鍵遺跡出土の青銅器鋳造関連遺物」清水康二編『鏡笵研究』I、奈良県立橿原考古学研究所他、pp. 58-63

　　　　　2006「絵画土器の見方小考—手を挙げる人物と盾・戈を持つ人物—」設楽博己編『原始絵画の研究』論考編、六一書房、pp. 73-84

　　　　　2012『唐古・鍵遺跡』日本の遺跡 45、同成社

　　　　　2013「近畿地方の青銅器生産—唐古・鍵遺跡その後—」柳田康雄編『弥生時代政治社会構造論 柳田康雄古稀記念論文集』雄山閣、pp. 219-230

藤丸詔八郎　1982「方格規矩四神鏡の研究」小林行雄博士古稀記念論文集刊行委員会編『考古学論考』平凡社、pp. 931-946

　　　　　2003「弥生時代の小型仿製鏡に関する一考察—内行花文日光鏡系 I・II 型鏡について—」石野博信編『初期古墳と大和の考古学』学生社、pp. 110-120

　　　　　2014「土井ヶ浜遺跡の小型仿製鏡」小林善也他編『土井ヶ浜遺跡 第 1 次～第 12 次発掘調査報告書』第 1 分冊「本文編」、下関市文化財調査報告書 35、土井ヶ浜遺跡・人類学ミュージアム、pp. 123-132

　　　　　2016「史跡・石塚山古墳（福岡県苅田町所在）出土鏡の新たな展開について—『観古集』（第一冊）に収録された書写図の意義—」『まちの歴史』1、苅田町教育委員会、pp. 29-56

藤原義一　1947「古建築と鏡」『日本美術工芸』50 号、日本美術工芸社、pp. 13-16

二上古代鋳金研究会　2001「鏡の熱処理実験面反りについて（その 2）—」『古代学研究』第 154 号、古代学研究会、pp. 1–17

舟橋京子・田中良之　2009「漆間横穴群出土の人骨について」奥村義貴編『木ノ上・田原地区の墳墓群』大分市埋蔵文化財発掘調査報告書第 95 集、大分市教育委員会、pp. 43-45

古江亮仁　1966「隅田八幡宮所蔵画象鏡銘文私考」内藤政恒編『日本歴史考古学論叢』吉川弘文館、pp. 637-658

古田武彦　1973『失われた九州王朝—天皇家以前の古代史—』朝日新聞社

　　　　　1979『ここに古代王朝ありき』朝日新聞社

北條暉幸　1978「向野田古墳の人骨について」富樫卯三郎他編『向野田古墳』宇土市埋蔵文化財調査報告書第 2 集、宇土市教育委員会、p. 157

北条文彦　1959「隅田八幡神社所蔵人物画象鏡銘文考—癸未年八月日十大王の読み方—」『駒澤史学』第 8 号、駒澤大學史學會、pp. 39-51

北條芳隆　1994a「鍬形石の型式学的研究」『考古学雑誌』第 79 巻第 4 号、日本考古学会、pp. 41-66

　　　　　1994b「四国地域の前期古墳と鏡（発表要旨）」埋蔵文化財研究会編『倭人と鏡 その 2—3・4 世紀の鏡と墳墓—』第 36 回埋蔵文化財研究集会、埋蔵文化財研究会、pp. 147-155

保坂三郎　1957『古鏡』創元選書 257、東京創元社

　　　　　1962a「隅田八幡神社の人物画象鏡の銘文」『歴史教育』第 10 巻第 5 号、日本書院、pp. 66-75

　　　　　　　1962b『古鏡の語る文化』月例美術講座（1960 No. 6）、五島美術館

　　　　　　　1986『古代鏡文化の研究』2 日本原史・奈良、雄山閣

細川晋太郎　2004「前期古墳副葬紡錘車形石製品の性格」『古文化談叢』第 51 集、九州古文化研究会、pp. 31
　　　　　　　–66

堀田謹吾　2001『名品流転　ボストン美術館の「日本」』日本放送出版協会

穂積裕昌　2013「神まつり」一瀬和夫他編『古墳時代の考古学』第 6 巻　人々の暮らしと社会、同成社、pp.
　　　　　　　212–221

堀口健二編　2005『垂水遺跡発掘調査報告書Ⅰ—垂水遺跡第 24 次発掘調査—』吹田市教育委員会

堀口捨己　1948a「出雲の大社」『古美術』194 号、寶雲舍、pp. 19–30

　　　　　　　1948b「出雲の大社と古代住居」『古美術』195 号、寶雲舍、pp. 14–25

　　　　　　　1948c「佐味田の鏡の家の図について—出雲大社と古代住居（第三回）—」『古美術』196 号、寶雲
　　　　　　　舍、pp. 53–59

前田晴人　1999『女王卑弥呼の国家と伝承』清文堂出版

前之園亮一　2009「刑部と王賜銘鉄剣と隅田八幡人物画像鏡」『東アジアの古代文化』137 号、大和書房、pp.
　　　　　　　153–160

間壁忠彦・間壁葭子 1986「鉛同位体比測定青銅器の資料解説」『倉敷考古館研究集報』第 19 号、倉敷考古
　　　　　　　館、pp. 5–16

間壁葭子　1962「出土人骨の性別よりみた古墳時代社会の一考察—特にシストを中心として—」『岡山史学』
　　　　　　　第 12 号、岡山史學会、pp. 37–55

真木悠介　1981『時間の比較社会学』岩波書店

正岡睦夫　1979「鏡片副葬について」『古代学研究』第 90 号、古代学研究会、pp. 1–13

正宗敦夫（編纂・校訂）（平賀国倫編輯）1928『物類品隲』日本古典全集刊行会

正宗敦夫（編纂・校訂）（小野蘭山著）1929『重訂本草綱目啓蒙』第四、日本古典全集刊行会

益田勝実　1976『秘儀の島—日本の神話的想像力』筑摩書房

増田一裕　1994「古墳時代中期の暦年代論」『土曜考古』第 18 号、土曜考古学研究会、pp. 35–97

増田真木　2004「垂水遺跡出土鏡范の概要」清水康二編『鏡范研究』Ⅰ、奈良県立橿原考古学研究所他、pp.
　　　　　　　64–69

松浦武四郎　1877・1882『撥雲餘興』首巻・第二集

松浦宥一郎　1983「いわゆる仿製方格 T 字鏡について—桑 57 号墳出土の一面の小形仿製鏡を追って—」『小
　　　　　　　山市史研究』第 5 号、小山市教育委員会市史編さん室、pp. 17–44

　　　　　　　1994「日本出土の方格 T 字鏡」『東京国立博物館紀要』第 29 号、東京国立博物館、pp. 176–254

　　　　　　　2003「方格 T 字鏡の国外出土資料—韓国金海市良洞里遺跡出土鏡について—」大塚初重先生喜寿
　　　　　　　記念論文集刊行会編『新世紀の考古学』纂修堂、pp. 875–882

松尾昌彦　2002『古墳時代東国政治史論』雄山閣

松木武彦　1996「日本列島の国家形成」植木武編『国家の形成』三一書房、pp. 233–276

松崎慊堂（山田琢訳）1980『慊堂日暦』第 5 巻、東洋文庫 377、平凡社

松下孝幸　1998「広島市府中市　山の神・池ノ迫遺跡群出土の弥生・古墳時代人骨」小野悟朗編『山の神遺跡
　　　　　　　群・池ノ迫遺跡群』広島県埋蔵文化財調査センター報告書第 165 集、財団法人広島県埋蔵文化
　　　　　　　財調査センター、pp. 75–105

松下孝幸・大田純二　1994「北九州市浦山古墳出土の人骨」上村佳典編『南方浦山古墳—北九州市小倉南区大
　　　　　　　字南方所在—』北九州市文化財調査報告書第 58 集、北九州市教育委員会、pp. 13–18

松下孝幸・中谷昭二　1986「宮崎県国富町市の瀬地下式横穴墓群出土の古墳時代人骨」宮崎県教育委員会編
　　　　　　　『井水地下式横穴墓群・市の瀬地下式横穴墓群・上ノ原遺跡』国富町文化財調査資料第 4 集、
　　　　　　　東諸県郡国富町教育委員会、pp. 145–186

松下孝幸他　1991「山口県山陽町妙徳寺山古墳出土の人骨」石井龍彦他編『妙徳寺山古墳・妙徳寺経塚・粟遺
　　　　　　　跡』山口県埋蔵文化財調査報告第 134 集、山口県教育委員会、pp. 73–76

松下孝幸他　1986「中出勝負峠墳墓群出土の弥生・古墳時代人骨」佐々木直彦編『歳ノ神遺跡群 中出勝負峠墳墓群』広島県埋蔵文化財センター調査報告書第49集、財団法人広島県埋蔵文化財調査センター、pp. 213-244

松田健史・森沢佐蔵　1984「福井市西谷山2号墳2号石棺内出土人骨について」久保智康編『西谷山古墳群 西谷山2号墳発掘調査報告』福井県教育庁文化課、pp. 31-54

松平定信編　1800『集古十種』（市島謙吉編 1908『集古十種』国書刊行会）

松前健・森浩一　1978「対談 鏡のもつ意味と機能」森編『日本古代文化の探究 鏡』社会思想社、pp. 361-404

松村恵司　1984「金属製品・ガラス製品」巽淳一郎編『平城京右京八条一坊十一坪発掘調査報告書』奈良国立文化財研究所、pp. 45-52

松本清張　1973『遊古疑考』新潮社

　　　　　1997『神々の乱心』下、文藝春秋

松本正信他　1970『天坊山古墳』加古川市文化財調査報告5、加古川市教育委員会

松本佳子　2008「瀬戸内における弥生時代小形仿製鏡の研究」村上恭通編『地域・文化の考古学』下條信行先生退任記念事業会、pp. 273-302

馬渕和夫　1987「隅田八幡宮蔵古鏡の銘文について―付、「日下」と「日本」―」『汲古』第12号、汲古書院、pp. 22-26

馬渕一輝　2015a「斜縁同向式神獣鏡の系譜」松藤和人編『同志社大学考古学シリーズ』XI 森浩一先生に学ぶ―森浩一先生追悼論集―、同志社大学考古学シリーズ刊行会、pp. 801-816

　　　　　2015b「(伝) 松林山1号墳出土鏡の評価」安藤寛編『松林山1号墳―発掘調査報告書―』磐田市教育委員会他、pp. 50-57

　　　　　2017「志段味大塚古墳出土鈴鏡からみた後期倭鏡」深谷淳編『埋蔵文化財調査報告書77 志段味古墳群Ⅲ―志段味大塚古墳の副葬品―』名古屋市文化財調査報告94、名古屋市教育委員会、pp. 143-150

馬淵久夫　1981「古鏡の原料をさぐる―鉛同位体比法」馬淵他編『考古学のための化学10章』UP選書218、東京大学出版会、pp. 157-178

　　　　　1982「鉛同位体比法による漢式鏡の研究」『MUSEUM』No. 370、東京国立博物館、pp. 4-12

　　　　　1983「鉛同位体比法による漢式鏡の研究（二）―西日本出土の鏡を中心として―」『MUSEUM』No. 382、東京国立博物館、pp. 16-30

　　　　　1986「青銅文化の流れを追って―鉛同位体比法の展開」馬淵他編『続 考古学のための化学10章』UP選書246、東京大学出版会、pp. 129-150

　　　　　1987「鉛同位体比による原料産地推定」松本岩雄編『出雲岡田山古墳』島根県教育委員会、pp. 167-171

　　　　　1996『弥生・古墳時代仿製鏡の鉛同位体比の研究』平成5・6・7年度科学研究費補助金一般研究C 時限 研究成果報告書

　　　　　2010a「鉛同位体比からみた三角縁神獣鏡の舶載鏡と仿製鏡」『日本考古学』第29号、日本考古学協会、pp. 1-18

　　　　　2010b「漢式鏡の化学的研究（1）―鏡鋳造時に鉛は加えられたか―」『考古学と自然科学』第61号、日本文化財科学会、pp. 1-16

　　　　　2012「漢式鏡の化学的研究（3）―鉛同位体比法に鉛モデル年代の導入を提案する―」『考古学と自然科学』第63号、日本文化財科学会、pp. 1-27

　　　　　2013「三角縁神獣鏡の原材産地に関する考察」『考古学雑誌』第98巻第1号、日本考古学会、pp. 1-49

　　　　　2018a「漢式鏡の化学的研究（7）―古墳時代倣製鏡は舶載鏡のスクラップでつくられた―」『考古学と自然科学』第75号、日本文化財科学会、pp. 1-26

　　　　　2018b「三角縁神獣鏡の製作地について」『考古学雑誌』第100巻第1号、日本考古学会、pp. 1-49

馬淵久夫他　1984「鉛同位体比法による本邦出土青銅器の研究」古文化財編集委員会編『古文財の自然科学的
　　　　研究』同朋舎出版

馬淵久夫・平尾良光　1987「東アジア鉛鉱石の鉛同位体比—青銅器との関連を中心に—」『考古学雑誌』第 73
　　　　巻第 2 号、日本考古学会、pp. 71-82

黛　弘道　1978「三種の神器について」井上光貞博士還暦記念会編『古代史論叢』上巻、吉川弘文館、pp.
　　　　187-224

三浦蘭坂　1806『川内撫古小識』

三木精一　1985「覚峰と河内古代史」森浩一編『考古学の先覚者たち』中央公論社、pp. 247-261

三木紀人他校注　1990『宇治拾遺物語 古本説話集』新日本古典文学大系 42、岩波書店

三木文雄　1940「鈴鏡考」考古学会編『鏡剣及玉の研究』吉川弘文館、pp. 63-75

三木文雄・小林行雄 1959「伝統工芸と新興工芸 装身具の変遷」小林編『世界考古学大系』第 3 巻 日本 III 古
　　　　墳時代、平凡社、pp. 105-124

三澤章（和島誠一）1937「日本考古学の発達と科学的精神」『唯物論研究』第 60 号・第 62 号、唯物論研究
　　　　会、pp. 104-115、120-135

三品彰英　1932「天之日矛帰化年代攷」『青丘学叢』第 8 号、青丘学会、pp. 19-52

三島格他　1979『亀原古墳 狐塚第 2 号墳調査報告書』荒尾市文化財調査報告第 4 集、荒尾市教育委員会

水野敏典　1997「捩文鏡の編年と製作動向」近藤義郎他編『日上天王山古墳』津山市埋蔵文化財発掘調査報告
　　　　第 60 集、津山市教育委員会、pp. 94-111

　　　　2005「三角縁神獣鏡における笵の複製と製作工程」水野他編『三次元デジタル・アーカイブを活用
　　　　した古鏡の総合的研究 第 2 分冊』橿原考古学研究所成果第 8 冊、奈良県立橿原考古学研究
　　　　所、pp. 417-422

　　　　2010「三次元形状計測による沖ノ島出土の同一文様鏡の検討」水野編『考古資料における三次元デ
　　　　ジタルアーカイブの活用と展開』平成 18 年度～平成 21 年度科学研究費補助金基盤研究（A）
　　　　研究成果報告書、奈良県立橿原考古学研究所、pp. 39-43

　　　　2012a「三次元計測と銅鏡製作技法」一瀬和夫他編『古墳時代の考古学』第 8 巻 隣接科学と古墳時
　　　　代研究、同成社、pp. 82-89

　　　　2012b「三次元計測技術を応用した銅鏡研究」『考古学ジャーナル』No. 635、ニュー・サイエンス
　　　　社、pp. 25-29

　　　　2016「製作技法からみた三角縁神獣鏡」『纒向発見と邪馬台国の全貌 卑弥呼と三角縁神獣鏡』発
　　　　見・検証 日本の古代 I、角川書店、pp. 282-301

　　　　2017『三次元計測を応用した青銅器製作技術からみた三角縁神獣鏡の総合的研究』平成 25 年度～
　　　　平成 28 年度科学研究費補助金基盤研究（B）研究成果報告書、奈良県立橿原考古学研究所

水野敏典編　2010『考古資料における三次元デジタルアーカイブの活用と展開』平成 18 年度～平成 21 年度科
　　　　学研究費補助金基盤研究（A）研究成果報告書、奈良県立橿原考古学研究所

水野敏典・山田隆文編　2005『三次元デジタル・アーカイブを活用した古鏡の総合的研究』（第 1 分冊・第 2
　　　　分冊）橿原考古学研究所成果第 8 冊、奈良県立橿原考古学研究所

水野敏典・今津節生・岡林孝作・山田隆文・高橋幸治・鈴木裕明・北山峰生　2005「三角縁神獣鏡の鋳造欠陥
　　　　と「同笵鏡」製作モデル」水野他編『三次元デジタル・アーカイブを活用した古鏡の総合的研
　　　　究第 2 分冊』橿原考古学研究所成果第 8 冊、奈良県立橿原考古学研究所、pp. 385-391

水野敏典・岡林孝作・山田隆文・奥山誠義・樋口隆康　2008a「三次元計測技術を応用した同型鏡の研究」『日
　　　　本考古学協会第 74 回総会 研究発表資料』日本考古学協会、pp. 76-77

　　　　2008b「三次元デジタルデータを用いた考古資料の比較研究～同型鏡の製作工程の検討～」『日本
　　　　文化財科学会第 25 回大会研究発表要旨集』日本文化財科学会第 25 回大会実行委員会

水野敏典・奥山誠義　2012「三次元計測技術を応用した挽型からみた三角縁神獣鏡の製作技術の研究」『日本
　　　　考古学協会第 78 回総会 研究発表要旨』日本考古学協会

　　　　2016「製作技法からみた倭鏡と仿製三角縁神獣鏡」『日本考古学協会第 82 回総会 研究発表要旨』

日本考古学協会

水野敏典・奥山誠義・北井利幸　2017「三次元計測を応用した倭鏡における挽型使用形態の検討」『日本考古学協会第 83 回総会 研究発表要旨』日本考古学協会、pp. 170-171

水野敏典・奥山誠義・古谷毅　2013「三次元計測による三角縁神獣鏡「同笵鏡」立体的差異の研究」『日本考古学協会第 79 回総会 研究発表要旨』日本考古学協会、pp. 170-171

水野敏典・奥山誠義・古谷毅・徳田誠志　2011「三次元計測技術を用いた三角縁神獣鏡「同笵鏡」鏡径収縮の有無の検討」『日本考古学協会第 77 回総会 研究発表要旨』日本考古学協会、pp. 200-201

　　　　　　　2014「三角縁神獣鏡「同笵鏡」にみる同型技法の使用痕跡の研究」『日本考古学協会第 80 回総会 研究発表要旨』日本考古学協会

水野敏典・徳田誠志・奥山誠義・樋口隆康　2009「三次元計測技術を応用した倭鏡における同一文様鏡の検討」『日本考古学協会第 75 回総会 研究発表要旨』日本考古学協会、pp. 156-157

水野　祐　1954「隅田八幡神社所蔵鏡銘文の一解釈」『古代』第 13 号、早稲田大学考古学会、pp. 1-17

水林　彪　1991『記紀神話と王権の祭り』岩波書店

　　　　　1992「律令天皇制における「天」と「日」の観念―天之御中主神・高御産日神と天照大御神―」『思想』No. 816、岩波書店、pp. 4-37

三田村泰助　1972『内藤湖南』中公新書 278、中央公論社

南健太郎　2005「弥生時代小形仿製鏡の鈕および鈕孔製作技法―その技術と系譜に関する予察―」清水康二他編『鏡笵研究』Ⅲ、奈良県立橿原考古学研究所他、pp. 16-26

　　　　　2007a「弥生時代九州における漢鏡の流入と小形仿製鏡の生産」『熊本大学社会文化研究』第 5 号、pp. 193-211

　　　　　2007b「肥後地域における銅鏡の流入とその特質」『肥後考古』第 15 号、肥後考古学会、pp. 13-30

　　　　　2007c「韓半島における小形仿製鏡の生産―製作技法からみた初期弥生時代小形仿製鏡の製作地―」李陽洙他編『韓半島の青銅器製作技術と東アジアの古鏡』國立慶州博物館他、pp. 233-264

　　　　　2008「弥生時代九州における銅鏡の副葬と廃棄」『熊本大学社会文化研究』第 6 号、熊本大学大学院社会文化科学研究科、pp. 301-312

　　　　　2009a「近畿地方における漢鏡・小形仿製鏡の拡散と銅鏡生産」『考古学ジャーナル』No. 582、ニュー・サイエンス社、pp. 26-30

　　　　　2009b「弥生時代における銅鏡生産の地域的展開」『アジア鋳造技術史学会研究発表概要集』3 号、アジア鋳造技術史学会、pp. 88-89

　　　　　2010「漢代における踏み返し鏡製作について―日本列島出土漢鏡の観察を中心に―」『FUSUS』2 号、アジア鋳造技術史学会、pp. 15-27

　　　　　2011「重圏文鏡の生産・拡散とその意義―南九州における検討から―」『アジア鋳造技術史学会研究発表概要集』5 号、アジア鋳造技術史学会、pp. 31-34

　　　　　2012「破鏡としての小形仿製鏡の拡散とその意義―宮崎県高千穂町神殿遺跡出土鏡の分析を中心に―」『宮崎考古』第 23 号、宮崎考古学会、pp. 21-32

　　　　　2013a「肥後地域における銅鏡の拡散・受容と廃棄形態」九州考古学会事務局他編『平成 25 年度九州考古学会大会 弥生時代後期青銅鏡を巡る諸問題』九州考古学会、pp. 25-30

　　　　　2013b「弥生時代における小型鏡製作技術についての覚書―湯道の切断痕跡を残す資料の検討を中心に―」『FUSUS』5 号、アジア鋳造技術史学会、pp. 57-62

　　　　　2014「小型鏡生産における鋳造技術の地域間比較―湯口と鈕孔方向の関係を中心に―」『アジア鋳造技術史学会研究発表概要集』8 号、アジア鋳造技術史学会、pp. 80-83

　　　　　2015「東アジアにおける銅鏡鋳造技術の系譜関係―湯口の位置を中心に―」『FUSUS』7 号、アジア鋳造技術史学会、pp. 97-108

　　　　　2016a「日本列島における漢鏡の東方拡散と保有・廃棄の意義」『考古学研究』第 62 巻第 4 号、考古学研究会、pp. 27-48

　　　　　2016b「漢・三国・西晋期の銅鏡編年に関する新視角―特に方格規矩鏡と内行花文鏡について―」

『ヒストリア』第 259 号、大阪歴史学会、pp. 49-70

三船温尚　2002「熱処理、割れ方、錆び方から探る高錫青銅鏡の製作技法」天理市教育委員会編『天理市立黒塚古墳展示館開館記念フォーラム「黒塚古墳から卑弥呼がみえる」資料』天理市教育委員会、pp. 19-36

　　　　2004「石製笵の製作方法—須玖遺跡群、井尻 B 遺跡、飯倉 D 遺跡出土石製笵の調査と考察—」清水康二編『鏡笵研究』 I 、奈良県立橿原考古学研究所他、pp. 77-92

　　　　2008「下池山古墳出土大型倣製内行花文鏡の鋳造技法」卜部行弘編『下池山古墳の研究』奈良県立橿原考古学研究所研究成果第 9 冊、奈良県立橿原考古学研究所、pp. 207-226

　　　　2015「青銅鏡技術研究の最新事情—二つの定説を疑う—」新井悟編『古鏡—その神秘の力—』六一書房、pp. 102-103

三船温尚他　2004「垂水遺跡採集の石製品について」清水編『鏡笵研究』 I 、奈良県立橿原考古学研究所他、pp. 70-76

宮川　徙　1968「恵解山九号墳出土の歯牙について」森浩一編『紀淡・鳴門海峡地帯における考古学調査報告』同志社大学文学部考古学調査報告第 2 冊、同志社大学文学部文化学科内考古学研究室、pp. 22-27

　　　　1973「人歯に関する調査」泉森皎編『磐余・池ノ内古墳群』奈良県史跡名勝天然記念物調査報告第 28 冊、奈良県教育委員会、pp. 107-108

三宅米吉　1897「古鏡」『考古学会雑誌』第 1 編第 5 号、考古学会、pp. 216-223（『考古学研究』岡書院、1929 年、pp. 27-39 に収録）

宮崎市定　1987『アジア史概説』中公文庫、中央公論社

　　　　1988『古代大和朝廷』筑摩書房

宮崎隆旨　2010『奈良甲冑師の研究』吉川弘文館

宮崎まゆみ　2013「音と音楽」一瀬和夫他編『古墳時代の考古学』第 6 巻 人々の暮らしと社会、同成社、pp. 231-239

宮崎幹也　1999「滋賀県近江町高溝遺跡の儀鏡と出土遺構」『考古学ジャーナル』No. 446、ニュー・サイエンス社、pp. 14-16

宮崎勇蔵　1935「筑後国浮羽郡千年村徳丸塚堂古墳」『福岡県史蹟名勝天然紀念物調査報告書』第十輯、福岡県、pp. 11-27

宮田幸治　2015『宮ノ洲古墳〜その発見から消滅まで〜—地方史史料・資料から見た宮ノ洲古墳—』自費出版

宮田俊彦　1958「癸未年・男弟王・意柴沙加宮—隅田八幡神社蔵人物画象鏡銘文考—」『日本上古史研究』第 2 巻第 6 号、日本上古史研究会、pp. 101-104

宮原晋一他　2005「第 1 回鏡笵研究会討議録」清水康二他編『鏡笵研究』 Ⅲ 、奈良県立橿原考古学研究所他、pp. 106-119

宮本一夫　1990a「戦国鏡の編年（上）」『古代文化』第 42 巻第 4 号、財団法人古代学協会、pp. 20-27

　　　　1990b「戦国鏡の編年（下）」『古代文化』第 42 巻第 6 号、財団法人古代学協会、pp. 13-27

宮本長二郎　2000「家屋文鏡の建築と機能—発掘調査資料からの解釈—」日本建築学会編『家屋文鏡再読』日本建築学会建築歴史・意匠委員会、pp. 3-6

村上恭通　1992「シベリア・中央アジアにおける漢代以前の鏡について」『名古屋大学文学部研究論集』史学 38、名古屋大学文学部、pp. 105-124

　　　　1995「スキタイ・サルマート古墓の柄鏡と中国鏡」西谷眞治先生の古稀をお祝いする会編『西谷眞治先生古稀記念論文集』勉誠社、pp. 799-820

村上隆・沢田正明　1996「雪野山古墳出土「亲出銘三角縁四神四獣鏡」と米国スミソニアン研究機構フリアー・ギャラリー所蔵の兄弟鏡との科学的比較研究」福永伸哉他編『雪野山古墳の研究 考察篇』雪野山古墳発掘調査団、pp. 485-492

村川行弘　1979「親王塚・親王寺所蔵遺物の再検討」『考古学雑誌』第 65 巻第 3 号、日本考古学会、pp. 37-55

村崎真智子　1994「阿蘇神社のレガリア」『日本民俗学』第198号、日本民俗学会、pp. 63-75

村瀬　陸　2014a「画文帯神獣鏡からみた弥生のおわりと古墳のはじまり」『季刊考古学』第127号、雄山閣、pp. 69-73

　　　　　2014b「環状乳神獣鏡からみた安満宮山古墳出土1号鏡」高槻市教育委員会文化財課編『高槻古代史懸賞論文「いましろ賞」入賞論文集』高槻市教育委員会文化財課、pp. 18-32

　　　　　2016a「菱雲文に着目した同型神獣鏡の創出」『古文化談叢』第77集、九州古文化研究会、pp. 27-47

　　　　　2016b「漢末三国期における画文帯神獣鏡生産の再編成」『ヒストリア』第259号、大阪歴史学会、pp. 27-48

村田幸子　2012「弥生時代絵画の一断面」『日本考古学』第33号、日本考古学協会、pp. 1-32

村松洋介　2002「八幡東車塚古墳出土 三角縁竈龍鏡」『國學院大學考古学資料館紀要』第19輯、國學院大學考古学資料館、pp. 195-204

　　　　　2004a「斜縁神獣鏡研究の新視点」『古墳文化』創刊号、國學院大學古墳時代研究会、pp. 43-60

　　　　　2004b「吾妻坂古墳出土の四獣形鏡について」西川修一編『吾妻坂古墳―出土資料調査報告―』厚木市教育委員会文化財保護課、pp. 39-44

　　　　　2006「鏡の祭祀―非副葬鏡の問題を中心に―」『季刊考古学』第96号、雄山閣、pp. 40-43

　　　　　2013「三韓地域における青銅鏡の動向」九州考古学会事務局他編『平成25年度九州考古学会大会 弥生時代後期青銅鏡を巡る諸問題』九州考古学会、pp. 44-51

茂木雅博　1990『天皇陵の研究』同成社

望月規史　2012「『神々の乱心』にみる「御神鏡」の考古学―「三種の神器」をめぐる遺物論と考古学者―」北九州市立松本清張記念館編『松本清張と近代の巫女たち―「神々の乱心」にみる「御神鏡」の研究―』第十二回松本清張研究奨励事業研究報告書、北九州市立松本清張記念館、pp. 58-90

森　浩一　1962「日本の古代文化―古墳文化の成立と発展の諸問題―」石母田正他編『古代史講座』3 古代文明の形成、学生社、pp. 197-226

　　　　　1963「天神山古墳の鏡鑑」伊達宗泰他著『大和天神山古墳』奈良県史跡名勝天然記念物調査報告第22冊、奈良県教育委員会、pp. 55-69

　　　　　1965『古墳の発掘』中公新書65、中央公論社

　　　　　1966「大阪府船橋出土の弥生式土器の絵画」『古代学研究』第45号、古代学研究会、p. 8

　　　　　1970a「古墳出土の小型内行花文鏡の再吟味」橿原考古学研究所編『日本古文化論攷』吉川弘文館、pp. 259-284

　　　　　1970b『古墳』カラーブックス212、保育社

　　　　　1974「奈良県桜井市外山茶臼山古墳の鏡片」『古代学研究』第71号、古代学研究会、pp. 35-36

　　　　　1978「日本の遺跡と銅鏡―遺構での共存関係を中心に―」森編『日本古代文化の探究 鏡』社会思想社、pp. 51-95

　　　　　1979「日本的生活の芽生え」樋口隆康編『図説 日本文化の歴史』1 先史・原史、小学館、pp. 121-144

　　　　　1987「1986年考古学の成果と問題点―景初四年の鏡をめぐって―」『東アジアの古代文化』51号、大和書房、pp. 2-34

　　　　　1988「「鏡」の中の古代」『季刊邪馬台国』36号、梓書院、pp. 189-215

　　　　　1992「海人文化の舞台」著者代表森『海と列島文化』第8巻 伊勢と熊野の海、小学館、pp. 9-64

　　　　　1993『日本神話の考古学』朝日新聞社

　　　　　2000『記紀の考古学』朝日新聞社

森浩一編　1970『シンポジウム 古墳時代の考古学』学生社

森　幸一　1958「隅田八幡宮所蔵画象鏡製作年代考」『専修大學論集』第17号、専修大学学会、pp. 55-76

　　　　　1980「隅田八幡神社所蔵人物画象鏡判読新考―「開中費直」より「陽中費直」へ―」『専修史学』

第 12 号、専修大学歴史学会、pp. 1-22

森潤三郎　1979『考證學論攷─江戸の古書と蔵書家の調査』日本書誌学大系 9、青裳堂書店

森　銑三　1971「狩谷棭斎雑記」『森銑三著作集』第七巻、中央公論社、pp. 206-231

　　　　　1993「奥田敬山著見聞筆記抄」『森銑三著作集 続編』第七巻、中央公論社、pp. 487-508

森貞次郎　1966「九州」和島誠一編『日本の考古学』Ⅲ 弥生時代、河出書房新社、pp. 32-80

森貞次郎・佐野一　1968「重留箱式石棺」九州大学部学部考古学研究室編『有田遺跡』福岡市教育委員会、p. 45

森徳一郎　1924「集古十種所載の古鏡発見」『考古学雑誌』第 14 巻第 6 号、考古学会、pp. 33-34

森　俊道　1982「タマフリ呪儀と隅田八幡画像鏡」『東アジアの古代文化』33 号、大和書房、pp. 79-91

森　博達　1999『日本書紀の謎を解く』中公新書 1502、中央公論新社

モリエス、P.（市川恵里訳）2012『奇想の陳列部屋』河出書房新社

森岡秀人　1987「「十」状図文を有する近畿系弥生小形仿製鏡の変遷」横田健一先生古稀記念会編『文化史論叢』（上）、創元社、pp. 204-230

　　　　　1989「銅鏡」『季刊考古学』第 27 号、雄山閣、pp. 47-52

　　　　　2006「三世紀の鏡─ツクシとヤマト─」香芝市二上山博物館編『邪馬台国時代のツクシとヤマト』学生社、pp. 135-171

　　　　　2010「弥生系青銅器からみた古墳出現過程」日本考古学協会 2010 年度兵庫大会実行委員会編『日本考古学協会 2010 年度兵庫大会研究発表資料集』pp. 131-152

　　　　　2014「弥生小形仿製鏡はなぜ生まれたか」『季刊考古学』第 127 号、雄山閣、pp. 74-77

森岡秀人・西村歩　2006「古式土師器と古墳の出現をめぐる諸問題─最新年代学を基礎として─」財団法人大阪府文化財センター編『古式土師器の年代学』財団法人大阪府文化財センター、pp. 508-588

森下章司　1989「文様構成・配置からみた三角縁神獣鏡」京都大学文学部考古学研究室編『椿井大塚山古墳と三角縁神獣鏡』京都大学文学部、pp. 64-67

　　　　　1991「古墳時代仿製鏡の変遷とその特質」『史林』第 74 巻第 6 号、史学研究会、pp. 1-43

　　　　　1993a「仿製鏡の変遷」『季刊考古学』第 43 号、雄山閣、pp. 64-67

　　　　　1993b「火竟銘仿製鏡の年代と初期の文字資料」『京都考古』第 73 号、京都考古刊行会、pp. 1-9

　　　　　1993c「紫金山古墳の仿製鏡」京都大学文学部考古学研究室編『紫金山古墳と石山古墳』京都大学文学部博物館図録第 6 冊、京都大学文学部博物館、pp. 116-119

　　　　　1993d「鏡の生産」京都大学文学部考古学研究室編『紫金山古墳と石山古墳』京都大学文学部博物館図録第 6 冊、京都大学文学部博物館、pp. 12-23

　　　　　1994「古墳時代の鏡」埋蔵文化財研究会編『倭人と鏡 その 2─3・4 世紀の鏡と墳墓─』第 36 回埋蔵文化財研究集会、埋蔵文化財研究会、pp. 21-28

　　　　　1995a「鏡─文様の模倣と変化をみる」白石太一郎編『歴史を読みなおす』2 古墳はなぜつくられたのか、朝日百科日本の歴史別冊通巻 14 号、朝日新聞社、pp. 32-36

　　　　　1995b「前方後方墳出土の鏡」第 3 回東海考古学フォーラム三重実行委員会編『前方後方墳を考える』第 3 回東海考古学フォーラム、pp. 271-277

　　　　　1998a「鏡の伝世」『史林』第 81 巻第 4 号、史学研究会、pp. 1-34

　　　　　1998b「古墳時代前期の年代試論」『古代』第 105 号、早稲田大学考古学会、pp. 1-27

　　　　　1998c「古墳出土鏡の諸問題」『平成 10 年度秋季展 古鏡の世界』展観の栞 24、財団法人辰馬考古資料館、pp. 15-16

　　　　　2001a「多田大塚 4 号墳出土の鏡」静岡県教育委員会編『静岡県の前方後円墳─個別報告編─』静岡県文化財調査報告書第 55 集、静岡県文化財保存協会、pp. 55-60

　　　　　2001b「青銅鏡研究と科学分析」『考古学ジャーナル』No. 470、ニュー・サイエンス社、pp. 22-25

　　　　　2002「古墳時代倭鏡」車崎正彦編『考古資料大観』第 5 巻 弥生・古墳時代 鏡、小学館、pp. 305-316

　　　　　2004a「古鏡の拓本資料」『古文化談叢』第 51 集、九州古文化研究会、pp. 15-30

2004b「鏡・支配・文字」平川南他編『文字と古代日本』I 支配と文字、吉川弘文館、pp. 10-24

2005a「前期古墳副葬品の組合せ」『考古学雑誌』第 89 巻第 1 号、日本考古学会、pp. 1-31

2005b「器物の生産・授受・保有形態と王権」前川和也他編『国家形成の比較研究』学生社、pp. 179-194

2005c「鏡鑑」阪口英毅編『紫金山古墳の研究—古墳時代前期における対外交渉の考古学的研究—』平成 14~16 年度科学研究費補助金（基盤研究（B）(2)）研究成果報告書、京都大学大学院文学研究科、pp. 125-149

2005d「鏡と石製品からみた紫金山古墳」阪口英毅編『紫金山古墳の研究—古墳時代前期における対外交渉の考古学的研究—』平成 14~16 年度科学研究費補助金（基盤研究（B）(2)）研究成果報告書、京都大学大学院文学研究科、pp. 283-304

2005e「三次元計測と鏡研究—傷の比較検討」水野敏典他編『三次元デジタル・アーカイブを活用した古鏡の総合的研究 第 2 分冊』橿原考古学研究所成果第 8 冊、奈良県立橿原考古学研究所、pp. 411-416

2005f「東之宮古墳の出土品」赤塚次郎編『史跡東之宮古墳調査報告書』犬山市埋蔵文化財調査報告書第 2 集、犬山市教育委員会、pp. 58-61

2006a「前期古墳編年—方法・表現・目的—」第 9 回九州前方後円墳研究会大分大会実行委員会編『前期古墳の再検討 第 9 回九州前方後円墳研究会大分大会発表要旨・資料集』九州前方後円墳研究会、pp. 1-10

2006b「喇嘛洞出土の銅鏡をめぐって」独立行政法人文化財研究所奈良文化財研究所編『東アジア考古学論叢—日中共同研究論文集—』独立行政法人文化財研究所奈良文化財研究所、pp. 15-22

2007「銅鏡生産の変容と交流」『考古学研究』第 54 巻第 2 号、考古学研究会、pp. 34-49

2009「副葬品の組合わせと埴輪」考古学研究会関西例会編『前期古墳の変化と画期』関西例会 160 回シンポジウム発表要旨集、考古学研究会関西例会、pp. 11-88

2010「古墳出現期における中国鏡の流入と仿製鏡生産の変化」日本考古学協会 2010 年度兵庫大会実行委員会編『日本考古学協会 2010 年度兵庫大会研究発表資料集』pp. 105-114

2011a「古代東アジアの銅鏡」金関恕監修『古代の鏡と東アジア』学生社、pp. 63-87

2011b「漢末・三国西晋鏡の展開」『東方学報』第 86 冊、京都大学人文科学研究所、pp. 91-138

2011c「青銅器の変遷と唐古・鍵遺跡、纒向遺跡の時代」唐古・鍵考古学ミュージアム他編『ヤマト王権はいかにして始まったか』学生社、pp. 76-97

2012a「鏡」広瀬和雄他編『講座日本の考古学』8 古墳時代（下）、青木書店、pp. 454-477

2012b「仿製鏡の授受と地域」『考古学ジャーナル』No. 635、ニュー・サイエンス社、pp. 5-9

2012c「副葬品の組合せと埴輪」考古学研究会例会委員会編『前期古墳の変化と画期・古墳時代集落研究の再検討』考古学研究会例会シンポジウム記録八、考古学研究会、pp. 9-30

2013「銅鏡の表面」岡内三眞編『技術と交流の考古学』同成社、pp. 215-222

2014「副葬品と埋葬施設からみた東之宮古墳の年代」渡邉樹他編『史跡東之宮古墳』犬山市埋蔵文化財調査報告書第 12 集、犬山市教育委員会、pp. 413-422

2015「倭の鏡」新井悟編『古鏡—その神秘の力—』六一書房、pp. 92-101

2016a「入の沢遺跡出土鏡の意義」高橋透編『入の沢遺跡』宮城県文化財調査報告書第 245 集、宮城県教育委員会、pp. 211-216

2016b「銅鏡からみた邪馬台国時代の倭と中国」『纒向発見と邪馬台国の全貌 卑弥呼と三角縁神獣鏡』発見・検証 日本の古代 I、角川書店、pp. 182-209

2017「銅鏡から見た入の沢遺跡と東北の古墳時代」辻秀人編『古代倭国北縁の軋轢と交流—入の沢遺跡で何が起きたか—』季刊考古学・別冊 24、雄山閣、pp. 28-44

森下章司編　2010『弥生・古墳時代銅鏡出土状況資料集』大手前大学史学研究所

森下浩行　1983「高松市鬼無町今岡古墳とその組合式陶棺」『香川考古』創刊号、香川考古刊行会、pp. 7-12

森島中良　1800『桂林漫録』下巻

森本岩太郎　1989「太田古墳出土人骨について」岩崎卓也編『太田古墳』八千代町埋蔵文化財調査報告書4、
　　　　　　八千代町教育委員会、pp. 46-49

森本星史　2013「弥生時代後期の鏡（大分県）」九州考古学会事務局他編『平成25年度九州考古学会大会　弥
　　　　　　生時代後期青銅鏡を巡る諸問題』九州考古学会、pp. 58-66

森本六爾　1924「得能山古墳」『考古学雑誌』第14巻第13号、考古学会、pp. 33-47
　　　　　　1926a「本古墳にあらはれたる文化の地方相」森本編『金鎧山古墳の研究』雄山閣、pp. 38-54
　　　　　　1926b「二三鏡鑑の新例について」『考古学雑誌』第16巻第5号、考古学会、pp. 39-43
　　　　　　1927「多鈕細文鏡考」『考古学研究』第一輯、考古学研究会、pp. 36-58
　　　　　　1928「鈴鏡に就て」『考古学研究』第2年第3号、考古学研究会、pp. 1-33
　　　　　　1929a「文化東漸と地方的色彩」『川柳将軍塚の研究』岡書院、pp. 88-98
　　　　　　1929b『川柳将軍塚の研究』信濃教育会更級部会更級郡史料第一輯、岡書院
　　　　　　1935「多鈕細文鏡の諸型式」『考古学』第6巻第7号、東京考古学会、pp. 303-310

森本六爾編　1926『金鎧山古墳の研究』雄山閣

守屋俊彦　1970「菴知の萬の子―鏡作伝承の一破片―」『古代文化』第22巻第7・8号、財団法人古代学協
　　　　　　会、pp. 169-175

門田誠一　1985「昌原三東洞遺跡出土の小形鏡と銅鏃」『古代学研究』第107号、古代学研究会、pp. 16-29

八木あゆみ　2000「鈴鏡をめぐる諸問題」『古事　天理大学考古学研究室紀要』第4冊、天理大学考古学研究
　　　　　　室、pp. 23-34

八木奘三郎　1899「鏡」『日本考古学』後編、嵩山房、pp. 216-221
　　　　　　1900「宋代三古図の解題」『考古』第1篇第5号、考古学会、pp. 46-52
　　　　　　1902「鏡鑑説」『考古便覧』嵩山房、pp. 106-148
　　　　　　1905「鏡鑑之部」八木他合著『考古學研究法』春陽堂、pp. 197-212
　　　　　　1910「鏡鑑説」『考古精説』嵩山房、pp. 134-184
　　　　　　1935「明治考古学史」『ドルメン』第4巻第6号、岡書院、pp. 9-24

安村俊史　2010「税所篤と松岳山古墳群」『柏原市立歴史資料館　館報』第22号、柏原市立歴史資料館、pp.
　　　　　　39-49
　　　　　　2012「続・税所篤と松岳山古墳群―堅山家文書の再発見―」『柏原市立歴史資料館　館報』第24
　　　　　　号、柏原市立歴史資料館、pp. 57-80

柳田國男監修　1950『日本伝説名彙』日本放送出版協会

柳田國男・尾佐竹猛他　1927「銷夏奇談　柳田國男・尾佐竹猛座談会」『文藝春秋』1927年7月号、文藝春秋
　　　　　　社

柳田康雄　1986「北部九州の古墳時代」森浩一編『日本の古代』第5巻　前方後円墳の世紀、中央公論社、pp.
　　　　　　155-188
　　　　　　1998「伊都国の繁栄（上）」『西日本文化』345、財団法人西日本文化協会、pp. 2-11
　　　　　　2000a「平原王墓出土銅鏡の観察総括」柳田編『平原遺跡』前原市文化財調査報告書第70集、前原
　　　　　　市教育委員会、pp. 115-120
　　　　　　2000b『伊都国を掘る―邪馬台国に至る弥生王墓の考古学』大和書房
　　　　　　2002「摩滅鏡と踏返し鏡」『九州歴史資料館研究論集』27、九州歴史資料館、pp. 1-42
　　　　　　2005「銅鏡鋳造における湯口について」清水康二他編『鏡范研究』Ⅲ、奈良県立橿原考古学研究所
　　　　　　他、pp. 34-45
　　　　　　2006「弥生王墓と「イト国」の大鏡」江野道和編『大鏡が映した世界　平原遺跡出品国宝指定記
　　　　　　念特別展』伊都国歴史博物館図録3、伊都国歴史博物館、pp. 52-55
　　　　　　2008「青柳種信の考古学―拓本と正確な実測図で論証―」國學院大學研究開発推進機構日本文化研
　　　　　　究所編『近世の好古家たち―光圀・君平・貞幹・種信―』雄山閣、pp. 170-202
　　　　　　2013「弥生時代王権論」柳田編『弥生時代政治社会構造論　柳田康雄古稀記念論文集』雄山閣、pp.

291-322

　　　　　2015「1・2世紀の磨滅鏡・踏み返し鏡・仿製鏡」『古文化談叢』第74集、九州古文化研究会、pp. 163-191

柳田康雄編　2000『平原遺跡』前原市文化財調査報告書第70集、前原市教育委員会

柳田康雄他　2011「出土地不明 伝大槻盤溪旧蔵 三角縁波文帯三神三獣鏡」『國學院大學学術資料館 考古学資料館紀要』第27輯、國學院大學研究開発推進機構学術資料館考古学資料館部門、pp. 73-88

柳田康雄・副島邦弘　1971「若八幡宮古墳」柳田編『今宿バイパス関係埋蔵文化財調査報告』第2集、福岡県教育委員会、pp. 7-44

矢野　暢　1975『「南進」の系譜』中公新書412、中央公論社

矢野淳一・山本哲也　1996「千葉県君津市戸崎出土の五鈴鏡」『國學院大學考古学資料館紀要』第12輯、國學院大學考古学資料館、pp. 107-118

藪田嘉一郎　1955「隅田八幡神社蔵画象鏡銘考」『史迹と美術』250号、史迹美術同攷会、pp. 52-58

山　泰幸　2008「考古学と社会学の交錯―和辻哲郎と「社会学的」考古学の成立をめぐって―」『九州と東アジアの考古学』下巻、九州大学考古学研究室50周年記念論文集刊行会、pp. 753-766

山尾幸久　1968「隅田八幡鏡銘による継体天皇即位事情の考察」『日本史学』創刊号、日本史学会、pp. 50-61

　　　　　1970「日本古代王権の成立過程について（中）」『立命館文学』第297号、立命館大学人文学会、pp. 45-83

　　　　　1973「古墳時代の金石文」『日本史研究』第130号、日本史研究会、pp. 120-122

　　　　　1983『日本古代王権形成史論』岩波書店

　　　　　1989「隅田八幡画像鏡銘が語る日朝関係」『古代の日朝関係』塙選書93、塙書房、pp. 230-249

山越　茂　1974a「方格規矩四神鏡考（上）」『考古学ジャーナル』No. 93、ニュー・サイエンス社、pp. 2-8

　　　　　1974b「方格規矩四神鏡考（中）」『考古学ジャーナル』No. 95、ニュー・サイエンス社、pp. 15-24

　　　　　1974c「方格規矩四神鏡考（下）」『考古学ジャーナル』No. 96、ニュー・サイエンス社、pp. 17-21

　　　　　1982「鈴鏡研究緒論―関東地方発見の鈴鏡を中心として―」『栃木県史研究』第23号、栃木県教育委員会事務局、pp. 1-24

山崎一雄　1987『古文化財の科学』思文閣出版

山崎一雄他　1979「日本および中国青銅器中の鉛の同位体比」『考古学と自然科学』第12号、東京大学理学部人類学教室、pp. 55-65

　　　　　1980「鉛同位体比測定による日本及び中国出土の考古遺物の産地の研究」古文化財編集委員会編『考古学・美術史の自然科学的研究』日本学術振興会、pp. 383-394

山崎秀二　1985「考察―小型銅鏡からみた下長遺跡の一側面―」岩崎茂編『下長遺跡発掘調査報告 岡遺跡発掘調査報告』守山市文化財調査報告書第19冊、守山市教育委員会、pp. 23-26

山田俊輔　2006「上方作系浮彫式獣帯鏡の基礎的研究」『早稲田大学會津八一記念博物館 研究紀要』第7号、早稲田大学會津八一記念博物館、pp. 15-26

山田隆文　2005「三角縁神獣鏡の鋳型製作における型押し技法の可能性について」水野敏典他編『三次元デジタル・アーカイブを活用した古鏡の総合的研究 第2分冊』橿原考古学研究所成果第8冊、奈良県立橿原考古学研究所、pp. 431-436

山田百華堂他（札元）1933『北岳樓蔵品展観図録』名古屋美術倶楽部

山田正興編　1981『東山鳶ケ森古墳群調査報告書』松山市教育委員会

山田孝雄　1915「隅田八幡宮蔵古鏡につきて」『考古学雑誌』第5巻第5号、考古学会、pp. 41-46

　　　　　1937『国語史―〔文字篇〕―』刀江書院

山中吉郎兵衛・春海商店（札元）1934『もく流く』

山中共古　1910「三河国鳳来寺鏡堂の鏡」『集古会誌』第3巻第3号、集古会、pp. 49-51

山中鹿次　2003「垂仁紀（記）の架空、作為に関して」『日本書紀研究』第25冊、塙書房、pp. 263-292

山本幸司　2003「王権とレガリア」網野善彦他編『岩波講座 天皇と王権を考える』第6巻 表徴と芸能、岩波書店、pp. 15-43

山本三郎　1978「舶載内行花文鏡の形態分類について」山本編『播磨・竜山 5 号墳発掘調査報告』高砂市文化
　　　　　財調査報告 6、高砂市教育委員会、pp. 31-41

　　　　　2008「播磨地域における弥生時代遺跡出土鏡の検討」菅谷文則編『王権と武器と信仰』同成社、
　　　　　pp. 38-51

山元敏裕　1999「香川県高松市居石遺跡の儀鏡と出土遺構」『考古学ジャーナル』No. 446、ニュー・サイエン
　　　　　ス社、pp. 25-28

弓場紀知編　1989『出光美術館蔵品図録 中国の工芸』財団法人出光美術館

湯本整・飯田浩光　2009「池島・福万寺遺跡出土小形仿製鏡について」『大阪文化財研究』第 34 号、財団法人
　　　　　大阪府文化財センター、pp. 47-54

楊　　泓　1985「呉・東晋・南朝の文化とその海東への影響」『三角縁神獣鏡の謎 日中合同古代史シンポジウ
　　　　　ム』角川書店、pp. 108-129

用田政晴　1980「前期古墳の副葬品配置」『考古学研究』第 27 巻第 3 号、考古学研究会、pp. 37-54

横田健一　1950「『古事記』における出雲関係記載の一考察」『国文学』創刊号、関西大学国文会（『日本古代
　　　　　神話と氏族伝承』塙書房、1982 年、pp. 11-35 に収録）

　　　　　1958「日本古代における鏡の移動」『古代文化』第 2 巻第 1 号、財団法人古代学協会京都支部、pp.
　　　　　1-2

横田　宏　1997「龍門寺 1 号古墳出土 五獣形鏡覚書」『博物館だより』No. 35、岐阜市歴史博物館、pp. 5-6

横田勝他　2004「実験考古学・青銅合金鋳造用石笵材の材料学的調査」清水康二編『鏡笵研究』Ⅰ、奈良県立
　　　　　橿原考古学研究所他、pp. 130-137

横山浩一　1985「型式論」『岩波講座 日本考古学』第 1 巻 研究の方法、岩波書店、pp. 43-78

義江明子　2000『日本古代系譜様式論』吉川弘文館

吉岡郁夫　1983「出土人骨の人類学的検討」脇坂光彦編『府中・山ノ神 1 号古墳発掘調査報告』府中市教育委
　　　　　員会

　　　　　1985「広島県の古墳時代人骨」脇坂光彦他編『芸備古墳文化論考』芸備友の会、pp. 105-117

吉岡康暢・河村好光編　1997『加賀 能美古墳群』寺井町教育委員会他

吉田大輔　2013「佐賀平野における弥生時代後期を中心とした青銅鏡の動向」九州考古学会事務局他編『平成
　　　　　25 年度九州考古学会大会 弥生時代後期青銅鏡を巡る諸問題』九州考古学会、pp. 4-15

吉田　広　2013「四国地域の弥生時代青銅鏡の動向」九州考古学会事務局他編『平成 25 年度九州考古学会大
　　　　　会 弥生時代後期青銅鏡を巡る諸問題』九州考古学会、pp. 67-74

吉田博行　1999「放射状区画をもつ珠文・乳文鏡について」土井健司他編『森北古墳群』会津坂下町教育委員
　　　　　会他、pp. 139-150

吉田陽一　2001「珠文鏡について」鈴木文雄編『桜井古墳群上渋佐支群 7 号墳発掘調査報告書』原町市埋蔵文
　　　　　化財調査報告書第 27 集、福島県原町市教育委員会、pp. 64-70

吉村和昭　2016「地下式横穴墓における女性と未成人への武器副葬」田中良之先生追悼論文集編集委員会編
　　　　　『考古学は科学か』下、中国書店、pp. 727-744

吉村武彦　1996『日本古代の社会と国家』岩波書店

米田敏幸編　1987『八尾市内遺跡昭和 61 年度発掘調査報告書Ⅱ』八尾市文化財調査報告 15、八尾市教育委員
　　　　　会

林　孝澤　2001（大阪朝鮮考古学研究会訳）「金海良洞里第 427 号土壙墓の考察」東義大学校博物館編『金海
　　　　　良洞里古墳文化』東義大学校博物館学術叢書 7、東義大学校博物館、pp. 202-214（原著 2000
　　　　　年）

若井敏明　2010『邪馬台国の滅亡 大和王権の征服戦争』歴史文化ライブラリー 294、吉川弘文館

若林弘子　2000「古代住居論の再考─入母屋伏屋をめぐって」日本建築学会編『家屋文鏡再読』日本建築学会
　　　　　建築歴史・意匠委員会、pp. 7-16

脇山佳奈　2012「祭祀遺跡・集落遺跡出土の仿製鏡」野島永他編『千歳下遺跡発掘調査報告書』広島大学大学
　　　　　院文学研究科考古学研究室報告第 2 冊・舞鶴市文化財調査報告第 46 集、広島大学大学院文学

研究科考古学研究室、pp. 65-71・76-81

2013「珠文鏡の研究」『史學研究』第 279 号、広島史学研究会、pp. 1-28

2014「仿製内行花文鏡の施文方法に関する研究—有節松葉文帯をもつものを中心として—」『アジア鋳造技術史学会研究発表概要集』8 号、アジア鋳造技術史学会、pp. 66-69

2015a「庄・蔵本遺跡出土銅鐸破片の意義」『国立大学法人徳島大学埋蔵文化財調査室 紀要』1、国立大学法人徳島大学埋蔵文化財調査室、pp. 33-42

2015b「重圏文鏡の画期と意義」『広島大学大学院文学研究科 考古学研究室紀要』第 7 号、広島大学大学院文学研究科考古学研究室、pp. 13-37

2015c「珠文鏡の製作方法に関する検討」『アジア鋳造技術史学会研究発表概要集』9 号、アジア鋳造技術史学会、pp. 37-39

和田　萃　1978「古代日本における鏡と神仙思想」森浩一編『日本古代文化の探究 鏡』社会思想社、pp. 167-206

1988『大系日本の歴史』2 古墳の時代、小学館

1993「鏡をめぐる伝承」『季刊考古学』第 43 号、雄山閣、pp. 79-82

1995a「鏡と神仙思想」『日本古代の儀礼と祭祀・信仰』中、塙書房、pp. 31-68

1995b「付論一 鏡をめぐる信仰」『日本古代の儀礼と祭祀・信仰』中、塙書房、pp. 69-79

1995c「古代史からみた継体大王」宇治市教育委員会編『継体王朝の謎 うばわれた王権』河出書房新社、pp. 65-81

2000「継体王朝の成立」森浩一他編『継体王朝 日本古代史の謎に挑む』大巧社、pp. 5-27

2002「神器論—戦う王、統治する王—」網野善彦他編『岩波講座天皇と王権を考える』第 2 巻 統治と権力、岩波書店、pp. 61-82

2003「大和政権の成立と倭国文化の形成」角田文衞他編『古代王権の誕生』Ⅰ東アジア編、角川書店、pp. 100-121

2008「二人のホド王 継体新王朝の歴史的背景」高槻市教育委員会編『継体天皇の時代 徹底討論 今城塚古墳』吉川弘文館、pp. 37-62

和田晴吾　1986「金属器の生産と流通」『岩波講座 日本考古学』第 3 巻 生産と流通、岩波書店、pp. 263-303

1987「古墳時代の時期区分をめぐって」『考古学研究』第 34 巻第 2 号、考古学研究会、pp. 44-55

和田正夫・松浦正一　1951『快天山古墳発掘調査報告書』史跡名勝天然記念物調査報告第 15、香川県教育委員会

渡辺正気・萩原房男　1976『潜塚古墳』大牟田市教育委員会

渡部眞弓　1990「神鏡奉斎考」『神道史研究』第 38 巻第 2 号、神道史學會、pp. 37-59

渡部義通　1949『日本古代社会』三笠書房

和辻哲郎　1920『日本古代文化』岩波書店

1939『日本古代文化 改稿版』岩波書店

1942a『倫理学』中巻、岩波書店

1942b「尊皇思想とその伝統」『岩波講座 倫理学』第一冊、岩波書店、pp. 1-144

1943『尊皇思想とその伝統』日本倫理思想史第一巻、岩波書店

1951『新稿 日本古代文化』岩波書店

王　仲殊　1981「関于日本三角縁神獣鏡的問題」『考古』1981 年 4 期、科学出版社、pp. 346-358

1982「関于日本的三角縁仏獣鏡—答西田守夫先生」『考古』1982 年 6 期、科学出版社、pp. 630-639

1984「日本三角縁神獣鏡綜論」『考古』1984 年 5 期、科学出版社、pp. 468-479

1985「日本の三角縁神獣鏡について」『三角縁神獣鏡の謎 日中合同古代史シンポジウム』角川書店、pp. 19-39

1987a「論日本出土的景初四年銘三角縁盤龍鏡」『考古』1987 年 3 期、科学出版社、pp. 265-271

1987b「日本で出土した景初四年銘の三角縁盤竜鏡について論ず」『季刊邪馬台国』第 32 号、梓書院（竹下ひろみ訳）、pp. 10-25

1992『三角縁神獣鏡』学生社（尾形勇・杉本憲司編訳）

2000a「仿製三角縁神獣鏡の性格といわゆる舶載三角縁神獣鏡との関係を論ず（上)」『東アジアの古代文化』102 号、大和書房、pp. 124-136（熊倉浩靖訳）

2000b「仿製三角縁神獣鏡の性格といわゆる舶載三角縁神獣鏡との関係を論ず（下)」『東アジアの古代文化』103 号、大和書房、pp. 158-167（熊倉浩靖訳）

王　趁意　2014「洛陽三角縁笠松紋神獣鏡初探」『中原文物』2014 年第 6 期、中原文物編輯部、pp. 93-95

編者不明（天保年間)『鏡研搨本』

Childe, V. G. 1930. *The Bronze Age*. Cambridge, Cambridge University Press.

Earle, T. 1997. *How Chiefs Come to Power: The Political Economy in Prehistory*. California, Stanford University Press.

Karlgren, B. 1934. Early Chinese Mirror Inscriptions. *Bulletin of the Museum of Far Eastern Antiquities* 6: 9-79.

Lapteff, S. 2008. A Comparison of Technological Characteristics of Ancient Bronze Mirrors in China, Korea, Japan, and South Siberia. *Historia scientiarum. Second series* 17（3): 242-252.

Tanabe, G. 1962. A Study on the Chemical Compositions of Ancient Bronze Artifacts Excavated in Japan. 『東京大学理学部紀要』第五類　人類学　第 2 冊第 3 篇、東京大学、pp. 261-319.

Тишкин, А. А. and Серегин，N. N. 2011. *Металлические зеркала как источник по древней и средневековой истории Алтая*.（中国語訳『金属鏡　阿尔泰古代和中世紀的資料—根据阿尔泰国立大学阿尔泰考古学与民族学博物館資料—』陝西省考古研究院訳、文物出版社、2012 年)

Yamagata, M., Pham Duc Manh and Bui Chi Hoang. 2001. Western Han Bronze Mirrors Recently Discovered in Central and Southern Vietnam. *Bulletin of the Indo-Pacific Prehistory Association* 21: 99-106.

# 図 表 出 典

※1. 〔　〕内の出典文献は、引用文献に対応する。
※2.　出典を明記していない図表は著者作製。

図1・2〔高橋 1908a〕
図3・4〔高橋 1911〕
図6〔保坂 1986〕
図7〔梅原 1921a〕
図8・11〔富岡 1920a〕
図9〔後藤 1926a〕
図10〔後藤 1927a〕
図12〔樋口 1928b〕
図13・14〔原田 1960〕
図15・16〔原田 1961a〕
図17・18〔高倉 1972〕
図19・21〔田中 1983a〕
図20〔横山 1985〕
図22・23・24〔田中 1979〕
図25〔名本 1982a・1983〕
図26〔冨田 1989〕
図27〔辰巳 1996〕
図28・30〔森下 1991〕
図29〔森下 1993a〕
図31〔森下 1993b〕
図32〔車崎 1993a〕
図33・36・37〔清水 1994〕
図34・38〔福永 1994a〕
図35・43・44〔森下 1998a〕
図39〔赤塚 1998b〕
図40〔愛知県史編さん委員会編 2005〕
図41〔西川 2000〕
図42〔堀口編 2005〕
図45〔馬淵 1996〕
図46〔中村 1992〕
図47・48・51〔辻田 2007a〕
図49・50〔林 2000〕
図52・53〔岩本 2003〕
図54〔脇山 2013〕
図55・56・57〔林 2005〕
図58〔脇山 2015b〕
図59・73〔林 2002〕
図60〔林 2013〕

図61・62〔岩本 2017b〕
図63〔上野 2012b〕
図64〔加藤 2017a〕
図65〔加藤 2014a〕
図66〜70〔田尻 2012〕
図71・72〔南 2005〕
図74〔上野 2012b〕
図75〔加藤 2015c〕
図76〔泉屋博古館古代青銅鏡放射光蛍光分析研究会
　　　2004〕
図78　左〔平賀 1763〕（京都大学文学研究科所蔵）、
　　　右『博古図録』
図79〔小泉編 2014〕
図80-1〔須崎編 1994〕、2〔平井編 1982〕、3〔近藤
　　　他編 1987〕、4〔近藤 1986〕、5〔米田編 1987〕、
　　　6〔亀田編 1982〕、7〔岩本他 2010〕、8〔引原他
　　　編 2001〕
図81〔都出 1989a〕
図82-5〔森 1966〕、6〔中尾編 2003〕、7〔島崎編
　　　1995〕、8〔春成 2011b〕（すべて一部改変のうえ
　　　再トレース）
図83〔森 1963〕
図85〜88・93・94『観古集』（天理大学附属天理図書
　　　館所蔵）
図89〔下垣 2010c〕
図90〔土橋他 1934〕
図91〔山田百華堂他 1933〕
図92〔後藤粛 1916〕
表4〔森本 1928〕
表5〔小林行 1956〕
表6〔原田 1961a〕
表7〔田中 1979〕
表8〔森下 1991〕
表9〔新井 1995〕
表10〔清水 1994〕
表11〔車崎 1993a〕
表12・13〔田尻 2012〕

# あとがき

　　——なるほど日本の考古学的研究は、微に入り細を穿って、行き届いてはいるだろう。まるで日光廟の建築だ。どこを見ても実にこまかい彫刻で満たされている。その代り、どこまでが本筋で、どこからが装飾なのか、全体の構造を明かにしようということになると、それがはっきりつかめないのではないだろうか。

　最後まで引用で恐縮だが、これは小林行雄氏が敗戦後まもなく上梓した対話調の著書『日本古代文化の諸問題』のなかで、話者のひとりが吐露した考古学研究の現況である。なんのことはない、研究が細かくなったせいで全体像がとらえにくくなっているという研究者の悩みは、昔から変わらないわけである。

　とはいえ、本書『古墳時代銅鏡論考』の主役である（倭製）鏡は、弥生・古墳時代研究の花形であるだけに、研究成果の数と分析精度は、現在ますます上昇している。今年にはいってからも、重要な成果が陸続と提示されている。たとえば辻田淳一郎氏が、古墳時代中期〜後期の同型鏡群と倭製鏡に関する浩瀚な著書を上梓した〔辻田 2018〕。最近の後期倭製鏡・中期倭製鏡の研究を牽引している加藤一郎氏が、これまでの成果をまとめて報告書として刊行した〔加藤 2018〕。銅鏡の鉛同位体比分析を長年にわたって主導してきた馬淵久夫氏が、三角縁神獣鏡と倭製鏡に関する分析成果を長篇の論考に結実させた〔馬淵 2018a・b〕。また、福岡県平原墳墓出土鏡群と三角縁神獣鏡との関連性を鏡笵再利用技法の面から明示する、重要な論考が発表された〔清水他 2018〕。

　本書の第Ⅰ部では、倭製鏡研究の現状と将来を悲観したが、近況から察するに、どうやら筆者の見立てちがいにすみそうである。とはいうものの、上記の諸研究は真摯な姿勢で研究に邁進してきた研究者の成果である。際限なく論考数と細緻の度を増す鏡研究の現状は、鏡研究の全体像を知りたい者や、これから鏡研究を志す者にとって、「一見様お断り」の雰囲気をますます濃厚に漂わせているように感じられるだろう。

　この状況は、なにも鏡研究にかぎらず、考古学全般に該当することである。研究の来し方と現状、そして行く末をみすえた本格的な作業が、ますます必要になってきているわけだ。本書第Ⅰ部では、（倭製）鏡を俎上に載せてこの作業を実践したのだが、同種の作業が幅広い考古資料にたいしておこなわれることを希望している。

　第Ⅰ部の作業は、第Ⅱ部の研究とも深くかかわっている。研究史を詳細に通覧すると、特定の時期に同工異曲の研究が頻発する事態をよくみかける。先行研究の激増や研究の細分化に悩む研究者は多いが、似たようなテーマと資料群を細切れにして、似たような分析視角から似たような検討をくりかえせば、当然そうなるのだから、自縄自縛の側面も少なからずある。研究史に真正面から向きあうならば、重要でありながらも看過されがちな分析視角やテーマが多数あることに容易に気が

つくはずである。

　そこで本書第Ⅱ部では、筆者が重要と感じつつも、十分に研究が深められてこなかったテーマに関する諸論考を掲載した。このほか、鏡の面数と重量を分析した論考もあったが、一昨年に刊行した拙著に収録したため〔下垣 2016a〕、本書への収録はみあわせた。学界と世間の関心が集まる製作・流通（配布）・保有に関する論考も、いっさい収録しない方針をとった。

　本書に収録した諸論考は（倭製）鏡を対象にしているが、各論考の分析視角はほかの考古資料にも適用できる汎用性の高いものである（とくに第Ⅱ部第3〜5章）。本書で提示した問題意識や分析視角がほかの考古資料の検討に役立つならば、たいへんうれしく思う。

　本書の諸論考の原型は、日本学術振興会科学研究費補助金の研究成果〔下垣 2016b〕として執筆したものである。なお、各章の執筆期間は以下のとおりであるが、今回の収録にあたって、かなりの加除修正をおこなった。

　　第Ⅰ部……2014年11月〜2015年3月、同9〜10月

　　第Ⅱ部第1章……2015年3月

　　第Ⅱ部第2章……2015年11月

　　第Ⅱ部第3章……2016年1月

　　第Ⅱ部第4章……2015年12月

　　第Ⅱ部第5章……2016年1月

　本書の作成にあたって、同成社の三浦彩子さんにご尽力いただいた。深く感謝いたします。

　本書の刊行にあたって、平成30年度日本学術振興会科学研究費補助金（研究成果公開促進費、学術図書）〔JP18HP5104〕をうけた。


　　　2018年5月1日

　　　　　　　　　　　　　　　　　　　　　　　　　　　　　　　　下 垣 仁 志

# 古墳時代銅鏡論考

■著者略歴■

下垣仁志（しもがき・ひとし）

1975 年、東京都生まれ（作州育ち）。2006 年、京都大学大学院文学研究科博士後期課程修了。現在、京都大学大学院文学研究科准教授。文学博士（京都大学）。

〔主要著作〕

『古墳時代の王権構造』（吉川弘文館、2011 年）、『考古学的思考の歴史』（同成社、2015 年、訳書）、『日本列島出土鏡集成』（同成社、2016 年）、『古墳時代の国家形成』（吉川弘文館、2018 年）

---

2018 年 6 月 1 日発行

| | |
|---|---|
| 著 者 | 下 垣 仁 志 |
| 発行者 | 山 脇 由 紀 子 |
| 印 刷 | ㈱ 理 想 社 |
| 製 本 | 協 栄 製 本 ㈱ |

発行所　東京都千代田区飯田橋 4-4-8　㈱ 同成社
　　　　（〒102-0072）東京中央ビル
　　　　TEL　03-3239-1467　振替　00140-0-20618

---

©Shimogaki Hitoshi 2018. Printed in Japan
ISBN978-4-88621-793-6 C3021